内\容\简\介

　　本书是一本从商业原理、网络技术及社会环境三大主题相结合的角度论述电子商务的优秀图书。全书内容丰富，结构清晰，从电子商务导论、电子商务的技术基础、商务概念和社会问题、电子商务应用实务四个方面诠释了电子商务的内涵。

　　本书聚焦现实世界企业，介绍了多家电子商务公司（包括谷歌、微软、苹果、亚马逊等）的实例，对这些公司案例进行了透彻的分析。

　　本书非常适合高校经济管理类相关专业本科生和研究生使用，也适合作为从事相关工作的企业在职人员的培训用书和参考书。

主\要\作\者\简\介

　　肯尼思·劳东（Kenneth C. Laudon）　美国纽约大学斯特恩商学院信息系统教授，获得斯坦福大学学士学位和哥伦比亚大学博士学位。主要讲授的课程有：数字化企业的管理、信息技术与企业战略、职业责任以及电子商务与数字化市场等。出版电子商务、信息系统、组织、社会等领域的著作12部，发表相关论文40多篇。目前致力于大规模信息系统和多媒体技术的规划与管理的研究。美国国会认定的领域专家，曾任美国国会技术认证委员会、总统办公室以及数个国会执行委员会的研究员和顾问。多家咨询公司的内部培训师和众多《财富》500强企业的信息系统规划与战略顾问。

译\者\简\介

　　劳帼龄　上海财经大学电子商务研究中心主任，博士生导师。长期从事信息管理、电子商务领域工作，兼任上海市价格学（协）会副会长、商务部国际电子商务中心专家、莆田市人民政府顾问、中国电子金融产业联盟专家等。担任上海市MBA共享案例库评审专家、中欧案例中心特聘学科编辑。出版信息管理、电子商务、Excel企业管理决策等相关著作、教材40多部。获得上海市优秀教学成果奖、优秀教材奖、教育部-IBM合作项目优秀教师奖、MBA杰出教学奖等奖项。

工 商 管 理 经 典 译 丛

BUSINESS ADMINISTRATION CLASSICS

电子商务
商务、技术、社会
·········· 第13版 ··········

（美） 肯尼思·劳东（Kenneth C. Laudon） 著
卡罗尔·圭尔乔·特拉弗（Carol Guercio Traver）

劳帼龄 译

E-COMMERCE: BUSINESS, TECHNOLOGY, SOCIETY

·················· Thirteenth Edition ··················

中国人民大学出版社
·北京·

前　言

《电子商务——商务、技术、社会》（第 13 版）深入介绍电子商务领域的相关知识。本书聚焦于电子商务领域的重要概念、最新实践以及相关的财务数据，将有助于您理解和把握电子商务所带来的不断变化的机遇世界。电子商务正在极大地改变商业运作的方式，并推动全球经济发生重大转变。

同样重要的是，我们试图写出一本既发人深省又紧跟时代的图书。我们使用最新的数据，并聚焦于您在日常生活中可能每天都会遇到的各类公司，如脸书、谷歌、推特、亚马逊、YouTube、Pinterest、eBay、优步、WhatsApp、Snapchat，以及更多您会在书中了解到的公司，以及一些对您来说可能是全新的但会带来惊喜的初创公司。本书涵盖了当今电子商务的各个重要主题，从隐私和盗版到政府监控，网络战争，社交、本地和移动营销，互联网征税，知识产权，等等。您会在本书中找到有关电子商务的最新及全面的概览。

您在这本书中学到的电子商务知识对于您将来的工作是非常有价值的。电子商务就业市场正在迅速扩张。许多企业希望新员工了解电子商务，了解社交和移动营销的基础知识，了解如何开展电子商务。今天的每个行业都多多少少地受到电子商务的影响。您在本书中学到的内容和知识将会为您的整个职业生涯带来价值。学完本书，我们希望您能够参与你们企业的电子商务活动，甚至领导你们企业开展电子商务。

第 13 版新增内容

与时俱进

第 13 版的主要特色在于章首、章末和专栏均采用全新的案例。新版本中所引用的内容、数据和图表已更新至 2016 年 10 月，皆是来自 eMarketer、皮尤研究中心（Pew Research Center）、弗雷斯特研究公司（Forrester Research）、comScore、高德纳研究公司（Gartner Research）等行业调研机构和政府的最新资料。

此外，我们还在全书中增加了一些新的、扩展的以及更新的内容，涉及 2016 年期间出现在头条的多个电子商务主题，包括以下内容：

- 优步、爱彼迎、Instacart 等按需服务公司的最新发展（第 1、2、9 章）。
- 推特在探索可行的商业模式中遇到的困难，新的联邦股权众筹法规，基于物联网开发新的商业模式（第 2 章）。
- 可穿戴计算的发展，包括 Apple Watch 2；边界网关协议；HTTP/2；IPv4 互联网地址耗尽；第 1 层、第 2 层和第 3 层 ISP 和对等协议；脸书的卫星互联网接入计划；IANA 的控制权从美国商务部移交给 ICANN；5G 无线；谷歌的 Loon 项目和脸书的互联网接入无人机 Aquila；物联网的发展；移动应用和移动搜索的兴起；虚拟现实和增强现实；人工智能、智能个人助理和聊天机器人（第 3 章）。

- 开源网络和应用开发工具；移动优先和响应式设计；迪克体育用品公司等大公司收回电子商务基础设施（第 4 章）。
- 易用性和安全性之间的紧张关系的新研究；新的安全威胁（例如勒索软件的增长；黑客攻击，如维基解密；雅虎数据泄露事件；DDoS 攻击 Dyn）；强制安全传输技术（HSTS）；网络安全信息共享法案；端到端加密与国家安全问题；移动钱包；区块链技术；P2P（Venmo；Facebook Messenger）和移动支付系统（第 5 章）。
- 谷歌搜索引擎算法更新；FTC 对本土广告的监管；广告欺诈问题；新提出的移动广告可视化规则；广告拦截软件使用率持续上升；移动超级 cookies 问题；行业和 FTC 关于跨设备跟踪的指导方针；大数据与营销（第 6 章）。
- 移动营销支出超过台式机广告支出；来自脸书、推特、Pinterest、Instagram、领英和 Snapchat 的新的社交营销和社交电子商务工具；邻近营销；BLE；谷歌 Eddystone；苹果 iBeacons（第 7 章）。
- 关于隐私问题的新修订章节，包括面部识别问题；最高法院裁决的影响；新的欧盟通用数据保护条例（隐私之盾）；FCC 关于互联网服务提供商隐私的新规定；苹果与美国政府之间的 iPhone 隐私战；谷歌图书馆项目终审法院判决；新的 DMCA 的诉讼；苹果与三星的专利之争；商业秘密和联邦商业秘密法案；互联网销售税的发展；网络中立的发展；网上虚拟体育博彩（第 8 章）。
- 社交电子商务的兴起；金融科技公司及网上借贷服务的投资；在线招聘行业整合；按需服务公司（第 9 章）。
- 有线电视终结者，有线电视削减者，以及有线电视没有者；行业结构趋同（AT&T 与时代华纳、Verizon 与雅虎合并）；本地数字新闻网站；FCC 开启机顶盒计划；盗版内容流媒体；流媒体音乐服务；流媒体电视设备；Pokemon GO 的影响（第 10 章）。
- 微软收购领英；社交网络算法应用的新领域，如脸书生成个性化内容的算法；Facebook Workplace；Verizon 收购美国在线和雅虎（第 11 章）。
- Amazon Business；B2B 卖方市场的兴起；供应链的可见性；基于云计算的 B2B；移动 B2B 电子商务；B2B 营销（第 12 章）。

全新的主题与内容

过去 10 年，电子商务的发展可谓一日千里。2007 年，iPhone 首次面世。2010 年，iPad 平板电脑首次推出，现在已经历了几代产品的迭代！2011 年，存储和传播内容以及托管数千个应用程序的云服务开始广泛使用。智能手机和平板设备已经将电子商务转变为一种基于社交化、本地化和移动化的体验。第 13 版聚焦于以下主题和内容。

热点话题

- 社交化、移动化、本地化：本书用整整一章的篇幅详细介绍社交、移动和本地营销的内容。关于社交网络、移动平台和本地电子商务的内容贯穿全书。
  - » 由智能手机和平板电脑组成的移动平台开始飞速发展，成为搜索、营销、支付、零售和服务、在线内容以及按需服务公司的一个重要元素。同时，移动设备的使用也带来了新的安全和隐私问题。

»»脸书、推特、Pinterest、Instagram、领英和 Snapchat 等社交网络仍在快速增长，为社交网络营销平台奠定了基础。

»»基于位置的服务带来了本地广告和营销的爆炸式增长。

● 在线隐私的问题持续恶化，这是由一种自我展示的文化和强大的技术驱动的，这些技术可以在用户不知情或未经用户同意的情况下在线收集个人信息。越来越多的消费者开始使用广告拦截器。

● 互联网安全风险增加；网络战争成为国家间战争的一种新方式，这属于国家安全问题。基于对网络风险的担心，越来越多的人对电子商务企业和网络交易的信任度下降。

商务

● 尽管经济增长缓慢，但电子商务收入仍大幅增长。

● 互联网广告的增长速度仍超过包括电视广告在内的传统广告。

● 社交营销比搜索和展示广告等传统在线营销增长更快。

● 电子书销售平稳，但仍是图书销售的主要渠道。越来越多的消费者将智能手机和平板电脑作为阅读设备。

● 传统新闻报纸行业艰难地向数字化媒体服务转型。

● 由于互联网分销商和好莱坞及电视生产商达成了网络分销协议，流行电视节目和电影（网飞、亚马逊、YouTube 和 Hulu.com）的流媒体化成为现实，同时也保护了知识产权。

● "免费"和"免费增值"商业模式竞相支持数字内容。订阅服务展示出意想不到的优势。

● 新的移动支付平台不断涌现，对 PayPal、Apple Pay、Android Pay、Samsung Pay 和 Venmo 构成了挑战。

● 伴随着企业越来越习惯于数字化供应链，B2B 电子商务回暖。

技术

● 智能手机、平板电脑和电子书阅读器更新换代迅速，以及相关的基于云的软件应用程序，再加上 4G 网络的覆盖范围日益扩大，推动了移动平台的快速增长。

● 增加对云计算的投资，为在线数字信息内容和电子商务的大规模增长提供计算基础设施。

● 基于云的音乐和视频流媒体服务对下载和实体产品的销售构成了挑战。

● 软件应用程序推动了应用销售、营销和广告的增长；改变了软件生产和分销方式。

● 由于软件和硬件价格的下降以及开源软件工具，开发复杂网站的成本持续降低。

● 移动设备产生的数字流量迅速扩张，对互联网和蜂窝网络容量构成挑战；带宽的使用限制了分层定价的扩展。

社会

● 商业世界和社会生活中形成的"始终在线"的手机文化日益扩展。

● 国会考虑立法来规范用于在线行为跟踪和定位消费者的个人信息的使用。

● 欧洲国家制定了更强有力的隐私政策，包括"被遗忘的权利"法律，增加了新的通用数据保护条例（隐私之盾），并继续扩大公民相对于互联网数据巨头的权利。

● 美国各州加大了对电子商务公司征收互联网销售税的力度。

● 在一些领域的重大问题解决中依然存在冲突，知识产权问题仍然是这些冲突的根源，比如谷歌与好莱坞和出版业的协议，以及苹果和亚马逊与电子书和杂志出版商的协议。

- 《网络中立条例》禁止互联网供应商歧视不同类型的内容，或为大型企业提供不同的服务。
- 尽管在线内容的数字盗版仍对好莱坞和音乐行业构成重大威胁，P2P 盗版流量随着付费流媒体音乐和视频的普及而下降。
- 世界各国政府加强了对互联网用户和网站的监控，以应对国家安全威胁；谷歌继续与很多国家在审查和安全问题上争执不休。欧洲终止对美国互联网公司的安全港保护。
- 由于社交、移动和本地软件应用，投资于电子商务的风险资本呈爆炸式增长。众筹成为电子商务初创企业新的资金来源。

欢迎进入电子商务世界

自 1995 年以来的短短十几年里，美国电子商务的发展可谓一日千里，从起初的零起点，到如今零售、旅游和媒体业务交易额达 6 000 亿美元，B2B 电子商务的交易额更是高达 6.7 万亿美元，遥居世界第一。企业、市场和消费者行为也随之发生翻天覆地的变化。全球经济和企业无一例外地受到电子商务的影响。起初，电子商务只是一种网络零售机制，但短短的时间就已经扩展至各个领域，其内涵亦更加丰富。如今，电子商务已成为孕育那些在现实世界梦寐难求的新服务和新功能的温床。从脸书、推特、谷歌搜索，到 Pinterest、iTunes 和 Tumblr 等诸多网络创新产物，现实世界中根本不存在能与其媲美之物。互联网即将取代电视，成为全球最大的娱乐平台。欢迎进入全新的电子商务世界！

预计未来 5 年，电子商务仍将继续以两位数增长，成为全球发展最快的商务形式。正如汽车、飞机和电子设备是 20 世纪的标志，电子商务也将成为 21 世纪商业和社会的代名词。不仅沃尔玛、福特、IBM、梅西百货、通用电气等传统企业涉足电子商务，诸如谷歌、亚马逊、苹果、脸书、雅虎、推特和 YouTube 等一批新兴互联网企业亦是蜂拥而出，整个经济和社会都朝着电子商务化的方向迈进。对于商学院和信息技术专业的学生而言，要想在未来 10 年成为一名成功、高效的管理者，就必须打下扎实的电子商务基础。

尽管这两年脸书、YouTube、推特、Pinterest 和优步等公司呈现爆炸式增长，赢得公众的关注，但传统零售电子商务和服务仍然占据重要地位。事实证明，面临经济萧条时，网络零售表现得要比实体零售渠道有弹性得多。这些公司从 1995 年到现在的发展历程亦是本书关注的重点之一。它们的显著特征在于具备盈利性、可持续发展、高效率创新，同时也拥有强大的品牌。eBay、亚马逊、E*Trade、Priceline 和 Expedia 等许多网络零售和服务公司都是第一代电子商务时期的幸存者。一旦得以存活，企业便开始改进业务模式，整合线上线下资源，同时改变收入模式，最终扭亏为盈。作为学生，必须掌握这些网络企业的成功之道，才能效力企业在当前全渠道的商业环境中管理好自己的企业。

任何人如果不愿正视电子商务早期的经验教训，那只能说他是愚蠢的。以往那么多的技术革命（如汽车、电器、电话、电视及生物技术），哪种不是历经一番创业努力后才得以巩固的。2005 年，早期的电子商务幸存者开始思考，如何在保持收入持续高速增长的同时建立可盈利的模式。2016 年，电子商务创业公司正处于新的爆发期，尤其是按需服务、社交网络以及由智能手机和平板电脑创建的移动平台。这些技术和社交活动使得消费者个人生活、市场、行业、个体企业乃至整个社会发生巨大变化。电子商务企业还为年轻管理者创造了数千个新的职位，涵盖市场营销、管理、创业研究和信息系统等诸多领域。如今，电子商务颇受传统老牌企业的推崇，它们拥有强大的品牌和资金实力，能够支撑电子商务技术和业务模式的长期发展。如果您正就职于一家传统企业，那么企业的电子商务能力则是其成功的关键要素。如果您想要创办一家新的电子商务公司，本书中的知识亦将大有裨益。

商务、技术、社会

商学院和技术专业的学生要想真正理解电子商务，必须首先理解电子商务中商业逻辑、互联网技术和社会法律环境三者间的关系。这三大主题渗透在电子商务的方方面面，因此本书中的每一章，我们都将围绕该章主题从商务、技术和社会三个方面进行探讨。

随着电子商务的不断发展及其影响面的不断扩大，所有学生，不论其专业背景如何，都需要了解推动电子商务发展的基本经济原理和商业逻辑。电子商务正在创造新的电子化市场，尽管还不够完美，但该市场具有价格透明、全球化和高效率等优点。电子商务将直接影响企业与供应商、客户、竞争对手以及合作伙伴的关系，同时改变企业的产品推广、市场营销和品牌建设方式。无论您是否对营销、销售、设计、生产、金融、信息系统或物流领域感兴趣，您都需要知道电子商务技术是如何帮助企业有效降低供应链成本、提高生产效率、加强客户关系的。本书将帮助您了解电子商务中最基本的业务问题。

在本书中，我们将用相当大的篇幅来研究"纯电子商务公司"的业务模式和企业战略，同时分析那些传统企业所采取的"鼠标加水泥"的商业模式。我们将探究早期电子商务企业失败的原因，分析其企业战略、财务、营销以及组织架构方面曾面临的挑战。我们还将介绍当代电子商务企业应该如何吸取早期电子商务企业的经验教训，以及传统企业该如何利用电子商务获取成功。最重要的是，我们将尝试通过实例让读者对常常被夸大的电子商务概念有明确的理解和清醒的认识。

互联网和电子商务的发展极大地推动了美国广告业和营销界的变革。本书将用整整两章来讨论企业的营销和广告。在第 6 章中，本书将讨论传统的在线营销模式，如搜索引擎营销、展示广告和电子邮件及其背后的各种互联网营销技术，还将讨论衡量营销是否成功的标准。在第 7 章中，本书将深入研究基于移动设备和社交网络的社交、移动和本地营销。

电子商务由互联网技术驱动。或许可以说，网络技术和信息技术才是这场电子商务秀真正的明星。没有互联网，就不可能有电子商务。同样，本书中我们专门安排三章内容介绍互联网和电子商务技术。每章中我们都将依次介绍本章主题是如何在新的信息技术的推动下形成的。例如，互联网技术推动了安全与支付系统、营销与广告策略、财务系统、媒体传播、企业间交易以及零售电子商务的发展。我们还将介绍移动商务技术的快速进步、云计算环境的兴起以及新的开源软件工具和应用程序，同时也会介绍新型网络信息系统是如何推动企业间电子商务市场发展的。

然而，电子商务不只包括商务和技术两个主题。要完整理解电子商务，还需要关注第三个方面的内容，即社会。电子商务和互联网技术具有重要的社会价值，这是企业领导者所不容忽视的，否则必将自食其果。电子商务对人们的隐私观、知识产权理念甚至国家主权和管理思想提出了挑战。谷歌、脸书、亚马逊和分类广告网站在全球范围内记录着数百万网络购物者的档案。盗版音乐、视频和书籍正在互联网上大肆传播，加之社交网站中未经允许转载版权内容的现象也日渐频繁，这对唱片公司、电影工作室、艺术家和作家的知识产权构成极大挑战。包括美国在内的许多国家都出于政治和社会原因想要对其境内网站内容加以控制。美国和欧洲税务机构还要求电子商务网站像普通的实体店一样缴纳营业税。电子商务和互联网确实撼动着现有的经济和政治体制，时常会牵连出调查、诉讼和立法等问题。企业管理者需要了解这方面的社会发展问题。他们必须承认，互联网是无国界的，它受到多国的社会约束和法律管制。企业不应仅仅以市场效率作为开展互联网活动的唯一目标。在本书中，除专门一章介绍电子商务的社会和法律影响外，还会在每章中探讨与该章主题相关的电子商务社会问题。

特色及内容

坚实的理论基础　本书重点关注电子商务背后的三大驱动力：商业发展与战略、技术创新、社会争议与影响。每一章都详细展示了这些驱动力，这三大驱动力共同为理解电子商务提供了一个强大而一致的概念框架。本书将借鉴分析传统企业和市场时使用到的基本概念，从经济、营销、财务、哲学和信息系统等多方面诠释电子商务、电子化市场的内涵。我们将尽量保持对电子商务的批判性观点，避免对该行业夸大其词。

我们用以分析电子商务模式的经济学和营销概念主要有：交易成本、网络外部性、信息不对称、社交网络、完美的数字市场、市场细分、价格差异化、目标市场以及市场定位。本书中也涵盖大量来自信息系统和技术研究的重要概念，有互联网标准和协议、客户端/服务器计算环境、云计算、移动平台和无线技术、公开密钥加密等。此外，书中还采纳了不少道德和社会研究文献中的关键概念，如知识产权、隐私权、信息权、版权管理、监管、公共健康和福利等。

从商业文献中，我们使用了业务流程设计、投资回报、战略优势、行业竞争环境、寡头垄断和垄断等概念。我们还提供了对财务和会计问题的基本介绍，并通过一个"电子商务应用实务"的案例对相关知识进行扩展，该案例严格使用了亚马逊的财务报表。电子商务发展初期的一句行话如今仍然很贴切，那就是：电子商务几乎改变了一切，但除了商业规则。企业要想长期生存下去，必须要实现盈利。

与时俱进　电子商务和互联网日新月异。我们试图在每个版本中尽可能多地捕捉这些重要的新发展。在 2017 学年的课程中，您找不到比本书更贴近当下的书籍了。许多其他的教材，在付印之前一般就已经过时了大半年的时间。相比之下，本书的研究则是更新至 2016 年 10 月，也就是本书出版的前几周。

聚焦现实世界中的企业　从阿卡迈科技到谷歌、微软、苹果、亚马逊，再到脸书、推特、Tumblr，还包括网飞、Pandora、Elemica 等，这本书包含了数百个真实的公司的例子，同时在实际电子商务业务的背景下覆盖了 60 多个扩展案例。本书每章中都有这类案例，特别是章首、章末和透视专栏的案例分析更为透彻。本书实事求是地看待电子商务的世界，描述了什么可行，什么不可行，而不是呈现一种过于乐观的或纯学术的观点。

深度探讨营销和广告　本书专门安排两章内容介绍关于营销和广告的知识，包括传统的在线营销以及社交、移动和本地营销。营销概念涵盖市场细分、个性化、点击流分析、数字产品捆绑销售、长尾营销、动态定价，贯穿整本书的内容。

深度探讨 B2B 电子商务　在本书中我们专门安排整整一章的内容来研究 B2B 电子商务。编写本章时，我们采用独特又通俗易懂的分类框架来帮助学生理解颇为复杂的 B2B 电子商务模式。本章将阐述四种电子交易市场（电子分销市场、电子采购市场、电子交换市场和行业合作集团），以及会员专用网络和协同商务的发展。

今天和明天的技术　互联网及相关的信息技术仍在持续不断地快速发展。电子商务领域发生的重大变化包括：电子商务基础设施价格急剧下降（开发大型网站的成本减少）；iPhone、iPad 和上网本等移动电子设备出现爆炸式增长；社交网络技术实现迅猛扩张。过去曾经短缺的通信容量如今已变得富余，个人计算机价格日渐下降，智能手机和平板电脑销量飙升，互联网高速连接也已普及，且正在以两位数增长，WiFi 和蜂窝网络等无线网络改变着人们接入互联网的方式、时间和地点。除全面讨论现有互联网环境外，我们还花费大量篇幅阐述物联网、先进网络基础设施、光纤技术、无线和 4G 技术、WiFi、IP 多点传送技术，以及将来的服务质量保障水平等。

最新的研究资料　本书的理论内容均来源于电子商务研究文献。我们力求在每章中都引入相关电子商务研究的经典著作、最新文献和分析资料。从资料的学科来源看，书中主要引用了有关经济学原理、营销原理、信息系统与信息技术、法律、社会学、心理学等方面的资料。

由于各种各样的原因，本书中不引用维基百科的内容。大多数学校不认为维基百科是学术研究的合法或可接受的资料来源，并告诫学生不要引用维基百科。维基百科上的资料可能是过时的，或覆盖面太窄、缺乏批判性视角，而且不一定可信。我们的参考文献是权威学术期刊、企业资料（如 eMarketer、comScore、Hitwise、Nielsen、Gartner）、《纽约时报》和《华尔街日报》等报纸，以及行业出版物，如《计算机世界》和《信息周刊》等。此外，由作者整理的数据和表格则反映了对美国商务部数据的分析、来自不同研究公司的评估、历史趋势、主要在线零售商的收入、消费者在线购买趋势和经济状况。

特别关注电子商务相关的社会和法律问题　整本书中对电子商务所处的社会和法律环境都特别关注。第 8 章用整整一章的篇幅研究了电子商务中的四类道德问题，即隐私权、知识产权、监管和公共福利保障。此外，还分析了联邦贸易委员会、各级监管部门和一些非营利组织的最新政策动向，揭示其可能对电子商务环境产生的潜在影响。

贯穿本章和本书的另一个关键主题是社交、移动和本地商业对消费者如何使用互联网的影响。

文笔风趣幽默　不像其他一些教材，许多学生认为本书文笔风趣且易于理解。这不是一本由编写委员会撰写的书，您不会在标题页上找到十几个风格迥异的作者、合著者和贡献者。本书有贯穿全书的一致的声音和观点，我们相信这本书会更适合您。

本书概述

本书由 4 部分组成：

第 Ⅰ 篇"电子商务导论"介绍了本书的主题。第 1 章给出了电子商务的定义，分析了电子商务和电子业务的区别，定义了各种类型的电子商务。第 2 章介绍了商业模式和盈利模式及其定义，阐述了 B2C 和 B2B 电子商务中常见的商业模式和盈利模式，还介绍了本书所涉及的基本商务原理，如行业结构、价值链及企业战略。

第 Ⅱ 篇"电子商务的技术基础"关注支撑整个电子商务的技术基础。第 3 章回顾了第一代互联网的发展历程，详细阐述了今天互联网的工作机理。此外，本章还聚焦于移动技术、新软件应用程序以及目前正在开发并将重塑电子商务未来的未来互联网。第 4 章在前一章介绍互联网基本原理的基础上，重点阐述了开发电子商务平台时所需遵循的步骤。这一章主要是电子商务网站基础设施的内容，包括建立电子商务网站时应遵循的流程，制定网站开发和虚拟主机外包决策时所需考虑的问题，如何选择软硬件等系统配置来提升网站性能，以及开发移动平台和移动应用程序所涉及的问题。第 5 章将重点放在互联网安全和支付问题上，在上一章讨论电子商务基础设施的基础上，描述如何保障互联网安全。在这一章里，介绍了数字信息安全的定义，阐述了电子商务所面临的安全威胁，进而讨论了企业管理者能够采取的安全技术措施和策略方案。本章的最后一节是电子商务支付系统，介绍了各类在线支付系统，有信用卡、储值支付系统（如 PayPal）、电子钱包（如 Google Checkout），以及移动和社交支付系统（如 Apple Pay、Venmo 和 Facebook Messenger）的开发。

第Ⅲ篇"商务概念和社会问题"开始直接讨论电子商务发展有关的商务和社会法律问题。第 6 章重点关注互联网受众和电子商务消费者的行为，主要介绍了网络营销和品牌建设的基本原理，包括网络营销技术和战略。本章主题包括作为营销平台的网站、搜索引擎营销和广告、展示广告营销、电子邮件营销、联盟和潜在客户营销计划、多渠道营销以及各种客户保留策略，如个性化（包括基于兴趣的广告，也称为行为定位）和客户服务工具。本章还包括其他营销策略，如定价和长尾营销，研究了网络营销技术（网络交易日志、跟踪文件、数据挖掘、大数据）、营销自动化和 CRM 系统。这一章最后一个部分是关于理解各种类型的在线营销的成本和收益，还包括关于营销分析软件的内容。第 7 章深入分析了社交、移动和本地营销。主题包括脸书、推特和 Pinterest 营销平台、移动营销的演变，以及越来越多地使用地理感知技术来支持邻近营销。第 8 章对电子商务引发的社会和法律问题做出了全面深入的阐述。在本章中可以完整地了解到电子商务有关的道德和法律内容，包括隐私权、知识产权、互联网监管、管辖权、公共卫生与福利（如色情、赌博和健康信息等）及其最新争论和政策动向。

第Ⅳ篇"电子商务应用实务"则主要阐述电子商务在零售、服务、数字媒体、拍卖、门户网站、社交网络和 B2B 等各行各业的实际应用经验。与前面章节所使用的概念模型不同，实务案例的介绍主要按行业来划分，因为电子商务在不同行业的应用情况截然不同。第 9 章重点介绍了商品和服务零售市场上的公司，以及优步和爱彼迎等按需服务公司的电子商务应用经验。实务案例部分对亚马逊的企业战略和经营绩效进行了细致深入的分析，可以作为分析其他电子商务企业的样板。第 10 章主要研究在线内容网站和网络媒体行业的发展，回顾并总结了网络出版和娱乐产业过去两年来发生的种种变化，包括流媒体电影、电子书、在线报纸和杂志。第 11 章研究的是社交网络、拍卖网站和门户网站。第 12 章对 B2B 电子商务世界进行了探索，介绍了电子交易市场和不太为人所知却大有用武之地的会员专用网络，同时阐述了协同商务的新发展趋势。

目　录

第I篇
电子商务导论

Introduction to E-commerce

第1章
革命刚刚开始

 学习目标

学完本章，你将能够：

- 理解学习电子商务的重要性
- 给出电子商务的定义，说明电子商务与电子业务的区别，阐述构建电子商务的基础技术，识别当前电子商务的核心主题
- 指出电子商务技术的特点及其商业意义
- 概括电子商务的主要类型
- 了解电子商务的发展历程
- 说明电子商务研究的主题
- 说明电子商务所涉及的主要学科

章首案例

优步——电子商务的新面孔

自 1995 年电子商务兴起以来的 20 年里，亚马逊（Amazon）、eBay、谷歌（Google）、苹果（Apple）和脸书（Facebook）等一直被视为电子商务成功企业的象征。如今，优步（Uber）将很可能成为电子商务下一个 10 年中的典范。以优步为代表的很多企业都倡导一种相似的商业模式——按需服务电子商务商业模式，包括 Lyft（和优步一样是打车应用）、爱彼迎（Airbnb，房屋出租）、Heal（医生家访）、Handy（兼职家政钟点工）、Instacart（商超便利）、Washio（洗衣服务）和 BloomThat（鲜花速递）。这一模式已渗透到了从交通运输到餐饮服务、房地产、家政服务、维修业务、商超便利等行业，并且席卷了数亿美元的投资。仅过去 5 年内创立的按需服务企业就已获得了超过 260 亿美元的风险投资。这也使得按需服务成了最火的电子商务商业模式。

优步提供多种多样的服务，其中最为常见的是 UberX 和 UberBlack 两种。UberX 相对便宜，使用的是紧凑型轿车；UberBlack 提供价格更高的城市轿

车服务。而 UberPool 是一种拼车服务，用户可以与正好要到同一个地点的乘客合乘。在一些城市，优步正在推广提供食品速递服务的 UberEats、提供一日达快递服务的 UberRush，以及提供托运服务的 UberCargo。

优步由特拉维斯·卡兰尼克（Travis Kalanick）和加勒特·坎普（Garrett Camp）于 2009 年创立，总部设在旧金山。公司已在超过 69 个国家的 480 个城市中取得了爆发性增长。注册司机数呈现指数增长的趋势，2016 年初在美国已累计有 45 万位注册司机，全世界的司机数更是远超 100 万。一项优步发起的调研表明，超过 44% 的优步司机具有大学文凭（出租车司机仅 15% 有大学文凭）；71% 的优步司机表示，为优步驾驶使自己的财产和收入获得了增长；73% 的受访者表示，相比朝九晚五的工作，更喜欢可以自由选择上班时间的工作。据估计，优步在 2016 年的收入将达到 20 亿美元，但依旧不能期望其整体达到盈利水平，因为仍在开拓阶段的市场如中国和印度的损失吞食了北美、欧洲及其他区域所产生的利润。优步的策略是尽快扩张，牺牲短期利润来换取长期回报。截至 2016 年 7 月，优步已经获得了 125 亿美元的风险投资。优步目前的估值约为 680 亿美元，甚至多于其所有竞争对手的估值总和。优步在中国陷入了高昂的补贴大战，2016 年 8 月它做出妥协，将"优步中国"出售给了它在中国的主要竞争者滴滴出行。优步将获得滴滴出行 18% 的股份，而滴滴出行将给优步注资 10 亿美元。至此，优步将其在中国亏损的 20 亿美元转入了估价 70 亿美元的新合并体，同时也能腾出资金加大在还没有明显竞争者的印度尼西亚和印度等新兴市场的投资。

优步为客户和司机提供了一个诱人的价值主张。用户可以免费注册，使用智能手机和信用卡叫车和支付费用（优步的费用比传统出租车便宜 40%），几分钟内就能上车。没有必要站在街角疯狂地挥手，与他人争抢，或等待一辆不知道什么时候才会驶过的出租车。相反，使用优步应用程序（app）的用户知道要花多长时间才能到达目的地以及需要花费多少钱。优步的数据显示，随着 UberPool 拼车服务的出现，乘车成本下降了 50%，这使得在城市地区拥有一辆汽车的成本更具竞争力。优步对司机的价值主张是，公司允许司机设定自己的时间，在他们喜欢的时候工作，并让他们用自己的汽车创造收入。

优步是"数字化颠覆"时代的弄潮儿，它引发了美国和全球其他各国原有出租车服务市场的强烈抵制。原因显而易见，谁能够容忍市场中提供半价服务的新贵公司呢？你当初花费 100 万美元才取得的纽约出租车驾驶资格，在优步进入后还能值这个价吗？甚至政府也开始认为优步可能带来破坏性的威胁。政府不愿放弃对乘客安全和司机培训的监管控制力，也不想业已形成的合理健康的收入流（从出租车公司获取的出租车牌照费用和营业税）断流。

优步的商业模式和传统的零售电子商务不同。优步并不出售商品，它创建了一个以智能手机为基础的平台，有服务需求（例如想找一辆出租车）的人能够找到相应的资源提供者（例如一辆私家车和有合适时间的司机）以满足需求。值得注意的是，虽然优步和其他相似公司通常会被叫作"共享经济"公司，但这是一种误解。诚然，优步司机出让他们车辆的临时使用权并充当驾驶员，可以看作出售服务，但优步本身并没有卷入这一共享业务：它对平台上的每一笔交易都收取高额费用。优步实际上也不是 P2P 的电子商务模式，因为优步上的交易涉及线上中介：一个对所有交易收取佣金并调节已有市场秩序的第三方。

优步打破了传统的出租车商业模式，因为相对传统出租车公司，它提供了更好、更快、更便捷的出租车呼叫服务。在传统的出租车服务下，你并不知道能否叫到一辆出租车。但优步能够降低这种不确定性：用户通过自己的智能手机提交需求，几乎立即（在最优条件下），优步就能找出提供者，并通知用户预计接驾时间和预估价格。乘客可以选择接受价格或者查看其他备选。

优步的商业模式比传统出租车公司高效。优步自己不拥有出租车，也不负担维修和融资成本。优步将它的司机称为"独立合同工"而不是雇员。这样一来，优步可以避免在工伤赔偿、最低工资标准、司机培训、健康保险和商业许可证上的开销。

对超过 100 万的合同司机进行质量管控可以说是一个梦魇。优步借助乘客的评价来识别问题司机，也根据司机的评价来识别问题乘客。乘客以 5 分制评价司机。司机如果得分低于 4.5 分将会被警告，如无改进则很有可能面临解约。乘客也被以 5 分制进行衡量。司机可以拒载问题乘客，同时优步的系统也会延迟为那些潜在低分乘客服务，甚至直接禁止他们使用。优步并没有公开系统中低分司机或乘客数量的数据。学术研究表明，在类似的按需服务公司（例如爱彼迎）中存在固有偏见，即买卖双方都会忽略实际体验而给对方好评。如果你经常给卖方（司机）差评，他们会认为你太苛刻，并拒绝为你再次服务。如果司机给了乘客差评，相应地，乘客也不会给司机太高评价。

优步并不是在每个城市都安排调度员，而是通过世界各地的云端服务器建立起网上应用服务。公司不需要给司机配置无线电通信设备，司机必须自费添置智能手机加载应用服务。公司也不为司机的车辆提供保险和维修。优步把运营出租车服务的成本全部转嫁给司机。优步根据需求动态调整价格：需求更高，就得支付更高的乘坐价格。因此，我们很难通过公开信息去获知优步的价格是否比传统出租车低。显然，在一些高需求的情况下乘客支付了高于常规出租车的价格，甚至高过其 10 倍。该平台并没有对每英里的收费标准进行限制。当然，乘客同样会在可用性方面遇到不确定的问题，例如暴风雨、重要集会或者体育赛事时出现需求高峰，即使给出再高的价格，司机也供不应求。

如果说优步是按需服务经济的弄潮儿，那么它也是这类新型电子商务模式下形成的社会成本和冲突的缩影。优步被多个州的检察官指控，称其错误地把司机归为合同工而非员工，否认司机以员工身份理应获得的最低薪酬、社会保险、工伤赔偿和医疗保险等福利。2015 年 6 月，加利福尼亚州劳工委员会裁定，某优步司机实际上是直接具体受优步监督管控的员工，尽管优步声明它只是提供一个"平台"。然而，此裁定仅对这一个司机生效。优步对此裁定提出了上诉。2016 年 6 月，优步就加利福尼亚州和马萨诸塞州的两起涉及近 385 000 名司机的集体

诉讼案达成和解。集体诉讼案起诉优步苛待他们并缺乏正当处理程序，包括在没有说明的情况下禁止他们使用 app，在如何计算司机评分方面缺乏透明度，以及停用那些经常拒绝接单的司机。优步同意偿付司机 8 400 万美元，提供更多的信息说明他们被禁止使用 app 的原因，帮助司机在两个州建立起"司机联盟"，并且重新审视不收小费的政策。优步允诺，如果公司在下一年上市且估值超过 937.5 亿美元，将额外再支付 1 600 万美元。但是，如果司机的接单率过低，公司保留暂停司机使用的权利，并且在司机取消订单频率过高的情况下可以完全禁止其使用。更重要的是，这次和解容许优步在加利福尼亚州和马萨诸塞州继续将它的司机定义为独立合同工，这样优步就可以继续不支付工伤保险、健康保险以及加班补贴。不过，2016 年 8 月加利福尼亚州联邦地区法院的一位法官以不公平且不合理为由驳回了和解条款，优步和诉讼当事人需要重新谈判。诉讼最终达成的和解条款可以说对按需服务商业模式产生了深远影响。

优步还在美国和全世界被指控违反公共交通法律法规；滥用在服务过程中收集到的客户信息；搜寻个人信息以恐吓报道相关事件的记者；由于拒绝对其司机进行足够的刑事、医疗和金融背景调查而没有保护公共安全；采取秘密行动扰乱它的主要竞争者 Lyft 的业务；企图减少司机的服务费，且对司机的抱怨置若罔闻。优步已经被欧洲的一些城市禁止使用。

评论家也担心按需服务带来的长期影响。因为它们正孕育着一个低酬劳的、临时、兼职工作社会，并很可能逐步取代传统的、稳定的全职工作形态，形成所谓的"优步化"工作方式。评论家指出，优步不仅仅是出行的"优步"，更是低酬劳工作的"优步"。优步回应这种担忧时称，公司所做的事，其作用是降低交通成本，并且使闲置的人力和财务资源得到充分利用，延伸出行服务需求，拓展私家车司机参与服务的可能性，使他们能够获得和出租车司机一样的酬劳。

尽管被种种争议困扰，但并不影响优步吸引更多的投资者。CEO 卡兰尼克表示，在可预见的未来，优步依然会是一家私有公司。虽然优步目前大大

小小的竞争者不计其数，但大多数分析师认为，最终存活下来的应该只有一两家。优步正在尽其所能使自己笑到最后。

资料来源：“Uber Driver Settlement Rejected, Both Parties Resume Negotiations,” by Robert Lawson, Norcalrecord.com, October 12, 2016; “Even Uber Couldn't Bridge the China Divide,” by Farhad Manjoo, *New York Times*, August 1, 2016; “Uber Sells China Operations to Didi Chuxing,” by Alyssa Abkowitz and Rick Carew, *Wall Street Journal*, August 1, 2016; “Why Uber Keeps Raising Billions,” by Andrew Ross Sorkin, *New York Times*, June 20, 2016; “Uber Points to Profits in All Developed Markets,” by Leslie Hook, FT.com, June 16, 2016; “An Uber Shakedown,” *Wall Street Journal*, April 24, 2016; “Uber Settlement Takes Customers for a Ride,” by Rob Berger, *Forbes*,

April 22, 2016; “Uber Settles Cases With Concessions, but Drivers Stay Freelancers,” by Mike Isaac and Noam Scheiber, *New York Times*, April 21, 2016; “Leaked: Uber's Financials Show Huge Growth, Even Bigger Losses,” by Brian Solomon, *Forbes*, January 12, 2016; “Twisting Words to Make 'Sharing' Apps Seem Selfless,” by Natasha Singer, *New York Times*, August 9, 2015; “Uber Dealt Setback on Labor Rules,” by Laure Weber, *Wall Street Journal*, June 18, 2015; “The $50 Billion Question: Can Uber Deliver?,” by Douglas Macmillan, *Wall Street Journal*, June 15, 2015; “How Everyone Misjudges the Sharing Economy,” by Christopher Mims, *Wall Street Journal*, May 25, 2015; “The On-Demand Economy Is Reshaping Companies and Careers,” *The Economist*, January 4, 2015; “The On-Demand Economy: Workers on Tap,” *The Economist*, January 3, 2015.

1994 年，如今广为人知的电子商务尚不存在。而到了 2016 年，美国通过电脑或移动设备购买商品、服务及数字内容的消费者就有近 1.77 亿人，其消费额高达 6.7 万亿美元。相似的场景也在世界各地上演。短短 22 年的时间，电子商务经历了两次重大变革。

20 世纪 90 年代末，电子商务开始萌芽。那段时期的电子商务处于构筑愿景、创建模式和不断探索与实践的阶段。实践结果很快证明，要想基于当时的愿景去构建新的成功的商务模式实属不易。随后一段时间出现了裁员和价值重估，导致 2000—2001 年的股市崩盘，电子商务、电信等高科技股的股价暴跌。随着泡沫的破灭，企业家迅速从电子商务大军中撤出。但是，他们大错特错了。从这场危机中幸存的企业重新构建并完善了其商业模式，技术变得更加强大并且成本更低，最终寻得赚钱的窍门。2002—2008 年间，零售电子商务的年增长率超过 25%。

如今，电子商务正在经历另一次变革。脸书、推特（Twitter）、YouTube、Pinterest、Instagram 和 Tumblr 等社交网站异军突起，用户可以在这些网站上发布内容（视频、音乐、照片、个人信息、评论、博客等）。历史上从未有哪种营销媒体能聚集如此广大的受众群体，获取新用户如此容易。与此同时，移动设备（如智能手机、平板电脑）和移动应用正在取代传统的台式电脑、笔记本电脑以及网络浏览器，成为用户连接互联网的常规方法。通过云计算、蜂窝网络和 WiFi 等技术，移动设备已经成为广告、购物、阅读和媒体浏览的机器，并在这一过程中又一次改变了消费者的行为。移动化、社交化和本地化已经成为电子商务的驱动力。移动平台基础设施也催生了另一种电子商务创新：本地个性化的按需服务。新型公司正在创建一种市场，在这一市场里，资源（汽车、闲置卧室、空闲时间）拥有者能够通过智能手机在几分钟内找到渴求这些资源的顾客来购买服务，不论是出租车呼叫服务还是购物、洗衣服务。本章章首案例中提到的不断打破传统商业模式的优步，正是这些按需服务公司的代表。

1.1 电子商务革命的前 30 秒：为什么要学习电子商务

电子商务走过的第一个 20 年里的快速发展变化仅仅是个开端——我们可以称之为电子商务革命的前 30 秒。在这段时间里，推动电子商务发展的技术也呈指数增长。技术的发展为传统企业推出新业务、建立新商业模式创造了机会，同时也颠覆甚至摧毁了原有的商业模式和企业。

　　信息技术的发展、持续的企业创新和广阔的市场前景将变革延续到了下一个 10 年。可以大胆预测，21 世纪将是一个数字化驱动社会和商务活动的时代。分析师预计，到 2020 年网络零售消费额将达到 9 330 亿美元，电子支付业务涉及 9.1 万亿美元。电子商务将对几乎所有的商务活动产生影响，到 2050 年绝大部分商务都将是电子商务。

　　商业利润就是在这种非凡的变革中产生或丧失的。未来 5 年充满巨大的机遇，也暗藏巨大的风险。无论是新生企业还是传统企业，都应该充分利用数字技术来把握市场优势。由于数字革命给世界经济带来越来越多的影响，对于社会整体而言，数字技术可能在未来几十年创造出巨大的社会财富。

　　学习电子商务有助于感知和了解即将来临的机会与挑战。学完这本书，你将能够了解已经成型或正在成型的技术、商务和社会力量，洞察电子商务的增长，并做好参与其中的准备，最终引导你思考所在公司的电子商务该如何开展。更具体地说，你将能够分析已有的或新兴的电子商务业务，识别出最高效的电子商务模式，了解支撑电子商务运营的技术基础，关注日益严重的安全和伦理问题，明晰如何将传统的电子营销工具与社会化、移动化、本地化营销相结合，优化市场和广告业务。

1.2　电子商务概述

　　在这一节，我们将首先定义电子商务，然后讨论电子商务和电子业务的不同。我们也将向你介绍构建电子商务的底层技术模块：网络、万维网和移动平台。这一节还会概述电子商务的主要发展趋势。

1.2.1　什么是电子商务

　　电子商务（e-commerce）指利用互联网、万维网及移动设备上运行的移动 app 和移动浏览器来进行的商务交易。尽管互联网和万维网这两个词经常混用，但实际上这是两个不同的概念。互联网是指由全世界的计算机网络构成的网络，而万维网只是互联网上最为流行的一项服务，提供几十亿个网页的链接。app（application 的缩写）是一种软件应用。这个词通常用来指代移动应用，虽然它有时也用来指代电脑桌面上的应用。移动浏览器是一种网络浏览器软件版本，用来使移动设备接入互联网（关于互联网、万维网和移动平台的详细内容将在本节的后半部分和第 3、4 章中介绍）。更正式地说，电子商务指的是在组织以及个人间以数字化方式进行的商务交易。电子商务定义中的各个组成部分都非常重要。数字化交易是指所有以数字技术为媒介的交易，大多数情况下，交易是通过互联网和万维网（且/或）在移动设备上进行的。商务交易是指组织与个人之间以产品和服务作为回报的价值交换（比如货币）。价值交换对于理解电子商务的定义至关重要。没有价值交换，就不会有商务活动发生。

　　专业文献有时把电子商务（e-commerce）称为数字商务（digtal commerce），在本书中，我们将电子商务和数字商务视为同义词。

1.2.2　电子商务与电子业务的区别

　　有关电子商务（e-commerce）和电子业务（e-business）的定义和限定曾有过一番争论。有人认为，电子商务包含用以支撑企业市场交易的全部电子化活动，包括企业的信息系统构架（Rayport and Jaworksi，2003）。也有人认为，电子业务包含企业内外所有电子化的活动，其中包括电子商务（Kalakota and Robinson，2003）。

本书认为电子商务和电子业务指代的是两种不同的事物，所以弄清楚其中的区别很重要，而且电子商务并不是企业任意的电子化活动。本书的观点是，**电子业务**（e-business）一词主要指企业内部的数字化交易和处理流程，包括企业内部的信息系统。大多数情况下，电子业务不包括跨越组织边界的有价值交换的商务交易。例如，企业的在线存货管理机制是电子业务的一部分。不过根据我们的定义，这类内部处理没有像电子商务那样直接产生来自外部企业或消费者的业务收入。但是，企业的电子业务基础构架确实能够支持电子商务交易，且两者涉及相同的基础设施和技能，可同时在企业边界的模糊地带起作用，比如在内部业务系统与供应商和客户相接触的地方（见图1-1）。当发生价值交换时，电子业务就转化为电子商务（相似观点参见 Mesenbourg, U. S. Department of Commerce，2001），本书第12章将对此展开进一步讨论。

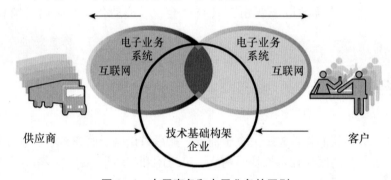

图1-1　电子商务和电子业务的区别

说明：电子商务主要包括跨越企业边界的交易，而电子业务主要涉及数字技术在企业内部业务流程中的应用。

1.2.3　电子商务基础技术：互联网、万维网，以及移动平台

互联网、万维网以及逐渐发展起来的移动平台是电子商务发展的技术推动力。本书将在第3章详细介绍互联网、万维网以及移动平台。**互联网**（Internet）是由建立在通用标准上的计算机网络组成的全球性网络。互联网初创于20世纪60年代，当时主要是连接少量的大型机和终端用户。如今，互联网已发展成为世界最大的网络。现在已经很难精确地知道某一时间全世界接入互联网的计算机和智能手机、平板电脑等移动设备的数量，不过据某些专家估算是超过50亿的（Camhi，2015）。互联网将企业、教育机构、政府部门以及个人连接起来，向用户提供诸如电子邮件、文件传输、购物、搜索、即时信息传递、音乐、视频以及新闻等服务。

判断互联网增速的一种方法是，观测有域名的互联网主机的数量变化。（互联网系统协会将互联网主机定义为任何可从 in-addr. arpa 域中返回域名的 IP 地址。把 IP 地址解析为域名，是 DNS 命名空间的一个特殊过程。）2016年1月，互联网主机数量已超过10亿台，遍及245个国家，而2000年该数字仅为7 000万台（Internet Systems Consortium，2016）。

与以往的电子技术相比，互联网具有巨大的增长潜力。无线电技术历经38年时间才进入美国30%的家庭，电视技术也历经17年才赢得30%的市场份额。而自1993年图形用户界面引入万维网开始算起，只用10年时间，互联网/万维网就已进入美国53%的家庭。如今美国各年龄层的2.67亿人口（约占美国总人口的82%）的互联网使用时长至少超过1个月。

万维网（World Wide Web/the Web）是一个在互联网基础设施上运行的信息系统。万维网是早期的"杀手级应用"，它使互联网具有商业价值并异常流行。万维网出现于 20 世纪 90 年代初期，比互联网要晚。第 3 章将深入讨论万维网。万维网提供众多网页链接，可利用谷歌等搜索引擎查找到。网页是用超文本标记语言（HTML）编写的。HTML 网页上包含文本、图形、动画等各类对象。万维网出现前，互联网主要应用于文本交流、文件传输和远程计算等领域。万维网技术横空出世，引入了大量直接与商业相关的多媒体功能。归根到底，是万维网将色彩、声音和视频功能增添到互联网中，建立起一个可与电视、无线电、报纸杂志乃至图书馆相媲美的基础沟通框架和信息存储系统。

搜索引擎只能检索到部分已知的网页，目前还没有方法能准确地测量现有网页的数量，因此无人知晓万维网到底有多大。谷歌已能检索出超过 30 000 万亿不重复的统一资源定位符（uniform resource locators，URL，俗称网址），即使其中有不少网页内容重复，而谷歌在 2008 年只能识别出 1 万亿个网址（Schwartz，2015）。除了这些"表层"或"可见"的网页，所谓的"深度网络"据说数量可能是其 500～1 000 倍。深度网络包含着不能被谷歌之类的搜索引擎检索的数据库和其他内容（见图 1-2）。虽然万维网到底有多大我们无从得知，但毫无疑问的是，自 1993 年以来网络内容一直呈指数增长。

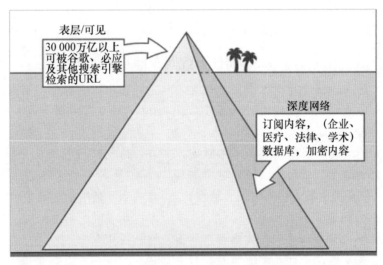

图 1-2 深度网络

说明：搜索引擎的索引在网络内容中只占一小部分。

移动平台是互联网基础设施的最新走向。**移动平台**（mobile platform）使智能手机、平板电脑和超薄本等各种移动设备通过无线网络或移动通信服务连接互联网成为可能。移动设备在互联网接入中扮演着越来越重要的角色。2016 年在美国，有超过 3.6 亿台移动设备可以联网（在美国平均每人有一台以上设备）。美国 93% 的网络用户都有在某些时候通过移动设备联网的行为（eMarketer, Inc.，2016b，2016c）。图 1-3 展示了 2016 年美国人口连接互联网所使用的设备情况。

移动平台不仅是硬件上的革新，2007 年苹果手机的问世，到 2010 年接踵而来的 iPad，也从软件的角度改变着人们与互联网的互动方式。万维网及网络浏览器是电子商务活动早期唯一的竞技场。发展到如今，越来越多的美国人更倾向于通过移动应用来连接互联网，而不是使用台式电脑和网络浏览器。阅读技术透视专栏"app 将使万维网变得无足轻重？"它更深入地阐述了在互联网生态圈中 app 和移动平台迈向主导地位遇到的挑战。

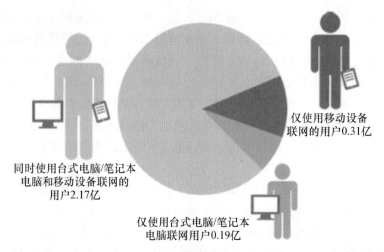

图1-3 2016年美国的互联网接入情况

说明：在美国超过80％的互联网用户（2.17亿）会同时使用台式机/笔记本电脑和移动设备联网。将近12％的用户（0.31亿）仅使用移动设备联网。超过7％的用户（0.19亿）只使用台式机/笔记本电脑联网。

资料来源：Based on data from eMarketer, Inc., 2016c.

技术透视

app 将使万维网变得无足轻重？

现在已经很难想象以前没有万维网的时代是怎样的。我们是如何忍受那种不能使用浏览器搜索任何事项、学习各种知识以及玩各类游戏的生活的？万维网开启了人类的新篇章，然而许多专家断言万维网的全盛时代已经过去，app 已经作为新手登场了。随着 app 逐渐发展成为更大的互联网市场空间，关于万维网在未来的角色定位众说纷纭。在10年后，我们会完全依赖 app 来开展工作和生活，从而将网络浏览器遗忘在废墟，还是万维网和 app 能够并行不悖，共同促进互联网生态发展，抑或 app 使用的狂热消退，技术人员依旧使用万维网来完成互联网相关的任务？

自2008年苹果公司的应用商店上线以来，app 以摧枯拉朽之势攻入了通信、媒体、娱乐、物流、教育、医疗保健以及最近的出租车（优步）领域。尽管它在2008年才出现，但在2016年全球 app 销售收入有望超过590亿美元，且应用经济将维持平稳增长的态势，预计在2020年收入将超过1000亿美元。这一收入的主要来源更多是应用内购买，而不是付费下载。不仅如此，收入增长的动因并非少数几款 app 迎来了更多用户的使用。尽管 app 的使用趋向于高度集中，智能手机中个人常用的前三款 app 占据了其使用时间的将近75％，但用户总是在不断尝试新 app，并且每个月访问的 app 在27款左右，这也就给新 app 的开发者以动力去创造畅销 app。事实上根据移动广告公司 Flurry 的数据，全球有2.8亿手机上瘾者，他们每天会打开智能手机中的 app 超过60次，这个数量从2013年到2015年增长了350％。

2014年1月，美国人使用移动应用连接互联网首次超过台式电脑。美国人花在移动应用上的时间暴涨，占据了其所有数字媒体时间的58％，相比过去3年增长了超过110％；使用台式电脑的时间只有33％，使用移动浏览器的时间也只有9％。美国人每个月大概有96小时（相当于每天3.25小时）花在智能手机和平板电脑中的 app 上。用户被 app 吸引也是有原因的。首先，智能手机和平板电脑使得用户能够随时使用 app，不再有台式机的地理局限，也不用到处拖着沉重的笔记本电脑。当然，在智能手机和平板电脑上也可以使用万维网，但是相对来说 app 更方便精简、界面雅致。

app 不仅是在某些方面对用户有吸引力，它也诱惑着不少内容创造者和媒体公司。相比网站，app更易控制和变现，更不用说它不能被谷歌以及其他服务爬取。在万维网 CPM（每千次浏览成本）已经在下降，许多内容提供商仍在努力将互联网转变为有利可图的内容发布平台。但也有不少软件和媒体公司出于这个原因，已经将业务重心转移到开发移动应用上。

以上趋势就是某些权威大胆断定万维网已死的原因。从万维网到 app 的迁移才刚刚开始。分析师相信，互联网将被用来传送数据，而个人 app 接口将会取代浏览器，成为最普遍的存取和显示内容的方式。甚至万维网的创始人蒂姆·伯纳斯·李（Tim Berners-Lee）也和我们一样，认为万维网正面临着威胁。这并不是一个好信号。

目前并没有就接下来的十年及之后万维网在我们生活中的角色达成预测共识。许多分析师认为，万维网之死的说法过于夸张，万维网还是存在着很多优点让用户难以舍弃。尽管 app 在很多方面都比万维网方便，但浏览器的深度上网体验要比 app 好。万维网囊括了各种各样的网站，且浏览器具有 app不可比拟的开放性和灵活性。相比那些试图将用户留住的 app，网站之间的联系强化了万维网的实用性和价值。

一些分析师乐观地认为，万维网在逐渐 app 导向的线上市场中依然有一席之地，因为 HTML5 技术诞生了。HTML5 是一种支持更多动态网页内容的标记语言，它使得用浏览器访问的网页应用成为可能，这与受限于特定设备的 app 一样吸引人。事实上也有部分分析师相信 app 和万维网将渐渐融合在一起，HTML5 把最佳的应用体验带到万维网，而 app 则探索新的网络式能力。现在，不少研究已经在探索如何创造能完成更多任务的"智能"应用，例如 Siri。

由万维网向 app 的转型将会对电子商务企业造成连锁效应。苹果公司率先转向 app，成为 app、智能手机和平板电脑的领头羊并从中获利。虽然苹果面临着越来越多像谷歌这样的竞争者，但 Apple Store 的成功几乎奠定了它不败的基石。举例来说，2015 年虽然谷歌建立的 Google Play 下载量是 Apple Store 的 2 倍，但是苹果的收入仍然要比谷歌高 75％。谷歌搜索业务面临的困局是无法访问"秘密花园"内的 app，但其开发的安卓（android）操作系统已被世界上超过 80％ 的智能手机使用，这也成就了它在智能手机、平板电脑和 app 上的控制力。脸书（Facebook）就见证了自己的用户从网页端逐渐向移动应用转移的过程，并显著加大了在独立 app 如 Instagram 和 WhatsApp 上的投入。基于网络的公司如果不能找到发展移动应用的方法，最终都将走向没落。

资料来源："The 2016 U.S. Mobile App Report," comScore, September 2016; "US Mobile StatPack," by Cathy Boyle, eMarketer, March 2016; "Gartner Says Worldwide Smartphone Sales Grew 9.7 Percent in Fourth Quarter of 2015," Gartner.com, February 18, 2016; "App Forecast: Over $100 Billion in Revenue by 2020," by Danielle Levitas, Blog. Appannie.com, February 10, 2016; "App Annie 2015: Google Play Saw 100％ More Downloads Than the iOS App Store, but Apple Generated 75％ More Revenue," by Emil Protalinski, Venturebeat.com, January 20, 2016; "Publisher Straddle the Apple-Google, App-Web Divide," by Katie Benner and Conor Dougherty, *New York Times*, October 18, 2015; "Mobile Addicts Multiply Across the Globe," by Simon Khalaf, Flurrymobile.tumblr.com, July 15, 2015; "How Apps Won the Mobile Web," by Thomas Claburn, Informationweek. com, April 3, 2014; "Mobile Apps Overtake PC Internet Usage in U.S.," by James O'Toole, Money. cnn. com, February 28, 2014; "Is The Web Dead In the Face of Native Apps? Not Likely, But Some Think So," by Gabe Knuth, Brianmadden.com, March 28, 2012; "The Web Is Dead. Long Live the Internet," by Chris Anderson and Michael Wolff, Wired.com, August 17, 2010; "The Web Is Dead? A Debate," by Chris Anderson, Wired.com, August 17, 2010.

1.2.4　电子商务的主要趋势

表 1-1 从商务、技术和社会三个方面描述了 2016—2017 年电子商务的主要发展趋势，这三个方面也是我们在本书中用来理解电子商务的主题框架（见 1.6 节）。

表 1-1　2016—2017 年电子商务的发展趋势

商务
● 美国零售电子商务继续呈现每年两位数的增长（超过 15%），而全球增长率甚至更高，特别是在欧洲，以及中国、印度和巴西等新兴市场。
● 移动电子商务（不论是零售业还是旅游业）爆发式增长，预计在美国 2016 年可达到近 1 800 亿美元。
● 移动应用生态系统继续增长，超过 2.2 亿美国人使用移动应用。
● 得益于社交网络和广告的发展，社交电子商务萌发并持续增长，它在 2015 年为美国社交媒体零售商 500 强带来了 39 亿美元的收入。
● 电子商务的浪潮有移动电子商务、社交电子商务和本地电子商务三个维度，其中本地电子商务也在美国呈现增长态势，2016 年收入超过 400 亿美元，这得益于优步等按需服务的激增。
● 美国的 B2B 电子商务继续加强，增长到 6.7 万亿美元。
● 像优步和爱彼迎这样的按需服务公司吸引了数十亿美元的资本，估值均在数十亿美元级别，并显示出爆发式增长趋势。
● 移动广告以惊人的速度继续增长，几乎占到所有数字广告支出的 2/3。
● 小型企业和企业家继续涌入电子商务市场，它们往往依赖于苹果、脸书、亚马逊、谷歌和 eBay 等行业巨头创建的基础设施。

技术
● 基于智能手机、平板电脑、可穿戴设备以及移动应用的移动计算和通信平台实体已经出现，为人们创造了一个在线交易、营销、广告和媒体接触的替代平台。WhatsApp 和 Snapchat 等移动通信服务的使用仍在继续扩大，目前这些服务已被超过 60% 的智能手机用户使用。
● 云计算加速了向移动平台的迁移，使得消费者内容和软件能够存储在"云"（基于互联网的）服务器上，并且可以在桌面端和智能手机上使用。
● 由数十亿个联网设备组成的物联网继续以指数级增长。
● 当公司追踪每天发生的数万亿在线交互时，庞大的数据流就产生了，这些数据通常被称为大数据。
● 为了发现大数据的价值，公司转而使用一种称为商业分析（或网络分析）的复杂软件，这种软件可以在几毫秒内识别出购买模式以及消费者的兴趣和意图。

社会
● 社交网络上用户以帖子、推文、博客以及视频和照片分享等形式生成的内容持续增长，并创造了一种能让数百万人参与的自我发布方式。
● 美国人平均消费的数据量在继续增加，从 2008 年的平均 34G 到现在的 74G，增长了一倍多。
● 社交网络鼓励自我表露，这也同时威胁到隐私。
● 成年人在社交网络上的参与增加；脸书在所有细分人群当中都更受欢迎。
● 对版权管理和控制的争论从未停息，但网络分销商和版权所有者都心知肚明，彼此是互相需要的关系。
● 针对在线销售的税负更为普遍。
● 不论是专制政权国家，还是西方民主社会，对网络通信的监控都在不断趋严。
● 对侵犯商业秘密和国家机密的担忧加剧。
● 随着主要网站遭到黑客攻击，并失去对客户信息的控制，网络安全性呈下降趋势。
● 垃圾邮件仍然是一个重要的问题，尽管有立法和承诺的技术解决方案。
● 按需服务电子商务会产生大量收入不佳且缺乏福利的临时工作。

从商务的角度，最为重要的一点是各种形式的电子商务继续呈现稳健的增长态势。零售电子商务在过去几年里取得了每年两位数的增长，并将在 2017 年达到 4 600 亿美元；而移动电子商务也将有望以 30% 的增速达到 2 320 亿美元。脸书、Pinterest 和 Instagram 等社交网络通过广告、搜索以及让用户能够切实购买产品的"购买"按钮功能促进了社交电子商务的发展。本地电子商务也在以优步和爱彼迎为首的按需服务模式的推动下大放光彩。使所有其他形式相形见绌的 B2B 电子商务也同样保持增长趋势。

从技术的角度，基于智能手机和平板电脑的移动平台终于如同惊雷般亮相，驱动移动广告大幅增长，让移动电子商务真正落地。WhatsApp 和 Snapchat 等移动通信服务的使用，显现出替代通信平台商业化的苗头。移动平台的发展和云计算密不可分，一方面云计算可以存储用户内容，另一方面云（基于互联网）服务器可以承载软件，使移动设备和台式机都能触及。另一个主要的技术趋势是，企业抓取和分析不断产生的线上数据流（通常叫作大数据）的能力在增强。由数十亿台联网设备组成的物联网继续呈指数级增长趋势，在未来的几年里也会加入数据浪潮。

从社会的角度，一些趋势显而易见。互联网和移动平台为无数人营造了一种创造和分享内容，通过社交网络建立新的社交关系或强化已有关系，发布照片和视频，使用博客和 app 的氛围，但同时也带来严重的隐私问题。在充斥着无数在线个人档案的年代，隐私似乎已经失去了一定意义，同时商业秘密和国家机密的保护问题也日益突出。主要数字版权所有者加强了对数字盗版的追责但成败参半，同时他们与苹果、亚马逊和谷歌等科技巨头达成协议保护知识产权。政府已推行针对电子商务销售的税收政策。主权国家扩大了对网络通信和内容的监控，并将其作为反恐活动的一部分和强制执法的手段。关于安全漏洞、恶意软件、黑客攻击和其他攻击的新报道似乎每天都有，因此网络安全，或者确切地说缺乏网络安全，仍然是一个重要的问题。

1.3　电子商务技术的特性

图 1-4 列出了电子商务技术的八大特性。这些特性不但对传统的商务理念提出了挑战，同时也揭示出人们对电子商务如此感兴趣的原因。电子商务技术的特性使得营销和销售可以尝试各种创新，因为商家能够向细分目标客户群提供一系列交互式的、丰富的、个性化的信息。

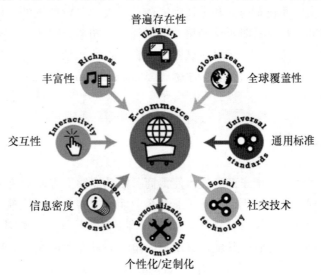

图 1-4　电子商务技术的八大特性

说明：电子商务技术具有许多影响商业行为的独有特性。

在电子商务诞生之前，商品营销和销售采用大众营销和销售人员推销的方式。销售人员将消费者视为广告活动的被动参与者，旨在通过营销影响他们的长期产品认知和即时购买行为。公司通过设计精良、相互独立的渠道销售其产品。消费者受到地理和社会因素的制约而无法大范围地选择物美价廉的商品。消费者无法获悉商品的价格、成本以及税费，这种信息不对称为销售企业创造了利润。**所谓信息不对称**（information asymmetry），是指在某一交易中，各方掌握的市场相关信息存在差异。传统零售商务中，调整不同国家和地区间产品价格的成本很高（所谓的"菜单成本"），而动态价格（根据市场实时更新价格）几乎前所未闻。在这种环境下，生产商大多依靠大规模生产来获得盈利和发展，不能提供个性化定制的产品。

　　商家还可以利用电子商务技术了解更多的消费者信息，比以往更有效地利用这些信息。网上商家也可以利用这些信息来制造新的信息不对称，提升自己的产品品牌，对高质量服务收取高额费用，把市场无限细分，针对不同的客户群收取不同的价格。更复杂的是，这些同样的技术也使得商家比以往任何时候都更了解其他商家。这样就会带来另一种可能，即商家可能在定价时相互勾结而不是竞争，从而抬高总体价格，尤其是在市场上商家数量较少时容易发生这种情况（Varian，2000a）。我们将在1.4节对不同的电子商务构想做进一步介绍，且贯穿全书都会有所论述。

　　图1-4所示的电子商务技术的每一个特性都值得进行初探，同时还需与传统商务和其他技术形式支持的商务活动进行比较分析。

1.3.1　普遍存在性

　　传统的商务活动中，**市场**（marketplace）是人们为进行交易而去的某个实际场所。例如，电视和无线电技术通常就用来刺激消费者，让他们到某一地方去购物。而电子商务具有**普遍存在性**（ubiquity），这意味着可以随时随地实现商务活动。电子商务将市场从受到物理空间限制中解放出来，消费者可以利用移动设备在家里、单位办公桌前甚至是在车上购买商品。这就形成了所谓的**虚拟市场**（marketspace），即一个超越传统界限、不受时空限制的市场。

　　从消费者的角度看，普遍存在性降低了交易成本，即参与市场所需要的成本，因为消费者不必再为实现一笔交易而花费时间和金钱到实体市场去。在更广泛的层面上，电子商务的普遍存在性降低了在市场空间进行交易时对认知精力的消耗。认知精力（cognitive energy）指的是完成一项任务所需要付出的脑力劳动。人们总是试图减少自己在认知精力上的支出。在条件允许的情况下，人们会选择付出努力最少即最便捷的途径（Shapiro and Varian，1999；Tversky and Kahneman，1981）。

1.3.2　全球覆盖性

　　与传统商务相比，电子商务技术使得商务活动能够更方便地跨越文化、地区和国家的界限，比传统商务更具成本效益。因此，电子商务企业面临的潜在市场规模几乎就等于全球的网民数（2016年约为33亿人）（eMarketer, Inc.，2016d）。更现实的是，互联网使得一个国家的电子商务商家比以往任何时候都更容易触达其他国家用户。电子商务企业可获得的用户或者消费者数量就是衡量电子商务**影响范围**（reach）的主要标准（Evans and Wurster，1997）。

　　相反，大部分传统商务只局限于当地或本地区，参与者是当地的商家或由当地企业构成的本地区商家。如电视台、无线电台和报社，都属于本地或地区性组织，其覆盖面虽不算宽，但网络功能强大，足以吸引本国的受众。与电子商务技术相比，这些传统商务技术很难做到跨越国界，接触到全球范围的使用者。

1.3.3　通用标准

　　电子商务技术的显著特点就是互联网的技术标准，因此约束电子商务的技术标准就变成了**通用标准**（universal standards），全球所有国家都要遵循该标准。而大多数国家的传统商务技术标准是有差异的。比如全球各地的电视和无线电标准就不一样，移动电话技术亦是如此。

电子商务的全球技术标准大大降低了市场进入成本，即商家要使其产品进入市场而必须支付的成本。同时该世界标准也降低了消费者的搜索成本，即为找到合意商品所付出的努力。利用这种单一的全球性虚拟市场，可以低成本地向大众提供产品介绍和价格，价格发现变得更简单、快捷，也更准确（Banerjee et al.，2005；Bakos，1997；Kambil，1997）。因为用户（包括企业和个人）使用的技术相同，网络外部性创造了利润。利用电子商务技术，人们能在世界任何地方容易地找到某商品的所有供应商、价格以及送货条款等有关信息，这是史无前例的。虽然目前对于所有或大多数产品来说并不一定是现实的，但它有可能在未来被开发利用。

1.3.4 **丰富性**

信息的**丰富性**（richness）指的是信息的内容及其复杂程度（Evans and Wurster，1999）。传统市场、本国的销售团队以及小型零售店都具备良好的信息丰富性，因为它们能够提供面对面服务，在销售时进行视觉或听觉暗示。传统市场的信息丰富性为其创造了强有力的销售氛围或者商业氛围。在万维网出现以前，丰富性和影响范围之间存在着替代关系：能够触达的受众越多，信息的丰富性就越差。

电子商务技术能比传统媒体（印刷、广播、电视）提供更好的信息丰富性，因为其具有交互性，能将信息传递给特定用户。例如，和线上销售人员聊天的客户体验非常接近于小型零售商店的体验。电子商务技术所具有的丰富性能帮助零售商和分销商推销"复杂"商品和服务，而之前这只能通过一个销售人员面对面向多个顾客讲解来完成。

1.3.5 **交互性**

电子商务技术是一种支持**交互性**（interactivity）的技术，可让商家和消费者以及消费者之间进行双向沟通，这与 20 世纪的任何商务技术都不同（电话是一个例外）。比如，电视和收音机等就无法向观众询问任何问题，不能与观众进行对话，也不能要求消费者填写表格。

交互性可让网络商家与消费者以类似于面对面的方式进行沟通。具有社交分享特征（如"Like"（喜欢）和"Share"（分享）按钮）的评论功能、社区论坛和社交网络都能让消费者积极地与商家和其他用户互动。不太明显的交互形式包括响应性设计元素，例如网站会根据用户浏览所用的设备改变版式，产品图片在鼠标悬停时变化（能够放大或旋转图片等），在用户填写表单时提示问题，以及自动为不同用户类型填充的搜索框。

1.3.6 **信息密度**

电子商务技术使得**信息密度**（information density），即所有市场参与者如消费者、商家能获得的信息总量和质量大大提高了。电子商务技术减少了信息收集、存储、加工和交流的成本。同时，这些技术还在很大程度上提高了信息的流通性、准确性和及时性，使得信息比以往任何时候都更有用、更重要。所以，如今能获得的信息数量更多，成本更低，而质量却更高。

信息密度增长带来一系列的商业后果。电子商务带来的一个变化是市场参与者（消费者和商家）间信息不对称减少，价格和成本都变得更加透明。价格透明是指消费者能方便地找到市场上的各种价格；成本透明是指消费者发现商家为产品支付的实际成本的能力。在电子商务下，阻碍用户获知价格和成本信息越来越难，因而整个市场可能变得更具有价格竞争性（Sinha，2000）。但对于商家来说同样是有利可图的。网络商家可以更多地了解消费者信息，根据不同消费群体的支付意愿来细分市场，借此实现价格歧视，即将相同或类似的商品以不同的价格销售给不同的目标群体。例如，网络商家了解到某个消费者对费用昂贵的国外度假有强烈的渴望，预计他愿意为此支付高价，因此为他定制一份度假计划，把报价提高。而为那些对价格敏感的消费者提供类似的服务，价格则定得低一些。商家还可依据成本、品牌和质量进行产品分类。

1.3.7　个性化/定制化

利用电子商务技术可实现**个性化**（personalization），即商家能根据个人的姓名、兴趣和以往的购买经历来调整所提供的信息，针对特定个体提供定向营销信息。目前根据消费者画像定制广告可在几毫秒内完成。利用电子商务技术也可实现**定制化**（customization），即根据用户偏好和先前行为调整商品和服务。前面已提及电子商务技术具有交互性的特点，因而商家可在消费者购买时收集大量的客户信息。

信息密度的提高使网络商家可以存储并利用消费者以往的购买和行为数据，这样就使个性化和定制化达到传统商业技术无法想象的水平。比如，你可以通过选择频道来找到你想看的电视节目，但是无法改变你所选择的频道中播放的内容。相比之下，在《华尔街日报》的网站上，你可以选择自己想先看的新闻类型，还可设置当特定事件发生时网站是否通知你。个性化和定制化能帮助企业更精确地细分市场，推送不同的信息。

1.3.8　社交技术：用户生成内容和社交网络

和以往所有的技术不同，电子商务技术更具社会性，它可让用户在全球社区内生成和共享内容。这种交流方式可以帮助用户建立新的社交关系并巩固已有的社交关系。

现代历史上所有的大众媒体（如印刷机）都使用了广播模型（一对多）：内容由专家（专业作家、编辑、导演、演员和制作人）在中心位置创建，受众则在其周边大量聚集以消耗标准化的产品。电话似乎是个例外，但它不是大众传播技术，而是一对一的技术。电子商务技术具有转变这种标准媒体模式的潜力，用户可以大范围地生成和分享内容，规划自己的内容消费。电子商务技术提供独特的多对多形式的大众传播。

表 1-2 列出了电子商务技术的特性及其对商务活动的意义。

表 1-2　电子商务技术的八大特性与商业意义

电子商务技术的特性	商业意义
普遍存在性——互联网技术无处不在，可随时（在单位、家里，或通过移动设备在任何地点）使用	市场已超越传统界限，不受时空和地理限制，即形成了"虚拟市场"，顾客随时都能购物，既方便又节省开支。
全球覆盖性——电子商务技术超越国界，遍及全球	商务活动已超越文化和国家的界限，无缝、不受干扰地进行。"虚拟市场"拥有全世界几十亿潜在消费者和数百万潜在卖家。
通用标准——形成一整套技术标准	形成一套全球通用、廉价的技术基础供企业使用。
丰富性——视频、音频、文本等成为可能	在营销信息和消费体验的传播中整合视频、音频、文本等各种信息形式。
交互性——通过与用户的交互发挥作用	客户参与对话，这种对话可根据个体的不同随时调整，使客户参与商品的市场进入过程。

续表

电子商务技术的特性	商业意义
信息密度——降低了信息的成本，提高了信息质量	降低了信息的处理、存储和沟通成本，提高了信息的流通性、准确性和实时性。信息更加丰富、廉价、准确。
个性化/定制化——可在个人和组织间传递个性化的信息	按照个体的特性将市场信息个性化、产品服务定制化。
社交技术——用户生成内容和社交网络	新的社交商业模式支持用户在社交网络上创建和发布内容。

1.4 电子商务的类型

电子商务的类型很多，其划分方法也不尽相同。大多数情况下，我们根据市场参与者的相互关系，即谁卖东西给谁，来划分电子商务类型。移动、社交和本地电子商务可以看作这些类型电子商务的子集。

1.4.1 B2C 电子商务

企业对消费者的电子商务（Business-to-Customer（B2C）e-commerce）是讨论最多的一种电子商务类型，网络企业尽全力赢得个体消费者。电子商务包括购买零售商品、旅游和其他类型的服务以及在线内容。B2C 电子商务虽然规模相对较小（2016 年交易总额约为 6 000 亿美元），但自 1995 年至今一直呈指数增长，是消费者最愿意参与的电子商务类型，如图 1-5 所示。

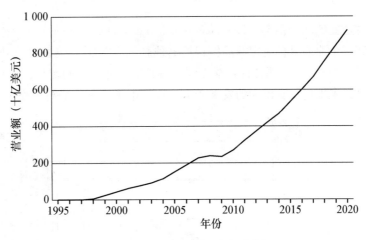

图 1-5 美国 B2C 电子商务的增长

说明：在早期，B2C 电子商务每年增长 1～3 倍，虽然美国的 B2C 电子商务在 2008—2009 年因经济衰退而增长放缓，但在 2010 年就恢复了 13% 的增长率，此后一直以两位数增长。
资料来源：Based on data from eMarketer, Inc., 2016e, 2016f; authors' estimates.

B2C 电子商务的商业模式也花样百出，第 2 章将详细阐述 7 种 B2C 电子商务模式，分别是：电子零售商、服务提供商、交易经纪人、内容提供商、社区服务商/社交网络、市场创建者以及门户网站。在第 Ⅳ 篇中，我们将分别研究每种商业模式。在第 9 章中，我们研究电子零售商、服务提供商，包括按需服务和交易代理。在第 10 章中，我们主要关注内容提供商。在第 11 章，我们关注社区服务商（社交网络）、市场创建者（拍卖）和门户网站。

数据显示，在未来 5 年里，美国的 B2C 电子商务将以每年 10% 的幅度增长。这是巨大的上行潜力。以零售电子商务（目前占 B2C 电子商务收入的最大份额）为例，它仅仅占据美国零售总额 4.8 万亿美元的一个非常小的部分（约占 8%），增长空间巨大（见图 1-6）。然而，B2C 电子商务的收入不太可能以目前的速度继续增长。随着在线销售在所有销售中所占的比例越来越大，在线销售的增长很可能最终会下降。然而，达到这一拐点似乎还需要很长的时间。从音乐到视频、医疗信息、游戏和娱乐的在线内容销售在达到任何最高临界点前，都还有更长时间可能实现增长。

全美国零售市场
4.8万亿美元

全美国零售
电子商务市场
3 980亿美元

图 1-6　增长空间

说明：零售电子商务市场仍然只是美国零售市场的一小部分，但未来还会有很大的增长空间。

1.4.2　B2B 电子商务

企业对企业的电子商务（Business-to-Business（B2B）e-commerce）是目前业务规模最大的电子商务类型，企业的目标是把商品销售给其他企业。2016 年美国 B2B 电子商务交易总额约达到 6.7 万亿美元（见图 1-7）。据估计，线上线下各种渠道的企业间贸易总额约为 14.5 万亿美元，意味着 B2B 电子商务未来仍具有巨大的发展潜力。B2B 电子商务的最终规模可能是巨大的。

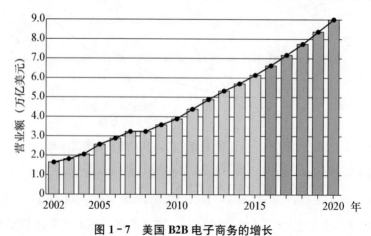

图 1-7　美国 B2B 电子商务的增长

说明：美国 B2B 电子商务的规模大约是 B2C 电子商务的 10 倍。到 2020 年，B2B 电子商务市场份额预计将超过 9 万亿美元。（注意：不包括 EDI 交易。）

资料来源：Based on data from U. S. Census Bureau, 2016; authors' estimates.

B2B 电子商务主要有两种商业模式：在线交易市场（包括电子分销市场、电子采购市场、电子交易市场和行业合作集团）和会员专用网络。我们将在第 2 章介绍各种 B2B 业务模型，并在第 12 章中进一步深入地研究。

1.4.3　C2C 电子商务

消费者对消费者的电子商务（Customer-to-Customer（C2C）e-commerce）借助网络市场制造商（也称为平台提供商）如 eBay、Etsy 和分类网站如 Craigslist 以及按需服务企业如爱彼迎和优步等，为消费者提供一种互相销售商品的途径。在 C2C 电子商务中，消费者为市场准备产品，将产品用于拍卖或销售。借助市场制造商提供目录、搜索引擎和交易清算的能力，产品可以很容易地展示、被发现和支付。

2015 年，eBay 自身创造的商品交易总量就约达 820 亿美元，保守估计 2016 年 C2C 市场规模将超过 1 000 亿美元（eBay，2016）。

1.4.4　移动电子商务

移动商务（mobile e-commerce 或 m-commerce）是指使用无线数字设备实现的网络交易活动。其基本原理是利用蜂窝网络和无线网络把智能手机和平板电脑等连接到网络上。一旦建立起连接，移动消费者就能购买产品和服务，进行旅游预订，使用各种各样的金融服务，访问在线内容，等等。

美国移动商务的购买量预计将在 2016 年达到 1 800 亿美元，且未来 5 年将呈现快速增长（见图 1-8）。推动移动商务增长的因素包括：消费者使用移动设备的时间越来越长；智能手机屏幕的尺寸也越来越大；更好地利用响应式设计，使电子商务网站能够更好地优化移动使用和移动支付；移动搜索功能增强（eMarketer，Inc.，2016g，2016h）。

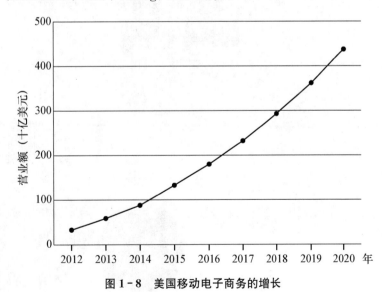

图 1-8　美国移动电子商务的增长

说明：在过去的 5 年里，移动商务以惊人的速度增长，2012 年市场份额才区区 328 亿美元，预计 2016 年将增长到 1 800 亿美元。随着消费者越来越习惯于使用移动设备购买产品和服务，预计在未来 5 年，这一数字将继续以两位数增长。

资料来源：Based on data from eMarketer，Inc.，2016g，2016h，2015a，2015b，2014.

1.4.5 社交电子商务

社交电子商务（social e-commerce）是由社交网络和在线社交关系所支持的电子商务。许多因素推动了社交电子商务的发展，其中包括越来越多的人使用社交登录（使用你的脸书或其他社交网络账号登录网站）；网络通知（对产品、服务和内容的允许或不赞同）；在线协作购物工具；社交搜索（来自在线信任朋友的推荐）；集成社交商务工具流行度越来越高，如在脸书、Instagram、Pinterest、YouTube 和其他社交网站上的购买按钮、购物标签和虚拟商店。

社交电子商务仍处于起步阶段，但在 2015 年互联网零售商社交媒体 500 强从社交电子商务中获得了约 39 亿美元的收入。不论是社交网络，还是零售商 500 强的网站流量，都在 2015 年增长了近 20%（Internet Retailer，2016）。

社交电子商务经常与移动商务联系在一起，尤其是随着越来越多的社交网络用户通过移动设备访问这些网络。被称为"对话式商务"（conversational commerce）的各种社交电子商务进一步撬动了移动连接发展。对话式商务包括使用 Facebook Messenger、WhatsApp、Snapchat、Slack 等移动通信应用作为企业与消费者互动的工具。

1.4.6 本地电子商务

本地电子商务（local e-commerce）是一种电子商务形式，正如其名字所传达出的含义，它专注于根据用户当前的地理位置来开展商务活动。本地商家使用各种各样的在线营销手段来招揽消费者光顾其商店。本地电子商务是继移动电子商务、社交电子商务之后出现的第三个电子商务浪潮。随着对优步等本地按需服务的关注激增，预计 2016 年美国本地电子商务的规模将增长到 400 亿美元以上。

图 1-9 说明了所有类型电子商务的规模，表 1-3 则为每种类型提供了案例讲解。

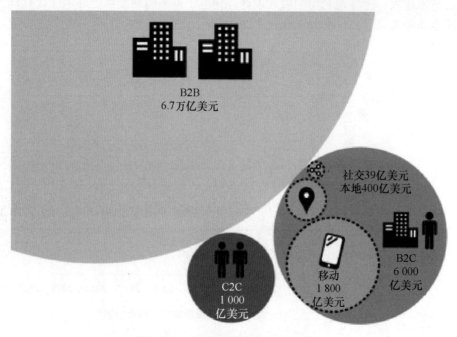

图 1-9　不同类型电子商务的规模

说明：B2B 电子商务使其他所有形式的电子商务相形见绌；移动、社交和本地电子商务虽然发展迅速，但与传统电子商务相比仍然规模相对较小。

表 1 - 3　电子商务的主要类型

电子商务类型	案例
B2C	亚马逊就是一个常见的向用户销售消费品的平台。
B2B	Go2Paper 是一个为造纸行业服务的独立第三方市场。
C2C	像 eBay 这样的拍卖网站，以及像 Craigslist 这样的分类信息网站，使消费者能够直接拍卖或出售商品给其他消费者。
移动电子商务	平板电脑和智能手机等移动设备可以用来进行商业交易。
社交电子商务	脸书是领先的社交网络和社交电子商务网站。
本地电子商务	Groupon 向用户提供本地商家的团购折扣券和折扣优惠券，一旦用户购买，这些优惠就可以生效。

1.5　电子商务简史

很难准确地说电子商务到底是从何时开始的，电子商务的雏形有很多。20 世纪 70 年代末期，一家名叫 Baxter Healthcare 的制药企业率先使用电话调制解调器，使医院能直接向其订购产品，这是 B2B 电子商务的一种雏形。80 年代该系统升级为基于个人电脑（PC）的远程订单录入系统，在美国得以广泛使用。互联网成为商务运作环境则是许久之后的事。80 年代，电子数据交换（EDI）的标准逐步形成，企业可利用专有网络交换商务文件，以数字化方式处理商务交易。

在 B2C 电子商务方面，首个真正被广泛使用的数字化交易系统是 1981 年在法国诞生的 Minitel 系统。该系统将电话和一台 8 英寸显示器相结合，提供视频与文本功能。截至 20 世纪 80 年代中期，300 多万套 Minitel 系统在法国推广使用，提供超过 13 000 项服务，包括订票代理、旅游服务、零售商品以及在线银行。2006 年 12 月 31 日，Minitel 系统的开发者法国电信集团将其关闭。

但是，这些电子商务的先驱系统都无法与互联网的强大功能相提并论。今天，一提到电子商务，通常就会联想到互联网。本书认为电子商务是从 1995 年开始的，因为继 1994 年 10 月底美国电话电报公司（AT&T）、沃尔沃、Sprint 和其他厂商在 Hotwired.com 上首次发布横幅广告后的 1995 年初，网景（Netscape）和 Infoseek 成功出售首个横幅广告位。

虽然电子商务出现并不算太久，却演绎了一段激荡的历史。电子商务的发展可划分为三个阶段：1995—2000 年，成长期；2001—2006 年，巩固期；2007 年至今，社会、移动和本地扩张下的重塑期。图 1 - 10 将各时期放在了同一时间轴上，下面将简要地回顾每一个时期。

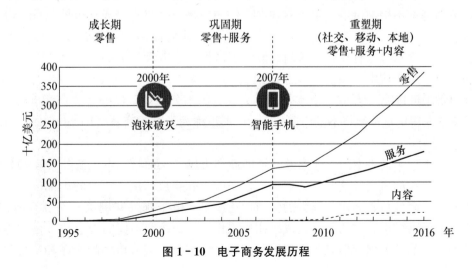

图 1 - 10　电子商务发展历程

1.5.1 **1995—2000 年：电子商务的成长期**

电子商务的早期阶段是一个爆发式增长和非凡创新的时期。在成长期，电子商务意味着在互联网上销售零售商品，而且通常是很简单的商品，因为没有足够的带宽来支撑复杂商品。市场营销仅限于简单静态展示广告，另外搜索引擎也不够强大。大多数大公司的网络政策（如果它们有的话）就是要有一个基本的静态网站来描述它们的品牌。电子商务的快速增长得益于超过 1 250 亿美元的风险投资涌入。电子商务成长期在 2000 年接近尾声，当时股市估值暴跌，成千上万的公司消失（即"互联网泡沫"）。

电子商务早期也是美国商务历史上前景最令人欣慰的时期之一。当时电子商务的核心概念已经形成。对于计算机科学家和信息技术专家来说，早期电子商务的成功是一系列信息技术发展的有力证明。这些技术的发展有 40 多年的历史，经历早期的互联网，到个人计算机的出现，再到局域网使用等各个时期。技术的发展目标是要形成全球统一的通信和计算环境，使得全世界任何人都可利用成本低廉的计算机进入这一环境，即建立由 HTML 页面组成的全球统一知识库，将数亿人与成千上万的图书馆、政府和科学机构的信息都存储到这些页面中。人们为这样的事实而欢呼，即互联网不受任何个人或组织的控制，对所有人都是免费的。人们认为互联网应该保持这种自我管理、自我约束的状态，在互联网基础上发展起来的电子商务自然也应如此。

对于经济学家来说，早期的电子商务几乎是完美的市场：参与者获得的价格、成本和质量等信息一致，市场上有无穷多的供应商相互竞争，而消费者能获得世界上任何市场的相关信息，商家也能获得无数消费者的信息。互联网的发展衍生出数字市场，该市场中信息几乎是完美的——这在现实世界不可能发生。反过来，商家也可以直接接触到数亿消费者。在信息近乎完美的虚拟市场里，搜索商品种类、价格、支付方式、订单履行情况的成本都大幅下降，交易成本大大降低（Bakos，1997）。对于厂商来说，搜索消费者的成本也会降低，因为可根据每个客户的需求打造个性化的广告，减少无用广告的浪费。对于消费者来说，价格甚至成本都更加透明，消费者如今能够快速、准确地知道全球大部分商品的最低成本、最佳质量。因此，信息不对称大大减少了。有了互联网即时沟通的特性，有了强大的销售信息系统，有了低成本地调整网络价格（低菜单成本）等优势，生产厂商就可以根据实际需求对产品动态定价，全国实行统一价格和建议价格的局面得以打破。这也将导致市场上中间商作用的削弱甚至消失，即**去中介化**（disintermediation）。作为生产者和消费者之间的中介，分销商、批发商等都要收取一定的费用，以致成本上升，中介环节却基本不增加价值。生产商和内容创造者将与客户直接建立市场关系。电子商务所导致的激烈竞争、中间商的减少和低廉的交易成本将会使商品品牌不复存在，同时也消除品牌、地理位置、生产要素等专有权带来垄断利润的可能性。服务和产品的价格将下降至某个合适的点：价格刚好等于生产成本，加上公平的资本回报的"市场利率"，以及企业家所付出努力的小额回报（该项通常不可持续）。给投资资本带来巨大收益的不公平竞争优势（某个竞争对手拥有了其他竞争对手无法获得的优势）将不复存在。这种情形被称为**无摩擦商务**（friction-free commerce）（Smith et al.，2000）。

对于现实世界中的企业家及其赞助商和市场专家而言，电子商务代表的只是赚取远高于平常的投资收益的机会。这与经济学家所希望的正好相反。电子商务的虚拟市场空间只是代表使用互联网及一套低价、通用、强大的营销沟通技术（电子邮件和网页）与数百万消费者沟通的渠道。营销人员可借助这些新技术完成以往的工作——如按照不同的需求和价格敏感性来细分市场，根据不同的品牌和促销信息来定位细分市场，确定每个细分市场的产品和价格等——而且能够更加精确。在这类新的虚拟市场中，**先行者**（first mover）将获得超额利润。所谓先行者，是指最早进入某一特定领域的市场并迅速获得市场份额的企业。在"赢家通吃"的市场，先行者能够迅速地建立庞大的客户群，尽快树立品牌知名度，建立全新的分销渠道，通过网站独有的特点和最佳界面设计给用户设置一种转移成本，从而抑制竞争对手（新进入者）发展。企业家的想法是基于规模、便利、优选和品牌，在网络上建立近乎垄断的地位。利用新技术，网络企业能够创造传统商家无法具有的大信息容量、社区性的商务特点。这类"消费社区"也能为网络企业增加价值，而且传统厂商很难模仿。网络企业认为，消费者一旦习惯于某家企业的独特网站界面和其他特性，就不会轻易地改变，转向其他竞争厂商。理想的情况是，有创新精神的企业能发明专利和技术为大多数用户所用，从而产生一种网络效应。**网络效应**（network effect）指的是所有的人都可以从其他人使用同样的工具或产品（如通用的操作系统、电话系统、遵从专有的即时通信标准的软件应用程序和 Windows 操作系统等）这一事实中得益，且使用的人数越多，其所带来的价值也就越大。[①]

企业家认为，要获取网络效应，就应该实行低价策略，以吸引消费者并阻止潜在的竞争对手。毕竟电子商务是一种全新的购物方式，所以必须向消费者提供直接的成本节约。相比传统的"砖块加水泥"型企业（哪怕是直邮目录销售的企业），网络企业开展商务活动要有效得多，同时其获取新客户和留住客户的成本也要低得多，这些优势无疑会转化成商业利润。对创业初期的网络企业而言，由于环境的动态多变，市场份额、网站访问人数（眼球）和总销售额就远比赚取利润重要得多。因此，电子商务早期，企业家和风险资本家都知道，超额的利润需要经过若干年的亏损后才能实现。

因此，早期电子商务的推动力就是新技术可能带来超额利润的愿景。在这一阶段，企业的经营重点主要放在迅速提高市场知名度上，其资金来源主要是风险投资基金。这一阶段强调的思想意识是网络不受控制的"狂野西部"特性，认为政府和法律不可能对互联网加以限制和监管；而传统企业的节奏太慢，过于官僚和僵化，无法在电子商务的竞争中立足。有创新精神的新兴企业就成为早期电子商务应用实践的推动力，风险资本为其提供巨额资金。这一阶段的重点主要在于对传统分销渠道的解构（瓦解）和现有渠道的去中介化，以及利用纯粹网络企业获得先行者优势。总而言之，这一时期电子商务的特征是实验性、资本化和过度竞争（Varian，2000b）。

1.5.2　2001—2006 年：电子商务的巩固期

2001—2006 年是电子商务发展的第二阶段。这是一个发人深省的时期，许多批评人士开始质疑电子商务的长期发展前景，引发了对电子商务的重新评估。电子商务的重点从"技术导向"转变为"业务导向"；大型传统企业已经学会如何使用万维网来加强市场地位；品牌延伸和强化比创造新品牌更重要；由于资本市场有意避开了初创公司而出现融资萎缩；传统的银行融资则基于盈利能力。

在巩固期，电子商务不仅包括零售产品，还包括旅游和金融服务等更为复杂的服务。这是由于美国的家庭和企业广泛采用了宽带网络，而且主要用于工作和家庭联网的个人电脑的性能在不断增强，价格却在不断降低。互联网营销越来越多样化，如根据用户查询提供的搜索引擎广告、富媒体和视频广告，以及基于广告网络和拍卖市场的营销信息的行为定位。大小公司的网络政策延伸到了一个更广泛的"网络范围"，不再局限于原来的网站，还包括电子邮件、展示和搜索引擎；每个产

---

① 网络效应可用梅特卡夫定律量化表示，即网络的价值是随参与者数量的二次方级增长的。

品对应多个网站；建立了一些有限的社区反馈机制。这一时期的电子商务以每年超过 10％的速度增长。

1.5.3　2007 年至今：电子商务的重塑期

从 2007 年 iPhone 推出至今，电子商务又一次被 Web 2.0 的快速发展改变。Web 2.0 是一系列支持用户生成内容的应用程序和技术集合，如在线社交网络、博客、视频和照片分享网站、wiki 等。智能手机和平板电脑等移动设备广泛普及，涉及本地商品和服务的电子商务开始得到发展，在移动设备的百万 app 和云计算的推动下出现了按需服务经济。这一时期既可以看作一种社会学的现象，也可以看作技术和商业的现象。

这一时期的网络世界通常被贴上"社交化、移动化、本地化"的特征标签。娱乐内容已成为电子商务收入的主要来源，移动设备则变身为娱乐中心，以及用于购买零售商品和服务的设备。社交网络的频繁使用彻底改变了营销方式，通过口碑营销、病毒式营销以及更强大的数据库和数据分析工具，实现了真正的个性化营销。企业将其网络策略从静态网页转移至脸书、推特、Pinterest 和 Instagram 等社交网络，试图通过整合的营销信息来包围在线消费者。这些社交网络有许多共同的特点。首先，它们依赖于用户生成的内容，"普通"人（不仅仅是专家或专业人士）正在创造、分享和传播内容给庞大的受众；其次，它们本质上是高度互动的，为人们创造了能够与他人建立联系的新机会；最后，它们吸引了大量的用户（截至 2016 年 6 月，脸书在全球约有 17 亿月活跃用户）。这些受众为营销和广告提供了绝佳的机会。

最近电子商务的重塑创造出了一系列新的按需服务业务，如优步、爱彼迎、Instacart 和 Handy。这些企业能够利用大量闲散的资源（如汽车、闲置的房间和个人业余时间等），并基于移动平台基础设施，构建利润丰厚的市场。在商务透视专栏的"创业训练营"案例中，我们会具体剖析 Y Combinator，它已经孵化了许多新的社会化、移动化和本地化的电子商务项目。

商务透视

创业训练营

我们都听说过马克·扎克伯格在哈佛大学宿舍里写了几行代码，最终却演变成了一桩数十亿美元大生意的故事。如今，要追踪所有被估值为数百万甚至数十亿美元的科技型初创企业比以往任何时候都要困难得多，甚至连它们的收入情况都无法得知。这类公司有一个共同之处——它们都得到了培育，通常是在孵化器的帮助下成立的。

随着企业家不断推出更多的电子商务公司，孵化器在硅谷发挥着至关重要的作用，帮助新企业从一个伟大的创意转变为一个成熟的、充满活力的企业。Y Combinator（YC）由程序员、风险投资家保罗·格雷厄姆（Paul Graham）于 2005 年创立，是硅谷最知名的孵化器。该公司每年两次提供为期 3 个月的训练营，包括种子基金以及广受好评的科技企业家的指导。训练营结束的最后一天被称为"演示日"（Demo day）或"D day"。在那一天，所有被称为"创始人"的企业家都把他们刚起步的企业推销给一群富有的风险投资家，他们希望在脸书或谷歌的基础上挖掘出新的商机。2014 年，格雷厄姆辞去了在该公司的领导职务，取而代之的是山姆·阿尔特曼（Sam Altman），他是 Loopt 公司前首席执行官（CEO），这是一家基于地理位置的移动服务提供商，也是一家成功的 YC 毕业生公司。阿尔特曼的目标是将 YC 的重点从互联网扩展到能源、生物技术、医疗设备以及其他解决具体问题的"硬技术"创业公司。

当公司经过严格的选拔过程（通常只有不到 2% 的申请者被接受）进入 YC 时，YC 会给它们 12 万美元现金，以换取公司 7% 的股份。创始人定期与 YC 合作伙伴会面，并免费获得技术、技术建议、精神支持和销售技巧方面的课程。截至 2016 年 9 月，YC 已帮助了近 1 400 家初创企业，市值超过 700 亿美元。从训练营毕业的公司已经筹集了 100 多亿美元，其中有 10 家已经成为罕见的但现在也越来越普遍的"独角兽"公司，即估值超过 10 亿美元的公司。超过 50 家公司价值超过 1 亿美元。

YC 非常成功，甚至有时被称为"独角兽饲养者"。获得"独角兽"称号的毕业生公司包括：爱彼迎，一种按需出租的客房租赁服务（估值为 300 亿美元）；Dropbox，一种基于云的文件存储服务（100 亿美元）；Stripe，一家数字支付基础设施公司（50 亿美元）；MZ（Machine Zone），一家大型多玩家在线游戏公司（30 亿美元）；Zenefits，一种基于云计算的员工福利管理工具（20 亿美元）；Insta-cart，一种按需提供的杂货递送服务（20 亿美元）；Twitch，一个流媒体视频游戏网络（被亚马逊以 10 亿美元收购）；Docker，一家开源软件公司（10 亿美元），它开发了自动驾驶汽车技术（被通用汽车以 10 亿美元收购）。其他知名的毕业生公司包括社交新闻网站 Reddit；网站搭建平台 Weebly；比特币钱包 Coinbase；数字图书馆订阅服务 Scribd；教人们如何编程的在线教育服务 Codecademy。

在 YC 的 2016 年冬季课程中，有 127 家初创公司在 2016 年 3 月的演示日发布。虽然 YC 越来越关注那些旨在解决世界普遍问题的初创公司，而不是下一个大型游戏或待办事项列表 app，但它仍然接受一些寻求在电子商务领域崭露头角的初创公司。例如，Restocks 是一款移动应用，帮助消费者跟踪和购买难以找到的限量发行产品。当耐克（Nike）等品牌发布或重新生产这些产品时，Restocks 的用户会收到推送通知。Restocks 的创始人卢克·迈尔斯（Luke Miles）对自己无法找到并购买一些"热门"的超级品牌 T 恤感到沮丧。迈尔斯写了一些代码，这些代码可以在产品出现在这个品牌的网站上时给他发送电子邮件，他意识到这可能对于其他产品来说也是一个有用的工具。虽然 Restocks 面临

自单个品牌的竞争，这些品牌可能自己提供类似功能的应用，如耐克的 SNKRs 等，但 Restocks 能够通过聚集数十个品牌来使自己的功能与其他品牌的功能变得不同。

在 2016 年冬季课程的其他初创公司中，分析师们尤其看好 Cover（这款 app 能让用户通过拍照获得保险）、Castle.io（基于行为分析的在线账号安全保护系统）、Yardbook（景观行业的云软件系统）、Mux（一种类似于网飞（Netflix）的流媒体服务，旨在为客户提供在线视频）和 Chatfuel（一种用于 WhatsApp 和其他平台的自动聊天工具）。

YC 还接受专注于美国以外市场的初创公司。在 2016 年冬季课程中有为非洲企业提供在线支付服务的 Paystack；面向印度农民和机构买家的在线市场 Kisan Network；专注于哥伦比亚的杂货配送服务公司 Rappi；面向非洲的 P2P 货运平台 Shypmate；为那些欠发达国家提供服务的电子商务物流基础设施公司 Lynks；在印度提供货运物流的移动应用 GoLorry。

并非所有通过 YC 训练营的公司都是成功的。在演示日未能吸引足够投资者兴趣的公司，可以尝试与不同的公司合作，或走自己的路，"有机健康地成长"。一些怀疑论者认为，像 YC 这样的孵化器可能不是每个创业公司的最佳选择。对于那些拥有扎实的但又不是令人瞩目的产品、服务或增长指标的初创公司来说，YC 的演示日实际上可能会不利于它们获得投资。与一个非常有资质的初创公司竞争，就削弱了它们不够光鲜的业务的吸引力。一旦在 YC 没有获得融资，其他潜在投资者也可能会对该公司产生怀疑。同时，创始人可能会专注于在种子基金中筹集更多的而非必要的资金。根据阿尔特曼的说法，创始人最初应该专注于让他们的公司尽可能少地投入资金，而 YC 的最好的公司也能够在持有相对较少的种子基金的情况下取得巨大的进步。

作为自身持续发展的一部分，YC 在 2015 年宣布，它将开始对其毕业生公司进行后期投资。YC 与斯坦福大学（Stanford University）的捐赠基金和 Willett 咨询公司一起，创建了一个新的 7 亿美元的持续性基金。YC 表示，它希望在以后的融资中，为所有被估值为 3 亿美元或更少的毕业生公司提供融

资，以帮助其在成熟时对它们进行进一步的引导。
2016 年，背景调查软件公司 Checkr 是首批受益的
公司之一，该公司筹集了 4 000 万美元的资金。

资料来源："Press," Y. combinator. com/press, accessed
November 11, 2016; "Get Hype Brands at Retail with Re-
stocks," by Matthew Panzarino, Techcrunch. com, April 19,
2016; "Inside Silicon Valley's Big Pitch Day," by Anna Wie-
ner, *The Atlantic*, March 29, 2016; "4 Cloud Startups to
Watch from Y Combinator," by Tess Townsend, Inc. com,
March 24, 2016; "The Top 8 Startups from Y Combinator
Winter'16 Demo Day 2," by Josh Constine, Techcrunch. com,
March 24, 2016; "The Top 7 Startups From Y Combinator
Winter'16 Demo Day 1," by Josh Constine, Techcrunch. com,
March 23, 2016; "Checkr Raises $40 Million Series B Led by
Y Combinator Continuity Fund," Ivp. com, March 23, 2016;
"Stanford, Michael Bloomberg Now Back Every Y Combinator
Startup," by Douglas Macmillan, *Wall Street Journal*, Octo-
ber 15, 2015; "Y Combinator Will Fund Later-Stage Compa-
nies," by Mike Isaac, *New York Times*, October 15, 2015;
"Meet Y Combinator's Bold Whiz Kid Boss," by Jason Anke-
ny, Entrepreneur. com, April 25, 2015; "The Y Combinator
Chronicles: Y Combinator President Sam Altman Is Dreaming
Big," by Max Chafkin, Fastcompany. com, April 16, 2015;
"Y Combinator Known for Picking Winners," by Heather
Somerville, *San Jose Mercury News*, May 8, 2014; "Y
Combinator's New Deal for Startups: More Money, Same 7%
Equity," by Kia Kokalitcheva, Venturebeat. com, April 22,
2014; "The New Deal," by Sam Altman, Blog. ycombinator.
com, April 22, 2014; "Silicon Valley's Start-up Machine," by
Nathaniel Rich, *New York Times*, May 2, 2013; "What's the
Secret Behind Y Combinator's Success?," by Drew Hansen,
Forbes. com, February 18, 2013.

表 1-4 总结了这三个时期电子商务的特征。

表 1-4　电子商务的演变

1995—2000 年 电子商务成长期	2001—2006 年 电子商务巩固期	2007 年至今 电子商务重塑期
技术推动	业务推动	基于移动技术的社交、本地和移动电子商务
以收入增长为重点	以收入和利润为重点	以受众和社交网络为重点
风险资本融资	传统融资	风险资本投资的收益回报；初创公司被大型网络公司收购
无管制	管制力度加强	政府监管范围更广
创业型企业	大型传统企业	社交、移动和本地创业型企业
去中介化	强化中间商	小型在线中介机构激增，为大企业提供各类业务流程服务
完美市场	非完美市场、品牌和网络效应	延续了非完美市场；特定市场的商品竞争
先行者优势	策略跟进者优势；互补性资产	新市场中回归先行者优势，传统网络玩家迎头赶上
复杂度低的零售产品	复杂度高的零售产品和服务	零售、服务和内容

1.5.4　评价电子商务：成功、惊喜和失败

回顾电子商务的发展可以明显地看出，电子商务已然是一个惊人的技术成就。互联网和万维网造就了每年电子商务交易从几千美元增长到几十亿美元。预计 2016 年美国在线买家数量约为1.77 亿，为 B2C 带来 6 000 亿美元的收入，而 B2B 的收入将达 6.7 万亿美元。在后面的章节中将会提及，随着电子商务的数字基础设施的巩固加强，其稳固程度足以支持电子商务在未来10 年保持显著增长。互联网的发展前景美好，电子商务的"e"（互联网）已经取得了巨大的成功。

从商业的角度来看，虽然电子商务带来了不少惊喜，但总体来说早期的发展是喜忧参半的。1995 年创建的网络公司只有很少一部分还能够在 2016 年以独立公司的形式存在，这些幸存者中能够盈利的更是屈指可数。然而，商品和服务的在线销售仍在快速增长，不过与经济学家的期望相反，在线销售日益集中。例如，根据 Internet Retailer 的数据，500 强零售商的销售额占所有在线零

售销售额的 84%（Internet Retailer，2016）。因此，成千上万的公司业已失败，幸存者占据了市场的主导地位。数千家供应商在价格上竞争的遐想已经在由大公司主导的市场中幻灭。消费者可以把万维网作为一种获取商品信息的强大工具，而这些商品却常常是通过诸如传统实体商店这样的其他渠道购买的。例如，2014 年的一项研究发现，在接受调查的人中，有近 90% 的人在去实体商店购买商品之前，在网上研究过产品（webroom）（Interactions Consumer Experience Marketing，Inc.，2014），特别是在汽车、电器和电子产品等昂贵耐用消费品方面。这类受互联网影响的商务难以估计，但绝对意义重大。例如，弗雷斯特研究公司估计，2015 年这一数字大约为 1.3 万亿美元（Forrester Research，2016）。而零售电子商务（实际在线购买）和（受网络影响的）实际店铺购买的收入预计在 2016 年将达到近 1.7 万亿美元。电子商务的"商务"功能十分奏效，至少在吸引消费者和产生利润方面都是如此。

虽然电子商务在吸引消费者和提高收入方面表现不俗，但电子商务早期建立的许多愿景显然尚未实现。例如，经济学家所憧憬的无摩擦商务就没有完全实现。虽然网络价格一般较低，但低价往往是企业把价格降到成本之下销售的结果。在某些情况下，网上价格要比当地商家高，因为消费者愿意为网上购物的便利支付一小笔费用（Cavallo，2016）。消费者对于价格没有预期的那么敏感，更令人吃惊的是，收入最高的网站常常是价格最高的。价格分散仍然以相当大的规模持续存在，甚至还有扩大的现象：在线竞争已经降低了价格，虽然搜索成本较低，但是价格分散在许多市场中仍然是普遍存在的（Levin，2011；Ghose and Yao，2010）。在一项针对英国和美国的 5 万件商品的研究中，研究人员发现了互联网的价格黏性，即使在需求变化大的情况下，网上商家的价格也没有比线下商家高得多，网上商家的价格分散比传统的实体店（Gorodnichenko et al.，2014）要严重一些。单一世界、单一市场、统一价格的设想没有实现，因为企业找到了区分产品和服务的新途径。商家通过采取"游击定价"或者说实时更新价格法（使用"闪电定价"或"闪电销售"），让竞争者永远都不知道自己的定价（消费者也不知道）；或者通过"诱导转向法"使消费者从低毛利产品转向所谓的"更高质量"的高毛利产品，以此来适应网络竞争环境。电子商务环境中品牌依然很重要，因为消费者更愿意相信知名品牌商，认为这些企业会提供高质量的产品并按时送货，而且他们愿意为此付钱（Rosso and Jansen，2010）。

最具市场效率的完全竞争模式并没有真正实现。商家和市场参与者的信息不对称依旧存在。虽然搜索成本已全面下降，但是完成电子商务交易的实际交易成本依旧很高，因为用户要做的决定太多，太令人困惑。比如，商家实际送来的会是什么商品？什么时候送货？商家是否真的有目录里列出的商品？如何填写订单？很多购买在购物车阶段就终止了，原因就是消费者面临的这些不确定因素。对于很多产品而言，直接打电话给一个可靠的产品目录商比在网上下订单要容易。最后，中间商并没有像预期的那样消失。例如，大多数制造商没有采用网络直销模式，而索尼等公司也已经回到了中间商模式。网络直销模式的先驱——戴尔公司（Dell）已经转向了一种高度依赖店内销售的混合模式，顾客可以在购买之前仔细检查；而苹果的实体店是世界上最成功的商店之一。人们仍然喜欢在实体店购物。

如果说有什么已经实现的话，那就是电子商务为中间商创造了许多新的机会，它们可以把内容、产品和服务引入到门户网站中，从而成为一种新的中间商。第三方旅游网站 Travelocity、Orbitz、Expedia 就是这类新型中间商的实例。虽然电子商务为"纯"网络公司的建立提供了机会，但并没有将已有的零售链和目录商从业务中驱逐。

许多企业家和风险投资者对于电子商务的预期也没有变成现实。先行者的优势只在很少的网站得到了体现，尽管其中一些非常有名，比如谷歌、脸书、亚马逊等。快速成为巨头虽然有时行得通，但大多数情况下不可行。从以往的历史看，先行者就是长期的亏损者，最先进入市场的开拓者总是被那些具备开发成熟市场所需的财务、营销、法律和产品资源的快速跟进者取代，电子商务也是如此。大量的电子商务先行者，如 eToys、FogDog（主营体育产品）、WebVan（杂货店）和 Eve.com（主营化妆品）都已经破产。在电子商务早期，赢得消费者和保持消费者的成本是非常高的，如 E* Trade 和其他金融服务企业吸引一个新的客户要花费 400 美元。在网上开展商务活动的总成本包括技术成本、网站的设计和维护成本，还包括建立仓库完成物流的成本。所以，并不比那些最有效率的"砖块加水泥"型商店少。不管公司的网络是否存在，一个大仓库都要耗资数千万美元，而且运营仓库的知识是无价的，也是不会消失的。虽然网上企业最初的创立成本可以勉强应付，但随后试图通过抬高价格来获得盈利的方法则会导致大量消费者的背离。从电子商务商家的角度来看，e-commerce 中的"e"并不是简单容易的代名词。

另一方面，电子商务在发展过程中，也带来了一些意想不到的惊喜。很少有人预料到移动平台的影响。很少有人预料到社交网络的快速发展或其作为广告平台的成功，因为它比谷歌更详细地了解了个人行为。而且，几乎没有人预料到电子商务的出现，它使得人们可以使用移动设备预订出租车、购买杂货、清洗衣物，等等。

1.6 理解电子商务：将几个主题有机地组织起来

全面理解电子商务对于教师和学生来说都是一件困难的事情，因为电子商务所涉及的领域太广泛，没有哪个独立学科能囊括电子商务的所有内容。经过多年的电子商务课程教学和编写本书后，我们开始意识到"理解"电子商务是一件多么困难的事情。不过我们探寻到一种有效的途径，把电子商务看作由三个相互联系的宽泛主题组成的，即技术、商务和社会。这里的顺序并不代表其重要程度。本书所遵循的思路只是依照所要理解和描述的问题特性来列出这三个主题。不过，就像历史上技术驱动商务革命一样，这也是一个循序渐进的过程。技术总是最先发展的，紧接着就是这些技术在商务领域的开发和应用，而一旦技术在商务领域得到广泛运用，就会产生一系列的社会、文化和政治问题，社会又不得不对此做出回应。

1.6.1 技术：基础设施

数字计算和数字通信技术的大量应用是新涌现的全球数字经济——也就是我们所说的电子商务——的核心。要理解电子商务未来可能的发展，就需要对作为其基础的信息技术有基本的了解。电子商务首先是由技术驱动的，它依靠的是大量的信息技术和经历了 50 多年的发展历史的计算机科学的基本概念。电子商务的核心是互联网和万维网，具体我们将在第 3 章介绍。在这些技术的背后是大量对其作补充的技术，如云计算、个人电脑、智能手机、平板电脑、局域网、关系型和非关系型数据库、客户机/服务器处理、数据挖掘、光纤交换，等等。这些技术位于复杂的商务应用系统的核心，这些商务应用系统包括企业信息系统、供应链管理系统、制造资源计划系统以及客户关系管理系统等。电子商务要依赖所有这些技术，而不仅仅是互联网。互联网虽然是之前的企业计算和通信技术的巨大突破，但这仅仅是企业计算演变的最新进展以及商业领域的计算机创新链的一部分。图 1-11 列出了企业计算机应用的各个主要发展阶段，同时也表明了互联网和万维网是如何适应这一发展轨迹的。

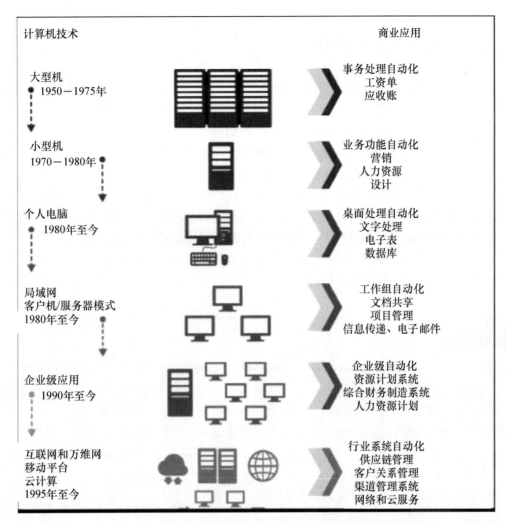

图 1-11 互联网与企业计算机应用的演变

说明：互联网和万维网以及由互联网云连接的移动平台的出现，都是不断演化的技术链条和相关业务应用的最新部分，都是建立在先前的技术和应用的基础上的。

所以，要真正理解电子商务，你需要了解包交换通信、TCP/IP 协议等端口协议、客户机/服务器处理模式、云计算、移动数字平台、网络服务器、HTML5、CSS 和客户端的软件编程工具如 Flash 和 JavaScript，以及服务器端的 Java、PHP、Ruby 框架和 ColdFusion。所有这些主题都将在本书的第 II 篇（第 3～5 章）详细介绍。

1.6.2 商务：基本概念

在技术奠定了基础之后，接下来就是商务应用——它可以带来投资回报的巨大潜力——从而创造了电子商务的吸引力，活跃了电子商务。新技术为企业带来了组织生产和进行交易的新方法。新技术改变了现有企业的战略和规划：原有的战略已经陈旧过时，必须制定新的战略。新技术是伴随着新产品和新服务涌现出来的成千上万新企业诞生的温床，也是许多传统企业的坟墓。要真正理解电子商务，你需要熟悉基本的商务原理，如数字化电子市场的本质、数字产品、业务模式、企业和行业价值链、价值网、行业结构、数字化颠覆、数字市场中的消费者行为以及基本的财务分析。我们将在第 2 章、第 6～7 章、第 9～12 章进一步介绍这些概念。

1.6.3　社会：消除破坏力

现在，全美国有 2.67 亿人在使用互联网，许多人都是出于电子商务的目的，全球则有 33 亿互联网用户，从中不难看出互联网和电子商务的影响是巨大的、全球性的。电子商务越来越多地受到国家和全球各机构所制定的法律的约束。我们需要了解，从全球电子商务的角度来看，在当代社会要成功地经营电子商务企业或全面地理解电子商务会面临什么样的压力。我们在本书中要讨论的社会问题主要包括个人隐私、知识产权和公共福利政策。

由于互联网和万维网被用来跟踪、确认在线用户的身份和行为，电子商务也给保护隐私带来了困难。所谓个人隐私保护，是指限制收集与个人有关的信息，并控制这些个人信息的使用。阅读社会透视专栏"脸书和隐私时代"，了解电子商务网站如何使用个人信息。

电子商务对以往各种保护知识产权的方法都提出了特别的挑战，因为在互联网上传播知识产权产品——如音乐、图书和 VCD 等无形的脑力劳动产品——的数字化副本几乎是零成本的。

社会透视

脸书和隐私时代

2010 年 1 月，脸书的创始人马克·扎克伯格接受采访时称，脸书等众多社交网络的出现将给"隐私时代"画上句号。扎克伯格说，人们已经不在意和朋友以及他们的朋友（社交圈子）甚至所有社交用户分享个人信息和偏好。扎克伯格观点的支持者认为，21 世纪是一个开放和透明的新纪元。如果这是真的，那么这对于脸书来说是一个好消息，因为它的商业模式就是基于出售用户个人信息数据库的访问权。

然而，并不是每个人都支持这一观点。隐私，即对政府和私人机构收集和使用个人信息的限制——是民主国家的基本原则。一项持续 10 年的隐私调查显示，超过 80% 的美国公众担心互联网会威胁到他们的隐私。

脸书在全球拥有 17 亿用户，其中美国有 1.75 亿。拥有如此庞大的用户群，脸书的隐私政策将在很大程度上影响未来几年的网络隐私标准。对隐私的争论涉及相当多的经济利益，包括几十亿美元的广告费和交易额。脸书的商业模式依赖于建立一个数十亿用户的数据库，即鼓励甚至欺骗用户放弃对隐私的控制，然后再将用户信息出售给广告商及其他第三方。脸书用户需要或拥有的隐私越少，脸书的利润就越多。消除用户的个人信息隐私是脸书的基因。

2004 年脸书的隐私政策与现在截然不同。当时用户完全拥有对信息的控制权，决定谁才可以看到他们的个人信息。但是，自 2004 年以来，脸书几乎每年都会突如其来地变更其隐私政策，以扩大自身对用户信息和内容的处置权。2007 年，脸书推出 Beacon 计划，将用户在加盟网站的行为广播给其好友。在公开抗议之后，脸书终止了 Beacon 计划，并支付了 950 万美元来解决一系列集体诉讼。2009 年，脸书并没有受 Beacon 失败的影响，单方面决定在互联网上公开用户的基本信息，还宣布用户贡献的任何内容都将永久属于脸书。然而，就像 Beacon 计划一样，脸书努力对用户信息进行永久控制，导致用户加入在线抗议组织，最终这项政策也被迫取消。

2011 年，脸书在没有经过用户的明确同意、没有付费以及没有给用户提供选择的情况下，开始在 Sponsored Stories（如广告）中宣传用户"喜欢"的各种广告商，包括用户的姓名和个人资料照片。这引起了另一起集体诉讼。最后，脸书在 2012 年 6 月以 2 000 万美元的价格达成和解。（脸书在 2014 年 4 月放弃了 Sponsored Stories 这一项目。）2011 年，脸书将其所有用户都纳入了自己的面部识别程序，但用户没有收到任何通知。这也引起了隐私警告，迫使脸书让用户更容易选择退出。

2012 年 5 月，脸书上市，这对脸书产生了更大的压力，需要增加收入和利润，以证明其股票的市场价值。此后不久，脸书宣布将推出一款移动广告产品，该产品通过脸书 Connect 功能，在没有用户的明确许可的情况下，将广告推送到用户的移动端的动态消息中。它还发布了脸书 Exchange，这是一个允许广告商基于用户不在脸书上的浏览活动为脸书用户提供广告的程序。隐私维权人士再次提出警告，而用户也提出了更多诉讼。2013 年，脸书同意与几家数据营销公司合作，提供基于线下数据的定向广告。这些公司向脸书提供用户数据，这样脸书的广告商就可以根据这些数据向这些用户投放广告。

2013 年 12 月，在另一起针对脸书提起的集体诉讼中，用户声称脸书侵犯了他们的隐私，扫描用户在脸书上的私人消息，并挖掘他们的数据，比如用户浏览的网址，随后将这些信息出售给广告商。2014 年 5 月，脸书推出了一款手机应用，该应用在用户进行状态更新时识别音乐、电视节目或电影，这又引发了新的隐私警告。

脸书最新的隐私问题包括用于在照片上标记用户的面部识别软件。该功能未经用户同意，在用户注册时自动启用。2016 年，联邦法院在一起诉讼中允许脸书在没有得到用户的同意下对用户的照片进行标记。这一功能似乎违反了一些州试图保护生物特征数据隐私的法律。

在所有这些诉讼和网络公开抗议之后，人们可能会认为脸书的隐私政策会有所改善。但 2008—2015 年，通过对脸书隐私政策的学术分析发现，在大多数隐私保护措施上，脸书的政策已经恶化。自 2008 年以来，脸书让用户更难找到与谁共享信息，如何建立个人资料，或者如何改变隐私设置。研究人员称，隐私政策的可读性越来越差，甚至难以理解。

脸书当然意识到用户对其隐私政策的怀疑，而且它几乎每年都会改变政策以回应批评。但这种回应通常对用户没有帮助，反而会扩大公司的权利，让它能对用户个人信息做任何想做的事。其在 2015 年实施的隐私政策声称，要将用户的默认隐私设置从对公众公开切换为对朋友公开，并给用户提供个人隐私的检查工具，让用户能够看到他们的喜好和兴趣的数据，允许用户对这些数据进行更改、删除或者添加的操作。脸书认为，这项新政策为用户提供了更多的广告控制。然而，分析人士指出，使用这些新功能需要用户浏览一个迷宫般的复选框和菜单，即使是专家等级的脸书用户也很难理解。用户已经意识到，他们在脸书上发布的所有信息都将被交给广告商。脸书上没有隐私。分析人士得出结论，担心自己隐私的人应该删除自己的脸书账户。

资料来源："Facebook's Newest Privacy Problem：'Faceprint' Data," by Katie Collins, Cnet. com, May 16, 2016; "In Re Facebook Biometric Information Privacy Litigation," U. S. District Court, Northern District of California, Case No. 15-cv-03747-JD, May 6, 2016; "Facebook to Face Privacy Lawsuit Over Photo Tagging," by Jessica Guynn, *USA Today*, May 6, 2016; "Facebook Rescinds Internship to Harvard Student Who Exposed a Privacy Flaw in Messenger," by Robert Gabelhoff, *Washington Post*, August 14, 2015; "Did You Really Agree to That? The Evolution of Facebook's Privacy Policy," by Jennifer Shore and Jill Steinman, *Technology Science*, August 11, 2015; "Facebook's Privacy Incident Response: A Study of Geolocation Sharing on Facebook Messenger," by Aran Khanna, *Technology Science*, August 11, 2015; "Sharing Data, but Not Happily," by Natasha Singer, *New York Times*, June 4, 2015; "How Your Facebook Likes Could Cost You a Job," by Anna North, *New York Times*, January 20, 2015; "Facebook Stops Irresponsibly Defaulting Privacy of New Users' Posts to 'Public,' Changes to 'Friends,'" by Josh Constine, Techcrunch. com, May 22, 2014; "Facebook Users Revolt Over Privacy Feature—Enables Microphone in Apps," by Jan Willem Aldershoff, Myce. com, June 9, 2014; "Didn't Read Those Terms of Service? Here's What You Agreed to Give Up," by Natasha Singer, *New York Times*, April 28, 2014; "Facebook Eliminates Sponsored Stories—Will It Matter to Advertisers?," by Amy Durbin, Mediapost. com, February 25, 2014; "Facebook Sued for Allegedly Intercepting Private Messages," by Jennifer Van Grove, Cnet. com, January 2, 2014; "Facebook to Partner with Data Brokers," by Bob Sullivan, Redtape. nbcnews. com, February 26, 2013; "Facebook Exchange Ads Raise Privacy Concerns," by Mikal E. Belicove, Cnbc. com, June 21, 2012; "Facebook Suit Over Subscriber Tracking Seeks $15 Billion," by Kit Chellel and Jeremy Hodges, Bloomberg. com, May 19, 2012; "How Facebook Pulled a Privacy Bait and Switch," by Dan Tynan, *PC World*, May 2010.

电子商务的全球性还带来国家政策的公正性、平等性、内容管理以及税收问题。比如，美国公共电话设施就受到公共设施和公共设备法规的管理，确保以合理的比率提供基本服务，让每个人都能使用电话服务。这些法律是否应该扩展到互联网和万维网呢？如果一个住在纽约州的人在某家加利福尼亚的网站上购买商品，该商品又是从伊利诺伊州的分拨中心运出，最后送到纽约，那么到底哪个州有权收取电子商务销售税？是否应对由于利用流媒体无休止地播放电影而使用高带宽服务的用户额外收费？互联网是否应对网络流量使用问题保持中立？关于互联网、万维网和电子商务，国家及其公民都有什么权利呢？本书将在第 8 章详细阐述这些内容。

1.7　与电子商务相关的学科

电子商务涉及面广泛，需要从多学科的角度来看待。研究电子商务的方法主要有两类：技术方法和行为方法。

1.7.1　技术方法

计算机科学家对电子商务感兴趣，主要是把它作为互联网技术的应用范例来看待。他们关注的是计算机软硬件、通信系统以及标准、加密技术、数据库的设计和运行等技术的发展。管理学家主要关注的是如何建立业务流程的数学模型以及如何对这些流程进行优化，他们之所以对电子商务感兴趣，是因为他们把电子商务看作研究企业如何利用互联网实现更有效的商业运作的机会。信息系统学科是一个既涉及技术又涉及行为的学科。信息系统专业的技术方面也关注数据挖掘、搜索引擎设计以及人工智能等技术。

1.7.2　行为方法

在行为方面，信息系统研究人员主要是对电子商务对企业和行业价值链、行业结构以及企业战略的影响感兴趣。经济学家关注的是消费者在网上的行为、数字产品的定价以及数字化电子市场的特点。营销专家主要关注营销、品牌发展和延伸、消费者在网上的行为，以及互联网技术在细分和定位客户群体、区分产品方面的能力。经济学家和营销专家在某些方面的研究是一致的，如电子商务中消费者对于营销和广告宣传的反应，企业建立品牌、细分市场、确定目标客户和定位产品从而获得高于平均利润的投资回报的能力。

管理学家主要关注企业的创新行为，关注新创企业在短期内健全组织结构所面临的挑战。财会研究人员主要关注电子商务企业的价值和会计实践。社会学家——一定程度上也是心理学家——则主要研究一般大众使用互联网的情况、由于互联网效益的不均衡造成的社会不平等现象，以及互联网作为个人和组织沟通工具的使用情况。法学家则对保护知识产权、保护隐私以及内容监控这类问题感兴趣。

上述学科没有哪个可以主宰电子商务。我们所面临的挑战是要对各学科都有足够的了解，只有这样才能全面把握电子商务的重要意义。

案例研究 ■

Pinterest：一图胜千言

和所有成功的电子商务公司一样，Pinterest 也挖　掘了一个简单的事实，那就是人们喜欢收集东西，并炫耀他们的收藏。Pinterest 由本·西尔伯曼（Ben Silbermann）、埃文·夏普（Evan Sharp）和保罗·西亚拉（Paul Sciarra）于 2009 年创立并于 2010 年 3 月推出。Pinterest 允许用户创建虚拟剪贴簿，包括图片、视频，以及用户"钉"（保存）到虚拟公告板或钉板上的其他内容。分类范围从动物到视频，其中食品和饮料、DIY 和手工艺、家居装饰，以及女性时尚最为流行。如果找到了你特别喜欢的东西该怎么办？除了点赞和评论之外，你可以把它重新"钉"到你自己的钉板上或者通过链接回到原始的来源。如果找到了一个你欣赏或分享你激情的人该怎么办？你可以关注一个或多个钉者（pinner）的钉板来查看他们"钉"的所有内容。截至 2016 年 10 月，Pinterest 中的钉板超过 10 亿，涉及的内容共有 500 亿个。

Pinterest 最初定位为社交网络。然而，它改变了自己的风格，现在把自己描述为一个发现和保存创造性想法（和潜在购买）的可视化搜索工具，而不再着重强调与朋友分享的概念。搜索已成为其使命的核心部分。Pinterest 认为其主要竞争对手是谷歌，而不是脸书、推特或 Instagram。

2016 年 10 月，Pinterest 全球月活跃用户超过 1.5 亿。虽然其中大约 75% 的用户是女性，但男性的增长速度最快。Pinterest 是最具吸引力的网站之一，女性平均每天在 Pinterest 上花费的时间超过 1.5 小时（96 分钟），而男性则是 1.25 小时（75 分钟）。皮尤研究中心（Pew Research Center）的一项调查显示，自 2012 年以来，在美国在线成年人中，使用 Pinterest 的用户的比例已经翻了一倍多。

在过去的 5 年中，诸如知名的硅谷风险资本公司 Andreessen Horowitz and Bessemer Venture Partners、对冲基金 Valiant Capital Partners、日本电子商务公司 Rakuten 等投资者已经向 Pinterest 注入了 13 亿美元的风险资本，并在 2015 年 5 月对该公司进行了新一轮融资，估价为 110 亿美元，是 2014 年的两倍多。与脸书、推特和许多其他初创公司一样，Pinterest 最初专注于改进产品和建立用户基础，但并不令人意外的是，它的投资者开始催促它创造收入。Pinterest 的第一步是提供商业账户，为品牌提供额外的资源。2013 年，它引入了 Rich Pins，允许公司在产品页面里嵌入当前的定价和可用性等信息以及相关的跳转链接。2014 年，Pinterest 正式进军广告领域，

推出了一款名为"Promoted Pins"的测试版广告，该广告会在搜索结果和分类广告中出现。与此同时，Pinterest 还推出了一款名为"Guided Search"的搜索引擎，通过相关词进行搜索。Guided Search 基于用户元数据，例如，与内容相关的钉板标题、内容的标题和注释，创建不同的类别和子类别。2015 年 1 月，Pinterest 进一步加强了 Guided Search，允许用户根据性别对搜索结果进行个性化设置。

过去的两年里，Pinterest 已经开始认真对待盈利问题。2015 年 1 月，它向所有同它合作的美国公司推出了 Promoted Pins，并在 2016 年 4 月开始向英国的广告商提供广告服务，同年晚些时候还有更多的英语国家加入。2015 年 5 月，添加了专门为移动端设置的 Cinematic Pins。当用户在浏览广告时，Cinematic Pins 会显示一个简短的动画，只有当用户点击广告时才会播放完整的版本，这样就能提供更多的用户体验。Pinterest 还推出了新的广告定位和定价方案。广告商可以通过兴趣、生活阶段或角色（如千禧一代、未来的父母或美食家）来定位用户。2016 年 6 月，它又增加了 3 个广告定位选项：定制列表定位（类似于脸书的定制用户）；访问者定位，允许广告客户重新定位一个访问过广告商网站的客户；相似用户的定位，使广告商能够针对那些与广告商的现有客户有共同特点或行为的消费者。广告可以按观看付费、按点击付费、按参与成本付费（CPE）或按行动成本付费（CPA）模式购买。使用 CPE 模式，当用户通过如 re-pinning 等功能参与广告时，广告商才支付费用；在 CPA 模式中，只有当用户点击一个网站，购买或下载 app 时，广告商才支付费用。截至 2016 年，Pinterest 上的企业超过 100 万家，广告商有 1 万多个。2016 年，Pinterest 计划将重点从零售和包装产品扩展到金融服务、旅游、汽车和快餐店。

搜索广告是 Pinterest 的下一个前沿领域。Pinterest 搜索不同于其他类型的搜索，因为它是可视化的，并且通常发生在一个人的决策过程的早期阶段。目前，Pinterest 的用户每月的搜索关键词超过 20 亿个，视觉搜索共计 1.3 亿次。2016 年 7 月，Pinterest 首次向广告客户提供搜索目录，据报道，该公司正在开发基于关键词购买的基础功能。Pinterest 认为，搜索广告收入可能成为其业务的重要组成部分，并可以

在移动搜索领域挑战谷歌。Pinterest 正在对搜索技术进行更大的投资，比如深度学习辅助视觉搜索，该方法将基于现有的可视化搜索工具，允许用户在 Pinterest 上搜索图像。2016 年 8 月，它开始在视频方面对其可视化搜索工具进行更新，并推出类似于脸书所提供的一个完全集成的本地视频播放器以及视频广告。

许多分析师还认为，Pinterest 将成为社交电子商务领域的一个重要组成部分。2015 年 6 月，Pinterest 针对其苹果应用程序推出了 Buyable Pins，用户可以点击蓝色的"购买"按钮直接购买产品。2015 年 11 月推出了针对安卓设备的 Buyable Pins，2016 年 6 月该功能终于在桌面端得以实现。根据 Pinterest 的数据，在 Pinterest 上可供出售的商品有 1 000 万种，这些商品来自大大小小的商家（比如梅西百货、诺德斯特龙、内曼马库斯、布鲁明戴尔百货公司和 Wayfair）。Pinterest 的数据显示，Buyable Pins 为商家带来了大量的新客户。在用户利用平台寻找商品或购买商品的比例方面，Pinterest 明显高于脸书、Instagram 和推特等其他社交网站，Pinterest 的用户比例约占 55%，而脸书和 Instagram 只有 12%，推特则为 9%。为了进一步提高其领先地位，该公司在 2016 年宣布了一系列与电子商务相关的举措，包括 Pinterest 购物，一种连接到用户账户的购物车，该购物车在所有设备上都是可见的，可以存放多个项目，并允许在任何设备上进行结算。

移动平台对 Pinterest 是非常重要的，Pinterest 的 Buyable Pins 首先在 iOS 移动平台而非桌面端上推出，只是其中一个方面。Pinterest 为 iPhone、iPad、安卓和 Windows Phone 提供 app 以及移动版的 HTML5 网站。Pinterest Mobile 在智能手机的浏览器内运行，而不是单独的程序。对于 Pinterest 来说，移动设备是一个巨大的成功，其 80% 的流量来自移动设备。Pinterest 定期发布新版本的手机 app，并于 2016 年 4 月推出了一款几乎完全重新开发的 iOS app，允许主页加载更快，在不同尺寸的 iOS 屏幕更有效地运行，并且可切换 31 种语言。Pinterest 联合创始人埃文·夏普表示，智能手机是 Pinterest 在开发新功能和新产品时关注的平台。

国际扩张仍然是 Pinterest 关注的重点。Pinterest 在 2013 年 5 月推出了它的第一个面向英国的本地化网站，如今 Pinterest 有 31 种不同语言的版本。Pinterest 的目标是让它的平台更具有区域性，其主要关注的国家有英国、法国、德国、日本和巴西。2016 年，Pinterest 的月活跃用户中超过 50% 位于美国之外。展望未来，Pinterest 相信，国际扩张将为其提供更大的发展机遇。

虽然对 Pinterest 来说这是一个好消息，但一些潜在的问题可能会影响它的未来发展，比如侵犯版权的问题。Pinterest 的商业模式的基础是用户在未经许可和/或署名的情况下发布图片，而这可能会侵犯他人的版权。虽然 Pinterest 的服务条款让用户避免这样做，但网站却有意为此类行为提供便利，例如，Pinterest 提供了嵌入用户浏览器工具栏的 Pin It 工具。据报道，该网站的许多内容违反了其服务条款。Pinterest 提供了一种选择代码，以便其他站点禁止其内容在 Pinterest 上共享，但有些人质疑为什么他们必须在 Pinterest 产生问题时采取行动。Pinterest 试图解决这个问题的另一举措是自动将引用（归属）添加到某些特定来源的内容中，如 Flickr、YouTube、Vimeo、Etsy、Kickstarter 和 SlideShare 等。2013 年，Pinterest 与 Getty Images 达成协议，同意为 Getty 内容提供归属，并向 Getty 支付费用。Pinterest 表示，它符合《数字千年版权法案》（Digital Millennium Copyright Act），该法案要求网站删除侵犯版权的图像，但这也要求版权所有者主动采取行动，并要求删除图像。著名摄影师克里斯托弗·博弗利（Christopher Boffoli）在 2014 年底向 Pinterest 提起联邦诉讼，指控 Pinterest 用户未经许可就使用了他的照片，Pinterest 没有采取足够的措施来删除这些照片。2015 年 9 月，博弗利同意撤销诉讼，这可能是与 Pinterest 秘密和解协议的一部分，导致诉讼未得到解决。

Pinterest 也不能幸免于那些困扰许多电子商务活动的垃圾邮件和诈骗事件。安全分析人士认为，Pinterest 将不得不调整其系统，以应对欺诈行为，并警告用户在查看内容之前要小心谨慎，并对"免费"的报价、调查以及可疑标题的链接持怀疑态度。Pinterest 已经承认这一问题，并承诺改进其技术。例如，2015 年，Pinterest 将其网站迁移到 HTTPS 协议，这比通常用于访问网页的 HTTP 协议提供了更多的安全性。Pinterest 还采用了一种名为"黄貂鱼"（Stingray）的系统，能够迅速对垃圾邮件和其他类型的恶意行为做出反应，并创建了一个程序，为发现安全问题的白帽黑客提供奖励。

不过，目前来看，Pinterest 的前景非常光明，因为该公司正准备在不久的将来上市（IPO）。虽然在实施新业务模式的过程中可能会遇到一些困难，但它在基于广告和社交电子商务产生可观的收入方面很有潜力。

资料来源："As Pinterest Hits 150MM Actives, It's Time to Re-Think Your Social Approach," by Allie Wassum, Huffingtonpost. com, October 17, 2016; "Pinterest Starts Expanding Its Visual Search Tools to Video," by Matthew Lynley, Techcrunch. com, August 4, 2016; "Social's Next Evolution? Pinterest Begins to Monetize Users' Search," eMarketer, Inc., July 15, 2016; "Amid IPO Speculation, Pinterest Hangs a Target on Alphabet's Back," by John-Erik Koslosky, Fool. com, July 11, 2016; "Pinterest Adds Features as It Looks to Monetize 55 Million Active Users," by Emily Rolen, Thestreet. com, July 6, 2016; "Pinterest Updates Strategy, Looks to Scale Search and Audience Based Buying," by George Siefo, Adage. com, July 5, 2016; "Pinterest Doubles Down in the Shopping Cart Wars," by Thom Forbes, Mediapost. com, June 29, 2016; "Pinterest Hopes to Woo Shoppers with Visual Search," by Rachel Metz, *MIT Technology Review*, June 28, 2016; "Pinterest Makes a Major E-commerce Push," by Zak Stambor, Internetretailer. com, June 28, 2016; "Pinterest Ramps Up Its Ad Targeting Options," by Zak Stambor, Internetretailer. com, June 14, 2016; "Pinterest Renames 'Pin It' Button as 'Save' in Push for Global Growth," by Kathleen Chaykowski, Forbes. com, June 2, 2016; "Pinterest Broadens Ad Sales Focus Once Again," by Jack Marshall, *Wall Street Journal*, May 2, 2016; "Pinterest's Plans for World Domination," by Lara O'Reilly, Businessinsider. com, April 28, 2016; "Pinterest Is a Sleeping Giant-Don't Underestimate It," by Madjumita Murgia, Telegraph. co. uk, April 28, 2016; "Pinterest Announces Complete Overhaul of iOS App with Performance & Visual Improvements," by Chance Miller, 9to5mac. com, April 19, 2016; "Pinterest Launches Promoted Pins Internationally, Starting with the U. K. ," by Paul Sawers, Venturebeat. com, April 7, 2016; "Final Update on Boffoli Case Against Pinterest," Ipforthelittleguy. com, March 26, 2016; "Pinterest Sharpens Its Visual Search Skills," by Yoree Koh, *Wall Street Journal*, November 8, 2015; "Mobile Messaging and Social Media 2015," by Maeve Duggan, Pewinternet. org, August 19, 2015; "In Lawsuit Against Pinterest, Artist Continues a Crusade for Copyright on the Internet," by Kate Lucas, Grossmanllp. com, July 23, 2015; "With Buyable Pins, Pinterest Lets You Buy Stuff Right in the App," by JP Mangalindan, Mashable. com, June 2, 2015; "Why $11 Billion Pinterest Thinks It Has the 'Best Kind of Business Model'," by Jillian D'Onfrio, Businessinsider. com, May 19, 2015; "Pinterest Doubles Down on Making Money, Rolls Out Video Ads," by JP Mangalindan, Mashable. com, May 19, 2015; "Pinterest Puts Its Own Spin on Video Ads with These Cinematic Pins," by Garret Sloane, Adweek. com, May 19, 2015; "How Pinterest Plans to Spend Its New Millions and Why It Only Hires Nice Employees, According to Its Cofounder," by Jillian D'Onfrio, Businessinsider. com, May 11, 2015; "Pinterest Beefs Up Security with Full HTTPS Support and Bug Bounty Program," by Jordan Novet, Venturebeat. com, March 13, 2015; "Fighting Spam at Pinterest," Engineering. pinterest. com, February 20, 2015; "Pinterest Goes After the Male Demographic with Debut of New Search Filters," by Sarah Perez, Techcrunch. com, January 23, 2015; "Pinterest Becomes More Search Engine-Like with the Launch of Guided Search on the Web," by Sarah Perez, Techcrunch. com, June 11, 2014; "Pinterest Tests Do-It-Yourself Promoted Pins for Small and Medium-Sized Businesses," by Ryan Lawler, Techcrunch. com, June 5, 2014; "Can Pinterest Be Found in Translation," by Sarah Frier, Businessweek. com, May 22, 2014; "Pinterest's Next Big Move: A Clever New Take on Search," by Kyle Van-Hemert, Wired. com, April 24, 2014; "Paying for Pin-Ups," by Sarah Laskow, *Columbia Journalism Review*, November 7, 2013; "Pinning Down Pinterest: Addressing Copyright and Other IP Issues," by Jennifer L. Barry, Lexology. com, October 22, 2013; "Pinterest (Officially) Jumps the Pond," by Zak Stambor, Internetretailer. com, May 10, 2013; "Pinterest Gives Copyright Credit to Etsy, Kickstarter, SoundCloud," by Sarah Kessler, Mashable. com, July 19, 2012; "A Site That Aims to Unleash the Scrapbook Maker in All of Us," by Jenna Wortham, *New York Times*, March 11, 2012; "Pinterest Releases Optional Code to Prevent Unwanted Image Sharing," by Andrew Webster, Theverge. com, February 20, 2012; "A Scrapbook on the Web Catches Fire," by David Pogue, *New York Times*, February 15, 2012.

［案例思考题］

1. 为什么 Pinterest 认为谷歌是它的头号竞争者？

2. 当 Pinterest 开发其新功能和产品时，其关注点为什么在智能手机平台上？

3. 为什么 Pinterest 的潜在问题是版权侵犯？

关键术语 ■

电子商务（e-commerce）　借助互联网、万维网和在移动设备运行的移动应用和浏览器进行的商务交易。更正式地说，是在组织以及个人间进行的数字化商务交易。

电子业务（e-business） 发生在企业内部的数字化交易和处理流程，包括企业内部的信息系统。

互联网（Internet） 由建立在通用标准上的计算机网络组成的全球性网络。

万维网（World Wide Web/the Web） 一个运行在互联网基础设施上的信息系统，提供对数十亿网页的访问。

移动平台（mobile platform） 提供从智能手机、平板电脑和其他便携笔记本电脑等各种移动设备访问互联网的能力。

信息不对称（information asymmetry） 相关市场信息在交易各方之间不一致。

市场（marketplace） 为进行交易而必须去的某个实际场所。

普遍存在性（ubiquity） 可以在任何时间、任何地点使用。

虚拟市场（marketspace） 超越传统界限、不受时空限制的市场。

影响范围（reach） 电子商务企业可获得的用户或消费者总数。

通用标准（universal standards） 全球各国都适用的标准。

丰富性（richness） 信息的内容及其复杂性。

交互性（interactivity） 在商家和消费者间进行双向沟通的技术。

信息密度（information density） 所有市场的参与者都能获得的信息总量和质量。

个性化（personalization） 根据个人的姓名、兴趣和以往购买经历来调整所提供的信息，针对特定个体提供营销信息。

定制化（customization） 根据用户偏好和先前行为调整商品和服务。

企业对消费者的电子商务（Business-to-Customer（B2C）e-commerce） 网络企业销售产品给消费者。

企业对企业的电子商务（Business-to-Business（B2B）e-commerce） 网络企业销售产品给其他企业。

消费者对消费者的电子商务（Customer-to-Customer（C2C）e-commerce） 消费者通过网络销售商品给其他消费者。

移动电子商务（mobile e-commerce 或 m-commerce） 使用移动设备进行网络交易。

社交电子商务（social e-commerce） 由社交网络和在线社交关系所支持的电子商务类型。

本地电子商务（local e-commerce） 一种专注于根据用户当前的地理位置来开展商务活动的电子商务类型。

去中介化（disintermediation） 通过建立生产商和内容提供商与消费者之间的新的直接关系，消除曾经作为生产者和消费者之间媒介的中间商。

无摩擦商务（friction-free commerce） 一种商务形态，在这种形态中，信息平均分布，交易成本很低，价格可以根据需求动态调整，中间商数量减少，不公平竞争的优势不复存在。

先行者（first mover） 第一个进入某一特定领域的市场并迅速获得市场份额的企业。

网络效应（network effect） 当所有的人都可以从其他人使用同样的工具或产品这一事实中得益的时候，网络效应就产生了。

Web 2.0 允许用户创建内容的一系列应用和技术。

思考题

1. 什么是电子商务？电子商务与电子业务有何区别？电子商务与电子业务的交叉点在哪里？

2. 什么是信息不对称？

3. 电子商务技术的特性有哪些？

4. 什么是虚拟市场？

5. 通用标准的三大优点是什么？

6. 从信息丰富性的角度比较传统商务和电子商务。

7. 说出信息密度增长所导致的三种商业结果。

8. 什么是 Web 2.0？举出 Web 2.0 网站的实例，说明你认为它是 Web 2.0 网站的原因。

9. 除了本章所提到的，再分别举出 B2C、B2B、

C2C 和社交、移动以及本地电子商务的实例。

10. 互联网和万维网与以往改变商务活动面貌的技术有何异同之处？

11. 描述电子商务演变过程中的三个阶段。

12. 定义去中介化，解释这一现象给互联网用户带来的好处。去中介化是如何影响无摩擦商务的？

13. 作为先行者主要有哪些优势和劣势？

14. 什么是网络效应？为什么网络效应是有价值的？

15. 早期电子商务在哪些方面是成功的，而哪些方面又是失败的？

16. 列举早期电子商务和现在的电子商务的五个主要区别。

17. 为什么需要从多学科的角度来理解电子商务？

18. 脸书引发了哪些隐私问题？

19. 那些通过行为方法来研究电子商务的人对哪些方面感兴趣？

设计题 ■

1. 选择一家电子商务网站，从表 1-2 介绍的电子商务技术八大特性的角度来评价该网站。你认为该网站在哪方面做得较好，在哪方面做得较差？准备一份提交给该公司总裁的简短备忘录，详细说明你的发现以及你的改进建议。

2. 搜索网络，针对 1.4 节和表 1-3 列出的几种主要电子商务类型分别找一个实例。准备一份演示文稿或者书面报告，简要介绍每家网站（如果可能，附上网站的屏幕截图），解释它为什么属于该种类型。

3. 根据 1995—2016 年间电子商务发展历史，预计未来 5 年电子商务的发展趋势。说明伴随着互联网的进一步发展和普及，在技术、商务以及社会领域将会发生哪些变化。准备一份简短的演示文稿或书面报告，解释你对电子商务在 2020 年的设想。

4. 准备一份简短的报告或演示文稿，说明公司是如何利用 Instagram 或你选择的其他社交电子商务平台公司的。

5. 跟进优步在 2016 年 10 月（章首案例的介绍到此时间为止）之后的发展。针对你的发现准备一份简短的报告。

参考文献 ■

Bakos, Yannis. "Reducing Buyer Search Costs: Implications for Electronic Marketplaces." *Management Science* (December 1997).

Banerjee, Suman, and Chakravarty, Amiya. "Price Setting and Price Discovery Strategies with a Mix of Frequent and Infrequent Internet Users." (April 15, 2005). SSRN: http://ssrn.com/abstract=650706.

Camhi, Jonathan. "BI Intelligence Projects 34 Billion Devices Will Be Connected by 2020." Businessinsider.com (November 6, 2015).

Cavallo, Alberto F. "Are Online and Offline Prices Similar? Evidence from Large Multi-Channel Retailers." NBER Working Paper No. 22142. (March 2016).

eBay, Inc. "Form 10-K for the fiscal year ended December 31, 2015." (February 1, 2016).

eMarketer, Inc. "US Internet Users and Penetration, 2015–2020." (August 3, 2016a).

eMarketer, Inc. "US Mobile Connections, 2014–2020." (February 2016b).

eMarketer, Inc. "US Internet Users, by Device, 2015–2020." (August 2, 2016c).

eMarketer, Inc. "Internet Users and Penetration Worldwide, 2015–2020." (September 1, 2016d).

eMarketer, Inc. "US Retail Ecommerce Sales, 2014–2020." (September 1, 2016e).

eMarketer, Inc. "US Digital Travel Sales, 2014–2020." (April 26, 2016f).

eMarketer, Inc. "US Retail Mcommerce Sales, 2014–2016." (September 1, 2016g.)

eMarketer, Inc. "US Mobile Travel Sales, 2014–2020." (April 26, 2016h).

eMarketer, Inc. "US Retail Mcommerce Sales, 2013–2019." (May 2015a)

eMarketer, Inc. "US Mobile Travel Sales, 2013–2019." (May 1, 2015b).

eMarketer, Inc. "US B2C Mcommerce Sales, 2012–2018." (April 2014).

Evans, Philip, and Thomas S. Wurster. "Getting Real About Virtual Commerce." *Harvard Business Review* (November–December 1999).

Evans, Philip, and Thomas S. Wurster. "Strategy and the New Economics of Information." *Harvard Business*

Review (September–October 1997).

Forrester Research. "U.S. Cross-Channel Retail Forecast, 2015 to 2020." (January 26, 2016).

Ghose, Anindya, and Yuliang Yao. "Using Transaction Prices to Re-Examine Price Dispersion in Electronic Markets." *Information Systems Research*, Vol. 22 No. 2. (June 2011).

Gorodnichenko, Yuriy, et al. "Price Setting in Online Markets: Does IT Click?" NBER Working Paper No. 20819 (December 2014).

Interactions Consumer Experience Marketing, Inc., "The Rise of Webrooming." (May 2014).

Internet Retailer. "Top 500 Guide 2016 Edition." (2016).

Internet Systems Consortium, Inc. "ISC Internet Domain Survey." (January 2016).

Kalakota, Ravi, and Marcia Robinson. *e-Business 2.0: Roadmap for Success, 2nd edition*. Reading, MA: Addison Wesley (2003).

Kambil, Ajit. "Doing Business in the Wired World." *IEEE Computer* (May 1997).

Levin, Jonathon. "The Economics of Internet Markets." NBER Working Paper No 16852 (February 2011).

Mesenbourg, Thomas L. "Measuring Electronic Business: Definitions, Underlying Concepts, and Measurement Plans." U. S. Department of Commerce Bureau of the Census (August 2001).

Rayport, Jeffrey F., and Bernard J. Jaworski. *Introduction to E-commerce, 2nd edition*. New York: McGraw-Hill (2003).

Rosso, Mark, and Bernard Jansen. "Smart Marketing or Bait & Switch: Competitors' Brands as Keywords in Online Advertising." Proceedings of the 4th Workshop on Information Credibility. ACM (2010).

Schwartz, Barry. "Google: We Know About 30 Thousand Trillion URLS on the Web, But..." Seroundtable.com (June 3, 2015).

Shapiro, Carl, and Hal R. Varian. *Information Rules. A Strategic Guide to the Network Economy*. Cambridge, MA: Harvard Business School Press (1999).

Sinha, Indrajit. "Cost Transparency: The Net's Threat to Prices and Brands." *Harvard Business Review* (March-April 2000).

Smith, Michael, Joseph Bailey, and Erik Brynjolfsson. "Understanding Digital Markets: Review and Assessment." In Erik Brynjolfsson and Brian Kahin (eds.), *Understanding the Digital Economy*. Cambridge, MA: MIT Press (2000).

Tversky, A., and D. Kahneman. "The Framing of Decisions and the Psychology of Choice." *Science* (January 1981).

U.S. Census Bureau. "E-Stats." (June 7, 2016).

Varian, Hal R. "When Commerce Moves On, Competition Can Work in Strange Ways." *New York Times* (August 24, 2000a).

Varian, Hal R. "5 Habits of Highly Effective Revolution." *Forbes ASAP* (February 21, 2000b).

第2章
电子商务的商业模式和概念

 学习目标

学完本章，你将能够：

- 了解电子商务商业模式的基本组成
- 描述主要的 B2C 电子商务商业模式
- 描述主要的 B2B 电子商务商业模式
- 理解电子商务中应用的基本商务原理和企业战略

章首案例

Tweet Tweet：推特的商业模式

推特是一家基于 140 字以内文本信息的社交网站，其影响力延续了互联网的传统，如同风暴一般席卷了整个世界。推特的基本理念是将手机短信、网络及社交群体相结合。

推特已经从简单的文本信息扩展到文章预览、照片、视频，甚至是动画图片，截至 2016 年 6 月，其在全世界的活跃用户已超过 3.1 亿。2006 年创立初期，网站每天产生的推文有 5 000 条，如今几乎变成了每秒 6 000 条，全世界每天产生的推文有 5 亿条。诸如超级碗赛事之类的特殊情况往往会造成推文的爆炸式增长，在 2015 年的比赛期间总共产生了 2 840 万条推文。一些名人的关注者多达数百万，比如歌星凯蒂·佩里（Katy Perry）（2016 年，佩里的关注者超过了 9 000 万）。

和许多社交网络公司一样，推特刚开始运营时并没有任何收入来源。然而，它很快就挖掘出了一些主要资产，比如用户关注度和受众规模（独立访客）。公司的重要资产还包括存储受众评论、观点意见的 tweet 数据库和用于挖掘行为模式的搜索引擎。此外，推特成为展示新闻、视频和图片的强大媒体平台。推特一直试图通过 Promoted Tweets、Promoted Trends 和 Promoted Accounts 这三种主要的广告形式来盈利，并不断地改进这些产品。

Promoted Tweets 是推特版本的谷歌搜索广告。

例如，用户在推特上搜索平板电脑，返回的结果将会列出百思买关于平板电脑的广告。Promoted Tweets 的费用通常在 20 美分到 10 美元之间。推特还提供地理定位和关键字定位功能，这使得广告商可以基于特定地点或用户的推特活动向特定用户发送广告。推特的研究表明，与传统的在线广告相比，用户更倾向于使用 Promoted Tweets。

Promoted Trends 是推特的第二大广告产品。Trends 模块是推特主页的一部分，向人们展示当前的热门话题。公司可在该模块的顶端放置 Promoted Trends 条幅，当用户点击该条幅时，就会进入公司或产品的相关页面。Promoted Trends 以天为单位收取整个市场（例如，美国）的固定费用。如今，这一费用在美国已达到 20 万美元，远高于 2010 年首次推出时的 8 万美元的价格。

推特的第三大广告产品是 Promoted Accounts，它根据用户已经关注的广告商账户列表向用户推荐广告商。和 Promoted Tweets 一样，Promoted Accounts 也支持国家和区域的定位。Promoted Accounts 基于每个关注者的成本定价，价格从 0.5～2.5 美元不等，而广告商只需要支付新增关注者的费用。推特还为品牌提供了更加详细的资料页面。只要花费 15 000～25 000 美元，公司即可展示条幅广告并将推文挂在关于公司的推特流的前面。

2013 年，推特开始进军视频广告市场。视频片段包括视频广告可以嵌入在推文中。例如，推特的 Amplify 项目的合作伙伴包括 CBS、ESPN、Condé Nast、MLB. com 和华纳音乐等媒体。推特还在 2013 年推出了一款面向电视广告的产品，允许营销人员向那些在推特上发布有关电视节目的用户发送 Promoted Tweets。在 Amplify 项目的基础上，推特在 2014 年发布了 Promoted Video 的 Beta 测试版，允许广告商在推特平台上发布视频。2015 年，推特开始允许广告商直接通过 Promoted Video 链接到 app 安装页面，并推出"优化投标"视频的广告购买功能。这使得营销人员可以定制广告来提高他们的投资回报。

不过，移动端已经被证明是推特业务的主要驱动力，也是其大部分收入的来源。2012 年 3 月，推特开始尝试将 Promoted Tweets 和 Promoted Ac-counts 推广到移动设备。到 2012 年 6 月，推特的报告显示其大部分收入来自移动设备上的广告，而不是网站上的广告。推特还收购了 MoPub 和 Tap-Commerce 等公司，以增强其移动功能。2015 年，推特进行了最大规模的收购，斥资 5.33 亿美元收购了数字广告平台 TellApart。推特希望能够利用 TellApart 的技术改善其移动广告定位。目前，推特 80% 的广告收入来自移动业务。

认识到客户对于产品、服务和营销努力的信心是其最宝贵的资产之一，推特也在继续完善其数据挖掘能力。2013 年，推特收购了大数据公司 Lucky Sort，此后还收购了 Topsy Labs 和 Gnip 等多家公司，这些公司将有助于提高其提供用户行为信息的能力。

推特于 2013 年 11 月上市，估值约为 140 亿美元，融资总额为 18 亿美元，超过了此前由私人投资者和风险投资公司筹集的 12 亿美元。尽管当时推特还没有盈利，公开募股的成功仍可以说是非常振奋人心，股票价格在上市当天飙升了近 75%。然而，2016 年 10 月，推特的股价已从 2013 年 12 月的高点 74 美元大幅下跌至每股 18 美元左右，远低于 IPO 价格。分析师对推特缺乏盈利能力和增长乏力表示担忧。在美国，推特的用户仅占美国全部互联网用户的 20%，而脸书的用户超过 60%。虽然推特在美国的广告收入占到 50% 以上，但其绝大多数用户（几乎 80%）都在美国以外。

还有一个问题是用户参与度。研究表明，绝大多数的推文是由一小部分用户生成的。一项研究发现，前 15% 的用户发表的推文占所有推文的 85%。这对推特非常不利，因为推特只在使用的用户身上赚钱。另一个问题是用户保留率。一项研究发现，推特只有 40% 的保留率：60% 的用户在接下来的一个月里没有继续使用推特。在 2012 年注册的用户中，只有约 11% 仍在使用推特。推特的 CEO 迪克·科斯特罗（Dick Costolo）认为有必要改变推特的发展方向，他于 2015 年辞职，由联合创始人杰克·多尔西（Jack Dorsey）接替其职务。

推特还认识到，一个问题是人们认为它比脸书更难使用。多尔西接手推特的首个措施便是推出 Moments，该功能将推文归类到更容易关注的主题群组中。该公司还宣布即将放宽某些类型内容的 140 个字符限制，并为那些已经离开的用户基于其之前的活动而精心挑选出令其感兴趣的推文。分析人士认为，这些举措只是表面功夫，并不会有多大改变。

多尔西还郑重宣告公司会更加聚焦核心业务。推特正在放弃那些无法提升用户基本体验的产品和功能。例如，推特曾希望成为社交电子商务的中心，并在 2014 年推出了 Buy Now 按钮，允许用户将产品添加到亚马逊购物车中。然而，在 2016 年，由于用户对该功能热度不高，推特已经停止对该服务的开发。推特的 ♯Music 应用等还未开展的服务已经被搁置。目前，推特正专注于改善其视频功能，包括改进其广受欢迎的 Periscope 视频服务。2016 年，推特还购买了周四晚间美国国家橄榄球联盟（NFL）比赛的转播权。推特直播实时事件是一种策略上的实质性改变，有助于用户在网站上停留更长时间。

虽然多尔西将公司重新洗牌，包括重组推特董事会，解雇 8% 的员工，但推特仍未扭转其盈利萎靡不振和增长停滞不前的局势。2016 年 10 月，有传言称 Salesforce 有意收购推特，但最后决定不进行收购。此后不久，推特又公布了当年第三季度的亏损，宣布将裁员 9%，并关闭视频应用 Vine 的服务。显然，推特尚未找到有效的商业模式。

资料来源："Twitter to Cut Jobs as It Aims For a Turnaround," by Mike Isaac, *New York Times*, October 27, 2016; "Twitter, Grappling with Anemic Growth, Tries to Bolster Its Advertising Business," by Mike Isaac, *New York Times*, July 26, 2016; "What Happened to Twitter's Music Strategy?" by Cherie Hu, Forbes.com, May 31, 2016; "Nearly a Year Later, Jack Dorsey's Twitter Shows Few Signs of a Successful Turnaround," by Alice Truong, Quartz.com, May 30, 2016; "Will The Death of Twitter's Buy Button Be the End of Social Commerce?" by Natalie Gagliordi, Zdnet.com, May 28, 2016; "Report, Twitter Has Stopped Caring About 'Buy' Buttons, Just Like the Rest of Us," by Nate Swanner, Thenextweb.com, May 26, 2016; "Twitter Downgraded to Sell: Hope Is Not a Strategy, Research Firm Says," by Mathew Ingram, *Fortune*, May 24, 2016; "Twitter Narrows Loss, Adds Users, and Misses Revenue Forecast," by Mike Isaac, *New York Times*, April 26, 2016; "Twitter Gains Rights to Stream Thursday NFL Games," by Ken Belson and Mike Isaac, *New York Times*, April 5, 2016; "Twitter Will Offer Selected Tweets to Keep Users Coming Back," by Mike Isaac, *New York Times*, February 10, 2016; "Here's Another Area Where Twitter Appears to Have Stalled: Tweets Per Day," by Alexei Oreskovic, Businessinsider.com, June 15, 2015; "Twitter Is Now Letting Apps Advertise With Video," by Garett Sloane, Adweek.com, July 8, 2015; "Twitter To Pay About ＄533 Million For Tell Apart, Largest Acquisition To Date," by Zach Rodgers, Adexchanger.com, April 30, 2015; "Where Did Dick Costolo Go Wrong?" by Erin Griffith, *Fortune*, June 12, 2015; "Twitter's Evolving Plans to Make Money From its Data," by Vindu Goel, *New York Times*, April 11, 2015; "Twitter Launches New Ad Product, Promoted Video, into Beta," by Sarah Perez, Techcrunch.com, August 12, 2014; "Twitter Changes Pricing Model for Advertisers," by Mark Bergan, Adage.com, August 7, 2014; "Twitter 'Buy Now' Button Appears for First Time," by Kurt Wagner, Mashable.com, June 30, 2014; "Twitter Buys Tap Commerce, a Mobile Advertising Start-up," by Mike Isaac, *New York Times*, June 30, 2014; "Twitter's Growth Shifts to Developing Countries," by Vindu Goel, *New York Times*, May 27, 2014; "Twitter Pushes Further Into Mobile Ads with MoPub Integration," by Yoree Koh, *Wall Street Journal*, April 17, 2014; "Twitter Acquires Gnip, Bringing a Valuable Data Service In-House," by Ashwin Seshagiri, *New York Times*, April 15, 2014; "Only 11% of New Twitter Users in 2012 Are Still Tweeting," by Yoree Koh, *Wall Street Journal*, March 21, 2014; "Twitter's Big Battle is Indifference," by Yoree Koh, *Wall Street Journal*, February 10, 2014; "A Sneak Peek at Twitter's E-commerce Plans," by Yoree Koh, *Wall Street Journal*, January 31, 2014; "♯Wow! Twitter Soars 73% in IPO," by Julianne Pepitone, Money.cnn.com, November 7, 2013; "Twitter Amplify Partner ships: Great Content, Great Brands, Great Engagement," by Glenn Brown, Blog.twitter.com, May 23, 2013; "Twitter's Latest Buy: Big Data Startup Lucky Sort," by Daniel Terdiman, News.cnet.com, May 13, 2013; "Twitter's New Video Plan: Ads, Brought to You by Ads," by Peter Kafka, Allthingsd.com, April 16, 2013.

推特的案例显示，即使拥有庞大的受众群体，要将一个好的商业理念转化为成功的商业模式并创造收入甚至利润也是非常困难的。

数千家企业发现，消耗他人投资的速度远远快于向消费者出售产品和服务赚取收入的速度。在大多数失败的案例中，企业的商业模式从一开始就有问题。相反，那些取得成功的电子商务企业则是充分抓住互联网、万维网和移动平台的特性，向消费者提供真实的价值，采用高效的运营方法，避开对企业有害的法律和社会问题的纠缠，才最终实现盈利。另外，成功的商业模式必须规模化。

企业必须能够在增长的同时实现效率。然而，商业模式到底是什么，如何才能知道某种商业模式是否实现盈利呢？

本章重点关注各种商业模式及其基本商务原理，这些知识对于理解电子商务来说必不可少。

2.1 电子商务的商业模式

2.1.1 简介

商业模式（business model）是为从市场上获得利润而预先规划好的一系列活动（有时也叫业务流程）。尽管商业模式和企业战略有些类似，但它们并不总是相同的，因为商业模式通常会考虑竞争环境（Magretta，2002）。商业模式是商业计划的核心。**商业计划**（business plan）是一份描述企业商业模式的文档。商业计划通常也要考虑竞争环境。**电子商务商业模式**（e-commerce business model）旨在充分利用和发挥互联网和万维网的特性。

2.1.2 商业模式的八大基本要素

如果你希望在任何领域，而不仅限于电子商务，都能建立成功的商业模式，就必须确保商业模式符合图 2-1 中所列举的八大要素，分别是价值主张、盈利模式、市场机会、竞争环境、竞争优势、营销战略、组织发展和管理团队。许多学者关注的都是企业的价值主张和盈利模式。虽然这两大要素是商业模式中最重要也最容易识别的部分，但其他要素在评估企业商业模式和商业计划，或试图解释特定企业成败缘由时也同样重要（Kim and Mauborgne，2000）。下面的章节将分别详细阐述商业模式中的每一个要素。

图 2-1　商业模式的八大基本要素

说明：商业模式由八大基本要素组成。如果希望建立成功的商业模式，必须确保商业模式符合这八大要素。

价值主张

企业的价值主张是企业商业模式的核心。**价值主张**（value proposition）明确了一家企业的产品或者服务如何满足客户的需求（Kambil，Ginsberg and Bloch，1998）。为制定或分析价值主张，需要回答以下关键问题：为什么客户要选择与贵公司做生意，而不是其他企业？贵公司能提供哪些其他企业不具备的东西？从消费者角度出发，成功的电子商务价值主张包括：个性化定制产品和服务，产品搜索成本的降低，价格发现成本的降低，以及通过交付管理使交易更便捷。

例如，亚马逊网站出现之前，大多数消费者都要亲自到图书零售商那里去买书。有时，想要的书可能没货，消费者就不得不等上数天或者数周，然后再去书店取书。亚马逊使得阅读爱好者在家或办公室，一天 24 小时都能舒适地购买所有已出版的图书，还能立刻知道要买的书是否有库存。Kindle 还能让用户直接获得电子书，无须等待配送过程。亚马逊的核心价值主张在于空前的选择余地和便利性。

盈利模式

盈利模式（revenue model）描述企业如何获得收入、产生利润以及获得高额的投资回报。书中常会交替使用盈利模式和财务模式这两个等价的概念。商业组织的功能就是产生利润和高于其他投资项目的回报。光有利润不足以使企业获得"成功"，企业必须产生高于其他投资项目的回报（Porter，1985）。企业若做不到这一点，就会被淘汰出局。

虽然电子商务盈利模式很多，但是大多数企业主要采用一种或几种模式的组合。这些盈利模式包括广告模式、订阅模式、交易佣金模式、销售模式和会员制模式。

在**广告盈利模式**（advertising revenue model）中，网站向其用户提供信息、服务或者产品，并设置广告专区供广告商付费使用。那些能吸引大量浏览者，或是能吸引高度专业化、与众不同的浏览者，并且能获得用户持续关注（"黏住用户"）的网站，都能收取高额的广告费率。例如，雅虎的收入就主要源于出售横幅广告和视频广告。

在**订阅盈利模式**（subscription revenue model）中，网站向用户提供信息和服务，并向用户收取部分或者全部内容的订阅费。例如，网络版本的 *Consumer Reports* 就只向订阅者提供信息，如详细的评分、评论和建议，订阅者可选择每月支付 6.95 美元或每年支付 30 美元的订阅费。从订阅盈利模式的经验来说，要想成功地让用户接受对网络信息付费的做法，就必须保证所提供的信息有更高的价值和增值，其他地方不易获取或不容易复制。成功应用订阅模式的公司有 eHarmony（约会服务），Ancestry（家谱研究），微软的 Xbox Live（视频游戏），Pandora、Spotify 和 Apple Music（音乐），Scribd 和 亚马逊的 Kindle Unlimited program（电子书），以及网飞和 Hulu（电视和电影），如表 2-1 所示。

表 2-1　采用订阅盈利模式的网站

名称	说明
eHarmony（约会服务）	免费服务：建立个人资料以及查看配对者的资料
	基本服务（看照片、传递消息）：6 个月的费用为 180 美元，一年的费用为 240 美元
	全面联系服务（基本服务和额外服务）：6 个月的费用为 203 美元，一年的费用为 287 美元
	尊享服务（基本服务或全面联系和额外服务）：每年费用为 503 美元
Ancestry（家谱研究）	仅美国记录：每月价格 19.99 美元或每 6 个月 99 美元
	全球记录：每月 34.99 美元或每 6 个月 149 美元
Scribd（电子书）	不受限制地使用 Scribd Select 的书籍和有声读物，外加 3 本书和 1 本用户选择的有声读物，每月收费 8.99 美元（超过 100 万本电子书、有声读物和漫画书可供选择）
Spotify（音乐）	根据设备（手机、平板电脑、台式机）和计划选择（免费、无限或高级）有许多不同的选择方式

最近，一些公司将订阅盈利模式与免费增值策略相结合。在**免费增值策略**（freemium strategy）中，公司免费提供一定的产品或服务，但随后对更高级的产品或服务收取订阅费。浏览本章最后的案例研究"潘多拉的免费增值商业模式"，进一步了解免费增值策略。

在**交易佣金盈利模式**（transaction fee revenue model）中，企业因帮助完成或执行交易而收取费用。例如，eBay 建立了网上拍卖市场，向成功出售商品的卖主收取小额的交易佣金。而在线股票经纪商 E* Trade 则就每一笔股票交易向客户收取交易费。

在**销售盈利模式**（sales revenue model）中，企业通过向顾客销售产品、信息或服务获取收入。亚马逊、L. L. Bean 和 Gap 等企业都属于销售盈利模式。许多公司也在采用基于订阅的销售盈利模式。Birchbox 就是一个典例，它按每月 10 美元或每年 100 美元的价格提供美容产品的送货上门服务。而最近以 10 亿美元的价格被联合利华（Unilever）收购的 Dollar Shave Club 也采用同样的商业模式。

在**会员制盈利模式**（affiliate revenue model）中，网站向会员提供业务机会，收取推荐费或从交易收入中获取一定百分比的提成。例如，MyPoints 通过向其会员提供优惠产品，为一些企业提供潜在客户而盈利。会员通过该优惠信息购买产品可获得能换取赠品的"积分"，而 MyPoints 则能赚取一定收入。Epinions 等社区反馈网站也通过引导潜在客户到特定网站购物来赚取收入。

表 2-2 对这些主要的盈利模式进行了总结。阅读"社会透视"专栏"Foursquare：根据地理位置查看你的隐私"，其中探讨了一些与 Foursquare 的商业模式和盈利模式相关的问题。

表 2-2　五种主要的盈利模式

盈利模式	举例	收入来源
广告	雅虎	通过提供广告来收取费用
订阅	eHarmony、Consumer Reports Online、网飞	通过提供信息内容和服务向订阅者收取费用
交易佣金	eBay、E* Trade	通过完成交易或进行交易来收取费用（佣金）
销售	亚马逊、L. L. Bean、Birchbox、iTunes	销售产品、信息或服务
会员制	MyPoints	通过业务推荐收取费用

社会透视

Foursquare：根据地理位置查看你的隐私

Foursquare 是将社交网络商业模式与定位技术相结合的众多公司之一。Foursquare 的移动社交应用程序可以知道你所在的位置，并且向你提供附近热门景点的信息，以及其他 Foursquare 用户的评论。该应用程序还可以在餐馆或其他地方签到，自动让脸书和其他社交网络上的朋友知道你所在的位置。2008 年，丹尼斯·克劳利（Dennis Crowley）和纳维恩·塞尔瓦杜拉伊（Naveen Selvadurai）创建了 Foursquare，其全球月活跃用户超过 5 500 万

人，均匀分布在美国和世界其他国家，共签到了 80 多亿次。通过将社交网络与基于智能手机的技术结合起来，可以准确地识别出用户的位置，这可能会带来巨大的收益。由于广告商可以根据用户所在的位置发送广告、优惠券和限时特价商品，基于位置的数据具有特殊的商业价值。

2014 年，Foursquare 将其应用程序拆分为两个不同的应用程序，并对其业务进行了调整。重新设计的 Foursquare 应用程序类似于旅游指南的推荐系

统，根据用户的位置信息为用户提供就餐和参观的建议。Swarm 是另一个应用程序，它继承了 Foursquare 的签到功能。重新设计的应用程序要求用户选取其喜欢的事物，即"口味"，从超过 10 000 种可能的事物中（从烧烤到博物馆再到桌面游戏）进行推荐。不同于徽章奖励，用户被鼓励通过在应用程序里增加信息成为专家。许多忠实的 Foursquare 用户都因为这次变革而离开。2015 年，该公司在 Swarm 中增加了许多之前的功能，比如地位等级、头衔（奖励在特定位置签到次数最多的用户），以及排行榜。Foursquare 的决定并不是因为缺乏尝试而受到影响，而主要受其致力于追求盈利的影响。Foursquare 仍然在开发基于用户位置的广告服务，并与美国运通等公司建立了合作关系，为使用 Foursquare 签到功能的持卡人提供折扣。不幸的是，脸书和其他社交网络现在都提供签到并与朋友分享的功能。然而，在 2015 年，Foursquare 转向了另一个方向，推出了 Pinpoint。Pinpoint 是一种广告工具，允许营销人员基于其积累的历史位置数据，过滤掉不准确的数据，从而实现定位目标用户的前所未有的能力。最重要的是，在没有 Foursquare 应用程序的情况下，Pinpoint 甚至可以为移动用户提供服务。与其他顶级社交网络相比，考虑到该公司的网络用户数量相对较少，这可以说是一大优势。

2016 年，Foursquare 似乎更多地关注为其他公司提供服务的 Pinpoint 等技术，而不是原有的签到功能。2014—2016 年，Foursquare 的收入同比增长了一倍，其中 2015 年广告解决方案业务增长了 170%。与其他科技和社交网络巨头达成的数据许可协议是其增长如此迅猛的主要推动力。例如，在 2014 年，Foursquare 与微软达成了一项协议，该协议允许微软利用这些数据，根据用户特定的搜索结果和基于位置数据的广告实现基于用户定制化的必应（Bing）。Foursquare 还与推特、谷歌、雅虎和 Pinterest 达成了类似的协议，提供基于位置的功能，并共享位置数据，以增加其数据在该过程中的丰富性和准确性。所有合作关系极大地丰富了 Pinpoint 的价值，甚至允许 Foursquare 定位那些非平台用户。Foursquare 过少的 5 500 万用户和没有起色的

用户增长突然显得并不那么重要了。2016 年，Foursquare 的新融资达到 4 500 万美元，尽管这个数字远低于 2013 年的最后一轮融资。同年，由于公司重组了其管理团队，重点关注广告产品的持续发展以及将定位数据转化为盈利的技术，克劳利辞去了 CEO 一职。公司认为，重新聚焦广告产品将有助于克服其用户增长停滞不前的尴尬。

随着像 Foursquare 这样基于定位的服务越来越流行，公众对隐私的关注也越来越多。维护隐私倡导者指出，许多应用程序没有隐私政策，大多数受欢迎的应用程序向开发人员发送用户的位置数据，而这些信息并没有得到很好的保护，这些服务即将使得政府、市场营销人员、债权人和电信公司最终了解几乎所有关于公民的信息，包括他们的行踪。许多用户可能并不真正了解，自己的历史位置数据别人到底知道多少。2016 年的一项研究表明，通过算法分析推特的帖子并配合 Foursquare 或 Instagram 的帖子，可以相对轻松地识别用户的身份。不过，Foursquare 的一个优势是，它的许多用户实际上对应用程序收集他们的位置跟踪数据很感兴趣。也就是说，当用户发现 Foursquare 在收集和分享他们的数据时，他们对此并不是特别反感。

当手机打开时，Foursquare 应用程序会自动为 Foursquare 提供 GPS 坐标，除非用户明确地关闭了这种跟踪，即使该应用程序是关闭的也会提供同样的数据。相比之下，脸书的"附近的好友"功能需要用户选择开通。Foursquare 一如既往的位置跟踪服务进一步提高了定位数据的价值。Foursquare 声称它提供的服务是对其收集的数据的公平交易；而隐私专家担心用户无法从 Foursquare 的服务器上删除存储的位置数据。在尊重用户隐私和继续保持盈利之间取得平衡仍然是 Foursquare 继续发展的挑战。2016 年，为了满足用户对隐私的需求，Swarm 开始允许用户在不公开的情况下签到，但与此同时，Foursquare 发布了 Attribution，该产品挖掘了超过 130 万 Foursquare 用户的日常位置信息，而这些用户同意定位跟踪以确定他们所看到的广告是否真的影响了他们的购买决定。2016 年 7 月，Foursquare 利用 Attribution 功能，发布了一个广告数字指示板，

上面有更详细的受众指标，让营销人员可以深入挖掘数据。

资料来源："Foursquare Is Debuting a Dashboard for Its Intriguing Foot Traffic Measurement System," by Christoper Heine, Adweek. com, July 25, 2016; "Swarm Now Lets Users Check-In Without Sharing Their Location," by Jordan Crook, Techcrunch. com, April 21, 2016; "Location Data From Just Two of Your Apps Is Enough to Reveal Your Identity," by Brian Mastroianni, Cbsnews. com, April 14, 2016; "Foursquare 'Attribution' Takes On Nielsen By Selling Foot Traffic From 1. 2 Million Daily Mobile Audience," by Kerry Flynn, Ibtimes. com, February 22, 2016; "Foursquare's Potentially Game-Changing New Tool Can Measure Foot Traffic Generated by Digital Ads," by Christopher Heine, Adweek. com, February 22, 2016; "Inside Foursquare's Plan to Become Profitable," by Andrew Nusca, *Fortune*, January 25, 2016; "Foursquare's Plan to Use Your Data to Make Money—Even If You Aren't a User," by Klint Finley, Wired. com, January 19, 2016; "Foursquare Raises $45 Million, Cutting Its Valuation Nearly in Half," by Mike Isaac, *New York Times*, January 14, 2016; "Swarm Gets Back into the Game with Leaderboards," by Jordan Crook, Techcrunch. com, August 20, 2015; "Foursquare by the Numbers: 60M Registered Users, 50M MAUs, and 75M Tips to Date," by Harrison Weber and Jordan Novet, Venturebeat. com, August 18, 2015; "Foursquare Returns to Its Roots in Bid to Win Back Users," by Jason Cipriani, *Fortune*, May 13, 2015; "Foursquare Unveils Pinpoint for Location-Based Ad Targeting," by Melanie White, Clickz. com, April 14, 2015; "Foursquare Unveils Pinpoint to Show You Ads Based on Where You've Been," by Harrison Weber, Venturebeat. com, April 14, 2015; "Why Twitter and Foursquare Just Struck a Deal," by Erin Griffith, *Fortune*, March 23, 2015; "Radical New Foursquare App Thinks You Want Even Less Privacy," by Jason Cipriani, Wired. com, August 6, 2014; "Foursquare Now Tracks Users Even When the App is Closed," by Douglas Macmillan, *Wall Street Journal*, August 6, 2014; "Foursquare Updates Swarm to Soothe Check-in Blues," by Caitlin McGarry, Techhive. com, July 8, 2014; "How Foursquare Uses Location Data to Target Ads on PCs, Phones," by Cotton Delo, Adage. com, February 27, 2014; "With Foursquare Deal, Microsoft Aims for Supremacy in Hyper-Local Search," by Ryan Tate, Wired. com, February 5, 2014.

市场机会

市场机会（market opportunity）是指企业所预期的**市场空间**（marketspace）（即有实际或潜在商务价值的区域）以及企业在该市场中有可能获得潜在财务收入的机会。市场机会通常划分成一个个较小的市场来描述。实际的市场机会是根据你希望从参与竞争的小市场中所能获得的潜在收入来定义的。

例如，假设你在分析一家软件培训公司，该公司通过互联网向企业销售自身开发的软件培训系统。软件培训领域所有细分市场的总规模大约为 700 亿美元，整个市场划分为两个主要的细分市场：由教练引导的培训产品市场，约占市场份额的 70%（490 亿美元的收入）；基于计算机的培训产品市场，约占市场份额的 30%（210 亿美元的收入）。在这两大细分市场中，分别有更小的细分市场，例如，针对《财富》500 强企业的基于计算机的培训市场，以及针对小企业的基于计算机的培训市场。因为这家公司是一家新公司，不可能在基于计算机的培训市场（大约 150 亿美元）与大企业相抗衡。知名品牌的大培训企业主宰了这一市场，所以该公司实际的市场机会就是向上千家小企业销售自己的产品，这些小企业在基于计算机的培训软件上的花费约为 60 亿美元，而且这些小企业迫切需要成本效益高的培训方案。这就是这家公司实际的市场机会（见图 2－2）。

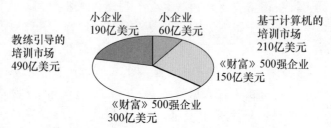

图 2－2　软件培训市场的市场空间和市场机会

说明：市场空间由许多细分市场组成，实际的市场机会一般集中于一个或几个细分市场。

竞争环境

企业的**竞争环境**（competitive environment）是指在同一市场中运作、销售相似产品的其他企业。它还指替代产品的存在和进入市场的新途径，以及客户和供应商的力量。本章后面小节中将探讨企业的竞争环境。竞争环境会受到如下因素的影响：有多少活跃的竞争对手，其规模有多大，每个竞争对手的市场份额有多大，这些企业的盈利情况如何，以及它们如何定价。

通常，企业既会遇到直接竞争对手，也会遇到间接竞争对手。直接竞争对手是那些在同一个细分市场销售相似产品或服务的企业。例如，Priceline 和 Travelocity 两家公司都在线销售打折机票，它们是直接竞争对手，因为它们销售同样的产品——便宜机票。间接竞争对手是那些可能处于不同行业但仍然有竞争关系的企业，因为它们的产品可相互替代。例如，汽车制造商与航空公司属于不同的行业，但它们也是间接竞争对手，因为它们向消费者提供可替代的交通运输工具。新闻媒体 CNN 是 ESPN 的间接竞争对手，它们并不销售相同的产品，但互相竞争消费者的上网时间。

任何细分市场中若存在大量的竞争对手，就意味着该市场处于饱和状态，很难获得利润。反之，缺少竞争对手的市场则可能意味着进入未开拓市场的机会，也可能意味着这是一个已经尝试过不可能成功的市场，因为赚不到钱。分析竞争环境有助于判断市场前景。

竞争优势

当企业能比竞争对手生产出更好的产品，或是向市场推出更低价格的产品时，它就获得了**竞争优势**（competitive advantage）（Porter，1985）。企业也在地域范围上开展竞争。有些企业能开拓全球市场，有些企业则只能发展国内或地区市场。能在全球范围内以较低的价格提供优质产品的企业是很有优势的。

许多企业能获得竞争优势，是因为它们总能获得其竞争对手所无法获得的各种生产要素，至少在短期内如此（Barney，1991）。这些要素包括：企业能从供应商、运输商或劳动力方面获得不错的条件；企业可能比其任何竞争对手更有经验，有更多的知识积累，有更忠实的雇员；企业还可能有他人不能仿照的产品专利，或者能通过以前的业务关系网得到投资资金，或者有其他企业不能复制的品牌和公共形象。当市场的某个参与者拥有比其他参与者更多的资源——财务支持、知识、信息或者权力时，**不对称**（asymmetry）就出现了。不对称使某些企业比其他企业更有优势，使得它们能以比竞争对手更快的速度将更好的产品投入市场，有时价格还更低。

例如，当苹果公司宣布 iTunes 提供合法的、可下载的并按每首歌曲 0.99 美元收费的音乐服务，可将音乐下载至安装 iTunes 软件的任何计算机或数字设备上时，它就凭借其创新的硬件设计以及为其提供精心编排的在线音乐目录的大型音乐公司，获得了比其他公司更大的成功机会。而它的竞争对手难以提供与其竞争的便宜、合法的音乐以及强大的硬件播放设备。

有一种独特的竞争优势来自先行者。**先发优势**（first-mover advantage）是企业率先进入市场提供有用的产品和服务而获得的竞争优势。先行者如果建立起自己忠实的客户群，或设计出别人很难模仿的独特界面，就能在较长的一段时期内保持自己的先发优势（Arthur，1996）。亚马逊就是个很好的例子。但是在技术推动的商务创新历史上，大多数先发者都缺少保持优势的**互补资源**（complementary resources），所以反而常常是后来者获得最大的回报（Rigdon，2000；Teece，1986）。的确，本书中讨论的成功企业大多数是后来者——从先驱企业的失败中学习经验和教训，再进入市场。

有一些竞争优势被认为是"不公平"的。当一家企业基于其他企业不能获得的条件因素建立起优势时，**不公平的竞争优势**（unfair competitive advantage）就出现了（Barney，1991）。例如，品牌名称是不能购买的，在这个意义上品牌就是一种"不公平"的优势。品牌是建立在忠实、信任、可靠和质量上的。品牌一旦建立起来，就很难被复制或模仿，而且能让企业给自己的产品制定较高的价格。

在**完美市场**（perfect market）中，没有竞争优势和不对称，所有企业都能均等地获得所需要的生产要素（包括信息和知识）。然而，真实市场通常是不完美的，会由于不对称而存在竞争优势，至少在短期内如此。大多数竞争优势都是短期的，虽然其中有些企业能保持相当长的一段时间，但是不可能永远都这样。事实上，每年也都有很多品牌面临失败的困境。

企业利用自己的竞争优势在周围市场中获得更多的竞争优势时，我们就说企业通过**杠杆作用**（leverage）利用了自己的竞争资产。例如，亚马逊利用公司巨大的消费者数据库和多年的电子商务经验，成功主导了在线零售市场。

营销战略

无论企业本身有多好，制定和执行营销战略对企业来说都很重要。如果不能恰当地向潜在消费者进行营销，那么即使是最好的商务理念和构想也会失败。

为将企业的产品和服务推销给潜在消费者而做的每一件事都是营销。**营销战略**（market strategy）是一个阐述如何进入新市场、吸引新客户的详细计划。

例如，推特、YouTube 和 Pinterest 的社交网站营销战略鼓励用户在网站上免费发布内容、建立个人档案、和朋友沟通、建立社区。在这些案例中，用户就是营销人员。

组织发展

虽然许多企业都是由一个富有想象力的人发起的，但是只靠个人将理念转变为数百万美元收入的企业是很罕见的。在大多数情况下，快速成长的企业——尤其是电子商务企业——需要员工的参与，更需要一套业务计划。简而言之，所有的企业——尤其是新企业——都需要设立组织来有效地实现商业计划和战略。许多电子商务企业和尝试推行电子商务战略的传统企业都失败了，原因就在于它们缺乏支持新商务形式的组织结构和文化价值（Kanter，2001）。

对于希望兴旺发达的企业来说，需要一个**组织发展**（organizational development）计划（这是一个描述企业如何组织所要完成的工作的计划）。一般来说，企业的工作可划分到各职能部门，如生产、运输、营销、客户支持及财务。这些职能部门的工作需要明确定义，随后就能为特定的工作岗位和职责招聘人员。一般来说，刚开始的时候主要是招聘能从事多项工作的多面手。而随着企业的成长，招募的人员则会越来越专业化。例如，企业在起步初期可能只需要一名营销经理，但是在经历两三年的稳步发展后，一个营销岗位可能就会被划分为 7 个工作岗位，需要由 7 个人来完成。

例如，eBay 的创始人皮埃尔·欧米迪亚（Pierre Omidyar）建立在线拍卖网站的目的是帮助女朋友和其他收藏者交易糖果盒。但是短短数月的时间，拍卖业务量就远远超出其个人所能处理的程度，他开始雇用更有相关业务经验的人来帮忙。很快企业就聘请了许多员工，划分出许多部门，有了很多负责监督企业方方面面工作的管理人员。

管理团队

毫无疑问，商业模式中最重要的元素是负责模式运作的**管理团队**（management team）。一个强有力的管理团队能让商业模式迅速获得外界投资人的信任，获得相关市场的知识，获得实施商业计划的经验。他们或许不能拯救失败的商业模式，但能改变模式，重新定义所必需的业务。

最后，大多数企业都意识到需要有几位高级执行官或经理。但是这些经理人所具备的技能既可能成为竞争优势之源泉，也可能成为竞争劣势之根源。关键在于如何找到既有经验又能把经验运用到新环境中的人。

要为初创企业找到好的经理人，首先要考虑的是，加盟企业的经理人应具备哪些经验才是对企业有帮助的。他们需要有什么样的技术背景？需要具备哪些管理经验？需要在某个特定领域工作过多长时间？需要具备什么样的工作能力：营销、生产、财务还是运营？尤其在企业初创时需要融资的阶段，特别要考虑未来的高级经理人有没有从外界投资人处获取融资的经验和渠道。

表 2-3 总结了商业模式中八大要素以及成功具备每个要素所必须回答的问题。

表 2-3　商业模式的八个关键要素

组成要素	核心问题
价值主张	为什么消费者要在你这里买东西？
盈利模式	你如何赚钱？
市场机会	你希望服务于什么市场？市场容量有多大？
竞争环境	哪些企业的目标市场与你相同？
竞争优势	进入目标市场，你有什么特殊的优势？
营销战略	你计划如何促销产品和服务来吸引目标客户？
组织发展	企业必须采用哪种组织架构以实现商业计划？
管理团队	什么样的经历和背景对企业领导者来说是至关重要的？

2.1.3　资金筹集

资金筹集是初创企业的创始人及其管理团队最重要的职能之一。没有足够的资金来实现有效运作是许多初创企业失败的主要原因。许多创业者最初都是通过"引导"（bootstrap）来开始业务，利用储蓄、信用卡预付款、房屋贷款或从家人和朋友那里筹得的个人资金。这类基金通常称为**种子资金**（seed capital）。一旦这些资金耗尽，如果公司没有产生足够的收入来支持运营成本，就需要寻求额外的资金。传统的资金来源包括孵化器、商业银行、天使投资人、风险投资公司和战略合作伙伴。筹集资金最重要的一个方面是能够将公司商业计划的要素归纳为一个**电梯演讲**（elevator pitch），即 2～3 分钟的简短陈述（因与乘坐电梯的时长大致相同而得名），以说服投资者投资。表 2-4 列出了电梯演讲的关键要素。

表 2-4　电梯演讲的关键要素

要素	说明
自我介绍	名字和职位，公司的名称，并用一句话将你的公司和一家知名公司做比较。比如："我的名字是 X，我是 Y 公司的创始人，我们是 Z 版的优步/亚马逊。"
演讲背景	你的想法的起源和你想要解决的问题。
市场规模/市场机会	简要阐述市场规模（希望该规模很大）的现状。

续表

要素	说明
盈利模式/盈利数额/增长指标	深入介绍公司的盈利模式和之后的盈利结果，以及它的发展速度和早期采用的盈利模式（如果有的话）。
资金情况	你已经筹得的资金以及这些资金可以用来做什么。
退出策略	你的投资者将如何获得投资回报。

孵化器（incubators）有时也称为加速器，如 Y Combinator（见第 1 章），通常提供少量的资金，但更重要的是它还为创业公司提供一系列的服务，它们选择参加创业公司的项目，如商业、技术和市场营销援助，以及介绍其他资金来源。TechStars、DreamIt 和 Capital Factory 等都是著名的孵化器项目。

对于一家刚起步的公司来说，从商业银行获得贷款通常是困难的，但美国小企业管理局和州或地方的同类机构推荐的项目还是值得商业银行去调查一番的。以贷款（债务）形式获得资本的好处是，虽然必须偿还，但它并不要求企业的创始人放弃对公司的任何所有权。

天使投资人（angel investors）通常是具有一定财富的个人（或一群人），他们把自己的钱投资于企业以换取股权份额。一般来说，天使投资人比风险投资公司的投资额更小（通常为 100 万美元或更少），他们的兴趣点在于帮助公司成长和成功，与后期投资者相比，其投资条款相对更有利。公司的第一轮外部投资有时称为 A 轮融资。

通常，一旦一家初创公司开始吸引大量受众，并产生一些收入，即使它没有盈利，风险资本投资者也会对其更感兴趣。**风险资本投资者**（venture capital investors）投资的基金来自投资银行、养老基金、保险公司或其他企业等其他投资者，他们通常希望获得更大的业务份额，并对业务的运营有更多的控制权。风险资本投资者通常也需要一个明确的"退出策略"，如通过更成熟的业务，计划在一段相对短的时间（通常是 3～7 年）内进行首次公开募股或收购公司，这将使他们能够获得足够的投资回报。风险资本投资往往最终意味着创始人和初始投资者在未来某个时点将不再掌控公司。

众筹（crowdfunding）包括利用互联网使个人能够共同出资来支持项目。Kickstarter 和 Indiegogo 推广了众筹的概念，但由于证券法规，众筹不能用于美国盈利性公司的股权投资。然而，2012 年《创业公司法案》（JOBS Act）的通过以及美国证券交易委员会（SEC）在 2013 年 7 月发布的监管规定，使得公司可以利用互联网吸引富有的投资者（"合格"投资者）投资小型和早期初创企业以换取股权。2015 年 6 月，Regulation A＋使非授权投资者（个人净资产低于 100 万美元以及在前两年的年收入低于 20 万美元）的股权众筹投资生效。根据《创业公司法案》授权的大范围股权众筹规定，允许年收入或净资产低于 10 万美元的人进行投资，并于 2016 年 5 月生效。"商务透视"专栏"众筹的起飞"对众筹做了进一步研究。

商务透视

众筹的起飞

假设你有一个伟大的想法，但缺乏付诸实现的资源，那么众筹网站可能是你最好的选择。从 2009 年的 5.3 亿美元增长到 2015 年的 340 亿美元，可以说 Kickstarter、Indiegogo、RocketHub 和 Tilt 等网站引领了众筹的发展。世界银行的一项研究预测，到 2025 年，通过众筹筹集的资金将超过 930 亿美元。而互联网正是众筹的理想媒介，因为它为全球范围内需要资金的个人和组织以及潜在的支持者提供帮助。

像 Kickstarter 和 Indiegogo 这样的网站是如何运作的？这很简单——如果一个发明家、艺术家或活动家想要为一个项目筹集资金，那么这个网站便可为项目创建一个页面。人们可以承诺支持这个项目，但在 Kickstarter 网站上，资金仅会在完全达到其融资目标时交付给创建者（其他网站，例如 Indiegogo 和 RocketHub，即使没有达到目标，也允许项目创建者保留他们筹集到的资金）。这些网站会向达到筹资目标的项目收取 5% 的佣金。而项目投资者通常会得到某种形式的奖励，这些奖励与他们对项目的贡献大小相关。

众筹正迅速成为电影、视频游戏、艺术装置和其他类型项目发展的支柱。例如，在 Kickstarter 的项目中，迄今为止资助最多的项目 Pebble 是一款可定制的电子纸手表，它可以连接到智能手机上（通过多次活动共筹集了 3 300 多万美元），另一个是带有防水蓝牙音箱、USB 充电器和其他高科技功能的 Coolest Cooler（1 330 万美元）。Kickstarter 项目中的大项目基本都是电影项目，而这些项目并未得到好莱坞电影公司的支持（如 Veronica Mars 的电影项目（570 万美元），以及重新启动备受欢迎的电视教育节目（Reading Rainbow）的项目（该电视节目在 2015 年获得了超过 500 万美元的融资））。2014年，来自俄亥俄州的一名男子申请 10 美元的资助做一批土豆沙拉，看上去像开玩笑，但在他的竞选活动迅速走红之后，他筹集的资金超过了 5.5 万美元，其中大部分用于支持当地慈善机构。由此可见，只有你想不到的，而没有众筹做不到的。

成功的众筹项目通常有一些共同的特点。其中最重要的是清晰而简明地表达项目的理念，尤其是视频表达方式。众筹活动在许多方面与商业计划类似，也会涉及商业模式的八个要素，例如项目的价值主张、目标市场等。包括视频制作人、编辑和其他服务的生态系统已经涌现，以支持众筹项目。

并不是所有的众筹项目都能获得成功。根据 Kickstarter 的报道，到目前为止，在大约 308 000个项目中，仅有 35% 的项目达到了融资目标。一些完全脱离现实的项目会使它们的支持者感到失望。

例如，尽管产品已经交付给那些在亚马逊上支付全部零售价格的顾客，Coolest Cooler 还是由于价格上涨、生产延误和未能将产品交付给其最初的支持者而失败。另一个引人注目的 Kickstarter 项目——羽翼未丰的无人机制造商 Zano，尽管已经筹集了 340万美元，却在产品完成前就破产了。如今，Kickstarter 需要资金筹集人披露其项目可能存在的风险，以及原型产品的照片，而不是简单的图纸、模拟图或效果图。但是，对于那些从未成功或没有起色的创业者来说，支持者对项目还没有真正的追索权。

众筹的新用途是为初创公司提供种子资金，以换取该公司的股权（股份），也叫作股权众筹。根据 2012 年国会通过的《创业公司法案》，公司在 12 个月期间的众筹资金最多为 100 万美元。2016 年，法规放松了潜在投资者的认可条件（至少有 100 万美元的净资产），允许中小投资者购买 2 000 美元甚至更多的股权。有 25 个州已经形成了自己的众筹法规，允许当地企业以众筹的方式筹集资金，且 2016年的监管规定也将开始完善以防止这些企业向各自国家以外的投资者进行广告宣传。然而，股权众筹要求企业的大部分业务符合规范，对任何违规行为都处以高额罚款，并且潜在投资者将可能面临专业投资者所经历过的所有风险，而结果可能会使自己陷入更大的财务危机。而且，投资人还将被迫支持至少一年的投资。

Kickstarter 目前并没有考虑让创始者在项目中提供股权，认为股权众筹与网站上的项目完全不同，后者更注重创意和社会热点。与此同时，许多公司，如 Indiegogo、Crowdfunder、AngelList 和 StartEngine 都在为预期将要到来的众筹活动的爆发做一些基础性的准备工作。Indiegogo 特别公开了它对《创业公司法案》的支持，目前正致力于在不久的将来将其作为网站的一种选择。当 Indiegogo 做到这一点的时候，它很可能会因为其每月 1 500 万的访问量而立即占据这个行业的主导地位。一些小众公司也不断涌现，在不同程度上取得了成功。例如，SeedInvest 是一家迎合投资者的公司，它可能会通过提供更好的隐私控制来关注众筹隐私。CircleUp 专注于面向消费者的产品。随着众筹得到公众的广泛认可，更多类似的专业网站可能会涌现出来。然而，麻省理工学院（MIT）和威廉玛丽学院（College of William and Mary）的研究表明，股权众筹不太可能为较小的投资者带来积极的结果。许多高质量的初创公司不需要股权众筹，而是转向更传统的风险资本投资者，规模较小的投资者则可能更容易被寻求融资的企业误导。在未来的几个月甚至几年里，可能需要制定更多的法规来保护较小的股权众筹投资者。

资料来源："Indiegogo Could Soon Dominate Equity Crowdfunding," by Jeremy Quittner, *Fortune*, July 5, 2016; "Latest Pebble Campaign Snags the Top Slot on Kickstarter," by Haje Jan Kamps, Techcrunch. com, June 30, 2016; "New Crowdfunding Rules Could Do More Harm Than Good for Some Startups," by Samantha Drake, *Forbes*, June 27, 2016; "Equity Crowdfunding is Here—And It Could Be Terrible for Indie Filmmakers," by Chris O'Falt, Indiewire. com, May 17, 2016; "New Crowdfunding Rules Let the Small Fry Swim with Sharks," by Stacy Cowley, *New York Times*, May 14, 2016; "Can Equity Crowdfunding Democratize Access to Capital and Investment Opportunities?," by Christian Catalini, Catherine Fazio, and Fiona Murray, MIT Innovation Initiative, May 2016; "As Equity Crowdfunding Debuts in U. S. , Will More Regulations Follow?," by Jeff Engel, Xconomy. com, March 25, 2016; "Trouble on Kickstarter as Two Massive Projects Hit the Rocks," by Alex Hern, *The Guardian*, November 19, 2015; "S. E. C. Gives Small Investors Access to Equity Crowdfunding," by Stacy Cowley, *New York Times*, October 30, 2015; "Equity Crowdfunding: A Market for Lemons?," by Darian M. Ibrahim, College of William & Mary Law School, 2015; "Indiegogo Is Getting Ready for Equity Crowdfunding," by Harry McCracken, *Fast Company*, October 2015; "Tired of Waiting for U. S. to Act, States Pass Crowdfunding Laws and Rules," by Stacy Cowley, *New York Times*, June 3, 2015; "Keeping Up With Kickstarter," by Stephen Heyman, *New York Times*, January 15, 2015; "Why Investors Are Pouring Millions into Crowdfunding," by Katherine Noyes, *Fortune*, April 17, 2014; "Invest in Next Facebook … For a Few Bucks," by Patrick M. Sheridan, CNNMoney. com, April 14, 2014; "How You'll Fund-And Wildly Profit From-The Next Oculus Rift," by Ryan Tate, Wired. com, April 4, 2014; "If You Back a Kickstarter Project That Sells for $2 Billion, Do You Deserve to Get Rich?," by Adrianne Jeffries, Theverge. com, March 28, 2014; "Crowdfunding Tips for Turning Inspiration into Reality," by Kate Murphy, *New York Times*, January 22, 2014; "World Bank: Crowdfunding Investment Market to Hit $93 Billion by 2025," by Richard Swart, PBS. org, December 10, 2013; "SEC Finally Moves on Equity Crowdfunding, Phase 1," by Chance Barnett, Forbes. com, July 19, 2013.

2.1.4 电子商务商业模式分类难

现在有许多电子商务商业模式，而且每天还有更多的模式出现。这些模式的数量仅仅受到人们想象力的限制，当然我们也不可能穷尽所有的商业模式。然而，尽管潜在的模式很多，人们还是能确定电子商务舞台上已经建立的基本商业模式类型（及其细微的变化），并描述它们的关键特征。但是，在划分商业模式时并没有一种完全正确的方法，认识这一点非常重要。

我们对商业模式进行分类的方法是根据电子商务应用的不同领域——B2C 和 B2B 来进行的。值得注意的是，类似的模式可能会出现在多个领域中。例如，在线零售商（常称为电子零售商）与电子分销商的商业模式就很相似。但是，可以根据其所关注的市场主题加以区分。B2C 领域的电子零售商关注的是销售给个人消费者，B2B 领域的电子分销商则关注销售给其他企业。许多公司利用不同的商业模式，试图扩展到尽可能多的电子商务领域。我们将分别在 2.2 节和 2.3 节探讨 B2B 业务模型和 B2C 业务模型。

电子商务技术也能影响商业模式的分类。例如，移动电子商务是指通过移动设备和无线网络来支持各种商业模式。评论人士有时误把移动电子商务当作一种独特的商业模式，但事实并非如此。我们之后讨论的所有基本商业模式都可以在传统的互联网或万维网和移动平台上实现。同样，虽然有时也称为"社交电子商务"和"本地电子商务"，但它们本身并不是商业模式，而是 B2C 和 B2B 电子商务的细分领域，不同的商业模式可以在其中运作。

要注意的是，有些企业会同时采用几种商业模式。例如，亚马逊同时采用多种商业模式：它既是电子零售商、内容提供商、市场创建者，又是电子商务基础设施供应商。eBay 既可看作利用传统互联网或万维网和移动平台的 B2C 和 C2C 的市场创建者，也可看成电子商务基础设施供应商。企业通常寻求多种商业模式，将单一商业模式的品牌、资本和资产投入新的商业模式中。

最后，如果没有谈论到一群专注于提供电子商务公司生存、发展和繁荣所需的基础设施的公司，那就不可能完成对电子商务业务模式的研究。这些公司是电子商务的推动者。它们提供了硬件、操作系统软件、网络和通信技术、应用软件、网页设计、咨询服务以及电子商务所需的其他工具（见表 2-5）。虽然这些公司可能本身并不从事电子商务（尽管在很多情况下，电子商务在传统意义上实际上是它们的销售渠道之一），但作为一个团队，它们可能从电子商务的发展中获益最多。我们将在接下来的章节中讨论这些参与者。

表 2-5 电子商务的推动者

基础设施	相关公司
硬件：网络服务器	HP、Dell 、Lenovo
软件：网络服务软件	Microsoft、IBM、Red Hat Linux（Apache）、Oracle
云提供商	Amazon Web Services、Google、IBM、Rackspace
主机服务	Rackspace、WebIntellects、1&1、HostGator、Hostway
域名注册	GoDaddy、Network Solutions、Dotster
内容发布网络	Akamai、Limelight
网站设计	Weebly、Wix、Squarespace
电子商务平台提供商	Magento、IBM、Oracle、Salesforce
移动商务硬件平台	Apple、Samsung、LG
移动商务软件平台	Apple、Google、Adobe、Usablenet、Unbound Commerce
流媒体、富媒体、在线视频	Adobe、Apple、Webcollage
安全与加密	VeriSign、Check Point、GeoTrust、Entrust、Thawte、Intel Security
支付系统	PayPal、Authorize.net、Chase Paymentech、Cybersource
网络性能管理	Compuware、SmartBear、Keynote
比较引擎反馈/市场管理	ChannelAdvisor、CommerceHub、CPC Strategy
客户关系管理	Oracle、SAP、Salesforce、Microsoft Dynamics
订单管理	JDA Software、Jagged Peak、Monsoon Commerce
履约	JDA Software、Jagged Peak、CommerceHub
社交营销	Buffer、HootSuite、SocialFlow
搜索引擎营销	iProspect、ChannelAdvisor、Merkle
电子邮件营销	Constant Contact、Experian CheetahMail、Bronto Software、MailChimp
连属网络营销	CJ Affiliate、Rakuten LinkShare
客户评论和论坛	Bazaarvoice、PowerReviews、BizRate
即时聊天/点击呼叫	LivePerson、BoldChat、Oracle
网站分析	Google Analytics、Adobe Analytics、IBM Digital Analytics、Webtrends

2.2 B2C 电子商务的主要商业模式

在 B2C 电子商务中，网络企业尽全力去赢得个体消费者，这是人们最熟悉也最流行的电子商务类型。表 2-6 列出了 B2C 电子商务中主要的商业模式。

表 2 - 6　B2C 商业模式

商业模式	变种	举例	说明	盈利模式
电子零售商	虚拟商家	Amazon Blue Nile Bluefly	零售店的在线版本，消费者不用离开家或者办公室，可以在任何时候购物	产品销售
	水泥加鼠标	Walmart Sears	有实体店面的企业使用在线分销渠道	产品销售
	目录服务商	L. L. Bean LillianVernon	目录直接邮购商的在线版本	产品销售
	制造商直销	Dell Mattel	制造商利用网络直接销售	产品销售
社区服务商		Facebook LinkedIn Twitter Pinterest	聚集有特定兴趣爱好和共同经历的人们共享经历、交换意见的网站	广告费 订阅费 会员推荐费
内容提供商		Wall Street Journal CNN ESPN Netflix Apple Music	为客户提供报纸、杂志、书籍、电影、电视、音乐、游戏和其他形式的在线内容	广告费 订阅费 数字产品销售
门户网站	水平的/综合的	Yahoo AOL MSN Facebook	提供一揽子内容、搜索、社交网络服务：新闻、电子邮件、聊天、音乐下载、视频流以及日历等，试图成为用户的主页	广告费 订阅费 交易费
	垂直的/专业化的	Sailnet	向专业市场提供服务和产品	广告费 订阅费 交易费
	搜索	Google Bing Ask	主要聚焦于提供搜索服务	广告费 会员推荐费
交易经纪人		E* Trade Expedia Monster Travelocity Orbitz	在线交易的处理者，如股票经纪人和旅游代理人，通过帮助客户更便捷地完成交易而提高客户生产率	交易费
市场创建者		eBay Etsy Amazon Priceline	基于网络的业务，使用互联网技术建立汇聚买卖双方的市场	交易费
服务提供商		VisaNow Wave RocketLawyer	通过向客户卖服务而不是产品挣钱的企业	服务销售

2.2.1　电子零售商

在线零售店常称为**电子零售商**（e-tailer），规模大小各异，既有像亚马逊这样的网络巨人，也有只有一家网站的本地小商店。除客户需要接入互联网或利用智能手机下订单外，电子零售商更像是传统的门店。有时，人们把一些电子零售商称为"鼠标加水泥"，认为它们是对于现有实体门店的补充或分支，销售的是同样的产品，如 REI、杰西潘尼、巴诺（Barnes & Noble）、沃尔玛和史泰博（Staples）就属于以在线门店为补充的例子。而其他的电子零售商只在虚拟世界里运营，与实体门店没有任何关系，如亚马逊、BlueNile 和 Bluefly 就属于这类例子。此外，还有一些电子零售商的变种形式，如在线的直接目录邮购、在线购物中心以及制造商直销等。

2016 年，美国零售市场总收入约为 4.8 万亿美元，电子零售商的潜在市场机会巨大。每个互联网用户都是潜在的消费者，而那些赶时间的人就更有可能成为电子零售商的客户，因为他们需要的是不用开车去购物中心或商店就能购物的方案（Bellman, Lohse and Johnson, 1999）。电子零售的盈利模式基于商品销售，消费者为所购买的商品支付费用。

但是，电子零售领域的竞争异常激烈。因为电子零售市场的**进入壁垒**（barriers to entry，进入新市场的总成本）很低，数以万计的小型电子零售商雨后春笋般涌现。电子零售商如果没有知名的品牌和经验，要想盈利和生存是很困难的。电子零售商面临的挑战是如何使自己的业务与现有的零售商不同。

那些希望赢得所有在线消费者的企业可能很快就会耗尽自己的资源，而那些以拾遗补缺为战略、清楚自己的目标市场和客户需求的企业是最可能获利的。保持较低的成本、提供广泛的选择、进行库存的控制，这是电子零售成功的关键，其中最难做到的就是库存控制。第 9 章将深入阐述网络零售。

2.2.2　社区服务商

虽然社区服务商并不是一个新事物，但借助互联网，这类网站可以让兴趣相投的人更容易地碰面交流，而不受地域和时间的限制。**社区服务商**（community provider）是那些创建数字化在线环境的网站，兴趣爱好相似的人可以在这里进行交易（买卖产品），分享兴趣爱好、照片、视频，以及相互沟通，了解与自己兴趣相关的信息，甚至可以通过扮演网络人物来体验幻想。社交网站脸书、领英、推特和 Pinterest，以及其他小型社交网站都提供用户社区工具和服务。

社区服务商的基本价值主张在于建立快速、方便、一站式的网站，让用户能够关注最感兴趣、最关心的事情，和好友分享经验，了解自己的兴趣爱好。社区服务商一般采取混合的盈利模式，包括收取订阅费，获得销售收入，收取交易费、会员费，以及向被忠实用户吸引的其他公司收取广告费。

社区服务商一般通过与零售商建立合作关系和做广告来获得收入。历史悠久的社区网站有Well，该网站提供了一个有关技术和互联网相关问题讨论的论坛；还有 Motley Fool，该网站主要提供理财建议、新闻和各种观点。用户每月要向 Well 支付 10～15 美元不等的费用；Motley Fool则通过广告费和产品销售收入来盈利，刚开始提供免费服务，但后来变成了收取年订阅费。

消费者对于社区的兴趣似乎一直在高涨，所以社区网站的市场机会也在增加。多数社区网站有盈利的难题，随着时间的推移，许多网站都将广告收入作为主要的收入来源而获得了成功。大型社交网站，如脸书、MySpace 和领英，以及拥有少量受众的小型网站，都是理想的营销和广告乐土。传统网络社区如 Motley Fool 和 WebMD（为用户提供医疗信息）发现提供更深、更广的知识是成功的重要因素。社区成员通常寻求知识、引导和建议。缺乏经验的团队会严重阻碍社区的成长，需要管理者和促进者不断讨论相关的过程。对于新社区——社交网站来说，取得成功最重要的因素似乎就是使用的方便性和灵活性，以及准确的客户价值定位。例如，脸书通过鼓励发展第三方创收应用程序，一举超过了其竞争对手 MySpace。

网络社区从线下的口头、文字和病毒营销中获利。网络社区还反映了线下的关系，当你的朋友说他在脸书上建立了自己的个人主页，让你去访问时，你也可能会去建立自己的个人主页。

2.2.3 内容提供商

内容提供商（content provider）利用网络分销各类信息内容，如数字化视频、音乐、照片、文本以及艺术品。预计美国消费者 2016 年将为网络内容（如电影、音乐、视频、电视节目、电子书和新闻）花费 230 亿美元。

内容提供商通过多种盈利模式获取利润，包括收取广告费、订阅费以及销售电子产品。例如，Apple Music 的用户需每月支付订阅费才能访问上千首歌曲。其他的内容提供商如华尔街日报在线版、哈佛商业评论等则主要是向消费者收取内容下载的费用，作为对订阅费的替代或补充。

当然，不是所有的在线内容提供商都收费，如 ESPN、CIO、CNN 的网站或移动应用程序以及许多在线版报纸和杂志都不收费，用户可免费在这些网站上访问新闻和信息，只不过有时需要注册账号。这些受欢迎的网站采用的是另一种盈利模式，如通过网络广告或为合作伙伴搞促销来获得收入。然而，"免费内容"逐渐被限制在头版和文本，而优质内容（传输有深度的文章或视频）则要收费。

通常来说，要想成为成功的内容提供商，关键是要拥有信息内容。信息内容版权的传统拥有者——图书报纸出版商、电台和电视台、音乐发行公司和电影制片厂——比网络新进入者更具优势，因为新进入者只提供分销渠道，必须付费购买内容（通常是以非常高的价格）。

有些内容提供商并没有自己的信息内容，它们通过辛迪加联合（集合）的方式来发送他人的资讯。辛迪加联合组织是标准内容提供商模式的一种主要变形。另一种变形是网络聚合，它从各种来源收集信息，通过事后的聚合服务为信息增值。例如，Shopzilla 收集数千条网络产品价格信息加以分析，向用户展示价格区间分布以及链接到产品网站地址的图表。Shopzilla 通过收集聚合增加信息的价值，再将其卖给广告商。

任何想通过销售信息内容来获得收入的新兴电子商务企业，都有可能面临困难，除非它能拥有别人无法得到、独一无二的信息源。在大多数情况下，这类业务主要是被传统内容提供商把持。"技术透视"专栏"联网汽车将会成为下一个热门的娱乐工具吗？"探讨了互联网技术的变化是如何推动网络内容市场的新商业模式发展的。第 10 章将进一步阐述网络内容提供商的相关内容。

技术透视

联网汽车将会成为下一个热门的娱乐工具吗？

想象一下，当你上下班坐在驾驶座上时，你并不需要一直看着路，而是在看网飞的电影、登录脸书和查看电子邮件，却没有任何事故隐患。

这种情况在不久的将来很可能会成为普遍现象。2016 年，我们正在经历另一场生活方式的变革，正是物联网（IoT）技术推动了这次变革。物联网指的是使用传感器连接到互联网和云端计算机，再加上强大的数据分析程序，来跟踪事物和理解其行动（你将在第 3 章了解更多关于物联网的内容）。物联网背后的技术早已实现，如今企业正在用它来开发消费者和企业愿意支付的产品和服务。

从商务的角度来看，物联网不仅仅是技术的集合，还是服务的推动者，而这些服务可以卖给其他企业和消费者。对于企业来说，物联网可能意味着更高效的维护、远程监控设备、跟踪供应链中的资产以及识别机器和操作人员的行为模式。这些服务降低了成本，为能够很好地利用物联网的公司带来更大的利润。对于消费者来说，物联网意味着自动驾驶智能汽车、智能媒体系统、智能家居、个人健康监控、零售和电子商务自动化。

据 Gartner 估计，2016 年全球正在使用的联网设备多达 64 亿台，每天新增的新型产品有 550 万件，2020 年将超过 200 亿件。麦肯锡估计，到 2025 年，物联网产生的价值将从 4 万亿美元增至 11 万亿美元，其中 70% 的价值来自 B2B 电子商务，其余的则在 B2C 交易中。对于物联网硬件、软件和电信的供应商来说，这蕴藏着巨大的销售收入。在此过程中，物联网将改变业务流程，并在各种行业中发展大量新的商业模式。

物联网预计将会对内容行业产生重大影响，尤其是当它在汽车行业中的应用越来越多，产生了联网汽车，甚至是最终将会让司机不必专注于道路的自动驾驶汽车。如今，可能你的汽车仍然是你数字生活中联网最少的设备之一，但它正在迅速发生变化，其中部分原因可能是消费者的需求。最近的一项调查显示，近 2/3 的美国车主在家中使用宽带上网，并希望自己的汽车也能够联网。一辆联网汽车配备了数百个传感器，可以直接接入互联网，还可以连接到数百个其他联网的设备。微型传感器将能够报告你的路线和目的地、轮胎的状态、空调以及你正在听的音乐。在未来，甚至还有可能报告你的精神状态，只要使用情绪传感器就可以接收愤怒、悲伤和快乐等情绪。

公路上联网汽车的数量正在迅速增加。根据行业分析，到 2016 年初，美国联网车辆已超过 4 000 万辆。毫无疑问，电信公司对联网汽车作为其服务平台非常感兴趣，并且力促其发展。例如，AT&T 在 2016 年推出了一个扩展的联网汽车平台，该平台允许使用无限量套餐的智能手机用户以每月 40 美元的价格为他们的联网汽车提供服务，或是每月 10 美元提供 1Gb 数据的联网汽车服务。在 2016 年，AT&T 与福特公司签署了一项协议，为 1 000 万辆使用福特新 SYNC 联网系统的汽车提供联网服务。AT&T 还与其他汽车公司合作，在汽车上安装无线接入设备。除了向消费者销售其无线网络，AT&T 还计划出售从汽车和司机那里收集的数据，这些数据将根据汽车型号、位置，甚至是播放的音乐类型进行广告定向投放。

对于内容发布者来说，物联网提供了一个全新的平台。联网汽车为媒体公司提供了一个潜在的巨大市场。人们（司机和乘客）每年待在车上的时间大约为 500 小时，包括 42 小时的在途时间。对于营销人员和媒体公司来说，这种受制观众是理想的目标群体。如今，虽然我们主要将汽车视作交通工具，但它们也是娱乐和媒体中心。例如，汽车已经成为美国电台收入的主要来源，超过一半的电台消费都发生在汽车上。但是，在汽车中使用在线电台服务往往是一个艰难的过程，因为它通常不能正常工作。为此，汽车制造商和内容供应商都在努力寻求解决方案。潘多拉（Pandora Media）正寻求建立其在在线电台市场上的主导地位。该公司已与 24 家汽车品牌达成协议，将其音乐服务嵌入 160 多款汽车型号中。Spotify、苹果的 CarPlay 和谷歌的 Android Auto 也为联网汽车提供了新的服务。汽车最终会变成一个提供视频服务、广告和电影电视节目（目前，仅在后排座位提供服务，在自动驾驶汽车中将转移到前排座位）的移动客厅。随着汽车越来越自动化，司机的注意力能够从开车转向观看视频。咨询公司 EY 预计，视频行业的收入可能会增加 200 多亿美元。联网汽车也有可能增强仪表盘界面，方便访问电子邮件、音乐媒体和社交网络。

除了改变内容类型，物联网还有望提供更加个性化的内容。物联网传感器将能够识别单个消费者，并根据他们过去的行为和偏好提供建议。广告商已经开始设想如何利用汽车的形状来创造令人身临其境、360 度全方位的广告体验效果。为此，福特公司申请了一项无人驾驶汽车挡风玻璃娱乐系统的专利，该系统可以作为此类广告的基础技术，也可以使用传统的视频内容。其他形式的个性化服务还包括找到最近的停车位、附近最受欢迎的餐馆或景点，并能够提供关于用户的驾驶简介，包括偏好和倾向。

资料来源："5 Reasons the Music Industry Should Care About Driverless Cars," by Cherie Hu, Hypebot.com, October 26, 2016; "Detroit's Music Chops and Auto Shops Could Drive Connected-Car Entertainment," by Scott Keeney, Techcrunch.com, August 30, 2016; "The Internet of Things Is Here, and It Isn't a Thing," by Christopher Mims, *Wall Street Journal*, August 21, 2016; "DASH Podcast Episode 7: Audio Entertainment in Self－Driving Cars (Andreas Mai)," by Seth Resler, Jacobsmedia.com, August 17, 2016; "Will IoT Totally Reshape How, When, and Where We Get Content," by Chris Gianutsos, Readwrite.com, July 8, 2016; "Verizon Acquisition of Telogis Expands Company's Connected Car Footprint," by Doug Newcomb, Forbes.com, June 30, 2016; "Media and Entertainment Meet the Internet of Things," by Chase Martin, Mediapost.com, June 22, 2016; "The Connected Car Report: Forecasts, Competing Technologies, and Leading Manufacturers," by John Greenough, BusinessInsider.com, June 10, 2016; "The Internet of Things," by Victoria Petrock, eMarketer, Inc., May 2016; "AT&T Just Took a Big Step to Maintain Its Lead in Wireless Service for Connected Cars," by Andrew Meola, Businessinsider.com, May 23, 2016; "How Ford Is Building the Connected Car," by Steven Norton, *Wall Street Journal*, February 21, 2016; "The Internet of Media and Entertainment Things," by Victoria Petrock, eMarketer, Inc., February 2016; "The Internet of Automotive Things," by Victoria Petrock, eMarketer, Inc., February 2016; "The Top Five Trends for the Connected Car in 2016," by Mahbubul Alam, Techcrunch.com, January 2, 2016; "AT&T and the Connected Car Making Cars Smarter and Safer," Business.att.com, 2016; "State of the Market: Internet of Things 2016," by Verizon, 2016; "Gartner Says 6.4 Billion Connected 'Things' Will Be in Use in 2016, Up 30 Percent from 2015," Gartner.com, November 10, 2015; "The Internet of Things: Mapping the Value Beyond the Hype," McKinsey & Company, June 2015.

2.2.4 门户网站

雅虎、MSN以及美国在线（AOL）等**门户网站**（portal）都向客户提供强大的网络搜索工具，而且集成一体化的内容和服务，如新闻、电子邮件、即时消息传递、日历、购物、音乐下载、视频流等。最初门户网站都想成为通向互联网的"大门"，但今天，门户网站商业模式都转变为终点网站。它们成为消费者开始网络搜索的地方，消费者会在这里停留很长时间，看新闻、娱乐、和其他人聊天（将它当作度假村）。门户网站不直接销售任何东西——或看起来如此——因而它们称自己是公平的。这个市场的机会很大：2016年，美国大约有2.65亿人在办公室或家中通过多种设备访问互联网。门户网站的收入主要来自向广告商收取网络广告占位费，收取将消费者引导向其他网站的推荐费，以及收取优质服务的费用。

尽管网络门户/搜索引擎网站数量众多，但排名前5位的网站（谷歌、MSN/必应、雅虎、Ask和AOL）占据了整个搜索引擎流量的95%，因为这些网站具有出众的品牌知名度。很多排名位居前列的网站都是最先开展网上业务的，因而具有先发优势。先行者之所以有优势，是因为在这个市场上，消费者信任可靠的服务提供商，如果他们要转向后来出现的服务商，会遇到转移成本问题。通过大量市场的积累，先行者——就像电话网——能向消费者提供共享的理念、标准和体验（后面章节称之为网络外部性（network externalities））。

门户网站已不再是传统的形式：脸书等社交网站现在都是门户网站，在美国拥有超过百万用户。

人们一般将雅虎、AOL以及其他类似网站称为水平门户网站，因为这类网站将其市场空间定义为包含互联网上的所有用户。垂直门户网站（有时称作垂直门户（vortal））提供的是和水平门户网站相似的服务，但是它们只关注某个特定的主题或细分市场。例如，Sailnet专注于帆船市场，该市场大约覆盖自己有船或想租船的800万美国人。虽然垂直门户网站的用户要比水平门户网站少得多，但是如果细分市场有足够吸引力的话，广告商为影响目标受众也会愿意多花钱。而且，小型专业网站的访问者要比雅虎等大众网站的访问者花费更多的钱。谷歌和Ask也可以算作门户网站的一种，但主要专注于提供搜索和广告服务。它们从搜索引擎广告销售中赚取收入，同时也收取会员推荐费。

2.2.5　交易经纪人

通过电话和邮件为消费者处理个人交易的网站叫作**交易经纪人**（transaction broker）。较多采用这种模式的行业是金融服务、旅游服务以及职业介绍服务。在线交易经纪人的价值主张在于节省时间和金钱。此外，大多数交易经纪人还提供及时的资讯和建议。例如，Monster 网站为求职者提供发挥自我才能的全国性市场，同时向雇主提供全国人才市场信息，无论是雇主还是求职者都为网站的便利和信息及时性所吸引。在线股票经纪人所收取的佣金一般要比传统经纪人低得多，很多在线股票经纪人还提供实实在在的交易好处，如现金折返和一定数量的免费交易，来吸引新客户。

越来越多的消费者对金融理财和股市感兴趣，在线交易经纪人的市场机会也随之扩大。不过，尽管成千上万的消费者转向在线经纪人，仍有很多人对于从提供个人建议的传统知名品牌经纪人转向在线经纪人非常谨慎。此外，对隐私侵犯和个人财务信息失控的担心，也成为该市场发展的障碍。所以，在线经纪人所面临的挑战就是要通过强调安全和恰当的保密措施克服消费者的恐惧，就像实体银行和经纪公司一样，提供大范围的金融服务和股票交易。第 9 章将深入阐述该产业。

交易经纪人通过收取每次交易的佣金来获得收入。例如，无论是按固定费率还是与交易额有关的浮动费率，每完成一次股票交易，企业就获得一笔收入。所以，吸引更多的新客户，鼓励他们经常进行交易，是这类企业获得更多收入的关键。旅游网站通过旅行预订收取佣金，求职网站一般是向排序靠前的雇主收取展示费用，而不是等招聘成功后收费。

2.2.6　市场创建者

市场创建者（market creator）建立了一个数字化的环境，使得买卖双方能够在此碰面，同时还能展示、检索产品，为产品定价。互联网和万维网出现以前，市场创建者主要依靠实体场所来建立市场。从原始市场诞生一直到今天的纽约股票交易所，市场都是指进行交易的实体场所。万维网出现以前，几乎没有专用的数字化网络市场。万维网改变了这一切，将市场从实体场所分离出来。一个最基本的例子就是 Priceline，消费者可以在该市场空间为自己愿意支付的旅游食宿等产品定价（有时也称作反向拍卖（reverse auction）），还有就是 eBay，一家同时为企业和消费者提供服务的在线拍卖网站。市场创建者按比例收取每笔交易的费用或者进入市场的货物的费用。

例如，eBay 的拍卖商业模式是，为买卖双方建立一个数字化环境，他们在此碰面、协商价格、达成交易。这与交易经纪人不同，交易经纪人主要是直接为客户进行交易，其作用相当于大型市场中的代理人。但是在 eBay，买方和卖方都是自己的代理人。eBay 除了收取列出物品清单的费用外，每售出一件物品还能获得一笔交易佣金。eBay 是少数从一开始就真正盈利的网站之一。eBay 为什么能盈利呢？原因之一就在于 eBay 没有存货，没有生产成本，只是充当中介的角色。

市场创建者的潜在市场机会很大，但这仅当企业有足够的财力和良好的营销计划吸引足够的买家和卖家时才会出现。2016 年 6 月 30 日，eBay 有 16 400 万活跃用户，这足以形成有效的市场（eBay Inc.，2016）。各种商品都有大量的买家和卖家，比如笔记本电脑。此外，还有很多数字化拍卖网站从更小、更专业化的垂直细分市场中涌现出来，如珠宝和汽车行业。

优步、爱彼迎和 Lyft 是市场创建者商业模式的另一类范例（尽管它们也可以被归类为服务提供商）。按需服务公司（有时也称为共享经济公司）就是市场创建者，它们开发了在线平台，允许人们借助平台提供诸如交通工具或闲置房屋等的销售服务，公司网站通过云计算服务进行运营，终端销售依靠网络或智能手机应用程序进行交易。值得注意的是，虽然这些公司被称为共享经济或网络经济公司，但它们实际上并不共享资源。这些服务的用户要么是在卖东西，要么是在买东西，而这些公司通过抽取每笔交易的费用来盈利。然而，它们确实释放了闲置资源（私人汽车和房间）的经济价值，否则可能会丧失其经济价值。在这个过程中，它们创造了巨大的网络市场。例如，优步（成立于 2009 年）目前的业务遍布全球 69 个国家的 480 多个城市。爱彼迎于 2008 年成立，在 190 多个国家和 34 000 个城市运营，可供出租的房间超过 200 万个，使用该服务预订房间的用户超过 6 000 万人。爱彼迎迄今筹集的资金约 24 亿美元，该公司的估值为 300 亿美元；优步已经筹集的资金超过 125 亿美元，估值约为 680 亿美元。

2.2.7　服务提供商

电子零售商在网上销售产品，**服务提供商**（service provider）则提供在线服务。网络服务已取得突破式增长。照片分享、视频分享和用户生成内容（博客和社交网站）等应用都是面向消费者的在线服务。谷歌在开发在线应用方面处于领先地位，如谷歌地图、谷歌文件和 Gmail。更多个人服务产品，如在线医疗账单管理、财务和养老规划、旅游推荐网站等，都在快速发展。

服务提供商的盈利模式不尽相同。有些在线服务商是收费的，如月租费，而有些则通过其他途径获得收入，如通过广告或直接营销中收集的个人信息。许多服务提供商采用的是免费增值模式，它们提供一些免费的基本服务，用户的其他要求则需要另外支付费用。零售商用产品赚钱，服务提供商则用知识、经验、能力赚钱。

显然，有些服务是无法在线提供的，如牙科诊治、铺设管道、汽车维修无法通过互联网完成。但是，这些活动的工作安排可通过互联网进行。许多服务提供商的服务都与计算机有关，如提供信息存储（Dropbox 和 Carbonite）、法律咨询（RocketLawyer）或账簿管理（Wave，Bench）。杂货网站如 FreshDirect 和 Peapod 也是服务提供商。[①] 更复杂的是，前面提到的大多数金融交易经纪人也提供服务，如学费和养老金计划。旅游经纪人除了完成机票和旅馆预订交易外，还提供度假计划服务。实际上，对经营耐用品的企业而言，搭配服务进行销售是一种强大的企业战略（如保修服务）。

服务提供商的基本价值主张在于向消费者提供比传统服务提供商更有价值、更便利、更省时、更低成本的服务，或者是提供真正独特的网络服务。你在哪里可以搜索上百万个网页，和朋友立即分享照片？例如，研究发现，影响在线购买决策的主要因素就是能否节省时间。一般来说，感到时间缺乏的人都是一些很忙碌的专业人士，他们的工作时间很长，根本就没有时间去挑选东西或购买杂物（Bellman, Lohse, and Johnson, 1999）。服务提供商的市场机会巨大，因为可提供服务的多样性比实体商品高。我们生活在基于服务的经济社会中，快餐店、快递公司和无线电话服务的快速发展证明了这一点。消费者对便利产品和服务的需求意味着服务提供商拥有美好的前景。

服务提供商的营销应该定位于减少消费者对在线服务的顾虑，同时还要与现有和潜在客户建立信任和熟悉的关系。建立信任对零售商和服务提供商都很关键。

2.3　B2B 电子商务的主要商业模式

第 1 章提到过 B2B 电子商务，这是一种针对其他企业进行销售的业务形式。虽然 B2C 电子商务更受关注，但 B2B 电子商务的规模是 B2C 的 10 多倍。例如，2016 年各类 B2C 电子商务总收入估计有

---

① FreshDirect 等电子商务企业也可归入在线零售商范畴，因为它们一般将采购产品放入仓库，通过赚取买卖差价获得利润。

6 000 亿美元，相比而言，2016 年各类 B2B 电子商务总收入则有 67 000 亿美元。电子商务中绝大多数收入来自 B2B 电子商务，只是大多数活动不为普通消费者所知所见而已。表 2 - 7 列出了在 B2B 领域应用的主要商业模式。

表 2 - 7　B2B 商业模式

商业模式	举例	说明	盈利模式
(1) 网络市场			
电子分销商	Grainger Amazon Business	零售商和批发商的网络版本；提供维护、维修和运作件及间接原料	产品销售
电子采购市场	Ariba Supplier Network PerfectCommerce	单个公司建立的数字市场，买卖双方在此交易间接原料	市场服务费；供应链管理；完成服务
电子交易市场	Go2Paper	交易直接原料的独立的垂直数字化市场	交易费和佣金
行业合作集团	TheSeam SupplyOn	向特定供应商开放的行业所有的垂直数字化市场	交易费和佣金
(2) 会员专用网络			
	沃尔玛 宝洁	公司所有的网络，协调少数合作伙伴组成的供应链	由网络所有者支付费用，通过提高生产和分销效率来获利

2.3.1　电子分销商

直接向个体企业提供产品和服务的企业叫作**电子分销商**（e-distributor）。例如，W. W. Grainger 是最大的维护、维修和运作件（MRO）的供应商。过去，公司主要依靠目录销售和大城市中的实体分销中心来开展业务。1995 年，公司将其设备目录搬到网络上。在 2015 年，该公司包括网站和移动应用的电子商务平台为公司创造了 33 亿美元的销售额（占公司整体利润的 41%）。

电子分销商是由一家寻求为多个客户服务的企业建立的。然而，与电子交易市场（下面将会详细描述）一样，客户数量仍是关键要素。对电子分销商来说，企业在其网站上提供的产品和服务越多，就越有可能吸引潜在客户。与为购买某个零部件或产品而访问无数网站相比，一站式的购物体验总是要理想得多。

2.3.2　电子采购市场

就像电子分销商向其他企业提供产品一样，**电子采购公司**（e-procurement firm）建立并出售进入数字化市场的途径。这些公司如 Ariba 编写了能帮助大公司组织生产过程的软件，为单个公司建立迷你数字化市场。Ariba 为采购公司创建了定制集成的在线目录（供应商企业可以列出自己的产品）。在销售层面，Ariba 通过提供集成建立目录、运输、保险和金融的软件帮助供应商向采购公司销售商品。买卖双方的软件都属于价值链管理软件。

B2B 服务提供商（B2B service provider）通过收取交易费来获得收入，费用是按照使用服务的工作站数量或每年的许可证费用来计算的。它们向采购公司提供顶尖的采购和供应链管理工具，帮助公司降低供应链成本。在软件的世界里，Ariba 之类的公司被称作软件即服务（SaaS）或者平台即服务（PaaS）的提供商，可通过规模经济向企业提供低成本的软件。**规模经济**（scale economies）指业务规模的增长带动效率大幅提高的现象。例如，当规模扩大时，成本固定的系统产品（如工厂或软件系统）

可满负荷地运作。以软件为例，对软件程序进行数字化复制的边际成本几乎为零，为昂贵的软件程序多找到一个购买者，就多获得一份利润。这比企业自己开发供应链管理系统的效益要高得多，这么做还可以使得 Ariba 之类的公司能够专注地精通某一类系统，以低于开发成本的价格提供软件。

2.3.3 电子交易市场

电子交易市场由于其潜在的市场空间规模而在 B2B 电子商务中备受关注，也最早获得资本注入。即使是今天，电子交易市场也在 B2B 领域稳占一席之地。**电子交易市场**（exchange）是一个独立的数字化电子市场，大量的供应商和少量的大型商务采购者可以在此进行交易（Kaplan and Sawhney，2000）。电子交易市场由独立于买卖双方的独立方拥有，它通常是创业型公司，它的业务就是创建市场，通过收取佣金或按照交易规模收取交易费来赚钱。它一般是为垂直产业服务的，如钢铁、聚合物、铝等可直接投入生产、采用短期合同和现货采购的行业。一方面，对于买方来说，利用 B2B 电子交易市场能够集成在一个地方收集信息，检验供应商，采集价格，了解最新发生的变化。另一方面，对于卖方来说，则能从扩大与买方的接触获益。因为潜在购买者的数量越大，销售的成本就越低，促成销售的机会也越大。轻松、速度、交易量被概括地称为市场流动性。

理论上说，电子交易市场能极大地减少识别潜在的供应商、客户和合作伙伴，以及在彼此间开展业务所需要的成本和花费的时间，因而可以降低交易成本——进行买卖所需要的成本。交易中心还可以帮助企业降低产品成本和仓储成本——产品储存在仓库中的成本。事实上，正如将在第 12 章所阐述的那样，B2B 电子交易市场很难劝服数千个供应商转向单一的数字化市场，而且在这个市场中供应商要面临激烈的价格竞争，同样也很难劝说企业离开长期合作的供应商。结果，电子交易市场的数量大幅下降。

2.3.4 行业协会

行业协会（industry consortia）是为某个行业所有的、服务于特定企业的垂直市场，如汽车、航空、化学、花卉、采运业。而水平市场向大范围的企业销售特定产品和服务。垂直市场向小部分企业提供与所在行业有关的产品和服务，水平市场则向各行业的企业提供某一类特定的产品和服务，如与营销、财务或计算处理有关的。例如，成立于 2000 年的 SupplyOn 由工业巨头 Bosch（世界最大的汽车零部件供应商之一）、Continental（领先的汽车制造公司）和 Schaeffler（全球各种类型的轴承制造商）等公司组成，为不同制造行业的企业提供了一个共享的供应链协作平台。2016 年，除了股东公司，它的客户还包括 Airbus、宝马、BorgWarner、西门子、Thales 等其他大型全球制造企业。

行业协会比独立的电子交易市场更容易成功，因为它们受到强大的、财力雄厚的业内人士监督，也因为它们加强了传统采购行为而非试图改变。

2.3.5 会员专用网络

会员专用网络（private industrial networks，有时也叫交易专用平台或 PTX）是数字化的网络，可以协调与业务有关的企业间通信流。企业会员专用网络通常由某家大型采购公司拥有，如沃尔玛和宝洁。只有受信任的长期直接原料供应商才会受邀加入。企业会员专用网络逐步演变出公司自己的企业资源计划（ERP）系统，努力将主要的供应商引入商业决策中。例如，沃尔玛拥有全球最大的会员专用网络，供应商可利用沃尔玛的会员专用网络监控每天的商品销售、运货状态、实际库存水平。第 12 章将深入探讨 B2B 电子商务的发展。

2.4　互联网和万维网如何变革商务：战略、结构和流程

现在你已经清楚地了解了电子商务企业所使用的各种商业模式，你还需要知道互联网和万维网在最近 10 年中是如何改变商务环境的，包括行业结构、企业战略、行业和企业运营（企业流程和价值链）。在探究电子商务现象时，我们要回到贯穿全书的基本概念上。总之，互联网是所有参与者均可使用的公开标准系统，也使新竞争者容易进入市场，提供替代产品和运输渠道。互联网使竞争更加激烈，因为每个人都能获得信息。互联网也加强了买方力量，因为买家能在网上快速发现价格最实惠的卖家。同时，互联网为创造价值、建立品牌、收取溢价和扩大已有线下业务（如沃尔玛或西尔斯）提供了许多新机会。

回忆第 1 章中的表 1-2，它描述了电子商务技术独有的特点。表 2-8 列出了每一特点对于整个商务环境的影响——行业结构、企业战略和运营。

表 2-8　电子商务技术的 8 个特征

特征	对商务环境的影响
普遍存在性	通过建立新的营销渠道和扩大整个市场的规模来改变行业结构。在行业运营中创造新的效率，降低企业的销售运作成本。使新的差异化战略成为可能。
全球覆盖性	通过降低进入障碍改变了行业结构，同时又大大扩展了市场。通过提高生产和销售的效率，来降低行业和企业运营的成本。使全球范围的竞争成为可能。
通用标准	通过降低进入障碍和加强行业内的竞争改变了行业结构。通过降低处理和通信的成本，来降低行业和企业运营的成本。使宽范围战略成为可能。
丰富性	通过削弱分销渠道的力量改变行业结构。通过减少对销售人员的依赖，来降低行业和企业运营的成本。使售后服务战略成为可能。
交互性	通过加强定制减少替代品的威胁来改变行业结构。通过减少对于销售人员的依赖，来降低行业和企业运营的成本。使差异化战略成为可能。
个性化/定制化	通过降低替代品的威胁、提高进入障碍来改变行业结构。通过减少对销售人员的依赖，来降低行业和企业的价值链成本。使个性化战略成为可能。
信息密度	通过削弱销售渠道的力量，将还价力量转移给消费者来改变行业结构。通过降低获取、处理和分发有关供应商和消费者信息的成本，来降低行业和企业运营的成本。
社交技术	通过将设计和编辑权转移给消费者来改变行业结构。建立可替代的娱乐产品。激发一大群新的供应商。

2.4.1　行业结构

电子商务改变了行业结构，但其对不同行业的影响存在差异。**行业结构**（industry structure）指行业内各成员的特性和相互间的议价能力。行业结构特征可由五种力量来描述：现有竞争对手的威胁、替代品的威胁、行业进入壁垒、供应商的议价能力以及购买者的议价能力（Porter，1985）。当描述行业结构时，你其实是在描述该行业所处的一般商务环境，以及在该环境中开展业务的总体盈利能力。电子商务具有改变这些竞争力之间相对强度的潜力（见图 2-3）。

当你考虑一种商业模式及其潜在的长期盈利能力时，你必须分析其行业结构。**行业结构分析**（industry structural analysis）就是理解和阐述行业内的竞争本质、替代品本质、进入壁垒以及消费者和供应商的相对力量强弱。

图 2-3　互联网如何影响行业结构

说明：电子商务极大地影响了行业结构和竞争条件。从单个企业的视角来看，这些改变可以带来积极的影响，也可以带来消极的影响。在一些情况下，一个行业可能会瓦解，而同时，新的行业又会产生。每个企业都有可能成功或者失败。

电子商务会以各种不同的方式影响行业结构。音乐唱片行业因为互联网和电子商务有了很大的改变。从历史上看，大型唱片公司拥有录制的音乐和歌星的独家经营权。随着替代提供商（如 Napster 和 Kazaa）进入市场，消费者开始使用互联网，完全越过了传统的音乐分销商和制作人。在旅游业，全新的中间商（如 Travelocity）进入市场，和传统旅游代理商竞争。Travelocity、Expedia、CheapTickets 等旅游服务网站证明了利用电子商务营销机票的潜力，航班座位的实际拥有者——大型航空公司——联合起来形成了自己的互联网机票销售出口——Orbitz（虽然最终将公司出售给了私人投资集团），向消费者直接销售机票。电子商务和互联网建立了新的行业动态，即市场的给予和索取，改变了竞争对手的命运。

在其他行业中，互联网和电子商务加强了现有参与方的力量。在化学和汽车行业，电子商务被制造商用来加强传统的分销渠道。在这些行业中，电子商务技术没有从根本上改变行业内的竞争力——供应商的议价能力、进入障碍、买方的议价能力、替代品的威胁和竞争对手之间的竞争。因此，每个行业都有所不同，你必须仔细地观察每个行业，理解电子商务对竞争力和战略的影响。

市场新进入者所创造的新形式的分销可以完全改变一个行业的竞争力。例如，当消费者乐意用免费的维基百科（或 40 美元的 DVD）来代替 699 美元一套的百科全书时，百科全书行业的竞争力就在发生根本变化。正如我们将在第 10 章中所描述的那样，报纸、书籍、电影、游戏和电视等内容行业已经被新出现的分销平台改变。

企业间的竞争是商务环境的一种，电子商务技术会对大多数行业造成影响。总之，互联网增加了几乎所有市场的价格竞争。一方面，现有的企业能相对容易地采用电子商务技术，并试图通过使用电子商务技术来获得相对于对手的竞争优势。例如，互联网天生就能将竞争的范围从本地、地区性转变为全国、全球性。因为消费者能够看到全球的价格信息，所以互联网给企业制造了降低价格（和降低利润）进行竞争的压力。另一方面，互联网使一些企业将自己的产品和服务与其他的企业区分开来成为可能。例如，亚马逊为它的一键购物技术申请了专利，而 eBay 则创建了一个独一无二、易于使用的界面和一个与众不同的品牌。因此，尽管互联网增加了对价格竞争的关注，但同时也使企业能建立让它们维持高价的差异化或品牌新战略。

很难说电子商务技术对于企业的盈利造成的是正面影响还是负面影响。每一个行业都是独立的，所以有必要对每一个行业进行专门的分析。很明显，在有些行业尤其是信息产品行业（例如音乐、新闻报纸、图书和软件行业）以及其他诸如金融服务这类信息密集型行业，电子商务已经撼动了这些行业的基础。在这些行业中，相对于供应商而言，消费者的力量在变强，价格在下降，总体盈利能力面临挑战。在其他行业尤其是制造业，互联网并没有对购买者的关系造成太大的变化，却改变了与供应商的关系。渐渐地，整个行业中的制造企业捆绑到一起进行集中采购，从而建立了数字化的行业交易所和市场，并且把工业流程外包出去，以期从供应商那里获得更好的价格。贯穿全书，我们都将阐述产业结构的这些变化，以及电子商务和互联网带来的市场变化。

2.4.2　行业价值链

行业结构分析能帮助我们理解电子商务技术对行业商务环境的影响，更具体的行业价值链分析则从行业层面帮助我们更精确地认识电子商务是如何改变商务运作的。价值链是理解信息技术对行业和企业运营影响的基本工具之一。价值链的概念很简单：**价值链**（value chain）是一个行业内从原材料采购到形成最终产品或服务的一系列活动。其中每项活动都能为最终产品添加经济价值。所以，价值链是指一系列相互联系的价值增值活动。图 2-4 介绍了行业价值链中的六个基本角色：供应商、制造商、运货商、分销商、零售商和客户。

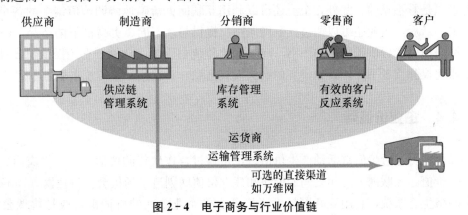

图 2-4　电子商务与行业价值链

说明：每个行业都以不同角色执行的一系列价值增值活动为特征。电子商务潜在影响着每一个角色的能力，同时也影响整个行业的运作效率。

通过降低信息成本，互联网向行业价值链中的每个角色提供通过降低成本或者提升价格来使其地位最大化的新机会。例如，制造商可以与其供应商一起通过建立基于网络的 B2B 交易所，来降低自己的采购成本。制造商可以通过自己的网站，直接与客户建立关系，从而消除了分销商和零售商的成本。分销商可以开发高效率的库存管理系统来降低自己的成本，零售商可以开发高效率的客户关系管理系统来加强对客户的服务。消费者可以使用万维网来查找高质量、快速运输和低价格的产品，由此降低了他们的交易成本和为最终产品所支付的价格。最终，整个行业的运作效率提高了，价格下降了，消费者获得的价值增加了，还帮助该行业战胜了其他替代行业。

2.4.3 企业价值链

价值链的概念也可用来分析单个企业的运营效率。问题是：电子商务技术如何潜在地影响企业的价值链？**企业价值链**（firm value chain）是企业内从原材料采购到形成最终产品的一系列活动。企业在从原材料到最终产品的生产过程中，每一步都要增加价值。此外，企业中还有一系列的支持活动来协调生产流程，提高整体效率。图 2-5 说明了企业价值链中的关键步骤和支持活动。

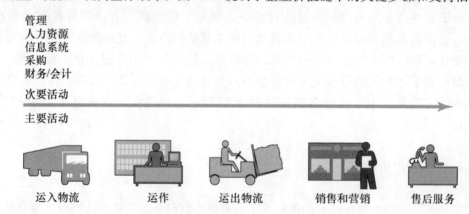

图 2-5 电子商务与企业价值链

说明：每个企业都以在企业内各种角色执行的一系列主要和次要的增值活动为特征。一个简单的企业价值链有 5 个主要的增值步骤：运入物流、运作、运出物流、销售和营销以及售后服务。

电子商务向企业提供了许多提高其运营效率并使其产品差异化的机会。例如，企业可以利用互联网的通信功能，将一些主要和次要的活动外包给专业化的、更有效率的公司，而这种外包对消费者来说是看不见的。此外，企业还可以利用互联网更精确地协调价值链上的各个步骤，降低自己的成本。最后，企业还可以通过互联网向用户提供与众不同、更高价值的产品。例如，亚马逊利用互联网向消费者提供了更多的图书，成本却比传统书店低。此外，它还提供了多种服务——如及时的专家建议和读者书评、其他读者的购买模式信息——这些都是传统书店做不到的。

2.4.4 企业价值网

公司可通过价值链活动产生价值，也可通过合作伙伴的价值链——供应商、分销商和运输公司产生价值。互联网为公司之间的合作和建立价值网创造了新机会。**价值网**（value web）是企业的一个网络生态系统，它用互联网技术来协调合作企业之间的价值链，或是协调公司集团之间的价值链。图 2-6 描绘了价值网。

图 2-6 互联网赋能型价值网

说明：互联网技术使公司在与战略联盟和合作伙伴公司、客户、直接和间接供应商合作时，为公司创造更大的价值网。

价值网利用基于互联网的供应链管理系统与企业供应商协调生产需求。第 12 章将深入讨论这些 B2B 系统。公司也能利用互联网增进与物流合作伙伴的关系。例如，亚马逊使用 UPS 跟踪系统为客户提供网络包裹跟踪服务，它依靠美国邮政服务系统将包裹直接插到邮件流中。亚马逊和数百家企业合作，产生了大量客户，同时也要管理和这些客户的关系。实际上，当你更近地观察亚马逊时，你就会发现它传递给客户的价值大部分是它与其他公司合作的结果，并不是亚马逊的内部活动导致的。亚马逊的价值大部分是由其价值网合作伙伴传递的。这对于其他企业来说，是很难在短期内成功模仿的。

2.4.5 企业战略

企业战略（business strategy）是企业为所投入的资本获得较高的长期回报而制定的一系列计划。所以，企业战略就是在一个较长的时期内在竞争环境中如何获得利润的计划。**利润**（profit）简单地说，是企业出售产品的价格和生产、分销产品的成本之间的差额。利润代表了经济价值。在任何时候，消费者愿意为某产品支付的价格超过制造该产品的成本，就创造了经济价值。那么为什么会有人愿意支付比生产成本高的价格呢？答案有很多，如该产品可能是唯一特有的（没有其他的供应商），该产品可能是这类产品中成本最低的，可能全世界各地买到的都是这样的产品，或者该产品能满足某些特殊的需求而其他产品做不到。经济价值的每一个来源都说明了企业为其产品在市场上进行定位的战略。实现利润有四种基本的战略：差异化、低成本、扩大范围以及聚集战略。下面我们将介绍这四种战略。企业采用什么战略所依据的是其产品、所在的行业以及遭遇竞争的市场。

虽然互联网是一个独一无二的市场，但企业战略原则同样适用。正如我们在本书中所看到的，成功的电子商务战略涉及使用互联网加强已有的业务（而不是颠覆业务），利用互联网提供其他竞争者不能模仿的产品和服务（至少是在短期内）。这意味着开发独特的产品、有所有权的内容、区别于他人的流程（如亚马逊的一键购物）、个性化或定制化产品和服务（Porter，2001）。共有五种基本企业战略：产品/服务差异化、成本竞争、扩大范围、聚集战略和客户/供应商关系紧密化。让我们更具体地描述这些概念。

差异化（differentiation）是指制造商想尽办法使产品具有独特性，能与其他的竞争对手区别开来。和差异化相对的是**同质化**（commoditization）——产品或服务间没有差异，唯一的选择依据就是价格。正如经济学家告诉我们的，当只有价格是竞争的根本，而且有很多供应商和消费者时，产品或服务的价格最终会下降到制造成本（第 n 件产品的边际利润与边际成本相等）。接着就是利润为零！而这是任何商人都不愿意接受的结果。解决的办法就是要使你的产品差异化，建立起类似垄断的地位，成为唯一的供应商。

企业将其产品差异化的方法有很多。企业可以从一个核心的基本产品或服务开始，随后在消费者中建立起一种渴望使用该产品的"经历"——"没有其他车能和开宝马的感觉相比"。企业也可以通过增加该产品区别于其他竞争对手的特征来增强该产品，还可以通过提高该产品的性能帮助消费者解决相关问题，来进一步差别化产品。例如，像 Turbo Tax 这样的税务程序能从电子表格软件中导入数据，也能在网上提交报税表。增强产品的这些功能是为了解决消费者的问题。营销的目的就是创造这些差异化的特性，使消费者察觉到产品的独特性质，并在这个过程中建立代表这些特性的"品牌"。第 6 章和第 7 章将讨论营销和品牌问题。

综上所述，产品的差异化特性构成了本章前面所说的客户价值主张。电子商务为产品的差异化提供了一些独特的方法。例如，利用网络实现购物体验的个性化，根据每个消费者的特殊需求来定制产品和服务。电子商务企业还可以利用万维网的普遍存在性（人们在家里、在单位、在路上就能购买产品）、全球覆盖性（人们可以在全世界任何地方购买产品）、丰富性和交互性（提高产品使用者的网络体验，如特有的交互式内容、影片、用户的故事介绍及评论），以及信息密度（为使用该产品的客户存储和处理信息，如在网站上购买的所有产品的保证书或者在线的所得税信息），来使产品差异化。

采用**成本竞争战略**（strategy of cost competition）意味着，一家企业发现了其他企业在市场上无法获得的特有的业务流程和资源。业务流程是价值链中最小的单元。例如，图 2-5 中，运入物流的增值活动实际上是由卸货码头和仓库的工作人员所进行的许多不同的活动构成的。这些不同的活动称为业务流程——为完成价值链上的各种要素所需要的一系列步骤和过程。

当一家企业发现了新的更有效的业务流程时，它就能获得胜过竞争对手的成本优势。然后，它就能通过降低价格来吸引消费者，同时保持足够的利润。最终，它的竞争对手会被赶出市场，因为市场无疑会向低价供应商倾斜。或者，当一个企业发现了某种特有的资源，或者成为低价供应商的时候，它也会进行有效的价格战。例如，将生产转移到全球工资成本低的地方，就是一种降低成本的方法。

成本竞争是一种短期行为，并且很需要技巧。因为竞争对手也能找到同样的或不同的提高生产效率的方法，竞争对手也可以将生产转移到全球的低成本地区，竞争对手还可能决定以牺牲短期的利润来进行成本竞争。

互联网为企业提供了一些进行成本竞争的新方法——至少在短期内如此。企业可以利用互联网的普遍存在性来降低订单的输入成本（所有的订单都由客户填写，所以不需要订单输入部门了）；利用互联网的全球范围和通用标准特性来建立一个全球范围内的单一的订单输入系统；利用互联网的丰富性、交互性和个性化特点来建立在线消费者的档案，区别对待每一个消费者——不需要像过去那样由一支花费巨大的销售人员队伍来做这些事情；最后，企业还可以利用互联网的信息密度特性来向消费者提供产品的详细信息，而不需要花大代价维护产品目录、支付销售人员的工资。

虽然互联网提供了加强成本竞争的强大动力，使得成本竞争看起来是一种可行的战略，但这么做的危险在于，竞争对手也能获得同样的技术，因为要素市场——生产商向其供应商进行购买的市场——对所有的人都是公开的。假设生产商拥有某些能降低成本的技术并打算使用这些技术，它的竞争对手在市场上能买到许多同样能降低成本的技术，甚至有技能的工人也能在市场上买到。但是，自有的技术、专有的隐性技术（没有公开成文的技术）和忠诚的有经验的工人则是短期内很难在要素市场上购买到的。因此，成本竞争还是一种可行的战略。

还有两种战略是扩大范围战略和聚集战略。**扩大范围战略**（scope strategy）是在全球所有的市场进行竞争的战略，而不是仅仅局限在本地、区域或者国内市场进行竞争。互联网的全球范围、通用标准及普遍存在特性毫无疑问可以帮助企业成为全球竞争对手。例如，雅虎及其他排名前 20 位的电子商务网站，就利用互联网轻易地获得了全球的席位。**聚集/细分市场战略**（focus/market niche strategy）是在狭小的细分市场和产品市场进行竞争的战略。该战略的目标是成为狭小市场上的头号产品服务提供商。例如，L. L. Bean 利用网络继续把目标集中在户外运动服饰上；W. W. Grainger——访问量最大的 B2B 网站——则集中在一个称为 MRO 的狭小细分市场上。互联网为实施聚集战略提供了明显的可能。企业可以利用网络的丰富性和交互性特征，来建立对于不同细分市场的高度集中的消息；网络的信息密集使得在小型细分市场上进行电子邮件或其他形式的营销活动成为可能；个性化——及相关的定制化——意味着同样的产品能被定制化和个性化，以满足特定细分市场和消费者的需要。

另一个通用的策略是**客户关系紧密化**（customer intimacy），它重在与客户建立紧密的联系。与客户的紧密联系增加了客户的转移成本（从一种产品或服务转向竞争产品或服务的成本），从而提高了公司的竞争优势。例如，亚马逊保留了顾客详细信息的一键购物功能和基于顾客先前购买记录的推荐服务，使得顾客更有可能继续在该平台购买商品。

表 2-9 对五种基本企业战略进行了总结。

表 2-9　企业战略

战略	说明	举例
差异化	使产品和服务与众不同，以区别于竞争对手	Warby Parker（复古风格的眼镜）
成本竞争	以低于竞争对手的价格提供产品和服务	沃尔玛
扩大范围	在全球市场竞争，而不仅仅是在地方、地区或国家市场	Apple iDevices
聚集/市场定位	在较小的市场或产品领域内竞争	Bonobos（男装）
客户关系紧密化	发展与客户的紧密联系	亚马逊、网飞

行业结构、行业和企业的价值链、价值网以及企业战略是在分析电子商务网站的可行性和前景时必须用到的核心商务原理。尤其是在每一章末尾的案例研究中，都会提出有关如何识别、分析案例中的竞争力，以及案例如何阐述了行业结构的改变、行业和企业价值链的改变以及企业战略的改变等问题。

2.5　电子商务技术和商业模式的颠覆

虽然电子商务改变了大多数行业的结构、流程和战略，但在某些情况下，电子商务已经从根本上改变了整个行业，迫使现有的企业破产，极大地改变了整个行业的经济状况，并催生了全新的企业和价值链（Schumpeter，1942）。当新技术成为商业运作方式改变的核心时，它们便被称为**颠覆性技术**（disruptive technologies）。当涉及数字技术时，就引申为**数字颠覆**（digital disruption）。通常情况下，技术本身并不是一种颠覆，事实上，它可以是相当平凡无奇的。然而，当一家创新型公司应用技术以实现与现有公司不同的商业模式和战略时，这种颠覆就发生了，可能还会发现一个无人知晓的全新的市场（Bower and Christensen，1995；Christensen and Leslie，2000）。例如，使用现成廉价处理器和技术的个人电脑影响了大型和微型计算机市场。从商业价值主张到盈利模式、市场机会、竞争环境、竞争优势、市场战略、组织发展和管理，之前定义的商业模式的所有 8 个要素都可能受到颠覆性技术的影响。简而言之，这是一个全新的世界，往往会让那些容易忽视、拒绝或嘲笑早期颠覆性产品的成功公司感到困惑和惊讶。例如，引入个人电脑的创业者发现了一个全新的、大型计算机公司无法关注到的客户市场，在这个新的市场中产生了新的价格、竞争因素和市场战略，使用新的组织、管理团队并拥有不同技能的员工。大多数现有公司无法与之竞争或将之瓦解。类似的情况发生在通信（被电子邮件颠覆）、数据存储、音乐、摄影、出版和运输行业中（Lepore，2014）。2016 年，优步和爱彼迎等公司开始对出租车和住宿行业产生重大影响。

并非所有的技术都具有颠覆性（Christensen et al.，2015；King and Baatartogtokh，2015）。事实上，大多数成功的企业都利用技术来维持现有的商业模式、行业结构、流程和策略。这种技术的使用通常称为**维持性技术**（sustaining technology），因为它能够帮助企业应对竞争压力和改进产品，并为客户提供更便宜、更强大或独特的产品。但是，同样的技术可以被具有创新精神的企业家（**颠覆者**（disruptors））用来颠覆现有的商业模式。下面便介绍这些技术是如何被用来颠覆现有的商业模式的。

成功的公司使用任何可用技术来不断地改进它们的产品，针对客户改善质量、价格和服务。现在占据主导地位的公司致力于维持其在该行业中的现状。在颠覆的第一个阶段，颠覆者通常有新的资金来源，而他们的新产品更便宜、功能更少，质量也更差。与 20 世纪 70 年代的大型计算机相比，第一台个人电脑使用的技术相对简单。然而，这些早期的产品在被大家忽视或不被大家知晓的市场中占据了一席之地。在第二个阶段，颠覆者以更快的速度改进他们的产品，利用新技术比现有公司更快地扩大他们的受众市场，最终从现有的市场中吸引到更大的客户群。当文字处理器以及最终的微软 Office 软件与 20 世纪 80 年代更强大的个人电脑相结合时，吸引了一个由商业管理人员和专业人士组成的新市场，而这群人被现有企业忽视了。这个概念在当时可以说是一个全新的概念。当时那些成功企业从来没有想到商务人士甚至在家工作的人希望他们的办公桌上有一台可以创建文档、构建电子表格并制作演示幻灯片的电脑。开发个人电脑的人和公司都是大型机行业的局外人。他们是颠覆者，他们有着自己的愿景。

在第三个阶段，新产品和商业模式已经足够优秀，甚至优于现有的产品。在第四个阶段，现有的公司失去了市场份额，要么倒闭，要么被其他更成功、客户基础更加有限的公司合并。一些现有企业通过为现有产品寻找新客户、在公司的不同部门采用较新的产品和商业模式或者转移到附近的其他市场生存下来。例如，虽然 IBM 仍然制造大型计算机，但它是少数幸存者之一。它通过在传统的大型计算机市场上持续创新，转向计算服务、数据中心、企业软件以及最近的云计算、业务分析、数据挖掘和机器学习，为《财富》500 强企业提供服务。目前，智能手机和平板电脑搅乱了个人电脑行业，它们是由个人电脑行业中的小角色创造的，他们已经发现了巨大的消费市场，而当时的个人电脑制造商甚至没有意识到这一点。他们实现了愿景，但他们将面临新的数字颠覆者。

为什么当时的公司没有意识到即将发生的变化，并采取措施直接与颠覆者竞争？成功企业通常拥有巨大的资本储备、发达技术和知识技能，并能接触到著名的管理咨询公司。为什么柯达没有看到摄影技术向数字技术的转变？为什么佳能没有察觉到智能手机会成为数码相机的有力竞争者？为什么公司不颠覆它们固有的商业模式呢？这其中的原因一言难尽。在职的技术人员和专业人员的培训可能不再适合当前的环境。股东期望的是投资回报，而不是对公司历史悠久、利润丰厚的产品的颠覆。现有客户基础的期望是持续改进现有产品，是业务的正常运作而不是业务的颠覆。这些重要的因素促进了优秀的商业理念，妨碍了现有公司应对商业模式颠覆的挑战。目前尚不清楚在电子商务环境下，苹果和谷歌这两家最具创新力的公司是否会与以往的公司有所不同。

■ 案例研究 ■

潘多拉的免费增值商业模式

在网络电台订阅服务方面，潘多拉（Pandora）是最成功的。2016 年，潘多拉拥有 2.5 亿用户（2.25 亿用户通过移动设备体验服务），有 8 000 万活跃听众。最近的一项调查发现，潘多拉是互联网无线电台服务领域的佼佼者，在过去的一周中，调查者中有超过 25％的人用潘多拉听过歌曲，而 Spotify 仅以 10％的比例位居第二。潘多拉目前占美国广播收听总量（包括传统方式和互联网方式）的 10％。2015 年，它的播放时间超过 210 亿小时！

在潘多拉电台上，用户可以根据喜欢的歌手选择歌曲流派，计算机会根据算法自动收集用户要听的音乐，不仅有用户喜欢的歌手的歌曲，还包括其他歌手演唱的类似歌曲。电台的听众已经创建了超过 100 亿个频道。一个由约 25 位音乐家组成的团队会每天试听新歌，按 450 多条标准对其分类。计算机会按照这些标准将歌曲归为不同的流派，每个流派还可细分出众多小流派。就这样，潘多拉已经拥有一个容纳了超过 100 万首被细分的歌曲、超过 20 万位歌手的数据库。

2005 年，威尔·格拉泽（Will Glaser）和蒂姆·韦斯特格伦（Tim Westergren）创建了潘多拉。当时面临的最大挑战是，如何在竞争者提供免费音乐（大多数尚未植入广告）的情况下运作网络电台，同时还能够获得月租费和广告费。其中，从 P2P 网站非法下载免费音乐也是一个重要的影响因素。正如 iTunes 从问世到 2005 年，已取得非凡成绩，归功于无须植入广告即能从每首歌曲下载中赚取 0.99 美元。相比而言，通过私人电台收听喜欢的歌曲算是相当新奇的构想。

潘多拉的商业策略被称为免费增值策略。免费增值策略是提供一些免费产品或服务，同时依靠一定比例的客户来支付更高级的相同产品或服务的商业策略。因为数字产品的边际成本通常几乎为零，提供免费的产品成本不高，而且有可能吸引更多的用户。如果市场非常大，即使只获得 1％的市场份额，也是非常赚钱的。成功采用免费增值模式的案例还包括领英和 Dropbox。领英是就业导向型社交网络和工作网络，它免费提供一些基本服务，比如建立档案以及人脉关系，但会对增值服务收取费用。Dropbox 是一款提供云存储和文件共享服务的软件，它免费提供 2Gb 的云存储空间，但对额外的存储收取费用。免费增值模式是大多数 app 的标准商业模式，在苹果应用商店排名前 100 位的 app 中，超过 65％的 app 和最受欢迎的手机游戏都使用了免费增值策略。

潘多拉首次选择的商业模式是让用户免费试用 10 小时，之后再收取每月 36 美元的月租费。结果 10 多万用户在试用结束后拒绝支付月租费。听众认可潘多拉，但不愿意为它支付费用。

迫于财务压力，2005 年 9 月潘多拉选择转向广告盈利模式。用户每月最多可免费收听 40 小时，之后有三个选择：（a）当月支付 0.99 美元可继续使用；（b）注册付费服务获得无限量收听；（c）什么都不做。如果用户选择（c），服务便会停止，但用户仍可在下个月继续登录试用。转向广告盈利商业模式存在一定风险，因为潘多拉网站还没有广告服务系统，但是它吸引到众多用户之后具备充足的广告来源（包括苹果公司），该收入能够支持自己的基础设施投入。2006 年，潘多拉在每首歌曲后增加"购买"按钮，开始和亚马逊、iTunes 等线上零售网站抢生意。现在，潘多拉采用收取关联费的策略，引导用户去亚马逊购买音乐。2008 年，潘多拉推出一款 iPhone app，用户可从智能手机上登录，全天收听潘多拉电台。

2009 年，凭借广告支持的"免费"模式，潘多拉吸引到 2 000 多万用户。

在吸引了足够大的用户群体后，潘多拉又转向提供增值服务。2009 年后期，公司推出一款增值桌面应用 Pandora One，提供无广告、高质量的流式音乐服务，并且不限制使用时间，费用也只有 36 美元。这次尝试非常成功，因此潘多拉在 2011 年 6 月正式推广此商业模式。到 2016 年，潘多拉已经获得 14.2 亿美元的收入，其中 80% 来自广告收入，其他还包括订阅费等。

然而，潘多拉仍然没有盈利，其股价自 2014 年高点以来一直在不断下滑。该公司的增长速度逐渐放缓，甚至活跃用户的数量也在下降，而 Spotify 等竞争对手则从潘多拉的损失中获得了收益。像有苹果公司支持的 Apple Music 这样的全付费服务，以及由 Jay Z 和其他一些知名艺术家创建并得到广泛宣传的 Tidal 等市场新进入者，也同样会对潘多拉产生威胁。但潘多拉并没有陷入绝境：由于潘多拉的活跃用户收听时间越来越长，潘多拉的广告收入和收听时间持续增长。2015 年，潘多拉还收购了许多公司，包括提供点播音乐服务的 Rdio。收购 Rdio 意味着潘多拉意图直接与 Spotify 竞争点播流媒体音乐市场，而不是专注于其广播模式。此外，音乐授权费用可能将在 2016 年大幅增加，这对潘多拉的音乐授权能力造成威胁。不过 2015 年，美国版税版权局（U. S. Copyright Royalty Board）做出了一项裁决，提高了一首歌曲的发行量，虽然提高的幅度比预期的要少。在裁决之后，潘多拉与美国两家最大的音乐授权公司达成协议，并在 2016 年继续与音乐唱片公司达成协议，为其推出的点播服务做准备。

当免费增值模式在潘多拉、领英和 Dropbox 之类的公司中有着很好的效果时，对于免费增值模式的效用仍存在争议。问题的关键在于，尽管免费增值模式能有效地聚集大批潜在客户，如何将其眼球引向收费服务仍是个挑战。如果不能从客户获取收入，那就只能依靠广告。

苹果公司最近推动了与免费增值服务竞争者的抗争。潘多拉和 Spotify 从 iTunes 音乐商店损失中蓬勃发展。iTunes 音乐商店的收入多年来大幅下降，而苹果公司在流媒体服务的首次尝试 iTunes Radio 以失败告终。2014 年，苹果公司以 30 亿美元的价格收购了流媒体音乐服务公司和大众耳机制造商 Beats。2015 年，它推出了以 Beats 为原型的付费订阅流媒体服务 app——Apple Music。通过提供 3 个月的免费试用，Apple Music 迅速从潘多拉和 Spotify 占据的市场中开辟出一席之地。2016 年，Apple Music 的付费用户超过 1 500 万，并且快速持续增长。

音乐行业的领导者也无法确定免费增值音乐流媒体的未来。2015 年，环球音乐集团（Universal Music Group）和索尼音乐（Sony Music）的负责人都对免费增值模式的前景表示怀疑，而 2014 年，泰勒·斯威夫特（Taylor Swift）删除了她在 Spotify 上的所有音乐专辑，以抗议免费增值模式，声称这一模式贬低了她的音乐。一些不太知名的艺术家对潘多拉和其他在线音乐流媒体服务的收入共享模式同样感到不安，潘多拉占有总收入的 54%，而音乐创作者只有 4%。鉴于苹果公司的雄厚财力和品牌声望，音乐公司对苹果公司的付费流媒体业务能力持乐观态度。但行业分析师认为，随着用户数量的不断增长，潘多拉和 Spotify 渐渐开始盈利。

免费增值服务是否会继续让音乐行业重新焕发生机？这还有待观察，但像 MailChimp 这样的公司告诉我们免费增值模式会如何改变公司的命运。MailChimp 公司允许任何人给客户发送电子邮件、管理用户名单，并跟踪电子邮件营销活动的情况。尽管它给营销人员提供了强大的工具以及它的开放应用程序接口，但在运营 10 年后，该公司的付费用户仅有 8.5 万。

2009 年，MailChimp 免费开放一些基本工具，只对特定的功能收取费用，认为随着用户的电子邮件不断增多，他们会愿意为分析和其他服务支付费用。仅过了一年，MailChimp 的用户从 8.5 万增长到 45 万。电子邮件的容量从每月 2 亿封增长到 7 亿封。更重要的是，付费用户的数量增长超过 150%，且利润增长了 650%！

对 MailChimp 而言，坚持免费增值模式是值得的。如今，它为全球 800 多万个订阅用户服务，每年发送超过 2 000 亿封电子邮件。然而，与 Stripe 支付处理平台兼容的分析软件开发商 Baremetrics 得出了不同的结论。虽然 Baremetrics 一直是收费的（甚至对最低层的产品也是如此），但它在 2015 年推出了一款免费的版本。而客户必须通过升级获得免费计划中每项功能的完整版本。如果仅仅以转换率来判断，这个免费计划可能会被认为是成功的，因为超过 11% 的免费计划用户最终成为付费用户，而这一比例在行业中一般为 3%～5%。但是，Baremetrics 无法满足数据处理需求的突然增加，其可用于客户支持请求的员工也难以满足更高的需求。

最终，由于对 Baremetrics 的失望，客户取消了订阅，因此 Baremetrics 的客户总数开始下降，甚至低于推出免费计划之前的人数。Baremetrics 发现正是由于其资源过于紧张，才无法采用免费增值模式。与 MailChimp 或潘多拉不同，它们的边际成本足够小，可以为数百万用户提供服务，而 Baremetrics 是一家规模较小、目标不同、范围不同的公司。自那以后，Baremetrics 转向了 14 天的免费试用策略，免费期限一过，客户则需要选择付费订阅计划。

那么，何时采用免费增值模式是合理的呢？回答是当产品容易使用、有大量潜在受众（最好是 100 万以上）的时候。采用免费增值模式可以是很成功的营销工具，因为免费能够吸引更庞大的用户基础，并且比免费使用 30 天后而停止服务更加吸引客户。拥有坚定的客户价值主张是非常重要的。如果拥有大量用户能增加产品（如类似 Match 的约会服务）的感知价值，对采用免费增值模式也很有帮助。如果公司拥有良好、长期的客户保留率，并且产品价值会随着时间的增加而增加，免费增值模式也能起作用。最重要的是，向更多客户提供免费产品或服务的可变成本必须很低。

采用免费增值模式的公司还面临一个挑战，即考虑哪些产品或服务免费，哪些产品或服务收费（可能动态变化），支持免费用户所花的成本是多少，如何对收费服务定价等。此外，采用免费增值模式的企业的用户流失率经常变动，很难预测。所以，虽然免费增值是获取早期用户的有效方法，能为公司带来资金升级，但很难计算多少用户愿意付费，多少用户愿意保留服务。

免费增值战略能在潘多拉等公司发挥作用，是因为它们的边际成本几乎低至零，可以支持免费用户。它也能对依靠网络为潜在客户带来价值的公司发挥作用，如领英。对于那些有愿意付费的客户支持的公司，尤其是当公司还没有获得赞助费和广告收入时，免费增值也能够发挥作用，如潘多拉。免费增值的音乐流媒体服务不必担心其商业模式是不是正确的策略，但确实需要担心像苹果公司这样的行业巨头和唱片公司对它们的抗争。

资料来源："Pandora's Share of U. S. Radio Listening Time from 1st Quarter 2013 to 4th Quarter 2015," Statista. com, accessed August 22, 2016; "Form 10-Q for the Quarterly Period Ended June 30, 2016," Pandora Media, Inc., July 26, 2016; "US Usage, Sales and Ad Spending Trends for Digital Music, Digital Radio, and Podcasting," by eMarketer, Inc., May 20, 2016; "Pandora Reports Q4 and Full Year 2015 Financial Results," Businesswire. com, February 11, 2016; "The Battle of Subscription Business Models: A Look at Their Strengths and Weaknesses," by Glenn Peoples, Billboard. com, January 29, 2016; "203 Billion Emails in a Year: The Untold Growth Story of Mailchimp," Appvirality. com, December 24, 2015; "2016 Is Shaping Up to Be a Critical Year for Pandora, If Not All Music Streaming," by Amy X. Wang, Quartz. com, December 23, 2015; "A Big Music Copyright Ruling Has Managed to Make Both Pandora and Record Labels Happy-Mostly," by Amy X. Wang, Quartz. com, December 16, 2015; "Pandora to Acquire Pieces of Rdio," by lenn Peoples, Billboard. com, November 16, 2015; "How Freemium Nearly Caused Our Business to Implode," by Josh Pigford, Baremetrics. com, November 10, 2015; "Freemium Model Works for Pandora But is Devastating to Songwriters," by David Israelite, Hypebot. com, September 2015; "Should You Consider a Freemium Model For Your Business?" by Chuck Cohn, *Forbes*, July 2, 2015; Amy X. Wang, "No, Apples Music Streaming App Looks Nothing Like Beats," by Liz Stinson, Wired. com, June 11, 2015; "Pandora's Three Biggest Issues Are Both a Blessing and a Curse," by Leon Lazaroff, Thestreet. com, May 20, 2015; "Spotify: Freemium Clampdown Rumours Are 'Completely False,'" by Tim Ingham, Musicbusinessworldwide. com, May 17, 2015; "Apple, Spotify, and the Battle Over Freemium," by Jingping Zhang, *Harvard Business Review*, May 13, 2015; "Why Apple Wants to End the Era of Free Music Streaming," by James Cook, Businessinsider. com, May 5, 2015; "Apple Pushing Music Labels to Kill Free Spotify Streaming Ahead of Beats Relaunch," by Micah Singleton, Theverge. com, May 4, 2015; "Apple and Beats Developing Streaming Music Service to Rival Spotify," by Ben Sisario and Brian X. Chen, *New York Times*, March 25, 2015; "Sony Music Boss Doug Morris: 'In General, Free is Death,'" by Stuart Dredge, Musically. com, March 12, 2015; "Making 'Freemium' Work," by Vineet Kumar, *Harvard Business Review*, May 2014; "How MailChimp Learned to Treat Data Like Orange Juice and Rethink the Email in the Process," by Derrick Harris, Gigaom. com, May 5, 2013; "When Freemium Fails," by Sarah E. Needleman and Angus Loten, *Wall Street Journal*, August 22, 2012; "Pandora IPO Prices at $16; Valuation $2. 6 Billion," by Eric Savitz, Blogs. forbes. com, June 14, 2011; "Going Freemium: One Year Later," by Ben Chestnut, Blog. mailchimp. com, September 27, 2010; "Case Studies in Freemium: Pandora, Dropbox, Evernote, Automattic and MailChimp," by Liz Gannes, Gigaom. com, March 26, 2010; *Free: The Future of a Radical Price*, by Chris Anderson, Hyperion, 2009.

[案例思考题]

1. 对比潘多拉最初和现在的商业模式。"免费"和"免费增值"盈利模式有何不同？

2. 潘多拉提供怎样的客户价值主张？

3. 同样是采用免费增值模式，为何 MailChimp 大获成功，而 Baremetrics 却惨遭失败呢？

4. 在考虑采用免费增值盈利模式时，需重点衡量哪些问题？

关键术语

商业模式（business model） 为从市场上获得利润而预先规划好的一系列活动。

商业计划（business plan） 一份描述企业商业模式的文档。

电子商务商业模式（e-commerce business model） 旨在充分利用和发挥互联网、万维网以及移动平台特性的商业模式。

价值主张（value proposition） 确定一家企业的产品或者服务如何满足客户的需求。

盈利模式（revenue model） 描述企业如何获得收入、产生利润以及获得高额的投资回报。

广告盈利模式（advertising revenue model） 企业提供广告专区，向广告商收取广告费。

订阅盈利模式（subscription revenue model） 企业向用户提供信息和服务，并向用户收取某些内容的订阅费。

免费增值策略（freemium strategy） 公司免费提供一定的产品或服务，但随后对更高级的产品或服务收取订阅费。

交易佣金盈利模式（transaction fee revenue model） 企业因帮助完成或执行交易收取费用。

销售盈利模式（sales revenue model） 企业通过向顾客销售产品、信息或服务获取收入。

会员制盈利模式（affiliate revenue model） 企业向会员提供业务机会，收取推荐费或从交易收入中获取一定百分比的提成。

市场机会（market opportunity） 指企业所预期的市场以及企业在该市场中有可能获得潜在财务收入的机会。

市场空间（marketspace） 企业想介入的、有实际或潜在商务价值的区域。

竞争环境（competitive environment） 在同一市场中运作、销售相似产品的其他企业。

竞争优势（competitive advantage） 当企业能比其竞争对手生产出更好的产品，或向市场推出更低价格的产品时而获得的优势。

不对称（asymmetry） 当市场的某个参与者拥有比其他参与者更多的资源时就出现了不对称。

先发优势（first-mover advantage） 企业率先进入市场提供有用的产品和服务而获得的竞争优势。

互补资源（complementary resources） 不直接参与企业的生产，却是企业成功不可或缺的资源和资产，如营销、管理、财务、资本、声誉。

不公平的竞争优势（unfair competitive advantage） 一家企业因其他企业不能获得的条件因素而建立的优势。

完美市场（perfect market） 没有竞争优势和不对称的市场环境，所有企业都能均等地获得所需的生产要素。

杠杆作用（leverage） 企业利用自己的竞争优势在周围市场中获得更多的优势。

营销战略（market strategy） 阐述如何进入新市场、吸引新客户的详细计划。

组织发展（organizational development） 描述企业如何组织所要完成的工作。

管理团队（management team） 企业中负责各类商业模式运作的员工。

种子资金（seed capital） 通常，企业家利用储蓄、信用卡预付款、房屋贷款或从家人和朋友那里筹得的个人资金。

电梯演讲（elevator pitch） 一个两到三分钟的简短陈述，以说服投资者投资

孵化器（incubators） 通常提供少量的资金，还为创业公司提供一系列的服务。

天使投资人（angel investors） 通常是具有一定财富的个人（或一群人），他们把自己的钱投资于企

业以换取股权份额，通常是初创公司第一批外部投资人。

风险资本投资者（venture capital investors）　通常为其他投资者投资；一般为后期投资者。

众筹（crowdfunding）　包括利用互联网使个人能够共同出资来支持项目。

电子零售商（e-tailer）　在线零售店。

进入障碍（barriers to entry）　进入新市场的总成本。

社区服务商（community provider）　创建数字化在线环境的网站，有着类似兴趣爱好的人可在此进行交易（买卖产品），分享兴趣爱好、照片、视频，和志同道合的人沟通，了解与自己兴趣相关的信息。

内容提供商（content provider）　利用网络分销各类信息内容，如数字化视频、音乐、照片、影片以及艺术品。

门户网站（portal）　向客户提供强大的网络搜索工具，而且集成一体化内容和服务的网站。

交易经纪人（transaction broker）　通过电话和邮件为消费者处理个人交易的网站。

市场创建者（market creator）　建立一个数字化的环境，使得买卖双方能够在此碰面，同时还能展示、检索产品，为产品定价。

服务提供商（service provider）　提供在线服务。

电子分销商（e-distributor）　直接向个体企业提供产品和服务的企业。

电子采购公司（e-procurement firm）　建立并出售进入数字化市场的途径。

B2B 服务提供商（B2B service provider）　向其他公司提供企业服务。

规模经济（scale economies）　随着企业规模的扩大，效率大幅提高。

电子交易市场（exchange）　一个独立的数字化电子市场，供应商和商务采购者可以在此进行交易。

行业协会（industry consortia）　为某个行业所有的、服务于特定企业的垂直市场。

会员专用网络（private industrial networks）　数字化的网络，可协调与业务有关的企业间通信流。

行业结构（industry structure）　行业内各成员的特性和相互间的议价能力。

行业结构分析（industry structural analysis）理解和阐述行业内的竞争本质、替代品的特点、进入障碍以及消费者和供应商的相对力量强度。

价值链（value chain）　一个行业或公司内从原材料采购到形成最终产品或服务的一系列活动。

企业价值链（firm value chain）　企业内从原材料采购到形成最终产品的一系列活动。

价值网（value web）　跨企业的网络系统，用于协调企业之间的价值链。

企业战略（business strategy）　企业为所投入的资本获得较高的长期回报而制定的一系列计划。

利润（profit）　企业出售产品的价格和生产、分销该产品的成本之间的差额。

差异化（differentiation）　制造商想尽办法使产品具有独特性，能与其他竞争对手区别开来。

同质化（commoditization）　产品或服务间没有差异，唯一的选择依据就是价格。

成本竞争战略（strategy of cost competition）以相较于其他竞争者更低的成本提供产品和服务。

扩大范围战略（scope strategy）　在全球所有的市场进行竞争，而不是仅仅局限在本地、区域或者国内市场。

聚集/细分市场战略（focus/market niche strategy）　在狭小的细分市场和产品市场进行竞争的战略。

客户关系紧密化（customer intimacy）　注重与客户建立紧密的联系，以增加客户的转换成本。

颠覆性技术（disruptive technologies）　支撑商业模式的技术发生颠覆性转变。

数字颠覆（digital disruption）　由于信息技术的改变而迫使商业模式发生颠覆。

维持性技术（sustaining technologies）　可以大幅度地提高产品和服务的技术。

颠覆者（disruptors）　领导商业模式发生颠覆的企业家及其公司。

思考题

1. 什么是商业模式？如何与商业计划相区分？
2. 成功的商业模式有哪八大基本要素？
3. 亚马逊提供的客户价值主张是什么？
4. 描述电子商务企业使用的五种主要的盈利模式。
5. 为什么对于社区服务商来说，以小市场为目标比以大的细分市场为目标更好？
6. 你认为亚马逊和eBay是直接竞争对手还是间接竞争对手（你可能需要访问这两个网站或者app才能回答）？
7. 企业获得竞争优势的方式有哪些？
8. 除广告和产品试用外，企业还能采用什么营销战略？
9. 风险投资者与天使投资者有何不同？
10. 为什么很难给电子商务商业模式分类？
11. 除本章给出的例子外，如今还有哪些垂直门户和水平门户网站？
12. 虚拟店铺（如Bluefly）和鼠标加水泥方式（如沃尔玛）的主要差别在哪里？各自有什么优点和缺点？
13. 除新闻和文章外，内容提供商还提供哪些形式的信息？
14. 什么是反向拍卖？举一个开展这类业务的企业的例子。
15. 电子交易市场的关键成功要素是什么？它与门户网站有何区别？
16. 电子商务技术的独特性是如何改变旅游业的行业结构的？
17. 行业价值链上有哪些主要的角色？它们是如何受电子商务技术影响的？
18. 企业为获得利润所采用的五种基本战略是什么？
19. 市场机会和市场空间有什么区别？
20. 众筹是什么？它如何帮助电子商务公司筹集资金？

设计题

1. 选择一家电子商务企业。访问它的网站或移动应用程序，根据你所发现的信息描述它的商业模式。判断该企业的客户价值主张、盈利模式、它所处的市场、它的主要竞争对手、它所具备的相对优势和它的营销战略。试着找找有关企业管理团队和组织结构的信息（查找标有"the Company""About Us"或其他类似字样的页面）。

2. 体验在网上购物的感受，与传统环境中的购物做比较。假设你想买一部数码相机（或选择其他任何东西）。首先，用传统方式购买相机，描述一下你是怎么做的（如你如何收集你要挑选的特定商品的必要信息，你会去哪家商店，要花多少时间，以及价格，等等）。然后，在网上购买同样的东西。比较你的经历。两种方式各有什么优缺点？你更喜欢哪一种？为什么？

3. 在电子商务早期，先发优势被吹捧为唯一的成功路径。而有些人则认为市场追随者同样也能赚钱。事实证明哪种方式更成功——先行者还是追随者？选择两家电子商务企业来证明你的观点。准备一份简短的演讲稿来解释你的分析和立场。

4. 选择一个参与孵化器项目的电子商务公司，比如Y Combinator、TechStars、DreamIt、Capital Factory或者其他公司，并写一份关于其商业模式以及其迄今为止筹集到的资金数量和来源的简短报告。还包括你对公司未来成功的展望，并为该公司准备一份电梯演讲。

5. 选择一个B2C电子商务零售行业，如宠物产品、体育用品、玩具等，分析其价值链和行业价值链。准备一份简短的报告，描述该行业的主要参与者以及从原材料到产成品的转化过程。

参考文献 ──■

Arthur, W. Brian. "Increasing Returns and the New World of Business." *Harvard Business Review* (July–August 1996).

Barney, J. B. "Firm Resources and Sustained Competitive Advantage." *Journal of Management* Vol. 17, No. 1 (1991).

Bellman, Steven, Gerald L. Lohse, and Eric J. Johnson. "Predictors of Online Buying Behavior." *Communications of the ACM* (December 1999).

Bower, Joseph L., and Clayton Christensen. "Disruptive Technologies: Catching the Wave." *Harvard Business Review* (January–February, 1995).

Christensen, Clayton M., Michael E. Raynor, and Rory McDonald. "What Is Disruptive Innovation?" *Harvard Business Review* (December 2015).

eBay, Inc. "eBay Inc. Reports Second Quarter 2016 Results." (July 20, 2016).

Johnson, Mark, and Clayton Christensen. "Reinventing Your Business Model." *Harvard Business Review* (December 2008).

Kambil, Ajit, Ari Ginsberg, and Michael Bloch. "Reinventing Value Propositions." Working Paper, NYU Center for Research on Information Systems (1998).

Kanter, Elizabeth Ross. "The Ten Deadly Mistakes of Wanna-Dots." *Harvard Business Review* (January 2001).

Kaplan, Steven, and Mohanbir Sawhney. "E-Hubs: The New B2B Marketplaces." *Harvard Business Review* (May–June 2000).

Kim, W. Chan, and Renee Mauborgne. "Knowing a Winning Business Idea When You See One." *Harvard Business Review* (September-October 2000).

King, Andrew A. and Baljir Baatartogtokh. "How Useful Is the Theory of Disruptive Innovation?" *Sloan MIT Management Review* (September 15, 2015).

Lepore, Jill. "The Disruption Machine: What the Gospel of Innovation Gets Wrong." *New Yorker* (June 23, 2014).

Magretta, Joan. "Why Business Models Matter." *Harvard Business Review* (May 2002).

Porter, Michael E. "Strategy and the Internet." *Harvard Business Review* (March 2001).

Porter, Michael E. *Competitive Advantage: Creating and Sustaining Superior Performance.* New York: Free Press (1985).

Rigdon, Joan I. "The Second-Mover Advantage." *Red Herring* (September 1, 2000).

Schumpeter, Joseph A. *Capitalism, Socialism and Democracy.* London: Routledge, 1942.

Teece, David J. "Profiting from Technological Innovation: Implications for Integration, Collaboration, Licensing and Public Policy." *Research Policy* 15 (1986).

第Ⅱ篇
电子商务的技术基础

The Internet：Technology Background

第 3 章
互联网与万维网：电子商务的基础设施

 学习目标

学完本章，你将能够：

- 探讨互联网的起源以及背后关键的技术概念
- 解释互联网的现行架构
- 了解当前互联网的局限性以及未来互联网的潜力
- 理解万维网的工作原理
- 描述互联网、万维网的特性和服务是如何保障电子商务正常运营的
- 理解移动应用带来的影响

章首案例

Apple Watch：手腕上的物联网

苹果公司素来有打破科技产业格局的传统，这可以追溯到其在 20 世纪 80 年代中期推出的 Mac 电脑及其革命性的图形用户界面。近些年，我们都感受到了 iPod、iPhone 和 iPad 给我们日常生活和整个社会带来的影响。2015 年，在后史蒂夫·乔布斯时代（post-Steve Jobs era），苹果公司公布了其在开创性技术上的最新探索——Apple Watch。虽然截至目前，Apple Watch 尚未获得与其他旗舰产品相同的市场地位，但它的销售情况相对较好，展现了与旗舰产品平分秋色的强大潜力。

Apple Watch 是可穿戴式计算技术的最新案例之一。可穿戴式计算这一快速发展的技术在健康、医疗、健身、军事、游戏以及其他许多领域都有着广阔的应用前景，尤其是在需要使用双手的领域更为突出。可穿戴技术广义上定义为整合进用户衣服或可穿戴配件的电子技术。可穿戴技术的实例包括

腕带和手表、智能服装和鞋类以及智能眼镜。时至今日，可穿戴设备因体积庞大或过于笨重而不方便使用，但是更小、更紧凑、功能更强大的设备的研发以及相应的计算能力的提高使得可穿戴式计算成为可能。

分析师认为，可穿戴式计算这一产业近期将呈现爆发式增长。市场研究公司 IDC 表示，到 2016 年底市场上将有 1 亿多台可穿戴式计算设备；到 2020 年，预计将增长到 2.1 亿台。到 2021 年，全球可穿戴式计算产品的市场规模预计将增长到 1 700 多亿美元。然而，可穿戴式计算产品的市场刚刚起步且发展迅捷，因此随着市场的发展，这些预测变得过时也在所难免。

因为比大多数公司更早地感知到这一趋势，苹果公司在发布 Apple Watch 前就已花费数年时间打造并微调了这一产品。讽刺的是，手表发展背后的指导原则之一是让它与面面俱到的手机对立起来。苹果公司希望它所开发的手表可以充当信息过载的智能手机的过滤器，只有当真正重要的信息传达时才提醒用户。因此，相比交互的深度，Apple Watch 更看重交互的速度。在其开发过程中，占用超过 10 秒的功能被剔除，以便为更简短、简洁的交互腾出空间。

在开发 Apple Watch 时，苹果公司一如既往地强调外观与底层技术的设计优雅和简约。手表配备了一个称为 Digital Crown 的滚动轮，滚动它能比操作屏幕更快地进行定位。它也可以作为一个按钮，按下它即返回主屏幕。Digital Crown 的下方是 Apple Pay 按钮，可以帮助用户快速支付交易费用。手表上如此显眼的 Apple Pay 按钮也意味着苹果公司希望用手表付款成为流行的移动付款方式。

手表屏幕是一块灵活的视网膜显示屏，搭载压力触控（Force Touch）功能，使手表能检测每次按压屏幕的力道，从而根据力道大小完成不同的任务。手表的背面装有四个传感器，包括蓝宝石镜头和光电二极管传感器，可以监控用户的生命体征和各种动作。Apple Watch 可根据用户的各种动作实现不同的功能，例如，当收到一条短信息时，用户可通过抬起手臂来查看通知，放下手臂时，通知将被隐藏并保存以备以后查阅。Apple Watch 有三个价格区间，按 Sport、Watch、Edition 的顺序由低到高。大多数佩戴者会选择 Sport 版——售价 299 美元的基础型号，而对时尚敏感（和财力雄厚）的消费者可能会选择 Edition 版，也就是售价在 10 000～17 000 美元之间的镀金版本。在表盘、表带样式、表带尺寸和其他选配件方面，苹果公司也都提供了多种选择。

也许 Apple Watch 在用户体验方面最独有的特性是 Taptic Engine。它是一种触觉技术，通过给皮肤施加轻微的压力向用户传递信息和提醒。根据敲击的次数、节奏和力道，佩戴者可以知晓所传达信息的类型。不同的敲击形式分别表示来电、即将开始的会议、短信和新闻提醒。当使用 GPS 导航时，不同的敲击可以表示行驶路线上的不同步骤。Apple Watch 可能会在将来的某一天通过这样的敲击提醒你在寒冷的天气里带上外套出门，或者提醒你当前血糖较低，需要进食。

目前，很多科技设备方面的评论家指出，几乎所有 Apple Watch 可以完成的事情，iPhone 同样可以完成，而且通常完成得更好。但另一方面，随着其与应用程序和 Taptic Engine 兼容性的增强，与 2016 年的功能相比，2020 年的 Apple Watch 的功能可能会变得难以估量。举例来说，虽然新款 iPhone 也配备了相同的触觉技术，但未来 Apple Watch 中植入的传感器可能会被用来将其与 iPhone 和 iPad 区分开来。

虽然手表的移动购物体验可能比较局限，而且广告连同其他功能都被限制在 10 秒钟以内，但大部分零售商和其他应用程序开发人员已经开始着手组织开发 Apple Watch 应用程序。该设备推出时已有 3 500 个可用的应用程序，其中许多都来自 eBay、亚马逊和塔吉特等主要零售商。一些在线零售商正在尝试开发在手表上标记商品的功能，以便于日后在手机或电脑上查看该商品。像杰西潘尼和科尔士百货这样的实体零售商也开发了应用程序，它们主要是想通过添加功能来改善 Apple Watch 使用者的店内购物体验。用户可通过使用零售商开发的 Apple Watch 应用程序避开门店中大摆长龙的情况，通过交互式的门店地图更高效地查找商品，并使用 Apple Pay 支付费用。

虽然现在看来，Apple Watch 在实用性方面并非出类拔萃，但截至目前，用户对其满意度颇高，有 97% 的佩戴者对该产品表示满意，比第一代 iPad 和 iPhone 的评价还要好。Apple Watch 同时下大热的 Fitbit 销量相近。Fitbit 也戴在手腕上，但由于它无法运行第三方应用程序，因此被认为是"基本"的可穿戴设备。Apple Watch 可能会扩展到拥有大部分或全部的 Fitbit 功能甚至其他一些功能。另一方面，对于旧款机型，Fitbit 的售价低至 100 美元，并可与所有类型的智能手机（包括安卓手机）协同工作。除了 Fitbit，Apple Watch 将不得不面对来自三星、佳明、小米等其他利基设备的重重围困，这些设备往往通过削减实用性来降低成本。虽然苹果公司尚未发布 Apple Watch 近期的销售数据，而是将其与一些产品合并成大类，但预测显示，苹果公司将在 2016 年以接近 50% 的市场份额引领整个可穿戴式计算行业的发展。然而，大多数分析师认为，到目前为止，虽然 Apple Watch 的销售已经达到预期，但该设备的公众吸引力并不能与 iPad 和 iPhone 相提并论。

早先，苹果公司曾做过微调，但许多都只停留在表面，而不是大刀阔斧的变动。然而，2016 年 9 月，苹果公司发布了 Apple Watch 2。较上一代产品，这一版本无论外形和内在都有变化，包括更薄的机身厚度、更大的电池容量、更强劲的性能，以及极高效的 micro-LED 面板，用以取代以前的 LED（OLED）屏幕。另外，这一版本的 GPS 功能能在不配对 iPhone 时独立工作。随着设备不断成熟，Apple Watch 将在用户需求的基础上不断完善。它会成为健身和健康管理工具吗？它会成为移动支付的新前沿，抑或是店内购物不可或缺的伙伴吗？它会成为与 iPhone 互补的最佳拍档吗？还是说，有一些完全不可预见的改变？苹果公司当然希望关于 Apple Watch 的这一系列猜想都将成真，从而令其成为苹果公司的下一款卓越产品，但 Apple Watch 在销售和实用性方面都还有很长的路要走，直到它成功将这些猜想一一变成现实。

资料来源："Deep Dive: The Apple Watch Series 2 Delivers on Last Year's Promise," by Michael deAgonia, Computerworld. com, October 21, 2016; "Booming Wearable Computing Market Could Disrupt Multiple Industries," Bccresearch. com, June 8, 2016; "A Year With the Apple Watch: What Works, What Doesn't, and What Lies Ahead?" by Andrew Cunningham, Arstechnica. com, April 22, 2016; "2016 Apple Watch Will Be Internal 'S' Upgrade, Major Design Changes to Wait Until 2017, Insider Says," by Neil Hughes, Appleinsider. com, April 11, 2016; "Apple Watch Isn't a Smash Hit, But It Could Be a Sleeper," by Jefferson Graham, USA Today, March 18, 2016; "Smartwatch Growth Predicted, Thanks Largely to Apple Watch," by Matt Hamblen, Computerworld. com, September 18, 2015; "The Apple Watch Is Already Crushing the Competition, According to a New Study," by Lisa Eadicicco, Businessinsider. com, August 27, 2015; "In Apple Watch Debut, Signs of a Familiar Path to Success," by Farhad Manjoo, New York Times, July 22, 2015; "How Ecommerce Marketers Are Adapting to the Apple Watch," by Eric Samson, Entrepreneur. com, June 3, 2015; "Are Wearables the Next In-Store Shopping Buddies?" eMarketer, Inc., May 29, 2015; "Are We Really Going to Shop From the Apple Watch? What Retail Apps are Trying to Achieve," by Rachel Arthur, Forbes, May 7, 2015; "IPhone Killer: The Secret History of the Apple Watch," David Pierce, Wired. com, April 2015; "Apple Watch Is Already Attracting E-Commerce Players," by Rebecca Borison, Thestreet. com, April 24, 2015; "Wearables: The Next Mobile Payment Device?" eMarketer, Inc., March 3, 2015; "Taptic, Haptics, and the Body Fantastic: The Real Apple Watch Revolution," by Brian S. Hall, Macworld. com, October 3, 2014; "Inside the Apple Watch: The Tech Behind Apple's New Wearable," by Adario Strange, Mashable. com, September 9, 2014.

　　本章将介绍现在和未来的互联网、万维网和移动平台，包括它们的发展历程、工作原理，以及这些现有和待建的基础架构将如何创造新的商业机遇。

　　章首案例已经说明了了解互联网及相关技术的工作原理和及时获取网络新知识的重要性。互联网及其背靠的技术并非一成不变，反之，它们随时间不断演变。时下，计算机已经与手机服务融合在一起，宽带已经接入各家各户，智能手机、平板电脑和笔记本电脑接入无线宽带的技术正在飞速发展；以社交网络和博客为载体的自媒体惠及亿万网民；新的软件技术如云计算和智能手机应用程序正在变革企业利用互联网的方式。未来的商务策略将需要公司对这些新技术有深入的了解，包括以 Apple Watch 为代表的各类可穿戴技术（这在章首案例中就已提及）、物联网技术、"智能/互联"场景（智能家居、智慧电视和互联汽车）、虚拟现实技术、自动配送货物或提供服务的人工智能技术。表 3-1 总结了 2016—2017 年在电子商务基础架构方面的最重大的发展。

表 3-1　2016—2017 年电子商务基础架构的发展趋势

商务层面
● 移动设备成为社交网络的主要接入点、迅速壮大的社会营销和广告平台，同时为基于位置的网络服务和商业模式夯实了基础。
● 互联网内容服务和移动接入设备的爆炸式增长使主干网供应商（大型电信运营商）的商业模式受到影响。
● 云计算能力和带宽的提升催生音乐、电影和电视节目传播的新商业模式。
● 搜索变得更加社交化和本地化，推动了社交和本地电子商务模式的发展。
● 互联网带来的大数据为有能力分析、理解这些海量数据的公司提供了新的机遇。

技术层面
● 智能手机和平板电脑等移动设备已成为接入互联网的主流方式，移动端成了新的客户端。
● 移动应用的大量涌现危及网络作为在线应用主要来源而占据的主导地位，并使部分人做出了"网络已死"的论断。
● 云计算重新定义了计算和存储，并成为完成软件应用交付和在线内容传播的重要力量。
● IPv4 地址已分配完毕；向 IPv6 的过渡正在进行。
● 存储介质成本的降低连同数据库软件技术的发展导致了在线数据收集的迅猛增长，即大数据，同时也为有能力分析、理解这些海量数据的公司提供了新的机遇。
● 海量配备传感器的设备接入互联网所形成的物联网变成了现实，也正助力这些智能互联的"物品"（电视、房屋、汽车、可穿戴技术）的发展。
● 增强现实应用程序（如 Pokemon GO）以及虚拟现实硬件（如脸书的 Oculus Rift、谷歌的 Cardboard、三星的 Gear VR）更受欢迎。
● 社会对人工智能科技的兴趣和资金注入都爆炸式增长，因其有潜力使之前设想的应用成为现实（如供应链物流管理、自动驾驶汽车和以消费者为导向的私人助理）。
● HTML5 不管在发布者还是开发者中都备受青睐，可以实现与原生移动应用同样丰富生动的网络应用。

社会层面
● 互联网监管与国家冲突间的关系愈发错综复杂；美国已放弃对 IANA 的控制（IANA 管理着互联网 IP 地址系统）。
● 在大多数发达国家，政府扩大了对互联网的控制和监管，并且在许多国家，互联网是完全受政府机构控制的。
● 用于追踪在线或移动用户行为的基础设施日益完备，同个体要求的个人隐私和对个人信息的掌控冲突严重。

3.1 互联网：技术背景

什么是互联网？它是如何产生的，又是如何推动万维网发展的？互联网最重要的操作原理是什么？关于互联网的技术，你究竟需要了解多少？

首先，我们从最后一个问题入手。答案就是：这取决于你的职业兴趣。如果你走的是市场营销的职业道路或从事一般的管理业务，你就需要了解互联网技术的基础知识，这些都将在这一章和后续的章节中提及。如果你走技术职业道路，并且希望成为一个网络设计者或在企业网络基础架构建设的相关岗位上谋求一份职业，你就需要从基础知识开始不断地深入了解。同时你也需要了解电子商务涉及商务的一面，这些你都可以从本书中得到深入的了解。

正如第 1 章所提到的，**互联网**（Internet）是一个由数千子网和数百万台计算机（有时也称为宿主计算机或主机）组成，将企业、教育机构、政府机构和个人连接在一起的互联网络。目前，互联网正向全世界的 33 亿用户（其中美国用户占 2.67 亿）提供诸如电子邮件、应用程序、新闻组、网上购物、信息检索、即时信息、音乐、视频和新闻发布等服务（eMarketer，Inc.，2016a，2016b）。互联网并不受某个组织的控制，也不归属于某个人，而是为全世界的商务活动、学术研究和文化交流传递信息的基础设施。"互联网"（Internet）一词是从"互联网络"（internetwork）衍生而来的，本意是指两个或更多计算机网络之间的连接。网络服务是互联网最受欢迎的服务之一，能够提供对数十亿甚至是万亿网页的访问。这里的网页是指使用超文本标记语言（HTML）编写的，包括文本、图像、音频、视频或其他内容的文档。此外，网页中也包括便于用户从一个网页直接跳转到另一个网页的"超链接"，用户通常可使用浏览器软件完成不同网页之间的导航。

3.1.1　1961 年至今的互联网革命

虽然新闻媒体把互联网挂在嘴边，让人们以为它是快速发展的、实时的、引起全球变化的机制，但事实上，互联网经历了 50 多年的时间才逐步发展成今天的样子。

互联网的发展历程可以分为三个阶段（见图 3-1）。第一个阶段，也叫创新阶段，历经 1961—1974 年这 13 年时间。在这一阶段，基础模块部分的概念被提出并在实际硬件和软件之中加以运用，这包括包交换设备、TCP/IP 通信协议以及客户端/服务器计算架构（后续都将进行详尽介绍）等。人们在 20 世纪 60 年代末期设计互联网的初衷就是希望能够把大学里的大型机连接在一起。而在这之前，大学间一对一的通信只能通过电话系统或大型计算机制造商的专用网络来实现。

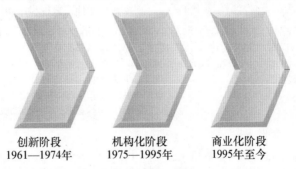

创新阶段　　　　机构化阶段　　　　商业化阶段
1961—1974 年　　1975—1995 年　　1995 年至今

图 3-1　互联网发展历程

说明：互联网在 1961 年至今的 50 多年发展过程中经历了三个阶段。在创新阶段，互联网的基础理论和基础技术得以创立；在机构化阶段，这些理论和技术得以转变为现实；而在商业化阶段，随着这些理论和技术得到验证，私人企业将互联网应用带给了全世界数百万用户。

第二个阶段，也叫机构化阶段，横跨 1975—1995 年的 20 余年时间。在这一阶段，诸如美国国防部（Department of Defense）和美国国家科学基金会（National Science Foundation）这样的多个大型机构开始向当时还羽翼未丰的互联网提供资金支持，并为互联网的进一步发展扫清各种法律障碍。当互联网的基本理论在几个由政府投资的试验项目中得到验证之后，美国国防部立刻投资 100 万美元，以期能够把这些理论和试验项目发展成为强大的军事通信系统。这一努力最终造就了后来称为 ARPANET（Advanced Research Projects Agency Network）的计算机网络。1986 年，美国国家科学基金会开始承担起发展民用互联网（后来称为 NSFNet）的重任，并着手实施一个耗资 2 亿美元、耗时 10 年的拓展计划。

1995 年至今称为互联网发展的第三个阶段或商业化阶段。在这一阶段，美国政府开始鼓励私人企业接管并扩展互联网主干和除军事、高校用途之外的市内业务，并向尚未接触它的人群推广。表 3-2 详细列出了 1961 年以来互联网的发展情况。

表 3-2 互联网发展时间表

时间	事件	意义
创新阶段（1961—1974 年）		
1961	Leonard Kleinrock（MIT）发表了一篇关于"包交换"网络的论文。	包交换理论正式问世。
1962	J. C. R. Licklider（MIT）撰写备忘录，呼吁建立一个"星际计算机网络"。	全球计算机网络的愿景问世。
1969	BNN 公司与 ARPA 签署合同承担建设 ARPANET 的重任。	包交换网络的理论离现实运用更近了一步。
1969	第一条包交换信息经由 ARPANET 从 UCLA 发往斯坦福大学。	互联网底层的通信硬件首次部署成功。最初的 ARPANET 包含 4 个路由器（当时称作接口信息处理器（IMP）），分别安装在 UCLA、斯坦福大学、UCSB 和犹他大学。
1972	BBN 公司的 Ray Tomlinson 开发了电子邮件程序。Larry Roberts 完成了第一个具备邮件列表、邮件转发和邮件回复功能的电子邮件管理程序。	互联网中第一个"杀手级"应用程序正式问世。
1973	Bob Metcalfe（XeroxPARC 实验室）发明了以太网（Ethernet）和局域网。	客户机/服务器计算架构正式诞生。以太网可以促进局域网和客户机/服务器计算架构的迅猛发展。在以太网中，众多功能齐全的台式机能够进行短距离（小于 1 000 米）的网络互联，从而实现共享文件、运行程序和传递消息。
1974	Vint Cerf（斯坦福大学）和 Bob Kahn（BBN）合著的论文首次提出"开放式架构"网络和 TCP/IP 协议的相关理论。	TCP/IP 协议横空出世。通过这样的协议，任何独立的局域网络和计算机都能够实现相互连接，人们也可以使用统一的地址解析方案找到网络中的任何一台计算机。在此之前，只有当计算机都位于相同架构的网络中时才能相互通信。但在 TCP/IP 协议的帮助下，所有计算机和网络都能协同工作，不受本地操作系统和网络协议的制约。
机构化阶段（1975—1995 年）		
1977	Lawrence Landweber 提出 CSNET（Computer Science Network）的构想	CSNET 是针对不能直接接入 ARPANET 的美国大学和产业级计算机研究群体设计的具有首创性的网络，是全球互联网发展的重要里程碑。
1980	TCP/IP 协议正式被美国国防部确定为标准通信协议。	世界上规模最大的独立拥有计算机网络的机构最终接受了 TCP/IP 协议和包交换网络技术。
1980	个人电脑正式问世。	Altair 电脑、苹果电脑和 IBM 个人电脑相继问世，并最终成为当今互联网的基础组成部分，帮助成千上万的网民进入互联网精彩世界。
1984	苹果电脑公司发布 HyperCard 程序作为其图形界面操作系统 Macintosh 的一部分。	这标志着允许用户从一个网页或记录跳转到另一个网页或记录的"超链接"技术正式进入商业销售阶段。
1984	引入域名系统。	域名系统是一个用户友好系统，可以将 IP 地址翻译为人们易于理解的单词。
1989	位于瑞士的欧洲粒子物理实验室的 Tim Berners-Lee 首次提出使用超文本标记语言（HyperText Markup Language，HTML）编写的超链接文档为全世界提供网络服务的设想。	被称为万维网的互联网服务正式诞生。该服务基于使用通用标记语言编写的、包含允许用户在网络中随意畅游的"超链接"的各种页面。

续表

时间	事件	意义
1990	美国国家科学基金会开始设计并着手实施民用互联网主干网络的拓展计划，最终建成 NSFNET。① ARPANET 随后渐渐退出历史舞台。	在美国国家科学基金会的非军事项目投资的帮助下，面向所有用户的"民用"互联网终于成为现实。
1993	Mark Andreesen 与伊利诺伊大学美国国家超级计算中心（National Center for Supercomputing）的工作人员共同开发出世界上首款图形界面网络浏览器——Mosaic。	Mosaic 使得普通用户也能够方便快捷地连接到存放在世界上任何地方的 HTML 文档，帮助万维网开始飞速发展。
1994	Andreesen 和 Jim Clark 创立了网景公司。	第一款成熟的网络浏览器 Netscape 正式上市销售。
1994	1994 年 10 月第一个横幅广告出现在 Hotwired.com 网站上。	电子商务从此诞生。

商业化阶段（1995 年至今）

时间	事件	意义
1995	美国国家科学基金会进一步推动主干网的私有化进程，商业运营商逐渐接管了主干网的运营事宜。	完全意义上的、用于非军事目的的商业化互联网终于成为现实。ATT、Sprint、GTE、UUNet 和 MCI 等各大远程网络运营商开始全面负责互联网主干网的运营。Network Solutions（一家私营公司）独家负责互联网地址的分配事宜。
1995	杰夫·贝佐斯（Jeff Bezos）建立亚马逊；皮埃尔·奥米迪亚（Pierre Omidyar）建立 eBay。	电子商务以单纯的在线零售商和拍卖商开始。
1998	美国联邦政府授权的国际互联网域名与地址管理机构（ICANN）正式成立。	从此，这家非营利性的私立国际组织开始掌管互联网的域名与地址管理事宜。
1999	第一家全面服务纯网上银行 First Internet Bank of Indiana 开始正式营业。	网络商业模式正在向传统服务渗透。
2003	阿比林的二代互联网已经更新至 10 Gbps。	最重要的里程碑正在形成，超高速的横贯大陆的网络比主干网快好几倍。
2005	美国国家科学基金会提出全球网络研究首创精神（GENI），发展互联网更核心的功能。	未来的互联网安全和功能要求对现有的互联网技术进行再思考。
2006	美国商业、科技和运输参议委员会举行网络中立听证会。	利用主干网络设施和网络内容，服务提供商和设备制造商实行差别价格，对此的争论越来越激烈。
2007	苹果公司发布 iPhone。	iPhone 的出现代表了移动平台发展的开始，它将最终改变人们与互联网交互的方式。
2008	互联网协会（ISOC）将信誉和身份作为互联网每一层的首要设计元素，并发出倡议，强调这些问题。	领先的互联网政策组认为今天的互联网受到现有网络中对安全和信誉的破坏行为的威胁。

① "主干网"是指承担美国国内城市之间大量数据交换的网络干道。美国大学被授权可以发展自己的校园网络，但校园网必须接入国家主干网。

续表

时间	事件	意义
2008	互联网的云计算成为价值数十亿美元的产业。	互联网有能力为大公司和个人提供按需计算资源（进程、存储）服务，还有软件应用。
2009	智能手机成为主要的新的互联网接入平台。	智能手机扩大了互联网可触及的范围，进一步实现了互联网无处、无时不在的承诺。
2009	宽带刺激计划和宽带数据改善行动相关法律政策颁布。	奥巴马总统签署了刺激计划，为美国宽带的接入拨款72亿美元。
2011	ICANN扩展了域名系统。	ICANN同意将通用顶级域名从300个扩展至数千个，并囊括任何语言中的任意字母。
2012	IPv6正式上线。	截至2012年6月6日，主要的网络服务供应商（ISP）、家庭网络设备制造商和网络公司开始永久推行遵从IPv6协议的产品和服务。
2013	物联网（IoT）成为现实。	互联网科技从计算机和移动设备渗透到任何可以装备传感器的物件，因此有推测称，到2020年，将有1 000亿~2 000亿个可识别的对象接入互联网。
2014	苹果公司推出Apple Pay和Apple Watch。	Apple Pay极有可能成为首个被大规模采用的移动支付系统；Apple Watch将开创互联网连接可穿戴技术的新纪元，进一步宣告物联网时代的降临。
2015	联邦通信委员会（FCC）出台相关法规推行"网络中立"。	ISP被要求对互联网上的所有数据一视同仁，不允许基于用户、内容、站点、平台、应用程序、设备类型或通信模式加以区分或区别收费。
2016	FCC提出"开放式机顶盒"原则；美国上诉法院维持网络中立相关法规。	尽管电信行业怨声载道，但FCC仍继续推动开放式互联网的观念。

资料来源：Based on Leiner et al., 2000；Zakon, 2005；Gross, 2005；Geni. net, 2007；ISOC. org, 2010；Arstechnica. com, 2010；ICANN, 2011a；Internet Society, 2012；IEEE Computer Society, 2013；Craig, 2016.

3.1.2 互联网：关键技术概念

1995年，美国联邦网络委员会（FNC）正式通过了有关互联网术语定义的决议，该决议将互联网这一术语表述为一个使用IP寻址方案、支持TCP协议并向用户提供服务的巨大网络，这与为我们提供语音和数据服务的电话系统非常类似（见图3-2）。

> "美国联邦网络委员会（FNC）同意使用下述表述作为'互联网'一词的定义。
> '互联网'是指——
> （ⅰ）逻辑上通过网际协议（IP）或其后续扩展协议连接的、在全球拥有唯一地址空间的；
> （ⅱ）能够使用传输控制协议/网际协议（TCP/IP）或其后续扩展协议，或者其他兼容于网际协议的通信协议进行通信的；
> （ⅲ）能够为公众或个人提供基于数据通信和其他相关网络基础设施的高级网络服务的全球信息系统。"
> 1995年10月30日最终修订。

图3-2 美国联邦网络委员会的决议
资料来源：Federal Networking Council，1995.

在这一正式定义的背后，有三个非常重要的基本原理成为大家理解互联网的基础概念。它们是包交换、TCP/IP通信协议和客户机/服务器计算架构。虽然互联网在过去的35年中已经发生了翻天覆地的变化，但这三个基本原理仍是当前互联网的运作核心，也是未来互联网的技术基础。

包交换

包交换（packet switching）是一种将完整的数字信息分割成"包"（packet）并沿着不同的通信线路进行传送，最后在目的地进行重组的数据传送方法（见图 3-3）。在包交换网络出现之前，早期计算机网络普遍使用租赁的专用电话线路实现终端到其他计算机的通信连接。在电话系统这样的线路交换网络中，只有在一个完整的点对点的传输线路建立之后，通信才能正式开始。然而，早期计算机网络所使用的专用线路不仅价格昂贵，而且线路的传输能力也被大量浪费，因为不管线路上是否存在数据传输，线路都要保持连接状态，而不能为他人服务。一般情况下，一条专用语音线路的七成时间会被白白浪费，这是因为词间停顿和整合传输单元会导致延迟，这些都会使得寻找和建立完整传输线路耗时巨大。所以，人们迫切需要使用更好的技术来取代线路交换方法。

我想和你通信	原始文本信息
0010110110001001101110001101	原始文本信息的数字编码
01100010　10101100　11000011	数字编码打包
0011001　10101100　11000011	每个包的头部还要加入目的地址和其他控制信息，如完整信息的长度和包的数量等

图 3-3　包交换

说明：在包交换方式下，信息在传输前被拆分成固定长度的"包"。包的头部信息用来说明包的源地址和目的地址、完整信息的长度以及目标节点应当接收的包的数量。由于各个包可以通过不同线路独立传输，因此一些包可能会先于其他包到达目的地，从而产生所谓的等待延迟。

第一本论述包交换技术的著作由伦纳德·克兰罗克（Leonard Kleinrock）在 1964 年完成（Kleinrock，1964），随后这一技术又在美国和英国国防研究实验室的技术人员的努力下进一步完善。在包交换技术的帮助下，传统网络的通信能力（用每秒传输的位数[①]进行衡量）能够提升 100 倍甚至更多。设想一下，如果不用对我们的汽车进行太多改造，就能把耗油量从 15 英里一加仑降至 1 500 英里一加仑，那将是一件多么令人激动的事情。

在包交换网络中，信息在发送前首先被拆分成包。每个包的头部还会被加上用以指示源地址（出发点）、目的地址、包的序列号以及差错控制等信息的数字编码。数据包并不会被直接送达目的地，而是通过计算机之间的交换和传递抵达目标机器。这些交换和传递数据包的计算机就是所谓的路由器。因此，**路由器**（router）是指连接互联网中成千上万个独立网络的专用计算机，负责为数据包寻找路径并把数据包转发至最终目的地。为了保证数据包经过最优路径到达目的地，路由器使用称作**路由算法**（routing algorithm）的计算机程序为数据包选取传输线路。

包交换不需要提前建立专用传输线路，任何线路的闲置容量都可被其充分利用。因此，包交换技术充分利用了所有可用线路的传输能力。此外，如果某条线路突然不能使用或超负荷运转，那么数据包可以立即通过其他传输线路到达目的地。

传输控制协议/网际协议（TCP/IP）

虽然包交换技术显著提升了网络的通信能力，但人们对于将数字信息拆分成包、将数据包发送到正确地址以及在目的地将分散的数据包重新装配成连贯的数据信息等细节的处理方法始终没有达

[①]　一位就是一个二进制数字，即 0 或 1。8 位二进制数构成一个字节。家用电话调制解调器接入互联网的速度一般为 56 Kbps（即每秒传送 56 000 位）。Mbps 是指每秒传输 100 万位的数据，Gbps 则是指每秒传输 10 亿位的数据。

成共识。这种局面就好像一个只能给信件贴上邮票却无法将信件投递出去的邮政系统（即只有分散在各地的邮局和所有用户的地址，却没有相应的寄送控制措施）那样无法让人接受。解决的方案是建立一项**协议**（protocol）（数据传输的一系列规则和标准）来控制信息的格式、排序、压缩和错误的检查，同时详细说明传输的速度和用于表明网络设备停止发送或接收信息的方法。

传输控制协议/网际协议（Transmission Control Protocol/Internet Protocol，TCP/IP）已成为互联网核心的通信协议（Cerf and Kahn，1974）。**传输控制协议**（TCP）建立了收发计算机之间的连接，确保从一台电脑发送到另一台电脑的包依原顺序被接收，且不发生"丢包"。**网际协议**（IP）提供了互联网的编制方案，保证了包的实际传输量。

TCP/IP协议可以分解为四个独立的逻辑层次，各个逻辑层在数据通信中扮演着不同的角色（见图3-4）。**网络接口层**（Network Interface Layer）负责通过局域网（以太网）、令牌环网或其他架构的任何网络收发数据包。因此，TCP/IP协议完全独立于用户所使用网络的具体细节，并且允许本地网络进行任何形式的变动。**网络层**（Internet Layer）负责数据的寻址、打包和网间路由等工作。**传输层**（Transport Layer）负责在TCP/IP协议簇内同具体的网络应用进行双向沟通，完成数据的确认和排序工作。**应用层**（Application Layer）包含许多负责为用户提供服务或控制数据交换的协议。其中最重要的协议之一是**边界网关协议**（Border Gateway Protocol，BGP），它实现了网络中不同自治系统下的路由信息交换。边界网关协议将TCP作为其传输协议。另外一些重要的应用层协议包括超文本传输协议（HTTP）、文件传输协议（FTP）和简单邮件传输协议（SMTP）等，这些都将在本章后面继续介绍。

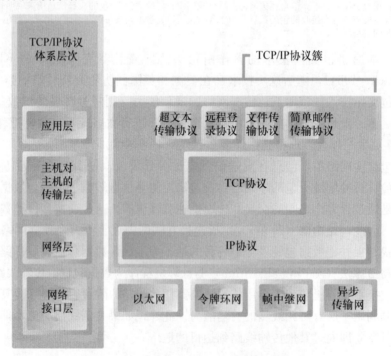

图3-4 TCP/IP协议架构和协议簇

说明：TCP/IP协议是大型计算机互联网络的行业标准通信协议，其主要目的是为用户提供高速网络的通信连接。

IP地址

IP编址方案回答了"如何让5亿台计算机连接到互联网与其他计算机进行通信"这个问题。这个问题的答案就是每台连接到互联网的计算机必须分配一个地址，否则就不能发送和接收TCP包。

比如，当你使用拨号、DSL 或有线调制解调器上网时，网络服务提供商会给你的计算机分配一个临时地址。大部分公司和大学的计算机连接到本地的局域网时，可以获得一个永久的 IP 地址。

现在使用的 IP 地址有两个版本：IPv4 和 IPv6。一个 **IPv4 互联网地址**（IPv4 Internet address）由 32 位二进制数字构成，通常被句点分割为 4 个数字，如 64.49.254.91。每个数字的范围是 0~255。这种"点分"编址可产生近 40 亿个地址（2^{32}）。在一个典型的 C 类网络中，前三个数字用来标识网络（之前例子中，根据 64.49.254 可以判断出是本地局域网），最后一个数字（91）可以识别出某一台特定的计算机。

由于许多 IP 地址已经被分配给大型企业和政府部门（用以满足这些组织当前和未来的发展需要），而各种新建网络和新上市的互联网设备又都需要唯一的 IP 地址才能接入互联网，因此待分配 IPv4 地址的数量急剧下降。北美、欧洲、亚洲和拉丁美洲的注册设备数量几乎已达上限。为解决这个问题，IPv6 应运而生。**IPv6 互联网地址**（IPv6 Internet address）有 128 位，可以提供多达 2^{128}（3.4×10^{38}）个独立地址，比 IPv4 多得多。阿卡迈公司（Akamai）的统计结果显示，在美国大约有 20% 的互联网流量基于 IPv6 协议。比利时的 IPv6 使用率最高，已有超过 40% 的互联网流量被转化为 IPv6（Akamai，2016a）。

图 3-5 说明了 TCP/IP 和包交换技术在互联网上协作发送数据的工作原理。

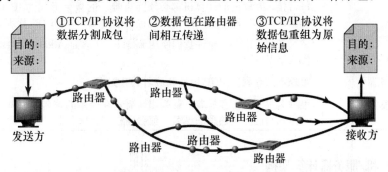

图 3-5　互联网中的信息传递：TCP/IP 协议与包交换

说明：互联网使用包交换网络和 TCP/IP 协议进行数据的发送、路由和重组。数据先被拆分成包，再通过不同的路由器到达最终目的地。

域名、域名系统和统一资源定位系统

大多数人都不可能轻易记住 32 位长的数字。人们可将 IP 地址转化为符合自然语言习惯的形式，即**域名**（domain name）。有了**域名系统**（Domain Name System，DNS），我们便可以使用 cnet.com 这样的字符串来代替数字形式的 IP 地址（cnet.com 的 IP 地址为 216.239.113.101）。[①] 而网络浏览器确定网页内容地址时使用的**统一资源定位器**（Uniform Resource Locator，URL）也将域名作为 URL 的组成部分之一。正规的 URL 包括与对方连接时使用的协议以及待访问资源的具体位置。例如，http://www.azimuth-interactive.com/flash_test 指向 IP 地址为 208.148.84.1，域名为 azimuth-interactive.com 的服务器，并说明使用超文本传输协议（HTTP）进行连接。而所访问的资源则放置在服务器的/flash_test 目录下。一个 URL 可以包含 2~4 个部分，如 name1.name2.name3.org。我们将在 3.4 节中对域名和 URL 进行详细论述。图 3-6 说明了域名系统的结构，表 3-3 概要介绍了互联网地址配置方案的主要组成部分。

---

① 你可以随意检测互联网中域名与 IP 地址的匹配情况。在 Windows 操作系统中，直接或通过 Start/Run/command 启动 DOS 窗口并输入命令"Ping <域名>"后，就可以得到该域名对应的 IP 地址。

图 3-6　域名系统的层次结构

说明：域名系统是一个层次型的名字空间。根域名服务器位于顶层，负责管理其下的一级域名，这些一级域名代表组织类型（如 .com，.gov，.org 等）或地理位置（如 .uk（英国），.ca（加拿大））。第二级域名服务器负责为每一个一级域名进行二级域名的分配和注册管理，这些二级域名可以是 IBM.com，Microsoft.com，Stanford.edu 等。最后，三级域名代表的是一个组织内的某台或某一组计算机，如 www.finance.nyu.edu。

表 3-3　互联网上易混淆的概念：域名与地址

IP 地址	每台接入互联网的计算机都必须拥有唯一的数字形式的 IP 地址。即使用户只是使用调制解调器偶尔上网，联网时计算机也会被分配一个临时的 IP 地址。
域名	域名系统（DNS）允许我们使用 aw.com（意为 Addison Wesley 的网站）这样的字符串替代数字 IP 地址。
DNS 服务器	跟踪记录互联网中 IP 地址和域名的数据库。
根域名服务器	根域名服务器上存放着能够列出所有正在使用的域名的中央目录。DNS 服务器在解析域名时碰到自己并不熟悉的域名，就会向根域名服务器进行查询。

客户机/服务器计算架构

虽然包交换技术使网络的通信能力实现了几何级的增长，TCP/IP 协议的问世也使网络通信开始走向统一有序，但真正引领当今互联网和万维网风暴的还是计算架构的革命性变化。没有客户机/服务器计算架构，也就没有今天丰富多彩的互联网世界。其实，**客户机/服务器计算架构**（client/server computing）就是一种计算机间的协同工作模式。在这一模式下，许多被称作**客户机**（clients）的功能齐备的个人电脑共同与网络中的一台或多台**服务器**（servers）进行连接。这些客户机自身完全能够胜任一些复杂的任务，而网络中的服务器是接入网络并专注于满足客户机在网络环境下产生的各种公共需求的计算机，这些需求包括文件存储、应用程序或联网必需的各种工具软件，以及为各台客户机提供打印支持（见图 3-7）。互联网就是客户机/服务器计算架构的实际应用，数百万台位于世界各地的客户机可以很容易地连接位于世界各地的网络服务器。

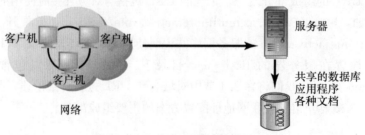

图 3-7　客户机/服务器计算模式

说明：在客户机/服务器计算模式中，众多客户机共同与网络中的一台或多台服务器进行连接。

想要真正理解客户机/服务器计算架构的伟大意义，就必须对它的发展历史有一定的了解。在 20 世纪六七十年代的大型机时代，计算机不仅价格昂贵，而且功能有限。例如，20 世纪 60 年代末期的顶级商用大型机只配备了 128k 的内存和 10Mb 的硬盘，占地面积却多达数百平方英尺。这种大型机甚至应对普通文档中的图片或颜色都有些力不从心，更不用说音频文件、视频和超链接文档。在这一时期，计算是完全中心化的：用户可通过终端接入大型机，但所有的计算任务都由单一的大型机完成。

而从 20 世纪 70 年代末 80 年代初开始，个人电脑和局域网的飞速发展使得客户机/服务器计算架构的问世成为可能。客户机/服务器计算架构具备了许多原来的中央大型机计算架构所不具备的优点。例如，只要增加服务器和客户机的数量，就可以提升整个系统的计算能力。此外，客户机/服务器架构也克服了中央计算架构存在的种种缺陷。例如，一旦某台服务器死机，后备服务器或镜像服务器能立刻填补空缺；若某台客户机出现问题，网络中的其他客户机仍然可以照常运转；等等。在客户机/服务器计算架构中，整个系统的运算负荷平均分配在众多小而强的计算机上，而不是由一台为整个系统服务的巨型计算机独自承担。因此，客户机/服务器环境中的软件和硬件都比大型机时代更加简单、经济。

2016 年，全球正在使用的传统个人电脑数量已经达到 18 亿台之多（Cox，2016）。个人计算设备正在向智能手机和平板电脑转移（这样的客户机更薄，但计算能力略有降低且内存有限，需依赖服务器完成计算任务）。在这一转变过程中，可能会有更多的处理任务由系统中的中央服务器承担。

3.1.3　全新客户端：移动平台

全新的客户端形式早已为人们所熟知。近几年来，美国乃至世界范围内接入互联网的主要工具由传统的台式机和笔记本电脑向便捷的平板电脑和智能手机转换。这就意味着电子商务产品和服务的主要平台也正向移动平台迁移。

硬件的发展到达了一个转折点。个人电脑早已改头换面，从台式机转变为笔记本电脑和平板电脑，如 iPad（以及其他 100 多个竞争者）。平板电脑更轻，无需复杂的操作系统，并依靠云服务完成处理和存储任务。据统计，约有 1.55 亿美国网民使用平板电脑上网（eMarketer，Inc.，2016c）。

智能手机是一项颠覆性的技术，它彻底改变了个人计算和电子商务的格局。智能手机最大的转变是在处理器和软件上，这打破了英特尔和微软保持多年的双寡头垄断的局面。从 1982 年开始，英特尔的芯片和微软的操作系统占据了个人电脑的绝大部分市场。虽然世界上 90% 的个人电脑使用英特尔芯片，但是很少有手机使用该公司提供的芯片，同样也只有极少部分的智能手机使用微软的操作系统（Windows Mobile）。相反，智能手机制造商或购买操作系统，如处于世界领先地位的塞班系统，或自主开发基于 JAVA 或 Linux 平台的系统，如苹果的 iOS。智能手机不使用功耗很大的硬盘驱动器，取而代之的是容量高达 128Gb 且更节电的闪存芯片。2016 年的统计结果显示，有超过 2.1 亿美国人使用手机上网（eMarketer，Inc.，2016d）。

新兴移动平台对电子商务产生了深远的影响，它直接影响了消费者的消费方式、地点和时间。

3.1.4　互联网"云计算"模式：软件和硬件服务

云计算（cloud computing）是一种基于网络，将数据处理、内容存储、应用软件和其他服务作为虚拟资源，实现用户共享的计算模式。用户可以根据需要从任何接入设备和位置对这些计算"云"资源进行访问。图 3-8 阐述了云计算的基本概念。

图 3-8　云计算模式

说明：在云计算模式下，互联网上提供的软硬件服务是由运行着超大型服务器和数据中心的企业提供的。

美国国家标准与技术研究所（NIST）认为，云计算具有以下基本特征：

- **按需自助服务**：消费者可以根据需要自动获取计算能力，如服务器时间或网络存储。
- **无处不在的网络接入**：可以使用标准网络和互联网设备（包括移动平台）获取云资源。
- **位置独立的资源池**：云计算服务将计算资源集中起来为多个用户提供服务，并根据用户需求动态分配不同的虚拟资源，然而用户通常不知道计算资源位于何处。
- **高弹性（快速动态配置）**：云计算服务可以快速供应、增加或减少计算资源，以满足不断变化的用户需求。
- **可量化服务**：云资源的收费是根据用户实际的资源使用量计算的。

云计算包含三种基本类型的服务：

- **基础架构即服务（IaaS）**：第三方提供商，即云服务提供商（CSP）提供配置处理、存储、网络和其他计算资源，客户使用这些资源来部署和运行其信息系统。例如，亚马逊利用其信息技术基础架构的备用容量开发了 Amazon Web Services（AWS），为各种不同的 IT 基础架构服务提供了云环境。有关 AWS 提供的服务范围的说明，请参见表 3-4，例如用于存储客户数据的简单存储服务（S3）和用于运行应用程序的弹性云计算（EC2）服务。用户仅需为他们实际占用的计算量和存储容量买单。
- **软件即服务（SaaS）**：云服务提供商提供在自己的云基础架构上运行的软件，并允许客户通过网络访问。典型的 SaaS 案例是在线提供常见业务应用程序的 Google Apps 和通过互联网提供客户关系管理及相关软件服务的 Salesforce.com。两者都向用户收取年费，另外 Google Apps 也提供免费版本。用户可以通过网络浏览器访问这些应用程序，然而数据和软件都由供应商的远端服务器负责维护。
- **平台即服务（PaaS）**：云服务提供商提供自己支持的基础架构和编程工具，用户可在此基础上创建自己的应用程序。例如，IBM 在其云基础架构上提供用于软件开发和测试的 Bluemix。另外，Force.com（从属于 salesforce.com）允许开发者在其服务器上托管自己构建的应用程序，并将此作为服务提供。

表 3-4　亚马逊提供的网络服务

名称	描述
计算类	
Elastic Compute Cloud（EC2）	提供弹性可变的计算容量
Elastic Load Balancing（ELB）	自动将入口流量分配到多个亚马逊 EC2 实例上
存储类	
Simple Storage Service（S3）	数据存储架构
Glacier	云中的低成本归档存储
数据库类	
DynamoDB	NoSQL 数据库服务
Redshift	PB 级数据仓库服务
Relational Database Service（RDS）	支持 MySQL、Oracle、SQL Server 或 PostgreSQL 等关系型数据库
ElastiCache	基于云的内存缓存
SimpleDB	非关系型数据存储服务
网络和内容交付类	
Route 53	云端网络域名服务，帮助企业将流量路由到网络应用程序
Virtual Private Cloud（VPC）	允许公司在现有 IT 基础设施和亚马逊云端之间创建虚拟专用网络（VPN）连接
CloudFront	内容交付服务
Direct Connect	提供使用互联网接入 AWS 云服务的替代方案
分析类	
Elastic MapReduce（EMR）	可帮助用户完成数据密集型任务
Kinesis	可帮助用户收集和处理实时流数据的大数据服务
应用程序类	
AppStream	为云中的应用程序和游戏提供流传输服务
CloudSearch	可被开发者集成到应用程序的搜索服务
消息类	
Simple Email Service（SES）	云电子邮件发送服务
Simple Notification Service（SNS）	推送消息的服务
Simple Queue Service（SQS）	提供消息存储队列，使消息可以在计算机之间传递
部署和管理类	
Identity and Access Management（IAM）	方便开发者安全管理对 AWS 服务的访问
CloudWatch	监测服务
Elastic Beanstalk	部署和扩展网络应用程序的服务以及使用 Java、. NET、PHP、Python、Ruby 和 Node. js 开发的网络应用程序的服务
CloudFormation	向开发人员提供一种简便地创建一批相关的 AWS 资源的方法
移动类	
Cognito	方便开发者安全地跨设备管理和同步移动设备用户数据
Mobile Analytics	方便开发者收集并处理庞大用户群产生的海量事件

续表

名称	描述
支付类	
Flexible Payment Service（FPS）	方便开发者的支付服务
DevPay	易于使用的在线计费和账户管理服务，使开发者能轻松出售自己构建的亚马逊云应用程序
其他	
Amazon Mechanical Turk	为需要人工智能的任务而打造的市场
Alexa Web Information Service	可为开发者提供网络流量数据和信息

云可以是私有的、公共的或是混合类型的。**公有云**（public cloud）由 CSP 拥有和维护，如 Amazon Web Services、IBM、惠普和戴尔，并向多个客户提供服务，这些客户只为他们使用的资源支付。公有云以显著的成本节约的方式提供了相对安全的企业级可靠性。因为使用公有云的组织没有自己的基础设施，它们不必在自己的硬件和软件上进行大量的投资。相反，它们从远程供应商那里购买计算服务，只为它们实际使用的计算能力（效用计算）支付，或者按月或按年付费。"按需计算"这个术语也被用来描述这种服务。因此，对那些无法自主建立基础设施的中小企业，需要高性能、高弹性和可用性环境的应用程序，用于新的应用程序开发和测试以及那些偶尔有大型计算项目的公司来说，公有云为它们提供了理想的环境。Gartner 估计，2016 年全球公有云服务的支出将超过 15％，达到 2 040 亿美元（Gartner, Inc., 2016a）。谷歌、苹果、Dropbox 等公司也为在线存储数据、音乐和照片的消费者提供公有云服务。在面向消费者的云服务中，谷歌 Drive、Dropbox 和苹果 iCloud 是这类云服务的典型代表。

私有云（private cloud）提供与公有云相似的服务选项，但仅为租用者提供单独的服务。它可能由某些组织或第三方机构管理，可部署在企业内部或外部场所。像公有云一样，私有云可以在响应需求的基础上无缝地分配存储、计算能力以及其他计算资源。私有云正吸引着一些公司的目光，包括有严格规章制度或要求高度安全性的公司（例如金融服务或医疗保健公司），或在需要灵活的信息技术资源和云服务模式的同时仍想对自己的 IT 基础设施保留控制权的公司。

大型企业最有可能采用的是**混合云**（hybrid cloud）计算模式，这种模式允许它们使用自己的基础设施进行最重要的核心活动，并在业务繁忙需要额外的处理能力或支撑次要的系统时采用公有云计算。表 3-5 比较了三种云计算模式。云计算逐渐使企业从拥有固定的基础设施转向使用更灵活的基础设施，这其中有一部分由公司自己拥有，一部分从 CSP 建立的巨型数据中心租用而来。

表 3-5　云计算模式对比

云计算服务的类别	描述	维护者	用户
公有云	由第三方提供商向顾客提供计算、存储和软件服务。	第三方服务提供商（CSP）	没有隐私问题的公司；寻求"现收现付"IT 服务的公司；缺乏 IT 资源和专业知识的公司。
私有云	云基础架构仅为租用者单独提供服务，可部署在企业内部，亦可部署在外部场所。	自建的 IT 部门或专有的第三方受托者	对隐私和安全性要求严格的公司；必须亲自管控数据的公司。
混合云	公有云和私有云的结合，但保留了两者的特点。	自建的 IT 部门、专有受托者和第三方提供商	希望自己管控一些 IT 技术，也乐意将一部分非核心的 IT 基础架构托管在公有云上的公司。

当然，云计算也存在一些缺点。除非数据在本地存储，否则数据的存储和控制皆由服务提供商负责。一些公司担心将关键的数据和系统交由同时也与其他公司合作的外部供应商是否存在安全风险。承租公司希望它们的系统能够全天候正常运行，如果云基础架构发生故障，它们也不希望承担任何业务能力上的损失。尽管如此，大多数公司仍会将它们的处理和存储任务更多地交由各种形式的云基础设施完成。

云计算对电子商务产生了非常重要的影响。对电子商务公司来说，云计算彻底减少了建立和运营网站的费用，因为一些必需的硬件和软件可以被看作从网络提供商那里得到的服务，部分费用花在购买这种服务上。这就意味着公司可以采用"现收现付"和"按需付费"策略来建立自己的网站。以亚马逊为例，成千上万的客户都在使用亚马逊的网络服务设备。对个人来说，云计算意味着你不再需要功能强大的笔记本电脑或者台式机来开展电子商务或其他活动。相反，你可以使用只需几百美元的上网本或智能手机来完成。对企业来说，云计算意味着硬件和软件花费（基础设施花费）将减少，因为企业可以在线获得这些服务，在减少这部分支出的同时，它们也不需要雇用信息技术人员来维护基础设施。

3.1.5　其他互联网协议和实用程序

除了 TCP/IP 协议之外，互联网中的客户机和服务器还可以通过其他多种协议以网络应用的方式为用户提供服务。这些服务依赖被普遍接受的协议或标准，且任何接入互联网的个体都可以使用这些协议。此外，这些服务也不是某一组织的专利，而是经历了多年发展，可以造福于所有互联网用户的通用网络服务。

超文本传输协议（HyperText Transfer Protocol，HTTP）是专门用于传输网页（详见下一节）的互联网协议。HTTP 协议由万维网联盟（W3C）和国际互联网工程任务组（IETF）研究提出，工作于 TCP/IP 协议中的应用层（见图 3 - 4）。一个新的 HTTP 会话以客户端浏览器向远程网络服务器发出资源请求（如请求网页）为开始标志。随后，服务器响应请求，将被请求的网页发送给客户端，请求该网页的 HTTP 会话也就随之结束。由于网页中除了文本以外，常常还会包含图片、声音、视频文件和框架等不同对象，因此不同的对象内容必须有 HTTP 会话一一对应。若想了解更多关于 HTTP 的信息，读者可以查看 RFC 2616，它详细地介绍了 HTTP/1.1 的标准和今天最常使用的 HTTP 版本（Internet Society，1999）。（RFC 是一份由互联网协会（ISOC）或者为各种互联网相关技术设定标准的其他组织发布的文件。你将在本章的后面了解到更多制定互联网标准的其他有关组织。）HTTP/2（HTTP 的更新版本）于 2015 年 5 月发布，其 RFC 编号为 7540（IETF，2015）。HTTP/2 修正了许多 HTTP 1.1 的缺点，具体来说，新版本允许客户端在不打开多个 TCP 连接的情况下同时发送多个请求（称为多路复用），允许服务器在客户端未作请求的情况下主动进行消息推送（称为服务器推送）。此外，新版本缩减了 HTTP 的头部大小（头部压缩）。HTTP/2 还具有安全优势，加密连接在 HTTP/2 协议下性能更强。几乎所有领先的网络浏览器都支持 HT-TP/2，但截至 2016 年 8 月，这项协议在前 1 000 万个网站中仅有 10% 的采用率，部分是由于将 HTTP 应用从 HTTP 转换到 HTTP/2 还存在不少的挑战（Akamai，2016；W3techs. com，2016）。

在互联网的众多服务中，电子邮件是问世时间最早、使用频率最高，也是最重要的一种服务。和 HTTP 协议一样，各种各样用来处理电子邮件的互联网协议工作于 TCP/IP 协议的应用层。**简单邮件传输协议**（Simple Mail Transfer Protocol，SMTP）是专门负责向服务器发送电子邮件的互联网协议。SMTP 是相对简单的基于文本的协议，于 20 世纪 80 年代早期形成。SMTP 只用于处理电子邮件的发送。为了从服务器取回电子邮件，客户机使用**第三版邮局协议**（Post Office Protocol 3，POP3）或者**互联网消息访问协议**（Internet Message Access Protocol，IMAP）。用户可以通过设置 POP3 来从服务器取回电子邮件信息，随后可以选择在服务器端删除或保留。相比之下，IMAP 是更为常用的电子邮件协议，它支持用户在下载之前对服务器上的电子邮件进行搜索、整理和过滤。

文件传输协议（File Transfer Protocol，FTP）是最早出现的互联网服务之一。FTP 协议在 TCP/IP 的应用层工作，允许用户从服务器到客户机传输文件，反之亦可。这些文件可以是普通文档、程序或大型数据库文件。当用户需要传送大于 1Mb 的文件时，FTP 就是最佳选择，而对于这样大小的文件，有些邮件服务器并不支持。读者可以查阅 RFC 959 了解更多关于 FTP 的信息（Internet Society，1985）。

远程登录（Telnet）是一种运行于 TCP/IP 协议的应用层的网络协议，用于远程登录另一台计算机。远程登录还指远程登录程序，可以为客户提供部分协议，使客户能够模拟大型计算机的终端。（大型机时代产业的标准终端包括 VT-52、VT-100 和 IBM 3250。）用户可以与互联网中其他支持 Telnet 的计算机相连，远程运行程序或下载文件。Telnet 是首个允许用户在远端操作计算机的"远程工作"程序。

安全套接层协议（Secure Sockets Layer，SSL）和**安全传输层协议**（Transport Layer Security，TLS）运行于 TCP/IP 协议的传输层和应用层，用以保护客户机和服务器之间的网络通信。SSL/TLS 可以通过消息加密和数字签名等技术加强电子商务中数据传递和电子支付等环节的安全性。我们将在第 5 章对这些技术进行深入讨论，这里就不再展开。

网际数据包探测（Packet InterNet Groper，Ping）是用来测试自己的客户端与 TCP/IP 网络连接情况的使用程序（见图 3-9）。Ping 命令也能够显示服务器的响应时间，帮助使用者估算服务器与网络连接的速度。我们可以在装有 Windows 操作系统的 DOS 窗口中输入"Ping <域名>"启动该程序。网络中的计算机还可以通过发送数百万条 Ping 命令使得一台域服务器变慢甚至死机。

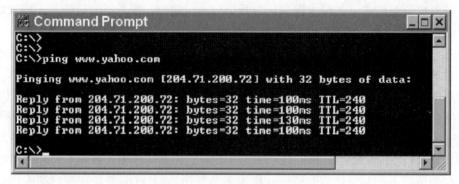

图 3-9 Ping 命令的结果

说明：我们可以用 Ping 命令检测主机地址，测试客户端到服务器的网络速度。
资料来源：Command Prompt，Microsoft Windows，Microsoft Corporation.

跟踪路由（Tracert）是几种常用的路由追踪软件之一，可以帮助使用者跟踪数据从本地发往远程计算机所通过的完整路径。图 3-10 显示了一款名为 VisualRoute 的可视化路由追踪程序（Visualware 公司开发）输出的路由追踪结果。

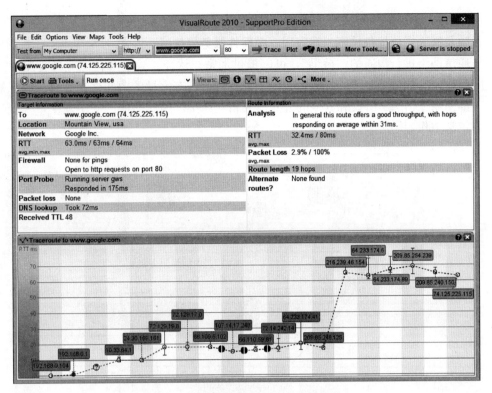

图 3-10 互联网消息的路由追踪结果

说明：VisualRoute 或其他追踪程序都可以帮助我们进一步了解互联网的包交换原理。图中，一条消息从弗吉尼亚州的阿斯本最终到达得克萨斯州的圣安东尼奥。

资料来源：© Visualware, Inc., 2014.

3.2 今天的互联网

据估计，相较于 1997 年底的 1 亿用户，2016 年全球互联网用户已达到 33 亿。这个数字虽然巨大，但仍不到世界人口的一半（约 45%）（eMarketer, Inc., 2016a）。虽然在美国和西欧，互联网用户的年增速放缓到约 1%~2%，但在全球范围内，这一数字仍达到了 7%，其中中东、中非和亚太地区增速最快（增速超过 8%）。预计到 2020 年全球互联网用户将超过 39 亿。有人认为，由于网民数量飞速增长，互联网很快将面临过载运营的窘境，然而，这着实是杞人忧天。首先，客户机/服务器计算架构是极易扩展的。通过简单地添加服务器和客户机，互联网用户的数量可以无上限地扩充。其次，互联网的体系为层状结构，可以在不影响其他分层开发的前提下改变任意分层。举例来说，人们可以为了更加快捷的服务而对互联网上传递信息的技术施行大刀阔斧的改动，然而这些改动并不会对在网上运行的桌面应用程序产生影响。

图 3-11 阐释了互联网的"沙漏"和分层架构。互联网在理论上分为 4 层：网络技术底层、传输服务和表示标准层、中间件服务层以及应用层。① **网络技术底层**（Network Technology Substrate layer）由远程通信网络和协议构成。**传输服务和表示标准层**（Transport Services and Representa-

---

① 注意：不要把 TCP/IP 通信协议的逻辑层次划分与互联网架构层相互混淆。

tion Standards layer）主要包括 TCP/IP 协议。**应用层**（Application layer）包括万维网、电子邮件、音频及视频播放等各种客户端应用。**中间件服务层**（Middleware Services layer）是帮助客户端应用与通信网络进行沟通的"桥梁"，可以提供加密、认证、寻址和存储等各种服务。用户往往直接与应用程序（如电子邮件）接触，很少意识到后台还有大量的中间件在为自己提供服务。由于所有层级都使用 TCP/IP 协议和其他的公共标准相互连接，因此即使网络层发生重大变动，应用层也能继续正常工作。

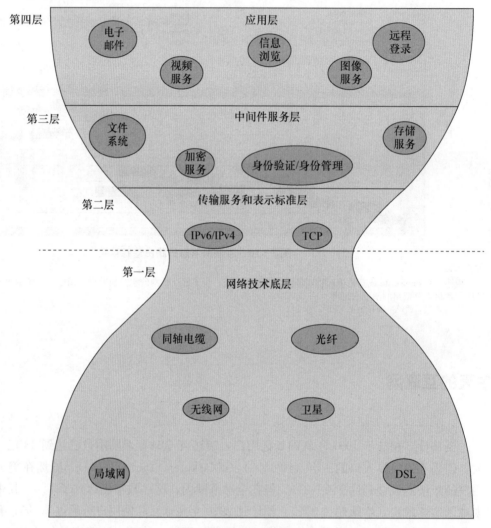

图 3 - 11　互联网沙漏模型

说明：互联网的整体架构与沙漏非常相似，底层为传输数据的基础设施（如线缆和交换机），顶层则是各种用户应用，如电子邮件和万维网。传输协议，如 TCP/IP 协议位于沙漏的腰部。

资料来源：Adapted from Computer Science and Telecommunications Board（CSTB），2000.

3.2.1　互联网主干网

图 3 - 12 展示了目前互联网的主要组成部分。起初，互联网只有单一的主干网络，但今天的互联网由许多私有网络交织而成，这些网络所依赖的高带宽光纤电缆相互连接，可完成专用网之间的信息传递。这些长途光纤网络由被称为**一级互联网服务提供商**（Tier 1 Internet Service Providers，

Tier 1 ISP，一级 ISP，有时也称为中转 ISP）的企业所有（见表 3 - 6）。一级 ISP 的地位相同，允许互联网流量免费通过彼此的线缆和设备。一级 ISP 只处理与其他一级 ISP 或二级 ISP（在下一节将会介绍）相关的业务，而不直接面对终端消费者。

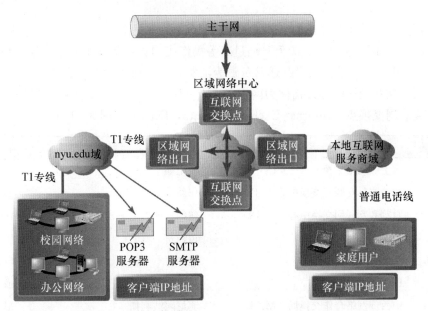

图 3 - 12　第一代互联网的网络架构

说明：目前的互联网采用开放式的多层网络架构体系，主要由各国的主干网、区域网络中心、校园网络和本地客户端构成。

表 3 - 6　美国主要的主干网运营商

AT&T	Sprint
CenturyLink	Verizon
Cogent Communications	Zayo Group
Level 3 Communications	

　　为了简单起见，我们将这些主干网络当作一个"主干网络"。**主干网络**（backbone）就像一个巨大的传输管道，可以让数据在几毫秒内环游整个世界。美国的主干网全部采用光缆连接，带宽从 155 Mbps 至 2.5 Gbps 不等。**带宽**（bandwidth）是指网络在一定时间内传输的数据量，通常用每秒传输位数（bps）、每秒传输千位数（Kbps）、每秒传输兆位数（Mbps）或每秒传输千兆位数（Gbps）衡量。

　　目前，全世界网络的洲际互联普遍采用海底光缆连接和卫星连接。然而，越来越多的互联网巨头，如谷歌、微软和脸书，选择铺设自己的光纤网络，而不是租用一级 ISP 的带宽。例如，谷歌铺设了一条从加利福尼亚州延伸到日本的线缆，另一条则连接美国和巴西。此外，脸书和微软也已合作架设了一条横跨大西洋连接弗吉尼亚州和西班牙的线缆。国外的主干网通常是混合所有制经营。当然，主干网必须加入适当的冗余设计，以备在局部出现问题时可以通过主干网的其他节点继续发送数据。**冗余**（redundancy）一般是指网络中的重复设备和传输路径。最近一项针对美国互联网物理结构的研究绘制了第一张现有长途光纤网络的地图。意料之中的是，该地图显示，在美国东北部和沿海地区存在密集的线路，上部平原和四角落地区则缺乏基础设施。美国国土安全部已经将地图及其基础数据开放给政府、私人和公共研究人员，希望以此提高认识程度，使互联网系统更加强大

（Simonite，2015；Durairajan et al.，2015）。

3.2.2 互联网交换点

在美国，若干区域性的交换中心串联起诸多一级 ISP，同时也将这些一级 ISP 与一些区域性（二级）ISP 相互连通。二级 ISP 通过对等操作或购买转接服务完成流量交换，并以此连接一级 ISP 与三级 ISP。这里的三级 ISP 通常负责为消费者和企业提供互联网接入服务，具体将在下一节进一步介绍。这些交换中心最初称为网络接入点（NAP）或城域交换局（MAE），但现在人们更习惯称之为**互联网交换点**（Internet Exchange Points，IXP）（见图 3-13）。

地区	名称	地点	运营商
东部	波士顿网络交换局（BOSIX）	波士顿	Markley
	纽约国际互联网交换中心（NY IIX）	纽约	Telehouse
	对等和互联网交换中心（PAIX）	纽约、弗吉尼亚、亚特兰大	Equinix
	美国 NAP	迈阿密	Verizon、Terramak
中部	Any2 Exchange	芝加哥	CoreSite
	PAIX	达拉斯	Equinix
	中西部网络合作交换局（MICE）	明尼阿波利斯	Members
西部	PAIX	西雅图、帕洛阿尔托	Equinix
	洛杉矶国际互联网交换中心（LA IIX）	洛杉矶	Telehouse
	Any2 Exchange	圣何塞、洛杉矶	CoreSite
	西雅图网络交换局（SIX）	西雅图	Members

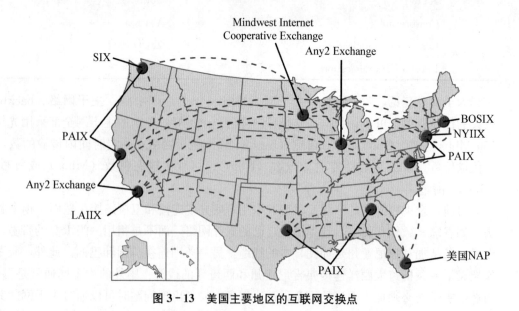

图 3-13　美国主要地区的互联网交换点

说明：目前的互联网采用开放式的多层网络架构体系，主要由各国的主干网、区域网络中心、校园网络和本地客户端构成。

3.2.3　三级互联网服务提供商

我们通常将那些运作于互联网技术底层，向家庭用户、小型企业和一些大型机构出租互联网接入线路的企业统称为**三级互联网服务提供商**（Tier 3 Internet Service Provider，ISP）。三级 ISP 属于零售企业——它们主要负责互联网与路边小店、家庭和企业等最终用户之间"最后一英里"线路的网络服务。各三级 ISP 主要通过高速电话线路或有线电缆（速度达 45 Mbps 或更快）与交换点进行连接。

在美国，Comcast、Verizon 和 Time Warner Cable 这三家公司共同掌控了"最后一英里"线路基础设施的半壁江山。其他主流的三级 ISP 有 AT&T、Charter（准备收购 Time Warner Cable 和 Bright House Network 以增强市场竞争力，目前正等待联邦审批）、Altice（Optimum Online）、Cox、Sprint 和 CenturyLink。还有成千上万规模更小的区域性 ISP。如果你拥有家庭互联网接入或者小的商业互联网接入，就极有可能享受到三级 ISP 为你提供的周到服务。（值得一提的是，三级 ISP 兼作一级 ISP 的案例有很多，这两种角色并不冲突。）卫星公司也提供互联网接入服务，特别是在没有宽带服务的偏远地区。

表 3-7 列举了 ISP 为用户提供的接入方式、速度和收费情况。ISP 提供的服务可以分为窄带和宽带两大类。**窄带**（narrowband）服务主要使用速度为 56.6 Kbps 的传统电话调制解调器进行连接（实际速度在 30 Kbps 左右，因为线路噪声经常导致数据包重发）。这曾是全世界最常用的连接方式，但是在美国、欧洲和亚洲这种方式已被宽带连接广泛取代。宽带服务主要基于 DSL（包含高速光纤服务）、线缆调制解调器、电话专线（T1 和 T3 专线）以及卫星连接等多种方式。在互联网专用术语中，**宽带**（broadband）泛指允许客户端以可以接受的速度和质量在线播放音频流和视频流的通信技术。2015 年 1 月，美国联邦通信委员会（FCC）对宽带的基准速度进行了更新，更新后的下载速度为 25 Mbps，上传速度为 3 Mbps。阿卡迈的统计显示，2016 年全球平均连接速度为 6.3 Mbps，平均峰值连接速度为 34.7 Mbps。美国在平均连接速度方面排名第 16 位，为 15.3 Mbps（韩国以 29.9 Mbps 领先），以 67.8 Mbps 的平均峰值连接速度排名第 22 位（新加坡以 146.9 Mbps 领先）（Akamai，2016c）。FCC 发现，17％的美国人无法享受下载和上传速度分别为 25 Mbps 和 3 Mbps 的宽带服务，偏远地区的宽带服务水平则更为低下，有超过一半的用户得到的服务达不到上述标准（FCC，2015）。2004 年，美国的宽带用户数量超越了拨号用户。有人预估，到 2016 年将会有 9 200 万左右的家庭用户（超过 75％）接入宽带服务（eMarketer，Inc.，2016e）。

表 3-7　ISP 服务与带宽选择

接入方式	费用/月（美元）	下载速度
电话调制解调器	10～25	30～56 Kbps
DSL	20～30	1～15 Mbps
FiOS	50～300	25～500 Mbps
有线网络	35～199	1～500 Mbps
卫星连接	39～129	5～15 Mbps
T1 专线	200～300	1.54 Mbps
T3 专线	2 500～10 000	45 Mbps

数据的实际传输速度受到各种因素影响，包括线路噪声和客户请求服务的数量。上面引用的服务速度主要指下载网络内容的速度，虽然一些宽带网络服务提供商计划提供与下载速度相同的上传速度，但上传的速度通常会更慢。T1 和 T3 专线是公开、规范的应用线路，提供有保障的服务水平，但是其他方式的网络服务无法保证传输速度。

数字用户线路（Digital Subscriber Line，DSL）服务是指利用家庭或企业的普通电话线路提供高速互联网接入的电话技术。它的接入速度通常为 0.5～15 Mbps。用户在电话交换中心方圆 2 英里以内都可以正常使用 DSL 服务。为了更好地和有线公司开展竞争，公用电话公司现在还提供 DSL 的进阶版——速度可达 500 Mbps 的**光纤服务**（fiber-optic service，FiOS）。

有线网络（cable Internet）是指通过家庭接收电视信号的模拟视频线缆传输数字信号以接入互联网的有线电视技术。有线网络是 DSL 服务的主要宽带服务替代品，大体上它提供更快的速度，且单笔月租便可获得三种服务产品：电话、电视和网络。然而，有线网络的可用带宽很容易被附近使用相同线路的用户占用。换言之，当众多用户同时请求互联网服务时，速度会变慢，性能也会有所下降。有线网络的最低速度为 1 Mbps，最高速度为 15 Mbps。具有代表性的有线网络提供商包括 Comcast、Time Warner Cable、Charter、Cox 和 Altice（Optimum Online）。

T1 和 T3 都是用于数字通信的国际电话标准。T1 专线可以提供 1.54 Mbps 的带宽，T3 专线的速度则高达 45 Mbps。目前，租用 T1 专线的费用为每月 200～300 美元，租用 T3 专线的费用则在每月 2 500～6 000 美元不等。T1 和 T3 这样的专用高速出租线路可满足企业、政府部门和 ISP 等对保障性高速网络的需求。

卫星网络（satellite Internet）是卫星公司主要向位于郊区的家庭和办公室提供的高速的宽带网络接入，这些地区无法接入 DSL 和有线网络。卫星网络的接入速度和月租与 DSL 和有线网络相当，但是安装圆盘式卫星接收器（18 英寸）的初期费用相对较高。卫星网络的上传速度较慢，通常为 1～5 Mbps。卫星网络的服务提供商往往会限制单一账号在规定周期内所能下载的数据总量，这一时间周期通常为 1 个月。主要的卫星服务提供商有 Dish、HughesNet 和 Exede。2016 年 8 月，脸书宣布发射卫星的计划，旨在使撒哈拉以南的部分非洲地区能够接入互联网。但是在发射前的测试期间，承运卫星的 SpaceX 火箭发生爆炸，计划只能被搁置。

几乎所有的商业公司和政府机构都使用宽带连接接入互联网。宽带服务大大加快了网页、大型视频和音频文件的下载速度（见表 3-8），因此人们对它的需求增长迅速。而随着互联网服务质量的不断提升，对宽带接入的需求将进一步扩大。

表 3-8　不同的互联网服务方式下下载 10Mb 文件的用时

互联网服务方式	下载用时
窄带服务	
电话调制解调器	25 分钟
宽带服务	
DSL@1 Mbps	1.33 分钟
有线网络@10 Mbps	8 秒
T1	52 秒
T3	2 秒

3.2.4 校园网与公司局域网

校园网与公司局域网（campus/corporate area network，CAN）一般是指由某一组织独自管理的局域网络，如纽约大学校园网或微软公司的内部网络。事实上，大多数大型企业都拥有上百个这样的局域网。由于这些企业的规模足够庞大，直接向区域网运营商或主干网运营商租用网络接入线路对这些企业来说更经济。局域网通常使用以太网（一种局域网专用协议）架构，网络内部的计算机主要安装 Windows Server、Linux 或其他允许本地客户端通过本地网络服务器进入互联网的操作系统。校园网的传输速度一般在 10~100 Mbps 之间。

3.2.5 内部网

建设连接整个世界的互联网所使用的网络技术，同样也能被企业和政府机构用来构建自己的内部网络。因此，**内部网**（Intranet）就是运行于单一组织内部，以网络通信和信息处理为主要目的的 TCP/IP 网络。一般而言，互联网技术比专用网络技术便宜许多，可用于内部网的应用程序也随处可得。事实上，所有运行于互联网的应用程序都可在独立的内部网中正常使用。局域网软件的最大提供商是微软，开源 Linux 紧随其后，两者都使用 TCP/IP 网络协议。

3.2.6 谁来管理互联网？

推动互联网事业不断前进的专业人士以及广大网民始终强调，互联网的发展没有也不可能受到任何组织或个人的束缚，互联网天生就超出了法律所能管控的范畴。然而，这些人士忽略的一点是网络以私人和公用通信设施为载体，而这些通信设施受到法律管辖，通信载体受到的监管同样也适用于互联网。事实上，互联网与复杂网络的管理主体、国家政府和国际专业组织紧密相连。因此，到目前为止，还没有一个能够真正约束互联网的管理机构出现。不过，一些组织能够在一定程度上影响并监控互联网的发展方向。这些监管组织包括：

- **互联网域名与地址管理机构**（Internet Corporation for Assigning Names and Numbers，ICANN），该机构负责维持互联网唯一标识符体系的正常运行，IP 地址分配、协议参数登记和顶级域名系统都归其管辖。ICANN 于 1998 年建立，是一个非营利组织，其下属的互联网号码分配局（IANA）负责 IP 地址的分配工作。
- **互联网工程工作组**（Internet Engineering Task Force，IETF），一个公开性质的大型民间国际团体，汇集了与互联网架构演化和互联网顺利运作相关的网络运营者、投资人和研究人员。IETF 下辖许多工作组，分布在不同地区，负责技术规范的研发和修订，并以此影响人们使用和监管互联网的方式。
- **互联网研究专门工作组**（Internet Research Task Force，IRTF），负责促进针对未来互联网发展的重要研究。IRTF 同样下辖许多长期的小型研究组，研究方向包括互联网协议、应用、架构和技术等相关领域。
- **互联网工程指导组**（Internet Engineering Steering Group，IESG），负责监督互联网各项标准的制定。
- **互联网架构委员会**（Internet Architecture Board，IAB），负责协助设计互联网的整体架构，同时监管 IETF 和 IRTF。

● **互联网学会**（Internet Society，ISOC），一个由企业、政府机构和非营利组织共同组成的联盟，负责监督有关政策的落实与互联网的实际运作情况。

● **互联网管理论坛**（Internet Governance Forum，IGF），针对互联网管理问题的争端而开展的公开合作论坛。

● **万维网协会**（World Wide Web Consortium，W3C），负责设定万维网使用的 HTML 和其他编程标准的大型技术标准机构。

● **互联网运营工作组**（Internet Network Operators Groups，NOG），由 ISP、IXP 以及其他团体组成的一系列非正式小组。这里的其他团体参与讨论并试图影响互联网运作以及法规等相关事宜。

虽然上述组织中无一能从根本上完全控制互联网的发展和运作，但这些组织确实可以在一定程度上对政府部门、大型网络运营商、ISP、企业以及众多以提升互联网运行效率为目标的软件开发者产生影响。ICANN 非常接近互联网管理者的角色，也反映了美国商务部在互联网管理上曾占据的强有力地位。互联网时代伊始，美国一直负责如今 IANA 行使的职能。在 ICANN 成立之后，将这些职能脱离美国政府控制的呼声很高。然而，事与愿违的是，2006 年美国商务部宣布美国政府将继续保留对根域名服务器的监管权。实行这一举措的原因包括：防止互联网为恐怖主义集团提供基本通信服务，杜绝国际机构接管可能带来的不确定性。2008 年，商务部重申了自己的态度，强调它没有任何将官方根域名服务器管理权转交给 ICANN 的计划（美国商务部，2008）。与此同时，中国和俄罗斯这些正在崛起的互联网新兴势力正试图通过游说来把互联网更多的职能纳入联合国的监管范围，这引起人们对互联网管理愈发政治化的担忧（Pfanner，2012）。2014 年，在其他国家的持续施压下，美国最终宣布了移交 IANA 管制权的决定，但前提是相关条件须得到满足，包括管理 IANA 职能的组织不得受到任何其他政府或政府间合作组织（如联合国）的控制。最终，这一交接于 2016 年 10 月 1 日完成。

此外，互联网中的各种活动必须遵从活动举办地或活动所需网络设备（如服务器）安置地的地方法律规定。虽然互联网和万维网在发展初期很少受到立法机关和执法机关的干预，但在不久的将来，随着互联网在信息（包括各种有害信息）和知识传播方面的地位日益重要，这种情况正在改变。

通过"社会透视"专栏"互联网的政府监管"，读者可进一步观察互联网内容和主旨的审查制度问题。

社会透视

互联网的政府监管

一周时间过去了，鲜少有关于世界上某个大城市发生大规模街头抗议的报道。无外乎的，矛头总是对准互联网、社交媒体和移动电话，因为对政治制度、腐败官员、失业或贫富不均的不满言论总是通过它们传播。一系列的事件启发我们将互联网和网络视为非凡的技术，一种能够释放人类创造力、创新性、表达欲、反抗性甚至是民主洪流的技术。

讽刺的是，与此同时，互联网也引发了政府对公民网上行为的严厉监控，就像 20 世纪中期的独裁者手握黑科技，可以窥视窃听数以万计的人做什么、说什么、想什么，并每天检阅上亿封邮件、搜索记录、博客以及脸书的内容。

在互联网刚普及的早期，由于互联网分布的广泛性，许多人认为它很难监控。但现实的情况截然相反。我们现在都知道，几乎所有的政府都主张对互联网内容和信息实施某种程度的监督管控。而且在许多国家，对互联网和网民的管控非常普遍。

虽然互联网络很分散，但所有国家的互联网流量都在国营或私营公司掌控的大型光纤干线上运行。

安全专家认为，伊朗对其公民的互联网监控是世界上最先进的审查机制之一，它可以大规模审查个人在线通信的内容。伊朗的系统不仅阻止访问特定的网站，如谷歌、推特和脸书，据说还利用了深度包检测。深度包检测允许政府阅读信息，改变目的性的造谣内容，并确定具体的发件人和收件人。它通过在用户和 ISP 之间的线路中安装计算机，打开每一个数据包，审查关键字和图像，重建消息并发送。所有的互联网讯息都难逃此劫，包括 Skype、脸书、电子邮件、推特和发送到代理服务器的消息。2016 年，伊朗宣布完成了隔离设置的第一阶段。据称，伊朗国内使用的互联网版本速度更快，成本更低，但实为对用户实行更强的监管。

2014 年，俄罗斯宣布，如果总检察长办公室认定某网站有"极端材料"，则政府有权未经法院许可即关闭该网站。俄罗斯同时要求日访问量超过 3 000 人次的博主通过俄罗斯通讯器，登记真实姓名和联系方式。2015，俄罗斯通过了要求国内互联网公司在境内存储数据的法律，并允许政府控制和限制访问。2016 年 7 月，通过了另一项强制要求互联网服务供应商和电信运营商保留 6 个月至 3 年之间的数据的法律，并且在没有搜查令的情况下即能访问数据，还要求公司给政府开后门，以确保政府能够访问所有的加密通信。

土耳其是另一个日益试图控制和审查互联网内容的国家。尤其是在伊斯坦布尔的阿塔图尔克机场恐怖袭击和反对总统雷杰普·塔伊普·埃尔多安（Recep Tayyip Erdogan）的政变之后，这种手段愈演愈烈。

欧洲和美国也在不同时期采取相应措施对某些网站的访问进行管控，审查网站内容，并进行大范围的通信监察。例如，英国有一系列被封锁的网站，德国、法国和澳大利亚也一样。美国和欧洲国家普遍禁止出售、分销和/或拥有在线儿童色情制品。法

国、德国和奥地利也禁止网上出售纳粹纪念品。甚至是全世界有线化程度最高的国家之一——韩国，也限制具有颠覆性、对公共秩序有害的内容。

为了应对恐怖主义威胁和其他犯罪行为，欧洲各国政府和美国政府也对恐怖主义嫌疑人的邮件和通信内容实行深度包检测。这种监控不只限于跨境国际数据流，还包括大范围的国内监视，对日常邮件、推特，以及其他信息的分析。2013，美国国家安全局（NSA）的承包商爱德华·斯诺登（Edward Snowden）因泄露 NSA 关于 PRISM 项目的重要文件而登上了头条新闻。该项目可以访问许多主要互联网公司的服务器，诸如脸书、谷歌、苹果、微软等。此外，文件显示，NSA 的 XKeyscore 程序使得分析师可以擅自搜索数据库中的电子邮件、聊天记录以及公民上网记录，而分析师使用该技术也无需任何授权、法院许可证，或其他形式的法律文件。斯诺登的文件还显示，间谍机构一直在窃取智能手机应用程序的数据，如"粉碎糖果"和其他大多数应用程序，NSA 也同时在挖掘谷歌和雅虎的个人用户信息流。NSA 声称，程序只监控外国情报目标，收集的信息用来协助逮捕恐怖分子。此外，美国联邦调查局有一个互联网监视部门，即国家国内通信援助中心。它的使命是协助新监测技术的发展，该技术能够使当局对互联网、无线电及 VoIP 通信进行拦截侦听。

2016 年，许多欧洲国家启用了新的在目前技术水平下最具稳定性的网络计划，旨在加强对网络的监控。在英国，即将实施的新法迫使互联网服务公司保存"网络连接记录"，即任何时候都无条件接受执法部门的审查。为了应对 2015 年法国境内的多次恐怖袭击，法国政府通过了类似的法规，迫使互联网服务供应商保存浏览数据，并接受对电话、电子邮件和所有移动通信进行监测的附加条款。De-Cix，世界上最大的互联网交换中心，拒绝了德国政府关于监控所有通过法兰克福枢纽的通信的要求。De-Cix 起诉了德国情报机构被视为违法的行为，但德国政府希望通过颁布新的法律，将此种举动合法化，正如英国、法国和其他国家所做的那样。

然而在美国，国民正在努力遏制这种趋势，反对国内和国际反恐机构像 NSA 那样，对所有美国人

口进行拉网式监督；加强法院对监视行为的督察；限制对公民个人的监视；减轻被政府机构要求泄露信息的互联网公司的压力。2015 年，国会通过了《美国自由法案》，该法案规定了大多数美国人的电话记录不可被监视。然而，为了扩大此类间谍机构的权力，政府也在同样努力。例如，奥巴马政府扩张了 NSA 的能力，对疑似恶意黑客可以进行无证窃听，并允许他们监控嫌疑人的国际互联网流量以及国内流量。对一些国家利用互联网和其他加密通信方式招募新成员和从事恐怖主义活动的担忧，将进一步加剧局势的紧张。

资料来源："World's Biggest Internet Hub Sues German Government Over Surveillance," by David Meyer, *Fortune*, September 16, 2016; "Iran Launches New 'National Internet' That Censors Content, Encourages Regime Surveillance," Thetower.org, August 30, 2016; "Russia Asks for the Impossible with Its New Surveillance Laws," by Eva Galperin and Danny O'Brien, Eff. org, July 19, 2016; "Britain to Pay Billions for Monster Internet Surveillance Network," by Duncan Campbell, Computerweekly. com, March 21, 2016; "ISIS Influence on Web Prompts Second Thoughts on First Amendment," by Erik Eckholm, *New York Times*, December 7, 2015; "France Has a Powerful and Controversial New Surveillance Law," by Arik Hesseldahl, Recode. net, November 14, 2015; "Freedom on the Net 2015," Freedom house. org, October 28, 2015; "Russian Data Law Fuels Web Surveillance Fears," by Shaun Walker, *The Guardian*, September 1, 2015; "Hunting for Hackers, N. S. A. Secretly Expands Internet Spying at U. S. Border," by Charlie Savage et al., *New York Times*, June 4, 2015; "The State of Surveillance in Iran," by Arta Shams, Ifex. org, May 22, 2015; "House Moves to Curb Government Surveillance of Phone, Internet Records," by Cristina Maza, Csmonitor. com, May 1, 2015; "Turkey's Parliament Issues Contested Security, Surveillance Laws," Bloombergnews. com, March 27, 2015; "Russia Forces Its Popular Bloggers to Register—Or Else," by Ilya Khrennikov, Bloomberg. com, August 19, 2014; "NSA Top Lawyer Says Tech Giants Knew About Data Collection," Cnet. com, March 19, 2014; "Documents Say NSA Pretends to Be Face book in Surveillance," by Reed Albergotti, *Wall Street Journal*, March 12, 2014; "Amid Flow of Leaks, Turkey Moves to Crimp Internet," by Tim Arango and Ceylan Yeginsu, *New York Times*, February 6, 2014; "Spy Agencies Tap Data Streaming From Phone Apps," by James Glanz, Jeff Larson, and Andrew Lehren, *New York Times*, January 27, 2014; "NSA Surveillance Covers 75 Percent of U. S. Internet Traffic: WSJ," by Reuters, News. Yahoo. com, August 20, 2013; "New Snowden Leak: NSA Program Taps All You Do Online," by Amanda Wills, Mashable. com, August 1, 2013; "Snowden: NSA Collects 'Everything,' Including Content of Emails," by Eyder Peralta, NPR. org, June 17, 2013; "FBI Quietly Forms Secret Net-Surveillance Unit," by Declan McCullagh, News. cnet. com, May 22, 2012.

3.3 未来互联网的基础设施

随着新技术不断涌现，新应用不断发展，互联网也在不断发生演变。今天的私人企业、大学和政府机构正在构建互联网的第二个时代。想了解第二代互联网优势所在，就必须对当前互联网架构的种种缺陷有所了解。

3.3.1 第一代互联网的局限

迄今为止，互联网基础设施中的大多数模块都已使用数十年之久（相当于互联网时代的一个世纪），自然会有种种缺陷和不足：

- 带宽限制。整个主干网和城域交换中心的通信容量严重不足，这一不足在接入家庭用户和小型企业用户的"最后一英里"线路上暴露得更为明显。带宽限制直接导致峰时服务迟缓（拥堵频繁），无力支撑大量视频、音频等内容的网络传输。
- 服务质量限制。目前，数据包在网络中总是要迂回前进才能抵达目标机器，从而引发**延迟**

(latency) 问题——网络中不均匀的数据包流量造成的信息滞后。在电子邮件服务中，延迟不易察觉，但对于视频流传输和语音电话这样的同步通信服务来说，延迟往往表现为影片"跳帧"频频或语音通信时断时续，用户也可以明显觉察到延迟的存在。现在的互联网追求达到"尽力服务"的服务质量（QoS），在最大限度上保证网络服务的整体质量，但这一标准不能保证数据何时到达甚至能否到达，且对所有数据包都一视同仁，忽略了用户身份以及包内数据的类型。因此，如果互联网想要不断扩展以满足各种新的需求（如视频点播和语音电话），就必须能够为用户提供更高水准的服务。

- 网络架构限制。现在，如果服务器中的某首歌曲收到 1 000 次下载申请，该服务器就会提供 1 000 次下载服务，逐一满足每个用户的需要。这种做法势必会导致网络性能的下降：这些用户可能住在同一个小区，服务器却 1 000 次将这首歌曲发送至同一地点。电视节目的传输机制与此相比则有很大不同，节目只需播出一次，数百万用户便能同时欣赏。

- 有线的互联网。互联网是基于线缆的——光纤和同轴铜线。铜线是使用了几个世纪的老技术，而在地下铺设光纤成本高昂。互联网的有线特性限制了用户的移动性。虽然随着 WiFi 热点的不断扩散和移动通信技术的不断进步，这样的情况有所改观，但随着智能手机的数量不断增加，移动通信系统经常面临超负荷运行的情况。

现在，我们可以展开想象，憧憬一个不受带宽、协议、架构、物理连接和语言限制的，起码比第一代互联网强大 1 000 倍的网络世界。这就是第二代互联网和下一代的电子商务！

3.3.2　Internet2© 项目

Internet2© 是一个由超过 450 家大学、公司、政府研究机构和非营利网络组织共同组成的合作联盟，目的是使网络创新技术的开发、部署和使用更加便捷。广义的 Internet2 联盟包含逾 9 000 家美国机构和分布在 100 多个国家的国际机构。它也延续了政府、企业和高等院校携手开发第一代互联网的合作。

Internet2 的成员机构搭建和使用的高级网络为创新型网络应用技术的研究提供了有力的试验平台。例如，Internet2 提供的第二代网络现已覆盖全美国，带宽达 100 Gbps，不仅针对目前社会对高性能网络的需求提供了可靠的生产服务平台，而且为创新型高容量网络搭建了强大的试验平台。表 3 - 9 罗列了带宽 100 Gbps 的网络在传递不同量级的数据所需耗费的传输时间。利用宽带技术机遇计划（由美国国家远程通信和信息管理局主持）拨付的刺激性联邦补助金建成的第四代网络现已部署完成。混合光纤和分组网络提供 8.8Tb 的容量，并能随需求的增长无缝扩展。这套网络还包括长达 15 000 英里的自有光纤电缆，通达以往没有到达的地区，为超过 20 万家重要的社区固定机构（学校、当地图书馆和博物馆）提供先进的网络基础设施，并支持商业互联网未能支持的先进应用，比如远程医疗、远程学习等应用。该基础设施现已支持大范围的 IP 和现有设施可以提供的光纤服务，但仍将促进宽带应用的转型。开展 Internet2 项目的主旨是创建一个智能的全球性生态系统，方便研究人员、科学家和其他用户随时随地"开启"高容量的网络连接。表 3 - 10 列出了部分 100 Gbps 网络所能实现的项目。另外的一些举措还涉及科学和工程（如支持分布式实验室环境的先进网络应用、稀有科学仪器的远程访问以及分布式大规模计算和数据访问）、卫生科学和卫生网络（如远程医疗、医药和生物研究以及健康教育）、艺术和人文学科（如现场演出、名师讲堂、远程试镜、互动表演艺术教育和媒体活动）。

表 3 - 9　100 Gbps 的网络到底有多快

数据量	传输时间
850 万条电子记录	1 分钟
30 万 X 射线数据	1 分钟
同时下载 180 万本电子书	2 分钟

表 3 - 10　100 Gbps 网络催生的项目

项目	描述
XSEDE (Extreme Science and Engineering Discovery Environment)	XSEDE 作为集成高级数字资源和服务的集合，使科学家能够交互式地共享计算资源、数据和专业知识。XSEDE 支持超过 8 000 个成员的科学团体和 16 台超级计算机。2013 年，XSEDE 将其 10 Gbps 网络升级到 Internet2 的 100 Gbps 网络。2016 年，NSF 授予 XSEDE 1.1 亿美元的资金，使其能够继续向美国科学家和工程师提供先进的网络基础设施资源和服务。
CloudLab	部署在犹他大学、克莱姆森大学和威斯康星大学麦迪逊分校的云计算实验平台，由 Internet2 的 100 Gbps 网络连接。专注于开发新颖的云架构和新的云计算应用。帮助研究人员建立自己的云并方便他们对灾难响应和医疗记录安全等相关应用的测试。
University of Florida	为在欧洲核子研究中心的强子对撞机中进行的紧凑 μ 子线圈（CMS）试验提供了基础支持（促进了希格斯玻色子的发现，该发现获得了 2013 年诺贝尔奖）。

3.3.3　第一英里和最后一英里

谈及近期对未来互联网的改进，Internet2 只是冰山一角。2007 年，美国国家科学基金会（NFS）就开始致力于研究全球网络创新环境（GENI）。GENI 是一个独特的虚拟实验环境，用于大规模探索未来的互联网。它旨在促进网络科学、安全技术、服务和应用方面的创新。GENI 同领先的学术中心以及思科、IBM 和惠普等私人公司都有着合作关系。迄今为止，该项目已经向 83 个学术/产业级团队颁发了各种奖项，以用于构建、整合和运作 GENI 虚拟实验室的初期蓝本（Geni. net，2014）。2015—2017 年，GENI 将逐渐脱离 NSF 的 GENI 项目办公室的监管，转向社区治理模式（Geni. net，2016）。

最重要的私人引起（但经常受政府影响）的变化分为两个方面：光纤中继线带宽和无线互联网服务。光纤与第一英里或主干互联网服务相关，这些互联网服务可以实现长距离的大容量传输。无线互联网关注最后一英里——从较大的互联网到用户的智能手机、平板电脑或笔记本电脑。

3.3.4　第一英里的光纤与带宽增加

光缆（fiber-optic cable）由上百条玻璃纤维或塑料纤维组成，利用光线传输数据。光缆容量大、速度快，抗干扰性和安全性也非常好，常常作为同轴电缆和双绞线的理想替代品。此外，与传统线缆相比，光缆更细、更轻，安装时占用的空间也更少。正是基于以上种种优点，大家才对光缆寄予厚望，人们希望当 Internet2 开发的各种全新网络服务进入推广阶段时，互联网能在光缆的帮助下为即将到来的网络数据流量的激增做好准备。

过去 10 年间，电信企业在全球、国内和区域性的光纤电缆系统上大量投资。例如，Verizon 自 2004 年以来已在 FiOS 光纤互联网服务上投资了逾 230 亿美元，该服务的速度高达 500 Mbps，目前拥有约 660 万客户。2012 年，谷歌凭借 Google Fiber 进入市场，Google Fiber 是一个 1 Gbps 光纤网络，目前在 7 个城市提供服务。从光纤电缆的庞大安装基数，我们也可以推测一条庞大的数字高速公路正在为 YouTube（谷歌）、脸书和其他高带宽应用程序提供服务。虽然美国家庭对光纤饶有兴趣，但截至 2015 年，仅有约 12.3％的家庭租用光纤，这一比例较之世界上许多国家都低得多（Buckley，2015；Richter，2016）。表 3 - 11 列出了几种光纤宽带的带宽标准并将其与传统的 T 专线做比较。

表 3 - 11 高速光纤的带宽标准

标准	速度
T1	1.544 Mbps
T3	43.232 Mbps
OC-3	155 Mbps
OC-12	622 Mbps
OC-48	2.5 Gbps
OC-192	10 Gbps
OC-768	40 Gbps

说明：OC 是 Optical Carrier 的缩写，用来表示光纤网络相对于同步光纤网（SONET）标准的传输速度。SONET（Synchronous Optical Network）包含一整套在光纤中传递数字信号的传输率，基本的光导传输率（OC-1）是 51.84 Mbps。

3.3.5 最后一英里：移动互联网接入

光纤网络完成互联网的长途、大容量通信，对高速宽带进入家庭和小企业的过程将起到很大的推动作用。另外，Internet2 和 GENI 项目致力于在未来 20 年将接入家庭的网络带宽提至 Gb 级乃至 Tb 级。但是除光纤技术之外，互联网领域最重要的发展当属移动无线网络接入的出现。

无线网络与互联网接入的最后一英里密切相关。不论他们身在何处，它将网络接入用户的家庭、办公室、汽车、手机或平板电脑。直到 2000 年，接入互联网的最后这段距离，除了利用小卫星，就是利用某些陆地线缆：同轴铜线、电视电缆或者另一些场景中的电话线、接入办公室的光纤。而如今，高速移动手机网络和 WiFi 网络热点将极大地改变这最后一英里的布局。

今天，台式电脑的销量已经被具有内置无线网络功能的智能手机、平板电脑和方便随身携带的笔记本电脑远远甩开。显然，如今的互联网大部分是移动的，无障碍的无线宽带服务用于提供视频、音乐和网络搜索。eMarketer 的数据显示，2016 年在美国已经有 2.1 亿移动网络用户（占据总人口的 65％），就世界范围来说移动网络用户已达 25 亿（eMarketer, Inc., 2016f）。

3.3.6 基于手机和基于计算机的无线网络接入

无线网络接入有两种不同的基本形式：基于手机的网络接入和基于计算机的网络接入。

基于手机的无线网络接入将用户连接到全球手机系统（陆地、卫星、微波），这个系统具有很长的历史，可以同时处理成千上万的用户的需求，并且拥有大规模的交易结算系统和相关的基础设施。移动电话和手机行业是目前无线网络接入的最大服务提供商。2016 年，预计全球将售出 15 亿部手机（Gartner, Inc., 2016b）。智能手机兼具移动电话和内置 WiFi 的笔记本电脑的功能。也就是说，音乐、视频、网络接入以及电话服务等一系列功能都集于智能手机一身。另外，平板电脑同样可以接入数据网络。表 3 - 12 总结了无线网络蓬勃发展的背景之下各种在用的通信技术。5G 无线网络将成为前沿课题。虽然在近几年内不太可能会发布官方标准，但远程通信公司最早将在 2017 年推行贴有 5G 标签的新技术。

表 3-12　基于手机网络的无线网络接入

技术	速度	说明	运营商
3G（第三代通信技术）			
CDMA 2000 EV-DO HSPA（W-CDMA）	144 Kbps～2 Mbps	高速、移动，通常用来传送电子邮件、浏览和即时通信。补充的技术包括 CDMA 2000 EV-DO（CDMA 供应商使用）和 HSPA（GSM 供应商使用）。与 WiFi 速度相当	Verizon、Sprint、AT&T、T-Mobile、Vodafone
3.5G（3G＋）			
CDMA 2000 EV-DO，Rev. B	高达 14.4 Mbps	CDMA 2000 EV-DO 增强版	Verizon、Sprint
HSPA＋	高达 11 Mbps	HSPA 增强版	AT&T、T-Mobile
4G（第四代通信技术）			
长期演进技术（LTE）	高达 100 Mbps	真正的手机宽带；相较前代产品延迟率更低	AT&T、Verizon、Sprint、T-Mobile（2013 年）
5G（第五代通信技术）			
尚处于开发阶段的技术标准；预计将于 2020 年推出	高达 10 Gbps	有希望实现 1～10 Gbps 的高速连接；使自动驾驶、增强现实、虚拟现实以及拟真/触觉互联网服务不再遥不可及	爱立信、SK、Telecom、华为、三星、NTT、DoCoMo、Verizon、各国政府

基于无线局域网（WLAN）的网络接入源于背景完全不同的电话无线网络接入。WLAN（常被称作 WiFi）基于计算机局域网，将客户机（一般是静止的）与几百米外的服务器连接起来。WLAN 通过发送无线电信号来工作，采用特定频率的无线电波（范围是 2.4～5.875 GHz，这取决于所需的标准）来进行信号传输。它的核心技术是各种版本的 WiFi 标准、WiMax 和蓝牙（见表 3-13）。

表 3-13　无线互联网接入技术

技术	范围/速度	说明	运营商
WiFi（IEEE 802.11a-802.11n）	300 英尺/11～70 Mbps	具有较高的速度、固定带宽的无线局域网，主要为商业和居民用户服务	Linksys、思科和其他 WiFi 路由器制造商；企业网络开发商
802.11ac	500 Mbps～1 Gbps		
802.11ad	小于 10 米/高达 7 Gbps		
WiMAX（IEEE 802.16）	30 英里/50～70 Mbps	高速，中等覆盖范围，无线宽带城域网	Clearwire、Sprint、富士、英特尔、阿尔卡特、Proxim
蓝牙（无线个人区域网络）	1～30 米/1～3 Mbps	一般的网速，低能耗，短距离连接数字设备	索尼爱立信、诺基亚、苹果、惠普和其他设备制造商

在 WiFi 网络中，无线网络接入点（也称为热点）通过宽频连接（电缆、数字用户专线电话或者 T1 专线）直接接入互联网，然后将无线电信号传输给接收器或者传输器，这些传输器和接收器安装在平板电脑、笔记本电脑或智能手机中。图 3-14 说明了 WiFi 网络是如何工作的。

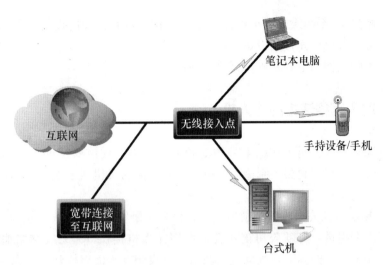

图 3 - 14　WiFi 网络

说明：在 WiFi 网络中，无线接入点通过宽带连接至互联网。客户端可以是台式机、笔记本电脑、平板电脑或手机等设备，这些设备通过无线信号与接入点连接。

在 802.11 a/b/g/n 标准下工作的 WiFi 拥有 11 Mbps～7 Gbps 的高带宽，比任何 3G 和 4G 服务网络的带宽都高，但是这样的带宽只局限于 300 米的范围内，当然 WiMax 是个例外，这将在下面介绍。WiFi 也特别便宜。在一座 14 层的企业大楼中建立 WiFi 网络，如果每个楼层设立一个接入点，每个接入点的安装成本不超过 100 美元。而在同样的楼层中铺设以太网的电缆，价格则要超过 50 万美元。IEEE 802.11ac 是 802.11 规范的一个版本，于 2013 年 12 月通过，可提供 500 Mbps 至 1 Gbps 以上的有效传输速率。最新的标准——IEEE 802.11ad 理论上的最大传输速率高达 7 Gbps。第一台遵从 802.11ad 规范的设备在 2016 年初投入使用。IEEE 802.11 工作小组正在研究的下一代 WiFi 标准包括 802.11ay 和 802.11ax。802.11ay 涉及 60 GHz 的无线业务，将有能力提供高达 20 Gbps 的传输速率。802.11ax 旨在提供高效的 WLAN，可应用于体育场和其他同时访问人数多的场景。另外，为物联网开发的下一代 802.11ah 标准也正在开发（Weiss, 2015；Hsu, 2015）。

虽然当初这只是一种草根、"嬉皮士和黑客"的公共访问技术，但是为了创造盈利性强的无线网络，私人企业投入了数十亿美元。现在最出众的网络是由 Boingo 无线网络公司建立的，在全球拥有超过 100 万个接入点。Optimum WiFi（对 Optimum 的在线用户免费开放）在全球也拥有超过 150 万个热点。AT&T 的 WiFi 服务（前身是 Wayport）同样建立了另一个较大的网络，在美国有千余个接入点，为宾馆、机场、麦当劳、IHOP 餐厅和赫兹公司的机场租车点提供 WiFi 服务。此外，T-Mobile 和 Sprint 在星巴克咖啡店等成千上万的公共场所建立了国家范围内的 WiFi 服务网络。苹果公司也相应地在 iPhone 和 iPad 中嵌入 WiFi 接入服务，用以替代价格相对较高且速度更慢的 3G 和 4G 数据服务。2015 年，使用 WiFi 产生的移动网络流量首次超越了蜂窝数据系统（51%）。预计到 2019 年，WiFi 将承载互联网总流量的 50% 以上（Cisco, 2016）。

第二种帮助设备接入互联网和实现设备之间通信连接的 WLAN 技术称为蓝牙。**蓝牙**（Bluetooth）是一种个人的连接技术，用户通过它可以在笔记本电脑、手机、PDA 与网络之间建立连接（Bluetooth. com, 2010）。蓝牙技术是通用电缆的终结者，有望取代长期困扰计算机用户的乱糟糟的电线、支架和一些特殊的附件。通过蓝牙技术，用户只要戴上耳麦就可以在路上和会议室里共享文件，不再需要数据线就可以实现手机和笔记本电脑之间的数据同步，还可以直接将文件发送给打印机，使用内置蓝牙的现金出纳机甚至可以在餐桌上完成用餐付款。蓝牙也是一种未受限制的媒体，工作频域是 2.4 GHz，但是其传输的距离只有 30 英尺左右。它使用跳频信号，每秒钟　1 600

次跳跃，超过 79 个频次，这可以使它免受干扰。带有蓝牙的设备，包括手机和便携电脑，会不断地检测环境寻找可以连接的设备。目前，几乎所有的移动设备都可以使用蓝牙。在不久的将来，蓝牙有望作为物联网的平台基础占据重要地位。

3.3.7　用于网络连接的无人机

谷歌和脸书等公司正在探索一种新的方法，为有线或蜂窝网络服务较差的地区提供互联网接入。两家公司最近都购买了制造无人机（无人操控的飞机或卫星）的公司，这些无人机也许可用于将偏远地区的用户接入互联网。

2014 年，谷歌公司收购了泰坦航空，该公司研发的太阳能无人机可以在 6.5 万英尺的高空连续飞行数年。据报道，谷歌公司正在尝试使用无人机提供 5G 无线网络服务，同时也正对潜鸟计划（Project Loon）中的高空热气球进行测试。它设想在平流层搭建一个盘旋的气球网络，用以提供稳定的 WiFi 连接。2014 年，它升空了一个提供互联网接入的热气球，该热气球在天空中飞行了 22 天，甚至为其街景项目拍摄了照片。随后，在 2015 年，斯里兰卡政府宣布斯里兰卡将是第一个试行潜鸟计划，并用它提供互联网连接的国家。据报道，2016 年 8 月谷歌公司正在筹备将潜鸟计划商用化。

类似地，脸书也成立了联网实验室（Connectivity Lab），专注于研究由太阳能驱动的无人机、卫星和能够提供互联网接入的红外线激光器。脸书还收购了英国公司 Ascenta，这家公司的创始人参与发明了世界上飞行时间最长的太阳能无人机。2016 年，脸书试飞了自己的第一架提供互联网接入的太阳能无人机——Aquila。Aquila 采用碳纤维材质，翼展比肩波音 737，却比小汽车轻，预计能在 6 万～9 万英尺的高空飞行长达 3 个月之久。据报道，Aquila 使用的激光通信系统可在高空发送数据。

3.3.8　未来的互联网

互联网增加的带宽和通达的无线接入不仅可以使用户享受到更快的网络访问和更丰富的通信内容，还可以为用户带来更多方便。光纤网络助力的"第一英里传输"提高了互联网传输的可靠性和质量，同时孕育了新的商务模式和契机。此外，延迟解决方案、服务水平保证、误码率降低和收费下降等都受惠于网络技术的不断改进。无所不在的无线互联网接入也将使在线购物的市场规模成倍扩大，因为消费者可以随时随地购买和付款。这好比美国购物场所的面积增加至原来的 2 倍。我们将在后续部分更详细地探讨这些发展所带来的好处。

延迟解决方案

我们已经知道，包交换技术的基本原理就是将数据打包之后分别发送，最后在目的地进行重组。然而，包交换技术的一个重大缺陷在于传输时不区分数据包的优先级别，对视频数据这样的高优先级数据包和普通电子邮件这样的低优先级数据包一视同仁。由于数据包无法在客户端同时重组，可能造成音频、视频内容严重失真。

差别化质量服务（differentiated quality of service，diffserve）这一全新技术可以根据传送数据的不同类型赋予数据包不同的优先级。例如，这一技术可使几乎需要瞬时抵达的视频会议数据得到比电子邮件信息更高的传输优先级。这样，视频、音频的服务质量会有明显提升，不再受到网络拥堵的困扰。但是差别化质量服务争议不断，因为它意味着一些用户将比其他用户获得更大的带宽，也可能不得不为高带宽支付更高的费用。

服务水平保证和误码率降低

目前，互联网运营商还无法通过有效方式确保网络服务的质量水平，用户即使花钱也无法获得数据稳定传输的服务承诺。互联网只能承诺"尽力服务"。因此，互联网到目前为止还是非常民主的——对所有用户都不偏不倚。但是，随着第二代互联网的出现，用户付费获得高质量数据传输服务将成为现实。

收费下降

随着互联网的不断升级，宽带服务将在大城市以外的广大地区全面普及，从而显著降低网络连接费用。随着新产品和新技术在大众市场的深入推广，用户数量的增加同时也意味着使用成本的降低。用户越多，接入设备、客户端和相关服务的降价空间也越大。因此，人们普遍预期宽带和无线服务的收费会随着服务应用范围的扩大而不断下降。当然，运营商之间的激烈竞争也是导致费用下调的一个主要原因。

物联网

物联网（Internet of Things，IoT）是未来互联网不可或缺的一部分。物联网有时也称为工业互联网。互联网技术正超越台式机、笔记本电脑、平板电脑以及智能手机的范畴，延伸和扩展到了消费者的电子设备、家用电器、汽车、医疗设备、公用系统、各种类型的机器，甚至还有衣物。任何可以配备传感器用以收集数据并可以连接到互联网的设备都属于这一范畴，由它们收集的数据能够使用数据分析软件加以分析。

物联网以现有技术为基础，如射频识别（RFID）标签、低成本的传感器的规模化生产、数据存储价格的下降、可处理数万亿量级数据的大数据分析软件以及 IPv6 的实现（使所有这些新设备都可拥有独立的 IP 地址）使物联网成为现实。虽然物联网中的很多设备不一定是无线的，但大多数还是使用了之前提到的无线通信技术，如蜂窝网络、WiFi、蓝牙或其他无线协议（如 ZigBee 或 Z-wave），可以直接或通过移动应用程序接入互联网（通常是云服务）。

物联网技术正在推动"智能"连接"物品"的发展，包括电视、房屋、汽车以及可穿戴产品（类似 Apple Watch 的服装和设备）。如今，可接入互联网并运行应用程序的智能电视已十分普遍，在美国，超过一半（52%）的互联网家庭至少拥有一台互联网电视（NPD Group Inc，2016）。2014 年，受谷歌公司斥资 32 亿美元收购 Nest Labs 影响，智能家居赚足了眼球。Nest Labs 生产智能温控器、家庭安全摄像头、烟雾和一氧化碳报警器。2015 年，Nest Labs 向外界宣称它正在研发一项被称为 Nest Weave 的协议，该协议用于支持恒温器、门锁以及其他 Nest 产品之间的相互通信，并对第三方开发商和制造商开放。2014 年，苹果公司也发布了智能家居平台——HomeKit。HomeKit 是一个框架和网络协议，用于控制家中的智能设备，这些设备通常配备了 iOS 软件，并可与 Siri（苹果的智能声控助理）配合使用。到 2016 年，为 HomeKit 量身定制的设备不断涌现，如智能恒温器、智能门、家用传感器（提供温度、湿度和空气质量等数据）以及 iDevices 开关（方便用户使用 Siri 打开或关闭设备）。许多有线公司，如 Time Warner Cable、Comcast 和 AT&T 提供了智能家居系统，包括智能家电和电灯。总而言之，智能家居产品的全球市场规模预计将从 2015 年的大约 470 亿美元增长到 2022 年的 1 200 亿美元以上（Research and Markets，2016）。

正如章首案例介绍的那样，苹果公司于 2014 年 9 月推出了 Apple Watch。Apple Watch 中的健身/活动监测器与 Fitbit，Nike+，FuelBand 和 Jawbone Up 等产品所提供的类似，可以访问各种应用程序，并且支持 Apple Pay 功能（苹果公司的移动支付服务）。其他许多制造商，如三星、LG、摩托罗拉和 Swatch 也推出了智能手表。到 2021 年，可穿戴式计算市场的规模预计将增长至 1 700 亿美元。

内置互联网接入设备的联网汽车也越发成熟（见第 2 章"技术透视"专栏）。在这个领域，谷歌和苹果公司也是主要研发力量。2014 年，谷歌与一些领先的汽车制造商和技术公司宣布成立开放汽车联盟，该联盟的主要任务是将安卓平台嵌入汽车。紧接着，苹果公司发布了 CarPlay，并将其定位为一款同步 iPhone 与汽车信息系统的软件平台。2015 年开始，携带 Android Auto 和 CarPlay 的车型陆续上线，这些车型也在 2016 年变得更加普及。未来，联网汽车可能会与智能家居相结合。另外，iControl（Comcast、Time Warner、ADT 的智能家居产品的核心软件）也宣布和联网汽车服务提供商 Zubie 进行合作。关于联网汽车的下一个前沿课题是自动驾驶汽车，该领域结合了物联网和人工智能技术。许多互联网技术公司，从谷歌、百度、优步和英特尔等巨头，到 Drive.ai 和 Mobileye 等初创公司，纷纷寻求与特斯拉、宝马、沃尔沃、通用和福特等汽车厂商进行合作，这些汽车制造商的目标是在 2019 年之前推出自动驾驶汽车。

然而，尽管物联网的相关研究进行得如火如荼，不同品牌产品之间的协作性仍然是一个主要问题。与许多处于早期发展阶段的技术一样，许多组织正在努力制定市场参与者需要共同遵循的相关标准。高通在 2013 年与包括微软和思科在内的其他 50 家公司共同组建的 AllSeen 联盟是一个致力于创建开源标准的组织。自该联盟成立以来，成员数量激增，2016 年超过 200 个。由于对 AllSeen 联盟所做的贡献并不认可，Broadcom、戴尔等公司在 2014 年组建了 Open Connectivity Foundation（Open Interconnect Consortium 的前身），目前其成员也已激增至 200 个以上。AT&T、思科、通用电气、IBM 和英特尔也组建了行业网络联盟，专注于制定工业资产的工程标准。此外，Wolfram 设备连接项目旨在开发一个物联网设备的数据库，目前已囊括 3 000 多种产品的数据。与其他许多类型的互联网技术一样，拥有安卓操作系统的谷歌公司和拥有 AirPlay 无线流媒体协议的苹果公司可能正在尝试创建自己的标准。

除了协作性，还存在安全和隐私等问题。安全专家认为，物联网设备在安全性上会引发一场灾难：恶意软件可能会通过互联的设备传播，由于向这些设备发布补丁存在困难，它们在攻击面前会显得十分脆弱（Internet Society，2015）。来自独立智能设备的数据可以显示关于消费者生活的许多个人细节，如果这些设备最终相互关联，那也没什么隐私可言了。

虽然实现物联网的长路上困难重重，但胜利已经在望。专家估计，截至 2016 年，世界范围内已有约 64 亿～90 亿台物联网设备（不包括智能手机、平板电脑或台式电脑），有人预计到 2025 年这一数字将会是 1 000 亿，而它们带来的全球经济增长将超过 11 万亿美元（Nordstrom，2016；Internet Society，2015）。

3.4 万维网

离开万维网，电子商务就无从谈起。万维网的出现使得为数百万非专业计算机用户提供服务的数字应用实现了爆发式增长。现在，任何人都可以轻松享受万维网中丰富多彩的文字、网页、图片、动画、电影和音乐。总之，面向非专业计算机用户的电子商务所需的几乎所有表现方式，万维网都可以胜任。

当互联网在 20 世纪 60 年代起步之时，万维网尚未出现。直到 1989—1991 年期间，欧洲核子研究中心（即大家熟知的 CERN）的蒂姆·伯纳斯-李（Tim Berners-Lee）博士才最终将万维网变成现实（Berners-Lee et al.，1994）。几位早期的作者——如范内瓦·布什（Vannevar Bush）（于

1945 年）和特德·纳尔逊（Ted Nelson）（在 20 世纪 60 年代）——很早就提出了通过一组互相链接的页面来组织信息并让用户自由浏览的设想（Bush，1945；Ziff Davis Publishing，1998）。伯纳斯-李和 CERN 的同事就是基于这样的设想开发出了最初版本的 HTML 语言、HTTP 协议、网络服务器和浏览器，它们是万维网的四个重要基石。

最初，伯纳斯-李只是编写了一个计算机程序，以使自己计算机中存放的经过格式化的页面可以通过关键字（超链接）相互链接。这样，只需点击文档中的关键字，就能立即转向另一个文档。这些页面使用经过改进的标准通用标记语言（Standard Generalized Markup Language，SGML）创建。

伯纳斯-李把自己使用的文本标记语言称作超文本标记语言，即 HTML。随后，他产生了将 HTML 页面存放在互联网中的想法。这样，远程客户端可以使用 HTTP 协议（我们在 3.1 节中已经讨论过 HTTP 协议，后面还会详述）访问这些页面。但是，这些最早出现的网页只能显示黑白文本，页面中的超链接使用方括号进行标注。因此，万维网起初只能支持纯文本服务，最初的网络浏览器也只能提供命令行界面。

这种局面一直持续到 1993 年。这一年，马克·安德烈森（Marc Andreessen）和美国国家超级计算应用中心（NCSA）（设于伊利诺伊大学）的工作人员共同发明了具备图形用户界面（GUI）的网络浏览器 Mosaic。Mosaic 可以输出各种图像元素，如彩色背景、图片甚至简单动画，并且与 Macintosh、Windows 以及 UNIX 等所有基于图形界面的操作系统兼容。Mosaic 浏览器以 HTML 文件为输入，以图形界面的形式将解析后的结果在操作系统（Windows、Macintosh）中呈现出来。当然，这里的操作系统必须具备图形用户界面。从此，HTML 语言彻底从黑白文本中解放出来，全世界任何一位使用个人电脑和鼠标的用户都可以浏览网页内容。

Mosaic 不仅让网页变得多姿多彩，让全世界的用户都能随意浏览，还使得独立于操作系统的跨平台共享文件、信息、图像、音频、视频以及其他内容的**通用计算**（universal computing）成为可能。开发人员可以为所有主流操作系统量身定制浏览器软件，因此专为某个系统，如 Windows 系统设计的网页也能在苹果电脑或 UNIX 主机中完整再现。只要每个操作系统都有 Mosaic 浏览器，相同的网页就可以在不同类型的计算机和操作系统上显示。这样，无论用户身处何地，使用什么样的电脑，都可以浏览到相同的网页内容。从此，浏览器和万维网将我们带入了一个全新的通用计算和信息共享的网络世界，而这在 1993 年以前是根本无法想象的。

1994 年，安德烈森和吉姆·克拉克（Jim Clark）共同创立了网景公司，并推出了第一款商用浏览器 Netscape Navigator。虽然当时 Mosaic 依旧推行免费策略，但网景公司最初还是决定对 Netscape Navigator 收费。1995 年 8 月，微软公司正式发布了其独立开发的浏览器——Internet Explorer。此后，网景公司便一蹶不振，市场份额从当初的 100% 锐减到 2009 年的不足 0.5%。网景公司的失败教训非常值得电子商务企业引以为戒：在网络经济时代，技术创新者往往不是最后的赢家，而精明的后来者常常能够在长期竞争中最终胜出。如今，Netscape Navigator 的大部分源代码都被重用在 Mozilla 开发的火狐浏览器中，Mozilla 是一个由谷歌公司提供大量资金的非营利组织。

3.4.1　超文本

我们之所以能够通过互联网浏览网页，就是因为网络浏览器能够使用 HTTP 协议将网络服务器中存放的页面内容下载至我们的电脑。**超文本**（Hypertext）是通过嵌入的超链接，将不同文档与其他资源组织在一起的方式。这里的其他资源包括音频、视频或动画文件等内容。如果用户点击一张图片就能欣赏电影，那么用户实际上点击的是一个指向该电影片段的超链接。而当用户在浏览器中输入网址，如 http://www. sec. gov 时，浏览器就会向 sec.gov 网域的服务器发出 HTTP 请求，请求下载 sec. gov 的主页内容。

众所周知，HTTP 是所有网址的起始字段，之后才是网络域名。域名用于指定某一专门存放网页的服务器。目前，绝大多数企业都已拥有与企业名称相同或相近的域名。目录路径和网页名称则是网址中另外两个非常重要的信息，它们可以帮助浏览器定位到所需的具体页面。域名、目录路径和网页名称组合在一起，就形成了一个完整的网络地址，也叫统一资源定位器（URL）。当用户在浏览器的地址栏中输入 URL 之后，浏览器就能获得网页地址的详细信息。例如，在 http://www. megacorp. com/content/features/082602. html 这样一个 URL 中，http 表示显示网页所使用的协议名称；www. megacorp. com 表示网域的域名；content/features 表示域中存放网页的服务器的一个具体目录路径；082602. html 表示所请求的文档名称与文档格式（html 表示请求HTML 页面）。

表 3-14 列举了目前最常用且已经获得 ICANN 正式认可的域扩展名（称为通用顶级域名，或gTLD）。此外，各个国家同样也有自己的专有的顶级域名，如. uk，. au 和. fr（英国、澳大利亚和法国）。这些有时也被称为国家顶级域名或 ccTLD。2008 年，ICANN 批准了大量扩展的通用顶级域名，有一些具有代表性的城市（如. berlin）、地区（. africa）、民族（. eus）、行业/活动（. health），甚至有一些品牌（如. deloitte）。2009 年，ICANN 开始实施这些扩展。2011 年，ICANN 取消了几乎所有的域名限制，从而大大扩展了可用域名的数量。截至 2016 年 8 月，全社会申请、获得并发布了超过 1 150 个 gTLD。新 gTLD 支持多种语言或字符（包括阿拉伯语、汉语、日语和俄语），并包含地理名称（如. nyc，. london 和. paris）、业务标识符（如. restaurant，. realtor，. technology 和. lawyer）、品牌名称（如. bmw 和. suzuki）和大量其他的描述性名称。

表 3-14　顶级域名

通用顶级域名	推出年份	用途	赞助商/运营商
. com	20 世纪 80 年代	无限制（仅供商业注册用户）	威瑞信（VeriSign）
. edu	20 世纪 80 年代	美国教育机构	Educause
. gov	20 世纪 80 年代	美国政府	美国联邦服务总局
. mil	20 世纪 80 年代	美国军队	美国国防部网络信息中心
. net	20 世纪 80 年代	无限制（原先只服务于网络供应商）	威瑞信
. org	20 世纪 80 年代	无限制（为不适用其他域名的组织使用）	公益域名注册机构（在 2002 年 12 月 31 日之前由威瑞信运营）
. int	1998 年	根据政府间的国际条约建立的组织机构	互联网地址分配机构（IANA）
. aero	2001 年	航空公司	国际电信航空协会（SITA）
. biz	2001 年	商业用途	NeuLevel
. coop	2001 年	合作社	DotCooperation LLC
. info	2001 年	无限制	Afilias LLC
. museum	2001 年	博物馆	博物馆域名协会（MuseDoma）
. name	2001 年	个人用途	全球命名注册有限公司
. pro	2002 年	会计、律师、医生等专业人士	RegistryPro 有限公司
. jobs	2005 年	求职	Employ Media LLC

续表

通用顶级域名	推出年份	用途	赞助商/运营商
. travel	2005 年	旅行机构	Triallance Corporation
. mobi	2005 年	特别为手机建立的网页	mTLD 顶级域名有限公司
. cat	2005 年	推广加泰罗尼亚语言和文化的个人组织和公司	Fundació puntCAT
. asia	2006 年	专为亚洲企业和个人设计的局部域名	DotAsia 组织
. tel	2006 年	电话号码和其他联系信息	ICM Registry
. xxx	2010 年	色情内容的新的顶级域名	尚未批准

资料来源：Based on data from ICANN，2011b.

3.4.2 标记语言

虽然大家都对网页的标准格式化语言 HTML 耳熟能详，但是很少有人知道文档格式化的思想起源于 20 世纪 60 年代出现的**通用标记语言**（Generalized Markup Language，GML）。

超文本标记语言

超文本标记语言（HyperText Markup Language，HTML）也是一种通用标记语言，但更加容易使用。HTML 向网页设计者提供了一整套用于格式化网页的固定标记"标签"（见图 3 - 15）。这些标签直接嵌入在网页内容中，当浏览器发现标签后，就会对其进行解释并生成正确的页面布局。只要点击浏览器菜单中的"查看源码"选项，用户就可以查看当前网页的 HTML 源代码。在图 3 - 15 中，左边图片所显示的就是右边网页的 HTML 编码。

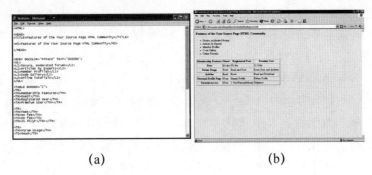

(a)　　　　　　　　　　(b)

图 3 - 15　HTML 源代码（a）和网页内容（b）实例

说明：HTML 是用于创建网页的文本标记语言，通过一整套"标签"告诉浏览器如何正确显示网页内容。图（a）中的 HTML 代码就是图（b）中网页的源代码。

资料来源：（A）Notepad, Microsoft Windows, Microsoft Corporation；（B）Internet Explorer, Microsoft Windows, Microsoft Corporation.

HTML 主要用于定义网页结构和网页样式，如标题、图片位置、表格和文本格式等。自 HTML 问世以来，主流浏览器就一直在寻求为 HTML 添加更多新的特性，以使网页设计人员能够进一步控制网页的布局细节。然而，遗憾的是，一些企业的许多改进都只能兼容自家的浏览器。因此，当企业试图建立自己的电子商务网站时，就必须特别小心，以保证所有网页都能被主流浏览器甚至是已经过时的浏览器正确显示。HTML 页面可以通过任何一种文本编辑器创建，记事本（Notepad）、写字板（Wordpad）、Word（只需在保存时选择将 Word 文档保存为网页即可）或任一专用网页编辑器，如 Microsoft Expression Web 和 Adobe Dreamweaver CC，都可帮助网页设计人员完成工作。①

HTML 的最新版本为 HTML5。HTML5 引入了一些新的特性，如视频重放和拖放功能，这在过去是由 Adobe Flash 的插件来实现的。HTML5 也被用于移动网站和移动应用程序的开发，是响应式网站设计和自适应网站传输的重要工具，所有这些都在第 4 章中得到了更充分的解释。在"技术透视"专栏中，"HTML5 的崛起"证明了 HTML5 越来越广泛。

技术透视

HTML5 的崛起

2010 年，苹果公司的创始人史蒂夫·乔布斯（Steve Jobs）以安全性差、在移动设备上性能不佳以及能耗大为由，对 Adobe Flash 发出诘难。与当时的流行趋势相反，乔布斯把 HTML5 作为在线视频的首选显示方法。时间飞逝，到 2016 年（即 HTML5 规范被 W3C（网络技术标准化机构）正式批准后两年），HTML5 早已成为名副其实的普遍标准，这也再次印证了乔布斯在预见和创造未来方面的确有超凡的能力。

HTML5 十分全面，它不仅包括视频元素，还支持使用最新版本的层叠样式表（CSS3）和 JavaScript。HTML5 中最新推出的工具 HTML5 Canvas 能与一组 JavaScript 函数协同使用以渲染简单的动画，还能有效缩短页面加载时间。HTML5 独立于设备的同时，还可以调用移动设备的内置功能（如 GPS 和滑动），使得基于网络的移动 app 可媲美原生 app。基于网络的移动 app（HTML5 app）有着与网页一样的工作原理，页面内容（包括图形、图像和视频）从服务器中载入浏览器，而不是像原生 app 那样将页面内容保留在设备上。开发出的产品能适用于所有平台是移动 app 开发者梦寐以求的，因此这个概念的受欢迎程度不言而喻。

对于企业来说，HTML5 能显著降低开发成本。与分别为 iOS、安卓、Windows Phone 以及其他平台开发对应的原生 app 相比，开发单个 HTML5 app 所需的工作量显然要少得多。HTML5 app 更易连接到社交网络且便于共享，因此对其采用病毒营销的方式尤为合适。有些 HTML5 app 甚至可以做到在移动设备上离线运行。HTML5 的普及使得 app 在不同平台上的运行差异得以消除。过去，HTML5 app 无法比肩原生 app 的平滑和快速的用户体验，但由于 HTML5 和底层技术的突破，如今的情况已大为改观。另外，Flash 只有安装后才能使用，但 HTML5 不用。

2014 年，互联网广告署（Interactive Advertising Bureau，IAB）联合大型在线出版商和广告公司，呼吁广告客户将 HTML5 作为移动广告的执行标准，以保证广告在不同的平台上运行时都显示良好。此外，IAB 在 2015 年发布的指南展示了极强的倾向性，重点强调了 HTML5 广告所具备的互动性和高效性。HTML5 取代了为台式机开发的 Flash，并成为网络上首选的媒体传播平台，因此，它的兴起也折射出移动平台蓬勃发展的态势。在此期间，Flash 也在持续不断地修补关键的安全漏洞。在线广告行业的反应是少用甚至弃用 Flash。举例来说，2016 年，脸书限定所有在其网站上发布的视频必须使用 HTML5 而不是 Flash，有关报告显示，此举能明显缩短加载所需时间、降低错误率，给用户提供更好的体验。因为 Flash 臭名昭著的安全问题，谷歌公司已阻止 Flash 广告在 Chrome 中自动播放，以此表明自己向 HTML5 转变的态度。自 2016 年起，Chrome 开始自动屏蔽任何不可见的 Flash 内容，如 Tracking Cookie，到 2016 年底，除部分仅支持 Flash 的站点，Chrome 将在所有页面"默认"使用 HTML5。谷歌公司还宣布，从 2017 年初开始，公司推出的展示广告将全部施行 HTML5 标准。

---

① 关于如何使用 HTML 的更详细讨论已超出本书范畴。

随后不久，Mozilla Firefox 就不可见的 Flash 内容发布了类似的公告，并同样宣布将于 2017 年初之前将 HTML5 作为默认标准，此举意味着市场占有量超过 80% 的网络浏览器已选择屏蔽 Flash。作为第一款对 Flash 做出限制的浏览器，苹果公司的 Safari 早已采取有关措施禁止同时兼容 Flash 和 HTML5 的网站显示 Flash 内容。Twitch 作为仍在使用 Flash 视频流的少数几个大型网站之一，也效仿 YouTube 之前的做法，宣布将从 2016 年开始逐渐转向使用 HTML5。这些广告和科技巨头的一系列举动使 Flash 的垮台和 HTML5 的崛起成了无法逆转的事实，HTML5 才是网络广告的未来。在这样的大势之下，纵使是 Adobe 公司本身，也开始建议内容创建者放弃 Flash 而使用 HTML5，并将 Flash 专业工具重新命名为 "Adobe Animate CC"，增添了对 HTML5 的支持以及将 Flash 广告转变为 HTML5 广告的功能。

HTML5 发展势头如此迅猛，甚至引起了零售商的注意。HTML5 最成功的应用案例来自在线零售商 Rakuten 公司。Rakuten 在线提供各种商品，被 *Internet Retailer* 杂志评为排名前 30 位的移动零售商。使用 HTML5 之后，Rakuten 公司不必再用 Cookies 存储客户属性，因而服务器的压力得以减轻。

Fianancial Times 的 HTML5 app 显著推动了它所开展的业务，因此这可以视作另一个成功的案例。它于 2011 年开始着手开发 HTML5 app 以替换之前使用的原生 app，部分原因是 HTML5 app 的跨平台和跨设备维护相对容易。2013 年，它对该应用进行了设计上的升级，加入更多视频和个性化功能。

Indeed 网站表示（该网站网罗了千余个网站上的海量职位信息），"HTML5" 一直是岗位信息帖中增长最快的关键字之一。许多依赖 Flash 的在线广告客户也在努力适应 HTML5 广告的出现。HTML5 广告规模更大，开发者需要分别测试它在不同平台上的表现。内容创作者和广告主也不愿意同时对两种不同格式的内容进行维护。过去，他们只需面对 Flash，因此完全摒弃过去的技术并顺应格式转换是他们不愿接受的。

然而，再美好的事物也存在缺陷，HTML5 的不足在于不支持数字版权管理（DRM）。过去，媒体公司根据用户所处的地理区域和（或）支付情况分别制定了自己的版权保护标准，且通过自己的媒体播放器予以施行。由于 HTML5 无需插件即可播放视频（或音频），且作为 W3C 的官方标准，HTML5 的收费是供应商中立的，这对 HTML5 开发人员提出了不小的挑战。HTML5 还允许网站监控访问者的剩余电量。该功能已经上线，可方便网站根据该数据提醒用户尽快为其设备充电。但是，有关报告有些过于详尽，网站甚至可以仅根据用户的电池信息，确定他之前访问了哪些网站，这给个人隐私的保护带来了巨大挑战。然而，HTML5 的安全问题在 Flash 面前不值一提，况且这一标准还处于发展的早期阶段。

资料来源："Google Nixes Flash, Embraces HTML5 in Chrome Browser," by Paul Krill, Infoworld. com, August 11, 2016; "Publishers Must Embrace Transition From Flash to HTML5 Before It's Too Late," by Brian DeFrancesco, Publishersdaily. com, August 5, 2016; "Firefox Sets Kill-Flash Schedule," by Gregg Keizer, Infoworld. com, July 22, 2016; "Twitch Begins Shift from Flash to HTML5 with Closed Beta," by Devin Coldewey, Techcrunch. com, July 14, 2016; "Safari 10 To Turn Off Flash by Default," by John Ribeiro, Infoworld. com, June 15, 2016; "As Flash Apocalypse Approaches, Here are HTML5 Rules of Thumb to Keep in Mind," by Barry Levine, Marketingland. com, May 26, 2016; "Facebook's Website Now Uses HTML5 Instead of Flash for All Videos," by Chris Welch, Theverge. com, December 18, 2015; "Why We Chose to Move to HTML5 Video," by Daniel Baulig, Code. facebook. com, December 18, 2015; "Adobe Tells Developers to Use HTML5 Instead of Flash," by Fahmida Y. Rashid, Infoworld. com, December 2, 2015; "Adobe Bows to HTML5 and Renames Its Flash Professional App," by Steve Dent, Engadget. com, December 1,2015; "Transforming the Web with HTML5," by Christina Mulligan, Sdtimes. com, October 5, 2015; "With Digital Ads Shifting to HTML5, the Industry Now Has a New Set of Guidelines," by Christopher Heine, Adweek. com, September 28, 2015; "HTML5 Looks Good in Light of Google, Facebook and IAB Moves," by Carl Weinschenk, September 22, 2015; "How Your Smartphone's Battery Life Can Be Used to Invade Your Privacy," by Alex Hern, *The Guardian*, August 4, 2015; "RIP Flash: Why HTML5 Will Finally Take Over Video and the Web This Year," by Erika Trautman, Thenextweb. com, April 19, 2014; "Financial Times: 'There Is No Drawback to Working in HTML5'," by Stuart Dredge, Theguardian. com, April 29, 2013; "Adobe's Flash Surrender Proves Steve Jobs and Apple Were Right All Along with HTML5," by Nigam Arora, *Forbes*, November, 9, 2011.

可扩展标记语言

可扩展标记语言（eXtensible Markup Language，XML）的引入使网页格式化发生了巨大飞跃。XML 是由万维网协会（W3C）制定的新一代标记语言规范，与 HTML 类似，但目的完全不同。HTML 主要用于显示网页中的数据内容，控制"网页的外观和用户浏览时的感受"，XML 则被设计用来对页面中的数据和信息进行描述。例如，考虑图 3-16 中的 XML 文档实例。其中，第一行是 XML 声明，存在于所有 XML 页面之中，说明了文档使用的 XML 版本信息。例如，在本例中，文档遵从 XML 的 1.0 版规范。第二行定义了文档中的第一个元素（即根元素）<note>，随后 4 行定义了根的 4 个子元素（to，from，heading 和 body），最后一行则说明根元素到此结束。大家可能已经注意到，XML 并没有说明如何显示这些数据，或者这些文本该如何布局。因此，XML 在使用时必须同 HTML 相互配合，由 XML 描述数据，而 HTML 负责把这些数据显示在浏览器上。

```
<?xml version="1.0"?>
<note>
<to>George</to>
<from>Carol</from>
<heading>Just a Reminder</heading>
<body>Don't forget to order the groceries from FreshDirect!</body>
</note>
```

图 3-16　XML 代码实例

说明：该 XML 文档实例中的标记，如<note><to><from>是用来描述数据和信息的，而不是网页的外观和用户浏览时的感受。

图 3-17 展示了 XML 语言如何对公司名录下的数据库记录进行定义。其中，像<Company><Name><Specialty>这样的"标签"可以随意更改，以便与某家企业或某个行业相对应。从初级的角度来看，XML 学起来特别容易，除了可以建立自己的标签外，XML 与 HTML 非常相似。更深层次地看，XML 集合了丰富的语法和软件工具，这使得 XML 成了在网页上存储和传输各类数据的理想载体。

```
<?xml version="1.0"?>
<Companies>
    <Company>
        <Name>Azimuth Interactive Inc.</Name>
        <Specialties>
            <Specialty>HTML development</Specialty>
                <Specialty>technical documentation</Specialty>
            <Specialty>ROBO Help</Specialty>
            <Country>United States</Country>
        </Specialties>
        <Location>
            <Country>United States</Country>
            <State />
            <City>Chicago</City>
        </Location>
            <Telephone>301-555-1212</Telephone>
    </Company>
    <Company>
    ...
    </Company>
    ...
</Companies>
```

图 3-17　企业名录的 XML 代码实例

说明：该 XML 文件用标记来定义公司名字数据库。

XML 是一种"可扩展的"标记语言，用户可以自行定义描述和显示数据所用的"标签"。而在 HTML 中，这些"标签"都是预先定义好的，用户不能随意更改。此外，XML 也可以为信息设定新的显示格式，如从数据库导入数据后再按照表格方式加以显示。在 XML 的帮助下，用户可以对数据进行有选择的分析和显示，而这一点也是 HTML 无法企及的。因此，企业或整个行业都可使用与万维网兼容的标记语言来描述发票、应付账款、薪资记录和财务信息。这样，所有与企业业务相关的文件都可以存放在内部网络的服务器上由所有员工共享。

　　简易信息聚合（Really Simple Syndication，RSS）是一种基于 XML 的格式，使用 RSS 订阅能够帮助用户自动通过互联网获取发送到他们计算机上的数字信息，包括文本、文章、博客和播客、音频文件。你可以在你的电脑上安装一款 RSS 应用软件，从网站和博客上收集资料，浏览网页上最新发布的信息。这些通常被称为"聚合"内容，因为这是由新的组织和其他经营者（或发布者）共同发布的。用户可以下载 RSS 阅读器，然后"订阅" RSS "源"。不论早先是通过什么样的途径订阅 RSS "源"，RSS 阅读器页面都将显示最近更新。RSS 已经从早先的"技术宅专属"快速成长为用户基础如此广泛的应用。虽然谷歌公司关停了 Google Reader 这一颇受好评的 RSS 应用，但其他主流的 RSS 阅读器，如 Feedly、Reeder 和 NewsBlur，仍不失为好的选择。

3.4.3　网络服务器与客户机

　　我们已经讨论过客户机/服务器计算架构，以及客户机/服务器计算架构所带来的种种变革。我们现在也已经知道服务器就是一台连接在网络中，专门用于存放文件、控制周边设备，与外部世界——包括互联网——进行交互，并且帮助本地网络中的其他计算机处理信息的专用电脑。

　　那么，网络服务器与此相比又有什么区别呢？**网络服务器软件**（Web server software）是指能够使一台计算机将 HTML 网页通过网络传送给向自己发出 HTTP 请求的客户端电脑的专用软件。Apache 是应用最为广泛的网络服务器软件，需以 Linux 或 Unix 为系统环境。另外，微软旗下的 IIS 也占有很大的市场份额（Netcraft，2016）。

　　除了响应客户端发出的网页请求之外，网络服务器软件还必须具备以下各种基本功能：

　　● 安全服务——主要包括各种认证服务，以确保只有授权用户才能访问网站。需要处理付费交易的网络服务器还必须支持安全套接层协议（SSL）和安全传输层协议（TLS），实现通过互联网安全地收发加密信息。当网站需要用户的姓名、电话、地址和信用卡卡号等个人信息时，对 SSL 的使用可以保证服务器和浏览器之间数据交换的安全性。

　　● 文件传输协议（FTP）——FTP 服务支持用户和服务器之间的文件交换。依据服务器设定不同的权限，用户可能无法通过一些网站上传文件至网络服务器，也有一些网站可能限制了文件的下载。

　　● 搜索引擎——与帮助用户在整个互联网中搜索特定文档的搜索网站所提供的服务类似，网络服务器软件中的搜索引擎模块可以对整个网站的页面和内容进行索引和排序，并且帮助用户使用关键字对整个站点的内容进行检索。每当执行搜索时，搜索引擎会利用包含的索引清单进行查询，而这份索引清单囊括了服务器中所有文档的信息。最终，通过搜索条件与索引记录的比较，返回结果将得以确定。

　　● 数据采集——网络服务器也可以帮助网站管理人员自动监视网站流量，记录访问网站的用户名称、用户停留时间、每次访问的日期和页面。这些信息集中保存在日志文件中，以备日后分析用。通过查看日志文件，网站管理人员就能了解网站总访问量、访问者平均停留时间以及网站中最受欢迎的网页等信息。

　　从网络服务器软件具备的种种功能可以看出，网络服务器就是指运行网络服务器软件的计算机。目前，世界领先的服务器制造商有联想、戴尔和惠普等几大企业。虽然任意一台个人电脑都可以运行网络服务器软件，但要想获得满意的网站性能，最好还是使用经过优化配置的服务器。用作服务器的计算机必须预先安装网络服务器软件且接入互联网。每台网络服务器也都拥有各自的固定 IP 地址。例如，如果在浏览器中输入 http://www. pearsonhighered. com/laudon，浏览器就会向域名叫作 pearsonhighered. com 的网络服务器发送 HTTP 请求。随后，服务器在硬盘中找到名叫"laudon"的页面，并将该页面发回浏览器。最终，浏览器将网页内容完整显示在用户的屏幕上。当然，也不排除有企业在内部互联的局域网中架设网络服务器。

除了为用户提供基本网页浏览服务的网络服务器软件，互联网中还有许多其他特殊用途的服务器，如用于在数据库中检索特定信息的**数据库服务器**（database server）、发布广告（通常为精准定位的横幅广告）的**广告服务器**（ad server）、提供邮件消息服务的**邮件服务器**（mail server），以及提供视频内容的**视频服务器**（video server）等。一般情况下，一台单处理器服务器就足以胜任小型电子商务网站的各种需求，大型企业的网站则往往需要上百台独立的多处理器服务器才能为用户提供上述各种特定功能。我们将在第 4 章详细论述电子商务网站架构的相关问题，这里不再展开。

此外，**网络客户机**（web client）是指任何接入互联网并能发送 HTTP 请求和显示 HTML 页面的计算设备。Windows 和 Macintosh 台式机是最常见的客户机，Unix 或 Linux 操作系统的计算机在普及程度上则稍逊一筹。然而，作为客户端，计算机的发展势头已远不及移动设备。总之，网络客户机可以是任何能够通过网络服务器收发信息的设备，打印机、冰箱、电炉、家庭照明系统以及汽车的驾驶面板都属于这一范畴。

3.4.4　网络浏览器

网络浏览器（web browser）是一种主要用于显示网页的软件程序。浏览器还增加了功能，如电子邮件和新闻组（一种在线讨论组或论坛）。截至 2016 年 7 月，市场上占有量最高的桌面网络浏览器是谷歌公司的 Chrome，其特点是小巧、技术先进且开源，也因此占据了大约 51% 的市场份额。Chrome 同样也是领先的移动设备浏览器，约占该市场 52% 的份额。紧随其后的桌面浏览器是微软的 Internet Explorer，市场份额大约为 30%。然而，Internet Explorer 在移动设备浏览器市场中所占的份额微乎其微，只有不到 2%。Mozilla Firefox 在桌面浏览器市场中排名第三，但只有大约 8% 的份额。另外，它在移动设备浏览器市场中的份额不到 1%。2004 年首次发布的基于 Mozilla 开源代码（最初提供 Netscape 所需代码）的火狐浏览器，是一款自由及开放源代码的网络浏览器，支持 Windows、Linux 和 Macintosh 操作系统。火狐浏览器只占据较少的存储空间，但提供顺畅的浏览体验，外加许多附加功能，如弹出窗口阻止和标签浏览。苹果公司的 Safari 浏览器只占桌面浏览器市场 4.5% 的份额，却是第二大移动设备浏览器（市场份额为 28%），这主要得益于其在 iPhone 和 iPad 上的使用（Marketshare. hitslink. com，2016a，2016b）。2015 年，微软推出了全新浏览器 Edge，该浏览器内置在新的操作系统 Windows 10 中以替代 IE 浏览器。虽然 Windows 10 广受好评，但到目前为止，鲜有消费者注意到 Edge 的存在。在所有台式机中，仅有大约 5% 安装了 Edge。

3.5　互联网与万维网：特色服务

互联网与万维网孕育了大量功能强大的网络应用，而这些应用也为电子商务的蓬勃发展奠定了坚实基础。你可以把这些看作网络服务，边阅读边将其与传统的媒介（如电视和印刷媒体）做比较，定能发现其中趣味，并很快感受到互联网环境的丰富多彩。

3.5.1　通信工具

互联网和万维网所提供的通信工具使得世界各地的人们都能互相交流，无论是"一对一"还是"一对多"。这些通信工具包括电子邮件、消息应用、在线留言板（网络论坛）、网络电话以及视频会议、视频聊天、网真技术。在接下来的部分我们将逐一进行更深入的探讨。

电子邮件

电子邮件（electronic mail，e-mail）从问世至今始终是互联网中最受欢迎的网络应用。全世界的电子邮件用户高达 26 亿，每天的发送量为 21.5 亿封。据估计，移动电子邮件的用户也已达 17 亿，也就是说约有 65％的用户通过移动设备收发邮件（Radicati Group，2016）。然而，对于垃圾邮件占比的估计则众说纷纭，从 40％～90％不等。我们将在第 6 章对电子邮件营销和垃圾邮件的有关问题再做深入的探讨。

电子邮件使用一系列专用协议将包含文本、图片、声音和视频等内容的消息，通过互联网从一个用户传递给另一个用户。电子邮件自身无与伦比的便利与快捷已经使其成为当前最流行的商务沟通方式，甚至比电话、传真和传统信件（美国邮政服务）使用更加广泛。除了邮件本身包含的文本信息，电子邮件还允许发送者在其中插入各种**附件**（attachment），如文档、图片、声音或视频片段。

消息应用

不同于电子邮件，在邮件的发送和接收之间存在一小段时间延迟，**即时通信**（instant messaging，IM）支持信息的实时发送。即时通信可以做到几乎即时地显示发送者输入电脑的文本，接收者也可用相同的方式及时回复。相比电子邮件来说，这更像一次面对面的会话。用户需在使用即时通信服务之前建立通讯录，输入短消息后，好友就可以即时地收到信息（如果好友也同时在线的话）。文本交流是即时通信最基本的交流机制，但较为先进的即时通信系统同时支持语音和视频交流。基于互联网的即时通信服务以短消息服务（SMS）和彩信服务（MMS）为主要竞争对手，但这两者的使用成本远远高于即时通信服务。主流的即时通信系统有 Skype、Yahoo Messenger、Google Hangouts 以及 AIM（AOL Instant Messenger）。即时通信系统开始是作为专有系统进行开发研究，竞争企业提供的版本之间不可相互通信。直到今天，这样的局面仍未打破。

当前广为流行的移动通信应用包括 Facebook Messenger、WhatsApp（2014 年，以 220 亿美元的价格被脸书收购）、Snapchat（用户在该应用上发送的图片、视频和文字将在预先设定的时间后消失）、Kik 和 Viber 等。它们的出现和发展给传统的桌面即时通信系统和短消息服务带来了不小的竞争压力。2016 年，有超过 1.3 亿的美国人（约占总人口的 40％）使用各种各样的移动通信应用。因此，越来越多的公司开始留意这些应用，并设法利用它们为自己的品牌做宣传（eMarketer，Inc.，2016g）。

在线留言板

在线留言板（online message board）（也被用来指代论坛、公告栏、讨论区、讨论组）是一种网页应用，主要用来为互联网用户提供相互沟通的平台，缺点是实时性较差。论坛为其用户开启（"发布"）的各种讨论（"主题"）开辟了一个空间，在论坛主授权允许的情况下，用户可以发布新的主题或对他人的帖子进行回复。大多数论坛软件都支持创建多个留言板。论坛的管理者可以编辑、删除、移动或者修改留言板中的帖子。与电子邮件列表（列表服务）不同，在线论坛需要成员通过访问论坛了解新的公告，而前者会自动向订阅者发送信息。一些论坛也提供了电子邮件提醒的功能，以便用户在其感兴趣的新帖发布时及时知晓。

网络电话

如果今天重新构建电话系统的话，它将是基于互联网使用 TCP/IP 进行包交换的网络，因为这将比现有的电话系统更便宜也更有效，现有电话系统是用数字主干进行电路交换。事实上，AT&T 已经开始在一些美国城市进行全 IP 通信网的测试工作。同样，我们也会由于这一原因选择用互联网技术来重新构建有线电视系统。

IP 电话（IP telephony）是对所有使用**互联网语音协议**（Voice over Internet Protocol，VoIP）和包交换网络，并通过互联网实现语音、传真或其他音频通信的技术的统称。VoIP 技术对传统手持电话和移动设备都适用。另外，使用 VoIP 技术使用户免于向传统的电话公司缴纳长途电话费用。

截至 2015 年，全世界约有 2.3 亿住户开通了固定 VoIP 业务，而在美国，使用这一业务的住户已超过一半。由于有线公司正逐渐将电话服务作为"三网合一"（包括语音通信、互联网接入和电视服务）的一部分捆绑销售，这一数字仍将持续地高速增长。然而，与移动 VoIP 用户数量相比，这一数字就相形见绌了。近几年，移动 VoIP 业务的用户数量呈爆发式增长。这一增长很大程度上受益于提供免费 VoIP 服务的移动通信应用市场的繁荣，其中有代表性的应用包括 Facebook Messenger、WhatsApp（也是脸书旗下产品）、Viber（为日本电子商务巨头乐天所有）、WeChat、Line、KakaoTalk 等（IHS，2016；BuddeComm，2016）。

VoIP 可以称为一种具有颠覆性的技术。过去，语音通话和传真是固话网络的主要业务，但是伴随着互联网和电话的融合，这一主导地位逐渐发生改变。渐渐地，互联网服务提供商承担了本地和长途电话公司以及有线公司的角色，而这一变化正体现了它们对电话市场的渗透。VoIP 市场的主流竞争者既包含独立的服务提供商，如 Vonage 和 Skype（现在为微软所有）这两个行业先驱，也包括大举进入市场的电话和有线公司等电话业务的传统运营商。另外，Skype 作为国际市场上的领头羊，平均每天承载 3 亿用户之间的通话，总时长逾 30 亿分钟（即每月逾 900 亿分钟）（Anurag，2016）。

视频会议、视频聊天以及网真

只要拥有宽带接入和网络摄像头，每个人都可以进行网络视频会议。使用最为广泛的视频会议套件是 WebEX（由思科拥有）。VoIP 公司（如 Skype、ooVoo）也提供了网络视频会议功能，但因其较为局限，称其为视频聊天可能更贴切。此外，苹果公司也提供一项名为 FaceTime 的视频聊天技术，用户可在配备前置摄像头的 iOS 移动设备和内置 FaceTime 相机的 Mac 电脑上使用这项技术。

网真在视频会议技术的基础上进行了拓展和改进。它不再是通过网络摄像头进行的个人会议，而是利用环绕的多媒体摄像头和屏幕营造出特殊的环境。当第一次在屏幕中与别人四目相对时，你可能会感到不可思议。而广播级甚至更高的屏幕分辨率会增强这种效果，以至于用户会有一种"与同事同处于一个房间"的感觉，这在传统的网络会议中是无法实现的。网真软件和硬件的提供商包括思科、LifeSize、BlueJeans Network 和 Polycom ATX。

3.5.2 搜索引擎

搜索引擎（search engine）能识别出与用户输入的关键字（也称为查询）大致匹配的网页，然后提供最佳匹配（搜索结果）列表。大约 85％的美国网民经常通过台式机或移动设备使用搜索引擎，他们每月在台式机上进行的查询约达 160 亿次，其中约 102 亿次使用谷歌搜索。随着越来越多的搜索行为转向移动设备，通过台式机产生的搜索量正在下降。事实上，谷歌公司在一份报告中称，2015 年，移动搜索量首次在美国和其他许多国家或地区超过台式机搜索量（eMarketer, Inc.，2016h, 2016i；Sterling, 2016）。虽然有数百种不同的搜索引擎可供选择，但绝大多数搜索结果都由位列前三的提供商提供，分别为谷歌、微软的必应和雅虎。谷歌目前拥有大约 64％的桌面搜索市场，微软的必应紧随其后，约占 22％，而雅虎占 12％。

网页搜索引擎起步于 20 世纪 90 年代，也就是在网景公司发行它的第一款商用网页浏览器之后。早期的浏览器只是一些浏览网页的简单软件程序，仅仅是访问和收集每个网页上的信息。这些早期的程序称为爬虫、蜘蛛和流浪者；第一个对网页全部内容进行索引，即支持全文搜索的爬虫是 1994 年发布的 Webcrawler。Alte Vista（1995）是首批得到广泛使用的搜索引擎之一，也是第一款允许自然语言查询的搜索引擎。也就是说，它不但支持以"历史＋网页搜索＋搜索引擎"为查询字段，也支持以"网页搜索引擎的历史"为输入。

第一款搜索引擎采用简单的关键字索引所有访问过的网页。它可以计算一个词在网页中出现的次数，并将信息存储在索引中。但是，网页设计者只要简单地在主页中重复输入关键词，搜索引擎就会出错。搜索引擎的首创构想源于国防部门的一款称为数字图书倡导的程序，该程序用来帮助国防部门在大量的数据库中搜寻学术论文。斯坦福、伯克利和其他三所大学为 20 世纪 90 年代中期的网页搜索构想提供了温床。1994 年，斯坦福大学计算机科学的两个学生——戴维·费罗（David Filo）和杨致远（Jerry Yang）为他们喜欢的网页建立了一个人工列表，并称之为"另一种正式层级化体系"，也就是雅虎。刚开始雅虎并不是一款搜索引擎，仅对搜索网站进行筛选，这些网站由编辑者觉得有价值的分类网页构成。后来，雅虎才开始建立真正的搜索引擎功能。

1998 年，拉里·佩奇（Larry Page）和谢尔盖·布林（Sergey Brin）这两个斯坦福大学计算机科学的学生发布了他们的第一版谷歌搜索引擎。该搜索引擎与众不同：除了可以索引每个网页上的关键词，佩奇还发现，Alte Vista 搜索引擎不仅可以从网站上收集关键词，而且可以计算其他网站和该网页的链接次数，通过观察每个网页的 URL，他们可以计算出关于网页受欢迎程度的索引。然而，Alte Vista 对这些信息并不做处理。佩奇抓住这一点，并将它作为判断查询结果优先级的主要依据。他为这个计算网页受欢迎程度的网页排序系统（PageRank System）申请了专利。此外，布林编写的特殊网页爬虫程序不仅可以对网页上的关键词建立索引，对词语的组合（如将作者和文章标题作为组合）也同样适用。这两个创意为谷歌搜索引擎奠定了坚实的基础（Brandt, 2004）。图 3-18（A）阐述了谷歌如何对网页建立索引。图 3-18（B）描述了谷歌如何处理一次查询。

刚开始，没有人了解如何通过搜索引擎来盈利。这种情况到 2000 年 Goto. com（Overture 的前身）接受广告公司竞标时才有所改观，中标的公司可以出现在搜索引擎的搜索结果中；谷歌通过 AdWords 项目效仿了这种做法，允许广告商通过竞标在搜索结果中插入简短的文本广告。互联网广告收益巨大的增量（在过去几年内年增长率达到 20％～25％）使得搜索引擎转变成主要的购物工具，同时也建立了一个完整的产业——"搜索引擎营销"。

当用户在谷歌、必应、雅虎或其他由这些搜索引擎提供服务的网站上输入搜索条目时，他们将收到两种类型的列表：广告商付费发布的赞助商链接（通常位于搜索结果页面的顶部）和非付费的"有机"搜索结果。另外，广告商也可以购买搜索页右边的广告栏。此外，搜索引擎把它们的服务扩展到地图、卫星图像、电脑图像、电子邮件、组日历、群会谈工具和学术文献索引。

搜索引擎主要被用来显示用户感兴趣的信息，但除此之外，搜索引擎还成了电子商务网站内部重要的工具。通过内部搜索程序，客户可以更容易地搜索他们想要的产品的信息；不同的是，在网

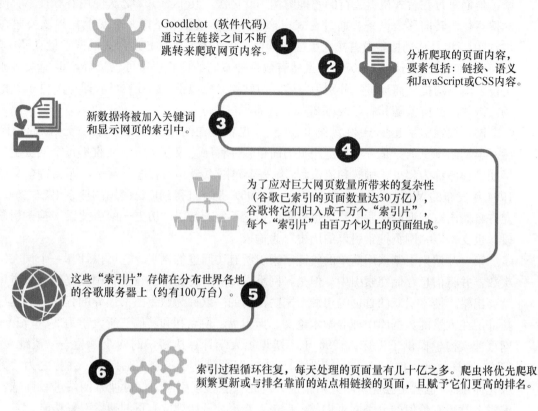

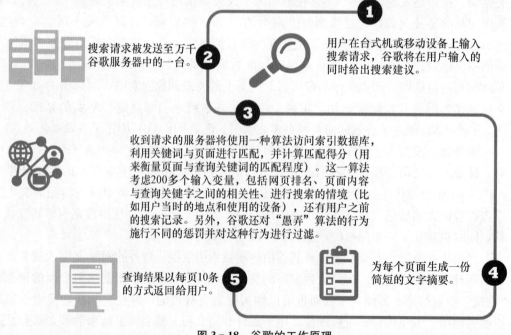

图 3-18 谷歌的工作原理

站上，搜索引擎只能从当前站点搜寻匹配项。举例来说，越来越多的购物者倾向于使用亚马逊的内部搜索引擎来搜寻产品，而因此放弃使用谷歌。谷歌的执行主席埃里克·施密特（Eric Schmidt）察觉到这一现象，因此将亚马逊搜索视作对谷歌的巨大威胁（Mangalindan，2014）。在视觉搜索领域，Pinterest 也正试图挑战谷歌的地位，对此，我们在第 1 章的章末案例已有所提及。

3.5.3　可下载流媒体

当你从网页**下载**（download）文件时，该文件将从网络服务器传输并存储到你的计算机中，供日后使用。早期互联网的低带宽连接极大地限制了音频和视频文件的下载，但随着宽带连接的迅速普及，这些文件不仅变得常见，更成了网络流量的主力军。**流媒体**（streaming media）是下载媒体的替代方案，能以多种方式将视频、音乐和其他要求高带宽的文件发送给用户，这些方式使得用户能对正在传输的文件进行播放。一些情况下，如在线网页视频，文件被分为块，并由特定的服务商以块的形式提供给用户。客户端软件将这些块组合起来进行播放。另一些情况下，用户从一台标准的网页服务器上直接下载一个大的文件，可以边下载边播放。流格式的多媒体文档必须实时处理，无法存储在客户端的硬盘中。流格式的多媒体需要软件来播放，如 Microsoft Media Player、Apple QuickTime、Adobe Flash 和 Real Player。用于创建流媒体文件的工具同样很多，包括 HTML5 和 Adobe Flash，以及一些专为移动平台（如 Meerkat 和 Periscope）优化的技术。随着互联网的发展，流媒体技术将在电子商务中占据更重要的地位。

在全球销量超过 25 亿的 iOS（iPhone、iPad 和 iPod Touch）和安卓设备的推动下，互联网已成为音乐、音频和视频文件流动的虚拟数字资源大河。苹果 iTunes 商店可能是最为用户熟知的线上的数字音乐资源库。截至 2016 年 9 月，iTunes 收录的歌曲已经超过了 4 300 万首。Google Play 也提供超过 3 500 万首歌曲，另外还有数百个其他网站提供相似的下载服务。此外，各种流媒体音乐和互联网广播服务（包括 Apple Music、Spotify、潘多拉、Amazon Prime Music、Tidal 以及众多类似的服务）提升了在线音乐传递所产生的网络流量的比重。

与此同时，播客（起源于 "iPod" 和 "广播" 的混搭）也处于普及过程中。**播客**（podcast）将音频以数字媒体文件的形式在线上存储，这些音频包括电台节目、会议音频，甚至个人录制的节目。听众可以下载文件并在其移动设备或计算机上播放。听众从网站下载文件，在自己的电脑或者播放器上播放。起初，播客似乎与"地下电台"界限不明，但在后来的发展过程中，它渐渐从一个业余的独立生产媒体转变为一个专业发布新闻和访谈内容的渠道。举例来说，American Life 制作发布的播客节目 *Serial* 已被下载超过 1.75 亿次。NPR 作为美国顶尖的播客节目提供商，其每月的观众人数将近 800 万，WNYC Studios（纽约的市内公共台）紧随其后，其每月观众达 600 万人（Podtrac, Inc., 2016）。

在线视频观看也同样受到欢迎。2016 年，每月都使用台式机或移动设备观看流式或下载的视频内容的美国用户大约有 2.15 亿（eMarketer, Inc., 2016j）。据思科公司估计，2015 年消费者产生的视频流量占所有商用互联网流量的 70%，预计到 2020 年这一比例将增长到 82%（Cisco, 2016b）。互联网现已成为观看电影、电视节目和体育赛事的主要渠道（见第 10 章）。用户可通过 YouTube 接触到另一种互联网视频。YouTube 在全球有超过 10 亿用户，他们每天观看视频内容累计时长达数亿小时，从各种用户自制的内容到主流公司发布的品牌内容、音乐视频、原创节目等。诸如 YouTube、Metacafe 和脸书等网站已经普及了用户原创视频流功能，同时，Instagram、推特、Snapchat 等应用程序也提供视频功能。

在线广告投放者使用视频吸引观众眼球的做法越发普遍，这可能是由于他们发现视频片段在展示产品用法方面收效甚好。用于网络广告和新闻故事的流媒体视频片段可能是最为常用的流媒体服务。高质量的互动视频和音频使销售演示格外真实和有效，进而可以提供形式新颖的用户支持。

3.5.4 Web 2.0 时代的特点与服务

如今的宽带网络基础设施极大地丰富了用户可获取的服务种类。这些新功能使某些新的商务模式更易实现。Web 2.0 应用和服务本质上是社交化的，因为它们支持发生在群体和社交网络中的通信交流。

在线社交网络

在线社交网络服务支持朋友、同事乃至整个行业之间的信息交流。社交网络在世界范围内的受众群体十分广泛（2016 年已达 23 亿人，几乎是世界总人口的 1/3），因而为新兴广告平台和社交电商提供了基础（见第 6 章、第 7 章、第 11 章）。最大的几个社交网站为脸书（拥有 17 亿月活跃用户）、Instagram（世界范围内的注册用户多达 5 亿）、领英（注册用户达 4.5 亿）、推特（活跃用户有 3.1 亿）以及 Pinterest（活跃用户有 1.1 亿）。这些社交网站主打原创内容（信息、图片和视频）的同时，对内容共享也十分看重。所有这些功能都要求可靠的宽带网络连接，同时需要大规模的云计算设施以存储这些内容。

博客

博客（blog）（起初也称为**网络日志**（weblog））是个人编辑的网页，主要包括一系列由博主制作的按时间顺序排列的条目（从新到旧）和指向相关网页的链接。博客可能包括的功能有 blogroll（即一系列指向其他博客的链接）和 trackback（博主可以通过此功能查询借鉴自己博文的相关条目）。大部分的博客允许访客对博文进行评论。建立博客的行为称为"blogging"。博客可以是第三方网站拥有，这类博客包括 WordPress、Tumblr、Blogger、LiveJournal、TypePad 和 Xanga。此外，着眼于长远的博主可自行下载软件（如 Movable Type），创建由 ISP 托管的博客。博客页面之间的不同点通常在于模板，而这些通常由博客服务或博客软件提供，因此用户不需要对 HTML 有所了解。也正因为此，数百万对 HTML 技术一无所知的用户也可以发布自己的网页，并与亲朋好友分享相关内容。与博客相关的网页的总和称为"博客圈"。

博客已变得广受欢迎。截至 2016 年 9 月，在 Tumblr 和 Wordpress 创建的博客共计 4 亿多个，由此我们可以推想总的博客数量远超这个数字。根据 eMarketer 的报道，美国有 2 900 万活跃的博客用户、8 100 万的博客读者（eMarketer，Inc.，2916k，2016l）。没有人知道这些博客中有多少持续更新，多少更新迟滞，也没有人知道有多少博客的读者不唯一（而不是仅有作者阅读）。事实上，博客的数量如此庞大，用户需要利用博客搜索引擎才能找到自己感兴趣的。此外，你还可以查询最受欢迎的 100 个博客，加以筛选后再做研究。

维基

维基（wiki）是一种网站应用程序，可以让用户便捷地在网页上增加和编辑内容（"wiki"一词来源于火奴鲁鲁机场的"wiki wiki"（快）穿梭的巴士）。wiki 软件可以为用户合作完成文档提供便利。大部分的 wiki 系统是开源的服务器端系统，相关内容则存储在关系型数据库中。软件提供的模板定义了所有页面通用的布局和元素，并显示用户可编辑的源代码（通常是纯文本），随后便将内容发布到 HTML 网页上以便于网络浏览器显示。一些 wiki 软件仅支持单一的基本文本模式，有一些则支持表格、图片甚至是用来与读者交互的元素，如投票和游戏。根据 wiki 开源的性质，任何人都可以修改网页，大部分的 wiki 提供"最近的更改"页面，并以此来保证更改的正确有效，这不但使 wiki 社区的成员可以监督和复查其他用户的工作、修正他们的错误，而且很大程度上防止了蓄意破坏。

最著名的 wiki 应用是维基百科（Wikipedia）——一个在线的百科全书。它包含用 294 种不同语言编写的逾 4 000 万篇文章，所涉及的主题纷繁复杂。托管维基百科的 Wikimedia Foundation 也同时托管了各种各样的相关项目，包括 Wikibooks，一系列基于合作完成的免费图书和手册；Wikinews，一个免费的新闻媒体；Wiktionary，一个以创建基于所有语言的免费词典为目标的协作项目，该词典将收录字词的字义、词源、发音、用法以及同义词。

3.5.5　虚拟现实和增强现实

2016 年，虚拟现实和增强现实技术开始进入消费者市场并引起广泛的关注。**虚拟现实**（virtual reality，VR）使用户沉浸在虚拟世界中，通常通过使用连接到耳机和其他交互设备的头戴式显示器（HMD）营造一种身临其境的感觉。需配合个人电脑或游戏系统使用的高端 VR 设备包括脸书的 Oculus Rift、HTC 的 Vive 和索尼的 PlayStation VR。三星的 Gear VR 和谷歌的 Cardboard 则是低成本入门级移动 VR 设备的代表。许多出版商都尝试开发了兼容这些低成本 VR 设备的内容。例如，《纽约时报》开发了一款 VR 移动应用程序，配合使用谷歌 Cardboard，观众就可以观看 360 度全景的 VR 电影和广告。一些分析师估计，到 2020 年全球将有 1.55 亿个 VR 用户（约 1.35 亿使用智能手机支持的 VR 设备，另外 2 000 万人则使用高端个人电脑或游戏机等设备）。**增强现实**（augmented reality，AR）通过智能手机、平板电脑或 HMD 将虚拟对象套接在现实世界中。到目前为止，AR 最引人瞩目的应用案例是任天堂的 Pokemon GO 游戏。AR 的其他应用还包括 Snapchat 的 Lenses 功能，该功能依赖面部识别技术和 3D 模型，帮助用户在自拍上叠加动画或其他图像来对其加以修饰，以及为美容和时尚品牌开发的"试过再买"应用程序（eMarketer，Inc.，2016m）。

3.5.6　智能私人助理

与计算机进行交谈、使其理解你并能够根据你的指令执行任务的想法长久以来一直是科幻小说的一部分。从 1968 年的好莱坞电影《2001：太空漫游》到苹果公司早前的一个宣传视频（该视频描绘一位教授使用他的个人数字助理安排日程、收集数据，甚至在餐厅下单），但这一切都只是幻想。根据苹果公司的宣传，其于 2011 年发布的 Siri 不仅仅是一位聪明的个人助理，更是一位"知识领航员"。Siri 具有许多科幻小说中的计算机助手才具备的功能。Siri 使用自然语言，拥有对话界面、情境意识，并且能够调用不同的网络服务来响应请求，继而完成用户口头下达的任务。例如，你可以让 Siri 帮忙在附近找到一家供应意大利美食的餐厅。Siri 可能会在此过程中展示当地餐厅的广告，当你选择完毕后，便可以吩咐 Siri 在 OpenTable 上完成预订。你也可以使用 Siri 在日程表上添加事项、搜索航班、计算从当前位置到目的地的最快公交线路。虽然 Siri 尚不能做到准确无误，但其不可思议的强大功能还是给评论家留下了深刻的印象。Siri 目前兼容 Apple Watch、iPhone 4S 及更高版本、配备 Retina 显示器的 iPad、iPad Mini 和 iPod Touch（第五代及更高版本）。

2012 年，谷歌公司发布了一款基于安卓智能手机的智能助手——Google Now。Google Now 是谷歌公司搜索移动应用的一部分。虽然 Siri 的大部分功能 Google Now 都具备，但谷歌公司仍希望它能更进一步，并尝试通过情境因素预测用户可能的需求，这些情境因素包括物理位置、时间、历史位置记录、用户日程以及过往活动所流露出的兴趣倾向，这些都在 Google Now 的专利申请书中有所提及（美国专利局，2012）。举例来说，如果你经常搜索特定音乐家或特定音乐风格的音乐，Google Now 可能会就你表现出的倾向性推荐相似的音乐。如果知道你每隔一天便会去一次健身俱乐部，Google Now 就会引导你避免在这些时间安排其他日程。如果 Google Now 知道你偏好有关健康问题的文章，它就有可能会留意谷歌新闻中类似的文章并推荐给你。2016 年谷歌发布了 Google Assistant，一款为 Allo 聊天应用开发的类似的虚拟助手，并将其集成到 Google Home 产品和全新的 Pixel 手机中。其他智能个人助理还有三星的 S Voice、LG 的 Voice Mate 和微软的 Cortana。"商务透视"专栏"人工智能、智能助理和聊天机器人"着重介绍了人工智能技术在电子商务领域日益普遍的应用。

商务透视

人工智能、智能助理和聊天机器人

过去几十年里，虽然书籍和电影中经常提及机器人和高级人工智能（AI），但在现实世界中，同类技术却远远落后于设想。然而，如今的科技巨头正在加倍努力，改进 AI 技术，以期在竞争中获得成功。我们从 R2-D2 出发仍有很长一段路要走，但 AI 终将以个性化系统、聊天机器人和智能助手的形式成为主流。

曾经的 AI 系统执行能力非常有限。要求它们执行超出它们目的的任务，或者诠释和回应有着微妙差别的人类语言是根本不可能的。甚至能够区分不同类型语言和查询的搜索引擎，也不能完全理解语境。

虽然像亚马逊这样的公司已经使用更复杂的 AI 技术来增强它们的个性化和推荐引擎，但这主要发生在幕后，客户并不能直接与此类 AI 进行交互。然而，自然语言处理技术的进步使亚马逊能够开发出振奋人心的新技术，如亚马逊 Echo 和它的基础 AI 技术，被亚马逊称为 Alexa。作为家庭助理，Echo 可以通过语音识别来执行各种任务，但作为产品仍处于初级阶段。目前，Echo 可以更新待办事项列表、调整家用电器、玩游戏和播放音乐，所有这些都由语音控制。

Echo 和 Alexa 由 AI 和其他功能驱动，这些功能很像 iPhone 的 app，而第三方开发者正争先恐后地开发。例如，作为大型零售商之一的 1-800-Flowers 开发了一项功能，该功能允许用户随时随地利用语音在任意设备上运行 Alexa，包括 Echo 和亚马逊 Fire TV。虽然有兴趣使用此功能的客户必须持有账户信息、付款信息，并且住址已注册登录，但这仍是一个重大突破。其他为 Alexa 开发功能的公司包括达美乐比萨、Capital One、福特汽车等。亚马逊希望未来人们能够询问 Alexa 他们应该买什么，并得到明智的回应。

虽然 Echo 和 Alexa 可能是 AI 和自然语言处理技术最显著的代表，但现代技术的前景依然由平台上的受众决定。零售商鼓励消费者在每个平台上与他们建立业务关系。许多平台基于文本创建，并且信息传输程序的用户预计将由 2015 年的 11.3 亿增长为 2019 年的 17.7 亿。为此，许多公司竞相推出了"聊天机器人"，一种可以通过文本与用户进行交互，并且自动执行手册上的购买流程，例如在手机上通话或导航在线菜单。

Facebook Messenger 是目前最流行的消息应用程序之一，每月活跃用户只落后于 WhatsApp。Facebook Messenger 是一款于 2015 年推出的虚拟助手程序，它可以通过文本执行各种任务，包括预订餐馆，计划旅行，帮助挑选生日礼物。Facebook Messenger 也可以在其他公司开发的第三方聊天平台上打开，包括前面提到的 1-800-Flowers 以及优步。渐渐地，越来越多的通信工具效仿，比如商务聊天程序 Slack，以及塔可钟公司开发出允许用户通过它发送简短对话预订食物的新功能 TacoBot。

似乎每一个著名的科技公司和消息平台都有一个 AI，以期主宰新兴市场。亚马逊有 Alexa；Facebook 有 M；苹果有 Siri，也许是最著名的智能助手；

谷歌有 Google Now 和 Google Assistant；微软有 Cortana。谷歌还推出了模仿 Echo 设计的 Google Home，据报道，它具有更好的会话功能以及与家用扬声器集成的能力。同样，三星发布 Otto 设备，功能类似 Echo，但缺少高清摄像头和面部识别能力。这些公司都在为即将到来的虚拟助手技术热潮做准备。分析家预计，所有类型的虚拟助手活跃用户将从 2016 年的 3.9 亿增长到 2021 年的 18 亿。

其他竞争者也争相涌出。苹果 Siri 的 AI 开发人员开发了一个名为 Viv 的新平台，其功能远远超出 Siri。Viv 可以回答比 Siri 复杂的问题，比如"后天下午 5 点以后，金门大桥附近的温度高于 70 华氏度吗？"Viv 还可以根据你的常用航班、飞行常客号码和座位偏好，无须任何指示为你订购机票，将来某天还有能力自动检测低票价。

所有技术的主要目的是促进销售。智能助手和聊天机器人也许能够了解我们作为消费者的购买意图，即使我们不确定如何寻找甚至想找什么。如果 AI 技术继续改进，并且人们信任科技，例如聊天机器人，网站和本地应用程序的重要性可能会大大降低，网页搜索也将遭受重创。这就是谷歌公司在这一领域如此活跃的原因之一，也许是察觉到对其核心业务模式的威胁。

有趣的是，微软有 8 名全职作家，负责回应用户对 Cortana 的询问。团队的目标是展示 Cortana 像人一样的多维智能——社交能力、情感、幽默和自身观点。无论哪个智能助手在这方面大获成功，都将在 AI 领域占有重要的一席之地。尽管这些技术仍然需要大量的人为指示（据报道，Facebook M 有一批客服代理人来处理棘手问题），但随着时间的推移，与 AI 直接交互终将成为我们日常生活的一部分。

资料来源："What Alexa & AI Means for the Future of Commerce," by Richard MacManus, Richardmacmanus.com, August 25, 2016；"Why Dominos' Virtual Assistant Struggles to Understand Your Orders," by Clint Boulton, Cio. com, August 24, 2016；"What Retailers Need to Know, and Expect, About Virtual Digital Technology," by Judy Motti, Retailcustomerexperience. com, August 5, 2016；"3 Ways Artificial Intelligence Is Transforming E-commerce," by Ben Rossi, Information-age. com, July 18, 2016；"These Three Virtual Assistants Point the Way to the Future," by Mike Elgan, Computerworld. com, June 8, 2016；"The Search for the Killer Bot," by Sharon Gaudin, Casey Newton, Theverge. com, June 1, 2016；"When a Robot Books Your Airline Ticket," by Jane L. Levere, *New York Times*, May 30, 2016；"Google Makes Push Into Artificial Intelligence with New Offerings," by Jack Nicas, *Wall Street Journal*, May 18, 2016；"Google Home vs. Amazon Echo: Why Home Could Win," by Andrew Gebhart, Cnet. com, May 18, 2016；"New Siri Sibling Viv May Be Next Step in A. I. Evolution," Computerworld. com, May 11, 2016；"Siri-Creator Shows Off First Public Demo of Viv, 'The Intelligent Interface for Everything,'" by Lucas Matney, Techcrunch. com, May 9, 2016；"1-800-Flowers Chats Up Amazon's Alexa," by Allison Enright, Internetretailer. com, April 26, 2016；"The Chatbots are Coming-and They Want to Help You Buy Stuff," by Sarah Halzack, *Washington Post*, April 13, 2016；"What Can Chatbots Do for Ecommerce?" by Mike O'Brien, Clickz. com, April 11, 2016；"2 Ways Artificial Intelligence Is Changing Customer Engagement," by Randy Kohl, The-future-of-commerce. com, February 18, 2016；"How Real People Help Cortana, Siri, and Other Virtual Assistants Feel Alive," by Mike Elgan, Pcworld. com, February 1, 2016；"The North Face Brings AI to Ecommerce," by Rebecca Harris, Marketingmag. ca, January 12, 2016.

3.6　移动应用：下一个大事件

当史蒂夫·乔布斯在 2007 年 1 月推出 iPhone 时，没有人（包括他自己在内）想到该设备会给消费者和商业软件带来革命性的改变，或将会成为一个主流的电子商务平台，更不用说成为一个主流游戏平台、广告平台，以及发布电视节目、电影、视频、电子书的大众媒体平台。iPhone 最初的功能不仅仅是接听电话，它还集照相机、文本信息编辑器、网络浏览器等于一身。当初的 iPhone 最匮乏的就是应用软件，以至于 iPhone 强劲的计算能力没有用武之地。2008 年 7 月，苹果推出了应用商店（App Store），为苹果公司以及独立开发者的应用软件提供了一个发售平台。当时，谷歌公司为移动设备开发的开源操作系统——安卓系统正处于开发阶段。2008 年 10 月，第一部搭载安卓系统的智能手机问世，同时谷歌公司也正式上线了安卓市场（现名为 Google Play），并将其作为安卓系统的官方应用商店。2010 年，诸如 iPad、三星 Galaxy Tab 之类的平板电脑风靡市场，同时也配备了自带的移动应用平台。

截至 2016 年 6 月，应用商店的总下载量逾 1 300 亿次，同时有超过 200 万的认证应用可供下载。Google Play 上可供安卓设备使用的 app 同样超过 200 万个。虽然安卓应用的累计下载量并不对外公开，但谷歌透露，仅在 2015 年 5 月至 2016 年 6 月期间，安卓用户产生的 app 下载量就已达到 650 亿次。

这种现象催生了一个新的数字生态系统，这个生态系统由成百上千的开发人员、一个广受欢迎的硬件平台以及数以万计的消费者组成。这些消费者正在使用移动设备来取代他们原先使用的安装了微软 Windows 操作系统的台式机或笔记本电脑。而整个生态系统就像是一个数字媒体中心。移动应用更是超越电视，成为消费者最常使用的娱乐媒介。2015 年，Flurry 的一份报告称美国消费者平均每天花在 app 上的时间长达 200 分钟，遥遥领先于观看电视的时间（168 分钟）。而就在 2014 年，电视的受欢迎程度还稳居 app 之前。越来越多的消费者选择在他们的手机或者平板电脑上使用娱乐媒介，这对开发者无疑是一大利好。

电子商务生态系统的含义是有象征意义的。你口袋中的智能手机不仅是一台普通的电脑，而且是一种消费者购物工具，也是投资者进行市场营销和宣传的新平台。早期的电子商务 app 使用的是台式机和笔记本电脑，允许用户穿着睡衣购物。智能手机将购买地点从家里扩展至办公桌旁，再到火车、飞机和汽车上。你可以穿睡衣，也可以穿着正式，这些都没有关系。无论身在何处，任何时候，你都可以购物。具体来讲，谈话、打字、看电影或听音乐的间隙都可以是购物时间。100 强品牌中，几乎所有品牌都至少在一家主流应用商店中占有一席之地，而其中超过九成有一个上架的 app。据估计，以移动设备为载体，同时主营零售产品和旅游产品（或服务）的移动电子商务将在 2016 年产生 1 800 多亿美元的资金流动，同时，移动应用的下载和应用内购买行为带来的利润预计将超过 100 亿美元（eMarketer，Inc，2016n，2016o，2016p）。

3.6.1　移动应用的开发平台

任何支持网络的移动设备都可以访问移动站点，但这样的跨平台性对 app 来讲并不适用。只能在特定移动设备的硬件和操作系统上运行的原生 app 须使用特定平台进行开发。iPhone、iPad 和其他 iOS 设备的 app 必须使用 iOS SDK（软件开发工具包）开发，且代码必须以 Objective-C 语言编写。基于安卓操作系统的 app 一般使用 Java 编写，但也不排除混用 C 或 C＋＋语言。Windows 移动设备的 app 惯用 C 或 C＋＋语言。除了使用诸如 Objective-C 或 Java 之类的编程语言开发原生 app 以外，还有数百种低成本或开源的 app 开发工具包可供选择。它们的存在使得跨平台移动应用的开发工作相对容易，成本也更加低廉。此外，开发人员还无须根据具体设备选择特定的编程语言。请参阅第 4 章的 4.6 节获取更多细节。

3.6.2　应用市场

一旦编写完成，app 便会经由相对应的市场发布。适用于安卓手机的 Android app 可通过谷歌运营的 Google Play 发布，而 iPhone app 自然会在苹果 App Store 上架。Microsoft 也为 Windows 移动设备提供了 Windows Phone Marketplace。用户也可以从类似亚马逊 Appstore 的第三方厂商处购买应用程序。我们有必要将"原生"的移动应用与网络应用区分清楚："原生"的移动应用可在移动设备上直接运行，依靠的是设备内置的操作系统；虽然网络应用同样能在移动环境中运行，但其以浏览器为运行环境。

案例研究

阿卡迈科技：供给走在需求前列

2016 年，仅 YouTube 产生的网络流量就相当于 2000 年整个互联网的总流量。由于视频流迅速普及，加之需要高带宽应用的移动设备飞速增长，互联网流量自 2010 年以来的增幅超过 500%，有预测称在 2019 年之前，互联网流量将会增长至近乎 3 倍于之前的水平（见图 3-19）。互联网视频现已成为互联网流量的主要源头，据思科公司预测，互联网视频占总流量的比例将在 2020 年达到 82%。显然，YouTube、网飞和高清视频流妨碍了互联网的高效运作，因此专家将类似的服务称为"网络炸弹"。自 2015 年以来，移动平台产生的流量增长了近 75%，这样下去，这些流量将极有可能超出手机网络和互联网的负载能力。据思科公司估算，2020 年全球互联网年流量将在 2.3Zb 左右，差不多是 2 300Eb（即 23 后面带有 19 个 0）。

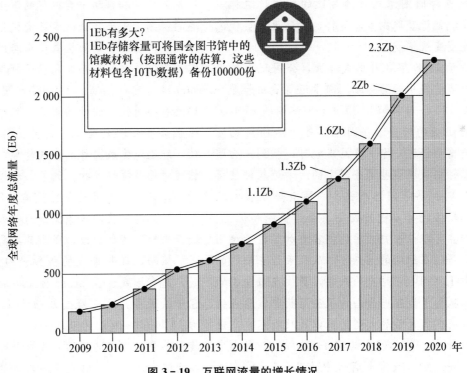

图 3-19 互联网流量的增长情况

在如今宽带网络十分普及的大环境下，网民对延迟的耐心十分有限。用户对于音频、视频质量的期望不断提升，这对任何试图提供高质量多媒体内容和高清视频的商家来说都不是个好消息。阿卡迈是帮助它们应对这一难题的主要服务商之一，顶尖网站中的绝大多数都使用了阿卡迈的服务来加速内容的呈现。平均每秒，阿卡迈会为 30Tb 的网络流量提供加速服务。

加载速度过慢的网页以及音频和视频，有时是由于设计不当，但更多的问题通常是出在互联网底层的基础设施上。互联网是一些相互传送信息的网络的集合，难免会有传输不那么顺畅的时候。在网络上传输的每个 1 500 字节的数据包都会被接收它的服务器验证，该服务器又会将"收到消息"的回复返回给发送者。这不仅延迟了诸如音乐这类内容的发送，而且延缓了交互请求，如需要客户端与在线购物车交互的支付行为。此外，在到达它的最终目的地之前，每个数据包都会路过许多不同的服务器，这使得一个从纽约传送到旧金山的数据包所需的确认次数不得不再乘上几个数量级。当今的互联网花费了太多的时间和容量来验证数据包，这导致了"时延"或者叫延时的问题。正是由于这一原因，一封带有 1Mb PDF 附件的邮件将会产生 50Mb 的网络流量，还会给服务器、客户端以及网络备份硬盘的存储能力造成压力。

阿卡迈科技由麻省理工学院的应用数学教授汤姆·莱顿（Tom Leighton）和麻省理工学院的研究生丹尼尔·卢因（Daniel Lewin）创办，他们提出了加速网络流量来克服瓶颈的构思。卢因的硕士论文是该公司理论研究的起点。他的论文研究了如何在互联网中的不同地点存储图像或视频片段的副本，这样一来，用户便能就近获取副本，这样的做法无疑会使网页的加载速度变快不少。

阿卡迈于 1998 年 8 月正式成立，公司现有的产品都以阿卡迈智能平台为基础。阿卡迈智能平台是一个由分布在 120 个国家和 1 500 多个网络内的 21.6 万多台服务器组成的云平台，因此，全世界 85% 的互联网用户只需要经过一个网络站点就可以找到一台阿卡迈服务器。搭载在这些服务器上的阿卡迈软件使得平台可以鉴别和屏蔽网络攻击，洞察全球互联网状况，同时，软件还可以进行设备层面的监测和优化。阿卡迈的产品可以让客户的网站内容更加贴近最终用户，比如，居住在纽约的用户可以从阿卡迈在纽约的服务器获取 L. L. Bean 站点的服务，居住在旧金山的用户则可以从阿卡迈在旧金山的服务器获取该站点的服务。阿卡迈拥有大量的大型企业以及政府客户：世界 500 强企业中，每 3 家中就有 1 家；前 30 家影音娱乐公司；美国前 100 家电商当中的 96 家；所有美国军方的网络；美国主要的体育联盟等都是阿卡迈的客户。2015 年阿卡迈传输了 15%～30% 的网络流量，以及进行了 3 万多亿次的日常网络交互。内容传递网络（CDN）行业的另一些竞争者还包括 Limelight Networks、Level 3 Communications 和 Mirror Image Internet。

要完成如此艰巨的任务，阿卡迈需要监控整个互联网，定位潜在卡顿的地方，并找出更迅捷的信息传播路径。客户网站中频繁访问的部分、难以很快发送给用户的大视频和音频文件都存储在阿卡迈服务器上。当用户请求音频或视频时，他的请求会被重新定向到周边的阿卡迈服务器，并由该服务器提供请求的内容。阿卡迈的服务器都部署在一级主干网提供商的网络中，如大型 ISP、高校等。阿卡迈的软件负责确定对用户来说最优的服务器，然后将"阿卡迈化"的内容通过近乎本地传输的方式传送给用户。"阿卡迈化"网站的呈现速度比未"阿卡迈化"的网站要快 4～10 倍。基于对互联网的深入理解，阿卡迈开发了另外一些商业服务，包括基于用户地理位置和邮编的精准推送、内容安全、商务智能化、灾难恢复、实时带宽支持、不受流量剧增影响的计算能力、存储、全球流量管理以及流服务。你可以通过访问阿卡迈的站点来查看可视化处理后的互联网实时动态。

云计算和移动平台掀起的滚滚浪潮，加上日渐普遍的视频流服务，让阿卡迈看到了新的机遇。随着越来越多的企业和商业模式寻求与网络融合，阿卡迈的客户群持续增长，而非局限于颇具实力的网络零售商和在线内容提供商。2014 年，阿卡迈一再游说好莱坞电影公司使用它的云服务来处理大型长片，并宣称该服务在处理大型视频文件上传和下载方面尤为高效，能迅速完成文件的格式转换，同时使用数字版权管理对影片提供保护。随着移动设备产生的流量不断增加，与电影公司的合作被看作阿卡迈的重点业务。阿卡迈已与一些云服务提供商（如微软 Azure 和亚马逊云平台）达成协议，成为其主要的内容交付平台。

然而，日渐普及的视频流技术带来的不光是机遇，更有挑战。Comcast 和亚马逊也建立了相似的内容传输服务，这无疑会给阿卡迈带来不小的竞争压力。Cloudfront 已为亚马逊创造超过 18 亿美元收入，诸如苹果、脸书这样的大客户也逐渐在内容传输方面弃用阿卡迈平台，转而使用内部的内容传输网络。在需求量上涨的情况下控制碳排放并降低能耗亦是个棘手的问题。作为应对，阿卡迈正在极力采取行动。尽管业务需求量显著上涨，但公司仍希望在 2020 年将温室气体的排放量降至 2015 年的排放水平以下。

阿卡迈早已准确感知到流量迁移所带来的网络犯罪率的上升。虽然互联网流量的增加对阿卡迈来说不失为一个利好消息，但现在它必须应对政治性的网络攻击、有组织的在线犯罪和由国家发动的网络战。阿卡迈从未停止对它旗下 Kona 网站防御工具的维护和更新，该工具内含网络防火墙，可针对 DDoS 攻击提供相应的保护。2016 年，阿卡迈针对其 Kona 网络防火墙和分析功能推出改进方案，同时也升级了网站防御工具的防火墙功能，并通过改进使其更加易用。如今，大量的业务都需以稳定的内容传输作为前提保障，这让提供安全服务的阿卡迈形势大好。2015 年，阿卡迈与顶级信息安全公司 Trustwave 就交叉销售彼此的产品或服务达成合作协议，希望借此扩大产品范围，进一步扩大业务。在增长迅速的中国市场，阿卡迈与一家云服务提供商——中国联通也达成了类似的协议。通过向中东等宽带基础设施欠发达的地区渗透，阿卡迈正在为未来的发展蓄势。2015 年，阿卡迈在迪拜设立办事处，希望在迪拜这个宽带安装率飙升的地区提高知名度。

考虑到客户对安全工具的需求与日俱增，阿卡迈于 2016 年宣布将其业务重组为两个不同的部分，其中一块专注于内容传输和媒体，另一块则专注于网站安全。阿卡迈在安全服务的投入上收效甚佳，并充分化解了日渐疲软的传输业务所带来的危机。虽然内容传输行业的竞争持续加剧，但在 2016 年，该公司的账面收益远高于分析师的估计。阿卡迈计划扩充安全工具套件的产品线，这一旨在保护员工免受网络钓鱼和恶意软件侵袭的工具最晚将于 2017 年发布。当下，互联网发展所带来的竞争和挑战不断升级，内容传输业务也因此前景黯淡，尽管如此，阿卡迈还是保持了相当不错的盈利能力。

资料来源："Facts & Figures," Akamai. com, accessed September 8, 2016; "Amazon, Comcast Content Delivery Network Push Could Hurt Akamai," by Reinhardt Krause, Investors. com, May 11, 2016; "Akamai Will Power Internet with Sun and Wind," by Nicola Peill-Moelter, Greenbiz. com, May 11, 2016; "Akamai Advances Kona Site Defender to Meet the Challenges Posed by Constantly Evolving Web Application and DDoS Threat Landscape," Akamai. com, February 29, 2016; "Akamai Shares Surge on Earnings Beat, Reorganization, Buybacks," by Wallace Witkowski, Marketwatch. com, February 9, 2016; "Google and Akamai Partner on Speeding Up Cloud Network," by Steven J. Vaughan-Nichols, Zdnet. com, November 20, 2015; "How Akamai Plans to Make a Comeback," Bloomberg. com, October 28, 2015; "Microsoft and Akamai Bring CDN to Azure Customers," by Sudheer Sirivara, Azure. microsoft. com, September 29, 2015; "Akamai Opens Dubai Office to Support Its Growing Middle East Business," Akamai. com, June 14, 2015; "Akamai, Trustwave to Promote, Sell Each Other's Security Services," by Sean Michael Kerner, Eweek. com, June 1, 2015; "Akamai and China Unicom Establish Strategic Cloud Services Partnership," Akamai. com, May 26, 2015; "Akamai Appeals to Hollywood Studios at NAB 2014," by Troy Dreier, Streamingmedia. com, April 7, 2014; "Akamai Completes Acquisition of Prolexic," Akamai. com, February 18, 2014; "You Think the Internet Is Big Now? Akamai Needs to Grow 100-Fold," by Mathew Ingram, GigaOM. com, June 20, 2012; "Akamai Eyes Acceleration Boost for Mobile Content," by Stephen Lawson, *Computerworld*, March 20, 2012; "To Cash In on Wave of Web Attacks, Akamai Launches Standalone Security Business," by Andy Greenberg, Forbes. com, February 21, 2012.

[案例思考题]

1. 为什么阿卡迈要按照地理位置的不同分散部署其服务器，以向用户传递所需要的网页内容？

2. 若你需要在互联网上发布软件，你会注册阿卡迈的服务吗？请阐述理由。

3. 你认为应该严格按照所使用的带宽流量来向网络用户收费，还是应该根据用户使用量的某一比例按级收费？

关键术语

互联网（Internet）　将众多独立网络和计算机连接在一起的世界性公众网络，用户包括企业、教育机构、政府机构和个人。

万维网（Web）　互联网中最受欢迎的服务之一，可以帮助用户实现对众多网页的访问浏览。

包交换（packet switching）　将完整的数字信息分割成"包"并沿着不同的通信线路发送，最后在目的地进行重组的数据传送方法。

包（packet）　为了便于在互联网中进行传输，数字信息需要被拆分成的若干个传输单元。

路由器（router）　连接互联网中成千上万个独立网络的专用计算机，负责为数据包寻找路径并把数据包转发至最终目的地。

路由算法（routing algorithm）　路由器为寻找数据包的最优传输路径而使用的专用计算机程序。

协议（protocol）　进行数据传输的一系列规则和

标准。

传输控制协议/网际协议（Transmission Control Protocol/Internet Protocol，TCP/IP）　互联网的核心通信协议。

传输控制协议（TCP）　用以实现在收发数据的计算机之间建立网络连接，在发送端打包数据并在接收端对包进行重组等功能的网络协议。

网际协议（IP）　用以实现互联网地址解析的网络协议。

网络接口层（Network Interface Layer）　负责将包放置在网络媒介上，或从网络中接收包。

网络层（Internet Layer）　负责数据的寻址、打包和网间路由等工作。

传输层（Transport Layer）　负责对 TCP/IP 套件中的其他协议进行通信。

应用层（Application Layer）　包含用于提供用户服务或交换数据的协议。

边界网关协议（Border Gateway Protocol）　允许在互联网上的系统之间交换路由信息。

IPv4 互联网地址（IPv4 Internet address）　由 32 位二进制数字构成的互联网地址，通常表示为 4 个独立的用句点隔开的十进制数字，如 64.49.254.91。

IPv6 互联网地址（IPv6 Internet address）　由 128 位二进制数字构成的互联网地址。

域名（domain name）　以自然语言来表述的 IP 地址。

域名系统（Domain Name System，DNS）　以自然语言来表述数字化的 IP 地址的系统。

统一资源定位器（Uniform Resource Locator，URL）　通过网络浏览器来确定网络上内容位置的地址。

客户机/服务器计算架构（client/server computing）　客户机与网络中的一台或多台服务器进行连接，以获取服务器提供的公共网络服务的计算机协同工作模式。

客户机（client）　接入网络的各种功能齐备的个人电脑。

服务器（server）　网络中专注于满足客户机在网络环境下产生的公共需求的计算机。

云计算（cloud computing）　一种基于网络，可将数据处理、内容存储、应用软件和其他服务作为虚拟资源，实现用户共享的计算模式。

公有云（public cloud）　拥有并管理大型的可伸缩的数据中心的第三方服务提供商，其中，数据中心为多个客户提供计算、数据存储和高速互联网，这些客户只需要为他们使用的资源付费。

私有云（private cloud）　仅向单个的租用者提供与公有云相似的服务。

混合云（hybrid cloud）　为用户同时提供公有云和私有云服务。

超文本传输协议（HyperText Transfer Protocol，HTTP）　负责传输网页的互联网协议。

简单邮件传输协议（Simple Mail Transfer Protocol，SMTP）　专门负责向服务器发送电子邮件的互联网协议。

邮局协议 3（Post Office Protocol 3，POP3）　客户机从服务器收取邮件时使用的网络协议。

互联网信息访问协议（Internet Message Access Protocol，IMAP）　一种更加先进的电子邮件协议，允许用户在下载邮件之前就对邮件进行检索、组织和过滤。

文件传输协议（File Transfer Protocol，FTP）　最早出现的互联网服务之一，是 TCP/IP 协议的一部分，允许用户从服务器到客户机传输文件，反之亦可。

远程登录（Telnet）　基于 TCP/IP 协议的终端模拟程序。

安全套接层协议/安全传输层协议（Secure Sockets Layer/Transport Layer Security，SSL/TLS）　保护客户机和服务器网络通信的网络协议。

网际数据包探测（Ping）　测试客户机与服务器之间连接情况的程序。

跟踪路由（Tracert）　几种常用的路由跟踪软件之一，可以帮助使用者跟踪数据从本地发送到远程计算机所通过的完整路径。

网络技术底层（Network Technology Substrate layer）　由远程通信网络和协议构成。

传输服务和表示标准层（Transport Services and Representation Standards layer）　包含 TCP/IP 协议的 Internet 架构层。

应用层（Application layer）　包含客户端应用程序的互联网架构层。

中间件服务层（Middleware Services layer）　帮助客户端应用与通信网络进行沟通的"桥梁"，可以提供加密、认证、寻址和存储等各种服务。

一级互联网服务提供商（一级 ISP）（Tier 1 Internet Service Providers，Tier 1 ISP）　拥有并控制构成主干网的主要长途光纤网络。

主干网（backbone）　在互联网中传输数据的高带宽光纤网络。

带宽（bandwidth）　网络在一定时间内传输的数据量，通常用每秒传输位数（bps）、每秒传输千位数（Kbps）、每秒传输兆位数（Mbps）或每秒传输千兆位数（Gbps）衡量。

冗余（redundancy）　网络中的重复设备和传输路径。

互联网交换点（Internet Exchange Point，IXP）　实现主干网与区域网和局域网的相互连接以及主干网之间的相互连接的网络中心。

三级互联网服务提供商（三级 ISP）（Tier 3 Internet Service Providers，Tier 3 ISP）　运作于互联网技术底层，专门向家庭用户、小型企业和一些大型机构出租互联网接入线路的企业。

窄带（narrowband）　使用 56.6 Kbps 的传统电话调制解调器接入网络。

宽带（broadband）　允许客户端以可以接受的质量在线播放音频和视频的通信技术。

数字用户线路（digital subscriber line，DSL）　利用家庭或企业的普通电话线路提供高速接入服务的网络技术。

光纤服务（fiberoptic service，FiOS）　一种速度可达 500 Mbps 商务数字用户线路。

有线网络（cable Internet）　使用有线电视技术通过家庭接收电视信号的模拟视频线缆传输数字信号。

T1　用于数字通信的国际电话标准，速度可达 1.54 Mbps。

T3　用于数字通信的国际电话标准，速度可达 43 Mbps。

卫星网络（satellite Internet）　利用卫星的高速带宽网络接入服务。

校园网/公司局域网（campus/corporate area network，CAN）　由某一组织独自管理的局域网络，通过向区域网或国内网运营商租用接入线路与互联网连接。

内部网（intranet）　运行于单一组织内部，以网络通信和信息处理为主要目的的 TCP/IP 网络。

延迟（latency）　网络中不均匀的数据包流量造成的信息滞后。

Internet2©　由 450 多个成员机构组成的先进网络联盟，共同致力于推动变革性互联网技术的开发、部署和使用。

光缆（fiber-optic cable）　由上百条玻璃纤维或塑料纤维组成，利用光线进行数据传输。

WiFi　以太网的无线标准，比蓝牙速度更快、范围更广。

蓝牙（Bluetooth）　能够实现 30 米之内的短距离无线信号传输的技术标准。

差别化质量服务（differentiated quality of service，diffserve）　可以根据传送数据的不同类型赋予数据包不同优先级别的网络技术。

物联网（Internet of Things，IoT）　利用互联网连接各种设备、机器和传感器。

Mosaic　一种网络浏览器，具备图形用户界面（GUI），并且可以输出各种图像元素。

通用计算（universal computing）　独立于操作系统，跨平台共享文件、信息、图像、音频、视频以及其他内容。

Netscape Navigator　世界上第一款商用网络浏览器。

Internet Explorer　微软公司开发的网络浏览器。

超文本（Hypertext）　一整套使用嵌入超链接格式化页面的规则标准，网页中的超链接不仅可以指向其他文档，也可以指向音频、视频或动画文件等内容。

超文本标记语言（HyperText Markup Language，HTML）　一种更易使用的通用标记语言，通过一整套用于格式化网页的固定标记"标签"对网页进行编码。

可扩展标记语言（eXtensible Markup Language，XML）　由万维网协会（W3C）开发的新一代标记语言规范，用于描述页面中的数据和信息。

简易信息聚合（Really Simple Syndication，RSS）　帮助用户自动地通过互联网获取发送到他们计算机上的数字信息，包括文本、文章、博客和播客、音频文件。

网络服务器软件（Web server software） 能使一台计算机将用 HTML 编写的万维网页面传输给在网上通过 HTTP 请求这种服务的客户端的软件。

数据库服务器（database server） 在数据库中检索特定信息的服务器。

广告服务器（ad server） 发布定制广告条的服务器。

邮件服务器（mail server） 提供邮件消息服务的服务器。

视频服务器（video server） 提供视频内容的服务器。

网络客户机（Web client） 任何接入互联网并能发送 HTTP 请求和显示 HTML 页面的计算设备，安装 Windows 操作系统的个人电脑或 Macintosh 计算机是最常见的客户机。

网络浏览器（web browser） 以显示网页为主要目的的软件。

电子邮件（electronic mail，e-mail） 互联网中最受欢迎的网络应用，使用一系列专用协议将包含文本、图片、声音和视频等内容的消息通过互联网从一个用户传递到另一个用户。

附件（attachment） 插入电子邮件中的额外文件。

即时信息（instant messaging，IM） 几乎即时地显示输入电脑的文本，接收者可以同时以相同的方式回复发送者。相比电子邮件，更像面对面的会话。

在线留言板（online message board） 一种网页应用，为互联网使用者相互沟通提供平台，但是实时性较差。

IP 电话（IP telephony） 所有使用互联网语音协议和包交换网络通过互联网实现语音或其他音频通信的技术。

互联网语音协议（Voice over Internet Protocol，VoIP） 通过互联网实现语音或其他音频通信的协议。

搜索引擎（search engine） 按照用户输入的关键字（也叫查询请求）检索网页内容，并将最匹配的结果列表返回给用户。

下载（download） 从网络服务器中传输文件并保存到电脑上以供之后使用。

流媒体（streaming media） 实现音频、视频和其他大型文件的分段传输，用户可以先接收一部分内容进行播放，同时继续下载文件的后续内容并播放。

播客（podcast） 一种音频呈现软件，如广播秀、来自电影的音频或者仅仅是个人的音频呈现，以音频文件的形式存储并发布到网站上。

博客（blog） 个人网页，由个体或企业创建，目的是与读者沟通。

维基（wiki） 一种可以让用户便捷地在网上增加和编辑网页内容的网络应用程序。

虚拟现实（virtual reality，VR） 通常通过头戴显示器（HMD）连接到耳机和其他设备，使用户完全沉浸在虚拟世界中。

增强现实（augmented reality，AR） 通过智能手机、平板电脑或 HMD 将虚拟对象覆盖到现实世界。

思考题

1. 什么是互联网的三大基本组成？
2. 什么是延迟？延迟如何干扰互联网的正常运行？
3. 解释包交换的工作原理。
4. TCP/IP 协议如何实现互联网中的信息传输？
5. 哪些技术革新实现了客户机/服务器计算架构？
6. 什么是云计算？它对互联网产生了怎样的影响？
7. 为什么说智能手机是一项颠覆性的创新？
8. 一级 ISP 在互联网的基础架构中起什么作用？
9. IXP 的作用是什么？
10. Internet2 项目的目标是什么？
11. 从整体上比较内部网和外部网的异同之处。
12. 目前，互联网的主要缺陷有哪些？
13. 管理互联网的难处何在？谁对网站中的内容拥有最终决定权？
14. 比较 WiFi 和蜂窝网络的异同。

15. 网络服务器主要负责什么？

16. 第二代互联网的技术优势主要体现在哪些方面？请对每种优势都进行详细论述。

17. 为什么浏览器的发展对万维网的普及如此重要？

18. HTML5 提供了哪些新功能？

19. 请列举出目前常见的五种网络服务。

20. 为什么说移动应用是下一个大事件？

设计题 ——■

1. 回顾有关 Apple Watch 的章首案例。自 2016 年 9 月该案例完成以来，又有了哪些新的发展？

2. 请致电本地的 ISP、有线接入运营商和 DSL 专线运营商，收集这些运营商各自的服务信息。准备一份简要报告，分别说明不同服务的特点、优势和费用。在这三者中选择一种，找出它可能存在的缺陷（如用户需要购买额外设备）。

3. 选择两个国家（美国除外），并准备一份简要报告，说明两个国家各自的互联网基础架构。这些国家的互联网由政府控制还是实行商业化运作？它们通过何种方式，在什么地点与美国的主干网进行连接？

4. 深入了解物联网，并举例说明物联网的本质和工作原理。

参考文献 ——■

Akamai Inc. "IPV6 Adoption Visualization." (August 2016a).

Akamai Inc. "HTTP/2: The Future of the Internet." (accessed August 29, 2016b).

Akamai Inc. "Akamai's State of the Internet Q1 2016 Report." (June 29, 2016c).

Anurag. "New Statistics on Skype." Geekycube.com (April 11, 2016).

Arstechnica.com. "Capitol Hill, The Internet, and Broadband: An Ars Technica Quarterly Report." (September 2010).

Berners-Lee, Tim, Robert Cailliau, Ari Luotonen, Henrik Frystyk Nielsen, and Arthur Secret. "The World Wide Web." *Communications of the ACM* (August 1994).

Bluetooth SIG, Inc. "What Is Bluetooth Technology." (Accessed August 25, 2016).

Brandt, Richard. "Net Assets: How Stanford's Computer Science Department Changed the Way We Get Information." *Stanford Magazine* (November/December 2004).

Buckley, Tom. "U.S. FTTH Deployment Rose 13 Percent in 2015, Says Council." Fiercetelecom.com (November 16, 2015).

BuddeCom. "BuddeCom Intelligence Report - VoIP and Mobile VoIP Statistics and Insights." (March 10, 2016).

Bush, Vannevar. "As We May Think." *Atlantic Monthly* (July 1945).

Cerf, V., and R. Kahn, "A Protocol for Packet Network Intercommunication." *IEEE Transactions on Communications*, Vol. COM-22, No. 5, pp 637–648 (May 1974).

Cisco. "Cisco Visual Networking Index: Global Mobile Data Traffic Forecast Update, 2015–2020." (February 3, 2016a)

Cisco. "Cisco Visual Networking Index: Forecast and Methodology, 2015–2020." (June 1, 2016).

Cox, Mark. "Dell Promises to Continue Doubling Down on PCs." Channelbuzz.ca (April 14, 2016).

Craig, Caroline. "Sorry ISPs: The FCC Finally Has the Dopes on the Ropes." Infoworld.com (June 17, 2016).

Durairajan, Ramakrishnan, Paul Barford, Joel Sommers, and Walter Willinger. "InterTubes: A Study of the US Long-haul Fiber-optic Infrastructure." SIGCOMM '15 (August 17–21, 2015).

eMarketer, Inc. "Internet Users and Penetration Worldwide, 2015–2020." (September 1, 2016a).

eMarketer, Inc. "US Internet Users and Population, 2015–2020." (August 3, 2016b).

eMarketer, Inc. "US Tablet Internet Users and Penetration, 2014–2020." (August 2, 2016c).

eMarketer, Inc., "US Mobile Phone Internet Users and Penetration, 2014–2020. (August 1,2016d).

eMarketer, Inc. " US Fixed Broadband Households & Subscriptions, 2008–2020)" (August 8, 2016e).

eMarketer, Inc. "Mobile Phone Internet Users and Penetration Worldwide, 2015–2020." (September 1, 2016f)

eMarketer, Inc., "Mobile Phone Messaging App Users and Penetration, 2013–2020." (June 3, 2016g).

eMarketer, Inc. "US Search Users and Penetration, 2015–2020." (August 3, 2016h).

eMarketer, Inc. "Monthly Online Searches in the US, by Search Engine, Jan–June 2016." (July 22, 2016i).

eMarketer, Inc. "US Digital Video Viewers and Penetration, 2015–2020." (August 3, 2016j).

eMarketer, Inc., "US Bloggers and Penetration, 2015–2020." (August 3, 2016k).

eMarketer, Inc. "US Blog Readers and Penetration, 2015–2020." (August 3, 2016l).

eMarketer, Inc. (Brian Yeager) "Immersive Media Update: Fall 2016." (September 2016m).

eMarketer, Inc. "US Retail Mcommerce Sales, 2015–2020." (September 1, 2016n).

eMarketer, Inc. "US Mobile Travel Sales, 2014–2020." (April 26, 2016o).

eMarketer, Inc. "US Mobile Downloads and In-App Revenues, 2013–2016." (March 2016p).

Federal Communications Commission. "FCC Finds U.S. Broadband Deployment Not Keeping Pace." (January 29, 2015).

Federal Networking Council. "FNC Resolution: Definition of 'Internet.'" (October 24, 1995).

Gartner, Inc. "Gartner Says Worldwide Public Cloud Services Market Is Forecast to Reach $204 Billion in 2016." (January 25, 2016a).

Gartner, Inc. "Gartner Says Worldwide Smartphone Sales to Slow in 2016." (June 7, 2016).

Geni.net. "Have Your Say: GENI Sustainment and Governance & Future Network Research Infrastructure." (accessed August 25, 2016).

Gross, Grant. "NSF Seeks Ambitious Next-Generation Internet Project." *Computerworld* (August 29, 2005).

Hsu, Jeremy. "What's Next After 25 Years of Wi-Fi?" Spectrum.ieee.org (September 10, 2015).

IEEE Computer Society. "Top Trends for 2013." (2013).

IHS. "Voice over IP Services Market Up 5 Percent in 2015." Infonetics.com (April 19, 2016).

Internet Corporation for Assigned Names and Numbers (ICANN). "ICANN Approves Historic Change to Internet's Domain System." (June 20, 2011a).

Internet Corporation for Assigned Names and Numbers (ICANN). "Top-Level Domains (gTLDs)." (2011b).

Internet Engineering Task Force (IETF). "RFC 7540: Hypertext Transfer Protocol Version 2 (HTTP/2)." (May 2015).

Internet Retailer. "2015 Lite Edition Mobile 500 Executive Summary." (2015).

Internet Society. "The Internet of Things: An Overview." (October 2015).

Internet Society. "World IPv6 Launch on June 6, 2012, To Bring Permanent IPv6 Deployment." (January 2012).

Internet Society. "ISOC's Standards Activities." (September 2010).

Internet Society. "RFC 2616: Hypertext Transfer Protocol-HTTP/1.1." (June 1999).

Internet Society. "RFC 0959: File Transfer Protocol." (October, 1985).

Kleinrock, Leonard. *1964 Communication Nets: Stochastic Message Flow and Delay*. New York: McGraw-Hill (1964).

Leiner, Barry M., Vinton G. Cerf, David D. Clark, Robert E. Kahn, Leonard Kleinrock, Daniel C. Lynch, Jon Postel, Larry G. Roberts, and Stephen Wolff. "All About the Internet: A Brief History of the Internet." *Internet Society* (ISOC) (August 2000).

Mangalindan, JP. "In Online Search War, It's Google vs. Amazon." *Fortune* (October 15, 2014).

National Research Foundation. "NSP Leadership in Discovery and Initiative Sparks White House US Ignite Initiative." (June 13, 2012).

Netcraft. "August 2016 Web Server Survey." (August 24, 2016).

Netmarketshare. "Desktop Browser Market Share." Marketshare.hitslink.com (accessed August 31, 2016a).

Netmarketshare. "Market/Tablet Browser Market Share." Marketshare.hitslink.com (accessed August 31, 2016b).

Nordstrom, Amy. "Popular Internet of Things Forecast of 50 Billion Devices by 2020 Is Outdated." Spectrum.ieee.org (August 18, 2016).

NPD Group. "49 Million U.S. Internet Homes Now Own a Connected TV or Attached Content Device, According to the NPD Group." Npd.com (March 7, 2016).

Pfanner, Eric. "Ethics Fight Over Domain Names Intensifies." *New York Times* (March 18, 2012).

Podtrac, Inc. "Podcast Industry Audience Rankings." Podtrac.com (accessed September 5, 2016).

Radicati Group. "Email Statistics Report, 2016–2020—Executive Summary." (March 2016).

Research and Markets. "Smart Home Market by Product, Software & Service, and Geography -- Global Forecast to 2022." (May 17, 2016).

Richter, Felix. "The U.S. Lags Behind in Fiber Adoption." Statista.com (August 5, 2015).

SANS Institute (John Pescatore). "Security the 'Internet of Things' Survey." (January 2014).

Simonite, Tom. "First Detailed Public Map of U.S. Internet Backbone Could Make It Stronger." Technologyreview.com (September 15, 2015).

Sterling, Greg. "Google Down 1 Billion PC Searches From 2014, But Mobile Volumes Likely Way Up." Searchengineland.com (January 22, 2016).

U.S. Department of Commerce. "Letter to ICANN Chairman." Ntia.doc.gov (July 30, 2008).

Visualware, Inc., "VisualRoute Traceroute Server." (2014).

W3Techs.com. "Usage of HTTP/2 for Websites." (Accessed August 29, 2016).

Weiss, Todd R. "802.11ac WiFi Products Gaining Market Share as Older Devices Decline." Eweek.com (April 22, 2015).

Zakon, Robert H. "Hobbes' Internet Timeline v8.1." Zakon.org (2005).

Ziff-Davis Publishing. "Ted Nelson: Hypertext Pioneer." Techtv.com (1998).

第 4 章
开发电子商务平台：网站、移动端和 App

 学习目标

学完本章，你将能够：

- 知道开发电子商务服务平台必须了解的问题与步骤
- 阐述构建电子商务服务平台的过程
- 了解并理解在选择网络服务器和电子商务服务器软件时主要考虑的问题
- 知道如何为电子商务网站选择最合适的硬件配置
- 了解能够改善网站性能的工具
- 知道在开发移动端网站和移动应用时最需要考虑的事情

《华尔街日报》：重新定义当下的平台

100 多年来，《华尔街日报》一直是深具公信力、专注于商业的大报，坐拥受过良好教育且有辨识能力的读者群。在用户数量方面，它一直是全球顶级出版物之一（目前约有 280 万人订阅）。尽管是世界上最知名和最受尊敬的报纸，《华尔街日报》仍努力地在过去十年风云突变的行业里保持先锋地位。在 1997 年它率先为自己的数字内容开发付费墙，一开始这项举措受到了批判甚至嘲笑，而如今付费墙已经在网络报纸中越来越普遍。《华尔街日报》也是首批自有专属 iPad app 的新闻机构之一，其 iPad app 在 2010 年发布。

然而，2010—2015 年，《华尔街日报》开始落后于其他报纸和网站，因为设备变得更小、更精简，也更加专业化。尽管它是移动领域的先驱者，但像《金融时报》和《今日美国》这样的报纸在这段时间内对网站和手机端进行了彻头彻尾的改变，使得内容更适合移动端浏览。自 2008 年以来，《华尔街日报》就没有再对其网站改版。更糟糕的是，2015年，谷歌公司更新了搜索算法，优先考虑对移动端进行了优化的网站，《华尔街日报》的搜索结果因此受到影响。谷歌表示，并非只有《华尔街日报》受到影响，《财富》500 强公司的网站中有近半数未能实现"移动端友好"，令人吃惊的是，29% 的零售网站也没做到这点，要知道移动搜索对维持收入增长可是至关重要的。然而，由于许多出版公司正在努力适应新的网络世界，《华尔街日报》发现留给它的时间已经不多了。

2015 年，《华尔街日报》对其网站和众多平台上的移动 app 进行了彻底的改版。它发布了新的iPad 和安卓 app，新程序具有多种新功能以改善用户体验，紧接着，适合 Apple Watch 和 Windows 10操作系统的 app 也陆续发布。它还添加了其第一款移动端专属产品，这款 app 精选当天新闻中的十条，显示其摘要，仿照纸质版首页上的 "What's New"栏目的展示方式。《华尔街日报》还推出一个名叫华尔街日报城市版（WSJ City）的 app，它专门为伦敦打造，旨在快速报道发生在伦敦的最重要的商业新闻。2016 年，《华尔街日报》宣布，计划推出更多具有类似 "What's New" 和华尔街日报城市版功能的 app。《华尔街日报》也推出了旗下的利基网站WSJ. D，该网站重点关注技术新闻、分析、实况报道和产品评论。《华尔街日报》这一次的改变并非徒有其表。在组织上，它将开发技术产品和设计元素的团队整合到新闻编辑室中，这样一来，编辑能够直接为《华尔街日报》的技术未来做出贡献。这一举措有助于《华尔街日报》跟上其他顶尖报纸的步伐，其中包括《华盛顿邮报》，在《华盛顿邮报》的新闻编辑室工作的工程师有近 50 位。2016 年，《华尔街日报》还宣布继续改变其新闻编辑室的组织结构，加速其数字化进程。

这次整改最重要的目标之一就是确保从今以后跨平台用户体验的一致性。用户在 iPad 上保存文章，在打开 iPhone 上的 app 或者登录网站后，他们能够看到同步了上一次阅读位置的同一篇文章，这个功能是《华尔街日报》的首要任务。为了达到简单易用，《华尔街日报》减少了导航文章的选项，许多页面上显示的导航选项数量几乎减少了一半。过去，不同设备上的选项有所不同，在屏幕上出现的位置也不同，当用户从一种设备转换到另一种设备上使用 app 的时候，这些不同容易造成混淆。当用户使用 iOS 上称为 Handoff 的功能的时候，《华尔街日报》允许用户跨设备保存新闻，用户能够跨设备地在新闻标题标记为灰色的文章里继续上一次的阅读。《华尔街日报》还允许用户在任何设备上使用其关注列表中的股票投资组合服务。

除了使用户体验在不同设备上更加一致，《华尔街日报》还希望进一步提升用户的体验。《华尔街日报》的 app 响应性更强，视觉上也更有吸引力，图形元素更加突出，互动性更强。app 的加载速度更快，而过去《华尔街日报》在这一点上落后于竞争对手。《华尔街日报》希望用户在任何设备上的阅读体验都很自然，这需要它为苹果和安卓最新一代手机的屏幕尺寸进行优化。随着设备在尺寸上不断变化，《华尔街日报》app 的体验也在提升。在桌面上，用户可以将鼠标滑过并且精确地点击想要点击的区域，但在移动设备上，用户则是用手指滑动屏幕，而且可以倾斜屏幕。总而言之，《华尔街日报》在尽量减少在移动设备上需要精确点击的交互，同时减少页面上固定的屏幕数量。尽管制作适合手机的交互式地图可能特别困难，但是《华尔街日报》正在对其方法进行微调。

大部分对设计改变的反馈都是正面的。它增加了许多读者要求的元素，其中包括"市场数据中心"，这个功能是在新网站主页上突出显示当天股市状况的基本信息。iOS app 中还包括一个日历小部件，这个小部件将当天热门的新闻和其他日常通知（如约会和天气预报）放在一起。用户可以从小部件菜单中直接进入《华尔街日报》的新闻。从用户角度来看，新的网站和 app 提供了大量的内容选择，同时也提供了各种各样的广告机会，这对《华尔街日报》来说是非常有好处的。

随着流量持续地转移到移动平台，这些广告机会对《华尔街日报》继续成功发展将越来越重要。2008 年，《华尔街日报》的流量中有 10% 来自移动设备。这一数字在 2016 年达到了 55%，并且在不断攀升。《华尔街日报》约有 90 万名数字用户，落后于《纽约时报》（100 万人），超过了《金融时报》（超过 52 万人），但其 150 万名纸质版订阅用户中的大多数也订阅了电子版。随着数字设备和阅读平台多样化，计算订阅数量变得越来越复杂，但有一点很明确：从纸质版到数字化在这个行业乃大势所趋。然而，尽管移动平台数量激增，仍有 2/3 的《华尔街日报》订阅用户每月都会访问网站的主页。《华尔街日报》意识到了这一点，并将网站主页作为其改版的关键。事实证明，用户会在不同情况下选择更为方便的设备：在办公室的时候使用电脑，而在出门的时候使用移动设备。

随着用户在设备上有更多的选择，《华尔街日报》发现在不同平台上增长趋势和阅读模式都不太一样。为了获取这些新的数据，它正在升级其分析功能，旨在把它们运用在新闻编辑室甚至更高层次的业务战略之中。其成果之一是《华尔街日报》读者设备使用情况的分析。《华尔街日报》app 在平板电脑上的使用量每年增长约 10%，但是在智能手机上使用量增长了 30%～40%，这表明智能手机的应用体验应该是《华尔街日报》接下来的主要关注点。此外，它还发现，使用 app 的用户比使用浏览器的用户在参与度和积极性上都表现得更高，用户在 app 上花费的时间和阅读文章的数量比其他类型的用户都更多。《华尔街日报》在 2016 年取消了领英的分享按钮，因为分析表明，这个功能吸走《华尔街日报》的流量比返回《华尔街日报》的流量更多。

《华尔街日报》的工程师正在开发的许多功能都是针对 app 的体验量身打造的。其中一个功能是通过移动设备提供在线视频报道，还有一个是为了改进推送提醒，让推送内容和用户想看到的更加相关。通过分析读者数据，以了解什么类型的新闻报道最有吸引力，《华尔街日报》可以定制推送提醒，以激励读者点击并进入 app。"Read-it-later" 按钮是《华尔街日报》正在开发的另一个功能，它允许用户在任意平台上对内容进行标记，稍后再继续阅读。《华尔街日报》还将继续优化其 Apple Watch app，该

app 允许用户在阅读标题的时候只要倾斜手表就能将该文章添加到 iPhone app 中。

《华尔街日报》希望尽早开发未来可能有用的功能。这意味着《华尔街日报》的设计将不断地更新。通过将开发和产品团队整合到新闻编辑室中，实现这一目标将更为有利。举例来说，《华尔街日报》是第一批实现利用虚拟现实技术来改善自己的报道的组织。为此，它通过内置的 360 度视频和虚拟现实功能更新了其 app。随着对全平台的再版设计，在这个崭新的新闻媒体世界，《华尔街日报》再次巩固了自己作为行业领袖的地位。

资料来源："Small Screens, Full Art, Can't Lose: Despite Their Size, Phones Open Up New Opportunities for Interactives," by Shan Wang, Neimanlab. org, March 10, 2016; "WSJ Drops Publishing Frenemy LinkedIn's Share Button," by Lucia Moses, Digiday.com, February 5, 2016; "The Wall Street Journal Plans Three More Vertical Apps," by Lucinda Southern, Digiday. com, January 22, 2016; "General Advertising Rate Card 2016," *Wall Street Journal*, January 4, 2016; "News Outlets Left and Right (and Up, Down, and Center) Are Embracing Virtual Reality Technology," by Shan Wang, Niemanlab. org, November 9, 2015; "Wall Street Journal Launches In-App 360° Video and Virtual Reality," Globalnewswire.com, November 4, 2015; "Wall Street Journal Launches 'WSJ City' Mobile App for London Readers," Dowjones. com, November 3, 2015; "How The Wall Street Journal Creates Mobile-Friendly Interactives," by Madalina Ciobanu, Journalism.co. uk, October 14, 2015; "Newsonomics: 10 Numbers on The New York Times' 1 Million Digital-Subscriber Milestone," by Ken Doctor, Niemanlab. org, August 6, 2015; "Wall Street Journal Debuts Its 'What's News' App," by Joe Pompeo, Capitalnewyork. com, August 26, 2015; "Push It: How the Wall Street Journal Plans to Make Its Push Alerts More Personal," by Joseph Lichterman, Neimanlab. org, August 13, 2015; "The Wall Street Journal Is Targeting Its Loyal Subscribers with Its New News Digest Mobile App," by Shan Wang, Niemanlab. org, August 5, 2015; "New Google Algorithm Changes Prompts Wall Street Journal Website Redesign," by Steve Odart, Ixxus. com, April 28, 2015; "After the Launch of its Long-Awaited Web Redesign, The Wall Street Journal Hopes to Spur Innovation," by Joseph Lichterman, Niemanlab. org, April 21, 2015; "Newsonomics: The Wall Street Journal Is Playing a Game of Digital Catchup," Niemanlab. org, by Ken Doctor, April 21, 2015.

在第 3 章，我们已经了解电子商务的技术基础——互联网、万维网和移动平台。本章将主要讨论企业管理人员在开发电子商务平台时要考虑哪些问题。我们将把重点放在管理人员必须制定的网

站经营管理决策上。虽然建立功能复杂的电子商务服务平台实属不易，但现今的工具比从前要便宜，功能强大得多。同时，移动设备和社交网络使得这个任务更加复杂，因为企业需要在三个平台上同时建立服务功能：网站、移动端和社交网络。在本章，我们将聚焦于中小企业以及每天甚至每小时在为数千个客户同时提供服务的更大规模的企业。正如你看到的，企业的规模迥异，但是我们的出发点和考虑的问题基本相同。

4.1 畅想你的电子商务服务平台

在开始建立自己的网站或者 app 的时候，有一些重要的问题需要考虑和回答。这些问题的答案将推动电子商务服务平台的开发过程和实践过程。

4.1.1 你的想法是什么（远景目标构想过程）

在计划和真正构建电子商务服务平台的时候，你需要对你将来希望达到什么目标，以及如何实现这个目标有个愿景。你的愿景不仅包括使命陈述，还包括明确目标受众、市场特征、战略分析、营销组合以及开发周期。一切都从一个符合实际的梦想开始，最后落实到开发的时间表和初期预算。

如果你去浏览任何成功的网站，通常可以从主页发现启发这个网站的愿景。如果这个公司已经上市，你可以在其向证券交易委员会提交的报告中找到公司对愿景的简要声明。对亚马逊来说，它的愿景是成为世界上最大的市场。对脸书来说，它的愿景是使世界更加开放和连通。对谷歌来说，它的愿景是组织全世界的信息，使这些内容变得更加普及和有用。你想建立的电子商务服务平台可能没有这种包罗万象的野心，但是简明扼要的使命、目标和方向是推动项目开发的关键因素。比如，TheKnot 的使命是成为互联网上最全面的一站式婚礼策划解决方案提供商。

4.1.2 资金从哪里来：商业模式和收入模式

一旦确定了使命宣言或愿景，你就需要考虑如何融资。你需要对你的商业模式和收入模式有一些初步的想法。在这个方面你不需要详细的收入和成本预测。相反，你需要对你的业务如何创收有大致的想法。一些基本的模式已经在第 2 章中介绍了。基本的商业模式包括门户网站、电子零售商、内容提供商、交易中介、市场创造者和社区提供商（社交网络）。

基本的收入模式有：广告模式、订阅模式、交易佣金模式、商贸模式，以及会员模式。没有必要只采取单一的商业模式或者收入模式，事实上，大多数公司都是采取多种模式。比如，《纽约时报》数字版商业模式既包括订阅也包括出售广告版面。此外，它还销售独特的照片和礼品。在婚礼行业的垂直门户网站——TheKnot 上，你会发现关于婚礼产品和服务的主要提供商的广告、合作关系和赞助，其中包括一些当地婚礼策划师的目录，这一切都是 TheKnot 创收的途径。PetSmart 是美国最受欢迎的宠物网站，有着更加集中的销售收入模式，它几乎就是一个宠物用品的电子零售商。

4.1.3 目标受众是谁？在哪？

如果你对你的目标受众没有清晰的了解，你就不能建立一个成功的电子商务服务平台。有两个问题需要你回答：你的目标受众是谁？哪里最容易接触到他们？你的目标受众可以通过多个维度去描述：人口统计、行为模式（生活方式）、目前消费模式（线上还是线下购买）、数字设备使用模式、内容创建方式的偏好（博客、社交网络、Pinterest 等网站）、买家角色（典型客户的简介）。了解目标受众的人口统计信息通常是第一步。人口统计信息包括年龄、收入、性别和地理位置。在某些情况下，这些信息都是显而易见的，有时这些信息就没有那么容易获取了。例如，哈雷摩托车的销售对象在年龄、收入和地理位置上的分布非常广泛，其中客户年龄在 34～65 岁。尽管大部分购买者都是中等收入的中年男性，但是许多男性都是和女性一起骑车的，因此哈雷网站上展示了许多女装，甚至有几个页面是专门针对女骑手的。尽管购买哈雷摩托车的男性中大部分收入居中，但是有一大批消费者都是收入高于平均线的专业人士。因此，年龄和收入这两个人口统计特征相当广泛。让哈雷摩托车的骑手聚集在一起的并不是人口统计中所谓的共性，而是他们对摩托车和品牌的热爱，以及在这背后隐藏的生活方式——骑着低吼的摩托车在美国高速公路上飞驰。相比之下，像 TheKnot 这样的公司，其主要针对 18～34 岁的女性，她们正处在不同的结婚阶段，有着类似的生活习惯：在线购物，使用智能手机和平板电脑，下载 app 以及使用脸书。这些目标客户在技术使用上非常时髦。她们阅读并且撰写博客，在论坛评论，并使用 Pinterest 寻找时尚的想法。TheKnot 的典型客户将是一名 28 岁的女性，已经订婚，开始策划婚礼，收入为 45 000 美元，生活在东北部，并对海滩婚礼感兴趣。当然，还有其他典型客户的简介。对于你的网站的每个典型客户，你都需要进行详细的描述。

4.1.4　你的目标市场是什么？刻画你的市场

你的成功机会将在很大程度上取决于你即将进入的市场，而不仅仅取决于你的创业精神。如果你进入一个下滑的市场，同时市场上充满竞争对手，那么失败的概率自然会增加。进入一个正在兴起、成长并且竞争对手很少的市场，你会有更好的机会。进入没有竞争者的市场，你要么将会因为在一种前所未有的成功产品上拥有一个有利可图的垄断地位而获得丰厚的回报（例如苹果公司），要么将会因为你的产品在当时没有市场而很快被遗忘（例如 1999 年左右的富兰克林电子书阅读器）。

有两个需要重点关注的市场特征：市场的人口特征以及电子商务服务平台如何适应市场。此外，你还会想了解市场的结构：竞争对手和替代产品。

你即将进入的市场的特征是什么？市场正在增长还是萎缩？如果在增长，消费者年龄分布和收入分布如何？市场是否从线下支付转向在线交付？如果是这样，市场是走向传统网站还是移动端，抑或是平板电脑？移动平台在这个市场上有特殊的作用吗？你的目标受众中使用网站、智能手机或平板电脑的人数各占多少？社交网络呢？论坛上是怎么讨论其他类似产品的？你的潜在客户是否在脸书、推特、Instagram 或博客上谈论你想要提供的产品和服务？有多少个博客专注于类似的产品？有多少推特的帖子提到类似的产品？你想要提供的产品在脸书上得到了多少个赞（这代表客户参与度）？

根据你的直接竞争对手、供应商和替代产品来描述市场的结构。你可以列出前五名或前十名竞争对手的名单，尝试描述其市场份额并区分特征。你的某些竞争对手可能会提供传统款产品，其他竞争对手则会提供具有新功能的新款产品。你需要全面了解你的竞争对手。你的竞争对手在市场中的口碑如何？他们的月点击量（UMV）是多少？脸书上有多少人为他们点赞？推特和 Pinterest 上有多少粉丝？你的竞争对手如何利用社交网站和移动设备作为在线服务平台的一部分？你是否可以利用社交网络上做一点你竞争对手做不了的事情？挖掘一下竞争对手产品的客户评论。你可以使用一些在线服务（其中一些是免费的），去计算网上讨论你的竞争对手的帖子的数量，以及每个竞争对手在网民线上讨论中所占的份额。你的竞争对手是不是和他们的供应商有特殊的关系，而这种关系是你目前无法建立的（独家销售协议就是特殊供应商关系的一个例子）？最后反思一下：是否有产品和服务可以替代你的产品和服务？例如，你的网站可能会向宠物主人社区提供建议，但当地宠物商店或线下团体提供的建议可能更容易让他们接受。

4.1.5　内容从哪里获得?

网站就像书籍：它们由很多页面组成，内容包括文本、图形、照片和视频。网站内容是搜索引擎获取互联网上所有新增加和更改的网页的依据。而这些内容正是驱使你的用户访问网站、点击广告或者购买商品来为你创收的源头。因此，谨记内容是你获得收入和最终成功的最重要的基础。

通常有两种内容：静态的和动态的。静态内容是不经常更改的文本和图像，例如你为访问者创建的产品说明、照片或文字。动态内容是定期更改，即每天或每小时会更新的内容。动态内容可以由你或者你的网站和产品的博主和粉丝创建，后者正在逐渐成为一种趋势。用户生成的内容具有许多优点：它是免费的；它能吸引你的客户；如果内容在不断更新，搜索引擎更有可能对你的网站进行优先推荐。其他内容来源，尤其是照片，来自汇总内容的外部网站（如 Pinterest），这部分已经在第 1 章讨论过。

4.1.6　了解自己：进行 SWOT 分析

SWOT 分析（SWOT analysis）是一种简单而有效的方法，用于为你的业务制定战略并让你了解应该集中于哪些方面。在 SWOT 分析中，你可以描述你的优势、劣势、威胁和机会。在图 4-1 所示的 SWOT 分析示例中，你将看到一个典型的初创企业的概况，包括在现有市场的独特方法，满足这一市场未满足需求的承诺，以及使用老牌竞争对手可能忽视的新技术（社交和移动平台）。当然，初创公司也有劣势和威胁。缺乏资金和人力资源通常是创业公司最大的劣势。威胁有许多，比如竞争对手可以开发相同功能的产品，竞争对手的市场准入成本可能较低，而较低的市场准入成本可能会激励更多创业公司进入市场。

图 4-1　SWOT 分析

说明：SWOT 分析方法对公司的优势、劣势、机遇和威胁进行了分析。

一旦进行了 SWOT 分析，你可以考虑如何克服自己的劣势并加强优势。例如，你可以考虑使用聘用或合作等方式获取技术专家和管理专家，以及寻找融资机会（包括朋友和亲戚）。

4.1.7 开发电子商务平台路线图

电子商务已经从网络上以电脑为中心的活动转变为基于移动端和平板电脑的活动。尽管大约 70％的电子商务零售以及旅游收入仍然来自利用台式机进行的购买，但是越来越多的用户通过智能手机和平板电脑进行购买。美国大多数互联网用户也会用智能手机和平板电脑购买商品和服务，搜寻产品、查找价格和访问社交网站。你的潜在客户在白天不同时间使用这些设备，并根据自己正在做的事情开展不同的活动（如与朋友互动、在 Instagram 上浏览照片、发推特或阅读博客）。这些行为都是"接触点"，"接触点"发生的地方就是你与客户进行交互的地方，你必须考虑如何对这些不同的虚拟场景开发服务平台。图 4 - 2 提供了一个关于平台和相关行为的路线图，是你在开发电子商务服务平台的时候需要考虑的问题。

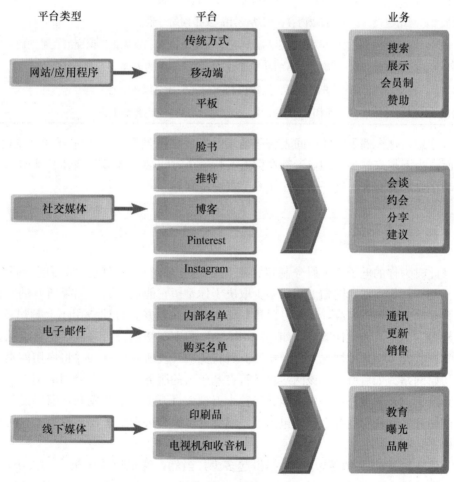

图 4 - 2 电子商务服务平台解析

说明：电子商务形式考虑了以上四个不同的类型，平台和业务则与各个类型相关联。

图 4 - 2 显示了四种不同类型的电子商务服务平台：网站/应用程序、电子邮件、社交媒体和线下媒体。对于每种类型，都需要开发不同的平台。例如，在网站/应用程序的情况下，有三种不同的平台：传统的桌面、平板电脑和智能手机，而每种平台具有的功能各不相同。对于每种类型的电

子商务服务平台，都需要考虑相关的活动。例如，在网站/应用程序的情况下，将需要从事搜索引擎营销、广告展示、网络会员制营销和赞助。线下媒体是第四类电子商务服务平台，因为许多公司使用多平台或集成营销，其中传单、电视广告或广播广告将客户吸引到网站和应用程序。第 6 章和第 7 章将更详细地描述图 4-2 中的营销活动。

4.1.8　设立时间轴：里程碑

想想一年后你的电子商务服务平台将会是怎样的。当你开始构建电子商务服务平台时，最好先对时间有一个大致的框架。你应该把你的项目分成几个阶段，每个阶段在一段特定的时间内完成。以下六个阶段通常足以覆盖。表 4-1 显示了一家初创电子商务公司一年的发展时间表。

表 4-1　电子商务平台时间表

阶段	业务	里程碑
阶段 1：计划	设想电子商务服务平台；确定人员	任务说明
阶段 2：网站建设	获取内容；网站设计；安排网站建设	网站计划
阶段 3：网站实施	开发关键字和元标记；专注于搜索引擎优化；识别潜在赞助商	功能性网站
阶段 4：社交媒体计划	确定合适的社交平台和产品、服务的内容	社交媒体计划
阶段 5：社交媒体实施	开展脸书、推特和 Pinterest 的社交媒体活动	功能性社交媒体形式
阶段 6：移动端计划	制定移动端计划；考虑将网站移植到智能手机	移动端媒体计划

注意，这个例子中的时间表将移动端开发放在网站和社交媒体开发计划已经制定并实施之后。然而，当下越来越多的创业者都在倒着实行这个时间轴：从移动端开发开始（有时称为移动优先）。移动优先有弊有利，这一点将在 4.6 节进一步阐述。

4.1.9　成本花费

此时为你的电子商务服务制定详细预算还为时尚早，但应该对可能会投入的成本有初步的想法。例如，你在建立网站上花费多少取决于你希望它能做什么。如果所有的工作都是由你自己和其他零薪酬的志愿者完成，那么可以建立简单的网站，并且首期费用不会超过 5 000 美元。对于使用容易得到的工具和设计服务（如 WordPress）的小型初创公司来说，更合理的预算可能是 10 000～25 000 美元。在这种情况下，公司所有者将免费开发所有内容，并将雇用网页设计师和程序员来开发初始网站。如后所述，该网站将托管在基于云的服务器上。大公司的网站互动性更强，而且与企业系统集成，这类公司每年可能花费数十万到数百万美元来开发和运营网站。大型公司经常将它们的网站开发和托管业务全部外包出去，尽管许多大型公司最近已经改变了这种做法，并将整个工作集中在公司内部。

建立网站的费用取决于你负担得起多少，当然，这也取决于机会的大小，图 4-3 提供了对于各种网站成本的相对大小的一些意见。一般来说，在过去 10 年中，用于建设和运营网站的硬件、软件和电信费用大幅下降（超过 50%），这使小企业可以建立相当复杂的网站。技术的进步降低了系统开发成本，同时营销成本、内容开发成本、设计成本却上升了，这些通常占网站预算的一半以上。而长期的费用还包括站点和系统维护，但这里并不包括这些。开发移动网站和应用程序的成本将在 4.6 节讨论。

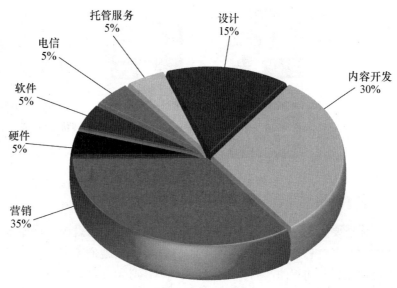

图 4 - 3　网站预算构成

说明：虽然硬件和软件成本大幅下降，但是网站面临着重大设计、内容开发和营销成本。

4.2　建立电子商务网站：系统化方法

　　一旦对想要构建的电子商务网站形成了愿景，就该开始考虑如何建立和实现该网站了。建立成功的电子商务网站需要对商业、技术和社会问题以及系统的方法有敏锐的理解。电子商务太重要了，不能完全交给技术人员和程序员来完成。

　　一般来说，企业在建立电子商务网站时会面临两大管理难题：（1）清晰地描绘出自己的商业目标；（2）选择合适的技术来实现这些目标。第一点要求管理人员制定出开发企业网站的详细计划，第二点则要求管理人员必须对电子商务网站基础设施的组成要素有所了解。业务决定技术！

　　即使已经决定把电子商务网站的所有开发和运营工作外包给专业服务提供商，企业的管理人员也需要制定详细的网站开发计划，对电子商务网站基础设施中的基本问题做到心知肚明，如成本、容量及局限性等。如果缺少计划又不具备相关基础知识，那么管理人员就无法对企业电子商务的开展制定令人信服的管理决策。

　　假设你是美国一家生产工业零部件的中等规模企业的经理。现在，高级管理层拨给你 100 万美元的资金，要求你在一年内为公司建立电子商务网站。建立该网站的目的主要是向企业的客户销售产品和提供相关服务，并通过网站或者博客和用户论坛吸引你的客户。这些客户分布在世界各地，大多是一些小型的机械和金属预制件经销商。你该从何入手呢？在接下来的章节中，我们将研究开发电子商务网站，然后在本章末尾，讨论开发移动网站和移动应用所涉及的一些更为具体的考虑因素。

　　首先，你必须知道自己需要做哪些方面的决策（见图 4 - 4）。从组织和人力资源的角度来看，你需要将各类人员整合成一个互相协作的高效开发团队，这些人具备成功地建立和管理网站所需要的技能。开发团队将决定业务目标和策略、网站所使用的技术、网站的设计风格以及网站所采用的公关和信息政策。如果你不希望重蹈其他公司的覆辙，就必须对所有工作进行严格管理和监督。

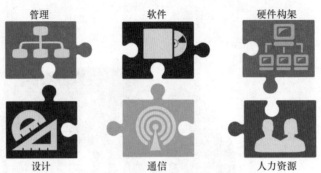

管理　　　软件　　　硬件构架

设计　　　通信　　　人力资源

图4-4　建立电子商务网站要考虑的各类问题

说明：建立电子商务网站需要管理人员从全局出发，对各类问题进行系统的考虑。

此外，你还要确定网站采用什么样的硬件、软件和通信设施。你要根据企业客户的需要来决定采用什么技术。客户总是希望你所采用的技术能够帮助他们方便地检索产品、浏览产品介绍、订购产品并迅速地收到所购买的产品。不仅如此，你还必须仔细地斟酌网站的设计风格。一旦确定好这些细节问题，你就应该制定一个详细的项目开发计划。

4.2.1　制定计划：系统开发生命周期法

建立电子商务网站的第二步是制定开发计划。为应对建立电子商务网站等复杂局面，你需要系统性地一步一步前进，不能操之过急。在制定电子商务网站开发计划时使用的方法之一就是系统开发生命周期法。**系统开发生命周期法**（systems development life cycle，SDLC）是管理人员了解系统的商业目标并为之制定相应解决方案时常用的方法。虽然使用 SDLC 方法不一定能确保成功，但肯定比没有任何计划要好很多。SDLC 方法还可以帮助你建立交流目标、重要里程碑和资源管理使用的文档资料。图4-5展示了建立电子商务网站时采用 SDLC 方法的五个步骤：

- 系统分析；
- 系统设计；
- 系统开发；
- 系统测试；
- 系统运行。

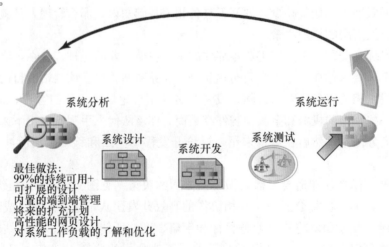

系统分析　　　　　　　　系统运行

系统设计　　系统开发　　系统测试

最佳做法：
99%的持续可用+
可扩展的设计
内置的端到端管理
将来的扩充计划
高性能的网页设计
对系统工作负载的了解和优化

图4-5　系统开发生命周期法

4.2.2　系统分析：确定商业目标、系统功能以及信息需求

SDLC 方法在系统分析阶段主要回答以下问题："我们希望电子商务网站做哪些事？"关键要了解驱动企业战略所需的技术。这里，我们假定你已经明确知道企业战略，而且制定出实现该战略所需要的业务模式（见第 2 章），但你如何把战略目标、业务模式和经营理念融入电子商务网站中呢？

我们可以从确定网站所需实现的特定商业目标入手，之后再仔细考虑网站应当实现的系统功能以及网站的信息需求。**商业目标**（business objectives）是对你希望自己的网站应当具备的各种能力的总称。

系统功能（system functionalities）是指实现网站商业目标的各种信息系统手段。而系统的**信息需求**（information requirements）则是指为实现商业目标，系统必须具备的信息元素。最后，你需要将网站的商业目标、系统功能和信息需求告知系统开发人员和程序设计人员，使他们明确自己的职责。

表 4-2 列举了典型电子商务站点的商业目标、系统功能和信息需求。从表中可以看到，电子商务网站通常有 10 个基本的商业目标。这些商业目标必须转换为对应的系统功能描述，以及最后的信息需求细节。不过，实际的系统信息需求要比表 4-2 中所说明的更加详细。从整体来看，电子商务网站的商业目标与普通零售商店的商业目标并无太大差别，两者真正的区别是在系统功能和信息需求上，即对于电子商务网站来说，商业目标完全以数字化方式实现，没有实际的销售场地，也没有全天候工作的销售人员。

表 4-2　系统分析：典型电子商务站点的商业目标、系统功能和信息需求

商业目标	系统功能	信息需求
展示样品	数字目录	有关产品的动态文字与图片介绍
提供产品信息（内容）	产品信息数据库	产品说明，库存代码，库存水平
个性化/定制化产品	客户浏览的记录	每位客户的网站浏览日志记录；使用数据挖掘技术从这些记录中找出客户共同感兴趣的信息
让客户参与讨论	在线博客，用户论坛	带有博客和交流论坛的软件
进行交易	购物车/支付系统	加密的信用卡结算数据；多种支付方式
客户信息采集	客户信息数据库	所有客户的姓名、地址、电话和电子邮件等信息；网上客户注册信息
提供售后服务支持	销售信息数据库	客户编号、所购产品、订单日期、支付信息、发货日期
相互配合的营销/广告计划	广告服务器，电子邮件服务器，电子邮件，促销活动管理，横幅广告管理	按照邮件或广告促销活动的要求，从网站的客户行为与偏好记录中寻找相应的信息
检验营销效果	网站跟踪与报告系统	营销活动吸引的访问者的数量，以及客户到达网站后浏览的页面和购买的产品等信息
提供生产系统与供应商的数据连接	库存管理系统	生产数量和库存水平，供应商编号及联系方式，每种产品的订购数量

4.2.3　系统设计：硬件与软件平台

在确定网站的商业目标和系统功能，列出详细的信息需求之后，就可以开始考虑如何把这些愿

望变为现实。这时，你必须提出**系统设计说明书**（system design specification）——对系统主要功能模块以及模块间相互关系的说明。系统设计阶段本身又可分为两步：逻辑设计和物理设计。**逻辑设计**（logical design）包括描述电子商务网站信息流动的数据流图的设计，以及确定网站必需的处理功能和采用的数据库平台。此外，在逻辑设计阶段还要确定网站使用的安全和应急备份程序，以及整个系统使用的控制程序。

物理设计（physical design）阶段的主要工作就是把逻辑设计转变为现实的网站组件。例如，网站的物理设计要详细说明需要购买的服务器型号、网站使用的软件、通信线路应当具备的容量、系统的数据备份方式以及系统抵御外部入侵的措施等。

图4-6（a）给出了普通网站逻辑设计的简单数据流图。该网站响应客户端浏览器发出的HTTP请求，将HTML格式的产品目录页面发送至客户端。图4-6（b）则给出了对应的物理设计图。网站上每个处理流程都可以拆分成更精细的低层设计，从而准确地说明该流程的信息流动和所需要的设备。

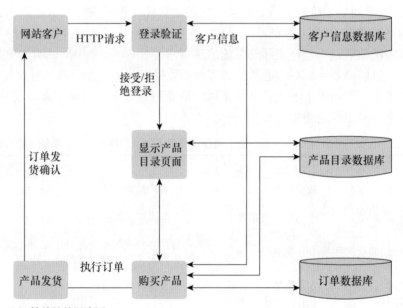

(a) 简单的数据流图
这张数据流图反映了普通电子商务网站中客户请求和网站响应的信息流动。

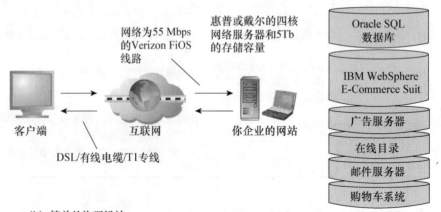

(b) 简单的物理设计
物理设计说明了实现逻辑设计所需的硬件和软件。

图4-6 普通网站的逻辑设计和物理设计

4.2.4　系统开发：自主开发与外包

你已经对网站的逻辑设计和物理设计有了清晰的思路，现在可以考虑建立网站的实际操作问题。这时，你面临多种选择，这大多由你愿意花费的资金决定。你既可以将全部工程外包（包括实际的系统分析与设计），也可以选择自主开发所有项目。**外包**（outsourcing）意味着你需要雇用企业外部的厂商，帮助你完成自身无法实现的与建立网站相关的工作。此外，你还要进行第二项决策：是公司自己负责主机的维护（运行）工作，还是外包给专业的主机托管服务提供商？虽然这些决策彼此独立，但通常都需要同时做出。目前市场上有很多专门从事网站设计、网站建立和主机托管服务的公司，也有很多只提供网站建立或主机托管服务的企业（只提供一种服务）。图 4 - 7 给出了各种选择。

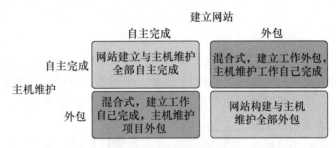

图 4 - 7　建立网站与主机维护的不同方式

说明：企业在考虑如何构建电子商务网站和如何完成主机维护工作时，有多种方式可供选择。

自主开发与外包

我们首先讨论建立网站的决策。如果你选择由自己来建立网站，这里有很多选择。如果开发技术不是十分完备，你可以使用模板来开发自己的网站。例如 Yahoo Abaco Small Business（以前是 Yahoo Stores）可以提供模板，创建完成后你只需添加文字、图片或其他数据。网站建立后，它还会提供一个架构来运营销售导向型网站。

如果你的网站不是销售导向型的，不需要所谓的购物车，那么花费最少并且广泛使用的一种建立网站的工具是 WordPress。WordPress 是一种具有复杂内容管理系统的网站开发工具。**内容管理系统**（content management system，CMS）是专门用于在网站环境中管理结构化和非结构化数据与对象的数据库软件程序。CMS 为网站管理员和设计人员提供了集中控制结构来管理网站内容。WordPress 还拥有数千个用户构建的插件和小部件，可用于扩展网站的功能。WordPress 中内置的网站可以像其他任何网站一样被搜索引擎处理：内容可被检索并提供给整个网络社区。广告、合作企业和赞助商是 WordPress 网站收入的主要来源。其他类似的网站构建工具有 Google Sites、Wix、Squarespace 和 Weebly。虽然这些是创建网站成本最低的方法，但它们提供的模板和架构会使你提供的"外观"和功能被限制。

如果你有开发经验，大可以选择完全自主开发。有很多自主开发工具可供选择，包括一切从零做起的工具如 Adobe Dreamweaver CC 和 Microsoft Visual Studio，也包括根据自己的需要建立网站的顶级工具包（见图 4 - 8）。我们将在下一节中对市面上常见的电子商务软件做进一步讨论。

便宜　　　　　　　　　　　　　　　　　　昂贵

使用预定制的模板工具：
Yahoo Abaco Small Business，
Shopify，
WordPress，
Google Sites

完全自己开发：
HTML/HTML5，
CGI scripts，
SQL database，
Dreamweaver CC，
Visual Studio

使用网站构建软件工具包：
Sitecire Commerce Server，
IBM WebSphere

图 4-8　企业自己建立电子商务网站时可选的软件工具

完全由企业自主建立网站的决策具有一定的风险。网站开发所涉及的复杂功能，如购物车、信用卡认证结算、库存管理、订单处理等，都需要高昂的开发成本，而最终开发出的系统有可能无法满足企业的需求。如果出现这种情况，你只能转而使用其他专业公司提供的现成产品，员工也可能需要花很长的时间重新学习，但这会影响网站投入使用的进度。这样，你所有的努力都会付诸东流。但是，自主建立决策也有其积极的一面。自主建立不但有可能建立完全符合企业需求的网站，更重要的是，一旦市场环境发生变化，你可以利用自主开发网站时积累的知识迅速地调整网站，从而使网站尽快适应这些变化。

如果你选择采用价格高一点的网站构建工具包，就必须购买已通过严格测试且在目前技术水平下最具稳定性的软件工具。只有这样，你的网站才有可能迅速占领市场。但是，为了使自己的决定令人信服，你必须对多种软件包进行评估，而这项工作将会非常耗时。你也可能需要改变软件包的配置来满足自己的需求，雇用其他外部厂商替你完成修改工作。此外，网站的开发成本也会随着软件包修改次数的增多而快速上升，一套价值 4 000 美元的软件工具包可能轻易地变成一项价值40 000～60 000 美元的庞大工程（见图 4-9）。

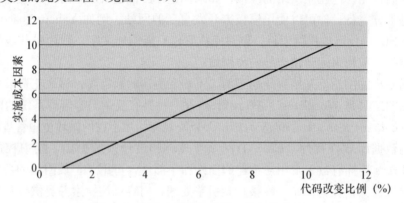

图 4-9　修改电子商务软件工具包的成本

说明：虽然完善的网站开发工具包可以降低开发成本，加快网站投入运营的速度，但通过修改软件工具包来满足自己的商业需求，其成本也很高。

过去，向往建立电子商务网站的传统零售商通常自己设计网站（因为它们早已拥有技巧娴熟的员工，并且对数据库和通信设施等信息设备投入巨资）。然而，随着网络应用程序越来越复杂，大型零售商如今严重依赖供应商提供复杂的网站功能，但同时也保留了大量的内部员工。刚刚起步的小企业可以选择由自己的技术人员从底层做起，逐步建立自己的网站，这样可以节省开发成本。中型初创公司通常会从供应商那里购买网站设计和编程专业技术。对于规模非常小的商铺来说，使用

WordPress 等模板软件生成简单的虚拟店铺就已经足够了。对于电子商务网站来说，近 5 年开发成本显著下降，导致其对企业的资本要求较低（参见"商务透视"专栏"Weebly 让建立网站更简单"）。

商务透视

Weebly 让建立网站更简单

随着一些大型电子商务公司主宰市场，你可能想知道小公司是否还有机会。答案是肯定的：随着广告收入增加，还有几十亿美元在线零售空间。事实上，一股电子商务热潮正在兴起，几乎可以与互联网时代相匹敌，但有一个例外：初创企业可以获得营销和销售所需的廉价的技术以及社交媒体。

Weebly 为小企业和企业家提供有价值的在线解决方案。Weebly 由宾夕法尼亚州立大学的毕业生戴维·鲁先科（David Rusenko）、克里斯·法尼尼（Chris Fanini）和丹·维里（Dan Veltri）于 2007 年成立，它允许小企业在其提供的模板上创建自己的网站，包括博客、网上商店和移动端。Weebly 的用户已经建立了 4 000 万个网站，共有 3 亿独立访客。用户能够在浏览器内使用可以拖放的小部件工具创建网站。Weebly 的典型用户是没有网站编程经验的小公司，以及那些希望利用只给大型网站和零售商提供的传统的、便利的网站工具的公司。

Weebly 只是越来越拥挤的网站创建服务市场中的一个选择。如今的服务与 GeoCities 和 Angelfire 等早期服务相去甚远，根据今天的标准，那些早期服务看起来很粗糙。Weebly 和它的竞争对手（包括 Squarespace、Wix 和 WordPress）所提供的产品比那些早期公司提供的产品更加完美。基本功能免费，高级套餐的起价为每月 6 美元，高端商业计划每月仅为 18.75 美元。在其发展过程中，Weebly 加入了谷歌 AdSense 的盈利功能和 CSS/HTML 编辑支持，并且能够自动为每个网站生成移动版本。Weebly 是这个市场中强大的一员，拥有 4 000 万注册用户，尽管它没有透露有多少用户是付费订阅者。相比之下，Wix 虽然拥有 8 200 万注册用户，但只有不到 200 万付费用户。

Weebly 越来越注重改善其电子商务服务，如移动存储和检测能力、集成的购物车以及筛选产品搜索。它还为 PayPal、Google Checkout 和 Square 提供基础支持。通过改造电子商务工具，Weebly 希望更好地与亚马逊以及类似的用户友好的市场如 Etsy 和 Shopify 展开竞争。Weebly 的 60% 的用户认为自己是企业家，这些用户希望为自己的公司创建一个在线服务平台。

Dharma Yoga Wheel 的创始人多·瓦加斯（Dov Vargas）和拉克尔·瓦莫斯（Raquel Vamos）正是 Weebly 的用户之一。2014 年，这两位瑜伽教练发展了瑜伽轮，瑜伽轮有助于新的瑜伽练习者学习提高他们的背部、胸部、肩部、腹部和髋部屈肌的灵活性，缓解紧张情绪并得到其他锻炼。在推出网站后，他们的销售额在一年内增长到 100 万美元以上。这些瑜伽轮在美国手工制作，价格从 80 美元左右起，还可选择环保的塑料和木制轮子。Dharma Yoga Wheel 还提供瑜伽服装和其他设备如倒立手杖和瑜伽带。两个创始人相信 Weebly 有能力将其业务扩展到加拿大、亚洲、欧洲和其他市场，没有网站，这些市场是遥不可及的。

虽然 Weebly 并没有透露其收入，但该公司从 2009 年便开始盈利。对于一家初创公司来说，这是有吸引力的，很多初创公司历来都是先寻求增长，再寻求盈利。2014 年，Weebly 获得了 3 500 万美元的风险投资资金，其公司估值达 4.55 亿美元。截至 2016 年，创始人尚未动用这笔资金，他们希望用这笔资金来推动未来的发展。该公司聘请了谷歌公司前行政人员担任首席财务官，并计划开始积极利用这笔资金。Weebly 是 2007 年从技术孵化器 Y Combinator（见第 1 章）中毕业的更有价值的公司之一。

还有很多企业没有开展网上业务（比如，不到

40%的餐厅有在线菜单），因此 Weebly 的发展前景是光明的。虽然其竞争对手也在快速增长，但在这个市场上似乎有足够的空间供多个公司发展。2013年，Wix 首次公开上市，但反响平平，投资者对其缺乏盈利能力表示担忧。到目前为止，这可以说是 Weebly 的优势，但是当 Weebly 开始大力推动增长时，公司的盈利能力可能会受到影响。

Weebly 继续对其平台进行调整。2016年9月，它发布了第四代网站创建平台 Weebly 4，专注于将网站设计与专门针对中小企业的电子商务功能整合在一起，以及诸如易于使用的电子邮件营销模块的营销解决方案。例如，网站现在可以提供废弃的购物车功能（可以让商店在客户没有完成购买而离开网站时向客户发出消息），以及使商店能够更轻松地计算税金和实时运输价格的功能。还有定向电子邮件活动，比如可以轻松分辨在指定时间内未购买商品的客户并发送邮件。Weebly 希望新平台能够与其他电子商务平台提供商（如 Shopify）以及传统的网站创建竞争对手更好地竞争。这些新功能也可用于基于 Weebly 的第三代平台——Carbon 的移动设备。Weebly 在 2015 年推出了 Carbon，这意味着 Weebly 需要完全重建其平台。Carbon 专注于移动开发，为用户提供基于 iPhone、iPad 和安卓设备的新的移动应用，并允许用户随时更新其网站。Carbon 还包含一个应用程序中心，允许用户快速轻松地从超过40款合作应用程序中选择，以改进他们的网站。另外，Carbon 还有一个仪表板，为用户提供详细的业务分析视图。

在精简业务模式的大趋势下，Weebly 只是其中之一，这种模式在许多业务功能上依赖外部帮助。

随着时间的推移硬件越来越便宜，许多初创公司还发现，云计算和社交营销也大大降低了开办公司的成本。市场情报、公共关系甚至设计服务都可以在网上找到，其成本仅是传统服务企业的一小部分。创建一个电子商务公司从未如此便宜。

资料来源："Weebly Updates Its Website Builder with a Focus on E-commerce and Marketing," by Anthony Ha, Techcrunch. com, September 21, 2016; "How Weebly 4 Is Leading an E-commerce Revolution," by Stephan Rabimov, *Forbes*, September 21, 2016; "Weebly's Online Platform Adds Email Marketing," by David Rusenko, Venturebeat. com, September 21, 2016; "Raquel & Dov," Weebly. com/stories, accessed May 2016; "Why Weebly Is the Warp Drive of Website Building," by Murray Newlands, *Forbes*, November 24, 2015; "Tech Startup Weebly Hires Former Google Executive Kim Jabal As Its First CFO," by James Kosur, Businessinsider. com, November 13, 2015; "Weebly Targets Europe with Localized Services for Its Drop-and-Drag Websites," by Paul Sawers, Venturebeat. com, October 27, 2015; "Weebly Introduces Carbon," Weebly. com, October 1, 2015; "Website Builder Weebly Gets a Revamp and Its First App Center," by Anthony Ha, Techcrunch. com, October 1, 2015; "About Weebly," Weebly. com, accessed September 21, 2015; "Weebly for Apple Watch," Weebly. com, April 28, 2015; "Weebly Brings Industry-First App to Android Tablets," *Business Wire*, March 11, 2015; "Weebly and Square Bring Simple, High-Quality Business Solutions to Stores Looking to Get Online," *Business Wire*, February 25, 2015; "Looking Back on a Very Special Year," Weebly. com, November 30, 2014; "Weebly Debuts An iPad App for Building and Managing Websites," by Ryan Lawler, Techcrunch. com, October 9, 2014; "New Weebly App Lets You Build a Website Using the iPad," by Michael Muchmore, Pcmag. com, October 9, 2014; "Weebly Valued at \$455 Million Amid Website-Building Boom," by Douglas Macmillan, *Wall Street Journal*, April 22, 2014.

自主维护与外包维护

现在我们来讨论维护的问题。大多数企业选择外包维护，即向专门提供主机维护服务的公司支付费用，由这些公司来负责企业网站服务器的维护工作，确保企业网站全天 24 小时正常运行。当双方对月服务费达成一致后，大多数设置或维护服务器以及通信线路的技术工作就不再由企业自己承担，企业从此也不用再聘请专门的技术人员。

当然，你也可以选择**主机托管**（co-location），即由企业购买或租赁网络服务器（由企业完全控制服务器的运行），再把服务器放置在托管服务商提供的机房中。托管服务商负责机房、通信线路以及服务器的日常维护工作。随着硬件虚拟化的扩散，一台服务器拥有多处理器（4～16 个），能使用多个操作系统同时运行多个网站。此时，你无须购买服务器，只要按月支付租赁费用，其成本通常是购买决策的 1/4。表 4 - 3 列举了一些知名的主机维护服务提供商、主机托管服务提供商和云服务提供商。托管服务的价格差异较大，取决于网站的规模、带宽、存储容量和支持需求。

表 4 - 3　主机维护服务/主机托管服务/云服务的主要提供商

Amazon Web Services（AWS）EC2	Hostway
BlueHost	SoftLayer（IBM）
CenturyLink	Rackspace
Digital Realty Trust	Verio
GoDaddy	Verizon Cloud

主机托管包括为你的硬件租用物理空间，然而你可以考虑使用云服务提供商来租赁其基础设施中的虚拟空间。云服务正在迅速地取代主机托管，因为它们更便宜，稳定性更好。与主机托管不同，你的公司不需要拥有硬件。云服务提供商提供标准化的基础架构和虚拟化技术，并采用按需付费系统。

对于许多普通企业来说，主机维护服务、主机托管服务以及云服务已经成为必不可少且非常实用的一项服务：大型服务提供商（如 IBM）正在世界各地兴建巨大的"服务器农场"，以获得规模经济效应，降低主机维护与主机托管的费用。这意味着托管费用与服务器费用都在快速下降，每年降低 50%，通信费用也在下降。这样一来，大多数托管服务通过提供丰富的网站设计、市场营销与优化服务使自己与商品托管业务区分开来。虽然小型互联网服务提供商也可以提供主机维护服务，但服务的质量总是令人担心。大家经常怀疑它们是否具备提供全年不间断服务的能力，是否拥有能够满足自己需要的服务人员。

外包维护的缺点在于，如果你选择了一家服务提供商，你要确信服务商能够满足你日益增长的需求。你需要了解你的网站副本备份、内部活动监控和安全记录使用了哪种安全策略。服务提供商对安全漏洞有公共记录吗？大部分《财富》500 强企业有自己的私有云数据中心，以确保掌握控制权。另一方面，小型企业自主维护却需要承担风险。你需要做出选择，但是你也应当清楚，自己维护的成本可能要高于大型服务商为企业提供服务的成本，因为企业必须购买硬件和软件、建设机房、租用通信线路、聘请专业人员，还要建立安全和备份设施。

4.2.5　系统测试

当系统开发完毕，所有程序都完成编码后，就应进入系统测试环节。根据系统规模的大小，测试工作可能会相当费时费力。无论是外包还是自主开发的程序，都需要测试。复杂的电子商务网站内部拥有上千条通路，每条通路都必须予以记录并进行测试。需要注意的是，测试的预算通常都会被低估。有 50% 的预算可以用于测试和重建（通常取决于初始设计的质量）。**单元测试**（unit testing）是指一次测试网站的一个程序模块。**系统测试**（system testing）则是指按照典型用户使用网站的方式，对网站进行整体测试。但由于很难找出真正意义上的"典型"用户，系统测试要求对所有可能出现的情况都进行试验。最后进行的是**验收测试**（acceptance testing），即将整个系统安装在测试用的互联网服务器或内部网服务器上，由包括营销、生产和销售部门经理以及总经理在内的企业核心员工和管理者进行试用。验收测试可以检验企业最初制定的网站商业目标是否得以实现。

另一种形式的测试称为 **A/B 测试**（A/B testing）（或**拆分测试**（split testing））。这种测试形式包括向不同的用户显示一个网页或网站的两个版本（A 和 B），以查看哪一个效果更好。有几种不同类型的 A/B 测试可用于网站设计项目。其中之一的模板测试使用两种不同的布局和设计方法来比较相同的页面内容。另一个类型是概念测试，这种测试比较了不同的控制页面。漏斗测试将通过一系列页面（例如产品页面、注册页面、购物车页面以及跳过注册页面）的流程进行比较，以查看哪个页面导致更高的转化率。**多变量测试**（multivariate testing）是比 A/B 测试更复杂的测试形式。多变量测试涉及在网页（例如标题、图像、按钮和文本）上标识特定元素或变量，为每个元素创建版本，然后创建每个元素和版本的唯一组合进行测试。所以，如果每个页面有三个元素，这些元素都有两个版本，那么将有八种可能的组合（2×2×2＝8）进行测试。当正确使用时，多变量测试可使设计人员识别出最佳布局、颜色、内容和格式。

4.2.6 系统运行与维护

大多数人对系统的生命周期并不了解，误认为一旦信息系统投入使用，就可宣布大功告成。其实，虽然系统的前期建设工作已经全部完成，但系统的后期运行才刚刚开始。系统还有可能因为各种各样的原因遭到破坏——大多数是不可预计的因素。因此，整个系统需要持续不断地检查、测试和维护。尽管系统维护工作如此重要，但却常常被人们忽略。一般来说，企业每年用于系统维护的开支与系统开发的费用大体相当。若一个电子商务网站的开发费用为 4 万美元，则该网站的年维护费用也要将近 4 万美元。不过，规模越大的电子商务网站，越容易获得规模经济效应。例如，开发费用高达 100 万美元的电子商务网站，其年维护费用可能只有 50 万～70 万美元。

为什么电子商务网站的维护费用会这么高呢？以企业的工资管理系统为例，电子商务网站与工资管理系统有很大的不同，电子商务网站总是处于变化、改进和修正之中。一项针对日常系统维护工作所做的研究发现，20％的维护工作时间用来调试代码和处理紧急情况（例如，你的互联网服务提供商安装了一台全新的服务器之后，你的网页中的超链接和 CGI 脚本全部失效——此时，网站实际已经瘫痪）。另外 20％的维护工作时间用来汇报网站变更、整理数据资料以及与后台数据库交换数据。其余 60％的时间则花在日常管理（如更改产品目录中的产品信息和价格）以及改变与增强系统功能的工作上。电子商务网站的维护工作永无尽头，因为网站总是在不停地进行建设和重建。所以，电子商务网站与工资管理系统相比，网站的工作更加变化多端。

电子商务网站的长期成功需要依靠一支敬业奉献的员工队伍（即所谓的 Web 团队）。这些员工的唯一工作就是监控网站的运行，随时调整网站以使其紧跟千变万化的市场环境。这支队伍还必须样样精通，通常由程序员、设计师，以及从营销、生产和销售支持部门抽调的业务管理人员组成。Web 团队的首要任务是听取客户对网站的反馈意见，根据需要对网站进行调整。第二项任务是全面监控网站的运行，每周对网站测试一次，以确保网站链接的有效性、商品价格的准确性以及页面更新的及时性。此外，Web 团队还要负责**对比评测**（benchmarking）的工作（即将本公司的网站与竞争对手的网站在响应速度、布局质量和设计水平等方面进行比较），以确保本公司网站的价格和宣传优势。否则，竞争对手随处可见的网络环境会让你的网站很快一蹶不振，失去所有的客户。

4.2.7 优化网站性能

如果你是一个使用由 WordPress 设计和托管的网站的小公司，那么你不必担心硬件、软件和网站优化技术，因为供应商将提供这些方面的专业技术。然而，如果你是在公司内部开发网站，就需要考虑以下这些问题。网站的目标是向顾客传递内容并完成交易。从商业角度来说，越快速、可靠地实现这两点，网站效率就越高。如果你是一名经理或市场营销总监，你会希望网站以一种能够满足顾客期望的方式运行。你会希望优化网站来达到商业目标。优化网站性能比想象的要难得多，它包括三个方面：页面内容、页面生成和页面交付（见图 4 - 10）。在本章，我们介绍开发网站需要的硬件和软件，这些是优化网站性能的重要部分。

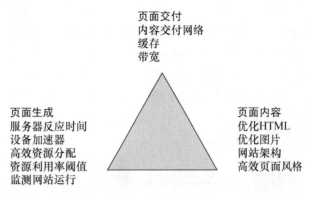

图 4 - 10　优化网站性能

说明：网站优化要求包括三个方面：页面内容、页面生成和页面交付。

使用高效的方式和技术进行页面设计和内容展示可以减少 2～5 秒的反应时间。步骤包括减少不必要的 HTML 注释及空白部分、使用更高效的图片和避免不必要的链接。页面生成速度可以通过分散服务器功能（例如静态页面生成，应用程序载入，多媒体服务器和数据服务器）和使用提供商的多种设备来加快。使用一个或多个服务器来实现不同任务可以减少超过 50% 的吞吐量。加速页面交付可以使用缓存设备（例如阿卡迈）或者增大本地带宽。在本章我们只讨论上述部分因素，完整地介绍优化网页性能超出了本书讨论的范围。

4.3　选择服务器软件

除了远程通信，软件和硬件构成了电子商务网站的基础设施。作为一名负责构建电子商务网站的商务经理，对这两者你都要有所了解。

4.3.1　单层式与多层式网站构架

在电子商务蓬勃发展之前，网站的功能非常简单，只是响应用户通过浏览器发出的 HTML 页面请求，再把网页传回至用户端即可。与此对应，网站使用的软件也非常简单——整个网站就是一台运行基本网络服务器软件的计算机。我们把这种配置称为单层式系统构架。**系统构架**（system architecture）是指信息系统内部用以实现特定功能的软件、硬件以及任务作业的配置方式（与房屋构架的概念非常相似，即用以实现特定功能的建筑材料的搭配方式）。许多网站都以不存在现金交易的方式运营。成千上万的网络公司也是如此。订单可通过电话而不是在线方式下达。

但是，随着电子商务的不断发展，人们对网站的功能提出了更高的要求，如响应用户输入（姓名、地址输入表单）、处理客户下达的商品订单、即时完成信用卡结算、咨询价格与商品信息数据库，甚至还可能需要根据用户端的设置自动调整页面广告在屏幕上的位置。这种在功能上有了极大扩展的网站需要网络应用服务器和多层式系统构架的有力支撑。网络应用服务器是一套特殊的软件程序，用于处理各种与电子商务相关的交易流程。我们将在后面的内容中对其详细讨论。

除了安装专门的网络应用服务器软件之外，电子商务网站还必须具备从企业现有数据库中提取数据并向其添加信息的能力。这些在电子商务出现之前就已投入使用的数据库通常称作后台或现有的数据库。企业过去曾经为这些系统投入巨资，并且在这些数据库中存放客户、产品、雇员以及供货商的重要信息。这些后台系统共同构成了多层式网站中的一层。

图 4-11 显示了一个简单的两层式电子商务网站的系统构架，以及一个复杂的多层式电子商务网站的构架。在**两层式构架**（two-tier architecture）中，网络服务器响应来自客户端的网页请求，数据库服务器提供后台数据存储功能。**多层式构架**（multi-tier architecture）则与此不同，网络服务器与实现特定功能的一系列应用服务器构成的中间层，以及存放产品、客户和价格等信息的企业现有系统构成的后端层相连。多层式网站通常需要配备多台计算机，每台机器都运行特定的软件程序，各台机器之间还要实现数据共享。

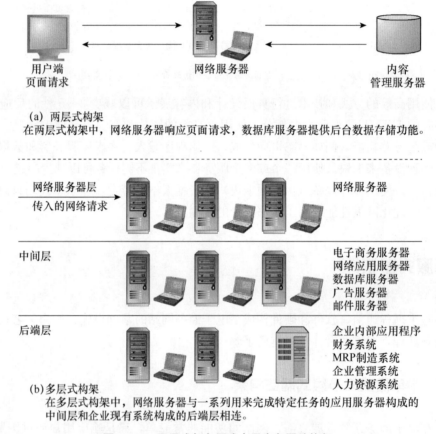

（a）两层式构架
在两层式构架中，网络服务器响应页面请求，数据库服务器提供后台数据存储功能。

图 4-11　两层式与多层式电子商务网站构架

后面将讨论基本的网络服务器软件功能以及各类网络应用服务器。

4.3.2　网络服务器软件

所有的电子商务网站都需要安装基本的网络服务器软件，以响应用户发出的 HTML 和 XML 页面请求。

企业在选择网络服务器软件的同时，也要为网站的计算机选择合适的操作系统。Apache 是目前网络服务器软件市场的领头羊，但该软件只能在 Unix 和 Linux 操作系统中运行（Netcraft，2016）。Unix 是在互联网和万维网上最早使用的编程环境，而 Linux 是专为个人电脑设计的 Unix 的衍生系统。Apache 由全世界的网络高手共同开发，不仅可以从很多站点免费下载，而且可以安装在大多数的 IBM 网络服务器中。目前，全世界有数以千计的程序员成年累月地投身于 Apache 的完善工作，因此该软件已经相当稳定。此外，成千上万专为 Apache 开发的软件工具也已问世，这些工具可以提供当前电子商务网站所需要的所有功能。但是，为了使用 Apache，企业必须雇用精通 Unix 或 Linux 操作系统的专业人员。

微软的 Internet Information Server（IIS）是另一种非常流行的网络服务器软件。IIS 基于 Windows 操作系统，同时兼容许多微软开发的软件或其他支持工具。

此外，还有至少上百家小型网络服务器软件提供商以及开源的网络服务器软件。需要注意的是，不同的网络服务器软件对网站用户的影响微乎其微。不论你选择哪种开发环境，用户最终看到的页面效果都是一样的。不过，微软的开发套件与其他产品相比，具有很多优势，如紧密集成、功能强大且易于使用。但从另一方面考虑，Unix 操作系统则在可靠性和稳定性上又胜一筹，而且全世界的开放软件支持者在不断开发和测试基于 Unix 平台的网络服务器软件。

表 4-4 列举了所有网络服务器软件都具备的一些基本功能。

表 4-4　网络服务器软件的基本功能

功能	说明
处理 HTTP 请求	接收并响应客户端发出的 HTML 页面请求
安全服务（安全套接层）/传输层安全	检验用户名和密码；处理信用卡结算以及其他安全信息交流所需的数字证书和私有/公开密钥
文件传输协议	提供服务器之间的大型数据文件的传输服务
搜索引擎	为网站内容编制索引；具备关键字检索功能
数据获取	对所有访问以及相关的时间、期限和来源等信息的日志文件记录功能
电子邮件	发送、接收和存储电子邮件的功能
网站管理工具	计算并显示网站的主要统计数据，如访问者数量、页面请求数量以及请求的来源。此外，还应当具备检验网页超链接的功能

网站管理工具

第 3 章已讨论过表 4-4 中列举的大多数网络服务器软件的基本功能，但还有一项功能没有加以论述，那就是**网站管理工具**（site management tools）。如果你希望网站能够持续稳定地工作，并且希望能够随时了解网站运行的状态，网站管理工具就是一件必备的利器。网站管理工具可以检验页面中的超链接是否依然有效，也可以帮你找出网站中的孤立文档，即不与任何页面发生关联的文档。通过对网站中所有页面的超链接进行测试，网站管理工具能够迅速找出用户可能会遇到的潜在问题和错误。在你的网站遇到"404 Error：Page Does Not Exist"会给顾客留下不好的印象。那些被移动或被删除的超链接通常称为死链接，用户试图访问这些链接时就会收到错误提示。定期检查所有的链接对网站的运营大有益处，可以有效地避免挑剔的用户一怒之下将业务转向其他网站的情况出现。

更重要的是，网站管理工具可以帮助你了解网站上的消费者行为。此外，还有一些网站管理软件和服务值得购买，如 Webtrends 提供的各种服务。这些软件或服务可以帮助你更加有效地监测客户在网站上的购买行为和网站营销活动效果，并且让你随时掌握页面点击总数和页面访问信息。这些服务能够让你追踪在互联网、移动端和社交网络三个平台上的电子商务网站。图 4-12 包含两张介绍网站分析工具——WebTrends Analytics 10 的截图。

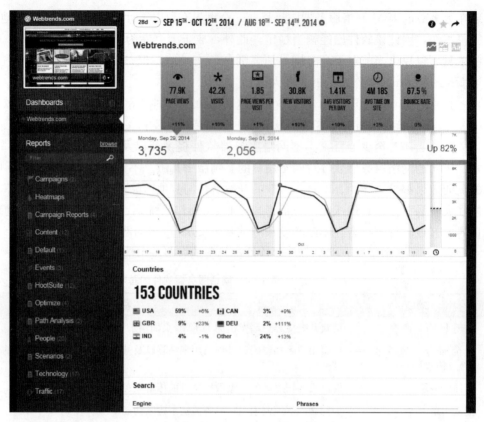

图 4 - 12　Webtrends Analytics

说明：使用 Webtrends Analytics 等复杂网络分析解决方案，管理人员可以快速了解其在线营销工作的投资回报率，并确定如何通过脱离路径、产品偏好和针对不同类型客户的成功广告系列等元素来提高转化率。
资料来源：Webtrends，Inc.，2014.

动态页面开发工具

在众多协助网站运行的工具中，动态页面开发工具无疑是最具创新性的工具之一。电子商务出现之前，大多数网站都只能向用户发送内容固定不变的静态 HTML 网页。尽管静态页面足以展示图片和产品信息，但回想一下表 4 - 2 中列举的典型电子网站必备的各种功能，或者参照一家你认为非常优秀的电子商务网站，你就会发现静态页面还远远不够。成功的电子商务网站的内容总是不断更新，而且通常是一天一换，因为每天都会有新产品和新的促销方式与消费者见面，会有价格的改变、新闻事件的报道以及优秀用户的介绍。由于用户不仅希望看到页面，更希望得到产品、价格、实用性以及库存数量等信息，因此电子商务网站必须随时保持与用户之间的密切交流。动态性最强的网站当数拍卖网站 eBay。在 eBay，网页的内容每分钟都在变化。所以，电子商务网站与现实的市场是很像的——它们都是动态变化的。由于新闻故事在不断变化，新闻网站也是动态变化的。

电子商务网站的动态和复杂特性，需要能支持静态 HTML 页面以外的专业软件工具的支持。在这些工具中，最重要的莫过于动态页面开发软件。在**动态页面开发**（dynamic page generation）的概念中，网页的内容作为一个对象存储在数据库中，而不是直接使用 HTML 进行编码。当用户发出页面请求之后，该页的内容再从数据库中被调出。我们一般使用 CGI（Common Gateway Interface，公共网关接口）、ASP（Active Server Pages，动态服务器网页）、JSP（Java Server Pages）或者其他服务器端的程序从数据库中获取这些内容对象。我们将在本章最后一节对 CGI、ASP 和

JSP 加以讨论。这种方式比直接使用 HTML 编码更加高效，因为改变数据库中存放的内容比改变 HTML 网页的代码更方便。目前，称作开放数据库互联（Open Database Connectivity，ODBC）的数据库访问标准已经使得任何用 C 语言开发的应用程序可以通过 ODBC 驱动程序访问存储在任何数据库中的所有数据，而无须考虑使用的数据库软件和操作系统软件的类型。在这里，ODBC 驱动程序充当的是应用程序和数据库之间的转换器。大多数大型数据库的供应商，如甲骨文、SAP、Sybase 和 IBM，都可对 ODBC 提供良好的支持。Java 数据库连接（JDBC）是 ODBC 的一个版本，它将使用 Java 编程语言编写的应用程序和广泛的数据库连接。然而，虽然目前 ODBC 仍然是跨平台数据访问的标准，但是许多 Web 开发平台允许程序员直接连接目标数据库，这使 ODBC/JDBC 驱动程序不那么必要了。

与传统商业相比，动态页面开发使电子商务网站获得了成本及盈利优势。动态页面开发技术降低了菜单成本（改变商品描述和价格所带来的成本）。动态网页开发也允许简单的网上市场细分——向不同市场出售同一商品的能力。例如，你可能想根据顾客观看的次数来变动同一条横幅广告。在第一次接触到一条汽车广告时，你可能想突出品牌标志和独有特性。第二次观看时你可能想要强调一些特别的东西，比如用"受绝大多数家庭欢迎"来突出品牌的不同之处。这种能力也使得无成本的差别定价（将同一种商品以不同的价格卖给不同的客户）成为可能。例如，你可能想用不同的市场主题向企业和政府机构出售同一种产品。你可以将客户端文件置于 cookies 上，或者区别来访者是来自企业还是政府，这样你将能够针对企业或政府采用不同的市场营销策略和宣传材料。你可能想要以较低的价格回馈老顾客（如 DVD 或音乐曲目），而向新顾客抛出全价。总之，动态页面开发允许你将不同的资讯和价格传递给不同的顾客。

动态页面开发允许你使用内容管理系统。**内容管理系统**（content management system，CMS）被用来创建和管理网站内容。内容管理系统将内容的设计和展示（例如 HTML 文件、图片、视频、音频）与内容的创建相分离。网站内容保存在数据库中并和网站建立动态链接。内容管理系统通常包括：可自动适应新建立的或已存在内容的模板、使编辑和描述（标签）内容更加容易的 WYSIWIG 编辑工具，以及协作、工作流程和文件管理工具。通常，经验丰富的程序员需要安装这个系统，但在此以后，无经验的员工也可以简单地添加和管理网站内容。市场上有很多商用内容管理系统，从 Open Text、IBM、Adobe 和甲骨文提供的高端系统，到 Sitecore、PaperThin 和 Episerver 提供的中型市场系统，以及 Acquia、Clickability（Upland）和 Crownpeak Technology 提供的托管的软件即服务（SaaS）。还有一些开源网站管理系统可供选择，例如 WordPress、Joomla、Drupal、OpenCms 等。

4.3.3　应用服务器

网络应用服务器（web application server）是提供网站所需的特定商务功能的软件程序。应用服务器的基本思想是把商务应用程序与前台显示网页、后台连接数据库的细节工作分离。因此，应用服务器也是一种中介软件，不但可以帮助企业将原有的系统与客户保持继续连接，还可以为企业提供经营电子商务所需的所有功能。早期，许多软件公司曾为电子商务网站的各种功能开发了大量独立的专业软件，但这些专业软件很快就被集成的软件工具包取代。集成软件工具包可以一步到位，把电子商务网站需要的所有功能都集中在一种单一的开发环境中。

表 4-5 列举了市场中各种常见的应用服务器软件。表中的软件主要涉及提供网上销售产品功能的"卖方"应用服务器软件。而所谓的"买方"和"连接"应用服务器软件主要帮助企业实现与供应链合作伙伴的连接，或者帮助企业寻找特定零部件的供货商。目前，应用服务器软件的供应商

多如牛毛。对 Linux 和 UNIX 平台来说，许多应用服务器软件都可从各种网站免费下载。面对琳琅满目的选择，大多数企业最终都决定使用称作商务服务器软件的集成软件工具包。

表 4-5　应用服务器以及功能

应用服务器	功能
目录显示	为产品说明和价格提供数据库存储功能
交易处理（购物车）	接受订单并完成支付结算
列表服务器	创建并维护邮件列表，管理邮件方式的促销活动
代理服务器	监测并控制用户对网站主服务器的访问，提供防火墙保护功能
邮件服务器	管理电子邮件
音频/视频服务器	存储并发送流媒体内容
聊天服务器	为企业客服人员与顾客创建一个实时的文字与语音交流环境
新闻服务器	报道新闻，并提供新闻出处的链接
传真服务器	使用网站服务器，为企业提供传真收发的服务
群件服务器	为网上协同工作的员工创造一个类似工作小组的合作环境
数据库服务器	存储客户、产品和价格等信息
广告服务器	维护可通过网络访问的、存储网站横幅广告信息的数据库，并根据不同用户的习惯和特点显示定制化和个性化的广告
拍卖服务器	提供网上拍卖的交易环境
B2B 服务器	为企业间的商务往来提供买卖服务以及与市场的连接

4.3.4　电子商务商务服务器软件的功能

电子商务商务服务器软件（e-commerce merchant server software）可以为我们提供网上销售所需的基本功能，包括在线目录、购物车以及信用卡结算等。

在线目录

希望通过网络出售商品的企业必须在网站上向客户提供产品列表，即**在线目录**（online catalog）。商务服务器软件通常都带有数据库功能，可以帮助企业按照自己的需要建立在线目录。在线目录的复杂性和完备性与企业的规模和产品线的种类密切相关。小型企业，或者产品种类比较单一的企业，只需要在目录中提供文字说明和彩色照片就可以了。而大型的网站则可能需要考虑在目录中添加音频、动画或视频内容（对展示产品非常有效），或者提供各种交互性的服务，如由企业客服人员通过即时消息软件实时回答客户的提问。如今，大型公司都更广泛地使用视频流。

购物车

在线购物车（shopping cart）与现实中的原型非常相似，两者都可以帮助购物者暂时存放希望购买的商品，以备付款结账。两者的区别在于，在线购物车是网站服务器端的商务服务器软件的一个组成部分，允许顾客先挑选、查看、改变自己想要购买的商品，之后再点击按钮，进入实际采购流程。购物车中的数据会被商务服务器软件自动保存。

信用卡结算

通常情况下，网站的购物车系统与信用卡结算系统直接对接。信用卡结算系统可以验证购物者的信用卡，从卡中扣款，并在结算成功后将金额记入企业的账目中。电子商务软件套件通常提供具有这种功能的软件。如果没有信用卡结算系统，公司就必须与各信用卡发卡银行或结算中心分别签订结算协议。

4.3.5　商务服务器软件包（电子商务软件套件）

与使用各种独立的应用软件来开发网站不同，利用**商务服务器软件包**（merchant server software package）（也叫**电子商务软件套件**（e-commerce server platform））开发网站不仅方便快捷，而且成本低廉。商务服务器软件包/电子商务软件套件可以为我们提供一种集成的开发环境，满足我们建设一个完善的、以客户为中心的电子商务网站所需要的大部分功能需求。商家软件包的一个重要元素是可以显示商品、管理订单和取消订单的内置购物车。电子商务软件套件按照价格和功能的不同，可分为三种类型。

虽然现有的公司往往有足够资金购买商业服务器软件，但许多小公司和初创公司都没有足够的资金。根据你的编程经验和时间，你可以有两种选择。一种选择是利用网站提供的电子商务商业服务，用户可以根据定制模板轻松地创建一个电子商务网站。例如，雅虎 Aabaco Small Business 提供每月 29 美元的基础套餐，并且对每笔交易收取 1.5% 的交易费。电子商务模板是一个预先设计好的网站，用户可以根据自己的业务需求定制网站的外观，并且网站提供一套标准的功能。当今大多数模板都包含即买即用的网站设计，其中已经内置电子商务功能，如购物车、付款结算和网站管理工具。基础套餐还包括移动端店面、搜索引擎优化工具、社交媒体支持以及各种其他营销工具。Bigcommerce、Homestead、Vendio 和 Shopify 等公司也提供类似的服务。

如果你有一定的编程背景，你可以考虑使用开源商务服务器软件。**开源软件**（open source software）是由程序员和设计师社区开发的软件，可以自由使用和修改。表 4-6 提供了一些开源软件的描述。使用开源网站构建工具的优点在于，你可以获得自己真正需要的功能，开发一个真正的定制网站。缺点是会花费一个工程师几个月的时间来创建网站并使各工具有序运行。从一个创意诞生到投入市场的过程，你愿意等几个月呢？

表 4-6　可供选择的开源软件

商业服务器功能	开源软件
网络服务器	Apache（首屈一指的网络服务器，专为中小企业打造）
购物车、在线目录	osCommerce、Zen Cart、AgoraCart、X-cart、AspDotNetStorefront 等许多供应商
信用卡结算	信用卡认证是购物车软件的典型功能，但你也需要银行的商业账户
数据库	MySQL（首屈一指的开源商用 SQL 数据库）
编程/脚本语言	PHP 是一种嵌入 HTML 文件的脚本语言，服务器端对 HTML 进行简单编辑，但只能由服务器来执行。PERL 是另一种可选的语言。JavaScript 程序是向用户提供界面组件的客户端程序。Ruby on Rails（RoR，Rails）和 Django 也是受欢迎的开源应用框架
分析工具	分析工具追踪网站客户的行为和成功的广告促销活动。如果你在谷歌投放了广告，你也可以使用 Google Analytics（是一种不错的跟踪工具）。大多数托管服务提供商也提供这种服务。其他开源分析工具包括 Piwik、CrawlTrack 和 Open Web Analytics

IBM WebSphere Commerce Express Edition 和 Sitecore Commerce Server（前身为微软的 Commerce Server）则属于中型应用套件。而专为大型跨国公司设计的高端企业解决方案是由 IBM WebSphere Professional and Enterprise Editions、IBM Commerce on Cloud、Oracle ATG Web Commerce、Salesforce Commerce Cloud（前身为 Demandware）、Magento、NetSuite 以及其他专业平台

提供的。许多电子商务软件平台现在可以在 SaaS 的基础上使用，SaaS 模式是将软件托管在云端并通过网络浏览器在客户端运行。这种模式使公司能够快速推出电子商务网站。例如，美国家庭用品零售连锁店 Williams-Sonoma 使用 NetSuite 的网络托管电子商务软件，仅花了 3 个月便在澳大利亚推出了该公司的电子商务网站（Dusto，2014）。目前，提供电子商务软件套件的企业已达上百家之多，使得企业更难做出明智的决定。

选择电子商务软件套件

面对如此众多的厂商和产品，该如何选择适合自己的软件套件呢？对这些软件工具包进行评估并从中选出适合自己的一款软件套件，将会是你构建电子商务网站时所做出的最重要的决策之一。此外，真正需要企业投入巨资的环节并不在软件本身，而在于培训员工使用这些软件，并把这些软件工具与企业现有的业务流程和组织文化紧密结合起来。以下是你在选择电子商务软件套件时必须考虑的一些重要因素：

- 软件功能，包括基于 SaaS 的可用性；
- 软件对不同业务模式的支持程度，包括移动电子商务；
- 是否具备业务流程建模工具；
- 是否具备可视化网站管理与报告工具；
- 软件的性能与可扩展性；
- 与企业现有系统的集成程度；
- 与各种行业标准的兼容程度；
- 是否支持不同地区的销售税金计算与购物规则。

例如，尽管电子商务软件套件承诺可以为我们实现一切，但企业可能还是会需要一些特殊的功能，如流媒体格式的视频和音频服务。因此，你需要列出网站所有必备的商务功能。企业也有可能同时采用多种业务模式，比如零售与 B2B 同时兼顾或超额库存拍卖与固定价格销售兼而有之。因此，你必须保证选用的软件包能够支持企业所有的业务模式。当然，你还有可能希望改变现有的业务流程，如改变现有的订单生成和订单执行流程，那么你一定要清楚所选用的软件包是否包含业务流程和工作流程建模工具。如果你希望对网站的运作有所了解，可视化报告工具就显得必不可少，因为这些工具可以使整个网站的运作流程高度透明，企业所有的员工都能轻松理解。众所周知，随着网站的访问量和交易量上升到每小时甚至是每分钟就数以千计，功能不健全的软件工具包将会极大地影响网站性能。所以，在正式做出决策之前，你需要对试用版的软件工具包进行性能测试，或者向软件提供商索要相关的软件性能负载数据，以确认该软件工具包的性能与可扩展性。由于需要把电子商务软件套件与企业现有系统进行集成，你还需要考虑软件工具包与企业现有系统的集成程度，以及自己的下属是否能够高效地完成这些集成工作。目前，技术环境的快速变化尤其是移动电子商务领域的日新月异，已经使电子商务软件套件对现有行业标准的兼容程度，以及如何适应未来技术的发展都变得非常关键。最后，由于企业的电子商务网站可能会同时面向本国市场和国际市场，你还需要设计进行外币结算的外语页面，也需要在各地区和各国的税务系统中确定销售税金的计算方法。因此，你必须确定所选用的电子商务软件套件是否能够满足这些高标准的全球化和本地化要求。

4.4　电子商务网站的硬件选购

不论选择自主维护网站，还是选择外包维护和运行网站，你都需要了解一定的计算机硬件平台的相关知识。**硬件平台**（hardware platform）是指系统实现电子商务功能所依赖的计算机设备。你的最终目标就是保证硬件平台有足够的能力应对网站可能遇到的访问高峰（避免出现超负荷运行的情况），但又不能花费太多。无法应对访问高峰意味着你的网站可能会变得非常迟钝，甚至崩溃。那么，多大计算能力和通信容量才够应对访问高峰？网站每天能承受的访问人数是多少呢？

为回答这些问题，你必须了解影响电子商务网站速度、容量和可扩展性的各种因素。

4.4.1　选择合适的硬件平台：按需配置

决定网站速度最重要的一点就是客户对网站的需求。表 4-7 列出了评估网站需求时需要考虑的因素。

表 4-7　正确评估电子商务网站平台的因素

网站种类	出版/订阅	购物	客户自助服务	交易	网络服务/B2B
示例	WSJ.com	亚马逊	Travelocity	E* Trade	Ariba e-procurement exchanges
内容	动态 多作者 高容量 非用户特定	目录 动态项目 用户配置文件 与数据挖掘	传统应用程序数据 多数据源	时间敏感 高波动 多供应商和消费者 复杂交易	传统应用程序数据 多数据源 复杂交易
安全性	低	私密的 不可否认性 诚信 认证 法规	私密的 不可否认性 诚信 认证 法规	私密的 不可否认性 诚信 认证 法规	私密的 不可否认性 诚信 认证 法规
安全页比例	低	中	中	高	中
交叉会话信息	无	高	高	高	高
搜索	动态 低容量	动态 高容量	非动态 低容量	非动态 低容量	非动态 中度容量
独有项目（SKU）	高	中～高	中	高	中～高
交易量	中	中～高	中	高～极高	中
集成复杂度	低	中	高	高	高
页面浏览数（点击量）	高～极高	中～高	低～中	中～高	中

网站需求着实复杂，并且取决于你所运营的网站种类。高峰时段同时在线用户、客户需求特征、内容的种类、安全需求、库存项目数量、页面请求数量、可能需要向网页提供数据的传统应用程序，都是影响网站系统整体需求的重要因素。

我们考虑的首要因素应当是同时登录网站的用户数量。总的来说，单个用户给网站服务器带来的负荷非常有限，并且不会持久。典型用户产生的网络进程是**无状态的**（stateless），即服务器与用户之间无须保持连续的专用交互连接。网络进程通常从页面请求开始，之后服务器响应请求，进程结束。每个用户的进程可以持续 1/10 秒至 1 分钟。无论如何，随着同时请求服务的用户越来越多，网站的性能将会显著下降。但令人感到欣慰的是，网站性能的下降（用"每秒完成的处理数量"和

"响应的等待时间"或延迟来衡量)有一个循序渐进的过程,直至网站的负荷达到顶点时才会出现,此时网站的服务质量也变得令人无法接受(见图 4-13)。

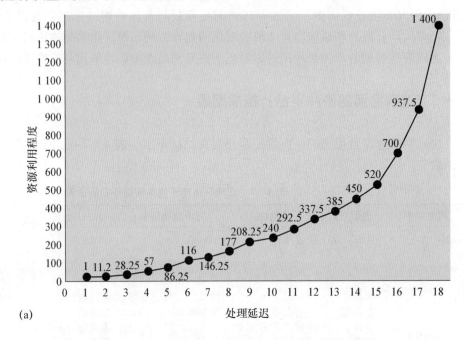

(a)

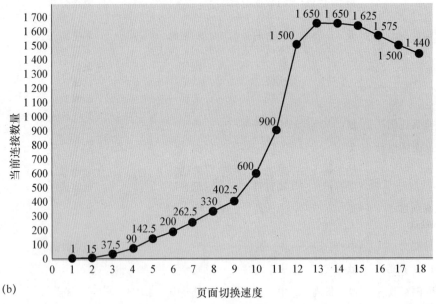

(b)

图 4-13 网站性能下降与用户数量的关系曲线

说明:当用户(连接)数上升或系统资源(进程、硬盘驱动器)利用程度提高时,服务器性能开始下降。在 (a) 中,处理延迟缓慢上升直至到达拐点,然后急剧上升到一个惊人水平。在 (b) 中,页面切换速度缓慢上升,而后随着用户数激增而迅速上升,在一个明显的拐点处因服务器迟缓或瘫痪而下降。

静态页面服务属于 **I/O 密集型服务** (I/O intensive),只需要输入/输出(I/O)处理,不需要强大的计算能力的支持。因此,网站的性能主要受服务器输入/输出的限制以及通信线路带宽的制约,与处理器的速度无关。

当估计网站性能的时候,其他需要考虑的因素包括用户配置文件、内容的性质。如果用户请求搜索、注册表单和通过购物车下订单,则对处理器的要求将显著提高。

4.4.2　选择合适的硬件平台：持续扩展

在大致确定了网站需求之后，应当考虑如何逐步扩展网站，以满足这些需求。我们已经讨论过一种不需要太多精力的解决办法：将网站外包给基于云的服务。还可以使用内容交付网络（CDN）的服务，比如阿卡迈。参见第 3 章关于云计算服务和案例研究中有关阿卡迈的内容。然而，如果你决定自己建立一个网站，可扩展性是一个需要考虑的因素。**可扩展性**（scalability）是指网站为了保证需求得到满足而不断扩大规模的能力。你可以采取以下三种方式来保证自己的网站能够始终胜任服务：垂直扩展硬件，水平扩展硬件，改进网站的计算构架（见表 4-8）。**垂直扩展**（vertical scaling）是提高单位组件的计算能力，**水平扩展**（horizontal scaling）是增加多台计算机来分担工作量并增大设备安装所需要的场地（IBM，2002）。

表 4-8　垂直扩展和水平扩展

技术	应用
使用更快的计算机	应用于边缘服务器、演示服务器、数据服务器等
创建计算机群	使用平行计算机以均衡负载
使用应用服务器	优化专门任务的特殊用途计算机
分担工作量	将传入任务分派给专门计算机
批处理请求	将有关数据请求集合成组，成组处理
管理连接	将进程和计算机之间的连接减到最少
聚合用户数据	将传统应用程序中用户数据集合到单一的数据池中
缓存	将高频使用的数据置于缓存而不是硬盘中

你可以把网站服务器从单处理器升级为多处理器，以实现垂直扩展网站的目标。你可以根据操作系统的情况不断向计算机添加处理器，并使芯片速度升级到更快。

但是，垂直扩展也有两个缺点。第一，由于扩展持续的周期较长，这种方式下购买设备的成本较高。第二，网站完全依赖少数性能强大的服务器才能保持运转。如果你有两台服务器，而其中一台死机，那么半个网站甚至整个网站就会彻底崩溃。

水平扩展网站可以通过在网站中增加多台单处理器服务器，并在各服务器之间平衡负载这种方式实现。当然，你也可以把网站的负载分类，让一些服务器专门负责 HTML 或 ASP 页面的请求，另一些服务器专门执行数据库相关操作。此时，你需要使用专用的负载平衡软件（这类软件的提供商有很多，如思科、微软和 IBM），将进入网站的请求引导至不同的服务器。

水平扩展系统的方式具有许多优点，不仅成本低廉，还可以充分利用企业准备淘汰的计算机资源。水平扩展同时也为系统引入了冗余——如果一台服务器出现故障，其他服务器会立即接管该服务器所有的负载。但是，当你的网站从一台服务器扩展到 10 台或 20 台服务器后，网站物理设施（即"场地"）的需求量随之激增，网站也变得更加复杂而难以管理。

第三种扩展方式——改进计算构架是垂直扩展方式和水平扩展方式的巧妙综合。表 4-9 列举了一些在改进网站的计算构架时常用的策略。其中，大多数计算构架改进方法都包括把网站的负载分为 I/O 密集型服务（如网页服务）和 CPU 密集型服务（如订单处理）。这样，你就可以对每种服务使用的服务器分别进行优化。由于内存的速度比硬盘的速度快上千倍且价格低廉，因此为部分服务器添加内存，将网站所有的 HTML 网页存放在内存中，是一种成本较低的优化方案，它可以有效减少硬盘负担并显著加快网站的反应速度。而将网站中的 CPU 密集型服务如订单处理，转移至专门用于订单处理和访问数据库的多处理高端服务器，则是另一种行之有效的改进方案。根据测算，经过表中列举的一系列改进策略的优化后，一个同时向 1 万名用户提供服务的网站的服务器数量可以从 100 台减少至 20 台。

表 4 - 9　改进网站的计算构架

构架改进	说明
静态与动态内容分离	为每种类型的任务准备独立的服务器
缓存静态内容	将服务器的内存增加至 GB 水平，把静态内容直接存放在内存之中
缓存数据库查询表	缓存用于查询数据库记录的表单
强化专用服务器的商业逻辑功能	将购物车、信用卡结算和其他 CPU 密集型服务配置在专用服务器中
优化 ASP 代码	反复测试代码，以确保代码运行高效
优化数据库平台设置	检测数据库的搜索时间，采取措施尽量减少数据库的访问时间

4.5　其他电子商务网站工具

现在，我们已经了解了影响网站速度、容量和可扩展性的主要因素，接下来继续讨论建立网站需要考虑的另外一些重要问题。你需要为网站的商务功能准备一个严密的设计方案，因为电子商务网站不需要哗众取宠，而是要实实在在地向顾客出售商品。你需要掌握将动态、交互的内容引入网站的技巧，因为网站不能只有静态 HTML 页面。你还可能非常希望记录进入、离开和重回网站的客户信息，从而向他们提供欢迎消息（"你好，萨拉，欢迎再次惠顾"），并追踪客户在网站的活动，随时向他们提供个性化和定制化的服务。你肯定还希望客户能够在你的网站上生成内容并反馈，以提高他们对品牌的参与度。最后，你需要为网站制定一系列的信息策略，包括隐私策略、易用策略、信息访问策略等。

为实现上述商务功能，你必须了解可以满足这些商务需求的网站设计思想及低成本的辅助软件工具。

4.5.1　网站设计：以基本商务功能为本

本书并不是关于网站设计的教材（在第 6 章中，我们也只是从营销的角度出发，讨论网站设计的相关问题）。但是，作为一名企业的管理人员，你必须就确定的设计目标与网站设计人员进行沟通，以使他们知道你对目前设计工作的想法。从最低要求来看，顾客必须能够在网站中找到自己所需的东西，然后购买，最后满意离开。恼人的网站存在永久失去顾客的风险。表 4 - 10 列出了用户最有可能抱怨网站的原因。

表 4 - 10　电子商务网站中一些让用户烦恼的特点

需要用户查看广告或简介页面才能看到网站内容	不支持浏览器的返回键
弹出广告和窗口	没有可用的联系方式（仅限网络表单）
获得内容需点击的次数过多	过分矫饰（不必要的 splash/flash 显示或动画）

死链接	自动播放音频或视频
导航混乱，无搜索功能	设计元素不专业
需要注册和登录方可查看内容或订购	由于尺寸、颜色、格式的原因文字不容易辨认
网页加载过慢	网页显示错误
内容过期	没有退货政策或退货政策不明确

　　一些评论家认为，设计失败的网站远比设计成功的多，明确网站如何吸引用户要比明确如何设计一个优秀的网站容易许多。在设计非常糟糕的电子商务网站中，消费者很难寻找产品信息，购买程序也异常烦琐；此外，丢失的页面和失效的链接随处可见，导航结构令人晕头转向，而且经常出现无法关闭的恼人的图片和声音。表 4-11 列举了设计优秀的电子商务网站的几点成功之处。

表 4-11　设计优秀的电子商务网站的 8 个成功要素

成功要素	说明
功能完备	网页可快速加载，有效地将用户引向网站销售的商品
信息丰富	具备可帮助消费者轻松找到更多企业和产品信息的链接
简单易用	具备简单的傻瓜型导航工具
多重导航	具备指向同一内容的多条导航通路
购买方便	只需一两次点击就可完成购买
支持多种浏览器	网站必须与大多数流行的浏览器兼容
图片简单	避免出现用户无法控制的令人厌烦的图像和音频内容
文本清晰	避免使用容易造成文本扭曲或字体不清晰的背景

4.5.2　网站优化工具

　　从商业的角度来说，一个网站只有来访者众多才是有价值的。大多数顾客寻求产品或服务的第一步就是打开搜索引擎，通常浏览页面上的前 3~5 页目录，然后会看看右边的赞助商广告。你在搜索引擎页面的位置越靠前，你就越有可能获得较多的访问流量。第一页比第二页好得多。那么，如何以一种自然的（不必付费）方式登上搜索引擎的第一页呢？大多数搜索引擎都不一样，而且都没有公布它们的排名算法。这里有一些有效的方法：

　　● **元标记、标题、网页内容**：搜索引擎"爬取"你的网站，识别关键字和页面标题并将其编为搜索参数。将能够精确表现你所说所做的关键字密集使用在源代码的描述和关键词部分。试验一下，用不同的关键字看看哪些有效。"复古车"可能比"古董车"或"整修车"更能吸引顾客。

　　● **识别利基市场**：除了"珠宝"市场，还有"维多利亚珠宝"或"50 年代珠宝"等更具体的描述可以吸引对某一时代珠宝感兴趣的小型特殊群体。

　　● **提供专业知识**：白皮书、行业分析、问答页面、向导和访问历史是极好的建立用户信心、鼓励他们使用帮助和导航来浏览你的网站的方式。

　　● **加强联系**：鼓励其他站点链接到你的网站；建立博客吸引能够分享你网址链接的人。为你的公司建立脸书主页，并考虑使用推特或 Pinterest 来为你的产品建立粉丝群。

　　● **购买广告**：通过向搜索引擎付费和打广告来补充你的网站搜索优化。选择你的关键字，然后买下关键字与网站的直接联系。你可以制定预算和上限以防大额损失。观察每一个关键字为你带来的访问者数量。

● **本地电子商务**：建立一个全国型的网站可能会花费很长时间。如果你的网站对当地人很有吸引力，或者在本地出售产品，那么使用包含地址的关键字，这样人们可以在附近找到你。关键字中的乡镇、城市和地区名字会很有帮助，例如，"佛蒙特奶酪"或"旧金山蓝调音乐"。

4.5.3 动态与交互内容工具

我们知道，网站的交互性越强，网站的销售量就越高，回头客也会越多。尽管功能完备和简单易用是网站设计的首要目标，但你的网站同样需要具备与用户互动的能力，为用户营造一种栩栩如生的"动感"购物氛围。此外，你还应当根据顾客的个人需要为他们提供个性化的购物服务，按照顾客在网站中的行为表现或流露出的购买欲望为他们显示定制化的内容。为了实现这些目标，你需要仔细考虑哪些工具能够为你提供帮助。从简单的交互过程，如顾客提交姓名，到复杂的互动过程，如信用卡结算、用户喜好和反馈的实时记录，都需要专用程序的支持。下面向大家介绍一些常用的可以帮助网站实现高交互性目标的软件工具。

公共网关接口

公共网关接口（common gateway interface，CGI）是浏览器和网站服务器上运行的与用户进行互动的程序在通信时所遵循的一系列标准。CGI 允许可执行程序按照用户提交的请求访问网站内的所有信息。之后，程序就可以把所有收集到的内容整理成返回页面（HTML 网页、脚本代码、文本内容等），通过网络服务器送回至客户端。例如，如果用户点击了"我的购物车"按钮，服务器就会收到一条请求并运行一个相应的 CGI 程序。该 CGI 程序从数据库中找到用户购物车中的商品信息，并把信息返回给服务器。之后，服务器再把这些信息通过 HTML 页面展现在用户面前的显示器上。要注意的是，这里所有的计算处理都发生在服务器端（这也是 CGI 程序和其他类似的程序被称作"服务器端"程序的原因）。

CGI 程序几乎可以在任何编程语言中使用，只要它们遵循 CGI 标准。目前，Perl 是最流行的 CGI 脚本语言。通常来说，CGI 程序使用在 Unix 服务器中。CGI 的最大缺点就是可扩展性不高，因为必须为满足每个要求而创建新程序，这就限制了可被提交的并发请求数量。CGI 脚本在没有大量客户流量的小到中等规模应用程序上使用最佳。也可以使用网络服务器扩展工具，例如可以提高 CGI 的可扩展性的 FastCGI 以及 FastCGI 的一个更简单的版本——SCGI（Doyle and Lopes，2005）。

CGI 脚本也面临安全问题。2014 年，CGI 的一个重要安全漏洞被发现，这个漏洞在 Linux 和 Unix 操作系统使用的命令行 shell 中。这个漏洞被称为 Shellshock，它使得黑客能够针对 Apache 网络服务器上脆弱的 CGI 脚本进行攻击。这些类型的安全问题导致了一些网站托管服务要求客户使用 CGI 的替代方案，如 Rackspace。

动态服务器网页和 ASP. NET

动态服务器网页（ASP）是微软公司专为 Windows 平台开发的服务器端程序。从 1996 年问世至今，ASP 已经迅速发展为 Windows 环境中的服务器端网络程序的主要技术平台。ASP 可以帮助开发人员轻松地在数据库中添加记录、读取记录，运行 HTML 页面中的程序代码，并处理电子商务网站所有类型的交互表单。与 CGI 类似，ASP 允许浏览器和服务器之间进行互动。ASP 程序只能在装有微软 IIS 网络服务器软件的 Windows 服务器中使用。**ASP. NET** 于 2002 年 1 月首次发布，这也是微软的 . NET 框架的一部分，是 ASP 的继承者。截至 2015 年 9 月，ASP. NET 的最新版本是 ASP. NET 4. 6。ASP. NET 5，旨在为云和常规应用服务器提供一个改进的、现代化的跨平台网络框架，正在开发。

Java、JSP 与 JavaScript

Java 是帮助开发人员编写在客户端计算机运行的互动程序的编程语言，可以大大减轻服务器的负担。Java 由 Sun Microsystems 公司提出，起初只是一种消费类电子产品使用的跨平台编程语言。Java 旨在创建一种能够忽略操作系统，可在任何机器中运行的程序，即一次编写，任意使用（Write Once Run Anywhere，WORA）。如果操作系统（Macintosh、Windows、DOS、UNIX 和主流 MVS 系统的主机）都安装了专为本系统解释 Java 程序所用的 Java 虚拟机（VM），这一美好愿望就能实现。

但是，直到 1995 年，当 Sun Microsystems 发布第一个公开版本 Java 1. 0 时，人们才意识到 Java 更适用于互联网环境，而不是消费类电子产品。Java 程序（现在称为 Java applets）可以通过网络下载至客户端计算机，并完全在客户端计算机中运行。Java 程序的标识符也可以内嵌在 HTML 网页中，但这要求浏览器必须安装 Java 虚拟机。如今，主流浏览器中都包含用来运行 Java 程序的虚拟机。甲骨文公司宣称（甲骨文收购 Sun Microsystems 的时候接手了 Java），目前企业的台式机中有 97% 正在使用 Java。当浏览器访问带有 Java 程序的网页时，会向服务器发出请求并把程序下载至本地运行，之后再在页面中分配空间以显示程序运行的结果。Java 程序可用来显示各种有趣的图像，创建互动性极高的交互环境（如抵押计算），或者直接访问网络服务器。JDK（Java 开发工具包）8 和 Java SE 8 运行环境（用于运行 Java 应用程序）于 2014 年发布，据报道，可能在 2016 年推出的 Java 9 将重点放在平台的模块化上。如今，Java 仍然是最流行的编程语言之一，具有许多关键技术，例如谷歌、安卓移动平台（虽然不是苹果公司的 iOS）充分利用了这个语言特性。然而，Java 确实面临一些挑战。近年来，Java 一直受到安全漏洞的困扰，甲骨文公司一直在努力通过发布新版本和安全补丁来解决这个问题（Krill，2015）。

JSP 与 CGI 和 ASP 类似，是一种帮助编程人员将 HTML、JSP 脚本代码和 Java 集成在动态生成的网页中，以响应用户请求的页面编码标准。JSP 使用 Java servlets，即网页专用的在服务器端运行的小型 Java 程序，在服务器将网页发回至客户端前对网页的内容加以变更。目前，市场中的主流应用服务器软件都可为 JSP 提供良好的支持。

JavaScript 是一种由网景公司开发的编程语言，用来控制 HTML 页面中的对象，并处理页面与浏览器的交互。JavaScript 经常被用来验证用户输入的代码和各种商业逻辑功能。例如，用户注册表单就可以使用 JavaScript 检验用户是否输入了正确的电话号码、邮政编码或电子邮箱地址。在用户完成表单提交之前，还可以使用 JavaScript 对用户输入的电子邮箱地址的有效性进行验证。由于 JavaScript 更加稳定，且只能在 HTML 网页中运行，JavaScript 更容易被企业和市场接受。JavaScript 也被用作 Node. js 的一部分，Node. js 是用于服务器端应用程序（包括移动）的跨平台环境，已被 PayPal、沃尔玛和领英等公司使用。2015 年，Node. js v4. 0 发布，首次将 Node. js 和 io. js（构建于 V8（谷歌 Chrome 中使用的 JavaScript 虚拟机）上的 JavaScript 平台变体）合并到一个代码基中。Ajax（异步 JavaScript 和 XML）使用各种不同的工具（包括 JavaScript）来允许异步更新网页（即仅更新页面的一部分，而不必重新加载整个页面，以仅更改部分内容）。

ActiveX 和 VBScript

微软公司成功地开发出了 **ActiveX** 和 **VBScript** 编程语言，分别同 Java 和 JavaScript 进行竞争。当浏览器收到带有 ActiveX 控件（与 Java 程序对应）的 HTML 网页后，浏览器只是简单地运行控件中的代码。但是，与 Java 不同，ActiveX 能够完全地访问客户端资源，如打印机、网络、硬盘。VBScript 则与 JavaScript 的运行机制相同。当然，只有当用户使用 Internet Explorer（IE）时，ActiveX 和 VBScript 才会正常运行。否则，肯定有部分运行结果不能正确显示。然而，留给 ActiveX 和 VBScript 的时间也不多了。微软在自家浏览器 Microsoft Edge 上已经不再为二者提供支持，该浏览器在 Windows 10 系统中取代了传统的 IE。微软相信，由于 HTML5 的高性能，对 ActiveX 和 VBScript 的需求已经大大降低，并且认为取消 ActiveX 和 VBScript 能够增强浏览器的安全性。

ColdFusion

ColdFusion 是开发网络互动应用程序和移动应用所使用的服务器端集成开发环境。ColdFusion 由 Macromedia 公司推出而如今由安卓提供，它集直观的标识符脚本语言与标识符服务器脚本语言（CFML）于一身，可以显著降低互动内容的开发成本。ColdFusion 可以为使用者提供一整套用于视觉设计、编程、调试和安装的强大工具。最新版本的 ColdFusion 于 2016 年发布，提供更强大的创建移动应用的能力，以及一些新的安全功能和编程语言增强功能，并增加对互操作性的支持。

PHP、RoR 和 Django

PHP 是一种开源的通用脚本语言，尽管它也可以用于客户端图形用户界面应用程序，但最常用于在网络应用程序中的后端生成动态网页内容。PHP 也是许多网络应用程序开发框架的一部分，如 CakePHP、CodeIgniter 等，同时也是构建动态网站和网络应用程序的 LAMP（Linux、Apache、MySQL、PHP）开源网络开发模型的一部分（Perl 和 Python 有时会在一些 LAMP 项目中替换 PHP）。根据 W3Techs，PHP 是目前为止最常用的服务器端脚本语言（80% 以上的网站都使用 PHP，其服务器端编程语言是 PHP 能够识别的），远远超过 ASP. NET（约占 16%），然后是 Java（占 3%）。ColdFusion、RoR、Perl、JavaScript 和 Python 都不到 1%（W3techs.com，2016）。PHP 在黑客中也非常受欢迎；根据 Netcraft，几乎所有的网络钓鱼包都是用 PHP 编写的（Mutton，2015）。

Ruby on Rails（RoR）是基于 Ruby 编程语言的开源网络应用程序框架。RoR 是基于一种称为惯例优于配置或按照惯例编码（CoC）的规则开发的，这意味着该框架提供了一种结构化布局，可最大限度地减少程序员需要做出的决策数量，从而简化和加速开发。JavaScript 和 Ajax 高度集成到 RoR 中，可以方便地处理 Ajax 请求进行页面更新。一些基于 RoR 建立的知名网站包括 Shopify、Groupon、Indiegogo 和爱彼迎（Hegde，2015）。

Django 也是一个开源的网络应用程序框架。它是基于 Python 编程语言开发的。Django 针对创建复杂数据库驱动的网站进行了优化。它可以用来快速开发，该语言的特点在于尽可能自动化，并强调各种组件的可重用性，同时遵循 DRY（不要自我重复）编程原理。一些基于 Django 建立的知名网站包括 Instagram、Pinterest 和讽刺新闻网站 The Onion（Pinkham，2015）。

其他设计元素

一种让你的网站充满活力的简单办法是使用一些适当的小部件（有时也叫作配件、插件或小代码片段）。**小部件**（widget）是在 HTML 网页中自动执行的小块代码。它们是预先构建好的，并且其中许多是免费的。社交网络和博客都使用小部件向用户呈现来自网络（来自具体新闻资源的标题、声明、新闻稿和其他常规内容）、日历、时钟、天气、电视直播、游戏和其他功能的内容。你可以将这些代码复制到 HTML 网页中。你也可以从苹果公司的 Dashboard Widgets、Wolfram｜Alpha Widgets 和 SIMILE Widget 中获取小部件。还有为特定平台制作的小部件，例如 WordPress、

Amazon Widgets 和 Pinterest 的 Widget Builder。

糅合技术更为复杂，这涉及从一个程序中获取相应的功能和数据，并将其移植到另一个程序中。最常见的糅合技术包括使用 Google Maps 的数据和软件，并将其与其他数据相结合。例如，如果你有一个本地的房地产网站，你可以将 Google Maps 和卫星图像 app 下载到你的网站，以便访问者了解房产的邻里情况。现在有数以千计的 app 和 Google Map 进行糅合，从缅甸政治抗议地图到《财富》500 强企业的地图，这些都有相应的新闻故事和其他内容。其他糅合技术涉及运动、照片、视频、购物和新闻。

4.5.4　个性化工具

企业肯定希望自己的网站能够尽量满足每个顾客的不同需求，并像现实中面对面的交易市场那样，令人感到亲切。个性化（网站按照消费者的个人特性和消费记录为其提供个性化服务的能力）和定制化（随时改变产品配置，以更好地满足顾客需求的能力）是电子商务网站具备与现实交易市场相同魅力的两个关键因素，甚至可以帮助网上购物方式超越直接邮购和在市郊的大型购物中心采购等消费方式，赢得消费者的青睐。但是，在常见的人山人海的交易市场中，商家很难与消费者进行一对一的直接沟通，也很难做到按照消费者的个人要求对产品进行调整，目前大多数企业还是采取一种产品服务大众的方式进行生产和销售。

实现个性化服务和定制化服务的途径多种多样。例如，如果你知道访问者的个人背景资料，就可以为其提供个性化的网页内容。你也可以对每个访问者感兴趣的页面和内容加以分析，从中找出有用的数据。我们会在后面章节中从营销的角度出发，详细讨论这些方法。目前，在客户端计算机设置 cookies 文件是网站个性化和定制化服务使用的主要技术。cookies 是一种安装在客户端计算机中的小型文本文件，可以存放任何类型的顾客资料，如顾客编号、交易编号或所购物品。随后，当顾客返回网站，或需要进一步浏览信息时，服务器就可以从数据库中调出顾客的历史记录。这样，顾客所有的历史访问信息都被收集起来，网站就可以在这些数据的基础上为顾客提供个性化的内容和定制化的产品。

例如，当顾客再次登录网站之后，我们可以利用程序从 cookies 文件中读出顾客编号，再根据顾客编号从数据库中找出顾客姓名，并在网页上显示相应的欢迎消息。（"你好，玛丽！欢迎再次惠顾本站！"）当然，顾客采购的历史记录也可以被保存下来，用以向顾客推荐其他相关商品。（"您已经购买了扳手，是否还需要扳手工具箱？"）此外，定制产品的愿望也能够借助 cookies 得以实现。（"您似乎对 Word 的基础培训项目很感兴趣。我们有专为 Office 软件的初学者设计的 'How to Study' 计划。您是否愿意先观看在线演示？"）

我们将在第 6 章中详细论述 cookies 文件的使用方法，这里不再展开。

4.5.5　信息策略

在开发电子商务网站的同时，你也需要考虑网站应当采取哪些信息策略。你应当制定**隐私策略**（privacy policy），即向公众声明企业如何保护在网站中收集到的客户的个人信息。你还应当制定**易用策略**（accessibility rules），即确保残疾用户能够顺利使用网站的一系列设计目标。美国有 5 000 多万残疾人士，他们不仅需要借助专用设备完成出行，也需要借助专用工具使用计算机（请阅读社会透视专栏"构建无障碍上网时代"）。我们将在第 8 章中对电子商务信息策略做进一步的讨论，这里不再展开。

构建无障碍上网时代

在美国，有严重听力障碍的约有 4 800 万人，有严重视力障碍的有 2 000 万人。还有数百万人由于其他各种问题而无法正常使用电脑、互联网和移动设备。因此，对残疾人来说，互联网和移动设备并不友好。

目前，业界已经开始从几个方面着手解决这个问题。1998 年，国会修正了 1973 年颁布的《康复法》，要求接受联邦资助的组织必须对其电子和信息技术服务进行改造，以便残疾人能够使用。然而，早期的法院判决规定，这项立法只适用于物理空间，而不适用于虚拟空间。

《美国残疾人法案》（ADA）正在改变这一情况。2006 年，全国盲人联合会（NFB）因塔吉特（Target）网站无法被残疾人使用而发起集体诉讼。在一家联邦地区法院裁定 ADA 适用于互联网之后，塔吉特和 NFB 达成和解，同意将调整网站使其遵循网络辅助技术准则，并且支付 600 万美元的赔偿。2012 年，另一家联邦地方法院裁定，网站实际上可以被视为"公共场所"，因此属于 ADA 的管辖范围（National Association of the Deaf，et al.，v. Netflix Inc.）。例如，网飞的"Watch Instantly"功能并没有提供平等的访问权限，因为它必须作为"展览或娱乐场所"来提供服务。2012 年 10 月，网飞解决了这一问题，并同意在 2014 年之前对其所有流媒体视频加上说明。

虽然这些判决具有突破性意义，但其他判决表示，ADA 并不适用于只在线上运营而没有实体的公司。美国司法部（DOJ）的判决未能在这个关键点上做出明确的解释。2015 年，司法部表示对其无障碍政策做出转变，声明像大学这样的公共区域必须使其网站可以让所有人访问，而对于大学来说，网站访问对象不仅仅是学生，而是指所有的网站访问者。然而，截至 2016 年，司法部尚未颁布有关网络无障碍的官方规定；最近的一系列延误将官方规定的日期推迟到 2018 年。

然而，对于 H&R Block、在线杂货公司 Peapod 和在线教育公司 edX 来说，规定要求这些公司的网站符合残疾人访问的要求。2016 年，来自加利福尼亚州的一名盲人因为其网站缺乏文字描述并且表格上没有标签，对科罗拉多州的行李零售商提起诉讼并胜诉。这一案件标志着法院首次在审判前做出有利于原告的判决。目前大部分指控违反 ADA 的诉讼中，胜诉的都是网站。在不久的将来，应用程序也可能成为这类诉讼的目标。

2010 年制定的《21 世纪通信和视频可及性法案》（CVAA）也对可访问性产生了重大影响。CVAA 要求残疾人可以访问高级通信服务（ACS）。ACS 所涵盖的产品和服务包括电子邮件、即时消息和视频服务（如 Skype）等。电信公司、手机制造商、VoIP 服务提供商和设备制造商以及软件公司都受到这部法规的影响。还有一部分法规聚焦于视频节目的推送，要求在互联网或电视上播放的节目内嵌隐藏式的字幕。

为了确保可访问性，FCC 指出了一些可行的解决方案，例如符合万维网联盟（W3C）的网页内容无障碍指南（WCAG）2.0。WCAG 2.0 为各类组织提供了许多适应不同类型残疾人士的策略。这样的策略包括为任何非文本内容提供文本替代，以便将其替换为其他形式；使内容更容易看到和听到；与辅助技术的兼容性最大化，如屏幕阅读器软件。例如，在图像后面嵌入文本描述，并允许屏幕阅读器朗读这些描述。但只有在网站创建的时候就已经确保与这些工具的兼容性，屏幕阅读器才能有效地工作。在没有官方司法指南的情况下，WCAG 目前已经成为网站公认的指南。2016 年，纽约市遵循 WCAG，成为第一个通过独立法规来规范政府机构网站可访问性的主要城市。这样一来，其他城市也可能效仿。

FCC 确立了另一个可行的解决方案，包括使用为各种设备的操作系统开发的辅助功能 API，例如微软的 Active Accessibility 或苹果的适用于 iOS 和 OS X 的可访问性 API。第三方解决方案也是可行的，而且成本较低。为帮助业界制定解决方案，FCC 每年都为无障碍设备的进步颁发奖励。2016

年，获奖者包括 Unus Tactus（一款使认知障碍人士易于使用智能手机的应用程序）以及 Sesame Enable 项目（用户能够通过手势对智能手机进行控制）。

FCC 不要求所有设备或服务的各项功能对于每个残疾人都是可以访问的，而是在产品线上提供针对不同类型的残疾人的解决方案。此外，提供商可以表示某些可访问性解决方案是无法实现的，即无法在经费合理的情况下实现。然而，像脸书这样的大型科技公司正在为改善其可访问性而投入前所未有的资源。世界上约有 10 亿残疾人，脸书、谷歌和其他网站试图通过改善可访问性来增加用户群体、降低法律风险并改善其大部分用户的上网体验。脸书正在开发可以总结图片内容的软件，而不需要上传者自行添加文本，并且已经开发了字幕技术以及更多的键盘快捷键。不过，还有很长的路要走。所有网站中至少有一半缺乏辅助功能。2015 年的一项研究发现，20 所顶尖大学中有 90% 没有达到可访问性标准。根据测试 ADA 合规性的软件，即使是 NFB 自己的网站也不过得到了一个 C＋。目前，NFB 已经改进了其网站，但其他公司可能需要昂贵的诉讼代价的威胁来提高其网站合规性。

资料来源："Chairman's Awards for Advancements in Accessibility," Fcc. gov, June 13, 2016; "Accessibility of Retailer Websites Under Americans with Disabilities Act," by Thomas J. Barton, *National Law Review*, April 21, 2016; "New York City Enacts Accessibility Standards for Government Websites," by John W. Egan, Adatitleii.com, April 14, 2016; "California Court Rules Retailer Must Make Its Website Accessible For Users With Visual Disabilities Under ADA," by Allan Weitzman and Laura Fant, *National Law Review*, April 12, 2016; "Facebook Taps Artificial Intelligence for Users with Disabilities," by Jessica Guynn, *USA Today*, March 26, 2016; "Court Orders Company to Make Website Accessible to the Blind," by Jacob Gershman, *Wall Street Journal*, March 25, 2016; "Will Apps Become the Next Disability Target?" by Frank C. Morris, Jr., Techcrunch. com, March 20, 2016; "Website Accessibility Lawsuits By the Numbers," by Kristina M. Launey, et al., Adatitleii.com, March 14th, 2016; "DOJ Delays ADA Regulations for the Accessibility of Private Websites to 2018," by Anne Marie Estevez and Beth S. Joseph, Morganlewis.com, December 7, 2015; "DOJ Shifts Position on Web Access: Stating in Court Filings That Public Accommodations Have a 'Pre-existing' Obligation to Make Websites Accessible," Lexology. com, July 8, 2015; "EdX Online Accessibility Settlement Reached," by Tamar Lewin, *New York Times*, April 2, 2015; "DOJ Forces Online Grocer Peapod to Make Website Accessible to Disabled," by Lydia Wheeler, Thehill. com, November 17, 2014; "DOJ Continues Aggressive Enforcement Relating to Website and App Accessibility Under ADA," by Crystal N. Skelton and Gonzalo E. Mon, Adlawaccess. com, December 4, 2014; "FCC Moves to Ensure Online Video Clips Are Accessible to Americans Who Are Deaf or Hard of Hearing," Fcc. gov, July 11, 2014; "Netflix and Deaf-Rights Group Settle Suit Over Video Captions," by Dara Kerr, Cnn. com, October 11, 2012; "Can a Web Site Be a Public Accommodation Under the ADA?," Timothy Springer, Webaccessibility. com, June 5, 2012; "W3C Web Accessibility Initiative〔Final Draft〕," WC3. org, June 2010.

4.6 移动端网站和移动应用开发

今天，建立网站只是开发电子商务服务的一部分。鉴于超过 90% 的互联网用户都会在某段时间内通过移动设备访问网络，当今的企业需要开发移动端网站、移动端应用、原生应用或混合应用，这样才能与客户、供应商和员工进行互动。而开发移动端服务的第一步是决定使用哪些扩展网络网站开发工具。

有多种移动电子商务平台可供选择，每种都有独特的优势和成本。**移动端网站**（mobile websites）是常规网站的另外一种版本，可以缩放内容和导航，以便用户找到自己想要的内容并快速进行决策或购买。我们可以通过个人计算机访问亚马逊网站，然后通过智能手机或平板电脑查看常规网站和移动端网站之间的区别。亚马逊的移动端网站更加简洁且互动性更强，适合手指导航并方便消费者进行决策。像传统网站一样，移动端网站在公司的服务器上运行，并使用标准的网络工具（如服务器端 HTML、Linux、PHP 和 SQL）构建。像所有网站一样，用户必须连接到网站，而网站性能将取决于用户的带宽。一般来说，移动端网站的运行速度要比传统网站（在连接办公宽带网络的台式机上进行浏览）的速度慢。如今，大多数大公司都有移动端网站。

移动网络应用程序（mobile web app）是一种在移动网络浏览器（该浏览器内置于智能手机或平板电脑中）上运行的应用程序。在苹果公司的产品中，原生浏览器是 Safari。一般来说，移动网络应用程序是为了模仿使用 HTML5 和 Java 的原生应用程序的效果而构建的。移动网络应用程序是根据不同的屏幕尺寸、手指导航和图形简单性，针对移动平台专门设计的。移动网络应用程序可以支持在游戏和富媒体中的复杂交互，执行即时计算，并且使用智能手机的内置全球定位系统（GPS）进行地理定位。移动网络应用程序的运行速度通常比移动端网站快，但不如原生应用程序快。

原生应用程序（native app）是根据移动设备的硬件和操作系统而专门设计的应用程序。这些独立程序可以连接互联网进行数据的下载和上传，即使设备没有连接互联网，也可以对这些数据进行操作。举例来说，将书籍下载到阅读器应用程序中之后，断开设备与互联网的连接，你仍然可以阅读你的书籍。由于各种类型的智能手机具有不同的硬件和操作系统，应用程序不是"一刀切"的，因此需要为不同的移动平台进行开发。我们知道，在 iPhone 上运行的应用程序无法在安卓手机上运行。正如你在第 3 章中学到的，原生应用程序根据其所针对的设备而使用不同的编程语言进行构建，然后将其编译为二进制代码，这样在移动设备上运行的速度会非常快，比基于 HTML 或 Java 的移动网络应用程序快得多。因此，原生应用程序是游戏、复杂交互、即时计算、图形操纵和富媒体广告的理想选择。

开发人员越来越多地将原生应用程序和移动网络应用程序的元素组合到混合应用程序中。**混合应用程序**（hybrid app）具有原生应用程序和移动网络应用程序的许多功能。像原生应用程序一样，它在移动设备上运行，并且可以访问设备的 API，使其能够使用移动网络应用程序通常无法访问的设备功能，例如陀螺仪。它也可以打包成应用程序，在应用商店发布。像移动网络应用程序一样，它基于 HTML5、CSS3 和 JavaScript，但使用设备的浏览器引擎。

4.6.1 制定计划并建立移动电子商务服务平台

什么才是适合你公司的移动电子商务服务平台？这取决于公司确立的业务目标，以及据此确定的移动端网站的信息要求。在本章的前一部分描述过系统分析和设计（SAD），尽管这和移动端形式有很大的差别，但它们是相似的。

第一步是确定你要实现的业务目标。表 4-12 说明了建立移动端网站时分析阶段的思考过程。为什么要开发移动端网站？是通过创建一个易于浏览的目录来促进销售，方便用户购买，还是通过创造有吸引力的互动体验来加强你的品牌效应？是让你的客户与客户社区进行互动吗？你的竞争对手如何使用他们的移动端网站呢？一旦明确了业务目标，你将能够描述所需的系统功能，并确定移动端网站的信息要求。

表 4-12 建立一个移动端电子商务网站的系统分析

商业目标	系统功能	信息需求
推动销售	数字目录；产品数据库	产品说明、照片、SKU、库存
建立品牌	向客户展示如何使用产品	视频和富媒体；产品和客户演示
建立客户社区	互动体验，与多个玩家进行游戏	游戏、比赛、论坛、注册脸书账号
广告与促销	利用优惠券和限时销售处理滞销商品	产品说明、优惠券管理和库存管理
收集客户的反馈意见	能够检索和存储用户的输入，包括文字、照片和视频	客户登录和识别；客户数据库

在确定了业务目标、系统功能和信息需求之后，你可以考虑如何设计和构建系统。现在是从移动端网站、移动网络应用程序或原生应用程序三者中进行选择的时候了。例如，如果目标是推广品牌或建立社区，原生应用程序可能是最佳选择，因为它可以让你提供丰富、互动性强和沉浸式的体验，从而加强客户与品牌的情感联系。由于原生应用程序本地存储在设备上，即使用户离线也可以访问，这能够提高用户对应用程序的参与度。此外，原生应用程序可以利用移动设备的独有特性，例如使用陀螺仪提供 360 度视图。如果目标是获得公众的关注、提供特定产品的具体信息或推动销售，那么选择移动端网站或移动网络应用程序更为合适，因为信息发布到移动网络非常简单而且价格不高，消费者仍然很乐意在网络上完成交易（尽管随着越来越多的零售商将电子商务功能直接添加到应用程序中，这种情况正在发生变化）。然而，这个选择逐渐不再是进退两难的决定。移动应用和移动端网站各自都有独特的优势，在大多数情况下，最好的策略是在所有设备上提供具有吸引力的内容。

4.6.2　移动端服务平台的设计考量

移动端服务平台与传统网站的设计有所不同，这是因为硬件、软件和消费者的期望不同。表 4-13 描述了一些主要的区别。

表 4-13　在设计移动端服务平台时需要考虑的一些功能

功能	对移动平台的影响
硬件	移动硬件更小，在数据存储和处理能力方面有更多的资源限制。
连接功能	移动平台的连接速度比传统网站更慢。
显示器	移动显示器要小得多，并且功能需要简化。有些显示屏在阳光下的显示效果不好。
界面	触摸屏技术引入了与传统鼠标和键盘不同的新的交互程序。移动平台虽然不是一个好的数据输入工具，却是一个好的导航工具。

设计人员在设计移动平台时需要考虑移动平台的限制。文件应尽量较小，并减少发送给用户的文件数。应该专注于几个有效的图形，并最大限度地减少发送给用户的图像数量。简化选择框和列表，使用户可以轻松滚动和触摸并选择选项。

移动端服务平台已经变得相当重要，当今开发的趋势是扭转传统的电子商务开发过程，从移动端服务平台而不是从传统网站开始开发（称为移动优先设计），而移动端服务平台正在加速这一过程。移动优先设计有几个优点。移动设备的设计不是像为传统网站创建全功能的设计，而是需要简化，移动优先设计的重点在于在移动平台的限制下创造最佳的体验，然后再渐进地添加传统平台的元素，逐步增强网站的功能。移动优先设计的支持者认为，强制设计师将重点放在考虑移动端网站最重要的地方，有助于创建精益高效的移动设计，其功能远远优于从传统平台开始设计这种陈旧的想法。然而，移动优先设计并非没有挑战。这对于更适应传统开发过程的设计师来说很困难（Byers，2013）。

移动端网站开发的其他重要趋势包括响应式网页设计和自适应网页设计。

响应式网页设计（responsive web design，RWD）工具和设计原理使得网站被设计成能够根据其正在查看的设备（无论是桌面设备、平板电脑还是智能手机）的屏幕分辨率自动调整布局和显示。RWD 工具包括 HTML5 和 CSS3，其三个关键设计原则包括使用灵活的基于网格的布局、可伸缩的图像和媒体以及媒体查询。RWD 对每个设备都使用相同的 HTML 代码和设计，但使用 CSS（它决定了网页的布局）来调整布局并显示屏幕的外形。对于具有相对简单功能的站点（比如主要传递内容的站点）并且用户不管使用何种设备都是以类似的方式使用的网站来说，RWD 站点通常有很好的效果。然而，使用 RWD 的代价不菲，通常需要对网站的界面进行彻底的重新设计。RWD 还有另一个问题，特别是在没有与移动设备的初次设计相结合时，响应式网站仍然具有传统网站的大小和复杂度，有时在移动设备上加载和运行速度非常慢。庆幸的是，如今已经开发了另一种称为自适应网页设计的技术来解决这个问题。

使用**自适应网页设计**（adaptive web design，AWD）（有时也称为自适应交付或具有服务器端组件的响应式网页设计（RESS）），托管网站的服务器会检测提出请求的设备的属性，并使用基于设备屏幕尺寸的预定义模板以及 CSS 和 JavaScript，加载为设备优化的网站版本。AWD 具有许多优点，包括加载更快，能够快速增加或删除功能，并且通常具有更好的用户体验，特别是对于那些在不同平台上用户意图有所不同的企业。例如，通过 AWD 创建其移动网站，Lufthansa 重点关注移动用户最有可能采取的行动，例如办理登机手续、获取航班状态信息和查找旅行行程，并在传统网站提供差异化体验（Pratap，2013）。AWD 的变体是通过基于云的平台来提供类似的功能。

4.6.3　跨平台移动应用开发工具

除了使用诸如 Objective C 或 Java 之类的编程语言（如第 3 章所述）从头开始创建原生应用程序，还有数百种低成本或开源应用程序的开发工具包可以使跨平台移动应用的创建变得相对容易、廉价，并且不必使用特定设备的编程语言。

Appery. io 就是一种跨平台移动应用开发工具，它是一种基于云平台的拖放视觉构建工具，可使用 jQuery Mobile 创建 HTML5 应用程序，并支持安卓、iOS 和 Windows Phone 应用程序。Codiqa 是一种与 Appery. io 类似的工具，它更容易使用，还提供了一个拖放界面，无须编写代码就能构建 100% 由 HTML5 开发的组件构成的应用程序。对于那些对技术不太了解的人来说，Conduit 是一种免费的移动应用构建器，可以让你的网站囊括各种功能，包括电子商务、通知和社交媒体状态更新。

PhoneGap 是一个更为偏向技术层次的移动开发框架，它使用 Apache Cordova 软件来利用 HTML、CSS 和 JavaScript 构建混合移动应用。MoSync 是另一种高级工具，用于开发适用于 iOS、安卓、Linux Mobile、Windows Mobile 和塞班（Symbian）操作系统的跨平台应用程序。Appcelerator 是一种类似的工具，但并不那么偏技术方向，可以用于创建和管理混合移动应用。

4.6.4　移动端形式的性能和费用考量

如果没有现成的网站，最有效的过程可能是考虑移动优先设计理念，首先设计移动端网站。或者，可以选择使用 RWD 或 AWD 技术构建传统网站。如果已经有一个不想完全重新开发的网站，则最实惠的方法是调整其大小，以创建一个智能手机友好的移动端网站。通常并不需要完全重新设计网站，而是需要减少图形和文字，简化导航，并专注于改善客户体验，以免消费者感到迷惑。由于你的客户有时可能仍然需要使用相对较慢的手机连接网络，因此你需要减少发送的数据量。另外，考虑到在移动设备上客户输入数据的困难，你不能期望客户愉快地输入长字符串的数字或文本。此外，请确保移动端网站使用的品牌图片与传统网站上的品牌图片相符。从一个大型全球企业的定制设计网站的 100 万美元到一个小企业花费不到 1 000 美元（如使用 Wix 或 MoFuse 提供的模板或移动端网站创建工具），开发移动端网站的成本可能差别巨大。

构建使用移动设备浏览器的移动网络应用程序需要比开发移动端网站付出更多的努力和费用，

并且将受到与任何基于浏览器开发的应用程序相同的限制。然而，它确实有一些优点，例如有更好的图形、更强的交互性和更快的本地计算，如在诸如 Foursquare 的移动地理位置应用中需要本地计算位置，然后再与站点的网络服务器进行通信。

建立移动端形式的最昂贵的方法是构建原生应用程序。尽管有许多新的开发包可以以最少的编程技术构建原生应用程序，但在这三种形式中，原生应用程序对编程技术的需求更高。此外，现有网站中几乎没有任何元素可以复用，你将需要重新设计界面的整个逻辑，并仔细思考客户体验。例如，有一个相当稳定的 HTML 传统网站界面，包括过去十年发展起来的按钮、图形、视频和广告。这对应用程序来说是不可用的。即使是用户也没有一套标准或期望，但是每个应用程序都看起来与其他应用程序不同。这意味着用户会接触到各种各样的应用程序设计，因此你的界面必须非常简单明了，大型传统网站上的许多提示音不能在移动端使用，网站必须更加精简和专注。这些弱点也是原生应用程序的最大优势：你有机会创造令人惊叹的独特客户体验，客户可以与你的品牌进行互动。如果你想要为客户提供更好的品牌体验，你的品牌与客户之间的互动应该是方便而高效的，那么原生应用程序是最佳选择。

嘉年华游轮的移动化

如果你想进行一次海上旅游，那么你免不了会乘坐一艘嘉年华品牌的游轮。通过一系列的合并、收购和合作，这家英裔美国公司现在已经有 10 条不同的游轮航线，包括 Cunard、Princess、Holland America、Seaborn 和 Carnival 等知名品牌。嘉年华游轮公司经营着 100 多艘游轮，每年运送 170 万名游客，拥有 20 多万个舱位，控制着全球 50% 的游轮市场。2015 年，该公司的收入高达 150 亿美元。2016 年，公司的收入保持稳定，但由于燃料价格下跌了一半，公司利润飙升了 50%。同年，嘉年华的市场价值达到 380 亿美元。

现在，假设一次终生难忘的航行就此开始。你报名参加了为期一周的加勒比群岛嘉年华游轮之旅，并期盼了很多年。你将在泳池旁边阳光普照的甲板上休息。这将是一个思考生活中重要问题的时刻，是一个让你与所有主宰你陆地生活的数字工具（如智能手机、电子邮件和普通电脑）隔绝的时刻。

然而，一旦上了船，现实问题就来了：你乘坐的是最新的嘉年华游轮——嘉年华微风号。它重达 13 万吨，能够容纳 3 600 名客人，足有 1 000 英尺长（3 个足球场），有 1 300 名船员，能为你提供充足的食物、娱乐活动，并让你得到充分的锻炼和快乐。这里有 10 家餐厅（从中餐、烧烤到意大利菜和牛排餐厅）、8 家酒吧、几家剧院、数家电影院、一个为孩子们准备的惊险剧场、一个 300 英尺高的滑水滑梯、一些为成年人准备的 spa、一场喜剧表演，甚至还有一个成人冥想中心。这些共分布在 15 个甲板上，每个甲板都有 1 000 英尺长。很快，你就会发现想要知道船上有什么是一个重大的挑战，更不用说知道它的位置，以及如何到达那里。这还是一个假期吗？你该从哪里开始你的假期？你需要帮助！

过去，嘉年华会通过船舶地图、宣传册、甲板上的视频展示、室内电视以及甲板上的乘务员（指挥交通，回答诸如"滑水道在哪里"和"我怎么去寿司餐厅"之类的问题）来解决产品发现和导航的问题。但技术已经发生了变化，越来越多的客户使用智能手机，并有着一系列新的期望和行动。他们想在智能手机上找到自己想要的东西，就像在家里用谷歌地图一样。他们想在他们的屏幕上显示这艘船的地图和方向。他们希望能发短信，并把照片寄给国内和国外的朋友。他们不想抛弃所有的数字连接，而是希望嘉年华能够满足他们的数字需求和愿望。客户需要一个船上的移动伙伴。因此，嘉年华需要一种新的模式来服务它的客户。

嘉年华的解决方案是嘉年华中心（Carnival Hub）app，这是一款时尚的、完整的、一目了然的指南，适用于苹果和安卓设备。这款 app 包含数百项活动的日程、餐馆和价格的列表、船只地图，以及对旅行者来说的重要信息——船上的费用。它还有聊天功能，船上的客户可以随时记录和分享体验。2015 年，嘉年华在一艘名为"嘉年华微风号"的船上推出了这款 app。超过 33％ 的乘客在第一次的旅行中下载并使用了这款 app。2016 年夏季，嘉年华在其船队中推出了嘉年华中心，到 2016 年 9 月，其 14 艘船上都配有嘉年华中心，其余的船只预计将在 2017 年 3 月之前配备。为了让客户与国内的朋友保持密切联系，嘉年华推出了一个价值 5 美元的社交媒体套餐，可以无限制地访问特定的社交网络，如脸书和 Instagram，但不能访问整个互联网。

设计这款时尚的 app 花费了一年的时间。设计师首先采访客户和员工，以发现他们最关心的问题。对于客户来说，如何跟踪他们在所有场馆的收费情况，如何发现哪些活动可以参加，以及如何找到船上的朋友并与他们聊天等问题是较为重要的。利用这些基本信息，设计师构建了旅行地图，展示客户在旅途中如何移动，他们在寻找什么，他们在哪里找到了关于活动和地点的信息，以及他们如何找到他们的朋友。这些信息帮助他们设计了 app 的行为地图，该地图描述了 app 中每个页面要显示的信息以及客户的客户流或导航模式。"旅行"的想法是描绘客户如何自然地使用 app。而"地图"被用来创建 app 页面的工作模型，以及页面之间的链接。

嘉年华正在积极拥抱移动应用，就像船舶指南一样，使其成为整个游轮体验的一部分。将博彩和游戏服务整合到移动应用程序库和甲板上的娱乐产品中是其移动策略的一部分。现在，嘉年华正利用这款名为 iGaming 的移动平台，通过基于赌注的免费游戏，包括 21 点、扑克、体育博彩和宾果（bingo），为游客提供一种移动赌场体验。游客能够通过苹果和安卓设备访问移动赌场 app，这些游戏由 Scientific Games 和 PokerTrek 等著名公司提供。在泳池边闲逛或者在自己的房间里放松时，客户可以打扑克，在赛马和体育赛事上下注。这才是一个真正的假期！

资料来源："They're the Biggest, Costliest Cruise Ships Ever Built. And They're Coming Here," by Chabeli Herrera, *Miami Herald*, October 30, 2016; "Carnival Expands Mobile App To More Ships," by Richard Simms, Cruiseradio. net, August 22, 2016; "Carnival Cruise Lines Art Direction Product Design UI/ UX," by Brad Harris, Behance. net, May 18, 2016; "Princess Plays Travel Matchmaker with New 'Places to Sea' Mobile Experience: Swipe Technology First of its Kind for Cruise Industry and Travel Planning," by Carnival Corporation & LLC, March 22, 2016; "Carnival Corporation & PLC Form10-K 2015," filed with the Securities and Exchange Commission, November 30, 2015; "Carnival to Expand Chatting App Fleetwide," by Fran Golden, *USA Today*, August 10, 2015; "Carnival Corporation, MSC Ramp Up Mobile Offerings with Shipboard Gaming Platforms, Apps," by Alex Samuely, Mobilecommercedaily. com, January 27, 2015; "Carnival Corporation Launches Shipboard Mobile Gaming Solution for Mid-Cruise Wagering Powered by Scientific Games," Prnewswire. com, January 23, 2015; "Carnival Cruise Line Launches New Shipboard Mobile App," Prnewswire. com, January 15, 2015.

案例研究

迪克运动产品：自己掌控电商平台的运营

迪克体育用品公司成立于 1948 年，由纽约宾汉姆顿的迪克·斯塔克（Dick Stack）创立，从当地的一家小型渔业和露营用品公司发展成为美国《财富》500 强企业。在 1984 年迪克退休后，他的儿子爱德华接手了这家公司。爱德华将公司从本地小商店发展成了大型体育用品公司。该公司销售运动服装、外套、运动鞋、健身器材和户外设备。公司总部设在宾夕法尼亚州，迪克还经营着两个较小的品牌：

Field & Stream 户外用品，以及提供高尔夫用品的 Golf Galaxy。迪克公司将小企业客户服务与大零售商的选择和价值观相结合，凭借电话和电子邮件响应时间以及交付速度等客户服务指标，超越了它的竞争对手。

与其竞争对手不同的是，迪克公司很快就开拓了在线渠道，并且相对于体育用品行业的竞争对手而言，它的电子商务的销售仍然很强劲。2015 年的行业调查显示，自 2010 年以来迪克的电子商务收入提高了 40%，而其竞争对手的电子商务收入同期增长了大约 20%。在大部分时间里，迪克的信息技术和电子商务需求都依赖于外部供应商。该公司的主要电子商务服务提供商是 eBay 以及 eBay Enterprise 电子商务服务套件。在迪克大获成功的一年时间里，eBay 解决了迪克的后端实现流程以及其电子商务的大部分业务。2014 年，迪克在互联网零售商 500 强榜单上居第 70 位。该公司 2015 年的营业收入比 2014 年的 6.38 亿美元增长了 19%，高达 7.48 亿美元，其中电子商务占全年销售额的 10%。

然而，迪克的整体收入在 2014 年出现了下滑，并且因为冬季反常的温暖，其收入在 2015 年继续下滑。在网络购物盛行的时代，迪克大型实体店的收入却占其总收入的大部分，这使得分析师对此持怀疑态度。迪克的规模已经扩大到与 eBay 的协议使公司损失巨额收入的地步。eBay 收取了所有迪克在网上销售的商品的固定佣金，不管这些物品有多大，即便处理昂贵的物品也不会比处理便宜的东西花费的多。随着迪克的电子商务销售继续增长，与 eBay 的交易成本也越来越高。

许多较大的企业已经开始将电子商务业务从外部供应商转向企业的控制之下，以避免这些费用。此外，公司难以从外部供应商定制预制的软件和服务。然而，一旦将电子商务业务迁移到公司内部，公司可以更容易地将自己的电子商务网站与竞争对手区分开来，并调整软件和服务以适合公司的能力。收回其电子商务业务的公司也可以更容易地访问其专有客户数据。遵循这一方法的公司包括：离开亚马逊网络服务部门建立自己的电子商务平台的塔吉特，以及还在使用 eBay Enterprise 的玩具反斗城（Toys 'R' Us）。

面对物质增长放缓以及降低房地产维护成本的压力，迪克察觉到电子商务以牺牲实体店销售为代价的趋势并做出了艰难的决策，计划在 2017 年之前接管自己的电子商务业务。公司网络销售的迅速增长给了迪克激励和资本去接管自己的电子商务交易。爱德华解释说，该公司将不再向 eBay 支付交易佣金，这部分资金将用于建立和维护电子商务基础设施所需的支出。他估计，该公司每年将会节省 2 000 万～2 500 万美元的开支，虽然接管电子商务业务总共需要支出 8 000 万美元，但成本将在 4 年内收回。

完全控制其电子商务业务将使得迪克能够更好地提供全方位的服务，例如为线上订单运送产品。为此，迪克还计划将其商店转变为配送中心以及传统的零售展示厅。这将提高运货效率并缩短交货时间，将过多的实体基础设施的弱点转化为经营优势。大约 80% 的电子商务订单在实体商店的地理区域内运送。迪克预计其商店不仅可以作为传统的零售展示厅，而且将成为微型配送中心。此外，客户还可以在网上下订单并在本地商店提货。为此定制其基础设施和网站功能以满足这些独特的功能，是公司希望接管其电子商务平台运营的原因之一。

这一过程经历了三个阶段。2014 年，迪克完成了其电子商务平台的开发，并开始整合其现有的系统。2015 年，迪克开始将其两个较小的品牌 Field & Stream 和 Golf Galaxy 推向平台，继续开展电子商务平台的开发工作。2016—2017 年，该公司计划在平台上重新推出迪克体育用品旗舰店网站。迪克已经推出了其中一个较小的网站，以确保平台的任何方面都没有大问题。2015 年，其两个网站的业务都很顺利。

迪克选择了 IBM Websphere 商务套件的电子商务技术栈，因为它加强了全渠道购物和完成订单能力。堆栈的核心组件还包括 Apache ServiceMix 面向服务的架构，供应链管理的 Manhattan Associates 订单管理系统，用于商品销售、分配和补货的 JDA 软件组，用于人力资源管理的 Oracle PeopleSoft，IBM 硬件，以及思科网络技术。Manhattan Associates 运营着迪克的 4 家匹兹堡配送中心，并通过 JDA 软件组将数据导入数据仓库，以供迪克从任意一个业务领域访问实时信息。

迪克优先考虑的新电子商务平台的具体特征包括在线购买商品并在商店获取商品的能力、商店进出货物的能力及其相关订购系统。该平台还具有按区域分解和测试不同定价和营销方法的能力，以及改进的搜索功能和更好的分析功能。迪克发现在开设新商店的地区电子商务销售额翻了一番，而多渠道客户的消费是单渠道客户的 3 倍。这就是为什么迪克的重点在于整合实体和虚拟销售以及全通道功能。将其所有的电子商务基础设施置于内部也使公司更好地控制开发周期，加快其测试和实施。

这个过程并不是没有风险。安装全新的电子商务平台并不容易。它涉及传统系统和新系统的整合，而不会失去对信息的访问，雇用大量新员工来管理系统，并避免实施延迟、成本超支、中断和其他延迟。将其大部分重点转向利润较低的在线渠道，并同亚马逊这样极具竞争力的竞争对手竞争也是一种挑战。迪克的其他竞争对手已经努力适应全方位的挑战。例如，Sports Authority 由于在 2016 年找不到买家而破产后，确定关闭所有剩余的商店。许多零售商发现，其电子商务业务增长并不足以抵消其勉强存活的实体业务部门。

不过，2016 年，迪克的电子商务业务增长持续强劲，相信它将会避免类似的命运。迪克希望到 2017 年将其电子商务收入增加到 12 亿美元，约为从 eBay 收回业务之前的 2 倍。迪克也希望继续建造实体店。截至 2015 年底，迪克在 47 个州拥有 644 家商店，以及 73 家 Golf Galaxy 商店和 19 家 Field & Stream 商店。公司认为，如果其实体店能继续推动在线销售，那么它可以在美国达到 1 100 家门店。2016 年，迪克公司开设了约 40 家新店。该公司希望，其变革后的电子商务平台和全渠道零售将继续推动实体店和在线业务的增长。

资料来源："Why Dick's Sporting Goods Decided to Play Its Own Game in E-commerce," by Larry Dignan, Techrepublic.com, April 21, 2016; "Dick's Sporting Goods Touts Omnichannel Success and New Store Growth," by Mike Troy, Chainstoreage.com, March 8, 2016; "E-commerce Wins Q4 for Dick's Sporting Goods," by Don Davis, Internetretailer.com, March 8, 2016; "Dick's Sporting Goods Posts Nearly 18% Growth in Q3 Web Sales," Don Davis, by Internetretailer.com, November 18, 2015; "Dick's Sporting Goods Opens a New Online Store," by Matt Lindner, Internetretailer.com, November 12, 2015; "Dick's Sporting Goods Could Get a Boost From E-Commerce," by Chris Laudani, Thestreet.com, September 30, 2015; "Dick's Sporting Goods Scores a 24.4% Gain in Q2 E-commerce Sales," by Don Davis, Internetretailer.com, August 18, 2015; "Toys 'R' Us Makes a Big E-commerce Play," by Don Davis, Internetretailer.com, July 9, 2015; "Dick's Sporting Goods Aims to Control Its E-commerce Destiny," by Larry Dignan, Zdnet.com, May 21, 2015; "Dick's Sporting Goods Plans to Double E-commerce Revenue by 2017," by Matt Lindner, Internetretailer.com, April 15, 2015; "A Slam-Dunk Year Online for Dick's Sporting Goods," by Don Davis, Internetretailer.com, March 3, 2015.

[案例思考题]

1. 为什么迪克决定离开 eBay 并接管自己的电子商务业务？

2. 迪克的全方位战略是什么？

3. 迪克迁移到新网站的三个步骤是什么？

4. 迪克新系统的主要好处是什么？

关键术语

SWOT 分析（SWOT analysis） 描述企业的优势、劣势、机会和威胁。

系统开发生命周期法（systems development life cycle, SDLC） 了解任何系统的商业目标并为之制定相应解决方案所普遍采用的一种方法。

商业目标（business objectives） 网站应当具备的各种能力。

系统功能（system functionalities） 实现网站商业目标的各种信息系统手段。

信息需求（information requirements） 系统为实现商业目标而必须具备的信息元素。

系统设计说明书（system design specification） 对系统主要功能模块以及模块间相互关系的说明。

逻辑设计（logical design） 描述电子商务网站的信息流、网站必需的处理功能、网站采用的数据库、网站使用的安全和应急备份程序以及整个系统的控制程序。

物理设计（physical design） 把逻辑设计转变为现实的网站组件。

外包（outsourcing） 雇用外部厂商来帮助企业完成自身无法实现的与建立网站相关的工作。

WordPress 开源内容管理和网站设计工具。

内容管理系统（content management system, CMS） 组织、存储和处理网站内容。

主机托管（co-location） 企业购买或租赁网络服务器（由企业完全控制服务器的运行），再把服务器放置在托管服务商提供的机房中，由托管服务商负责机房、通信线路以及服务器的日常维护工作。

单元测试（unit testing） 一次测试网站的一个程序模块。

系统测试（system testing） 按照典型用户使用网站的方式，对网站进行整体测试。

验收测试（acceptance testing）　检验企业最初制定的网站商业目标是否得以实现。

A/B 测试（A/B testing，拆分测试）　涉及向不同的用户显示网页或网站的两个版本，以查看哪一个效果更好。

多变量测试（multivariate testing）　涉及识别特定元素，为每个元素创建版本，然后创建每个元素和版本的独特组合以进行测试。

对比评测（benchmarking）　将本企业的网站与竞争对手的网站在响应速度、布局质量和设计水平等方面进行比较的工作。

系统构架（system architecture）　信息系统内部用以实现特定功能的软件、硬件以及任务作业的配置方式。

两层式构架（two-tier architecture）　由网络服务器响应网页请求，由数据库服务器提供后台数据存储功能的网站构架。

多层式构架（multi-tier architecture）　网络服务器与实现特定功能的一系列应用服务器构成的中间层，以及企业现有系统构成的底层相连的网站构架。

网站管理工具（site management tools）　检验页面中的超链接是否有效，并帮助网站管理员找出孤立文档的工具包。

动态页面开发（dynamic page generation）　网页的内容作为一个对象存储在数据库中，而不是直接使用 HTML 进行编码。当用户发出页面请求之后，该页的内容再从数据库中调出。

网络应用服务器（web application server）　提供网站所需特定商务功能的软件程序。

电子商务商务服务器软件（e-commerce merchant server software）　提供网上销售所需的基本功能的软件，如在线目录、购物车以及在线信用卡结算等功能。

在线目录（online catalog）　网站提供的产品列表。

购物车（shopping cart）　帮助购物者暂时存放希望购买的商品，使顾客在挑选、查看、改变之后再进入实际购物流程付款结账的软件系统。

商务服务器软件包（电子商务软件套件）（merchant server software package（e-commerce server suite））　提供集成开发环境，满足人们建设一个完善的、以客户为中心的电子商务站点的大部分功能需求的软件工具包。

开源软件（open source software）　由程序员和设计人员社区开发的软件，可以自由使用和修改。

硬件平台（hardware platform）　系统实现电子商务功能所用的计算机设备。

无状态的（stateless）　服务器与用户之间无须保持连续的专用交互连接。

I/O 密集型服务（I/O intensive）　只需输入/输出处理，不需要强大计算能力支持的服务。

可扩展性（scalability）　网站为了保证需求得到满足而不断扩大规模的能力。

垂直扩展（vertical scaling）　提高单位组件的计算能力。

水平扩展（horizontal scaling）　增加服务器和物理设备来分担工作量。

公共网关接口（Common Gateway Interface，CGI）　浏览器和网站服务器上运行的与用户进行互动的程序在通信时所遵循的一系列标准。

Active Server Pages（ASP）　帮助开发人员利用微软 IIS 平台创建动态页面的专用软件开发工具。

ASP. NET　ASP 的后继者。

Java　帮助开发人员编写在客户端计算机运行的互动程序，从而显著减轻服务器负担的编程语言。

Java Server Pages（JSP）　与 CGI 和 ASP 类似，是一种帮助编程人员动态生成网页内容，以响应用户请求的页面编码标准。

JavaScript　由网景公司开发的编程语言，用来控制 HTML 页面中的对象，并处理页面与浏览器的交互。

ActiveX　微软开发的用于和 Java 进行竞争的编程语言。

VBScript　微软开发的用于和 JavaScript 进行竞争的编程语言。

ColdFusion　开发网络互动应用程序所用的服务器端集成开发环境。

PHP　开源的通用脚本语言。

Ruby on Rails（RoR）　基于 Ruby 编程语言的开源网络应用程序框架。

Django　基于 Python 编程语言的开源网络应用程序框架。

小部件（widget） 一小块预先写好的可以自动在 HTML 网页中执行的代码，能够执行一系列任务。

隐私策略（privacy policy） 向公众声明企业如何保护在网站中收集到的客户的个人信息。

易用策略（accessibility rules） 确保残疾用户能够顺利使用网站的一系列设计目标。

移动端网站（mobile website） 常规网站的另外一种版本，可以缩放内容和导航，以便用户可以找到自己想要的内容并快速移动到决策或购买中。

移动网络应用程序（mobile web app） 一种内置于智能手机或平板电脑中，在移动网络浏览器上运行的应用程序。

原生应用程序（native app） 根据移动设备的硬件和操作系统进行操作而专门开发的应用程序。

混合应用程序（hybrid app） 具有本机应用程序和移动网络应用程序的许多功能。

移动优先设计（mobile first design） 从移动设计开始电子商务开发流程，而不是从桌面网站开始。

响应式网页设计（responsive web design, RWD） 工具和设计原理使得将网站设计成能够根据其正在查看的设备的屏幕分辨率自动调整布局和显示。

自适应网页设计（adaptive web design, AWD） 服务器会检测提出请求的设备的属性，并使用基于设备屏幕尺寸的预定义模板以及 CSS 和 JavaScript，加载为设备优化的站点版本。

■ 思考题 ■

1. 开发电子商务服务平台时应考虑的主要因素是什么？

2. 定义系统开发生命周期，并讨论开发电子商务网站过程中涉及的各个步骤。

3. 讨论网站的逻辑设计和物理设计之间的区别。

4. 为什么系统测试很重要？列举测试类型及其关系。

5. 比较系统开发和系统维护成本。哪个比较高？为什么？

6. 为什么网站维护费用如此高昂？讨论影响成本的主要因素。

7. 单层和多层站点架构的主要区别是什么？

8. 列举网络服务器应提供的基本功能。

9. 为网站选择最佳硬件平台时，应考虑的主要因素是什么？

10. 为什么网络服务器带宽是电子商务网站的重要问题？

11. 比较各种缩放方法。解释为什么可扩展性是网站的一个关键的业务问题。

12. 影响网站设计的 8 个最重要因素是什么？它们如何影响网站的运营？

13. 什么是 Java 和 JavaScript？它们在网站设计中扮演什么角色？

14. 列举并描述单独处理客户的三种方法。为什么对电子商务很重要？

15. 在开发网站之前电子商务业务必须遵循的一些方针是什么？为什么要这样做？

16. 移动优先设计的优点和缺点是什么？

17. 移动网络应用程序和原生应用程序有什么区别？

18. 混合应用程序以什么方式结合移动网络应用程序和原生应用程序的功能？

19. 什么是 PHP？它如何用于网站开发？

20. 响应式网页设计与自适应网页设计有何不同？

■ 设计题 ■

1. 访问 Wix 或 Weebly 的网站，或你选择的其他提供商，允许你在免费试用期间创建一个简单的电子零售网站。创建一个网站，该网站应至少包含 4 个页面：主页、产品页面、购物车和联系页面。在课堂上介绍你的电子零售概念和网站。

2. 访问几个电子商务网站，不包括本章中提到的电子商务网站，并根据表 4-11 中列出的 8 个基本标准/功能来评估网站的有效性。选择一个网站，你觉得它在网站有效性的所有方面都做得很好，并创建电子演示，包括屏幕截图，以支持你的选择。

3. 想象一下，你负责发展快速增长的创业公司的电子商务。考虑你是利用现有员工建立电子商务业务还是外包整个业务。你认为哪个策略符合公司的最佳利益？为什么选择这种方法？与替代方案相比，预计相关费用是多少？（你只需要在这里做一些有根据的猜测，不要担心是否准确。）

4. 选择两个电子商务软件包，并准备一个评估图表，对"选择电子商务软件套件"中讨论的关键因素进行评估。如果你正在开发相关类型的网站，你将选择哪个软件包？为什么？

5. 选择一个开源网站内容管理系统，如 Word-Press、Joomla、Drupal 或你自己选择的其他系统，并准备与项目 4 所需的类似的评估图表。你将选择哪个系统？为什么？

参考文献 ——■

Byers, Josh. "Three Reasons a 'Mobile First' Philosophy Is Critical to Achieving Your Business Goals." Copyblogger.com (May 11, 2013).

Doyle, Barry, and Cristina Videira Lopes. "Survey of Technologies for Web Application Development." *ACM*, Vol. 2., No. 3. (June 2005).

Dusto, Amy. "The Top E-commerce Platform Vendors for Midmarket Retailers." Internetretailer.com (January 10, 2014).

Hegde, Raviraj. "Top Sites Built with Ruby on Rails." Codebrahma.com (December 25, 2015).

IBM (High Volume Web Sites Team). "Best Practices for High-Volume Web Sites." *IBM Redbooks* (December 2002).

Krill, Paul. "Java at 20: The Programming Juggernaut Rolls On." Infoworld.com (May 18, 2015).

Mutton, Paul. "Hostinger Hosts Over 90% of All Steam Phishers." News.netcraft.com (April 28, 2015).

Netcraft. "September 2016 Web Server Survey." (September 19, 2016).

Pinkham, Andrew. "Starting a New Django Project: Building a Startup Categorizer with Blog." Informit.com (December 29, 2015).

Pratap, Ravi. "Responsive Design vs. Adaptive Delivery: Which One's Right for You?" Venturebeat.com (November 19, 2013).

W3Techs. "Usage of Server-side Programming Languages for Websites." (accessed September 29, 2016).

Webtrends, Inc. "Webtrends Analytics 10." (2014).

第 5 章
电子商务安全与支付系统

学习目标

学完本章，你将能够：

- 理解电子商务犯罪和安全问题所涉及的范围
- 理解电子商务安全的基本维度
- 理解保障安全和其他价值间的取向问题
- 识别电子商务环境中的主要安全威胁
- 描述科技如何保护互联网通信信道以及网络、服务器和客户机
- 正确评价各种安全政策、程序和法律对创建安全环境的重要性
- 识别当前使用的主要电子商务支付系统
- 描述电子账单和支付系统的特征和功能

章首案例

网络战争：MAD 2.0

从发展的最早期开始，人类就一直在相互抗争，所使用的战争工具则随着时间的推移依次经历了从树枝和石头到箭和矛，最后到大炮和炸弹。实际战争很常见，其所用武器大家也熟知。但现在，另一种类型的战争越来越常见，这种战争由隐蔽的黑客军队引导，所运用的武器由算法和计算机代码组成。网络空间已经成为一个新的战场，在这个战场上常有国家与国家之间的战争以及国家与企业之间的战争。而战争的目标包括国防设施、核设施、公共基础设施、金融机构、制造企业，以及通信网络。这种战争主要有两个目的：一是获取知识产权（又称经济战）；二是攻击其他国家的运行能力。

战争的一大问题是，你的敌人可能拥有和你一样的武器。在核战争的背景下，政客们在所谓"相互保证毁灭"（mutually assured destruction (MAD)，即认识到即使是首先发动攻击者最终也将会在敌方的反击中毁灭）主义的基础上商谈协定问

题。而现今的网络战也有着惊人的相似之处：一个国家向敌方网络基础设施发动的攻击可能会触发十分强力的反击并导致双方的关键设施都严重受损甚至被摧毁。

美国、俄罗斯以及其他许多国家现在都在为这样的网络战做准备，虽然大家都希望它不会发生，但也都在为此研发新武器、练习防卫技术。举例来说，2016年4月，北大西洋公约组织（NATO）带着来自26个国家的一共550人的军队和企业领导者参加了第7次年度网络战演习"锁盾"，这是世界上最大的网络战演习。在爱沙尼亚网络范围（网络战士们的一个练靶场）内，蓝队必须保护自己的国家免受红队全力以赴的网络攻击，其中重点在于防御策略和保护国家基础设施的正常运行。2016年8月，美国国防部举行了第5次"网络卫士"演练，来自武装部队和私人企业的100多个组织以及800多人参加了此次演习。

一场网络武装的竞赛已经开始。参与网络战的国家有美国、英国、俄罗斯、伊朗、以色列、巴基斯坦和印度，许多像丹麦、荷兰、爱沙尼亚和白俄罗斯这样的国家也正在建设它们的网络兵工厂。网络战不像核武器那样昂贵，即使是小国家也能负担得起。最近的一份报告显示，拥有正式军队和智囊团的国家中，有29个正致力于进攻型网络战，有49个购买了黑客软件产品，有63个正在对自己和其他国家进行电子监控。各个国家都在发展其网络兵工厂，包括渗透工业、军事、重要民用基础设施控制器的恶意程序包和用于对重要目标进行网络钓鱼攻击的电子邮件列表、文本，以及拒绝服务攻击（DOS）型攻击算法。计算机代码已经经过测试且准备好运用于突袭和摧毁敌方系统。

在过去几年里，针对信息系统的网络攻击也在增多。尽管从使基础设施停止正常工作的意义上说，这种攻击并不算是真正的网络战，但它说明了侵入企业和政府的系统有多容易。其中的某些攻击很可能由正在演练攻击性技术的国家发起。举例来说，2014年索尼影像的计算机系统遭到黑客入侵，泄露了47 000人的信息，其中大部分都是管理层的电子邮件。索尼影像70%的计算机瘫痪，机密邮件被黑客们公之于众来羞辱该公司的管理层。虽然朝鲜官员对这次攻击予以否认，但朝鲜仍是主要怀疑对象。迄今为止美国政府遭受的最大攻击发生在2015年7月，白宫宣布其人力资源机构——人事管理局及数据库遭到入侵，2 100万人的全部记录被拷贝，包括国防部门的人员姓名。2016年，据报道，美国情报机构表示怀疑俄罗斯精心策划了民主党官员和其他与克林顿竞选相关的人员的电子邮箱账户被非法入侵的事件，以干预2016年美国总统大选。但俄罗斯政府否认与此事有牵连。

目前，对实体基础设施的攻击已经不那么频繁。攻击基础设施需要对基础设施的详细了解，而这通常需要对工业控制器（控制阀门和机器的电脑）的内部了解。最有名也是最厉害的一次有文件记录的基础设施攻击是Stuxnet。据称，这是以色列和美国的情报部门于2010年发明的恶意程序，目的是摧毁伊朗的上千个核离心机。Stuxnet是一个恶意病毒程序，被植入伊朗核燃料离心机的工业控制器模块后，会导致其系统自我毁灭。Stuxnet是首次对基础设施的大规模网络攻击。为了反击，伊朗政府使用了一种名为"Shamoon"的病毒发起了一场针对沙特阿美公司的网络攻击，摧毁了该公司3万台计算机。最近，据称受俄罗斯政府雇用的俄罗斯黑客又拾起了Stuxnet的精神，瞄准了石油和天然气公司。黑客利用"水坑攻击"对这些公司的雇员发起了大规模的电子邮件活动，企图诱使这些员工访问一个网站来将恶意软件下载到他们的计算机中。虽然袭击者的重点是工业间谍活动，但同样的软件也可以用于针对石油和天然气生产和传输设施的网络攻击，就像摧毁伊朗核离心机的Stuxnet一样。其他基础设施袭击包括名为"火焰"（被认为导致切断了伊朗石油终端与互联网的连接）以及"蛇"（这是一种被认为来自俄罗斯的恶意软件工具包，它使许多乌克兰民用和工业计算机系统和网络受到感染）的武器。后者可以让攻击者完全访问远程系统，充当双向管道，从系统中抽取信息，并提供了安装额外恶意软件的路径。利用这些网络武器，俄罗斯领导了一场针对乌克兰基础设施和政府系统的为期3年的战役，最近一次是在 2015 年 12 月，当时乌克兰西部多个城市断电。

安全分析人士认为，美国的网络战防御和进攻能力已经是世界上最强大的。美国将更多精力投入位于马里兰州米德堡的美国网络司令部。该司令部所声明的任务是协调和指导国防部信息网络的运作和防御，并为军事网络运作做准备，以便在所有领域都能采取行动，确保美国或盟国在网络空间的行动自由，并且表示不会对敌国采取同样的行动。2016 年初，美国国防部详细说明了一项 350 亿美元的网络预算，旨在推进国防部的网络防御系统，为国防部的网络作战人员建立更大的网络训练范围，并开发网络工具和基础设施，以提供攻击性网络武器。

美国策划人员采取了一些外交努力，与其网络敌方达成某种共识，这将限制网络战争并防止误伤无关平民。这些努力与核武器条约类似。2015 年，五角大楼宣布了一项新的网络战略，概述了美国将在何种条件下对敌方进行网络武器攻击。对公司的常规攻击将由公司自己对抗，但是对美国政府系统、基础设施系统、国防系统和情报系统的攻击会导致重大生命损失、财产损失或持久的经济损失，这也将成为对敌方造成类似损失威胁的大规模反击的理由。这项新政策增加了攻击美国关键系统的潜在成本，并且是基于相互保证毁灭概念的威慑战略的开始。

资料来源："Hacking the US Election: How the Worlds of Cyberwarfare and Politics are Colliding Spectacularly," by Kalev Leetaru, Forbes. com, September 11, 2016; "Governments and Nation States Are Now Officially Training for Cyberwarfare: An Inside Look," by Steve Ranger, Techrepublic. com, September 2, 2016; "How America Could Go Dark," by Rebecca Smith, *Wall Street Journal*, July 14, 2016; "NATO Recognizes Cyberspace as New Frontier in Defense," by Julian Barnes, *Wall Street Journal*, June 14, 2016; " 'Dark Territory: The Secret History of Cyber War,' by Fred Kaplan," by P. W. Singer, *New York Times*, March 1, 2016; "Gen. Michael Hayden Gives an Update on the Cyberwar," *Wall Street Journal*, Feb. 9, 2016; "Pentagon Chief: 2017 Budget Includes $7B for Cyber," by Sean Lyngaas, Fcw. com, February 2, 2016; "The First Cyber Battle of the Internet of Things May Have Just Happened," by Kalev Leetaru, Forbes. com, January 5, 2016; "Ukraine: Cyberwar's Hottest Front," by Margaret Coker and Paul Sonne, *Wall Street Journal*, November 9, 2015; *The Evolution of Cyber War: International Norms for Emerging Technology Weapons*, by Brian M. Mazanec, Potomac Books (November 1, 2015); "Cyberwar Ignites a New Arms Race," by Damian Paletta, Danny Yardon, and Jennifer Valentino-Devries, *Wall Street Journal*, October 11, 2015; "Cataloging the World's Cyberforces," by Jennifer Valentino Devries and Danny Yardon, *Wall Street Journal*, October 11, 2015; "U. S. vs. Hackers: Still Lopsided Despite Years of Warnings and a Recent Rush," by Michael Shear and Nicole Perlroth, *New York Times*, July 18, 2015; "Hacking of Government Computers Exposes 21.5 Million People," by Julie Hirschfield, *New York Times*, July 9, 2015; "Defense Infrastructure: Improvements in DOD Reporting and Cybersecurity Implementation Needed to Enhance Utility Resilience Planning," Government Accountability Office, July 2015; "Here's What a Cyber Warfare Arsenal Might Look Like," by Larry Greenemeier, *Scientific American*, May 6, 2015; "Pentagon Announces New Strategy for Cyberwarfare," by David Sanger, *New York Times*, April 23, 2015; "Deterrence Will Keep Lid on Cyberwar, Former Spy Chief Says," by Tim Hornyak, Computerworld. com, April 14, 2015; "Document Reveals Growth of Cyberwarfare Between the U. S. and Iran," by David Sanger, *New York Times*, February 22, 2015; "NATO Set to Ratify Pledge on Joint Defense in Case of Major Cyberattack," by David Sanger, *New York Times*, August 31, 2014; "Russian Hackers Targeting Oil and Gas Companies," by Nicole Perlroth, *New York Times*, June 30, 2014; "Suspicion Falls on Russia as 'Snake' Cyberattacks Target Ukraine's Government," by David Sanger and Steven Erlanger, *New York Times*, March 8, 2014.

正如章首案例所描述的，互联网和万维网愈发容易被大规模攻击，从而遭受大规模的损失。这些攻击的范围逐渐扩散到全球，这是全球化意想不到的结果之一。更糟的是，大范围的攻击往往是由国家赞助、组织、引导的，目的是对抗他国的互联网资源。目前，无论是对个人还是对企业来说，预见和应对攻击都是一项艰巨的任务。然而，保护网站、移动设备或者个人信息不被惯常的安全攻击攻破的方法还是存在的。阅读本章，思考你的企业怎样在大规模的网络中断中生存。

本章将讨论电子商务安全和支付问题。首先，识别主要的安全风险和成本，并介绍现有的各类安全解决方案；然后，归纳主要的支付方法，思考如何完善安全的支付环境。表 5-1 强调了

2016—2017 年网络安全的一些主要趋势。

表 5－1　电子商务安全 2016—2017 年的新发展

- 大规模的数据泄露事件继续将个人数据暴露给黑客和其他网络犯罪分子。
- 移动恶意软件带来了实实在在的威胁，因为智能手机和其他移动设备已成为网络罪犯更普遍的目标，尤其是随着其用于移动支付的增加。
- 恶意软件继续猛增，勒索软件攻击增加。
- 分布式拒绝服务（DDoS）攻击现在能够减慢整个国家的互联网服务。
- 各国继续参与网络战争和网络间谍活动。
- 黑客和网络罪犯继续将他们的重心放在社交网站上，以通过社交工程和黑客攻击来利用潜在的受害者。
- 出于政治动机，黑客组织继续进行有针对性的袭击，在某些情况下，与出于经济动机的网络罪犯相结合，给金融系统造成进一步的持续性威胁。
- 软件漏洞，如 Heartbleed 漏洞和其他零日漏洞，继续造成安全威胁。
- 涉及名人的事件增强了对云安全问题的认识。

5.1　电子商务安全环境

对于大多数守法公民而言，互联网意味着庞大且方便的全球市场，在合理的价格内提供了与世界各地的人、商品、服务和企业进行接触的途径。而对于犯罪分子来说，互联网创造了一条崭新的、有利可图的盗窃全球互联网用户（2016 年达到 16 亿多人）的途径。无论是产品、服务还是现金、信息，都可以在互联网上获得。

在网络上进行盗窃，风险也比较小。相比人工抢劫银行，互联网可以远程、匿名地进行抢劫。而相比在实体音响店偷窃光盘，你可以从网上免费下载相同的音乐，而且几乎不必担风险。互联网的匿名功能使许多犯罪分子披上了看似合法的身份外衣，使得他们可以向网上商家发出虚假的订单，可以通过拦截电子邮件盗取信息，还可以利用软件病毒和蠕虫攻击轻易地使电子商务网站瘫痪。互联网从来都不是为有数十亿用户的全球市场设计的，它缺乏许多传统网络（如电话系统和广播电视网络）的基本的安全功能。相对来说，互联网是个开放的、天生脆弱的网络。网络犯罪行为使企业和个人付出了很大的代价，因为他们要采取价格更高的额外的安全措施。恶意网络活动的代价不仅在于罪行本身带来的损失，还在于维护网络安全和遭受网络攻击后的恢复、受影响公司的潜在声誉损害、对网络活动的信任减少以及潜在敏感商业信息（包括知识产权和机密商业信息）的损失所需要的额外费用，也在于服务中断导致的机会损失成本。Ponemon 研究所估计，2016 年美国企业遭受数据外泄所导致的平均总损失是 400 万美元（Ponemon Institute，2016）。

5.1.1　问题涉及的领域

对组织和消费者来说，网络犯罪日益严重。僵尸网络、DDoS 攻击（如章首案例所示）、木马、网络钓鱼（通过邮件或诈骗网站骗取受害人的金融信息）、勒索软件、数据偷窃、身份盗窃、信用卡欺诈和间谍网络只是每日头版头条报道的危害中的一部分。社交网络也有安全漏洞。但即使对网络犯罪的关注与日俱增，也难以估计此类犯罪的实际数量，部分原因是很多犯罪并没有报道出来，因为企业害怕失去消费者的信任。即便报道出来，也很难评估所遭受的损失额。2014 年美国国际战略研究中心（Center for Strategic and International Studies）的一项研究检测了准确估计网络犯罪和网络间谍活动对经济的影响有多困难，其研究表明网络犯罪每年给全球造成的经济损失的范围在 3 750 亿～5 750 亿美元之间。该研究中心计划进行进一步的研究来帮助其进行更准确的估计（Center for Strategic and International Studies，2014）。

该研究的信息来源之一是 Ponemon 研究所对美国不同行业的 58 个代表性公司进行的调查。2015 年的调查发现，这 58 家公司的年平均损失为 1 500 万美元，比上一年增加了 20%，自 2009 年首次调查以来增加了 82%。平均每次攻击的损失超过 190 万美元，比前一年增加了 22%。网络攻击成功的次数也增加了 15% 以上。造成损失最大的网络犯罪是由拒绝服务、恶意内部人员和恶意代码引起的。最常见的攻击类型是病毒、蠕虫和木马，100% 的受访公司遭到过该种攻击，其次是恶意软件（97%）、基于网络的攻击（76%）、僵尸网络（66%）、网络钓鱼和社交工程攻击（59%）和恶意代码（52%）（Ponemon Institute，2015a）。

安全产品提供商（如 Symantec）的报告是另一个数据来源。Symantec 公司用 5 760 万台传感器监测了 157 个国家的网络活动，并发布了半年度互联网安全威胁报告。技术进步大大降低了网络犯罪行为的进入成本和技能要求。低成本且易于使用的网络攻击工具包使黑客无须从头开始编写软件即可创建恶意软件。此外，多形态恶意软件数量激增，攻击者可以为每个受害者生成一个独特版本的恶意软件，这使得安全公司使用的模式匹配软件难以发现。据 Symantec 报道，2015 年数据泄露数量增加了 23%，超过 5 亿条个人记录被盗，鱼叉式网络钓鱼攻击数量增加 55%，恶意软件增加 36%，勒索软件攻击增长 35%（Symantec，2016）。但 Symantec 不会尝试去量化与这些威胁相关的实际犯罪和损失。

网上信用卡诈骗是电子商务犯罪中的最典型方式。尽管个人信用卡欺诈平均损失金额相对较小，但总金额较大。据估计，网络信用卡欺诈总额大约为网络信用卡交易（包括手机和网络交易）总额的 0.8%（CyberSource，2016）。信用卡欺诈的特征也发生了变化，从单一的信用卡卡号被盗和在部分网站实施盗窃，到数百万的信用卡卡号同时被盗和成千上万的盗窃团伙的犯罪活动。本章后面将详细描述新出现的"身份欺诈"，作为主要的线上/线下欺诈类型，它很可能会显著增加信用卡欺诈的发生率和金额，因为身份欺诈通常包括使用被盗的信用卡信息和创建虚假的信用卡账户。

地下经济市场：被盗信息的价值

偷窃网络信息的犯罪分子并不总是自己使用这些信息，而是通过所谓的地下或影子经济市场将信息卖给他人。数据是网络犯罪分子的货币，具有可以货币化的"街道价值"。例如，2013 年，法拉第斯拉夫·霍洛霍林（Vladislav Horohorin）（别名"BadB"）因利用在线犯罪论坛出售盗窃的信用卡和借记卡信息（被称作"转储"）而被判处 7 年有期徒刑，于美国联邦监狱服刑。在被捕时，他拥有超过 250 万个被盗信用卡和借记卡号码。世界各地有数千个知名地下经济市场出售被盗信息以及恶意软件，例如漏洞攻击工具包、僵尸网络访问权等。表 5 - 2 列出了一些最近观察到的各种被盗数据的价格——通常取决于购买数量、供应量和"新鲜度"。例如，当来自塔吉特数据泄露的信用卡信息首次出现在市场上时，个人卡号的价格最高可达每条 120 美元。但几周后价格便会骤降（Leger，2014）。专家认为，由于收割工具增加了供应量，被盗信息的成本普遍下降。在需求方面，新技术提供的相同效率和机会增加了想要使用被盗信息的人数。这是一个稳健的市场。

表 5 - 2　被盗数据的网络黑市

数据	价格（美元）*
具有到期日和 CVV2（卡背面印有三位数字）（也称为 CVV）的美国个人信用卡号	5～8
包含全名、账单地址、到期日期、CVV2、出生日期、婚前姓名等的完整信息的美国个人信用卡号（称为 Fullz 或 Fullzinfo）	30
美国信用卡的转储数据（术语"转储"是指编码在卡背面磁条上的原始数据，如名称、账号、到期日期和 CVV）	110～120
网络支付服务账户	20～300
银行账户登录证书	80～700
网络账户登录证书（脸书、推特、eBay）	10～15
医疗信息/健康证书	10～20
1 000 条电子邮件地址	1～10
护照扫描件	1～2

* 价格根据供应和质量（数据的新鲜度、账户余额、有效性等）变化。

资料来源：Based on data from McAfee，2016；Intel Security，2015；Symantec，2015；Maruca，2015；Infosec Institute，2015；RAND Corporation，2014.

　　普通用户（和执法部门）很难找到这些市场和服务器，必须被其他犯罪分子审核后才能获得参与许可。这些审核程序通过推特、Tor 和 VPN 服务进行，有时会通过电子邮件来交换信息、金钱（通常是比特币，这是我们将在 5.5 节进一步讨论的一种数字现金形式）和名誉。市场上存在着网络犯罪分子的一般层级结构：底层是低级别的非技术犯罪分子，他们为了赚钱或者发表政治声明，频繁在"卡片论坛"（被盗的信用卡和借记卡数据在这里被出售）出现；中层是充当中间人的经销商；顶层是创建恶意代码的技术策划者。

　　那么，我们可以从网络犯罪总体规模中得到怎样的结论呢？针对电子商务网站的网络犯罪是动态的，随时都可能发生变化，经常出现新的风险。企业遭受的损失很大并且逐渐增长。电子商务网站的管理者必须为不断变化的各种犯罪攻击做好准备，并保持最新的安全技术。

5.1.2　什么是良好的电子商务安全？

　　什么样的商务交易才算是一次安全的交易？其实，任何时候你进入一个市场，你都承担丧失隐私（有关你购买了什么的信息）的风险。对消费者来说，会遇到的最基本的风险是，付了钱却没有得到所购买的东西。对市场中的商家来说，会遇到的风险则是，商品销售出去了却没拿到钱。窃贼们拿走了商品却不付钱，或者采用欺骗性的手段，用偷来的信用卡或者假币来支付。

　　尽管在一个新的数字环境中，商家和消费者仍然面对着许多与传统商务的参与者一样的风险。无论是采用数字化的手段还是采用传统的方式，窃贼就是窃贼。入室行窃、非法闯入、挪用钱款、侵占他人财产、恶意损毁、故意破坏，所有这些犯罪活动都既存在于传统的商务环境中，也存在于电子商务环境中。而要减少电子商务中的风险则是一个复杂的过程，其中要涉及新技术的应用，涉及组织策略和程序，还要涉及新的法律和行业标准，这些新的法律和行业标准可以让执法人员有更大的权力去查处违法者的行为。图 5 - 1 描述了电子商务安全的多层次特性。

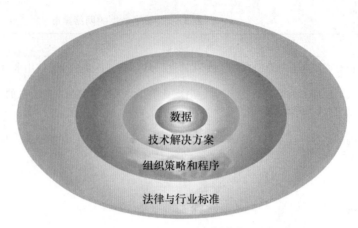

图 5-1　电子商务安全环境

说明：整个电子商务安全是由多个层次组成的，必须全面考虑新技术、组织策略和程序以及法律和行业标准。

为了尽可能实现最高级别的安全，应考虑新技术的应用，而且必须应用新技术。但是光靠这些技术本身并不能解决问题，所以就需要依靠组织策略和程序来确保这些技术不被破坏。最后，还需要依靠行业标准和政府法令来强化支付机制，查处违法者，保护电子商务交易中财产转移的安全。

电子商务安全的发展史告诉我们，只要有足够的资源可利用，任何安全的系统都有可能被攻破。所以说安全不是绝对的，也不需要永远完美的安全，尤其在信息时代更是如此。就像金钱有时效性一样，信息也有时效性。有时对某条信息来说，保护几个小时或者几天就足够了。而且由于安全是有代价的，所以我们应该不断衡量安全成本和潜在损失。最后，我们还知道了安全是一个环环相扣的链条，这根安全链条断裂的地方往往也就是安全最薄弱的环节。使用上锁的方法要比使用对钥匙进行管理的方法更有用。

我们可以得出这样的结论：良好的电子商务安全需要一系列的法律、程序、政策和技术的保护，以保护个人和组织在可行的范围内远离电子商务市场中各种无法预料的行为（Garfinkel and Spafford，1997）。

5.1.3　电子商务安全的维度

电子商务安全有 6 个基本维度：完整性、不可否认性、真实性、机密性、隐私性、可用性。

完整性（integrity）指的是确保网站上发布的或者通过互联网传递和接收的信息，不会被任何未经授权方以任何方式修改的能力。例如，如果某个未经授权者截取并改变了某条网上信息的内容，比如重置某条银行转账信息，使款项划入其他账户，那么该信息就不再代表原信息发送方的初衷，意味着信息的完整性遭到了破坏。

不可否认性（nonrepudiation）指的是确保电子商务参与者无法抵赖（或否认）其网上行为的能力。例如，通过使用昵称的免费电子邮件账户，人们可以很容易地提出意见或者传送信息，而事后却很可能否认曾做过这些事。即使消费者使用的是真实的姓名和真实的电子邮件地址，他在给网上商家下了订单后，否认曾下过订单也十分容易。大多数情况下，由于商家通常无法获得由消费者签名的订单副本，信用卡发行者就会站在消费者一边，因为商家没有法律上的有效证据来说明消费者确实向他们订购过商品。

真实性（authenticity）指的是确认与你在互联网上交易的个人或者实体的身份的能力。消费者如何能知道网站的运营者就是其所声称的呢？商家又如何确信消费者真是他自己所说的那个人呢？

有些人声称自己是某某人或某某商家，其实是在"欺骗"消费者或商家，其身份是伪造的。

机密性（confidentiality）是指确保信息和数据只能被得到授权的人读取的能力。机密性有时会和**隐私性**（privacy）相混淆，隐私性是指控制自己提供给电子商务商家的个人信息如何使用的能力。

对电子商务商家来说，会涉及两个与隐私性相关的问题：它们必须建立内部的政策来管理自身对消费者信息的使用；它们必须保护消费者的信息不被非法或未经授权使用。举例来说，如果黑客攻破了某个电子商务网站并获取了信用卡信息或其他信息，这不仅会损害信息的机密性，也会破坏和威胁到提供信息的个人的隐私。

可用性（availability）是指确保电子商务网站继续按照预期功能运行的能力。

表 5-3 从商家和消费者的角度总结了这些维度。电子商务安全的宗旨就是要保护这 6 个维度。当其中任一维度遇到威胁的时候，安全问题就出现了。

表 5-3　从消费者和商家角度来看电子商务安全的不同维度

维度	消费者角度	商家角度
完整性	我发出或接收的信息是否被篡改了？	网站上的数据是否未经授权就被改变了？数据是否来自合法的消费者？
不可否认性	和我进行交易的一方以后是否会否认进行过交易？	消费者是否会否认订购过产品？
真实性	谁在和我做交易？我如何确认此人或者此团体就是其所称的？	消费者的真实身份是什么？
机密性	除了我指定的接收方外还有其他人能读取我的信息吗？	信息或者机密数据是否会被那些未经授权者看到？
隐私性	我能控制电子商务商家对我提交的个人信息的使用吗？	如果可能的话，作为电子商务交易的一部分所采集到的个人数据该如何使用？消费者个人信息可以在未得到其授权的情况下使用吗？
可用性	我能访问该网站吗？	网站在正常运营吗？

5.1.4　在安全及其他价值间的取向

是否需要更严格的安全呢？答案是肯定的，与某些人对安全的认识不同，安全不是绝对的。提高计算机安全级别会增加企业的运营成本，同时，也为犯罪分子隐藏其意图和犯罪行为提供了机会。

便于使用

在保证安全和便于使用这两者间做选择，是不可避免的。如果传统商家由于害怕抢劫者而在上了锁的商店里营业，则一般顾客是不愿意进入商店的。在电子商务中，情况也是如此。一般来说，电子商务网站所采取的安全措施越多，其越难使用，速度也越慢。学完本章你就会发现，数字安全是以降低处理器速度并大大增加对存储设备的数据存储能力要求为代价的。安全需要耗费技术和业务成本，这些费用原本可以用于企业运营。过分的安全会影响企业的利润，而安全力度不够则可能会让你彻底破产。一种解决方案是根据用户的偏好调整安全设置。麦肯锡（McKinsey）最近的一份报告发现，当消费者发现网站认证较容易的时候，他们购买了 10%～20% 甚至更多。大约 30% 的互联网用户优先考虑易用性和便利性，而只有 10% 优先考虑安全性。该报告显示，通过调整每个用户的身份验证过程，提供从自动登录（低安全性）到可下载的一次性密码（高安全性）的选项，同时具备易用性和安全性是可能实现的（Hasham et al.，2016）。

公共安全与犯罪分子对安全的利用

对个人来说，一般在进行某些活动时希望能匿名（隐藏自己的身份），而公共官员则需要保护可能受到犯罪分子和恐怖分子威胁的公共安全，这两者之间也同样存在着不可避免的取向问题。这已经不是一个新的问题，甚至也不是一个电子时代才出现的新问题。早在 19 世纪 60 年代中期内战时期，美国政府就开始采用非正式的电报窃听手段以抓捕阴谋者和恐怖分子，而在电话发明 20 年之后的 19 世纪 90 年代，首批地方电话系统的警方窃听系统已投入使用（Schwartz，2001）。没有任何一个主权国家会允许有一种犯罪分子可以计划犯罪而不惧怕官方监视和调查的技术天堂存在。就这一点而言，互联网和其他任何通信系统是没有差别的。毒品交易集团大量利用声音、传真、互联网以及加密电子邮件；大型国际犯罪组织偷窃商业网站信息，卖给其他犯罪分子进行金融欺诈。近几年，美国政府成功追索到了各种"卡片论坛"（这种网站便于被盗的信用卡和借记卡卡号的出售），如 Shadowcrew、Carderplanet 和 Cardersmarket，逮捕并检举了许多网站员工，这些网站也随之关停。然而，已经有其他犯罪组织出现来代替它们。

互联网和移动平台也为恐怖分子提供了便利的通信渠道。制造世界贸易中心爆炸案的恐怖集团成员之一——拉姆齐·尤瑟夫（Ramsey Yousef，撞击世界贸易中心的恐怖组织的一员）1993 年通过电子邮件发送加密的文件来掩藏其炸毁美国 11 个航班的计划。2001 年 9 月 11 日，互联网又被用来进行恐怖袭击的计划和协调工作。奥马尔·法鲁克·阿卜杜勒穆塔拉布（Umar Farouk Abdul-mutallab）的案例说明了恐怖分子如何利用互联网对年轻的恐怖分子进行有效的游说、招募、培训和协调。据称，阿卜杜勒穆塔拉布企图在 2009 年圣诞节炸毁底特律的美国客机。五角大楼反恐官员称，他在 6 个星期内完成了寻找、联系、招募和培训新成员的工作。为了打击恐怖主义，美国政府在过去几年中大力加强了对互联网通信的监视。该监视的程度与国家安全局承包商雇员爱德华·斯诺登公布的 NSA 机密文件引发了重大争议，该文件揭露 NSA 已获得脸书、谷歌、苹果、微软等主要互联网公司的服务器访问权，以及美国国家安全局的分析师一直在没有任何法庭批准的情况下搜查美国公民的电子邮件、在线聊天和浏览历史。安全机构已经从大规模监视转向对恐怖分子和恐怖组织进行更小规模的有针对性的监视，并使用预测算法来提高监控的效果（N. F. Johnson et al.，2016）。事实证明，反恐工作中公共安全与隐私之间的适当平衡是美国政府面临的一个非常棘手的问题。

5.2 电子商务环境中的安全威胁

从技术角度来看，在电子商务中有三个关键的薄弱点：客户端、服务器端以及通信信道。图 5-2 描述了一次典型的电子商务交易过程，在这一过程中，消费者使用信用卡购买商品。图 5-3 说明的是交易中每个主要薄弱环节——互联网通信信道、服务器端和客户端可能出现的问题。

我们将在这一节中介绍一系列针对电子商务消费者和网站运营商的最常见也是最具破坏性的安全威胁，包括：恶意代码、潜在不必要程序、网络钓鱼、黑客与网络破坏、信用卡诈骗与盗窃、电子欺骗、域欺骗、垃圾网站（链接农场）、身份诈骗、拒绝服务（DoS）攻击和分布式拒绝服务（DDoS）攻击、网络窃听、内部攻击、设计不当的服务器和客户端软件、社交网络安全问题、移动平台安全问题以及云安全问题。

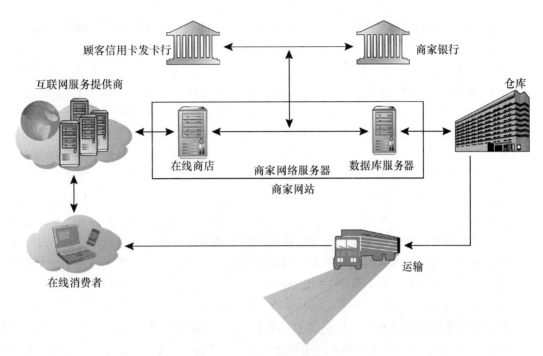

图 5-2　典型的电子商务交易

说明：在一次典型的电子商务交易过程中，消费者使用信用卡和现有的信用卡支付系统。

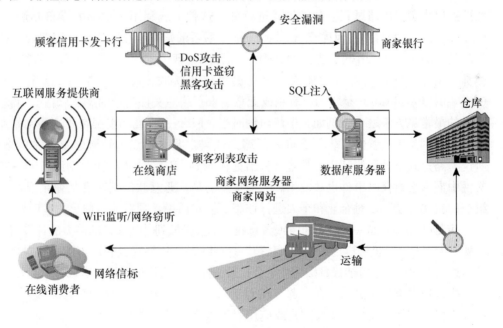

图 5-3　电子商务环境中的薄弱环节

说明：在电子商务交易中有三个薄弱环节：互联网通信信道、服务器端和客户端。

5.2.1　恶意代码

恶意代码（malicious code）有时称作恶意软件（malware），包括各种威胁，比如病毒、蠕虫、特洛伊木马、勒索软件以及僵尸程序。某些恶意代码（有时称为漏洞利用代码）旨在利用计算机操作系统、网络浏览器、应用程序或其他软件组件中的软件漏洞。**漏洞利用工具包**（exploit kits）是捆绑在一起的漏洞利用工具集合，被作为商业产品出借或出售，通常具有流畅的用户界面和深入的分析功能。使用该工具包通常不需要太多的技术技能，这使得新手也能成为网络犯罪者。漏洞利用工具包通常针对广泛使用的软件，如 Microsoft Windows、Internet Explorer、Adobe Flash 和 Reader 以及 Oracle Java。2014 年，据思科称，Angler 是一种利用 Flash、Java、Microsoft Internet Explorer 和 Microsoft Silverlight 漏洞的漏洞利用工具包，是最常见的"野外"漏洞利用工具包之一（Cisco，2016）。根据 Symantec 的数据，2015 年新增了 4.3 亿多种新的恶意软件变体，平均每天超过 100 万种，一年内增长了 36%（Symantec，2016）。过去，恶意代码通常只是损害计算机，并且通常是由一名黑客单独编写的，但越来越多地涉及一小群黑客或一个由国家支持的组织，其目的是窃取电子邮件地址、登录证书、个人数据和财务信息。这是轻度犯罪和有组织犯罪之间的区别。

恶意软件通常以电子邮件恶意附件的形式发送或作为链接嵌入在电子邮件中。恶意链接也可以放在看上去无害的 Microsoft Word 或 Excel 文档中。这些链接直接链接到恶意代码下载或包含恶意代码的网站（Symantec，2016）。恶意代码传播的最新创新之一是将其嵌入在在线广告链（称为**恶意广告**（maladvertising））中，包括谷歌、美国在线（AOL）和其他广告网（Goodin，2016）。随着广告网络链越来越复杂，网站越来越难以审查放置在其网站上的广告，以确保它们不含恶意软件。2014 年的一项研究表明，所有投放的广告中恶意广告的比例可能高达 1%（Zarras et al.，2014）。最大的广告恶意软件感染发生在雅虎，每天有超过 690 万访问者遭受恶意弹出式广告（Blue，2016）。通过打开用户浏览器中的弹出窗口阻止程序可以阻止这些恶意广告。近年来，大多数恶意广告都是以路过式下载的形式进行的，这种下载利用了常见的**零日漏洞**（zero-day vulnerabilities）。零日漏洞一直困扰着 Adobe Flash，后者通常用于在线广告。因此，互联网广告局敦促广告商放弃 Adobe Flash 转而支持 HTML5，而 Mozilla Firefox、苹果 Safari 和谷歌 Chrome 浏览器现在都会阻止 Flash 广告自动播放。亚马逊也停止接收 Flash 广告（参阅第 3 章）。**路过式下载**（drive-by downloads）是指用户有意或无意请求下载的文件附带的恶意软件。"路过"现在是感染计算机的最常见方法之一。例如，虽然纽约时报、MSN、雅虎和美国在线这些网站完全不同，但都发生过在其网站上放置的广告要么嵌入了恶意代码，要么将点击转到恶意网站的案例。据 Symantec 所说，路过式下载漏洞利用工具包（包括更新和 24/7 支持）的租用费用为 100～700 美元/周。PDF 文件中嵌入恶意代码事件也常发生。同样重要的是，恶意软件编写者从业余黑客和冒险家转变为有组织的犯罪分子，以对企业和个人进行诈骗。换句话说，现在比以前更关注收益。

病毒（virus）是一种具备重复或者自我复制且扩散到其他文件的能力的计算机程序。除了可以重复外，大部分计算机病毒传播"有效载荷"（payload）。这种有效载荷可能是相对良性的，比如显示一条信息或者图像，也可能极具破坏性，会损毁文件、格式化计算机硬盘或者引起程序的不正确运行。

病毒通常都与蠕虫结合在一起。相对于只在文件中相互传播的病毒来说，**蠕虫**（worm）可以在计算机间传播，而且不需要用户或应用程序激活就可以进行自我复制。Slammer 蠕虫是最臭名昭著的蠕虫之一。Slammer 蠕虫利用微软 SQL Server 数据库软件的一个已知漏洞，在其释放后 10 分钟内就能感染全球 90% 的计算机；使美国银行的取款机（尤其是美国西南部）崩溃；感染超市（如亚特兰大的 Publix 连锁超市）的自动收款机，使收银员无法收款；毁坏韩国大部分的互联网连接，扰乱当地的股票市场。2008 年 11 月首次出现的 Conficker 蠕虫是自 Slammer 以来最有名的蠕虫，据报道，其感染了全球 1 100 万台计算机（Microsoft，2015）。Conficker 最初是为了建立一个全球性的僵尸网络而设计的，一次大规模的行业努力击溃了这一企图，但在 2016 年，Conficker 仍然存在于超过 80 万台互联网设备中。它是互联网上检测到的最广泛的恶意软件。

勒索软件（ransomware/scareware）是一种恶意软件（通常是蠕虫），可以锁定你的计算机或文件以阻止你访问。勒索软件通常会显示一条通知，称美国联邦调查局、司法部或国税局等机构检测到你的计算机上存在非法活动，并要求你支付罚款以解锁计算机并避免被起诉。CryptoLocker 是一种勒索软件，它使用几乎不可破解的不对称加密方法来加密受害者的文件，并要求支付赎金（通常是比特币）来解密。如果受害者在时限内没有照做，那么这些文件将永远无法解密。其他变体包括 CryptoDefense 和 Cryptowall。勒索软件攻击事件在 2016 年增长了 400％以上，美国司法部报告称每天有 4 000 多起勒索软件攻击事件发生，而 2015 年每天发生的案件数为 1 000 起（U. S. Department of Justice，2016）。加密勒索软件感染通常通过一个声称自己为发票的恶意电子邮件附件进行（Symantec，2016）。勒索软件的增长也与虚拟货币——比特币的增长有关。黑客经常要求受害者使用比特币付款以对当局隐藏其交易（McMillan，2016）。

特洛伊木马（Trojan horse）看起来是良性的，但是往往产生意想不到的后果。特洛伊木马本身不是病毒，因为它不能复制，但它通常是病毒或其他恶意代码（如僵尸或 rootkits，即旨在破坏计算机操作系统控制的应用程序）感染计算机系统的一种途径。"特洛伊木马"一词来源于荷马史诗《伊利亚特》中希腊人送给他们的对手特洛伊人的一件礼物——一个巨大的木马，实际上里面藏有上百个希腊士兵。当特洛伊人将这个巨大的木马运入城后，士兵们就跳出来攻占了城市。在今天，特洛伊木马可能伪装成一个游戏，实际上却隐藏着一个可以盗窃密码并将其通过电子邮件发送给其他人的程序。各种各样的特洛伊木马、特洛伊下载和释放程序（通过从远程计算机下载或从自己的代码中包含的副本进行下载，将恶意文件安装到受感染的计算机上的木马程序）是常见的恶意软件类型。根据 Panda Security 的数据，2015 年特洛伊木马占所有恶意软件的 50％以上，占所有恶意软件感染案件的 60％以上（Panda Security，2016）。2011 年，索尼经历了历史上最大的数据泄露事件，当时特洛伊木马侵占了索尼 PlayStation 游戏中心的管理计算机，并下载了涉及 7 700 万注册用户的个人和信用卡信息（Wakabayashi，2011）。特洛伊木马通常用于通过僵尸网络传播的金融恶意软件。其中一种是 Zeus，它通过用户的按键记录来盗取信息，自 2007 年第一次被发现以来已经感染了超过 1 000 万台计算机。其他类型还包括 SpyEye，一种可以通过键盘记录应用程序以及对受害者电脑屏幕截图的能力来窃取银行信息的特洛伊木马；Torpig，一种通过名为 Meboot 的特洛伊木马传播的僵尸网络；Vawtrak，一种通过社交媒体、电子邮件和 FTP 传播的特洛伊木马，它能通过更改向受害者即时显示的银行余额隐藏欺诈证据（Cyphort，2015）。

后门（backdoor）是病毒、蠕虫和特洛伊木马的一种功能，攻击者能够远程访问受感染的计算机。Downadup 是带有后门的蠕虫的一个例子，Virut（一种能感染各种类型文件的病毒）也有后门，可用于下载和安装其他威胁。

僵尸程序（Bots，是 robots 的缩写）是恶意代码的一种，可隐秘地安装在连接互联网的计算机上。计算机一旦被安装上僵尸程序，就会响应外部攻击者发出的指令，从而成为"僵尸"，被外部的第三方（僵尸牧人）控制。**僵尸网络**（Botnets）由一系列被感染的计算机组成，可用于进行恶意活动，如发送垃圾邮件，参与 DDoS 攻击，偷窃计算机的信息，存储网络流量用于随后的分析。全球范围内运行的僵尸网络的数量尚未可知，据估计有上千个，控制着数百万台计算机。僵尸和僵尸网络是互联网和电子商务的一大威胁，因为它们可以使用许多不同的技术发起非常大规模的攻击。2011 年，联邦警察和微软反数字犯罪部门的成员组成团队，旨在破坏 Rustock 僵尸网络，当时 Rustock 是世界上最主要的垃圾邮件源，有近 50 万台计算机受其控制，其控制服务器位于美国的 6 个互联网托管服务站。官方在托管站点没收了 Rustock 控制服务器，而这些站点都声称它们不知道 Rustock 服务器在做什么。实际上，垃圾电子邮件是由 Rustock 服务器指挥的计算机发送的（Wingfield，2011）。2013 年，微软和联邦调查局针对 1 400 个 Zeus 派生的 Citadel 僵尸网络，展开了另一项如火如荼的僵尸网络行动，该网络已于 2012 年用于抢劫全球各大主要银行的银行账户，净额超过5亿美元（Chirgwin，2013）。2015年4月，一个国际网络小组推出了Beebone僵尸网络，该僵尸网络由12 000台电脑组成，通过Changeup（一种用于传播木马、蠕虫、后门和其他类型的恶意软件的多形态蠕虫）的路过式下载，每月在全球范围内感染约30 000台计算机（Constantin，2015）。2015年，联邦调查局和英国警方关停了一个从银行窃取超过1 000万美元的僵尸网络（Pagliery，2015）。由于这些努力，僵尸网络数量显著下降，特别是在美国（Symantec，2016）。

恶意代码对客户层和服务层都具有威胁性，尽管服务器比客户端进行了更多的反病毒活动。在服务层，恶意代码可以侵入整个网站，阻止数百万用户使用该网站。这种事件并不常发生，恶意代码攻击常发生在客户层，造成的损害可以快速地蔓延至数百万台联网的计算机。表5-4列举了部分有名的恶意代码。

表5-4 恶意代码举例

名称	类型	说明
CryptoLocker	勒索软件/特洛伊木马	劫持用户的照片、视频和文本文件，用几乎不可破解的非对称加密对它们进行加密，并要求支付赎金。
Citadel	特洛伊木马/僵尸网络	Zeus的变体，主要是盗窃认证证书和金融诈骗。2012年，传播Citadel的僵尸网络是微软/联邦调查局行动的目标。
Zeus	特洛伊木马/僵尸网络	有时被称为金融恶意软件之王。可以通过路过式下载进行安装，通过控制网络浏览器逃避检测并窃取与银行服务器交换的数据。
Reveton	勒索软件/蠕虫/特洛伊木马	基于Citadel/Zeus Trojans。锁定计算机并显示当地警方指控计算机上非法活动的警告；要求支付罚款来解锁。
Ramnit	病毒/蠕虫	在2013年仍然活跃的最流行的恶意代码系列之一。感染各种文件类型（包括可执行文件），并将其自身复制到可移动驱动器，当驱动器访问其他计算机时通过自动播放执行。
Sality. AE	病毒/蠕虫	2012年最常见的病毒；2013年仍然在活动。禁用安全应用程序和服务，连接到僵尸网络，然后下载并安装其他威胁。使用多形态来逃避检测。
Conficker	蠕虫	首次出现于2008年11月，针对微软操作系统。使用先进的恶意代码技术，是自2003年Slammer出现以来最大的蠕虫。仍被认为是一个主要威胁。
Netsky. P	蠕虫/特洛伊木马	首次出现于2003年早期。它收集被感染计算机上的电子邮件地址，然后从该计算机上发送电子邮件给所有的联系人，以此进行传播。它常被僵尸网络用于发送垃圾邮件和进行DoS攻击。
Storm（Peacomm，NuWar）	蠕虫/特洛伊木马	首次出现于2007年1月，和Netsky. P蠕虫的传播方式相同。可以下载和运行其他特洛伊木马和蠕虫。
Nymex	蠕虫	于2006年1月被首次发现，通过群发邮件进行传播。在每月的第三天被激活，会破坏特定类型的文件。
Zotob	蠕虫	首次出现于2005年8月，是感染大量美国媒体公司的著名蠕虫。
Mydoom	蠕虫	首次出现于2004年1月，是传播速度最快的大量发送邮件的蠕虫之一。
Slammer	蠕虫	出现于2003年1月，造成了大量问题。
CodeRed	蠕虫	出现于2001年，曾在10分钟之内感染了2万多个系统，最终传播到了数千万个系统上。
Melissa	宏病毒/蠕虫	首次出现于1999年3月，是当时发现的感染型病毒中传播最快的一种。Melissa攻击了微软Word软件的Normal. dot全局模板，因而感染所有新创建的文件，并把遭到感染的Word文件发给每个用户的Outlook地址簿中的前50个人。
Chemobyl	文件感染型病毒	首次出现于1998年。它会在每年4月26日擦去硬盘上的前一兆字节（这样其余数据就不可用了）。

5.2.2　潜在不必要程序

除恶意代码之外，电子商务安全环境还受到**潜在不必要程序**（potentially unwanted programs，PUP）的挑战，如广告软件、浏览器寄生虫、间谍软件和其他能自己安装到计算机上（通常是在未经用户同意的情况下）的应用程序（如流氓安全软件、工具栏和计算机诊断工具）。这些程序逐渐在社交网络和用户生成内容网站上被发现，导致用户被误导而安装它们。这些程序一经安装，就很难移除。System Doctor 是 PUP 的一种，它感染运行 Windows 操作系统的计算机。它伪装成合法的反间谍软件程序，但事实上它是恶意软件，安装后会禁用用户的安全软件，改变用户的网络浏览器，并将用户转到下载更多恶意软件的诈骗网站。

广告软件（adware）通常在用户访问网站时调出弹出式广告。虽然广告软件令人讨厌，但它通常不用于犯罪活动。**浏览器寄生虫**（browser parasite）是一种可以监视和更改用户浏览器的设置的程序，如更改浏览器的主页或将用户访问网站的相关信息发送给远程计算机。浏览器寄生虫通常是广告软件的一部分。2015 年初，联想公司遭到猛烈的批评，因为人们发现其自 2014 年 9 月起发货的 Windows 笔记本电脑预装了 Superfish 广告软件。当用户在谷歌、亚马逊或其他网站上搜索时，Superfish 会将自己的购物广告注入用户的计算机浏览器。在这个过程中，Superfish 允许 WiFi 网络中的其他人默默劫持浏览器并收集输入的任何内容，从而制造安全风险。联想最终发布了一个删除工具，使用户能够删除广告软件。微软和合法安全公司已经将广告软件程序重新定义为恶意软件，并阻止制造商销售有广告软件程序的产品。

间谍软件（spyware）可以用于获取信息，如用户的键盘记录、电子邮件和即时信息的副本，甚至是屏幕截图（获取密码或其他保密数据）。

5.2.3　网络钓鱼

社交工程（social engineering）利用人们的好奇心、贪婪和轻信，诱骗人们进行会导致下载恶意软件的行为。凯文·米特尼克（Kevin Mitnick）直到 1999 年被逮捕并监禁都是美国最受欢迎的计算机犯罪分子之一。米特尼克使用简单的欺骗手段获取密码、社会保障和刑事档案，所有这些都不使用任何复杂的技术（Mitnick，2011）。

网络钓鱼（phishing）是指第三方以任意欺骗性的网络行为获得用户的保密信息，以实现某种金融目的。网络钓鱼通常不涉及恶意代码，只依靠简单的误导和欺诈，即所谓的"社交工程"技术。最常见的网络钓鱼攻击是电子邮件诈骗信，信的开头通常是这样的：富有的前尼日利亚石油部长要寻找一个银行账户暂时存放数百万美元资金，您是否愿意帮这个忙，向我们提供您的银行账号？作为回报您将获得 100 万美元的报酬。这种电子邮件诈骗信通常称作"尼日利亚诈骗信"（见图 5-4）。

诈骗信有很多种，有些会假装成 eBay、PayPal 或花旗银行对你进行"账户验证"（如鱼叉式网络钓鱼，或针对某家银行或其他类型企业的特定客户）。点击邮件中的链接，就会进入被诈骗者控制的网站，并出现输入账号保密信息的提示，如账号和 PIN 码。一天之内，数百万此类诈骗邮件被发送出去，不幸的是，总有一部分人会上当受骗，泄露自己的个人账号信息。

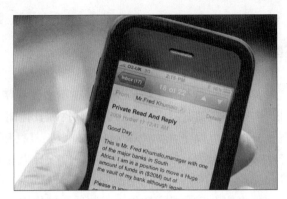

图 5 - 4　典型尼日利亚诈骗电子邮件示例

说明：这是典型尼日利亚诈骗电子邮件的一个例子。
© keith morris / Alamy.

　　钓鱼者采取传统的"赢得受骗人信任"（con man）的诈骗策略，不过是使用电子邮件来诱使受骗人自愿泄露金融密码、银行账号、信用卡账号等个人信息。通常，钓鱼者会创建（或"伪造"）一个自称合法的金融机构网站，诱骗用户输入金融信息或者下载恶意软件（如键盘记录器）。钓鱼者利用收集到的信息进行诈骗，如对信用卡收费、窃取银行卡中的资金或以其他方式"偷窃身份"（身份欺诈）。Symantec 报告称，在 2015 年，每 1 875 封电子邮件中就有 1 封含有网络钓鱼攻击。2015 年鱼叉式攻击活动的数量增加了 55%，但攻击次数、每次活动中的接收者数量以及活动的平均持续时间均有所减少，这说明罪犯的行动变得更加隐秘——钓鱼活动的目标接收者越少、规模越小、持续时间越短，越不容易引起怀疑。根据 Symantec 的统计，2015 年，43% 的鱼叉式网络钓鱼电子邮件针对的是员工数量少于 250 人的小型企业，而 35% 的大型组织报告称其遭到过钓鱼攻击（Symantec，2016）。据 Verizon 称，30% 的钓鱼电子邮件是其攻击目标打开的，而有 12% 的邮件附件被打开（Verizon，2016）。

　　为了打击网络钓鱼，2012 年 1 月，包括谷歌、微软、雅虎和美国在线在内的领先电子邮件服务提供商以及 PayPal、美国银行等金融服务公司联合组建了 DMARC. org——一个旨在大幅减少电子邮件地址欺骗的组织。在电子邮件地址欺骗中，攻击者使用真实的电子邮件地址发送网络钓鱼电子邮件给受害者，受害者可能因为电子邮件看起来源自接收方信任的来源而被欺骗。DMARC 提供了一种验证电子邮件来源的方法，并允许接收方隔离、报告或拒绝未通过测试的邮件。雅虎和美国在线报告称，由于使用 DMARC，反电子邮件欺骗取得了巨大成功，并且谷歌自 2016 年 6 月起也加入并实施更严格版本的 DMARC，未通过 DMARC 验证检查的电子邮件将被拒绝（Vijayan，2015）。

5.2.4　黑客行为、网络破坏行为与黑客行为主义

　　黑客（hacker）就是企图在未经授权的情况下进入计算机系统的人。虽然在公共新闻里，黑客和骇客两个词是通用的，但是在黑客世界中，**骇客**（cracker）一词通常指有犯罪企图的黑客（Sinrod and Reilly，2000）。黑客和骇客通常利用互联网作为开放系统便于使用的特性，通过寻找网站和计算机系统的安全程序漏洞，来进行未经授权的访问。过去，黑客和骇客通常是计算机的狂热爱好者，攻破企业和政府网站的挑战会让他们变得很兴奋。有时，他们仅仅因为能访问电子商务网站的文档就感到很满足。但现在，黑客恶意扰乱、损坏、摧毁网站（**网络破坏行为**（cybervandalism）），或窃取可用于获取经济利益（数据泄露）的个人或公司信息。

　　黑客行为主义（hacktivism）带上了一定的政治色彩。黑客行为主义者通常会出于某种政治目

的，采取网络破坏行为策略、分布式拒绝服务攻击、数据盗窃、恶意发布敏感信息（通常是从电子邮件、社交网络帖子和其他文件收集和曝光公众人物的个人信息）的方式，攻击政府、组织甚至个人。最著名的黑客组织是由朱利安·阿桑奇（Julian Assange）等人创立的 Wikileaks，它于 2016 年曝光了美国国务院、国防部和民主党的文件和电子邮件。LulzSec 和 Anonymous 是另外两个著名的黑客组织。2015 年，一个名为 Impact Team 的黑客组织称其攻击了 Ashley Madison 网站以引起人们对该网站薄弱的安全性的关注，并且在其所有者 Avid Life Media 拒绝按照要求关闭网站之后，该团体发布了数百万条敏感客户记录。想要更深入地了解该备受瞩目的黑客攻击，请阅读"社会透视"专栏"Ashley Madison 数据泄露"。

社会透视

Ashley Madison 数据泄露

随着互联网继续渗透到我们生活中甚至最私密的方面，网上约会的羞耻感已经基本消失了。在美国，由 eHarmony、OKCupid 和 Match 等公司引领的网上约会已经发展成为一个价值 22 亿美元的行业。也有许多迎合那些有更特殊兴趣或生活方式的人的小众网站。其中一个网站就是 Ashley Madison。

总部位于加拿大的 Ashley Madison 于 2001 年由其母公司 Avid Life Media 创办。该公司专门向已婚人士推销自己的网上约会服务，因而网站落得了一个下流的名声。用户只能购买积分而不是按月订阅，然后兑换积分，通过信息或实时聊天与其他会员对话。女性在网站上创建个人档案不需要花钱，发送或接收信息也不需要付费，而这两项服务都对男性收取费用。尽管有了这些激励措施，网站中男性的比例还是在急剧上升，因此 Ashley Madison 创造了虚拟的女性形象，以制造出性别比例平衡的假象。

对于 Ashley Madison 的潜在用户来说，保密是至关重要的。但在 2015 年，这一神秘面纱突然被掀开。该网站遭到了一个名为 Impact Team 的组织的攻击，该组织称其攻击动机是摧毁该网站及其不道德的商业模式，以及抗议该网站向那些试图关闭账户的用户收取 19 美元的数据删除费。Impact 团队表示，在制造出一个无法检测到的漏洞后，他们发现很容易就能访问公司数据的所有缓存。他们分两次公布了这些数据（一次是 10Gb，另一次是 12Gb），这些数据现在也能在网上轻易地搜索到。姓名、街道地址和出生日期以及其他个人信息全部被盗取并公开。他们还盗取了公司的文件，包括 CEO 诺尔·彼得曼（Noel Biderman）的电子邮件，其中许多邮件进一步损害了该公司的声誉。例如，彼得曼的电子邮件显示，Ashley Madison 的首席技术官侵入了竞争对手的数据库，揭露了关键的安全漏洞（也许他应该更加关注自己公司的安全系统）。Ashley Madison 用户的部分信用卡信息也被泄露，但幸好不足以供身份盗用者使用。

数据的人口统计信息显示，该网站的 3 600 万用户中有 3 100 万是男性，但只有 1 000 万用户活跃度较高。其他 500 万份是女性用户档案，但其中不到 2 500 人参与了与其他用户的聊天，这表明该网站的女性档案绝大多数是伪造的。网站上 1/3 的账户都是使用假的电子邮件地址创建的。网站用户中北美用户占比最高，美国用户占 5.1%。从用户的电子邮件地址信息看，很多用户来自政府机构，还有些来自大银行、大型科技企业，以及一些重要行业。与类似 Tinder 这样的服务企业形成鲜明对比的是，Tinder 的用户更多由年轻成员组成，而 Ashley Madison 用户的财务状况往往更好，愿意为他们认为的谨慎的、高档的服务付费。从黑客曝光的数据中，研究人员发现，Ashley Madison 的用户中具有高财务风险和不佳企业责任评分的成员数量多得惊人。

Ashley Madison 的公司形象表明了其承担的风险。一个在广告中宣扬其有秘密进行婚外情的能力的公司，怎么能让自己的数据轻易地泄露和盗取呢？安全专家对 Ashley Madison 的设置进行了评估，声称该网站缺乏简单的安全措施。例如，所有支付 19 美元数据删除费用的用户的数据都保存在 Ashley Madison 服务器上，并在此次攻击中被黑客获取。此外，没有任何数据是加密的。加密技术可能会为该公司带来巨额的额外费用，但在这样的一次攻击中，可能会让它免于陷入如此尴尬的境地。

大多数数据泄露都能够让犯罪分子进行身份盗窃和其他类型的网络诈骗。但在这个案例中，Ashley Madison 的被侵入对用户的个人生活产生了更大的影响。已经有多起用户自杀事件被报道，几个知名的公众人物也由于个人资料数据的暴露而影响到公众形象。这一事件可能会对成千上万人的婚姻和个人生活造成破坏。尽管 Ashley Madison 的许多用户本身都是婚姻的不忠者，但同时这些人也是犯罪和隐私侵犯的受害者，而且侵犯隐私的程度超过了通常的数据泄露。一些垃圾邮件和勒索邮件发送者借机利用现已公开的数据向用户勒索，要求支付比特币作为封口费，并威胁将 Ashley Madison 的数据分享给用户的家人和社交媒体。

因为此次黑客攻击，彼得曼的 CEO 职务迅速被解聘。2016 年公司任命了一个新的管理团队，并远离原来管理层的做法。未来，有关虚假档案、即将提起的诉讼以及对此次泄露的所有负面报道的曝光，很可能会使公司未来的发展受到影响。过去几年里，公司的财务状况非常稳定，Ashley Madison 也一直在十分努力地扩张自己的业务并筹集资金。该公司的发展速度如此之快，以至于彼得曼已经开始考虑在英国启动首次公开募股（IPO）以推动公司发展。现在这些计划不仅被无限期搁置，而且联邦贸易委员会已经开始调查 Ashley Madison 对僵尸程序和其他虚假资料的使用情况。Ashley Madison 还可能遭到一连串指控其玩忽职守和造成个人损失的起诉。虽然许多潜在原告可能不愿意透露他们的真实身份，

但在 2016 年法院裁定不能使用像约翰·多伊（John Doe）这样的别名之后，如果真要提起诉讼，则他们也不能使用别名。加拿大和澳大利亚政府在 2016 年完成的联合调查的结果证实，该公司在其主页上伪造了一个"值得信赖的安全奖"。调查还证实，该公司并没有删除注销账户的用户的个人信息。

尽管出现了此次混乱事件，但公司称，自己的会员数量实际上在过去一年中仍有所增长。不过，第三方的分析显示，自数据泄露以来，该网站的流量下降了 82%，并对网站的自报数据提出了质疑。

资料来源："Ashley Madison Blasted Over Fake Security Award as Lawsuit Moves Forward," by Jeff John Roberts, *Fortune*, August 25, 2016; "You Blew It, Ashley Madison: Dating Site Slammed for Security 'Shortcomings,'" by Claire Reilly Cnet. com, August 23, 2015; "Ashley Madison Parent, Under FTC Investigation, Launches Turnaround Plans," by Maria Armental and Austen Hufford, *Wall Street Journal*, July 5, 2016; "Infidelity Website Ashley Madison Facing FTC Probe, Apologizes," Alastair Sharp and Allison Martell, by Reuters. com, July 5, 2016; "Ashley Madison Hacking Victims Face Big Decision," by Robert Hackett, *Fortune*, April 20, 2016; "The Ashley Madison Effect on Companies," by Justin Lahart, *Wall Street Journal*, March 6, 2016; "Life After the Ashley Madison Affair," by Tom Lamont, Theguardian.com, February 27, 2016; "It's Been Six Months Since the Ashley Madison Hack. Has Anything Changed?" by Caitlin Dewey, *Washington Post*, January 15, 2016; "Ashley Madison Hack Victims Receive Blackmail Letters," BBC, December 15, 2015; "Ashley Madison Hack: 6 Charts That Show Who Uses the Infidelity Website," by Zachary Davies Boren, Independent. co. uk, August 21, 2015; "Ashley Madison Hackers Speak Out: 'Nobody Was Watching'," by Joseph Cox, Motherboard. vice.com, August 21, 2015; "The Ashley Madison Hack, Explained," by Timothy B. Lee, Vox.com, August 19, 2015; "Who Is Ashley Madison," by Paul R. LaMonica, CNN Money, July 20, 2015.

称为"老虎队"（tiger teams）的黑客团体有时可以帮助企业安全部门检查自身的安全措施情况。雇用黑客从外部入侵系统，可以帮助企业寻找计算机系统的薄弱环节。这些"好黑客"就称为**白帽子**（white hats），因为他们的作用是帮助企业寻找安全隐患。白帽子根据与公司签订的合约工作，雇用他们的公司在协议中写明了不会因其努力入侵公司的系统而起诉他们。诸如苹果和微软这样的公司会向发现其软硬件中的问题的白帽黑客支付 25 000～200 000 美元的奖金（Perlroth, 2016）。

相比之下，**黑帽子**（black hats）从事同样的活动，却不会得到任何被入侵企业的报酬，因为他

们的行为具有破坏企图。他们入侵网站，泄露所找到的机密信息或者私人信息。这些黑客坚信，信息应该是免费的，所以他们把共享机密信息作为自己的部分使命。

介于这两者之间的就是**灰帽子**（grey hats），他们认为入侵并寻找系统缺陷可以得到更大的利益。灰帽子找到系统安全中的弱点，但既不破坏网站也不利用其获利，而是直接把网站的弱点公布出来，他们的回报仅仅是发现网站弱点所赢得的声誉。但灰帽子的行为还是受到了人们的质疑，尤其是当他们找到的安全漏洞可以让其他的犯罪分子更容易进入系统时。

5.2.5 数据泄露

当组织失去对公司信息的控制时，**数据泄露**（data breach）就发生了。根据 Symantec 的数据，2015 年的数据泄露总数仅比 2014 年增长 2%，这是数据泄露创纪录的一年。2015 年有 9 起重大数据泄露事件，而 2014 年有 8 起。泄露的身份信息总数达到 4.29 亿，增长 23%，单次事件中泄露的身份信息超过 1.9 亿（Symantec，2016）。身份盗用资源中心（Identity Theft Resource Center）是另一个追踪数据泄露的组织。它在 2015 年记录了 780 次数据泄露，为有记录以来第二高。涉及医疗保健行业的数据泄露影响最大，占所有数据泄露的 35%，占所有曝光记录的近 70%。黑客是导致数据泄露的主要原因，占 40%，其次是员工错误/疏忽（15%）、意外电子邮件/互联网泄露（14%）和内部盗窃（11%）。有关社会保障号码的数据泄露涉及近 1.65 亿人（Identity Theft Resource Center，2016）。2015 年发生的重大数据泄露中，有影响美国人事管理局和国家税务局的，也有针对 Anthem 和 Premera 等医疗保险公司、CVS 和 Walgreens 等零售商以及信用评级机构 Experian 的。2016 年，雅虎的数据泄露表明数据泄露趋势仍在延续，这被认为是历史上单一公司的最大的泄露事件，曝光了 5 亿条记录。据报道，与谷歌和微软等其他公司相比，雅虎管理层对安全措施的投资较慢（Perlroth and Goel，2016）。

5.2.6 信用卡诈骗

信用卡数据的盗窃是互联网上最可怕的现象之一。许多用户由于担心信用卡信息可能被盗，而不敢进行网上购物。有趣的是，这种令人恐惧的事件似乎并没有大面积地发生。信用卡信息被盗事件的发生率要比用户想象的低，仅占网络信用卡交易总额的 0.8%（CyberSource，2016）。网络商户使用各种技术来打击信用卡欺诈行为，包括使用自动欺诈检测工具，人工审查订单，拒绝可疑订单，以及要求额外的安全级别，例如电子邮件地址、邮政编码和 CCV 安全代码。

此外，联邦法律针对信用卡被盗这类情况，一般把个人的责任限定在 50 美元以内。超过 50 美元的部分通常由信用卡公司承担责任，尽管某些情况下是由商家来承担责任，因为它没能核实账户或者参考信用卡公司公布的挂失卡列表。银行一般通过对欠款余额收取更高利率的方法来弥补自己因信用卡诈骗而遭受的损失，商家则一般采取提高价格的方法。2016 年，美国信用卡系统正在转向 EMV 信用卡，也称为智能卡或芯片卡。EMV 信用卡在欧洲已经广泛使用，它使用计算机芯片，而不是可以被黑客轻易复制并作为转储数据销售的磁条（见表 5-2）。虽然 EMV 技术无法防止数据泄露的发生，但希望它将使得犯罪分子更难从能在商业中使用的大量被盗信用卡号码中获利。

过去，发生信用卡诈骗的最常见原因就是信用卡遗失，或者信用卡被盗后被别人使用，其他的原因还包括员工窃取消费者卡号，以及盗用身份（犯罪分子在申请信用卡时使用虚假身份）。但是现今，信用卡被盗的最大原因是系统性的黑客攻击，导致公司服务层中存储的数百万信用卡购物信息被盗。例如，2010年3月，阿尔伯特·冈萨雷斯（Albert Gonzales）组织了美国历史上最大的信用卡盗窃案，被判20年有期徒刑。他和几个俄罗斯同谋一起侵入了TJX、BJs、巴诺书店等公司的中央计算机系统，盗取了1.6亿多张信用卡信息，造成了2亿多美元的损失（Fox and Botelho，2013）。

国际订单的欺诈风险要高得多，欺诈的损失是国内订单的2倍。如果某个国际客户下了订单然后否认，网上的商家通常没有办法来证明货物实际已经送达，而且信用卡的持有者就是下订单的人。因此，大多数网上商家不会处理国际订单。

电子商务的核心安全问题是难以确定客户身份。目前没有技术可以绝对确定一个人的身份。例如，在被停卡之前，丢失或被盗的EMV卡都是可以使用的，就像磁条卡一样。在客户身份能够确认前，线上企业比传统线下企业面临更高的损失风险。联邦政府试图通过制定《全球及全国商务电子签名法案》（电子签名法）来解决这一问题，赋予商务活动中的电子签名和手写签名同等的法律效应。这部法案的目的也在于鼓励人们使用电子签名，并促使电子签名更容易使用。尽管在B2C零售电子商务领域中使用电子签名仍然不常见，但许多企业开始实施电子签名解决方案，特别是在B2B合同的签订、金融服务、保险、医疗保健以及政府和专业服务中。DocuSign、Adobe eSign、RightSignature和Silanis eSignLive是目前应用最广泛的电子签名解决方案。它们使用各种技术，如通过第三方数据库或个人信息验证（如驾驶证照片）进行远程用户识别；多因素用户身份验证方法（用户名和密码、电子邮件地址验证、密保问答）；公钥/私钥加密来创建数字签名和嵌入式审计跟踪（可用于验证电子签名的完整性）（Silanis Technology，2014）。使用指纹识别也是积极识别的一种解决方案，但是打印信息的数据库可能会被黑客入侵。移动电子签名解决方案也开始使用（DocuSign，2015）。

5.2.7 身份欺诈

身份欺诈（identity fraud）即未经授权使用他人的个人数据，如社会保险、驾驶执照和/或信用卡号码，以及用户名和密码，以获取非法经济利益。犯罪分子可以利用这些数据获取贷款、购买商品或获得其他服务，如手机或其他公共服务。网络犯罪分子利用之前描述的许多技术，如间谍软件、网络钓鱼、数据泄露和信用卡盗窃等，来达到身份欺诈的目的。特别是数据泄露，经常导致身份欺诈。

身份欺诈在美国是一个重大问题。根据Javelin Strategy & Research报告，2015年有1 300万名美国消费者遭受身份欺诈。身份欺诈造成的经济损失总额约为150亿美元（Javelin Research & Strategy，2016）。

5.2.8 电子欺骗、网址嫁接和垃圾网站

电子欺骗（spoofing）指通过使用别人的电子邮件或IP地址企图隐藏自己的真实身份。例如，欺骗性电子邮件会有一个伪造的发件人电子邮件地址，该地址旨在误导接收者对电子邮件发送者的认知。IP电子欺骗涉及创建使用其他人的源IP地址的TCP/IP数据包，表明数据包来自可信任的主机。目前的路由器和防火墙大多可以提供IP电子欺骗防护。网站电子欺骗有时也叫作**网址嫁接**（pharming），即通过把网站伪装成指定的地址，把网络链接重新定向到非指定的其他地址。这种用来重新定向到某一网站的连接设计可以通过重新设置，把用户带到一个完全不相关的网站，黑客则可能从中获益。

尽管电子欺骗并不直接损害文档或者网络服务器，但是它却威胁到了网站的完整性。例如，如果黑客将消费者引导到某个看起来很接近真实地址的虚假网站，他们就可能收集并处理客户所下订单，从而从真实的网站抢走交易。而如果其目的是破坏而不是偷盗，则黑客也可能会更改订单，如增加订单的数量或者修改订购的产品，然后再把经过篡改的订单发到真实的网站等待处理和发货。这样消费者就会对错误的订单运送物品不满，企业则可能因为过大的库存变动而影响其正常运作。

除了威胁完整性外，电子欺骗还通过增加辨别真正的信息发送方的难度给真实性带来威胁。聪明的黑客可以让你几乎无法辨别身份或网址的真伪。

垃圾网站（spam/junk websites，有时也称为**链接农场**（link farms））又有所不同，它们承诺提供产品或服务，但实际上只是为其他网站打广告，有些网站还包含恶意代码。例如，你搜索某个小镇的天气，然后点击看似提供了这一信息的链接，结果发现这个网站显示的全部都是和天气或其他网站相关的产品。垃圾网站通常出现在搜索结果列表上，并不包括电子邮件。这些网站使用与合法公司名字相似的域名来伪装自己的身份，然后将流量引向垃圾网站，如 topsearch10.com。

5.2.9　网络窃听和中间人攻击

网络窃听器（sniffer）是窃听程序的一种，可以监视通过网络传递的信息。当合法使用时，网络窃听可以帮助企业发现网络上可能有问题的节点，但当用于非法目的时，这些程序则会造成危害，而且很难探测到。黑客利用网络窃听，可以从网络上任何地方盗取企业的专有信息，包括密码、电子邮件信息、企业文件以及机密报告。例如，2013 年，5 名黑客被指控参与另一个针对 7-Eleven 和法国零售商家乐福（SA）等零售连锁企业合作网络的全球黑客攻击计划，使用窃听程序盗取超过 1.6 亿个信用卡号码（Voreacos，2013）。

电子邮件窃听是网络窃听的一个新变种。电子邮件窃听是一种记录来自任何个人的电子邮件通信的方法（通常在邮件服务器层）。雇主使用电子邮件窃听来追踪员工信息，而政府机构用其监控个人或群体。电子邮件窃听可以在服务端和客户端计算机上使用。《美国爱国者法案》允许美国联邦调查局（FBI）让互联网服务提供商在邮件服务器上安装黑匣子，扣留某人或某个群体的邮件来进行案件分析。在美国公民与其他公民发生交流的情况下，FBI 特工或政府律师只需要向美国外国情报监视法庭的 11 名审判员证明将获得的信息和正在进行的犯罪调查有关，就能获准安装窃听软件。但审判员并没有辨别力，所以安装窃听软件必须得到政府工作人员的支持。在涉嫌恐怖活动的情况下，执法人员在安装窃听软件之前无须通知法院。1978 年《外国情报监视法案》（FISA）的 2007 年修正案支持国家安全局（NSA）监视在美人员的国际电子邮件和电话通话，以收集国外情报（Foreign Intelligence Surveillance Act of 1978；Protect America Act of 2007）。2012 年《FISA 修正案重新授权法案》将 FISA 的条款延长了 5 年，直至 2017 年。爱德华·斯诺登透露的 NSA 的 XKeyscore 计划是一种"窃听"形式，它使 NSA 分析人员能够搜索大量数据库，包括电子邮件、在线聊天，以及数百万人的浏览记录（Wills，2013）。《通信援助执法法案》（CALEA）要求所有的电信运营商（包括 ISP）都能向执法机构提供近乎即时的信息通信。严格来说，内置 ISP 服务的许多互联网服务（如脸书和领英）不受 CALEA 保护。人们只能假设这些非 ISP 电子邮件运营商与执法机构合作。与过去的窃听需要很长时间才能接入物理电话线路不同，在当今的数字电话系统中，大型运营商能在几分钟内安排窃听，费用也自己承担。

中间人攻击（man-in-the-middle（MitM）attack）也涉及窃听，但比窃听攻击更为活跃，通常包含被动监控。在中间人攻击中，攻击者能够拦截通信，而通信双方认为自己在直接与对方通信，但实际上攻击者正在控制通信。这使得攻击者可以更改通信内容。

5.2.10 拒绝服务攻击和分布式拒绝服务攻击

在**拒绝服务攻击**（Denial of Service（DoS）attack）中，黑客向网站大量发送无用的通信来淹没网络并使网络瘫痪。拒绝服务攻击越来越多地利用僵尸网络，将众多客户端计算机组成所谓的"分布式攻击"。拒绝服务攻击可以造成网络关闭，使用户无法进入网站。对于业务繁忙的电子商务网站来说，这些攻击会带来巨大的损失，因为一旦网站关闭，消费者就不能购物，而且网站关闭的时间越长，对网站声誉的打击就越大。虽然这类攻击并不破坏信息或者入侵服务器的受限区域，但是给企业的网络运营制造了麻烦。拒绝服务攻击通常都伴随着敲诈，网站所有者为了停止这类攻击，要向黑客支付几万甚至几十万美元。

分布式拒绝服务攻击（Distributed Denial of Service（DDoS）attack）由数百甚至上千台计算机从不同的节点攻击目标网络。拒绝服务攻击和分布式拒绝服务攻击都会威胁系统运营，因为它们会无限期地关闭网络。各大网站对此类攻击有丰富的经验，它们已经意识到自己的不足，并不断推出新措施来防范未来的攻击。根据阿卡迈的统计，2016 年第二季度 DDoS 攻击的数量比 2015 年同期增加了约 130%。一种新技术被越来越多地使用，即针对使用通用即插即用（Universal Plug and Play，UPnP）协议的不安全的路由器和其他诸如网络摄像头之类的家庭设备，以放大攻击（Akamai，2016a）。随着物联网的发展，从冰箱到安全摄像头，数十亿互联网连接的物体可用于向服务器发起服务请求。2016 年 10 月，针对互联网域名解析公司 Dyn 发起了一项大规模的使用互联网设备的 DDoS 攻击。推特、亚马逊、网飞、爱彼迎、纽约时报以及美国的其他许多网站都受到了影响。黑客可以猜测普通设备的管理员密码（通常为出厂默认设置，如 admin 或 12345），然后插入指令以发起针对 Dyn 服务器的攻击（Sanger and Perlroth，2016）。DDoS 攻击通常只针对一家公司，但在 Dyn 攻击中，目标公司恰巧是美国大部分互联网的交换机之一。DDoS 攻击普遍性的另一个体现是：在 Arbor Networks 对全球 354 个 ISP 和网络运营商的调查中，受访者指出，针对客户的 DDoS 攻击构成了头号运营威胁，超过 50% 的受访者在调查期间遭受了 DDoS 攻击。Arbor Networks 还报告称，DDoS 攻击的带宽消耗在 2015 年持续增加，攻击者使用反射/放大技术制造了 500 Gpbs 的攻击（Arbor Networks，2016）。另一个趋势是 DDoS 烟幕——攻击者使用 DDoS 作为掩护，同时插入恶意软件或病毒，或是窃取数据。2016 年，Neustar 对北美、欧洲、中东和非洲的公司的 760 名安全和 IT 专业人员的调查发现，45% 的受访者由于 DDoS 攻击而安装了病毒或恶意软件，而 57% 遭到了数据或资金的盗窃（Neustar，2016）。现在移动数据连接变得更快、更稳定，黑客开始利用移动设备进行基于移动的 DDoS 攻击，这并不令人惊讶。最近，一次攻击使用移动应用程序和移动浏览器中加载的恶意广告作为攻击机制（Majkowski，2015）。

5.2.11 内部攻击

我们一般都认为，企业的安全威胁来自组织外部。实际上，对企业来说最大的财务威胁不是来自掠夺，而是来自内部的盗用。银行员工偷窃的钱比劫匪更多。对于电子商务网站也是如此：部分造成严重后果的服务中断、网站破坏以及消费者信用卡数据和个人信息被盗，都是内部人员所为，即那些曾经被信任的雇员。这些雇员有权获得某些信息，在内部安全措施不完善的情况下，他们经常可以在企业的系统里"闲逛"而不留一点痕迹。卡内基梅隆大学的研究记录了内部人员对私人和公共组织的重大损害（Software Engineering Institute，2012）。调查结果表明，内部人员比外部人员更可能成为网络攻击的来源，并对组织造成更大的破坏（PWC，2015）。在某些情况下，内部人员可能没有犯罪意图，但无意中泄露了可以被其他人利用的数据。例如，Ponemon 的一项研究发现，疏忽的内部人员是数据泄露的主要原因（Ponemon Institute，2015b）。另一项基于对 2015 年 1 000 万用户的行为进行分析的研究估计，1％的员工由于重复使用或发送明文密码、随意共享文件、使用有风险的应用程序、意外下载恶意软件或点击钓鱼链接，而导致 75％的企业云安全风险（Korolov，2015）。

5.2.12　设计不当的软件

许多安全问题源于设计不当的软件，可能是操作系统，可能是应用软件，也可能是浏览器。由于软件程序的规模和复杂性逐渐增加以及及时送货的市场需求，黑客可以利用的软件漏洞也逐步增多。**SQL 注入攻击**（SQL injection attacks）利用了编码糟糕的网络应用软件的漏洞，这些软件不能正确验证或过滤用户在网页上输入的数据，从而将恶意程序代码引入公司的系统和网络。攻击者可以使用此输入验证错误向基础数据库发送一个恶意 SQL 查询，以访问数据库、植入恶意代码或访问网络上的其他系统。大型网络应用程序有数百处用于输入用户数据，每处都为 SQL 注入攻击创造了机会。大量面向网络的应用程序被认为具有 SQL 注入漏洞，而且黑客可以使用工具来检查网络应用程序是否存在这些漏洞。

安全公司每年都会在网络浏览器、计算机、Macintosh 和 Linux 软件以及移动设备操作系统和应用程序中识别到数以千计的软件漏洞。根据微软公司的数据，与 2014 年同期相比，2015 年下半年整个软件行业的漏洞披露增加了 9％。被发现的漏洞超过 3 300 个（Microsoft，2016）。特别是浏览器漏洞以及浏览器插件（如 Adobe Reader）是流行的攻击目标。**零日漏洞**（zero-day vulnerability）是指以前没有被发现且目前还未开发出补丁的漏洞。2015 年公布了 54 个零日漏洞，多于 2014 年的 24 个（Symantec，2016）。个人计算机的设计包括许多开放的通信端口，这些端口能够并且本身就是被设计用作外部计算机发送和接收消息的。经常受到攻击的端口包括 TCP 端口 445（Microsoft-DS）、端口 80（WWW/HTTP）和 443（SSL/HTTPS）。鉴于其复杂性和设计目的，所有操作系统和应用软件都有漏洞，包括 Linux 和 Macintosh。

2014 年，人们发现了数百万网站使用的 OpenSSL 加密系统中的一个漏洞，被称为**心脏出血漏洞**（Heartbleed bug）（关于 SSL 的进一步讨论见 5.3 节）。该漏洞使黑客能解密 SSL 会话并发现用户名、密码和其他用户数据，方法是将 OpenSSL 与称作 RFC6520 heartbeat 的通信协议（能让远程用户在连接到网站服务器之后保持联络）结合起来。在这个过程中，服务器内存内容的一小部分可能会泄露（因此名为心脏出血），泄露的部分可能会大到足以保存密码或加密密钥，从而使黑客可以进一步利用服务器。心脏出血漏洞影响了超过 1 300 个安卓应用程序。2014 年晚些时候，另一个称为 ShellShock 或 BashBug 的漏洞出现了，它影响了大多数版本的 Linux 和 Unix，以及 Mac OS X。ShellShock 使攻击者能够使用 CGI（见第 4 章）来添加恶意命令（Symantec，2015）。2015 年，研究人员宣布，他们发现了一个新的 SSL/TLS 漏洞，并将其命名为 FREAK（Factoring Attack on RSA-Export Keys），中间人可以攻击该漏洞，拦截和解密客户机和服务器之间的加密通信，进一步窃取密码和其他个人信息。据报道，超过 60％的加密网站可能会因为该安全漏洞被攻击，包括美国白宫、联邦调查局和国家安全局（Hackett，2015；Vaughan-Nichols，2015）。最近的一项研究发现，1 200 多家大公司的网站还没有完全解决这个问题。

5.2.13　社交网络安全问题

像脸书、推持、领英、Pinterest 和 Tumblr 这样的社交网络为黑客提供了一个富足而有益的环境。病毒、站点接管、身份欺诈、恶意软件加载的应用程序、点击劫持、网络钓鱼和垃圾邮件都可以在社交网络上找到。根据 Symantec 的说法，2015 年社交媒体上最常见的诈骗类型是手动分享骗局，受害者不知不觉地分享视频、故事和图片，其中包括恶意网站的链接。另一个常见的技巧是假礼品，即让受害者参加有奖励措施的假活动或团体，如免费礼品卡，并要求用户向攻击者分享自己的信息。其他技术包括假的点赞按钮，一旦点击，就会安装恶意软件并向用户的 Newsfeed 发布更新，进一步传播攻击以及假的应用程序（Symantec，2016）。通过隐藏在我们的朋友中，黑客可以伪装成朋友，欺骗用户使他们上当。

迄今为止，社交网络的保护相对较差，它们未能积极地剔除将访问者转到恶意软件网站的账户（不像谷歌，谷歌拥有一份已知恶意软件网站的列表，并在搜索结果中进行巡查，寻找恶意软件网站的链接）。社交网络是开放的：任何人都可以建立个人页面，甚至是罪犯也可以。大多数攻击是社交工程攻击，诱使访问者点击看起来合理的链接。社交网络不会保证从社交网络或国外网站下载的社交应用是清洁版，这需要"点击者注意"（clicker beware）。

5.2.14　移动平台的安全

移动设备的激增为黑客提供了更多的机会。移动用户在手机中存储个人和财务信息，并利用它们进行越来越多的交易——从零售采购到移动银行业务，这使他们成为黑客的绝佳目标。总之，移动设备面临着任何互联网设备所面临的风险，包括一些伴随着无线网络安全的新风险。例如，不安全的公共 WiFi 网络很容易受到黑客攻击。虽然大多数人都担心自己的计算机和网站被黑客攻击或含有恶意代码，但他们认为移动电话和固定电话一样安全。就像社交网络成员一样，移动用户倾向于认为他们处于一种共享的、值得信赖的环境中。

手机恶意软件（有时称为恶意移动应用程序（MMA）或流氓移动应用程序）最早由 Cabir 在 2004 年开发，是一个可影响塞班操作系统（诺基亚手机）的蓝牙蠕虫，它使手机不断搜索其他蓝牙设备，快速耗尽手机电池电量。2009 年，在 iPhone 问世仅两年后，iKee.B 蠕虫被首次发现，感染了越狱的 iPhone，把手机变成了僵尸网络控制的设备。在欧洲的 iPhone 可以被在美国的 iPhone 攻击，将所有的隐私数据传送给在波兰的服务器。iKe4e.B 使手机僵尸网络变得可行。

2015 年，Symantec 分析了 1 000 万款应用程序，发现其中有 300 万款是恶意软件。Symantec 预计，移动恶意软件将在 2016 年继续增长，并将更多地瞄准移动支付和移动银行应用程序。大多数移动恶意软件仍然是针对安卓平台。例如，Symantec 发现了一种安卓恶意软件，它可以拦截带有银行认证码的文本消息，并将它们转发给攻击者，还可以伪造合法移动银行应用程序。但是，苹果的 iPhone 平台也开始成为攻击目标。危险的不仅仅是流氓程序，还有一些很受欢迎的合法程序，它们基本没有受到保护以应对黑客。例如，2014 年，安全研究人员透露，星巴克移动应用（美国使用最多的移动支付应用）以明文存储用户名、电子邮件地址和密码，任何人只要访问手机，就可以看到密码和用户名。根据研究人员所说，星巴克强调应用程序的方便性和易用性而忽视了安全性方面的考虑（Schuman，2014）。

Vishing 攻击利用语音信箱攻击容易上当的手机用户，例如，让他们打电话给某个特定的号码，并捐钱给海地的饥饿儿童。Smishing 攻击利用 SMS/文本信息，发送包含电子邮件和网站地址的手机短信给无辜的手机用户，让他们连接到恶意网站。Criminal SMS 欺骗服务已经出现，它掩盖了网络罪犯的真实电话号码，取而代之的是一个假的字母、数字名字。通过发送一条看似来自合法组织的文本并建议接收方点击恶意 URL 超链接来更新账号或获得一张礼品卡。从应用商店下载的小部分应用程序也包含恶意软件。Madware——看似无害的应用程序，含有在你的移动设备上启动弹出式广告和文字信息的广告软件——也正成为一个越来越严重的问题。2015 年，Symantec 对分类为灰色软件（不包含病毒，也没有明显的恶意，但可能是恼人的或有害的程序）的 300 万款应用程序进行了检查，发现其中有 230 万款是疯狂软件（Symantec，2016）。

阅读"技术透视"专栏"你觉得你的智能手机是安全的吗？"进一步讨论与智能手机安全相关的一些问题。

技术透视

你觉得你的智能手机是安全的吗？

迄今为止，公开报道的大规模的智能手机安全漏洞几乎没有，但尚未发生并不意味着不会发生。在美国约有 2.1 亿智能手机用户，商业公司越来越多地将员工转移到移动平台，并且消费者正使用手机进行金融交易和支付账单。作为黑客攻击目标的智能手机，其规模和丰富性逐渐增长。

许多用户认为他们的智能手机不太可能被黑客入侵，因为苹果和谷歌公司正在保护他们免受恶意软件侵扰，Verizon 和 AT&T 也可以维护手机网络的安全，就像他们的固定电话系统一样。电话系统是"封闭的"，因此不受开放互联网上发生的各种攻击的影响。

但黑客可以对智能手机做任何他们可以对任何互联网设备执行的操作：在没有用户参与的情况下请求恶意文件、删除文件、传输文件，在后台安装并运行监控用户操作的程序，并可能将智能手机转换为可以在僵尸网络中将电子邮件和短信发送给任何人的遥控设备。

应用程序是潜在安全漏洞的新兴途径。苹果和谷歌公司一共提供 500 多万款应用程序。苹果公司声称，它会检查每一款应用程序，以确保它符合苹果的 App Store 规则运行，但风险依然存在。2014年，被称为 WireLurker 的恶意软件通过 Mac OS X 操作系统攻击了中国的 iPhone 和 iPad 用户，是第一次对未越狱 iPhone 手机的攻击。苹果公司很快删除了受影响的应用程序，但这次攻击是一个警告信号，表示 iOS 系统未来不太可能是没有恶意软件的环境。

2016 年 3 月，名为 AceDeceiver 的新恶意软件传播广泛，它感染了未越狱的苹果设备，扫描 App Store 上其他损坏的应用程序并自动下载。这些被损应用程序最初被 App Store 的审查人员接受，表明苹果公司不能在新应用程序投入使用前进行有效的审查。来自开发商的虚假零售和产品应用程序进一步凸显了这个问题，这些应用程序显然也通过了苹果公司的审核流程，并在 2016 年假日购物季之前开始出现在 App Store 中。2016 年对 iOS 操作系统的更新暴露了一系列漏洞，被统称为 Trident，它们允许攻击者远程完全控制手机且没有任何迹象表明某些事情已经出错。尽管苹果很快就着手解决该漏洞，并在十天内发布了操作系统更新，但 Trident 显示出，iOS 操作系统不像许多用户所认为的那样不受恶意软件的影响。苹果有任何问题，都必须自行解决：由于苹果的"围墙花园"方式，第三方无法像对安卓设备那样开发服务来保护苹果设备。总体而言，2015 年影响 iOS 设备的恶意软件数量比前 5 年的总和还多。

安卓安全的未来看起来很模糊。在过去几年中，安卓平台上的恶意软件数量猛增，间谍软件应用的数量比几年前翻了两番，2015—2016 年翻了一番。根据 Pulse 安全移动威胁中心的数据，2015 年所有的手机恶意软件中有 97% 都是针对安卓设备的。据诺基亚称，超过 900 万的安卓应用程序容易受到远程攻击。部分原因在于，谷歌控制下的安卓平台的安全性要低得多，因为它与苹果公司相比采用了

"开放应用模式"（open app model），这使其安全漏洞更容易被发现。2016 年，安全公司 Check Point 报告称，一款安装欺诈应用程序并生成不需要的广告的恶意软件——Hummingbad 已感染约 1 000 万台安卓设备。

安卓应用程序可以使用手机上的任何个人信息，但是必须通知用户每个应用程序能做什么，需要哪些个人信息。谷歌使用通用扫描系统来检查应用程序是否存在恶意代码，并删除任何违反其对抗恶意活动规则的应用程序。谷歌还可以在没有用户参与的情况下远程清除所有安卓手机中的违规应用。在一次事件中，谷歌撤回了由开发商 09Droid 推出的数十款移动银行应用。这些应用程序声称能让用户访问他们在全世界的许多银行账户。但事实上，这些应用程序无法将用户连接到任何银行，并且在其造成很大损害前被移除了。谷歌采取了预防性措施来减少恶意软件应用程序，例如要求开发人员注册并获得谷歌批准，然后才能通过 Google Play 传播应用程序。

除了应用软件带来的威胁外，智能手机也容易受到基于浏览器的恶意软件的影响（这些恶意软件利用所有浏览器都有的漏洞）。此外，多数智能手机（包括 iPhone）都允许生产商远程下载配置文件以更新操作系统和安全保护系统。遗憾的是，人们发现了在允许远程访问 iPhone 的公钥加密程序中的缺陷，引起了对这种操作安全性的更大质疑。攻击者还开发了利用 SIM 卡的弱点劫持手机的方法。目前至少有 5 亿张易受攻击的 SIM 卡在使用，其缺陷使黑客能够获得保护用户个人信息的加密密钥，在此过程中几乎可以得到手机所有权限的授权。许多用户甚至没有利用他们可用的安全功能，比如锁屏，只有 1/3 的安卓用户启用了锁屏。

2015 年，爱德华·斯诺登获得的文件显示，美国和英国侵入了 SIM 卡制造商金雅拓（Gemalto），并获得了可以监控全球手机用户的加密密钥。虽然调查仍在进行，但在这些信息披露以及 iOS 和安卓系统出现动荡的一年之后，我们的智能手机和平板电脑似乎不再那么安全了。

资料来源："Beware, iPhone Users: Fake Retail Apps Are Surging Before Holidays," by Vindu Goel, *New York Times*, November 6, 2016; "Microsoft: 'Apple Can No More Secure Your iPhone Than Google Can Secure Android,'" by Zdnet. com, October 14, 2016; "Top 10 Ways to Secure Your Mobile Phone," by Wendy Zamora, Blog. malwarebytes. com, September 21, 2016; "Smartphone Infections Double, Hotspots Are Also a Trouble Area," by Patrick Nelson, Networkworld. com, September 7, 2016; "iPhone Malware That Steals Your Data Proves No Platform is Truly Secure," by Liam Tung and Raymond Wong, Mashable. com, August 26, 2016; "This App Can Tell If an iPhone Was Hacked With Latest Pegasus Spy Malware," by Janko Roettgers, Variety. com, August 26, 2016; "IPhone Users Urged to Update Software After Security Flaws Are Found," by Nicole Perlroth, *New York Times*, August 25, 2016; "Hummingbad Malware Infects 10 Million Devices: How to Check If Your Phone or Tablet Is Among Them," by Aaron Mamiit, Techtimes. com, July 6, 2016; "This Nasty New Malware Can Infect Your Apple iPhone or iPad," by Jonathan Vanian, *Fortune*, March 16, 2016; "Mobile Malware on Smartphones and Tablets: The Inconvenient Truth," by Shaked Vax, Securityintelligence. com, February 15, 2016; "Android Accounts for 97 Percent of All Mobile Malware," by Carly Page, Theinquirer. net, June 25, 2015; "Digital-Security Firm Gemalto Probes Alleged U. S., U. K. Hack," by Amir Mizroch and Lisa Fleisher, *Wall Street Journal*, February 20, 2015; "US and UK Accused of Hacking SIM Card Firm to Steal Codes," Bbc. com, February 20, 2015; "XAgent iPhone Malware Attack Steals Data Without Jailbreaking," by Jeff Gamet, Macobserver. com, February 5, 2015; "Apple Blocks Apps Infected with WireLurker Malware Targeting iPhones and iPads," by Carly Page, Theinquirer. net, November 6, 2014; "NSA Secretly Broke Smartphone Security," by Cory Doctorow, Boingboing. com, September 8, 2013; "Obama Administration Had Restrictions on NSA Reversed in 2011," by Ellen Nakashima, September 7, 2013; "How Google Just Quietly Made Your Android Phone More Secure," by JR Raphael, *Computerworld*, July 26, 2013.

5. 2. 15　云安全问题

将如此多的 Internet 服务迁移到云中也增加了安全风险。从基础设施的角度来看，DDoS 攻击威胁到云服务的可用性，而越来越多的公司都依赖云服务。例如，如前所述，2016 年对 Dyn 的

DDoS 攻击对整个美国的云服务造成了严重干扰。Alert Logic 针对 3 000 多家企业客户的 IT 环境分析了 10 亿起安全事件，据它所说，针对基于云的服务和应用程序的攻击增加了 45%。Alert Logic 还发现，在云环境中，可疑活动增加了 36%，比如尝试扫描基础设施（Alert Logic，2015）。保护公共云环境中正在维护的数据也是一个主要问题（Cloud Security Alliance，2016）。例如，研究人员发现了几种无需授权就可以访问 Dropbox（提供了一种流行的云文件共享服务）数据的方法。据报道，在 2014 年，多达 100 位名人的令人难堪的照片被发布到了网上，其中包括珍妮弗·劳伦斯（Jennifer Lawrence），据称这些照片是从苹果的 iCloud 上偷来的。虽然最初人们认为泄露发生的原因是苹果的 Find My iPhone 应用程序界面（API）中的一个漏洞，但它显然是低技术含量的网络钓鱼通过攻击获得连接到 iCloud 的密码造成的。2012 年发生了一次类似的黑客事件，黑客入侵作家马特·霍南（Mat Honan）的苹果 iCloud 账户，利用社交工程策略，从他的 Mac 电脑、iPhone 和 iPad 上删除了所有与云服务相连的内容，盗用他的推特和 Gmail 账户（Honan，2012）。这些事件凸显了设备、身份和数据在云中越来越相互关联所带来的风险。2016 年一项对 3 400 名 IT 高管的研究发现，大多数接受调查的 IT 和 IT 安全从业者认为，由于云计算，数据泄露的可能性增大，部分原因是许多组织在部署云服务之前没有彻底检查云安全。研究还发现，在基于云的应用程序中，只有 1/3 的敏感数据是加密的，而且参与调查的公司中有一半没有积极主动的云安全方法，而是依靠云服务提供商来确保安全（Loten，2016；Gemalto and Ponemon，2016）。

5.2.16 物联网安全问题

正如在第 3 章所了解到的，物联网涉及使用互联网来连接各种各样的传感器、设备和机器，并为许多智能连接的事物的开发提供动力，如家用电子设备（智能电视、恒温器、家庭安全系统等）、联网汽车、医疗设备，以及支持制造、能源、运输和其他工业部门的工业设备。物联网带来了一系列安全问题，在某些方面与现有的安全问题相似，但更具挑战性，因为需要处理范围更广的设备、在更不受控的全球环境中运作以及范围更大的攻击。在一个物联网的世界里，设备、设备产生和使用的数据，以及这些设备支持的系统和应用程序，都有可能受到攻击（IBM，2015）。表 5-5 更仔细地研究了**互联网协会**（Internet Society，ISOC）（一个由公司、政府机构和非营利组织组成的负责监督互联网政策和实践的联盟）所发现的一些独特的安全问题（Internet Society，2016，2015）。

表 5-5 物联网安全问题

问题	可能的含义
许多物联网设备，如传感器，其规模要比传统的联网设备大得多，从而产生了大量可以利用的互联链接。	需要进一步开发现有的工具、方法和战略来处理这种前所未有的规模。
物联网的许多实例都由具有相同特性的相同设备的集合组成。	放大安全漏洞的潜在影响。
预计许多物联网设备的使用寿命要比一般设备长得多。	设备寿命可能长于制造商，使其没有长期支持，从而造成持续性的漏洞。
许多物联网设备故意被设计为没有升级能力，或者升级过程很困难。	增加了易受攻击设备不能或不会被修复的可能性，使它们永远处于脆弱状态。
许多物联网设备不会向用户提供设备的运行情况或正在生成的数据的可见性，也不会在出现安全问题时向用户发出警报。	用户可能认为物联网设备的运行方式与自己想的一样，但实际上，它可能是以恶意方式运行的。

续表

问题	可能的含义
有些物联网设备，如传感器，是悄无声息地嵌入在环境中的，因此用户甚至可能不知道该设备。	安全缺口可能会持续很长时间才被发现。

一些令人震惊的关于被黑客入侵的物联网设备的报道已经开始在大众媒体上出现。例如，2015 年 7 月，研究人员展示了通过娱乐系统入侵吉普切诺基（Jeep Cherokee）的能力，从一台远程笔记本电脑向仪表盘、转向器、刹车器和变速器系统发送指令，从而控制方向盘、使刹车失灵及关闭引擎（Greenberg，2015）。菲亚特克莱斯勒汽车（Fiat Chrysler Automobiles）立即发出召回通知以修复相关软件漏洞，但几乎可以肯定，随着汽车制造商在汽车上增加越来越多的无线联网功能，此类事故还会继续发生。其他报告还提到了无线婴儿监护仪，以及医疗设备，如医院实验室血液气体分析仪、放射图像存档和通信系统、药物输液泵和医院 X 光系统被黑客入侵的情况（Storm，2015a，2015b）。前面提到的对 Dyn 的 DDoS 攻击就部分依赖于数百万个联网的安全摄像头（Sanger and Perlroth，2016）。

5.3　技术解决方案

乍一看，人们面对互联网安全漏洞的猛烈攻击似乎无计可施。回顾前面章节所提到的安全威胁，可知电子商务所面临的威胁是真实的，对个人、企业甚至整个国家都具有潜在的破坏性，并且随着电子商务的发展，安全问题的强度逐渐增加。但实际上，安全公司、企业和家庭用户、网络管理员、技术公司和政府机构已经取得了很大进展。防卫主要可以分为两种：技术解决方案和政策解决方案。本节主要讨论技术解决方案，下一节将介绍政策解决方案。

对一个电子商务网站来说，抵御各种安全威胁的第一道防线就是利用一整套技术工具，使外部人员难以入侵和破坏网站。图 5-5 列出了可以帮助网站实现网络安全的主要工具。

图 5-5　实现网站安全的可用工具

说明：这些是可以实现网站安全的可用工具。

5.3.1　保护互联网的通信

因为电子商务交易必须通过公共的互联网络进行，数据包在传递过程中要经过上千个路由器和服务器，所以安全专家认为，最大的安全威胁就发生在互联网的通信层。这与在通信双方间建立专用通信线路的专有网络有很大区别。保护互联网通信安全的工具有很多，其中最基本的工具就是信息的加密。

5.3.2　加密

加密（encryption）就是把明文转换成除发送方和接收方以外任何人都无法读取的**密文**（cipher text）的过程。加密的目的是：（a）保证存储信息的安全；（b）保证信息传送的安全。加密可以为表 5-3 中提到的有关电子商务安全的基本维度中的 4 个维度提供保障：

- 信息完整性——提供信息没有被篡改的保证。
- 不可否认性——防止用户否认曾经发送过消息。
- 真实性——提供发送信息的个人（或机器）的身份证明。
- 机密性——保证信息不被他人读取。

从明文到密文的转换是通过使用密钥来完成的。**密钥**（key）或**密码**（cipher）就是把明文转换成密文的方法。

自从出现最早的书写形式和商务交易，就开始使用加密了。古代埃及人和腓尼基人的商务记录就是利用替代密码和调位密码来加密的。在**替代密码**（substitution cipher）方法中，每一个出现的给定字母都系统地被另一个字母替代。例如，如果使用"加两个字母"的密码方法，则意味着单词中的每一个字母都用其后两个的字母代替，这样明文单词"hello"就会被转换成下面的密文："JGNNQ"。在**调位密码**（transposition cipher）方法中，每个单词中的字母顺序都以某种系统方式改变。如列奥纳多·达·芬奇（Leonardo Da Vinci）用相反的顺序来记录销售，只有用镜子，这些数据才可读。如"hello"一词可以倒过来写成"OLLEH"。而更加复杂的密钥则可能：（a）把所有的单词都变成两个单词；（b）第一个单词用每两个字母中的第一个字母拼写，第二个单词用所有剩下的单词拼写。在这种加密方式中，"HELLO"就被写成了"HLO EL"。

对称密钥加密

为了对信息解密，接收方必须知道加密这些明文的密钥，这就称为**对称密钥加密**（symmetric key encryption）或者**私钥加密**（secret key encryption）。在对称密钥加密中，发送方和接收方使用同一把密钥来加密和解密信息。那他们如何才能拥有同一把密钥呢？他们必须通过某种通信媒介来传送密钥或者直接当面交换。对称密钥加密曾在第二次世界大战时期广泛使用，现在仍在互联网加密中使用。

简单替代和调位密码的可能数量其实有无穷种，但它们却为常见的缺陷所困扰。首先，在数字时代，计算机的功能十分强大，运算速度很快，所以这些古老的加密方式很快就会被破解。其次，对称密钥加密要求双方持有同一把密钥。为了分享这把密钥，他们必须通过不那么安全的媒介来传送密钥，这样密钥就有可能被盗并用来解密信息。一旦密钥丢失或被盗，则整个加密系统也就失败了。最后，在商务应用中，我们并不是只与同一个团队的成员进行交易，和你进行交易的每一个对方都需要一把密钥，如一把密钥给银行，一把密钥给百货公司，另一把给政府。在用户数量很大的时候，结果就会出现 $n^{(n-1)}$ 把密钥。而对于数百万的互联网用户来说，就需要有几十亿把密钥来分配给所有的电子商务消费者（在美国估计有 1.77 亿用户，可能会需要（1.77 亿）^{2} 把不同的密钥）。很显然，这在实际应用中是很难实现的。

现代加密系统是数字化的系统。把明文转化为密文的密钥是数字串。计算机以 0 和 1 组成的二进制字符串来存储文本或者其他数据。例如，根据计算机的 ASCII 编码方式，大写字母"A"的二进制表示形式是由 8 个二进制数（位）组成的：01000001。将数字字符串转换成密文的一种方式是在每个字母上乘以另一个二进制数，例如，一个 8 位的密钥数 01010101。如果我们用这个 8 位的密钥去乘以文本信息中的每个数字字符，再把加密信息发送给持有这个 8 位密钥的朋友，他就可以很容易地解密信息了。

现代安全保护的强度是用加密数据所使用的二进制密钥的长度来衡量的。在上面的例子中，8 位的密钥很容易破解，因为它只有 2^8 或者说 256 种可能性。如果入侵者知道你使用的是 8 位的密钥，那么使用现代的台式个人电脑，他只要硬性地检查每一种可能，就能在几秒钟内解密信息。正是出于这一原因，现代的数字加密系统一般都使用 56 位、256 位或者是 512 位的密钥。如果使用 512 位的加密密钥，那就要检查 2^{512} 种可能性，要想找到答案估计需要全世界所有的计算机花费 10 年的时间。

数据加密标准（Data Encryption Standard，DES）是由美国国家安全局和 IBM 在 20 世纪 50 年代开发的，使用 56 位的加密密钥。为了应对运算速度更快的计算机，DES 最近已经升级为三重加密算法（Triple DES Encryption Algorithm，TDEA）——每次使用一把单独的密钥把信息加密三次。现今，使用最广泛的对称密钥加密算法是**高级加密标准**（Advanced Encryption Standard，AES），它提供 128 位、192 位和 256 位的加密密钥。AES 被认为是相对安全的，但在 2011 年，微软和比利时一所大学的研究人员宣布他们找到了打破该算法的方法，而随着研究的开展，AES 的"安全裕度"继续受到侵蚀。此外，还有许多其他使用较少的对称密钥系统，使用高达 2 048 位的密钥。[①]

公钥加密

1976 年，惠特菲尔德·迪菲（Whitfield Diffie）和马丁·赫尔曼（Martin Hellman）发明了一种崭新的信息加密方法，称为**公钥加密体系**（public key cryptography）。公钥加密（也被称作非对称加密）解决了密钥的交换问题。这一方法采用两个算术上相关的数字密钥：一个公开密钥和一个私有密钥。私钥由拥有者保存，公钥可以广泛发布。两个密钥都可以用来加密和解密信息。但是，一旦某个密钥被用来加密信息，就不能再用它来解密信息。产生密钥的数学算法是一个单向函数。利用这种单向不可逆数学函数来作为算法，是无法从输出信息中倒推出输入信息的。大多数食谱就属于这种类型。例如，做一份炒鸡蛋很容易，但要把炒鸡蛋变成原来的整个鸡蛋却是不可能的。公钥加密体系就是建立在这种不可逆的数学函数基础上的。其密钥的长度相当长（128 位、256 位以及 512 位），这样即便使用现有最大、最快的计算机，要想推导出密钥，也要耗费极大的计算机能力。图 5-6 说明了公钥加密体系的简单应用，列出了使用公钥和私钥过程中的重要步骤。

[①] 例如，DESX 和 RDES 使用 168 位的密钥；RC 系列的 RC2、RC4 和 RC5 使用 2 048 位的密钥；IDEA 算法、基本的 PGP 以及本章后面将提到的电子邮件公钥加密软件使用的是 128 位的密钥。

步骤	描述
1. 发送方创建一条数字信息	该信息可以是文档、表格或任何数字化对象。
2. 发送方从公共目录得到了接收方的公钥，并用其加密信息	广泛发布的公钥可以直接从接收方处得到。
3. 应用接收方的公钥生成加密的密文信息	一旦使用该公钥加密，信息就不能再用同一把公钥进行反操作即解密。这一过程是不可逆的。
4. 加密后的信息通过互联网传递	加密后的信息被分解成若干数据包并通过不同的路径传送，想要截取完整的信息十分困难（但不是不可能）。
5. 接收方用他的私钥来解密信息	唯一能够解密信息的人就是拥有接收方私钥的人。但愿这就是合法的接收方。

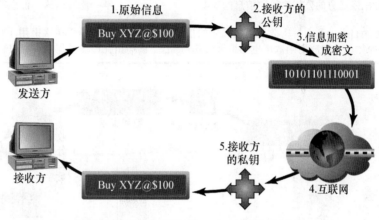

图 5-6　公钥加密体系———一个简单的例子

说明：在公钥加密体系最简单的使用中，发送方用接收方的公钥来加密信息，然后通过互联网发送。唯一可以解密信息的人就是接收方，用他的私钥来解密。但是，这个简单的例子并不保证信息的完整性和真实性。

使用数字签名和散列摘要的公钥加密

在公钥加密中，忽略了一些基本的安全要素。尽管我们可能很确定信息没有被第三方读取（信息机密性），但是无法保证发送方就是那个要发送的人，因为没有验证发送方的身份。这意味着发送方可以否认曾发送过信息（否认性）。此外，我们也无法保证信息在传输过程中没有被篡改过。例如，信息"Buy Cisco @ $16"可能已经碰巧或者被故意改成了"Sell Cisco @ $16"。这表明这一加密体系可能缺乏完整性。

利用一个更加复杂的公钥加密体系可以实现数据的真实性、不可否认性和完整性。图 5-7 介绍了这种更有效的方法。

为了核实信息的机密性并确保其在传输过程中没有被篡改，该加密方法首先使用散列函数来生成一个信息摘要。**散列函数**（hash function）是一种可以产生一个称为散列或者信息摘要的固定长度数字的算法。散列函数可以很简单，只是计算一下信息中数字"1"的数目；散列函数也可以很复杂，产生一个 128 位的数字，反映信息中 0 的个数、1 的个数、00 的个数、11 的个数等。标准的散列函数是公开的（MD4 和 MD5 可以生成 128 位和 160 位的散列值）（Stein，1998）。这些复杂的散列函数可以针对每条不同的信息产生唯一的散列结果。发送方把应用散列函数后的结果传递给接收方。接收方收到信息后，会对接收到的信息应用同样的散列函数，并核对是否产生的是同样的结果。如果是的话，则说明该信息未被篡改。随后，发送方用接收方的公钥对散列结果和原始信息加密（见图 5-6），生成一个单一的密文块。

步骤	描述
1. 发送方创建一条原始信息	该信息可以是任何数字文件。
2. 发送方利用散列函数生成一个 128 位的散列值	散列函数根据信息内容生成了唯一的信息摘要。
3. 发送方用接收方的公钥加密信息和散列值	利用这一不可逆过程生成的密文，只有接收方用自己的私钥才能读取。
4. 发送方用自己的私钥对上述结果加密	发送方的私钥就是数字签名，发送方是唯一能创建这一数字标记的人。
5. 这一经过双重加密的数据通过互联网传递	信息以一系列独立的数据包的形式在互联网上传递。
6. 接收方用发送方的公钥来验证信息的来源	唯一能发送这一信息的人就是名义上的发送方。
7. 接收方用自己的私钥解密散列函数和原始信息，然后核对以确保原始信息和散列函数产生的结果彼此吻合	散列函数在这里用于核对原始信息，从而保证信息在传输过程中没有被篡改。

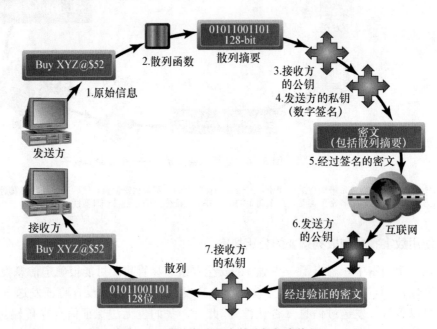

图 5-7　具有数字签名的公钥加密体系

说明：一个更实用的公钥加密体系使用了散列函数和数字签名来确保信息的机密性和对发送方的身份验证。唯一能够发出上面信息的人就是私钥的主人或使用该私钥的发送方，这验证了信息的真实性。散列函数可以确保信息在传输过程中未被篡改。和前面一样，唯一能够解密信息的人就是接收方，利用其私钥来解密。

这中间还需要另外一个步骤。即为了确保信息的真实性和不可否认性，发送方用自己的私钥将整个密文块再加密一次。这就产生了**数字签名**（digital signature）（也称为**电子签名**（e-signature））或叫作"经过签名"的密文，随后就可以通过互联网发送了。

数字签名与手写签名很类似。与手写签名一样，数字签名也具有唯一性，即唯一属于拥有私钥的那个人。在与散列函数同时使用时，数字签名的唯一性保障比手写签名还要强。数字签名除了对于某个人具有唯一性之外，当用来签署散列文件时，数字签名对于文件来说也是唯一的，而且对于每个文件都是不同的。

接收方收到这种经过签名的密文后，首先用发送方的公钥来验证信息的真实性。一旦真实性得到了证实，接收方就用自己的私钥来解密得到散列结果和原始信息。最后，接收方用同一个散列函数来对原始信息进行处理得到散列值，并将得到的散列结果与发送方发送来的散列结果进行比较。如果两个结果相同，则接收方就知道该信息在传输过程中未被篡改，该信息是完整的。

早期的数字签名程序要求使用者有数字证书，导致个人难以使用。较新的程序是基于互联网的，不要求使用者安装软件或懂得数字认证技术。DocuSign、Adobe eSign、Sertifi 等许多公司都提供网络数字签名解决方案。许多保险、金融、担保公司都开始允许客户以电子方式签署文件。

数字信封

公钥加密的计算速度很慢。假设某人用 128 位或 256 位的密钥来加密一个大型文件，如本章或者整本书，将会出现传输速度的显著减慢以及处理时间的显著增加。而对称密钥加密的计算速度则比较快，但正如我们在前面已指出的，这种加密方法有一个弱点，即必须通过不安全的传输路径将对称密钥传递给接收方。解决这一问题的一种办法是，用速度比较快的对称密钥来对大型文件加密和解密，而用公钥加密方法来加密和传送这把对称密钥。这种技术方法叫作使用**数字信封**（digital envelope）。图 5-8 说明了数字信封的工作原理。

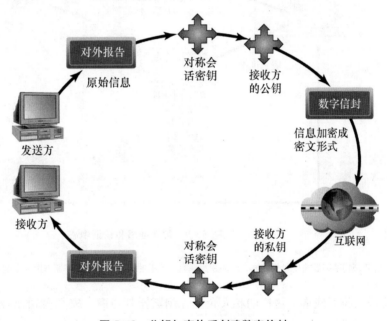

图 5-8　公钥加密体系创建数字信封

说明：创建数字信封的目的是传送对称密钥，接收方可以用这把密钥来解密信息，并确保该信息在传输过程中未被截获。

在图 5-8 中，用对称密钥对对外报告加密。接收方解密文件所需要的对称密钥自身则用接收方的公钥进行了加密，所以我们就有了一把"对密钥进行加密的密钥"或者称为数字信封。加密后的报告和数字信封通过网络传输。随后，接收方首先用自己的私钥来解密得到对称密钥，然后再用这把对称密钥来解密对外报告。由于加密和解密都使用了速度更快的对称密钥，因此这种方法可以节约时间。

数字证书和公开密钥基础设施

在上面介绍的信息安全措施中其实仍存在一些缺陷。例如，我们如何判断某个人或机构就是其所声称的身份？任何人都有可能制作一套私钥和公钥，然后假称自己是其他人。在你给亚马逊书店这样的网上商家下订单前，你会想要确定一下电脑屏幕上所显示的的确就是亚马逊书店，而不是某个冒充的欺骗者。在现实世界里，当某人问你是谁而你出示自己的社保卡号码时，他们会去核对你的身份证照片或采用其他可确认或能验证你身份的方式。如果对你的身份表示怀疑，他们可能会求助于其他权威机构并且直接拜访这些机构。同样，在数字世界里我们也需要一种可以知道某人或某机构真实身份的方法。

数字证书及其所支持的公开密钥基础设施，都是为解决这一数字身份问题所做的尝试。**数字证书**（digital certificate）是由受信任的第三方机构，即**认证中心**（certification authority，CA），发放的一个数字文件，其中包括主体或公司的名称、主体的公钥、数字证书的序列号、截止日期、发放日期、认证中心的数字签名（用CA的私钥加密后的CA的名称）以及其他识别信息（见图5-9）。

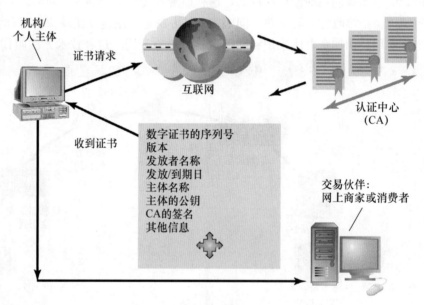

图5-9 数字证书和认证中心

说明：公开密钥基础设施中包括发放、验证并担保数字证书的认证中心。数字证书用于在电子商务中确认交易伙伴身份。

在美国，类似威瑞信这样的私人企业、浏览器制造商、安全公司以及美国邮政总局、联邦储备局这样的政府机构等上千个组织认证CA。由于信誉较好、规模较大的CA要为不太知名的CA做认证，形成了一个相互认证的社团，所以事实上CA是多层式的结构。**公开密钥基础设施**（public key infrastructure，PKI）指的是各方都接受的认证中心和数字证书规程。当你登录到一个"安全"站点时，URL将以"https"开头，并在浏览器上显示一个关闭的锁图标。这意味着该站点有一个可信的CA颁发的数字证书。这大概就不是一个仿冒网站。

要创建一份数字证书，用户首先要生成一个公/私密钥对，并把证书请求和用户的公钥一起发送给CA。CA核实信息（这一过程视不同的CA而定），然后发放一份包含用户公钥和其他相关信息的证书。最后，CA给证书本身创建一个信息摘要（就像散列摘要一样）并用CA的私钥签名，这个签名后的摘要就称为签名证书。我们最终就得到了完全唯一的加密文件——这个世界上只有一份这样的签名证书。

在商务活动中使用证书的方式有多种。在交易开始前，消费者可以请求商家提供签名的数字证书，然后使用商家的公钥来解密，获得信息摘要和发放的证书。如果信息摘要和证书相匹配，那么商家和公钥就是真实的。反之，商家也可以要求验证用户的证书，在这种情况下，消费者可以把自己的个人证书传送给商家。证书的种类有很多，如个人证书、机构证书、网络服务器证书、软件发行者证书以及 CA 自身的证书。

PKI 和 CA 还可用于保护从互联网直接下载到移动设备的应用程序的软件代码和内容。移动应用程序开发人员使用一种称为代码签名的技术，使用他们的私钥来加密数字签名。当终端用户用相应的公钥解密签名时，就确认了开发人员的身份和代码的完整性。

在 PGP 的网站 pgpi.org 上，可以很容易地获得个人及非商业用途的公/私密钥对。**良好隐私**（Pretty Good Privacy，PGP）是由菲尔·齐默尔曼（Phil Zimmerman）于 1991 年开发的，现已成为世界上使用最广泛的电子邮件公钥加密软件工具之一。将 PGP 软件安装到电脑上，你就可以压缩并加密你的信息，还可以验证自己和接收方的身份。也有许多 Firefox、Chrome、Internet Explorer 和 Safari 外接程序、扩展程序或插件让你能够对电子邮件进行加密。

PKI 的局限性

PKI 对于安全问题是一个强有力的技术解决方案，但是它也有很多局限性，尤其是对 CA 来说。PKI 主要用来保护在互联网上传输的信息，但对于内部人员（如雇员）——那些可以合法访问包含消费者信息的企业系统的人来说却是无效的。目前大部分电子商务网站并没有用加密的形式来存储消费者的信息。此外，还有一些其他的缺点也很明显。例如，如何保护你的私钥？大多数私钥都保存在不安全的台式计算机或笔记本电脑里。

你无法保证使用你的电脑（甚至你的私钥）的那个人就是你。例如，你可能丢失笔记本电脑或智能手机，并因此丢失私钥。同样，其他人也可能使用你的个人身份证件，如社保卡等，以你的名义获取你的 PKI 认证的网络证书。没有真实世界中的身份认证体系，就没有网上的身份认证体系。根据许多数字签名法的规定，你必须对使用你的私钥所产生的一切后果负责，即使你并不是使用者也是如此。这与进行邮购或电话订购时的信用卡使用规则有很大的区别，在这两种情况下，你有权拒付。其次，无法保证商家用于验证的电脑是安全的。再次，许多 CA 都是自我推选出来的机构，其目的是进入认证这一领域，这些 CA 可能并不是其认证的企业和个人所认定的权威机构。举例来说，一个 CA 怎么能了解所有的行业以及某个行业内的所有企业，从而判断其是否合法？另一个相关的问题是 CA 用什么方式来认定证书的持有者。只凭填写了网上表格的申请者自己的声明就可以证实这笔电子邮件交易吗？例如，威瑞信承认自己曾错误地给某个冒充微软代理的人发放了两份数字证书。数字证书已被黑客攻破，诱使消费者公开自己的个人信息。例如，2014 年，印度国家信息中心（印度认证机构管理局认可的中级 CA）被黑客入侵，并为谷歌和雅虎运营的域名颁发了若干未经授权的数字证书，该中心的证书被包含在微软 Root Store 中，因此得到了 Windows 上运行的绝大多数程序（包括 Internet Explorer 和 Chrome）的信任（Datta，2014）。最后，取消或更新证书的策略是什么？数字证书或私钥的预计使用寿命是其使用频率以及使用证书系统的漏洞的函数。但是，迄今大多数的 CA 还没有证书政策，或者只有每年重新发放证书的政策。如果微软、苹果或思科之前取消了一些 CA，数百万用户将无法访问网站。对于警察来说，CA 系统既困难又昂贵。

5.3.3 通信信道的安全

公钥加密原理通常用于保证通信信道的安全。

安全套接层和安全传输层协议

保护通信信道安全最常用的方法是利用安全套接层（SSL）和安全传输层（TLS）。当你收到一条你将与之通过安全信道进行通信的网络服务器的信息时，这意味着你可以使用 SSL/TLS 来建立一个安全协商会话。（要注意其中的 URL 从 HTTP 开头变成了 HTTPS 开头。）**安全协商会话**（secure negotiated session）是一种客户机/服务器之间的会话，其中所请求文档的 URL，以及所交换的内容、表单的内容和 cookies 都进行了加密（见图 5 - 10）。例如，你输入表单的信用卡号码就会被加密。通过一系列的"握手"和通信，浏览器和服务器彼此交换数字证书建立了信任，确定了最强有力的共享的加密形式，然后便开始使用双方一致同意的会话密钥进行通信。**会话密钥**（session key）是挑选出来在单个安全会话中使用的唯一的对称加密密钥。某个会话密钥一旦用过，就永远不再使用。图 5 - 10 说明了会话密钥的工作原理。

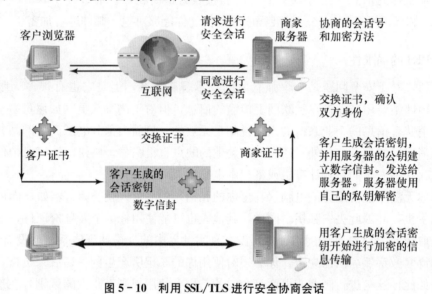

图 5 - 10　利用 SSL/TLS 进行安全协商会话

说明：在利用 SSL/TLS 建立安全通信信道的过程中，证书扮演了重要的角色。

在实际生活中，大多数个人并没有数字证书。这种情况下，商家服务器可能就不要求个人的数字证书，但是一旦服务器请求进行安全会话，客户浏览器会要求商家的证书。

SSL/TLS 协议为 TCP/IP 连接提供数据加密、服务器身份认证、可选的客户身份认证以及信息的完整性保护。通过允许用户验证另一个用户的身份或服务器的身份，SSL/TLS 解决了真实性问题。它还可以保护所交换消息的完整性。但遗憾的是，商家在收到加密的信用卡和订单信息后，通常就将这些信息以不加密的格式存储在商家的服务器中。尽管 SSL/TLS 提供了商家和消费者之间的安全事务，但它只保证服务器端的身份验证。客户端身份验证是可选的。

此外，SSL/TLS 无法提供不可否认性保护——消费者可以订购商品或者下载信息类商品，然后却声称交易从未发生过。最近，脸书和推特等社交网站出于各种原因开始使用 SSL/TLS，包括阻止在无线网络上使用 Firesheep 账号劫持的能力。Firefox 的插件 Firesheep 可被黑客用来抓取未加密的 cookies 来"记住"用户，并允许黑客作为用户立即登录网站。因为 SSL/TLS 加密 cookies，SSL/TLS 可以阻止这样的攻击。2015 年 6 月，白宫管理与预算办公室发布了一份备忘录，要求所有公众可以访问的联邦网站和网络服务在 2016 年 12 月 31 日之前开始使用 HTTPS。HTTPS 将用户请求加密到网站服务器。它由采用 HTTP 严格传输安全（HSTS）特性（强制浏览器只能使用

HTTPS 访问服务器）的服务器实现（CIO. gov，2016）。

虚拟专用网

虚拟专用网（virtual private networks，VPN）使用各种 VPN 协议，使远程用户可以通过互联网安全地访问公司的局域网。VPN 同时使用身份验证和加密来保护未经授权的人的信息（提供机密性和完整性）。身份验证可以防止欺骗和虚报身份。远程用户可以使用本地 ISP 连接到远程专用本地网络。VPN 协议建立从客户端到企业网络的连接，就好像用户已经直接接入了企业网络。通过另一个协议（IP）连接的过程称为**隧道技术**（tunneling），因为 VPN 通过给信息添加一个不可见的包装以隐藏其内容来创建一个私有连接。当信息在 ISP 和公司网络之间通过互联网传输时，它就被加密的包装保护起来，不被窥视。

之所以说虚拟专用网是"虚拟的"，是因为对于用户来说它似乎是一个专用的安全线路，但实际上只是一个暂时的安全通道。虚拟专用网的主要用途是在业务伙伴间——那些大型供应商或者客户间——进行安全的通信。与业务伙伴建立专用的连接可能非常昂贵，而利用互联网和 VPN 作为连接方法则可以大大减少安全通信的成本。

无线网络

通过无线（WiFi）网络访问互联网有其独特的安全问题。早期的 WiFi 网络使用一种称为有线等效保密（Wired Equivalent Privacy，WEP）的安全标准来加密信息。WEP 非常脆弱，而且很容易被黑客破解。后来开发了一项新的标准，即 WiFi 网络安全接入（Wi-Fi Protected Access，WPA），该标准提供了更好的保护，但也很快就变得容易入侵。当前使用的标准是 **WPA2**，它使用 AES 算法和 CCMP（一种更高级的认证码协议）进行加密。

5.3.4　网络保护

保护好了通信通道，下一步就是考虑如何保护网络，包括服务器端网络和客户端网络。

防火墙

防火墙和代理服务器都是要在你的网络以及相连的服务器和客户端的周围建立起一堵围墙，其目的就像在现实世界里防火墙能在有限时间里保护你免受大火的侵害一样，对你的网络起保护作用。防火墙和代理服务器具有某些类似的功能，但是它们的区别很大。

防火墙（firewall）是指出于安全考虑过滤通信数据包，阻止某些数据包进入网络的软件和硬件。防火墙控制出入服务器和客户端的流量，阻止不受信任的通信，只允许受信任的通信通过。网络接收或发送的每条信息都要经过防火墙软件的处理，由它来判断该信息是否符合企业制定的安全政策，如果符合，就允许其传输，否则就拒绝其进入。防火墙可以基于数据属性，如源 IP 地址、目的端口或 IP 地址、服务类型（如 WWW 或 HTTP）、源域名等维度，来过滤通信流量。大多数能保护局域网的硬件防火墙是默认设置，几乎不需要管理员的干预，就能简单、有效地阻止内部请求之外的数据包传入，只允许你请求的服务器发送的数据包进入。常见的硬件防火墙（DSL 和电缆调制解调器）默认设置忽视了和最常见的被攻击端口——TCP 445 端口之间的通信。家庭和公司网络中防火墙的使用极大地降低了攻击的效率，迫使黑客更加专注于通过电子邮件附件散布蠕虫和病毒。

防火墙对通信的检查主要有两种方式：包过滤和应用网关。包过滤（packet filters）方式通过对数据包的检查来判断它们是否要发送到禁止的目的端口，或者来自禁止的 IP 地址（由安全管理者具体规定）。过滤器在判断某信息是否应该传输时，尤其注意的是信息源和目的地址，同时也包括端口和包的类型。包过滤方式的一个缺陷是它容易产生电子欺骗，因为包过滤方式并不对真实性进行验证。

作为防火墙的一种，应用网关（application gateways）方式主要是基于所请求的应用，而不是信息源或目的地址来对通信进行过滤。这类防火墙还要处理应用层的请求，所以与包过滤方式相比，距离客户计算机更远。通过提供一个中央过滤点，应用网关可以提供比包过滤更好的安全性，但这其中也有系统自身性能的因素。

下一代防火墙（next-generation firewalls）使用以应用程序为中心的防火墙控制方法。不管使用的端口、协议或安全规避工具是什么，它们都能够识别应用程序；不论设备或 IP 地址是什么，都能识别用户，解密出站 SSL，并实时保护用户免受植入在应用程序中的威胁。

代理服务器

代理服务器（proxy server，proxy）是一种对来自互联网或发送到互联网上的通信信息进行处理的软件服务器（通常位于某台专用的计算机上），在企业中扮演了发言人或者卫兵的角色。代理服务器的主要作用是限制内部用户访问外部的互联网服务器，尽管有些代理服务器也作为防火墙使用。代理服务器有时也称为双主系统（dual home system），因为它有两个网络接口。对于内部计算机来说，代理服务器就是网关（gateway），而对于外部计算机而言，它则是邮件服务器（mail server）或者数字地址（numeric address）。

当某个内部网用户请求访问网页时，该请求首先被发送到代理服务器。代理服务器验证用户的身份以及请求的性质后，再把请求发送到互联网上。由外部互联网发来的网页首先要经过代理服务器。如果可以接收，该网页就进入内部网络的网络服务器，然后发送到用户的桌面上。通过禁止用户直接与互联网通信，企业可以限制用户访问某些类型的网站，如色情、拍卖或者股票交易网站。代理服务器通过在本地存储经常请求的网页，减少了上传时间，隐藏了内部网的地址，使黑客更难监视网络，提高了网络的性能。图 5-11 说明了防火墙和代理服务器是如何保护局域网免受互联网入侵者的破坏以及阻止内部用户进入禁止的网络服务器的。

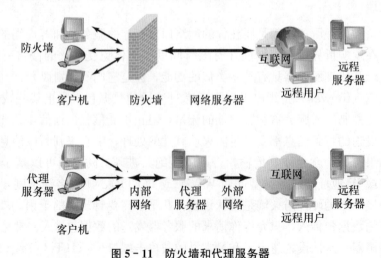

图 5-11 防火墙和代理服务器

说明：防火墙的主要功能是拒绝远程用户机访问本地机。代理服务器的主要目的是提供本地机到远程服务器的访问控制。

入侵检测和防御系统

除了防火墙和代理服务器外，还可以安装入侵检测和/或防御系统。**入侵检测系统**（intrusion detection system，IDS）检查网络流量，观察它是否与意味着攻击的某种模式或预配置规则匹配。如果检测到可疑活动，IDS 将触发警报，警示管理员并在数据库中记录该事件。IDS 对于检测防火墙可能遗漏的恶意活动很有用。**入侵防御系统**（intrusion prevention system，IPS）不仅具有 IDS 的所有功能，还具有采取步骤防御和阻止可疑活动的能力。例如，IPS 可以终止一个会话并重置一个连接，阻止来自可疑 IP 地址的通信，或者重新配置防火墙或路由器安全控制。

5.3.5　保护服务器和客户机

利用操作系统的特性和杀毒软件可以进一步保护服务器和客户机免遭某些攻击。

提升操作系统安全

保护服务器和客户机的最好方式就是利用计算机自动安全更新。为了修补被黑客发现的漏洞，微软、苹果和 Linux/Unix 操作系统不断升级更新。这些补丁是自动的，也就是说，当你联网使用这些操作系统时，系统会提醒你可以进行升级。用户可以很容易地免费下载这些补丁。保持更新服务器和客户操作系统是阻止常见的蠕虫和病毒的简易方法。2014 年 4 月，微软终止了对 Windows XP 操作系统的安全支持和更新。尽管如此，许多组织仍在使用基于 XP 的系统，因此，许多安全专家预计这类系统将受到一波攻击。应用程序漏洞是以同样的方式修复的。例如，大多数流行的互联网浏览器都是在用户干预很少的情况下自动更新的。

杀毒软件

抵御系统完整性侵害最容易也最便宜的方法就是安装杀毒软件。Malwarebytes、McAfee、Symantec（Norton AntiVirus）等提供了便宜的工具，可以在病毒进入计算机时识别和根除最常见的病毒，还可以清除潜伏在硬盘上的病毒。杀毒软件可以在你点击邮件附件前先对其进行检查，删除含有蠕虫或病毒的附件。但是仅仅一次性地安装杀毒软件还不够，因为新的病毒每天都在出现，要抵御新病毒的感染，就必须对杀毒软件进行定期更新，一些高级的杀毒软件甚至每小时更新一次。

杀毒套件包和独立程序也可以消除入侵者，如僵尸程序、广告软件等安全威胁。这类程序在寻找可以识别的黑客工具以及已知入侵者的活动信号时，和杀毒软件十分相似。

5.4　管理政策、企业流程和法律

预计 2016 年全球企业在安全硬件、软件和服务上的花费将超过 810 亿美元，比上一年增长 8%（Gartner，2016）。但是，大多数 CEO 和 CIO 都认为，技术并不是电子商务风险管理中的关键问题。技术只是为安全提供了一个基础保障，如果缺乏明智的管理政策，即使最好的技术也会被轻易击败。所以，还需要制定有关网络犯罪的公共法律并积极地加以实施，提高网络犯罪行为所付出的代价，并制止企业滥用信息。让我们来简要看看有关安全管理政策的发展情况。

5.4.1 安全计划：管理政策

为了使安全威胁最小化，电子商务企业必须制定一整套企业政策来考虑企业会遇到哪些风险，哪些信息资产需要保护，防范风险需要采取哪些措施和技术，以及相应的实施和审计机制。图5-12说明了制定一个有效的安全计划所包括的关键步骤。

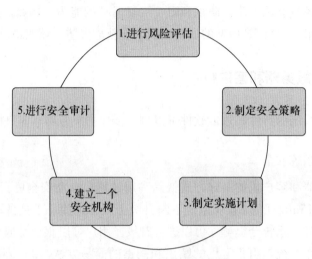

图 5-12 制定一个电子商务安全计划

说明：建立一个电子商务安全计划包括五个步骤。

安全计划的制定是从**风险评估**（risk assessment）开始的，风险评估就是对风险及薄弱环节的评估。第一步就是详细清点电子商务网站和企业的信息和知识资产。哪些信息暴露在风险中？是消费者的信息、专有设计、商务活动、机密流程，还是诸如价格表、行政人员的补偿或者工资这类的其他内部信息？对于每种类型的信息资产，都要估计如果此类信息受到侵害，企业可能遭受的损失金额，然后再用发生损失的可能性去乘以这个数字。做完之后，把结果排序。现在你就有了一个根据对企业的价值按优先级排序后的信息资产列表。

根据你的风险量化列表，就可以开始制定**安全策略**（security policy）——这是一套陈述内容，包括按优先级别排列的信息风险、确定可接受的风险目标，以及确定实现这些目标的机制。很明显，你将从风险评估中优先级最高的信息资产开始。在企业里由谁来生成和控制这个信息？现有的安全政策是如何保护这一信息的？要提高这些最有价值的资产的安全性，你有什么改进建议？对其中的每一种资产你愿意承受怎样的风险等级？你是否愿意，比如，每10年丢失一次客户信用卡数据？或者你追求的是可抵御百年飓风的策略，为信用卡数据建立一栋可以抵御百年一遇灾害的安全大厦？你要估算一下，要实现这种可接受的风险等级，你要付出多大代价。要记住，全面彻底的安全可能需要惊人的财务资源支持。通过回答这些问题，你应该有了安全策略的开头部分。

接下来考虑**实施计划**（implementation plan）——为实现安全计划目标所采取的行动步骤。特别要注意的是，你必须确定如何把可接受的风险级别转化成一套工具、技术、策略和程序。为实现这些目标你需要应用哪些新技术？需要制定哪些新的员工雇佣计划？

要实施你的计划，就需要一个组织机构来对安全进行管理，而且需要一个安全管理员——负责日常的安全事务。对一个小型电子商务网站来说，安全管理员很可能就是管理互联网服务的人或者是网站管理员；而对于大企业，则通常需要有一支专门的队伍，需要有预算的支持。**安全机构**（security organization）负责教育和培训用户，使管理层了解安全威胁和破坏的存在，并对实施安全的工具进行维护。

安全机构通常对访问控制、验证机制以及授权策略进行管理。**访问控制**（access controls）决定哪些外部和内部人员可以合法地访问你的网络。外部人员的访问控制包括防火墙和代理服务器，而内部人员的访问控制通常由登录机制组成（用户名、密码和访问代码）。

验证机制（authentication procedures）包括使用数字签名、权威机构发放的证书，以及公钥基础设施。现在电子签名已经拥有与原始手写签名一样的法律地位，许多企业正在寻找可以测试并确认签名者身份的方法。企业通常采用的方法是，要求签名者输入自己的全名，然后点击某个按钮，表示他们知道自己刚刚签署了一份合约或者文件。

利用生物测定装置，如指纹、视网膜扫描或者语言识别系统，与数字签名一起使用，可以确定与个人有关的物理属性。（**生物测定学**（biometrics）是对于可测度的生物或物理特征的研究。）例如，企业可以要求个人在获准访问网站之前，或者获准用信用卡支付商品货款前，先进行指纹扫描。利用生物测定设备可以使黑客更难入侵网站，从而大大降低电子欺骗的可能性。较新版本的iPhone（5S 及更高版本）在其主键中内置了一个名为 Touch ID 的指纹传感器，可以解锁手机，并授权在 iTunes、iBooks 和 App Stores 上的购买行为，而不需要用户输入密码或其他安全代码。根据苹果公司的说法，该系统存储的不是实际指纹，而是生物识别数据，这些数据将被加密并仅存储在 iPhone 中的一个芯片上，不会提供给第三方。

安全令牌（security token）是生成标识符的物理设备或软件，除了密码之外还可以使用该标识符。数百万企业和政府工作人员使用安全令牌登录企业客户机和服务器。RSA 的 SecurID 令牌就是安全令牌的一种，它不断地生成 6 位密码。

授权策略（authorization policies）对不同级别的用户确定访问信息资产的不同级别。**授权管理系统**（authorization management systems）规定了用户在何时何地可以访问网站的某个部分。两者的基本功能是限制访问企业互联网基础设施中的专用信息。尽管近来出现了不少授权管理产品，但其工作方式大多是类似的：系统把一个用户的会话加密成像通行密码一样的函数，跟踪用户进入一个又一个网页，根据系统数据库中的设置信息，只允许用户访问那些可以进入的区域。通过给每个用户建立进入规则，授权管理系统就可以随时知道谁可以访问什么地方了。

制定电子商务安全计划的最后一步是执行安全审计。**安全审计**（security audit）包括对于访问日志的常规检查（确定外部人员如何使用网站以及内部人员如何访问网站资源）。安全审计每月要生成一份报告，反映对于系统的常规和非常规的访问，并识别非正常的活动。正如前面所提到的，大企业的网站经常利用老虎队来评估现有安全措施的强度。近 5 年，涌现出很多专门给大企业网站提供这类服务的小企业。

5.4.2　法律及公共政策的作用

现今的公共政策环境与电子商务的早期大不一样，其最终结果就是互联网不再是一个无管制、无监督、仅进行自我约束的"技术神像"（technology juggernaut）。与过去 70 年来的金融市场一样，人们越来越多地认识到只有制定一系列有效的法律制度和强制措施，电子商务市场才能运转。这些法律有助于建立一个有序、合理、公平的市场环境。这一正在发展中的公共政策环境与电子商务本身一样，正在朝全球化的方向发展。尽管国际上出现了一些针对美国电子商务网站的重大攻击事件，却很难找到攻击的来源和涉案的犯罪分子，即使能找到，最终也没能对他们进行起诉。

在识别黑客的犯罪活动和帮助法律强制执行方面，志愿者和个人的努力起了很大作用。自 1995

年以来，随着电子商务的迅速发展，有关国家和地方的法律也得到极大的发展。目前已经通过了一些新的法律，这些新的法律为地方和国家权力机构识别、跟踪并起诉网络犯罪分子提供了新的工具和机制。例如，美国大多数州现在要求保存居民个人数据的公司在发现影响居民的安全漏洞时进行公开披露。表 5-6 列出了一些最重要的联邦电子商务安全法规。此外，联邦贸易委员会声称，它有权管理公司的数据安全措施。联邦贸易委员会在 2008 年和 2009 年黑客攻击事件后对温德姆酒店集团提起诉讼，该攻击造成了数据泄露，导致信用欺诈金额超过 1 000 万美元。据联邦贸易委员会称，其调查显示，温德姆没有遵循基本的数据安全规范，却向客户保证他们的数据是安全的。2015年 8 月，美国联邦第三巡回上诉法院裁定，联邦贸易委员会在其权限范围内，为其发挥更大作用打开了一扇大门，特别是鉴于国会未能通过管理数据安全的立法。通过加大对网络犯罪的惩罚力度，美国政府正试图威慑进一步的黑客行动。同时通过将这类活动定义为联邦犯罪活动，政府就可以把国际黑客引渡到美国，并在国内对他们进行起诉。

表 5-6　电子商务安全法规

法规	重要意义
计算机反欺诈和滥用法（Computer Fraud and Abuse Act (1986))	打击计算机犯罪的主要联邦法令。
电子通信隐私权保护法（Electronic Communication Privacy Act (1986))	对于访问、截取或者泄露他人私有电子邮件通信的人处以罚款及监禁。
国家信息基础设施保护法（National Information Infrastructure Protection Act (1996))	规定使用拒绝服务进行攻击是违法行为，同时在联邦调查局下设国家基础设施保护中心。
健康保险流通与责任法案（Health Insurance Portability and Accountability Act (1996))	要求某些医疗机构报告数据泄露。
金融服务现代化法案（Financial Modernization Act (GrammLeach-Bliley Act) (1999))	要求某些金融机构报告数据泄露。
网上电子安全法案（Cyberspace Electronic Security Act (2000))	减少对出口的限制。
计算机安全加强法案（Computer Security Enhancement Act (2000))	保护联邦政府系统不受黑客攻击。
全球及全国商务电子签名法案（电子签名法）(Electronic Signatures in Global and National Commerce Act (the "E-Sign" Law) (2000))	授权在文件中使用电子签名。
美国爱国者法案（USA PATRIOT Act (2001))	授权对可疑的恐怖分子进行计算机监视。
国土安全法（Homeland Security Act (2002))	授权建立国土安全局，负责制定美国主要资源和关键基础设施的国家安全全面计划，国土安全局成为网络安全的中央指挥部。
控制非自愿色情和促销攻击法案（CAN-SPAM Act (2003))	尽管主要是一种对垃圾邮件发送者提起民事和监管诉讼的机制，《控制非自愿色情和促销攻击法案》也规定了若干新的刑事犯罪，旨在解决行为人对收件人、互联网服务提供商或执法部门隐藏自己的身份或垃圾邮件来源的问题。还包含对未受指派情况下发送色情邮件的刑事处罚。
美国网络安全法（U.S. SAFE WEB Act (2006))	提高联邦贸易委员会为遭遇间谍软件、垃圾邮件、网络欺诈或受骗上当的消费者获得货币补偿的能力，同时也提高联邦贸易委员会收集信息、协助国外同行进行调查的能力。

续表

法规	重要意义
提高关键基础设施网络安全行政命令（Improving Critical Infrastructure Cybersecurity Executive Order（2013））	在 2012 年国会未能通过网络安全立法后，奥巴马政府发布的这一行政命令指示联邦政府与可能成为攻击目标的私营部门公司共享网络安全威胁情报，并制定和实施私人企业网络安全框架，其中纳入最佳实践和自愿标准。
网络共享信息法案（Cybersharing Information Sharing Act（2015））	鼓励企业和联邦政府从国家安全利益出发，共享网络威胁信息。

2001 年 9 月 11 日之后，国会通过了《美国爱国者法案》，极大地加强了执法部门的调查和监督权。该法案规定可以对电子邮件和互联网使用进行监督。2002 年颁布的《国土安全法》也在试图打击网络恐怖分子，增强政府强制计算机和网络服务供应商披露信息的能力。最近提议的立法重点是要求公司向公平贸易委员会报告数据泄露情况，保护国家电力网络以及网络安全，但都没有通过。但是，2015 年 12 月，奥巴马总统签署了《网络安全信息共享法案》（CISA），使之成为法律。该法案创建了一个系统，允许公司分享有关攻击的证据，而不会面临被起诉的风险，但它遭到了许多大型科技公司和隐私倡导人士的反对，理由是它在保护个人隐私方面有所欠缺，而且可能会导致政府监控加强。不过，CISA 的实施工作仍在进行，其成效如何仍有待观察（Chew and Newby，2016；Peterson，2015）。

私人机构和公私合作做出的努力

好消息是，电子商务网站不再是孤军作战来寻求互联网安全。一些机构——既有公共机构又有私人企业——都已参与到抵御针对互联网和电子商务网站的攻击中，致力于跟踪各类犯罪组织和犯罪分子。在联邦一级，美国国土安全部的网络安全和通信办公室（CS&C）负责监督美国网络和通信基础设施的安全性、弹性和可靠性。国家网络安全和通信集成中心（NCCIC）是一个 24/7 网络监控、事件响应和管理中心。此外，国土安全部还设立了**美国计算机应急准备小组**（United States Computer Emergency Readiness Team，US-CERT），负责协调政府和私营企业的网络事故预警和应对措施。其中比较知名的私人机构之一就是卡内基梅隆大学的**计算机应急反应小组协调中心**（CERT Coordination Center）（正式的说法是计算机应急反应小组）。CERT 检测并跟踪由寻求其帮助的私人企业和政府机构报告的网上犯罪活动。CERT 的组成人员既有全职的专家，也有兼职的专家，虽然互联网十分复杂，但是这些专家仍可以跟踪到攻击网站的源头所在。CERT 的工作人员还帮助企业找出安全问题，制定安全解决方案，并就广泛传播的黑客威胁问题与公众进行沟通。CERT 协调中心还提供安全产品评估、安全报告和安全培训，以增加公众对于安全威胁的认识和对于安全解决方法的了解。

政府对于加密软件的政策和控制

在美国，国会及其执行分支机构一直在寻求管制加密算法的使用、限制加密系统的使用和出口，作为制止和防止犯罪和恐怖活动的手段。而在国际上，对加密软件的国际交流施加影响的主要有四大国际组织，分别是：经济与合作发展组织（Organization for Economic Cooperation and Development，OECD）、G7（全球七大工业化国家首脑会议，不包括俄罗斯，它在 2014 年被暂停参与）、欧洲理事会以及瓦圣那协议（Wassnaar Arrangement，包括 41 个生产敏感工业设备或武器的国家）。许多政府都提出了对加密软件进行控制，或者至少是防止犯罪分子获得有效的加密工具（见表 5 - 7）。美国和英国政府也投入了大量的资源用于与加密有关的程序，这些程序使它们能够切断互联网上的加密通信。NSA前承包商的雇员爱德华·斯诺登泄露的文件表明，NSA以及英国的情报部门可能都能够破解SSL/TLS、VPN和4G智能手机使用的加密方案（Vaughan-Nichols，2013）。近年来，由于苹果公司一直在对抗美国政府突破iCloud和iPhone加密系统（见第8章），以及对WhatsApp、Signal和Telegram等加密信息传输应用程序的担忧，美国政府和科技公司之间围绕加密问题的斗争已经转移到移动平台上。这些应用程序为文本、照片和视频提供端对端加密，当局很难拦截使用这些服务的通信（Isaac，2016）。

表5-7　政府在控制加密上所做的努力

管制方面的努力	造成的影响
限制功能强大的安全软件出口	主要是美国政府在支持，加密方法的广泛传播对这项政策有削弱作用。目前这项政策有所改变，美国政府允许加密产品出口到非常落后的国家。
密钥托管与密钥恢复方案	20世纪90年代，法国、英国和美国都支持这种努力，但目前已基本放弃这一方案，原因是很少有真正可信任的第三方。
法律许可的访问和强制披露	在最近的美国立法以及OECD国家中，对此支持者有所增加。
官方的黑客行为	所有的国家都在迅速增加预算，成立执法所需的"技术中心"，并培训相应人员。成立这类技术中心的目的是，监测并跟踪由可疑犯罪分子进行的基于计算机的加密活动。

5.5　电子商务支付系统

在大多数情况下，现有的支付机制，如现金、信用卡、借记卡、支票账户和储值账户已经能够适应在线环境，尽管在努力开发替代方法的过程中还存在着一些限制。此外，诸如网上个体之间的新的采购关系和新技术（例如移动平台的开发），也为开发新的支付系统创造了需求和机会。在本节中，我们将简要描述目前使用的主要电子商务支付系统。表5-8列出了2016—2017年电子商务支付的一些主要趋势。

表5-8　2016—2017年电子商务支付的主要趋势

- 信用卡和/或借记卡支付仍然是网上支付的主要形式。
- 移动零售支付猛增。
- PayPal仍然是网上最流行的替代支付方式。
- 苹果、谷歌、三星和PayPal在移动支付应用领域的影响不断扩大。
- 大银行进入移动钱包和P2P支付市场。
- Square通过智能手机应用、信用卡读卡器和信用卡处理服务（该服务允许任何人接受信用卡支付）获得了更多的吸引力。
- 谷歌仅重新关注谷歌钱包的付钱和收钱，对谷歌钱包的市场反应并不热烈。
- Venmo等移动P2P支付系统获得成功。

2016年，美国在线支付市场价值近6 000亿美元，预计到2020年将增长3 320亿至9 320亿美元左右。能够处理这种交易量的机构和企业（主要是大型银行和信贷公司）通常以手续费的形式对交易提成2%～3%，即每年约180亿美元的收入。考虑到市场的规模，在线支付的竞争是激烈的。预计新的在线支付形式将在这一增长中占据相当大的一部分。

　　在美国，网上支付的主要形式仍然是现有的信用卡和借记卡系统。诸如 PayPal 等支付方式继续替代传统支付方式。预计移动支付也将大幅增长。图 5-13 显示了 2016 年使用各种替代支付方法的消费者的百分比。但是，所有这些替代支付方法都不是替代银行和信用卡，而是为消费者提供了访问其现有银行和信贷账户的替代方法。

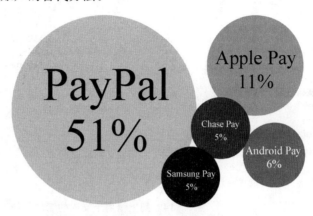

图 5-13　美国消费者使用的替代支付方式

说明：到目前为止，PayPal 仍是最流行的替代支付方式
资料来源：Based on data from eMarketer，2016a.

　　在世界其他地区，电子商务支付可能因传统和基础设施的不同而大不相同。信用卡并不像在美国那样，是一种占主导地位的在线支付方式。如果计划在欧洲、亚洲或拉丁美洲经营一个电子商务网站，你需要为每个地区开发不同的支付系统。例如，在丹麦、挪威和芬兰，付款主要使用借记卡或信用卡，而在瑞典，除了信用卡或借记卡之外，开具发票和银行转账支付也很受欢迎。在荷兰，网上支付服务 iDEAL 是最流行的零售电子商务支付方式。在意大利，消费者高度依赖信用卡和PayPal。在日本，虽然信用卡是主要的支付方式，但许多消费者仍然在当地的便利店（konbini）用现金购买和支付（eMarketer，Inc.，2015）。

5.5.1　网上信用卡交易

　　由于信用卡和借记卡是网上支付的主导方式，所以理解网上信用卡交易的工作原理，并认识这一支付系统的优缺点就显得十分重要。网上信用卡交易与在商店里购物的过程很相似，最主要的区别是在线商家永远看不到实际使用卡的过程，既看不到信用卡，也没有签名。网上信用卡交易和**电话邮购交易**（MOTO transactions）十分相似。这些购买方式也称为**不见卡**（card not present，CNP）的交易，这也是事后消费者拒绝付费的主要原因。正是由于商家根本看不到信用卡，也无法收到消费者签名的购买协议，所以当发生争端时，即便商品已经发运出去或者用户已经下载数字产品，商家也可能会面临交易取消的风险。

　　图 5-14 说明了在网上使用信用卡进行购买的流程。在网上信用卡购买过程中包括 5 个参与方：消费者、商家、清算所、商家银行（有时也叫"收单行"），以及消费者所持信用卡的发卡行。为了接受信用卡的支付，在线商家必须在银行或者金融机构开立一个商家账户。**商家账户**（merchant account）就是一个简单的银行账户，企业可以通过该账户处理信用卡支付并接收来自这些交易的资金。

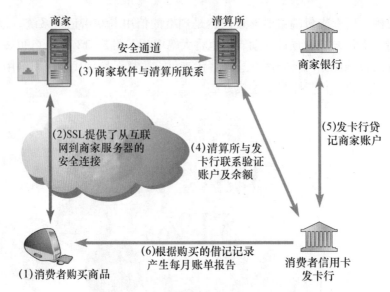

图 5-14　网上信用卡交易的工作原理

如图 5-14 所示，网上信用卡交易是从购买开始的（1）。当消费者想购买商品时，就把该商品放入购物车。在付款时，SSL/TLS 就会建立互联网安全通道，利用加密手段，保证信用卡信息传输的安全，并保护信息不被互联网上的入侵者接触到（2）。但 SSL 并不验证商家和消费者的身份，交易的各方必须彼此信任。

一旦商家收到了消费者的信用卡信息，商家的软件就与清算所进行联系（3）。正如前面提到的，清算所是一个金融中介机构，负责验证信用卡的真实性并审核账户余额。随后，清算所与发卡行联系以验证账户信息（4）。一旦确认完毕，发卡行就贷记商家银行中的商家账户（这通常在夜间的批处理过程中进行）（5）。而消费者账户的借记情况则以每月账单报告的形式发送给消费者（6）。

信用卡：电子商务的赋能者

企业只拥有商家账户还不够，它还需要购买或者建立可以处理在线交易的工具，保护商家账户的安全只是两个处理步骤中的第一步。今天，互联网支付服务提供商（有时被称为**支付网关**（payment gateway））既能提供商家账户，也能提供处理网上信用卡购物所需的软件工具。

例如，Authorize.net 是互联网支付服务提供商，可与某个商家账户提供商一起帮助商家保护账户的安全，同时向商家提供可安装的支付处理软件。该软件收集商家网站上的交易信息，然后通过 Authorize.net 的支付网关把信息传送到相应的银行，确保消费者在购买时得到交易授权，随后把交易资金转入商家的账户。CyberSource 是另一个著名的互联网支付服务提供商。

遵循支付卡行业数据安全标准

支付卡行业数据安全标准（Payment Card Industry-Data Security Standard，PCI-DSS）是由五大信用卡公司（威士（Visa）、万事达（MasterCard）、美国运通（American Express）、发现（Discover）和 JCB）制定的数据安全标准。PCI-DSS 不是法律或政府法规，而是行业标准。每个在线商家必须遵守合适级别的 PCI-DSS 以接受信用卡付款。那些未能遵守并涉及信用卡违约行为的公司，最终可能要支付罚款和其他费用。PCI-DSS 有不同的级别，与商家每年处理的信用卡和借记卡的数量有关。第 1 级是最严格的级别，适用于每年处理 600 万次以上交易的非常大的商家；第 2 级适用于那些处理 100 万～600 万次交易的商家；第 3 级适用于处理 2 万～100 万次交易的组织；第 4 级适用于处理低于 2 万次交易的小商家。PCI-DSS 有 6 个主要控制目标。它要求商家：（a）建立和维护一个安全的网络；（b）保护持卡人数据；（c）维护漏洞管理程序；（d）实施严格的访问控制措施；（e）定期测试和监测网络；（f）维护信息安全政策。这六大控制目标中的每一个都有必须达到的进一步的具体要求。PCI-DSS 的最新版本是 3.1 版，从 2015 年 4 月起生效（PCI Security Standards Council，2015）。

网上信用卡支付系统的弱点

现有的信用卡支付系统有很多弱点，其中最主要的弱点有：安全、商家风险、管理和交易成本以及社会公正。

现有系统的安全性都很差，无法对商家和消费者的身份进行充分认证。参与交易的商家可能是一个专门收集信用卡数据的犯罪组织，而消费者则可能正在使用窃取的或者伪造的信用卡进行交易。商家面临的风险很大：即便商品已经发出或者数字产品已经下载，消费者也可以拒绝付费。银行业曾试图开发安全电子交易协议（SET），但是由于对消费者和商家来说都太复杂而失败了。2016 年，网上信用卡欺诈金额预计将从 2011 年的 20 亿美元增加到 40 亿美元。随着银行转用带有电脑芯片的 EMV 卡，线下信用卡欺诈变得更加困难，这促使犯罪分子把注意力集中于网上欺诈（Sidel，2016）。

建立一个网上信用卡系统和获得授权以接受信用卡付款的行政费用是很高的。商家承担的成本也十分惊人——约为购买金额的 3.5% 再加上每笔交易 20～35 美分的交易费，还有其他的起步费用。

尽管信用卡看起来很普及，但它并不是平民化的。数百万年轻人没有信用卡，此外还有近 1 亿美国成年人由于无法负担信用卡或者由于收入低被认为信用等级不够而没有信用卡。

5.5.2 替代性在线支付系统

在线信用卡系统的局限性为许多替代性在线支付系统的开发开辟了道路。其中最主要的是 PayPal。PayPal（2002 年由 eBay 收购，2015 年脱离，成为独立公司）使拥有电子邮件账户的个人和企业能够在一定额度内进行支付和收款活动。PayPal 是**在线储值支付系统**（online stored value payment system）的一种，它使消费者能够使用其银行账户或信用卡/借记卡向商家或其他个人进行网上支付。全球有 202 个国家和 25 种货币。PayPal 建立在业务所在国家已有的金融基础设施之上。当进行网上交易时，你可以用指定的用来支付或收款的信用卡、借记卡或支票账户建立一个 PayPal 账户。当使用 PayPal 进行支付时，你要将支付款通过电子邮件发送到商家账户中，PayPal 会将资金从你的信用卡或支票账户转移至商家的银行账户中。PayPal 的美好之处在于个人信用卡信息不会被共享，也可以用于小额支付。但是 PayPal 也存在成本相对较高的问题。例如，当使用信用卡作为资金源来付款或要求付款时，费用为交易金额的 2.9%～5.99%（取决于交易类型），外加一笔小额固定费用（通常为 0.30 美元）。本章末的案例研究将进一步深入讨论 PayPal。

尽管 PayPal 是目前最知名、最常用的在线信用卡/借记卡替代方案，但也有许多其他选择。亚马逊支付是针对那些担心将信用卡信息委托给不熟悉的在线零售商的消费者。消费者可以使用存储在其亚马逊账户中的支付方式在非亚马逊网站上购买商品和服务，而不必在商家的网站上重新输入支付信息，由亚马逊提供支付处理。Visa Checkout（原名为 V. me）和万事达的 MasterPass 在网上结账时，用用户名和密码代替实际的支付卡号码。MasterPass 和 Visa Checkout 都得到了许多大型支付处理器和在线零售商的支持。然而，它们还没有达到 PayPal 的使用量。

Bill Me Later（也归 PayPal 所有）也吸引了那些不希望在网上输入信用卡信息的消费者。Bill Me Later 把自己描述为一个开放式的信贷账户。用户在结账时选择 Bill Me Later 选项，并被要求提供他们的出生日期和社会保障号的最后四位数字，然后由 Bill Me Later 在 10～14 天内开具购买清单。现在有 1 000 多家网上商家提供 Bill Me Later。

WU Pay（以前为 eBillme，现在由西联经营）也提供类似的服务。在公司，如西尔斯、凯马特和其他零售商选择 WU Pay 选项的客户不用提供任何信用卡信息。相反，他们会收到西联通过电子邮件发送的账单，可以通过银行的在线账单支付服务支付，也可以亲自前往西联的任何线下网点支付。Dwolla 是一个类似的面向个人和商家并以现金为基础的支付网络。它绕过信用卡网络，直接连接到银行账户。2015 年，Dwolla 取消了交易费和处理费，将重点从消费者对消费者支付转向大型企业。Dwolla 有自己的网络，绕过了美国传统的金融交易处理系统——**自动清算所**（Automated Clearing House，ACH），并在 2015 年与美国大银行 BBVA Compass 签订了协议。2015 年早些时候，美国财政部选择了 Dwolla（以及 PayPal）来处理向联邦机构支付的款项。2015 年 10 月，芝加哥商品交易所选择了 Dwolla 来取代 ACH。Dwolla 现在每年处理近 20 亿美元，拥有 100 多万个账户（Pendell，2016；Patane，2015；Leising，2015）。

与 Dwolla 一样，Stripe 也是一家试图提供传统在线信用卡系统替代方案的公司。Stripe 主要关注支付过程中的商家。它提供简单的软件代码，使公司能够绕过建立在线信用卡系统所涉及的许多行政费用，让公司几乎能立即开始接收信用卡付款，而无需获得商家账户或使用网关提供商。Stripe 最近推出了可以接受无接触支付的商业应用程序。与 PayPal 不同的是，客户不需要 Stripe 账户来支付，所有的支付都是直接向公司而不是通过第三方进行的。

5.5.3 移动支付系统：你的智能手机钱包

欧洲和亚洲已经将移动设备当作支付设备，目前美国也在迅速发展，支持移动支付的基础设施终于在美国建立起来。

近距离无线通信技术是移动支付系统的主要实现技术。**近距离无线通信技术**（near field communication，NFC）是一套短距离无线技术，用于在 2 英寸左右范围内的设备之间共享信息（50 毫米）。NFC 设备要么是主动启用，要么是被动启用。进行连接需要一个电源设备（启动器，如智能手机）和一个可以响应发起方的请求的目标设备（如商家 NFC 读取器）。NFC 目标设备可以是非常简单的形式，如标签、贴纸、电子钥匙链或读取器。在两个设备都通电的情况下，NFC 对等通信就可以实现。消费者可以在商家的读取器附近刷卡，以支付所购商品。2014 年 9 月，苹果公司推出了 iPhone 6，它配备了 NFC 芯片，旨在与其移动支付平台合作。此前，苹果公司在 2012 年 9 月推出 Passbook 和 Touch ID 生物特征指纹扫描和加密，在此基础上，Apple Pay 可以在实体店的销售点用于移动支付，也可以用于 iPhone 进行在线购物。NFC 支持的移动支付中的其他竞争者包括 Android Pay、Samsung Pay、PayPal 和 Square。调查显示，20%～30% 的智能手机用户下载了移动钱包应用程序，但只有大约 20% 的使用者用这些应用程序付款。图 5-15 显示苹果和 PayPal 是移动钱包使用者中应用最广泛的移动支付应用程序。一个能够主宰移动支付市场的公司未来能获取的财富难以形容，围绕着新技术和移动支付方法的发展引发了一场被某位评论家称为"山羊竞技"的比拼。本章末的案例研究讨论了对美国在线和移动支付的未来的进一步展望，包括苹果、谷歌、三星、Square、PayPal 和主要的金融机构。

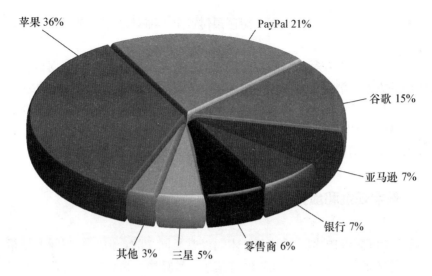

图 5 - 15　各种移动钱包使用率

说明：Apple Pay 和 PayPal 移动钱包是使用最广的移动支付方式。
资料来源：Based on data from eMarketer, Inc., 2016b.

5.5.4　社交/移动 P2P 支付系统

除了将移动设备用作电子商务的工具和在实体销售点作为支付方式之外，另一种移动支付交易越来越流行：社交/移动 P2P 支付。Venmo、Square Cash、Snapcash、最近重新受关注的 Google Wallet 以及新的 Facebook Messenger Payment 等服务都能让用户通过移动应用程序或网站，用银行借记卡的资金向其他人汇款，并且不收取服务费用。目前，这些服务在千禧一代中最受欢迎，他们是推动这些服务成长的关键。PayPal 旗下的 Venmo 特别受欢迎，其成功的部分原因在于它与脸书及其社交网站新闻推送（这让用户看到朋友在给其他朋友付款或为产品和服务付费）的集成。2015 年，Venmo 处理的交易额约为 80 亿美元，年增长率超过 200%。2016 年，脸书和 PayPal 通过 Facebook Messenger 发出通知，宣布脸书的用户可以使用 PayPal 来购买商品和服务。分析人士预测，到 2020 年，移动 P2P 支付总额将增长至 1 740 亿美元，是 P2P 总支付金额的 30%。而在 2014 年其支付总额为 56 亿美元，仅占 1%。

5.5.5　移动钱包和充值卡的法规

2016 年 10 月，联邦监管机构美国消费者金融保护局（Bureau of Consumer Financial Protection，BCFP）发布了第一项针对通用可重复储值卡（General Purpose Reloadable (GPR) cards）的规定。这些条例适用于一些移动数字钱包和有预付资金的实物卡，以及可以在零售点购买或在银行自动柜员机或商家销售点终端用资金充值的卡（但不适用于在零售点购买的礼品卡）。在此之前，GPR 卡不受现有联邦消费者金融法规的约束，这些法规对未经授权的转账提供保护，并要求披露其条款和错误解决程序。BCFP 估计 GPR 的交易额从 2003 年的 10 亿美元增加到 2012 年的 650 亿美元，预计 2019 年将增长到 1 170 亿美元（BCFP，2016）。实体 GPR 卡通常卖给没有银行或信用账户的人，以及用这些卡代替支票账户和将其作为移动支付的现金的人。相比之下，移动数字钱包通常是那些已经拥有这些银行凭证的人使用的。因为允许储存预付资金，Venmo 和类似的 P2P 支付服务，以及 Android Pay 和 Samsung Pay，都受这些规定的约束。而 Apple Pay 和类似的移动钱包不受这些规定的约束，因为它们不储存预付资金，而只是作为银行和消费者之间使用现有银行凭证的中介。

新的法规要求在获得预付账户前后向消费者披露财务条款、定期报表的访问途径、消费者纠正付款错误的方法、消费者使用超汇票和信贷功能的选择权以及 21 天的最低还款期。该条例禁止要求客户设置预先授权的电子资金转账以偿还通过透支服务或信贷功能发放的贷款。这些要求是现有《电子资金转账法案》（条例 E）和《公信信贷法》（条例 Z）的延伸，适用于银行和信贷机构的产品，如信用卡和借记卡。

5.5.6　数字现金和虚拟货币

尽管数字现金和虚拟货币这两个术语经常是同义的，但它们实际上是指两种不同类型的替代支付系统。**数字现金**（digital cash）通常基于一种算法，该算法生成表示可在现实世界里使用的现金价值的唯一身份验证令牌。比特币是数字现金最有名的例子。比特币是加密的数字（有时称为加密货币），是由一种复杂的算法使用点对点网络生成的，这个过程被称为"挖掘"，需要大量的计算能力。和真实货币一样，比特币的价值波动也与公开市场交易有关。和现金一样，比特币也是匿名的——它们通过用户拥有的 34 个字符的字母和数字并用的地址进行交换，并且不需要任何其他标识信息。比特币最近受到极大关注，被认为是一种潜在的洗钱工具。此外，比特币还受到安全问题的困扰，从一些高调的盗窃案中可见一斑。尽管如此，一些公司现在仍在使用比特币作为一种合法的替代支付系统。

另一方面，**虚拟货币**（virtual currencies）通常主要在内部虚拟社区内流通，如林登币——由林登实验室创造，用于虚拟世界"第二人生"。虚拟货币通常用于购买虚拟商品。

5.6　电子账单的展示与支付

2007 年，网上账单支付的数额首次超过了纸质支票支付的数额（Fiserv，2007）。在总额为 19 万亿美元的美国经济中，有 13.3 万亿美元来自商品和服务消费市场，其中有大量账单需要支付。根据美国邮政局的数据，2015 年美国家庭通过邮件收到了大约 210 亿张账单。虽然没有人知道确切的数字，不过一些专家认为，一份企业账单从账单开出到支付，其生命周期成本在 3～7 美元之间。这种计算方式中还没有包括消费者打开账单、阅读账单、填写支票、写信封、贴邮票，然后再汇款所用的时间价值。互联网作为一个可以大大减少支付账单成本和消费者支付时间的电子账单支付系统，在这一账单市场中将面临空前的机遇。虽然各方的估计数据并不相同，但是可以肯定，网上支付的单位处理成本只有 20～30 美分。

电子账单展示和支付系统（electronic billing presentment and payment system，EBPP）是新型的每月账单网上支付系统。利用 EBPP 的服务，消费者可以使用台式电脑或移动设备浏览电子账单，并通过电子资金转账的方式从银行或者信用卡账户进行账单的支付。越来越多的企业选择用电子方式发出账单或月结单，而不是邮寄纸质账单文件，特别是诸如公用事业、保险和订阅的经常性账单。

5.6.1　市场规模与增长

2002 年，61%的账单是通过支票支付的，只有 12%是通过网上账单支付的。相比之下，在 2015 年，网上账单支付占了所有账单支付的 55%以上，而纸质支票占比不到 20%。在网络家庭中，几乎 3/4 的家庭每月至少在网上支付一次账单，几乎一半的家庭每月至少收到一次电子账单。手机账单的支付量正在飙升，2015 年，33%的美国家庭至少在移动设备上支付了一次账单。大多数消费者认为使用移动账单支付很便利，并且可以节省时间（Fiserv，2016）。

引发 EBPP 使用狂潮的一个主要原因就是企业开始意识到，通过网上支付账单，它们可以省下一大笔钱。这种节省不仅体现在邮寄和处理费用上，而且支付的款项可以到达得更快（比普通的纸质账单邮寄快 3~12 天），从而加快了现金流。在线账单支付还可以减少公司客户服务热线的电话数量。为了实现这些节省，许多公司开始对邮寄账单收费，以鼓励客户使用电子账单支付系统。

不过，仅仅金融领域并不能全面说明问题。许多企业开始意识到账单是一个销售和保留客户的机会，电子媒介提供了更多的营销和促销的选择。折扣、返利、交叉销售和向上销售都可以在数字领域实现，且比装在信封里邮寄更便宜。

5.6.2　EBPP 业务模式

EBPP 业务模式有四种：网上银行模式、直接付款模式、移动模式及合并付款模式。

网上银行模式是现在应用最广泛的模式。消费者与商家共享他们的银行或信用卡凭证，并授权商家向消费者的银行账户收费。这种模式的好处是方便消费者，因为付款是自动扣除的，通常银行或商家会通知他们的账户已扣除款项。

在直接付款模式中，消费者通过电子邮件通知的方式收到账单，然后使用银行凭证前往商家网站付款。这种模式的优点是允许商家通过发送优惠券或奖励与消费者建立友好关系。直接付款模式的过程分两步，对消费者来说不太方便。

移动模式允许消费者使用移动应用进行支付，也依靠银行凭证作为资金来源。通过文本消息通知消费者账单并授权付款。这种模式的一个扩展是社交移动模式——脸书等社交网络将支付整合到它们的消息服务中。移动支付模式有几个优点，其中最重要的是用户在使用手机的同时还能体验到支付账单所带来的便利以及一步支付账单的快捷。这是 EBPP 发展最快的形式。2016 年，脸书和 PayPal 宣布了一项协议，即脸书用户可以使用 PayPal 在脸书上支付购买费用（Demos，2016）。消费者将不必离开脸书来购买产品及支付产品的费用。

在合并付款模式中，第三方机构（如金融机构和专业门户网站如 Intuit 的 Paytrust、Fiserv 的 MyCheckFree、Mint Bills 等）收集消费者所有的账单，然后理想化地实现一站式的账单支付。这种模式的优点是消费者可以在一个网站或应用程序上看到自己所有的账单。然而，由于账单是在不同的时间到期的，消费者需要经常检查他们的门户网站。合并付款模式面临许多挑战，对发账单者来说，这种模式意味着增加发账单和支付的时间，而且在公司和客户之间增加了一个中介。

基础设施提供商，如 Fiserv、Yodlee、FIS Global、ACI Worldwide、MasterCard RPPS（远程支付和展示服务）等都提供软件来建立 EBPP 系统或提供收集和处理账单的服务，以支持这两种基本的 EBPP 业务模式。图 5-16 分类显示了 EBPP 市场主要的竞争者。

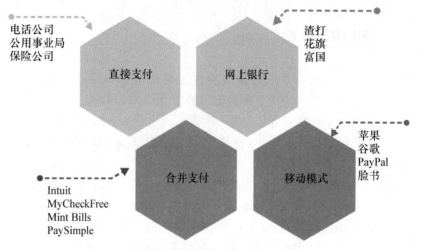

图 5 - 16　EBPP 市场主要的竞争者

说明：EBPP 市场中主要的业务模式是直接支付、网上银行、合并支付和移动支付。基础设施提供商为这些相互竞争的模式提供支持。

案例研究 ——■

移动支付市场："山羊"竞技

几乎每天，大型科技公司、初创企业、商家和银行都会发布一个新的移动支付系统。移动支付市场正在经历创意、计划和发布的激增，一位评论员将其比作"山羊"竞技秀*，这是一个混乱的局面，拥有不同目标的强大玩家相互竞争以获得公众的认可，以及最重要的——巨大的潜在收入。预计 2016 年移动支付市场的交易额将达到 270 亿～750 亿美元，是 2015 年的 2 倍多。这一估计表明，人们对移动支付的规模实际上知之甚少，只知道移动支付在迅速增长，特别是在那些不再使用支票的千禧一代中（不同于父母，他们自在地用智能手机处理金融交易和银行业务）。时代在变化，第一次，更多的人在手机和笔记本电脑上使用手机银行业务，而不是去一家银行。

2015 年，美国消费者在信用卡和借记卡交易上的花费超过了 5.1 万亿美元，而移动支付在现有信用卡和借记卡系统中仍然只占很小的比例。即使 5 万亿美元的信用卡交易中只有一小部分从塑料卡转移到移动支付，潜在的收入也是非常大的。另一方面，将消费者从超过 8 亿张信用卡和借记卡中转移出来是一项艰巨的任务，因为这些信用卡可以在数百万商家刷

卡，而且使用起来既轻松又安全。科技公司描绘的移动支付的美好未来可能还需要很长时间实现。

移动支付市场是在线支付和零售巨头之间的较量：PayPal，威士和万事达等信用卡公司，谷歌、苹果、三星以及 Venmo 和 Square 等科技创业公司。这些创业公司得到了数百万美元风险投资的支持。即使像沃尔玛、百思买（Best Buy）和塔吉特这样的大型零售商，也正在通过开发自己的移动支付应用程序加入竞争。各大银行都遭遇同样的困境：如果可以用手机支付，谁还需要一个支票账户呢？面对这一挑战，银行正在慢慢地建立自己的移动支付系统，并投资创业公司以引导收费。

据估算，在移动支付市场上已经有大约 8 000 家创业公司。最近的创业公司专注于 P2P 移动支付。Venmo 是一个典型案例。Venmo 是一种社交移动支付应用程序，允许用户相互转账。在少量的参与商家，也可以用它进行支付。Venmo 在 2010 年由两个大学生创建，起因是他们想相互发送现金以分担餐厅账单和支付小额债务而不使用麻烦的现金或支票。

---

* Greatest of All Time，史上最佳者，缩写 Goat。——译者

2013 年，Venmo 被 PayPal 收购。用户注册 Venmo 账户，并将其与银行账户、借记卡或信用卡关联。用户还可以通过将钱转到他们的 Venmo 账户来创建一个 Venmo 余额，然后通过该余额支付费用。若用户使用 Venmo 余额或借记卡，那么服务免费；若使用信用卡作为资金来源，则有 3% 的手续费。Venmo 还涉及社交方面——允许用户分享他们的购买活动（但通知中不含支付的金额）。用户还可以选择将所有事务保持为私密状态。当他们想向另一人付款时，输入此人的电子邮件，当收件人（必须也有一个 Venmo 账户）接受付款时，资金就会转移。Venmo 依靠 NFC 技术，通过点击手机来实现向个人支付。Venmo 的人气飙升，尤其是在千禧一代中。2016 年 1 月，它一共处理了 10 亿美元的交易，比上年增加了 250%。该公司不会公布其用户的基础信息，且由于它基本上是免费服务，所以没有对 PayPal 的总收入做出重大贡献。通过扩展 P2P 小额支付以外的业务并将其应用扩展到接受 PayPal 付款的商家（更大的用户群，其中包括诸如家得宝、塔吉特、西尔斯和 OfficeMax 等大型零售商），PayPal 对 Venmo 的投资已经开始获利。

与移动支付市场上的其他三大巨头相比，像 Venmo 这样的创业公司微不足道。就用户而言，排名靠前的是苹果、谷歌、三星、PayPal 和 Square 等科技公司，它们不仅有硬件，还有移动支付软件支持。苹果、谷歌和三星拥有无处不在的智能手机的硬件和软件平台，而 PayPal 和 Square 则运营着大规模的支付处理平台。其次，大型国内商家正在开发自己的移动支付系统，部分原因是为了避开信用卡公司（威士、万事达、发现和美国运通公司）向它们收取 3% 的交易费（然后这笔交易费就会作为 3% 的加价转嫁给消费者），部分原因是为了在收银台保持对销售点消费者的控制（这些公司拥有数千万忠实的客户）。摩根大通、富国、花旗和其他银行，当然还有信用卡公司威士、万事达等，都是第三大竞争者。这些公司有着拥有和经营全球银行和信用卡系统的优势，拥有数亿忠实的银行和信用卡客户，并拥有为其产品提供安全和财务稳定的专业技术。然而，它们的行动非常缓慢，刚刚进入移动支付市场。

让我们先来看看科技公司，它们都提供各种非接触式支付，通常被称为数字钱包或移动钱包。Apple Pay 是一款针对 iPhone 6 手机以及之后版本手机的应用程序，使用内置的 NFC 技术。用户需要建立一个账户，用他们的信用卡/借记卡账户或支票或储蓄账户作为资金来源。

当用户想要付款时，用户按下 iPhone Touch ID 按钮，该按钮可以读取用户的指纹并确保手机确实属于这个人。在 Apple Watch 上，有一个专门针对 Apple Pay 交易的按钮。接下来，消费者在商家的 NFC 终端附近"刷"设备，该终端将开始交易过程。iPhone 6 及其后的版本在芯片上提供了硬件定义的安全区域，其中包含一个唯一的设备号和生成一次性 16 位代码的能力。它们一起构成了一个数字令牌。该数字令牌被加密并发送到苹果服务器以验证设备和人员的真实性。苹果将支付请求发送到信用卡发行方。信用卡发行方核对账户所有者和可用的信用卡。在大约一秒钟内，交易被批准或拒绝。信用卡信息不与商家共享，也不从 iPhone 上传输。存储在苹果服务器上的 8 亿张信用卡也是加密的。因为消息是加密的，并且只涉及一次性数字令牌，如果黑客在销售点拦截 NFC 通信，或者拦截在蜂窝网络上移动的数据流，将是无用的，也不能支持额外的事务。

苹果支付对消费者是免费的，但信用卡公司对每笔交易收取 3% 的费用。苹果从信贷公司和银行收取 0.15% 的费用，作为回报，它保证交易是有效的。Apple Pay 不存储任何用户资金，它只是消费者和银行之间基于技术的中介，而且与 Venmo 不同，它不受联邦银行监管的约束。商家的销售点终端需要有 NFC 功能，商家需要安装苹果软件来接受支付。任何拥有大型发卡银行信用卡的消费者都可以使用 Apple Pay。

苹果公司与支付生态系统中的许多重要参与者建立了关系，包括信用卡巨头威士、万事达、美国运通和发现，以及包括摩根大通、美国银行、花旗集团和富国银行在内的 11 家大型银行，它们合计占据美国信用卡支付额的 83%。苹果公司还与诸如沃尔格林、Duane Reade、麦当劳、迪士尼、梅西百货、布鲁明戴尔百货、史泰博和全食超市等商家签约。Groupon 和优步已经将 Apple Pay 整合到了它们的系统中。

Android Pay 是一款谷歌应用，它提供了一个类似 Apple Pay 的基于 NFC 技术的支付系统。安卓是世界上使用最广泛的智能手机操作系统。2015 年推出的 Android Pay 系统取代了谷歌钱包，被重新定位为 P2P 支付服务——允许用户只使用自己的电子邮件地址向朋友支付，类似于 PayPal 和 Venmo。用户通过输入他们现有的银行信用卡或借记卡账户信息，或者通过将预付款存入他们的 Android Pay 账户来注册账户。对一些用户来说，谷歌是一张预付数字卡，由于用户将资金转移到自己的 Android Pay 账户，因此受联邦监管。在使用 Android Pay 系统时，顾客在结账时要拿着手机靠近商家的 NFC 终端。用户被要求输入密码，然后选择使用 Android Pay 提供的信用卡或借记卡或其现金余额进行支付。如果用户选择使用银行卡支付，该应用程序会创建一个独特的数字令牌，并将其作为加密消息发送到安卓服务器，然后安卓服务器与发卡银行进行通信以获得批准。批准消息被发送到商家的销售点终端，而卡的信息不会从购买点传出。Android Pay 系统对用户是免费的，除非他们使用信用卡——信用卡公司会收取 3% 的信用卡交易费。不过，将来谷歌可能会为消费者提供奖励或显示广告。因为 Android Pay 系统可以存储用户资金，所以它必须遵守联邦银行条例。

Samsung Pay 是由三星公司于 2015 年 9 月在美国推出的，此前在其所在国韩国初次推出。三星智能手机是世界上使用最广泛的智能手机之一。就像 Apple Pay 和 Android Pay 一样，用户创建一个账户，并提交他们的银行信用卡或借记卡信息。如果商家有合适的终端，Samsung Pay 优先使用 NFC 技术，但如果没有可用的终端，则切换到一种名为"磁安全传输"的技术，该技术将存储在用户设备上的卡的数据发送到传统的磁条终端。这意味着数百万台现有的销售点刷卡终端可以直接使用 Samsung Pay，而无需升级到 NFC 终端或安装任何应用。Samsung Pay 还存储优惠券和奖励卡，但不存储用户资金，也不是预付卡。因此，它很可能不受美国联邦条例的约束。和其他移动钱包一样，它本质上是一个用户可以存储所有信用卡信息的地方。

目前，最流行的移动支付系统是由 PayPal 和 Square 提供的，其中一些不使用 NFC。虽然自称金融服务公司，但 PayPal 和 Square 都是金融服务软件平台公司，科技公司只是伪装。PayPal 在移动支付市场上姗姗来迟，被 Square 打得一败涂地。Square 于 2009 年推出了 Square Reader，这是一种插在 iPhone 或 iPad 上的方形塑料设备，使用户可以很容易地设置一个商业许可证来接受信用卡，然后在 Square Reader 设备上直接刷卡。使用 Square 应用程序，商家可以很容易地接受行色匆匆的顾客的信用卡支付。Square 还开发了 Square Register（现在称为 Point of Sale），这是一款软件应用，可以将平板电脑变成一个销售点终端和收银机。Square 已经演变成一家小型商业服务公司，为咖啡店、报摊、小零售商、农贸市场商人以及钢琴教师、保姆和出租车司机提供服务，使他们能够轻松地接受信用卡支付。Square 2015 年的收入为 10 亿美元，亏损了 1.74 亿美元。

PayPal 是目前最成功和最盈利的非传统在线支付系统，主要用于台式机和平板电脑，但迅速成为移动支付中的重要角色。PayPal 目前是最大的替代性（非信用卡）在线支付服务，2015 年的交易额为 2 820 亿美元，拥有 1.88 亿用户。PayPal 在 2015 年处理了 660 亿美元的移动支付，高于 2013 年的 270 亿美元。PayPal 的支付量以每年 20% 的速度增长。

PayPal 目前以三种方式支持移动支付。第一种方式是，PayPal 出售一种设备，该设备使商家（主要是小企业）能够使用智能手机或平板电脑来刷信用卡，就像 Square 设备一样。第二种是最常见的 PayPal 移动支付方式，客户（在平板电脑或智能手机上）使用他们的移动设备浏览器，在网站上购买或支付。这对像星巴克、梅西百货或当地餐馆这样的商家不太有帮助，它们希望客户能够在自己的商店和折扣店里快速地购买商品，而无需将信息输入智能手机。第三种方法是 PayPal 为 iOS 和安卓设备更新的应用。当进入一个接受 PayPal 应用程序支付的商店时，该应用程序使用蓝牙与商家应用程序（在 iOS 和安卓设备上运行）建立一个连接。此步骤对用户的 PayPal 账户进行身份验证。结账时，客户告诉商家将使用 PayPal 支付。商家应用程序向客户的 PayPal 账户收费。在授权付款后，客户的手机会收到一条消息。该过程未向商家发送或共享信用卡信息。用户不必输入密码或在特殊的商家设备上刷卡，这样商家就不需要购买昂贵的 NFC 销售点设备，但它们必须将 PayPal 商家应用程序存储在计算机上——这很像数字现金收银机。2012 年，PayPal 推出 PayPal Here，该设备将读取配备电脑芯片的信用卡并且接受来自 Android Pay 和 Apple Pay 的付款。该服务包括一个插入平板电脑或智能手机的读卡器，以及一个可以接受 NFC 支付和信用卡支付的独立非接触式设备。2015 年，PayPal 推出了 PayPal. me 应用程序，提供 P2P 支付服务，使用户可以支付和接收来自朋友的付款。用户向朋友分享他们的 PayPal. me 链接，可以把钱转入朋友的 PayPal 账户。该项服务是免费的，是 Venmo 和其他 P2P 支付服务的直接竞争者。同为 PayPal 旗下的 Venmo 只与美国银行、信用卡和借记卡合作，而 PayPal. me 则是针对 PayPal 的全球用户群的。2016 年，PayPal 向那些接受威士非接触式支付的地区推出了 NFC 支付。

尽管科技公司开发的移动支付系统正在快速增长，但由大型全国性商家开发的移动钱包出现了故障。由于信用卡公司收取的 3% 的费用，该费用由消费者承担，大型全国性商家与信用卡公司的关系一直存在争议。商家更希望顾客使用与客户银行账户或借记账户相连的商店信用卡（这样银行不收取费用）或客户提供的预付资金支付。一些商家也提供自己的商店信用卡，并且开发了自己的交易处理系统，完全绕过银行信用卡系统。商家还希望能对销售场景进行控制，这样它们可以提供优惠券、忠诚奖励和特别折扣，而不是依赖技术公司提供的移动钱包，后者不提供这些功能。

2012 年，15 个最大的商家组成的商家客户交易联盟（Merchant Customer Exchange，MCX）宣布成立。MCX 得到了沃尔玛、塔吉特、西尔斯、7-11、Sunoco 以及其他 10 家全国性药店、超市和连锁餐厅的支持，它们每年的销售额超过 1 万亿美元。这足以引起所有参与移动支付的人重视，甚至包括谷歌和苹果公司。它们最初的尝试是 CurrentC，并在 2014 年进行了试验。CurrentC 是一款应用程序，允许客户使用他们的银行账户、银行借记卡或商店发行的信用卡支付，但不允许使用传统的银行信用卡。其目的是完全绕开银行信贷体系，避免向信贷公司支付其 3% 的费用。CurrentC 在 2016 年被撤销，MCX 联盟也因为合作者之间的纷争和开发时间过长而终止。2016 年，沃尔玛为 iOS 和安卓手机推出了自己的 Walmart Pay 应用程序。Walmart Pay 使用 QR 识别技术，而不是 NFC，接受所有银行信用卡、借记卡以及沃尔玛发行的信用卡的支付。它还可以读取优惠券，并为忠实顾客提供奖励。Walmart Pay 只能在沃尔玛商店使用，但考虑到沃尔玛在美国每周有 1.4 亿顾客，这并不是一个糟糕的劣势。截至 2016 年 10 月，每个月有 2 200 万用户使用该应用程序。沃尔玛的优势在于，它拥有客户交易和信息，而不受科技巨头的干预。沃尔玛和其他大型的全国性商家目前不得不接受信用卡公司及其 3% 的费用。

移动支付市场的第三个进入者是由大型全国性银行和信用卡公司组成的。银行和信用卡公司进入移动支付领域的速度非常缓慢，部分原因是现有的信用体系运作良好，其信用卡得到了消费者和商家的广泛接受。来自科技公司和商家的移动支付系统是银行客户忠诚度的竞争者，这些客户将数十亿美元存入银行支票、储蓄和借记卡，银行可以收取手续费，而且由于这些账户的利率很低或根本不存在，使用这些存款基本上是免费的。摩根大通推出了 Retail Checkout，这是一款接受插头卡和移动钱包 NFC 支付以及 Chase 移动应用的智能手机和平板电脑读卡器，它允许银行客户执行各种各样的银行功能，如利用电子邮件进行 P2P 支付（QuickPay）、支付账单、存支票、查询余额，甚至申请抵押贷款。花旗已推出具有类似功能的 Citi Mobile。到目前为止，银行还没有推出让消费者购买时可使用 NFC 支付的应用程序，但肯定会很快推出。大型银行正对支付领域的创业公司进行大规模投资以获得这些能力。

考虑到参与者的规模、成功参与者的潜在回报，以及消费者对不用刷塑料卡、处理纸质收据、在口袋和钱包里找现金的支付系统的需求，智能手机移动钱包的未来是有保障的。

但这种转变比专家最初所想的要慢得多，数百万消费者曾尝试过这种新的方式，但由于没有足够多的商家接受，加上不熟悉该种方式，以及对安全性和隐私的担忧，他们就不再使用。最近的一项研究发现，美国现在有 1 100 万个非接触式移动支付用户，但其中只有 230 万个是活跃用户。上述所有移动支付系统都存活下来不太可能，而且很可能在未来一段时间内，消费者仍然会对他们所有的支付选择感到困惑。向移动支付的全面过渡将是一个漫长的过程。

资料来源："Consumer Bill Payments Shifts & Strategies," by Jim Gilligan and Kellie Thomas, Payments. com, 2016; "PayPal Gets Friendlier With Facebook," by Telis Demos, *New York Times*, October 24, 2016; "Apple Pay at Two Years: Not Much to Celebrate (Yet)," by Mark Hamblen, Computerworld. com, October 20，2016；"How Millennials Became Spooked by Credit Cards," by Nathaniel Popper, *New York Times*, August 14，2016；"Under Pressure, Big Banks Vie for Instant Payment Market," by Michael Corkery, *New York Times*, August 1，2016；"PayPal to Roll Out NFC Mobile Payments Across the US Through Visa Deal," by Rian Boden, NFCworld. com, July 25，2016；"Walmart Pay vs. Apple Pay：Hardware Age Dictates All," by Evan Shuman, Computerworld. com, July 8，2016；"In Mobile Payments War, Big Banks Strike Back," by Aaron Black, *Wall Street Journal*, July 8，2016；"The Mobile Payments Report," by Evan Baker, Businessinsider. com, June 3，2016；"Reasons that US Smartphone Users Don't Use Mobile Payments," eMarketer, Inc. , June 2016；"Why Apple Pay and Other Mobile Wallets Beat Chip Cards," by Brian Chen, *New York Times*, May 4，2016；"Apple Pay's Big Drop," Pymnts. com, March 18，2016；"Latest Mobile-Banking Research Shows Laptops Still Reign," by Robin Sidel, *Wall Street Journal*, January 27，2016；"As More Pay by Smartphone, Banks Scramble to Keep Up," by Steve Lohr, *New York Times*, January 18，2016；"For the First Time, More Are Mobile Banking Than Going to a Branch," by Telis Demos, *Wall Street Journal*, January 12，2016；"US Mobile Payments Forecast," by Bryan Yeager, eMarketer, Inc. , November 2015；"Bold Bet That Banking Industry Is Poised for Serious Disruption," by Michael Casey, *Wall Street Journal*, June 5，2015；"'Pretty Useless'：Consumer Frustrations Grow Over New Credit Card Chip," by Alexandra Zaslow, Todaymoney. com, October 16，2015；"Square's IPO Filing：It's Complicated," Recode. net, by Jason Del Rey, October 14，2015；"PayPal Here Launches a Mobile Card Reader That Accepts Android Pay and Apple Pay," by Ruth Reader, Venturebeat. com, September 28，2015；"Samsung Pay：What You Need to Know（FAQ）," by Lexy Savvides, Cnet. com, September 28，2015；"Revamped Google Wallet Arrives on iOS," by Stephanie Mlot, Pcmagazine. com, September 22，2015；"Apple Pay Competitor CurrentC May Not Launch Until Next Year," by Jason Del Rey, Recode. net, August 12，2015；"PayPal Returns to Market with $52 Billion Valuation," by Devika Krishna Kumar and Mari Saito, Reuters. com, July 20，2015；"There Are No Transaction Fees for Android Pay, Which Is Good for Us，Bad for Google," by Robert Nazarian, Digitaltrends. com, June 8，2015；"The State of Mobile Payments in 2015," by James A. Martin, CIO. com, April 22，2015；"Apple Sees Mobile-Payment Service Gaining in Challenge to PayPal," by Olga Kharif, Bloomberg. com, January 27，2015；"What Apple Pay Means for Retailers," by Abby Callard, Internetretailer. com, September 12，2014；"Apple Pay：No Charge for Merchants, But Transaction-Security Fees for Issuers," by Jim Daly, Digitaltransaction. net, September 11，2014.

[案例思考题]

1. 移动支付市场的三大参与者是谁？

2. 为什么 Venmo 被认为是一个社交移动支付系统？

3. Apple Pay 与 Android Pay 和 Samsung Pay 有何不同？

4. PayPal 如何使移动支付成为可能？

关键术语 ▪

完整性（integrity） 确保网站上发布的或者通过互联网传递和接收的信息，不会被任何未经授权方以任何方式修改的能力。

不可否认性（nonrepudiation） 确保电子商务参与者无法抵赖（或否认）其网上行为的能力。

真实性（authenticity） 确认与你在互联网上交易的个人或者实体的身份的能力。

机密性（confidentiality） 确保信息和数据只能被得到授权的人读取的能力。

隐私性（privacy） 控制与自身有关的信息如何使用的能力。

可用性（availability） 确保电子商务网站继续按照预期功能运行的能力。

恶意代码（maliciouscode，malware） 包括各种威胁，如病毒、蠕虫、特洛伊木马以及僵尸网站。

漏洞利用工具包（exploit kits） 捆绑在一起的漏洞利用工具集合，被作为商业产品出借或出售。

恶意广告（maladvertising） 包含恶意代码的在线广告。

路过式下载（drive-by downloads） 用户请求下载的文件附带的恶意软件。

病毒（virus） 具备重复或者自我复制且扩散到其他文件能力的计算机程序。

蠕虫（worm） 一种可以在计算机间进行传播的宏病毒。

勒索软件（ransomware/scareware） 一种阻止你访问你的计算机或文件并要求你支付罚款的恶意软件。

特洛伊木马（Trojanhorse） 看起来是良性的，但是往往产生意想不到的后果。通常是病毒或其他恶意代码感染计算机系统的一种途径。

后门（backdoor） 病毒、蠕虫和特洛伊木马的一种功能，使得攻击者能够远程访问受感染的计算机。

僵尸程序（Bot）　一种恶意代码，可隐秘地安装在连接互联网的计算机上。计算机一旦被安装上僵尸程序，就会响应外部攻击者发出的指令。

僵尸网络（Botnet）　被僵尸程序感染的计算机组成的网络。

潜在不必要程序（potentially unwanted programs，PUP）　能自己安装到计算机上（通常是在不经用户同意的情况下）的应用程序。

广告软件（adware）　一种在电脑上调出弹出式广告的潜在不必要程序。

浏览器寄生虫（browserparasite）　能监视和修改浏览器设置的应用程序。

间谍软件（spyware）　用于获取信息的一种应用程序，可获得用户的击键记录、电子邮件、即时信息等信息。

社交工程（social engineering）　利用人类的易错性和轻信性传播恶意软件。

网络钓鱼（phishing）　第三方以任意欺骗性的网络行为获得用户的保密信息，以实现某种金融目的。

黑客（hacker）　企图在未经授权的情况下进入计算机系统的人。

骇客（cracker）　在黑客世界里，这一术语通常指有犯罪企图的黑客。

网络破坏行为（cybervandalism）　故意破坏网站、损害企业名誉甚至摧毁网站。

黑客行为主义（hacktivism）　出于某种政治目的进行网络破坏和数据窃取。

白帽子（white hats）　帮助组织寻找安全隐患的"好"黑客。

黑帽子（black hats）　带有破坏目的的黑客。

灰帽子（grey hats）　认为自己通过入侵发现系统缺陷是在追求更大的利益的黑客。

数据泄露（data breach）　发生在组织失去对公司信息的控制时。

身份欺诈（identity fraud）　未经授权使用他人的个人数据以获取非法经济利益。

电子欺骗（spoof）　用虚假的电子邮件地址来虚构自己的身份或者伪装成其他人。

网址嫁接（pharming）　通过把网站伪装成指定的地址，来把网络链接重新定向到非指定的其他地址。

垃圾网站（spam/junk websites）　有时也称为链接农场，这类网站承诺提供产品或服务，但实际上只是为其他网站打广告。

网络窃听（sniffer）　一种窃听程序，可以监视通过网络传递的信息。

中间人攻击（man-in-the-middle（MitM）attack）　在中间人攻击中，攻击者能够拦截通信，而通信双方认为自己在直接与对方通信，但实际上攻击者正在控制通信。

拒绝服务攻击（Denial of Service（DoS）attack）　向网站大量发送无用的通信从而淹没网络并使网络瘫痪。

分布式拒绝服务攻击（distributed Denial of Service（DDoS）attack）　使用大量的计算机从众多的发送节点来攻击目标网络。

SQL 注入攻击（SQL injection attacks）　利用了编码糟糕的网络应用软件的漏洞，这些软件不能正确验证或过滤用户在网页上输入的数据。

零日漏洞（zero-day vulnerability）　以前没有被发现且目前还未开发出补丁的漏洞。

心脏出血漏洞（heartbleed bug）　OpenSSL 加密系统的漏洞，允许黑客解密 SSL 会话并发现用户名、密码和其他用户数据。

加密（encryption）　把明文或者数据转换成除发送方和接收方以外任何人都无法读取的密文的过程。加密的目的是：（a）保证存储信息的安全；（b）保证信息传送的安全。

密文（ciphertext）　经过加密、无法被除发送方和接收方之外的任何人读取的文档。

密钥/密码（key/cipher）　把明文转换成密文的方法。

替代密码（substitutioncipher）　每一个出现的给定字母都系统地被另一个字母替代。

调位密码（transpositioncipher）　每个单词中的字母顺序都以某种系统方式改变。

对称密钥加密/私钥加密（symmetric key encryption，secret key encryption）　发送方和接收方使用同一把密钥来加密和解密信息。

数据加密标准（Data Encryption Standard，

DES） 由美国国家安全局和 IBM 共同开发的 56 位的加密密钥。

高级加密标准（Advanced Encryption Standard，AES） 使用最广泛的对称密钥加密算法，提供 128 位、192 位和 256 位的加密密钥。

公钥加密体系（public key cryptography） 使用两个算术上相关的数字密钥：一个公开密钥和一个私有密钥。私钥由拥有者保存，公钥可以广泛发布。两个密钥都可以用来加密和解密信息。但是，一旦某个密钥被用来加密信息，就不能再用它来解密信息。

散列函数（hash function） 一种可以产生一个称为散列或者信息摘要的固定长度数字的算法。

数字签名（digital signature，e-signature） 可以通过互联网传输的"经过签名"的密文。

数字信封（digital envelope） 一种对于大文件采用对称加密，但是对于对称密钥的加密和传输采用公钥加密的技术。

数字证书（digital certificate） 由认证中心发放的一个数字文件，其中包括各种识别信息。

认证中心（certification authority，CA） 发放数字证书的受信任的第三方。

公开密钥基础设施（public key infrastructure，PKI） 由各方所接受的认证中心以及数字证书规程组成。

良好隐私（Pretty Good Privacy，PGP） 一种广泛用于电子邮件的公钥加密软件程序。

安全协商会话（secure negotiated session） 一种客户机/服务器之间的会话，其中所请求文档的 URL，以及所交换的内容、表单的内容和 cookies 都进行了加密。

会话密钥（session key） 挑选出来在单个安全会话中使用的唯一的对称加密密钥。

虚拟专用网（virtual private networks，VPN） 使用 P2P 隧道协议，使得远程用户可以通过互联网安全地访问内部网络。

WPA2 无线安全标准，使用 AES 算法进行加密和 CCMP（一种更高级的认证码协议）。

防火墙（firewall） 出于安全考虑过滤通信数据包，阻止某些数据包进入网络的软件和硬件。

代理服务器（proxy server，proxy） 一种对来自互联网或发送到互联网上的通信信息进行处理的软件服务器，在企业中扮演了发言人或者卫兵的角色。

入侵检测系统（intrusion detection system，IDS） 检查网络流量，观察它是否与意味着攻击的某种模式或预配置规则匹配。

入侵防御系统（intrusion prevention system，IPS） 不仅具有 IDS 的所有功能，还具有采取步骤防御和阻止可疑活动的能力。

风险评估（risk assessment） 对风险及薄弱环节的评估。

安全策略（security policy） 一套陈述内容，包括按优先级别排列的信息风险、确定可接受的风险目标，以及确定实现这些目标的机制。

实施计划（implementation plan） 为实现安全计划目标所采取的行动步骤。

安全机构（security organization） 负责教育和培训用户，使管理层了解安全威胁和破坏的存在，并对实施安全的工具进行维护。

访问控制（access controls） 决定谁可以合法地访问某个网络。

验证机制（authentication procedures） 包括使用数字签名、权威机构发放的证书，以及公钥基础设施。

生物测定学（biometrics） 对于可测度的生物或物理特征的研究。

安全令牌（security token） 是生成标识符的物理设备或软件，除了密码之外还可以使用该标识符。

授权策略（authorization policies） 对不同级别的用户确定访问信息资产的不同级别。

授权管理系统（authorization management system） 规定了用户在何时何地可以访问网站的某个部分。

安全审计（security audit） 包括对于访问日志的常规检查（确定外部人员如何使用网站以及内部人员如何访问网站资源）。

美国计算机应急反应小组（US-CERT） 美国国土安全局的一个部门，负责协调网络事件警报，在政府和私人部门之间做出应答。

计算机应急反应小组协调中心（CERT Coordination Center） 检测并跟踪由寻求其帮助的私人企业和政府机构报告的网上犯罪活动。

商家账户（merchant account） 一个银行账户，

企业可以通过该账户处理信用卡支付并接收来自这些交易的资金。

支付卡行业数据安全标准（Payment Card Industry-Data Security Standard，PCI-DSS）　由五大信用卡公司制定的数据安全标准。

在线储值支付系统（online stored value payment systems）　使消费者可以利用存在网上账户中的资金即时地向商家或者其他个人进行网上支付。

近距离无线通信技术（near field communication，NFC）　一套短距离无线技术，用于在设备之间共享信息。

数字现金（digital cash）　另一种支付系统，其现金价值可用唯一身份验证令牌表示。

虚拟货币（virtual currencies）　通常主要在内部虚拟社区内流通，或由特定的公司实体发行，用于购买虚拟商品。

电子账单展示与支付系统（electronic billing presentment and payment system，EBPP）　新型的每月账单网上支付系统。

思考题 ■

1. 为什么在网上进行盗窃风险很小？举出几种犯罪分子欺骗消费者和商家的方法。

2. 解释为什么电子商务网站不愿意报告它们成了网络犯罪的目标。

3. 举出一个与电子商务的 6 个安全维度之一有关的安全性遭破坏的例子，比如，什么是隐私性遭破坏事件。

4. 你如何防止计算机遭受拒绝服务攻击？

5. 说出典型的网上交易过程中主要的安全薄弱环节。

6. 电子欺骗是如何威胁网站运行的？

7. 广告软件和间谍软件为什么会对安全造成威胁？

8. 企业可以采取哪些步骤来减少来自内部的网络犯罪活动？

9. 解释与加密有关的一些现代法律。为什么今天的加密方法不如 21 世纪初那么安全了？

10. 简要介绍公钥加密体系的工作原理。

11. 比较防火墙和代理服务器以及两者的安全功效。

12. 安装防病毒软件的电脑就可以对病毒免疫吗？为什么？

13. 说明并讨论制定电子商务安全计划的 5 个步骤。

14. 生物测定装置是如何帮助提高安全性的？它们主要可以减少哪一类安全漏洞？

15. 简要论述把信用卡作为网上支付标准的缺点。要求用信用卡进行支付是如何造成针对某些消费者的歧视的？

16. 描述网上信用卡交易的主要步骤。

17. NFC 是什么？它如何工作？

18. 讨论为什么 EBPP 系统越来越受欢迎。

19. 两类主要的 EBPP 系统有什么异同？

设计题 ■

1. 假设你是一家电子商务网站的所有者。你的网站遭到黑客攻击时会出现什么标志？讨论网站可能会受到的攻击的主要类型和造成的损失。准备一份简要的展示文稿。

2. 向移动商务发展的趋势愈加明显，对移动商务犯罪进行调研，找出并讨论针对这类技术的新的安全威胁。准备一份展示文稿，列出你认为新的网络犯罪的可能性。

3. 找出三家认证中心，并比较每家企业提供的数字证书的特点。简单描述每家企业，包括其客户数量。准备一份简短的展示文稿陈述你的发现。

4. 研究跨国支付所面临的挑战，并准备展示文稿简要陈述你的发现。是否大多数电子商务企业都进行跨国交易？它们如何保护自己免遭交易中的否认风险？汇率是如何影响网上采购的？运费的影响又是怎样的？概括性地总结一位美国客户和一位国际客户在向一家美国电子商务企业购买商品时有何不同。

参考文献 ■

Akamai Technologies, Inc. "Akamai's State of the Internet Q2 2016 Report." (September 2016.)

Akamai Technologies. "Exploitation of IoT devices for Launching Mass-Scale Attack Campaigns." (October 11, 2016b.)

Alert Logic. "2015 Cloud Security Report." (2015).

Arbor Networks. "Worldwide Infrastructure Security Report Volume XI." (2016).

BI Intelligence. "Chase Adds Real-time P2P Payments." Businessinsider.com (June 15, 2016).

Blue, Violet. "You Say Advertising, I Say Block That Malware." Engadget.com (January 8, 2016).

Bureau of Consumer Financial Protection. "Prepaid Accounts under the Electronic Fund Transfer Act (Regulation E) and the Truth In Lending Act (Regulation Z)." [Docket No. CFPB-2014-0031] RIN 3170-AA22 (October 12, 2016).

Center for Strategic and International Studies. "Net Losses: Estimating the Global Cost of Cybercrime." (June 2014).

Chew, Hanley and Tyler G. Newby. "The Cybersecurity Information Sharing Act of 2015: An Overview." Lexology.com (October 24, 2016).

Chirgwin, Richard. "Microsoft and FBI Storm Ramparts of Citadel Botnets." *The Register* (June 6, 2013).

CIO.gov. "HTTP Strict Transport Security." (2016).

Cisco. "2016 Cisco Annual Security Report." (2016). forms 2015: A Country-by-Country Look at the Top Retail Ecommerce Sites." (October 2015).

Essers, Loek. "The 'Great Cannon' of China Enforces Censorship." Computerworld.com (April 10, 2015).

Fiserv. "Eight Annual Billing Household Survey." (March 2016).

Fiserv. "2007 Consumer Bill Payments Trends Survey: Volume of Electronic Payments." (2007).

Fox, Emily Jane and Greg Botelho. "5 Charged in Credit Card Hacking Scheme Feds Call Largest Ever Prosecuted in the U.S." Cnn.com (July 25, 2013).

Gartner. "Gartner Says Worldwide Information Security Spending Will Grow 7.9 Percent to Reach $81.6 Billion in 2016." (August 16, 2016).

Gemalto and Ponemon Institute. "Gemalto 2016 Global Cloud Data Security Study." (July 26, 2016).

Goodin, Dan. "Big-Name Sites Hit by Rash of Malicious Ads Spreading Crypto Ransomware." Arstechnica (March 15, 2016).

Greenberg, Andy. "Hackers Remotely Kill a Jeep on the Highway—With Me In It." Wired.com (July 21, 2015).

Hackett, Robert. "On Heartbleed's Anniversary, 3 of 4 Big Companies Are Still Vulnerable." *Fortune* (April 7, 2015).

Hasham, Salim, Chris Rezek, Maxence Vancauwenberghe, and Josh Weiner. "Is Cybersecurity Incompatible with Digital Convenience?," Mckinsey.com (August 2016).

Cloud Security Alliance. "State of Cloud Security 2016." CSA Global Enterprise Advisory Board (2016).

Constantin, Lucian. "Police Operation Disrupts Beebone Botnet Used for Malware Distribution." Pcworld.com (April 9, 2015).

Cybersource, Inc. "Online Fraud Management Benchmarks: North American Edition." (2016).

Cyphort. "Cyphort Labs Knocks Down the Top 8 Financial Malware." (October 15, 2015).

Daly, Jim. "Report Documents the March of Online Alternatives to the Payments Mainstream." Digitaltransactions.net (March 9, 2014).

Datta, Saikat. "Security Breach in NIC Allowed Hackers to Issue Fake Digital Certifcates—Hindustan Times." Medianama.com (August 14, 2014).

Dell Inc. "Determining the True Costs of a Data Breach." (2015).

Demos, Telis. "PayPal Gets Friendlier With Facebook." *Wall Street Journal* (October 24, 2016).

DocuSign. "Going Mobile with Electronic Signatures." (2015).

eMarketer, Inc. "Digital Payment Methods Used by US Internet Users, Aug 2016." (October 19, 2016a).

eMarketer, Inc. "Mobile Wallet Adoption Among US Smartphone Users, by Provider, June 2016." (August 24, 2016b).

eMarketer, Inc. (Rahul Chadha). "Global Ecommerce Platties Spike in 2014." Networkworld.com (March 25, 2015a).

Korolov, Maria. "Most Corporate Risk Due to Just 1% of Employees." Csoonline.com (August 26, 2015).

Leger, Donna Leinwand. "Credit Card Info Sold on Hacker Sites." *USA Today* (September 4, 2014).

Leising, Matthew. "CME Teams Up with Dwolla to Bring Real-Time Payments to Exchange." Bloomberg.com (October 28, 2015).

Loeb, Larry. "Malwarebytes Thinks Potentially Unwanted Programs Are Malware." SecurityIntelligence.com (October 13, 2016).

Loten, Angus. "Cloud Security Fears Persist." Wall Street Journal (October 17, 2016).

Majkowski, Marek. "Mobile Ad Networks as DDoS Vectors: A Case Study." Blog.cloudfare.com (September 25, 2015).

Maruca, William. "Hacked Health Records Prized for their Black Market Value." Hipaahealthlaw.foxrothschild.com (March 16, 2015).

McAfee. "The Hidden Data Economy: The Marketplace for Stolen Digital Information." (October 15, 2016).

McMillan, Robert. "In the Bitcoin Era, Ransomware Attacks Surge." *Wall Street Journal* (August 19, 2016).

Microsoft. "Microsoft Security Intelligence Report Volume 20: July–December 2015." (May 5, 2016).

Mitnick, Kevin. *Ghost in the Wires.* Little, Brown & Co. (2011).

Honan, Mat. "How Apple and Amazon Security Flaws Led to My Epic Hacking." Wired.com (August 6, 2012).

IBM. "IBM Point of View: Internet of Things Security." (April 2015).

Identity Theft Resource Center. "ITRC Data Breach Report." (January 25, 2016).

Infosec Institute. "A Buyers Guide to Stolen Data on the Deep Web." Darkmatters.norsecorp.com (April 7, 2015).

Internet Society. "Policy Brief: The Internet of Things." (October 7, 2016).

Internet Society. "The Internet of Things: An Overview." (2015).

Isaac, Mike. "WhatsApp Introduces End-to-End Encryption." *New York Times* (April 5, 2016).

Javelin Strategy & Research. "2016 Identity Survey Report." (February 2, 2016).

Johnson, N.F., M. Zheng, Y. Vorobyeva, A. Gabriel, H. Qi, N. Velasquez, P. Manrique, D. Johnson, E. Restrepo, C. Song, and S. Wuchty. "New Online Ecology of Adversarial Aggregates: ISIS and Beyond." *Science* (June 17, 2016).

Keizer, Greg. "XcodeGhost Used Unprecedented Infection Strategy Against Apple." Computerworld.com (September 26, 2015).

Kirk, Jeremy. "Zero Day, Web Browser Vulnerabili-

Neustar. "April 2016 Neustar DDoS Attacks and Protection Report: North America & EMEA." (April 2016).

Pagliery, Jose. "FBI Teams Up with Hackers to Bust Bank Robbing Botnet." Cnn.com (October 13, 2015).

Panda Security. "PandaLabs' Annual Report 2015." (2016).

Patane, Matthew. "Dwolla Drops Transaction Fees to Gain Ground." *Des Moines Register* (June 4, 2015).

PCI Security Standards Council. "Payment Card Industry (PCI) Data Security Standard: Requirements and Security Assessment Procedure Version 3.1." (April 2015).

Pendell, Ryan. "Why Dwolla Made Its Transactions Free (And What Happened Next)," Siliconprairienews.com (June 21, 2016).

Perlroth, Nicole. "Apple Will Pay a 'Bug Bounty' to Hackers Who Report Flaws." *New York Times* (August 4, 2016).

Perlroth, Nicole, and Vindu Goel. "Defending Against Hackers Took a Back Seat at Yahoo, Insiders Say." *New York Times* (September 28, 2016).

Peterson, Andrea. "Senate Passes Cybersecurity Information Sharing Bill Despite Privacy Fears." *Washington Post* (October 27, 2015).

Ponemon Institute. "2015 Cost of Data Breach Study: United States." (June 2016a).

Ponemon Institute. "2015 Cost of Cyber Crime Study: United States." (October 2015a).

第 III 篇

商务概念和社会问题

Business Concepts and Social Issues

第6章
电子商务营销和广告概念

学习目标

学完本章，你将能够：

- 理解互联网用户的主要特点、消费者行为和购买决策的基本原理
- 理解消费者的网上行为方式
- 了解并描述基本电子商务营销原理以及广告战略和工具
- 了解并描述支持网络营销的主要技术
- 理解网络营销的成本和收益

章首案例

视频广告：拍摄、点击、购买

或许人们还没意识到，网络视频广告时代已悄然而至。随着视频制作工具日臻完善，宽带速度节节攀升，流媒体质量不断提高，网络视频市场持续高速增长。视频制作不再只是纽约和好莱坞少数人的特权，相反，大多数人都成为潜在的创作者，包括用户自己。此外，观看网络视频的方式也不再那么单一。如今，台式电脑、笔记本电脑、智能手机、平板电脑和网络电视都能播放网络视频。

网络视频的受众群体庞大。每个月有至少2.15亿美国人（超过2/3的全部人口）在台式电脑、智能手机或平板电脑上观看在线视频内容。Google Sites（YouTube）是顶级的在线视频内容网站，拥有近1.6亿名用户，其次是脸书、Yahoo Sites和Microsoft Sites。

由于大家对视频的关注度较高，视频已经成为一种重要的广告媒介。与此同时，互联网用户已经学会了如何本能地将视线移动到屏幕的不同地方来屏蔽传统的横幅广告。横幅广告的点击次数很少（每1000次展示的点击次数少于1次），但视频广告就截然不同。台式电脑上的视频广告点击率比展示广告高出5倍以上，平板电脑和智能手机上的视频广告点击率相对更高。此外，几乎所有的在线消费者都是视频观众，他们是拥有很强购买力的高需求人群。comScore的研究表明，那些看在线视频的零

售网站的用户，购买可能性高达64%。因此，广告商正在跳槽。美国在线是领先的视频广告平台，可以触达美国总人口的46%以上。Google Sites大约可触达33%的人口。

许多大公司已经进入了在线视频广告市场，有着精心的计划和大量的预算。截至2016年6月，全球百强品牌的YouTube频道超过3 000个，共有85万多个视频并且观看次数超过630亿次。观看YouTube上在线广告的热情呈爆发式增长，2015年6月至2016年6月期间，广告的观看次数增加了50%以上。实际上，2015年YouTube上全球排名前5位的热门视频中有2个是在线广告。这些频道的注册用户数量超过1亿，他们积极参与内容互动，产生1.45亿个赞（同时有约1 500万不喜欢）。

小公司也在YouTube上发布视频广告。Orabrush便是其中之一，其在YouTube上成功地利用视频广告开启自己的业务。作为一名牙医，罗伯特·瓦格斯塔夫（Robert Wagstaff）发明了一种口感清新的牙齿清洁剂，而通过传统销售渠道，该产品的销量并不乐观。杰弗里·哈蒙（Jeffrey Harmon）是附近的布吉根青年大学的MBA学生，瓦格斯塔夫相信他会尝试利用视频广告来推销产品，并雇用他做兼职。他最初在Orabrush的主页上发布了一个名为"如何判断你是否有口臭"的YouTube视频，发现Orabrush的用户转化率增长了3倍。从那时起，他们决定创建Orabrush自己的YouTube视频频道。如今，该频道拥有120个视频，约18万名用户，视频观看次数超过5 200万次（超过高露洁和强生公司等主要品牌），更重要的是其销量超过300万。Orapup是给宠物狗使用的一个姊妹品牌，也使用同样的视频营销模式取得了巨大成功，与宠物社区相连接，观看次数超过2 500万次，超过市场中Purina、Pedigree和Iams三个主要宠物品牌的总和。2015年，Orabrush成立了一家名为Molio的新型广告技术公司，该公司旨在通过专有系统来利用YouTube营销模式，并担任其他公司的顾问。最初的客户包括Wilson高尔夫公司的Duo高尔夫球和Stride自行车系列。Orabrush产品线于2015年3月被Dentek收购。

广告公司聚集在YouTube上放置在线广告的原因之一是TrueView广告，它可在台式电脑和移动设备上使用。TrueView广告在2010年推出之后，可让观众在5秒钟后跳过广告，直接观看想要观看的影片。除非观众观看完整的广告，或观看广告的时长达30秒，否则广告商不需要支付费用。实际上，TrueView广告为广告商提供了5秒钟的品牌宣传，而且每次点击费用比谷歌的搜索广告更低。与许多其他类型的在线广告一样，TrueView广告可以根据受众群体特征和其他行为数据进行定位。TrueView还允许广告商使用谷歌进行动态再营销（另一个名字叫重新定位），这样广告商可以根据用户以前在广告客户网站上查看的广告来进行广告展示。TrueView广告鼓励广告商提供用户实际上想要观看的广告，并且TrueView广告对广告商有吸引力，因为用户决定观看时，可以认为其对该产品有更大的兴趣。TrueView广告取得了极大的成功，在YouTube的所有插播广告中85%以上是TrueView广告，它被全球百强品牌采用。

在过去两年中，谷歌采取了多项措施来帮助广告商提高TrueView广告的效果。2015年4月，增加了多种功能，包括交互卡功能。该交互式卡片位于视频的顶部（通常是可滚动的垂直部分，这部分占视频播放器屏幕的35%左右），可以叠加其他信息，例如来自广告商的相关视频或播放列表，或到广告商网站的链接。除非观众点击视频右上角的按钮，否则该卡片不可见（广告商不收费）。TrueView交互卡可以在移动设备和台式电脑上使用，最终也可以在互联网连接的电视上使用。

2015年5月，谷歌公布了TrueView for Shopping的Beta测试版，该版本基于TrueView交互卡平台。广告商现在可以提供图片、产品报价和价格，以及具有通过产品点击的能力，让观众直接从广告商的网站购买商品。早期试用的两位广告客户是网络家具零售商Wayfair和美容产品零售商丝芙兰（Sephora）。Wayfair创建了基于产品的视频，其中包含装饰的小贴士以及产品价格，而丝芙兰创建了一系列的"如何做"视频、教程和产品建议。Wayfair使用其开发的归因系统，能够将收入直接与TrueView广告的特定客户联系起来。据Wayfair报告，TrueView广告的收入是传统视频广告收入的3

倍。丝芙兰声称，其广告的回放率提高了 54%，品牌评价提升了 80%，平均观看时间为 2 分钟。2015 年 11 月，谷歌向 AdWords 的所有广告商发布 TrueView for Shopping。

2015 年 7 月，谷歌推出了 360 度全视角的 TrueView 广告，观众可以从不同角度观看视频，就如同身处汽车内部的不同位置。在台式电脑上，用户使用鼠标来改变视角；在移动设备上，用户只需更改设备的方向即可提供不同的视角。百威已经在使用这种格式开发 TrueView 广告，将其用于 Bud Light 品牌的广告宣传，该广告会让观众感觉自己正沿着游行路线走过，并出现在 20 世纪 20 年代主题派对的舞池中央。

2016 年，谷歌继续调整并扩展 TrueView 平台。7 月它为 TrueView for Shopping 添加了新功能，包括轮播的交互式伴随广告，可让观众在观看视频时滚动产品。它还使营销人员可以访问 YouTube 的完整广告资源，这是 TrueView 广告首次在应用程序的移动搜索结果中显示。9 月它推出了 TrueView for Action，TrueView 广告的新格式，广告客户可以在视频底部放置一个可点击的号召性用语横幅广告，最后再次播放。据谷歌说，2016 年 1—7 月期间，使用 TrueView 的广告商数量增加了 50%。

虽然视频广告获得了成功，尤其是 TrueView 广告，但视频广告仍然存在一些问题。广告商主要关注的问题是可视性，即视频广告是否真的被用户看到了。目前，视频广告被视为可见的行业标准并不高：只需要 50% 的广告像素出现在屏幕上，且连续显示 2 秒钟。但谷歌研究发现，目前很多视频广告达不到这个标准，大约 75% 的视频广告是出现在背景选项卡而不是屏幕上，而其余的在屏幕上滚动的时间或是不到 2 秒或是直接被放弃。2016 年，谷歌宣布，其研究发现，网络视频广告的平均观看次数为 66%，高于 2015 年的 54%。相比之下，谷歌表示 YouTube 的整体视频广告可见率为 93%（比 2015 年的 91% 上升了两个百分点）。

资料来源："Google Introduces TrueView for Action Ads on YouTube," by Ginny Marvin, Marketingland. com, September 14, 2016; "Top 50 Multi-Platform Properties (Desktop and Mobile) August 2016," comScore, August 2016; "YouTube Expands, Tweaks TrueView Video Ads," by George Siefo, Adage. com, July 21, 2016; "Google Courts Retail and Hotel Marketers with New Features," by Adrianne Pasquarelli, Adage. com, July 12, 2016; "Global State of Play," by Google/Doubleclick, July 2016; "The Top 100 Brands Are Maturing on YouTube," by Eric Linder, Pixability. com, June 23, 2016; "YouTube Shopping Ad Formats Now Available to All AdWords Advertisers," by Ginny Marvin, Marketingland. com, November 16, 2015; "YouTube Reportedly Prepping for Independent Viewability Measurement," by Ginny Marvin, Marketingland. com, September 8, 2015; "YouTube Brings 360-Degree View to TrueView Ads," by Nathalie Tadena, *Wall Street Journal*, July 22, 2015; "Retailers, Google, Shopping Ads Are Coming to YouTube," by Ginny Marvin, Marketingland. com, May 21, 2015; "Google Wants YouTube Viewers to Shop While They Watch," by Alistair Barr, *Wall Street Journal*, May 21, 2015; "Driving Sales for Retailers with YouTube's TrueView for Shopping," Thinkwithgoogle. com, May 2015; "Display Advertising Clickthrough Rates," by Dave Chaffey, Smartinsights. com, April 21, 2015; "Five Years of TrueView: How User Choice is Ushering in the Next Golden Age of Video Advertising," Adwordagency. blogspot. com, April 8, 2015; "YouTube Wants You to Stop and Play with Its Ads," by Lara O'Reilly, Businessinsider. com, April 8, 2015; "YouTube Makes Skippable TrueView Ads More Interactive—And More Lucrative," Adage. com, April 8, 2015; "Five Years of TrueView: How Ads Became the Ones to Watch," Thinkwithgoogle. com, April 2015; "Herein Lies the Tale of a Tongue Toothbrush, YouTube, and 'Reverse Marketing'," by Barry Levine, Venturebeat. com, February 3, 2015; "Orabrush Becomes YouTube Marketing Machine for Katherine Heigl's JustOne," by Laurie Sullivan, Mediapost. com, September 16, 2014; "As Seen on YouTube! Orabrush Reinvents the Infomercial," by Joseph Flaherty, Wired. com, May 21, 2012.

也许没有任何业务领域由于互联网和移动平台技术而比营销和营销传播受到更多的影响。作为一种传播沟通工具，网络能以比传统媒体更低的成本满足营销者与数百万潜在顾客沟通的需求。网络还能提供即时、自发的机制来收集顾客信息，调整产品供应，并且增加顾客价值。网络已衍生出大量新的工具用于识别顾客，与顾客进行有效沟通，包括搜索引擎营销、数据挖掘、推荐系统和定向邮件。互联网只是第一次转型。今天，基于智能手机和平板电脑的移动平台也在重新改变网络营销和通信。表 6-1 总结了 2016—2017 年网络营销和广告方面的一些重要进展。

表 6-1 2016—2017 年网络营销和广告的重要进展

商务
● 网络营销和广告支出持续增长（2016 年超过 20%），而传统媒体营销和广告业务只增长了约 1%。
● 各种格式的移动广告仍然是数字广告增长最快的形式之一，目前占所有数字广告支出的 60% 以上。
● 搜索引擎营销和广告仍然很重要，但与其他形式相比，其增长速度有所放缓。
● 社交和本地营销支出都在继续迅速增加。
● 可见性问题和广告诈骗引起了营销人员越来越多的担忧。
● 本地广告和其他形式的内容营销增加。

技术
● 广告拦截软件使用率增加，引起了网络发布商和广告客户的关注。
● 大数据：网络跟踪产生大数据，使得商业分析程序面临挑战。
● 云计算使营销内容丰富并使多渠道跨平台营销成为现实。
● 程序化广告（自动化的以技术为导向的购买和销售展示广告和视频广告）开启。

社会
● 基于行为跟踪的定向广告导致隐私意识和担忧的增加。

网络营销、品牌推广和市场沟通的课题研究非常广泛且深入。我们将用两章来介绍这部分内容。在本章中，我们从网络上的消费者行为、网络营销和品牌的主要类型以及支持网络营销进步的技术开始。然后，着重理解在线营销传播的成本和收益。在第 7 章中，我们更深入地关注社交化、移动化和本地化营销。

6.1 在线消费者：互联网用户与消费者行为

企业利用网络销售产品前，首先要了解网络消费者是哪一类群体，其在网络市场环境中的行为是怎样的。本节将重点关注 B2C 领域的个体消费者行为。当然，本节所讨论的内容同样适用于 B2B 领域，某种程度上企业的决定也是由个人来做出的。关于 B2B 营销的介绍将在第 12 章深入展开。

6.1.1 互联网流量模式：网络消费者画像

首先来分析美国网络消费者的基本统计资料。营销与销售的第一原则是要尽可能了解消费者。谁在上网？哪些人会在网上购物？为什么？他们会购买什么商品？在 2016 年，大约有 2.65 亿人接入互联网。美国约有 9 200 万个家庭（超过 75% 的家庭）拥有宽带接入互联网。全球约有 34 亿人在线。

在 20 年代初，互联网用户数量以每年 30% 甚至更快的速度增长，但在过去几年中，美国的增长速度下降到每年 2% 左右。电子商务企业不能再依靠网络人口 2% 的增长来增加收入。美国互联网人口迅速增长的日子已经结束。

网络活动的密度和范围

尽管美国网络用户的增长速度在放慢，但其网络活动的密度和范围在增加。2016 年，超过 80% 的美国人口经常使用互联网，每天上网时间大约为 5 小时 45 分钟（eMarketer, Inc., 2016a,

2016b）。青少年使用互联网的情况更加普遍，超过 90％ 的人表示他们每天上网，大约 25％ 的用户几乎不断使用互联网（Pew Research Center，2015a）。智能手机和平板电脑是互联网和电子商务的主要接入点。约有 2.1 亿人（约占美国互联网用户的 80％）使用手机访问互联网。移动设备用户每天花费 3 个多小时用于非通话活动，如玩游戏、观看视频和访问社交网络。有这样行为的人非常普遍，2016 年，约有 1.8 亿手机用户玩游戏，约 1.4 亿人观看视频，超过 1.6 亿人访问社交网络，数百万人听音乐或购物（eMarketer，Inc.，2016a，2016b）。根据皮尤研究中心的数据，用户在网上花费的时间越来越长，对互联网功能和服务的熟悉程度越来越高，他们可能会需要更多的服务。

人口统计数据与用户接入情况

自 1995 年以来，互联网和电子商务用户的人口特征发生了巨大变化。直到 2000 年，年轻、单身、受过大学教育、高收入的白人男性在整个互联网用户中占据主导地位。接入和使用互联网的不平等引起人们对"数字鸿沟"的担忧。然而，近几年，女性、少数族裔、青少年以及中等收入家庭的上网人数明显增加，早期的那种不平等大大降低，但尚未完全消除。

男性（82％）和女性（83％）使用互联网的比例大致相同。从互联网用户的年龄分布看，青少年（12～17 岁）和年轻人（18～24 岁）上网率最高，占 97％。成年人（25～54 岁）上网率超过 90％，同样是很大的比重。另一个增长较快的群组是 65 岁以上的老人，其中 61％ 目前也在使用互联网。还有 62％ 的 12 岁以下儿童也开始了网上冲浪。美国未来的互联网用户增长将主要来自 55 岁及以上的人群和 0～11 岁的儿童（eMarketer，Inc.，2016a）。而不同族裔群体间的差异不如年龄组别那么广泛。

十年前，美国这些群体之间存在重大差异，但已经有所减少。2016 年，87％ 的白人使用互联网，黑人和西班牙裔则占 84％。收入水平高于 75 000 美元的家庭中约有 97％ 使用互联网，而家庭收入低于 30 000 美元的家庭只达到 77％。随着时间的推移，收入差距有所缩小，但是仍然很重要，收入最高和最低的家庭间的差距达到 20％。在互联网使用方面，受教育程度也有显著差异。高中学历以下的人中，2016 年只有 66％ 的人上网，大专以上学历的则达到 97％。甚至一些大学教育促进了互联网使用率，达到 94％（Pew Research Center，2016）。

总的来说，所谓的数字鸿沟问题实际上已缓解，但从收入、受教育程度、年龄、宗教和族裔等单个维度看依然存在。性别、收入、教育、年龄和族裔也影响在线行为。据皮尤研究中心估计，65 岁以上的成年人、未完成高中学业的学生、每年收入不足 3 万美元的群体以及西班牙裔学生不太可能在线购买产品。女性在线购买的可能性要比男性高，但并不是很明显。对于网上银行来说，从人口统计学上看是相似的，65 岁以上的人可能比任何年龄组都更少使用网上银行，而那些大学学历以上的人比那些高中毕业的人更有可能使用。在性别方面，网上银行在男性群体中受欢迎程度更高，但没有发现种族差异（Pew Research Center，2012）。其他评论家观察到，与来自富裕家庭的儿童相比，来自较贫穷和受教育程度较低的家庭的儿童会花费更多的时间利用互联网进行娱乐活动（电影、游戏、脸书和发短信）。对于所有的儿童和青少年来说，大部分花在互联网上的时间通常被认为是"浪费时间"，因为大多数人接入互联网是为了娱乐，而不是教育或学习（Richtel，2012）。

互联网连接类型：宽带的影响

虽然在减少互联网接入的巨大差距方面取得了很大进展，但宽带服务的使用仍然存在不平等现象。在 2016 年，约有 9 200 万家庭（超过 75％ 的家庭）在家中使用宽带服务（eMarketer，Inc.，2016c）。皮尤研究中心的研究表明，老年人、低教育水平和低收入的家庭宽带普及率较低。农村居民、非裔和拉丁裔美国人也不太可能使用家庭宽带连接（Pew Research Center，2013）。对于营销人员来说，宽带用户为多媒体营销活动提供了独一无二的机会，特别适合受过更高教育和富裕用户的产品定位。同样值得注意的是，虽然家庭没有宽带接入，但并不意味着家庭成员不使用互联网。大约 50% 的非宽带用户使用互联网，无论是从另一个地方还是通过智能手机。某些群体特别依赖智能手机进行在线访问：18~29 岁的年轻人、家庭收入低的人群、受教育程度低的人群以及非白人（Pew Research Center，2015b，2013）。连接宽带和 WiFi 网络的智能手机和平板电脑的爆炸式增长是移动电子商务和营销平台的基础，而几年前这些是不存在的。

社区效应：社会化蔓延

对实体零售商来说，影响销售额最重要的因素是地理位置。如果门店坐落在每天都有熙熙攘攘过往人群的闹市区，生意一定会很火爆。但对网络零售商来说，只要顾客在其配送所覆盖的范围以内（如有 UPS 或邮局的网点），地理位置毫无影响。互联网上真正影响消费者购买决策的是其是否处在其他网络购物用户的"邻近区域"。这些区域可以是面对面的真实的人，也可以是虚拟的。这些所谓的"邻近效应"和从众心理对消费决策的影响在个人电脑等商品中尤为明显。一般而言，作为社交网络的成员和购买决策之间存在着关系。然而，这种"关联性"（离线或在线）与购买决定之间的关系并不那么直接或简单。相关度得分最高的 10%~15% 的人与其他群体不同的一点往往是"做自己的事情"，并不会和朋友分享购买决定。事实上，高度关联的用户通常不会去购买他们的朋友买过的产品。人们可以把他们看成是"打破惯例的人"。中间的 50% 的人经常向他们的朋友分享购买模式。人们可以认为这些人喜欢和别人攀比（Iyengar et al.，2009）。对 6 000 名社交网络用户的研究发现，社交网络对购物和购买行为有很大的影响。估计有 40% 的社交媒体用户在脸书、Pinterest 或推特上分享或收藏后购买了该商品。脸书是最有可能推动客户购买的网络，其次是 Pinterest 和推特。意外的是，社交网络增加了在线研究，随后离线购买（有时称为 ROPO），将购买流量引向实体商店（在实体店中用户可以看到，试用，然后购买产品）。这与消费者在商店研究，然后在线购买的展示效果相反。ROPO 效应被发现与离线研究、在线购买效应一样大（Vision Critical，2013；Schleifer，2013；Sevitt and Samuel，2013）

社交网络的成员对发现新产品影响很大，但对知名产品影响较小（Garg，2009）。比如，福特的脸书主页和社区等在线品牌社区的成员对销售有直接的影响（Adjei et al.，2009）。亚马逊的推荐系统（"购买此商品的消费者也买了……"）创造了共同购买网络（网络中的人们互不相识），对于互补产品的影响达到了 3 倍（Oestreicher-Singer and Sundararajan，2008）。社交网络对营销人员的价值取决于品牌实力和购买决策与网络成员、排名、显著性和中心性的相关性（Guo et al.，2011）。

6.1.2 消费者行为模型

对网络消费者的基本情况有大致了解后，企业就需要关注其网络行为方式。对**消费者行为**（consumer behavior）的研究属于一门社会科学，尝试通过建模来理解人们的市场行为方式。社会学、心理学以及经济学等社会科学理论将对消费者行为研究起到重要作用。建立消费者行为模型的目的在于预测和解释如下几个问题：消费者需要什么产品？他们会在何时何地购买这些产品？其所能承受的价格是多少？以及为什么要购买这些产品？企业如果能够理解消费者的购买决策过程，就可以更胸有成竹地开展营销和销售。图 6-1 展示的是综合影响消费者市场决策要素的消费者的一般行为模型。6.2 节讨论有关影响消费者行为的文化、社会和心理背景因素的更深层次的内容。

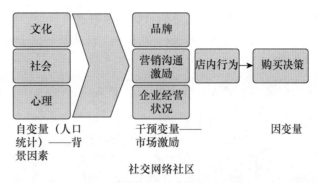

图 6-1 消费者的一般行为模型

说明：消费者行为模型试图对市场环境下消费者的决策做出预测。
资料来源：Adapted from Kotler and Armstrong，2009.

6.1.3 网络消费者档案

消费者的网络行为与线下行为相差甚大。首先要理解消费者为何要通过网络完成交易。表 6-2 表明了消费者选择网络渠道的主要原因。

表 6-2 消费者选择网络渠道的原因

原因	对应的百分比（%）
价格优势	59
可在家购买	53
可随时购物	44
更多的产品选择	29
便于比较和搜索产品	27
线上专享产品	22
在线客户评论	18
能获得更多的产品信息	7
通过电子邮件或短信进行促销	7
社交媒体的影响	1

资料来源：eMarketer，Inc.，2014.

尽管价格因素出现在上述列表中，但消费者选择网络购物的核心因素还是便利性，即能够大大节省消费者的时间。总体来说，消费者选择网络渠道的主要驱动力是交易成本减少。

6.1.4 购买决策

一旦决定使用网络购物，消费者为什么选择特定网站购买产品或服务？最重要的原因是价格和可以免费送货。商家为消费者所信任也是一个非常重要的因素。不用缴税以及能使用优惠券也是重要的因素。

你还需要进一步考虑购买者如何制定实际购买决策，以及互联网环境如何影响消费者的决策。消费者的决策过程可分为五个阶段：产生购买欲望、查询相关信息、评价可选择的商品、做出实际购买决策、与厂家的售后联系。图 6-2 展示了线上和线下消费者的决策过程，以及支持这一过程并寻求影响的购买前、购买中、购买后的营销沟通方式。

图 6-2　消费者决策过程及营销沟通方式

消费者线上和线下的购买决策过程基本是一致的。此外，消费者行为的一般模式需要修改以考虑新的因素，同时需要考虑电子商务允许与在线客户进行互动的新机会。图 6-3 中对一般行为模型进行了调整，除品牌优势、市场沟通（广告）等传统要素以及线上线下社交网络的影响外，还重点关注用户特征、产品特点、网站和移动平台特点。

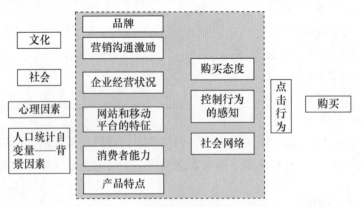

图 6-3　在线消费者行为模式

说明：从在线消费者行为模式看，购买决策会受到消费者自身的人口统计背景因素、一系列干扰因素的影响，而对最终购买影响最大的是消费者的点击行为。

网络环境中，网站和移动平台特征、消费者能力、产品特征、对待在线购物的态度和网络环境的可控性是影响消费者行为的主要因素。网站和移动平台特征包括延迟（下载延迟）、导航性和对网站安全性的信心。现实世界也有许多共通之处。例如，众所周知，店面设计能够影响顾客的购买行为，准确地了解消费者在实体店的行为，再据此将促销商品摆放到消费者最可能经过的地方，就能增加销量。消费者能力是指消费者拥有的如何完成网络交易的知识（会随着消费者经验增加）。产品特征是指这样的事实，某些产品很容易通过网络进行介绍、包装和配送，而有些产品却不能。这些因素与品牌、广告和经营能力等传统因素一起，会促使用户决定选择特定的电子商务企业（网站信任和良好的用户体验），同时形成对网站环境可控性的认知。

点击流行为（clickstream behavior）是指消费者浏览网页时产生的事务日志，涵盖从搜索引擎开始，浏览单个网站，再到单个页面，最后做出购买决策的整个过程。这些重要节点类似于传统零售中的购买决策点。通过对一家葡萄酒销售网站的 1 万多次访问数据的分析发现，在预测消费者购买决策时，细节和一般的点击行为数据与消费者人口统计资料和历史购买行为同等重要（Van den Poel and Buckinx，2005）。点击流量营销最大限度地利用了互联网环境。它预先假定客户事先没有"深入"的知识（在这个意义上说是"隐私相关"），并且可以在客户使用互联网时动态开发。例如，搜索引擎营销的成功（搜索引擎的付费广告的显示）在很大程度上取决于消费者目前正在寻找什么，以及他们如何寻找（详细的点击流数据）。检查详细数据后，将使用一般点击流数据（自上次访问以来的购买日期）。如果可以，也将使用人口统计数据（地区、城市和性别）。

6.1.5　购物者：浏览与购买

上节所描绘的互联网用户画像强调了网络行为的复杂性。尽管目前网络用户还集中在受过良好教育、富有的年轻人，但是网络用户的分布情况正逐渐趋于分散。对网络点击行为的分析表明，人们上网的原因多种多样。网络购物也同样复杂。在 2016 年的 6 000 亿美元 B2C 电子商务市场中，用户上网的方式存在巨大差异。

如图 6-4 所示，大约 77％的网络用户（14 岁及以上）属于"购买者"。另外 13.8％则是利用网络研究产品信息，然后到传统商店购买（属于"浏览者"）。据估计，青少年和成年用户（14 岁或以上）在 2016 年约为 2.29 亿，网络购物者（购买者和浏览者的总和几乎达到了 90％）达到 2.08 亿。该数字让不少营销人员激动不已。

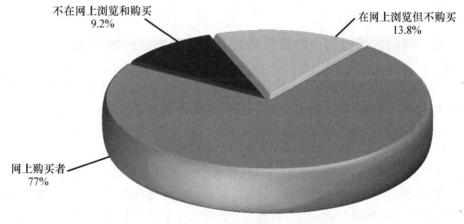

图 6-4　网上购物者

说明：超过 90％的美国互联网用户（14 岁及以上的用户），可以通过研究产品或在线购买产品在台式电脑和移动设备上进行网上购物。实际购买已增至 77％。只有约 9％的人不在网上购物。

资料来源：eMarketer，Inc.，2016d.

千万别低估网络浏览行为对消费者线下购物的重要性！尽管很难精确衡量在线产品搜索带来的线下销售额，但弗雷斯特研究公司预计 2016 年网络影响的零售额将达到约 1.3 万亿美元，到 2020

年将达到 1.6 万亿美元（Forrester Research，2016）。

电子商务是传统商务活动的主要动力源泉。反过来，传统的品牌和购物也将推动电子商务的发展。在网络搜索影响线下购买的同时，线下营销媒体也深刻影响着网络购物行为。传统印刷媒体（杂志和报纸）和电视是促使和引导消费者上网搜索新产品信息的最强大的媒体，用于吸引消费者了解有关新产品的信息并将其引导到网络。在线社区和博客也会产生影响，只是不如传统媒体那么强大。这一点令许多着重以社交网络为营销工具的人大为惊讶，但它反映了仍然主宰的传统媒体企业对消费者行为和现实营销预算影响的多样性。更令人惊讶的是，在脸书的时代，面对面互动比参与在线社区更具影响力。

上述这些情况意味着电子商务与传统商务是相辅相成的，商家（及研究人员）应将二者看作消费行为中不可分割的两部分，而不应该一头独大。商务就是商务，其面对的消费者是一样的。消费者可以使用各种媒体，有时也可以直接使用多媒体。这些发现对营销人员来说意义非凡。网络商家应该在其网站上提供大量信息供浏览者访问，并提高其内容在搜索引擎的排名，而不是仅仅关注销售本身，同时在传统媒体设置中按顺序推广服务和产品（特别是新产品），支持他们的在线商店。

6.1.6 消费者上网浏览和购买哪些商品

网络销售的商品大致可分为两类：小额商品和大件商品。大件商品包括电脑设备和消费电子产品，订单金额超过 1 000 美元；小额商品包括服饰、书籍、保健品、化妆品、办公用品、音乐、软件、视频和玩具等，金额低于 100 美元。电子商务时代早期，种种原因导致小额商品的销量要远远高于大件商品。但是，诸如电脑硬件、消费电子产品、家具和珠宝等大件商品近期的增长改变了整个销售格局。消费者现在更有信心去购买大件商品。最初家具和大家电因体积大而不在网上销售，但是最近几年这些品类的网络销售持续上涨。亚马逊和其他大型零售商提供的免费送货服务也促进了消费者购买更多昂贵的大件物品，如空调。参见图 9-2，了解 2015 年消费者在线购买各类商品的情况。

6.1.7 有目的的行为：购物者在网上查询卖方信息的方式

"点击此处"的横幅广告大肆盛行，有人可能觉得顾客会不假思索地被广告带到商家的网站。而事实上，只有少数顾客会通过浏览横幅广告来查询商家信息。网络购物者带有高度的目的性。他们通常只浏览所查找的特定产品、公司和服务。在网上，大部分的消费者利用自己所偏好的搜索引擎方式直接搜索想要购买的商品。许多人将直接进入在线市场，如亚马逊或 eBay，有些将直接转到特定的零售网站。如果商家能够与目标导向型购物者进行有针对性的沟通，将网站设计得更加合理，使顾客访问网站和查询产品信息更方便，向顾客提供更多的商品选择、更好的客户服务，那么商家就能将这些购物者转变为自己的买方。而这可不是个小任务。

6.1.8 为什么仍有一些人不使用网络购物

为什么大约 9% 的互联网用户不使用网络购物？可以说，信任是阻碍人们使用网络购物的最大因素。用户担心受网络商店欺骗，信用卡信息泄露，个人隐私遭到侵犯，也害怕垃圾邮件和泛滥广告的轰炸。第二大因素可总结为"干扰因素"，比如转移成本、退货及商品的不可触摸性。

6.1.9　网络环境中的信任、效用和机会主义

长期研究表明，影响网络购买决策最重要的两大因素是效用和信任（Brookings Institute，2011；Kim et al.，2009；Ba and Pavlou，2002）。消费者需要的是划算、价格便宜、方便和交付快的购物体验。简而言之，消费者是在寻求效用最大化。此外，任何买卖关系中都存在信息不对称。卖方会比买方知道更多有关产品质量和交易的信息，这就会导致卖方的投机行为（Akerlof，1970；Williamson，1985；Mishra，1998）。消费者需要信任商家才会产生购买。卖方可通过建立诚信、公平的声誉，交付高质量产品（品牌基本要素）来建立与消费者的信任关系。Epinions. com（现属于 Shopping. com）、亚马逊书评和 eBay 反馈论坛等都是建立网络商店信任机制的典例（Nielsen-Wire，2012；Opinion Research Corporation，2009）。与顾客建立起信任关系后，商家就能收取产品和服务溢价（Kim and Benbaset，2006，2007；Pavlou，2002）。回顾以往文献可知，建立可信任网络关系的最重要因素是对网站信用、易用性和风险的感知（Corritore et al.，2006）。电子商务发展的重要制约因素是缺乏信任。报纸和电视广告比网络广告更受信任（Nielsen，2011）。网络购物的强大决定因素是朋友和家人，而不是社交网络的成员（eMarketer，Inc.，2010）。这些态度随着时间的推移变得更加积极，但是对在线营销人员使用个人信息的担忧会继续引发消费者的信任问题。

6.2　网络营销与广告策略和工具

网络营销与传统营销有很多相似之处，又有所不同。在所有市场营销中，网络营销的目标就是建立客户关系，使公司能够获得高于平均水平的回报（通过提供优质的产品或服务，并将品牌的特征传达给消费者）。这些关系是公司品牌的基础。但网络营销也与传统营销截然不同，因为媒体的性质及功能与之前都有所不同。

与传统营销渠道相比，网络营销有四个特点。与传统的印刷和电视营销相比，网络营销可以更具个性化、参与性、点对点和社区性。并非所有类型的网络营销都有这四个特点。例如，如果未经你的同意，你的计算机屏幕上的营销视频和电视广告没有太大差异。但是，相同的营销视频可以针对你的个人兴趣和社区成员资格，并允许你使用"赞"或"＋"标签与他人分享。营销人员仍在寻找具有这四个特点的最有效的网络营销形式。

6.2.1　战略问题

过去，建立在线品牌的第一步是建立一个网站，然后尝试吸引消费者。用于建立品牌和吸引客户的最常见的传统营销技术是搜索引擎营销、展示广告、电子邮件营销和联盟计划。建立网站仍然是第一步，传统网络营销技术仍然是创造品牌和在线销售收入的主要动力。但是今天营销人员需要更广泛地了解网络营销带来的挑战，考虑利用其他媒体渠道吸引消费者，如社交媒体和移动设备，并与传统网站一致。

综合多渠道营销计划的五个要素包括：网站、传统网络营销、社交营销、移动营销和线下营销。表 6-3 说明了这五个要素的主要平台、一些示例，以及每种情况下营销的主要功能。本章后面将更详细地讨论每种主要的网络营销类型。

表 6 - 3　网络营销路线图

营销类型	平台	公司	功能
网站	传统网站	Ford. com	固定网站
传统网络营销	搜索引擎营销	Google；Bing；Yahoo	基于查询意向的营销
	展示广告	Yahoo；Google；MSN	利益点和上下文的营销；有针对性营销
社交营销	电子邮件	Major retailers	许可营销
	联盟	Amazon	品牌延伸
	社交网络	Facebook	对话；分享新闻，快速更新
	微博	Twitter	利益共同体
	博客	Tumblr	分享
	视觉营销	Pinterest/Instagram	品牌；分享
	视频营销	YouTube	参与；通知
	游戏营销	Chipotle Scarecrow Game	身份识别
移动营销	移动网站	m. ford. com	快速访问；新闻更新
	应用软件	Ford Mustang Customizer app	视觉接触
线下营销	电视	Apple/The Human Family；Shot on iPhone	品牌定位；通知
	报纸	American Airlines/The World's Greatest Flyers Fly American	品牌定位；通知
	杂志	Apple Watch/Vogue Magazine	品牌定位；通知

通过查看表 6 - 3，可以立即了解在线建立品牌的管理复杂性。有五种主要的营销类型，以及各种不同的平台，表现不同的功能。如果你是创业公司的经理，或现有商业网站的管理员，那么你将面对一些战略问题。你应该首先关注哪里？建立一个网站，开发一个博客，或者开发一个类似脸书的社交平台？如果你有一个已经使用搜索引擎营销和展示广告的成功的网站，那么下一步应该怎样做：开发社交网络或使用线下媒体？你的公司是否有资源来维护社交媒体营销活动？

第二个战略问题涉及将所有这些不同的营销平台整合到一起。通常，会有网站设计、搜索引擎和展示营销、社交媒体营销和线下营销等拥有不同技能的团队。让所有这些不同的专家合作，协调他们是非常困难的。困难在于，一家公司最终将管理每一个不同的团队，而不是管理线上的单一团队，或者涉及包括零售店在内的整个公司的营销。

第三个战略问题涉及资源配置。这里有两个问题。首先，不同类型的营销和不同的平台都有不同的指标来衡量其有效性。在某些情况下，对于新的社交营销平台，没有普遍接受的指标，经验数据很少。例如，在脸书营销中，重要的指标是你的脸书页面产生了多少点赞。点赞和销售之间的联系仍在探索之中。在搜索引擎营销中，是根据你的广告获得的点击次数的多少来衡量的。其次，每个平台的点赞、展示次数和点击所收取的费用都不相同。为了区分哪里需要分配营销资源，你必须将这些活动与销售收入联系起来。你需要确定点击次数、点赞次数和展示次数是多少。我们将在第 7 章更详细地讨论这些问题。

6.2.2　网站作为营销平台：建立客户关系

公司官网是与客户建立初步关系的主要工具。该网站承担这四项重要功能：建立品牌知名度和消费者期望，提醒和教育消费者，营造客户体验，将品牌锚定在不同营销信息的海洋中。该网站是消费者可以找到完整故事的一个地方。这不是应用程序、电子邮件或搜索引擎广告。

网站的第一项功能是建立品牌的知名度，并作为公司其他网络营销活动的支撑点，推动销售收入增长。这包括在质量、价格、产品支持和可靠性方面为消费者确定产品或服务的差异性特征。在网站主页上确定产品的不同特征旨在为消费者创造对消费产品的期待。例如，Snapple 的网站为消费者创造了一个该产品是由优质天然成分制成的美味清凉饮料的期待。福特汽车的网站专注于汽车技术和每加仑高里程。由福特网站所带来的预期是，如果购买福特汽车，你将会遇到最新的汽车技术和最高的里程。在基于位置的社交网站 Foursquare，重点是认识朋友，发现当地的景点，并用优惠券和奖励来节省资金。

　　网站的功能也可以是巩固线上品牌，将其作为一个中心点，将所有来自公司的不同品牌信息，如脸书、推特、移动应用或电子邮件，都集中在一个在线定位上。除品牌外，网站还有向客户告知公司提供产品和服务的商业机构的基本功能。网站以及在线目录和相关的购物车是网络客户体验的重要组成部分。**客户体验**（customer experience）是指客户对企业的全部体验，包括产品的搜索、告知、购买、消费和售后支持。"客户体验"的概念比"客户满意"的传统观念更为广泛，因为它考虑到更广泛的影响，包括客户对企业及其产品的认知、情感、情绪、社会和物质关系。客户体验通常涉及多个零售渠道。这意味着，在客户的心目中，网站、移动网站和应用程序、脸书页面、推文、实体店和电视广告都是对公司体验的一部分。

6.2.3　传统网络营销和广告工具

　　下面我们描述吸引电子商务消费者的基本营销和广告工具：搜索引擎营销、展示广告营销（包括横幅广告、富媒体广告、视频广告和赞助式广告）、电子邮件和许可营销、联盟营销、病毒营销和潜在客户营销。

　　公司在 2016 年将花费大约 1 950 亿美元的广告费用，估计**网络广告**（online advertising）费用为 720 亿美元，其中包括展示广告（横幅广告、视频广告和富媒体广告）、搜索引擎营销、手机短信、赞助式广告、分类广告、潜在客户营销和电子邮件营销（见图 6-5）(eMarketer，Inc.，2016e)。

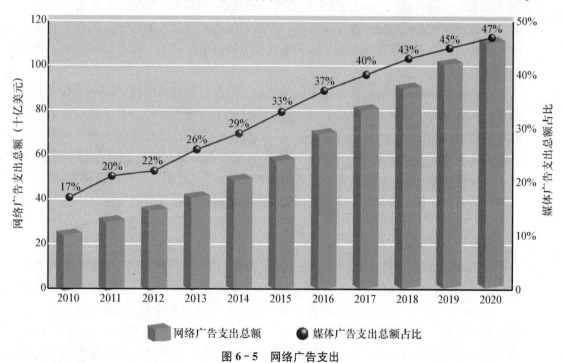

图 6-5　网络广告支出

说明：网络广告支出预计将从 2016 年的 720 亿美元增长到 2020 年的 1 100 多亿美元，占媒体广告支出总额的比例越来越高。
资料来源：Based on data from eMarketer, Inc., 2016e.

在过去 5 年中，广告客户不断增加线上支出，并减少传统渠道的支出。到 2018 年，网络广告费用预计将超过电视广告的费用。

表 6-4 提供了不同广告形式费用的对比数据。在 2016 年，支出最高的是搜索广告，其次是横幅广告，但增长最快的网络广告形式是富媒体广告和视频广告。

表 6-4 不同广告形式费用的对比数据

形式	2016 年（10 亿美元）	2020 年（10 亿美元）	变化率（%）
搜索广告	33.3	51.4	12.2
横幅广告	14.4	21.5	12.6
视频广告	10.3	16.3	18.8
富媒体广告	8.0	14.9	22.1
赞助式广告	1.9	2.4	6.5
潜在顾客开发流程	1.9	2.1	4.2
分类广告	1.8	2.4	5.9
电子邮件广告	0.31	0.41	8.4

资料来源：Based on data from eMarketer, Inc., 2016f, 2016g.

不同行业的网络广告支出有些偏差。零售业占比最高（22%），其次是金融服务（13%）、汽车业（13%）、通信业（9%）、休闲旅游（9%）、消费电子产品和电脑（7%）、大众消费品（6%）、制药和保健（5%）、媒体（5%）和娱乐（4%）（Interactive Advertising Bureau/Pricewaterhouse-Coopers，2016）。与电视、广播和印刷（杂志和报纸）等传统媒体的广告相比，网络广告既有优势又有劣势。网络广告的一个主要优势在于消费者有向互联网流动的趋势，特别是 18～34 岁的人群。网络广告的第二大优势是能够将广告定位到个人和小团体，并且几乎实时跟踪广告的效果。**广告定位**（ad targeting），将市场信息发送到群体中特定的子群以增加购买的可能性，与广告本身一样古老，但在互联网出现之前，精准度很低，当然不能达到每个人的水平。广告定位也是价格差异的基础：为同一产品或服务向不同类型消费者收取不同价格的能力。通过网络广告，理论上可以向每个客户收取不同的价格。

理论上，网络广告可以个性化定制每条广告信息，以精确地满足每个消费者的需求、兴趣和价值观。实际上，众所周知，消费者对于垃圾邮件和不断展示的广告几乎是没有兴趣的，现实情况是截然不同的。网络广告还为互动提供了更大的机会——广告商和潜在客户之间的双向沟通。网络广告的主要缺点在于其成本与收益的关系，如何充分衡量其效果，以及提供展示广告的好区域。例如，像传统媒体一样，销售广告空间的网站所有者（"出版商"）没有公认的标准或日常审核来核实其声称的数据。我们将在 6.4 节研究网络广告的成本和收益及其有效性。

搜索引擎营销和广告

在 2016 年，公司将花费 330 亿美元用于搜索引擎营销和广告，占网络营销费用的 46%。每个月约有 2.25 亿美国互联网用户（几乎占美国互联网用户的 85%）至少使用一次搜索引擎（eMarketer, Inc.，2016a）。简而言之，这是值得关注的地方（至少在短时间内），可以非常有效地通过用户的兴趣和意图反馈提供相匹配的广告。搜索引擎广告的点击率通常为 1%～4%（平均为 2% 左右），多年来相当稳定。前三名搜索引擎提供商（谷歌、微软和雅虎）提供超过 95% 的在线搜索。**搜索引擎营销**（search engine marketing，SEM）是指利用搜索引擎建立和维持品牌。**搜索引擎广告**（search engine advertising）是指使用搜索引擎来直接销售给在线消费者。

搜索引擎通常被认为是针对广告进行销售的最直接渠道。虽然这是搜索引擎的主要用途，但它们也更加巧妙地用于提高品牌知名度，吸引其他网站或博客流量，支持客户参与，深入了解客户对品牌的看法，支持其他相关广告（例如，将消费者转向本地经销商网站），并间接维持该品牌。搜索引擎还可以向营销人员提供客户搜索模式的洞察力，客户对其产品的观点，热门搜索关键字，以及竞争对手正在使用的关键字和客户反响。例如，百事可乐和多力多滋（Doritos）等大型品牌的官网不提供销售，但是有几个专门针对消费者、投资者和股东的品牌网站。重点是建立、维持和更新百事可乐的品牌消费品。搜索百事可乐将产生大量与百事可乐营销材料相关的搜索结果。

搜索引擎广告的类型　搜索引擎网站最初对庞大的网页集合进行了无偏见的搜索，并从横幅广告中获取了大部分收入。这种形式的搜索引擎结果通常称为**有机搜索**（organic search），因为网站的内容和排名取决于搜索引擎强加的一组规则（算法）或多或少的"无偏见"应用。自 1998 年以来，搜索引擎网站慢慢转变为在线黄页，公司通过收费保证该网站的内容出现在搜索结果中，支付关键字显示在搜索结果中，或者支付关键字显示在其他供应商的广告中。

许多搜索引擎提供**付费置入**（paid inclusion）程序，通过收费保证该网站的内容出现在搜索结果中，并且尽可能频繁地被网络爬虫发现，还可对改进自然搜索的结果提供建议。搜索引擎声称这些付费程序（花费制造商一年成千上万美元）不会影响网站的自然搜索结果，只是会将其包含在搜索结果内。然而，页面植入广告的点击越多，其页面排名就越靠前，从而导致有机搜索的结果排名越高。

尽管谷歌会在页面顶部放置 2～3 个赞助商广告链接，并予以标明，但谷歌声称不会因为公司的付费而改变有机搜索结果的排名。若商家的网站内容不在搜索结果列表的第一页，某种意义上就意味着生存的机会渺茫。

按点击付费（PPC）搜索广告（pay-per-click（PPC）search ad）是搜索引擎广告的主要类型。在**关键词广告**（keyword advertising）中，商家通过搜索网站的招标过程购买关键词，每当消费者搜索该字词时，它们的广告就会显示在页面上的某个地方，通常作为右侧的小型文字广告，也可以作为列表出现在页面的最上方。商家付费越多，排名越高，广告在网页上的位置也就越好。一般来说，搜索引擎不会对广告的质量或内容进行编辑判断，尽管它们会监视语言的使用。此外，一些搜索引擎根据其受欢迎程度排列广告，而不仅仅是广告客户支付的费用，因此广告的排名取决于支付的金额和每单位时间的点击次数。谷歌公司的关键词广告计划称为 AdWords。

2002 年谷歌引入了一种独特的关键词广告：**网络关键词广告/语义广告**（network key word advertising/context advertising）。出版商（网站所有者）加入该网络，且允许搜索引擎在网站上放置相关的广告。由要刊登广告信息的人支付广告费用。谷歌文本信息是比较常见的。点击搜索结果赚取的利润由搜索引擎和网站所有者共同分享，并且大多数情况下，网站所有者占比高一些。

搜索引擎营销几乎是一种完美的精准营销技术：在消费者寻找产品的关键时刻，向其提供合适的广告。消费者受益于搜索引擎广告，因为只会在消费者寻找特定产品时才会出现商家广告。因此，搜索引擎广告可以节省消费者的认知精力，并降低搜索成本（包括线下搜索产品所需的交通成本）。

由于搜索引擎营销非常有效，公司优化其网站进行搜索引擎识别。更好地优化页面能使网站在搜索引擎结果列表中排名提高，进而更有可能出现在搜索引擎结果页面顶部。**搜索引擎优化**（search engine optimization，SEO）是通过改变网页和网站的内容和设计来提高搜索引擎网页排名的过程。通过仔细选择网页上使用的关键词，频繁更新内容和设计网站，以便搜索引擎程序轻松捕获，营销人员可以提高其网络营销计划的影响力和投资回报。

谷歌和其他搜索引擎公司会频繁更改其搜索算法，以改善搜索结果和用户体验。据报道，谷歌在一年内有 600 多次搜索引擎的变化。大多数是默默的小调整。最近的主要变化包括熊猫、企鹅、蜂鸟、知识图，以及一种被称为 Mobilegeddon 的未命名算法。**熊猫**（Panda）于 2011 年推出，旨在从搜索结果中清除低质量的网站。这些网站内容稀少，或者内容重复，或者是从网络上其他地方复制的内容，以及不能从其他来源吸引高质量点击的内容。谷歌公司于 2012 年推出了**企鹅**（Penguin），旨在惩罚网站和它们的 SEO 营销公司，它们正在操纵自己网站的链接，以提高自己的排名。谷歌搜索引擎鼓励拥有许多其他网站链接的网站。一些营销人员发现，谷歌无法告知这些后退链接的质量，他们开始通过将客户端列入列表网站来创建链接，创建多个博客以链接到客户的网站，并向其他客户提供链接。企鹅评估一个网站的链接的质量，并将这些网站质量不高的链接下架。在 2012—2016 年期间，谷歌主要对企鹅进行了 4 次更新，并使其于 2016 年 9 月成为核心算法的一部分。

许多搜索引擎正在尝试捕获更多用户想要的信息，或者可能想要了解的搜索主题。这通常被称为语义搜索。谷歌公司于 2013 年推出了**蜂鸟**（Hummingbird）。它将尝试评估整个句子，而不是在搜索中单独评估每个单词。语义搜索更紧密地关注对话搜索，或者搜索你通常会对另一个人说的话。

谷歌公司在 2012 年推出了**知识图谱**（Knowledge Graph），以期预测当你搜索一个主题或回答可能没有想到的问题时，你可能想要了解更多信息。自 2013 年以来，知识图谱的结果显示在屏幕的右侧，并包含有关你正在搜索的主题或人物的更多信息。并非所有的搜索词都有知识图谱结果。谷歌公司根据过去其他用户搜索的信息以及超过 10 亿个对象（人物、地点和事物）的数据库和超过 180 亿个事实来显示信息。

2015 年，谷歌公司发布了一项新的算法更新（昵称为 Mobilegeddon），增强了移动搜索的"移动友好性"。未针对移动设备进行优化的网站现在在移动搜索结果中的排名要低得多。而从 2015 年 11 月开始，谷歌开始降低显示遮蔽屏幕的广告、询问用户是否要安装该网站的移动应用以及显示不适用移动设备的广告的移动网站的搜索排名。使用这种广告的公司，例如 Yelp、领英、Pinterest 等，指责谷歌公司的新政策部分是为了保护其网络搜索收入，从而诱导用户远离网络。

社交搜索　社交搜索（social search）是尝试使用你的社交联系人（和整个社交图）来提供搜索结果。与使用数学算法查找满足你的查询的页面的搜索引擎相比，社交搜索会查看你的朋友（和他们的朋友）的推荐、过去的网页访问记录和点赞的情况。传统搜索引擎的一个问题就是它们非常彻底：在谷歌上搜索"智能手机"，在 28 秒内将收到 5.69 亿个结果，其中一部分提供了有用的信息，其他的则未必。社交搜索根据社交图谱提供更少、更相关和值得信赖的结果。脸书创建社交搜索引擎的第一个贡献是在 2013 年推出的 Facebook Graph Search。Graph Search 从用户的朋友网络中补充必应提供的结果信息。2014 年，脸书对 Graph Search 进行了一系列改变，放弃了与必应的合作关系，将产品重新命名为 Facebook Search，并提供关键词搜索功能，使用户可以对一篇文章中的字词通过搜索在脸书上查找人、照片、帖子、视频和链接。结果使用个性化算法进行排名，其中部分基于用户与标题的关系。

搜索引擎问题　虽然搜索引擎为商家和客户提供了显著的优势，但它们也带来了风险和成本。例如，搜索引擎有权通过将广告放置在搜索结果的后面页面来压榨小企业。商家受到搜索引擎的怜悯，可以访问在线市场，而这种访问由谷歌一家公司主导。谷歌如何决定在搜索结果中将一家公司排在另一家公司的前面是不为人知的。没有人真的知道如何提高其排名（尽管有许多公司都声称情况并非如此）。谷歌的编辑们以不知名的方式进行干预，惩罚某些网站并奖励他人。使用付费赞助商列表，而不是依靠有机搜索结果，消除了一些不确定性但并非全部。

降低搜索引擎结果和实用性的其他做法包括：

● **链接工厂**（link farms）是一组相互链接的网站，提高了在使用 PageRank 算法来判断网站"有用性"的搜索引擎中的排名。例如，在 2010 年假期，杰西潘尼被发现是大量服装产品中排名最高的经销商。经检查发现，这是由于杰西潘尼雇用搜索引擎优化公司创建了数千个与其网站相关的网站。因此，杰西潘尼的网站成为像礼服、衬衫和裤子这样的产品最流行的（最相关的）网站。无论人们搜索什么流行服装项目，杰西潘尼都得以显示。专家认为这是历史上最大的搜索引擎欺诈。谷歌公司推出熊猫更新其搜索算法的部分目的就在于消除链接工厂（Castell，2014）。

- **内容工厂**（content farms）是为多个旨在吸引观众和搜索引擎的网站产生大量文字内容的公司。内容工厂通过吸引大量读者到其网站并向他们展示广告获取利润。内容通常不是该网站原创的，而是从合法的内容网站巧妙地复制或汇总。

- **点击欺诈**（click fraud）在竞争对手点击搜索引擎结果和广告时就会发生，这样迫使广告客户支付点击费用，即使点击不合法。竞争对手可以雇用离岸公司进行欺诈性点击或雇用僵尸网络来自动完成这些流程。点击欺诈可以快速为商家提供大额的账单，而不会导致销售额的增长。美国广告商协会的一项研究估计，由于点击欺诈，2016 年广告商将损失 72 亿美元（Ragan，2016）。

展示广告营销

2016 年，公司将花费大约 350 亿美元用于所有形式的展示广告营销，约占网络营销支出的 48%。超过 6 万亿个展示广告将在 2016 年在台式电脑和移动设备上投放。五大展示广告公司分别是脸书、谷歌、推特、雅虎和 Verizon（AOL 和 Millennial Media），几乎占据美国近 60% 的展示广告收入。互动广告局（IAB）是一个行业组织，它建立了展示广告行业的自律准则。虽然出版商并不需要强行遵守这些准则，但很多企业还是自愿执行该准则。IAB 的目标之一是让消费者在所有网站上的体验保持一致。各种类型的广告旨在帮助广告客户解决典型用户在特定时间内看到大量展示广告所产生的"噪声"和混乱。图 6-6 展示了 IAB 对广告单元规定的七个核心标准。据谷歌公司介绍，效果最好的广告形式是大矩形、中矩形、排行榜和半页（Google Inc.，2016）。展示广告由四种不同类型的广告组成：横幅广告、富媒体广告（动画广告）、赞助式广告和视频广告。

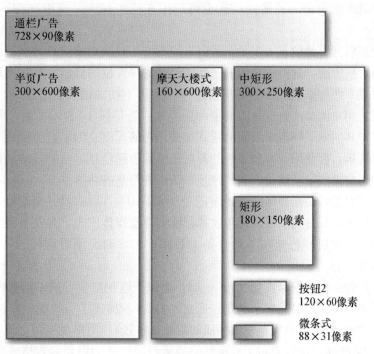

图 6-6　展示广告类型

说明：除了上述七种核心形式的展示广告，IAB 还有六种新形式，称为"显示新星"广告单元。
资料来源：Based on data from Interactive Advertising Bureau, 2011.

横幅广告　横幅广告是最早和最熟悉的展示营销形式。它也是网络营销中效率最低、成本最低的形式。横幅广告在台式电脑或移动设备的屏幕上的矩形框中显示促销信息。**横幅广告**（banner ad）与印刷出版物中的传统广告类似，但具有一些额外的优势。点击后，可将潜在客户直接吸引到广告客户的网站，广告的网站可以观察用户在网站上的行为。识别和跟踪用户是在线广告的一个主要功能。横幅广告通常具有视频和其他动效。值得注意的是，尽管横幅广告和展示广告的术语通常可互换使用，但横幅广告只是展示广告的一种形式。尽管广告效力有限，但广告客户 2016 年在横幅广告上仍将花费约 140 亿美元，大约占展示广告支出的 42%、网络广告支出的 20%。

富媒体广告　利用 Flash、HTML5、Java 和 JavaScript 使用动画、声音和交互方式的广告称为**富媒体广告**（rich media ad）。富媒体广告预计在 2016 年的支出约为 80 亿美元（约占网络广告总数的 11%，是增长最快的形式之一）。它比简单的横幅广告更有效。例如，一项研究分析了 6 个月内在北美传播的超过 120 亿次展示的 24 000 个不同富媒体广告，发现与标准横幅广告相比，广告客户网站访问量增加近 300%。通过直接点击广告，输入广告客户的网址或进行搜索，包含视频的富媒体广告受众更可能访问广告客户网站（MediaMind，2012a）。IAB 最近的研究表明，其新兴的广告单元可以融合丰富的媒体元素，比传统的完全展示的 IAB 核心展示广告提升了 30%，当消费者与广告交互时，它增加到 40% 以上。新星广告在广告反馈方面也超过传统的展示广告，被认为不那么令人讨厌（IAB，2015）。

IAB 为许多不同类型的富媒体广告提供指导，例如植入横幅视频、可扩展/可伸缩的广告、弹出式视窗、浮动版和插播式广告。**插播式广告**（interstitial ad）是在用户的当前页面和目标网页之间放置全页消息的一种方式。插播式广告通常插在单个网站中，并随着用户从一个页面跳转到另一个页面而显示。插播式广告通常在自己的浏览器窗口中显示，并在足够的时间读取广告之后自动跳转到用户请求的页面。插播式广告也可以用在广告网上，当用户在不同的网站之间切换时显示出来。

因为互联网上的信息太多了，所以人们不得不寻找对抗信息刺激过载的方法。广告过滤就是其中的一种对抗方法，这意味着人们已经能够过滤掉大量的信息。互联网用户在一定程度上能够识别横幅广告或一些与横幅广告相似的信息并将大量不相关的广告过滤掉。插播式广告与电视广告一样，试图让用户浏览广告信息。典型的插播式广告持续 10 秒或更短，并强制用户在该时间段内观看广告。IAB 制定了标准来限制前置式插播广告的长度。为了避免使用户感到厌烦，它通常利用动态图像和音乐，在使用户得到放松的同时向他们传递信息。一个好的插播式广告还向那些对广告不感兴趣的用户提供了"跳过"和"停止"该广告信息的功能。

IAB 还提供移动富媒体广告界面定义（MRAID），以提供一套旨在与 HTML5 和 JavaScript 一起使用的标准，开发人员可以使用这些标准创建富媒体广告，与在不同移动设备上运行的应用程序配合使用，以期更轻松地在各种设备上展示广告，而无须重写代码（Interactive Advertising Bureau，2012）。

视频广告　在线视频广告（video ad）类似于电视广告，是以页面内部商业视频的形式在各种视频的前面、中间或最后展示的广告形式。表 6 - 5 描述了一些视频广告的 IAB 标准。最广泛使用的格式是"前置式"（其次是视频插播和后置式广告），用户在视频之前、中间或结尾被迫观看视频广告。在 2014 年，IAB 发布了五项新的插播和线性互动视频广告格式的附加标准，使广告客户能够为消费者参与提供更多的机会。

表 6-5　视频广告类型

格式	描述	使用时机
线性视频广告	前置式；代替；广告需要占据视频一定的时间	前置式、后置式或插播式
非线性视频广告	叠加；与视频播放同时进行，但是不会占据整个屏幕	期间、结束或同时进行
植入横幅视频广告	富媒体；与横幅广告一起启动，但可能大于横幅广告	与网页一起，可能会被其他内容包围
植入文本视频广告	富媒体；当鼠标经过相关文本时传送广告	与网页一起，在相关内容中以高亮文本显示

虽然从总体支出的角度来看，网络视频广告费用与搜索引擎广告相比仍然很小，但视频广告是网络广告的另一种快速增长的形式，其支出约为 100 亿美元，预计到 2020 年会增加到 180 亿美元。视频广告的快速增长部分是由于视频广告比其他展示广告格式更有效。例如，根据各种广告形式的研究，插播式视频广告的点击率是富媒体的 12 倍，是标准横幅广告的 27 倍（MediaMind，2012）。IAB 的研究表明，交互式数字视频比典型的非交互式视频格式影响更大，互动率提高了 3～4 倍，品牌知名度提高了 50％以上（Interactive Advertising Bureau，2014）。

有许多专门的视频广告网络为全国广告客户提供视频广告活动，并将这些视频放在各自的网站上。公司还可以建立自己的视频和电视网站来推广它们的产品。零售网站是广告视频的最大用户之一。例如，Zappos 是最大的在线鞋类零售商，为其 10 多万种产品制作了视频。

赞助式广告　赞助式广告（sponsorship）尽力将广告主的公司名称与特定的信息、事件、场所联系起来，以提高企业品牌的知名度，虽然企业要支付一定的费用，但它并不是明显的商业行为。在 2016 年，公司将花费约 19 亿美元用于赞助式广告营销。赞助式广告相比直接销售，通常更关注品牌宣传。最常用的一种赞助式广告是目标内容（或者是社论式广告），即将编辑内容与广告信息结合起来，增加广告信息的价值，使它更能引起受众的兴趣。例如，美国制药行业领先的信息网站——WebMD 就在其网站上提供"赞助式网站"，以获得对儿童缺陷障碍的更多关注。营销人员在社交媒体中提供的社交媒体赞助式广告，如博客、推特或在线视频，也成为常见的策略。赞助式广告也转移到移动平台上。例如，斯巴鲁赞助了一款名为 MapMyDogwalk 的应用程序，这是一款支持 GPS 的小狗步行工具。

原生广告　看起来与编辑内容相似的本地广告称为**原生广告**（native advertising）。原生广告不是新的广告形式。传统的原生广告包括电视节目、报纸广告等。在网络世界中，原生广告最常见于社交媒体，特别是移动社交媒体，作为脸书信息流、推特时间轴或 Pinterest 的 Promoted Pin 的一部分。移动社交网络在屏幕右侧（侧栏或右栏）没有广告空间，因此以其他帖子形式展示的原生广告是受欢迎的选择。原生广告在移动展示广告收入中的份额从 2012 年的 14％猛增至 2016 年的 50％（eMarketer，Inc.，2016h）。

通常，原生广告模仿其周围的编辑内容，并且越来越多的原生广告包含视频内容。它们出现在正常或预期的区域之外，并标记为不可编辑内容，尽管在大多数情况下不使用"广告"一词进行表示。在网络或手机屏幕上，原生广告通常会以标题下方的"赞助"标签区分开来，并使用不同的颜色。网络原生广告正在快速增长，特别是在社交网络上。2016 年，原生广告支出预计将达到近 170 亿美元，超过传统展示广告支出（eMarketer，Inc.，2016h）。联邦贸易委员会的研究人员发现，73％的网络出版商提供原生广告，包括纽约时报、华尔街日报、福布斯等传统出版商。

研究人员发现，35％的网络消费者无法区分编辑内容和赞助式广告（看起来像编辑内容），即使广告标注为赞助或推广。大多数消费者不知道赞助或推广手段。研究人员在对 10 000 名消费者的调查中发现，消费者大多跳过了赞助商的标签，许多人不了解付费和未付费内容之间的区别（Franklyn，2013）。然而市场研究人员发现，原生广告对消费者影响力更大。消费者对原生广告的浏览大约是横幅广告的 2 倍，比展示广告多 53％，原生广告将购买意向提高了 18％。而且与常规广告相比，消费者与家庭成员分享原生广告的可能性是常规广告的 2 倍。营销人员和广告客户反对使用"广告"一词来标注原生广告，而更倾向于使用其他标签。

原生广告有较大争议。有人认为，原生广告的目的是欺骗消费者认为广告与媒体的编辑内容具有相同的效力。2015 年 12 月，联邦贸易委员会发布了关于欺骗性形式的广告和准则的执行政策声明，其中对原生广告做出了明文规定。联邦贸易委员会说，它会检查整个广告，包括其总体外观、风格与其出现网站上的编辑内容的相似性以及与此类内容区分的程度等因素。它进一步建议，在查看者首次与联系人联系时，需要突出显示内容的商业性质（FTC，2015a，2015b）。2016 年，在新准则下的第一次行动中，联邦贸易委员会指责，全国性零售商 Lord & Taylor 在 Instagram 上运营的原生广告活动欺骗了消费者。Lord & Taylor 同意在 2016 年 3 月解决投诉（Feil，2016）。

内容营销 原生广告通常专注于与特定发布商的合作。**内容营销**（content marketing）为品牌创建内容广告，然后尝试确保在各种网站上的展示位置。内容的例子包括文章、信息图表、案例研究、互动图形、白皮书甚至传统的新闻稿。内容营销的目的是通过社交媒体增加公司网站访问量，提升有机搜索排名和品牌参与度（Libert，2015）。

广告网络 在电子商务的早期，公司将广告投放在现有的几个流行网站上，但到 2000 年初，有数十万个可以展示广告的网站，如果一家公司在每个单独的网站上购买广告将会变得非常低效。大多数公司，甚至是大公司，没有能力自己在数千个网站上放置横幅广告和营销信息，并监控结果。被称为**广告网络**（advertising networks）的专业营销公司帮助企业利用互联网的强大营销潜力，使整个网络广告购买和销售过程更加高效透明。这些广告网络不断扩大，网络营销的规模和流动性大大增加。

广告网络代表了迄今为止互联网数据库功能最复杂的应用，并且说明了网络营销与传统营销的不同之处。广告网络向希望给在线消费者投放广告的公司（广告客户）销售广告和营销机会。广告网络从想要在其网站上展示广告的参与网站的网络获取广告机会的资源，以便每次访问者点击广告时接收广告客户的付款。这些网站通常被称为网络发布商。通过吸引消费者和获取消费者信息，营销人员购买消费者信息，同时出版商出售消费者信息。广告网络是使这个市场有效运作的中介者。

图 6-7 说明了这些系统的运作原理。（1）广告网络以消费者从广告网络成员网站请求页面开始。（2）商家服务器与第三方广告服务器建立连接。（3）广告服务器通过读取用户硬盘驱动器上的 cookies 文件来识别用户，并检查用户配置文件数据库。（4）广告服务器根据用户以前的购买、兴趣、受众特征或配置文件中的其他数据来选择适当的横幅广告。无论用户以后何时访问任何网络成员网站，广告服务器都会识别用户，并提供相同或不同的广告，而不管网站内容如何。（5）广告网络通过使用网络跟踪文件跟踪用户从一个网站到另一个网站。

广告交易、程序化广告、实时竞标 今天，大多数网络展示广告正在由使用程序化广告和实时出价的广告交易平台交付。**广告交易**（ad exchange）是一种数字市场，它使用称为**程序化广告**（programmatic advertising）的自动拍卖方法来匹配在线展示广告的供求。程序化广告使用**实时出价（RTB）流程**（real-time bidding (RTB) process），将广告客户对展示广告的需求与发布商提供的网页空间相匹配，帮助发布商出售其空白网页，而这些页面通常是无法直接销售的过剩库存页。比如，想要联系这样的人群：最近访问过购车网站、未婚、财务风险较高、住在纽约的市区、在金融行业工作的 18～34 岁的男性，广告交易平台可让你与其他广告客户来对受众群体进行实时竞标，

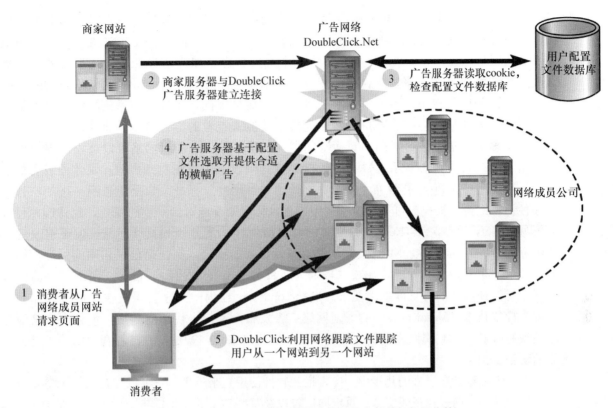

图 6-7　像 DoubleClick 这样的广告网络公司是如何运作的

说明：数以百万计的发布商有可出售的受众，以及填写广告的网页。数以千计的广告客户正在寻找受众。广告网络是将发布商与营销人员连接的中介。

然后为你管理广告的位置、费用和效果评价。广告交易平台提供了巨大的全球规模和效率。最著名的是谷歌公司的 DoubleClick 广告交易平台，它基于 100 多个广告网络（供应方），并为购买者提供了一个基于计算机的市场来购买受众群体（需求方）。这种交易将受众群体划分成 1 600 个兴趣类别。DoubleClick 每个月在全球 200 万个网站上显示的广告超过 3 000 亿个，并维护或分配超过 5 亿个互联网用户的个人配置文件（Kantrowitz，2015，2013）。这些配置文件均基于网络跟踪文件、离线购买信息和社交网络数据。营销公司，即网站发布商的买家，可以针对目标受众来控制广告的频率和时间。

展示广告问题　与搜索引擎广告一样，网络展示广告不是没有问题，它包括广告欺诈（类似于点击欺诈）和对可见度的担忧（无论是否显示广告）。

广告欺诈。在 2016 年，广告行业越来越关注广告欺诈的问题。**广告欺诈**（ad fraud）涉及伪造网络或移动流量以向广告客户收取未曾实际发生的展示、点击或其他活动的费用（eMarketer，Inc.，2016i）。互动广告局的一项研究表明，由于广告欺诈，网络广告客户每年损失超过 80 亿美元（Scott，2016）。广告欺诈有四个主要来源。第一，发布商可以聘请僵尸网络点击它们的网页来创建虚假的流量。第二，浏览器扩展程序可以将广告插入高级发布商的网站，然后列出在程序化广告交易中可用的广告。第三，广告定位公司可以创建模仿实际购物者行为的机器人，然后向广告客户收取成功定位消费者的费用。第四，如果你是发布商，希望吸引广告，最简单的技术就是聘请低工资国家的人员使用代理服务器点击你的广告（Kantrowitz，2014）。

大型广告客户已经开始聘请网络欺诈检测公司（增长行业）来确定其广告系列中的欺诈程度。Verizon Wireless、欧莱雅和凯洛格是最近在广告中发现数百万美元的广告欺诈行为的几家公司，并且要求广告网络以欺诈的数额来偿付它们或产生实际的网络流量。

可见度。 谷歌公司最近的研究显示，其展示广告平台（包括 DoubleClick）上展示的广告有 56％属于不可见。造成这种情况的原因有很多。第一，没有机制来衡量有多少人实际看到了已经投放的网络广告。大多数线下印刷广告和电视广告也是如此，尽管过去几十年来已经采取了一些方法和手段来准确衡量广告在消费者面前的曝光率，但并没有针对网络广告的衡量机制。第二，大部分广告在用户不太可能看的页面上投放量较低，或者自动播放的视频广告是在用户看不到的区域播放。但广告客户仍然在为已投放但未查看的广告付费。此外，不道德的发布商还可以将多个广告叠放，对同一页面空间多次收费。第三，僵尸网络可以被程序控制去点击欺诈网站上的广告，产生展示次数和广告投放量，但没有人真正看到广告。媒体评级委员会（一个广告业集团）在 2014 年发布了一个非常低的"可见度"标准：如果能看到一半的广告，且持续一秒钟，广告就被视为可见。对于视频广告，标准则是能看到一半的视频，且持续两秒钟，就算可见（Hof，2014）。2015 年 8 月发布的修订版解决了其他一些具体问题，但没有改变上面的基本标准。2016 年 4 月，MRC 发布了针对移动广告的拟议规则，提出了相同的标准：展示广告至少展示一半并持续一秒钟，视频广告则为两秒钟（Neff，2016）。目前，网络广告的付费客户已开始对保证广告的可见度提出要求。包括 comScore 在内的几家公司正在提供可以部分衡量可见度的标签技术（Vranica，2014）。对网络广告发布商和广告代理商来说，不管广告是被看到了还是没有被看到，它们照样收费。但对于投放广告者来说，若是没有被看到，则等于是浪费了一半的营销支出。

广告拦截。 在过去的几年中，广告拦截软件使用越来越多，它可以在台式机和笔记本电脑上消除展示广告、前置式视频广告、重定向广告以及某些类型的原生广告。广告拦截器与防火墙运行方式非常相似，识别并消除基于 IP 地址的内容。现在，安装广告拦截器非常容易，Adblock Plus 等程序已经成为 Firefox、Chrome 和其他网络浏览器的附加部分。据估计，目前，美国近 25％的互联网用户使用广告拦截器，尤其是年轻人，这些年轻人所使用的拦截技术也更加先进。受到广告拦截影响最大的是游戏、新闻组/论坛和社交网站。虽然广告客户还没有对广告拦截感到恐慌，但它们越来越关注这一趋势。有些网站，例如 Wired、The Guardian 和 OKCupid，直接呼吁用户关闭广告拦截器或使用由网站提供的产品。

电子邮件营销

当电子邮件营销开始时，未经请求的电子邮件并不常见。**直邮营销**（direct e-mail marketing）（直接将电子邮件营销信息发送给感兴趣的用户）是网络营销最初的也是最有效的形式之一。直邮营销信息被发送给特定的互联网用户，这些用户在某些时候表示有兴趣接收来自广告客户的消息。通过向选择加入的受众群体发送电子邮件，广告客户可以定位到对其产品感兴趣的消费者。到目前为止，内部电子邮件列表比购买的电子邮件列表更有效。由于响应率比较高，成本低，直邮营销仍然是网络营销传播的常见形式。电子邮件营销的其他优势包括其广泛的覆盖面、跟踪和衡量响应的能力、个性化内容和定制优惠的能力、为网站带来更多交互的能力、测试和优化内容和优惠的能力，以及按区域、人口统计、时间或其他标准进行定位的能力。2016 年，美国企业在电子邮件营销方面的花费将为 3.1 亿美元，与搜索和展示广告营销相比，数额相对要小一些。不过，这些数字可能有误导。因为从获得实实在在的客户反应来说，电子邮件营销还是很有效的。合法电子邮件的点击率取决于促销（优惠）、产品和定位数量，但平均为 3％～4％。尽管垃圾邮件大量涌现，电子邮件仍然是与现有客户进行沟通的高性价比的方式，但在获取新客户方面略逊一筹。移动设备已经成为访问电子邮件的主要方式。Movable Ink 的调查显示，在 2015 年第四季度，其平台上的所有电子邮件中有 69％是在智能手机或平板电脑上被查看的，而只有 31％的电子邮件在台式机或笔记本电脑上被查看（eMarketer, Inc., 2016j）。

　　电子邮件营销和广告是一种成本较低的方式，并且与发送的数量无关，也就是说发送 1 000 封电子邮件的成本与发送 100 万封相同。电子邮件营销的基本成本就是购买接收电子邮件用户的信箱地址。无论在哪里，每个用户的邮箱地址价格通常在 5～20 美分，具体价格由所定位的客户来决定，而发送电子邮件的费用基本为零。与此相比，邮寄一张 5×7 英寸的明信片所花的邮寄费是 15 美分，但是印刷费和邮寄费加在一起则使整张明信片的总费用达到 75～80 美分。

　　虽然电子邮件营销往往是以销售为导向，但也可以作为旨在提高品牌认知度的多渠道营销活动之一。个性化和定位形式的相关性是 2016 年电子邮件营销的主题。例如，吉普为已搜索 SUV 并访问克莱斯勒和吉普脸书页面的目标受众群体创建了一个电子邮件活动。电子邮件活动宣布了一场基于游戏的比赛（利用吉普车跟踪北极野兽），用户可以在线参与该比赛。收件人可以在脸书、推特或吉普博客上注册。

　　尽管电子邮件仍然可以作为一种有效的营销和广告工具，但它面临三个主要问题：垃圾邮件、通过删除垃圾邮件以帮助用户控制垃圾邮件的软件工具和所购买的目标用户邮件列表不精准的问题。**垃圾邮件**（spam）就是无用的邮件，垃圾邮件发送者就是指向大量对产品不感兴趣的互联网用户发送未经许可的电子邮件的人。垃圾邮件发送者通常发送色情内容、欺诈性协议和服务以及在文明社会不能推崇的其他内容。由于垃圾邮件的泛滥，合法的直接许可电子邮件营销并不像广告横幅、弹出式广告和搜索引擎营销发展得那么迅速。消费者甚至越来越不相信合法的电子邮件。一般来说，电子邮件在维护客户关系方面效果良好，但是对于获得新客户而言却很差。

　　正如点击欺诈是搜索引擎营销的致命弱点一样，垃圾邮件也是威胁有效电子邮件营销和广告的罪魁祸首。2016 年垃圾邮件在所有邮件中的平均比例达 53% 左右（Symantec, 2016）。大多数垃圾邮件来自僵尸网络，其中包括可以启动和中继垃圾邮件的数千台被操纵的电脑（参见第 5 章）。由于 2011 年当局关闭了 Rustock 僵尸网络，垃圾邮件的数量有所减少。由于新的技术（包括对垃圾邮件发送者的支持和反对）、新的起诉以及产品和服务的季节性需求的影响，垃圾邮件具有季节周期性，并且每月都发生变化。

　　美国的立法企图控制垃圾邮件，但在多数情况下都没有成功。37 个州都颁布了相关法律禁止垃圾邮件（National Conference of State Legislatures, 2015）。国家立法通常要求未经请求的邮件（垃圾邮件）在主题行（"ADV"）中包含一个标签，表明邮件消息是广告，需要为消费者提供明确的选择退出选项，并禁止包含错误路由和域名信息的电子邮件（几乎所有垃圾邮件发送者都隐藏自己的域名、ISP 和 IP 地址）。

　　2003 年，美国议会通过了国家反垃圾邮件法（《控制未经许可的色情内容和营销的攻击》或叫作《反垃圾邮件法案》），并于 2004 年 1 月生效。该法案不是禁止未经许可的邮件（垃圾邮件），而是要求必须用标签注明其为未经许可的商业邮件信息（尽管不是通过标准方法），消费者可以选择不接收该类邮件，并且要标明发送者的邮件地址。另外，该法案禁止欺诈性标题和错误标题的使用。联邦贸易委员会还被授权（但未要求）制定禁止邮件注册法案。尽管目前的条款仅能解决虚假问题和欺骗性问题，但要求注明未经许可邮件和禁止类似信息的州法律会首先发挥作用。该法案对未经许可的色情邮件罚款 10 美元，且授权州律师享有对发送垃圾邮件人员的诉讼权。该法案使发送大量未经许可的邮件信息（大多数人称之为垃圾邮件）合法化，但要求禁止一定程度上的欺诈行为，保证消费者可以选择是否接收这样的邮件。在这种情况下有人质疑，反垃圾邮件法使得只要发送垃圾邮件的人符合以上规则就是合法的。也正是由于这个原因，大量的发送邮件者成为该法案的最大支持者，而用户是最质疑该法案的群组。

　　相比之下，加拿大的反垃圾邮件法是世界上最严格的法律之一。与美国的法律不同，加拿大的法律是基于选择加入的模式，禁止发送商业电子邮件、文本和社交媒体信息，除非收件人已经同意。违反法律可能导致个人罚款高达 100 万美元，机构可处以 1 000 万美元的罚款。法律的第一阶段于 2014 年生效。该法律适用于加拿大境内在任何时间发送或访问电子信息的计算机，因此位于美国境内向加拿大发送电子邮件的公司必须遵守该法律（French，2014）。

美国各州和联邦对垃圾邮件发送者以及诸如微软等大型互联网服务提供商的民事诉讼案件进行了多次审查。行业义工也是另一个潜在的控制点。值得注意的是，直接营销协会（DMA）是一个代表使用邮政系统以及电子邮件请求的公司所组成的行业贸易组织，除了其自愿准则外，现在也大力支持对垃圾邮件的立法控制。DMA 希望保护作为营销技术的电子邮件的合法使用。DMA 已经建立了一个 15 人的反垃圾邮件组，每年花费 50 万美元来确定垃圾邮件发送者。DMA 还是国家网络取证与培训联盟（NCFTA）的支持者，该联盟是一个与联邦调查局密切联系的非营利组织。NCFTA 实施了各种旨在打击网络犯罪的举措，包括通过垃圾邮件进行数字钓鱼。

联盟营销

联盟营销（affiliate marketing）是营销形式的一种，即某公司因其他网站（包括博客）将其用户引导到本公司网站，而向该网站支付 4%～20% 的佣金。不过联盟营销通常只在以下情况下才付费，即联盟或连属网络只有在用户点击链接或购买产品时才会获得付款。弗雷斯特研究公司的数据显示，2016 年美国的联盟营销预计将达到近 48 亿美元（eMarketer, Inc.，2016k）。行业专家估计，大约 10% 的在线零售额都是通过联盟计划产生的（与搜索引擎广告相比，占网络销售额的 30% 以上），该联盟计划由互联网零售商 500 强运营，参与的联盟公司平均约有 2 000 家。

访问联盟网站的用户通常会点击广告，从而被转到广告客户的网站。作为回报，广告客户可以按照每次点击付费，也可以按客户在广告客户网站上支付的费用的百分比来支付会员费用。为推荐或建议而支付佣金早在网络时代之前就存在了。

例如，亚马逊有一个强大的联盟计划，包括超过 100 万个参与网站，称为联营公司，其转介销售带来的广告费高达 10%。联盟会吸引人们访问它们的博客或网站，并点击亚马逊产品的广告。eBay 的联盟计划成员在中标和"立即购买"交易中可以获得 eBay 收益的 40%～80%，并且对于每个被引导到 eBay 的活跃注册用户，联盟计划成员可以获得 20～35 美元。亚马逊、eBay 以及其他具有联盟计划的大型电子商务公司通常会自行管理此类计划。希望参与联盟营销的小型电子商务公司通常加入作为中介的 CJ Affiliate 和 Rakuten Linkshare 等联盟网络（有时称为连属营销经纪人）。博主经常注册谷歌公司的 AdSense 计划，以吸引广告客户到他们的网站。访问者每次点击广告，广告客户都需要支付相应的费用，有时是由于访客进行后续购买而支付费用。

病毒式营销

与联盟营销通过可信网站鼓励用户访问其他网站相似，**病毒式营销**（viral marketing）作为一种社交营销形式，则是让顾客将公司的营销信息传递给朋友、家人和同事。这是口碑广告的在线版本，传播速度比现实世界快得多。在线下世界，口碑位于电视之后，是消费者了解新产品的第二重要手段。决定购买最重要的因素是家长、朋友和同事的面对面建议。美国数百万在线用户是在各种在线环境中分享他们对产品的意见的"影响者"。除了扩大公司客户群体的规模外，客户推荐还有其他优势：客户招募成本低；所有客户都在从事招募工作；与使用在线支持服务相比，他们更倾向于直接转告相关人员。此外，由于获得和保留客户的成本很低，用这一方式推荐客户比通过其他营销手段获得客户能更早地为公司创造利润。有一些在线阵地出现了病毒式营销。电子邮件以前是病毒式营销的主要在线阵地（"请将此电子邮件转发给您的朋友"），但脸书、Pinterest、Instagram、推特、YouTube 和博客等现在起着更重要的作用。例如，2015 年最流行的视频广告是 Google Android 的广告，其特色是使用不同动物（如大象和狗、熊和老虎）的声音的惊人配对，编成迪士尼动画电影《罗宾汉》的配乐，该视频被转发分享了 640 多万次。

潜在客户营销

潜在客户营销（lead generation marketing）使用多个电子商务的服务平台为企业提供潜在客户，企业之后可以通过销售电话、电子邮件或其他方式联系并转换客户。在某种意义上说，所有的互联网营销活动都试图开发潜在客户。但是，潜在客户营销是互联网营销行业中较为专业的一种，它提供咨询服务和软件工具来收集和管理企业的潜在客户，并将这些潜在客户转化为实际客户。在 2016 年，公司将在潜在客户营销上花费大约 19 亿美元。有时称为"入站营销"，潜在客户营销公司帮助其他公司建立网站，启动电子邮件营销活动，使用社交网站和博客来优化潜在客户的产生，然后通过启动进一步的联系、跟踪交互以及与客户关系管理系统的接口来管理这些潜在客户，以跟踪客户和企业的互动。Hubspot 是最主要的潜在客户营销公司之一，该公司已经开发了用于生成和管理潜在客户的软件。

6.2.4　社交、移动和本地营销与广告

在这一小节，我们简要介绍社交、移动、本地营销和广告的情况。然后在第 7 章，我们将对社交、移动和本地营销和广告工具进行更为深入的研究。

社交营销与广告

社交营销/广告涉及使用在线社交网络和社区建立品牌并推动销售。社交网络有几种，从脸书、推特、Pinterest 和 Instagram 到社交应用程序、社交游戏、博客和论坛（吸引有共同兴趣和技能的用户的网站）。在 2016 年，公司预计将花费约 150 亿美元用于社交网络营销和广告业务。移动营销是网络营销中增长最快的类型。然而，在 2016 年，它只占所有网络营销的 21%，仍然与搜索引擎广告和展示广告（eMarketer，Inc.，2016l）的数额相差无几。

营销人员不能忽视像脸书、推特、Pinterest 和 Instagram 这样的社交网络（能与大型的电视台和电台势均力敌）正在聚集的大量消费者。在 2016 年，脸书约有 17 亿用户，Instagram 约有 5 亿用户，推特用户超过 3 亿，Pinterest 会员全球超过 1 亿。在美国，2016 年 8 月，脸书拥有约 1.6 亿独立访客。约 57% 的美国人口访问社交网站。难怪市场营销人员和广告客户对与大量消费者联系的前景持乐观态度。在 2016 年，近 90% 的美国公司正在使用社交媒体进行营销，研究发现，社交网络用户更有可能在社交网络上讨论并推荐他们关注的公司或产品。

社交网络为广告客户提供所有主要的广告形式，包括横幅广告（最常见）、与视频相关联的前置式广告和后置式广告以及赞助式广告。企业拥有的脸书页面本身就是一个像网页一样的品牌营销工具。许多公司，如可口可乐，已关闭产品的特定网页，而是使用脸书页面。

博客和网络游戏也可以用于社交营销。博客已经存在了多年，是主流网络文化的一部分（参见第 3 章有关博客的描述）。约有 2 900 万人写博客，还有大约 8 000 万人阅读博客。博客在网络营销中起着至关重要的作用。虽然更多的公司使用推特和脸书，但这些网站并没有取代博客，博客实际上大多是指长篇内容。因为博客读者和创作者往往受过更多教育，拥有更高的收入，而且是意见领袖，博客是适合针对这类消费者展示更多产品和服务广告的理想平台。因为博客是基于作者的个人

观点，它们也是开展病毒式营销活动的理想平台。专门从事博客的广告网络在投放广告方面提供了一定的效率，博客网络也是如此。博客网络是少数几个流行的博客的集合，由一个中央管理团队协调，可以向广告商提供更多的受众。

随着用户越来越多地在智能手机和平板电脑以及台式电脑和游戏机上玩游戏，网络游戏市场也在不断扩大。2016 年游戏广告的主线是社交、移动和本地：社交游戏的趋势正在上升，移动设备是高增长的平台，基于位置的广告开始显现出真正的牵引力。游戏广告的目标是品牌化，并且当客户在餐厅和零售店时驱使客户发生购买行为。2016 年，约有 1.8 亿人在手机上玩游戏，约有 5 200 万人在游戏机上玩游戏，而在平板电脑上玩游戏的用户则有约 1.22 亿。在线玩家中，约有 9 500 万人玩社交游戏，例如 Jackbox Games 的《你不知道杰克》。预计 2016 年，广告商将在社交游戏广告方面花费约 3.36 亿美元（eMarketer，Inc.，2016m）。

移动营销和广告

移动平台上的营销已经爆发，预计 2016 年，花在移动平台上的费用几乎占据网络营销费用（720 亿美元）的 2/3（64%）。在 2016 年，预计各种形式的移动营销支出约为 460 亿美元，到 2020 年将达到约 870 亿美元，几乎翻一番（eMarketer，Inc.，2016n）。推动移动平台的广告客户增多的因素有许多，其中包括功能更强大的设备、更快的网络、本地无线网络、富媒体和视频广告，以及小企业和消费者对本地广告不断增长的需求。最重要的是，手机是当前的聚焦点，大约有 2.1 亿人在某些时候会通过手机上网，将来这个人数还会越来越多。

移动营销包括使用展示横幅广告、富媒体、视频、游戏、电子邮件、短信、店内消息、快速响应（QR）代码和优惠券。手机现在是标准营销预算的必需部分。2016 年，展示广告预计将是最流行的移动广告形式，约占手机广告支出的 52%。展示广告可以作为移动网站的一部分，也可以在应用和游戏中展示。脸书是移动展示广告收入的领先者，其次是谷歌和推特。搜索广告也是一种受欢迎的形式，预计 2016 年将占移动广告支出的约 44%。根据用户的地理位置展示广告，可以为移动平台进一步优化搜索广告。移动消息通常涉及向消费者提供优惠券或促销信息的 SMS 短信。消息传递对于本地广告特别有效，因为可以在消费者路过或访问位置时发送消息和优惠券。视频广告目前占移动广告支出的一小部分，但它是增长最快的形式之一。谷歌的 AdMob、苹果的 iAd、推特的 MoPub 和 Millennial Media 等广告网络也是移动广告市场的重要参与者。

移动设备上的应用程序构成了几年前不存在的营销平台。应用程序是用户体验网络并进行从阅读报纸到购物、搜索和购买等行为的非浏览器路径。应用程序为用户提供比多用途浏览器更快的访问内容。应用程序已经开始影响传统网站的设计和功能，因为消费者被应用程序的外观和感觉以及运行速度吸引。苹果 App Store 和 Google Play 上有超过 500 万应用程序，互联网运营商和第三方提供的应用程序达到 100 万。2016 年，全球超过 20 亿人使用应用程序。

本地营销：集社交、移动、本地于一体

同社交营销和移动营销一道，本地营销是网络营销在 2016—2017 年的第三大趋势。移动设备的发展加快了本地搜索和购买的增长。社交网络和日常交易网站上的本地广告等新的营销手段也为本地营销的发展做出了贡献。

2016 年美国网络本地广告的支出估计约为 450 亿美元。本地广告支出的移动部分预计将在 2016 年达到 128 亿美元（BIA/Kelsey，2016a）。相比之下，传统本地广告的支出预计在同期保持平稳。最常见的本地营销工具是使用谷歌地图（谷歌地图上显示的本地商店）进行地理位置定

位，在 Patch Properties、daily deals 和 coupons 创建的超本地出版物中展示广告、每日特惠和优惠券。

最常用的平台包括脸书、谷歌、领英、雅虎、必应和推特，以及更专业的基于位置的产品，如 Google My Business、Yahoo Local、Citysearch、YP、SuperPages 和 Yelp。"daily deal"优惠券网站、Groupon 和 LivingSocial 以及 Foursquare 等基于位置的移动公司也是这一趋势的重要组成部分。我们将在第 7 章中更深入地研究社交、移动和本地营销。

6.2.5 多渠道营销：集成线上和线下营销

没有消费者，就不会有营销。随着互联网的快速发展，消费者越来越多地使用视频和新闻网站、博客、推特、脸书和 Pinterest 等在线媒体，媒体消费模式发生了巨大变化。越来越多的营销人员正在使用多种在线渠道来触达客户，从电子邮件到脸书、搜索广告、移动设备上的展示广告和联盟计划。例如，弗雷斯特研究公司报告说，大多数客户在网上购物是因为网络营销的影响力，近一半的在线购买是多次接触网络营销的成果（Forrester Research，2016）。

2013 年，美国平均每天在数字媒体上花费的时间首次超过了看电视的时间。2016 年，成年人平均每天在线并使用移动设备进行除通话之外的其他操作的时长约为 5 小时 45 分钟，而看电视的时长约为 4 小时 5 分钟（见图 6-8）（eMarketer, Inc.，2016b）。美国媒体消费者越来越多地通过多次使用多种媒体来增加媒体曝光率。在这种环境下，营销人员开发更多的可以利用各种媒体优势的多渠道营销计划，并加强跨媒体的品牌宣传。网络营销并不是唯一吸引消费者的途径，还可以通过使用电子邮件、电视、报纸和电台来大大加强网络活动。营销传播活动最成功的地方在于将网络流量引入网站，整合线上和线下策略，而不是仅依靠单一方式。研究表明，最有效的网络广告是那些同时在其他媒体上进行广告宣传的广告。

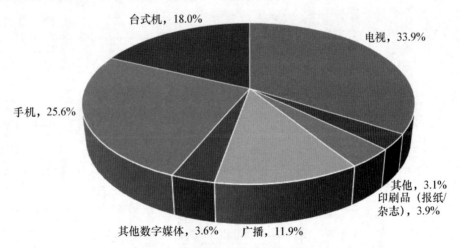

图 6-8 主流媒体平均每天花费时间

说明：线上营销应与线下营销相结合，以实现最佳效果。
资料来源：Based on data from eMarketer, Inc.，2016b.

"商务透视"专栏"富人和我们差别很大吗？"研究了奢侈品供应商如何使用网络营销以及它们的线下营销工作。

富人和我们差别很大吗？

F. 斯科特·菲茨杰拉德（F. Scott Fitzgerald）在小说《了不起的盖茨比》中告诉我们"富人确实跟我们很不一样！"棕榈滩有沃斯大道，纽约有第五大道，洛杉矶有罗迪欧大道，芝加哥有壮丽大道。为什么那些富人还要到网上购买 5 000 美元一件的酒会礼服或 3 000 美元一件的意大利欧式西装呢？这样看来，富人跟我们也没有什么不同：他们也会选择在网上寻找便宜商品。

即使专家也很难界定富裕的含义。所有美国家庭中约 25%（约 3 100 万）的家庭年收入在 10 万美元以上。这些通常被称为 HENRY（高收入，但不富裕）。但是，真正富裕的人（有时称为富裕人士）则是每年赚取超过 35 万美元的 250 万人（美国家庭的前 2%）。还有 900 万家庭（0.7% 的家庭）每年赚取 100 多万美元，这些都是超级富豪。

零售消费普遍偏高：最富有的 10% 家庭占所有零售支出的 50%，占电子商务零售支出的 35% 以上。富裕的美国人正将金钱花费在昂贵的衣服、配饰、首饰和美容产品上，并越来越多地在线购买奢侈品。2016 年波士顿咨询集团指出，消费者听到或看到的影响了近 60% 的奢侈品购买决策。

Yoox Net-a-Porter 集团是世界领先的在线奢侈品零售商之一，覆盖 170 多个国家。在 2000 年 Net-a-Poter 刚推出的初期，奢侈品设计师甚至不会考虑在 Net-a-Porter 出售其产品。富裕的女性当时只买她们看过的、摸过的并试过的衣服。在过去 10 年间，这一切都发生了变化，2015 年，Yoox Net-a-Porter 集团的收入超过了 19 亿美元。从古驰到 Tory Burch，Net-a-Porter 目前销售的世界上最时尚的高端品牌有 400 多家，并被香奈儿选为其首款精品首饰系列的独家网络供应商。2016 年，蒂凡尼也开始在 Net-a-Porter 上销售精选系列，这是它第一次通过另一个网络零售商销售商品。2015 年，Net-a-Porter 推出了一款名为 Net Set 的应用程序，旨在为奢侈品消费者创建移动社交商务网络。该应用程序为每个设计师提供自己的移动品牌门户，以及热门奢侈品的直播。Net-a-Porter 还为其圣诞节活动创建了一款新的安卓原生应用程序。2015 年，对 Yoox Net-a-Porter 的投资在其收入增长中起到关键作用，移动端占集团销售额的近 40%，由于受到新的原生应用程序的推动，销售额涨幅达 180%。

即使是富人也不能抵制优惠商品的诱惑。问题在于，奢侈品零售商通常不愿提供廉价促销，因为它们认为廉价促销有损其声誉。为了解决这个问题，奢侈品零售商通常通过选定一些在线客户提供限时促销电子邮件活动和私人网络销售提供"秘密"折扣。Neiman Marcus 称之为 Midday Dash 销售：两小时在线销售，只有点击电子邮件中的链接才能以 50% 的折扣购买奢侈品。

奢侈品零售商还面临另一个困境：它们不仅需要吸引超级富豪，还要吸引更多渴望展现自己财富的高收入者。他们需要既独一无二又负担得起的产品。一个解决方案就是所谓的梅赛德斯奔驰战略：为高收入人群开发豪华而又经济实惠的汽车，同时保留针对超级富豪的高端豪华车型。梅赛德斯奔驰将双重产品战略与有效利用社交和移动媒体相结合。其脸书页面是该品牌与客户之间互动的主要枢纽，超过 2 000 万名粉丝通过视频、图片、新闻和博客，进一步了解梅赛德斯为什么是独一无二的以及物有所值的。梅赛德斯还使用推特、YouTube、Instagram、Pinterest 以及十几款手机应用程序，通过提供个性化的汽车视频游戏来吸引更广泛的客户。

社会媒体的爆炸式增长以及奢侈品公司对网络渠道的投入不断增加，加强和扩大了探索、评论和最终购买奢侈品的社区。例如，英国最大的奢侈品制造商博柏利在全球 20 个平台上拥有超过 4 200 万的关注者。博柏利报告指出，与其他媒体相比，数字化方式的影响更加广泛有效。为了推广博柏利 Body 香水，这家位于伦敦的公司向脸书粉丝提供了独家样品，并在一个多星期内收到了超过 225 000 次购买申请。

开发网络营销方式，增加公司获得消费者的机会，同时保留排他性的形象，是蒂凡尼公司面临的挑战。该公司正处于令人羡慕的地位，可能成为美国最著名的珠宝公司。蒂凡尼的线下营销传播旨在营造美丽、品质和永恒风格的感觉，这是其品牌的全部特征。网络媒介通常强调速度和花哨的图形而非优雅，强调廉价优惠而非昂贵的独家时尚。它应该如何在网络上保持这种风格？网络上大部分是低价格和大单交易，这对于像蒂凡尼这样的高端时尚商家来说是格格不入的。在访问蒂凡尼网站时，答案显而易见。该网站库存有限，主推其独家和原创的珠宝和服装设计。没有廉价促销、优惠券、折扣或其他优惠，但访客可以选择较低价格的珠宝（例如不到 250 美元）。该网站和脸书品牌页面反映了其定制服务和设计、平静和简单的特点。价格同样是独家的：18k 玫瑰金并嵌有圆形明亮钻石的精美 Atlas Hinged 手镯的价格为 9 000 美元，墨镜为 500 美元。

如今，蒂凡尼已将更多的直接营销活动从线下目录转移到网络目录，并增加了社交媒体，包括脸书（近 900 万关注者）、Instagram、Pinterest、推特、Tumblr 和 YouTube。2015 年 12 月，在 En-gagement Labs 对 100 000 个品牌的研究中，蒂凡尼在社交媒体上与消费者接触的有效性在脸书上排名第二，在推特上排名第一。蒂凡尼在 13 个国家拥有网站，包括加拿大、英国、日本和澳大利亚，如前所述，已经开始在 Net-a-Porter 上销售精选产品以增加其全球影响力。蒂凡尼网站上的产品超过 2 100 种，共分为 6 类：订婚戒指、珠宝、手表、设计品和收藏品、礼品及配饰。

资料来源："Digital or Die：The Choice for Luxury Brands," by Boston Consulting Group, September 22, 2016；"Affluent US Consumers Are Thrifty, Not Spendthrifts," eMarketer, Inc., June 14, 2016；"How Luxury Shoppers Are Changing the Face of Retail," by Cooper Smith and Nancee Halpin, Businessinsider.com, May 2, 2016；"Yoox Net-a-Porter App Investment Pays Off as Sales Surge 180％," by Natalie Mortimer, Thedrum.com, February 8, 2016；"Tiffany Outshines Luxury Competition on Social Media," by Matt Lindner, Internetretailer.com, December 28, 2015；"Affluents Give Digital the Luxury Treatment，" eMarketer, Inc., July 9, 2015；"Net-A-Porter Unveils New Weapon in Luxury E-commerce Battle," by Phil Wahba, Fortune.com, May 12, 2015.

6.2.6　其他网络营销策略

除了我们以前讨论过的网络营销和广告工具，如搜索引擎、展示广告和电子邮件营销，以及较新的社交、移动和本地营销和广告工具，还有一些更有针对性的网络营销策略。在这里，我们将研究客户保留、定价以及长尾策略。

客户保留策略

互联网提供了几种特别的营销技术，与客户建立牢固的关系，区分产品和服务。

个性化、一对一营销和基于兴趣的广告（行为定位）　没有互联网营销技术比一对一或个性化营销更受欢迎以及学术关注。**一对一营销（个性化）**（one-to-one marketing（personalization））在个人的基础上分割市场（不是团体），基于对他们需求的准确和及时的了解，将具体的营销信息发送给这些客户，然后与竞争对手相比将产品做到真正独一无二。一对一营销是市场细分、定位和配置的最终形式，此时细分市场就是个人。

自 20 世纪 30 年代开始系统化的市场调研和大众媒体以来，市场细分运动一直在持续。然而，电子商务和互联网的不同之处在于，它们使得个性化的一对一营销可以大规模地进行。最近的一项调查发现，在 2016 年，有 85％ 的公司正在为网络客户互动实施某种形式的个性化设置，那些尚未实施这些活动的企业则有一半以上计划在下一年使用网站或个性化应用程序。在使用个性化的公司中，近 90％ 表示服务得到提升或改善（Evergage，2016）。

亚马逊和巴诺网站是实施个性化的典型案例。两个网站都会根据用户偏好（存储在数据库中的用户个人资料）以及其他消费者购买的内容向已注册的访问者（基于 cookies 文件）推荐最近的图书，并根据以前的购买方式加快结账程序。

行为定位（behavioral targeting）涉及使用消费者的在线和离线行为来调整在线发送的广告信息，通常是实时的（从消费者进入的第一个 URL 开始，以毫秒计时）。其目的是提高营销和广告效率，并增加以访问者行为为目标的企业的收入。由于作为标签的行为定位具有某些不利的因素，由谷歌公司主导的网络广告行业已经为行为定位引入了新的名称。它们称之为**基于兴趣的广告**（interest-based advertising, IBA）。

网络最初的承诺之一是，它可以根据这些数据提供针对每个消费者的营销消息，然后根据点击和购买来衡量结果。如果你正在访问珠宝网站，则会显示珠宝广告。如果你输入"钻石"等搜索查询，则会显示钻石和其他首饰的文字广告。这是由几千个网站组成的广告网络进一步发展而成的。一个广告网络可以跟着你到数千个网站，并考虑到你在浏览网页时会感兴趣的内容，然后显示与这些兴趣相关的广告。例如，如果你在几小时内访问了几个男士服装网站，那么将在你随后访问的大多数其他网站上展示男装的广告，无论其主题内容是什么。如果你在 Zappos 搜索某双鞋子，并向脸书上的朋友推荐了它，那么将在其他网站（包括脸书）上显示与其相同的鞋子的广告。行为定位将几乎所有的在线行为数据都集成到感兴趣的区域集合中，然后根据这些兴趣以及你朋友的兴趣向你展示广告。现在，行为定位的新特点是广泛收集数据：你的电子邮件内容、社交网页内容、朋友、网上购物、阅读或购买的书籍、访问的报纸网站以及其他许多行为。最后，广告交易将所有这些信息的营销向前推进。最受欢迎的网站在其主页上拥有超过 100 个跟踪程序，这些跟踪程序由第三方数据收集公司拥有，然后将这些信息通过实时在线拍卖销售给出价最高的广告客户。广告交易平台可让广告客户在浏览互联网时重新定位个人广告。**重定向**（retargeting）涉及向多个网站上的个人展示相同或相似的广告。重定向已经成为一种受欢迎的策略，在很大程度上是由于其感知效能。例如，营销人员经常使用重定向来尝试接触已放弃购物车的用户。最近的一项调查发现，超过 90% 的营销人员认为重新定位广告的表现与搜索广告或电子邮件相同或更好。然而，随着越来越多的消费者使用多种设备（包括移动设备）进行在线访问，重定向的跨设备广告的能力成为营销人员非常感兴趣的话题（Marin Software，2014；AdRoll，2015；eMarketer，Inc.，2015）。

网络广告客户使用四种方式来进行行为定位广告：搜索引擎查询、在线访问个人浏览历史数据（监控点击流）、从社交网站收集数据，以及整合线上和线下数据如收入、教育、地址、购买模式、信用记录、驾驶记录以及与特定可识别人员相关的数百个其他个人描述字段。谷歌、微软、雅虎、脸书，以及大量使用自己数据的中小型营销公司，或使用网络信标和 cookies 从数千个网站收集数据的公司，都在进行这种"匿名"和可识别信息的集成。平均而言，每个成年人有 2 000 个数据元素被保存在在线信息的数据库中。这些数据的价值和准确性从未得到验证，而保留期是未知的。目前，没有关于这些数据的联邦法律或法规。

在本章之前，我们详细介绍了搜索引擎广告。搜索引擎广告已被证明是最有效的网络广告形式，并占据全球最大的网络广告代理机构谷歌的 95% 以上的收入。为什么搜索引擎广告如此有效？大多数人认为当用户在搜索引擎中输入查询时，它显示了非常具体的浏览、比较和可能购买的意图。当广告在客户有这些行为的时刻出现时，与其他形式相比，效果提高 4～10 倍。约翰·巴特尔（John Battelle）创造了这个短语和概念，即网络是一个意图的数据库，它由从网络开始以来所做的每一次搜索的结果和搜索者所遵循的每一条路径组成。总的来说，这个数据库包含全人类的意图。谷歌、微软以及雅虎拥有这种意图、欲望、喜好和需求的宝库（Battelle，2003）。巴特尔后来将意图数据库的概念扩展到搜索范围之外，包括社交图（脸书）、状态更新（推特和脸书）以及"签到"（Foursquare 和 Yelp）（Battelle，2010）。意图数据库可以用来跟踪和定位个人和团体。这种功能不仅是前所未有的，而且在可预见的未来将呈指数级增长。当然，滥用的可能性也呈指数级增长。

搜索引擎广告增长率的下降导致主要搜索引擎公司寻求其他形式的未来增长，其中包括数百万发布商网站上的展示广告、富媒体和视频广告。网站发布商通过产生数十亿页的内容做出回应。在这种环境下，由于广告的响应率和价格，展示广告的效果一直在下降。行为定位是解决这个问题并提高应答率的有效途径。搜索和展示广告的行为定位目前正在推动网络广告的扩张。

行为定位旨在通过使用网络访问者在线浏览的信息来优化消费者反应，并且如果可能，将其与由 Acxiom 等公司收集的离线身份和消费信息相结合。行为定位是基于访问者使用网站的实时信息，包括访问的网页、观看的内容、搜索查询、点击的广告、观看的视频、分享的内容以及他们购买的产品。一旦这些信息被即时收集和分析，行为定位程序就试图开发用户的个人资料，然后展示用户最感兴趣的广告。超过 80% 的北美广告客户在其展示广告中使用某种形式的定位（Forrester Research，2014）。

由于各种技术和其他原因，这一技术迄今尚未得到广泛应用。实际定位广告的百分比是未知数。许多广告客户使用费用较低的内容广告，没有任何定位功能或只有效果非常低的受众特征定位功能。主要在线广告网络拥有的数据质量相当不错，但并不完美。理解和响应即商业智能和实时分析的能力仍然很弱，这阻挡了公司在消费者在线时能够以有意义的方式快速响应。向客户销售有针对性的广告的公司声称，有针对性的广告比一般广告的效率高 2～3 倍。但没有很好的数据可以支持这些来自独立来源的声明。一般来说，这些声明会混淆对目标受众的品牌和广告影响。即使没有定位广告，广告客户的目标也是最有可能购买产品的人群。目标广告的额外影响远小于广告平台声明的那样。根据雅虎 18 个广告营销活动的真实数据（其中包括 1 840 万用户）的研究报告，发现品牌兴趣是决定有针对性广告效果的最大单一因素，而不是目标广告本身（Farahat and Bailey，2012）。营销公司还没有准备接受根据客户的个人资料在同一个展示广告上设计几百或上千个不同形式的想法，因为这样的举措会增加成本。最后一个因素是消费者对目标的持续抵制。最近的一项调查发现，超过 90% 的美国人反对公司跟踪他们的在线行为，即使为他们提供免费服务或产品（Joe，2016）。一些消费者发现太个性化的营销信息是"令人毛骨悚然的"。例如，假设你访问了 Hanes 网站来查看内衣。当你收到一封不请自来的电子邮件，而邮件来自 Hanes，内容是感谢你的来访并邀请你再次访问时，你会有何感想？你会如何看待类似的短信或电话，或者当你浏览网络时，会不断地收到一系列内衣广告？如果一家公司收集了你的 Pinterest、脸书帖子或推特信息，该怎么办？虽然一些消费者可能觉得这对他们没有什么影响，但是其他许多消费者觉得它至少是"令人厌恶"的。第 8 章将更为全面地描述公众和国会对行为定位的反应。

定制和客户联合生产 定制是个性化的延伸。**定制**（customization）意味着根据用户喜好改变产品，而不仅仅是营销信息。**客户联合生产**（customer co-production）意味着用户实际上想到创新点，并帮助创建新产品。

许多领先公司现在大量地在互联网上提供按订单定制的产品，从而产生差异化的产品并希望能够提高客户忠诚度。客户似乎愿意为独一无二的产品多付一点钱。使该过程可行的关键是建立一个标准化的架构，可以结合消费者的多种选择。例如，耐克公司通过 NIKEiD 计划在其网站上提供定制运动鞋。消费者可以选择鞋子、颜色、材质，甚至最多 8 个字符的标志，然后通过电脑将订单传送到中国和韩国的特制工厂。在 My M&M 网站上，客户可以通过定制的 M&M 巧克力豆打印自己的信息。

价值基于信息内容的信息商品，也是这种差异化的理想选择。例如，纽约时报和其他许多内容发行商允许客户每天选择他们想要看到的消息。许多网站，特别是雅虎、MSN 和美国在线等门户网站，允许客户创建自己的网站定制版本。这些页面经常需要安全措施，例如用户名和密码，以确保隐私和机密性。

客户服务　网站的客户服务方式可以大大帮助或破坏其营销工作。在线客服不仅仅出现在订单履行过程中；它与用户和公司沟通的能力以及及时获得所需信息有关。客户服务可以帮助减少消费者的沮丧，减少放弃购物车的次数，并增加销售。

大多数消费者想要且愿意为自己服务，只要他们需要的信息能够容易找到。网络购买者大多不期望或需要"高触达"服务，除非他们有问题或疑虑，在这种情况下，他们需要能够快速响应个人问题的答案。研究人员发现，网络消费者在订单出现问题时，会强烈要求能与品牌联系。当在线买家了解到，客户服务代表可以在线上或通过 800 电话联系并能够快速解决问题时，客户忠诚度会大幅提高。相反，在这些关键时刻没有得到满意服务的在线买家通常会终止购买关系，并转向可能收取更多费用但提供卓越的客户服务的其他商家（Ba et al.，2010；Wolfinbarger and Gilly，2001）。

公司可以使用许多工具来鼓励与潜在客户和客户的互动，并提供客户服务。除了客户关系管理系统，还包括常见问题、客户服务聊天系统、智能代理和自动应答系统。

常见问题（frequently asked questions，FAQ）是一个基于文本的常见问题和回答列表，提供了一种廉价的方式来预测和解决客户的疑虑。在一个链接到搜索引擎的网站上添加一个常见问题页面，可以帮助用户更快地获得需要的信息，使他们能够自己解决问题。通过首先指导客户到常见问题页面，网站可以给客户解答常见问题。如果一个问题和答案没有出现，对于网站来说，重要的是要简单方便地与当事人交流。在常见问题页面底部提供电子邮件链接是一个解决方法。

实时客户服务聊天系统（real-time customer service chat systems）（一家公司的客户服务代表以实时方式与一个或多个客户进行交互式文本消息交流）是企业在网络购物者的购买过程中对购物者进行协助的方式，该方式越来越受欢迎。与在线客户服务代表的聊天可以为消费者提供方向、回答问题，并解决可能导致销售失败的技术故障。客户服务聊天系统的主要供应商包括 LivePerson 和 ClickDesk。供应商声称，聊天系统明显比基于电话的客户服务便宜。然而，评论家指出，这个结论可能是基于乐观的假设，客户代表可以一次协助 3～4 个客户，聊天会话比电话所需时间更短。此外，聊天会话是文本会话，而不是像通过电话与人交谈那样内容丰富。另外，据报道，聊天系统会提高每个订单的销售数字，通过允许公司在决策过程中触达客户提供销售协助。经过证实，聊天系统可以降低购物车放弃率，增加每次交易购买的商品数量，并增加交易的金额。"点击通话"或"实时通话"是实时在线客服系统的另一个版本，客户点击链接或接受邀请，让客服人员通过电话呼叫他们。

智能代理技术是客户为在线购物者提供帮助的另一种方式。智能代理可以减少与客户服务代表联系的成本。**自动应答系统**（automated response systems）发送电子邮件订单确认和电子邮件查询的确认，在某些情况下需要告知客户，他们可能需要一两天才能真正研究客户的问题的答案。自动运送确认和订单状态报告也很常见。

定价策略

正如我们在第 1 章中指出的那样，在电子商务的早期阶段，许多学者和商业顾问预测，网络将导致信息对称和"无摩擦"商业的新世界。在这个世界中，利用智能购物代理和互联网上几乎无限的产品及价格信息，客户可以很轻松地在世界各地（以及全天 24 小时）购物，将价格压低到产品的边际成本，并将中间商赶出市场，因为消费者开始直接与生产商打交道（Wigand and Benjamin，1995；Rayport and Sviokla，1995；Evans and Wurster，1999；Sinha，2000）。这个现象的结果应该是**一价定律**（Law of One Price）的一个实例：在完美的信息市场中具有完全的价格透明度，每个产品的世界价格将会出现。无摩擦商务当然意味着基于品牌营销的结束。

　　但是，这样做并不奏效。公司仍然通过价格以及产品功能、运营范围和用户关注点来争取客户。**定价**（pricing）（为商品和服务标明价值）是营销策略的一个组成部分。同时，价格和质量决定客户价值。企业家和投资者都明白电子商务的定价是非常困难的。

　　在传统企业中，传统商品（如书籍、药品和汽车）的价格通常是根据固定和可变成本以及市场**需求曲线**（demand curve）（以各种价格出售的商品数量）确定的。固定成本是建造生产设备的费用。可变成本是运行生产设备（主要是劳动力）所涉及的成本。在竞争激烈且产品同质化的市场中，一旦制造商支付固定成本，价格往往趋于边际成本（生产下一个单位的增量成本）。

　　企业通常通过测试不同的价格和需求量的组合来寻找它们的需求曲线，密切观察它们的成本结构。在正常情况下，它们根据利润最大化原则来制定价格。为了达到利润最大化，企业根据边际收入（增加一单位产品的销售，企业所获得的收入）等于边际成本的原则来制定产品的价格。如果产品的边际收入大于产品的边际成本，企业将降低价格，出售更多的产品。（当收入随销售量增加而增加时，企业怎么会不增加产品的销售量呢？）如果产品的边际收入小于产品的边际成本，则企业将减少销售量，提高产品的价格。（企业怎么可能销售那些使它们亏损的产品呢？）

　　在第一代电子商务时期却出现了一种奇怪的现象：卖方所制定的产品价格大大低于边际成本。有些商家甚至在每一笔交易中都是亏损的。为什么会发生这种现象呢？是因为新经济？新技术？网络时代？都不是。网上商家能够以低于边际成本的价格出售商品（甚至是免费赠送），仅仅是因为很多企业家及其风险资本投资者认为这样做是值得的，至少在短期内是这样。第一代电子商务时期的观念是要用免费的商品和服务来吸引眼球，一旦网站拥有了大量忠诚用户，它们就可以向那些在网站上做广告的企业收取大量的广告费，也可能对面向顾客的增值服务收取服务费（这就是所谓的"骑背"战略，即对一小部分人的增值服务收取较高的费用，而对大多数人所使用的一般服务收取标准的或较低的服务费，大部分人是"骑在"这一小部分人身上的）。在很大程度上，社交网站和用户生成的内容网站已经复活了这个收入模式，重点是消费者人数增长而不是短期利润。对传统的需求曲线进行研究，将有助于我们理解第一代电子商务时期那些新兴企业的行为（见图 6-9）。

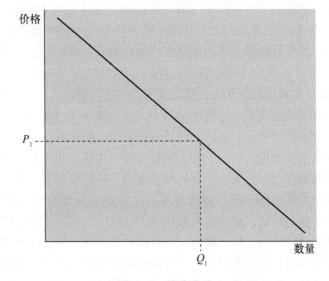

图 6-9　需求曲线

说明：需求曲线表明了在不同的价格（P）下所能销售的产品的数量（Q）。

愿意为所购买的商品支付很高价格（远高于 P_1）的消费者很少，而愿意支付 P_1 价格的消费者则很多，如果商品的价格低于 P_1，将会有更多的消费者。假设商品的价格为零，那么需求将会接近于无穷。理论上，为了使销售量最大和利润最多，商家希望能够以人们所愿意支付的最高价格来出售商品以赚取市场上所有可能的收入。这就是所谓的**价格歧视**（price discrimination），即根据个人或群体所愿意支付的最高价将商品以不同的价格出售给他们。如果有些人确实需要这种商品，就以最高价出售给他们。对于那些需求欲望较低的人，所制定的商品价格也要低一些，否则，他们是不会购买商品的。只有满足如下条件，商家才能实施差别定价：（a）能够识别出每个人所愿意支付的最高价格；（b）能够将消费者分隔开，使他们无法了解其他消费者所支付的价格。因此，绝大多数企业通常只是对其产品制定一个固定的价格（P_1），或对同一种产品的不同档次制定不同的价格。

如果商品的边际成本为零，将会是怎样的情形呢？这些商品的价格会是多少呢？因为边际成本等于零，所以不可能根据边际收入等于边际成本的规则来制定价格。互联网上的产品主要是信息商品：音乐、研究报告、股票报价、小说、天气预报、文章、图片及观点，如果在网上分销这些产品的话，这些产品的边际成本为零。所以，某些商品（如信息商品）在网上免费的另一个原因是它们是以成本价出售的。因为偷来的内容是没有生成成本的，当这些网站用这些资源来满足客户需求时，也是零成本的。

免费和免费增值模式　每个人都喜欢廉价产品，最好的廉价产品是免费的。企业免费提供电脑、数据存储、音乐、网站、照片存储和互联网连接。免费不是新鲜事物：银行在 20 世纪 50 年代向储户发放"免费"烤面包机。谷歌提供免费办公应用程序、免费电子邮件和免费协作网站。免费发放是明智的经济逻辑。免费内容可以帮助建立市场意识，并且有助于其他后续产品的销售。最后，免费的产品和服务会对潜在的和实际的竞争对手造成影响（微软的免费浏览器 Internet Explorer 破坏了 Netscape 的浏览器市场）（Shapiro and Varian, 1999）。

现在，网络"免费"已经加速成为现实，"免费增值"一词就是来自克里斯·安德森（Chris Anderson）的著作《免费：未来的基础价格》中的一个短语。免费增值价格模型是一种交叉互补的网上营销战略，即消费者可以免费获得基础的服务，但同时需要为更多的附加服务付费。企业希望开通增值服务的用户所支付的费用能够抵消使用免费服务的用户的费用。网络电话就使用这样一种免费增值模型：大量的用户可以免费通过互联网呼叫其他网络电话用户，但若用固网电话或手机联系就要付费。Flickr、谷歌、雅虎等其他一些网站以一定的价格提供免费增值服务，以加入支持免费服务的潮流。潘多拉提供免费的互联网广播，但它包含广告，而没有广告的优质服务每年需要花费约 55 美元。

"免费"和"免费增值"作为一种定价策略也有局限性。过去，许多电子商务企业发现很难将吸引来的用户转变成购买者。免费网站吸引了上千个对价格敏感的"贪图便宜的用户"，他们不愿意为任何产品或服务付费，一旦这个网站开始收费，他们就会转向另一个免费网站。骑背策略也没有获得很大成功。免费模式消除了较大的价格歧视战略。很明显，许多免费下载的用户确实每月也在支付一定数额的费用，只是这部分利润最终给了提供重要免费服务的公司。也有一些人认为，网络用户希望未来所有的数字产品都应该免费。广播、电视也曾为用户提供免费模式，只靠广告赚钱，但用户最终还是转向了付费的有线电视和 DVD。用户对于免费的期望是针对一些有价值的流媒体信息，也就是独特的、非普遍的、拥有即时消费和投资价值的服务。即使是在互联网时代，这种数字流媒体服务也应有一定的价格。世界上没有免费的午餐，除非是不值得去享用。

分级定价策略　解决免费信息商品所存在问题的一种方法就是**分级定价**（versioning）——生产一种产品的不同档次的系列，在不同的细分市场以不同的价格销售本质相同而档次不同的产品。在这种情况下，价格依赖于消费者对产品价值的认定。消费者会把他们自己分成不同种类，支付不同的费用来购买不同档次的商品（Shapiro and Varian，1998）。分级定价策略与经过修正的免费定价策略相结合，可以产生很好的效果。如低价值商品可以是免费的，但是高价值商品则以较高的价格提供。什么是低价值商品呢？低价值商品或者是免费的信息产品与高价值商品相比，使用不太方便，速度慢，功能较少，并且所提供的支持也较少。通用汽车公司根据不同的市场需要提供不同的汽车品牌（凯迪拉克、别克、雪佛兰、庞帝亚克），每一种品牌还分为上百种不同的档次，从提供最基本的、简单功能的汽车到强大的、复杂的多功能汽车。与通用汽车一样，信息商品也可以实现分级，通过细分和选择不同的目标市场来定位产品。在信息商品领域，电子杂志、音乐公司及图书出版公司都提供免费的内容简介，但如果客户想要获得更多的信息内容，则需支付一定的费用。例如，《纽约时报》在每期出版后，会在网上免费提供几天该期的内容，但要获得更多的过期归档内容则要按每篇文章付费。有些网站虽然提供免费服务，但同时也伴随着恼人的广告，如果不希望有广告，则其服务就要收取月费。

捆绑定价策略 齐格·菲尔德（"Ziggy" Ziegfeld）是20世纪初纽约著名的齐格菲歌舞团的创始人，他发现周五晚上剧院的空座率接近1/3，在周末白天的表演中，空座率则达到了一半。于是他萌生了一个新的设想，捆绑出售两张半价的戏票，即购买一张全价戏票，可以免费获赠一张。这种出售套票的方式现在仍然是纽约大剧院的惯例。这类定价方式主要基于如下想法：（a）再增加一位观众的边际成本为零；（b）很多不会购买单张戏票的人却会以相同或略高一些的价格购买捆绑在一起的两张戏票。

捆绑网上信息产品是这种套票观念的延伸。**捆绑定价**（bundling）是以一种商品的价格向顾客提供两种甚至更多的商品。捆绑思想的核心在于：虽然消费者对一种商品价值的认定大不相同，但他们较容易接受固定价格的捆绑商品。事实上，人们所愿意支付的捆绑商品的价格通常高于这些商品分开销售时的价格。捆绑销售降低了商品市场需求的差异（分散性）。

动态定价和限时促销 到目前为止，我们前面所讨论的定价策略都是固定价格战略。以固定价格销售不同档次的商品和捆绑商品是基于企业尽量使其收益最大化的动机。但是，如果货架上还有剩余商品，并且得知有些人会愿意购买这种商品，该怎么办呢？当然，我们应该出售这些商品，这样至少可以获得一定的收入，而不是让它们留在货架上甚至烂掉。想象一下，每个市场都有一些人能够立即付出高昂的代价，在其他情况下，例如古董，产品的价值必须在市场上被发现（通常是因为有一种信念，即市场会以比所有者的成本高得多的价格来估价）。有时，商品的价值等于市场愿意支付的价值（与成本无关）。或者，假设你想要频繁访问你的网站，每天花几分钟的时间来提供一些非常划算的东西，或者是一整天都有固定的时间限制。这就是动态定价机制发挥作用的地方，也是互联网的优势所在。在**动态定价**（dynamic pricing）中，产品的价格随客户的需求特征和卖方的供应情况而变化。

有不同类型的动态定价机制。例如，几个世纪以来已经使用拍卖来建立商品的即时市场价格。拍卖是灵活有效的市场机制，用于对独特或不寻常的商品，以及常见商品，如电脑、花束和相机定价。

收益管理与拍卖有很大的不同。在拍卖中，成千上万的消费者通过竞标来确定价格。在收益管理方面，管理人员在不同的市场设定价格，满足不同细分市场的需求，以便出售过剩的产品。航空公司采用的就是收益管理方法：一天里每隔几分钟就调整一次空闲座位的价格，以保证在5万个剩余的座位中至少有一部分能够以合理的价格销售出去，甚至会低于产品的边际成本。亚马逊和其他大型在线零售商经常使用收益管理技术，其中包括每小时变化价格以刺激需求并使收入最大化。亚马逊还可以跟踪寻求特定产品的购买行为，例如激光打印机。随着消费者搜索最好的价格，亚马逊可以观察其他网站的销售价格，然后动态调整价格，以便当用户再次访问亚马逊时，会比其他所有访问的网站显示更低的价格。

收益管理技巧的使用有一些限制条件。通常其适用的产品对象是一些易坏（当没有满载的飞机起飞时，空座将不再具有价值）、需求会随季节变化、市场细分明确、市场上存在竞争以及市场条件快速变化的商品（Cross，1997）。一般来说，只有那些拥有强大的监控系统和良好的数据库系统的大公司，才能实施收益管理技术。

峰时价格是优步等公司使用的一种动态定价。优步采用动态定价算法来优化其收入，或按照公司的要求来平衡供需。价格在暴风雨和热门假期期间上涨了 2～10 倍。在 2012 年的 Sandy 飓风期间，优步在纽约市使用这个方案受到严厉的批评。批评人士称这种做法相当于哄抬物价，在纽约等州，如果发生紧急情况，这种做法是非法的。优步表示，较高的价格将会使更多的汽车涌上街头，在需要时增加供应。但是，像大多数动态定价方案一样，峰时价格与公开竞价并不一样，公开竞价中的价格变动对所有人都是透明的。优步没有向公众提供有关供求的数据。因此，无法知道优步在假期和暴风雨期间加价是因为需求超过供应，还是因为优步希望增加利润。2014 年 7 月，优步与纽约州总检察长达成协议，以限制紧急情况下的定价激增（Isaac，2014）。

第三种动态定价策略是限时促销，其在旅游服务、奢侈服装和其他一些产品上已经表现出很不错的效果。使用电子邮件或通过网站的功能通知忠诚用户（重复购买用户）、厂家限时供应低价的产品和服务等都是限时促销。捷蓝航空（JetBlue）提供了 14 个纽约和洛杉矶之间的航班。Deluxe 酒店的房间一晚只要 1 美元。Rue La La、HauteLook 和 Gilt Groupe 等公司也都在使用限时促销技术。一眨眼，你可能就会错过它们提供的很诱人的价格。Gilt 从主流品牌那里购买库存过剩的产品，然后通过电子邮件限时促销信息将这些商品以折扣价提供给其用户。一般是限时 2 小时或直到库存被售空。只要 Gilt 开展一次销售，它就会成为访问最频繁的网站（Sweeney，2010；Higgins，2009）。也有人指出，这种方式抓住了强迫症用户的特点，会引导用户过度购买。另一个有关大规模零售限时促销的案例是亚马逊，亚马逊在 2011 年使用其新的云端音乐服务，为 Lady Gaga 的最新专辑以 99 美分提供了一整天的限时促销。该活动的反响非常好，以至于亚马逊的云服务器无法满足需求，因此亚马逊之后再没有提供类似服务。

互联网已经真正使动态的甚至是误导价格战略成为一种可能。每小时都会有大量的消费者使用网站，接入强大的数据库。当竞争对手威胁商家时，商家可以一分钟提价并在下一分钟降价。这种"挂羊头卖狗肉"的战术已经成为一种普遍现象：用一种低价的商品引流，但实际上其他商品并不是很实惠。

长尾营销

亚马逊销售的无名类图书比畅销类图书（定义为销量前 20％ 的图书）要多。尽管如此，畅销书占了亚马逊收入的 80％。在许多市场上，消费者都是根据一种功率曲线来分配自己的产品，在这种情况下，80％ 的需求是针对热门产品的，而对非热门产品的需求很快就会减少。在传统市场中，利基产品几乎没有人听说过。互联网和电子商务对不知名产品的销售产生的影响之一是，通过搜索引擎、推荐引擎和社交网络，不知名的产品对消费者来说变得更加可见。因此，在线零售商可以通过销售需求和价格较低的产品获得可观的收入。事实上，在接近零的库存成本和良好的搜索引擎的帮助下，默默无闻的产品在总收入中所占的比例可能要高得多。例如，亚马逊有数百万本售价 2.99 美元或更低的图书，其中很多都是无名作家写的。由于它的搜索和推荐引擎，亚马逊能够通过出售大量不知名的书籍来获得利润。这就叫作**长尾效应**（long tail effect），参见"技术透视"专栏"长尾理论：营销应用中的双刃剑"。

长尾理论：营销应用中的双刃剑

"长尾"是各类统计分布术语中的一种，指的是小样本事件发生的概率高，而大量事件发生的概率低的一种分布。自 2004 年《连线杂志》（*Wired Magazine*）作家克里斯·安德森提出长尾理论以来，网络环境下的长尾理论引起许多学者的研究兴趣，也给网络营销人员带来巨大的挑战。这一概念的含义显而易见：想象一下好莱坞电影，确实有很多影片深受观众欢迎，但也有数以千计的电影几乎就没怎么听人说过，而且只有一小部分人观看过。这些不畅销的产品构成所谓的长尾。安德森还发现了新的规律：由于在线搜索、社交网络和推荐引擎，不论在网站上放置多少产品，总会有人在某些时候发现并购买这些产品。eBay 就是个很好的例子。eBay 上有数百万件来自世界各地的产品，并将产品销售给世界各地的人。若没有网络市场，这种模式将难以实现。

在互联网上，搜索成本很低并且企业不必被迫维持实体店，从而降低了储存和分销成本。与沃尔玛或西尔斯等传统实体零售商相比，亚马逊和阿里巴巴等在线零售商提供了数百万种可供销售的产品。无论你在什么地方，你都能找到很多只有少数人有兴趣购买的商品。但是，随着超过 33 亿人在线，即使是百万分之一的产品也能找到超过 3 000 个买家。研究人员指出，大多数消费者对流行产品和利基产品都有兴趣。

长尾理论的一个问题是，人们有时很难找到利基产品，因为它们基本没有相关定义。推荐系统在这里发挥作用：尽管这些系统可能偏向于最流行的选择，但它们有时可以指导消费者根据别人的推荐找到模糊但精彩的产品。网飞已经花费了数百万美元来改进它的推荐系统，潘多拉的推荐系统则专注于高质量的音乐而不考虑流行程度。

搜索引擎优化是营销商试图利用长尾理论的另一领域。长尾关键字是一个少部分人可能用来寻找产品的短语。例如，作为关注长尾的营销人员可能会选择对"紫色全天候跑鞋"这样的关键词进行投资，而不是被更大的零售商掌控的关键词如"鞋"或"男鞋"，因为他的公司更有可能超越竞争对手，实现两倍于更受欢迎的关键词和搜索的转化率。谷歌已经更新了搜索算法，以提高长尾搜索的准确性。根据 Hitwise 的数据，长尾搜索占所有网络查询的 70％。谷歌声称，它每天收到的 15％ 的搜索要求之前从未被搜索过。谷歌提供了一种名为广泛匹配的功能，它允许一个关键词在拼写错误、包含同义词等情况下触发广告，这进一步增加了长尾关键词在搜索中的结果。越来越多的互联网用户正在使用自然语言搜索（以我们说话的方式进行搜索，比如"最近的比萨店在哪里？"）来寻找产品和服务。许多这样的搜索也是长尾的一部分。

社交网络也使得长尾现象更加明显。最近的一项研究发现，在社交网络中产生的流行信息会刺激利基产品的销售，而非主流产品，因为利基产品的感知质量更高。

安德森声称，互联网将通过让小众产品获得高利润，彻底改变数字内容，而小众产品所带来的收入最终将超过热门电影、歌曲和书籍的收入。但最新的研究对长尾理论的收入潜力褒贬不一。最优秀的销售者已经扩大并产生了绝大部分的在线媒体收入。尽管新用户数量比预期的少，但网飞最近的盈利报告显示其收入创下了历史新高，这归功于它不断壮大的原创剧集，最近又增加了像《老友记》这样的电视剧，而不是长尾中成千上万的其他电视剧。事实上，它的 DVD 业务（大部分长尾电影都可以买到）只有 450 万用户，而其流媒体服务的用户超过 8 000 万。流媒体服务主要由新的原创系列和更受欢迎的电影、电视节目组成。音乐行业的情况也类似。随着音乐服务竞相提供内容越来越丰富的歌曲目录，这对知名歌手来说非常有益，而越来越长的长尾中的每一个成员都发现很难在不太知名的同行中脱颖而出。特别是在移动设备上，音乐服务和电子书的"前端显示"比桌面屏幕要小，只有超级明星才能获得这种有价值的营销空间。

另一方面，崭露头角的艺术家的进入门槛更低，而且在没有大唱片公司的帮助下，他们也比以往任何时候更有机会推销自己。像小提琴家林赛·斯特灵（Lindsey Stirling）这样的"长尾"艺术家，在YouTube上上传视频，并从此获得成功。其他音乐公司正试图复制这种成功。Spotify专注于提高Discovery Weekly和Fresh Find功能的知名度，这些功能将名气较小的艺术家与更广泛的观众联系在一起。2016年，专注于独立艺术家的音乐流媒体网站Kobalt与多平台媒体公司AwesomenessTV合作，突出小众和未被发现的艺术家。AwesomenessTV的艺术家将能够使用Kobalt技术生产流媒体服务的内容。虽然网飞可能主要由大片驱动，但它使用了特定的长尾类型，比如"20世纪80年代富有想象力的时光旅行电影"，以精确地缩小其用户感兴趣的内容范围。一项行业分析发现，即便是亚马逊也有57%的销售额来自没有进入任何流行搜索的长尾关键词；在长尾谷歌搜索中，亚马逊结果通常排在前二三名。

长尾理论和"畅销通吃"策略都为营销和产品设计人员带来不少启示。应用长尾理论时，网络商店，尤其是经营数字内容的商家，应当建立起海量的商品库，这样受众较少的利基商品能贡献较大的利润。而采用"畅销通吃"策略时，利基商品只能创造微薄的利润，商家应当集中精力经营畅销的商品。

资料来源："Long Tail Theory Revisited：AwesomenessTV and Kobalt Partner to Help Up-and-Coming Musicians," by Nelson Granados, *Forbes*, September 23, 2016; "What Netflix Can Teach Us About Long-Tail Keyword Research," by Ryan Shelley, Searchengineland.com, September 20, 2016; "SEO：How to Maximize the Long Tail," by Jill Kocher, Practicalecommerce.com, August 12, 2016; "The Long Tail Theory Can Be Reality for Traditional Megabrands," by Robin Lewis, *Forbes*, May 31, 2016; "Where's the Long Tail? Spotify Touts Its Artist Discovery," by Andrew Flanagan, Billboard.com, May 26, 2016; "The Hidden Value of Long Tail SEO," Hittail.com, April 21, 2016; "7 Brilliant Examples of Brands Driving Long-Tail Organic Traffic," by Neil Patel, Neilpatel.com, December 22, 2015; "Netflix Wags Its Short Tail," by Justin Fox, Bloombergview.com, April 17, 2015; "Hidden in the Long Tail," *The Economist*, January 10, 2015; "The Long Tail And Why Your SEO Keyword Strategy Is Wrong," by Joshua Steimle, *Forbes*, December 23, 2014; "Tales of Long Tail's Death Greatly Exaggerated," by Tracy Maddux, Billboard.com, June 17, 2014; "Why Alibaba's Long Tail Makes Amazon's Look Like a Bobcat's," by Matt Schifrin, *Forbes*, May 8, 2014; "The Death of the Long Tail," Musicindustryblog.com, March 4, 2014; "Winners Take All, But Can't We Still Dream," by Robert H. Frank, *New York Times*, February 22, 2014; "Blockbusters：Why the Long Tail Is Dead and Go-Big Strategies Pay Off," by Ginny Marvin, Marketingland.com, October 23, 2013; "How Google Is Changing Long-Tail Search with Efforts Like Hummingbird," by Rand Fishkin, Moz.com, October 18, 2013; "Microsoft, Apps and the Long Tail," by Ben Bajarin, Time.com, July 8, 2013; "Goodbye Pareto Principle, Hello Long Tail：The Effect of Search Costs on the Concentration of Product Sales," by Eric Brynjolfsson et al., *Management Science*, July 2012; "Recommendation Networks and the Long Tail of Electronic Commerce," by Gail Oestreicher-Singer, New York University, 2012; "Research Commentary—Long Tails vs. Superstars：The Effect of Information Technology on Product Variety and Sales Concentration Patterns," by Erik Brynjolfsson et al., *Information Systems Research*, December 2010; "How Does Popularity Affect Choices? A Field Experiment," by Catherine Tucker and Juanjuan Zhang, *Management Science*, May 2011; "From Niches to Riches：Anatomy of the Long Tail," by Eric Brynjolfsson et al., *MIT Sloan Management Review*, Summer 2006; "The Long Tail," by Chris Anderson, *Wired Magazine*, October 2004.

6.3　网络营销技术

网络营销与传统营销有很多相似之处，也有许多不同之处。网络营销的目标就是建立客户关系，以达到高于平均水平的收益（通过提供优质的产品或服务，并将产品的功能传达给消费者）。但网络营销也与传统营销截然不同，因为媒介的性质及功能与以往任何时候都是如此不同。为了解网络营销的不同之处，首先需要熟悉一些基本的网络营销技术。

6.3.1　网络营销技术的革新

在第 1 章中，我们列出了电子商务技术的八大特点。表 6-6 描述了这些新技术所导致的营销的变化。

表 6-6　电子商务技术特点对营销的影响

电子商务技术特点	对营销的影响
普遍存在	营销传播已扩展到家庭、工作和移动平台；营销的地理限制已经减少。市场已被虚拟市场取代，并打破了时间和地理位置的限制。客户便利性得到提升，购物成本降低。
全球范围	世界范围内的客户服务和营销沟通已经实现。市场营销信息可能会触及数亿消费者。
通用标准	由于共享的全球互联网标准，提供营销信息和接收用户反馈的成本降低了。
丰富性	视频、音频和文字营销信息可以整合到单一营销消息和消费体验中。
互动性	消费者可以进行对话，动态调整消费者的体验，并使消费者成为正在出售的商品和服务的联合制作人。
信息密度	可以收集和分析关于消费者实时行为的高度详细的信息。数据挖掘技术允许每天分析 TB 级的消费者数据进行营销。
个性化/自定义	该功能可以使产品和服务的差异化达到个人水平，从而加强营销人员创建品牌的能力。
社交技术	用户生成的内容和社交网站以及博客已经在线创建了大量新受众，内容由用户提供。这些受众大大扩展了营销人员以非传统媒体形式接触新潜在客户的机会。全新的营销手段正在不断发展。这些技术让市场营销人员面临着与流行观点相冲突的风险，因为它们为那些现在能够"反击"的用户提供了更多的市场力量。

总而言之，互联网对营销有四个非常强大的影响。首先，作为一种沟通媒介，互联网拓宽了营销传播的范围——从可以轻易联系到的人数到可以联系到的地点，从台式电脑到智能手机（总之，无处不在）。其次，互联网通过将文字、视频和音频内容整合到丰富的信息中，提高了营销传播的丰富程度。可以说，由于信息的复杂性，在广泛的主题上可以访问的大量内容，以及用户交互式地控制体验的能力，网络比电视或视频更丰富。再次，互联网极大地扩展了市场的信息强度，为市场营销人员提供了前所未有的细致、详细、实时的消费者信息。最后，由移动设备创造的永远在线、始终相连的环境，会让消费者更容易获得营销信息。其结果之一是大大增加公司的营销机会。

6.3.2　网络事务日志

电子商务网站如何比百货商店或当地杂货店更了解消费者行为？网络上消费者信息的主要来源是所有网络服务器维护的事务日志。**事务日志**（transaction log）记录用户在网站上的活动。事务日志内置在网络服务器软件中。当与访问者生成的另外两类跟踪数据（注册表单和购物车数据库）结合使用时，事务日志数据将变得更加有用。通过各种手段（如免费礼品或特殊服务）吸引用户填写注册表。**注册表单**（registration forms）收集有关名称、地址、电话、邮政编码、电子邮件地址（通常需要）等个人资料，以及其他可选的自我认可的关于兴趣和品味的信息。当用户进行购买时，他们还会在购物车数据库中输入其他信息。**购物车数据库**（shopping cart database）捕获所有选择项目、购买和付款数据。其他潜在的额外数据来源包括用户在产品表单上提交的信息、对聊天小组的贡献，或者在大多数网站上使用"联系我们"选项通过电子邮件发送的信息。

对于每月访问量达到上百万的网站，每个访问者平均每次访问 15 个页面，每个月将有 1 500 万条记录。这些交易记录以及注册表单和购物车数据库中的数据代表了个人网站和整个在线行业的营销信息的宝库。几乎所有的网络营销能力都是基于这些数据收集工具。例如，下面是一些有趣的营销问题，可以通过检查网站的事务日志、注册表单和购物车数据库来回答：

- 群体和个人的主要兴趣和购买方式是什么？
- 浏览过主页之后，大多数用户首先进入哪里？第二个和第三个进入的网页是什么？
- 某个人（我们可以识别的）的兴趣是什么？
- 我们如何让用户更方便地使用我们的网站，以便他们能够找到他们想要的？
- 我们如何改变网站的设计，刺激访客购买网站上高利润的产品？
- 访问者来自哪里（我们如何优化在这些推荐网站上的展示方式）？
- 我们如何向每个用户提供个性化的信息、服务和产品？

企业可能会因为典型站点日志文件中发现的大量信息而感到窒息。下面，我们将介绍一些技术，帮助企业更有效地利用这些信息。

6.3.3　补充日志：cookies 和其他跟踪文件

虽然交易记录在单个网站上创建了在线数据收集的基础，但营销人员在用户访问其他网站时使用跟踪文件跟踪用户。跟踪文件主要有三种：cookies、Flash cookies 和网络信标。**cookies** 是一种小型文本文件，每次访问时网站都会放置在访问者客户端计算机的硬盘上，并且在访问期间访问特定页面。cookies 允许网站在用户的计算机上存储数据，然后再检索它。cookies 通常包括存储在用户计算机上的每个访问者的名称、唯一的 ID 号、域（指定可以访问 cookies 的网络服务器/域）、路径（如果 cookies 来自网站的特定部分，而不是主页面，将给出一个路径）、一个提供 cookies 只能由安全服务器传输的安全设置以及到期日期（不要求）。本地 cookies 来自与用户访问的页面相同的域名，而第三方 cookies 来自另一个域，例如广告投放或广告软件公司、连属营销人员或间谍软件服务器。在一些网站的主页上有几百个跟踪文件。

cookies 为网络营销人员提供了一种非常快速的方法来识别客户，并了解客户在网站上的行为。网站使用 cookies 来确定有多少人正在访问该网站，他们是新访客还是重复访问者，以及他们访问的频率，尽管这些数据可能不太准确，因为人们共享电脑，或经常使用多台电脑，cookies 可能被无意或有意地覆盖了。cookies 可以通过允许网站在用户将物品添加到购物车中时跟踪用户，使购物车和"快速结账"选项成为可能。添加到购物车中的每个项目与访问者的唯一 ID 号一起存储在站点的数据库中。

使用浏览器时，普通的 cookies 很容易看到，但 Flash cookies、信标和跟踪代码不容易看到。所有常见的浏览器允许用户看到放在他们的 cookies 文件中的 cookies。用户可以删除 cookies，或调整其设置，以阻止第三方 cookies，同时允许本地的 cookies。

随着隐私问题的日益增加，删除 cookies 的人数已经上升。删除的 cookies 越多，网页和广告服务器指标越不准确，营销人员就越不了解谁正在访问他们的网站或他们来自哪里。因此，广告商也在寻找其他方法。一种方法是使用 Adobe Flash 软件，它创建自己的 cookies 文件，称为 Flash cookies。Flash cookies 可以设置为永不过期，与常规 cookies 存储的 1 024 字节相比，它可以存储大约 5 MB 的信息。

虽然 cookies 是特定于站点的（网站只能收到客户端计算机上存储的数据，不能查看任何其他 cookies），但是当与网络信标（也称为"窃听器"）组合时，它们可用于创建跨网站配置文件。网络信标是嵌入在电子邮件和网站上的小图形文件（1 像素）。它用于自动将有关用户和正在查看的页面的信息传送到监控服务器，以便收集个人浏览行为和其他个人信息。例如，当收件人以 HTML 格式打开电子邮件或打开网站页面时，将向调用图形信息的服务器发送消息。这告诉营销人员电子邮件已打开，表明收件人对邮件主题至少感兴趣。网络信标对用户不可见。它通常是透明的或白色的，所以对于接收者是不可见的。你可以使用浏览器的"查看源"选项，并检查页面上的 IMG（图像）标签来确定网页是否使用网络信标。如上所述，网络信标通常是一个 1 像素大小，并且包含与页面本身不同的服务器的 URL。

在移动设备上使用 cookies 效果较差。每当用户关闭移动浏览器时，移动网站上的常规 cookies 都会重置，应用程序内的 cookies 无法在应用程序之间共享，从而效用很有限。然而，随着越来越多的人使用移动设备访问互联网，电信公司也开始使用跟踪文件。据透露，2014 年底，Verizon Wireless 和 AT&T 正在将一个称为唯一标识符表头（UIDH）的跟踪表头插入从移动设备发送到网站的 HTTP 请求中，从而使它们能够跟踪用户的在线活动。有人认为，这些追踪表头是僵尸 cookies、永久 cookies 或超级 cookies，因为无法通过普通浏览器删除 cookies 的方式删除。受到隐私权倡导者的抗议和 FCC 的调查，AT&T 已停止使用超级 cookies，而在 2016 年 3 月，Verizon 与 FCC 签订协议，同意支付 135 万美元的罚款，并在与其他公司甚至是 Verizon 的其他部门之间分享跟踪数据之前获得客户许可。此外，Verizon 同意首先向客户通报其广告定位做法。FCC 还在考虑是否完全禁止超级 cookies 的使用。

为了更有效地跟踪跨设备的消费者，其他跨设备跟踪方法已经开始研发。**确定性跨设备跟踪**（deterministic cross-device tracking）依赖于个人身份信息，例如用于登录不同设备上的应用和网站的电子邮件地址。脸书、谷歌、苹果、推特以及其他具有非常大的用户群体、在台式电脑和移动设备上都需要登录的公司都最有可能有效利用确定性匹配。**概率性跨设备跟踪**（probabilistic cross-device tracking）使用由诸如 Drawbridge、BlueCava 和 Tapad 等供应商开发的算法来分析数千个匿名数据点，例如设备类型、操作系统和 IP 地址，以创建可能的匹配。这种类型的匹配肯定会比确定性匹配更不准确（Schiff，2015；Whitener，2015）。

2015 年 11 月，联邦贸易委员会主办了一个研讨会，研究涉及跨设备跟踪的隐私问题，并于 2016 年 1 月，呼吁广告业允许消费者选择不采用这种跟踪。它注意到消费者更多地使用广告阻止表示对当前在线广告的不满。作为回应，数字广告联盟（DAA）发布了指导意见，其现有的自我监管原则也适用于跨设备跟踪。"社会透视"专栏"网络追踪：监控你的一举一动"将进一步讨论跟踪文件的使用。

网络追踪：监控你的一举一动

广告支持的网站取决于尽可能多地了解你的个人信息。广告公司发现你的个人信息的主要方式之一是在计算机浏览器中放置所谓的"跟踪文件"。在网页上有多种第三方跟踪文件，而 cookies 是最著名的。这些放置在浏览器中的简单的文本文件为你的计算机分配一个唯一的号码，然后由广告客户在你从一个站点移动到另一个站点时通过网络来跟踪你

的数据（而不告诉你）。网络信标（有时也称为网络监听器）的行为有些恶劣。信标是小型软件文件，可跟踪你的点击次数、选择次数、购买次数，甚至是来自移动设备的位置数据，然后将这些信息发送给跟踪你的广告客户（通常会实时发送）。信标还可以为你的计算机分配唯一的号码，并通过网络跟踪你的计算机。当你观看支持 Adobe Flash 的视频，

访问配有 HTML5 本地存储的网站，并在智能手机上使用应用程序时，也可能会发生跟踪。例如，大多数脸书应用程序将个人信息（包括姓名）发送给数十家广告和互联网跟踪公司。一些电信公司使用超级 cookies，每当用户使用移动设备访问网站时都会更新。然后，移动服务运营商向这些网站提供关于用户的附加信息并收取费用。

那么，网络和移动跟踪有多常见？在最近的研究中，研究人员发现了一个非常广泛的监视系统，只有维基百科一个网站没有跟踪文件。2/3 的跟踪文件来自那些主要业务是识别和跟踪互联网用户以创建可以出售给寻找特定类型客户的广告公司的消费者资料的公司。另外 1/3 来自收集和捆绑信息的数据库公司，然后将其出售给营销人员。许多跟踪工具收集个人信息，如年龄、性别、种族、收入、婚姻状况、健康问题、观看的电视节目和电影、阅读的杂志和报纸以及购买的图书。虽然跟踪公司声称它们收集的信息是匿名的，但这只是名义上的。学者们已经发现，只要有几条信息，比如年龄、性别、邮政编码以及婚姻状况等，就可以轻松识别具体的个人。加利福尼亚大学伯克利分校法律与技术中心进行的 2015 年网络隐私普查发现，百强网站首页的 cookies 总数从 2009 年首次测量的 3 600 个增加到近 6 300 个，同比增长了 80%。这些 cookies 绝大多数（约 85%）是来自 275 个不同第三方主机的第三方跟踪 cookies。谷歌跟踪基础设施（包括 Google Analytics、DoubleClick 和 YouTube）的 cookies 都出现在前 100 名和前 1 000 名网站中，并占据 90% 以上。研究者指出，谷歌提供了主要的在线监控结构。在查看前 25 000 个网站时，观察到类似的结果。

隐私基金会已经发布了网络信标使用指南。该指南表明，网络信标应该作为屏幕上的图标可见，应该标记为指示其功能，并且应该标识在网页上放置网络信标的公司的名称。此外，如果用户点击网络信标，它应该显示一条披露声明，指示正在收集哪些数据，收集数据后如何使用数据，哪些公司接收数据，哪些其他数据与网络信标相结合，以及 cookies 是否与网络信标相关联。用户应该可以选择退出由网络信标完成的任何数据收集，并且网络

信标不应用于从敏感性网页（如医疗、财务、工作相关事务）收集信息。然而，这些想法在现行法律中都没有。2014 年，加利福尼亚州起草了网站指导方针，以披露其所有隐私惯例，但这些准则是自愿的，并且试图在联邦和州一级制定更严格的标准，但都未成功。许多网站都采用了网络广告倡议（NAI）的自律指导方针，但也只是自愿性的，而这些指导方针对于减少网络用户的隐私风险几乎没有作用。

其中一个障碍是对禁止追踪（Do Not Track, DNT）的定义。自 2011 年以来，W3C 就针对 DNT 制定了规范，但是截至 2016 年，它仍只是一个草案。政府和隐私保护组织已经在推动一项 DNT 功能的制定，该功能将要求用户同意允许跟踪。当然，广告业倾向于将 DNT 定义为要求用户同意实现 DNT。现在几乎所有的浏览器都为用户提供了使用 DNT 功能的选项，尽管用户必须记住去打开它。联邦通信委员会拒绝对 DNT 的强制要求，因此，网站经常忽略 DNT 请求，因为这样做对它们来说更有利可图，广告商愿意为高针对性的广告多支付 7 倍的费用。2014 年，雅虎和美国在线等公司放弃了 DNT 标准，因为无法在整个网络中对 DNT 进行约束。虽然一些较大的网站，如推持和 Pinterest 都遵循 DNT 指南，但这些标准有明显的缺陷。有些用户转而使用广告拦截浏览器插件（例如 AdBlock 和 Disconnect）直接回避广告。这给网站带来了额外的压力，因为广告客户可以触达的网络用户数量将逐渐减少。

主流网站和网络广告行业坚持认为自己的行业可以自我规范和保护个人隐私，但有证据表明，中立方的干预将是必要的。2015 年，著名的隐私权倡导组织电子前沿基金会（EFF）宣布成立 DNT 联盟，允许内容发布商和其他符合 DNT 的网站突出显示 EFF 的"认证印章"，其中包括允许用户使用禁用这些网站上的广告拦截软件的选项，使他们能够在不被追踪的情况下看到广告。社交博客平台 Medium 和在线分析公司 Mixpanel 还承诺不追踪已启用 DNT 的用户，但谷歌、脸书和其他收入严重依赖于网页跟踪的业务巨头将变得非常困难。迄今为止，广告公司已同意这个新提案。像往常一样，EFF 的

新计划是完全自愿的，只有极少的立法支持。在政府权衡之前，网络用户必须对他们访问了哪<u>些</u>网站以及他们在线共享的情况保持警惕。

资料来源："Understanding 'Do Not Track': Truth or Consequences," by Jason Kint, Recode. net, January 12, 2016; "How 'Do Not Track' Ended Up Going Nowhere," by Dawn Chmielewski, Recode. net, January 4, 2016; "Web Privacy Census," by Ibrahim Altaweel, Nathaniel Good, and Chris Jay Hoofnagle, *Technology Science*, December 12, 2015; "FCC Says Sites Can Ignore 'Do-Not-Track' Requests," by Bill Synder, Cio. com, November 10, 2015; "Supercookies Are Back, and They're As Unappealing As Ever," by Michael Kassner, Techrepublic. com, August 28, 2015; "New Do Not Track Policy Introduced," by Michael Guta, Smallbiztrends. com, August 10, 2015; "Clear Rules of the Road With the Do Not Track Policy," by Peter Eckersley, Rainey Reitman, and Alan Toner, Eff. org, August 8, 2015; "'Do Not Track Compromise' Is Pitched," by Elizabeth Dwoskin, *Wall Street Journal*, August 5, 2015; "Do Not Track-The Privacy Standard That's Melting Away," by Mark Stockley, Nakedsecurity. sophos. com, August 26, 2014; "California Urges Websites to Disclose Online Tracking," by Vindu Goel, *New York Times*, May 21, 2014; "Yahoo Is the Latest Company Ignoring Web Users' Requests for Privacy," by Jon Brodkin, Arstechnica. com, May 1, 2014; "What Firefox's New Privacy Settings Mean for You," by Sarah A. Downey, Abine. com, March 29, 2013; "Online Data Collection Explodes Year Over Year in US," eMarketer, Inc., July 19, 2012; "Online Tracking Ramps Up," by Julia Angwin, *Wall Street Journal*, June 17, 2012; "Microsoft's 'Do Not Track' Move Angers Advertising Industry," by Julia Angwin, *Wall Street Journal*, May 31, 2012; "Opt-Out Provision Would Halt Some, But Not All, Web Tracking," by Tanzina Vega, *New York Times*, February 28, 2012; "How Companies Learn Your Secrets," by Charles Duhigg, *New York Times Magazine*, February 16, 2012; "Study Finds Behaviorally-Targeted Ads More Than Twice as Valuable, Twice as Effective as Non-targeted Online Ads," Network Advertising Initiative, March 24, 2010.

6.3.4　数据库、数据仓库、数据挖掘和大数据

数据库、数据仓库、数据挖掘等诸多所谓的数据归档技术，都能够支持网络营销决策，在网络营销变革中处于核心地位。**归档技术**（profiling）使用各种工具为每个消费者创建数字画像。这个画像可能是非常不精确的，甚至是原始的，但它也可以像小说中的一个角色一样详细。消费者资料的质量取决于用于创建消费者资料的信息数量以及公司软件和硬件的分析能力。总而言之，这些技术都能精确地定位网络消费者，识别他们的需求，然后精确地予以满足。相比传统媒体或电话营销中使用的人口统计方式和市场细分技术，这些技术的功能更强大、精确度更高、粒度更细。

为研究事务记录、注册表单、购物车、cookies、网页监听器以及电子邮件、推特和脸书等其他非结构化数据源中的数据，网络营销者需要功能强大的大容量数据库、数据库管理系统和分析工具。

数据库

要对大量的事务流进行解释，第一步就是要系统地存储这些信息。**数据库**（database）是一种存储记录及其属性的应用软件。电话簿就是存储个人记录和属性（如姓名、地址、电话号码）的实际数据库。**数据库管理系统**（database management system，DBMS）是一种用于建立、维护、存取数据库的企业应用软件。最常用的 DBMS 有 IBM 的 DB2 以及 Oracle、Sybase 等的 SQL 数据库。**结构化查询语言**（structured query language，SQL）是一种用在关系型数据库中的符合行业标准的查询操作语言。**关系型数据库**（relational database）以二维表的形式存储数据，一行代表一条记录，一列代表一种属性，与电子数据表非常相似。DB2 和 SQL 都属于关系型数据库。只要表与表之间存在相同数据项，就可创建表与表之间（以及所包含数据之间）的灵活相关关系。

关系数据库非常灵活，允许营销人员和其他管理人员从不同的维度快速查看和分析数据。

数据仓库和数据挖掘

数据仓库（data warehouse）是一种将企业的交易数据和客户数据集中起来的数据库，主要为

营销和网站管理人员分析所用。这些数据来源于企业的核心运作部门，包括网站事务日志、购物车数据、商店销售终端（产品扫描器）数据、仓库库存、现场销售报告、由第三方提供的外部扫描数据以及财务支付数据。数据仓库的目的是要将企业所有事务数据和客户数据集中到同一逻辑库中，这样企业管理人员就能在不干扰基础业务和数据库系统正常运作或不加重其负载的情况下进行数据分析和建模。数据仓库快速地发展成为包含大量客户数据的知识库，数千兆容量的数据代表着客户在公司零售店和网站上的行为信息。借助数据仓库中的数据，企业就能回答下列问题。例如，在特定地区或城市，哪种产品获利能力最强？哪些地区正在实施营销活动？公司网站促销活动的效果如何？通过快速访问数据，公司管理人员能更全面地了解顾客。

数据挖掘（data mining）是一系列用于发现数据库或数据仓库中数据的模式，或建立消费者行为模型的分析技术，可通过挖掘网站的数据库建立访问者或顾客的个人档案。**客户资料**（customer profile）是对网站单个或群体消费者的典型行为的描述。当网站的访问人数超过 100 万时，客户资料能够帮助企业识别单个和群体消费者的行为模式。比如，你的每笔金融交易都会经过数据挖掘应用程序的处理，以监测是否存在诈骗。电话公司会密切监视你的智能手机使用情况，以侦测手机是否被偷或处于非正常呼叫模式。金融机构和电话公司通过使用数据挖掘来建立诈骗档案。一旦用户的行为与诈骗档案一致，该交易就会被自动终止（Mobasher, 2007）。

数据挖掘的方式有多种。最简单的一种是**查询驱动的数据挖掘**（query-driven data mining），该方法是建立在特定查询基础之上的数据挖掘。例如，有些营销人员猜测数据库中的数据之间有某种特定的关系，或者有些人要回答某一特定的问题，如"不同产品的销量与当天的不同时段之间有何关系？"营销人员能方便地查询数据库，创建一天中每小时销量前十的商品列表。根据查询结果，营销人员就可调整公司网站的内容，在不同时段加强特定产品的促销，或者根据时间调整网站主页上呈现的商品，以提高产品的销量。

另一种形式的数据挖掘是模型驱动的数据挖掘。**模型驱动的数据挖掘**（model-driven data mining）通过建立模型对与决策者利益相关的主要变量进行分析。例如，营销管理人员可能希望删除网站上的某些滞销商品。可以构建一个财务模型，显示网站上每个产品的盈利能力，以便做出明智的决策。

与由单个消费者行为（及一些人口统计信息）推导出细分市场或亲密群体整体的行为规则不同，一种粒度更细的行为分析方法是只从单个消费者行为推导出他自己的行为规则（Adomavicius and Tuzhilin, 2001；Fawcett and Provost, 1996, 1997；Chan, 1999）。这种方式中，某一特定用户实际所访问的网页被作为一套关联规则存储起来。譬如说一个用户访问一个网站，总是（作为规则）先由主页进入金融新闻板块，再浏览亚洲板块，并且经常购买金融最新资讯板块的文章。那么，完全基于其历史购买行为模式，就可向该用户推销有关亚洲金融市场的书籍。根据个人所访问的一系列网站，系统会自动导出这些规则。

上述所有技术都存在一定的缺陷。至少，使用这些技术将会建立起上万条规则，并且很多规则毫无实际意义，不少规则只是顾客的短期行为。因此，这些规则需要经过验证和筛选（Adomavicius and Tuzhilin, 2001b）。同时，还有上万个亲密群体和数据模型只是暂时的或者无意义的。要分离出有效的、强大的（可盈利的）模型用于促销是很困难的。后面将会看到，要同时做到粒度小、精度高、速度快，几乎是不可能的。我们将不得不权衡粒度、精度和速度几大因素，做出最佳选择。

Hadoop 和大数据的挑战

直到最近，大多数数据都是由结构化交易数据收集而来，它们可以很容易地适应关系数据库管理系统的行和列。从那时起，网络流量、电子邮件、社交媒体内容（推特、状态消息），甚至是音乐播放列表以及传感器生成的数据都出现了爆炸式增长，由于成本下降，数据存储和处理能力增强，现在可以存储和分析数据并进行推断和预测。该数据可以是非结构化的或半结构化的，因此不适用于以列和行的形式组织数据的关系型数据库产品。术语"**大数据**"（big data）指的是这种存储在庞大的数据集中的大量数字数据，它们通常来源不同，在 PB 级和 EB 级范围内。数据量非常庞大，传统的 DBMS 无法在合理的时间内捕获、存储和分析数据。一些大数据挑战的案例包括分析推特每天产生的 8 TB 的推文，以加深你对消费者对于该产品情绪的理解；分析 1 亿封电子邮件，以便在电子邮件中放置适当的广告；或分析 5 亿条通话详细记录，以查找欺诈和客户流失的模式。IDC 技术研究公司称，数据量每两年翻一番，所以组织可用的数据量正在猛增。下一个前沿将是来自物联网（IoT）的数据。

营销人员对大数据感兴趣，因为它允许他们联系不同来源的大量数据（过去他们无法做到这一点），并挖掘出消费者行为模式，为客户行为、金融市场活动或其他现象提供新的洞见。例如，IoT 平台公司 Evrythng 与数字广告公司 True Effects 合作，开发营销人员可以使用联网设备和其他设备生成的数据的方法，以便与消费者直接沟通和定位广告。然而，为了从这些数据中获得业务价值，企业需要新技术和分析工具来管理和分析非传统数据以及传统企业数据。最近的一项调查发现，虽然营销人员说大数据是他们最大的机会，但只有 14% 的人对使用大数据有信心（Tadena，2015）。

为了处理大量的非结构化和半结构化数据，以及结构化数据，企业正在使用 Hadoop。Hadoop 是一个由 Apache Software Foundation 管理的开源软件框架，可以在廉价的计算机上进行大量数据的分散式并行处理。它将大数据问题分解为子问题，将其分配到多达数千个廉价的计算机处理节点之间，然后将结果组合成更易于分析的较小数据集。你可能已经使用 Hadoop 在互联网上找到最好的机票，获取到餐厅的路线，在谷歌上搜索，或者与脸书上的朋友联系。

Hadoop 可以处理大量任何类型的数据，包括结构化事务数据，如脸书和推特的信息流，结构分散的数据，如网络服务器日志文件等复杂数据，以及非结构化音频和视频数据。Hadoop 在一群廉价的服务器上运行，可以根据需要添加或删除处理器。公司使用 Hadoop 来分析非常大的数据量，以及在将非结构化和半结构化数据加载到数据仓库之前为其划分区域。脸书将大部分数据存储在其大规模 Hadoop 集群中，其数量约为 300 PB，比国会图书馆多出约 3 万倍。雅虎使用 Hadoop 跟踪用户行为，因此可以修改其主页以适应用户兴趣。生命科学研究公司 NextBio 使用 Hadoop 和 HBase 对进行基因组研究的制药公司的数据进行处理。诸如 IBM、惠普、甲骨文和微软等顶级数据库供应商都有自己的 Hadoop 软件。其他供应商提供用于将数据移入和移出 Hadoop 或分析 Hadoop 中的数据的工具。除了 Hadoop，还开发了许多用于大数据分析的新工具。例如 Spark，一种由 IBM 支持的开源产品，可以比 Hadoop 更快地提供结果。

6.3.5　营销自动化和客户关系管理系统

营销自动化系统（marketing automation systems）是市场营销人员用于跟踪营销过程中潜在客户的所有流程的软件工具。营销过程从让潜在客户了解公司和产品，并认识到产品的需求开始。这是一次可能购买的开始。从那里，消费者在搜索产品时需要找到你；他们将比较你的产品与你的竞争对手的产品，并在某些时候选择购买。软件可以在营销过程的每个阶段都提供帮助。许多公司的销售软件包可以显示企业的大部分网络营销活动，然后跟踪从宣传到展示广告的进度，在搜索引擎上找到你的公司，指导后续电子邮件和通信，最后购买。一旦潜在客户成为客户，客户关系管理系统将接管客户关系的维护工作。

客户关系管理系统是另一种重要的网络营销技术。**客户关系管理系统**（customer relationship management（CRM）system）是记录客户与企业（包括网站）的所有接触活动并生成客户资料的信息库，企业中任何需要了解客户信息的人都能够获得这些客户资料。CRM 系统还提供分析软件，用于分析和使用客户信息。客户不仅使用网络与企业建立联系，还会通过电话呼叫中心、客户服务代表、销售代表、自动声讯应答系统、ATM 和电话亭、商店 POS 终端及移动设备（移动商务）与企业联系。总体来说，这些被称为**客户接触点**（customer touchpoints）。过去，企业通常没有独立的客户信息库，客户信息是与产品线挂钩的，每条产品线各自维护一份客户列表（通常不在企业内共享）。

通常情况下，企业不知道自己的客户是谁，盈利程度如何，或对营销活动的反应怎样。例如，一位银行客户可能会看到一则包含 800 电话号码的低息汽车贷款电视广告。但是，如果该客户使用银行网站贷款而没有拨打 800 电话，营销人员就无法得知电视营销的效果，因为网络客户的数据与 800 呼叫中心的数据没有任何关系。图 6-10 阐明了 CRM 系统是如何将客户联系数据集成到单个系统中的。

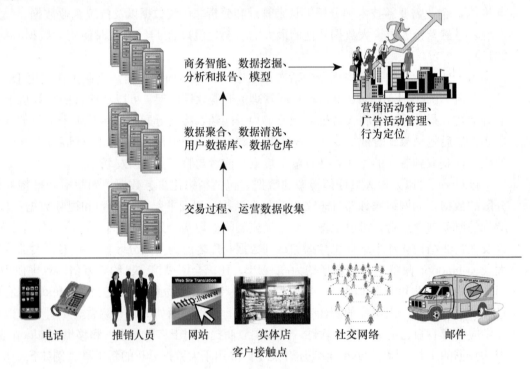

图 6-10　客户关系管理系统

说明：这是一个 CRM 系统的例子。该系统从所有的客户接触点以及其他数据源收集客户信息，并将数据整合到单个客户数据库或数据仓库中。它能够为客户提供更好的服务，创建营销所需的客户个人资料。利用在线分析处理（OLAP）功能，管理人员能够动态地分析客户的活动以预测其发展趋势，发现客户遇到的问题。还可利用其他软件分析客户群体的行为，识别哪些是有利可图的客户，哪些是无利可图的客户，同时了解客户的活动。

CRM 系统是企业的营销策略从以产品为中心向以客户为中心转变的重要部分。CRM 本质上是一种具有非凡功能的数据库技术，可以满足每个客户的需求，并在将每个客户视为独特个体的基础上区分产品或服务。客户资料可能包含以下信息：

- 客户与企业的关系；
- 所购买产品和使用情况；

- 人口统计数据及心理统计数据；
- 获利程度；
- 汇总客户通过多种分销渠道与企业进行接触的历史数据；
- 客户所收到的营销和销售信息以及他们的反馈信息；
- 电子邮件活动的反馈信息；
- 网站访问；
- 移动应用下载。

有了这些资料，CRM 就能帮助企业销售更多的产品和服务，开发新产品，提高产品使用率，降低营销成本，识别和留住可盈利的客户，优化服务传递成本，留住生命周期价值高的客户，与客户进行个性化沟通，提高客户的忠诚度，增强产品的获利能力。目标是所谓的"360 度"视角，使公司能够了解客户购买的产品、浏览方式、沟通方式和优惠等。领先的 CRM 供应商包括甲骨文、SAP、微软、Salesforce 和 SugarCRM，其中许多提供其 CRM 产品的基于云的版本。这些产品的云 CRM 供应商和全球公司面临的一个问题是欧盟数据法规，要求它们重新评估它们如何使用 CRM 数据，以避免违反这些规定。所有主要供应商都提供基于云的 SaaS CRM 应用程序。

6.4　了解网络营销沟通的成本和收益

如前所述，网络营销沟通仍然只占整个营销沟通领域的一小部分。虽然有几个原因导致了这种情况，但其中两个主要问题是网络广告真正有效的方式，以及如何充分衡量网络广告的成本和收益。本节将介绍这两个主题。首先，我们将定义一些重要的术语，用于衡量网络营销的有效性。

6.4.1　网络营销指标

为了理解通过网络营销沟通来吸引潜在用户访问企业网站并将他们转换成顾客的过程，首先需要熟悉网络营销的术语。表 6-7 列出了通常用于描述传统网络营销（如展示广告和电子邮件活动）的影响和结果的一些术语。第 7 章介绍社交、移动和本地营销的指标。

表 6-7　营销效果评价术语

常用术语	描述
展示广告	
印象	广告被显示的次数
点击率（CTR）	广告被点击的次数
访问率（VTR）	广告未被立即点击，但网站在 30 天内被用户访问的概率
点击次数	HTTP 请求次数
网页浏览量	网页被浏览的次数
可见度	网络用户实际看到广告的百分比
独立访客	一定时期内单个访问者的数量
忠诚度	随着网页浏览量而变化，单一用户访问网站的频率；或一年内再次在站点购物的顾客人数占顾客总数的百分比

续表

常用术语	描述
到达率	潜在的购买者人数占网站访问者人数的百分比；或者说，一个网站上的购买者人数占整个市场购买者人数的百分比
最近一次消费	购买者最近一次访问网站或购买的时间
黏度	访问者在一个网站上的平均停留时间
获得率	通过注册或者浏览产品信息表现出对网站上的产品感兴趣的访问者的百分比
转换率	由访问者转变为顾客的百分比
浏览购买比	浏览产品的顾客中购买的比例
浏览加入购物车比	在产品页面点击"加入购物车"的比例
购物车转换率	点击"加入购物车"后，最终成为订单的比例
结账转换率	开始结账后最终成为订单的比例
放弃率	中途放弃购物车离开网站的购物者比例（与上面的类似）
保留率	现有顾客中定期购物者的比例（与忠诚度相似）
流失率	在首次购买后，下一年内不再来购买商品的顾客百分比
视频广告	
观看时间	播放时实际观看多长时间
完成率	用户完整观看视频的百分比
跳过率	用户跳过视频的百分比
电子邮件	
打开率	邮件接收者打开邮件看到信息的概率
传递率	邮件接收者收到邮件的概率
点击率（电子邮件）	邮件被点击的概率
跳退率	邮件未成功发送的概率
退订率	邮件接收者点击退订的概率
转换率（电子邮件）	邮件接收者实际进行购买的概率

前 9 个术语主要是衡量网站获得顾客或占领市场份额的程度，它主要是通过招揽购物者访问网站来实现的。这些度量方式通常代替了用销售收入来度量的方式，成为电子商务企业在寻找投资者和吸引"眼球"（浏览者）方面所取得的成就的依据。

印象（impressions）是广告显示的次数。**点击率**（click-through rate，CTR）衡量实际点击广告的人数占被展示广告人数的百分比。因为并非所有的广告都是立刻可以产生点击的，所以该行业人员又发明了一个新的术语——**访问率**（view-through rate，VTR），它指在 30 天内对广告做出回应的概率。**点击次数**（hits）是企业服务器收到的 HTTP 请求的次数。用点击次数衡量网站的活动可能会产生误导，因为一次点击并不等同于一次网页请求。若一个网页上包含多个图像或图片的话，它会产生多次点击。一个网站访问者能够产生上百次点击。所以，尽管通常情况下很容易统计点击次数，但点击次数并不能精确代表网站的负载量或访问量。点击次数很多——听起来感觉不错，但是与站点的实际活动量并不一致。**网页浏览量**（page views）是网页被访问者浏览的次数。但是，框架网页将页面划分成几个独立的部分，一个由 3 个框架组成的页面将会产生 3 个网页访问。因此，随着越来越多的网页框架的使用，网页浏览量基本上也不能作为一个很有用的衡量标准。

可见率（viewability rate）是网络用户实际看到广告（显示或视频）的百分比。前面讨论过可见性，此处不再讨论。

访问者的数量是在评价一个网站的受欢迎程度时使用最多的一种方法。**独立访客**（unique visitors）用来统计网站上的单个不同访问者的数量，而不考虑他浏览了多少网页。**忠诚度**（loyalty）是指一年内再次来网站的购买者的百分比。忠诚度可以很好地体现一个网站在网上被推崇的程度，以及购物者对网站的信任。**到达率**（reach）一般是指访问网站的消费者人数占市场上消费者总人数的百分比。例如，一年内有 10％的购书者会至少访问一次亚马逊网站并在该网站买书。到达率反映了网站吸引市场份额的能力。**最近一次消费**（recency）——与忠诚度相似——衡量网站吸引回头客的能力，通常以购物者上次购物或客户上次访问网站以来的平均间隔天数来计算。例如，最近一次消费的值为 25 天，意味着消费者平均每隔 25 天就会再次访问网站。

黏度（stickiness，有时也称为持续时间）是指访问者在一个网站的平均停留时间。黏度对营销者来说很重要，因为访问者在网站的停留时间越长，其购买的可能性就越大。然而，还需要关注人们在网站上做什么，而不只是单纯的在上面停留多长时间。

到目前为止，前面介绍的术语与商务活动的关系并不大，或者说还不能帮助我们了解由访问者向顾客转化的情况。其他一些指标在这方面更有帮助。**获得率**（acquisition rate）是注册或浏览产品信息的访问者百分比（表示对产品感兴趣）。**转换率**（conversion rate）衡量实际购买商品的访问者百分比。转换率依据网站的成功程度，数据差别会比较大。2016 年上半年，传统台式电脑在美国电子商务平台的平均转换率为 4.25％，平板电脑为 3.45％，智能手机为 1.35％。显然，台式机浏览的网站仍然是将访问者转化为购买者的最有效手段（2016 年）。**浏览购买比**（browse-to-buy ratio）是指浏览了产品页面的用户中最终购买的比例；**浏览加入购物车比**（view-to-cart ratio）是指在产品页面点击了"加入购物车"的比例；**购物车转换率**（cart conversion rate）是指点击了"加入购物车"的用户中最终下单的比例。**结账转换率**（checkout conversion rate）是指点击"开始结账"的用户中最终下单的比例。**放弃率**（abandonment rate）计算的是中途放弃购物车并离开网站的购物者百分比。放弃率反映了很多潜在的问题——购物表单设计得不合理，顾客对网站缺乏信任，或由其他因素所导致的购买不确定性。最近对购物车放弃的研究发现放弃率在 68％～75％之间（Baymard Institute，2016）。放弃的原因有安全性问题、客户只关注价格、找不到客服、找不到首选付款方式以及该项目在结账时无法使用等。80％以上的网上购物者在访问网站时一般都有购买欲望，高放弃率对网站是很大的销售损失。**保留率**（retention rate）代表现有顾客中一直定期购物的顾客百分比。**流失率**（attrition rate）是指曾经购买过一次商品，但一年来再也没有来过的顾客百分比（与它对应的是客户忠诚度和客户保留率）。

特定类型的广告有自己的特殊指标。例如，对于视频广告，**观看时间**（view time，播放时实际观看多长时间）和**完成率**（completion rate，观看整个视频广告的人数）是重要因素。研究表明，整个广告被观看时，品牌回想率明显提高，使得完成率指标对广告客户的影响比点击率更有意义（Adler，2015）。

电子邮件活动也有自己的衡量术语。**打开率**（open rate）是消费者打开电子邮件看到信息的概率。一般打开率会比较高，在 50％以上。然而，也有一些是浏览者将鼠标移至电子邮件标题行就可以打开邮件，这种衡量标准目前无法解释。**传递率**（delivery rate）是电子邮件接收者最终收到电子邮件的概率。**点击率（电子邮件）**（click-through rate（e-mail））是指电子邮件接收者点击收到的电子邮件的概率。最后，**跳退率**（bounce-back rate）指邮件未成功发送的概率。

从简单的网络广告印象、站点访问、网页浏览，到产品的购买，再到最终企业获得利润有一个详细过程（见图 6 - 11）。你首先要让顾客意识到他们需要你的产品并设法引导他们来访问你的网站。一旦顾客来到了你的网站，你就要使他们相信，与其他公司的产品相比，你所提供的产品价值——性价比最高。此外，你还必须尽力使他们相信公司对网上交易的处理能力（通过提供安全的环境和快速履行订单）。如果你能成功地做到这一切，那么一部分顾客就会成为公司的忠诚客户，再次来公司的网站购物或将公司网站推荐给其他人。

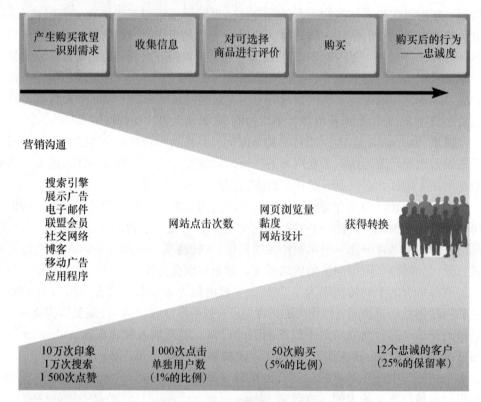

图 6 - 11　网上消费者的购物模式

说明：将访问者转变为顾客，再发展成忠诚顾客，是一个复杂的和长期的过程。

6.4.2　网络广告有用吗?

　　什么是最有效的广告营销方式? 线上营销与线下营销相对效果如何? 这要基于活动的目的、产品的属性，以及消费者直接面对的网站的质量。当然，还要基于你自己的衡量标准。点击率是比较有效的衡量方式，但只是衡量了广告活动投入的回报。70% 以上的营销主管表示，如果能够提高投资回报率，他们愿意在网络广告上花更多的钱（Tadena，2015）。比较棘手的是**跨平台归属**（cross-platform attribution）的问题，这涉及如何在可能影响消费者最终购买途径的各种平台上给不同的营销举措分配适当的额度。越来越多的人认识到，第一次点击和最后一次点击的模式——正如它们的名称所表明的那样——在消费者购买前进行的第一次或最后一次营销渠道或广告形式不再那么必不可少。

　　表 6 - 8 列出了各类网络营销沟通工具的点击率。在这些类型之间有很大的差异，所以只是对点击率的一般估计。在所有这些方式下，点击率起到了一种个性化和其他精准化技术的功能。比如，有几项研究都发现，通过添加社会分享链接，电子邮件的反馈率提高了 20% 以上。虽然谷歌的平均点击率低于 1%，但是一些商家通过设定一些针对某类有特定喜好的人群的特定广告，可以达到 10% 以上。过去 5 年电子邮件的点击率一直维持在 3%～5% 的范围内。将收件人的名字显示在标题行，可使点击率翻倍。（即使有 20% 的美国人偶尔会点击未经许可的邮件，但是未经许可邮件及

垃圾邮件的反馈率依然很低。）视频广告的点击率似乎很低，但它是横幅广告的 2 倍。例如，PointRoll 的研究发现，将视频添加到富媒体广告中，交互率平均提高了 17%（PointRoll，2015）。"交互"是指用户点击视频，播放，停止播放，或执行其他操作。

表 6-8　网络营销沟通：一般点击率

网络营销沟通的方式	一般点击率
展示广告	0.03%～0.25%
谷歌增强型搜索广告（产品列表广告）	2.8%～3.6%
谷歌 AdWords 搜索列表	1.35%～3.4%
视频	0.34%～0.85%
富媒体	0.13%～0.35%
赞助式广告	1.50%～3.00%
原生广告	0.80%～1.80%
内容营销	0.25%～0.40%
联盟关系	0.20%～0.40%
基于内部列表的电子邮件营销	3.00%～5.00%
基于购买列表的电子邮件营销	0.01%～1.50%
社交媒体展示广告	0.15%～0.25%
移动展示广告	0.09%～1.25%

资料来源：Based on data from Chaffey，2016；eMarketer，Inc.，2016j，2016o；PointRoll，2015；Wordstream，2016；Viant，2016；Polar，2016；industry sources；authors' estimates.

与线下广告相比，线上广告的效果如何？一般来说，在线渠道（电子邮件，搜索引擎，展示广告，视频以及社交、移动和本地营销）与传统渠道相比是非常有利的。这在很大程度上解释了网络广告在过去 5 年中发展如此之快的现象。搜索引擎广告已经成为最具成本效益的营销传播形式之一，并且在很大程度上占据了谷歌的增长。直接许可邮件营销也非常划算。这是因为电子邮件列表非常便宜，许可邮件营销是一种针对已经有兴趣接收更多信息的人的一种形式。

对比线上线下营销效果的一项研究表明，最有效果的营销活动是使用包括网络、目录、电视、广播、报纸和零售商店在内的多种营销方式的组合。尽管广告人员已经减少了印刷媒体广告的开支，但是像电视和印刷媒体这样的传统渠道仍然是消费者发现新产品的主要渠道。大家都比较认同的一个观点是通过多渠道购物的消费者要比单一渠道购物的消费者花费更多，部分原因是他们有较多的可支配收入，另一个原因是营销人员为其设定的"接触点"的组合数量较多。消费者营销中增长最快的是多渠道购物者。

6.4.3　网络广告的成本

如果不分析广告的成本，我们将无法探讨广告的有效性问题。最初，绝大多数的网络广告都是以商品交换的形式或者以每千次**印象成本**（cost per thousand，CPM）来计价的，即广告客户以 1 000 次印象为单位来购买广告。现在，还出现了一些按其他方式来定价的广告模式，包括每次点击成本、每次行动成本以及混合定价模式。**每次点击成本**（cost per click，CPC）是指广告客户根据事先商定好的每次广告被点击的费率来支付费用。**每次行动成本**（cost per action，CPA）是指只有当用户完成特定行动之后，如注册或购买之后，广告客户才付费。而混合定价模式则是综合采用这些计价方式中的两种或多种（见表 6-9）。

表 6-9　网络广告的不同定价模式

定价模式	描述
易货	以等价物交换广告位。
每千次印象成本（CPM）	广告客户以 1 000 次印象为单位来购买广告。
每次点击成本（CPC）	广告客户根据事先商定好的每次广告被点击的费率来支付费用。
每次引导成本（CPL）	广告客户只根据合格的潜在客户或达成的合同来支付费用。
每次行动成本（CPA）	只有当用户完成特定行动之后，如注册或购买之后，广告客户才付费。
混合定价	综合以上两种或两种以上的定价模式来定价。
赞助	按项目收费；广告客户支付固定费用。

　　虽然在电子商务的早期，一些网站为了获得一个客户会在营销和广告上花费高达 400 美元，但平均成本从来没有那么高。尽管线下的成本要高于线上的成本，但是线下的东西一般都比较昂贵。当你在《华尔街日报》投放广告的时候，你就进入了一个富人的群体，他们可能会对购买岛屿、飞机、其他公司和法国的一些较贵的房子感兴趣。在《华尔街日报》上一整版的黑白广告要花费 25 万美元，在其他的媒体上只需要 1 万～10 万美元。

　　网络营销的一个优势是能够直接观察到它对网上销售的影响。企业能够准确地知道特定的横幅广告或向潜在顾客发送特定的电子邮件产生多少收入。衡量网络营销绩效的一种方式是用增加的收入除以营销的成本（收入/成本）。任何大于 1 的结果都表明该营销活动是值得的。

　　当网上和网下的销售收入都受到了网络营销的影响时，问题就比较复杂了。大部分网上消费者使用网络"购物"但不购买，他们通常在实体店购买。诸如西尔斯和沃尔玛等商家使用电子邮件通知它们的注册客户在线或在商店可以购买的特别优惠。但遗憾的是，传统商店的销售量很难与网上的电子邮件促销活动建立起准确的关系。在这种情况下，商家不得不采用不太精确的度量方式，如在传统商店里进行客户调查以估计线上活动的有效性。

　　在任何时候，衡量网络营销沟通的有效性——以及准确划分营销沟通的目的（是建立品牌还是促进销售）——对企业利润的分析都是至关重要的。要衡量营销的有效性，需要了解通过不同媒体进行营销的成本，还要了解将网上潜在顾客转化为顾客的过程。

　　一般来说，网络营销的成本要低于通过传统大众媒体营销的成本，但是可以很有效地带动销售。表 6-10 列出了网上和网下营销沟通的一般费用。例如，2016 年，在当地电视台投放 30 秒广告的播放费用为 112 000 美元，而并不包含广告的制作费用。根据尼尔森的调查，这样的广告平均CPM 为 24.76 美元。相比之下，横幅广告的成本几乎为零，每千次印象成本为 5～10 美元。邮寄一封信的成本为 80 美分～1 美元，而发送一封电子邮件到 1 000 个家庭只需要 5～15 美元，因此电子邮件比邮寄信件便宜很多。**有效每千次展示费用**（effective cost-per-thousand，eCPM）是一项衡量广告投资回报率的指标。

表 6-10　传统广告与网络广告成本的比较

传统广告	
当地电视台	在电视剧中插播 30 秒商业广告的费用为 1 500～15 000 美元，高收视率的则为 45 000 美元。
网络电视	黄金时段 30 秒广告的播放费为 80 000～600 000 美元，平均为 112 000 美元。
有线电视	黄金时段 30 秒广告的价格是 5 000～8 000 美元。
广播	根据节目收听率和播出时间的不同，60 秒广告的费用为 100～1 000 美元不等。
报纸	一整版广告的费用为每千份报纸 120 美元。
杂志	刊登在区域性或全国性杂志上的广告，每千份费用为 50 美元，而当地杂志则需要 120 美元。

续表

传统广告	
直邮	普通促销信的费用为每千封 15~20 美元，夹在报纸中的广告页为每千份 25~40 美元。
街头广告	高速公路广告牌 4 周的出租费为 1 500~30 000 美元，至少展示 5~20 块广告牌。

网络广告	
横幅广告	根据锁定目标的程度不同，每千次印象为 5~10 美元不等（针对性越强，价格也就越高）。
视频和富媒体广告	每千次印象成本为 20~25 美元，主要由网站的统计结果来决定。
电子邮件	广告商每提供 1 000 个有针对性的电子邮件地址的费用为 5~15 美元。
赞助	每千次网页浏览的价格为 30~75 美元，具体由赞助的唯一性决定（唯一性越高，价格也就越高）。
社交网络广告	每千次展示费用为 0.50~3.00 美元，属于高端信息流广告。
移动展示广告	每千次展示费用为 1.50~ 3.25 美元，包括媒体费用、第一方或第三方数据和服务费用。

6.4.4 营销分析：衡量网络营销效果的软件

许多软件程序可用于自动统计网站或移动设备上的活动。跟踪各种设备和媒体渠道的消费者的观看和行为是一项艰巨的任务。一些软件程序和服务可帮助营销经理确定哪些营销举措得到回报，哪些没有。

营销的目的是将购物者转换成购买你所销售产品的客户。将购物者转化为客户的过程通常称为"采购渠道"。我们将其视为一个过程，而不是由多个阶段组成的渠道：意识、参与、互动、购买和购买后服务以及忠诚度。**营销分析软件**（marketing analytics software）收集、存储、分析和图形化地呈现了购物者转化为客户的每个阶段的数据（参见图 6 - 12）。

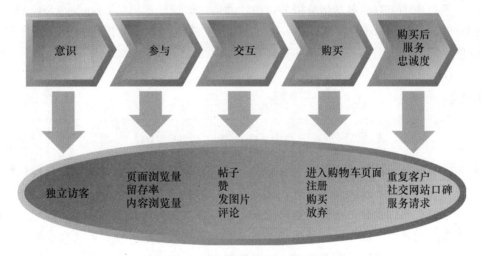

图 6 - 12 营销分析和在线采购流程

说明：营销分析帮助电子商务公司更好地了解消费者在在线购买流程中每个阶段的行为。

营销分析软件可以告诉业务经理：人们如何知道他们的网站，他们来自哪里（例如搜索、自己输入的 URL、电子邮件、社交活动或线下传统印刷和电视广告），以及人口统计、行为和地理信息。移动设备的消费者是来自脸书还是 Pinterest？这些信息可以帮助管理者决定分配流量的最佳方法，即所谓的"入站"链接。一旦访问者进入网站，分析软件包可以记录访问者访问网站的内容，并根据浏览的页面和站点的持续时间进行测量。这些信息可以让管理者更改其网站设计，或者更改访问者所看到的内容。例如，产品用户的视频推荐可能比专家评论或用户文本评论更有吸引力。在社交营销世界，消费者的意见和行为可以被获取并分享给他们的朋友，消费者转换过程中的重要中间步骤是鼓励访问者与你的内容进行互动并分享他们的经验、意见、偏好和行为给他们的朋友以及其他访问者。营销分析软件可以跟踪访问者交互，并帮助管理人员决定什么内容导致访问者与朋友和其他访问者的更高层次的交互。购物车页面上的购买活动是分析工具的主要焦点，不仅因为这是收入来源的地方，而且因为这是客户经常退出整个网站的地方，导致该公司失去潜在销售量。在美国，目前的购物车放弃率为 68%～75%，与过去几年相比几乎没有任何变化，其他国家有所上涨（Baymard Institute，2016）。这似乎是不同寻常的比率，但是像本章讨论的大多数指标一样，放弃率是一个复杂的现象，往往不是看上去那样简单。消费者使用购物车，如购物清单，但并没有立即完成交易；他们使用购物车进行价格比较，并知道运费或税金；他们可以在不同的设备（如手机）上完成交易。另一个衡量接近购买行为的指标是加入购物车的比率。营销分析软件可以帮助管理者在网站的购物车页面上梳理出用户行为的含义。最后，营销分析可以帮助管理者发现客户忠诚度和购买后行为。在越来越多的社交营销环境中，营销经理需要知道他们的产品和服务在其他网站、脸书页面或推特上的评论，通常被称为"嗡嗡声"或情绪分析。评论是正面还是负面的？负面评论的来源是什么？可能是质量差、成本高、保修服务差和运输问题。

营销分析软件的最终目标是帮助业务经理提高营销工作的投资回报率，它通过对消费者的行为方式进行详细的了解来做到这一点。营销分析软件还允许管理人员衡量具体营销活动的影响，包括折扣、忠诚度和特别优惠以及区域或基于人口统计的活动。除了在加强管理决策和提高电子商务的有效性方面的作用，营销分析软件还能够实现近乎实时的营销能力，管理人员可以更改网站的内容，回应客户投诉和意见，全部以实时方式（实时可能是数分钟或最多 24 小时）（MarketingLand，2015）。

虽然市场上有许多营销分析公司和软件包，但领导者仍是 Google Analytics、Adobe Analytics、IBM Digital Analytics 和 Webtrends。营销分析软件通常是出售给企业的综合套件的一部分，包括硬件、网页设计工具、云服务和管理专业知识。

案例研究

程序化广告：实时营销

广告营销的最终目的就是要在合适的时间向合适的人传递合适的信息。如果能做到这一点，就不会出现用户收到并不能让他们提起兴趣的广告的现象，也不再会有广告资金的浪费，这样既能降低终端用户的成本，也可以使每一美元都花得更有价值。在现实世界中，目前只能有这样一个大概的想法，很难真正去实施。广告营销人员也只能是根据人口统计学和兴趣相同的潜在消费者去投放更多的电视、视频、新闻广告和广告牌。而互联网的出现改变了这一状况。在互联网上，广告是基于用户的个人特征、兴趣、最近的点击行为而设定的面向消费者个人的精准化促销信息。第一代电子商务时期的一个愿景就是要在个人隐私和效率之间取得平衡：让我们对你有一些了解，我们将只向你显示你感兴趣的广告和产品。电子商务本应结束这场始于 19 世纪报纸、20 世纪广播以及随着电视的发展而爆发的大众广告。

但与这种乐观的设想相反，向网站访问者展示的大多数展示广告与访问者的兴趣无关。在这种情况下，横幅广告的点击率低得惊人，远低于 1%。由于响应率低，普通展示广告的价格仅为每千人 1.26 美元。可通过以下操作来看一下现状：用浏览器打开雅虎网站（全球最大的广告展示网站），看看右边显示的较突出的广告，然后问问你自己此时此刻是否真的对这些广告感兴趣。在这之前的广告又是怎样的？虽然广告适合你的人口统计学特征，但此刻能引起你兴趣的概率确实很低。通常，它是你最近在谷歌搜索甚至在亚马逊购买的东西的广告。这些广告会持续好几天。研究人员发现，只有20%的互联网用户发现网站上的展示广告与他们的兴趣有关。程序化广告旨在提高广告的针对性，降低广告商的成本，并通过向消费者展示真正让他们感兴趣的广告减少网络对消费者的干扰。

数字展示广告经历了三个发展时期。在21世纪初，一家对广告收入感兴趣的网站（一家"出版商"）通常通过一个广告代理机构向其他公司（广告商）销售其网站的空间。这些主要是人工交易。到2005年，广告网络出现了。这些网络将成千上万的出版商提供的广告空间聚合成一个单一的网络，在这个网络中，广告商可以一次性在数千个网站上购买广告空间，出版商可以更有效地将广告空间卖给数百个广告商。到2011年，甚至出现了更大的广告交易所，为广告商提供了更大的出版商广告空间，导致了今天异常复杂的参与者生态系统和众多技术的结合（称为技术融入）的局面。

有了这么多的供应方和买家，就出现了自动地将广告空间分配给广告买家的方法。这些方法统称为程序化广告。程序化广告是一种自动的方法，出版商将它们的网页空间（即它们的网页上的空当）销售给想要为它们的顾客（品牌和产品所有者寻求推销它们的产品和服务的顾客）购买广告空间的广告客户。有两种程序化广告：基于拍卖的实时竞价（RTB）和程序化直接广告（广告主直接与开发自己的供应方平台的出版商进行交易）。

程序化的广告平台使用包含数亿在线购物者和消费者个人信息的大数据存储库；分析软件，根据所需的消费者的特点对数据库进行分类和搜索，以及机器学习技术，以测试消费者特征的组合，优化因接触广告而购买的机会。所有这些技术都是为了降低成本、加快速度和提高广告效率而设计的。在这样的环境中，有数亿个网页要填满广告，数以百万计的在线消费者希望随时购买。程序化广告只需几毫秒就可以让广告商在合适的时间向合适的人展示合适的广告。在某种程度上，展示广告变得更有效，可能会变得像基于搜索的广告一样有效，搜索者在搜索时寻找感兴趣的东西要方便得多。在2016年，预计广告客户将在

节目广告上花费250亿美元（几乎全部展示广告开支的3/4，包括横幅、视频和富媒体）。预计到2018年，这个数字将增长到80%以上。程序化广告大致分为RTB和程序化直接销售。直接销售比RTB为广告客户提供了更多的广告显示控制，比如屏幕上的位置和频率。

目前，只有1/3的在线展示广告仍然是在非自动化的传统环境中进行的，在这种环境中，营销者使用电子邮件、传真、电话和短信进行营销活动。传统的广告方式通常被用于高价值的广告，比如，大屏幕广告，在大型报纸、杂志和门户网站上的扩展广告，以及与相关网站内容紧密结合的原生广告。这就是传统放置广告的世界：如果你想在报纸或杂志上做广告，打电话给广告部门下订单。在这种环境下，想在网上销售产品和服务的公司会聘请广告公司来制定营销计划。广告公司从这些公司了解到它们想在网上联系什么样的人。广告代理商向数据经纪人或广告网络（如DoubleClick）支付费用，以帮助它们识别出在线广告应该放在哪里。例如，假设一家公司想向24~35岁的男性和女性推销一种新的山地自行车，在这些男性和女性居住的地方，骑山地自行车是一种流行的活动。传统方式是广告网络将直接从吸引山地自行车受众的网站上购买广告空间。

这种传统的广告环境是昂贵的、不精确的、缓慢的，部分原因在于决定在哪里投放广告的受众的数量。此外，使用的技术是缓慢的，考察几个广告中哪个最优可能需要花费数周或数月的时间。这些广告可以针对更精确的潜在客户群体。在专门针对利基产品的网站上的背景广告是非常有效的，有很多其他网站都是同样有效的，而且价格更低。

在程序化的环境中，这个过程变得与众不同。广告公司可以使用谷歌、雅虎、美国在线、脸书和许多小公司提供的任何一个程序化广告平台。通过与它们的客户一起工作，广告机构更准确地定义了目标受众：包括男性和女性，年龄在24~35岁之间，在他们所生活的地区骑山地自行车是一项很受欢迎的活动，他们在社交网站上提到了骑车的话题，在电子邮件中讨论了关于山地自行车的话题，年收入超过70 000美元，而且目前没有山地自行车。这家广告公司以每千次广告印象价格的方式，根据符合所寻求的大多数特征的人群数量，提出20万次的广告浏览要

求。该平台为满足这一要求的 20 万受众的访问，提出了报价。这个报价是基于其他广告商愿意为这一人口和特征支付的费用。报价可以被接受或拒绝。如果被接受，广告会在人们在网络上实时活动时显示出来。当人们访问不同的网站时，自动化程序会评估他们是否符合预期的特征，并在几毫秒内决定是否显示山地自行车广告。程序化平台还可以实时跟踪对广告的响应，根据平台的经验更改为不同的广告并进行有效性测试。一旦系统从经验中吸取教训，它将专注于在最高效的网站上显示最有效的广告。程序化的直接（或高级）广告使用相同的平台，但是出版商向广告公司出售大量的空间，而不是单一的印象。这使它们的收入稳定，并使它们与广告商的联系更为密切，广告商也可以对出版商进行更有效的监管。

汽车行业是程序化广告的大用户。汽车品牌高度关注特定的人口群体、收入水平和期望。一个程序化的广告活动开始于广告商选择一个人口目标，为广告活动建立一个总预算，然后选择一个 RTB 平台，并与其他广告商竞争（这些广告商可能是其他汽车公司、零售商或电信供应商）。这些广告是在毫秒级的快速交易中自动获得的。

尽管程序化广告具有明显的优势，但对各方来说也存在一些风险。程序化广告商对它们的广告在网络上出现的位置失去了一定的控制。如果品牌的产品在不合适的网站上出现，这是对品牌的威胁。广告商对它们的支出失去了一定的控制，因为它们无法证实它们的广告确实被展示了，而且它们必须接受广告平台的说辞，即广告确实被展示给了真正的用户。这是一个关于透明度的问题。鬼网站和广告欺诈也使这个问题复杂化。在网上有成千上万的鬼网站，除了通过各种各样的诡计吸引点击，什么也不做。广告网络记录了这些流量，但几乎没有能力确定它是否合法，并且可能在这些网站上显示广告，这将产生虚假的点击，而这些点击是由广告网络和广告公司支付的。

考虑到这些风险，许多较大的广告商最初并不使用程序化广告，但这种情况正在迅速改变。它最初被出版商用来销售网页上的剩余空间。程序化平台是销售过剩空间的廉价场所。然而，随着广告商越来越有信心，这种情况开始改变，平台本身也提高了避免不合适网站的能力，清除鬼网站，并学习如何检测点击欺诈。此外，许多公司通过使用工具解决这类问题来进入市场。

例如，2014 年，宝洁公司宣布，未来计划用程序化方法购买 70%～75% 的美国数字媒体。宝洁是美国最大的广告客户，2015 年在美国的广告支出约为 43 亿美元。过去，宝洁通过几家不同的广告公司在 comScore 的前 100 家网站上购买了优质在线页面空间，并利用内部员工跟踪业绩。根据宝洁公司首席营销官马克·普里查德（Marc Pritchard）的说法，程序化广告使得宝洁以更合适的价格更精准地对其广告定价。据报道，它的投资回报率是传统方法的 3～5 倍。其他公司也在效仿。清洁用品供应公司高乐氏（Clorox）在 2015 年将其全部数字预算的大约 50% 投入了程序化广告。

然而，一些针对千禧一代的新贵网络出版商正试图扭转这一趋势。Vox Media、Refinery29 和 Mic 都拒绝程序化广告，只直接向广告商出售广告空间。这些出版商反对程序化广告的理由是，程序化广告会削弱网站的功能，减缓网页在浏览器中的加载速度，同时还会让网站上充斥着让访问者感到厌烦的广告。其他网络出版商是否会效仿这一做法还有待观察。

资料来源："US Programmatic Ad Spending Forecast: Most Mobile Display and Video Ad Dollars to be Automated by 2018," by Lauren Fisher, eMarketer, Inc., September 26, 2016; "US Digital Ad Benchmarks: CTR and Conversion Rates, by Format and Device, Q2 2016," eMarketer, Inc., August 31, 2016; "The New Display Ad Tech Stack," by Lauren Fisher, eMarketer, Inc., May 2016; "Programmatic Pays Off Big for P & G, But Obstacles Loom," by Jack Neff, Adage.com, April 1, 2016; "Clorox Is Betting Big on Programmatic Advertising," by Jack Marshall, *Wall Street Journal*, September 4, 2015; "New Breed of Digital Publishers Just Say No to Ad Tech," by Mike Shields, *Wall Street Journal*, July 28, 2015; "US Auto Industry Sets Brisk Pace with Mobile Programmatic," by eMarketer, Inc., July 2, 2014; "Creating Ads on the Fly: Fostering Creativity in the Programmatic Era," by Debra Aho Williamson, eMarketer, Inc., April 2015; "Procter & Gamble CMO Pritchard: Programmatic Delivers Business Lift," by Sarah Sluis, Adexchanger.com, March 6, 2015; "Get With the Programmatic: A Primer on Programmatic Advertising," by Or Shani, Marketingland.com, August 22, 2014; "Programmatic Advertising Spreads Quickly Despite Nagging Problems, Says AOL Survey," by Robert Hof, Adage.com, August 13, 2014; "How Big Media Is Adapting to Automated Ad Buying," *Wall Street Journal*, June 27, 2014; "Procter & Gamble Aims to Buy 70% of Digital Ads Programmatically," Adage.com, June 4, 2014; "Programmatic Buying Roundup," by Lauren Fisher, eMarketer，Inc.，June 2014；"Programmatic Guaranteed，" by Lauren Fisher，eMarketer Inc.，May 2014；"Driving Pro-grammatic Buying：Automotive Industry Will Invest Big in 2014，" by Mike Hudson et al.，eMarketer，Inc.，January 2014；"Programmatic Everywhere? Data，Technology and the Future of Audience Engagement，" IAB，November 4，2013；"RTB Is the Most Overhyped Technology Ever：It's Useful for Extending the Reach of Mediocre Content，but Not for Subtle，Thoughtful Buys，" by Joe Mohen，Adage.com，May 30，2013.

[案例思考题]

1. 访问一个你喜欢的门户网站，数一数首页上有多少广告。统计一下有多少广告：（a）符合你的兴趣，与你直接相关；（b）是你感兴趣的，但不直接相关；（c）既不感兴趣也不相关。选择 10 个网站重复上述问题，计算三者的比率，说说你发现了什么，为什么会有这样的结果。

2. 广告人员在决策时使用不同的"档案"来决定如何向消费者展示广告。识别案例中有哪些不同的"档案"，解释为什么它们与网络展示广告有关。

3. 怎样使展示广告获得类似搜索引擎的效果？

4. 你认为基于先前点击行为的即时广告和搜索引擎营销哪个更有效？为什么？

关键术语

消费者行为（consumer behavior）　一门社会科学学科，试图在市场中模拟和理解人类的行为。

点击流行为（clickstream behavior）　用户在网络上活动时建立的事务日志。

客户体验（customer experience）　客户对公司的全部体验，包括搜索、通知、购买、消费，以及支持其产品、服务和各种零售渠道的售后服务。

网络广告（online advertising）　在网站、在线服务或其他互动媒介上付费的信息。

广告定位（ad targeting）　向人群中的特定群体发送市场信息。

搜索引擎营销（search engine marketing，SEM）包括使用搜索引擎来建立和维持品牌。

搜索引擎广告（search engine advertising）　包括使用搜索引擎来支持在线直销。

有机搜索（organic search）　网站的内容和排名取决于搜索引擎强加的一组规则（算法）或多或少的"无偏见"应用。

付费置入（paid inclusion）　只要支付一定的费用，就可以保证网站包含在列表中，保证网站爬虫能更频繁地访问网站，并提供改进有机搜索结果的建议。

按点击付费（PPC）搜索广告（pay-per-click (PPC) search ad）　搜索引擎广告的主要方式。

关键词广告（keyword advertising）　商家通过搜索网站的竞价过程购买关键词，当消费者搜索这个词时，他们的广告就会出现在页面的某个地方。

网络关键词广告（语义广告）（network keyword advertising (context advertising)）　出版商接受谷歌在其网站上放置的广告，并从这些广告中收取点击费用。

搜索引擎优化（search engine optimization，SEO）　改进搜索引擎算法生成的网页排名的技术。

熊猫（Pandas）　改变谷歌算法，从搜索结果中删除低质量的站点。

企鹅（Penguin）　修改谷歌算法，消除具有低质量反向链接的站点。

蜂鸟（Hummingbird）　谷歌搜索算法的语义搜索部分。

知识图谱（Knowledge Graph）　在谷歌搜索引擎中显示一个与你可能感兴趣的搜索词语相关的事实的选择。

社交搜索（social search）　基于社交图谱努力提供更少的、更相关的、可信赖的结果。

连接工厂（link farms）　链接到彼此的网站群，从而提升其在搜索引擎中的排名。

内容工厂（content farms）　为多个网站生成大量文本内容的公司，旨在吸引观众和搜索引擎。

点击欺诈（click fraud）　竞争对手点击搜索引擎结果和广告，迫使广告商为点击付费，即使点击是不合法的。

横幅广告（banner ad）　在电脑屏幕顶部或底部的矩形框中显示促销信息。

富媒体广告（rich media ad）　广告采用动画、

声音和交互性，使用 Flash、HTML5、Java 和 Java-Script。

插播式广告（interstitial ad）　一种在用户当前和目标页面之间放置一整页信息的方法。

视频广告（video ad）　类似于电视广告，以页面内部商业视频的形式在各种视频的前面、中间或最后展示的广告形式。

赞助式广告（sponsorship）　把广告商的名字与信息、活动或场所联系起来的有偿努力，以一种积极但不明显的商业方式强化其品牌。

原生广告（native advertising）　与编辑内容相似的广告。

广告网络（advertising networks）　通过根据详细的客户信息向消费者展示广告，将网络营销人员与出版商联系起来。

广告交换（ad exchanges）　基于拍卖的数字市场，广告网络向市场营销人员出售广告空间。

程序化广告（programmatic advertising）　自动的、基于拍卖的方法，用于匹配在线展示广告的需求和供应。

实时出价（RTB）流程（real-time bidding (RTB) process）　用于匹配广告客户对展示广告的需求，并提供网页空间。

广告欺诈（ad fraud）　伪造网页或移动流量，以向广告商收取印象、点击或其他从未发生过的行为的费用。

直邮营销（direct e-mail marketing）　直接将电子邮件营销信息发送给对此感兴趣的用户。

垃圾邮件（spam）　不请自来的商业性电子邮件。

联盟营销（affiliate marketing）　广告商支付给附属网站的佣金，用于推荐潜在客户到他们的网站。

病毒式营销（viral marketing）　把公司的营销信息传递给朋友、家人和同事的过程。

潜在客户营销（lead generation marketing）　使用多个电子商务的服务平台为企业提供潜在客户，企业之后可以联系并转换客户。

一对一营销（个性化）（one-to-one marketing (personalization)）　在个人的基础上分割市场（不是团体），基于对他们需求的准确和及时的了解，将具体的营销信息发送给这些客户，然后与竞争对手相比

将产品做到真正独一无二。

行为定位（behavioral targeting）　涉及使用消费者的在线和离线行为来调整在线发送的广告信息。

基于兴趣的广告（interest-based advertising, IBA）　行为定位的另一种名称。

重定向（retargeting）　在多个网站上展示相同的广告。

定制（customization）　根据用户喜好改变产品，而不仅仅是营销信息。

客户联合生产（customer co-production）　在网络环境中，通过允许客户交互地创建产品，进一步进行定制。

常见问题（frequently asked questions，FAQ）一个基于文本的常见问题和回答列表。

实时客户服务聊天系统（real-time customer service chat systems）　一家公司的客户服务代表以实时方式与一个或多个客户进行交互式文本消息交流。

自动应答系统（automated response systems）发送电子邮件订单确认和电子邮件查询的确认。

一价定律（Law of One Price）　在完美的信息市场中具有完全的价格透明度，每个产品的世界价格将会出现。

定价（pricing）　为商品和服务标明价值。

需求曲线（demand curve）　以各种价格出售的商品数量。

价格歧视（price discrimination）　根据个人或群体所愿意支付的最高价将商品以不同的价格出售给他们。

分级定价（versioning）　生产一种产品的不同档次的系列，在不同的细分市场以不同的价格销售本质相同而档次不同的产品。

捆绑定价（bundling）　以一种商品的价格向顾客提供两种甚至更多的商品。

动态定价（dynamic pricing）　产品的价格随客户的需求特征和卖方的供应情况而变化。

长尾效应（long tail effect）　一种对各种统计分布的通俗叫法，其特征是少量的高振幅事件和大量的低振幅事件。

事务日志（transaction log）　记录在网站上的用户活动。

注册表单（registration forms）　收集有关名称、地址、电话、邮政编码、电子邮件地址（通常需要）的个人资料，以及其他可选的自我认可的关于兴趣和品味的信息。

购物车数据库（shopping cart database）　捕获所有选择项目、购买和付款数据。

cookies　一种放置在访问者客户端计算机的硬盘上的小型文本文件，允许网站在用户的计算机上存储数据，然后再检索它。

确定性跨设备跟踪（deterministic cross-device tracking）　依赖于个人身份信息，例如用于登录到不同设备上的应用和网站的电子邮件地址。

概率性跨设备跟踪（deterministic cross-device tracking）　使用算法来分析数千个匿名数据点以创建可能的匹配。

归档技术（profiling）　使用各种工具为每个消费者创建数字画像。

数据库（database）　一种存储记录及其属性的应用软件。

数据库管理系统（database management system, DBMS）　一种用于建立、维护、存取数据库的企业应用软件。

结构化查询语言（structured query language, SQL）　一种用在关系型数据库中的符合行业标准的查询操作语言。

关系型数据库（relational database）　以二维表的形式存储数据，一行代表一条记录，一列代表一种属性；只要表与表之间存在相同数据项，就可创建表与表之间（以及所包含数据之间）的灵活相关关系。

数据仓库（data warehouse）　一种将企业的交易数据和客户数据集中起来并方便脱机分析的数据库。

数据挖掘（data mining）　一系列用于发现数据库或数据仓库中数据的模式，或建立消费者行为模型的分析技术。

客户资料（customer profile）　对网站单个或群体消费者的典型行为的描述。

查询驱动的数据挖掘（query-driven data mining）　一种建立在特定查询基础之上的数据挖掘。

模型驱动的数据挖掘（model-driven data mining）　通过建立模型对与决策者利益相关的主要变量进行分析。

大数据（big data）　存储在庞大的数据集中的大量数字数据，它们通常来自不同来源，在 PB 级和 EB 级范围内。

Hadoop　一个可以处理多个大数据集的软件框架。

营销自动化系统（marketing automation systems）　市场营销人员用于跟踪营销过程中潜在客户的所有流程的软件工具。

客户关系管理系统（customer relationship management (CRM) system）　记录客户与企业的所有接触活动并生成客户资料的信息库，企业中任何需要了解客户信息的人都能够获得这些客户资料。

客户接触点（customer touchpoints）　客户与企业交互的方式。

印象（impressions）　广告显示的次数。

点击率（click-through rate, CTR）　实际点击广告的人数占被展示广告人数的百分比。

访问率（view-through rate, VTR）　在 30 天内对广告做出回应的概率。

点击次数（hits）　企业服务器收到的 HTTP 请求的次数。

网页浏览量（page views）　网页被访问者浏览的次数。

可见率（viewability rate）　网络用户实际看到广告的百分比。

独立访客（unique visitors）　网站上的单个不同访问者的数量。

忠诚度（loyalty）　一年内再次来网站的购买者的百分比。

到达率（reach）　访问网站的消费者人数占市场上消费者总人数的百分比。

最近一次消费（recency）　用户上次访问网站以来的平均间隔天数。

黏度（持续时间）（stickiness, duration）　访问者在一个网站的平均停留时间。

获得率（acquisition rate）　注册或浏览产品信息的访问者百分比。

转换率（conversion rate）　实际购买商品的访问者百分比。

浏览购买比（browse-to-buy ratio）　浏览了产品页面的用户中最终购买的比例。

浏览加入购物车比（view-to-cart ratio）　在产品页面点击了"加入购物车"的比例。

购物车转换率（cart conversion rate）　点击了"加入购物车"的用户中最终下订单的比例。

结账转换率（checkout conversion rate）　点击"开始结账"的用户中最终下订单的比例。

放弃率（abandonment rate）　中途放弃购物车并离开网站的购物者百分比。

保留率（retention rate）　现有顾客中一直定期购物的客户百分比。

流失率（attrition rate）　曾经购买过一次商品，但一年来再也没有来过的顾客百分比。

查看时间（view time）　播放时实际观看多长时间。

完成率（completion rate）　观看整个视频广告的人数。

打开率（open rate）　消费者打开电子邮件看到信息的概率。

传递率（delivery rate）　电子邮件接收者最终收到电子邮件的概率。

点击率（电子邮件）（click-through rate（e-mail））　电子邮件接收者点击收到的电子邮件的概率。

跳退率（bounce-back rate）　邮件未成功发送的概率。

跨平台归属（cross-platform attribution）　如何在可能影响消费者最终购买途径的各种平台上给不同的营销举措分配适当的额度。

每千次印象成本（cost per thousand，CPM）　广告客户以 1 000 次印象为单位来购买广告。

每次点击成本（cost per click，CPC）　广告客户根据事先商定好的每次广告被点击的费率来支付费用。

每次行动成本（cost per action，CPA）　只有当用户完成特定行动之后广告客户才付费。

有效每千次展示费用（effective cost-per-thousand，eCPM）　一项衡量广告投资回报率的指标。

营销分析软件（marketing analytics software）　收集、存储、分析和图形化地呈现了购物者转化为客户的每个阶段的数据。

思考题

1. 互联网用户数会无限制地增长吗？如果不会，哪些因素会阻碍其增长呢？

2. 除搜索引擎外，互联网上最流行的应用还有哪些？

3. 你认为互联网是促进还是妨碍了社交活动？说明你的理由。

4. 研究表明，许多消费者在实际购买之前使用互联网搜索，再去实体店购买。这对网络商家有什么意义？它们可以做些什么来吸引更多的在线购买，而不是纯粹的搜索？

5. 谷歌公司对其搜索引擎算法进行了哪些更改，以提高搜索结果和用户体验？

6. 广告网络为什么会引起人们的争议？如果有的话，采用什么办法能够克服人们对这种技术的抵制？

7. 什么是营销自动化系统？其使用情况如何？

8. 说明数据库、数据仓库和数据挖掘之间的区别。

9. 网络营销中使用的数据挖掘技术有哪些缺点？

10. 电子商务早期的定价策略是什么？为什么？

11. 价格歧视与分级定价有区别吗？如果有的话，区别在哪里？

12. 免费赠品，如免费的网络服务和免费样品，对网上销售量的提高无效的原因是什么？

13. 解释分级定价策略。它与动态定价有何不同？

14. 为什么将产品和服务进行捆绑销售比单一销售对商家更有利？

15. 为什么网络广告在整个广告市场中只占不到 37%？

16. 直邮营销的优点是什么？

17. 为什么传统广告仍然很重要？

18. 点击次数和网页浏览量之间有什么不同？为什么它们不是衡量网络流量的最好方法？计算流量的最好方法又是什么？

19. 给出 CTR、CPM、CPC、CPA 和 VTR 的定义。

20. 什么是网络分析？其使用情况如何？

设计题 ──■

1. 访问 www. strategicbusinessinsights. com/ vals/presurvey. shtml。点击"Survey"按钮，通过调查来判断你属于哪一种生活方式。准备一篇两页的短文，描述你的生活方式和价值观对你从事网上电子商务活动的影响。你的生活方式会怎样影响你的网上消费行为？

2. 访问 Net-a-porter. com 网站，为它设计一个网络营销计划，该计划包括如下几部分内容：

- 一对一营销；
- 联盟营销；
- 病毒营销；
- 博客营销；
- 社交网络营销。

说明每一部分的作用，并用幻灯片演示你的营销计划。

3. 利用网上消费者购物模型（见图 6-11）分析一个向美国 18～26 岁的年轻人销售服饰的小网站所开展的电子邮件营销活动的有效性。假定该营销活动要发送 10 万封电子邮件（每封 25 美分）。预期的点击率为 5%，顾客的转换率为 10%，忠诚客户的保留率为 25%。商品的平均售价是 60 美元，利润率为 50%（商品成本是 30 美元）。这次营销活动会盈利吗？对于增加购买量和提升顾客的忠诚度，你有什么好的建议？关于网站的设计特征呢？还有沟通信息呢？

4. 上网浏览至少 15 分钟，访问两个不同的网站。将你看到的网站所使用的营销沟通工具用一张表格详细地描述出来。你认为哪一种营销沟通工具最有效？为什么？

5. 用至少 3 种搜索引擎来查询一种产品，仔细观察搜索结果。如果搜索结果中包含付费置入链接的话，你能识别出它们吗？如果能的话，你是如何识别的？在搜索结果的网页上还有哪些与你的搜索相关的营销沟通？

6. 分析富媒体在广告中的使用。寻找并描述使用视频流、音频流或其他多媒体技术的广告，至少要找到两个例子。（提示：访问广告代理商的网站来寻找实例。）这类广告有哪些优点和缺点？就你的分析结果准备一份 3～5 页的报告。

7. 浏览你的脸书页面，测试广告是否符合你的意向。简述广告上展示了什么。你怎么相信它与你的兴趣和先前的网络行为相关？你也可以搜索几次谷歌的零售产品和相关产品，然后访问雅虎或其他较为流行的网站，验证你的行为是否已经被广告追踪。

参考文献 ──■

Adjei, Mavis, and Stephanie Noble. "The Influence of C2C Communications in Online Brand Communities On Purchase Behavior." *Journal of the Academy of Marketing Science*, Vol. 38, No. 5 (2009).

Adomavicius, Gediminas, and Alexander Tuzhilin. "Using Data Mining Methods to Build Customer Profiles." *IEEE Computer* (February 2001a).

Adomavicius, Gediminas, and Alexander Tuzhilin. "Expert-Driven Validation of Rule-Based User Models in Personalization Applications." *Data Mining and Knowledge Discovery* (January 2001b).

AdRoll. "The Performance Marketer's Guide to Retargeting: Part 1." (2015).

Akerlof, G. "The Market for 'Lemons' Quality Under Uncertainty and the Market Mechanism." *Quarterly Journal of Economics* (August 1970).

Ba, Sulin, Jan Stallaert, and Zhongju Zhang. "Balancing IT with the Human Touch: Optimal Investment in IT-Based Customer Service." *Information Systems Re-search* (September 2010).

Ba, Sulin, and Paul Pavlou. "Evidence on the Effect of Trust Building Technology in Electronic Markets: Price Premiums and Buyer Behavior." *MIS Quarterly* (September 2002).

Bakos, J. Y., and Erik Brynjolfsson. "Bundling and Competition on the Internet: Aggregation Strategies for Information Goods." *Marketing Science* (January 2000).

Battelle, John. "The Database of Intentions Is Far Larger Than I Thought." Battellemedia.com (March 5, 2010).

Battelle, John. "Search Blog." Battellemedia.com (November 13, 2003).

Baymard Institute. "34 Cart Abandonment Rate Statistics." Baymard.com (accessed October 8, 2016).

BIA/Kelsey. "U.S. Local Media Forecast 2016." (June 2, 2016).

Brookings Institute. "Online Identity and Consumer

Trust: Assessing Online Risk." (January 2011).

Castell, John. "Google Panda Explained for Website Owners." Linkedin.com (June 12, 2014).

Chaffey, Dave. "Display Advertising Clickthrough Rates." (April 2016).

Chan, P. K. "A Non-Invasive Learning Approach to Building Web User Profiles." In *Proceedings of ACM SIGKDD International Conference* (1999).

Corritore, C. L., B. Kracher, and S. Wiedenbeck, "On-line Trust: Concepts, Evolving Themes, a Model." *International Journal of Human-Computer Studies* (2006).

Cross, Robert. "Launching the Revenue Rocket: How Revenue Management Can Work For Your Business." *Cornell Hotel and Restaurant Administration Quarterly* (April 1997).

eMarketer, Inc. (Cindy Liu) "US Digital Users: eMarketer's Updated Estimates for 2016." (September 22, 2016a).

eMarketer, Inc. Share of "Average Time Spent per Day with Major Media by US Adults, 2012–2018." (April 1, 2016b).

eMarketer, Inc. "Fixed Broadband Households, United States, 2008–2020." (August 8, 2016c).

eMarketer, Inc. "US Digital Shoppers and Buyers, 2015–2020." (September 1, 2016d).

eMarketer, Inc. "US Digital Ad Spending, 2015–2020 (billions % change, and % of total media ad spending*) (September 1, 2016e).

eMarketer, Inc. "US Digital Ad Spending Growth by Format, 2015–2020 (billions)." (August 24, 2016f).

eMarketer, Inc. "US Digital Ad Spending Growth by Format, 2015–2020 (% change"), (September 1, 2016g).

eMarketer, Inc. (Paul Verna) "US Native Advertising Update: Focus on Video." (July 26, 2016h).

eMarketer, Inc. (Lauren T. Fisher). "Ad Fraud in the US: How More Sophisticated Methods Are Hurting, Mobile, Video, and Performance Measurement." (August 2016i).

eMarketer, Inc. (Jillian Ryan). "Email Benchmarks 2016: Relevancy, Frequency, Deliverability and Mobility." (September 6, 2016j).

eMarketer, Inc. "US Affiliate Marketing Spending, 2015–2020." (February 3, 2016k).

eMarketer, Inc. "US Social Network Ad Spending, 2015–2018." (September 1, 2016l).

eMarketer, Inc. "US Social Network Ad Revenues, by Venue, 2015–2018." (September 1, 2016m).

eMarketer, Inc. "US Mobile Ad Spending, 2015–2020." (September 1, 2016n).

eMarketer, Inc. "US Native Ad Benchmarks: Average Time SPent, CTR, and CTA Rate*, by Industry, Jan 2015–March 2016." (August 18, 2016).

eMarketer, Inc. (Jeremy Kressman). "Cross-Device Search Marketing: As Search Goes Multidevice, Ad Targeting and Measurement Struggle to Keep Pace." (April 9, 2015).

eMarketer, Inc. "Reasons US Internet Users Buy Products Digitally Rather Than In-Store." (February 23, 2014).

eMarketer, Inc. (Paul Verna). "Word of Mouth Marketing." (October 2010).

Evans, P., and T. S. Wurster. "Getting Real About Virtual Commerce." *Harvard Business Review* (November–December 1999).

Evergage. "2016 Trends in Personalization." (June 2016).

Farahat, Ayman, and Michael Bailey. "How Effective is Targeted Advertising." International World Wide Web Conference Committee (April 26–20, 2012).

Fawcett, Tom, and Foster Provost. "Adaptive Fraud Detection." *Data Mining and Knowledge Discovery* (1997).

Fawcett, Tom, and Foster Provost. "Combining Data Mining and Machine Learning for Effective User Profiling." In *Proceedings of the Second International Conference on Knowledge Discovery and Data Mining* (1996).

Federal Trade Commission. "Native Advertising: A Guide for Businesses." (December 2015a).

Federal Trade Commission. "Enforcement Policy Statement on Deceptively Formatted Advertisements." (December 2015b).

Feil, Jessica. "Good Lord, & Taylor! Of Course You Need to Disclose Native Ads." Ftcbeat.com (March 16, 2016).

Forrester Research. "US Cross-Channel Retail Forecast, 2015 to 2020." (January 26, 2016).

Forrester Research. "Refresh Your Approach to 1:1 Marketing: How Real-Time Automation Elevates Personalization." (August 18, 2014).

Franklyn, David J. "Consumer Recognition and Understanding of Native Advertisements." Federal Trade Commission (December 4, 2013).

French, Violet. "Canada's Tough New Anti-Spam Legislation: Beware Its Extra-Territorial Reach." Americanbar.org (January 2014).

Garg, Rajiv. "Peer Influence and Information Difusion in Online Networks: An Empirical Analysis." Carnegie Mellon University, School of Information Systems and Management, Working Paper, 2009.

Google Inc. "Guide to Ad Sizes." (accessed October 8, 2016).

Guo, Stephen, M. Wang, and J. Leskovec. "The Role of Social Networks in Online Shopping Choice: Information Passing, Price of Trust, and Consumer Choice." Stanford University (June 2011).

Hof, Robert. "The One Second Rule: New Viewability Metrics Exposes How Low Online Advertising Standards Still Are." *Forbes* (March 3, 2014).

Interactive Advertising Bureau. "Rising Stars Ads and Brand Equity." (February 9, 2015).

Interactive Advertising Bureau. "Digital Video Rising Starts Added to IAB Standard Ad Portfolio, Augmenting Sight, Sound & Motion with Interactivity at Scale." (February 10, 2014).

Interactive Advertising Bureau. "Mobile Rich Media Ad Definitions (MRAID)." (September 2012).

Interactive Advertising Bureau. "IAB Standards and Guidelines." Iab.net (September 2011).

Interactive Advertising Bureau (IAB)/PriceWaterhouseCoopers. "IAB Internet Advertising Revenue Report:

2015 Full Year Results." (April 2016).

Isaac, Mike. "Uber Reaches Deal With New York on Surge Pricing in Emergencies." *New York Times* (July 8, 2014).

Iyengar, Raghuram, S. Han, and S. Gupta. "Do Friends Influence Purchases in a Social Network." Harvard Business School. Working Paper, 2009.

Joe, Ryan. "FTC Commissioner Julie Brill: Ad Industry Must Shape Up, or Face the Wrath of Ad Blockers." Adexchanger.com (January 22, 2016).

Kantrowitz, Alex. "Inside Google's Secret War Against Ad Fraud." Adage.com (May 18, 2015).

Kantrowitz, Alex. "Digital Ad Fraud is Rampant. Here's Why So Little Has Been Done about It." Adage.com (March 24, 2014).

Kantrowitz, Alex. "Just Look At How Google Dominates Ad Tech." Adage.com (October 18, 2013).

Kim, D., and I. Benbasat. "The Effects of Trust-Assuring Arguments on Consumer Trust in Internet Stores." *Information Systems Research* (2006).

Kim, D., and I. Benbasat. "Designs for Effective Implementation of Trust Assurances in Internet Stores." *Communications of the ACM* (July 2007).

Kim, Dan, Donald Ferrin, and Raghav Rao. "Trust and Satisfaction, Two Stepping Stones for Successful E-Commerce Relationships: A Longitudinal Exploration." *Journal of Information Systems Research* (June 2009).

Kotler, Philip, and Gary Armstrong. *Principles of Marketing, 13th Edition.* Upper Saddle River, NJ: Prentice Hall (2009).

Libert, Kelsey. "Comparing the ROI of Content Marketing and Native Advertising." *Harvard Business Review* (July 6, 2015).

Marin Software. "The Performance Marketer's Retargeting Guide: Key Benchmarks, Challenges and Best Practices for Cross-Channel Success." (September 2014).

MediaMind Inc. "Consumers 27 Times More Likely to Click-Through Online Video Ads than Standard Banners." (September 12, 2012).

Mishra, D. P., J. B. Heide, and S. G. Cort. "Information Asymmetry and Levels of Agency Relationships." *Journal of Marketing Research* (1998).

Mobasher, Bamshad. "Data Mining for Web Personalization." Center for Web Intelligence, School of Computer Science, Telecommunication, and Information Systems, DePaul University, Chicago, Illinois. (2007).

Monetate. "Ecommerce Quarterly EQ2 2016: Ecommerce Growth Sets New Records in Q2." (September 22, 2016).

National Conference of State Legislatures. "State Laws Relating to Unsolicited Commercial of Bulk E-mail (SPAM)." (December 3, 2015).

Neff, Jack. "Media Rating Council Proposes Mobile Viewability Definition That Matches Desktop." Adage.com (April 1, 2016).

Nielsen Company. "Global Online Consumer Survey." (May 2011).

Oestreicher-Singer, Gail and Arun Sundararajan. "The Visible Hand of Social Networks." *Electronic Commerce Research* (2008).

Opinion Research Corporation. "Online Consumer Product Reviews Have Big Influence." Opinion Research Corporation (April 16, 2009).

Ostermiller, Jeremy. "After Addressing Initial Viewability, These Are the Metrics That Matter." Mediapost.com (June 26, 2015).

Pavlou, Paul. "Institution-Based Trust in Interorganizational Exchange Relationships: The Role of Online B2B Marketplaces on Trust Formation." *Journal of Strategic Information Systems* (2002).

Pew Research Center. (Monica Anderson and Andrew Perrin). "13% of Americans Don't Use the Internet. Who Are They?" (September 7, 2016).

Pew Research Center. (Amanda Lenhart). "Mobile Access Shifts Social Media Use and Other Online Activities." (April 9, 2015a).

Pew Research Center. (Aaron Smith). "U.S. Smartphone Use in 2015." (April 1, 2015b).

Pew Research Center. (Lee Rainie). "The State of the Digital Divides." (November 5, 2013).

Pew Research Center. (Kathryn Zickuhr and Aaron Smith). "Digital Differences." (April 13, 2012).

PointRoll. "2014 Benchmark Report." (March 5, 2015).

Polar. "Q2 2016 Benchmarks: Branded Content Performance." (August 8, 2016).

Ragan, Steve. "Advertisers Expected to Lose $7.2B in 2016 Due to Fraud." Csoonline.com (January 20, 2016).

Rayport, J. F., and J. J. Sviokla. "Exploiting the Virtual Value Chain." *Harvard Business Review* (November–December 1995).

Richtel, Matt. "Wasting Time Is Divide in Digital Era." *New York Times* (May 29, 2012).

Robinson, Jim. "What You Need to Know About the Changing Affiliate Landscape." Marketingprofs.com (August 8, 2014).

Schiff, Allison. "A Marketer's Guide to Cross-Device Identity." Adexhanger.com (April 9, 2015).

Schleifer, Dan. "Which Social Network Makes Your Customers Buy?" *Harvard Business Review* (April 2, 2013).

Scott, Samuel. "The $8.2 Billion Adtech Fraud Everyone Is Ignoring." Techcrunch.com (January 6, 2016).

Sevitt, David, and Alexandra Samuel. "Vision Statement: How Pinterest Puts People in Stores." *Harvard Business Review* (July–August, 2013).

Shapiro, Carl, and Hal Varian. *Information Rules: A Strategic Guide to the Network Economy.* Cambridge, MA: Harvard Business School Press (1999).

Shapiro, Carl, and Hal Varian. "Versioning: The Smart Way to Sell Information." *Harvard Business Review* (November–December 1998).

Sinha, Indrajit. "Cost Transparency: The Net's Real Threat to Prices and Brands." *Harvard Business Review* (March–April 2000).

Symantec. "Symantec Intelligence Report." (September 2016).

Tadena, Nathalie. "Marketers Say They Would Spend Even More on Digital Ads If Measurement Improved." *Wall Street Journal* (July 6, 2015).

Tobii/Mediative. "The Effectiveness of Display Advertising on a Desktop PC vs. a Tablet Device." (August 2012).

Van den Poel, Dirk, and Wouter Buckinx. "Predicting Online Purchasing Behavior." *European Journal of Operations Research*, Vol. 166, Issue 2 (2005).

Viant. "Video Insights Report: 2015 Year in Review." (March 16, 2016).

VisionCritical Corporation. "From Social to Sale: 8 Questions to Ask Your Customers." (June 2013).

Vranica, Suzanne. "A 'Crisis' in Online Ads: One-Third of Traffic is Bogus." *Wall Street Journal* (March 23, 2014).

Whitener, Michael. "Cookies Are So Yesterday; Cross-Device Tracking Is In—Some Tips." Iapp.org (January 27, 2015).

Wigand, R. T., and R. I. Benjamin. "Electronic Commerce: Effects on Electronic Markets." *Journal of Computer Mediated Communication* (December 1995).

Williamson, O. E. *The Economic Institutions of Capitalism*. New York: Free Press (1985).

Wolfinbarger, Mary, and Mary Gilly. "Shopping Online for Freedom, Control and Fun." *California Management Review* (Winter 2001).

Wordstream. "Google AdWords Industry Benchmarks: Average Click Through Rate." (October 12, 2016).

第7章
社交、移动和本地营销

 学习目标

学完本章，你将能够：

- 理解传统网络营销与新型社交、移动和本地营销平台之间的区别，以及社交、移动和本地营销之间的关系
- 理解从粉丝获取到销售的社交营销流程以及脸书、推特和 Pinterest 等社交营销平台的营销能力
- 说明移动营销活动的关键要素
- 理解基于定位的本地营销功能

章首案例

脸书：推行社交营销

2012 年，脸书上市，当时人们认为该公司将变成一个足以抗衡或超越谷歌、雅虎和亚马逊的营销巨头。一些分析人士认为，凭借脸书的广告平台，其将成为下一个谷歌，甚至可能成为与亚马逊竞争的电子商务平台。脸书在首次公开募股中筹集了160 亿美元，将跻身电商股票"大联盟"。2012 年 9月，脸书的股价在随后几个月内大幅下滑，最低至17.50 美元，投资者担心脸书无法快速提高其广告收入以抵消其下跌的股价。2016 年 10 月，脸书的股价比原来的发行价格上涨了 3 倍，在过去 3 年的大部分时间里稳步上涨。脸书不断实施新的方式，

向越来越多的移动用户投放有针对性的广告。就现在来看，这似乎是成功的。

尽管脸书最初在向移动设备的转型中遇到了挫折，但这家社交网络巨头已朝着有效的移动战略稳步前进。整个 2012 年，脸书对其官方应用程序重新设计，向用户的 News Feed 引入广告，并创建了一种新的广告形式——"应用安装广告"，这些广告的费用是由脸书应用程序的开发者支付的，鼓励用户下载应用程序（通常是免费的）。应用安装广告和应用内广告成为脸书的秘密武器，甚至连投资者都没听说过。脸书从移动浏览器端转移到应用程序端中

获得了帮助。美国成年人在移动应用上花费的时间在过去 3 年中增长了 110% 以上，到现在占到数字媒体总花费时间的 58%；而在笔记本电脑上花费的时间仅占 33%，手机浏览器仅占 9%。美国成年人每个月花费在手机和平板电脑中的应用程序上的时间超过 96 小时（约每天 3 小时 15 分钟）。

广告商在这些应用程序中展示广告，而脸书和应用程序开发者分享广告费用。应用安装广告和应用内广告是脸书移动广告中最大的来源。脸书上约有 1 000 万个应用程序可以使用，并且每天有近 3 000 万的应用程序安装量。这些应用程序的范围包括 Candy Crush Saga、FarmVille 和 Words With Friends 等游戏，Spotify 和 Pandora 这样的音乐应用程序，Social Vibe 和 Charity Trivia 等以慈善为导向的应用程序。应用内广告比标准的 News Feed 广告有优势：它们不会像 News Feed 广告那样让人感到具有破坏性和厌烦，而用户更愿意承受游戏中出现广告带来的不便，换取免费游戏。

2016 年，脸书在移动端的月活跃用户近 16 亿，占月活动用户总数的 90% 以上。目前，移动广告占广告总收入从近年的 50% 增长到了 80% 以上，而几年前这部分几乎为零。脸书在社交移动营销领域转型的另一个因素是它在当地小企业的成功。2016 年，脸书平台上有 300 多万家广告商，其中大部分是小型企业，超过 6 000 万家小型企业有脸书的网页。

脸书对其广告工具包做了一些修改，以简化在其网站上为没有专业营销人员的小企业设置和定位广告的过程。它的界面现在允许广告商指定它们的目标，比如增加点赞，增加网站流量，或者把更多的访问者转化为客户。它们也可以选择在哪里放置广告——无论是在脸书的 News Feed 还是右边栏。广告商可以定位人口统计数据，以及脸书用户在其个人资料中显示的一般特征，如年龄、性别、教育和就业。脸书还增加了一个追踪像素，允许广告商追踪那些点击脸书广告后访问其网站的客户。

Little Passport 就是使用脸书新的广告工具的企业，它由两个妈妈创办，她们想设计一种既具有启发性又有趣的方式让孩子们了解美国和其他国家。Little Passport 针对 5～12 岁的儿童的父母，最近也有新的选择可为更年幼的孩子提供服务。它的商业模式是订阅服务，每个月给孩子们发送包裹，让孩子们在虚拟旅行中学习地理、历史和社会生活的知识，订阅费每月 11.95 美元。

2014 年，Little Passport 开始在脸书上投放广告。该公司在广告中展示了其 Explorer Kit 的一张图片，图片周围的文字鼓励大家订阅其服务。联合创始人艾米·诺曼（Amy Norman）能够根据性别、兴趣、位置、关系状态、教育背景、这个人是否想要孩子和访问广告的移动设备类型（iOS 系统与安卓系统）来选择哪些人会看到广告。她还使用了一个名为 "Custom Audience" 的功能来触达有大学教育背景并且阅读了某些育儿杂志的妈妈们。另一个能证明其有效性的工具是脸书的 LookAlike Audiences。LookAlike Audiences 使用广告客户提供的客户电子邮件地址，查看该群组的人口和行为趋势，然后根据北美脸书用户（约 2.6 亿人）的数据库生成更多潜在客户的列表。脸书将广告推送给这些"相似的人"。这听起来的确很不可思议。但是，脸书向我们保证所有用户的名字都会被代码替代。

在短短几个月内，Little Passport 的广告吸引了 1 500 多位用户评论，这些评论绝大多数是正面的。2014 年 6 月，该公司在脸书广告上花费了大约 3 万美元，而其月收入约为 13 万美元。投放广告 6 个月后，在同年 12 月，Little Passports 在脸书广告上花费了 15 万美元，其收入也增加至 70 万美元。脸书广告成本增加了 4 倍，收入增加了 4.4 倍，这要比成本增长快一些。诺曼认为脸书的提案是值得付费的，因为 Little Passport 的客户群在 6 个月内增加了 2 倍。诺曼也觉得脸书的追踪像素是一个改变游戏规则的因素，因为她可以准确地看到广告的表现如何。2015 年，Little Passports 出售了其第 100 万份订阅套餐。

2016 年，脸书推出面向小企业的新工具，其中包括在国际上使用 LookAlike Audiences 寻找潜在市场的功能。Little Passports 使用这一功能来寻找国际市场，希望能够带来足够的销售额，包括法国、新加坡、瑞典等国。该公司在不久的将来将达到 3 000 万美元收入，而其中 15% 的销售额来自美国境外。

脸书的投资者曾经怀疑是否能够继续扩大其广告收入。营销人员对脸书广告是否真的有效产生怀疑。到 2016 年，脸书平息了这些疑虑。脸书在桌面和移动设备上的营销成功目前是基于在用户的 News Feed 中插入广告，并在主页的右栏显示广告。目前估计 3%～5% 的 News Feed 内容是广告。如果脸书增加其百分比，用户将做何反应？扎克伯格以及投资者和营销人员担心，在 News Feed 中增加广告并不是维持未来增长的答案。一个解决方法就是使用短视频剪辑的视频广告，当然，这将挑战谷歌的全景视频和电视节目的展示平台——YouTube 的地位。2014 年，脸书推出了自动播放功能，可让视频在 News Feed 中自动播放。脸书甚至已经接触了一些谷歌视频的内容制作者并鼓励他们考虑在脸书上发布他们的视频。2012 年，脸书以 10 亿美元的价格收购了 Instagram，并在 2014 年以 220 亿美元收购了 WhatsApp，这也表明脸书正在努力成为一个完整的生态系统，而不仅仅是一个社交网络。

近年来，脸书的财务业绩表明其可能成为广告巨头，从而打消了华尔街的疑虑。脸书在 2015 年的收入为 180 亿美元，比 2014 年的 125 亿美元有大幅增长。在 2016 年第二季度，脸书的收入超过 64 亿美元，移动广告收入占比高达 84%。只有很少的营销人员仍然对脸书的效用持怀疑态度。

资料来源："Company Info," Newsroom. fb. com, accessed October 24, 2016; "How We Built a Global Business with Facebook," by Amy Norman, Forbes. com, September 30, 2016; "Facebook Wants to Help Businesses Expand Internationally," by Hayley Tsukayama, *Washington Post*, September 8, 2016; "Small Businesses Get a Boost Through New Facebook Marketing Tools," by Zoe Henry, Inc. com, September 8, 2016; "The 2016 U. S. Mobile App Report," by comScore, September 2016; Facebook, Inc. Report on Form 10-Q for the six months ended June 30, 2016, filed with the Securities and Exchange Commission, 28, 2016; "One Million and Counting! Little Passports to Deliver Its Millionth Package This Spring," Marketwired. com, April 16, 2015; "A Year Later, $ 19 Billion for WhatsApp Doesn't Sound so Crazy," by Josh Constine, Techcrunch. com, February 19, 2015; "How Social Media Can Make Your Small Business Go Gangbusters," by Bruce Freeman, Theweek. com, February 16, 2015; "Facebook Extends Reach with New Advertising Platform," Jack Marshall, *Wall Street Journal*, September 22, 2014; "Facebook Tries to Muscle in on YouTube," by Mike Shields and Reed Albergotti, *Wall Street Journal*, September 11, 2014; "Facebook Is Shifting From Being a Social Network to a Mere App Platform," by Ben Austin, *The Guardian*, September 2014; "How Facebook Sold You Krill Oil," by Vindu Goel, *New York Times*, August 2, 2014; "Facebook Answers Critics with a Mobile Ad Surge," by Reed Albergotti, *Wall Street Journal*, July 23, 2014; "A Social Media Marketer Assesses Facebook's Advertising Platform," by Eilene Zimmerman, *New York Times*, January 15, 2014; "Facebook Revamps Ads to Compete With Google," by Eilene Zimmerman, *New York Times*, January 15, 2014; "Why Facebook's Mobile Ads Are Working Better Than Google's," Timothy Senovec, HuffingtonPost. com, July 25, 2013; "Facebook Is Erasing Doubts on Mobile," by Vindu Goel, *New York Times*, July 24, 2013.

7.1　社交、移动和本地营销简介

社交、移动和本地营销已经改变了网络营销环境。在 2007 年之前，脸书还是一个刚刚起步的公司，仅限于大学生使用。当时，苹果公司也还没有发布 iPhone。网络营销主要包括创建一个企业网站、在雅虎购买展示广告、在谷歌购买 AdWords 和发送电子邮件。网络营销的主力是展示广告，向几百万用户不断展示品牌信息，这些用户不会立即进行反馈、提出问题或意见。营销成功的主要衡量标准是网站吸引了多少"眼球"（独特访问者），以及营销活动产生了多少"印象"。印象即向一个人展示一个广告。这两项标准都来自电视行业，从观众的规模和广告的角度来衡量市场营销。

7.1.1　从眼球到对话

2007 年以后，随着脸书和其他社交网站快速发展，以苹果 iPhone 为代表的智能手机爆炸式增长，以及本地营销的兴趣日益增加，一切开始发生变化。与社交、移动和本地营销以及广告的新世界的不同之处在于"对话"和"参与"的相关概念。如今的市场营销是基于企业在与客户、潜在客户甚至批评人士进行多次在线对话时，将自己作为合作伙伴进行营销。你的品牌正在网络和社交媒体上被谈论（这是对话部分）。今天，推广你的公司和品牌需要你查找、识别并参与这些对话。社交营销意味着所有的东西都是社会性的：倾听、讨论、互动、产生同理心和参与。与其用更花哨、更响亮的广告轰炸你的受众，不如与他们交谈，让他们参与到你的品牌中。网络营销的重点已经从关注眼球转向关注以客户为导向的对话。从这个意义上讲，社交营销和广告不仅仅是一个"新的广告渠道"，而是一个用于与购物者交流的基于技术的工具集合。

过去，企业可以严格控制自己的品牌信息传递，并将消费者引向一条最终以购买告终的线路。社交营销并非如此。消费者的购买决定越来越多地受到消费者社交网络的对话、选择、品味和意见的驱动。社交营销就是企业参与并塑造这个社交过程。

7.1.2 从台式电脑到智能手机和平板电脑

在 2015 年，移动营销支出首次超过了台式机/笔记本电脑。图 7-1 显示了 2012—2020 年广告支出快速变化的曲线。2013 年，营销人员在台式电脑上花费了 75％的网络广告支出，在手机上花费了 25％的广告支出。到 2019 年，这一比例预计将反转，广告支出的 75％用于移动设备，只有 25％用于台式机/笔记本电脑。营销资金正在跟随客户和购物者从台式电脑转移到移动设备。今天，社交、移动和本地营销是网络营销中增长最快的形式（见图 7-2）。在 2016 年，移动营销的支出将几乎是用于社交营销的金额的 3 倍。到 2018 年，预计移动营销支出每年将达到近 700 亿美元，而社交营销支出将达到 240 亿美元左右。然而，这个数字低估了社交营销支出的总和，因为来自移动设备的社交网络的访问比例很高。例如，推特报告说，超过 80％的月活跃用户从移动设备访问推特；超过 55％的脸书活跃用户只通过移动端访问（Protalinski，2016；Twitter，2016）。移动营销支出

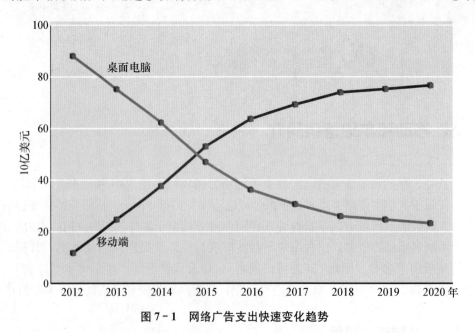

图 7-1　网络广告支出快速变化趋势

说明：在移动营销上的花费远远超过了在社交营销上的花费，而且正在迅速超过在本地网络营销上的花费。
资料来源：Based on data from eMarketer, Inc., 2016a, 2015a, 2014.

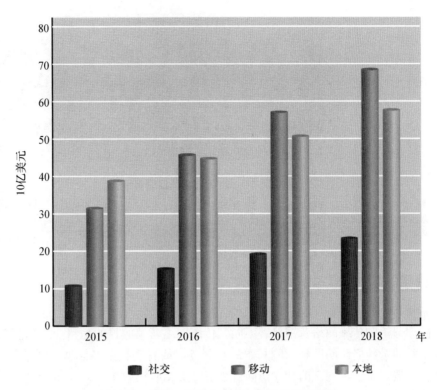

图 7 - 2　2015—2018 年社交、移动和本地营销

说明：在移动营销上的花费远远超过了在社交营销上的花费，而且正在迅速超过在本地网络营销上的花费。
资料来源：Based on data from eMarketer, Inc., 2016a, 2016b, 2016c.

的很大一部分也应算作社交营销支出。然而，这一数字显示了移动设备对营销支出的显著影响。2015 年，本地网络营销花费比移动市场多 25％，但到 2016 年，预计移动营销花费将超过本地网络营销。与社交和移动营销一样，本地营销与移动和社交营销之间存在非常大的重叠，许多本地营销也是社交或移动的，或两者兼而有之。

7.1.3　社交、移动、本地营销术语

社交、移动和本地网络营销是自我增强又相互联系的。例如，随着移动设备变得更强大，它们对于访问脸书和其他社交网站更有用。随着移动设备的应用越来越广泛，客户可以使用它们来查找当地的商家，并帮助商家来提醒附近的客户有优惠活动。随着时间推移，加上三个平台变得更加紧密，它们将更融合。

脸书的广告收入的 80％来自移动受众群体。移动端构成了推特的广告收入的绝大部分份额——90％！本地营销和移动设备高度相关：本地广告客户大多针对移动设备发布广告。而大量的移动广告支出来自本地广告客户。社交、移动和本地营销之间的紧密联系对于在新的环境中管理营销活动具有重要的意义。在设计社交营销活动时，必须考虑到客户将使用移动设备访问该活动，而且通常他们还会查找本地内容。因此，必须将社交、移动和本地整合到营销框架中。图 7 - 3 将社交、移动、本地营销整合到网络营销体系中。

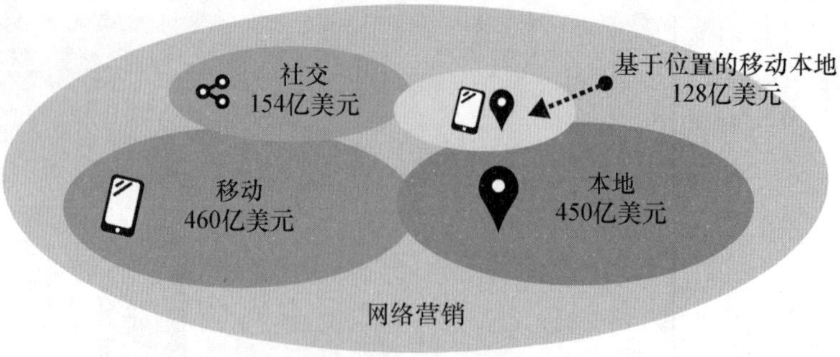

图 7－3　网络营销平台

说明：移动营销的目标通常是本地受众，是网络营销发展最快的形式，紧随其后的是社交网络上的社交营销。移动本地营销还处于起步阶段，但它的增长速度远快于传统台式机营销。

资料来源：Based on data from eMarketer，Inc.，2016b，2016c，2016d，2016e.

7.2　社交营销

社交营销和传统网络营销显著不同。传统网络营销的目的是将业务信息放在尽可能多的访问者面前，并鼓励他们访问网站以购买产品和服务，或者查找更多信息。网站获得的"展示次数"（广告观看次数）越多，网站的独立访问者越多，那么营销效果越好。传统网络营销从来没有想过要倾听消费者的意见，更不用说与他们对话，就像电视广告一样。

社交营销的目的是鼓励潜在客户成为公司产品和服务的粉丝，并与他们进行交谈。进一步，则是鼓励粉丝与他们的朋友分享，进而创造一个网络社区。最终，关键是要强化品牌并推动销售，同时通过增加在线对话的比例来做到这一点。可以认为社交营销比传统营销更具成本效益，尽管这仍然在探索中。

7.2.1　社交营销参与者

在美国和全球有数百个社交网站，但最受欢迎的网站（脸书、Instagram、推特、领英、Pinterest、Snapchat 和 Tumblr）占全部访问的 90%以上。（有关社交网络更详细的讨论，请参阅第 11 章。）

虽然每月独立访问者的数量是对市场覆盖面的一个很好的衡量标准，但是了解用户访问网站的数量和密度是没有帮助的。还有一种衡量方法是用户在网站上花费的时间。图 7－4 说明了顶级社交网站的访问量。

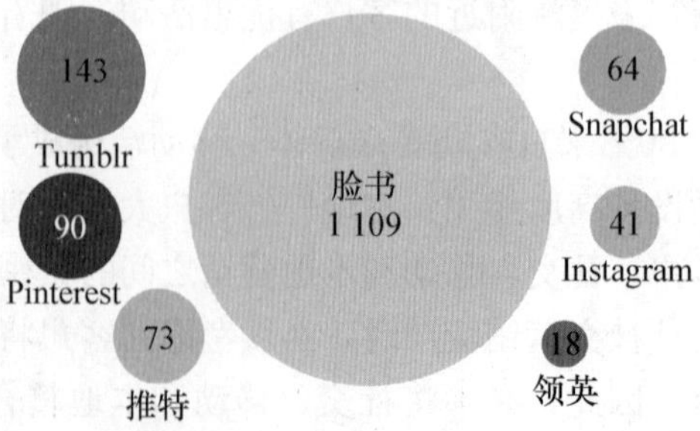

图 7－4　顶级社交网站的访问量

说明：访问者在脸书上花费的时间比其他社交网站更多。

资料来源：Based on data from comScore，2015a；comScore，2015b；Statista. com，2015；MacMillan and Rusli，2014；Frommer，2015.

在访问量方面，脸书再次占据主导地位，占美国访客总数的 85％，每月高达 2 300 亿分钟。脸书用户的访问时间平均每月超过 18 小时。Tumblr 排在第二位，其后是 Pinterest 和推特。

对于社交营销活动的管理者来说，这些发现表明，就影响力和参与度而言，发起社交活动的地方是脸书。然而，其他领先的社交网站的访问者又占社交市场空间的 15％，因此在某些方面，社交营销活动也必须包括这些社交网站。它有助于社交网络用户使用多个社交网站。脸书的用户很可能也是推特、Pinterest、领英、Instagram 和 Snapchat 的用户。此外，营销人员需要了解什么东西已经被称为暗社交。**暗社交**（dark social）指的是那些主要社交网络之外的社交分享形式，通过其他交流工具，如人际对话、小组会议和朋友，而不是电子邮件、即时消息、短信等。虽然在线社交网络用户平均每个月在所有网络上花费超过 30 小时，但每个月共有 720 小时。因此，每个月大约只有 4％的社交生活是在线社交生活，而 96％的是线下生活。

7.2.2　社交营销的过程

乍看之下，大量不同的社交网站令人困惑，每个都有独特的用户体验，从推特的微博短信服务到 Tumblr 的博客功能，以及 Pinterest 和 Instagram 等照片社交网络。然而，它们都可以用一个共同的框架来描述。图 7－5 说明了可应用于所有社交、移动和本地营销工作的社交营销框架。

图 7－5　社交营销过程

说明：社交营销包含五个步骤。

社交营销过程有五个步骤：粉丝获取、产生访问、放大化、社区和品牌强化（销售）。可以监测该过程中的每个步骤。社交营销的指标与传统的网络营销或电视营销有很大不同。这就是为什么社交营销在目标和衡量标准上如此不同。当我们描述具体社交网站的营销时，这将变得更加明显。

社交营销活动开始于**粉丝获取**（fan acquisition），其中包括使用各种方式，从展示广告到 News Feed 和页面弹窗，吸引人们到你的脸书页面、推特或其他平台（如网页）。它让你的品牌在社交信息流中脱颖而出。社交网站上的展示广告具有社交维度（有时被称为"具有社交特征的展示广告"或简称为"社交广告"）。社交广告鼓励访客进行互动，进行一些社交活动，例如参加比赛，获得优惠券，或获得免费的服务以吸引朋友。

下一步是**产生访问**（engagement），其中涉及使用各种工具来鼓励用户与你的脸书或其他网页上的内容和品牌进行互动。你可以将之视为围绕你的品牌的"初始对话"。你想让你的粉丝谈谈对你的内容和产品的感想。你可以通过有吸引力的照片、有趣的文本内容和博主的博客来产生访问，并为用户提供大量评论机会。你也可以提供你产品的 Pinterest 照片的链接，或者像 Tumblr 这样的博客网站上的粉丝评论。

一旦你吸引了访问者，就可以开始使用社交网站功能来放大你的信息，鼓励用户通过点击"赞"或"＋1"按钮向他们的朋友分享，或者在推特上向他们的粉丝发送信息。**放大化**（amplification）涉及使用社交网络的固有优势。在脸书上，一般用户拥有 120 个"朋友"，包括他们曾经的朋友，以及他们并不真正了解的人（不是真认识他们）。脸书用户通常只有 3～4 个可以说悄悄话的亲密朋友，还有约 20 个有双向交流的朋友（共同朋友）。让我们把 20 作为合理数量的共同朋友用于市场营销。对于营销人员来说，这意味着如果他们能够吸引一个粉丝并鼓励粉丝与他的朋友进行分享，那么该消息可以被放大20次：一个粉丝的20个朋友可以受到影响。最重要的是，吸引粉丝的朋友是没有成本的。营销人员只需要支付吸引初始粉丝的费用，而不需支付因社交网站（目前）放大效果而产生粉丝的费用。

一旦聚集了足够多的忠实粉丝，你就为一个**社区**（community）建立了基础——一群或多或少比较稳定的粉丝，他们在相当长一段时间（比如几个月或更长一段时间）内都在互动和交流。营销人员有运营这些社区的一些方法，包括关于新产品的内部信息，价格优惠，以及引进新会员的免费礼品。社区的最终目标是提高公司的在线对话比例。这一过程的最终目的是加强品牌，并有望增加产品和服务的销售。品牌实力可以通过在线和线下的各种方式进行衡量（Ailawadi et al.，2003；Aaker，1996；Simon and Sullivan，1993；Keller，1993）。

最终，营销是为了推动销售收入。市场营销人员、社区网站管理人员和研究人员仍在探索社交营销活动对品牌实力和销售的影响，但通常结果是积极的：社交营销活动带动了销售。在2015年，大多数顶级社交网站，包括脸书、推特、Pinterest和Instagram，已添加或正在增加社交商务功能，如购买按钮和其他购物功能，使这些社交营销活动的目标群体更容易采取行动并实现购买。

7.2.3 脸书营销

很多读这本书的人都有脸书页面。有些高级用户每天在这个网站上待几个小时，有些人有成千上万的"朋友"，还有一些普通用户只有20个左右的朋友和亲戚。虽然大多数人对脸书有基本的了解，但在讨论其营销潜力之前，请先了解一下脸书的基本功能。

脸书的基本功能

表7-1描述了在使用脸书作为营销平台方面各种重要的功能。回顾表7-1，很明显，脸书旨在鼓励人们透露自己的个人信息，包括活动、行为、照片、音乐、电影、购买和喜好。这将导致脸书成为世界上最大的互联网个人行为信息库。脸书比谷歌对用户了解更多。脸书的功能是通过通知、标签、短信、发布和共享的形式来最大限度地发挥人与人之间的联系。在许多情况下，个人信息的流动非常广泛，超出了用户和外部观察者的认知。这两个因素的影响大大增加了脸书用户的社交密度。**社交密度**（social density）是指群体成员之间的互动次数，反映了群组的"连通性"，即使有些用户是被强制连接起来的。例如，一些群体不是很擅长社交，成员之间的交流很少。另一个团体非常爱沟通，成员间交流产生许多聊天信息。脸书的个人信息存储库和社交网络的范围、强度、深度提供了绝佳的营销机会。

表7-1 脸书的基本功能

功能	简介
个人资料	作为账户创建的一部分，你可以创建包含特定个人信息的资料。该资料还包括照片和其他媒体。建立与朋友分享的基本信息。
好友搜索	帮助你找到已经使用脸书的朋友，以及那些没有使用的朋友（通常是通过搜索你的电子邮件联系人列表来查找）。基于以前的联系人创建基础社交网络。
时间轴	你在脸书上的历史行为，包括照片、帖子、你的News Feed的评论，以及你发布的生活事件，以及你希望别人看到你的个人资料的部分内容。你在时间轴上添加的内容可能会出现在你朋友的News Feed中。与朋友建立额外的连接。

续表

功能	简介
标记	能够用朋友的名字来标记照片、状态更新、签到或评论。标记能链接到该人的时间轴和 News Feed 中。你的朋友将会被通知他们已经被标记，你也被链接到他们的时间轴中。你朋友的朋友也可能被通知。每当脸书检测到新图片中的人，它就会通知给照片贴标签的所有人，这个朋友会出现在你可以链接到的新照片中。标记工具的设计目的是在用户之间创建额外的连接。
News Feed	News Feed 是一个来自朋友和你喜欢的脸书主页的不断更新的内容的列表。在 News Feed 中展示的广告是脸书的主要广告收入来源。News Feed 内容包括状态更新、照片、视频、链接、应用程序活动和点赞。提供来自朋友和广告商的持续的消息流。
趋势	脸书版本的趋势主题；出现在 News Feed 旁边的右栏顶部。
状态更新	一种将你的评论、意见和地点发布给你所有朋友的方式。
响应按钮	2016 年 2 月，脸书重新设计"赞"按钮功能，添加 5 个额外的按钮并更名为"响应"。除了熟悉的"赞"按钮，用户现在可以使用其他响应，如爱、笑（哈哈）、惊喜（哇）、悲伤和愤怒。
即时消息	脸书的即时消息应用程序，每月使用用户超过 10 亿人。2016 年 4 月，脸书开始允许企业部署聊天机器人提供自动化的客户支持和其他电子商务服务，此外，还开始了赞助信息的试验，允许公司向之前与它们合作的客户发送信息。
第三方应用程序	第三方应用程序向脸书添加功能。应用程序从游戏（FarmVille）到照片（Instagram，现在是脸书的一部分）、音乐（Spotify）和出版物（华盛顿邮报社交阅读器）。你和你朋友的个人信息与你安装的应用程序共享。大多数应用程序是免费的，大部分依赖于广告收入。
开放式图形	应用程序开发人员使用的一个功能，可以将他们的应用程序集成到其注册用户的脸书页面中，从这个意义上说，它将脸书社交图展现在开发人员眼前，然后开发人员可以在应用程序中使用脸书的所有功能。例如，此功能允许将你在游戏应用程序中的表现发送到你朋友的 News Feed 中。支持社交应用程序的开发，增加用户之间的联系。
搜索	2013 年，脸书推出了图形搜索，一个"社交"搜索引擎，从你的社交网络中查询答案。这是一个"语义"搜索引擎，因为它提供了一个单一的答案，而不是基于算法估算用户意图的链接列表。这也是一个依靠必应来补充结果的"混合"搜索引擎。2015 年，脸书大大扩展了搜索功能。它现在专注于关键字，包括每个人的公共职位、点赞情况、照片和兴趣，使这些信息能被所有脸书用户使用，不管这个人是不是你的朋友。2016 年 6 月，脸书报告称，用户每天在 2.5 万亿个帖子中进行 20 亿次搜索。

脸书营销工具

脸书为其网站上的品牌社区提供了一些营销和广告机会和工具。

响应按钮 脸书上的"响应和分享"按钮以及其他社交网站上的类似按钮可能是社交营销崛起中最重要的元素。"赞"是社交营销的引擎。"赞"按钮是由脸书于 2009 年在自己的网站上推出的，并于 2010 年推出对其他网站的插件。2016 年 2 月，脸书添加了 5 个按钮：爱、笑声（哈哈）、惊喜（哇）、悲伤和愤怒，并将"赞"按钮重新命名为"响应"。与传统的网络广告不同，**响应按钮**（Reactions buttons）使用户有机会分享他们正在观看的内容以及他们正在访问的网站的感受。例如，"赞"按钮将你对评论、照片、活动、品牌、文章和产品的支持传达给你的朋友，以及脸书社交图和第三方营销人员。响应按钮在几乎所有的脸书内容中都可用，包括状态更新、照片、评论、品牌、时间表、应用程序甚至广告。无处不在的"赞"按钮也会显示在外部网站、移动和社交应用程序以及广告中。这些网站正在使用脸书的"赞"按钮社交插件，当你喜欢脸书以外的东西时，它会显示在你的时间轴上，朋友可以在此处对该活动发表评论。"赞"按钮是脸书知晓你访问的其他网站的一种方式。根据脸书报告，"赞"按钮每天在数百万个网站上的点击数超过 100 亿次，其中 30％的点击次数来自移动设备（Facebook，2016）。

品牌页面　脸书早期的品牌营销工作重点是开发作为企业与当前和潜在客户建立直接关系的手段的品牌页面。几乎所有的《财富》1 000 强企业和成千上万的小公司都有脸书品牌页面，与品牌网站相似，作为其主要网站的附属网页。品牌页面的目的是通过为用户提供评论、比赛和产品等与品牌互动的机会来发展品牌的粉丝。使用社交反应，例如脸书的"赞"按钮和"分享"按钮，品牌页面可以摆脱其孤立性特点，更容易地进入用户的社交网络，使其朋友接收到消息。在 2015 年，脸书开始为其品牌页面提供新的商店选项卡，其产品和服务更具特色，进一步融入社交电子商务领域。

与典型的传统网页相比，社交品牌网页为粉丝提供了更多的社交机会去点赞和评论。然而，随着时间的推移，企业网站已经拥有了许多社交功能，现在两者往往难以区分。但脸书的品牌页面通常比品牌网站吸引更多的访问者。

品牌可以有机地或通过付费广告在脸书上展示。有机传播是免费的，当粉丝在他们的 News Feed 中看到品牌的更新和帖子时，或者当不是粉丝的人因为粉丝点赞、评论或分享帖子（病毒式传播）而看到这些内容时，有机传播就会发生。为了确保获得它们想要的营销信息的展示，大多数公司选择下面讨论的付费广告形式。

脸书可以让你从各种不同的营销目标中进行选择，包括推广你的页面/广告（页面访问量）；为你的脸书页面获得点赞，以增加公司的受众和提高品牌知名度（点赞页面）；让人们点击你的网站（点击网站）；让人们在你的网站上采取某些行动（网站转换）；让人们安装一个应用程序（应用安装）；让人们使用一款应用程序（应用程序访问量）；让人们观看视频（视频观看）。

一旦你选择了一个营销目标，下一个选择就是广告的受众群体。脸书广告可以根据地点、年龄、兴趣、性别、教育水平、关系状况和政治观点以及营销人员定义的定制用户进行定位。脸书还可以根据与营销人员识别的自定义受众分享的人口统计资料，创建所谓的"相似受众群体"。

一旦确定了营销目标和受众，接下来的选择就是放置广告的位置。脸书有四个基本位置可供选择：News Feed、脸书页面的右栏或侧栏部分以及移动 News Feed。广告也可以放置在应用程序内。

News Feed 页面广告　News Feed 对广告来说是最突出的地方。News Feed 是脸书用户活动的中心，也是用户花费时间最多的地方，因为这里的内容来自他们朋友发布的帖子。页面广告显示在用户的 News Feed 中，News Feed 显示来自朋友的帖子和状态更新。页面广告有一个小标签，表示它们是赞助商（即是广告），但是与帖子设计相似。有时，广告也有社交背景（如"约翰·史密斯（John Smith）和简·多伊尔（Jane Doe）喜欢 Pottery Barn"），可以像其他任何一篇文章一样，被点赞、分享和评论。页面广告可以包含文字、照片、视频和链接。它们可以用于上述许多营销目标，例如提高品牌知名度，为其脸书品牌页面获得用户的点赞，以及引导用户安装应用程序并访问。2016 年，脸书继续实验 News Feed 页面广告中出现的"购买"按钮的效果，该按钮允许用户在不离开脸书的情况下购买商品。公司付费推广或增加页面广告，以扩大它们的影响。这一点变得越来越重要，因为脸书为了增加广告收入而减少了以前品牌免费享用的有机触达（Vahl，2014；Ernoult，2014）。

右栏/侧栏广告　这些展示广告位于脸书页面的右栏或侧栏中。它们通常用于引导用户离开脸书页面，如网站登录页和内容页。脸书最近将右栏中的广告数量从 7 个减少到 2 个，增加了广告的尺寸，并使其与 News Feed 页面广告的格式保持一致，以提高其效果。

脸书直播　脸书在 2016 年 4 月推出了脸书直播，提供免费的视频流服务。脸书直播可以用于流式直播内容，关注者可以通过评论、点赞和分享来进行互动。视频可以保存在品牌页面上，关注者可以继续与其进行交互。

视频广告　2014 年 3 月，脸书推出 15 秒自动播放视频广告。2014 年 7 月，它收购了广告网络

Live Rail，以充当脸书视频广告的服务器。从那时起，脸书的视频广告已成为其广告战略中日益重要的一环。为了继续扩大其广告收入，而不会因为过多的广告导致过载和用户流失，脸书打算专注于视频广告，从而获得更高的收益。视频广告以静默方式自动播放并要求广告客户适应该类型的视频对脸书而言是一个挑战。另一个挑战就是监测的问题。2016 年 9 月，脸书承认，两年来，它一直在高估视频广告的平均观看时间（可能是 60%～80%），因为它只将超过 3 秒的视频观看量包含在内。

移动广告　脸书于 2006 年推出了移动版脸书。截至 2016 年 6 月，每月活跃用户数超过 10 亿。用户也可以使用移动浏览器访问脸书，但速度较慢。在 2016 年，超过 80% 的脸书广告收入来自其移动广告平台，这是其增长最快的收入来源。

由于智能手机屏幕比常规电脑屏幕小得多，所以在右栏中没有广告的空间，所有移动广告都要在用户的信息中显示。移动广告包含上述多种广告形式，包括视频广告。有些人抱怨说，移动 News Feed 中的广告数量使人分心并令人厌烦。移动广告通常占用整个屏幕。移动广告的定位也较少，这增加了用户看到无关广告的可能性。尽管烦人，到目前为止，脸书手机用户还在继续注册并使用。

脸书即时通信　2016 年 4 月，脸书开始允许公司在即时通信应用程序上部署聊天室，以提供自动化客户支持和其他电子商务服务，并开始对赞助消息进行试用，允许公司向与它们接触过的客户发送消息。2016 年 9 月，脸书宣布为其即时通信应用程序试用"购买"按钮，使客户能够通过条形码或 PayPal 向在即时通信中广告的公司付款，而无需离开即时通信应用程序。

脸书交易系统　脸书交易系统（Facebook Exchange，FBX）是一种实时出价系统，允许广告客户根据脸书提供的个人信息定向推送广告。FBX 将与谷歌公司的展示广告系统 DoubleClick 和其他实时交易系统相互竞争。访问第三方网站的用户将使用 cookies 进行标记，然后可以在返回脸书时显示与其网页浏览相关的广告。

表 7-2 总结了营销人员在脸书上构建品牌所使用的主要工具。

表 7-2　脸书营销的主要工具

营销工具	简介
响应按钮	放大化。允许用户向朋友和朋友的朋友表达对社交网站上内容的支持（以及 2016 年 2 月的其他响应）的功能。响应按钮是营销人员唯一无法控制的工具。目前免费。
品牌页面	访问和社区建设。与企业网站相似，但由于鼓励用户互动和响应而更具社交性；粉丝在社区中可以进行讨论。品牌页面目前是免费的。品牌页面的商店选项卡允许公司提供销售的产品和服务。
News Feed 展示广告	粉丝获取。付费的品牌信息可以插入 News Feed 中，需要支付费用。购买按钮可以嵌入在 News Feed 页面广告中，目前正在测试效果。
右栏/侧栏广告	粉丝获取。在右栏（边栏）的展示广告，类似于网站上其他地方的展示广告，需要支付费用。
脸书直播	粉丝获取和访问。脸书中的视频流服务。可以通过对实时内容进行评论、点赞和共享，与关注者互动。视频可以保存在一个品牌页面中，关注者可以继续与其互动。该工具是免费的。
视频广告	粉丝获取和访问。视频广告以静默方式在台式机和移动端 News Feed 中自动播放，需要支付费用。
移动广告	粉丝获取。智能手机和平板电脑上的移动端 News Feed 页面广告。需要支付费用。
赞助式信息	粉丝获取和访问。给曾经通过聊天室访问该品牌的客户发送即时信息。需要支付费用。
脸书交易系统（FBX）	脸书的实时广告交易，出售广告并通过在线竞价对广告重定向。广告商在访问网站时将 cookies 放置在用户浏览器上，当他们返回脸书时，会根据他们访问的站点在右栏显示广告。需要支付费用。

开展脸书营销活动

在开展脸书营销活动之前，需要解决一些基本的策略问题。虽然每种产品都可以从社交营销活动中受益，但该营销方法是否适用于你的产品？你的用户是谁？你如何触达他们？你过去如何使用现实社交网络来支持你的销售？你能否成为意见领袖？一旦确定了你的受众，哪些内容会让他们兴奋并产生兴趣？你要去哪里获取内容？社交营销的成本是多少？以及你希望社交营销给品牌和销售带来什么影响？在这一点上，你不需要一个详细的预算，但应该能够对这种活动的成本以及预期的收入进行估计。

如果你是脸书营销的新手，请先从简单的步骤开始，并根据经验建立你的粉丝群。脸书的典型营销活动可能包括以下要素：

- 为你的品牌建立脸书页面。内容为王：访客会对有趣的原创内容非常感兴趣。获取粉丝。
- 使用评论和反馈工具来挖掘粉丝评论。你希望访问者与你的内容进行互动。你还可以鼓励博主为你的网页生产内容。
- 开发一个用户社区。尝试鼓励粉丝们互相交流，并为你的主页生产新的（免费）内容。
- 通过视频和富媒体引导品牌访问，并通过真实客户展示其使用的产品。
- 开展比赛来提高粉丝参与度。
- 制作适用于脸书的展示广告。
- 制作用于社交搜索查询反馈的展示广告。
- 显示"赞"按钮，让粉丝与朋友分享他们的体验。

表 7 - 3 提供了一些脸书营销活动的案例。

表 7 - 3   部分脸书营销活动

公司	营销活动
乐事	要求其脸书的关注者提出新薯片口味的建议，向获胜者提供 100 万美元的奖励。现在已经成为一年一度的盛会。
起亚	创建了一个名为 GT RIDE 的赛车游戏，以推广起亚 GT 汽车。游戏允许玩家建立自己的赛道并发送给脸书的朋友们进行挑战。用户自动进入抽奖活动赢取起亚 GT 汽车。
百威	鼓励某些城市的用户用可兑换的收据为脸书的朋友买一杯啤酒作为生日礼物。
宝洁	通过脸书标签"像一个女生"推出视频（展示了积极的"像女孩一样的行为"），以推广其 Always 品牌。这是公司历史上最受关注的视频。

衡量脸书营销成效

有许多方法来衡量脸书营销活动的成效，有一些非常复杂。这是一个非常新的领域，每天都在变化。更复杂的是，行业来源有时使用不同的名称来表示同样的事情！在这种情况下，我们尝试给出在贸易文献中可能找到的最合理的名称和替代名称。

表 7 - 4 描述了评估社交营销活动时使用的一些基本指标。它使用图 7 - 5 所示的社交营销流程的 5 个步骤作为一套有机联系的步骤：粉丝获取、产生访问、放大化、社区以及最终的品牌强化和销售。

表 7 - 4 衡量脸书营销成效

社交营销过程	衡量标准
粉丝获取（印象）	查看脸书品牌页面和付费广告的用户数（展示次数）
	根据赞或评论成为粉丝的人的百分比
	粉丝的浏览比例
产生访问（转化率）	帖子、评论和回复的数量
	品牌页面内容的评论量
	每个访问者生成的赞数
	响应游戏、比赛和优惠券的用户数量（参与）
	访问者平均在页面上停留的分钟数（持续时间）
	每个帖子或其他内容的赞的比例（掌声率）
放大化（触达）	在其他网站上点赞、分享帖子的百分比（粉丝分享你内容的比例）。
社区	每月与内容的互动率（即脸书品牌页面上每月的帖子、评论和操作总数）
	所有粉丝平均每月在线分钟数
	正面与负面评论的比例
品牌强化/销售	与其他平台（如电子邮件、搜索引擎和展示广告）相比，脸书链接生成的网络销售的百分比（或收入）
	与其他客户来源相比，脸书客户的购买比例（转换率）
	粉丝的朋友的转换率

在最基层，产生的粉丝（或追随者）数量是所有社交营销的开始。当访客喜欢你的内容，他们将会成为你的粉丝。在社交营销的早期阶段，企业非常重视粉丝基础的规模并集"赞"。如今这对于企业来说并不重要，因为社交营销经理已经变得越来越老练。粉丝参与你的内容和品牌是开发真正的社交体验的第一步，可以说比展示次数或粉丝数量更重要。从来没听说过粉丝是没有价值的。参与度关系到你的粉丝如何与你的内容进行互动，以及互动的深度和频繁程度。了解创造最高级别参与度的内容（视频、文字、照片或粉丝的帖子）也非常重要（Unmetric，2015）。

利用粉丝的社交网络来扩展营销信息的能力也是社交营销的核心。这可以非常简单地测量粉丝将你的内容推荐给他们朋友的速度，以及他们的朋友有多少进一步向朋友的朋友推荐你的内容。

衡量脸书社区与线下社区的实力并没有太大的不同。在这两种情况下，你都试图衡量社区中所有人的集体活动。在你的粉丝中，有多少人的参与度更高？一个月内粉丝所采取的行动次数是多少？每月访问时间是多长？有利评论的百分比是多少？

最后，测量社交活动产生的销售也是直截了当的。可以衡量从脸书渠道获得的销售额的百分比。你可以轻松地衡量源自脸书的访问次数以及这些访问产生的销售量。此外，你可以比较粉丝的购买率（转换率），并将其与脸书的非粉丝转换率进行比较。更重要的是，你可以将脸书转化率与不同营销渠道进行比较，例如电子邮件、展示广告和博客。

即使只有几年的时间，脸书营销也进入了 2.0 时代。今天在社交营销方面的重点已经不再是集"赞"，更多的是提高粉丝想要与朋友分享的高质量内容的参与度；创建热情的粉丝和粉丝朋友的稳定社区；最终将这些粉丝社区变成购买者社区。

各种脸书分析工具可以向你提供脸书营销工作相关的有价值的信息。脸书提供的脸书页面分析工具能够跟踪主页点赞情况、用户谈论话题的情况（PTAT）（跟踪点击、点赞、评论或分享一个帖子的独立访客人数）、页面标签和提及、页面签到和页面上的其他交互。它还跟踪访问率。如果用户点赞、评论、分享或点击，则用户被认为已经访问了一个帖子（Simply Measured，2016；AdRoll，2015）。

社交媒体管理系统 HootSuite 使团队能够在一个仪表板中执行多个跨网络的营销活动，并提供自定义报告。主要的分析提供商为 Google Analytics、Webtrends 和 IBM Digital Analytics 等，也提供脸书报告模块。阅读"技术透视"专栏"通过 Simply Measured 优化社交营销"，进一步了解组织如何使用分析工具来帮助它们更好地了解社交营销。

技术透视

通过 Simply Measured 优化社交营销

大大小小的公司都正在利用社交媒体的力量进行营销和广告宣传，以提高其利润，拓展与客户的关系。随着社交媒体在商业和文化环境中的不断深入，公司的生态系统纷纷涌现，以满足日益增长的需求。增长的一个主要领域是社交媒体分析工具，允许公司跟踪并报告社交媒体用户的表现情况，并提出如何优化社交媒体营销工作的建议。Simply Measured 是这个蓬勃发展的领域的市场领导者，整体客户满意度和市场份额最高。

Simply Measured 公司成立于 2010 年，总部设在华盛顿州西雅图，从一个崭露头角的初创公司（创始人在一个周末创建原始产品）迅速发展成为市场领导者，并已筹集近 3 000 万美元的风险投资。目前拥有员工 150 人，客户 1 000 多个。其快速增长的部分原因是社交媒体平台在此期间同样快速地增长。渴望利用社交媒体这个新兴渠道的营销人员可能没有工具来了解什么样的技术是有效的以及哪些方面需要改进。这就是 Simply Measured 的切入点。

Simply Measured 为所有主要平台提供分析工具，包括推特、脸书、Instagram、Tumblr、领英和 YouTube。它还为零售、金融和保险、消费品、体育、餐饮、出版、旅游、科技和电信等个人细分市场提供产品的差异化服务。Simply Measured 的解决方案允许公司规划它们的社交策略并执行，然后找出最有效的方法。以这种方式优化社交营销技术可以提高用户访问量并得到更好的盈利结果。Simply Measured 能够在 Microsoft Excel 和网络中生成可以在企业之间共享的清晰易懂的格式化报告。

典型报告的案例包括：脸书竞争力分析，其针对脸书页面与其他竞争对手在使用和参与度方面的情况；流量来源分析，用于确定哪些来源将最多流量导向你的网站；推特关注者分析，分析一个用户的关注者的信息和活动趋势。无论公司的社交营销需求如何，Simply Measured 都有对应的解决方案。

例如，西雅图海鹰橄榄球队以其热情的球迷阵容，以及他们在主场比赛中震撼人心的声音而闻名，被称为"第十二人"。它希望在社交媒体上创造类似的氛围，并希望 Simply Measured 来帮助其实现这一目标。在 2014 年的季后赛期间，Simply Measured 帮助海鹰将所有主要平台的社交访问量提高了 173%。

如果拥有大型积极主动的粉丝团队，没有分析的帮助，就无法管理并理解社交活动的水平。使用 Simply Measured 的跨渠道社交绩效报告，海鹰了解到哪些社交网络最适合它的社交媒体受众，并产生了更高的粉丝参与度。令人惊讶的是，Instagram 在这方面非常有效，所以它把精力集中在 Instagram。推特账户报告指出哪些内容在推特上最受欢迎，甚至指出最有可能产生强烈反响的特定时间。而推特竞争分析报告允许海鹰在其同行中衡量自己的主要目标，例如"发声"总量和粉丝访问量。

Simply Measured 还提供各种资源，详细介绍不同细分市场的社交营销状况。例如，该公司分析了业界领先的宝马 Instagram 账号。2011—2015 年，这家豪华汽车制造商在 Instagram 上的标签推文数量多达 26 万多条，超过了它在 Instagram 上的其他竞争对手，排在宝马之后的是 Jeep。2015 年 Instagram 上使用最多的品牌标签是 #BMW。Simply Measured 追踪了宝马 2016 年在 Instagram 上的活动，发现宝马公司发布的帖子中有 90% 是高品质的静态图像，这往往会带来最多的访问量。它还发现宝马以固定的频率发布帖子，帮助其品牌保持粉丝对其的关注度，并且更容易确定哪些帖子有效，哪些帖子不起作用。而 Simply Measured 发现，在跟踪宝马的时间里，公司所发布的一半以上的帖子是其关注者拍摄的照片，进一步提升了品牌访问量。在 Simply Measured 分析的那段时间里，宝马的 Instagram 战略帮助宝马增加了 5.6％的受众。

像许多初创公司一样，Simply Measured 正在使用从风险资本筹集的资金来购买可以加强其主要产品线并使其能够扩展到相关活动的公司。2015 年，Simply Measaints 收购了 Inside Social（一家初创公司，帮助营销公司跟踪社交营销活动的投资回报率），以及 DataRank（一个社交智能平台，帮助企业组织和筛选大量的在线评论，分析那些正在谈论它们的评论）。通过兼并这些公司，Simply Measured 不仅可以告诉客户在用户响应方面应该把精力集中在哪里，还可以告诉客户在哪里能够获得最佳投资回报。Simply Measured 还增加了执行团队，从 2015 年起将 Salesforce.com 的两名前高管任命为首席执行官和首席财务官，并于 2016 年将 Salesforce.com 的执行副总裁任命为客户荣誉副总裁。

2016 年，Simply Measured 发布了一款社交分析归因产品，允许营销人员更准确地跟踪消费者与内容的互动，并使营销人员能够跟踪"暗社交"互动，例如消息服务、移动应用、电子邮件和短信。该公司还发布了一个应用程序编程接口（API），它是专门为从所有主要社交媒体平台聚合数据的营销人员而设计的。API 将允许营销人员进行更具体的查询，而不需要数据科学家的专业知识。

正确使用社交媒体可能很困难。通过 Simply Measured 和其他社交媒体分析提供商，避免这些困难并充分利用社交媒体将变得更加容易。

资料来源："Simply Measured Continues to Lead Innovation for Social Marketers with Release of Social Attribution," by Simplymeasured.com, September 21, 2016; "What Makes BMW the Most Engaging Car Brand on Instagram?," by Tripti Shrivastava, Simplymeasured.com, September 20, 2016; "Simply Measured Offers 'First Social Measurement API' for Marketers," by Barry Levine, Marketingland.com, July 12, 2016; "Simply Measured Names Exact-Target Vet as CEO and CRO in Bid to Supercharge Growth," by John Cook, Geekwire.com, October 30, 2015; "Simply Measured Found Right Niche at the Right Time," *Seattle Times*, October 24, 2015; "Simply Measured Acquires DataRank, a Social Intelligence Provider," by Maddy Suresh, Thetechbulletin.com, October 14, 2015; "Simply Measured Acquires Inside Social, as Two Seattle Social Media Data Startups Join Forces," by Jacob Demmitt, Geekwire.com, September 1, 2015; "The Top-Rated Social Analytics Tools by Marketers," by Ayaz Nanji, Marketingprofs.com, July 7, 2015; "Simply Measured Takes On $ 20M More to Grow Its Social Media Analytics Service," by Alex Wilhelm, Techcrunch.com, March 18, 2014; "Winning Your Social Community: A Seattle Seahawks Case Study," by Lindzee McCain, Simplymeasured.com, September 4, 2014.

7.2.4 推特营销

推特是一个微博式社交网站，允许用户发送和接收 140 个字符的消息，以及新闻报道、照片和视频。2016 年，推特全球活跃用户约 3.10 亿，2015 年的收入为 22 亿美元，比 2014 年的收入高出 50％。但推特在 2015 年亏损了 5.21 亿美元，并且自 2006 年成立以来一直没有盈利。截至 2016 年 10 月，其股价已下跌至每股 17 美元。超过 90％的推特用户通过移动设备访问其服务。推特几乎所有的收入来自用户时间表（tweet stream）中出现的流行广告，但是推特还有其他许多营销工具。推特的一个主要的优势是无需为每天发布的 5 亿条推文付费，因为它们由活跃用户免费提供。推特根据这些用户信息的内容销售广告。

推特从一开始就设计为即时消息服务。推特为广告客户和营销人员提供了一个与客户进行实时互动和亲密接触的机会。广告商可以购买看起来像原生推文的广告（你从朋友那里收到的内容），这些广告可以与新产品发布或定价变更等营销活动相结合。推特每季度宣布新推出的营销工具，以提高其收入。另一方面，这些广告也会受限于推特用户的忍受程度。

推特的基本功能

虽然大多数人可能知道推特是什么，但推特为营销人员提供了许多使用推特进行沟通的方式。事实上，推特推出了一个特定于推特平台的全新词汇表。表 7-5 描述了基本的推特功能。

表 7-5 推特基本功能

功能	简介
推文	140 个字符的短消息。消息可以是私人的（对一个人或一对一的）、公共的（对所有人或一对多的）或发给一群关注者。
关注者	你可以追踪某人的推文，一旦推文发布即可收到。其他人可以追踪你的推文。
信息（DM）	直接私人消息（DM）就像只有你和收件人可以阅读的电子邮件。
标签♯〈文字〉	像推特搜索引擎一样，♯〈文字〉在推特上组织了一个特定主题的对话。点击一个主题标签，你将被带到该术语的搜索结果。
提及	公开的推文，其中包含另一个用户的名字"@用户名"。你可以点击提及并链接回这个人的个人资料。作为公开推文，你的关注者也将被提醒。
时刻标签	精选当时在推特上发生的事件。
回复	使用"回复"按钮公开回复推文。回复显示在你的时间表上，以及你所回复的人的消息中。
时间表	在推特的主页上列出你按时间顺序收到的推文，即最近的排第一个。点击时间表上的推文，并展开以显示视频和照片。将鼠标放在一个推文上以回复、转发或收藏（传递给你的关注者）。
转发	允许你发送推文给所有关注者。
链接	推特有一个链接缩短功能，允许你粘贴任何链接的 URL，它将被自动缩短。

推特的营销工具

推特营销产品种类繁多，公司每几个月就会开发新的产品。目前主要的推特营销工具包括以下几种。

推广推文 广告客户付费，以便在使用者的搜寻结果中显示它们的推文。它是推特版的 Google AdWords，在搜索结果中将显示为"推荐"。推特在其广告平台上进行拍卖，基于每次点击费用的定价，其价格可能在 10～50 美元。"广告轮播"最多可以在一个空间中显示 12 个广告，使用户可以刷新推广推文。推广推文可以是基于地理位置定位的，并且提供关键字定位功能，使广告客户可以根据最近与它们进行互动的推文或推文中的关键字将推文发送到特定用户。推荐的推文可以是纯文本，也可以包含一张或多张图片，还可以包含网站卡（链接到网站）、基本应用软件卡（链接到应用）或图像应用软件卡（加了链接的照片，会链接到应用）。购买按钮嵌入在推广推文中，可让用户在不离开推特的情况下进行购买。在 2016 年 1 月，推特推出了会话式广告，使营销人员可以使用定制的标签来包含号召性用语，以刺激消费者访问推广推文。

推广趋势 广告客户付费，将它们的主题标签（♯标志用于标记关键字的推文）转移到推特的趋势列表的顶部。否则，推特搜索引擎虽然能够发现主题标签，但只有那些本身流行的标签才能发布到趋势列表。推广趋势在美国每天花费约 20 万美元，也可在 50 个不同的国家购买。

推广账户 广告客户付费，将品牌推荐给推特主页上的"谁在关注"列表（推特的账户推荐引擎）中可能对该品牌感兴趣的用户。推广账户可以按兴趣、地理和性别定位，并按照每位粉丝的价格定价，而广告客户仅为新追踪者付费。价格为 0.50～2.50 美元不等。

增强型页面 公司将自己的横幅广告固定在公司推特时间表的顶端。报价从 15 000～25 000 美元不等。

放大化　推特放大化计划为营销人员提供了一个实时的数字仪表板，以便他们能够看到关于该节目或品牌的推文活动结果。根据这些信息，营销人员可以向推送有关节目的用户发送推广推文。他们还可以根据推特消息的其他信息来更改副本。例如，Jim Beam 使用放大化来推广其新的 Jim Beam Red Stag 品牌的优质波旁威士忌，其目的是提高品牌知名度、购买意图和用户访问量。据 Jim Beam 营销人员说，推特的优势在于，它允许品牌成为实时对话的一部分，而不像脸书，不仅能更好地接触大众用户，而且能实时吸引消费者。包括脸书在内的社交媒体正在寻找消费倡导者，他们将代表品牌发言。

推广视频　2014 年，基于放大化计划，推特宣布推出推广视频测试版，允许广告客户在推特平台上发布视频。2015 年，推特开始允许广告客户使用推广视频直接链接到应用程序安装，并为视频添加了广告购买功能，称为"优化行动竞标"，使营销人员可以自定义广告购买以提高投资回报。

电视广告重新定位　数百万用户在观看电视时与他们的朋友发短信，推特可以跟踪对话，以确定正在观看特定节目的人。展示电视广告的营销人员可以将这些广告或其他消息重新定位到实时的消息中，以加强他们的营销信息。具有视频内容的广告商，如美国职业篮球联盟（NBA），可以插入视频短片，即视频回放。广告客户可以在视频之前插入广告，或将广告放在屏幕上的视频下方。公司可以跟进推广推文。

潜在用户卡　营销人员可以将"卡片"嵌入推文中。当用户点击推文时，会出现促销优惠，并要求用户注册。卡片与展示广告不同，因为它们仅由想要开发新潜在客户的企业使用，并且它们总是包含优惠，例如第二杯咖啡半价。这是一个一键式的过程。用户的电子邮件和推特账户名称由推特自动获取，并发送给营销人员，然后他们可以使用推文或电子邮件进行跟进。

移动广告　由于超过 90％的推特用户在移动设备上访问推特，因此上述大多数相关的营销工具都可以被认为是移动广告工具。移动端也被证明是推特业务的主要驱动力，也是推特的大部分收入来源。除了上述所有形式之外，2014 年 4 月，推特添加了移动应用安装和应用互动广告，这些广告也是脸书的盈利形式。

表 7-6 总结了这些推特营销工具。

表 7-6　推特营销工具

推特营销工具	简介
推广推文	广告客户付费，以便在使用者的搜寻结果和时间表中显示它们的推文。推特的广告平台是基于拍卖竞价，推特的推文显示为"推广"，定价是按每次点击计算的。推广推文可以是关键字和地理位置定位，并且可以包括图像以及链接（卡片）到网站和应用程序。广告轮播最多可以在一个空间中显示 12 个广告，用户可以刷新推文推文。内嵌购买按钮的推广推文可让用户在不离开推特的情况下进行购买。
推广趋势	广告客户付费，将它们的主题标签（♯标志用于标记关键字的推文）转移到推特的趋势列表的顶部。然而，推特搜索引擎会发现主题标签，但只有那些本身流行的标签才能发布到"趋势列表"。
推广账户	广告客户付费，将品牌推荐给推特主页上的"谁在关注"列表（推特的账户推荐引擎）中可能对该品牌感兴趣的用户。推广账户可以对用户定位并按照每位粉丝的价格定价。
增强型页面	公司可以将自己的横幅广告置顶到公司时间表的顶部。
放大化	连接电视广告和推特活动的实时数字仪表板。
推广视频	广告商可以在推特平台上发布视频，并使用推广推文直接链接到应用程序安装。
电视广告重新定位	在正在观看的节目中，向观众推荐与他们观看节目相同的广告。
潜在用户卡	出现在用户的推特时间表上的消息与优惠券或其他促销优惠。用于潜在用户营销。
移动广告	所有上述形式都在移动设备上投放，还有移动应用安装和应用互动广告。

开展推特营销活动

如果你是推特营销的新手，请先从简单的步骤开始，并根据经验建立你的粉丝群。推特的典型营销活动可能包括以下要素：

● 建立推特账户。开始关注你感兴趣的其他人或你可能希望参与♯〈话题〉的对话。刚开始不要指望有任何粉丝。随着你关注别人，你的可见度就会上升，他会开始回复或转发有趣的内容。然后开始转发你认为该小组感兴趣的内容，并引导正在进行的对话。

● 尝试简单的推广推文。推特拥有非常好的网络广告工具，可让你定义广告，建立你要定位的群组，并了解相关成本。你可以从地区或大城市的推广推文开始。测试各种推文形式。除非有人点击推文，否则你不必支付推广推文的费用，因此由你决定这些点击计数。引导用户到你的网站，并提供优惠券或折扣。

● 推广趋势可能非常昂贵，约为20万美元。如果预算允许，并且大量受众对你的主题普遍感兴趣，则可以尝试此工具。基于地理位置定位是可行的。

● 电视广告重新定位显然是具有电视内容和电视广告的媒体公司的重要业务工具。将这些广告重新定位到推特社区，可以加强整体品牌形象，并将人们引导到公司的网站。

● 潜在用户卡对中小企业可行。如果你在本地销售从比萨到文具等任何东西，可以提供报价，并建立一个潜在用户卡，指定你的业务所在的地理位置。

与脸书一样，开展营销的目标是在线建立你的品牌知名度，并寻求用户的参与度，而不是即时销售。鼓励他人将你的内容和优惠转发给他们的朋友。

表7-7介绍了一些推特营销活动。

表7-7　一些推特营销活动

公司	活动方案
劳氏	在6个活动中，使用6秒的动画视频，展示快速家装技巧。
三星	在SXSW节中，三星Galaxy用户可以通过发送♯PowerOn话题来为手机充电，这将促使三星自行车信使向该位置发送新电池。
NFL	使用♯FOMOF活动在Verizon设备上推广NFL比赛的直播。
网飞	使用话题标签♯BeLikeDerek来推广其新节目 *Derek*。
Bravo	在《大厨》（*Top Chef*）第十季的最后一期中，在推特上发起了一场社交投票活动，以确定最终的竞争对手。

衡量推特营销成效

衡量推特营销成效类似于衡量脸书和其他社交营销平台的成效，但根据推特的特性有小小的改变。表7-8描述了一些衡量推特营销活动成效的基本方法。

表7-8　衡量推特营销成效

社交营销过程	衡量标准
粉丝获取（印象）	接触到你的推广推文、推广趋势等的人数（印象）
	关注者人数和月增长数
产生访问（转化率）	你的推文的评论、回应和转发次数
	品牌页面内容的访问数量
	关注游戏、比赛和优惠券的用户数量（参与）
	关注者平均在你的页面上停留的时长（持续时间）

续表

社交营销过程	衡量标准
放大化（触达）	粉丝转发或以其他方式分享你的推文的速度
社区	每月互动率（即每月的总评价和对你的内容的回应以及转发）
	所有关注者的平均每月在线分钟数
	正面与负面推文的比例
品牌强化/销售	潜在用户数（订阅新闻或内容的人）
	访问者/引导率：使潜在用户成为广告活动用户的人数
	与其他平台（如电子邮件、搜索引擎和展示广告）相比，推特链接产生的在线销售的百分比（或收入）
	与其他客户来源相比，推特客户的购买比例（转换率）

推特提供的工具包括一个提供关于推广推文和推广趋势的印象、转发、点击、回复和跟踪的实时信息的仪表盘。推特的时间表活动仪表板提供每条推文在提及、跟随和触达方面的表现。推特的关注者仪表板使营销人员能够跟踪关注者基础的增长，以及关于他们的兴趣、位置和访问的情况。

第三方工具包括 TweetDeck，可让你跟踪提及、人物和关键字；Twitalyzer，提供一键访问分析关注者、提及、转发、影响者及其位置的指标；BackTweets，允许你通过推特搜索发送 URL 的推文。

7.2.5　Pinterest 营销

Pinterest 为用户提供了一个可以"钉"有趣图片的在线板块。Pinterest 的成功部分取决于新技术对消费者行为的改变：人们通过图片而不是文字谈论品牌。大量的用户使用图片记录他们的生活。

Pinterest 已成为互联网历史上发展最快的网站之一。2010 年，Pinterest 在美国有 10 000 名用户，到 2011 年底达到 1 200 万，到 2016 年将达到 1.5 亿。今天，约有 17％的美国互联网用户使用 Pinterest。Pinterest 的访问者绝大多数是女性，约占 75％，但 2015 年男性人口增长最快，其用户覆盖范围广泛，从祖父母辈到青少年，其中 25～44 岁的用户占绝大部分（约 25％）。营销人员和 Pinterest 希望其"推荐能力"（指引用户到可以购物的零售网站的能力）将随着用户和使用强度的增长而迅速增强。

你可以将 Pinterest 视为高度互动和社交的网络杂志。它与网络杂志的一个不同之处当然是用户（包括商业公司）贡献所有照片。该网站目前拥有 36 个类别的钉板，包括礼品、动物、艺术、汽车、摩托车、工艺品、食品以及男女时装。用户可以在这些钉板上钉东西，创建自己的钉板，并关注其他钉板。公司可以创建自己的品牌板和产品板。截至 2016 年 10 月，Pinterest 上的照片数量超过 500 亿张，共有 10 亿多个不同的板块。

在 Pinterest 的数十亿张图片中存在伪装的展示广告，点击之后转到品牌网站进行购买。Pinterest 图片比展示广告好得多，因为它们不像展示广告那么显眼，反而看起来像是精美目录或杂志照片。有人认为，在未来 Pinterest 可能会为后续购买收取费用。Pinterest 还可以向企业收取创建品牌网页或钉板的费用，目前这些网页是免费的。

Pinterest 的基本功能

在 Pinterest 上营销要求你了解 Pinterest 的基本功能和特征。虽然 Pinterest 的所有用户都了解如何将照片固定到在线剪贴簿，但是还有许多其他功能不太被熟知或被使用。表 7 - 9 提供了 Pinterest 功能的列表。

表 7 - 9　Pinterest 的功能

功能	简介
固定照片	用于在 Pinterest 钉板上发布照片。
钉板	在线剪贴簿，照片由用户管理。
再次固定照片	将其他用户的照片固定在你自己的钉板上，并与你的朋友分享。
标签和关键字	在照片描述中使用〈♯标签〉，例如♯风格，♯汽车，♯运动汽车。使用人们在搜索特定内容时可能会使用的关键字。
分享	与朋友分享你固定的照片。可以通过推特、脸书、电子邮件等分享。
图像悬停	可以添加到浏览器中的小部件。当鼠标悬停在在线图像上时，"钉"按钮弹出，你可以将照片自动固定在 Pinterest 钉板上。
嵌入	可以自动将钉板上的照片嵌入博客的代码。
我＋分享者	允许其他人分享你的钉板（只有当他们已经是你的粉丝时）。
关注	用户可以选择关注其他用户和钉板，并接收电子邮件更新提醒。
固定照片和粉丝的数量	品牌页面顶部的固定照片数和粉丝人数。
链接到 URL；链接到固定照片的人	点击固定照片的公司的网址；点击指向固定照片的人的链接。
价格显示	悬停在产品上，就会弹出价格和型号信息。
整合脸书和推特	从脸书、推特和其他社交网站登录。你的个人资料（但不是你的照片）从脸书上传到 Pinterest；你固定的照片将在你的脸书时间轴中展示。推特和 Pinterest 个人资料页面也被集成。
固定照片浏览器按钮（小书签）	浏览器中红色的"钉"按钮。用户将按钮拖动到浏览器页面上，就立即将他们在网络上看到的照片固定到钉板上。
应用	智能手机和平板电脑应用程序，允许用户固定照片，浏览固定的照片和钉板，在购物时提供参考，并显示固定的照片。
Pinterest 小部件	你的品牌页面上的"钉"按钮，使人们可以轻松地从你的网站固定图像。

Pinterest 的营销工具

Pinterest 进入市场营销的第一步是为品牌提供额外资源的商业账户。2013 年，它引入了 Rich Pins，允许公司嵌入诸如当前定价和可用性之类的信息，以及直接链接到产品页面。2014 年，Pinterest 正式开展付费广告服务。它推出了一系列国内品牌的 Promoted Pins，并且发布针对中小企业的"自己动手销售"试用版，其收费方式与 Google AdWords 平台相似，也是按单次点击收费。Promoted Pins 会出现在搜索结果和类别列表中。2015 年，Pinterest 向所有在美国的合作伙伴推出了 Promoted Pins，并添加了 Cinematic Pins。它还为一些电子商务平台（如 Shopify、BigCommerce、Magento 和 Demandware）以及 Shop Our Picks 功能添加了适用商家的 Buyable Pins，允许用户直接在 Pinterest 网站上购买产品，并使用 Apple Pay 付款。Shop Our Picks 功能突出精选的物品，供用户考虑购买。它还引入了新的广告定位和定价选项。2016 年，它添加了其他广告定位选项，首次向广告商提供搜索广告资源，并启动了推荐视频广告。表 7 - 10 描述了一些主要的 Pinterest 营销工具。

表 7-10　Pinterest 营销工具

营销工具	简介
Rich Pins	Rich Pins 使广告客户可以直接在固定图片上添加额外的信息。Rich Pins 有六种类型：产品、应用、地点、文章、电影和食谱。Product Pins 包括实时定价、可用性以及可以购买物品的链接。App Pins 包括一个安装按钮，允许用户在不离开 Pinterest 的情况下下载应用。Place Pins 包括地图、地址和电话号码。Article Pins 包括标题、作者和故事描述。
Promoted Pins	一种向目标受众推荐固定图片的方式，并且要为点击跳转到你的网站付费。
Cinematic Pins	一种移动广告形式，当用户向下滚动广告时，会显示一个简短的动画；只有当用户点击广告时，才播放完整版本，从而为用户提供更多的控制权。
Buyable Pins/Shop Our Picks	符合条件的商家可以创建 Buyable Pins，允许用户在不离开 Pinterest 的情况下购买产品。Shop Our Picks 重点突出精选产品供用户考虑购买。
Promoted Video	使用 Pinterest 新的原生视频广告播放器，允许营销人员投放视频广告。
在你的网站上添加"钉"按钮或关注按钮（Pinterest 小部件）	让访问者轻松地从你的网站将图片固定在钉板上，并在你向网站发布新照片时标明。
固定图片展示广告	将固定照片作为展示广告，引导用户回到公司的网站。
品牌页面	允许公司创建一个企业品牌页面。在过去，Pinterest 没有对个人页面和企业品牌页面进行区分。
创建基于主题的钉板，以反映你的品牌信息	Pinterest 不是专门以销售为导向推荐商业钉板，而是以生活为导向。
URL 链接到商店	使消费者更容易点击品牌页面和产品固定图片上的链接，从而可以购买他们看到的产品。目标是将再次固定的照片与 Pinterest 集成，更容易跟踪产品。这意味着零售商可以看到销售和固定的照片之间明确的联系。目前，经过数千次再次固定图片，点击 URL 有时会导致跳转到死链接。
与其他社交网站集成	请你的脸书粉丝和推特关注者将你的产品的照片固定在钉板上并标记。然后将这些照片再次固定到 Pinterest 上的品牌页面中。向忠实的用户和粉丝发出提示，向潜在客户展示当前用户喜欢使用你的产品的程度。
用户、关注者和其他人的网络	与脸书和推特一样，使用 Pinterest 进行评论、提及并与他人沟通。参与社区，你就会变得更知名，更多地了解潜在客户，了解他们的信仰和他们所追求的东西。

　　例如，Lands' End 在 Pinterest 上有几个品牌页面，其中一个是 Lands' End Canvas。搜索 Lands' End Canvas，它会带你到达 Lands' End Canvas 创建的页面，在该页面 Lands' End 已经固定了一些产品照片。在这个品牌页面上，只有 Lands' End Canvas 产品被固定，并标识了公司名字。你可以看到在其他地方固定这些照片的人数，以及其他关注这一系列服装并张贴自己照片的人数。当你点击照片时，你将获得更大版本的照片（有时称为照片登录页面），并有机会链接到你可以购买产品并找到类似产品的网站（canvas. landsend. com）。你还将在此照片登录页面上看到固定照片的人的照片、其他钉板，以及标题为"固定此人的人也被固定……"的区域中的相关照片和产品的评价。表 7-11 提供了其他一些零售商的 Pinterest 营销活动的简要描述。

表 7-11　部分 Pinterest 营销活动

公司	活动
本田	为 5 名有影响力的用户提供 500 美元的奖金，让他们在 Pinterest 发布"＃Pintermission"，并为其所固定的图片做活动。该活动对本田 CRV 汽车及其"抓住一天"的品牌形象进行了营销。
万事达	推出＃可接受的事＃主题标签，以推动人们对万事达产品的接受，同时也引起人们对其广泛使用的信用卡产品的关注。

续表

公司	活动
诺德斯特龙	在访问量最多的 Pinterest 上利用店内标识展示产品。与脸书或推特相比，该产品在 Pinterest 上拥有更多的关注者。
Blue Apron	提供基于订阅的食品送货服务，将其最受欢迎的食谱固定到不同的钉板上。高品质、引人入胜的摄影图片有助于推动用户参与。
优衣库	该服装零售商使用几十个账户在 Pinterest 页面上以 5 列固定图片，允许用户向下滚动并使图像动画化。

开展 Pinterest 营销活动

在开展 Pinterest 营销活动之前，思考有关你的产品和服务的一些问题，然后确定你的 Pinterest 页面的一些战略目标。首先，通过一个 Pinterest 的页面来描绘你希望实现的愿景。你的公司成立已久，试图通过 Pinterest 强化你的品牌？你是新成立的公司，没有人知道，你想通过 Pinterest 开始营销活动吗？你的产品是否可视化，你的品牌是否可以在一组图片中表达？大多数产品具有可视化特点，会比其他产品更有吸引力。消费者是否习惯于通过照片查看你所在行业的产品？例如，随着食品杂志和网站的发展，食品更多的是视觉体验。

接下来，考虑你的产品和服务的目标受众特征，并将其与 Pinterest 用户特征进行比较。目前，约 75% 的 Pinterest 用户是女性，虽然这可能会随着时间的推移而变化，但你的产品必须对女性有吸引力。你的产品或服务是否吸引这类人群？

考虑你在虚拟市场中的策略。你的竞争对手在做什么？他们是否也在 Pinterest 上？他们有有效的服务平台吗？什么类型的人关注你的竞争对手？用户都在固定哪些内容？有多少关注者、重新固定的用户、品牌页面和 Product Pins？因为照片是 Pinterest 平台的核心，你的品牌页面的照片将从哪里来？你或你团队中的成员是技艺精湛的摄影师吗？你可以把网络上以及其他 Pinterest 钉板中的照片固定在你的钉板上，但你只是分享内容，而不是创建独特且不寻常的内容。

Pinterest 是一个支持全方位营销的辅助工具，包括线上和线下。你需要将你的社交和网络营销工作与脸书和推特相结合。你可以从你的网站分享照片，并将网络照片发送到你的品牌页面。这些照片还可以在你的脸书页面和推特上使用。你的客户将使用所有这些平台，你将不得不跟随他们的脚步。

一旦设想了你的 Pinterest 活动并制定了营销计划，就可以开始实施你的计划。为了实现你的 Pinterest 计划，首先，你应该有一个传统的网站显示你的产品（目录），并可以购买。其次，你还应该有一个脸书品牌页面来吸引粉丝，并提供一种通知你的关注者有新的图片的方法。一旦这些要求得到满足，你就可以开始 Pinterest 营销活动：

● 创建一个 Pinterest 品牌页面，并开始固定你的产品的照片。继续添加更多的照片，并定期更改。确保你的照片的质量与你的竞争对手相同或更高。如有需要，可以聘请专业的摄影师。品牌网页通常不允许关注者固定照片，只能关注和评论。这里的想法是控制你的品牌页面的内容，可以开发其他关注者可以固定图片的钉板。

● 创建多个基于主题的生活方式板块。开发一些强调生活方式或时尚的主题板块。Pinterest 不仅仅是销售网站，也是一个娱乐和品牌网站。你希望粉丝喜欢你的照片，并希望在主题板块上其他人能够固定图片。

● 使用 URL 链接和关键字。确保你的照片有一个 URL 链接到你的商店或供应商商店，使关注者可以很容易地购买。一定要使用关键字和主题标签来对每张照片分类，以便它们在 Pinterest 搜索时显示。记住，Pinterest 不能"看"照片或了解其内容。它只会根据你的标签"知道"内容。

● 使用 Pinterest 的 Rich Pins。如果你从事食品、零售或电影发行行业，如果你有一个很受欢迎的产品，价格很有吸引力，或者你想用一种特定的产品来人们吸引到你的网站，那么 Product Pins 值得一试。一旦你对 Rich Pins 有些许经验，你也可以尝试 Pinterest 提供的各种类型的付费广告，如 Promoted Pins、Cinematic Pins 和视频广告。

● 使用"钉"按钮。在你的网站和脸书页面上添加一个"钉"按钮，以鼓励粉丝将你的照片固定到自己的钉板上，并推荐给朋友。

● 使用你的脸书和推特网络。通过在脸书页面添加一个"钉"按钮（也称为 Pinterest 选项卡）来使用你的脸书和推特网络，并开始与你的关注者共享你的照片。

● 与脸书和推特集成。创建脸书和推特登录，以便用户可以在不离开脸书和推特网站的情况下访问你的照片和钉板。

● 社交化。加入对话。关注其他用户和钉板，并要求接收电子邮件和脸书的更新。

衡量 Pinterest 营销成效

与任何社会营销平台一样，衡量 Pinterest 营销成效的关键因素包括粉丝（关注者）获取、产生访问、放大化、社区和销售。表 7 - 12 描述了一些衡量 Pinterest 营销活动成效的基本方法。

表 7 - 12　衡量 Pinterest 营销活动成效方法

社交营销流程	衡量标准
粉丝获取（印象）	查看你的固定图片的人数
	粉丝的数量和增长率
	已经固定你的产品照片的人数
	查看你的固定图片并将它们固定在自己的或其他钉板上的用户占所有查看用户的百分比
产生访问（转化率）	Pinterest 品牌页面或图片的帖子、评论和回复的数量
	关注游戏、比赛和优惠券（参与）的用户数量
	粉丝在你的品牌或产品页面上停留的平均时长（持续时间）
	每个帖子或其他内容的固定率（好评率）
放大化	粉丝通过分享或将图片再次固定到自己的或其他钉板上分享你的固定照片的比例
	对你的内容的每月互动率（即 Pinterest 品牌页面上的每月固定图片总数、评论和活动）
社区	所有粉丝的平均每月在公司页面上的时长
	正面与负面评论的比例
品牌强化/销售	与其他平台（如电子邮件、搜索引擎和展示广告）相比，由 Pinterest 链接（推荐）生成的在线销售的百分比
	与其他客户来源（转换率）相比，Pinterest 客户购买的百分比
	接收重新固定的照片（关注者的朋友）的用户的转化率

Pinterest 提供了一种内置的网络分析服务，可以深入了解人们如何与来自其网站的照片进行互动。有几家公司将帮助制定表 7 - 12 所述的指标。例如，Curalate 是一种在线服务，用于衡量 Pinterest 和其他视觉社交媒体的影响。它可以通过查看用户固定图片和重新固定的图片来监听和测量视觉对话，并分析图片中的颜色。目前，超过 450 个品牌使用 Curalate 平台。

7.2.6　其他社交网络营销

许多社交网络可以销售产品和服务，Instagram、领英和 Snapchat 是其中最大型的社交网站。Instagram 是一个视觉社交网络：用户和广告客户向他们的朋友、潜在客户和广大公众发布照片和视频。2016 年，Instagram（脸书旗下的社交网络）在全球拥有 5 亿多用户，活跃广告客户超过 20

万。Instagram 是一个移动优先平台，特别受到千禧一代的欢迎。2016 年，Instagram 的用户中千禧一代达到了 35%，预计到 2016 年底，活跃用户中美国千禧一代用户有 5 000 万。预计 Instagram 2016 年的广告收入约为 32 亿美元（AdRoll，2016）。

与其他社交网络一样，用户可以创建个人资料。有一个可以展示朋友或广告客户发布的照片和视频列表（长达 15 秒）的页面。使用转发功能，用户可以向特定的人发送照片和视频。使用 "Explore"，用户可以搜索公开的个人资料和照片。Instagram 还有一个强大的照片编辑套件，称为 "Layout"。

与脸书类似，广告客户通过向用户的 Feed 中发送帖子来获取品牌资料并进行营销活动。Instagram 的广告包括展示广告和质量卓越的视频广告，类似于印刷杂志。轮播广告可以在单个广告中包含多个静态照片或视频。广告可以链接到广告客户的网站，现在可以包含 "购买" 按钮。对于想要围绕首映式、产品推出和关键时刻推动受众意识的品牌，Instagram 开发出了 Marquee 广告产品，它可以覆盖数百万人。Marquee 广告通常持续一天，承诺提供有保证的展示次数，并且可以在白天多次发布以吸引不同的受众。2016 年 8 月，Instagram 还添加了一个 "故事" 功能，以与 Snapchat 提供的类似功能进行竞争。故事通常包括图像和/或视频的剪辑，有时用图形和表情符号注释，并在 24 小时后消失。虽然尚未提供付费广告产品，但一些主要品牌已经迫不及待地接受了这种形式，并开始定期将故事内容添加到 Instagram 的营销活动中（Shields，2016）。

领英的平均访问量相对较少，尽管如此，它还是吸引了大量从事专业和管理职业的受过高等教育的用户。领英是一个专注于专业网络的社交网络，用户发布简历，而潜在雇主寻找新员工。

与其他社交网络一样，用户在领英中建立了个人资料，但在领英中，他们可以分享他们的专业背景、学位、职业和技能。公司可以免费创建一个公司简介页面，其中包含公司标志、标题图片、公司介绍和各种职位。公司还可以创建一个展示页面来突出显示特定的产品或服务，以及针对招聘的职业页面（需要付费）。有一个提供同事和朋友的帖子列表以及赞助公司的帖子（广告）的 Feed。展示广告也会显示在页面的右侧和底部。广告商可以使用领英的自助广告平台或使用领英广告合作伙伴解决方案放置广告，与自助广告一样，这些解决方案提供更多的多样性和广告选项，包括优质展示广告、赞助式邮件，以及鼓励用户关注特定公司的广告或加入一个特定的组群。领英最近也开始提供一个名为 LinkedIn Pulse 的发布平台，该平台允许用户发布文章，扩大他们的品牌和影响力。

领英的主要作用是为职业经理人开发个人品牌，并创建一个雇主可以联系合适的求职者的市场。广告商倾向于使用领英进行品牌宣传，通常不会对销售有要求。

Snapchat 是一种移动消息应用程序/社交网络，允许用户聊天、发送图像和视频（快照），它们被观看后，会在相对较短的一段时间后消失。Snapchat 标榜自己是一种通过各种工具捕捉重要时刻并创造性地交流的方法，比如 geofilter（根据用户的位置定制图像）和 lens（一种增强现实技术，允许用户以各种方式改变自己的脸）。Snapchat 最初的受众是 25 岁以下的用户，而 2016 年，在 Snapchat 近 6 000 万美国活跃用户中，千禧一代占 70%。然而，在 25～34 岁的年龄组以及 35 岁以上的年龄组中，Snapchat 已经开始显著增长。除了针对理想的用户群，Snapchat 对广告商也很有吸引力，因为研究表明，在这个理想用户群中，Snapchat 也很有吸引力，3/4 的美国大学生用户表示每天都在使用该应用程序，超过 50% 的用户每天都会使用，甚至连续使用。Snapchat 报告显示，全球用户每天使用该应用程序的时长为 25～30 分钟。

自首次发布以来，Snapchat 推出了一些提供广告机会的功能，包括 Snapchat 故事（用户可以同时与他们的朋友分享照片，这些照片可以持续 24 小时）、Live 故事（由 Snapchat 编辑人员编写的 Live 故事，通常可以保留 24 小时）以及 Discover（Snapchat 所选品牌的独特内容），汇集了来自世界各地活动和地点的各种用户的快照。Snapchat 为广告客户提供了三种类型的原生广告："快照广告"（10 秒或时间更短的全屏垂直视频广告，默认情况下已启用音频）、赞助式地理过滤器（使用品牌图像和信息的地理位置过滤器）以及赞助式镜头（使用品牌图像的镜头）。快照广告的互动版本（称为具有附件的快照广告）也可用，并允许用户滑动展开广告以查看其他视频、文章、网页或应用程序。广告可以按固定费用或每千次印象费用（CPM）进行购买。目前，Snapchat 的定位功能不及大多数社交网络竞争对手，但计划正在开发增强的定位选项。预计，Snapchat 在 2016 年产生的广告收入约为 3.67 亿美元，并在 2017 年增加到近 10 亿美元。目前，Snapchat 的 Discover 功能是其美国广告收入的主要来源（eMarketer，Inc.，2016f；comScore，2016）。

7.2.7　社交营销的缺点

　　社交营销不是没有缺点。有时社交媒体活动会适得其反。其中一个问题是，品牌失去了人们对品牌看法的控制，同时也失去了对它们的广告在社交网站上出现的其他内容的控制。根据算法放置在脸书上的广告可以放置在不代表品牌价值的内容附近。这不是社交营销特有的问题，因为使用谷歌的广告平台的广告也面临同样的问题。然而，这与电视广告（对品牌有近乎完全的控制）截然不同。在那些不满的消费者或者怀有恶意的人看来，社交网站的功能是独特的，借助它可以发布各类负面或令人尴尬的信息（Vega and Kaufman，2013）。

　　"社会透视"专栏"社交网络时代面向儿童的营销"描述了社交营销的其他问题。

社会透视

社交网络时代面向儿童的营销

在美国，所有 5～15 岁的人中有 99％以上的人使用互联网。社交和移动营销为广告客户提供了一个全新的方式来影响儿童。使用自定义横幅广告、产品、角色、视频、游戏、虚拟世界和调查，营销人员会影响客户的行为并收集有价值的数据。儿童网络文化已经建立起来，并提供了进入年轻人内心的通道——在某些情况下，年轻人的内心太稚嫩，因此不太可能知道他们什么时候被推销，什么时候被告知了误导性的甚至是有害的信息。

营销人员积极采用社交网络和病毒式营销，让孩子们早日被品牌吸引。虽然这样的举动可能是精明的营销，但它们是否符合道德标准？有人认为这不符合道德标准。研究表明，幼儿不了解揭露个人信息的潜在影响；他们也无法区分网站上的实质性内容和围绕它的广告。专家认为，由于儿童要到八九岁才能明白什么是说服意图，因此在他们无法分清什么是广告、什么是现实世界前，就向他们进行广告宣传是不道德的。但也有人认为，对当今社会的未成年人来说，接触广告是他们成长过程中重要且必要的一部分。

1998 年，美国国会通过了《儿童在线隐私保护法》（COPPA），联邦贸易委员会发现 80％的网站收集了儿童的个人信息，但只有 1％要求得到父母的许可。根据 COPPA，公司必须在其网站上发布隐私政策，详细说明它们如何从消费者收集信息并使用，以及保护消费者隐私的程度。如果未经父母事先同意，公司不得使用从 13 岁以下儿童收集的个人资料。

自该法律生效以来，联邦贸易委员会已经达成了一些和解，并对一些违反 COPPA 的公司进行了罚款。例如，由于未经家长批准收集和披露儿童信息，迪士尼的 Playdom 被罚款 300 万美元，是迄今为止最高的罚款。

2011 年，联邦贸易委员会宣布了其首次涉及移动应用的 COPPA 执法行动。此后不久，为响应儿童移动设备使用量的增加，联邦贸易委员会宣布修订 COPPA 条款，试图跟上新兴技术的步伐。修订版在 2013 年生效，扩大了个人信息的定义，包括儿童的位置，以及通过使用 cookies 收集的个人数据以进行有针对性的广告。它还要求收集儿童信息的网站确保它们可以保护这些信息，只在合理需要的时间内保存，然后予以删除。

2016 年，联邦贸易委员会将违反 COPPA 和其他消费者保护法的最高处罚提高一倍以上。如果公司只想在公司内部使用儿童的个人信息，则需要父母的电子邮件和其他形式的验证（如信用卡或电话号码）。联邦贸易委员会现在允许父母使用面部识别软件通过自拍进行确认。出售儿童个人信息的企业还需要使用额外的验证手段，例如打印和发送同意书、信用卡交易、由训练有素的人员组成的免费数字或视频会议，或通过政府发放的身份证明验证父母的身份。隐私组织对这一努力表示赞许，COPPA的实施也有了进一步的推进。例如，2016 年，联邦贸易委员会对移动广告公司 InMobi 处以 95 万美元的罚款，称该公司未经同意跟踪数亿名儿童的信息和位置，并将软件中的未开启位置跟踪错误地表示为选择加入。除了罚款之外，它还强制 InMobi 删除未经同意收集的数据，实施全面的隐私计划，并在未来 20 年内每两年进行一次审查。过去，它只使用 COPPA 来规范网站和应用开发者，而不是像 InMobi 这样的广告网络。鉴于 InMobi 的数据收集政策在广告行业普遍存在，联邦贸易委员会在 2017 年及以后将会更加重要。个别州也开始执行 COPPA 法规。2016 年，纽约总检察长与 Viacom、美泰、孩之宝和 JumpStart Games 一起解决了涉及收集未经父母同意的儿童的信息和网络活动的做法，得克萨斯州以同样缘由对移动应用程序开发公司 Juxta 进行罚款。

最近，大型科技公司也被罚款，并被要求调整其对儿童注册服务的政策。谷歌公司于 2014 年与联邦贸易委员会达成协议，并同意退还价值 1 900 万美元的儿童无意中进行的应用内购买。苹果公司也同意在 2016 年早些时候同样退回 3 250 万美元的类似购买，亚马逊可能很快也会这么做。尽管对收集儿童信息没有太多的既得利益，但是 Yelp 却被处以 45 万美元的罚款，而像 TinyCo 这样的游戏开发商也因为侵犯儿童的隐私权而成了联邦贸易委员会的目标。问题是，联邦贸易委员会的罚款是否足以阻止企业在未来消费者还在如此小的年纪时就收集他们的有价值数据。2015 年，谷歌公司发布了 YouTube 儿童版，但消费者倡导者发现它仍然包含不适当的广告和内容。

2015 年，参议院发起了一次两党合作的努力，以通过对 COPPA 的修正案，其中将涉及 13～15 岁的儿童以及"橡皮按钮"的要求，允许家长或孩子在网上永久清除任何网站收集的个人信息。但到目前为止，法案尚未通过。联邦贸易委员会还加强了其信息收集政策，强制软件和应用程序开发商重新设计允许在设备之间传输数据的功能。应用程序开发人员还需要使用信用卡或借记卡号码验证家长同意书，无论应用程序是否提供商品购买。

资料来源："The States Also Rise: Recent Settlements Illustrate Potential Pitfalls Regarding Children's Privacy Laws," by Saad Gul and Michael Slipsky, Jdsupra. com, October 17, 2016; "Texas State AG Weighs In on Children's Online Privacy," by Sheila A. Millar et al., Natlawreview. com, October 6, 2016; "New York Attorney General Announces COPPA Settlements," by Tracy P. Marshall et al., Natlawreview. com, September 19, 2016; "Million Dollar Settlement and Online Analytics in an Age of COPPA," by Saad Gul and Michael Slipsky, Linkedin. com, August 10, 2016; "FTC Increases Maximum Civil Penalties for HSR Act, COPPA, and Other Violations From $16,000 to $40,000," by Chris Olsen and Lydia Parnes, Jdsupra. com, July 7, 2016; "InMobi's Illegal Location Tracking Debacle Is Just the Tip of the Iceberg and Regulators Are Chomping at the Bit," by Allison Schiff, Adexchanger. com, June 27, 2016; "Mobile Advertising Network InMobi Settles FTC Charges It Tracked Hundreds of Millions of Consumers' Locations Without Permission," Ftc. gov, June 22, 2016; "FTC Allows Selfies to Verify Parental Consent for Kids Using Online Services," by John Ribeiro, *PCworld*, November 20, 2015; "Significant Amendments to COPPA Proposed in Do Not Track Kids Act," by Ronald London and John Seiver, Jdsupra. com, June 22, 2015; "Mapping the Regulations Protecting Children's Privacy Online," by Josh Yaker, Techcrunch. com, June 4, 2015; "FTC Fines Tech Giants for Violating Kids' Privacy," by Bill Snyder, Cio. com, September 18, 2014; "Amazon Blames Parents for Kids' App Store Purchases," by Jonathan Randles, Law360. com, September 9, 2014; "Google to Refund $19 Million of Children's In-App Purchases," Mashable. com, September 4, 2014; "FTC Changes Privacy Guidelines for Developers of Kids' Apps," by Hayley Tsukayama, *Washington Post*, July 16, 2014; "Child Privacy Online: FTC Updates COPPA Rules," by Mathew Schwartz, Informationweek. com, July 5, 2013; "Revised Children's Online Privacy Protection Rule Goes Into Effect Today," FTC. gov, July 1, 2013; "FTC Announces First-Ever COPPA Enforcement Action Against Mobile Apps," by David Silverman, Privsecblog. com, August 17, 2011; "FTC: Disney's Playdom Violated Child Protection Act," by Don Reisinger, News. cnet. com, May 13, 2011.

7.3　移动营销

移动营销涉及使用智能手机和平板电脑等移动设备来显示横幅广告、富媒体、视频、游戏、电子邮件、短信、店内消息、快速响应（QR）代码和优惠券。移动营销现在是标准营销预算的必要部分。移动设备与以前的营销技术截然不同，因为这些设备集成了许多人和消费者的活动，包括打电话或发短信、听音乐、看视频、跟踪定位和购物。移动设备可以做的事情越来越多，人们在日常生活中越来越依赖移动设备。如今，有 2.62 亿美国人使用手机，其中 2.07 亿人使用智能手机。超过 1.68 亿美国人也使用平板电脑（eMarketer, Inc.，2016f, 2016g, 2016h）。研究发现，人们每天查看移动设备的次数至少为 40 次。大多数手机用户每天 24 小时保持开机状态。对大多数人来说，他们早上首先查看的是手机，晚上最后查看的也是手机。当他们遇到要去哪里、做什么、在哪里见面的问题时，要使用的第一个工具也是手机。

7.3.1　概述：今天的移动电子商务

有了智能手机或平板电脑，搜索产品和服务，浏览，然后购买是一个很短的过程。移动电子商务在过去几年急剧增长，每年增长率达到 30% 以上，到 2020 年年均增长率将略有下降，约为 20%。专家估计，到 2020 年，移动电子商务将在零售和旅游业电子商务中占据 50%。图 7-6 显示了到 2020 年零售和旅游业中移动和传统电子商务的预期增长。

图 7-6　移动商务增长

说明：到 2020 年，零售和旅游业的移动电子商务预计将增长到 4 380 多亿美元，几乎等于基于台式电脑的传统电子商务的总量。

资料来源：Based on data from eMarketer, Inc.，2016i，2016j，2016k，2016l.

最初，移动电子商务主要集中在数字商品，如音乐、视频、游戏和电子书。然而如今，传统的零售业和旅游服务业成了移动商务增长的主要来源。不必惊讶，因为美国的电商巨头是亚马逊，其通过移动网站和应用程序完成的销售额超过 170 亿美元。根据最近的一项调查，亚马逊上的购物有 45% 是移动购物（eMarketer, Inc.，2016m）。

越来越多的消费者开始使用他们的移动设备来搜索人、地方和东西，比如餐馆和他们在零售店看到的产品。消费者从台式机向移动设备的快速转变正在推动移动营销支出的激增。由于搜索对于引导消费者购买非常重要，移动搜索广告市场对于像谷歌和必应这样的搜索引擎非常重要。而两家公司的台式机搜索收入都在下降。谷歌的移动广告业务正在快速增长，但是移动广告收取的价格远远低于台式机广告。谷歌和其他移动营销公司面临的挑战是如何让更多消费者点击移动广告，以及如何为每次点击更多地向营销人员收费。答案在于消费者点击什么和什么时候点击。

人们如何使用移动设备

如果你计划进行移动营销活动，请务必了解用户使用移动设备的方式（可能与你所做的或认为的不同）。例如，大多数人认为人们随时随地使用移动设备，但事实上，根据为数不多的关于实际移动行为的研究之一，几乎70%的移动设备使用都发生在家里。我们知道人们每天平均使用数字媒体约5小时45分钟，而在这些时间中，超过3小时用于智能手机和平板电脑。在这3小时内他们在做什么，使用什么设备？

最近的数据显示，用户使用移动设备主要是为了娱乐，而不是购物或购买（至少在使用时间上是如此）。在用户每天在移动设备上花费的3小时（180分钟）中，有29分钟（16%）用于社交网络，有29分钟（16%）用于观看视频，有47分钟（26%）用于听音乐（主要是流媒体音乐服务）。因此，移动设备使用中42%的时间用于娱乐（音乐和视频），16%用于社交网络（eMarketer，Inc.，2016n）。那么时间还用在哪里？皮尤研究中心进行的一项调查描述了移动用户不进行娱乐或社交的时候，在他们的移动设备上进行的各种活动。人们使用移动设备进行的活动与他们用电脑差不多，从获取信息到银行业务，再到寻找居住的地方。但这项调查并没有包括购物和购买行为的数据，也没有包括与活动有关的时间信息（Pew Research Center，2015）。

然而，在2015年的假期购物季节，全国零售商联合会的一项调查提供了对消费者计划如何使用移动设备以及哪些平板电脑或智能手机的深入洞察（图7-7）。在购买车辆时，研究产品和比较价格排在首位，其中平板电脑（47%）超过智能手机（37%）。然而，很大一部分人（35%～40%）根本不打算用平板电脑或智能手机购物或购买。只有1/3的平板电脑用户以及不到25%的智能手机用户计划用平板电脑或智能手机购买东西（National Retail Federation，2015）。

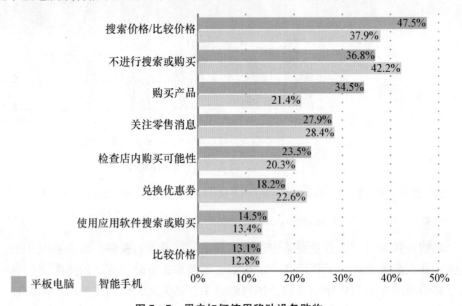

图7-7　用户如何使用移动设备购物

说明：作为移动商务购物和购买平台，平板电脑领先于智能手机，但随着智能手机开发出更好的工具，这种差异可能会随着时间的推移而消失。

资料来源：Based on data from eMarketer, Inc., 2015b.

从这项研究中，我们可以得出结论：移动设备仍然主要用于娱乐、社交和沟通，很少用于购物或购买。然而，这些模式都不是永久性的。移动电子商务正在急剧增长。初步的预期是，平板电脑将成为移动电子商务的主要平台，但这并没有得到验证。随着智能手机屏幕尺寸的增加和分辨率的提高，再加上更好的移动搜索、更好的基于位置和内容的发现，以及更好的移动支付系统，智能手机购买体验得到改善，智能手机零售移动电子商务迅速增长（图 7-8）。

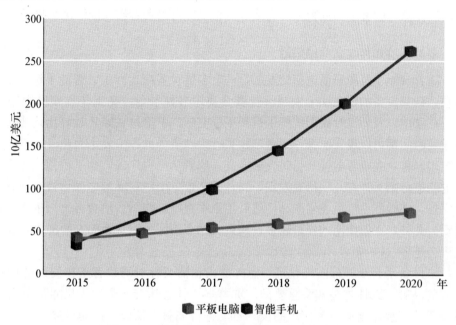

图 7-8　零售移动商务：智能手机与平板电脑

说明：与之前的预期相反，智能手机的零售移动商务增长速度比平板电脑快得多。
资料来源：Based on data from eMarketer，Inc.，2016o，2016p。

应用内体验和应用内广告

你可能会认为使用浏览器通过智能手机或平板电脑访问网络是一种典型的移动活动。然而，实际上，移动用户的在线时间几乎占到了全部在线时间的 60%。智能手机应用程序是数字媒体使用量增长的最大推动力，几乎占在线时间总数的一半，约占在移动设备上花费的时间的 75%，占在移动应用上花费的时间的 85%。随着智能手机屏幕尺寸和分辨率的增加，平板电脑使用的时间在缩短。平均来说，用户每个月在智能手机上只使用约 27 个应用程序，大约 75% 的时间花在用户的前三名应用程序上。iOS 和安卓云服务器上可能会有数以百万计的应用程序，但只有少数应用程序会产生足够的用户流量而使普通广告商感兴趣。在用户人数和使用时间方面，脸书可以算顶级应用，其次是脸书 Messenger。在前七大应用中，谷歌有 4 个应用（Google Maps、Google Drive、Google Play 和 Gmail）。前 25 名中的其他应用程序大多是社交应用（Instagram、Snapchat、Pinterest 和推特）、娱乐应用（Pandora Radio、Apple Music、网飞和 Spotify）或实用程序（Apple Maps、Google Drive、Yahoo Stocks、天气频道、雅虎邮箱）。前 25 名中只有 4 个零售业的应用程序：亚马逊移动版（第 10 名）、Groupon（第 22 名）、沃尔玛（第 23 名）和 eBay（第 24 名）。然而，许多独立访问者增长最快的应用程序来自按需服务提供商，如优步和 Lyft（comScore，2016）。

对营销人员的影响是非常明确的：如果消费者主要使用应用程序，而不是在移动设备上浏览网络，营销人员需要将广告放在吸引大多数消费者的应用中，即社交网络和娱乐应用。如果移动消费者平均只使用 27 个应用程序，营销人员需要将他们的营销集中在这些流行的应用上，比如前 100 名的应用程序。另一方面，小众市场营销人员可以将广告集中在支持小众市场的应用程序上。例如，潜水设备的分销商可以在专门用于潜水社区的应用中投放广告。可能这些应用程序没有很多用户，但是使用这些应用程序的人对该主题是非常活跃的。

对营销人员的另一个影响是，不要专注于难以阅读的移动展示广告，最好的广告可能是可以捕获用户注意力的有趣的视频广告，或者可精确针对消费者当前的活动和兴趣的应用内广告。

多屏环境如何改变营销渠道

随着智能手机和平板电脑的发展，一个多屏世界应运而生：智能手机、平板电脑、台式电脑和电视。计算设备的现在和未来是消费者会使用多种平台：在工作和家庭中使用台式机和笔记本电脑，在家中以及外出时使用智能手机和平板电脑。不论是在家还是外出，通过平板电脑和智能手机在任何时间都可以观看电视。消费者购买行为在多屏世界中发生变化。消费者通常会一次使用两个或更多屏幕，在观看电视节目时发送推文，或者从电视广告，到手机搜索更多的信息，到后来的平板电脑进行购买。有几项研究发现，90％的多设备用户在屏幕之间切换完成任务，例如在电视上观看广告，在智能手机上搜索产品，然后使用平板电脑购买。消费者可以依次或同时在设备之间无缝移动。此外，人们使用的屏幕越多，购买就越多。因为消费者拥有的屏幕越多，消费者接触点或营销机会越多（Google，Inc.，2012）。

多设备平台或屏幕多样化环境意味着营销需要针对消费者正在使用的设备进行设计，并且跨平台的品牌一致性将是非常重要的。屏幕多样性意味着一个广告尺寸将不适合所有设备，并且该品牌图像需要根据消费者使用的设备自动进行调整。从设计的角度来看，图形和创意元素会根据屏幕不同而有不同的显示，这被称为响应式设计或响应式创意设计。响应式设计是一种设计流程，可让你的营销内容重新调整大小，重新调整格式并重组，以使其在任何屏幕上看起来都很好。如果你查看桌面上的任何门户网站，然后将屏幕与智能手机或平板电脑上的该门户网站进行比较，你就可以看到响应式设计。你可能会发现屏幕上有三个版本，每个平台都有一个版本（IAB，2012）。在多个屏幕上寻找客户的需求会大大增加在线营销的成本。公司不仅需要在网站上，还要在移动网站或智能手机和平板电脑应用程序上开发服务平台。也许它们无法承担全部三个平台，只想选择其中一个。那么哪个是最好的？这很大程度上取决于营销的重点。为了推动销售，网站可能会更有效，但是要提升品牌知名度、访问量，那么社交和娱乐应用可能会更好（eMarketer，Inc.，2015c）。

但是，即使不考虑屏幕适应性，多屏世界也意味着商家需要在所有平台上进行整合，并跨平台进行整合，以便发送一致的消息并创建便利的消费平台。今天的营销环境要比在网页或搜索引擎结果页上放置横幅广告复杂得多。

7.3.2 移动营销的基本特点

随着数百万消费者使用移动设备，移动营销支出迅速增长，并在 2015 年首次超过了在台式电脑平台上广告投放的数量。这一趋势有望在 2020 年之前一直持续（见图 7-9）。2016 年，移动营销将占所有网络营销的 64％，这是非常惊人的，因为智能手机在 9 年前即 2007 年才出现，平板电脑直到 2010 年才出现。专家认为，如果目前的移动营销增长率持续下去，到 2020 年，移动营销在所有网络广告中的占比将超过 75％，是台式电脑广告的 3 倍以上。

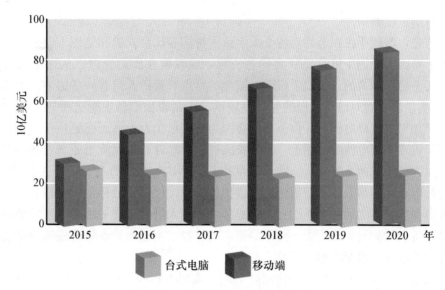

图 7 - 9　移动与台式电脑营销支出

说明：移动营销支出的增长速度远远快于针对台式电脑的广告支出，而台式电脑广告的支出实际上正在下降。预计到 2020 年，广告客户在移动营销上的支出将是台式电脑营销的 3 倍以上。

资料来源：Based on data from eMarketer, Inc., 2016q.

目前移动广告市场由谷歌公司主导，2016 年移动广告收入预计为 147 亿美元，占整个市场的 32%，但从 2014 年的 40% 开始下降，同时脸书和其他移动市场继续扩大。在移动平台上，谷歌仍然是搜索之王，预计在 2016 年其移动搜索广告将达到 127 亿美元，几乎占移动搜索广告支出的 2/3。脸书在移动广告中排名第二，2016 年其移动广告收入预计为 101 亿美元，占移动广告总收入的 22%。正如谷歌在移动搜索广告中占主导地位，脸书占据了移动展示广告的主宰地位，占此类广告支出的 42% 以上。移动营销市场中的其他企业有推特（占 2.6%）、雅虎（2.3%）和潘多拉（1.8%）（见图 7 - 10）。

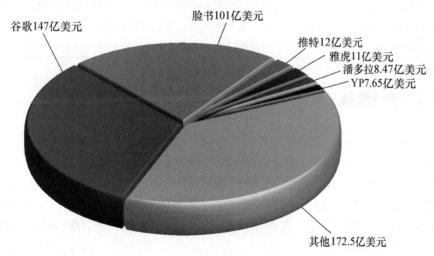

图 7 - 10　美国收入最高的移动营销公司

说明：移动广告仍然由谷歌及其搜索引擎主导，但脸书在过去 4 年中已经获得了显著的市场份额。

资料来源：Based on data from eMarketer, Inc., 2016r.

技术：移动设备的基本特点

大家都知道智能手机和平板电脑的功能。但是，移动平台与台式机有什么不同呢？什么特点使它们特别适合营销？

首先，智能手机在消费者的个人生活中扮演着比台式机和笔记本电脑更重要的角色，这在很大程度上是因为智能手机总是和我们在一起，或者就在我们身边。从这个意义上说，它们更加个人化，几乎是穿戴式的。智能手机随时随地的特点对营销人员有一些影响。因为被认为是"个人附属物"，所以消费者对商业入侵的容忍度较低。你是否被广告中断过手机通话？你可能没有这样的经历，但如果有这样的经历，你很可能会因为被干扰个人通话而感到烦恼。这些态度也可能会扩展到任何手机或平板电脑的使用上，当你在阅读电子邮件、访问脸书或观看视频时，都会为此烦恼。消费者对智能手机的小屏幕广告的容忍度很低。其次，消费者与智能手机的 24 小时紧密接触，对营销人员以及在屏幕上传递营销信息而言则是福音，可以降低移动营销信息的价格。但另一方面，营销人员和消费者之间的关系也会变得紧张：营销人员希望增加移动广告的数量，而消费者希望在其移动设备上看到更少的广告，而不是更多的广告。不过消费者对待应用内广告有不同的看法：为了获得免费游戏，消费者愿意接受广告。

但也许智能手机最独特的功能就是通过内置 GPS 知道用户的精确位置。这允许营销信息以其位置为基础定位消费者，并支持引入基于位置的营销和本地营销。虽然网站可能会知道台式机的大概位置，但这非常不精确，因为台式机的位置不随用户移动而改变。表 7 - 13 总结了营销人员可以利用的移动设备的功能。

表 7 - 13　移动设备的功能

功能	简述
个人通信工具和管理工具	电话以及日历和时钟，根据个人情况协调生活。
屏幕尺寸和分辨率	平板电脑和手机的分辨率足以支持鲜明的图片和视频。
GPS 定位	自定位 GPS 功能。
网页浏览器	标准浏览器可以运行所有网站和应用程序。
应用程序	超过 100 万个使用本机代码运行的专用应用程序，扩展了移动设备的功能。
超轻型和个性化	装在口袋或平板电脑包里，可以随时随地使用。
支持多媒体：视频、音频、文本	能够显示所有常见媒体，从视频到文本和声音。
触摸/触觉技术	通过振动、压力或移动的形式提供反馈来增强触摸屏。

7.3.3　移动营销工具：广告形式

与社交营销不同，移动营销不需要大量新的营销方式。台式机上所有的营销形式也可在移动设备上使用。除了少数例外，移动营销非常像台式机营销。移动营销的主要营销机会是搜索广告、展示广告、视频和富媒体、短信（SMS/MMS/PPS）以及其他一些常见的形式，如电子邮件、分类广告和潜在客户。图 7 - 11 说明了不同营销方式的移动营销支出规模。移动设备上的营销形式包括搜索引擎广告、展示（横幅、富媒体和赞助）广告、视频、文字/视频短信和其他（包括电子邮件、分类广告和潜在客户）。

2016 年，搜索引擎广告仍然是最流行的移动营销形式，几乎占所有移动广告支出的 45%，这不足为奇，因为搜索是第二大最常见的智能手机应用（之后是语音和文本通信）。根据用户的物理位置展示广告进一步优化了移动平台的搜索引擎广告。展示广告（横幅、富媒体和赞助式广告）是第二大广告形式，约占移动广告支出的 42%。展示广告可以在移动网站或应用程序内和游戏内进行展示。像谷歌的 AdMob、脸书、苹果的 iAd、推特的 MoPub 和 MillennialMedia 这样的广告网络

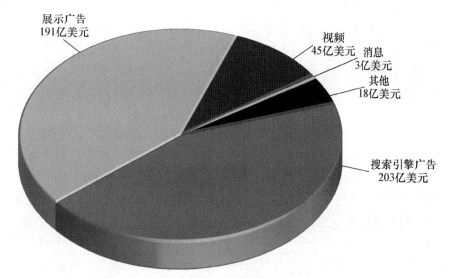

图 7-11　美国各种形式移动广告的费用

说明：搜索引擎广告是最受欢迎的移动营销形式。
资料来源：Based on data from eMarketer, Inc., 2016s.

是移动展示广告的最大提供商。视频广告只占移动营销的 10％ 左右，但由于点击率非常高，是一个快速增长的细分市场。大多数台式机视频广告都可以调整大小，以便在手机和平板电脑上使用。移动消息通常包括发送给消费者的短信，内含优惠券或限时促销信息。消息传递对于本地广告特别有效，因为消费者可以在经过或访问某些位置时收到消息和优惠券。

脸书、推特、Instagram 和 Pinterest 等社交网络一般都将桌面广告技术转移到了移动平台，同时也改变了在小屏幕智能手机上使用的界面。在这个过程中，社交网络为移动营销体验带来了真正的创新，包括脸书上 News Fee 的帖子和推特中的推广推文。表 7-14 提供了一些知名公司的移动营销活动和技术的案例。

表 7-14　一些移动营销活动方案

公司	活动方案
宜家	该公司推出了一款互动手机应用，用户可以通过扫描某些页面来查看隐藏的内容，还可以用增强现实技术测试家具在家中的外观。
Just for Men	男士面部护理产品零售商推出了一系列具有互动体育小测验的移动广告，品牌知名度提升了 24％。
塔吉特	在 Huffington Post 手机网站上推出横幅广告，受众可以使用购买按钮浏览宝洁护发产品。
麦当劳	创建了名为"Fry Defender"的移动应用程序，将你的手机变成了一个运动传感器，如果有人靠近你的薯条，它就会自动关闭。

移动营销特别适合品牌宣传，通过使用视频和丰富的互动媒体（如游戏）提高品牌意识。阅读"商务透视"专栏"移动营销：福特进入 3D"可以进一步了解。

商务透视

移动营销：福特进入 3D

为什么移动营销与普通网络营销会有所不同？其实在某种意义上，并没有不同。你可以在移动设备上找到网站上使用的相同的广告形式：搜索引擎广告、展示广告、视频和短信。但智能手机的内置功能，如 GPS、陀螺仪和加速度计，可以使移动营销人员更具创意。市场营销人员不仅可以利用用户位置来推销本地企业，还可以利用触摸界面来提供比传统台式电脑广告更具吸引力和互动性的富媒体和视频广告。智能手机的另一个特点是人们几乎总是携带它们并保持打开状态。这意味着智能手机用户几乎可以随时接触到营销信息。

消费者在整个购买周期都会使用移动设备：约一半的人在购买之前使用移动设备在线研究该产品。使用移动设备在网上购买产品或服务（而不仅仅是在线购物和浏览）正在显著增长。在具有一键购物功能的图书和电影等网站中，移动购物非常方便。此外，对于本地营销，手机是商户吸引邻近消费者的理想平台。在针对当地消费者使用移动营销时，餐厅、博物馆和娱乐场所是理想的场所选择。用户在移动设备上进行购买的原因是通过滑动手指就能立即访问产品信息、寻求交易和购买产品。但是，移动设备也适用于推出新产品和建立品牌知名度，而销售额产生于其他地方和线下。程序化广告在移动端也容易得多，因为在移动端，广告商比在电视等平台更了解它们的受众。2016 年，程序化广告在移动展示广告支出中的占比近 80%。

在具有充足广告预算的公司，越来越流行的移动广告形式之一是 3D 广告，该类广告包括带有视频以及利用现代移动设备的其他互动功能的广告。这类广告的一个很好的例子就是福特公司为在美国畅销 36 年的 F-150 皮卡车开展的"我们自己的工作"活动。福特公司针对 2014 款卡车使用了 3D 移动广告作为中心和"领导创意单元"，并提出了广告的创意以及与所有主流平台和设备兼容的目标。它希望在广告中模拟展厅体验，建立品牌知名度和用户参与度。

福特的广告团队与 3D 移动广告平台 Amobee 合作，创建虚拟展厅体验。该广告是一个动作感应的横幅广告，可在屏幕上展开，成为一个完整的 3D 虚拟展厅，配有完全可定制的 F-150 展示、嵌入式视频选项以及 360 度车辆视图。用户可以通过快速轻点屏幕，将卡车换成 14 种不同的颜色，并通过移动设备以任意角度在不同环境中观看 F-150。这些环境旨在展示 F-150 在行动中执行各种功能，包括建筑、运输、养殖和运输危险材料。用户还可以点击屏幕加载虚拟 F-150 的仪表盘，展示其有效载荷。通过

将移动设备倾斜到任何方向，用户可以通过设备的加速度计产生卡车后视镜。

与传统的富媒体广告不同，3D 移动广告实时响应用户的动作，改变颜色、照明、阴影和其他功能。但是，Amobee 提供的 3D 广告形式实际上比传统的 HTML5 富媒体广告更轻巧，对用户更友好，因为广告利用了手机本身的许多特性，而用户必须下载富媒体广告使用的所有功能。Amobee 广告使用 WebGL 来呈现交互式 3D 图形，允许每个广告在传统的网络浏览器以及各种各样的移动设备上运行，而一些广告现在使用 3D 触摸技术通过对触摸屏施加不同程度的压力来允许用户执行不同的任务。2016 年，Amobee 推出了更新的广告形式和广告创作工具 Amobee Impact，诸如 PayPal、红牛和雷克萨斯等知名品牌已经与 Amobee 合作开展移动活动。

Amobee 还表示，其广告平台可以识别和定位个人用户特征。Amobee 可以实时跟踪用户对其广告的参与度，保持用户的匿名性，但要衡量不同的用户在每个广告的各个元素上花费了多少时间，以及广告如何有效地吸引不同类型的用户。Amobee 拥有一个内部数据管理平台，平台中的配置文件超过 100 万个，包括性别、年龄、位置和兴趣等客户信息。毫无疑问，这在衡量广告活动的有效性时，以及福特这样的品牌寻求针对特定类型的消费者时是非常有用的。

福特在 F-150 发布时一起推出了广告。通过 Amobee 分析，福特确定 F-150 3D 广告的点击次数有 2 000 万次，扩展次数为 59.5 万次。2.9% 的扩展率是行业平均水平的 4.6 倍，13% 的总体参与度是行业平均水平的 2 倍。指标还表明，3D 移动活动使产品的品牌知名度提高了 19.9%，购买量增加了 40.4%，F-150 和福特品牌知名度提高了 11.4%。该广告与福特的"我们自己的工作"口号形成了消费者的 71.1% 的关联。

对于为期一个月的 3D 广告活动，至少需要向 Amobee 支付 25 万美元，所以目前这种风格的广告主要适用于更大的品牌。具有实体产品的零售品牌非常适合 3D 广告，但提供诸如金融等服务的公司可能对 3D 广告并不感兴趣。虽然这类广告目前提供了令人印象深刻的参与率，但当它们的新奇感消失，

而且变得越来越普遍时，这一数字可能会回到现实。然而，3D 广告的趋势是不可否认的。由于脸书斥资 20 亿美元收购了 VR 应用程序开发商 Oculus Rift，脸书的用户可能会看到来自各大品牌的类似帖子。由于受到 F-150 的宣传活动的鼓舞，福特在 2015 年对 Mustang 也推出了类似的宣传活动。通过 3D 广告，消费者可以按照自己的节奏，更加细致地探索产品，并强调交互性和趣味性。它可能比以往任何时候都更接近营销者的圣杯：不像广告的广告。

资料来源："360 Degree Mobile Ads: It's All Around You," Fourthsource. com, September 15, 2016; "Amobee Impact Mobile Ad Formats Drive Consumer Engagement Rates," Marketwired. com, May 25, 2016; "Lessons From App Experts: What's New in Mobile Adtech? AppLift Demystifies Programmatic Spending, 3D Ads & More," by Annum Munir, Info. localytics. com, February 11, 2016; "Adello Rolls Out 3D Touch For Its Mobile Creative Ad Units," by Anne Freier, Mobyaffiliates. com, December 23, 2015; "The Future of Mobile Ads Is in 3D," by Noam Neumann, Matomy. com, November 2015; "Bringing the Ford F-150 to Life in Innovative 3D Mobile Ad Experience," Mmaglobal. com, 2015; "Team Detroit and [a · mo · bee] Bring the Ford F-150 to Life with Innovative 3D Mobile Ad Campaign," Amobee. com, 2015; "These 3-D Mobile Ads Are Grabbing Brands' Attention," by Lauren Johnson, Adweek. com, April 13, 2015; "Think Outside the Box: 3-D Mobile Ads Can Boost Engagement," by Yuyu Chen, Clickz. com, October 15, 2014.

7.3.4　开展移动营销活动

与所有营销活动一样，首先确定你的目标，了解移动营销活动如何帮助你的公司。你是一个想要寻求发展品牌形象的无名的初创公司，还是一个想要加强知名度和产品销售的现存品牌？有什么对移动用户特别有吸引力的产品吗？例如，如果你想要向路过你商店的当地客户销售商品，那么你可能希望使用智能手机的 GPS 功能来定位附近的消费者。

接下来，考虑你的广告方案和产品的目标受众特征。移动设备上最活跃的购买者是男性，他们更有可能购买消费电子设备和数字内容。女性更有可能兑现优惠券，并对限时促销和打折做出回应。年轻消费者更有可能在移动设备上研究产品和价格，更有可能使用社交媒体分享经验。移动购物者比一般的网络人群更富裕。这些受众特征是平均而言的，移动营销活动不需要局限于该平均水平。了解你的移动客户在哪里聚集。你的移动客户是否正在使用应用程序？如果是，是什么应用程序？你的客户是否可能使用脸书或推特？或者你的客户是否很有可能在谷歌移动搜索页面上找到你？

最后，考虑你希望取得成功的市场空间。你的竞争对手在移动平台上做什么？它们的平台是否有效？它们在哪里进行营销工作：在网络门户上展示广告或在谷歌搜索结果中展示广告，还是采用应用内广告？它们在哪些应用程序中发布广告？它们在脸书移动版的表现如何？它们是否还有推特或 Pinterest 品牌页面？你的竞争对手有没有可以方便用户下载的应用程序？你将希望能够在所采用的每个平台上与你的竞争对手相抗衡。为你的营销活动制定初步目标后，你就可以制定一个时间表和一个行动计划来实现时间表中确定的里程碑。

一旦设想了你的营销活动并确定了你的市场，就可以开始实施移动广告方案。以下是一些步骤：

● 开发移动网站，使移动消费者可以看到和购买你的产品。通过包括脸书、推特、Pinterest 和其他社交网站链接来使你的移动网站成为社交网站。

● 开发脸书品牌页面，使你的社交和移动营销工作得到整合。

● 开发推特品牌页面，以便客户可以关注你的帖子。

● 如果你已经使用像 Google AdWords 或脸书展示广告账户这样的展示广告方案，则可以使用专为移动平台设计的相同广告来创建新活动。

● 考虑开设 iAd 账户，并使用苹果的 iAd 网络或谷歌的 AdMob，因为这些广告网络可以同时在多个平台上发布和跟踪广告。

● 制定专门针对移动用户的营销内容，为手机屏幕设计视频。

● 衡量和管理你的广告。苹果的 iAd 和谷歌的 AdWords 以及许多其他广告网络可以管理你的移动广告。此外，它们可以为你提供大量的广告度量，让你查看哪些手机广告和技术吸引了最多品牌关注者、评论和社交活动。通过这些基本数据，你可以通过减少无用的广告支出并增加有效广告投放的预算来管理移动营销活动。

7.3.5　衡量移动营销的成效

不同的移动营销目标有不同类型的移动营销活动。一些广告以销售为导向，以展示广告和搜索引擎广告为基础，提供优惠券或折扣，并将用户直接带到可以购买产品的网站。在衡量这些移动营销活动的成效之前，需要在台式机上也开展类似的营销活动。其他活动则侧重于品牌宣传，目标是让消费者进行交谈，获得粉丝，并向朋友宣传品牌。你可以使用图 7-5 中的框架来衡量这些广告活动的成效。衡量移动社交活动的关键维度是粉丝获取、产生访问、放大化、社区、品牌强化（会话中心）和销售。

图 7-12 显示了利用移动平台和社交营销的品牌导向营销活动在 6 个月内的有效性指标。在品牌宣传活动中，目标并不是提高销售，而在于加强消费者与品牌的关系。在图 7-12 提供的示例中，获取粉丝是通过独立访客的数量来衡量的。从图中可以看到，6 个月来，访客增加了超过 60%。访问量通过网站停留时间（千分钟）反映出来；放大化是通过赞的数量来衡量的，这一数字扩大了 2 倍。社区是通过帖子数量来衡量的，这表明粉丝正在积极地与其他人和品牌接触。在这一期间，帖子数量增长了 8 倍。品牌强化在图中被很好地总结为粉丝获取、访问量、放大化和社区衡量值。衡量这一移动广告活动对最终销售的影响需要进一步深入，并衡量哪些销售可归因于此移动广告。

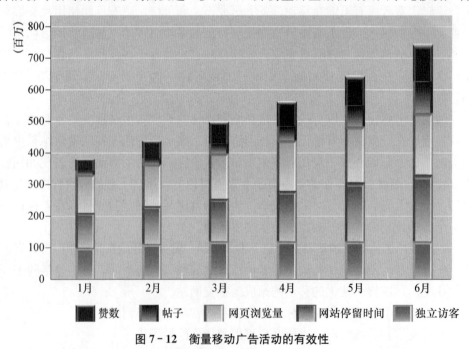

图 7-12　衡量移动广告活动的有效性

说明：使用移动平台和社交营销的品牌宣传活动的有效性可以通过检查赞数、帖子、网页浏览量、网站停留时间和独立访客的数量来衡量。

资料来源：Based on data from eMarketer, Inc., 2016s.

7.4　本地和基于位置的移动营销

基于位置的营销是网络营销增长最快的领域之一。**基于位置的营销**（location-based marketing）根据用户的位置将营销信息发送给用户。通常，基于位置的营销涉及基于位置的服务的营销。**基于位置的服务**（location-based services）包括根据用户的位置为用户提供服务。基于位置的服务有：个人导航（如何到达那里）、兴趣点（这是什么）、评论（附近最好的餐厅是什么）、找朋友（你在哪里？人群在哪里）和家人跟踪服务（我的孩子在哪里）。当然，这里存在一种关系：人们使用他们的移动设备来搜索和获取本地服务的人数越多，营销人员就越有机会在正确的时间和正确的位置向消费者发送信息，并且只是以正确的方法（不要太惹人讨厌，但在某种程度上可以改善当地购物和购买时的消费者体验），这在任何情况下都是理想的。基于位置的营销也可以在台式机上进行，因为浏览器和营销人员知道你的大概位置。但在本节中，我们主要关注基于位置的移动营销，这是最大的增长和机会所在。

经验和市场研究表明，消费者希望接收本地化的广告、出价、信息和内容。消费者很有可能对本地广告做出反应，并购买所提供的产品和服务。由于在过去的 5 年中它发展得如此之快，基于位置的营销是一项正在进行的工作，涉及许多不同的平台、提供者和技术。目前正在制定有效性和投资回报的衡量指标。

7.4.1　本地营销的增长

在 2005 年谷歌地图发布之前，几乎所有的本地广告都是非数字化的，由当地的报纸、广播电台和电视台、黄页和广告牌提供。当然，有些是数字化的，比如当地商家的网站。在 2016 年，美国的媒体广告支出总额为 1 960 亿美元，其中大约 1 460 亿美元是全国和地区品牌的本地媒体支出。据估计，本地广告业务中有 40%（约 580 亿美元）涉及向当地用户推销的本地公司，例如餐厅、杂货店、剧院和鞋店。剩下的 60% 的本地媒体营销涉及大型国内公司的本地用户营销，例如本地报纸上的可口可乐广告或国内公司为当地汽车经销商创建的网站。在本地媒体支出的 1 460 亿美元中，约 31%（约 450 亿美元）将用于网络营销，预计到 2020 年这一数字将增长到约 720 亿美元（BIA/Kelsey，2016）。

在 2005 年引入谷歌地图和 2007 年引入智能手机之后，本地网络营销开始迅速扩大。台式电脑上的谷歌地图可以根据用户的 IP 地址对广告进行定位，商家也可以根据潜在客户的大概位置（通常在几平方英里内）向用户展示广告。IP 地址可以用来标识一个城市和城市内的一个社区，而不是邮政编码、街道或建筑物。谷歌地图为在某一城市或城市的某一区域中使用台式机的用户回答"我在哪里可以找到意大利餐厅"的问题。2007 年智能手机的问世，以及谷歌的移动地图应用，使本地营销又向前迈进了一步。2008 年推出的第二代智能手机中的 GPS（苹果的 3G iPhone）以及其他技术意味着用户的位置（纬度和经度）可能被手机制造商、营销商、服务提供商以及 AT&T 和 Verizon 等运营商知道。这些发展为当时仅局限于台式机的本地网络广告提供了一个全新的发展方向。在这个新的世界中，当地的食品商店可能会通知路过该商店的手机用户，并向响应者提供折扣。反之，用户也可以搜索附近的零售商店，甚至在进入商店之前查看商品。

7.4.2 基于位置的（本地）移动营销的增长

基于位置的（本地）移动营销目前是网络营销中的一小部分，但预计在未来 5 年内将增加 3 倍。图 7-13 有助于正确地看待基于位置的移动市场。2016 年，网络营销总额将达到 720 亿美元左右，本地网络营销预计将达到 450 亿美元。基于位置的移动营销预计将达到 128 亿美元。

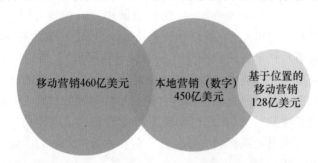

图 7-13 本地、移动及基于位置的移动营销

说明：2016 年，本地网络营销的支出将达到 450 亿美元，而基于位置的移动营销将达到 128 亿美元。
资料来源：Based on data from eMarketer, Inc.，2016b，2016c，2016e。

本地移动营销中使用的广告形式有常见的搜索引擎广告、展示广告、原生/社交广告、视频和短信。作为用户搜索结果的一部分显示的搜索引擎广告是最大的基于位置的移动广告形式，营销人员预计在 2016 年，搜索引擎广告的支出大约为 73 亿美元。谷歌公司主导本地移动搜索市场。社交/原生广告是第二大广告形式，2016 年的广告支出将达到 25 亿美元。展示广告是第三大广告形式，预计 2016 年将达到 22 亿美元。脸书和谷歌是主要参与者，它们在基于位置的移动营销中占据很大一部分。图 7-14 显示了 2015 年基于位置的移动广告支出的相对份额（BIA/Kelsey，2015）。

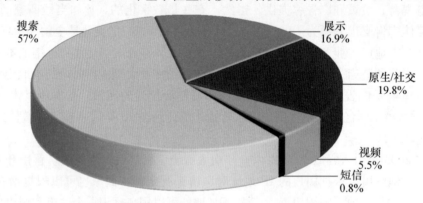

图 7-14 基于位置的移动广告支出的相对份额

说明：搜索引擎广告是领先的基于位置的移动广告形式。
资料来源：Based on data from eMarketer, Inc.，2016e。

7.4.3 基于位置的营销平台

基于位置的移动营销的主要参与者是前一节所述的移动营销的巨头，即谷歌、脸书、苹果、推特、YP（以前的黄页）、潘多拉和 Millennial Media。谷歌显然在基于位置的营销方面处于领先地位，主要是因为其在智能手机上被广泛使用的谷歌地图应用程序。当消费者在谷歌地图上搜索某个位置时，这是将广告呈现在消费者眼前的理想营销时刻。Google Place 是一种简单而有效的服务，可在用户搜索特定业务时提供简短的业务资料。谷歌的安卓操作系统具有内置的定位功能，谷歌地图等谷歌应用不断更新用户的位置。谷歌于 2009 年购买了一家名为 AdMob 的移动广告公司，并声称自己是世界上最大的安卓和苹果 iOS 操作系统的移动广告公司。应用程序开发人员使用 AdMob 提供消费者和用户位置信息。谷歌还向独立营销公司出售位置信息。营销公司使用 AdMob 开发全屏幕富媒体广告。谷歌的收入主要来源于其 AdWords 服务，营销人员在谷歌搜索引擎上对关键字竞标。无论是在台式机还是在移动设备上显示，AdWords 都是一样的。谷歌已升级其 AdWords 服务，以优化用户内容，并为所有移动和桌面设备的广告提供管理。新服务称为增强型 AdWords。例如，如果客户在下午 1 点在工作地点的台式机上搜索"比萨"，将会显示附近的餐厅和快速订餐的表单。如果客户在比萨餐厅半英里内并于晚上 8 点用智能手机搜索"比萨"，他可能会看到餐厅电话号码和路线。比萨餐厅向谷歌支付费用，以得到在这些搜索结果中显示的机会。

谷歌和苹果在基于位置的市场均有优势：它们都在世界各地开发了 WiFi 网络地图，使它们能够比竞争对手开发更精确的位置信息。

苹果公司的移动平台 iAd 为 iOS 应用程序开发商和移动营销公司提供位置数据。像 AdMob 一样，当用户点击 iAd 广告时，全屏幕广告就会显示在他们正在使用的应用程序中。该广告可以定位到用户的位置。

7.4.4 技术：基于位置的移动营销

基于位置的服务和营销要求营销人员和本地服务提供商对消费者移动设备所在的位置有相当准确的了解。基于位置的营销技术有两种一般类型：地理感知和邻近营销。**地理感知**（geo-aware）技术可以识别用户设备的位置，然后针对设备进行定位营销，建议在可达范围内采取行动（这本身就要求营销人员知道商店的位置）。例如，营销人员可能对几个正方形城市街区内的智能手机进行定位，以提醒他们参与商家的可用优惠。**邻近营销**（proximity marketing）技术是先确定一个物理位置的范围，然后将广告目标对准该范围内的用户，向用户建议在封闭区域内可能采取的行动。该范围可以从几百英尺（在城市地区）到几英里（在郊区）。例如，如果用户进入商店、餐馆的地理范围，他们将收到这些商家的广告。这两种技术都采用相同的定位技术。

广告网络、本地移动营销公司、谷歌和苹果等设备和服务提供商以及电信公司都使用这几种方法来定位移动设备，这些方法都不是完美的，并且具有不同程度的准确性。表 7 - 15 介绍了用于实现基于位置的服务和营销的主要定位技术。

表 7 - 15 主要定位技术

科技	衡量标准
GPS	用户的设备从 GPS 卫星下载 GPS 数据。首先在 2008 年推出了苹果 3G iPhone。今天，手机需要广播其 GPS 位置以便紧急援助。
WiFi	估计用户在已知 WiFi 接入点半径范围内的位置。
低功耗蓝牙（BLE）	在苹果的 iBeacon 中使用。比传统的蓝牙或 GPS 使用更少的电池电量，并且比通过 WiFi 三角测量的目标更准确。
地理搜索	根据用户的搜索查询使用位置信息。
蜂窝塔	AT&T、Verizon 和其他运营商正在与它们的设备保持联系，通过三角测量和 GPS 定位，可以实现位置近似。无线运营商使用手机的 MAC 地址来识别手机和位置。
登录/注册	当用户使用登录服务或社交网络自行设定位置时，可以估计用户的位置。

GPS 定位是理论上最准确的定位方法。在实际生活中，城市信号弱，建筑物内部不存在信号，信号可能会发生偏转，并且可能需要很长时间（30～60 秒）才能使设备获取信号并计算位置。当获得清晰的信号时，在理想条件下，GPS 可以精确到 3～10 米范围内，但使用更多的手机的 GPS 只能精确到 50 米以内（半个足球场）。此外，用户必须激活该功能，而许多用户出于隐私的原因不激活该功能。协助全球定位系统（A-GPS）补充全球定位系统信息和其他来自电话网络的信息，以加快获取速度。几乎所有的智能手机都使用 A-GPS。在苹果的 iOS 中，用户可以决定是否打开或关闭位置服务。当打开时，iOS 使用 GPS、蜂窝和 WiFi 网络来确定用户的大概位置，精确度在 10 米（30 英尺）以内，尽管在许多情况下可以达到 15 英尺。用户的 iPhone 不断报告其位置并向苹果服务器报告。

蜂窝塔位置可用于更准确地定位用户。蜂窝塔位置也是美国无线应急系统的基础。FCC 的无线增强型 9-1-1（E9-1-1）规则要求无线运营商跟踪手机位置，无论用户是否开启了位置服务，以协助紧急响应者定位拨打 911 电话的用户。

WiFi 位置与 GPS 信号结合使用，以便基于 WiFi 发射机的已知位置更准确地定位用户，这些位置在城市和郊区相当普遍。苹果、谷歌和其他移动服务提供商通过在世界上大部分地区的城市驾驶汽车，开发了全球无线接入点的全球数据库。谷歌使用街景汽车构建无线接入点及其地理位置的全球数据库。安卓应用程序可以使用这个数据库根据个人移动设备检测到的 WiFi 网络来确定个人的大致位置。所有 WiFi 设备都会持续监控本地 WiFi 网络的存在，移动设备会向苹果和微软以及使用类似方法的其他设备制造商报告此数据。这些技术的目标是向消费者和营销人员提供精确到几英尺内的"微位置数据"，以在个人层面上支持真正实时、准确的本地营销。例如，如果你在零售商店看到一件衬衫，准确的定位系统可以检测到这种情况，并引导你找到合适的配饰，如袜子和周围架子上的领带。

7.4.5　为什么本地移动营销吸引营销人员？

使用移动设备寻求当地企业信息的消费者比台式机用户更加活跃，并且更有可能购买。在某种程度上，这是因为搜索本地信息的台式机用户不像移动搜索者那样靠近商家。最近谷歌调查发现，超过 80% 的美国消费者使用智能手机和平板电脑的搜索引擎进行本地搜索，了解当地的各种信息，例如营业时间、本地商店地址和路线以及本地商店的产品供应情况。调查发现，消费者在购买过程中搜索本地信息，50% 的智能手机用户在本地搜索的一天内访问了商店，18% 的用户在一天内进行了购买活动。调查还发现，超过 60% 的智能手机用户希望根据自己的城市/邮政编码以及周围环境定制广告（Google，2014a）。

7.4.6　基于位置的营销工具

基于位置的数字营销，如社交营销，向我们展示了数字营销的各种新服务平台和提供这些服务的公司。虽然一些基于本地的营销技术（例如在谷歌针对移动客户的 AdSense 平台上投放广告）对于小企业主来说相对容易使用，但其他企业需要移动营销提供商帮助。

新名词：基于位置的数字营销功能

基于位置的服务包括根据用户的位置为用户提供服务。例如个人导航、兴趣点、评论、找朋友和家人跟踪服务。表 7-16 介绍了其中一些功能是如何用于营销的。

表 7 - 16　基于位置的营销工具和活动方案

基于位置的营销工具	简述
基于地理社交的服务营销	用户与朋友分享他们的位置。可用于 Foursquare 等签到服务；找朋友；交通服务。
基于位置的服务营销	为寻求当地服务和产品的消费者提供服务。
基于用户位置的移动本地化社交网络营销	脸书扩大了当地公司提供的交易，使用 News Feed 显示广告。于 2016 年 10 月推出脸书 Marketplace，让市民在本地社区内轻松买卖。
	升级的 Foursquare 应用程序 Swarm 专注于来自特定位置的社交更新，并发送推荐和折扣。
	社交网络监控：根据脸书和推特帖子中提到的对产品的兴趣，在应用程序内发送消息。MomentFeed 允许营销人员通过位置监听社交网络上的对话，然后向用户发送基于地理位置的广告，必胜客、星巴克和当地餐馆正在使用。
	意图营销：扫描社交网络，实时了解消费者对具体产品的兴趣。H&M 与 Local-Response 合作，以宣传受电影《龙文身的女孩》启发而设计的服装。
邻近营销	在商店或出口区域向消费者发送消息，以便在零售地点（也可以是机场、火车站或其他活动场所）围绕虚拟围栏产生销售。这些都是默认勾选。全食公司在其商店周围设置地理围栏，以向移动用户发送广告和优惠。
店内讯息	在消费者进入或浏览商店时向消费者发送短信。
	零售商收集、分析和回应客户的实时购物行为。梅西百货、Lord & Taylor、塔吉特使用信标营销来吸引用户并提供折扣。
基于位置的应用消息	PayPal 的移动应用程序可以检测到提供 PayPal 支付选项的商店附近的顾客，并通过提供访问服务来吸引他们。

带信标的邻近营销

　　虽然所有基于位置的营销在某种程度上都是邻近营销，但是当苹果公司在 2013 年推出 iBeacon iOS 7 时，零售商店通过商店信标可以直接与客户进行沟通。最近有许多技术，如快速响应码、WiFi 和 NFC（近距离通信），但都在精度、成本和广泛可用性方面存在缺点。现在，苹果公司为其 Apple Pay 在硬件上采用了 NFC，NFC 将成为近距离营销的一种很好的候选技术。苹果的 iBeacon 使用了一种称为低功耗蓝牙（BLE）的技术。安卓手机也具备此功能。BLE 实现成本低廉，使用的功率远低于传统蓝牙。与快速响应码不同，BLE 具有双向推广通信功能。使用快速响应码，消费者需要向快速响应扫描仪显示代码，然后才可看到有关产品的信息。有了 iBeacon，消费者一走进商店，就可以接触到特殊优惠，然后在浏览商店时，就可以在经过特定区域时发生联系，比如珠宝部。这一切都会自动发生在用户的 iPhone 上。消费者也可以回复这些消息。对于零售商而言，店内信标营销有四个目标。在客户进入商店时就立即开启邻近营销，然后以电子方式从一个地区到另一个地区，有点类似于奢侈品零售店如何向高端消费者分配销售人员。其次，信标可以用来刺激忠诚度计划。经常购物的消费者在进入商店时就会被注意到。再次，零售商可以在实体店内进行限时促销、限时折扣和其他冲动营销计划。最后，信标可以无声使用，不推送优惠或商品，而只是直接收集关于店内消费者行为的数据。

　　目前，信标技术本质上是可以与进入商店的用户的智能手机进行通信的蓝牙设备，由独立应用程序组成，每个应用程序都遵循不同的标准。但是，有几家技术公司正试图在主流平台上建立信标功能。2015 年，谷歌公司发布了其 Eddystone 开源标准，可以与 iOS 或安卓系统配合使用。2016 年，广告客户开始利用这项技术。例如，谷歌已经认证了邻近营销公司 Proxama，为其客户提供基于 Eddystone 的信标服务。当消费者靠近旅游景点和交通枢纽附近的信标时，应用程序可以向消费者发出奖品、优惠和应用的提醒。脸书推出了 Place Tips，为商家提供免费的蓝牙设备。当用户被认定为接近商家时，脸书将向用户的 News Feed 中发送消息，推荐他们访问商家或购买产品。

据报道，20% 使用地理位置营销的移动营销公司正在使用信标。专家称，5 年内将有超过 4 亿个信标，但大部分将在博物馆、公园和旅游景点等非零售区域。

2014 年，梅西百货在旧金山和纽约成功测试之后，开始在许多零售店部署 iBeacon。使用 Shopkick（一家营销公司）名为 shopBeacon 的应用程序，下载梅西应用程序的客户在进入梅西的商店时会收到通知以打开该应用。客户将收到促销、优惠和折扣信息。梅西百货希望通过使用邻近营销，吸引更多的消费者进入商店并增加销售量。虽然梅西百货最初计划在整个零售连锁店安装 4 000 个信标，但它没有透露已安装了多少个或效果如何。信标技术的其他早期采用者包括 American Eagle Outfitters、Lord & Taylor、丝芙兰和苹果公司。

尽管有支持者声援信标营销，但信标技术尚未彻底改变移动营销。消费者对这项技术似乎并不感兴趣。信标要求用户启用蓝牙，但美国只有 20% 的智能手机用户已启用蓝牙，另有 20% 的用户认为智能手机没有蓝牙（即使可能已经拥有蓝牙）。消费者还担心在商店或大街上被跟踪会影响隐私。许多人不想被店内通知打扰，他们可能会对这种侵扰感到不满。一家信标平台公司发现，向店内消费者推送通知实际上导致应用程序使用率下降，多个推送通知导致应用程序使用量下降了 300%（eMarketer，Inc.，2016t）。

7.4.7 开展基于位置的营销

与所有营销活动一样，首先确定你的目标，并了解基于位置的移动营销活动如何帮助你的公司。基于位置的营销通常比其他形式的网络营销更加面向行动。一个人在一个给定的地点停留的时间很短，通常以分钟和小时计算，很少是几天或几周。如果你想让消费者做点什么，那就是现在。你的产品或服务是否具有此特征？是否有与某个人的位置有关的东西适合你的产品？你有什么产品使移动用户在特定的位置和时间对此特别感兴趣？没有位置连接的产品和服务非常少。

接下来，考虑你的广告方案和产品的目标受众特征。地理感知消费者（具有移动设备和熟悉基于位置的服务）往往是更年轻、受教育程度更高和更富裕的人群。他们具有许多与所有移动购物者相同的特征。

关于你的市场空间的战略分析非常重要。如果你在做一个不关注位置的移动营销活动，你会试图回答同样适用于基于位置的营销活动的问题，比如检查你的竞争对手在做什么。

一旦设想了你的营销活动并确定了你的市场，现在是开始实施移动广告的时候了。你在实施移动广告时遵循的步骤也适用于基于位置的营销。请注意，你不可能一次做完所有的事情，即以移动为中心和基于位置的操作。首先做一些简单的本地搜索，然后考虑更复杂的本地营销策略。

7.4.8 测量基于位置的营销成效

衡量基于移动定位的活动成效有许多方法，有一些非常复杂。成效的衡量将根据广告目标而有所不同，比如是为了提高消费者的品牌意识，将客户引向你的零售店，或者希望用户通过点击通话活动预订一场音乐会。

由于本地移动广告与传统和移动网络营销使用的营销广告形式相同，因此有效性的基本衡量指标是相似的。例如，展示次数（观看广告的人）、点击率和独立访客是本地移动广告的基本衡量指标。但是，基于位置的移动营销比传统的网络营销甚至简单的移动营销更为个性化和社交化：它是基于消费者的位置针对消费者个人移动设备的营销信息。本地移动营销人员希望消费者能够立即采取后续行动：查询、停留、点击通话、分享朋友以及最终购买。表 7-17 描述了评估移动营销活动时使用的一些基本维度和指标。基于位置的活动的性质在关于如何衡量成效方面有所不同。例如，在点击通话广告中，你需要衡量通话量、通话时间、新客户和现有客户以及意外或恶意呼叫的数量。

表 7-17　基于位置的移动营销活动成效

社交营销流程	衡量标准
粉丝获取	印象；点击进入；移动或桌面网站的独立访客；浏览页面数；在线时长
产生访问	查询；停留；访问实体店；点击通话；检查地图的路线；注册；请求更多信息；帖子和评论；提供反馈；每位访客产生赞数；点击通话率
放大化	发消息给朋友；告知朋友自己的位置；与朋友分享位置或优惠
社区	访客或回帖者产生的内容；审核；帖子；积极评论
销售	购买；本地移动活动导致销售额增长的百分比；本地移动客户的百分比

案例研究

ExchangeHunterJumper.com：运用社交网络建立品牌

互联网已经使成千上万的商业理念成为网络现实。互联网降低了小企业的成本，并允许小企业有效地使用与大公司相同的营销和销售工具。小企业通常占据未被大公司占领的利基市场。在美国，高端的赛马就是这样的一个细分市场，有 1 万～3 万玩家。这些人愿意花 20 万美元买一匹可以轻易跳过 5 英尺高的栅栏的马。这可能是一个非常小的市场，但是它的成员都有强烈的购买和出售马匹的动机，并且他们愿意在这个过程中花钱。ExchangeHunterJumper.com 就是一个关注小型利基市场的小企业如何能够成功建立网络品牌的案例。

据 ExchangeHunterJumper.com 的创始人兼所有者达格尼·安布尔·阿斯林（Dagny Amber Aslin）介绍，网站是为帮助业主和专业培训师销售高端赛马而建立的，甚至在互联网上很难赚钱。她补充说："有很多先入为主的观念，我开辟了以前没有的道路。它花了我们很多钱，我们也因为自己的失误遭受了很

多挫折。"然而，网站仍在增长并在其他竞争者失败的地方获得了成功。阿斯林是如何突破并开发出一个适用于专业人士买卖的网站的？她是如何建立信任？又是如何推销她的服务的？

答案就是经验。阿斯林从可应用的经验开始——马的世界和网络营销的世界。除了从小时候就开始骑马和比赛，阿斯林还花了几年时间担任职业教练。每周工作 6 天，包括周末，大部分时间花在户外骑马、教学和比赛中，她目睹了专业骑士面临的挑战，并且赢得了她的受众的宝贵信任。

在从事马业的同时，她还了解到谋生有多么困难，于是她做了一份兼职，为加利福尼亚州一家顶级房地产中介做助理，帮助他在圣巴巴拉地区推销和销售高端房地产。在一些活动中，她帮助他开发和扩展他的网站。通过这段经历，她意识到"出售六位数的马和七位数的房子是非常相似的——它们都往往定价过高，有情感上的牵挂，需要审查和详

尽的谈判，需要经纪人参与，这样的例子不胜枚举"。2005 年，当她从加利福尼亚州搬回她度过童年的中西部时，Exchange 就诞生了。11 年后，她建立的赛马营销模式是她在圣巴巴拉协助的房地产项目的"定制拷贝"。

阿斯林知道忙碌的马术专业人士需要为客户提供高品质、可靠、合适的货源，但他们的日常生活中却没有时间彻底搜索市场，他们往往对现代媒体技术掌握不够。当出售高端赛马时，会遇到同样的困境。为了摆脱这个困境，她创建了一个有组织的、专业的、为在线销售马匹的广告所准备的程序。它包括详细的表格供卖家填写，她坚持为每个广告中的马匹提供高质量的照片和视频，使她能够准确描述每只动物及其能力。她创建了一个合理且可负担的费用结构，并开发了一个多渠道营销计划。

阿斯林明白，她的商业计划需要成为一份"动态变化"的文件，并根据市场告诉她的信息不断演变。这帮助她进入了一个非常抗拒变革的传统行业。绝大多数的马术专业人士大部分的时间都在户外，而且倾向于与自己认识的人做生意：信任度很低。大多数现有的马匹销售网站只是充斥着无用信息的在线分类网站。虽然专业的骑士们使用电脑和互联网的速度很慢，但智能手机和平板电脑的兴起使技术的普适度提高，并成为马术专业人士在线访问量增加的重要因素。

除了考虑到所有这些因素，阿斯林进一步研究了这些因素。为了继续实现她的商业目标，为马术专业人士提供可靠的服务，从而成为准确描述的好马的来源，阿斯林亲自审查了所有潜在的广告商。在某些情况下，她会找到卖家，坚持更高质量的照片和视频，而在另一些情况下，她认为马与所提供的资料不符，于是她拒绝了他们的生意。最初的商业计划过程包括严格的筛选，这意味着在每一个领域——马匹、买家、流量和广告——都要把金钱抛到脑后，而要把质量看得比数量更重要。从零开始建立声誉是一个艰难而昂贵的前提，但通过坚持不懈和奉献，它已经奏效了。如今，Exchange 的声誉和品牌已成为它最宝贵的资产之一。

在讨论她在推动 Exchange 和运营方面所面临的一些障碍时，阿斯林从教育开始谈起，她缺乏教育，特别是在平面设计和网页技术领域。虽然她知道专业骑手需要什么，但她不知道如何将其转化为平面设计或网页。她说，回顾最初的标识和平面设计是"痛苦的过程"，但她对当前的方向很满意。

预算也是最初的障碍之一，因为前期没有很多资金。然而，事后看来，她相信她有一个优势，因为她不得不去了解市场需求，而且能够在不破产的情况下做到这一点。相反，她的主要竞争对手采取了相反的路线，前期花了大量的钱，但还没与客户进行交易就破产了。

此外，她面临着行业专业人士和潜在买家对网络广告无价值的消极看法。她的目标受众几乎不知道如何使用电脑，并且没有电子邮件地址，几十年来一直与同样的老顾客做生意。对于几个重要的商家来说，这种老式的方法非常有用，但是对于那些外部人士来说，这是一个需要填补的空缺。通过市场知识、在职培训、坚持不懈的努力以及对市场情况的了解，Exchange 已经成功地开始填补这一空白。如今，Exchange 通常管理 160～180 匹马的营销，预计在不久的将来可能会增加到 200 多匹。

下面是 Exchange 的营销方式。Exchange 负责为全国各地的卖家和培训师做广告。2016 年，在 Exchange 做广告的马的价格通常从 6 万～8 万美元不等。Exchange 专门经营从事障碍赛的马，特别是那些适合高级别比赛的马。

注册高级展示的培训师/卖家需要支付 250 美元的初始广告费用，每月 35 美元的订阅费，其中包括在 Exchange 网站上列出的马的详细信息、照片、展示记录、谱系和视频。Exchange 提供复印服务，为卖家提供的所有视频进行专业的编辑，将其托管在私人服务器上，并提供下载、嵌入和共享。每个清单通常需要 8～10 小时的准备。2012 年，Exchange 增加了第二个展示选择——销售仓库列表，收取每月 300 美元或每年 3 000 美元费用，最多允许列出 10 匹马。这一功能需要签订 3 个月的承诺书，但不需要任何初始或其他费用。一旦履行承诺，卖家可以随时停用，然后根据需要重新启动他们的销售仓库页面，而不需要任何额外费用。针对高业务量、高周转率的业务，销售仓库页面可以链接到卖家的网站、YouTube、脸书和推特（如果有的话），目标是提高卖家业务的整体品牌认知度。阿斯林设计的销售仓库是专业人士负担得起的选择，否则他们可能不愿在营销上花钱。销售仓库页面为卖家提供了一个迷你网站和社交媒体广告，其中包括每周 3 个脸书边栏广告。这些广告的优势不仅在于推销卖家，而且证明销售仓库包是有用的促销工具，因为点击广告的人最终可以在 ExchangeHunterJumper 网站上获得第一手的服务。另外，国际卖家可以获得一些额外折扣。2016 年，销售仓库计划已被证明是一个重大的成功，有 20 个不同的销售仓库，其中一个在德国，一个在法国。

统计显示，在访问量方面，马匹第一个月在网站上的展示效果最好。随着每月活动管理的增加，Exchange 有助于使每匹马的营销活动保持最新状态。更新可以立即提升马的受欢迎程度，人气高达 30%，并吸引新的潜在买家。这将鼓励卖家尽可能频繁地更新。在销售中，网络视频提高了马匹的知名度，对于年轻的马来说尤其重要。网站上添加了更新功能，并通过脸书和电子邮件等各种媒体进行推广。

卖家目前需要填写两个表格：信用卡登记表和马匹情况表。马匹情况表包括一系列复选框，卖家选择预先描述的特征，并留有位置进行额外的描述。这节省了一些时间，尽管编写实际副本仍然是 Exchange 提供的主要内容。为了实现这个选项，阿斯林花了一些时间研究表单构建工具。定制的表单解决方案可能太贵了，因此她使用了大量的在线表单生成器，最终找到了一些功能强大、成本相对较低的表单生成器。例如，卖家可以选择该马是"经过训练能跳越障碍的马"，并且将显示关于经过训练能跳越障碍的马的具体问题。

Exchange 为每匹在网上销售的马制定了具体的营销策略。这包括审查提交的信息，梳理马的官方展览记录，给出公正的评价，确定最有可能的买家。如果 Exchange 认为这些照片或视频对卖马没有帮助，就会告诉卖方如何改进。这个建议来自从东海岸到西海岸的所有类型的马的营销经验，以及对市场中存在的各种买家概况和地理趋势的理解。

社交营销是 Exchange 营销工作的核心。从 2009 年起，Exchange 开始尝试社交媒体，包括 RSS feeds、YouTube、脸书、推特和 Instagram。阿斯林指出，当她开始创建 Exchange 时，社交媒体还不是今天的模样，但是当它的意义开始变得明显时，她别无选择，只能加入并开始使用它。Exchange 在社交媒体方面取得了不同的成功。例如，Exchange 通过免费服务 FeedBurner 运行多个 RSS feeds，尽管到目前为止，马术专业人群似乎对 RSS feeds 订阅并不感兴趣。Exchange 使用来自 Vzaar 的专业视频管理系统，托管其所有视频，服务于大多数智能手机，并提供比 YouTube 更多的控制、品牌和灵活性，而不会产生烦人的广告。不过，它仍然保留 YouTube 频道，以增加展示率，并进入 YouTube "出售马"搜索。脸书一直是社交媒体中最有声望的成功者。Exchange 现在在脸书上拥有将近 16 000 名粉丝。此外，阿斯林的个人脸书朋友超过 1 800 人，她在脸书累积的朋友和粉丝近 18 000 名，使她的网络营销工作更加个人化。Exchange 的推特账户的粉丝超过 2 000 名，并与 Exchange 的脸书页面和 YouTube 频道连接。其 YouTube 频道观看次数有 6 万多次。Exchange 的 Instagram 的关注者超过 5 000 人。因为每笔业务都不一样，Exchange 的经验表明，尝试使用社交媒体来确定哪些渠道最有效地满足特定目标受众是很重要的。目前，Exchange 每月都在脸书上发布帖子和推广内容，她认为，为了让社交媒体营销产生效果，这些内容变得越来越有必要。阿斯林还发现，在不同的脸书群组中发布的关于 Exchange 网上销售的马匹类型（目前免费）的帖子往往会带来良好的"点击诱饵"，增加网站流量。

为了跟踪社交营销工作的成效，阿斯林使用各种跟踪系统。例如，Google Analytics 使她能够实时跟踪 ExchangeHunterJumper 网站上有多少人，以及他们是如何进入网站的。阿斯林发现，只关注赞是不够的。例如，她注意到，她在脸书上张贴一张照片只能获得 10 个赞，但实际上，近 150 个人通过照片跳转到 ExchangeHun-terJumper 网站。她还使用一个简短的 URL 服务——bit.ly 来创建与脸书和其他有内置点击追踪器的社交媒体帖子相关的唯一 URL。这使她能够迅速看到她的社交营销工作的整体成效；在情况好的时候，bit.ly 统计数据显示该月有 8 000 个点击跳转到 ExchangeHunterJumper 站点。

另一个挑战是开发实际的社交媒体内容，这些内容需要对用户有吸引力，并确定每天发布新内容的最佳数量和时间。阿斯林指出，如果她每天发布太多次，或者帖子内容过多或太密，那么她的帖子的影响力似乎就会下降。

虽然脸书目前是 ExchangeHunterJumper 的主要社交营销平台，但该公司在 Instagram 和推特上都有忠实粉丝。尽管阿斯林对这些粉丝是不是实际的买家或卖家表示怀疑，但她指出，未来他们可能会成为买家或卖家。她的网站和她的客户一起成长，而那些曾经在她的网站上垂涎于小马的孩子们，经过了 11 年，他们即将成年，可能会是年轻的专业人士。

该公司的网站也是其电子商务服务平台的关键要素。阿斯林不断修改网站的设计，使其成为最有效的营销工具。她在 2005 年建立了自己的网站，并根据目标市场的需求每年更新一次。2012 年，阿斯林第 5 次重新发布了该网站，并首次聘请了专业的网站开发团队，将静态 HTML 站点转换为动态驱动的内容管理系统。通过设计和开发网站的 CSS 布局可以节省成本，但是所需的高级功能，例如销售马匹过滤器，使购物者能够根据价格、位置、性别、类型和大小对马进行排序需要大量的投资。阿斯林认为，了解市场和更新网站可以使 Exchange 保持新鲜感和创新性。网站的每一次更新换代都集中于满足目标市场的需求。例如，她也花了相当多的时间和费用来确保 Exchange 的网站（包括视频）在移动设备上的运行方式与在传统的笔记本电脑或台式机上一样。阿斯林已经放弃了创建一个独立的移动网站的计划，转而采用响应性设计技术来开发 Exchange 的网站。

除了网站外，Exchange 还使用其他各种营销策略，包括电子邮件活动、杂志广告和口碑。由于成本高昂，它停止分发四色印刷的"全国销售清单"小册子，现在几乎完全依靠各种形式的网络营销。阿斯林已经发现，多年来，她一直磨炼自己的网络开发经验，这是非常有帮助的。这里是一些她的经验：她觉得企业家不一定要知道如何建立网站，但是确实需要熟悉网站建设中什么是可行的什么是不可行的。了解哪些功能是复杂的，哪些功能不是很重要，因此可以从严格的预算中消除过于复杂的附加组件，这些附加组件不会真正增加用户体验。知道什么技术现在流行，什么技术已经过时，这也很重要。即使你认为你精通所有你需要开展的业务，随着技术的飞速发展，无论你是否愿意，你不可避免地需要花费大量的时间学习全新的东西。

通过对这些智慧之言，以及营销过程的每一个步骤的细节的关注，Exchange 已经建立了一个成功的品牌，一个对于马匹社区来说值得依赖的品牌。

资料来源：Exchangehunterjumper.com，accessed November 1, 2016; Interview with Amber Aslin, foun-der of ExchangeHunterJumper, November 2016, September 2014, September 2013, and September 2012.

[案例思考题]

1. 在网上找到一个为马匹提供分类广告的网站。根据提供的服务（客户价值主张）将该网站与ex-changehunterjumper.com 进行比较。Exchange 提供了什么其他网站没有提供的？

2. 社交媒体以何种方式有效推广 Exchange 品牌？哪个媒体的销售和查询增长最多？为什么？

3. 请列出所有 Exchange 尝试为买方和卖方提供个性化服务的方式。

关键术语

粉丝获取（fan acquisition） 吸引人们注意你的营销信息。

访问（engagement） 鼓励访问者与你的内容和品牌互动。

放大化（amplification） 鼓励访客与他们的朋友分享、点赞和评论。

社区（community） 一群比较稳定的粉丝，他们在相当长一段时间内都在互动和交流。

社交密度（social density） 指群体成员之间的互动数量，反映了群体的连接性，即使这些联系是强加给用户的。

响应按钮（Reactions buttons） 让用户有机会分享他们对内容和其他他们正在浏览的内容的感受。

脸书交易系统（Facebook Exchange，FBX） 一个实时竞价系统，允许广告客户根据脸书提供的个人信息定向推送广告。

基于位置的营销（location-based marketing）根据用户的位置向用户发送销售信息。

基于位置的服务（location-based services）　根据用户的位置为他们提供服务。

地理感知（geo-aware）　识别用户设备的位置，然后针对设备进行营销的技术。

邻近营销（proximity marketing）　确定物理位置的范围的技术，然后将广告目标对准该范围内的用户，为用户建议在封闭区域内可能采取的行动。

思考题 ——■

1. 描述使社交、本地和移动营销与传统网络营销不同的两个因素。

2. 为什么社交、移动和本地营销活动相互联系？

3. 为什么社会、移动和本地营销之间的联系对营销人员很重要？

4. 社交营销的目标是什么？

5. 大型社交网站有哪些？

6. 社交营销过程的五个要素是什么？

7. 脸书有哪三个最重要的功能是需要营销人员考虑的？

8. 列出并简要介绍脸书的基本营销工具。

9. 如何衡量脸书社交营销活动的成效？

10. 列出并简要介绍推特营销工具。

11. 如何衡量推特社交营销活动的成效？

12. Pinterest 的展示方式与展示广告在哪些方面类似？

13. 列出并简要介绍一些 Pinterest 的营销工具。

14. 为什么移动营销与桌面营销不同？

15. 增长最快的移动商务平台是什么？为什么？

16. 为什么应用内广告对营销人员来说如此重要？

17. 多屏环境是什么？它如何改变市场营销？

18. 移动设备上有哪些广告形式？

19. 为什么基于位置的营销对营销人员有吸引力？

20. 列出和描述一些基于位置的基本营销工具。

设计题 ——■

1. 至少访问两家不同互联网公司的网站。列出你在网站上看到的社交、移动和本地营销。它们的页面是否有"Like it！"插件和/或"Google＋1"标识？它们有脸书页面吗？如果有，请访问页面，了解它们如何使用它们的脸书页面。该页面与官网不同吗？你能确定企业如何使用移动营销吗？使用智能手机或平板电脑访问其网站。它们的网站是否针对每个平台有不同设计？总而言之，假如你是营销经理，比较这些公司，并提出如何提高其效果的建议。

2. 访问你的脸书页面，并检查右边显示的广告。有哪些广告？你如何相信它与你的兴趣或在线行为相关？列出 News Feed 中显示的广告。根据你的受众特征、兴趣和过去的购买记录，判断这些广告是否适合你。至少访问两个网站，点赞或点赞一个产品。在接下来的 24 小时内，你会在脸书上看到与你喜好相关的营销信息吗？

3. 访问你选择的两个网站，并应用社交营销流程模型，严格对比这些网站的有效性。这些网站如何获得粉丝，产生访问，放大反应，创建社区，加强品牌？你要为这些网站提供哪些建议来提高其效果？

4. 访问两个 Pinterest 品牌页面。它们如何使用本章所述的 Pinterest 营销工具？有没有一些它们没有使用的工具？你会为这些网站提供哪些建议来改进它们的 Pinterest 营销活动？

参考文献 ■

Aaker, D. A. "Measuring Brand Equity Across Products and Markets." *California Management Review*, Vol 38, No. 3, pp. 102–20. (1996).

AdRoll. "The Performance Advertiser's Guide to Instagram." (2016).

AdRoll. "Facebook by the Numbers 2015." (September 2015).

Ailawadi, Kusum L., Donald R. Lehmann, and Scott A. Neslin. "Revenue Premium as an Outcome Measure of Brand Equity." *Journal of Marketing*, 67 (October), 1–17 (October 2003).

comScore. "The 2016 US Mobile App Report." (2016).

comScore. "Which Social Networks Have the Most Engaged Audience?" (April 2, 2015a).

comScore. "comScore Ranks the Top 50 U.S. Digital Media Properties for December 2014." (January 27, 2015b).

eMarketer, Inc. "US Digital Ad Spending Share, by Device, and Format, 2015–2020." (August 24, 2016a).

eMarketer, Inc. "US Mobile Ad Spending, 2015–2020." (September 1, 2016b).

eMarketer, Inc. "US Local and Digital Traditional Ad Spending, 2015–2020." (June 2, 2016c).

eMarketer, Inc. "US Social Network Ad Spending, 2015–2018." (September 1, 2016d).

eMarketer, Inc. "US Mobile Local Ad Spending 2015–2020." (June 16, 2016e).

eMarketer, Inc. (Catherine Boyle) "Snapchat Advertising: A Roadmap for US Brand Marketers and Digital Advertising Executives." (August 18, 2016f).

eMarketer, Inc. "US Mobile Phone Users and Penetration, 2014–2020." (August 1, 2016f).

eMarketer, Inc. "US Smartphone Users and Penetration, 2014–2020." (August 1, 2016g).

eMarketer, Inc. "US Tablet Users and Penetration, 2014–2020." (August 1, 2016h).

eMarketer, Inc. "US Retail Ecommerce Sales, 2015–2020." (September 1, 2016i).

eMarketer, Inc. "US Digital Travel Sales, 2014–2020." (April 26, 2016j).

eMarketer, Inc. "US Retail Mcommerce Sales, 2015–2020." (September 1, 2016k).

eMarketer, Inc. "US Mobile Travel Sales, 2014–2020." (April 26, 2016l).

eMarketer, Inc. (Yory Wurmser) "US Holiday Ecommerce Preview 2016: Mobile to Fuel Explosive Ecommerce Growth." (September 14, 2016m).

eMarketer, Inc. (Mark Dolliver) "US Time Spent with Media: eMarketer's Updated Estimates for Spring 2016." (June 1, 2016n).

eMarketer, Inc. "US Smartphone Retail Mcommerce Sales, 2015–2020." (September 1, 2016o).

eMarketer, Inc. "US Tablet Retail Mcommerce Sales, 2015–2020." (September 1, 2016p).

eMarketer, Inc. "US Digital Ad Spending, by Device and Format, 2015–2020." (August 24, 2016q).

eMarketer, Inc. "Net US Mobile Ad Revenues, by Company, 2015–2018." (September 1, 2016r).

eMarketer, Inc. "US Mobile Ad Spending by Format, 2015–2020." (September 1, 2016s).

eMarketer, Inc. "What's Going On with Beacons?" (July 15, 2016t).

eMarketer, Inc. "US Digital Ad Spending, by Device and Format, 2013–2018." (March 2015a).

eMarketer, Inc. "Ways in Which US Smartphone vs. Tablet Owners Plan to Use Their Device When Holiday Shopping." (October 2015b).

eMarketer, Inc. "Mobile Website, App or Both." (June 2015c).

eMarketer, Inc. "US Digital Ad Spending, by Channel and Format, 2012–2018." (June 2014).

Ernoult, Emeric. "Guide to Facebook Reach: What Marketers Need to Know." Socialmediaexaminer.com (March 3, 2014).

Facebook. "Developer News: New Ways to Share, Save, and Engage." Developers.facebook.com (June 28, 2016).

Frommer, Dan. "Vine Is a Sleeping Giant (While Everyone Is Focused on Snapchat)." Qz.com (August 7, 2015).

Google, Inc. "Understanding Consumers' Local Search Behavior." (May 2014).

Google, Inc. "The New Multiscreen World." (August 2012).

IAB (Interactive Advertising Bureau). "Response Design and Ad Creative: An IAB Perspective." (September 2012).

Keller, K. L. "Conceptualizing, Measuring and Managing Customer-Based Brand Equity." *Journal of Marketing*, Vol. 57, (January 1993).

Macmillan, Douglas, and Evelyn M. Rusli. "Snapchat Is Said to Have More Than 100 Million Monthly Active Users." *Wall Street Journal* (August 26, 2014).

National Retail Federation (NRF). "2015 Holiday Consumer Spending Survey." (October 20, 2015).

Pew Research Center. "U.S. Smartphone Use in 2015." (April 1, 2015).

Protalinski, Emil. "Facebook Passes 1 Billion Mobile Daily Active Users." Venturebeat.com (July 27, 2016).

Shields, Mike. "Publishers Flock to New Instagram Stories." *Wall Street Journal* (August 12, 2016).

Simon, C. J., and M. J. Sullivan. "The Measurement and Determinants of Brand Equity: A Financial Approach." *Marketing Science*, Vol. 12, No 1, pp. 28–52. (1993).

Simply Measured. "Complete Guide to Analytics on Facebook Third Edition." (2016).

Statista.com. "Number of Unique U.S. Visitors to Tumblr between July 2012 and July 2015 (in millions)." (accessed October 30, 2015).

UnMetric. "29 Must-Know Terms for Every Social Media

Analyst." (2015).

Vahl, Andrea. "Boost Posts or Promoted Posts on Facebook: Which is Better?" Socialexaminer.com (May 5, 2014).

Vega, Tanzina, and Leslie Kaufman. "The Distasteful Side of Social Media Puts Advertisers on Their Guard." *New York Times* (June 3, 2013).

第 *8* 章
电子商务引发的道德、社会和政治问题

学习目标

学完本章，你将能够：

- 理解为什么电子商务会引发道德、社会和政治问题
- 理解相关的基本概念，了解涉及威胁隐私的电子商务企业实例和在线隐私保护的各类措施
- 了解知识产权的不同形式和知识产权保护所面临的挑战
- 了解互联网监管的发展历程，以及为何征收电子商务税会引起治理和管辖权问题
- 了解电子商务引发的主要公共安全与福利问题

章首案例

被遗忘的权利：欧洲引领互联网隐私权

2014 年 6 月，在欧洲最高法院欧盟法院做出裁决之后，谷歌被迫开始在欧洲删除某些搜索引擎查询结果。这项裁决允许用户可以要求谷歌删除某些通过搜索个人姓名就能找到的个人信息的链接。法院的判决被认为是"被遗忘的权利"（RTBF，有时称为"被除权"）。在这样一个时代，私人互联网公司收集和传播个人信息的能力并没有因为用户的许可与否而受到限制，基于个人有权管理自己的在线个人信息和公众形象的简单理念，欧盟的裁决可能

是数字隐私新纪元的开始。谷歌、脸书、推特和其他许多互联网公司的商业模式几乎不受个人信息收集和使用的限制，这些公司强烈反对个人有权管理其个人在线信息的想法。然而，欧洲法院的裁决是最终裁决，谷歌与雅虎、微软等公司已经开始执行裁决。被遗忘的权利虽然概念简单，在实践中执行起来却极其困难和昂贵。

法院的判决是基于西班牙公民 Mario Costeja Gonzalez 2010 年对西班牙报纸和谷歌西班牙公司及

美国母公司提起的诉讼，该公司将他的名字与报纸上的一个拍卖公告联系起来，称他的房子被收回并被出售以偿还债务。谷歌搜索 Gonzalez 的名字返回的最显眼的链接是报纸公告。Gonzalez 起诉称，他的债务和丧失抵押品赎回权的问题多年前就已经解决，而提起这件事是无关紧要的，并且是对他的隐私的侵犯，如《欧盟数据保护指令》——欧洲数字时代的隐私立法所规定的。该法规管辖包括欧盟成员国的 28 个国家的个人信息。Gonzalez 要求报纸删除或修改它在网上发布的网页，并要求谷歌西班牙公司和谷歌公司删除他的名字与报纸上的拍卖公告之间的链接。Gonzalez 表示，他并不担心自己在网上的形象，而担心这会影响他的工作和律师名誉，以及对他法律业务的潜在伤害。欧洲有成千上万的其他用户要求谷歌删除关于他们名字的不恰当的、不准确的、不相关的且侵犯他们的隐私的链接。

谷歌和这家报纸争辩说，因为提供西班牙谷歌搜索结果的服务器位于欧洲以外，所以欧盟的规则和隐私立法不适用。谷歌还认为，它是一个搜索引擎，只是提供了链接到其他人存储的信息，而不是数据存储库，并且它不负责其他组织存储的信息的准确性或相关性。因此，谷歌声称它不应该服从欧盟的数据保护指令，因为该指令只涉及数据存储库。最后，谷歌辩称，根据欧洲法律，个人无权要求搜索引擎将其个人数据删除。谷歌在公开声明中还表示，要回应成千上万个要求删除链接的请求是困难的，甚至是不可能的；授予这些权利将允许犯罪分子、欺诈者、性侵犯者和腐败的政府官员改写历史；响应请求的成本非常高，而且可能会限制未来的创新。

2014 年，法院裁定，首先，欧盟的数据保护政策不受地域限制，无论服务器位于哪里，它都适用于搜索引擎。其次，搜索引擎在欧盟内是个人数据的"控制者"，因此必须遵守欧盟的规定。在此之前，像谷歌这样的搜索引擎仅仅被认为是在线数据的处理器，因此在欧洲不受数据保护规则的约束。最后，欧洲人确实有权在信息不准确、不充分、不相关或过分的情况下，要求搜索引擎删除关于他们的个人信息（"被遗忘的权利"）的链接。搜索引擎提供自由获取个人信息的经济利益并不能成为干涉

个人被遗忘的权利和个人隐私的理由。

法院还进一步说明，被遗忘的权利不是绝对的，而是必须与其他权利和义务，如言论自由、新闻自由以及更广泛的公众利益相平衡。例如，法院的裁决并没有要求该报纸修改档案中的任何一页，拍卖通知原件仍然有效。在其他情况下，公众关心的是确保被定罪的罪犯不得删除其犯罪记录，这些记录在大多数管辖范围内都是公共记录。法院要求对信息的类型、对个人私生活可能造成的损害以及公众获取这些信息的兴趣进行逐案评估，而不是赋予任何人从搜索引擎上删除信息的权利。此外，对于那些公众人物，比如政客、名人或商界领袖，公众对知情的兴趣可能会超过被遗忘的私人利益。

截至 2016 年 10 月 15 日，谷歌表示，该公司收到了 57 万多份请求，这些人希望删除 173 万条与他们有关的在线信息的链接，而且根据它制定的内部准则，谷歌已经删除了其中大约 43% 的链接。然而，这一过程被证明是有问题的。欧洲的许多隐私监管机构批评谷歌的做法，即告知网站它们的链接正在从搜索结果中删除，并指出这可能会导致对这些链接的更多关注。在英国，英国新闻专员办公室命令谷歌删除与被删除链接有关的新闻报道，理由是新链接不符合最初删除的目的。其他评论家则抱怨说，这些决定不应该交给一家私人公司来做。

2016 年，为了回应法国数据保护机构的裁决，谷歌开始在欧洲的所有域名中筛选被删除的链接，甚至是其 Google.com 域名。此前，谷歌只对来自欧洲域名的搜索结果行使了被遗忘权，允许欧洲国家的居民可以简单地使用谷歌的.com 域名来获取从其欧洲域名搜索中清除的信息和链接，如 Google.co.uk 和 Google.fr。几个月后，微软的必应搜索引擎紧随其后，希望避免潜在的巨额罚款和处罚。不过，一些有心人还是能通过网上报纸的档案找到已删除的信息。此外，一些新的数据存储技术，比如区块链，是非常难以操作的，尤其是删除条目；区块链的不可变性通常被认为是其强大的优势之一，但在遵守被遗忘权的情况下，这可能会成为一个弱点。尽管谷歌可能会删除很多敏感事件的链接，但迫使报纸审查自己的作品对新闻自由有着不利的影响。谷歌也对这一裁决提出上诉，辩称一

个国家的裁决不应适用于全球的国家。

对国际法院裁决的反应以及法国将被遗忘的权利延伸到欧洲边界以外的努力，反映出欧洲和美国在个人信息与言论的管理以及新闻自由之间的平衡方面存在严重鸿沟。在欧洲，许多国家将这一裁决视为对抗傲慢的美国互联网公司的胜利。美国的报纸和技术专家强调新闻自由的重要性，并警告人们不要隐瞒过去的错误。或许新闻自由的倡导者有一点是正确的：2016年，意大利一家法院下令一家在线报纸要对其文章设置"到期日"，在到期日之后如果有人提出要求，就必须删除内容。这标志着报纸首次被强制行使被遗忘的权利，如果没有上诉，这将对新闻业产生不好的影响。虽然这一裁决是极端的，且不太可能成为标准，但毫无疑问，欧洲对隐私的维护以及数据首先属于个人这一观点，将对美国的隐私权和法律产生影响，尤其是如果法国要求谷歌删除的是其在世界各地（而不仅仅是欧洲）网站的链接。

资料来源："Google Transparency Report," Google. com, as of October 15, 2016; "How Italian Courts Used the Right to Be Forgotten to Put an Expiry Date on News," by Athalie Matthews, *The Guardian*, September 20, 2016; "Downside of Bitcoin: A Ledger That Can't Be Corrected," by Richard Lumb, *New York Times*, September 9, 2016; "Blockchain Technologies and the EU 'Right to Be Forgot-ten' -An Insurmountable Tension?" by Steven Farmer, *International Business Times*, September 7, 2016; "Following Google, Microsoft Expands Right-to-Be-Forgotten Filtering for Bing in Europe," by Paul Sawers, Venturebeat. com, August 12, 2016; "A Loophole in the Right to Be Forgotten," by Samuel Gibbs and Nausicaa Renner, Cjr. org, July 26, 2016; "The Right to Be Forgotten," by Martin von Haller, Digitalbusiness. law, June 16, 2016; "Google Takes Right to Be Forgotten Battle to France's Highest Court," by Alex Hern, *The Guardian*, May 19, 2016; "Google to Extend 'Right to be Forgotten' To All Its Domains Accessed in EU," *The Guardian*, February 11, 2016; "Google Will Further Block Some European Search Results," by Mark Scott, *New York Times*, February 11, 2016; "U. K. Wants to Remove Links to Stories About Removing Links to Stories," by Sam Schechner, *Wall Street Journal*, August 20, 2015; "Google Starts Removing Search Results Under Europe's 'Right to be Forgotten,'" by Sam Schechner, *Wall Street Journal*, June 26, 2014; "Google Takes Steps to Comply With 'Right to Be Forgotten' Ruling," by Mark Scott, *New York Times*, May 30, 2014; "Right to Be Forgotten? Not That Easy," by Danny Hakim, *New York Times*, May 29, 2014; "EU Court Ruling a Victory for Privacy," *Der Spiegel*, May 20, 2014; "After European Court Order, Google Works on a Tool to Remove Links," by Mark Scott, *New York Times*, May 15, 2014; "Factsheet on the 'Right to be Forgotten' Ruling," Court of Justice of the European Union, May 14, 2014; "European Court Lets Users Erase Records on Web," by David Streitfield, *New York Times*, May 13, 2014; "Daily Report: Europe Moves to Reform Rules Protecting Privacy," *New York Times*, March 13, 2014.

就互联网和电子商务快速发展历程中出现的道德、社会和政治问题而言，在互联网上应该如何保留或删除个人信息只是冰山一角。例如，正如在章首案例中所讨论的那样，一旦用户信息被放置在互联网上之后，是否会失去对所有个人信息的控制权，这个问题在美国仍然有待讨论。相比之下，在欧洲，用户确实有保留个人信息的权利。这些问题不仅仅是我们作为个人必须回答的道德问题，还涉及社会机构，如家庭、学校、商业公司，在某些情况下还涉及整个民族国家。同时这些问题有明显的政治影响，因为其中通常涉及对于如何生活以及在什么法律体制下生活的集体选择。

本章将对电子商务引发的道德、社会和政治问题加以论述，为读者勾勒出这些争论的大体框架，并为那些在公认的合适标准下负责经营电子商务公司的管理者提出建议。

8.1 理解电子商务引发的道德、社会和政治问题

互联网自身及其在电子商务领域的应用已引发空前规模的道德、社会和政治问题，而且这些争论都与计算机技术密不可分。各种日报和周刊纷纷用整版篇幅来报道互联网对社会造成的种种影响。为什么会出现这种情况呢？互联网为何会成为人们争相议论的焦点？一方面与互联网技术的某

些本质特性有关；另一方面则在于企业利用互联网技术的方式存在争议。互联网技术及其电子商务应用改变了现有社会的商务关系和人们对这些关系的理解。

回顾第 1 章表 1-2 中列举的互联网技术的种种特点。表 8-1 没有考虑每一特点的业务影响，而是列出了电子商务技术的实际或潜在的道德、社会和政治影响。

表 8-1 电子商务技术特点以及各自潜在的道德、社会和政治影响

电子商务技术特点	潜在影响
普遍存在性——在办公室、家里甚至任何地方，只要有移动网络设备就能使用互联网/网络技术	随处办公和随时购物会干扰正常家庭生活；工作时网上购物会分散员工的注意力，降低生产效率；移动设备的普及导致汽车和生产事故频发；同时还会引发复杂的税收转移问题。
全球覆盖性——互联网技术打破国界的限制，覆盖到全世界	降低商品的文化差异性；削弱本地小型企业，促进大型跨国公司的扩张；商品制造将会转移到工资水平更低的国家和地区；削弱所有国家——不论大小——对本国信息的控制。
通用标准——全球共用一套唯一的技术标准，称为互联网协议	更易受到病毒入侵和黑客攻击，单次伤害能同时波及全球数百万网民；增加"信息"犯罪、计算机犯罪和诈骗发生的概率。
丰富性——视频、音频、文本消息应有尽有	屏幕技术将人们的注意力转移到视频和音频内容上，减少了文本的使用和阅读；降低人们对众多独立信息源的依赖。
交互性——互联网技术需要与用户交互发挥作用	商业网站的互动性可能毫无意义；客户不经常阅读收到的营销邮件；用户并未像贡献销售那样参与产品设计；真正个性化定制的产品少之又少，通常是预先设立通用模板或插件选项加以实现。
信息密度——互联网技术降低信息使用成本，提高信息质量	随着可用信息总量的不断增加，错误、无用信息也泛滥成灾；信息的真实、准确、完整、可靠以及其他质量特性都可能有所下降；个人和企业理解海量信息的能力有限。
个性化/定制化——互联网技术能够向个人或群体传送个性化内容	出于商业和政治目的而侵犯隐私信息的概率将空前增加。
社交技术——互联网技术使用户能够自创内容，建立社交圈	网络欺骗、言语谩骂和掠夺性竞争发生可能性大为增加；有关机构和企业拥有新的渠道来监测个人行为；隐私和发布信息的合理使用存在挑战。

我们生活在"信息社会"，信息和知识被视作核心资产，日渐成为权力和财富的象征。对信息的争论时常体现在权力、财富、影响力等方面的认识分歧。与蒸汽机、电力、电话、电视等技术类似，互联网和电子商务也能促进社会进步，这在很大程度上已得到验证。但是，这些技术同样会被用于实施犯罪、破坏环境，甚至打破现有的社会道德标准。汽车发明以前，跨州犯罪活动极少，自然不怎么涉及联邦管辖权问题。互联网亦是如此：互联网出现之前，根本没有所谓的"网上犯罪"。

尽管互联网和电子商务的发展让企业和个人获益匪浅，但人们乃至整个社会也为此付出代价。因此，在新环境下探索道德和社会责任的抉择时必须慎重考虑相关的成本和收益。然而问题就在于：管理者应如何对开展电子商务业务的运营之道做出合理判断，例如怎样保护用户隐私，如何确保公司域名的完整性等。

8.1.1 一种划分问题的模式

电子商务和互联网引发的道德、社会和政治问题如此繁多，很难将其一一归类，因此也难以理清种种问题之间的相互关系。但很显然，道德、社会和政治问题确实彼此关联。图 8-1 所示的方法可用于组织划分电子商务所涉及的道德、社会和政治问题。个人的道德问题——例如"我该做什

么"——都会反映到社会和政治层面——如"社会和政府该做什么"。因此，互联网企业管理者所面临的道德困境必定会引发社会和政府机构广泛的关注和辩论。过去十年间电子商务领域所出现的道德、社会和政治问题大致可从四个维度来划分：信息权、财产权、监管、公共安全与福利。

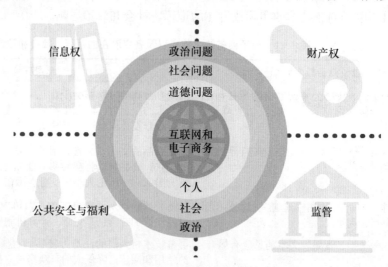

图 8-1　互联网社会中的道德问题

　　说明：图中显示了互联网和电子商务的发展对个人、社会和政治团体产生的影响。这些影响可从财产权、信息权、监管以及公共安全与福利四个维度进行划分。

　　在这些领域提出的一些道德、社会和政治问题包括：

　　● **信息权**：当互联网技术能够轻而易举地收集各种信息时，在公共场所或私人领域，人们对自己的私人信息还享有哪些权利？对企业或其他组织的信息，人们又拥有哪些访问权？

　　● **财产权**：互联网环境下版权作品的复制可在几秒钟内完成并扩散到全世界，因此传统知识产权保护政策应如何执行？

　　● **监管**：互联网和电子商务活动是否受公共法律的约束？如果是，又应由哪家立法机构来行使管辖权——州政府、联邦政府还是国际机构？

　　● **公共安全与福利**：我们应该采取哪些切实有效的手段来保证大家都能公平地使用互联网和电子商务？政府是否有责任让所有的中小学和高校都接入互联网？在线赌博、色情以及匿名发布的仇恨言论等特定内容是否会对公共安全与福利造成威胁？那联网汽车呢？移动车辆是否允许进行移动商务呢？

　　举例来说，想想在任何特定的历史时期，社会和个人的道德平衡状态都来源于个人、社会组织和政治团体间的相互制约。个人知道自己应当做些什么，企业等社会组织也深知自身的权限、能力和职责，政治团体则负责制定市场法规、银行法和商业法律，从而能够惩治各类违法犯罪行为。

　　现在，假设将互联网和电子商务这一强大的新技术引入到当前平衡的环境中。一时之间，个人、企业和政府发现可以借助这些新技术从事很多新鲜事务。例如，人们发现可从网站上免费下载音质完美的数字音乐，这在原有的 CD 技术条件下根本不可企及。然而，数字音乐的下载忽略了一个事实，即从法律角度来说，这些数字音乐依然"属于"音乐家和唱片公司等版权所有者。企业则能从中发掘新的商机，虽然从传统意义上说自己并不"拥有"数字音乐的版权，但可以通过为音乐爱好者收集各种数字音乐或者建立一套共享机制来开展新业务。起初，唱片公司、法院和国会对在线传播数字拷贝给传统唱片业带来的冲击显得束手无策。立法机关和法院必须尽快出台新的法律，就版权作品的数字副本归谁所有、在何种情况下允许共享数字副本等问题达成决议。然而，要形成新标准、完善新法律并使社会成员对新环境中可采取的行动达成共识绝非易事，起码也要花费数年之久才能实现。与此同时，企业管理者必须思考，当身处明显与道德原则相冲突但尚未有相关法律条款制约的"灰色地带"时应如何行事。在此情形下，人们应如何抉择才能做出正确的决策？

在深入探讨以上四个维度的电子商务道德问题之前，我们先简要地复习一些基本的伦理推理概念，包括个人做出道德决策时应遵循的指导原则，以及分析互联网社会和政治问题所用的通用推理规则。

8.1.2　伦理学的基本概念：责任、连带责任和赔偿责任

社会和政治团体对互联网争论的核心就在于伦理道德问题。所谓**伦理学**（ethics），就是对道德规范准则的研究，个人和组织都基于这些准则判断自身行为的是与非。伦理学的研究首先假定个人是拥有道德感且能够完全自主决策的行为人，再研究当面临抉择时，如何判断哪一种才是最符合道德的选择。尽管将个人领域的伦理研究扩展到企业乃至整个社会相当困难，但并非不可能。只要是存在决策主体或个人（如企业董事会主席或 CEO、政府机构）的伦理问题，就可以利用一系列的道德准则对其决策加以判断。

了解一些基本的道德准则，能够提高对社会或政治争议的判断推理能力。西方文化中有四条伦理思想学派所公认的基本原则：责任、连带责任、赔偿责任和正当程序。**责任**（responsibility）指的是作为自由的道德主体，个人、组织和社会都必须对自身行为造成的后果承担完全责任。**连带责任**（accountability）是指个人、组织和社会必须为自身行为后果对他人产生的影响承担责任。第三个原则是赔偿责任原则，将责任和连带责任延伸到法律范畴。**赔偿责任**（liability）是政治体系的一大特征，指社会中存在一套完善的法律法规来帮助个人在因其他人、系统或组织机构的行为受到伤害后索要补偿。**正当程序**（due process）是法制社会的特征，指法律从为人知悉到理解，再到由最高权力机关公正执行的过程。

有了这些概念，我们就能很快理解当今互联网广受争议的问题。例如，回想 2005 年美国联邦最高法院对米高梅电影公司诉 Grokster 等案的判决。米高梅公司指控 Grokster 等 P2P 共享网站侵犯其作品版权。法院认定，Grokster、StreamCast、Kazaa 等服务商提供的 P2P 文件共享服务的出发点和目的在于帮助交换仍受版权保护的音频和视频文件，严重侵犯版权所有者的权益，判定文件共享服务提供商承担连带责任，应立即关闭相关网站。Grokster 等网站虽然知道其 P2P 软件经常用于非法数字音乐文件交换，但一直辩称人们实际上经常使用自身网站从事合法的文件共享。它们还认为自己不应当因为个人用户使用其产品的行为后果承担连带责任，就像索尼、施乐无须对 VCR 和施乐使用者的侵权行为负责一样。最终，高等法院裁决 Grokster 等网站有意将其 P2P 技术用于非法文件共享和下载，而且以该功能作为营销重点，事实上间接促成使用者的非法行为，应当承担连带责任。最高法院的判决是依据版权法得出的，但可以看出，这些法律条款确实体现出责任、连带责任和赔偿责任等基本的道德原则。

早期人们普遍认为，互联网是不受监管、难以控制的"荒蛮西部"。Grokster 案件的判决结果彻底否定了这一观点。在某些定义明确的情形下，执法机关将会介入确保互联网的合法使用。任何有组织的文明社会都不会接受技术高于社会基础文化价值观的荒谬观点。迄今为止，所有的工业和技术革命期间，社会都会受到法律和政治的干预，以保证在不阻碍创新和财富创造的前提下使技术产生可为社会接受的正效应。从这层意义上说，互联网并不例外。我们希望全世界都能对互联网和电子商务进行更加切实有效的监管，从而一方面深化改革创新和财富创造，另一方面促进其他社会目标的实现，达成两者间的平衡。不过，这一愿望的实现异常困难，而对于到底应如何实现，也是

仁者见仁，智者见智。

8.1.3　分析道德困境

道德、社会和政治问题时常会陷入左右为难的困境。**困境**（dilemma）通常是至少存在两种完全对立的选择，每种选择却都有合理结果的情境。当面临道德困境时，如何对其进行分析推理呢？以下五个步骤或许会有所帮助：

1. 认清事实。首先，我们必须搞清楚到底是何人在何时、何地对谁做出怎样的举动，以及他是如何做的。许多案例中存在最初报道的情况与事实不符的问题，而且经常是只要认清事实就能很快地锁定解决问题之道。此外，认清事实还可促进陷入困境的对立双方就事实本身达成共识。

2. 找出冲突或困境所在，认清牵涉到的更高价值诉求。一般来说，道德、社会和政治问题总会牵扯到更高的价值诉求。否则，也就不可能一直争持不下。争论双方都会声称自己是在追求更高的价值（如自由、隐私、产权保护、自由企业制度等）。例如，针对 DoubleClick 等广告网络的使用问题，支持方认为跟踪消费者的网络活动能够提高市场效率，从而增加整个社会的财富。反对方则辩称所谓的高效率是以牺牲个人隐私为前提取得的，广告网络应当立即停止这类行为，至少应当给予用户自主选择是否被跟踪的权利。

3. 识别利益相关者。任何道德、社会和政治问题都有利益相关者，包括道德困境最终结果的受益方、投资方和各方发言人。找出这些利益相关群体，认清各自的诉求，这将对后续解决方案的设计大有好处。

4. 提出能被接受的合理方案。你会发现没有一种方案能同时满足各方的利益，但有些主张确实明显优于其他观点。有时，好的解决方案并不一定要在所有的利益相关群体间达成平衡。

5. 仔细考虑所提方案的潜在后果。有些方案从道德上讲可能无懈可击，但从其他角度看可能糟糕透顶。也有些方案可能在某种情况下可行，但在其他类似情况中却毫无作为。因此，时常扪心自问："一旦做此抉择，后果会怎样？"

分析完成后，你就可以参照以下公认的道德准则来帮助制定决策。

8.1.4　可供选择的道德准则

尽管是你最终决定优先遵守哪些道德准则行事，但对各种文化中源远流长、早已深入人心的道德准则有所了解，对你的决策是有益的。

● **黄金法则**："欲人施于己者，必先施于人。"换位思考，站在他人的立场，把自己看成决策结果的影响对象能够帮助你在决策时兼顾公平性。

● **普遍主义原则**：如果一项决策对所有情况都不适用，那么对于任何特定的情况也就不再正确（伊曼努尔·康德的绝对命令）。问问自己："如果每项决策都遵照某个原则，组织或者社会能持续发展吗？"

● **滑坡理论**：如果某个方案无法重复使用，那么就根本不应当被采纳（笛卡尔的变化规则）。有些方案在某种情况下能够解决问题，但重复采用却可能导致负面结果。简单来说，这条原则意味着"一旦从光滑的斜坡开始往下走，你就不可能再停止"。

● **集体功利主义原则**：选择能实现社会整体价值最大化的方案。这条原则假定我们已对各种方案的价值排序，并且清楚知道不同行为的后果。

- **风险规避原则**：选择产生最少负面效应或最小潜在成本的决策。有些方案一旦失败，成本不堪想象，但有的概率很低（如在城市内建造核电站），有的概率中等（如超速行驶导致交通事故）。尽量避免做出失败成本非常高的决策，而选择那些即使失败也不至于造成灾难性后果的方案。

- **"没有免费的午餐"原则**：除非特别说明，否则应当假定一切有形和无形的优势都归他人所有（这就是道德准则中的"天下没有免费的午餐"原则）。如果他人创造的东西对你有用，那么它就有价值，你就应当接受创造者会向你索取报酬。

- **《纽约时报》试验（完备信息规则）**：假设你对某件事的最终决定将成为明天《纽约时报》的头条新闻，那么读者的反应会是正面的还是负面的？你的父母、朋友和孩子会因你的决定而感到自豪吗？大多数罪犯和不道德者都认为信息是不完备的，从而天真地以为事情永远不会被别人知道。因此，当你必须做出抉择时，最好事先假定存在完备信息的市场。

- **社会契约法则**：如果你所认同的原则变成整个社会普遍接受的原则，你愿意生活在这样的社会中吗？例如，你非常喜欢下载非法的数字音乐，但你肯定不愿生活在不尊重财产权（汽车的财产所有权、学术论文或原创艺术品的知识产权）的社会。

　　当然，这些原则都不是绝对真理，任何原则都存在例外和逻辑悖论。但无论如何，我们还是应当对那些无法经受这些原则检验的决策保持警惕，因为不道德的行为最终也会使你和你的企业遭受同样的伤害。

　　现在，我们已经对基本的道德准则有所了解，下面就深入探讨电子商务中存在的各种道德、社会和政治问题。

8.2　隐私权和信息权

　　隐私权可以说是电子商务以及互联网和移动设备带来的不断变化的人类通信技术所引起的最复杂的道德问题。这可能是数字时代最微妙和最令人烦恼的问题，这个问题还将在 21 世纪继续发展。每个人都有独处的权利、自由思考而无需恐惧的权利，但是我们如何运用这个理念去应对政商机构运用信息技术窥探个人隐私的这种强大趋势呢？

　　技术专家或政治家没有预料到的是，这些数字技术和设备已成为个人与他人和公司进行交互的主要手段。现在，智能手机和互联网是社会、政治和商业生活的中心。在快速增长的在线商品和服务市场中，这些技术以前所未有的方式高效、准确地记录了人类市场行为。而由此产生的在线商家收集个人隐私信息是史无前例的。关于如何限制这些信息使用的法律和条款非常薄弱，而且定义也不明确。所以，常常会让用户觉得自己的个人信息失去了控制。而事实上，也的确是如此。

8.2.1　什么是隐私？

　　隐私权（privacy）是一种个人享受独处，不受包括政府在内的其他个人和组织的监督和干扰的精神权利。隐私权也是自由的核心内容：如果没有不受恐吓地进行思考、写作、计划以及独立社交所必需的隐私权，社会自由和政治自由也就非常脆弱，甚至可能被完全摧毁。

　　信息隐私（information provacy）是基于四个中心前提的隐私的子集。第一，无论个人最初是否同意收集信息，他们都有道德上的权利，要求特定信息不被政府和企业擅自获取的权利以及对被收集的信息的控制权。在这种观点下，个人甚至有**"被遗忘的权利"**（right to be forgotten），正如章首案例所谈论的（Rosen，2012）。

第二，个人在道德上有权知道他们的信息是何时被收集的，并且必须在收集其个人信息之前予以同意。这是"知情同意"的原则，即人们是理性的行为者，他们了解情况，并在市场上做出自己的选择，包括决定是否提供自己的私人信息而获取某种利益。

第三，个人有权获得个人信息的适当程序。收集、分享、传播个人信息的过程必须对每个人都是公平和透明的。个人信息系统——无论是公共的还是私有的——必须是公开的（没有秘密系统），根据已公布的一套规则（使用条款政策）来运作，说明政府和公司将如何使用个人信息，并确定人们可以在一个记录系统中编辑、更正和形成个人信息的方式。

第四，个人有权以安全的方式存储其个人信息。个人记录系统必须有适当的程序来保护个人信息不受侵扰、黑客攻击和未经授权的使用。

2000年，联邦贸易委员会（FTC）制定了名为"公平信息操作"（FIP）的原则，其中反映了个人信息隐私的这些原则（见表8-2）。我们将在本章后面进一步讨论联邦贸易委员会在保护个人信息方面的作用。

表8-2　FTC的公平信息操作原则

提醒/警告（核心原则）	网站必须在收集数据前公开自己的信息操作细节，包括身份信息的收集，数据的使用，访问数据的其他人员，数据收集方式（主动/被动），用户自愿还是强制执行，用户拒绝的后果，确保数据的机密性、完整性和高质量的相关程序等。
选择/同意（核心原则）	必须设立选择机制，使用户能够选择是否同意自己的信息在除支持交易以外的其他场合使用，包括企业内部自用和第三方共享。选择接受/选择拒绝为必备选项。
访问/参与	应当向用户提供一种快捷、低成本的方式，帮助用户检查被收集数据的准确性和完整性，并向有关部门提出质疑。
安全性	数据收集者必须采取合理措施，确保消费者信息的准确性和安全性，防止未经授权的使用。
强制性	必须建立强制执行公平信息操作原则的机制，如自律、赋予用户反抗侵害的合法途径的法律或联邦/州出台的法律法规。

资料来源：Based on data from Federal Trade Commission，1998，2000.

8.2.2　公共部门的隐私：公民的隐私权

隐私的概念和做法及其法律基础在公共部门与私人部门之间是非常不同的。在公共部门，隐私权的概念由来已久，经过美国和欧洲两个世纪的法院裁决、法律和规章的演变。在私人部门，隐私的概念是最近才出现的，而且在互联网时代，处于不断变化、讨论的状态。

在公共部门、政治权力领域，主张个人隐私权在很大程度上是欧美的现象，最初是为了限制政治领导人——国王、君主和总统的权力，并在公民和他们的领导人之间建立一种可以接受的关系。

在美国，这些主张被写入了宪法和人权法案。《第一修正案》保障公民的言论、结社和宗教自由，并禁止国会通过任何法律来挑战这些权利。《第四修正案》禁止政府人员无理由搜查和没收公民的房舍，并要求在搜查任何人的房舍之前，根据可能的原因申请法院批准的逮捕证。很久以后，《第四修正案》被扩大到了非常有限的实际场所之外。在大多数机动车搜查或证据明显的情况下，当同意搜查时不需要搜查令。《第十四修正案》禁止各州通过法律，剥夺人们的生命、自由或财产，法院将其解释为保护家中个人行为的隐私。

在这些法案中没有提到"隐私"这个词，但人们认为这些修正案有必要（隐含地）说明一切。如果隐私被剥夺，那么言论、结社和宗教的自由是不可能的。如果一个人的房屋都能被无理由搜查而不被政府保护，那么就没有隐私。

然而，在现代，单单依赖宪法的裁决来保护个人是不够的。18 世纪的法案并没有定义政府机构在日常管理中收集个人信息的权利，也没有定义公民获得政府机构创建的文件的权利。在 18 世纪和 19 世纪没有包含个人信息的记录系统，政府的文件常常被记者和普通公民通过行政命令拒绝了。1974 年，国会通过了一项综合隐私法案，该法案第一次定义了公民与联邦政府档案系统的隐私权。该法案规定了联邦机构数据的收集和使用，并定义了适用于联邦政府系统的公平信息操作原则，例如由美国国家税务局和社会保障局共同创建。值得注意的是，该法案的保护只适用于政府对隐私的侵犯，而不适用于私人公司收集和使用个人信息。

除了隐私法案，还有许多其他的联邦法律（和州法律）保护个人不受不合理的政府侵犯（表 8-3 列出了适用于美国政府的联邦隐私法）。这些法规试图在各种各样的个人信息公开系统中实施公平信息操作原则。

表 8-3 联邦和州隐私法案

法案名称	说明
1966 年信息自由法案	赋予公民查看政府文件中个人信息的权利；也让个人和组织享有公共知情权，可要求政府公开档案记录。
1974 年隐私法案修正案	对联邦政府通过政府机构收集、使用和公布信息的程序加以规范。赋予个人查看和修正政府记录的权利。
1980 年隐私保护法案	禁止政府机关在企业办公室无人时突然对其进行搜查。
1986 年电子通信隐私法案	正式认定危害电子通信安全的行为属于违法行为。
1987 年计算机安全法案	正式认定危害计算机文件安全的行为属于违法行为。
1988 年计算机匹配与隐私保护法	对政府机构使用计算机匹配文档的做法加以规范。
1994 年驾驶员隐私保护法案	限制州政府车辆管理部门只向基于合法商业目的的访问者公开驾驶员信息。还规定驾驶员有权拒绝向商家和大众公开驾驶证信息。
2002 年电子政府法案	监管联邦机构收集和使用网民信息的行为。
2015 年美国自由法案	限制联邦机构对美国公民的远程通信元数据进行收集。

8.2.3 私人部门的隐私：消费者的隐私权

20 世纪 60 年代，当第一个大规模的全国计算机系统开始在美国出现时，隐私问题和索赔开始增加。例如，信用卡系统首次为零售商和金融机构提供了消费者行为的数字信息。这是第一次有非常大的私人的国家型数据库，包含了人们购买的任何东西，从谁那里购买，以及在哪里购买。大型国家私人信用评级机构出现并开始发展消费信贷历史，详细介绍了个人财务状况，从信用卡到贷款支付。这些事情的发展使得公众开始主张消费者隐私权。教育、卫生和金融服务部门内的其他机构也开始建立涉及数百万公民的大规模数据库。接下来是一系列适用于信用报告、金融、健康以及视频商店等特定行业的联邦和州立法（见表 8-4）。在美国，保护隐私的模式并不是直接形成完整的隐私法规体系，而是随着时间的推移，一个一个行业地完善，逐步发展隐私法规。

表 8 - 4　影响私人机构的隐私法案

法案名称	说明
部分联邦隐私法案	
1970 年公平信用报告法案	对信用调查和报告行业加以规范。如果人们对调查机构的数据持有异议，有权对这些数据进行审核并按照一定程序予以纠正。
1974 年家庭教育权和隐私法案	要求中小学校和大专院校能够让学生和家长查看学生记录并修正错误信息；同时也限制学校向第三方泄露这些记录。
1978 年财务权隐私法案	对金融行业使用个人财务信息加以规范；建立了政府机关访问这些信息时必须遵循的一整套严密程序。
1984 年有线通信政策法案	对有线通信行业收集和公开服务订阅者信息的行为加以规范。
1988 年视频隐私保护法案	未经法院授权或本人同意，禁止公开个人的录像带租借记录。
1988 年儿童网上隐私保护法案	禁止利用欺诈手段获取、使用甚至暴露儿童的在线隐私。
1991 年电话消费者保护法	管理电话营销信息。美国联邦通信委员会修改规定，也适用于通过文字、移动应用程序或其他形式的无线通信传递给移动设备的此类信息。对于这样的消息，需要消费者事先明确同意。
1996 年健康保险携带和责任法案（HIPAA）	要求医疗保健提供商、保险公司及其他第三方机构对外公布其隐私政策，同时建立正当程序制度。
金融服务现代化法案（格雷姆-里奇-比利雷法）（1999）	强制要求金融机构必须明确告知消费者公司的相关隐私政策，并赋予消费者对自身信息一定的控制权。
部分州隐私法案	
在线隐私政策	2003 年加利福尼亚州颁布的《在线隐私保护法案》是美国第一部要求商业网站所有者或网络服务商张贴隐私政策的法律。隐私政策必须声明会收集访问者的哪些个人身份信息，以及将与哪些网站共享用户信息。未遵守该规定的企业将因不正当经营而面临民事诉讼。内布拉斯加州和宾夕法尼亚州禁止网站发布包含虚假或误导性信息的隐私政策。超过 16 个州要求政府机构在网站上公布隐私政策。
间谍法案	加利福尼亚州、犹他州、亚利桑那州、阿肯色州、弗吉尼亚州等都已通过立法，规定未经允许不得擅自在个人计算机上安装间谍软件，否则将视作违法行为。
安全漏洞披露	2002 年，加利福尼亚州颁布法律规定，拥有个人信息的州立机构或企业必须通知州内常住居民所存在的潜在安全漏洞。如今，几乎所有州政府都已颁布类似法案。
个人隐私	内华达和明尼苏达两个州都立法要求互联网服务提供商必须对用户的私人身份信息加以严格保密，未经本人许可不得擅自公开。明尼苏达州还规定，服务商必须征得订阅者同意方能将在线行为习惯信息公开。
数据加密	2007 年，内华达州首部数据加密法案决议通过，规定必须对数据传输过程加密。该法案于 2008 年 10 月 1 日起正式生效。

　　虽然欧洲和美国公共部门很早就开始了对隐私权的讨论，而且在近代也将这些想法应用于大型私人机构（如银行、医疗机构和保险公司），但在公共市场上消费者隐私权的讨论并非如此。电子商务是以在线市场和交易为基础的。自在古村落出现市场以来，直到今天，很少有人声称在公开、开放的市场上有隐私权。想想今天的市场：很少有人声称他们所购买的商品是私有的，或者其他人不应该看到他们所购买的东西或他们所支付的价格。公开市场上的商人在商业过程中收集个人信息。"了解你的客户"是指了解消费者的姓名、个人喜好、兴趣、购买情况和背景。公共市场中的消费者行为不受普通法律的保护。

　　然而，没有人料到谷歌、脸书、亚马逊、网飞和其他电子商务公司的崛起，这些公司几乎收集了美国（以及全世界）人口的个人信息。没有人预料到电子商务会涉及超过 2 亿美国人；一个将主导图书销售的公司（亚马逊）或电影租赁的公司网飞；一个将主导在线搜索市场，收集关于消费者意图和兴趣的非常详细的数据的公司（谷歌）；或者一家将成为数十亿人的分享、记录生活的平台的公司（脸书）。

互联网和智能手机的出现，以及它们在真正庞大的网络市场上的使用，极大地增强了商人、金融机构和营销公司收集消费者数据、将数据用于自己的商业目的的能力，他们甚至滥用这些信息。在数字时代，同样的力量也刺激了消费者对保护个人隐私需求的增长。

事实证明，互联网为商业和政府提供了一个理想的环境，以史无前例的规模侵犯数百万消费者的个人隐私。也许最近没有其他的问题能够像保护 2.67 亿美国互联网用户的隐私那样引起广泛的社会和政治关注。

网站上的信息收集

正如前面章节所述，电子商务网站往往会收集网站访客和客户的大量信息。这其中就有构成个人身份信息的数据。**个人身份信息**（personally identifiable information，PII）指任何可用于标识、定位或联系个人的信息（Federal Trade Commission，2000a）。此外，大多数网站还会收集不包括任何个人身份标识在内的**匿名信息**（anonymous information），包括人口统计和个人行为特征方面的信息，如年龄、职业、收入、邮政编码、民族等。表 8-5 列举了当前电子商务网站经常记录的个人身份信息，包括移动网站和应用程序。这并不是一份详尽的清单，事实上，许多网站都会从访客收集数百个不同的数据点。例如，一项对 9 家数据代理商的研究发现，代理商收集到的信息有 12 个大类，以及从地址历史、留置权和政治倾向到车辆和旅行数据等 240 个数据元素（Federal Trade Commission，2014）。尽管匿名，但这些详细信息仍然是"个人的"，并且可以很容易地将名称标识符附加到信息中。不过，总的来说，网上广告商和商家对你的名字的兴趣不如对你的购买行为的兴趣。

表 8-5　电子商务网站经常收集的个人信息

姓名	性别	受教育程度
地址	年龄	偏好数据
电话号码	职业	交易数据
电子邮箱	位置	点击流数据
社会保险账号	历史位置	用于访问的设备
银行账户	喜好	浏览器类型
信用卡账户	照片	

广告网络和搜索引擎也会利用 cookies 文件、网络信标、追踪软件、间谍软件等技术，跟踪用户在上千家知名网站的行为数据。例如，只要单击网站上的"赞"按钮，脸书就可以在网络上跟踪你的活动。

表 8-6 说明了在线公司收集消费者信息的一些主要方式。

表 8-6　互联网上收集信息的主要工具及其对隐私的影响

收集方式	对个人隐私的影响
智能手机和应用程序	用于跟踪位置并将照片、地址、电话号码、搜索和其他行为分享给营销人员。
广告网络	用于跟踪消费者在大量网站间的来回移动。

续表

收集方式	对个人隐私的影响
社交网站	收集用户分享和创造内容，如小说、音乐等，以及个人兴趣、偏好和生活习惯信息。
cookies 和超级 cookies	跟踪用户在单个站点的行为，超级 cookies 几乎不可能被识别或删除。
第三方 cookies（网络信标）	外部第三方广告商提供的 cookies 文件，用以监视和跟踪消费者的在线行为、搜索内容以及访问网站的信息，目的是投放相关的营销广告。
间谍软件	用以记录用户的所有键盘输入，包括网站账号、社会保险号等，也会基于跟踪到的搜索内容和行为信息展示相关的广告。
搜索引擎行为定向（谷歌等搜索引擎站点）	基于搜索历史、人口统计信息、兴趣爱好、地理位置等用户输入的信息进行定向营销。
深度包检测	利用安装在 ISP 层的软件跟踪用户的所有点击行为，再将这些信息出售给广告商，用于广告营销。
购物车	可用于收集详细的购物和支付信息
表单	用户为换取承诺的利益或奖励而填写在线表单，加上点击和行为数据共同创建成用户档案。
网站交易日志	可用来收集和分析用户访问的详细页面内容。
搜索引擎	能够跟踪用户对新闻组、聊天组和公共论坛的看法和观点，概括出用户的社交和政治观点记入档案。谷歌搜索中输入某个电话号码，就会返回持有人的姓名、地址和地图上的方位。
电子钱包（单点接入服务）	电子钱包客户端软件，将用户的信息传送到网站进行身份验证。
数字版权管理（DRM）	要求在线媒体用户输入验证信息才能浏览版权内容，如 Windows Media Player 软件。
可信计算环境	利用软硬件来控制对版权内容的浏览，要求身份验证。

在线隐私的关键问题

在最近的民意调查中，90％的美国人担心他们的在线隐私，91％的人认为他们失去了对自己在线信息的控制（Pew Research Center，2016a）。公众关注的问题包括隐私的四个方面：概况分析（以及使用概要文件定位广告）、社交网络隐私、营销人员共享信息以及手机隐私。此外，美国人对于何时适合公司和政府收集个人信息以换取利益的问题有着细致的分析。超过一半（54％）的美国人认为是为了有一个更安全的工作场所而监视员工，与供应商和保险公司分享健康信息，与在线社交网络分享某些个人信息，让政府对公民进行监测以识别恐怖分子。但是，只有24％的人支持家用恒温器来跟踪房子的运行。大多数美国人并不信任私人公司或政府来保护他们的信息（Pew Research Center，2016b）。表 8-7 列出了一些互联网用户试图保护其隐私的方法。

表 8-7　互联网用户对隐私的保护

具体操作	占比（％）
清除网络浏览器历史记录或 cookies	59
如果觉得不相关，拒绝提供信息	57
使用网络浏览器设置来禁用或关闭 cookies	34
删除或编辑之前在线发布的内容	29
使用临时电子邮件地址或用户名	25

续表

具体操作	占比（%）
提供关于自己的不准确或虚假信息	24
拒绝使用需要真名的网站	23
使用公用电脑以匿名浏览	12
试图删除在网上发布的关于自己的内容	11
使用加密的电话、短信或电子邮件	10
使用代理服务器、Tor 或 VPN 匿名浏览网页	9

营销：用户画像、行为定位和重定向

大约有 2.67 亿美国人定期上网。广告公司希望知道这些上网的用户都是什么人，其兴趣点何在，以及他们购买过哪些东西。用户信息越准确、越完善，对预测和营销就越有价值。有了这些信息，广告公司就能向特定个人或群体推荐有针对性的广告，从而提升营销效果。

许多网站都允许像 Microsoft Advertising（前身是 aQuantive）、DoubleClick 等第三方网络广告公司在访问者的电脑上放置 cookies 和追踪软件，以便跟踪用户的网络活动，绘制用户画像。第三方 cookies 技术常用于跟踪用户在广告网络平台下浏览无数网站的行为。**用户画像**（profiling）指的是创建描述在线用户个人和群体行为特征的**数字图像**（data image）（用于创建消费者行为概要的数据记录的集合）。**匿名档案**（anonymous profiles）是指描绘特定高度细分用户群体的特征的画像，如 20～30 岁、大学及以上学历、年收入超过 3 万美元且对时装感兴趣的男性用户。**个人档案**（personal profiles）则是在用户行为数据基础上增加电子邮件、邮政编码和（或）电话号码等信息。如今，越来越多的互联网企业将用户的在线档案与其他数据和零售公司收集到的线下信用卡购买记录结合起来。正如你在第 6 章中了解的那样，行为定位是利用个人资料信息来确定消费者将在网上看到哪些广告。重定向是向消费者在他们访问的许多不同网站上展示相同广告的做法。例如，如果你使用谷歌搜索新的厨房时钟，厨房时钟的广告将会跟随你到雅虎、脸书以及你浏览的其他数千个网站。

在线广告网络已经增加了几个新的维度来建立线下营销技术。首先，广告网络不仅能够精确地跟踪消费者的购买行为，还能跟踪消费者在数千家知名网站的浏览记录，包括阅读的图书列表、偏好信息以及所浏览的网页内容。其次，广告网络能够动态调整呈现给消费者的页面内容，包括价格。最后，广告网络能够建立且不断更新用户数据画像和行为档案。大多数计算机都安装了数百个这样的程序，但都未经消费者同意。

谷歌公司"基于结果"的个性化营销是一种新的较为独特的用户画像技术和行为定位。谷歌拥有一套已申请专利的系统，帮助广告商利用谷歌 AdWords 系统中有关用户档案和搜索历史的数据进行定向广告。这些信息主要包括用户搜索、用户提交给谷歌的内容以及谷歌自身收集的数据，例如年龄、地区等人口统计信息和博客等网络行为。此外，谷歌还申请了一项系统专利，允许谷歌协助广告商针对不同细分市场选择关键字并设计特定的广告，例如为服装公司设计针对年轻女性的定向广告。谷歌利用行为定向技术展示更多基于搜索关键字的"相关"广告。谷歌声称该项功能旨在通过更深入地洞察用户想法来提升营销效果。谷歌免费电子邮件服务 Gmail 则能够提供更好的交互，作为交换，谷歌服务器有权阅读所有进进出出的邮件，并在邮件正文的边栏放置相关广告。用户档案就是根据个人用户的往来电子邮件中的内容抽取建立的。

美国和欧洲的监管机构都反对谷歌将其所有服务中的个人信息整合到一个单一的个人档案中的

政策，并且它没有让用户知道他们的个人信息正在被如何处理（Charlton，2013）。谷歌声称，向朋友的 Gmail 账户发送邮件的人没有隐私，并且向第三方发送信息的所有人都没有隐私。当谷歌在 2014 年宣布它正在收购可连接到互联网的数字家庭恒温器和烟雾探测设备制造商 Nest 时，隐私组织表示担忧。尽管 Nest 表示，它是与谷歌分开运营，Nest 账户也没有与 Google 账户交叉连接，但 Nest 承认，当它连接到谷歌的"与 Nest 融合"系统时，它的确与谷歌共享个人信息（Gibbs，2015a）。

人脸识别软件为分析和行为定位增加了一个新的维度。2016 年，几种面部识别的用法已经很普遍。脸书和谷歌使用该软件自动为会员或他们的朋友在照片中显示姓名标签。百货公司、酒店和执法部门未经用户同意就使用这种技术。当地警察部门最初是作为一种识别恐怖分子的工具而开发的，现在已经广泛采用这种技术来识别通缉犯，并且发现它比指纹数据库要快得多（Williams，2015）。这项技术正在迅速发展：谷歌已经申请了一项专利，以识别在线视频中的人脸，脸书还开发了一个高度精确的面部识别系统，名为 DeepFace（Singer，2014a）。人们很难发现是否有人使用面部识别技术来跟踪他们，目前对该技术的使用没有控制（Consumer Reports，2016）。

网络广告公司认为，在线分析和定位广告对消费者和企业都有好处。用户画像允许对广告进行定位，确保消费者看到的广告主要是针对他们实际感兴趣的产品和服务。企业可以通过不为那些对它们的产品或服务不感兴趣的消费者所浪费的广告付费而从中获利。业内人士认为，通过提高广告的有效性，更多的广告收入流向互联网，这反过来又补偿了互联网上的免费内容。企业可以通过不给对其产品或服务不感兴趣的消费者发送付费广告而获益。此外，产品设计师和企业家通过检查用户搜索和用户画像来感知新产品和服务的需求从而受益。

批评家则认为，创建用户画像严重破坏了绝大多数用户对匿名和在线隐私保护的诉求，将原本私人的网上体验变成一举一动都被监视的可怕经历。当意识到自身的举动都会被记录时，人们就不再愿意探究敏感性话题、浏览或阅读有争议性的内容。大多数情况下，用户画像过程是隐藏的，对用户不可见。系统也不会通知用户正在收集其信息建立档案，当创建用户画像时，系统会聚合来自成百上千家网站的信息。

批评人士对用户画像的经济效益进行了辩论，因为它允许公司进行价格歧视，根据诸如邮政编码、性别和种族等收取更多的商品费用（Singer，2015）。广告网络放置在用户电脑上的 cookies 文件并非瞬时的，几天、几个月、几年甚至是永久有效，因此网站能够长期跟踪用户，其用户每次登录都会更新 cookies 内容。cookies 文件包含的用户点击流数据可用于创建消费者的画像，通常每位用户的信息就有上百个字段。要为所谓的匿名档案加上个人信息也是轻而易举，网站还能迅速更换跟踪策略而不被用户发现。虽然网络广告商收集的信息多以匿名信息为主（非个人身份信息），但很多时候，通过跟踪用户网络活动创建的档案会与个人身份信息联系起来或合并。在线的匿名行为数据若能与姓名、线下消费行为、电子邮箱、邮政编码等个人信息联系起来，将更有价值。

虚假数据的危害：那不是我

2014 年，加利福尼亚州的托马斯·罗宾斯（Thomas Robins）起诉了 Spokeo 公司，该公司向雇主和寻找潜在合作伙伴信息的个人销售个人数据。罗宾斯根据《公平信用报告法案》的一个条款提起诉讼，如果数据收集公司的报告是虚假的，并造成了具体的伤害，即使伤害无法量化，这些公司也会受到 1 000 美元的损失。罗宾斯声称 Spokeo 发布的情况实质上是错误的，Spokeo 声称他是受雇、已婚、有孩子并拥有研究生学位，但所有这些都不是真的。罗宾斯说，尽管没有证据表明他因此受到过伤害，但这些虚假数据可能会导致他失去工作和其他机会。罗宾斯还要建立一个由同样受到伤害的人组成的集体诉讼小组。下级法院同意罗宾斯的观点，他有权为同样受到损害的他人提起集体诉讼。2016 年 5 月，最高法院决定不对此案做出裁决，而是将案件发回下级法院，并指示其更准确地界定"具体"损害，这意味着"具体"损害必须是实际存在的，是一种真实的损害（Spokeo v. Robins，578 U. S.（2016））。法院同意，真正的损害可能包括无形的损害，以及将来发生实际损害的风险。大多数人认为，仅仅是程序性错误，如误报某人的邮政编码或小的错误，并不构成真正的伤害。商业团体支持最高法院对该案的立场，认为针对这些诉讼进行辩护需要花费数十亿美元，人们不应该在提起集体诉讼时不展示出真正的伤害。隐私权倡导人士认为，个人应该有权起诉企业传播有关他们的虚假信息。目前，这一领域的法律仍然在发展（Liptak，2016）。

社交网络：隐私和自我揭露

社交网络鼓励人们更多地展示和分享私人生活的详细情节，如喜好、爱情、偏好、照片、视频和个人兴趣等，对隐私保护提出了巨大挑战。社交网络极大地扩大了私人公司所收集信息的深度、广度和丰富性。尽管谷歌的搜索引擎是一个关于个人意图的庞大数据库，但脸书已经创建了一个关于朋友、喜好、赞、帖子和活动的大型数据库。一名奥地利研究人员获得了他在脸书中的文件（在欧洲法律许可下），这是一份 1 222 页的信息、照片、帖子和朋友的文件（Sengupta，2012）。有些社交用户甚至会与社交网站的所有人共享私人的信息！乍看起来，这似乎意味着加入社交网站的用户都自愿放弃个人隐私权。那么社交用户对隐私期待的诉求是什么？当个人的全部信息都被共享时，何谓隐私呢？

然而，事实却是大多数超过 18 岁的成年社交网络用户都有强烈的隐私意识。脸书是一个很好的例子，它的高级管理层推行隐私保护，并经历了一系列公共关系的逆转和日益增长的政府关注。例如，脸书在没有任何事先通知的情况下使用了面部识别技术，这损害了其用户的隐私，因为它允许用户在未经其同意的情况下在照片中进行标记。卡内基梅隆大学的研究人员发现，通过一张脸书照片和使用面部识别程序，可以识别个人，甚至是他们的社会保险号码（Angwin，2011；Acquisti et al.，2011）。在经历了多次消费者投诉和各州总检察长的发难后，脸书改变了做法，让用户选择是否使用该技术。2012 年，脸书开始根据用户对不同应用程序的使用向其推荐广告，并向用户提供广告服务，即便他们当时没有在使用脸书。2013 年，脸书宣布了一项新的隐私政策，该政策对个人信息的使用进行了澄清。在新政策中，脸书声称它可以将任何个人信息用于任何它想要的目的。在用户、隐私机构和国会议员的强烈抗议后，这项政策被暂时取消。2014 年，脸书将其默认隐私设置修改为只向好友披露信息，并允许用户查看脸书收集的一些数据并编辑这些数据。研究人员发现，要真正完成这些任务是相当困难的。2015 年初，脸书实施了新的隐私政策，规定它可以与合作网站共享用户的个人数据，以便发布定向广告。2015 年，脸书还修改了 WhatsApp 应用的隐私政策，允许后者拥有和分享用户发布的任何内容，包括照片和几分钟内应该消失的信息。关于脸书多年来在网络隐私问题上的各种立场的评论，以及公众和国会对这些问题的反应，请参考第 1 章的"社会透视"专栏"脸书和隐私时代"。

诸如此类隐私争议的最终结果表明，社交网络用户确实有强烈的隐私意识，他们期望能够自己控制个人信息的用途。人们认为自身应拥有所创造内容的所有权。社交网站隐私保护牵涉到一些基本原则：用户对自身信息用途有选择权和控制权、告知用户并征求同意、邀请用户参与信息政策的制定过程以及坚持正当程序原则。许多管理者都迫切地想要从社交网站用户赚取收益，头脑中根本没有这些观念。如果某个用户向所有用户公开发布一些内容，这只是个人的一种自愿性的"公开表演"行为，好比作家和艺术家。但这并不意味着用户能够接受全部隐私信息被互联网上的自动追踪代理监视。

移动设备：基于位置的隐私问题

随着移动平台越来越重要，移动和基于位置的隐私问题也成为一个主要问题。2012 年，调查人员发现 iOS 和安卓应用程序正在向移动广告客户提供位置信息，以及用户的地址簿和照片（Bilton，

2012）。因此，国会对智能手机制造商的隐私政策以及脸书、Pinterest、雅虎、谷歌和其他 30 家应用市场公司展开了调查。推特宣布，任何在智能手机上使用"寻找朋友"功能的人，都会将其地址簿中的每个电话号码和电子邮件地址发送给公司（Sarno，2012）。

2011 年，记者发现苹果 iPhone 和 iPad 以及谷歌安卓智能手机能够跟踪和存储用户位置信息。2012 年，脸书推出了一项新的移动广告服务，可追踪用户在智能手机上使用的应用程序，以及他们在使用应用程序时的行为。苹果和谷歌也跟踪用户的应用程序。苹果公司透露，它可以根据用户下载的应用程序来定位广告，而谷歌目前不会这样做。例如，脸书可以使用用户的 News Feed（这是脸书广告的主要渠道）针对经常登录游戏（如 Words with Friends）的玩家投放广告。2012 年，调查人员发现一些手机制造商在手机内部安装了跟踪设备以改善客户服务。总而言之，智能手机本质上很快成为用户的个人信息仓库。

2014 年，美国最高法院做出了一项开创性的决定，要求警方在搜查个人的手机信息之前需要手令。这样，所有移动设备都会受到保护，防止无证警察搜查（Savage，2014）。2012 年，最高法院决定要求警方在向嫌疑人的汽车上安装 GPS 跟踪设备之前，必须获得逮捕证。在这两起案件中，最高法院发现，手机存储了大量详细的、保留多年的、许多不同类型的个人信息。个人的私生活都可以存储在手机或云服务器上，使它们成为现代版的个人文件，受到《第四修正案》的保护（"人民有权在个人、房屋、文件和财产上获得安全，免受不合理的搜查和没收"）。美国参议院就拟议的立法（消费者位置隐私保护法）举行了听证会，该法案要求公司通知手机用户，如果它们想收集位置数据，必须征得他们的同意，但这项立法未获得通过。联邦贸易委员会与 Snapchat 签署了一项为期 20 年的同意令，因为它发现该应用收集的位置数据与 Snapchat 自身的隐私政策相悖。

消费者隐私条例：联邦贸易委员会

美国联邦贸易委员会（FTC）牵头开展在线隐私保护的研究，并向国会提交立法建议。FTC 属于内阁机构，主要负责保护消费者免受不平等待遇和商业欺骗，鼓励市场竞争以丰富消费者的选择，促进市场效率的提高。此外，还通过起诉它认为违反联邦贸易法律的公司，在某些情况下通过实施联邦监督或报告系统来确保公司遵守机构的规定，来实施现有的立法。FTC 还就新的消费者隐私立法向国会提出建议。

在本节前面，我们描述了 FTC 的公平信息操作（FIP）的原则（见表 8-2），并在此基础上研究了公司如何保护消费者隐私。FTC 的 FIP 原则奠定了美国境内电子商务企业、政府网站和非营利性网站寻求隐私保护正当程序的基础规则。嵌入在 FIP 原则中的是**知情同意**（informed consent）的概念（在掌握制定理性决策所需的所有信息之后表示同意）。知情同意有两种形式："选择接受"和"选择拒绝"。**选择接受模式**（opt-in model）是指必须提前获得用户对于收集和使用个人信息的许可。例如，如果使用选择接受模式，用户应当首先回答是否愿意自己的个人信息被收集并被使用，如果同意，就在确认框内打钩。否则，缺省认为用户不同意对个人信息进行收集。而在**选择拒绝模式**（opt-out model）中，默认用户允许收集信息，除非用户在拒绝框内打钩或者填写表单表示反对。在美国，大多数提供知情同意的电子商务公司都使用选择拒绝模式。除非用户勾选，否则信息就会被收集。它们将选择拒绝确认框放置在信息政策声明页面的底端或者特别复杂的菜单中，消费者根本难以察觉。

从这一点来看，FTC 的 FIP 原则只是一般性指导方针，并不是法律。例如，在美国，商业公司可以收集市场中产生的交易信息，然后将该信息用于其他方面，而不需要获得个人明确的知情同意。但在欧洲，这是非法的。除非获得个人书面同意，否则欧洲企业不得将市场交易信息用于支持当前交易以外的任何目的。

但是，FTC 的 FIP 原则正被作为新法制定的参照基础。迄今为止，受 FTC 的 FIP 原则直接影响的最重要的在线隐私法律就是 1998 年颁布的《儿童网上隐私保护法案》。该法案要求，网站必须获得家长授权才能收集 13 岁以下儿童的个人信息。

在过去 10 年中，FTC 将其处理隐私权的办法从通知、知情同意和选择接受/选择拒绝不断扩大，还包括了一种基于伤害的方法，以关注那些可能对消费者的日常生活造成伤害或未经授权的行为的做法。在一些报告中，FTC 承认了其早先的 FIP 原则的局限性。研究发现，当消费者不了解在线公司的数据收集操作时，"知情同意"是无效的。对在网站之间跟踪用户行为，消费者是不了解的，而且往往会感到害怕。互联网公司经常在不通知的情况下更改隐私政策，并且这些政策的描述含混，让消费者感到困惑。FTC 还发现，个人信息和匿名信息之间的区别是无效的，因为公司很容易使用所谓的匿名数据通过姓名、电子邮件和地址来识别消费者。因此，FTC 制定了解决消费者隐私问题的新框架。表 8-8 概述了这一框架的重要方面。

表 8-8　美国联邦贸易委员会隐私问题的新框架

原则	应用
适用范围	适用于收集或使用消费者数据的所有商业实体；不局限于那些只收集 PII 的人。
隐私设计	公司应在组织产品和服务发展的每个阶段增强消费者隐私保护： ● 数据安全； ● 合理的收集限制； ● 合理和适当的数据保留策略； ● 数据准确性； ● 全面的数据管理程序。
简化选择	公司应该简化消费者选择。在收集和使用下列数据之前，不需要提供选择： ● 产品和履行； ● 内部操作，防止欺诈； ● 合法合规； ● 第一方营销。 对于所有其他商业数据的收集和使用，都需要做出选择，而且在消费者提供数据的时间和环境中，应当明确和清晰地提供这种选择。 某些类型的信息（儿童、财务和医疗信息、深度包检查）可能需要通过加强同意来提供额外的保护。 在线行为广告的特殊选择机制："禁止追踪"。
更加透明	提高数据实践的透明度： ● 使隐私通知更清晰、更简短、更标准化，以便更好地理解和比较； ● 为消费者提供对自身数据的合理访问； ● 在使用消费者数据之前，提供显著的披露，并取得明确的肯定同意； ● 对消费者进行关于商业数据隐私保护做法的教育。

资料来源：Based on data from Federal Trade Commission，2010.

FTC 还支持在线行为广告的"禁止追踪"机制。该机制包括在消费者的浏览器上放置 cookies，并能够设置浏览器访问的站点，以通知用户是否希望被跟踪或接收定向广告。国会已提出若干法案，以执行"禁止追踪"机制，但迄今尚未获得通过。

FTC 对消费者隐私权采取的新的激进政策引起了几项判决和罚款。2011 年，谷歌在推出 Buzz 社交网络时违反了隐私政策：在用户选择不加入时也迫使用户加入该网络，FTC 与谷歌就其使用的此欺骗手段的指控达成了协议。根据这项协议，谷歌同意启动隐私计划，进行独立的长达 20 年的隐私审计，并且未来每一次隐私欺诈行为，谷歌将面临 16 000 美元的罚款。这是 FTC 首次指控一家公司违反规定，并命令它启动隐私计划（Federal Trade Commission，2011）。2012 年，FTC 因谷歌违反协议，绕过苹果 Safari 浏览器的隐私设置，以追踪用户并向他们展示广告，对谷歌处以 2 250 万美元罚款。此次罚款是迄今为止最重的民事处罚，紧随其后的是对侵犯隐私的科技公司的联合打击，以及对谷歌违反反垄断法的行为进行的单独调查（Federal Trade Commission，2012a）。FTC 还与脸书达成了一项和解协议，起因是脸书欺骗了用户，告诉用户可以将自己的信息保留在脸书上，但随后又多次将其分享和公开。这一协议要求脸书遵守其承诺，向消费者提供清晰明确的通知并获得他们的同意，然后才能在用户的隐私设置之外分享他们的信息。它还要求脸书启动隐私计划，并进行为期 20 年的独立的双年度的隐私审计（Federal Trade Commission，2012b）。

2012 年，FTC 发布了另一份关于消费者隐私的报告。该报告描述了保护美国人隐私的行业最佳做法，并侧重于五个领域："禁止追踪"、移动隐私、数据中间商、大型平台提供商（广告网络、操作系统、浏览器和社会媒体公司），以及自我监管规则的建立。该报告呼吁采用易于使用、持久和有效的"禁止跟踪"系统；改进对移动数据使用的披露；使人们更容易看到数据中间商编撰的有关自己的档案；开发一个中央网站，数据中间商在其中自我识别；由大型平台供应商制定隐私政策，以规范整个互联网的全面跟踪；实施自我管制规则，确保公司遵守行业行为守则（Federal Trade Commission，2012c）。

2014 年，FTC 发布了一份关于数据经纪行业的报告，该行业是美国线上和线下隐私争论的核心。报告发现，数据中间商的运作缺乏透明度，大多数用户不知道他们的信息是如何被使用的。报告发现，数据中间商收集并存储了几乎所有美国消费者的数十亿个数据元素。所研究的 9 个数据中间商中有一个拥有超过 14 亿消费者交易数据和 7 000 亿个数据元素的信息。另一个中间商每月向其数据库添加超过 30 亿个新数据点。该报告呼吁立法赋予消费者对其个人信息的更多控制权，而方法是创建一个中央门户，数据中间商将在该门户中确定自己的身份，描述自己的信息收集和使用做法，并提供接入工具和选择退出的链接；要求中间商向消费者提供可以接触到其被收集的数据的机会；向消费者提供拒绝收集数据的选择；说明它们从何处获得信息以及从数据中得到了什么推断；要求零售商在与数据中间商共享信息时通知客户（Federal Trade Commission，2014）。

FTC 最近的重点并不是限制信息的收集（如以前的隐私管制时代那样），而是赋予消费者关于大型数据库收集到的有关他们的信息，以及各种企业和机构对这些信息的使用的权利。这被称为基于消费者权利的隐私政策。

由于面临罚款、国会调查和对其隐私侵犯行为的公开，以及潜在商业机会和公信力的丧失，美国电子商务行业的主要参与者开始改变它们在对待消费者数据方面的一些政策。依赖个人信息的大型互联网公司（谷歌、脸书、微软和许多其他公司）与隐私权倡导者一道，呼吁政府制定全面的消费者隐私保护法，向消费者和企业说明在当前网络商业环境中隐私的含义（Singer，2013）。这代表了隐私的含义从"别管我"到"我想知道和控制我的个人信息如何被使用"的转变。

消费者隐私条例：联邦通信委员会

2015 年，在关于网络中立性的争论中（本章后面将进一步讨论），宽带互联网服务提供商（ISP）如 Verizon、Comcast 和 AT&T（它们拥有作为互联网基础设施的光缆和网络）被归类为类似于电话公司的公用事业服务，因此受到联邦通信委员会（FCC）的监管。2016 年，FCC 批准了适用于这些公司的新隐私法规。到目前为止，对互联网隐私问题的关注集中在网站和应用程序如何使用个人信息。然而，这些庞大的宽带互联网服务供应商也可以获得许多相同的信息，例如交易、位置、浏览和应用程序使用的数据，甚至它们在未经用户同意的情况下还可以收集社会保险号码。宽带互联网服务提供商一直在销售这些信息或将其用于定向广告，就像谷歌、脸书和其他数百个网站和应用程序所做的那样。FCC 的新规定要求宽带互联网服务提供商通过电子邮件或在其网站上通知用户它们的新隐私选项，并获得用户的同意以收集这些信息。互联网服务提供商不得以消费者放弃隐私为条件提供服务，也不得拒绝向不允许它们收集个人信息的消费者提供服务（这在网站的服务政策中是典型的做法）。在持续数十年的围绕互联网隐私的辩论中，监管机构首次宣布，互联网公司收集的个人信息属于消费者，而不是网络所有者。新规定不适用于不受 FCC 监管的网站（FCC，2016；King，2016）。

隐私政策

如前所述，美国隐私法的一个概念基础是通知和同意。消费者可以阅读使用条款（或隐私政策），了解网站将如何使用其个人信息，然后做出合理的选择，是否同意使用条款，是否选择拒绝数据收集（如果这是一种选择），或者是否停止使用该网站。直到最近，许多美国电子商务公司一直拒绝知情同意的概念，只在它们的网站上公布它们的信息使用政策。几乎所有网站都有使用条款，如果用户仔细查看，可以找到这些条款。这些条款有时被称为隐私政策，它们描述了公司将如何使用其网站收集的信息。如上所述，这些条款是通知，假定任何使用站点的人都已对使用条款予以默认。最近对 30 个流行的社交网络和社区网站的研究发现，仅仅阅读这项政策平均就需要 8 小时。最长的政策是 SoundCloud 的政策，有 7 961 个单词。显然，知情同意作为隐私保护基础的一个关键缺陷是，它假定普通用户可以通过使用网站了解他们可能放弃的隐私是什么（Singer，2014b；Fiesler et al.，2014）。例如，雅虎的隐私政策一开始就声称，雅虎认真对待用户的隐私，雅虎不出租、出售或与他人或非关联公司共享用户的个人信息。然而，有一些例外大大削弱了这一说法的可信度。例如，雅虎可能会与"可信伙伴"共享信息，这可能是雅虎生意上的伙伴，尽管用户可能不会选择与其合作。雅虎在其隐私政策中还表示，它使用 cookies、设备标识符和网络信标来追踪用户在网络上的点击流行为。为了退出基于兴趣的广告，用户必须登录其雅虎账户，并允许来自雅虎的cookies 访问。美国企业认为，通过公布使用条款向消费者提供信息，足以确立用户的知情同意。隐私权倡导人士认为，美国网站上的许多使用/隐私政策声明都是晦涩难懂、难以理解的，而且使任何使用个人信息的行为都是合法的。

尽管政客、隐私权倡导者和互联网行业在隐私规则应该是什么的问题上争论不休，但很少有人关注实际衡量个别公司隐私政策的力度，将它们与其他公司进行比较，并了解隐私政策在某一特定公司中的变化情况。脸书的隐私政策与苹果或谷歌的政策相比是更差、更好还是相同？经过 10 年的争论，隐私政策是否已经得到改善，还是已经恶化？

最近的一个研究项目为这些问题提供了一些初步答案。研究人员在审查政策时应用了 10 条隐私政策原则，制定了隐私政策的衡量标准（见表 8 - 9）（Shore and Steinman，2015）。它们主要源于 FTC 和前面所述的公平信息操作原则。这些维度本身是按从 0～4 的 4 个等级来衡量的（0 意味着隐私政策不符合标准，4 表明已经完全达到标准）。

表 8 - 9 审查隐私政策时使用的标准

- 用户可以轻松找到、阅读和理解隐私政策吗？
- 隐私政策是否充分披露组织将如何使用个人信息？在没有用户明确许可的情况下，用户信息是否曾被分享或出售？
- 用户是否可以决定他们是否同意参与？
- 用户是否可以决定并主动表明他们同意被分析、跟踪或定位？
- 用户是否可以决定如何分享他们的敏感信息？
- 用户是否可以更改他们输入的关于他们自己的任何信息？

- 用户是否能够决定谁可以访问他们的信息？
- 如果用户的信息丢失、被盗或被不当访问，用户是否会立即得到通知？
- 用户能否轻松报告问题并获得答案？
- 用户是否收到其所有披露信息的副本？

你可以使用表 8-9 中的原则或者像脸书或谷歌这样的公司的隐私策略来衡量自己的在线业务。你可以在前后两个时间点度量某个企业，以了解其策略如何更改，或者在某个时间点比较两个或多个企业。肖（Shore）和斯坦曼（Steinman）选择在 2005—2015 年的 10 年时间里查看脸书的隐私政策。他们发现，2005—2009 年，脸书的隐私政策得到了改善，达到了 90％的执行标准，然后在 2015 年逐步下降到 25％。显著下降的领域包括收集和监测信息量，向用户通报哪些信息是共享的，明确识别用于分析的数据，在隐私设置中为用户提供选择，提供其如何使用 cookies、信标和网络日志收集数据的信息，并提供易于理解的隐私政策文档。研究人员指出，脸书的隐私政策始于 2005 年，当时只有 1 000 个单词，到 2015 年已经增加到超过 12 000 个单词！

欧洲的数据保护条令

欧洲的隐私保护标准比美国更为严格。美国政府允许私人组织和企业不事先征得消费者的同意而将交易中收集到的个人身份信息用于商业目的（即所谓的 PII 二次使用）。美国政府也尚未建立专门的机构来负责执行隐私保护法案。相反，隐私保护法律主要通过企业自律和消费者诉求赔偿得以推行。这种做法不但成本高昂，而且效果极差。相比之下，欧洲的隐私保护措施就显得更为全面和规范。欧洲国家不仅不允许企业在未得到消费者授权的前提下擅自使用个人身份信息，而且成立了专门的数据保护机构受理公民投诉，强制执行相关隐私保护法律。

1998 年，欧盟颁布的《数据保护指令》正式生效，欧盟各国的隐私保护条例更加标准化，范围也有所扩大。欧盟的《数据保护指令》基于公平信息操作原则，着重扩大个人对于自身信息的控制权。该指令要求企业在收集个人信息前必须提示消费者，并告知信息的保存方式和使用途径。除非消费者表示知情同意，否则企业使用个人信息属于非法行为。此外，消费者能够随时查看、修改这些信息，而且有权要求企业停止收集更多的信息。该指令还禁止任何机构向尚未有类似严格隐私保护政策的组织或者国家传送欧盟公民的个人身份信息。这也意味着美国企业在欧洲收集的数据不能传送到美国进行处理（因为美国的隐私保护制度不够严格），这势必会对美国和欧洲间每年 6.9 万亿美元的商贸往来产生影响。

因此，美国商务部正在加紧和欧盟合作，为美国企业开发一套允许美国企业将个人数据从欧洲传送到美国的安全港框架。**安全港**（safe harbor）是一套满足政府立法和监管规定，但又不受政府机构干涉的自律政策和执行机制。但这其中，美国政府要充当验证安全港是否有效的角色。然而，2015 年 10 月，欧洲最高法院完全摒弃了安全港协议，这在很大程度上是由于爱德华·斯诺登披露脸书已与美国安全局共享欧洲公民的个人信息，因此违反了协议条款（Scott, 2015）。

2015 年，欧洲理事会批准了一项新的《欧盟通用数据保护条例》（GDPR），以取代现有的《数据保护指令》。GDPR（有时也称为**隐私之盾**（Privacy Shield））于 2016 年 6 月生效。GDPR 适用于所有欧盟国家，而不是以前每个成员国在自己的边界内管理隐私事务的情况。该制度适用于在任何欧盟国家经营的任何公司，要求明确同意将个人数据用于跟踪网络上的个人等用途，限制将数据用于除收集数据之外的目的（第三用途，如建立用户档案），以及加强被遗忘的权利，具体做法是允许个人从脸书等社交平台上删除个人数据，并可以阻止公司收集任何新的信息。在欧盟境内营业的公司的目的一旦不仅仅是收集个人信息，就必须将这些个人信息删除。此外，还设立了独立的监察员，负责调查申诉和执行政策（Drozdiak，2016；Evans，2015；Gibbs，2015b；European Commission，2014；Pearce and Clarke，2014；European Commission，2012）。最后，隐私之盾的目的是让那些收集欧洲数据的企业相对容易地将这些数据转移到美国的服务器上。

2016 年，隐私环境明显不利于美国公司，如脸书、谷歌以及其他商业模式不受限制地使用个人信息来支持广告收入的公司。5 个欧盟国家（荷兰、德国、法国、西班牙和比利时）已经开始对这些公司的隐私和数据政策进行一系列的调查。

例如，2015 年，比利时起诉脸书，因其在未经用户同意的情况下收集和处理数据，要求脸书解释它将如何使用这些信息（Schechner and Drozdiak，2015）。法国隐私数据保护监管机构命令谷歌将被遗忘的权利扩展到全世界，而不仅仅是欧洲（Schechner，2015）。荷兰、德国和比利时当局正在调查脸书，它将 Instagram 和 WhatsApp 等服务的数据结合起来以定位广告，以及使用"赞"按钮追踪整个网络上的用户的浏览习惯。

行业自律

仅联邦政府的法规不足以保护消费者的隐私。技术发展迅速，在立法机构和政府机构做出反应之前，就为营销人员提供了更多收集和使用消费者私人信息的工具。美国互联网企业历来极其反对隐私保护立法，认为在隐私保护方面行业能比政府做得更好。1998 年，面对公众与日俱增的忧虑以及 FTC 和隐私保护团体提出的法律制裁威胁，互联网行业发起成立在线隐私联盟（OPA），以鼓励行业自律。

在线隐私联盟还建立了一套会员企业必须执行的隐私规则。互联网行业共同致力于开发出能够证明网站隐私策略达标的网上"认证"标准。美国公司贸易局（BBB）、TRUSTe、WebTrust 以及各大会计师事务所（普华永道旗下的 BetterWeb 也在其中）都已建立起相应的认证机制。最常见的网上认证标准是 TRUSTe 的认证标准。要获得认证，网站运营商必须遵从特定的隐私保护规则，具备相应的投诉解决流程，并接受认证机构的监督。尽管如此，该认证计划对于网上隐私保护的影响还是十分有限。批评者指出，认证计划在保护隐私方面收效甚微。例如，2015 年，FTC 最终与 TRUSTe 达成了一项和解协议，因为 TRUSTe 未能每年重新审核 1 000 多个隐私计划而对其处以罚款，尽管 TRUSTe 声称在其网站上进行了重新审核（Davis，2015）。基于这些原因，FTC 没有将认证计划视为"安全港"，并继续推动立法，以执行隐私保护原则。

网络广告行业也成立了自己的行业协会——网络广告促进协会（Network Advertising Initiative，NAI），来开发相关的隐私保护策略。网络广告促进协会的隐私策略旨在实现以下两大目标：为用户提供"选择拒绝"网络广告（包括电子邮件广告）的机会；对因信息滥用而蒙受损失的用户进行赔偿。为实现选择拒绝功能，网络广告促进协会建立了专门的网站 Networkadvertising.org，消费者可利用该网站提供的通用"选择拒绝"功能，阻止网络广告机构在自己的电脑上设置 cookies 文件。NAI 网站还提供 Truste.org 网站的链接，用户如有不满可去登记投诉（Network Advertising Initiative，2010；2011）。

AdChoices 计划是行业发起的另一项倡议，旨在鼓励网站在使用用户信息方面更加透明，并通过询问用户使用户更有可能看到适当的广告。AdChoices 图标出现在广告旁边，点击这个图标可以提供更多的信息，向客户提供反馈的机会。但是，目前还没有可用的数据来表明这个程序的运行情况。

总的来说，目前互联网企业在隐私保护行业自律方面做出的努力尚未能成功地缓解美国公众对在线交易过程中隐私侵犯的担忧，也未能显著减少隐私侵犯行为的发生。行业自律最多只能告知消费者是否存在隐私策略，但通常都不能体现信息的真正用途，也没有为消费者提供查看和修改信息的权利，更不用说控制信息的使用。此外，还未给出任何保障信息安全的承诺，也没有指明任何落实机制（Hoofnagle，2005）。

在线隐私保护的技术方案

目前，人们已开发出一系列强大的隐私保护技术，例如间谍软件阻止程序、弹出窗口拦截程序、cookies 管理器和安全电子邮件等，帮助用户在与互联网交互的过程中保护个人隐私（见表 8 - 10）。然而，保护隐私的最强大工具需要内置到浏览器中。为了应对来自隐私权倡导者的压力，浏览器现在有许多工具可以帮助用户保护他们的隐私，比如消除第三方 cookies 的影响。潜在的最强大的基于浏览器的保护之一是内置的"禁止追踪"功能。其中绝大多数技术都强调安全功能，即保护个人通信消息和文件免遭非法入侵。加密也是保护消息和文档隐私性的重要技术。如上所述，苹果公司实施了对其设备和 iMessage 文本信息的加密，并且有许多流行的应用程序可以对数字设备之间的通信进行加密。私密浏览是大多数浏览器禁用浏览记录和 cookies 的隐私工具。这对于在多个用户可以访问同一台计算机的共享环境中保护使用者的计算机非常有用。浏览历史记录仍然保留在网络服务器上。有些技术涉及隐私的安全方面，特别是中间人攻击的威胁。专用浏览器，如 Epic 和 Ice Dragon 对用户的浏览和其他数据进行完全加密，甚至是服务器级的加密。一项很常见的安全协议是 HTTPS，它对计算机和计算机服务器之间的消息进行加密，并确保用户正在与一个可信的网站而不是一个骗子网站进行通信。

表 8 - 10 在线隐私保护技术

技术	产品	保护说明
消息加密	Signal，Gdata，Whisper，Telegram，Ceerus	使用智能手机加密传输的文本和其他数据的应用程序
间谍软件拦截器	Spyware Doctor，ZoneAlarm，Ad-Aware and Spybot	监测是否有间谍软件、广告插件、键盘记录器等恶意软件，发现后将其移除
弹出窗口拦截器	浏览器：Firefox，IE，Safari，Opera 工具栏：Google，Yahoo，MSN 附加程序：Adblock，PopupMaster	阻止向广告服务器发送请求，拦截弹出式、隐藏式广告；限制客户端图片加载
广告拦截器	Adblock Plus；浏览器插件；Crystal	阻止对广告服务器的调用；干扰广告信标的下载
安全电子邮件	ZLTechnologies，SafeMess，Hushmail.com，Pretty Good Privacy（PGP）	对电子邮件和文件进行加密
匿名发信	Jack B. Nymble，Jave Anonymous Proxy，Mixmaster	发送无法被跟踪的电子邮件
匿名浏览	Freedom Websecure，Anonymizer.com，Tor，GhostSurf	无法被跟踪的浏览技术
cookies 过滤器	Cookie Monster 及大多数浏览器	阻止网站向客户端计算机设置 cookies
磁盘/文件删除程序	Mutilate File Wiper，Eraser，WipeFile	彻底删除硬盘和软盘中的文件
策略生成器	OECD Privacy Policy Generator	自动生成遵从 OECD 标准的隐私策略
公钥加密	PGP Desktop	邮件和文档加密算法

所有这些技术解决方案都没有解决消费者隐私的核心问题，这些问题与正在收集哪些信息、如何使用这些信息以及消费者对其个人信息拥有哪些权利有关。

8.2.4 将保障隐私权作为一项业务

随着互联网对个人信息的侵犯及其激进程度日益增强，人们对隐私保护更为关注，这催生出一批新的销售隐私保护产品的企业。风险投资公司已经注意到了这一点，它们正在对这些小型初创公司进行投资，前提是人们会花钱来保护自己的声誉。例如，截至 2015 年，声誉网站已经收到超过6 700 万美元的投资。只要每月 14.95 美元，你就可以在社交网站上监测人们对你或你的孩子的评价。然而，只有人们愿意为保护隐私而掏腰包，这类公司才能成功。研究这个问题的经济学家发现，人们不愿意花很多钱来保护他们的隐私（至多 30 美元），而且许多人愿意为了几美元的小折扣而放弃他们的隐私（Brustein，2012；Acquisti et al.，2009）。基于这些原因，零售层面的隐私保护业务并不成功。

8.2.5　保护隐私团体

互联网中存在相当数量的隐私保护组织，这些组织随时监督有关隐私保护的最新进展。其中有些组织是由行业发起的，也有些组织依靠个人基金和捐款维持运作。表 8 - 11 列举了一些知名的隐私保护组织。

表 8 - 11　隐私保护组织

隐私保护组织	说明
电子隐私信息中心（EPIC）	总部设在华盛顿的监督组织
国际隐私协会	关注国际隐私保护最新动态的组织
民主与技术中心（CDT）	得到基金和企业支持、关注立法保护隐私的组织
电子前沿基金会（EFF）	致力于保护用户隐私、言论自由和其他公民自由的非营利组织
隐私权信息交流中心	教育型的信息交换所

8.2.6　对隐私权的限制：执法和监督

我们强调，公共部门的隐私，不受政府限制和搜查，与私人消费市场的隐私是非常不同的。但是，这些不同领域的个人信息正日益融合在一起。

如今，用户的在线和在移动端的行为、个人资料和交易信息通常都可以轻易地被政府机构和执法部门使用，这加剧了在线消费者的担忧，促使他们退出在线市场。过去的几年里，对于倡导隐私保护的人来说是不太好的，因为联邦政府机构在这几年里经常收集美国人和外国人的手机通话数据，而缺乏司法监督。2013 年，国家安全局（NSA）的安全承包商爱德华·斯诺登开始向英国《卫报》（the Guardian）发布 NSA 的文件，详细描述了美国和外国公民的 NSA 监控项目。这些项目规模空前，涉及世界各地手机元数据的大规模收集，谷歌、雅虎和其他互联网服务的通信线路的窃听，以及外国领导人的手机窃听。NSA 得到了主要电信运营商的支持，使用 Prism 程序向 NSA 提供有关美国人电话和电子邮件的信息。这些方案是在 2001 年 9 月 11 日美国被恐怖袭击之后构想出来的，并被设想为保护美国所必需的。这些计划是根据 2001 年美国《爱国者法案》及其后的修正案批准的，并经过国会相关委员会的审查。计算机科学界的许多人都了解这些程序，部分原因是他们参与了大型数据集中发现模式技术的开发，以及所谓的机器学习程序。然而，这些爆料令普通民众感到震惊，他们以前认为，如果他们没有做错事，政府肯定不会收集有关他们的信息。这些爆料还增加了公众对谷歌和脸书等互联网公司以及其他从事大规模跟踪和消费者数据监控的公司的认识和批评。谷歌、脸书、微软和其他公司此后一直试图抵制或防止政府对其消费者数据的无担保访问（Apuzzo et al.，2015）。

存储、处理和分析大量难以想象的个人数据（被称为大数据和商业分析）的技术（数据挖掘和代理软件）的进步，使人们进一步认识到，在电子商务和社交网络时代，隐私越来越难以定义和保护（Kakutani，2013；Mayer-Schonberger and Cukier，2013）。

在安全和自由之间找到平衡是隐私争论的焦点（Ford，2013）。人们一度以为政府无法控制或监管互联网活动，但事实远非如此。早在诸多律例中就有声明，执法机构有权按照法院命令和司法审查程序监督任何形式的电子沟通行为，以避免犯罪行为的发生。这其中就包括对消费者电子商务活动的监管。《执法中的通信协助法案》（CALEA）、《爱国者法案》、《网络安全加强法案》和《国土安全法》等诸多法案都强调执法机关有权暗中对互联网用户实行监督，紧要关头甚至可以不受司法监督。据几位参议员所说，旨在打击恐怖主义的《美国爱国者法》允许政府在没有法院监督的情况下进行几乎无限制的监视（Savage，2012）。然而，一般来说，要求政府机构进行监督的请求必须获得联邦情报监视法院（FISA 法院）的批准。2015 年，美国《爱国者法案》的若干条款到期。作为回应，国会通过了《美国自由法》，对国家安全局和其他情报机构大量收集美国公民电信元数据的行为规定了一些限制，但继续允许根据 FISA 法院的命令对个人进行监视。

国会有许多隐私倡议，包括：管理电子邮件服务提供者的《电子邮件隐私法》；管理无人机信息收集的《保护美国隐私法》；管理个人地理定位数据使用情况的《在线通信和地理定位保护法》。然而，目前来看，国会不太可能通过这些法案中的任何一项。

2014 年，苹果推出了 iPhone 6，它提供了使用一种强大的端到端加密算法（E2EE）对存储在手机上的电子邮件、照片和联系人进行加密的能力，目的是防止第三方在传输过程中读取这些消息。苹果还对物理存储在 iPhone 设备上的数据进行了加密。只有用户拥有的密码才能解密设备数据，而苹果不保留代码的密钥。因此，美国国家安全局可能无法强迫苹果或谷歌披露此类用户数据。2015 年 9 月，苹果公司表示，它可能无法遵守法庭命令，要求实时交出文本信息，包括对毒品和枪支的调查（Apuzzo et al.，2015）。不足为奇的是，令美国国家安全局、联邦调查局和其他执法官员不高兴的是，这将使犯罪分子和恐怖分子逃避监视。苹果和谷歌认为，要想在全球范围内竞争，它们必须能够让消费者相信它们的数据是安全的，但由于斯诺登泄密，这项任务变得更加困难（Sanger and Chen，2014）。2016 年 3 月，联邦调查局宣布，在没有苹果公司支持的情况下破解了 iPhone 设备加密。2016 年 4 月，它表示，它将帮助当地执法机构解密智能手机和其他使用加密技术的设备。只要有足够的计算能力，就可以破解常用的加密方法。阅读"技术透视"专栏"苹果：隐私的捍卫者？"进一步讨论这个问题。

技术透视

苹果：隐私的捍卫者？

面对政府部门的监管，互联网巨头会站在公众立场宣布保护个体用户的隐私，并且让法律实施部门无法通过获得恐怖分子与罪犯的私人信息来逮捕罪犯，进而坚守住自己的立场。这种事情在历史上是非常罕见的，或者说史无前例的。但这就是苹果公司及其 CEO 蒂姆·库克的立场，以表示对 iPhone 手机和其他所有苹果云端保存的用户数据的尊重。同样史无前例的还有苹果公司从其他巨头得到的支持，包括谷歌、微软、脸书和许多其他以大量收集用户个人信息卖给广告商为商业模式的公司。

2015 年 12 月 3 日，两名恐怖分子袭击了圣贝纳迪诺县的办公区，14 人遇难。两名恐怖分子随后在与警方的枪战中被射杀。恐怖分子在计划袭击时使用了一部 iPhone 5C 手机和一个对 iPhone 5C 以及后续版本 iPhone 进行加密的操作系统。如果这部 iPhone 被手动键入 4 位解锁码而解锁，那么权力机关将可以获得里面的数据。美国联邦调查局请求苹果公司帮助解锁手机，以便进行检查并获取可能的证据。苹果公司对此请求表示拒绝，并声称这是对其新型加密手机的解锁码的背弃。只有手机的使用者或拥有者才可以通过键入 4 位解锁码来解锁手机。在此案中，手机拥有者已经死亡，意味着他的解锁码已无人知晓。手机的操作系统会在 10 次解锁失败后永久加密里面的数据文件。仅有的方法就是让苹果公司对 iPhone 手机操作系统进行更新，从而避开自动删除数据的功能，进而获得里面的数据。苹果公司拒绝这么做，因为它没有建立过这样的操作系统，也没有相应的计算机代码，即便这个方案可行。苹果公司声称计算机代码就像演说，强迫一个人或公司写代码违反了《第一修正案》保障的言论自由。

过去，苹果公司曾向联邦和州的执法官员提供从其云存储服务中获取的信息，这些信息迄今仍未加密。但这次，它声称破解恐怖分子手机的加密将会成为一个威胁公民自由的先例。

美国联邦调查局对苹果公司提起诉讼，要求苹果公司提供接入手机所需的协助。根据 1789 年《所有令状法案》，联邦调查局表示其有法院指令，要求苹果公司提供协助。2016 年 2 月，联邦法院同意联邦调查局的意见，并命令苹果公司向联邦调查局提供合理的协助，以绕过手机的自动删除功能。苹果公司提出上诉，但就在听证会之前，联邦调查局表示已经找到了可以打开 iPhone 的第三方。上诉聆讯被推迟，问题尚未决定。但未来，很明显，苹果公司和政府将再次就政府调查人员访问加密 iPhone 和苹果云信息的权利发生冲突，以寻求最终合法的调查方式。

在一起与此案无关的案件中，一名纽约联邦法官裁定，《所有令状法案》无法迫使苹果公司在药物调查中解锁一部 iPhone，或者更广泛地说，无法迫使科技公司为执法机构提供接入它们产品的权限。在纽约，警方表示他们有数百部罪犯使用过的 iPhone 无法解锁。在 1977 年早些时候的最高法院案件中，法院裁定，《所有令状法案》可以用来迫使纽约电话公司在一部旋转电话上安装一个追踪罪犯的拨号号码的装置。CALEA 法案（《执法中的通信协助法案》，1994）和其他在 "9·11" 后通过的立法包含对电信运营商（如 Verizon 和 AT&T）的规定，

要求它们设计和建立系统时保证执法部门可以获得疑似罪犯和恐怖分子的通信信息。CALEA 已经扩展到包括 VOiP 和互联网宽带业务，但目前对电信运营商来说它的权力是有限的，并且不适用于像 iPhone 这样的数字设备制造商，或者它们的操作系统，比如安卓和 iOS。这在美国并不新鲜：在 1862 年的南北战争中，亚伯拉罕·林肯（Abraham Lincoln）就曾发起政府窃听罪犯和恐怖分子之间通信的行动。窃听电报线是打击分裂主义联盟的一种方式。无论电力、电子还是数字，联邦政府一直声称有权根据法庭命令和合规的执法行动监视和记录私人谈话。

在大量争议中，苹果公司 CEO 蒂姆·库克一直坚称，解锁 iPhone 将引发全球各国政府的大量请求，以寻求获得本国公民的手机访问权限。数以百万计的 iPhone 用户将容易受到政府对其个人信息、短信和交易的黑客攻击。此外，库克还声称，如果没有 iPhone 手机数据的加密，黑客将能够获取其客户的所有个人信息，从而使他们面临额外的财务风险，甚至是人身伤害。例如，黑客会知道消费者在什么时候、在哪里旅行，他们的日程安排、健康数据、约会信息和通讯录。库克称，这些危险比恐怖分子利用 iPhone 进行通信而不受惩罚带来的危险要严重得多。

库克坚持认为，苹果公司有义务保护其客户的数据和隐私，并号召就个人数据的隐私性和政府对个人信息拥有多少权力展开全国性的探讨。

这已经不是蒂姆·库克第一次带领苹果公司朝强大的隐私保护方向靠拢。2015 年 6 月，库克为硅谷高管做了一场非常不寻常的演讲。库克批评了谷歌、脸书、雅虎和微软等其他互联网巨头侵犯用户隐私的行为。他说，苹果公司拒绝认为客户必须做出隐私和安全之间的权衡。库克认为，人们有保护自己隐私的基本权利。他还认为，硅谷一些最著名的公司诱使客户为了免费获得一些服务（比如云存储、社交网络或照片服务）而放弃了宝贵的个人信息。事实上，他还认为，这种取舍对消费者来说代价高昂，因为他们失去了隐私，并对自己的个人信息会变成什么样子感到担忧。最后，他说，消费者将会对这一交易感到后悔。他指出，这些公司正在疯狂吞噬着从用户那里获取的一切信息，并试图通过将其出售给广告商来赚钱。库克对隐私重要性的

强烈声明与马克·扎克伯格（脸书的创始人兼CEO）的观点相反，最著名的是 2011 年 1 月扎克伯格在采访中所表示的隐私的时代已经结束。相反，谷歌也从搜索引擎到 Google Docs，再到 Gmail，在所有平台上监控用户的行为，然后将数据整合并卖给广告商。这是一种成功的商业模式，可以改善用户体验。

批评人士指出，苹果公司的立场具有许多讽刺意味。苹果公司为谷歌的移动搜索引擎和脸书的移动社交网络的大规模隐私侵犯提供了技术平台。这两家公司的广告收入中，有很大一部分来源于基于个人信息的移动广告收入。如果谷歌和脸书不能在iPhone 平台上展示广告，它们就无法提供服务，而只能在网站上提供服务。这将降低 iPhone 平台的价值，并导致设备销量下降。这种商业上的隐私侵犯可能会惹恼库克，但苹果公司允许它继续下去，因为它有助于销售 iPhone。此外，数以百万计的 iOS设备上的应用程序收集了用户数据，并将这些信息卖给市场营销人员。如果不允许商业侵犯隐私，那么谁将为 iPhone 平台开发应用程序？其他批评人士指出，库克声称，允许政府使用罪犯的 iPhone，即使是通过法院指令，也会因为鼓励政府监控公民的通信而危及全世界数百万的 iPhone 用户。更糟的是，如果苹果公司被迫建造后门，那么它将不可避免地被黑客发现，从而给用户带来进一步的风险。

这些是真正的风险吗？可能是。但是，如果iPhone 成为犯罪分子和恐怖分子的首选通信工具，除了政府的监视之外，数百万苹果用户将更容易受到犯罪分子和恐怖分子的攻击。

但库克和其他互联网巨头都在展望未来。他们认为明天的智能手机将与今天的大不相同。将出现一些新技术，例如在没有你的提示下手机助手自动收集你的个人信息，来预测分析你的汽车旅行、日常锻炼和约会建议。智能手机用户提交给手机和云备份服务器的个人信息量在未来 5 年内可能会成倍增长。这个设备将包含客户在其生活和旅行过程中产生的几乎所有的私人信息。

大多数观察人士认为，争论最终将提交到最高法院，最高法院必须平衡政府为执法目的获取私人信息的利益、消费者的隐私权，以及苹果和谷歌等公司的利益三者之间的关系。苹果和谷歌的商业模式依赖于消费者将越来越多的个人信息提供给数字设备。国会也将参与进来，试图在一个新的数字设备世界里建立法律。在这个世界里，那些旧的监管电信运营商的法律可能并不适用，或者可能需要扩展，不仅包括电话系统，还包括所有连接到互联网的数字设备。股东也可以拥有话语权。制造一种为恐怖分子和罪犯的通信提供保护的产品可能不是一个有前途的营销计划。

资料来源：“Why the FBI Breach of the iPhone Is a Win for Users,” by Christopher Mims, *Wall Street Journal*, April 4, 2016; “Google Also Has Been Ordered to Help Unlock Phones, Records Show,” by Devlin Barrett, *Wall Street Journal*, March 30, 2016; “U. S. Says Outside Party Could Unlock Terrorists iPhone,” by Daisuke Wakabayashi, *New York Times*, March 22, 2016; “Apple vs. the FBI: How the Case Could Play Out,” by Katie Benner and Matt Apuzzo, *New York Times*, March 20, 2016; “Narrow Focus May Aid F. B. I. in Apple Case,” by Katie Benner and Matt Apuzzo, *New York Times*, February 22, 2016; “Explaining Apple's Fight With the F. B. I. ,” by Mike Isaac, *New York Times*, February 17, 2016; “Judge Tells Apple to Help Unlock iPhone Used by San Bernardino Gunman,” by Eric Lichtblau, *New York Times*, February 16, 2016; United States v. New York Telephone Co. 434 U. S. 159 (1977); “IPhone 6s's Hands Free Siri Is an Omen of the Future,” by Farhad Manjoo, *New York Times*, September 22, 2015; “Tech That Hangs on Your Every Word Raises Privacy Questions,” by Andrea Peterson, *Washington Post*, September 16, 2015; “What Your iPhone Doesn't Tell Apple,” by Geoffrey Fowler, *Wall Street Journal*, September 15, 2015; “Apple Dots Its Privacy ‘I's In iOS 9, While Google Appears to Back Pedal,” by Allison Schiff, Adexchanger. com, September 1, 2015; “The Tradeoff Fallacy: How Marketers Are Misrepresenting American Consumers and Opening Them Up to Exploitation,” by Joseph Turow, Michael Hennessy, and Nora Draper, Annenberg School of Communications, University of Pennsylvania, September 2015; “Apple Privacy May Not Be As Private As You Think,” by Theo Priestley, *Forbes*, August 24, 2015; “Apple and Google Know What You Want Before You Do,” by Daisuke Wakabayashi, *Wall Street Journal*, August 3, 2015; “Apple Moves to Block iPhone App-Scanning,” by Amir Efrati, Information. com, June 24, 2015; “Why Edward Snowden Supports Apple's Stance on Privacy,” by Jess Bolluyt, Cheatsheet. com, June 27, 2015; “What Apple's Tim Cook Overlooked in His Defense of Privacy,” by Farhad Manjoo, *New York Times*, June 10, 2015; “Tim Cook Says Apple ‘Doesn't Want Your Data. ’ Let's Not Say Things We Can't Take Back,” by Lily Hay Newman, Slate. com, June 3, 2015; “Apple's Tim Cook Delivers Blistering Speech on Encryption, Privacy,” by Matthew Panzarino, Techcrunch. com, June 2, 2015.

此外，政府机构也是私营商业数据公司的大客户之一，如 ChoicePoint、Acxiom、Experian 和 TransUnion 集团等。这些公司收集海量的消费者信息，线上线下应有尽有，如公共档案和电话簿、来自信用卡公司的信用账户"信用标头"信息（通常包括姓名、别名、出生日期、社会保险号、现居住地、曾居住地和联系电话）。Acxiom 是世界上最大的私人个人数据库，存有超过 50 万人的记录，大约每人有 1 500 个数据点（Singer，2012）。个人资料数据库中存储的信息不仅包括姓名、电话号码等个人身份信息，还包括驾驶记录、犯罪和民事记录、财产清单等详细信息。这些信息与许多商业公司采集的在线行为数据结合在一起，被编制成大量个人线上线下行为的档案。

8.3　知识产权

国会有权"制定在一定时间内保护作者和发明人对自己作品和发明拥有的专有权利的法律，以促进科学和艺术的进一步发展"。

——《美国宪法》第 8 章第 1 条，1788 年

知识产权仅次于隐私，也是电子商务领域最受争议的道德、社会和政治问题之一。知识财产包括人类思想中所有有形和无形的结晶。知识产品的创造者享有知识产权，这在美国已是一条尽人皆知的公理。例如，如果你自己创建了一个电子商务网站，那么它就完全归你所有，你也享有绝对的排他使用权，任何法律规定下都是如此。但是，互联网的飞速发展正潜在地改变着这一切。一旦知识作品变成数字化的，其访问、使用、分发和复制就难以控制。而这也正是知识产权保护致力解决的问题。

数字媒体与图书、期刊以及其他媒体截然不同，可以轻易复制、传输和修改；很难将软件产品归入到程序、图书或音乐等类别中；易压缩的特性容易导致盗版猖獗；可模仿性强，难以保障其独特性。互联网普及之前，软件、图书、杂志文章或电影副本必须存放在纸张、计算机磁盘或录像带等物理介质中，非法复制的成本很高。

如今，互联网技术使得任何人都可以制作各种作品的完美数字副本——从音乐到戏剧、诗歌以及杂志文章——再以几乎可以忽略不计的成本传递给数亿网络用户。在网络环境下，创新的速度如此之快，以致许多企业家根本无暇顾及其网站运用的商业技术或方案的专利权到底归谁所有。互联网崇尚随心所欲，因此不少企业也开始无视商标法的存在，用极易与其他公司商标相混淆的域名注册。简而言之，互联网逐渐显示出将彻底摧毁两个多世纪以来建立的传统知识产权观念的潜力和趋势。

与电子商务和知识产权有关的主要道德问题是：企业和个人该如何对待属于他人的财产？主要的社会问题则是：互联网时代知识产权保护是否仍然有价值？用什么方法将产权的概念推广到无形知识领域（如音乐、图书、电影），对社会造成好的影响（或坏的影响）？社会是否应该仅仅因为某些技术对某些知识产权所有者产生了不利影响就将其列为非法或限制使用互联网？而主要的政治问题包括：如何规范、管理互联网和电子商务，才能既保护知识产权制度，又促进互联网和电子商务的发展？

8.3.1　知识产权的保护类型

知识产权保护主要分为三种类型：版权法、专利法和商标法。美国的知识产权法萌芽于 1788

年颁布的《美国宪法》，宪法明确要求国会出台一套法律体制来促进"科学和艺术的发展"。美国国会于 1790 年通过第一版的版权法，规定文学作品享有 14 年的版权保护期，如作者在世还可再延长 14 年。自此以后，版权保护的思想逐渐扩大到音乐、电影、译著、摄影等领域，前不久连 200 英尺以下的舰船设计方案也获得版权保护（Fisher，1999）。过去 40 年间，版权法先后经过 11 次修订，大多是不断扩充。

知识产权法的目的是平衡冲突双方（公众和个人）的利益。公众利益指的是共享发明、艺术品、音乐、文学作品等各种形式的知识产品。而私人利益则是指作者自身在一段时间内对作品的独占权，以及由此获得的各种奖励。

但是，双方的利益平衡常常被各种新技术发明打破。现在看来，产生于 20 世纪的信息技术——从无线电、电视机到 CD-ROM、DVD、互联网——从一开始就有可能会削弱知识产权法的保护。尽管知识产权所有者通常能够成功地强迫国会和法院完善知识产权法以应对新技术带来的威胁甚至延长产权保护期限并将知识产权保护扩展到新的领域，但并不是总能如愿。互联网和电子商务技术的发展再次对知识产权保护提出严峻的挑战。下面，我们从版权、专利和商标这三个方面来讨论知识产权的发展。

8.3.2 版权：数字复制与加密问题

美国的**版权法**（copyright law）能够保护著作（书籍、期刊、讲座讲义）、艺术作品、摄影作品、音乐、电影、表演方式和计算机程序等原创作品在一段时间内不被他人复制、抄袭。1998 年之前，版权法规定个人作品的版权保护期为作者的一生再加 50 年，归企业所有的创作品，如迪士尼的米老鼠卡通形象，则享有 75 年的版权保护期。版权法不能保护未成形的想法，如只在纸张、磁带或者手写便条等有形介质上非正式表述的想法。

1998 年，国会通过议案将企业创作品的版权保护期再增加 20 年，延长至 95 年，个人著作的保护期延长至作者死后的 70 年以内（《版权期限延长法案》，CTEA）。在埃尔德雷德诉雅思科案中，原告质疑 CTEA 的合理性，认为国会给予版权所有者永久的垄断权，现有著作的高成本将抑制新作品和观点的创作，但最高法院的判决重申 CTEA 的权威性（Greenhouse，2003a）。图书管理员、学者等需要低成本获取他人著作的人群纷纷表示反对该项立法。

20 世纪 60 年代中期，美国版权局开始允许计算机软件注册商标，国会也于 1980 年通过《计算机软件版权法案》，明确提出要为软件的源代码和目标代码、商业交易中的复制版程序提供保护，规定在不损害创造者法定权利的前提下购买者拥有各项使用权。例如，网页的 HTML 代码——尽管浏览器可轻易读取——不能被复制或用于商业用途，例如创建看似一样的网站。

软件版权保护的思想简单明了：整个程序或部分代码都不能随意复制。但是，由于软件版权法只能保护形成的作品，不能保护作品背后的创新思想，因此这一缺陷也造成对软件版权的侵害防不胜防。竞争者完全能够合法地查看你的源代码，了解其中的特效，再将这些技术用于构建其他网站，这样根本不构成版权侵犯。

界面外观

针对界面外观的版权侵犯诉讼，其实质就是思想与表达之间的区别。例如，1988 年，苹果电脑公司起诉微软和惠普抄袭其 Mac 操作系统的界面，侵犯苹果公司的版权。苹果公司指控被告抄袭自己的重叠式窗口样式。但是，20 世纪 60 年代后期，苹果公司开发出利用重叠效果展现计算机屏幕的表达方式时，没有为这一创意申请专利。两家被告公司反驳称，重叠式窗口的思想只有一种简单的表达方式，依据版权法中合并原则不受版权保护。当思想与表现融为一体（例如，只存在一种表达方式）时，其表达方式不受版权保护，然而实现表达的具体方法却有可能获得专利保护（Apple Computer，Inc. v. Microsoft，1989）。总之，法院在处理类似的诉讼时总是参照 1992 年 Brown Bag 软件公司与赛门铁克公司的案件。在这起案件中，法院将原告声称遭受侵权的软件拆解为诸多元素一一考虑。最后，联邦巡回法院认定，相似的开发理念、功能、通用功能性特征（如下拉菜单）和颜色都不构成版权法保护的对象（Brown Bag vs. Symantec Corp.，1992）。

合理使用原则

与其他权利类似，版权也不是绝对的。有些情况下，严格遵守版权法反而会使社会遭受损失，可能会限制人们的言论思想自由。因此，合理使用原则应运而生。**合理使用原则**（doctrine of fair use）规定教师和作家在特定情况下可不事先获得授权就使用他人的版权作品。表 8 - 12 列举了法院在认定是否适用合理使用原则时考虑的五个因素。

表 8 - 12　版权保护中的合理使用原则

参考因素	说明
使用特征	出于非营利目的或教育目的而使用，不能是其他商业目的。
作品本质	剧本或小说等原创性作品比新闻报道等事实陈述性作品受到更多保护。
使用数量	从诗歌和图书中抽取某一段加以借鉴是允许的，但禁止全篇挪用或抄袭。
市场影响	是否会对原作品的市场销售造成不利影响？是否已经对市面上的原作品形成冲击？
使用方式	临下课前，教师可即兴地引用他人版权作品的某些内容，但备课时绝不能有意地抄袭。

合理使用原则以《宪法第一修正案》中的言论（写作）自由保护条款为依据。新闻记者、作家和学者要批评甚至是讨论他人版权作品时，对原著内容的参考和引用必须加以注明。任课教授可提前从所要评述的文章中截取一段，复印后作为参考实例分发给学生进行讨论。但是，教授绝对不能在未支付版权费的前提下将整篇文章的内容都纳入教学计划之中。

近期许多案件都涉及合理使用的构成认定问题。2003 年的 Kelly 诉 ArribaSoft 案和 2007 年的 Perfect 10 诉亚马逊案中，美国第十巡回上诉法院判定返回的搜索结果中展示的缩略图片属于合理使用。2006 年内华达州法院对 Field 诉谷歌案的判决结果与之类似，谷歌公司利用高速缓存存储用于展示搜索结果的网页的做法适用合理使用原则。所有这类案件中，法院都认同这一观点，缓存用于搜索结果展示的内容是一种公共福利，对版权作品也起到营销推广的作用，从而能够增加版权作品的商业价值。在一个被称为"跳舞宝宝"的案例中，一位母亲将一段 30 秒的视频上传到了 YouTube，视频中她的宝宝随着 Prince 的歌曲 *Let's Go Crazy* 跳舞。这首歌的版权所有者环球音乐集团立即表示反对，并向 YouTube 发出了 DMCA 下架通知。这位母亲提起诉讼，称环球音乐集团在发出下架通知前没有考虑在视频中使用这首歌的合理性。第九巡回上诉法院同意了这位母亲的看法，版权所有人在发出下架通知之前必须考虑其合理性。目前，环球音乐集团已就该判决向最高法院提起上诉（Morran，2016；Bergen，2015）。

在作家协会和 5 家主要出版公司对谷歌提起的诉讼中，也体现了合理使用的争议性。2004 年，谷歌宣布了一个图书项目，该项目包括两个部分。Partner Program 将在出版商的许可下扫描图书，索引图书，在线发布图书片段，并在谷歌的搜索引擎上提供书目信息。第二个项目是 Library Project，谷歌对大学和公立图书馆的全部馆藏图书进行扫描，然后在没有获得出版商许可或支付版税的情况下，将书的片段和部分内容放到网上。谷歌表示，它不会显示整个页面，而只显示页面的相关部分来响应搜索结果。2005 年，作家协会和大型图书出版商提起诉讼，试图阻止谷歌实施 Library Project。

谷歌声称其做法符合合理使用原则，因为它只发布了片段。谷歌称此举是为图书馆做事情，即出借书籍。根据 20 世纪 30 年代后期与出版商达成的协议，图书馆借阅被认为是合理使用，并且这种借阅被编入 1976 年的《版权法》。谷歌声称，这一举动使图书更容易得到公众的关注，这是更广泛的公共利益，同时也能扩展图书馆的现有权利，以提高图书的可用性。

8 年后的 2013 年，一家联邦法院毫无保留地支持谷歌，裁定谷歌扫描文本片段并向公众开放是美国版权法中的"合理使用"。法官认为，该项目具有广泛的公共目的，使学生、研究人员、教师和公众更容易找到书籍，同时又能维护作者和出版者的权利。在法院看来，谷歌的项目是"变革性的"，它赋予了图书新的特征和用途，使人们更容易发现旧书，并使得销量增加。经过 10 年的诉讼，最高法院在 2016 年裁定，谷歌 Library Project 符合合理使用原则，并从法律角度解决了这个问题（Liptak and Alter，2016）。与此同时，该项目本身也陷入了停滞，并且已停止试图扫描图书馆里的所谓的"孤儿书"（即无法识别图书的版权所有人）。分析人士认为，谷歌目前似乎并不热衷于推进该项目，部分原因是该项目没有给它带来期望的回报，并与作者和出版界产生了裂痕。

1998 年《数字千年版权法案》

1998 年颁布的**《数字千年版权法案》**（Digital Millennium Copyright Act，DMCA）是首部将传统版权法应用于互联网环境的修订法案，至今仍然如此。它界定了版权所有人、互联网服务提供商（在本书中还包括网站出版商以及提供互联网服务的公司）和受版权保护的最终用户之间关系的主要法规。该法律执行世界知识产权组织（WIPO）的两项国际条约。该组织是由北美、欧洲和日本等主要版权所有国组成的国际性组织。这是一个法律先于或至少与数字技术同时产生的案例。表 8-13 总结了该法案的主要条款。

表 8-13 《数字千年版权法案》

章节	意义
第一篇：WIPO 有关版权条约及表演和录影制品条约的执行法案	任何规避有效控制他人访问或复制作品的技术保护措施，或规避电子著作权管理信息的行为均属违法行为。
第二篇：网络著作权侵权责任限定法	如果互联网服务提供商和搜索引擎网站完全遵守安全港，则需要对其所应承担的责任进行界定。若托管网站存在侵权行为，互联网服务提供商必须立即关闭该网站，并要求搜索引擎在收到版权所有者发出的侵权通知后，屏蔽对侵权网站的访问。
第三篇：电脑维修竞争保障法案	允许用户在维修电脑时复制其中的程序文件。
第四篇：杂项条例	要求版权局向国会报告远程教育中版权作品的使用情况；允许图书馆制作数字版副本，但仅供内部使用；将网络广播纳入音乐版权的范畴。

资料来源：Based on data from United States Copyright Office, 1998.

在互联网上提供内容的过程中，涉及许多不同的角色和相互的利益冲突。显然，版权所有者不希望他们的作品在未经他们的同意（可能是补偿）的情况下被复制和发表，他们也不希望他们的数字版权管理软件程序被破坏或失效。互联网服务提供商希望在"合理使用"的条款范围内自由使用内容，并且不希望对用户可能在它们网站上发布的内容承担责任。它们认为，它们与电话传输线类似，只是提供了一种通信方法，不应要求它们监测用户的活动，看他们是否在发布有版权的文件。互联网服务提供商和自由主义者认为，这样的监视将构成对言论自由的限制。此外，如果互联网服务提供商受到不必要的限制，并支付审查用户发布的所有内容的费用，互联网经济可能会受到影响。许多互联网公司的商业模式依赖于创建大型甚至是巨大的受众群体，可显示的内容越多，受众面越大，可销售的广告也越多。互联网服务提供商也通过销售带宽产生收入，因此支持大量用户所需的带宽越大，对它们来说就越好。而限制内容会对业务不利。最后，用户希望能以最低的成本在互联网上获得尽可能多的内容，甚至能免费获得。用户使用的内容越多，他们就越能从互联网中获益。

DMCA 试图平衡这些不同的利益。法案第一篇落实了 1996 年的 WIPO 版权条约，该条约规定，制作、分发或使用基于版权保护的材料的技术是非法的，并对违反版权的行为处以高额罚款和监禁。举例来说，通常破坏 DVD、亚马逊的 Kindle 电子书和类似设备上的安全软件就是违法行为。不过，上述版权保护条款中存在一些例外情况。以图书馆为例，为收藏著作而进行的调查、为实现软件兼容而做的反向工程、对加密算法的研究和出于隐私保护目的而进行的安全测试等都属于合法行为。

法案第二篇是为互联网服务提供商创建了两个安全港。第一个安全港（《网上版权侵权责任限制法》）规定，只要互联网服务提供商不知道内容是侵权的，并在收到侵权通知后迅速删除侵权内容，它们就不用对用户在博客、网页或论坛发布的侵权材料负责（假定它们能够控制这一活动）。这意味着，例如，YouTube 的用户可以发布侵犯版权的材料，只要 YouTube 不知道该材料侵权，并且 YouTube 表明它已经采取了相应的程序，则 YouTube 不承担责任（安全港）。一旦发现侵权内容或收到版权所有者的通知，即可撤回侵权内容。这样的通知被称为"下架通知"，版权所有者认为互联网服务提供商在提供侵权内容。版权所有者也可以通过互联网服务提供商来获知任何侵权者的个人身份。

第二个安全港主要涉及的是侵权材料的链接：互联网服务提供商可以不对用户转介或链接到包含侵权材料或侵权活动的站点负责。例如，将用户引导到包含盗版歌曲或电影的网站的搜索引擎可以不承担责任。只要互联网服务提供商不知道它们将用户链接到了含有侵权内容的网站，没有从侵权活动中获得任何经济利益（假设它们能够控制这一活动），并且在收到版权所有者的适当通知后迅速删除或禁用任何此类链接，这一安全港就适用。

对于受安全港条款保护的互联网服务提供商有一些管理要求。互联网服务提供商必须指定代理商接收下架通知；采纳和发布版权侵权政策（这可以是使用条款的一部分）；通过删除内容和/或链接来遵守下架通知。故意违反 DMCA 的处罚包括赔偿由于侵权造成的任何损失。对于第一次犯罪，刑事补救措施可能包括高达 500 000 美元的罚金或 5 年监禁；对于屡次违规者，可处以高达 100 万美元的罚款和 10 年监禁。这些都是严厉的惩罚，但很少实施。

如果互联网服务提供商能够满足安全港的条件，DMCA 可以免除互联网服务提供商对发布或链接到版权材料的任何责任。这意味着 YouTube 的用户可以发布他们想要的内容，而 YouTube 也不会因为违反了 YouTube 的使用条款而被追究侵权责任，该条款规定用户不得发布侵权内容。然而，它确实要求 YouTube 在收到有效的下架通知后删除侵权的内容或链接。在获得经济利益方面，互联网服务提供商如果能够证明它们无法控制用户的行为，或者在发布信息之前不知道这些内容是侵权的，那么它们的确可以从发布侵权内容中获得经济利益。例如，如何让 YouTube 对发布版权歌曲或电影的用户负责？在发帖时，YouTube 怎么知道这些内容是侵权的呢？

互联网服务提供商和发布内容的个人也受到保护，不受无聊的下架通知的影响。例如，前面讨论的"跳舞宝宝"案的裁决，即如果使用有版权的材料可能构成合理使用，而且 DMCA 不能取代合理使用的原则，那么版权所有者就需要谨慎地发出下架通知。

DMCA 的安全港条款也是 Viacom 在 2007 年对谷歌和 YouTube 提出的蓄意侵犯版权诉讼案的核心。在 Viacom 一案中，Viacom 指控 YouTube 和谷歌从事大规模侵犯版权的行为，蓄意和故意建立侵权作品集，以吸引流量进入 YouTube 网站，并提高其商业价值。《海绵宝宝》和《每日秀》等剧集未经许可或付款就在 YouTube 上出现。作为回应，谷歌和 YouTube 声称它们受到 DMCA 安全港条款的保护，并且不知道视频是否侵权。YouTube 也不在用户可以查看视频的页面上显示广告，除非用户与内容所有者有协议。2007 年，谷歌发布了一个旨在解决这个问题的过滤系统（Content ID）。它要求内容所有者向谷歌提供其内容的副本，这样谷歌就可以将其加载到一个自动识别系统中。然后，在视频上传到 YouTube 之后，系统会尝试将其与有版权的材料数据库相匹配，并删除任何未经授权的材料。版权所有者有几个选择：可以使音频静音；阻止整个视频；通过投放广告来获利；跟踪视频的观看者统计信息。2014 年，花费了 10 亿美元诉讼费、耗时 7 年，谷歌和 Viacom 在庭外和解。谷歌使用 Content ID 获取版权内容的能力已经非常有效，谷歌同意租用 Viacom 的数百个展品（Kaufman，2014）。双方在一份联合声明中承认，它们可以通过合作而不是继续诉讼来实现它们的目标。

娱乐业继续积极打击网上侵犯版权的行为。2012 年，美国司法部没收了 Megaupload.com 域名，该域名是互联网上致力于存储和共享受到版权保护的电影和音乐的最大的网络存储平台之一。**网络存储平台**（cyberlocker）是一个在线文件存储服务，致力于非法共享受版权保护的材料（通常是电影）。Megaupload 的创始人金·达康（Kim Dotcom）在位于新西兰的家中被捕，价值 1 700 万美元的资产被没收，后来在中国香港被没收现金 3 700 万美元。美国正努力将他从新西兰引渡回国，以提起侵犯版权、敲诈勒索和洗钱指控（Reuters，2015）。2016 年，美国联邦政府扣押了达康在美国以及与他有关联的其他人的资产，然后将其引渡到美国，提起盗版犯罪指控。

自 Megaupload 事件以来，其他网络存储平台已经限制了它们的活动，以避免类似 Megaupload 的命运。2013 年，版权信息中心（CCI）与 5 个最大的互联网服务提供商、大型娱乐公司和消费者咨询委员会共同推出了版权警报系统（CAS），这是一个分层的通知和回应系统，旨在减少 P2P 网络的版权侵犯。在运作的头 10 个月里，消费者咨询委员会向 72 万个涉嫌侵犯版权的互联网服务提供商账户持有人发出了超过 130 万条警告。如果账户持有人忽视了重复的警告，可能会对他们的互联网服务提供商造成不好的后果，例如互联网服务被降级。版权信息中心认为，CAS 可以使用户行为从侵犯版权转向合法的内容来源（Center for Copyright Information，2014）。

2016 年，DMCA 相关的诉讼仍在继续。在 BMG 版权管理诉 Cox 案中，法官通过了陪审团给出的 Cox 向 BMG 支付 2 500 万美元赔偿金的判决，认为 BMG 作为一家版权管理公司遭到了 Cox 故意参与的侵权。BMG 认为，Cox 作为一家网络服务供应商，使用户可以用 BitTorrent 将有版权保护的歌曲上传到各种网站，却没有有效的政策来防止这一行为，也没有将多次出现违法行为的违法者从其服务中除名。Cox 认为，它只是提供了一条连接互联网的渠道，不应为其用户发布的内容或使用的软件负责。然而，法院虽然通过了陪审团对 Cox 做出的不利判决，却拒绝按照 BMG 的要求禁止 Cox 继续运营，尽管减少侵犯版权行为对公众有利。因为 Cox 提供了访问互联网的渠道，并使言论自由成为可能，这些收益比 BMG 在版权保护方面带来的收益更加重要（Gardner，2016）。

同样在 2016 年，联邦法院裁定，视频分享网站 Vimeo 受到 DMCA 的保护，对于允许用户发布 1972 年以前的受版权保护的视频和音乐不承担责任，因为 DMCA 在 1972 年才正式通过，成为法律。Vimeo 确实有一个接收侵权通知和删除侵权内容的程序，但是一些 1972 年以前的音乐曲目仍然在网站上，尽管它不断地收到下架通知（Capital Records v. Vimeo LLC，2016）。

电影和音乐产业的版权所有者正在游说国会修改 DMCA，要求网站和互联网服务提供商采取更有效的行动来删除侵权内容（Raymond，2016）。音乐家和电影制作人已经开始抗议他们从流媒体服务中得到的补偿（参见第 10 章）。

虽然在互联网上对侵权内容的限制已经取得了一些进展，但是随着 Periscope 和 Meerkat 这样的新应用的诞生，人们可以方便地使用移动设备拍摄现场视频并发布到这些应用软件上，使得视频内容的所有者保护他们实时产品的价值变得极其困难。Periscope 由推特所有，用户可以直接将现场视频发布在推特。而 Meerkat 可以将直播视频发送到大多数社交网站，包括脸书。2015 年，成千上万的用户使用 Periscope 和 Meerkat 免费观看了梅威瑟和帕奎奥之间的中量级拳击赛直播，这场比赛本身是按观看次数收费的，在有线电视网络上的价格是 100 美元。还有其他用户收看了 HBO 的《权力的游戏》等电视连续剧的直播。Periscope 在其成立的头 3 个月收到了 1 400 个 DMCA 下架通知。推特表示，它已经遵守了其中的 71%（Weber，2015）。但是，DMCA 下架通知并不能帮助某些特殊的现场活动保持价值，例如拳击冠军争夺赛。该活动的价值主要在于吸引愿意付费的观众收看直播，一旦有了免费的选择，这个价值就会降低。

8.3.3　专利：业务模式与流程

> 凡发明或发现任何新颖而实用的程序、机器、产品、物质的组分，或其任何新颖而实用的改进，可以按照本法所规定的条件和要求取得专利权。
>
> ——《美国专利法案》第 101 条

专利（patent）能够赋予发明创造者对其创新理念和作品拥有长达 20 年的排他独占权。国家专利法的目的就是在保障发明者从新机器、新设备或新工艺中获取应得的劳动报酬的同时，促进发明创造的普及应用，让所有想要的人都能征得发明者授权获取详细资料。专利需要到 1812 年成立的美国专利商标局（USPTO）注册申请。申请专利比寻求版权保护（作品诞生之后就自动获得）难度更大，审批时间也更长。发明人必须提出正式申请，再由专利局严格按照标准流程审查授予条件是否满足，最后由联邦法院裁决该项专利何时生效，并规定侵权行为的范围。

专利与版权有天壤之别，它除了保护思想的表达形式外，还保护思想本身。根据专利法的规定，以下四种发明可申请专利：机器、手工制品、合成物和工艺流程。后来，最高法院又将专利的申请范围扩展到任何满足专利法要求的人造物品（Diamond and Chakrabarty，1980）。而自然规律、自然现象和抽象概念三种不能申请专利。例如，某一数学算法本身不能申请专利，除非能利用有形的机器或流程将其实现，创造出有意义的成果（数学算法除外）。

要获得专利，申请人必须证明其发明创造具备全新、原创、新奇和非凡等特性，并且与以往的艺术品和设计完全不同。与版权类似，专利授予范围也已远远超出国会首次颁布的专利条例中界定的范围——只限于工业设计与机器设备。如今，专利授予范围已扩大到加工制品（1842 年）、农产品（1930 年）、诊疗方法（1950 年）以及软件（1981 年）等诸多新领域。专利局起初并不同意授予软件专利。直到 1981 年，最高法院裁定计算机软件也可作为专利内容。自此以后，数以千计的软件产品获得专利保护。理论上说，任何软件只要是新奇的、花费心思设计出来的，就可以申请专利。

从本质来看，专利对技术和工艺流程的发展具有双重推动作用。一方面，专利可以鼓励企业家继续发明更多有用的新设备；另一方面，使用者又可借助专利授权或技术模仿（即开发使用不同实现方法，却能提供与专利品相同功能的新设备）来应用各种创新，从而促进新技术的推广与普及（Winston，1998）。此外，专利也鼓励人们创造出能实现与现有专利相同功能的新技术。例如，亚马逊的一键式购买流程获得专利后，Barnesandnoble.com 又推出了与之类似的两次点击式购买流程。

专利的负面影响在于增加行业进入壁垒，导致自由竞争受到抑制。专利要求新进入者必须向专利持有者支付高昂的专利费，冗长的专利申请期还会减缓新技术的发展步伐。在鼓励创新和避免提高市场进入壁垒（从而阻碍创新）之间进行权衡，在智能手机市场上苹果和三星之间的专利争夺战中更加明显。

2011 年，苹果在美国对三星提起诉讼，称三星的 Galaxy 智能手机侵犯了苹果在其 iPhone 和 iPad 平板电脑上的专利。到 2012 年，苹果和三星一共参与了全球 50 多起不同的专利诉讼。苹果和三星智能手机专利战简史如表 8-14 所示。

表 8-14　苹果和三星智能手机专利战

时间	描述
2011—2012 年	2011 年，苹果在美国提起诉讼，指控三星设备侵犯苹果专利，而三星则声称苹果公司也有类似侵权行为。智能手机专利战开始。 苹果的专利于 2007 年 1 月在 iPhone 推出后不久提出。外观设计专利涵盖了手机的基本形状、软件功能（幻灯片解锁、自动更正、反弹效果和快速链接）、商业外观功能以及用户界面（主页按钮、带圆角和渐变边缘的图标）。总之，这些专利使得 iPhone 变得独一无二。 到 2012 年，苹果和三星共参与世界各地的 50 起涉及平板电脑和智能手机设计的诉讼。
2012 年 8 月	第一陪审团裁决对苹果有利。它发现三星公司侵犯了设计和发明专利，以及苹果的商业外观特征。苹果获得 10.49 亿美元赔偿金。禁止三星销售侵权产品的禁令最初被驳回，但后来被批准。
2013 年 11 月	对第一次裁决的复审。三星承认侵犯了苹果的专利，但认为这一处罚太高。陪审团将赔偿金减少到 2.9 亿美元。
2014 年 5 月	另一个陪审团裁定三星侵犯苹果滑动解锁、自动更正和快速链接功能的专利，要求三星赔偿苹果 1.196 亿美元，但法官拒绝将设备从市场中移除，而是将损害赔偿金作为惩罚。
2015 年 9 月	苹果和三星宣布达成一项协议，同意法庭对其 5 年争端的调解。这已经是第三次调解（前两次失败）。
2016 年	苹果要求最高法院裁定，三星必须向苹果支付 5.48 亿美元的专利侵权赔偿，这是基于整个手机的价值，而不仅仅是三星认为的手机设计元素这一小部分。

专利战的历史非常复杂、漫长——持续 5 年。关于这起诉讼有 3 个问题。首先，苹果公司是否拥有 iPhone 和 iPad 硬件和软件的有效专利？其次，三星的手机和平板电脑是否侵犯了这些苹果专利？最后，如果三星确实侵犯了，惩罚应该是什么？有两种可能性：三星支付罚款和/或三星将其侵权产品从市场中移除。第四个问题与诉讼本身无关，但与社会和其他人有关：对社会而言，什么是最好的结果？

经过 5 年的时间和 2 次陪审团的审判，第一，法院认定苹果确实在 iPhone 和操作系统上拥有有效的专利，包括物理设计（圆角和边框）、用户界面和屏幕功能。第二，法院确实发现三星侵犯了苹果的一些专利，甚至三星也承认了这一点。第三，法院通常不会强迫三星从市场上移除侵权设备，而是将重点放在损害赔偿问题上，但老款手机除外（Decker，2015）。2015 年 9 月，苹果终于赢得了美国上诉法院的判决，法院判定三星禁止销售具有苹果专利的滑动解锁、自动校正和快速链接功能的智能手机。原则上这是苹果的巨大胜利，未来可以用于对付其他模仿其设计的公司（Chen，2015；Kendall and Wakabayashi，2015）。不过，三星已经重新设计了这些功能，并推出了自己的用户界面。因此，这一裁决不太可能对三星的销售收入产生显著影响。最初的陪审团裁决是 10 亿美元，多年来一直在减少。分析人士认为，苹果此次诉讼的成本至少与它最终可能获得的损害赔偿金相等。在过去 5 年的诉讼中，三星已经改变了其界面和功能，以极大地减少侵权行为。软件功能总是能被设计出来的。2016 年，苹果要求最高法院裁定，三星必须根据其在整个手机上的全部利润支付专利侵权赔偿。三星辩称，它只对手机设计带来的利润承担责任，这是一个小得多的责任（Kendall，2016）。最后的裁定可能要到 2017 年才做出。

对于第四个问题的答案，对于社会来说，什么是最好的结果，更难确定。苹果公司强有力的辩护让山寨公司注意到，如果它们侵犯了苹果等大公司的专利，可能会对它们的品牌造成损害，并可能造成严重损害。三星已经被推向低端市场，在那里它与便宜的山寨智能手机竞争。三星在全球智能手机市场的份额非常大，但它却被剥夺了定价权和利润。这一诉讼强化了苹果公司的说法，即它的电脑和智能手机是独一无二且原创的。苹果今天是美国市值最大的公司，也是世界上利润最高的公司。三星抄袭苹果的设计和功能，可能只是更加肯定了苹果产品卓越的说法。

电子商务专利

在美国和欧洲，许多互联网基础设施和软件都产生于公共基金赞助的科学和军事项目。萨缪尔·F. B. 摩斯（Samuel F. B. Morse）发明摩斯密码，大大促进电报技术的发展，因此获得专利。然而，大多数互联网和电子商务新应用的发明人都未申请专利。互联网发展早期十分推崇全球共同开发和思想共享，很少有人考虑个人财富问题（Winston，1998）。20 世纪 90 年代中期，随着万维网商业应用的快速崛起和发展，早期的互联网精神才慢慢开始转变。

1998 年，一项具有里程碑意义的法律决定——美国道富银行信托投资公司诉 Signature 金融集团案为商业公司开始申请"商业方法"专利铺平了道路。在这种情况下，联邦巡回上诉法院维护了 Signature 金融集团针对商业方法的有效专利的权利，该方法允许管理人员监控和记录由合作伙伴基金产生的财务信息流。以前，人们认为商业方法不能申请专利。然而，法院认为没有理由拒绝商业方法的专利保护，或任何"包含广义算法的循序渐进的过程，无论是电子、化学或机械学"（State Street Bank & Trust Co. v. Signature Financial Group，1998）。该案件的裁决结果导致电子商务领域"商业方法"专利出现爆发式增长。2010 年，在 Bilski 等人诉 Kappos 案中美国最高法院就商业方法专利发表了分歧意见（Bilski et al. v. Kappos，2010）。大多数人支持授予商业方法专利，尽管商业方法不符合所谓的"机器或转变检验方法"。也有少数人持强烈的反对意见，因为任何流程步骤都可称为商业方法，其界定不够清晰（Schwartz，2010）。2014 年，美国最高法院对商业方法专利进行了又一次打击，其针对爱丽丝公司诉 CLS 国际银行案做出了裁决。法院认为基本的商业模式是不可专利化的，虽然应用软件可以申请专利，但使用软件去实施无法专利化的抽象理念并不能将这个理念变为可专利化的创新（Alice Corporation Pty. Ltd. v. CLS Bank International，2014）。

表 8-15 列举了部分广受争议的知名电子商务专利。仔细浏览表中内容，你会发现当前业内普遍关注的热点问题。有些专利的定义范围非常宽泛（例如"自主定价"销售模式），有些则早在前互联网时代就已经存在（例如购物车），还有些看上去极为"简单"（如一键式购买）。因此，有批评家认为，专利局对互联网商业方法专利的审批标准设得过宽，而且许多情况下获批的专利只是传统商业方法的翻版，实质不存在任何"创新"（Harmon，2003；Thurm，2000；Chiappetta，2001）。但是，专利局反驳称，其互联网工作组的成员是在互联网和电子商务技术领域有多年经验的工程师、律师和专家，而且在授予专利前还会咨询外部技术专家。更糟糕的是，欧洲专利公约和大多数欧洲国家的专利法并不认可商业方法，除非利用某些技术将这些方法加以实施（Takenaka，2001）。

表 8-15　部分电子商务商业方法专利

公司名称	专利名称	动态
亚马逊	一键式购买	1999 年亚马逊以该专利被侵犯为由将竞争对手巴诺书店告上法庭，要求其改变网站设计，最终双方达成庭外和解。2007 年，美国专利商标局宣布亚马逊的一键式购买专利失效，因为另一项类似的专利先于其申请成功。亚马逊修改了专利，修改后的版本在 2010 年得到批准。

续表

公司名称	专利名称	动态
Priceline	"自主定价"销售模式	最早是由技术专利研发实验室 Walker Digital 提出。1999 年 Priceline 向美国专利商标局申请授予该专利获批。随后不久，Priceline 就起诉微软和 Expedia 涉嫌抄袭其商业方法专利。
阿卡迈	全球网站内容交付托管系统	2000 年授予的该项专利可作用于任何促进互联网信息流动的技术。2001 年，阿卡迈起诉 Digital Island 侵犯该专利，获得胜诉。
DoubleClick	网络广告动态交付技术	2000 年，DoubleClick 获批在线横幅广告动态交付商业方法专利。DoubleClick 以侵犯该专利为由将竞争对手 24/7 Real Media 和 L90 告上法庭，最终各方达成和解。
Overture	按搜索效果付费	能改变搜索引擎网站结果页的位置的系统和方法，2001 年被授予专利。其竞争对手 FindWhat 起诉 Overture，称该商业方法是通过非法手段获取的。Overture 做出回击，以专利侵犯为由同时将 FindWhat 和谷歌告上法庭。2004 年，谷歌同意向 Overture 支付专利许可费以达成和解。
Acacia Technologies	流媒体传输	接收和传输音频、视频等流媒体的商业方法专利，20 世纪 90 年代左右授予最早提出该方法的 Greenwich 信息技术公司。2001 年 Acacia 公司将该专利买下，以开展相关业务。
Soverain Software	购买技术	所谓的"购物车"专利适用于基于网络的系统，它涉及任何涉及卖方、买方和支付系统的网络交易，即电子商务。Soverain 以侵犯专利的罪名起诉了亚马逊，亚马逊为此支付了 4 000 万美元。2013 年，联邦地区法院裁定 Soverain 对 Newegg 的指控部分无效。
MercExchange (Thomas Woolston)	拍卖技术	有关 P2P 拍卖机制和数据库检索的专利，1995 年被授予。2003 年，eBay 因侵犯该专利权赔偿 2 500 万美元。2007 年，eBay 为"立即购买"功能申请永久禁止令，被美国联邦地方法院否决。2008 年，MercExchange 和 eBay 以保密协议解决了这一争议。
谷歌	搜索技术	1998 年谷歌申请搜索网页排名专利，2001 年获批。在 2011 年成为非排他性的，并于 2017 年到期。
谷歌	定位技术	2010 年谷歌宣布获得基于定位信息的广告系统的商业方法专利。
苹果	社交技术	2010 年苹果公司申请该专利，社交技术将能帮助一群好友随时沟通与互动，分享生活动态。
脸书	社交技术	2010 年，一个在社交网络上开发个人故事和新闻推送的算法专利。

8.3.4 商标：在线侵权和淡化

　　商标是"任何字词、名字、符号、图案或它们的任意组合……用于商业用途……标识和区别……商品……与其他厂家和销售商的商品加以区分并指示出商品的真正来源"。

　　　　　　　　　　　　　　　　　　　　　　　　　　　——《商标法》，1946 年

　　商标法是一种针对**商标**（trademarks）（即用以标识、区分商品并显示商品真正来源的标志）的知识产权保护形式。在美国，商标受到联邦政府和州政府的双重保护。制定商标法主要有两个目的：第一，确保消费者付款之后得到货真价实的商品，保护消费者的市场利益；第二，保护商标所有者（那些投入相当时间、资金和精力创造出商品并引入市场的经济主体）免遭隐私侵犯和商标盗用。现在，商标已经从简单的文字扩展到图片、性状、包装和颜色等多个方面。但是，有些事物不能用作商标，如单纯的描述性通用词语（如"时钟"）。商标申请的前提是企业涉及开展跨州商务活动，再由企业到美国专利商标局（USPTO）去登记注册。商标的保护期为 10 年且可无限延续。

对商标法的争议包括侵犯的认定标准问题。判定是否侵权包括两方面：市场混淆和恶意欺骗。使用极易与已有商标产生混淆造成消费者误解或是篡改商品来源地的商标的行为构成侵权。例如，2015 年，MTM 公司起诉亚马逊侵犯了其商标权，使购买 MTM 手表的消费者产生混淆，MTM 制作的军用风格手表在亚马逊上卖不出去。如果用户在亚马逊上搜索 MTM 手表，搜索结果显示的是 MTM 竞争对手提供的风格与 MTM 相似的手表。MTM 认为这可能会使顾客混淆。法院同意这种说法，于是受理了此案件（Levine，2015）。另外，故意使用他人商标中的字词和符号，从合法商标所有者手中盗取经济利益（"恶意欺骗"）的行为被严令禁止。

1995 年，美国国会正式通过《联邦商标反淡化法案》（FTDA），为政府治理淡化著名商标的行动提供法律依据。新法案取消用于调查是否会引起市场混淆的测试程序（尽管在认定侵权时仍需要测试），保护知名品牌商标不被淡化。所谓**淡化**（dilution），是指任何削弱商标和商品之间联系的行为。2006 年，《商标淡化修订法》修正了《联邦商标反淡化法案》，允许商标所有人根据"淡化可能性"标准提出索赔，而不是必须提供实际淡化的证据。《商标淡化修订法》还明确规定，可以通过模糊（削弱商标和货物之间的联系）和丑化（使用商标的方式使基础产品显得不体面或不健康）来进行淡化。在国际上，知识产权组织根据其统一的争端解决程序处理许多域名抢注案件。2014 年，世界知识产权组织警告称，ICANN 授权的通用顶级域名（gTLD）的扩张在商标保护方面很可能会造成巨大破坏（New，2014）。虽然获得一个新的 gTLD 的成本不是很低（估计超过 18 万美元），但到 2015 年 5 月，583 个新的 gTLD 已经获得批准。成功的申请者成为这些 gTLD 的所有者，并且可以创建并销售带有 gTLD 后缀的新域，比如 Avenger. movie。这些新域名中的许多可能与其他已注册商标存在潜在冲突。

为了解决这些商标冲突，ICANN 开发了一套程序，即所谓的统一快速暂停系统（URS），这是一个解决域名争端的程序，它允许商标所有者在一个新的 gTLD 中寻求域名的暂停。ICANN 还建立了一个商标清算所，作为注册、法庭认证或受保护商标的数据库。商标所有者注册他们的商标以收取费用。

总部在伦敦的 Vox Populi 公司成功申请了一个新的 gTLD。公司购买了通用顶级域名 sucks，并开始向那些不想让自己的品牌与 sucks 相关的公司出售域名，例如 Apple. sucks 和 CitiGroup. sucks 等。等到某一时刻，sucks 域名将向公众开放，在这个时候，任何人都可以创建一个新的域名，而这个域名可能会让一些著名的品牌名称尴尬或带来负面影响（Bloomberg News，2015）。ICANN 已表示可能寻求补救措施，并已向联邦贸易委员会发出警告，对 Vox 的行为的合法性提出意见。ICANN 不是一个拥有执行权的监管机构，它与新域名所有者的协议没有考虑到他们的商业模式（Fung，2015）。

商标与互联网

互联网商业化进程的高速推进为拥有知名商标的企业提供了扩大品牌影响力的绝佳机会，但同样也给某些别有用心的个人和企业带来种种便利，使其能够抢注名牌商标的域名或迷惑消费者，淡化各种著名商标（甚至包括你的名字和影星的名字）。互联网中唯一的域名注册代理商 Network Solutions 公司（NSI）一直奉行"先到先服务"的原则，导致合法商标持有者和蓄意抢注域名的企业之间的冲突不断升级。"先到先服务"意味着任何人都可以注册任何没有注册过的域名，而不管该域名与商标之间有什么关系。之所以会出现这种局面，完全是因为 NSI 没有裁决商标相关问题的权力（Nash，1997）。

越来越多的知名企业发现自己的商标已经被网络投机者提前抢注盗用而怨声载道，美国国会于 1999 年表决通过《反网络域名抢注消费者保护法案》（Anticybersquatting Consumer Protection, ACPA）。该法案认定，任何恶意抢注与现有知名商标相同或相似的域名以牟取不正当利益的行为必须承担民事责任，尚未规定刑事制裁。该法案禁止使用欺骗性域名盗取合法商标持有者的经济利益（**域名抢注**（cybersquatting）），禁止使用欺骗性域名吸引网络流量，恶意诋毁、玷污原有商标，引起市场混乱（**域名盗用**（cyberpiracy））。可以想象，类似之前描述的 Apple.sucks 可能被看作是一种域名抢注和违反 ACPA 的行为。此外，在未经他人许可的情况下，故意使用他人姓名或与姓名接近的名称注册域名，再向当事人兜售的行为也属违法行为。

目前，互联网上的商标滥用案件不胜枚举，表 8-16 列举了一些互联网上与商标法相冲突的主要行为以及由此产生的一些侵权案件。

表 8-16 互联网商标侵权案件

侵权方式	说明	实际案例
域名抢注	恶意抢注与他人商标相同或相似的域名，试图从商标合法持有者处牟取不正当利益。	E. & J. Gallo Winery v. Spider Webs Ltd.，129 F. Supp. 2d 1033 (S. D. Tex.，2001) aff'd 286 F. 3d 270 (5th Cir.，2002).
域名盗用	故意注册与他人商标相同或相似的域名，将消费者吸引到自己的网站上。	Ford Motor Co. v. Lapertosa，2001 U. S. Dist. LEXIS 253 (E. D. Mich.，2001); PaineWebber Inc. v. Fortuny，Civ. A. No. 99-0456-A (E. D. Va.，1999); Playboy Enterprises, Inc. v. Global Site Designs, Inc.，1999 WL311707 (S. D. Fla.，1999); Audi AG and Volkswagen of America Inc. v. Bob D'Amato (No. 05-2359; 6th Cir.，November 27, 2006).
元标记	网页的元标记中使用他人商标词语。	Bernina of America, Inc. v. Fashion Fabrics Int'l, Inc.，2001 U. S. Dist. LEXIS 1211 (N. D. Ill.，2001); Nissan Motor Co., Ltd. v. Nissan Computer Corp.，289 F. Supp. 2d 1154 (C. D. Cal.，2000), aff'd, 246 F. 3rd 675 (9th Cir.，2000).
利用关键字	在网页中放置可见或不可见的商标关键字。	Playboy Enterprises, Inc. v. Netscape Communications, Inc.，354 F. 3rd 1020 (9th Cir.，2004); Nettis Environment Ltd. v. IWI, Inc.，46 F. Supp. 2d 722 (N. D. Ohio, 1999); Government Employees Insurance Company v. Google, Inc.，Civ. Action No. 1：04cv507 (E. D. VA, 2004); Google, Inc. v. American Blind & Wallpaper Factory, Inc.，Case No. 03-5340 JF (RS) (N. D. Cal.，April 18, 2007).
直接链接	屏蔽其他网站主页，直接与含有特定内容的页面进行链接。	Ticketmaster Corp. v. Tickets.com，2000 U. S. Dist. Lexis 4553 (C. D. Cal.，2000).
框架屏蔽	将其他网站的页面内容置入自己页面的框架之中。	The Washington Post, et al. v. TotalNews, Inc.，et al.，(S. D. N. Y.，Civil Action Number 97-1190).

域名抢注与品牌劫持

涉及 ACPA 的首起案件是著名的酒精类饮料商标"Ernest and Julio Gallo"的持有者 E. & J. Gallo Winery 公司诉 Spider Webs 公司使用域名"ernestandjuliogallo.com"一案。Spider Webs 公司是一家域名投机公司，拥有很多以知名企业的名称注册的域名。ernestandjuliogallo.com 网站不仅有讨论酒精类饮料危害和反对 E. & J. Gallo Winery 公司的内容，而且页面效果极差。法院最终认定，由于"ernestandjuliogallo.com"指向的网站中每页都含有"ernestandjuliogallo.com"字样，其行为已构成商标淡化，违反 APCA 的规定，裁定 Spider Webs 公司不得继续使用

"ernestandjuliogallo. com" 域名（E. & J. Gallo Winery v. Spider Webs Ltd. ，2001）。2009 年，法院审理裁定出迄今为止赔偿金额最高的域名抢注案：Verizon 公司起诉网络域名注册公司 OnlineNIC 侵犯其域名获赔 3 300 万美元。OnlineNIC 曾经注册过 660 多个易与 Verizon 域名产生混淆的域名。尽管在 ACPA 下并没有很多的案例，但这并不意味着问题已经消失了。在社交网站上模仿个人和品牌，使这个问题又从另一方面产生。推特和脸书都在违反服务条款，进行域名抢注和模仿。

　　然而，对于一家公司来说，防止商标侵权或者防止非法者从他们的侵权行为中获利并不总是那么容易。美国电影艺术与科学学院（AMPAS）指控域名注册公司 GoDaddy 域名抢注（Academy of Motion Picture Arts and Sciences v. GoDaddy. com Inc et al. ，2015）。AMPAS 声称 GoDaddy 的做法是恶意的：GoDaddy 允许客户购买 293 个域名，如 Academyawards. net、Oscarsredacademyawards. net、Oscarsredcarpet. com、Billycrystal2012oscars. com 和 Theoscargoestothehangover. com，然后分享这些页面生成的广告收入。法院裁定，GoDaddy 依赖其用户的陈述，他们的域名注册并没有侵犯任何商标，并且它在收到删除请求后就删除了域名。法院称，AMPAS 未能证明 GoDaddy 从 AMPAS 的商标中获利。该诉讼表明，商标所有人在发现侵权时需要保持警惕，立即发出删除通知，并采取后续行动，以确保侵权网站被删除。责任显然在商标所有人。诉讼还表明，域名抢注者不可能停止欺骗和迷惑消费者。如果他们被抓住了，他们的站点就会被关闭，但是这样的举措并不会带来惩罚（Stempel，2015）。

域名盗用

　　域名盗用与域名抢注的手段类似，但盗用者的主要目的是抢夺合法网站的流量。在福特汽车公司诉 Lapertosa 公司一案中，Lapertosa 公司以 fordercalls. com 为域名注册一家成人娱乐网站。法院最终认定 fordercalls. com 试图通过欺骗手段淡化福特公司的合法商标，违反了 APCA 的规定（Ford Motor Co. v. Lapertosa，2001）。

　　此次联邦法院的判决主要是参考另外两起域名盗用案的审判结果。在 Paine Webber 诉 Fortuny 一案中，法院判决禁止 Fortuny 公司继续使用 www. painewebber. com 域名传播色情内容，认为该域名的使用对 Paine Webber 公司的合法商标构成淡化和诋毁，并且其通过欺骗手段转移 Paine 公司合法网站 www. painewebber. com 流量的行为也属非法（PaineWebber Inc. v. Fortuny，1999）。而在 Playboy Enterprises 诉 Global Site Designs 一案中，法院同样判决被告不得在域名 playboyonline. net 和 playmatesearch. net 中继续使用 "Playboy" 和 "Playmate" 等字眼，同时移除网页的元标记中任何有关 Playboy 公司商标的标签（Playboy Enterprises, Inc. v. Global Site Designs, Inc. ，1999）。上述案件中，被告的行为都属于试图通过欺骗手段吸引合法网站用户来获取经济利益。

　　误植域名是域名盗用的一种形式，即通过注册拼错的流行网站域名获利。这时，网络用户往往会被误导到与其本想访问的网站完全无关的站点。例如，约翰·米卡里尼（John Zuccarini）就是个臭名昭著的误植者，他利用知名儿童品牌 Bob the Builder 和 Teletubbies 的错误拼写申请域名，创建了不少色情网站。2002 年约翰因其可耻行径而被判入狱。2007 年，约翰又因参与类似犯罪活动而遭到 FTC 的罚款（McMillan，2007）。哈佛商学院教授本·埃德尔曼（Ben Edelman）进行的一项研究发现，在 3 264 个顶级 "com" 网站上至少有 938 000 个域名被滥用，其中 57% 的域名包括谷歌按点击付费广告。2011 年，脸书对 25 个使用 Faceboook、Facemook、Faceboik 和 Facebooki 等域名建立网站的域名注册人提起诉讼。2013 年，脸书获得了 280 万美元的赔偿。

元标记

网页的元标记中使用知名商标是否合法的界定更加复杂和敏感。如果网页中使用商标作为元标记不会造成混淆，以致误导消费者，这种做法就属于合法行为。界定是否造成混淆则主要取决于网页的内容。对一家汽车经销商而言，在网页的元标记中使用某品牌汽车的商标是合法的，而如果是色情网站或该品牌竞争对手的经销商，就不能使用这一商标。例如，如果福特汽车的经销商在元标记中使用"本田"等字样，则可能构成侵权。而使用"福特"就不大可能存在侵权的问题，因为福特公司没理由会去控告其经销商使用自身的商标名称。

在 Bernina 诉 Fashion Fabric 一案中，Bernina 是一家缝纫机生产商，控告分销商 Fabric 网站的元标记中使用"Bernina"和"Bernette"商标名。法院查明被告网站中对 Bernina 商品的介绍存在误导性成分，易使消费者产生误会。法院认为，被告在网页的元标记中使用 Bernina 商标，其实并未违反 APCA，但结合网站的误导性言论可能会让消费者混淆，构成侵权，因而判决 Fabric 不得再使用属于 Bernina 公司的商标名（Bernina of America，Inc. v. Fashion Fabrics Int'l，Inc.，2001）。

在 Nissan 商标之争的案件中，Uzi Nissan 自 1980 年起就一直使用自己的姓"Nissan"作为商标开展贸易活动，如尼桑计算机公司。Uzi Nissan 先后于 1994 年和 1996 年注册了 Nissan. com 和 Nissan. net 两个域名。原本 Nissan. com 和日产汽车公司毫无瓜葛，但随着这几年 Nissan. com 开始销售汽车零部件，两者便出现了摩擦。法院最终裁定尼桑计算机公司确实侵犯日产汽车的商标，但其不必关闭网站且可继续使用"Nissan"等元标记，只是必须在网页上标注与日产汽车无任何关联（Nissan Motor Co.，Ltd. v. Nissan Computer Corp.，2000）。

利用关键字

搜索引擎中使用商标作为关键字是否合法也值得推敲，取决于是否出于商业目的、是否对用户造成潜在困惑以及搜索结果如何。

在《花花公子》杂志与网景的商标案件中，《花花公子》反对当人们输入"playboy"、"play-mate"和"playgirl"等关键字后，Netscape 和 Excite 搜索引擎会显示与《花花公子》杂志无关的横幅广告。最终，第九巡回上诉法庭驳回被告的简易判决动议，坚持认为横幅广告不得使用与广告方无关的标志，如广告中含"Playboy"字样又不指向《花花公子》杂志，容易造成消费者困惑，从而构成商标侵权（Playboy Enterprise，Inc. v. Netscape Communications，Inc.，2004）。

谷歌公司也因在线广告业务涉及非法利用他人商标而官司缠身。例如，保险公司 GEICO 就以搜索"Geico"关键字时会返回竞争对手广告为由起诉谷歌。美国联邦地方法院判定只要内容中不包含 Geico 等字眼，谷歌的做法并不违反联邦商标法（Government Employees Insurance Company v. Google，Inc.，2004）。尽管如此，谷歌随即停止在广告文字中使用 Geico，并与对方达成和解协议（Associated Press，2005）。又如，2009 年，语言学习软件公司 Rosetta Stone 控告谷歌侵犯其商标权，理由是谷歌的关键字竞价广告 AdWords 允许其他公司未经允许随意在广告中使用 Rosetta Stone 的商标。2012 年，第四巡回上诉法庭通过陪审团判决，认为谷歌有商标侵权行为。证据来自对谷歌内部实施的调查，发现很多老网民有时也意识不到那些赞助的链接是广告。2012 年，Rosetta Stone 与谷歌达成和解，这被视为谷歌的战略胜利，因为它消除了最后一起挑战谷歌 Ad-Words 项目合法性的重大案件。目前，谷歌允许任何人购买其他人的商标作为关键字。2011 年，微软决定也遵循这一做法。

直接链接

链接（linking）是指建立从某网站到另一网站的超文本链接。它一直以来都被认为是万维网的独有特色和优势。**深度链接**（deep linking）则是指绕过目标网站的首页，直接访问特定内容页面的链接。在 Ticketmaster 诉 Tickets. com 一案中，微软旗下 Tickets. com 公司与 Ticketmaster 是订票市场上两家直接竞争的企业。当某项赛事或节目的门票缺货时，Tickets. com 网站会绕过 Ticketmaster 首页，而将用户直接导航至 Ticketmaster 的购票页面。尽管该页面包含 Ticketmaster 标志，但 Ticketmaster 公司仍旧强烈反对，认为此类"深度链接"违反了自身的用户协议（列示在 Ticketmaster 网站，等同于拆封授权），属于发布虚假广告，构成版权侵犯。但是，法院认为，由于不涉及复制行为，深度链接本身不触犯版权法。况且，Ticketmaster 的用户协议列示的位置也不够明显。而用户也没有必要每次购票前都去阅读该协议条款。因此，法院最终做出不利于 Ticketmaster 的裁决。但这一判决后续引发不少有关许可问题的深入讨论。尽管如此，Tickets. com 最后还是同意终止使用深度链接，与 Ticketmaster 公司达成庭外和解（Ticketmaster v. Tickets. com，2000）。

框架屏蔽

框架屏蔽（framing）是指利用框架或窗体布局技术将其他网站的内容展示在自身网页中。用户无须离开采用框架屏蔽的网站就能浏览其他内容，因此就只会看到该网站中的广告，其他网站的广告则会被屏蔽。更有甚者，网站可能不会标出框架内容的真正来源。在《华盛顿邮报》等诉 TotalNews 一案中，华盛顿邮报、CNN、路透社等多家新闻机构联合起诉 TotalNews 公司，控告其 TotalNews. com 网站所使用的框架屏蔽技术侵犯了原告的版权和商标权，淡化了原告网站的内容。原告还强调，TotalNews 的框架屏蔽行为已对其网站广告收入造成巨大损失。

TotalNews 网站采用四格非对称框架布局。TotalNews 商标展示在屏幕底端的左侧框架中，屏幕左侧的垂直框架中则放置新闻机构的导航链接，TotalNews 的广告在屏幕下方的框架中，中间偏右的框架最大，新闻内容的正文呈现在此。用户点击某家新闻机构链接时，即可在"新闻框架"中看到该机构网站的内容和广告。但有时，框架技术会改变甚至破坏链接网站（包括广告）的布局和呈现方式。然而，自身网站的广告内容由于放置在独立的框架中，不会受任何影响。此外，尽管网页最大框架的内容来自其他网站，但页面的 URL 始终固定为 TotalNews 的地址。不过，"新闻框架"也不会完全消除其他新闻网站独有的页面特征。

此案最终以庭外和解告终。上述新闻机构仍允许 TotalNews 继续链接自己的网站，但禁止其采用框架屏蔽技术或任何暗示与这些新闻机构有密切关系的做法（The Washington Post et al. v. TotalNews，Inc.，1997）。

8.3.5　商业机密

公司创造的大部分价值不在于版权、专利或商标。有一种知识产权，它与商业程序、公式、制造和提供服务的方法有关，公司可以从中获得价值，并且不希望以专利申请或版权的形式与他人分享。这种知识产权称为**商业机密**（trade secrets）。最著名的有：可口可乐的配方、通用电气的喷气发动机涡轮叶片生产技术。商业机密不同于其他版权和专利保护，因为它们可能不是独特的或新颖的。如果（a）信息是一个秘密（其他人不知道的东西），（b）对其所有人具有商业价值，（c）业主已采取步骤保护这一秘密，则该信息可被视为商业机密。美国的公司被认为拥有数万亿美元的商业机密（Gershman，2016）。

直到最近，商业机密的定义和执行大多都在州法律中，因为历史上的企业通常都是本地的，商业机密被窃取也是如此。当数字时代到来，企业扩展到全国和全球时，就需要更高水平的法律保护。2016 年，奥巴马总统签署了《保护商业机密法案》（DTSA），该法案创建了一项联邦隐私保护行动。DTSA 是对黑客和外国从美国公司和政府信息系统大规模窃取商业机密（也称为经济破坏）的回应。欧盟正在制定类似的商业机密指令来保护欧洲公司和国家（Crouch，2016）。根据美国专利和贸易办公室的报告，盗窃商业机密是历史上最大的财富转移之一，每年花费美国公司 3 000 亿美元（Lee，2016）。但是，目前还不清楚新法案是否真的有能力保护企业免于商业机密窃取。

8.3.6　挑战：寻求知识产权保护与其他价值诉求之间的平衡

知识产权和法律面临的挑战是确保知识产权创作者能够从他们的发明和作品中获得好处，同时也可以使他们的作品和设计的传播和使用最大化。保护知识产权免受猖獗的盗窃，不可避免地使得作品的发行量被限制，进而限制创作者的利益。然而，如果没有这些保护措施，知识产权创造者没有利益，创新的步伐可能会放慢。直到 2005 年，在电子商务发展的最初几年中，这种平衡被更多地指向了互联网分销商，它们声称自己不受知识内容的限制，尤其是音乐的限制。2005 年之后，iTunes 商店、智能手机和平板电脑出现，这种平衡又转向了内容所有者，这主要是因为互联网分销商依赖高质量的内容来吸引消费者，但也有一部分原因是，诉讼在提高未能保护知识产权的互联网公司的成本方面很有效。

8.4　监　管

监管（governance）与社会控制有关：谁来控制互联网？谁来控制电子商务流程、内容和活动？应该控制哪些要素？如何保障控制措施的落实？说到监管，首先必须明确的是：为何社会需要对电子商务进行"控制"？答案就在于尽管其本质不同，但电子商务与互联网息息相关，因此控制电子商务也会对规范互联网有所帮助。

8.4.1　互联网控制能实现吗？

早期互联网的推崇者曾说过，互联网与以往任何技术都大不相同。他们主张，互联网控制是无法实现的。互联网固有的非集中式设计、跨国界的特性以及基础包交换技术都使监视和控制信息内容寸步难行。到如今，仍有不少人深信如此。言下之意是：电子商务乃至任何互联网站点中的内容和活动是无法控制的。内容问题，如色情、赌博、攻击性的文字表达和图形，以及知识产权保护的商业问题，开创了当今政府对互联网和电子商务的监管日益增长的时代。目前，我们处于一种混合模式的政策环境中，各种互联网政策和技术机构的自我调节与有限的政府监管并存（Stone，2010）。

事实上，正如第 3 章中描述的那样，互联网在技术上非常容易受到来自中心地点（如网络接入点、电信公司或机构光纤干线以及整个网络中的服务器和路由器）的控制、监测和调整。例如，沙特阿拉伯、伊朗、朝鲜、泰国、新加坡等国家就利用政府控制的中央路由器来管理内外数据流的访问，或者由受政府严格管制的大型互联网服务提供商对网络访问进行直接控制。

2009 年，伊朗爆发大规模街头游行示威，抗议总统选举不公。随后，伊朗政府发动堪称全球最为复杂严密的机制来控制和审查网络内容。政府利用西门子、诺基亚等西方企业开发的基于深度包监测的监控系统，打开任何通信数据包，查询替换掉敏感关键字，经重新密封后再发布到网络上。

在美国，正如知识产权保护章节所讨论的，违反现行法律的电子商务网站会被勒令关闭。政府会强行要求互联网服务提供商"删除"非法或偷窃的内容。国家安全局和联邦调查局等政府安全机构也可在获得法院授权后，对互联网服务提供商的数据流和数百万电子邮件的信息加以监视。《爱国者法案》规定美国情报机构有权监视和读取任何疑似与恐怖组织有关的互联网流量，紧急情况下甚至可绕过司法审查流程。美国安全机构已与国内大型通信运营商（如 AT&T、Verizon 等）展开合作，能够访问几乎美国所有的互联网通信。许多美国企业还制定了员工网络使用限制规范，防止员工从事与工作无关的赌博、购物等网络活动。

目前，美国国内对加强网络媒体控制的强烈呼声已与保护言论自由的社会和政治价值观产生剧烈摩擦。最高法院在数起案件中的裁决给予提倡制定网站内容限制法案的人们重重一击。美国《宪法第一修正案》规定："国会不能通过含有以下内容的法律……限制言论自由或出版自由。"事实也证明，已有 200 多年历史的《权利法案》对尝试控制电子商务内容的种种努力构成极大限制。

8.4.2　税收

电子商务税收相关的治理和管辖问题超乎想象地复杂。欧洲和美国的税收收入主要依赖基于商品种类和出售价值的销售税。在欧洲，整个价值链环节都需缴纳该税种，称为"增值税"（VAT），包括出售给终端消费者的环节。而在美国，州和地方政府只对销售给消费者的最终环节征税，称为"消费税"和"使用税"。只有在最终出售环节才需缴纳被称作消费税的销售税。美国有 50 个州、3 000 个郡和 12 000 个自治市，各地均有独立的税率和税收政策。有的州对奶酪征收小吃税，但其他州可能只将其作为基本食品而不征收任何税种（如威斯康星州）。消费占据低收入人群支出中的绝大部分，因此消费税对其十分不利。然而，销售税是州和地方政府主要的收入来源，特别是在没有所得税的州。

美国 20 世纪 30 年代末期首次开征销售税。当时经济处于萧条时期，地方政府利用消费税筹集财政收入。该税收收入最初皆用于道路、学校和商业基础设施的建设，但多年后逐渐成为州政府和地方政府的一般管理费用。大多数州都实行全州统一的销售税，再附加小部分地方销售税。各地税率也不尽相同，有些州实行零消费税税率（如北达科他州），而纽约市的税率则高达 13%。

20 世纪 70 年代，美国零售业兴起诸如邮购/电话订购（MOTO）的远程销售模式，打破地理位置与贸易之间的传统关系，也使州政府和地方政府向零售商征税变得更加复杂。州政府要求 MOTO 零售商按照收货人的地址统计缴纳销售税，但 1967 年和 1992 年最高法院的两次裁决声明，除非零售商的经营活动与该州具有某种"联系"（地理位置），否则州政府无权向 MOTO 零售商征收州销售税。

电子商务可以看作远程销售的最新形态，其飞速发展使政府再次面临是否开征消费税以及如何征收的难题。由于商品可能被销往高税率地区，电子商务零售商从一开始就享受着高达 13% 的税收补贴，地方零售商对其享有如此高额的税收补贴颇有微词。对此，电子商务企业辩称，新的业务模式尚在发展初期，必定需要国家的扶持和鼓励。况且，各州的消费税和使用税征收机制大相径庭，也不适用于在线销售领域。诸如亚马逊等大型在线零售商坚持自己无须向开展业务所在地以外的其他州政府缴纳消费税，因为公司并未享受当地的学校、消防、警察等政府服务。此时，州政府和地方政府发现，几十亿美元的税收财政收入正悄然流失，在从自己手中悄悄溜走。由于亚马逊的商业模式已经发生了变化，它在靠近城市的周边地区建立了新的配送中心，实现了次日送达，因此，它对销售税的反对态度有所软化。2015 年，最高法院对科罗拉多州的一项法律提出了质疑，该法律要求公司向州居民报告在线销售，以确保该州居民就在科罗拉多州的销售收入缴纳税款。到目前为止，有 13 个州无视最高法院的裁决，对各州居民的网上购物征收销售税，希望以此迫使提起诉讼，并有可能由最高法院做出新的裁决，特别是因为法院还指出，允许亚马逊等州外公司通过网上销售来支持电子商务销售的前提不再适用，因为电子商务市场已经猛增到了 6 000 亿美元。最近一项研究发现，自 2012 年以来，由于电子商务的销售未被征税，各州损失了 230 亿美元的收入。在"商务透视"专栏"互联网销售税之战"中，我们将进一步了解电子商务销售税的斗争。

商务透视

互联网销售税之战

大多数人在发现自己不用为网上购物缴纳任何销售税的时候都很高兴。然而，很少有人会停下来思考他们免税购买会产生的影响。在征收销售税的 45 个州中，许多州都已目睹了电子商务给它们带来的收入损失。据估计，全美国每年累计损失近 140 亿美元。经济学家指出，州外电子商务销售带来的收入损失不仅会影响州和地方的销售税，还会影响就业，最终也会影响州所得税的征收。

互联网销售税收政策是最高法院对 Quill 诉北达科他州案的裁决所决定的，该判决认为，没有商店或其他实体店（运营枢纽）的零售商不得被迫缴纳州销售税。公民应负责将未缴纳的销售税连同他们的州所得税一并缴纳。意料之内，这导致了近乎全美国的抵制与拒绝服从。不弥补这个漏洞的理由是为新生的电子商务市场提供保护。随着 2016 年 B2C 电子商务销售总额预计将达到 6 000 亿美元，这种保护显然已经不再需要了。最近，最高法院提出它可能会重新考虑之前在 Quill 案件中做出的裁决，最高法院大法官安东尼·肯尼迪（Anthony Kennedy）在一个案例中写道，Quill 案的决定对各州和单一国有企业造成的损害程度远远超出预期。

互联网零售巨头亚马逊一直处于政治斗争的中心。许多对损失的收入感到失望的州都对亚马逊展开了制裁，因为这些收入原本可能被用来平衡预算和阻止进一步裁员。得克萨斯州、伊利诺伊州、纽约州、罗得岛州、加利福尼亚州和北卡罗来纳州是第一批通过税收法案和立法将目标对准亚马逊的州，

该法案旨在让电子零售商支付其在销售税中所占的份额。面对各州接连不断的攻击，亚马逊制定了双重战略。在短期内，它与在它计划内开放分销中心的州达成协议。这些配送中心的战略定位是为了支持其长期目标，以及它希望建立的当日送达的新竞争优势。

例如，亚马逊在 2012 年与得克萨斯州通过达成协议解决了争端，它同意在 4 年时间内创造 2 500 个当地就业岗位，并支付一笔未披露的金额来解决其税务账单，且开始从得克萨斯州居民那里收取销售税。亚马逊与新泽西州达成了一项类似协议，允许其在该州建立两个配送中心。亚马逊还将从国家经济发展局获得一些有待定夺的税收优惠政策。在加利福尼亚州，为了换取为期一年的缓期缴纳税收，亚马逊同意斥资 5 亿美元兴建新设施，帮助它在两个主要都市地区实现当日送达。2015 年，亚马逊撤回了在明尼苏达州的税收减免请求，因为它计划在那里建立一个新的配送中心。

亚马逊也希望联邦政府能尽快介入。2011 年，亚马逊支持一项名为《主要街道公平法案》的法案。根据该法案的规定，年收入低于 100 万美元的企业将不需要缴纳销售税。各州将不得不同意《简化销售》和《税收使用协议》，该协议调整了它们的税收政策，以方便零售商达成合规。现在熟知的《市场公平法案》（MFA）在 2013 获得了参议院通过，但一直难以在众议院通过。在那里立法者担心 MFA（现在更名为《远程交易平价法案》）将迫使小企业

顾及 9 000 多项州和地方税法，而且支持看起来像是新税的新法律肯定不受欢迎。该法案将制定一套统一的电子商务销售税收规则。没有征收任何销售税的州（阿拉斯加州、俄勒冈州、新罕布什尔州、蒙大拿州和特拉华州）也是该法案的反对者，因为它会迫使它们征收本来不属于自己税法的税款。

亚马逊、沃尔玛、百思买和其他零售商都大力游说支持该法案，因为这将会消除许多小型竞争对手的主要优势。可能担心法案无法通过，保险起见，亚马逊进行了对冲投入，仍然在个别州就电子商务销售税征收权利继续进行斗争。但该公司正在逐渐接受它正在参与一场注定失败的斗争的事实。亚马逊现在已经向 28 个州的 84% 的美国消费者收取销售税，其中包括大多数人口最稠密的州。印第安纳州、内华达州和田纳西州的居民在 2014 年开始缴纳销售税，2015 年伊利诺伊州和密歇根州也加入了这个队伍。2016 年，南卡罗来纳州人开始对亚马逊采购纳税，并且在科罗拉多州关于在线销售税法合宪性的长期司法诉讼已告结束，联邦上诉法院裁定法律应该继续生效且亚马逊同意接受在该州缴纳销售税。亚拉巴马州也实施了一项销售税法，直接与 2016 年 Quill 案的裁决相矛盾，希望借此促使零售商提起诉讼，然后再由国会或最高法院介入并在全国范围内一次性永久解决这一案件。南达科他州颁布了类似的法律，促使网上珠宝商蓝色尼罗河等零售商停止在该州的销售和经营，并积极起诉了一些知名的全国性零售商，如 Newegg 和 Overstock，希望能够引起最高法院的注意。

亚马逊仍然在力所能及的方面继续反对新税法，它撤销了在路易斯安那州、阿肯色州、缅因州、密苏里州、罗得岛州和佛蒙特州等州的附属项目，对要求公司在建有运营枢纽的州缴纳销售税的法律进行回应。2016 年，众议院对科罗拉多州、南达科他州和亚拉巴马州的新法律做出了回应，这些法律更

明确地定义了不同类型的运营枢纽。法律不允许各州从商家收取不符合法案对运营枢纽要求的商业税，其中包括所在地的所有权、雇员、办公室和个人财产。该法案被称为《2016 年代表决定管理法案》，该法案尚处于初步阶段，但可能会遇到州和地方政府的抵制。

资料来源："FBA Sellers: Radically Different New Sales Tax Bill Introduced in Congress," by Jennifer Dunn, Blog. taxjar.com, July 26, 2016; "Retailers Unite! Counter Divide-And-Conquer Tactics on Online Sales Tax," by Steve Delbianco, Internetretailer.com, July 25, 2016; "Blue Nile Stops Shipping to South Dakota," by Matt Lindner, Internetretailer.com, May 3, 2016; "South Dakota Sues Four Big Online Retailers Over Sales Taxes," by Sandra Guy, Internetretailer.com, April 29, 2016; "Amazon Ends Its Affiliate Program in Louisiana Over a Sales Tax Law," by Sandra Guy, Internetretailer.com, April 5, 2016; "Battle Lines Form Again Over Online Sales Tax Rules," by Sandra Guy, Internetretailer.com, February 26, 2016; "Colorado's 'Amazon Tax' Law Upheld in Federal Appeals Court," by Sandra Guy, The Denver Post, February 23, 2016; "Colorado Can Enforce Its 'Amazon Tax' Law: U.S. Appeals Court," by Jonathan Stempel, Reuters, February 22, 2016; "Amazon to Collect Colorado Sales Taxes on Purchases Starting Feb 1," by Alicia Wallace, Denver Post, January 15, 2016; "Internet Sales Tax Bill Looms Again, What Entrepeneurs Need to Know," by Erica Nicole, Yfsmagazine.com, June 16, 2015; "Strategies: The End May (Finally) Be Near for the Online Sales Tax Loophole," by David Schachter, Bizjournals.com, May 15, 2015; "Bid to Collect Online Sales Taxes Is Stalled in Congress," by Lindsay Wise, Thenewstribune.com, May 7, 2015; "Michigan Passes New 'Amazon Tax' Law Requiring Internet Sales Tax Collection," by Joel C. Farrar, Lexology.com, April 21, 2015; "Upholding Internet Sales Tax Law, a Justice Invites a New Case," by Adam Liptak, New York Times, March 3, 2015; "Tax Collections on Online Retail Sales: The Rest of the Story," by Robert A. Robicheaux, State Tax Notes, September 15, 2014; "Amazon's Loathsome Tax Scheme: How Behemoths Defeat Main Street-And How We Can Stop Them," by Kathleen Sharp, Salon.com, July 12, 2014; "New Year Rings in Sales Tax for Amazon Shoppers in Three States," by Greg Bensinger, Wall Street Journal, January 1, 2014.

1998 年，美国国会通过了《互联网税收自由法案》，规定 3 年内禁止征收针对电子商务和互联网接入服务的税收，于 2001 年 10 月效力终止。从那时起，禁令就被延长了好几次，到 2016 年，美国国会永久禁止了这一禁令。

欧洲及欧美间贸易的征税情况同样复杂。负责协调欧洲、美国和日本等国经济政策的经济合作与发展组织（OECD）正在评估针对电子下载商品的消费税和营业利润税的不同税收方案。2003

年，欧盟也开始考虑如何向外国企业征收数字商品（如数字音乐和软件）增值税。目前，欧盟已要求企业向成员国消费者征收增值税，美国企业则可享受免税待遇。这使美国企业获得巨大的税收价格优势。欧洲国家与谷歌、苹果、雅虎等互联网公司还有其他税收问题：向一个国家的消费者出售商品，但是将其销售记录在像爱尔兰这样的低税国家。

8.4.3　网络中立

网络中立（net neutrality）是指互联网服务提供商（包括有线互联网和无线运营商）应该以平等的方式处理互联网上的所有数据，而不能因为其内容、协议、平台、硬件或应用程序区别或价格差异来进行不平等的处理。在 2015 年 2 月之前，互联网服务提供商可以根据协议或使用量对某些用户进行歧视。例如，用户使用 BitTorrent 协议在非法站点下载就会被阻止或限流（互联网速度减慢）。在网飞或其他网站观看大量电影的用户偶尔会受到限制；当网络堵塞时，无线手机运营商阻碍了高带宽用户的数据传输速度；像网飞和 YouTube 这样的大型网站一共占据了美国 50％的互联网带宽，它们与互联网服务提供商达成协议，支付比普通商业或家庭用户更高的互联网费用（Gryta，2015a）。

互联网服务提供商一直反对网络中立的想法。互联网服务提供商称，它们需要能够管理其网络上的负载，以确保稳定的服务，而不会断网或减速。限制高带宽用户是管理网络负载所必需的。它们还认为，家庭及个人用户如果下载大量电影文件，要比只上网和收发电子邮件每月支付更多的网络服务费。更重要的一点是，互联网服务提供商声称，联邦通信委员会没有权力对它们进行管理，因为它们并不是传统电话公司等常见运营商。互联网服务提供商在 20 世纪 90 年代被联邦通信委员会归为信息服务，这在很大程度上是因为当时互联网被认为是应该培育并且不受联邦通信委员会干扰或管理的创新型信息提供商。当时的互联网对社会的运作并不重要。

这一观点终结于 2015 年 2 月 15 日，当时联邦通信委员会裁定互联网宽带服务提供商应该被视为与电话公司类似的公用事业，以确保所有人都能公平地获得服务、部署可接受的宽带服务水平以及供应商之间的竞争。2015 年，这一变化使得互联网已经发展成为一个国家数百万人、企业和政府的日常生活必不可少的电信服务，因此，共同的载体对社会的运作是至关重要的（就像铁路服务那样）。联邦通信委员会是根据 1934 年的《通信法案》设立的，用于管理电报和无线电，然后又增加了对电视、卫星和有线电视的监管。联邦通信委员会还否决了州法律，这使得城市难以运营自己的宽带网络。通过这种方式，长达数十年的关于网络中立性的辩论朝着解决迈出了一步。该裁决没有对互联网服务供应商定价做出规定，定价仍由互联网服务提供商掌握（Gryta，2015b）。2016 年，联邦上诉法院维持了联邦通信委员会的观点，即互联网服务提供商是一种中立的、不加区别的言论传播平台。

然而，关于网络中立性的争论还没有结束。大型电信运营商正准备对联邦通信委员会的裁决提出法律挑战。但是，公众强烈支持监管互联网服务提供商，以确保更快的宽带、更多的竞争，以降低价格，并提高服务水平。网飞、谷歌和其他许多互联网内容巨头公开支持联邦通信委员会的决定，以此作为消费者的胜利（Ruiz，2015）。联邦通信委员会议程中的一项提案是通过允许消费者以类似智能手机或计算机控制互联网接入的方式控制有线电视，结束有线电视公司对电视机机顶盒的垄断（McKinnon，2016）。有线电视业强烈反对这项建案。

8.5　公共安全与福利

任何政府都时刻以公共安全、健康和福利为己任。因此，政府颁布诸多法律对从高速公路到广播和电视节目内容等方方面面进行管理。过去，政府对所有类型的电子媒体（电报、电话、广播和电视）都加以管制，以维持有序的商业通信环境，同时控制住可能危害政府或大型社会团体的媒体内容。一直以来，得益于宪法对言论自由的保护，美国的报纸和印刷媒体始终不受政府制约。但是，广播和电视等电子媒体由于使用公共无线频道，因此常受到某种程度的内容约束。此外，电话作为承担特殊社会职能的公共设施与"公用载体"，也一直受到管制，但其通话内容不受限制。

目前，美国社会对电子商务争论的焦点主要是围绕儿童保护、对公共媒体中色情内容的强烈不满、如何控制赌博，以及如何限制毒品和香烟的销售保障公共健康等话题。

8.5.1 儿童保护

色情业是互联网中极为成功的行业。关于网络色情活动产生的收入统计数据范围很广。有报告显示色情网站的网络流量占所有网络流量的 30%，但这可能不确切，也没有可靠的依据。调查显示，全球访问量最大的网站中，有 4% 的网站包含色情内容，14% 的网站搜索涉及性内容（Ward，2013）。据估计，美国网上色情产品每年产生 10 亿～120 亿美元的收入，全球收入估计为 970 亿美元。传统的 DVD 色情产品收入下降了 80%，因为所谓的电视网站（如 YouTube 色情频道）已经通过免费的网络迅速扩展。盗版和传统的视频一样猖獗，它们的收入主要来自高级订阅和广告。

为对色情传播网络加以控制，美国国会于 1996 年颁布《通信规范法案》（CDA）。该法案规定，使用任何通信设备向他人，尤其是 18 岁以下未成年人传送"任何猥亵、淫秽、黄色、肮脏或者下流的言论、请求、建议、提议、图片"等信息都属于严重犯罪行为（1996 年《通信规范法案》第 502 条）。1997 年，最高法院因其违反《宪法》及其第一修正案中保护言论自由的相关条款，宣布《通信规范法案》无效。尽管政府认为《通信规范法案》只是一部区域性法案，旨在限制 18 岁以下未成年人访问"成人"网站，但最高法院认为该法案只是笼统地概括所禁止内容，以其含混不清、难以执行为由驳回政府的抗辩。CDA 的第 230 节经历了审查，该节提供了对交互式计算机服务（如互联网服务提供商和网站）的提供者和用户的豁免，因为他们被认为是可能对他人发布的有害内容负责的出版商。这是一项允许社交网络、博客和在线公告板在不担心被追究网络诽谤或诽谤责任的情况下运作的法律。2002 年，最高法院再度废止另一部法案——1996 年《反儿童色情法案》。该法规定依托计算机图片创造、散布或张贴儿童或青少年色情内容属犯罪行为，最高法院认为青少年亦涵盖在内，与真正的儿童相比，对象范围过于宽泛（Ashcroft v. Free Speech Coalition）。1998 年《儿童在线保护法》（COPA）也是同样的命运。

2001 年，国会颁布美国《儿童网络保护法案》（CIPA），要求所有学校和公共图书馆必须采取"反科技保护措施"（一款过滤软件），避免学生遭受色情内容的危害。2003 年，最高法院推翻联邦地区法院对 CIPA 有违《宪法第一修正案》保障的言论自由权的判决，可见其对该法案的支持。最高法院陪审团的意见是 6：3。支持方认为对图书馆收藏的书籍加以限制，就如同适当限制互联网的接入，不属于构成对言论自由权的威胁。反对的陪审员则认为这种类比并不恰当，相反认为此举好比图书馆购买色情图书收藏，又将可能危害学生的书页撕掉。不过，所有法官都认同现有屏蔽软件过于迟钝，无法有效区别儿童色情内容和色情素材（受《宪法第一修正案》保护），即使有所区分也不可信（Greenhouse，2003b）。诸如 2002 年的《域名法案》等法律尝试阻止缺德的网站运营者利用迷惑性的域名或儿童熟知的字段引诱其访问色情内容。互联网名称与数字地址分配机构最终讨论通过另一类似的法案，即为成人网站创建独有的 .xxx 域名，于 2010 年获得 ICANN 批准，并于 2011 年开始对.xxx 域名进行有限注册。不希望自己的品牌与.xxx 域名关联的商标持有人，可以阻止其他公司对包含其品牌名称的域名的请求。美国 2003 年《保护法案》是一部综合性法案，旨在保护儿童免受计算机色情内容的危害。第十一巡回上诉法院曾判定该法案的部分条例违宪，但是 2008 年，最高法院驳回上诉法院的判定，出面维护该法案（Greenhouse，2008）。

1998 年《儿童在线隐私保护法》（COPPA）禁止网站收集 13 岁以下儿童的信息。但是，如果获得父母的同意，就允许收集这类数据。由于 COPPA 不干涉言论，法院尚未对其提出质疑。然而，自 1998 年以来，开始通过全新的技术收集有关儿童的数据，如社交网络、在线跟踪、广告网络、在线游戏和移动应用程序，而 COPPA 或联邦贸易委员会的条例没有具体涉及这些问题。为应对技术和公众压力方面的这些变化，联邦贸易委员会宣布了一套新的规则，这些规则现在已经生效。新的规则禁止在网络上使用 cookies 或其他任何技术（如持久标识符）在线跟踪儿童；禁止广告网络在网上跟踪儿童并在没有父母同意的情况下向他们展示广告；移动设备必须受 COPPA 的管辖，包括游戏和软件应用；在网站上收集数据的第三方数据收集公司应对任何非法数据收集负责。

搜索引擎和互联网服务提供商在消除网上儿童色情制品方面也可以发挥作用。互联网监测基金会是联合国的一个非营利组织，其任务是消除网上的儿童色情产品，该基金会有超过 200 个来自互联网技术公司的成员（Internet Watch Foundation，2015）。2015 年，谷歌、脸书、微软和推特联合起来，使用互联网监测基金会的哈希表删除其服务中的虐待儿童图片。其他与互联网监测基金会合作的公司包括思科、黑莓、Dropbox 和 PayPal（Lien，2015）。但是，当科技公司成为内容审查者时，它们就会处于一个尴尬的境地，即成为传媒公司，决定向用户展示的新闻、观点和艺术。脸书、谷歌、雅虎等强烈否认了这一角色定位，相反，它们认为自己只是单纯的渠道提供者。例如，2016 年，脸书删掉了一张获得普利策奖的照片，在这张照片中一名 9 岁的裸体女孩在越南战争期间刚刚逃离了凝固汽油弹，泪流满面。但因为违反了儿童色情制品的标准，所以将其删除。但是，在全世界成千上万的人在他们的脸书页面上贴出这张照片后，公司又将这张照片恢复，因为它意识到这张照片在历史记录中的全球重要性（Scott and Isaac，2016）。分析人士推测，脸书可能是全球最重要的编辑，因为它选择的是数十亿人在网上关注的内容。

8.5.2　赌博、香烟与药品：网络真的无边界吗？

美国的州政府与联邦政府都会采用法律手段控制某些活动与商品，以增强公共健康和福利。香烟、赌博、医用麻醉药以及其他易上瘾的药物都受到州政府和联邦政府法律的明文禁止或严格管制（见"社会透视"专栏"网上药店该如何监管"）。然而，电子商务网站可在美国境外设立公司，其运营不受美国联邦和州法律的管辖，因此成为这些特殊商品和服务的理想传播工具。在香烟问题上，州政府和联邦政府向 PayPal 和信用卡公司施压将香烟零售商从系统中删除，成功关闭美国境内免税香烟网站。UPS、FedEX 和 DHL 等大型物流公司也被迫拒绝运输非应税香烟。菲利普·莫里斯烟草公司也同意绝不向涉嫌非法利用互联网或直邮方式销售香烟的分销商提供香烟。但是，东欧和美国印第安保留地的网站依旧利用支票和货到付款的方式，通过邮政系统配送来进行香烟买卖。然而，消费者担心一旦被发现使用此类网站，将收到州税务部门巨额的纳税账单，因此这些网站的销售一落千丈。2010 年，奥巴马总统签署《禁止一切非法卷烟运输法案》，约束互联网上销售非应税香烟或其他烟草制品的活动，禁止美国邮政系统运输任何烟草制品。

网上药店该如何监管

2016 年 6 月，国际刑警组织宣布了第九次年度"盘古大陆行动"对打击网络非法药品交易的结果。该行动关闭了近 5 000 个网站，逮捕了 393 人，并查获价值 5 300 万美元的 7.12 亿剂非法药品。尽管如此，由不负责任的互联网药品销售点经营的互联网药品市场仍然是一个持续的公共健康和安全问题。

例如，在 2016 年用谷歌对非处方药进行搜索时，返回的结果超过 2 700 万条。在许多国家，贩运非法处方药的规模已经等同于或超过了销售海洛因、可卡因和苯丙胺。虽然正规的互联网药店在服务水平低下的地区促进了竞争，增加了销售途径，提供了高价值服务，但线上药店距离完善的监管还有很长的路要走。在 2016 年向美国消费者在线销售药品的 11 000 个网站中，有高达 96% 的网站不符合美国法律。

没有处方的药品销售并不是互联网药品市场唯一的危险。线上的流氓药店可能出售假药或未经批准的药品。例如，美国食品药品管理局（FDA）已经发出了警告，即过去很多购买了 Ambien（一种安眠药）、Xanax（一种镇静剂）和 Lexapro（一种抗抑郁的药）的消费者实际上收到了一种含有 haloperial（一种强力抗精神病药物）的产品。谷歌和其他搜索引擎因与非法药物和其他非法产品的供应商（如被盗的信用卡和假身份证）的关系而受到抨击。联邦快递和 UPS 也都受到了指控，由于故意运送非法药店的包裹而被处以共计数百万美元罚款，尽管司法部在 2016 年驳回了对联邦快递的指控。

尽管存在这些危险，在线药店依然具有诱惑力，并且是增长最快的商业模式之一。奇怪的是，老年公民（通常是一些最守法的公民）却是廉价药品的忠实拥护者。通常情况下，在线药店位于处方药价格受到控制的国家或价格低得多的国家，例如加拿大、英国以及印度和墨西哥。通过从位于其他国家的网上药店购买药物，美国公民通常可以节省 50%～75% 的成本。

目前，一个拼凑出来的监管体系被用于管理在线销售药品。在联邦一级，1938 年《食品、药品和化妆品法案》（FDCA）要求某些药品只能凭有效的医生开具的处方购买，并且必须由经过州许可的药店进行配药。为了解决这个问题，一些在线药店使用调查问卷来诊断疾病，并让医生对这些问卷进行复查，进而开具处方。2009 年生效的《Ryan Haight 线上药店消费者法案》禁止在互联网上销售处方药，除非有至少一次亲自检查患者的医生开具的合法处方，并要求在线药店在它们开展业务的每个州遵守相关的药品经营许可法律，在开始在线销售药品之前向 FDA 注册。这一要求几乎无法执行，因为国外的网上药店可以轻松地在离岸位置运营其网站，联邦和州政府难以对其进行管辖。例如，在 2016 年，FDA 确定的大约 42% 的流氓药店的服务器位于海外，即使互联网的中央管理员 ICANN 目前也没有权力关闭这些网站。

对于非法药品的在线供应商来说，另一个避风港是"黑暗"或"深层"网站，它由搜索引擎无法访问的网站组成，并且通常采用旨在推动匿名性或掩盖非法活动的安全措施。深层网站上最突出的网络药品市场是 Silk Road。据估计，它每年聚集高达 4 500 万美元的非法药品交易，且在 2013 年它的非法药品总交易额达 12 亿美元。Silk Road 要求用户运行 Tor 匿名软件并接受比特币的使用，使在线药品买家获得前所未有的保护。Silk Road 更像是 eBay 而非药店。在 2013 年，Silk Road 的创始人兼首席运营官罗斯·乌布里希特（Ross Ulbricht）被捕，被控贩毒和洗钱，并最终在 2015 年被判处终身监禁。虽然这次逮捕被认为是对该行业的一个重大打击，但在深层网站上购买非法药品仍然很容易。卡内基梅隆大学的研究人员说，超过 50% 的深层网络药店（他们称之为黑网市场）使用的网站直接源于 Silk Road 使用的模板。当一个药店关闭时，另一个药店会立刻出来取代它；例如，Silk Road 于 2016 年第 4 次重启，虽然很多著名的黑网市场如 Agora 和 Evolution 已经关闭，但将近 50 家新的网站已经出现以满足用户需求。这些黑网市场加在一起每年的药品销售额为 1.5 亿～1.8 亿美元，是 Silk Road

2013 年销售额的 3 倍以上。大麻约占销售额的 33%，其次是摇头丸、兴奋剂、迷幻药、处方药和鸦片类药物。虽然很多比特币交易所都在强制用户提供他们的身份，但执法机构还没有开发可靠的跟踪虚拟货币的方法。犯罪分子已经开发出诸如"比特币翻滚"之类的方法，在这种方法下，许多用户的比特币混合在一起并重新分配，从而伪装他们真正的主人的身份。

虽然执法机构在与这些网站做斗争，但传统的非法药店仍在继续扩散。FDA 建议消费者寻找 NABP 认证的互联网药店（VIPPS）印章，证明该网站是遵守州法律的合规网站，并且对受管控的药物需要提供处方。到目前为止，已经有 48 家主要互联网药店注册登记，包括 Drugstore.com、Caremark.com、Walgreens.com 以及其他许多美国网上药店。

资料来源："Find a VIPPS Online Pharmacy," Nabp.net, accessed October 4, 2016; "Online Sale of Fake Medicines and Products Targeted in Operation Pangea IX," Europol, June 10, 2016; "Online Sales of Illicit Drugs Triple Since Silk Road Closure," by Steven Musil, Cnet.com, August 10, 2016; "Shedding Light on the Dark Web," *The Economist*, July 16, 2016; "An In-Depth New Study Shows That the Online Market for Illegal Drugs is Skyrocketing," by James Cook, Businessinsider.com, August 11, 2016; "Seniors Most Vulnerable to Illegal Online Drug Sales, Says ASOP," by Loren Bonner, Pharmacist.com, June 24, 2016; "U.S. Ends $1.6 Billion Criminal Case Against FedEx," by Dan Levine, *Reuters*, June 17, 2016; "Internet Drug Outlet Indentification Program: Progress Report for State and Federal Regulators: July 2016," National Association of Boards of Pharmacy, July 2016; "Internet-Facilitated Drugs Trade: An Analysis of the Size, Scope and the Role of the Netherlands," by Kristy Kruithof et al., RAND Corporation, 2016; "Buying Drugs Online Remains Easy, 2 Years After FBI Killed Silk Road," by Steven Nelson, Usnews.com, October 2, 2015; "Measuring the Longitudinal Evolution of the Online Anonymous Marketplace," by Kyle Sosa and Nicolas Christin, Proceedings of the 24th USENIX Security Symposium, August 12-15, 2015; "Interpol-coordinated Operation Strikes at Organized Crime with Seizure of 20 Million Illicit Medicines," Interpol. int, June 18, 2015; "Ross Ulbricht, Creator of Silk Road Website, Is Sentenced to Life in Prison," by Benjamin Weiser, *New York Times*, May 29, 2015; "FedEx Seeks to Show It's Good Guy in Internet Drug Crackdown," by Joel Rosenblatt, Bloomberg.com, May 14, 2015; "Icann, Regulators Clash Over Illegal Online Drug Sales," by Jeff Elder, *Wall Street Journal*, October 27, 2014; "Silk Road's Alleged Mastermind Faces More U.S. Charges," by Erik Larson and Bob Van Voris, Bloomberg.com, August 22, 2014; "Google Settles Shareholder Suit Over Online Drug Ads," Dan Levine, Reuters.com, August 8, 2014; "FedEx Indicted for Shipping Drugs Sold Online," by Katie Lobosco, Money.cnn.com, July 17, 2014; "Digital Citizens Alliance Report Strongly Critical of Google," Stevenimmons.org, March 12, 2014; "Eagle Scout. Idealist. Drug Trafficker?," by David Segal, *New York Times*, January 18, 2014; "Meet the Dread Pirate Roberts, The Man Behind Booming Black Market Drug Website Silk Road," by Andy Greenberg, *Forbes*, September 2, 2013; "In Whom We Trust: The Role of Certification Agencies in Online Drug Markets," by Roger Bate et al., *NBER Working Paper*, March 2012; "UN Cracks Down on International Drug Fraudsters," by Natalie Morrison, In-pharmatechnologist.com, March 1, 2012; "Ryan Haight Online Pharmacy Consumer Protection Act," H.R. 6353, 110th Congress, 2008.

赌博也是个非常有趣的例子，充分反映传统管辖权与网络自由、无边界特性间的冲突。在美国，赌博主要是州和地方法律的问题。2006 年国会通过了《非法互联网赌博执法法案》（UIGEA），该法案禁止金融机构向互联网赌博网站转移资金，但并没有将管理各种赌博的权力从各州移除。虽然网上赌博本身并未被此举禁止，也没有人因为网上赌博而被捕，但这项法律确实上削弱了美国境内的在线赌博业。在 2009—2016 年期间，绝大多数设立在境外的赌博网站（英国和诸多加勒比岛屿）都实现了突飞猛进的增长，几乎 50% 的网络赌博参与者都是美国消费者。尽管全球在线博彩市场现在是一个价值 450 亿美元的行业，规模约为整个美国博彩业的 2/3（约为 690 亿美元，包括彩票和公共博彩业），且几乎完全是离岸市场，但在美国大部分地区在线博彩业仍然被禁止。在美国，网络赌博是非法的，只有 3 个州除外。2016 年，网络赌博的收入不到 20 亿美元，但预计到 2020 年将增长到 90 亿美元。美国司法部严厉地执行了这项法律，禁止海外运营商进入美国的支付系统，没收了它们的资产，以破坏它们的美国业务，并逮捕了几名高管。然而，在过去的 5 年中，人们的观点发生了变化。由于国家收入需求的增长，涉及博彩业的人已经改变了立场，开始支持在线赌博，认为这是一个增加收入的机会。相比对新的税收收入的需求，在线赌博的道德问题对公众的影响可能更小，而对公司来说，它们也希望获得额外的收入。

2012 年，特拉华州成为第一个将所有形式的在线赌博合法化的州，另外两个州紧随其后：内华达和新泽西。在美属维尔京群岛，网上赌博也是合法的。2016 年，加利福尼亚州、马萨诸塞州、密歇根州、纽约州和宾夕法尼亚州正在考虑通过将在线赌博合法化的法案。

2013 年，位于拉斯维加斯的一家公司 Station Casinos 开设了美国第一个合法的、付费的扑克网站。该网站声称，它可以使用地理定位技术来确保玩家在内华达州且是 21 岁以上。这是其得以运营的一个条件，因为联邦政府还不允许在线扑克，而在内华达州是合法的，并且这一举措得到大型赌场的支持，作为其品牌的延伸。

然而，到目前为止，合法的在线赌博让人失望。虽然在线赌博在经济增长缓慢的情况下蹒跚前行，但在线虚拟体育和赌博业正呈爆炸式增长。DraftKings 和 fanDuel 两家公司主导了在线虚拟体育市场。两家公司都在大学和职业体育比赛期间大肆宣传。在在线虚拟体育市场中，玩家集合他们的理想的团队，把真实的运动员加入他们的队伍中，然后根据这些运动员在真实比赛中的表现赢得奖励。最受欢迎的运动是大学橄榄球和篮球、职业橄榄球和棒球。玩家会得到一份他们可以用来购买球员的预算，而每一场比赛的费用加起来就构成了球员竞争池。入场费从不到 1 美元到 1 000 美元不等（Belson，2015）。DraftKings 称，已经有几位获奖者的奖金超过 100 万美元，尽管这些网站都没有公布获奖名单。

美国有 45 个州允许参与在线虚拟体育游戏。在发布 2006 年《非法互联网赌博执法法案》时，在线虚拟体育被排除在外，因为当时在线虚拟体育行业规模要比现在小得多。该行业宣称，在线虚拟体育不是赌博，而是像国际象棋或拼字游戏这样的技巧游戏。然而，随着行业发展到了 10 亿美元的风险资本估值，并被指控欺诈客户、缺乏透明度和内部违规行为，州和联邦立法委员正在举行听证会，并考虑使用相关法规来约束（Russo，2015；Drape and Williams，2015）。2015 年 11 月，纽约州总检察长埃里克·施奈德曼（Eric Schneiderman）要求 DraftKings 和 fanDuel 停止从纽约州居民那里获取信息，因为按照该州的观点，它们的行动构成了非法赌博。经过漫长的立法听证会，以及来自体育迷的强力支持，纽约改变了立场，认为在公平竞争的情况下，在线虚拟体育赌博是一种技巧而非赌博，并使这种做法合法化，同时对该行业实行监管制度，以确保其公平运作（Drape，2016）。

▌案例研究 ▬■

海盗湾：寻找安全的避风港

10 年来，海盗湾（TPB）一直是世界上最知名和最流行的盗版音乐和内容网站之一，它提供对数百万的版权歌曲和成千上万的好莱坞版权电影、电视节目及视频游戏的免费访问，而这还是在司法机关不断让其关闭网站的情况下。事实上，当局围追海盗湾的时候肯定感觉他们好像正在参加一场永不停息的打地鼠游戏，因为每次他们"击败"海盗湾，它都会以某种方式重新出现。但是这场战斗还没有结束，而且这是第一次"好人"看起来可能获胜的战斗。互联网正在成为盗版音乐和视频难以生存的一个地方，部分原因在于执法行动，但更重要的是因为新的移动和无线技术使高质量的内容能够以很低的费用进行流式传输。

海盗湾是欧洲社会和政治运动中反对版权保护的一部分，它要求音乐、视频、电视节目和其他数字内容免费且不受限制。海盗湾本身不运营受版权保护内容的数据库，不运行由存储内容的"成员"所拥有的计算机网络，也不创建、拥有或提供任何允许这些网络存在的软件（如 BitTorrent 和大多数其他所谓的 P2P 网络）。相反，海盗湾仅仅是提供了一个搜索引擎，用于生成全世界 P2P 网络的搜索结果列表。通过点击选定的链接，用户就可以访问受版权保护的内容，但需要从内容来源的 P2P 网络下载一些软件和其他文件。

海盗湾声称，它仅仅是一个搜索引擎，提供了它自己不能控制的现有 P2P 网络的指针。它说，它无法控制用户最终在这些 P2P 网络上找到什么内容，并且它与其他任何搜索引擎（如谷歌或必应）没有区别，而那些搜索引擎就不用对搜索结果中列出的网站上的内容负责。从更广泛的角度来看，海盗湾的创始人还声称版权法总体上不公正地干扰了互联网上信息的自由流动，并且无论如何，他们没有违反瑞典版权法——他们认为这是唯一适用的法律。而且，他们进一步声称他们没有鼓励、煽动或启用非法下载。尽管如此，他们也从未否认他们是商业企业，虽然所有的言论都呼吁文化的自由畅通传播，但海盗湾从一开始就是以赚钱为目的的，旨在为其创始人创造利润，并以广告作为主要收入来源。

然而，斯德哥尔摩第一瑞典法院宣布，海盗湾的 4 名创始人违反瑞典版权法，各判处 1 年有期徒刑，并向原告，即瑞典各大唱片公司（包括华纳音乐、索尼和 EMI 集团）支付 350 万美元的赔偿。法院认定，被告提供了具有搜索功能、易于上传、可以存储且带有追踪器的网站，用于煽动版权侵权。法院还表示，4 名被告对于受版权保护的内容在其网站的帮助下被分享的事实知情，被告参与的是一个基于鼓励访问者侵犯所有者版权的商业企业。事实上，海盗湾的主要目的是侵犯版权，以便为业主赚钱（商业意图）。

与此同时，美国政府向瑞典政府施压，要求强化其版权法以阻止猖獗的下载。在瑞典，从非法网站下载音乐和视频非常受欢迎，这样做的用户占瑞典互联网用户的 43%。为了加强其法律，瑞典通过了欧盟版权公约，允许内容所有者从互联网提供商获得涉嫌共享盗版文件的人的姓名和地址。在法国，参与这些海盗网站将被处长达 3 年的互联网禁令。最终，瑞典的互联网流量下降了 40%，并且一直保持在这个数值。

海盗湾随后提出了上诉，并且没有支付任何罚款。但这并不意味着海盗湾没有受到诉讼的影响。2011 年，该公司将其服务器搬到瑞典的洞穴中，并将其多个副本分散到其他国家。为了响应法律诉讼，警方搜查并没收海盗湾过去几年在法国、芬兰、意大利、德国、丹麦、爱尔兰、英国和希腊设立的服务器。这些国家在某些情况下不允许其互联网服务提供商托管或链接到海盗湾，无论它的服务器位于世界的哪个地方。当局已经关闭了海盗湾位于瑞典、格陵兰岛和冰岛的顶级域名，但海盗湾继续在各个国家间转移，包括转移到圣马丁岛、小阿森松岛、秘鲁，再次返回瑞典。2014 年，联合创始人高特弗里德·斯瓦尔托姆·沃格（Gottfrid Svartholm Warg）在丹麦监狱开始长达 42 个月的服刑，他被判涉及版权侵权和其他与海盗湾无关的计算机犯罪。联合创始人皮特·桑德（Peter Sunde）在流窜多年后被捕，并因版权侵权罪服刑 5 个月。而另一位共同创始人弗里德里克·奈杰（Fredrik Neij）在泰国被捕，随后被转移到瑞典监狱服刑 10 个月。该公司的财务资源也开始枯竭。随着对海盗湾先前被征收的罚款持续累积，该网站的主要财务支持者卡尔·伦德斯托姆（Carl Lundstrom）宣布破产。

2014 年 12 月，警方再次突击搜查并关闭了该网站，直到 2015 年 1 月才开启，该网站保持了 7 周的离线状态，这是它关闭的最长时间。黑客组织 Anonymous 的成员声称，它现在实际上是一个联邦调查局蜜罐，旨在钓鱼执法。即使关于联邦调查局的传闻不真实，许多人由于其他原因也认为使用海盗湾不是一个好主意：该网站现在充斥着含有恶意软件的广告，包含可下载的恶意软件和伪装成流行电影、电视节目的勒索软件，并经常下线。即使作为联合创始人之一的皮特·桑德也曾建议将该网站永久关闭。尽管如此，该网站依然被证明是执法机构难以捕捉的，它采用分布式方法，以最大限度地减少其单个运营国家的封锁带来的影响。2016 年，瑞典法院裁定，它可能被没收瑞典顶级域名。作为回应，该公司恢复到从 2003 年开始使用的 .org 域名，并将其重新置于美国的十字线之内。

2016 年，一些较小的文件共享网站自愿停止运营，理由是流量和收入下降以及法律问题。尽管海盗湾在每次关闭后都出现了网站流量的增长，但对于一般的盗版网站来说，这并不是一个好兆头。尽管如此，海盗湾似乎仍有其他网站缺乏的复原力，并在 2016 年庆祝成立 13 周年。经历了数年的领导层动荡和频繁关闭，海盗湾在 2016 年重返同类网站排名首位。由于插件允许用户直接从浏览器传输盗版内容，海盗湾也成为世界上最大的视频流媒体网站。该插件是典型的海盗湾风格，它表现出像恶意软件一样的可疑行为，并且充满了 bug，但对于坚决抵制付费内容的用户来说，向海盗湾传输内容已经成为一个受欢迎的功能。这些用户还必须克服许多主流浏览器带来的困难，因为它们将海盗湾视为恶意软件，包括 Chrome 和 Firefox 等。

唱片业与海盗湾的斗争仅仅是它已经进行了一段时间的斗争的一部分。2005 年，最高法院在史无前例的 Metro-Goldwyn Mayer 诉 Grokster 等人的案件中裁决，原始 P2P 文件共享服务（如 Grokster、Kazaa 和 StreamCast）可能会因侵犯版权而被追究责任，因为它们故意鼓励用户共享受到版权保护的内容。所有这些服务已经停止营业，但是，这些法律的胜利以及更强有力的政府对版权法的落实并没有成为解决音乐产业面临的所有问题的灵丹妙药。音乐产业不得不彻底改变其商业模式，而转向流式数字发行平台。它取得了惊人的进步，以纯数字模式销售的音乐现在比唱片等物理模式产生了更多的收入。为此，音乐行业已经采用了许多不同的商业模式和在线交付平台，其中包括苹果公司的 iTunes 的按单次下载付费模式、订阅模式和基于云的流媒体模式。

在这些新媒体传送平台中，版权拥有者如唱片公司、艺术家和好莱坞电影公司已与技术平台所有者和分销商（如苹果、亚马逊和谷歌）达成许可协议。这些新平台提供了一个双赢的解决方案。消费者可以通过即时访问高质量音乐曲目和视频获益，而不必担心 P2P 软件下载的麻烦。内容所有者可获得不断增长的收入来源以及对其版权内容的保护。那么海盗们呢？海盗湾和其他海盗网站可能无法与这种听音乐和观看视频的新兴且更好的模式竞争。2015 年，海盗湾及其群组的流量占高峰时段互联网流量的 2.76%，而网飞则为 36.48%。而且，盗版内容所有者似乎并不特别忠于他们使用的任何网站，2016 年，基于它所有的流量来说，海盗湾每天只获得价值 9 美元的比特币捐赠，即使这么微不足道的数额也远高于其竞争对手。如同加勒比海地区的真正海盗现在只是历史书中的一个注脚，技术的进步和消费者对易用性的偏好可能会将它们甩在身后。

资料来源："The Pirate Bay and ExtraTorrent Traffic Sky-rockets as TorrentHound Follows Torrentz in Voluntary Shut-down," by James Geddes, Techtimes.com, September 18, 2016; "Google Doesn't Want You Visiting The Pirate Bay Right Now," by Abhimanyu Ghoshal, Thenextweb.com, September 16, 2016; "Pirate Bay Is the King of Torrents Once Again," by Ernesto, Torrentfreak.com, August 14, 2016; "10 Years After Raid, The Pirate Bay Remains Alive and Well," by Janko Roettgers, *Variety*, May 31, 2016; "The Pirate Bay Sails Back to Its. Org Domain," by Aloysius Low, Cnet.com, May 25, 2016; "Will a Visit to The Pirate Bay End in Malware?" by Paul Ducklin, Nakedsecurity. sophos.com, May 6, 2016; "The Pirate Bay Pulls in a Whopping $9 a Day in Bitcoin Donations," by Jon Martindale, Digitaltrends.com, May 2, 2016; "Malvertising on The Pirate Bay Drops Ransomware," by Jerome Segura, Blog. malwarebytes.com, April 26, 2016; "The Pirate Bay is Now The Largest Video Streaming Site in the World," by Ryan Whitwam, Geek.com, February 8, 2016; "The Pirate Bay Now Supports Video Streaming, But Do So With Caution," by Stan Schroeder, Mashable.com, February 8, 2016; "Don't Trust The Pirate Bay: Movie Torrent Site Down Again, Amid Growing Skepti-cism and More Malware," by Jeff Stone, Ibtimes.com, Octo-ber 2, 2015; "Last Pirate Bay Co-Founder Released from Pris-on," by Alex Hern, Theguardian.com, September 29, 2015; "Peter Sunde: The Pirate Bay Should Stay Down," by Ernesto, Torrentfreak.com, December 14, 2014; "Pirate Bay Co-Founder Peter Sunde Arrested Years After Conviction," by Na-tasha Lomas, Techcrunch.com, June 1, 2014; "The Pirate Bay and the Business of Piracy," by Leo Sun, Fool.com, May 21, 2014; "MPAA Still Hunting for Cash as Pirate Bay Finan-cier Set to Go Bankrupt," by Andy, Torrentfreak.com, June 10, 2013; "Pirate Bay Founder Submits Emotional Plea for Pardon," by Ernesto, Torrentfreak.com, July 7, 2012; "The Pirate Bay Evades ISP Blockade with IPv6, Can Do It 18 Quintillion More Times," by Sebastian Anthony, Extreme-tech.com, June 8, 2012; "The Pirate Bay: Five Years After the Raid," by Ernesto, Torrentfreak.com, May 31, 2011; "Pirate Bay Keeps Sinking: Another Lawsuit Coming," by Stan Schroeder, Mashable.com, June 22, 2010.

[案例思考题]

1. 为什么海盗湾认为它没有违反版权法？瑞典法院是如何裁决的？

2. 被发现违反版权法后，海盗湾是如何继续运营的？

3. 音乐产业对像海盗湾这样的盗版商造成的问题是如何应对的？

关键术语 ■

隐私权（privacy） 一种个人享受独处，不受包括政府在内的其他个人和组织的监督和干扰的精神权利。

信息隐私（information provacy） 基于四个中心前提的隐私的子集，包括控制信息使用的道德权利，知道是否正在收集信息的权利，个人信息正当处理的权利，以及以安全方式存储个人信息的权利。

被遗忘的权利（right to be forgotten） 个人有权编辑和删除个人信息。

个人身份信息（personally identifiable information，PII） 任何可用于标识、定位或联系个人的信息。

匿名信息（anonymous information） 包括人口统计和个人行为特征方面的信息，但不包括任何个人身份标识。

用户画像（profiling） 创建描述在线用户个人和群体行为特征的数字化形象。

数字图像（data image） 用于创建消费者行为概要的数据记录的集合。

匿名档案（anonymous profiles） 描绘特定高度细分用户群体的特征的画像。

个人档案（personal profiles） 在用户行为数据基础上增加电子邮件、邮政编码和（或）电话号码等信息的画像。

知情同意（informed consent） 在掌握制定理性决策所需的所有信息之后表示同意。

选择接受模式（opt-in model） 获得用户对于收集和使用个人信息的许可。

选择拒绝模式（opt-out model） 默认用户允许收集信息，除非用户明确表示阻止数据收集。

安全港（safe harbor） 一套满足政府立法和监管规定，但又不受政府机构干涉的自律政策和执行机制。

隐私之盾（Privacy Shield） 欧盟通用数据保护条例（GDPR）的另一个名称。

版权法（copyright law） 保护著作、艺术作品、绘画、摄影作品、音乐、电影、表演方式和计算机程序等原创作品至少在 70 年内不被他人复制、抄袭。

合理使用原则（doctrine of fair use） 在特定情况下可不事先获得授权就使用他人的版权作品。

《数字千年版权法案》（Digital Millennium Copyright Act，DMCA） 首部将传统版权法应用于互联网环境的修订法案。

网络存储平台（cyberlocker） 在线文件存储服务，致力于非法共享受版权保护的材料。

专利（patent） 赋予发明创造者对其创新理念和作品拥有长达 20 年的排他独占权。

商标（trademark） 用以标识、区分商品并显示商品真正来源的标志。

淡化（dilution） 任何削弱商标和商品之间联系的行为。

《反网络域名抢注消费者保护法案》（Anticybersquatting Consumer Protection，ACPA） 任何恶意抢注与现有知名商标相同或相似的域名以牟取不正当利益的行为必须承担民事责任。

域名抢注（cybersquatting） 涉及注册侵犯版权的域名，或以其他互联网方式使用现有商标，以勒索合法拥有人。

域名盗用（cyberpiracy） 涉及与域名抢注相同的行为，但目的是将合法网站的流量转移至侵权网站。

链接（linking） 建立从某网站到另一网站的超文本链接。

深度链接（deep linking） 绕过目标网站的首页，直接访问特定内容页面的链接。

框架屏蔽（framing） 利用框架或窗体布局技术将其他网站的内容展示在自身网页中。

商业机密（trade secrets） 秘密的、具有商业价值并受到其所有者保护的信息。

监管（governance） 与社会控制有关：谁来控制电子商务？应该控制哪些要素？如何保障控制措施的落实？

网络中立（net neutrality） 互联网服务提供商应该以平等（或中立）的方式处理互联网上的所有数据。

思考题 ■

1. 道德研究中对于个体有哪些基本假设？

2. 道德标准中的基本原则是什么？

3. 解释谷歌何以认定 YouTube 网站并未侵犯视频版权所有者的知识产权。

4. 解释普遍性原则、斜坡理论、完美信息规则和社会契约法则在道德问题中的含义。

5. 举例说明严重疾病患者选择通过医用搜索引擎或网络药店查找和诊断病情的原因。如今有哪些技术能够防止个人身份信息泄露？

6. 请列举出网站日常所收集的访问者信息。

7. 网站交易日志与网页表单收集信息的方式有何区别？哪种方式收集的用户信息更完整？

8. 知情同意中的选择接受模式和选择拒绝模式的差别何在？哪种模式让消费者保留了更多的控制权？

9. 联邦贸易委员会的公平信息操作原则的两个核心原则是什么？

10. 欧盟和美国采用的隐私保护政策是什么？

11. 营销网络相比传统营销技术有哪些改进和补充？至少列举出三个方面。

12. 解释用户档案如何能使消费者和企业双双获益。

13. 互联网是如何潜移默化地改变知识产权保护的？互联网环境下知识产权法律的执行遭遇了哪些阻力？

14. 《数字千年版权法案》（DMCA）能够解决什么问题？为何要制定该法案？它能遏制哪些产权侵犯行为？

15. 什么是域名抢注？它与域名盗用有什么区别？域名抢注属于哪类知识产权侵犯行为？

16. 什么是深度链接？为何深度链接会构成商标侵权？请比较深度链接与框架屏蔽的异同。

17. 在美国，有哪些商业手段可以在互联网上进行非法经营？

18. 为什么色情网站不能在美国被禁呢？为什么最高法院要废除旨在保护儿童不受色情产品伤害的立法？

19. 什么是"被遗忘的权利"？确立这项权利的一些风险和好处是什么？

20. "合理使用"的原则是什么？为什么法院认定谷歌扫描有版权的书籍是"合理使用"？

设计题 ■

1. 访问谷歌网站，点击搜索、搜索设置（位于首页的右上角），研究搜索页面中的各种安全搜索过滤选项。针对每种设置，输入被认为危害儿童的关键字进行搜索。各种限制条件的利弊何在？有没有哪些词汇能通过家长控制，却被过滤软件识别为非法？列出 5 个存在该问题的关键词。就搜索过程中发现的问题准备一份简短的报告，解释该过滤软件的优缺点。

2. 如果网站想要重视隐私保护，应该提供哪些隐私保护的功能？请列举出来。再访问至少 4 家知名的网站，研究它们的隐私策略。完成一份调查报告，根据你所确定的标准对这几家网站隐私策略的优劣进行排序。

3. 回顾 1998 年颁布的《数字千年版权法案》的相关规定。阅读该法案的每个章节，列出其向版权所有者和版权资料使用者所保障的权益。你认为该法案能否合理地平衡双方的利益？对于该法案中的"合理使用"规定，你有何改进的意见？

4. 访问 4 家支持电子商务纳税观点的网站，包括全国州议会联合会官网（Ncsl.org）和全国州长协会的网站（Nga.org）。再去浏览一些反对该观点的地方企业或民间群体的网站。根据调查总结出支持和反对电子商务纳税的理由。

参考文献 ■

Academy of Motion Picture Arts and Sciences v. GoDaddy. com Inc et al. U.S. District Court, Central District of California, No. 10-03738 (2015).

Acquisti, Alessandro, Ralph Gross, and Fred Stutzman. "Faces of Facebook: Privacy in the Age of Augmented Reality," Heinz College & CyLab Carnegie Mellon University (August 4, 2011).

Acquisti, Alessandro, Leslie John, and George Loewenstein. "What Is Privacy Worth?" Twenty First Workshop on Information Systems and Economics (WISE) (December 14–15, 2009).

Alice Corporation Pty. Ltd. v. CLS Bank International, et al., Supreme Court of the United States, No. 13-298. June 19, 2014.

Angwin, Julia. "Face-ID Tools Pose New Risk." *Wall Street Journal* (August 1, 2011).

Apple Computer, Inc. v. Microsoft Corp. 709 F. Supp. 925, 926 (N. D. Cal. 1989); 799 F. Supp. 1006, 1017 (N. D. Cal., 1992); 35 F. 3d 1435 (9th Cir.); cert. denied, 63 U. S. L. W. 3518 (U.S., Feb. 21, 1995) (No. 94-1121).

Apuzzo, Matt, David Sanger, and Michael Schmidt. "Apple and Other Tech Companies Tangle With U.S. Over Data Access." *New York Times* (September 7, 2015).

Ashcroft v. Free Speech Coalition, 535 U.S. 234 (2002).

Associated Press. "Google Settles Final Piece of Geico Case." BizReport.com (September 8, 2005).

Belson, Ken. "A Primer on Daily Fantasy Football Sites." *New York Times* (October 6, 2015).

Bergen, Mark. "'Dancing Baby' Copyright Ruling Hands Temporary Win to YouTube, Facebook." Recode.net (September 14, 2015).

Bernina of America, Inc. v. Fashion Fabrics Int'l., Inc. 2001 U. S. Dist. LEXIS 1211 (N. D. Ill., Feb. 8, 2001).

Bilski et al. v. Kappos, 177 L. Ed. 2d 792, 130 S. Ct. 3218, 561 U.S. 593 (2010).

Bilton, Nick. "Apple Loophole Gives Developers Access to Photos." *New York Times* (February 28, 2012).

Bloomberg News. "Master of Your Domain? Maybe in .Com But Not in .Sucks." (May 13, 2015).

Brown Bag vs. Symantec Corp., 960 F. 2d 1465 (9th Cir. 1992).

Brustein, Joshua. "Start-Ups Seek to Help Users Put a Price on Their Personal Data." *New York Times* (February 12, 2012).

Capitol Records LLC et al. v. Vimeo LLC et al. 2nd U.S. Circuit Court of Appeals, No. 14-1048 (2016).

Center for Copyright Information. "The Copyright Alert System: Phase One and Beyond." (May 28, 2014).

Charlton, Angela. "France Threatens Google with Privacy Fines." *New York Times* (June 20, 2013).

Chen, Brian. "Verizon Publishes First Transparency Report on Data Requests." *Wall Street Journal*, January 22, 2014.

Chen, Brian. "Appeals Court Upholds Apple's Patent Victory Over Samsung." *New York Times* (May 18, 2015).

Chiappetta, Vincent. "Defining the Proper Scope of Internet Patents: If We Don't Know Where We Want to Go, We're Unlikely to Get There." *Michigan Telecommunications Technology Law Review* (May 2001).

Consumer Reports. "Who's Tracking You in Public." (February 2016).

Crouch, Dennis. "A Comparison of the EU Trade Secrets Directive and the US Defend Trade Secrets Act." Patentlyo.com (May 16, 2016).

Davis, Wendy. "TRUSTe Finalizes Settlement with FTC." Mediapost.com (March 18, 2015).

Decker, Susan. "Apple Wins Ruling to Force Samsung to Change Phones, Tablets." Bloomberg.com (September 17, 2015).

Diamond v. Chakrabarty, 447 US 303 (1980).

Drape, Joe. "Win for DraftKings and FanDuel Opens Door for Sports Betting in New York." *New York Times* (August 3, 2016).

Drape, Joe, and Jacqueline Williams. "FanDuel Makes Changes." *New York Times* (October 8, 2015).

Drozdiak, Natalia. "EU Approves 'Privacy Shield' Data-Transfer Pact With U.S." *Wall Street Journal* (July 12, 2016).

E. & J. Gallo Winery v. Spider Webs Ltd. 129 F. Supp. 2d 1033 (S.D. Tex., 2001) aff'd 286 F. 3d 270 (5th Cir., 2002).

Eldred v. Ashcroft, 537 U.S. 186 (2003).

European Commission. "Progress on EU Data Protection Reform Now Irreversible Following European Parliament Vote." (March 12, 2014).

European Commission. "Commission Proposes a Comprehensive Reform of the Data Protection Rules." (January 26, 2012).

Evans, Marcus. "European Council Approves EU General Data Protection Regulation Draft; Final Approval May Come by End of 2015." Dataprotectionreport.com (June 15, 2015).

Federal Communications Commission (FCC). "Protecting the Privacy of Customers of Broadband and Other Telecommunications Services." (October 27, 2016).

Federal Trade Commission. "Data Brokers: A Call for Transparency and Accountability." (May 27, 2014).

Federal Trade Commission. "Google Will Pay $22.5 Million to Settle FTC Charges It Misrepresented Privacy Assurance to Users of Apple's Safari Internet Browser." (August 9, 2012a).

Federal Trade Commission. "Facebook Must Obtain Consumers' Consent Before Sharing Their Information Beyond Established Privacy Settings." (August 10, 2012b).

Federal Trade Commission. "Protecting Consumer Privacy in an Era of Rapid Change." (March 26, 2012c).

Federal Trade Commission. "FTC Charges Deceptive Privacy Practices in Google's Rollout of Its Buzz Network." (March 3, 2011).

Federal Trade Commission. "Protecting Consumer Privacy in an Era of Rapid Change." (December 2010).

Federal Trade Commission. "Privacy Online: Fair Information Practices in the Electronic Marketplace." (May 2000).

Federal Trade Commission. "Privacy Online: A Report to Congress." (June 1998).

Field v. Google, Inc. 412 F.Supp. 2nd 1106 (D. Nev., 2006).

Fiesler, Casey, Jessica L. Feuston, and Amy Bruckman. "Copyright Terms in Online Creative Communities." Georgia Institute of Technology, Working Paper (April 26, 2014).

Fisher, William W. III. "The Growth of Intellectual Property: A History of the Ownership of Ideas in the United States." Law.harvard.edu/Academic_Affairs/coursepages/tfisher/iphistory.html (1999).

Ford, Paul. "Balancing Security and Liberty in the Age of Big Data." Businessweek.com (June 13, 2013).

Ford Motor Co. v. Lapertosa. 2001 U.S. Dist. LEXIS 253 (E. D. Mich. Jan. 3, 2001).

Fung, Brian. "The Group That Created '.sucks' Now Wants Government to Keep It From Spinning Out of Control." *Washington Post* (April 9, 2015).

Gardner, Eriq. "Judge Upholds $25 Million Judgment Against ISP Over User Piracy." *Hollywood Reporter* (August 9, 2016).

Gershman, Jacob. "Congress May Be About to Shake Up Trade Secret Law: Is That a Good Thing?" *Wall Street Journal* (April 27, 2016).

Gibbs, Samuel. "Google's New Nest Cam Is Always Watching, If You Let It into Your Home." *The Guardian* (June 18, 2015a).

Gibbs, Samuel. "EU States Agree on Framework for Pan-European Data Privacy Rules." *The Guardian* (June 15, 2015b).

Government Employees Insurance Company v. Google, Inc. Civ. Action No. 1:04cv507 (E.D. VA, December 15, 2004).

Greenhouse, Linda. "Supreme Court Upholds Child Pornography Law." *New York Times* (May 20, 2008).

Greenhouse, Linda. "20 Year Extension of Existing Copyrights Is Upheld." *New York Times* (January 16, 2003a).

Greenhouse, Linda. "Justices Back Law to Make Libraries Use Internet Filters." *New York Times* (June 24, 2003b).

Gryta, Thomas. "An Early Net-Neutrality Win: Rules Prompt Sprint to Stop Throttling." *Wall Street Journal* (June 17, 2015a).

Gryta, Thomas. "FCC Approves Net Neutrality Rules, Setting Stage for Legal Battle." *Wall Street Journal* (February 26, 2015b).

Harmon, Amy. "Pondering Value of Copyright vs. Innovation." *New York Times* (March 3, 2003).

Hoofnagle, Chris Jay. "Privacy Self-Regulation: A Decade of Disappointment." Electronic Privacy Information Center (Epic.org) (March 4, 2005).

Internet Watch Foundation. "Our Mission." IWF.org (accessed October 10, 2015).

Kakutani, Michiko. "Watched by the Web: Surveillance Is Reborn." *New York Times* (June 10, 2013).

Kaufman, Leslie. "Viacom and YouTube Settle Suit Over Copyright Violations." *New York Times* (March 18, 2014).

Kelly v. ArribaSoft. 336 F3rd 811 (CA 9th, 2003).

Kendall, Brent. "Supreme Court Hears Apple-Samsung Patent Case." *Wall Street Journal* (October 12, 2016).

Kendall, Brent, and Daisuke Wakabayashi, "Apple Wins Ruling in Patent Case Against Samsung." *Wall Street Journal* (September 17, 2015).

King, Cecillia. "Broadband Providers Will Need Permission to Collect Private Data." *New York Times* (October 27, 2016).

Lee, Michelle. "Protecting America's Secret Sauce: The Defend Trade Secrets Act Signed Into Law." Huffingtonpost.com (May 11, 2016).

Levine, Dan. "Amazon Must Face Trademark Lawsuit Over Search Results." Reuters.com (July 6, 2015).

Lien, Tracy. "Google, Facebook, Twitter Join Crackdown On Child Porn." *Los Angeles Times* (August 10, 2015).

Liptak, Adam. "Supreme Court Returns False-Data Case to Appeals Panel." *New York Times* (May 16, 2016).

Liptak, Adam and Alexandra Alter. "Challenge to Google Books Is Declined by Supreme Court." *New York Times* (April 18, 2016).

Mayer-Schonberger, Viktor, and Kenneth Cukier. *Big Data: A Revolution That Will Transform How We Live, Work, and Think.* Eamon Dolan/Houghton Mifflin Harcourt (2013).

McKinnon, John. "FCC Postpones Vote on TV Set-Top Box Plan." *Wall Street Journal* (September 29, 2016).

McMillan, Robert. "Porn Typosquatter Fined Again by FTC." *InfoWorld* (October 16, 2007).

Morran, Chris. "'Dancing Baby' YouTube Lawsuit May Go Before Supreme Court." Consumerist.com (August 12, 2016).

Nash, David B. "Orderly Expansion of the International Top-Level Domains: Concurrent Trademark Users Need a Way Out of the Internet Trademark Quagmire." *The John Marshall Journal of Computer and Information Law,* Vol. 15, No. 3 (1997).

Network Advertising Initiative. "Network Advertising Initiative Releases 2010 Compliance Report." Networkadvertising.org (February 18, 2011).

Network Advertising Initiative. "Major Marketing/Media Trade Groups Launch Program to Give Consumers Enhanced Control over Collection and Use of Web Viewing Data for Online Behavioral Advertising." (October 4, 2010).

New, William. "WIPO: Internet Domain Expansion Disruptive to Trademark Strategies." Ip-watch.com (March 17, 2014).

Nissan Motor Co., Ltd. v. Nissan Computer Corp. 289 F. Supp. 2d 1154 (C. D. Cal.), aff'd, 2000 U. S. App. LEXIS 33937 (9th Cir. Dec. 26, 2000).

PaineWebber Inc. v. Fortuny, Civ. A. No. 99-0456-A (E. D. Va. Apr. 9, 1999).

Pearce, Sarah, and Annie Clarke. "EU: European Commission Commits to Finalising Negotiations on the EU Data Protection Regulation in 2015." Lexology.com (September 15, 2014).

Perfect 10, Inc. v. Amazon.com, Inc. 487 F3rd 701 (CA 9th, 2007).

Pew Research Center (Lee Rainie) "The State of Privacy in Post-Snowden America." (September 21, 2016a).

Pew Research Center. (Lee Rainie and Maeve Duggan). "The State of Privacy: Privacy and Information Sharing." (January 14, 2016b).

Pew Research Center. (Mary Madden and Lee Rainie). "Americans' Attitudes About Privacy, Security, and Surveillance." (May 20, 2015).

Pew Research Center (Susannah Fox and Lee Rainie). "The Web at 25 in the U.S." (February 27, 2014).

Playboy Enterprises, Inc. v. Global Site Designs, Inc. 1999 WL 311707 (S. D. Fla. May 15, 1999).

Playboy Enterprises, Inc. v. Netscape Communications, Inc. 354 F. 3rd 1020 (9th Cir., 2004).

Raymond, Nate. "Vimeo Wins U.S. Appeal in Music Copyright Case." *Reuters* (June 16, 2016).

Reuters. "Megaupload Founder Kim Dotcom Appears in Court to Fight U.S. Extradition." Reuters.com (September 21, 2015).

Rosen, Jeffrey. "The Right to be Forgotten." *Stanford Law Review*, 64. Stan. L. Rev. Online 88 (February 13, 2012).

Ruiz, Rebecca. "Publication of New Internet Rules to Prompt Cheers and Challenges." *New York Times* (April 5, 2015).

Russo, Ralph. "Daily Fantasy Football Draws Attention, Ire of NCAA." *Associated Press* (October 8, 2015).

Sanger, David and Brian Chen. "Signaling Post-Snowden Era, New iPhone Locks Out N.S.A." *New York Times* (September 26, 2014).

Sarno, David. "SmartPhone Apps Dial Up Privacy Worries." *Los Angeles Times* (February 16, 2012).

Savage, Charlie. "Between the Lines of the Cellphone Privacy Ruling." *New York Times* (June 25, 2014).

Savage, Charlie. "Democratic Senators Issue Strong Warning About Use of the Patriot Act." *New York Times* (March 16, 2012).

Schechner, Sam. "French Privacy Watchdog Orders Google to Expand Right to Be Forgotten." *Wall Street Journal* (June 12, 2015).

Schechner, Sam, and Natalia Drozdiak. "Belgium Takes Facebook to Court Over Privacy, User Tracking." *Wall Street Journal* (June 16, 2015).

Schwartz, John. "Justices Take Broad View of Business Methods Patents." *New York Times* (June 28, 2010).

Scott, Mark and Mike Isaac. "Facebook Restores Iconic Vietnam War Photo It Censored for Nudity." *New York Times* (September 9, 2016).

Scott, Mark. "European Court Adviser Calls Trans-Atlantic Data-Sharing Pact Insufficient." *New York Times.* (September 23, 2015).

Sengupta, Somini. "Europe Weighs Tough Law on Online Privacy." *New York Times* (January 23, 2012).

Shore, Jennifer and Jill Steinman. "Did You Really Agree to That? The Evolution of Facebook's Privacy Policy." Harvard Dataverse. http://dx.doi.org/10.7910/DVN/JROUKG. (August 6, 2011).

Singer, Natasha. "The Government's Consumer Data Watchdog." *New York Times* (May 23, 2015).

Singer, Natasha. "Never Forgetting a Face." *New York Times* (May 17, 2014a).

Singer, Natasha. "Didn't Read Those Terms of Service? Here's What You Agreed to Give Up." *New York Times* (April 28, 2014b).

Singer, Natasha. "An American Quilt of Privacy Laws, Incomplete." *New York Times* (March 30, 2013).

Singer, Natasha. "Consumer Data, But Not For Consumers." *New York Times* (July 21, 2012).

Spokeo, Inc. v. Robins. 578 U.S. ___ (2016)

State Street Bank & Trust Co. v. Signature Financial Group, 149 F. 3d 1368 (1998).

Stempel, Jonathan. "GoDaddy Prevails in Lawsuit over Oscar Trademarks." Reuters, September 11, 2015.

Stone, Brad. "Scaling the Digital Wall in China." *New York Times* (January 15, 2010).

Takenaka, Toshiko. "International and Comparative Law Perspective on Internet Patents." *Michigan Telecommunications Technology Law Review* (May 15, 2001).

Thurm, Scott. "The Ultimate Weapon: It's the Patent." *Wall Street Journal* (April 17, 2000).

Ticketmaster v. Tickets.com. 2000 U.S. Dist. Lexis 4553 (C.D. Cal., August 2000).

United States Copyright Office. "Digital Millennium Copyright Act of 1998: U.S. Copyright Office Summary." (December 1998).

Washington Post Co., et al v. TotalNews, Inc., et al., S.D.N.Y., Civil Action Number 97-1190 (February 1997).

Weber, Harrison. "Periscope Has Received 1,391 Copyright Takedown Requests So Far — Twitter Complied with 71% of Them." Venturebeat.com (August 11, 2015).

Williams, Timothy. "Facial Recognition Software Moves From Overseas Wars to Local Police." *New York Times* (August 12, 2015).

Winston, Brian. *Media Technology and Society: A History From the Telegraph to the Internet.* Routledge (1998).

第 IV 篇
电子商务应用实务

E-commerce in Action

第9章
网络零售和在线服务

 学习目标

学完本章，你将能够：

- 了解目前网络零售业的运营环境
- 解释如何分析网络零售企业的经济生存能力
- 了解各类网络零售商面临的挑战
- 描述网上服务业的主要特征
- 讨论网上金融服务业的发展趋势
- 描述当今网上旅游服务业的主要发展趋势
- 了解目前网上招聘服务的发展趋势
- 了解按需服务公司的商业模式

章首案例

为你的"克利奥帕特拉"选择蓝色尼罗河

男士们，想要为你的"克利奥帕特拉"（Cleopatra）奉上一份特别的礼物，却又不想花过多的时间去选购？想用一颗硕大的钻石向女友求婚，却又不想豪掷一大把钞票？不清楚钻石的未来价值，对珍珠、黄金以及白银也不够了解？

没有关系，蓝色尼罗河能为你答疑解惑。蓝色尼罗河是一家在线钻石珠宝销售商，它提供了 23 万多种款式的钻石供你为心爱的人挑选。用户只需选择合适的钻石，蓝色尼罗河会将其切割打磨，镶嵌到戒指、手镯、耳环、项链、吊坠、手表及胸针等首饰上，这些首饰的样式能够在线挑选。网站上的所有钻石都已依照"4C"划分等级：克拉数（carats）、切工（cut）、色泽（color）和净度（clarity），且附有 GIA 的认证报告。为便于小伙子们理解，网站还会将克拉换算成毫克（1 克拉恰好等于 200 毫克）。

1999 年 3 月，蓝色尼罗河以 RockShop.com 起家，总部设在华盛顿州西雅图市。同年 11 月，公司推出蓝色尼罗河的品牌，并更名为蓝色尼罗河公司。BlueNile.com 网站于同年 12 月推出上线。2004 年，公司成功上市。2007 年，蓝色尼罗河卖出了当时互联网交易史上最昂贵的物品，一颗价值高达 150 万美元的 10 克拉裸钻，其大小相当于一枚硬币，能将你的手指覆盖。2015 年，另一颗钻石以 180 万美元的交易价格刷新了纪录。

在电子商务发展的初期，没有人会想到在网络上交易优质珠宝。一般来说，购买诸如钻石之类的珠宝礼物通常都攸关情感方面的重要事件，比如订婚、结婚或者纪念日。网上购物的感觉完全无法比拟亲自走进蒂凡尼或其他零售实体店，一眼望去洁净的橱窗里满是极致璀璨、绚丽华彩的首饰时的感受。珠宝门店里为数不多、喷着香水的销售人员妙语连珠的讲解也会让你感觉自己是多么特别。钻石的成本很高，且其价值和定价具有很大的不确定性。调查显示，绝大多数消费者认为珠宝定价过高，同时人们普遍缺乏该领域的知识和信息，根本无法去议价，甚至连辨别珠宝质量都做不到。专家认为，考虑到钻石价格的不确定性和情感因素，极少有消费者愿意到陌生的网站，花费 5 000 美元甚至更多购买一颗钻石，而且好几天都无法看到或触摸到，无疑会增加他们内心的焦虑感。但事实证明，网上销售是珠宝零售的理想之选。下面看看其原因何在。

销售额达 700 亿美元的美国传统珠宝零售业是一个高度细分的市场，其珠宝专卖店有 2 万多家，同时销售珠宝和其他商品的店铺超过 10 万家。钻石首饰和裸钻一起构成了超过 50% 的零售商的销售额。如此细分的市场必然会形成包含多层批发商和中间商的供应链体系，从钻石原石经纪人到钻石切割中心、钻石批发商、珠宝制造商、珠宝批发商，最后到区域分销商。奇怪的是，钻石原石的开采被戴比尔斯（De Beers）一家公司垄断，全世界超过一半的市场被其控制。由于钻石原石的垄断定价，诸多供应商和分销商也就纷纷涨价。目前，钻石的零售价格相比成本普遍加成 50%～100%。而蓝色尼罗河的加成大约是 30%。

蓝色尼罗河 2015 年收入约为 4.8 亿美元，略高于 2014 年的 4.73 亿美元。国际销售额（包含全球 40 多个国家）大多停滞不前，从 2014 年的 8 100 万

美元上涨至 2015 年的 8 200 万美元。随着蓝色尼罗河不断发展进入新兴市场，包括利益丰厚的中国市场，公司预计其营业收入能在 2016 年趋于稳定。然而，2016 年上半年蓝色尼罗河的净销售额和净收入的水平略低于 2015 年上半年，究其原因主要是全球股票市场大幅波动，大宗商品的销售相继出现了波动。

蓝色尼罗河的主要竞争对手有 Tiffany.com、Ice.com，甚至亚马逊也插了一脚。这些公司正在变革拜占庭式的传统珠宝生意。例如，蓝色尼罗河通过削减多层中间供应商，而与钻石批发商和珠宝制造商直接交易。此外，蓝色尼罗河也最大限度地削减库存成本，同时控制库存积压风险。而在销售方面，蓝色尼罗河不设立实体店，没有销售人员，也无须购置昂贵的玻璃橱窗，管理和销售费用大幅降低。相反，蓝色尼罗河通过统一的网站门户来汇聚成千上万访客对钻石的不同需求，同时带给客户比传统零售店更极致的购物体验。合理的供应链和分销链结构有效地降低了加成。举例来说，蓝色尼罗河从供应商处采购一对椭圆形祖母绿钻石耳环的成本是 850 美元，再以 1 020 美元的价格销售给客户，而传统零售商向消费者的要价会是 1 258 美元。

蓝色尼罗河专注于通过创造一种可靠、专业的环境，来减少消费者对钻石价值的困惑和担忧，以提升购物体验。网站上包含钻石专业知识和分级体系方面的教程，还提供非营利机构鉴定颁发的质量等级认证。网站还承诺 30 天无理由全额退款。顾客平均几个星期内就会再次访问网站，浏览 200 多个页面，通常还会至少呼叫一次在线客服专线。2016 年，蓝色尼罗河在一个著名的消费者评论网站中获得了最高的客户服务评级。

2009 年，蓝色尼罗河成立 10 年来首次改版网站，旨在扩大女性客户群体，同时增强网站对男性消费者的吸引力。2010 年，它引入了移动网站和 iPhone/iPad 应用程序。苹果应用程序为用户提供了快速选择钻石规格并查看价格的方法。此外，该应用程序还设置了一个"呼叫"按钮，可以直接链接到蓝色尼罗河的呼叫中心进行电话下单。蓝色尼罗河移动平台的收入持续增长，在 2014 年达到 4 200 万美元，比 2012 年增长了 4 倍。同时它也加入

社交媒体营销，在脸书页面有超过 380 万个赞，在 YouTube 上拥有 250 万个视频，在 Pinterest 页面拥有超过 9 万个粉丝，在 Instagram 上拥有近 8 万个关注者，以及在推特上拥有超过 16 000 个粉丝。用户若对在这些网站上发布的珠宝图片感兴趣，可以直接通过点击该图片下的链接跳转到购买页面。

2012 年，蓝色尼罗河开始进行战略转型，究其原因是司法管辖区开始对在线零售商征收互联网销售税。于是，公司开始摒弃简单地提供最低价的产品，而把重心转向时尚珠宝和更高的价格层级。蓝色尼罗河已经开始提供专有的高端珠宝系列，并增加了设计总监来重新调整其产品定位。然而，即使有额外的销售税，蓝色尼罗河的互联网分销方式和省去的实体店开销也使它能够继续提供有竞争力的价格。另外，蓝色尼罗河在某些区域内采取了一些避税的方法，包括在南达科他州停止为顾客送货上门，以应对该州在 2016 年实施的网络购物税收征管法。

2013 年，蓝色尼罗河宣布与诺德斯特龙百货合作，潜在客户在网上购买之前就会看到戒指。诺德斯特龙门店的戒指仅供展示，但诺德斯特龙的珠宝专家可以使用 iPad 来帮助客户在商店中从蓝色尼罗河网站购买他们选中的戒指。这种购买方式非常受欢迎，于是在 2015 年，蓝色尼罗河在纽约长岛开设了第一家实体店，称为"网络室"。"网络室"允许客户在在线购买产品之前查看并试用该产品。由于实体店的规模小（约 400 平方英尺），缺乏店内销售能力，客户仍然需要在网上进行实际的购买。这一举措使得蓝色尼罗河提供了许多实体店才有的服务，又不需要被迫抬高售价来应对库存管理费用和维系庞大的销售团队。"网络室"内还设有一个数字墙，展示蓝色尼罗河的社交媒体活动，旨在吸引年轻人。2016 年，蓝色尼罗河在第一个"网络室"的网络销售大幅上升之后，决定进一步推动"网络室"的扩展。于是，公司在纽约开设了第二家店面，并在全国各地增加门店，包括华盛顿特区和俄勒冈州波特兰市。据了解，蓝色尼罗河的初始网站在各自的销售地区产生了很高的转换率和网络浏览量。其领导层预计在不久的将来建立多达 50 个"网络室"。这种营销模式体现了目前的市场形势，已经有许多顶

级在线品牌开始建立实体店，旨在提高品牌知名度并增加额外的在线流量。蓝色尼罗河客户的主要顾虑是无法看到和触摸产品，实体门店可以满足这一需求，同时带动利润的增长。

截至目前，低利润和互联网效率的"蓝色尼罗河"效应主要影响了小型流行饰品店。由于钻石价格上涨和大公司施压，许多小零售商在过去几年中已经消失。大型零售商，如蒂凡尼、扎莱斯等公司，都比蓝色尼罗河有更高的销售额，并继续受益于消费者对钻石订婚和结婚戒指的需求。蓝色尼罗河在过去的 3 年中比仅在线上开展服务的珠宝首饰竞争者们发展得更快，但仍然必须对其竞争对手保持密切的关注，以保持其在线竞争力。

资料来源："Blue Nile Ekes Out a Tiny Sales Increase in Q2," by Stefany Zaroban, Internetretailer. com, August 10, 2016; "Online Jewelry Retailer Earns Highest Rating from TopConsumerReviews. com," Prweb. com, June 16, 2016; "From Clicks to Bricks: Why Online Retailers are Setting Up Shop," by Alex Berg, Geekwire. com, May 16, 2016; "Blue Nile Inc. Earnings Fall on Engagement Jewelry Pullback," by Demitrios Kalogeropoulos, *The Motley Fool*, May 5, 2016; "Blue Nile Stops Shipping to South Dakota," Matt Lindner, Internetretailer. com, May 3, 2016; "How the Fine Jewelry Industry Is Shaping Up in 2016," by Allan Smith, Huffingtonpost. com, April 7, 2016; "Online Jewelry Retailer Blue Nile to Open DC 'Webroom' in Tysons," by Caroline Cunningham, Washingtonian. com, March 17, 2016; "The Future of E-commerce: Bricks and Mortar," by Mark Walsh, *The Guardian*, January 30, 2016; "Blue Nile Opening 3 or 4 Stores Next Year," by Rob Bates, Jckonline. com, September 17, 2015; "Leading Jewelry E-retailer Blue Nile Opens Its First Physical Showroom," by Matt Lindner, Internetretailer. com, June 5, 2015; "As Smartphones Spread, Retailers Scramble to Ring Up Sales," by Angel Gonzalez, *Seattle Times*, April 12, 2014; "Blue Nile CEO Says Click-and-brick Jewelry Experiment with Nordstrom Is Working Well," by John Cook, Geekwire. com, March 26, 2014; "Nordstrom and Blue Nile Tie the Knot in a Store-to-Web Partnership," by Katie Evans, Internetretailer. com, December 9, 2013; "Selling Information, Not Diamonds," by Kaihan Krippendorf, Fastcompany. com, September 1, 2010; "Blue Nile Sparkles," by Kaihan Krippendorf, Fastcompany. com, August 30, 2010; "Digital Bling: Diamonds for Sale Online," by Wendy Kaufman, NPR. org, February 14, 2010; "New Blue Nile Site Hits Web," *New York Times*, September 1, 2009; "Blue Nile Aims to Sparkle With Re-designed Web Site," Internet Retailer, September 1, 2009; "Blue Nile: A Guy's Best Friend," by Jay Greene, *Business Week*, May 29, 2008.

蓝色尼罗河的案例说明，与传统零售相比，网络零售既有优势又有劣势。网上服务公司能够简化供应链，形成一种全新的网络销售系统，这比传统零售更有效率。网络零售能够为消费者创造更好的价值定位，改善消费者服务和提高满足感。另一方面，网上公司常常利润微薄，没有实体店向非网络用户进行销售，并且都是在未经证明的商业假设（从长期来看，也可能无法证实）基础上经营。相反，大型的实体店，如沃尔玛、杰西潘尼、西尔斯和塔吉特，已经建立了自己的品牌，进行了巨大的房地产投资，拥有忠实的客户基础，还具有非常有效的库存控制和执行系统。正如我们将要在本章看到的，传统的目录零售商更加有优势。我们还能看到，传统零售商为了充分利用其资产和核心竞争力，需要形成新的竞争力和成熟的业务计划，以便能够在网上取得成功。

对于零售商品，纯粹的网上供应商能够比实体型的供应商，在较低的成本上为成千上万的消费者提供更加优质、便利的服务，同时又能取得可观的投资回报。服务业是从事电子商务最自然的途径之一，因为服务业的价值建立在收集、存储和交换信息的基础之上。事实上，网上服务已经在银行、经纪、旅游和求职方面取得了巨大成功。尤其是相比电子商务出现之前所能提供的服务，网络能够向消费者提供大量的金融、旅游和求职方面的信息。在线服务部门，比如网上零售，已经取得较大成功，并且在消费者进行的线上活动中起到了很大的作用。在经纪、银行以及旅游方面，网上服务都取得了较大成功并且改变了行业的格局。本章的 9.5 节到 9.7 节将具体介绍三种最成功的网上服务：金融服务（包括保险和房地产）、旅游服务和招聘服务。9.8 节将研究在过去几年中，优步、爱彼迎以及其他一些新兴的按需服务公司，这些服务公司在过去几年中声名鹊起。这种商业模式包含本地服务和移动服务，这种新型服务公司为消费者提供了一个平台，使消费者可以直接与提供运输、短期租房、杂货等按需服务的供应商联系。

9.1 网络零售

表 9-1 总结了 2016—2017 年网络零售的一些主要趋势。也许网络零售的核心要素是通过零售商在线上和线下的努力，整合它们的业务，便于它们以各种方式为客户服务。

表 9-1 2016—2017 年网络零售的新特点

- 移动零售不断增长，将从 2015 年的 810 亿美元增长到 2016 年的 1 160 亿美元。
- 为了更好地促进社交电子商务，脸书、推特、Pinterest 和 Instagram 等社交网站连同网络零售商一起，在它们的宣传页面上加入"购买"按钮。
- 以新兴的按需服务公司（比如优步）为主力军的地方电子商务市场的规模已经激增到了 400 亿美元。
- 网上买家数量继续增长，2016 年达 1.75 亿以上，每年的人均购买量也在持续增长，2016 年上升 11% 至 2 255 美元。
- 在线零售商通常通过专注于营收增长、增加平均购买金额、提高运营效率来实现盈利。
- 在线零售仍然是增长最快的零售渠道。
- 在线购物已经成为大众普遍的、主流的日常习惯。在美国，几乎 90% 的互联网用户都是网络消费者。
- 随着客户信任和购买经验的增加，在线购物的选择继续增加，甚至包括奢侈品，如珠宝、美食杂货、家具和葡萄酒。
- 汽车和家电等大件物品的在线购买继续迅速扩大，且几乎包括所有的零售商品（包括耐用品和非耐用品）。
- 专业零售网站显示，网上零售的快速增长主要由于开发定制零售商品和客户在线配置商品。

- 在线零售商越来越重视和改进购物体验，这包括易于操作和使用、在线库存更新、交互式工具、客户反馈和评级，以及社交购物的机会。
- 在线零售商增加使用了交互式营销技术以及其他一些技术，包括博客、用户生成内容和视频，它可以利用宽带连接的优势，提供缩放、颜色切换、产品配置和虚拟仿真等功能。
- 通过整合实体店铺，网络和移动平台提供了多种零售渠道，零售商不断向着全方位、多渠道零售商发展。
- 诸如 Birchbox、Naturebox 等新的虚拟商家开始使用新的基于订阅的零售收入模式。
- 大数据和强大的分析程序开始用于大型和小型零售商的预测性营销。

不管从哪个角度衡量，美国的零售市场都是巨大的。在 18.5 万亿美元的经济总量中，个人对零售商品和服务的消费约为 12.7 万亿美元（约占 GDP 的 69%）（Bureau of Economic Analysis，U. S. Department of Commerce，2016）。

9.1.1 零售业

零售业是由各类不同的企业组成的。图 9-1 将零售商分为 7 种主要类型：耐用品、日用品、食品饮料、专卖店、汽油燃料、邮购/电话订单（MOTO）和网络零售。每类零售商都可以在互联网上开展业务，但不同零售商对互联网的利用程度不同。有些餐馆利用网络向人们宣传自己的菜单和地址，有些餐馆则可接受网上订餐并送货上门。耐用品的零售商通常还是将网络看作信息传递工具，并不利用网络直接销售，不过这样的情况已经开始发生转变。

图 9-1　美国零售业的构成

说明：整个零售业由 7 类主要的零售企业组成。
资料来源：Based on data from U. S. Census Bureau，2012.

MOTO 零售商与网络零售商最为相似。虽然没有自己的店面，但 MOTO 零售商依然能够向千家万户散发各种商品目录（这是其成本最大的一个环节），并通过大型电话呼叫中心接受订单。MOTO 零售商还拥有非常高效的配送中心，通常在 24 小时之内就可将商品送到消费者的手中。MOTO 是在 20 世纪七八十年代发展最快的零售企业。其发展是国内免费呼叫系统改进和长途电话费用下降的直接结果，当然也离不开银行信用卡业及其他相关技术的发展。如果没有这些相关技术的推动，无论是 MOTO 还是电子商务，都不可能将触角延伸至全国的角角落落。MOTO 是电子商务之前零售业的最后一次技术革命。由于 MOTO 零售商在处理小订单方面的经验，它们在电子商务竞争中处于有利地位，并且向电子商务企业转型也不会有太大困难。

9.1.2　网络零售

网络零售也许是电子商务中最引人注意的一种形式。在过去的 10 年中，网络零售经历了飞速发展和全面萧条两个极端。许多网络零售市场的开拓者都已不复存在。企业家和投资者当初都不知道应当如何在这一市场取得成功。不过，这些早期的幸存者变得更加强大，随着传统线下的日用品经销商和新起步的公司不断壮大，电子商务也在快速发展，并不断扩张它所涉及的领域和规模。

电子商务零售：美好愿景

在电子商务早期，网络零售成为美国经济中增长潜力最大的一个领域，数以千计的网络零售商因此纷纷涌入这个巨大的市场。许多企业家最初都认为进入零售市场是很容易的。当时，人们普遍预期占据美国经济大半江山的零售业必将发生称为"数字风暴"的重大变革，正如两位咨询专家在一本著名的哈佛商学院教材中强调的（Evans and Wurster，2000），认为要发生变革的依据主要有 4 个：

第一，由于互联网大大降低了检索成本和交易成本，消费者将利用网络来寻找成本最低的商品。结果就会导致消费者逐渐向网络转移，在网上购物，只有那些价格低、服务好、质量高的网络零售商才能生存。这里，经济学家假定网络消费者都是理性的和追求低成本的行为人，不受附加价值和品牌等非理性因素的影响。

第二，网络零售市场的进入成本远远低于现实中开设零售门店的支出，网络零售商在营销和订单履行方面也比传统零售商的效率更高。人们还认为建立一个功能齐备的零售网站要比搭建仓库、配送中心和实际店铺便宜很多。由于相关技术人所共知，而技术成本也以每年 50％ 的速度下降，因此订单输入系统、购物车系统及订单履行系统的开发并不困难。甚至人们还认为在网上获得客户的成本也非常低，因为搜索引擎几乎可以立即就把消费者与网上商家联系到一起。

第三，随着价格的下降，传统零售商会被赶出市场，而亚马逊等新兴企业将会取而代之。人们认为只要网络零售商动作迅速，就会获得先发优势，把反应迟缓的传统商家关在网络零售的大门之外。

第四，在电子产品、服饰及数字内容等领域，制造商或分销商会直接与客户建立关系，不再需要零售中间商或中间人的帮助，市场也将朝着非居间化的方向发展。在这种情况下，传统的零售渠道——商店、售货员及企业的销售部门——将会被单一的网络渠道取代。

此外，很多人还预测会出现一种建立在虚拟企业概念基础上的超级中介。在将仓储和订单履行等职能外包给专业公司处理之后，这种超级中介可以获得比传统零售商更多的优势。这一理念起源于亚马逊。

但是，实际情况却是这些美好的愿景中没有几个成为现实。美国的零售市场结构并未出现"数字风暴"、非居间化或其他堪称变革的变化。网络零售作为一个独立平台，也未能成功培育出"单渠道"纯网上企业。事实证明，网络消费者并不是价格驱动的，相比之下，品牌、信任度、可靠性、交货时间、便利性、易用性以及最重要的"体验"显得要比价格更为重要（Brynjolfsson，Dick，and Smith，2004）。

互联网为那些已经拥有线下品牌的**多渠道**（omni-channel）公司创造了一个全新的场地（通过各种渠道销售产品并将自己的实体商店与其网站和移动平台整合在一起），在某些情况下，互联网支持纯线上厂商的发展，包括日常百货和专业零售商。正如所预测的，网络零售取得了快速发展，并且形成了动态的销售渠道。互联网为数百万消费者提供了新的购物场所，方便他们购物。互联网也为那些具有新型商业模式的公司，如蓝色尼罗河，提供新的机会。在线销售渠道可能会与其他渠道，如直接销售、实体店和邮购发生冲突，但这种冲突是可以管理的，可以形成更强的销售渠道。

今天的网络零售业

虽然网络零售的整体规模不算很大，只占目前全部零售市场的 8%，但始终保持着极快的发展速度，每天都有新的服务和新的产品出现（见图 9 - 2）。服装和配饰类别的收入占比最高，2015 年约为 640 亿美元。消费者在这一类别中有广泛的选择空间，如梅西百货、诺德斯特龙、塔吉特和沃尔玛这样的全方位百货连锁店，以及 Gap、Zulily、J. Crew、Urban Outfitters、Abercrombie & Fitch 以及拉夫·劳伦等专营零售商。在这一类别中亚马逊并不占优势，这是由于消费者对于服饰的购买更倾向于强烈地认同某一特定品牌，而不是像消费电子产品这样的商品。

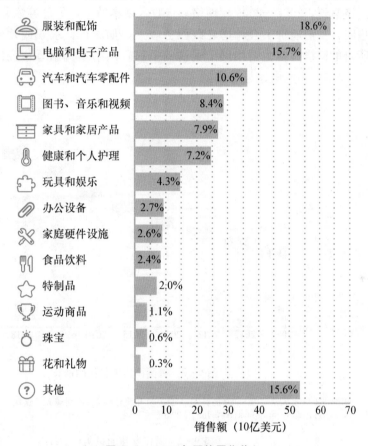

图 9 - 2　2015 年网络零售收入

说明：服装和配饰的收入占比最高，占所有网络零售收入的 18% 以上。
资料来源：Based on data from Internet Retailer, 2016; eMarketer, Inc., 2016a, 2016b; authors' estimates.

2015 年，电脑和电子产品这一类别的收入占总收入的比例第二高，约为 540 亿美元。这个类别的在线购物主要包括亚马逊和一些直接制造商，如苹果、戴尔、惠普、联想、百思买等全方位连锁店，以及 CDW 和 PC Connection 等目录商家。

汽车和汽车零配件排在第三位，2015 年收入约为 360 亿美元，主要来自汽车零配件。目前，美国特许经营法禁止汽车制造商直接向消费者销售汽车，因此汽车零售由经销商主导。汽车制造商使用互联网来提供品牌广告，而经销商专注于开发潜在客户。消费者通常关注产品的质量和定价，然后就此与经销商进行谈判。由于车辆采购过程的复杂性，直接的在线汽车销售目前不常见，但是未来可能会发展起来。例如，Beepi 公司开发了取消经销商的商业模式，并通过移动应用程序将二手车直接销售给消费者。

图书、音乐和视频是众多成功的在线销售项目之一。这一仍然流行的在线类别在 2015 年的收入约为 290 亿美元。在该类别中领先的零售商包括亚马逊、苹果、网飞、Google Play、巴诺和 Hulu。

家具和家居产品在 2015 年的收入约为 270 亿美元。在过去，家具、床垫和地毯等大件物品的运输费用对网络销售是巨大的阻碍，但这种情况正在开始变化。除了亚马逊，这一类别的领先网络零售商还包括其他纯网上公司，例如 Wayfair 和 Overstock，以及多渠道零售商，如 Williams-Sonoma、Restoration Hardware、Bed Bath & Beyond 和 Crate and Barrel。

健康和个人护理（药品、健康和美容用品）类别也保持稳定增长，2015 年的收入约为 245 亿美元（eMarketer，Inc.，2016a）。

由于经济衰退，2008—2009 年网络零售收入基本持平，但已经恢复上行趋势（见图 9-3）。提到网上零售时，我们通常不会考虑在线服务收入，如旅行、求职或软件应用程序和音乐等数字下载。本章所讲的网络零售主要指网上实物的销售。网络零售给零售商既带来了机遇，又带来了挑战。表 9-2 总结了一些机遇与挑战。

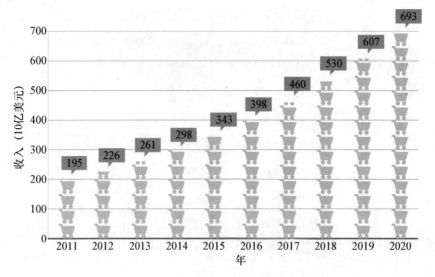

图 9-3　美国网络零售额的增长

说明：2016 年网络零售收入预计为 3 980 亿美元，到 2020 年将达到 6 930 亿美元，这比 2013 年增长了 2 倍多。
资料来源：Based on data from eMarketer, Inc.，2016c.

表 9-2　网络零售的机遇和挑战

机遇	挑战
● 整合需求并增强购买力以降低供应链成本	● 消费者关心的是交易的安全性
● 网上销售成本低于实体店销售成本	● 消费者关心网上个人信息的私密性
● 能够接触并且服务更多的在地理上分散的消费者	● 与实体店购物相比，网上购物的到货时间较长
● 能够快速对消费者的需求做出反应	● 退货不方便
● 能够立即对价格做出改变	● 需提高消费者对网上品牌的信任度
● 能够快速对商品描述做出改变	● 增加了网上图片、音频和动画的成本
● 节省了散发传单和邮件的直接营销成本	● 增加了网上营销的成本，如搜索成本、电子邮件成本、网上展示成本
● 增加了个性化和定制化的机会	● 增加了产品供应和顾客服务的复杂性
● 增强了向消费者传递信息和知识的能力	● 更多的顾客信息带来价格竞争、更低的利润
● 能够降低消费者市场交易成本	

　　随着消费产品的不断增加，最大的受益者不仅仅是纯粹的网络公司，也包括那些依靠品牌认可、支持性基础设施和金融资产成功进入网络市场的线下零售商。表 9-3 列出了网络零售企业的排名。其中包括以网络为单一渠道的零售商，如亚马逊（位于第一）和 Newegg；也包括以线下实体店为主、网络为辅的多渠道零售企业，如沃尔玛、西尔斯、梅西百货、家得宝、好市多、百思买和塔吉特；还包括电脑和电子设备制造商，如苹果、戴尔和联想。2015 年，亚马逊占所有在线销售收入的 25％以上，前 10 名零售商占所有在线零售业务的近 55％，而美国前 500 名零售商约占 85％。接下来的 500 家公司又占据了额外 5％，所以仅仅 1 000 家零售商就创造了 90％以上的零售电子商务销售额。中型商铺增长最快，特别是集中于特定市场的商家，例如 Blue Apron，其使用的基于订阅的销售模式使顾客在家进行便捷的餐点烹饪。另一家公司 Dollar Shave Club 使用基于订阅的廉价剃须刀销售模式（这个模式的成功使得联合利华在 2016 年 7 月以 10 亿美元收购该公司）。相反，那些无法向消费者证明它们能提供独一无二的价值的公司将很难存活下来。由于单一渠道的网络零售商对网络具有很大的依赖性，它们面临的挑战就是如何将浏览者变成消费者，同时采取有效的措施获得长期利益。盈利能力是决定单一渠道的网络零售商发展的关键所在。这些公司中没有多少是上市公司，因此不需要报告它们的财务业绩，但在为数不多的上市公司中，只有少数公司在2015 年实现了盈利。由于传统企业很少依赖网上销售，因此它们面临的最大挑战就是将线下渠道与线上渠道进行整合，以使消费者能够在不同的环境中进行选择。

表 9-3 在线销售排名前 20 位的美国零售商

零售商	2015 年在线销售收入（10 亿美元）	类型
亚马逊	79.27	仅线上销售
苹果	18.00*	厂家直销
沃尔玛	13.70	多渠道销售
史泰博	11.03	多渠道销售
梅西百货	6.21	多渠道销售
家得宝	4.67	多渠道销售
西尔斯百货	4.65	多渠道销售
好市多	4.53	多渠道销售
欧迪办公	4.39	多渠道销售
百思买	4.07	多渠道销售
CDW	3.95	目录商户
QVC Group	3.91	目录商户
戴尔	3.68	厂家直销
联想	3.38	厂家直销
诺德斯特龙	2.83	多渠道销售
科尔士百货	2.82	多渠道销售
Gap	2.53	多渠道销售
Newegg	2.58	仅线上销售
塔吉特	2.47	多渠道销售
Williams-Sonoma	2.38	多渠道销售

* 不包括来自 App Store 的收入。

资料来源：Based on data from Internet Retailer, 2016；company reports on Form 10-K filed with the Securities and Exchange Commission, 2016；Forbes, 2016；eMarketer, Inc., 2016d；authors' estimates.

显然，2016—2017 年以及未来电子商务最重要的零售主题之一就是，传统企业如沃尔玛、塔吉特、杰西潘尼及其他公司有能力将网上经营与实体店经营整合起来，提供"综合性购物的客户体验"，同时充分利用自己实体店的价值。表 9-4 列出了一些传统零售商整合网站、移动平台和商店运营以开发几乎无缝衔接的全渠道购物的各种方式。这张表不能概括所有的方式，零售商可以整合不同方式，形成新的方式。

表 9-4 零售电子商务：多渠道整合方式

整合类型	说明
网上下订单，实体店提货	很可能是首选的整合方式
网上下订单，存储目录和库存	当网上商品断货时，提示顾客实体店的库存和地址
实体店下订单，送货上门	实体店缺货时，顾客在店内下订单，并在家等待收货
店员下订单，送货上门	与上面的相似，需要零售业务员检查库存，保证库存在正常水平
网上下订单，商店退货或换货	网上订购的商品可以退回到任何一家商店
网络目录	网上目录零售是对线下目录零售的补充，同时网上能够展示更多的商品
网络促销将顾客引向零售店	像 Colgate-Palmolive 和宝洁这样的消费品公司，利用网络渠道进行产品的设计和营销
商品卡和积分卡可以在任一种渠道中使用	顾客可以用商品卡和积分卡在实体店、网上或通过目录消费
移动端下订单，网络或实体店销售	应用程序可以将用户直接转到特定的网站进行订购或者在店内交易
移动端定位，店内销售	使用智能手机地理定位技术来定位附近商店和餐馆的广告

除了非中介机构，网络零售中介机构在零售业的发展中发挥了强大作用。传统零售商也快速获得了网上市场份额。越来越多的消费者被稳定的、知名的、可信赖的零售品牌和零售商吸引。网上消费者对品牌很敏感，他们并不主要是选择低成本的商品，其他因素也同样重要，如可靠性、信任、履约和客户服务。

2016 年零售电子商务的最大变化是社交电子商务的持续增长，企业使用基于定位的营销方式来推广本地服务和产品，营销能力日益提高，尤其是在由智能手机和平板电脑组成的移动平台快速增长的形势下。在零售界，平板电脑被称为"终极购物机"，它使消费者能够像以前使用实体目录一样浏览内容丰富的在线目录，然后在冲动的时候购买商品。

社交电子商务是指在脸书、推特、Pinterest、Instagram、Snapchat 等社交网站上的营销和购物。所有这些网站已经发展成为主要的营销和广告平台，帮助引导消费者到外部网站购买产品。而在 2014 年试用版之后，脸书、推特、Pinterest 和 Instagram 都正式推出了自己的"购买"按钮，消费者能够更轻松、更广泛地购买商品。2015 年，互联网社交媒体零售商 500 强共从社交商务中赚取约 39 亿美元，比 2014 年增长了 40% 以上（Top500guide.com，2016）。

过去，只有大型公司才有能力进行在线营销和广告活动，但随着本地营销公司（如 Groupon、LivingSocial 和其他数十家公司）的发展，消费者开始可以根据自己的地理位置，从当地商家那里获得折扣和优惠券。通过每天数十亿的电子邮件，这些日常优惠网站已经售出了数百万张优惠券，为当地商品和服务的采购提供极高的折扣。这是本地商家第一次可以以相对便宜的价格在网上宣传它们的产品和服务。

移动互联网设备（智能手机和平板电脑）的巨大发展促进了社交和本地电子商务的增长。2016 年，美国电子商务零售的总规模预计将超过 1 150 亿美元。2016 年，预计超过 75% 的在线买家将通过移动设备进行购买，到 2020 年这一比例预计将增长至 85% 以上（eMarketer, Inc.，2016e，2016）。

9.2　分析网上企业的生存能力

我们将在本章和下一章对代表特定电子商务模式的各类网上企业的生存能力进行分析。我们主要是要了解这些企业的中短期（1～3 年）经济生存能力及业务模式。**经济生存能力**（economic viability）是指企业在一定时期内作为有盈利的商业企业生存下来的能力。我们将采用战略分析和财务分析这两种业务分析方法来回答与经济生存能力有关的问题。

9.2.1　战略分析

与经济生存能力相关的战略同时涉及企业所处的行业以及企业本身（见第 2 章 2.2 节和 2.5 节）。关键的行业战略因素是：

- 进入障碍：新进企业是否会受到过高的资本成本或知识产权壁垒（如专利保护和版权保护）的阻碍而无法进入该行业？
- 供应商的议价能力：供应商能否控制高价格？企业能否在多个供应商之间进行选择？企业是否达到足够的规模与供应商讨价还价以获得低价？
- 消费者的议价能力：消费者能否在多个相互竞争的供应商之间进行选择，从而使供应商无法抬高价格、获得高额利润？
- 替代品的存在：产品或服务提供的功能是否可从其他渠道或其他行业的竞争产品中获得？替代商品和服务是否会在近期出现？
- 行业价值链：行业中生产链和销售链的改变对企业有利还是有弊？
- 行业竞争的特点：行业内部的竞争是以产品和服务的差异化、低成本、扩大范围为主，还是以聚焦战略为主？行业竞争的特点有何变化？这些改变对企业是否有利？

与企业及其相关业务特别有关的战略因素包括：

- 企业价值链：企业采用的业务流程和运营方式能否使企业的运营效率达到业内最高？技术的变革是否会迫使企业重组业务流程？
- 核心竞争力：企业是否拥有他人无法轻易模仿的独特竞争力和独特技能？技术变革是削弱还是加强了企业的竞争力？
- 协同效应：企业是否能够利用自己的下属企业或其他战略合作伙伴和联盟企业的竞争能力和资产帮助自己？
- 技术：企业是否掌握了能随需求增长而不断扩大规模的相关技术？企业是否掌握了能够确保企业生存的运营技术（如客户关系管理系统、订单履行系统、供应链管理系统、库存控制系统和人力资源管理系统）？
- 社会与法律挑战：企业是否已经采取措施来解决消费者的信任问题（隐私保护和个人信息安全）？企业是否会由于受到起诉，如知识产权的诉讼，而影响自己的业务模式？企业是否必须提前做好准备，以应对互联网税收法规或其他可预见的法律法规的变化？

9.2.2　财务分析

战略分析可以帮助我们了解企业的竞争现状，而财务分析则可以帮我们了解企业的实际运营状况。财务分析主要包括两个部分：一是运营状况分析；二是资产负债分析。运营状况分析能够揭示出企业盈利或亏损了多少；资产负债分析揭示出企业有多少资产用于现在和将来的运营。

下面是一些关于运营状况分析的关键因素：

● 收入：收入是否增长？以何种速度增长？网络作为一种新型渠道，许多电子商务公司已经经历过爆炸式的增长。

● 销售成本：与收入相比，企业的销售成本是多少？销售成本一般包括产品销售成本和相关成本。销售成本越低，毛利越高。

● 毛利润率：企业的毛利润率是多少？是上升还是下降？**毛利润率**（gross margin）由毛利润除以销售净额得到。毛利润率反映了一个企业是获得还是失去了市场控制力。

● 经营费用：企业的经营费用是多少？是增加还是减少？经营费用一般包括销售成本、技术成本和管理成本。按照专业会计标准（见下文），还包括员工和管理人员的股票分红、商誉和其他无形资产摊销以及投资减值。对于电子商务公司来讲，这些费用是很重要的。一些电子商务公司用公司股票（或股权）来补偿自己的员工，一些公司通过兼并其他公司来发展自己。许多公司使用公司的股票而不是现金来购买一些高价值的东西，在许多情况下，有可能会导致公司的市场价值大幅下跌。所有这些项目都算作正常的运营费用。

● 经营收益率：当前企业的经营收益率是多少？**经营收益率**（operating margin）由经营收入（或亏损）除以销售净额所得。经营收益率反映了企业将销售额转变成税前利润的能力，也说明了企业当前的经营能否弥补经营费用（不包括利息费用和其他非经营费用）。

● 净利润率：**净利润率**（net margin）是指企业扣除全部费用之后的收入占毛收入的百分比，可以通过净收入或净亏损除以销售净额求得。净利润率集中显示出企业从每一美元销售额中获利的情况。同时通过测量销售收入占毛收入的百分比，来衡量公司的经营效率。在单一行业内，它可以用来衡量竞争企业的相对效率。净利润率需要考虑许多非经营费用，如利息和股票期权等。

根据一般公认会计原则（GAAP），网络公司不会公布它们的净收入，在对电子商务公司进行财务分析时，意识到这一点是很重要的。这些原则由财务会计准则委员会（FASB）颁布，该委员会是一个专门制定会计规则的机构，自 1934 年制定《证券法》以来，一直发挥着至关重要的作用，并寻求在大萧条时期改善财政。早期的电子商务公司采用一种新的核算方式，称作预估盈余（也称作 EBITDA，即未计利息、税项、折旧及摊销前的利润）。预估盈余并不扣除股票分红、折旧以及摊销费用。这样一来，预估盈余的核算方式要比 GAAP 认定方式好些。以这种方式核算的公司通常宣称，这些费用不是经常发生的。美国证券交易委员会（SEC）颁布新的指导方针（G 号文件），禁止公司向 SEC 报告预估盈余，但仍允许公司在公开声明中公布预估盈余（Weil，2003）。在本书中，我们将依据 GAAP 来衡量一个公司的收益或损失。

资产负债表（balance sheet）能够为我们提供截至某一天的企业资产和负债的简要财务描述。**资产**（assets）是指企业所有有价值的东西。**流动资产**（current assets）是指现金、债券、应收账款、存货以及其他能在一年内变现的投资。**负债**（liabilities）是指企业的未清偿债务。**流动负债**（current liabilities）就是必须在一年内偿还的债务。而在一年或者一年以上才需偿还的债务叫**长期负债**（long-term debt）。只要比较一下企业的**营运资本**（working capital），即流动资产减去流动负债，就能立刻了解企业短期内的财务安全状况。如果营运资本略高于零或为负值，企业就很可能遇到短期债务偿还的麻烦。相反，如果企业拥有大量的流动资产，那么它就能维持长期的经营费用。

9.3　电子商务实例：网络零售的业务模式

到目前为止，我们只对网络零售的整体状况进行了讨论。其实，正如我们在第 2 章中提到的，网络零售的业务模式共有 4 种主要类型：虚拟商家、多渠道零售商（有时称作鼠标加水泥型）、网上目录零售商以及制造商直销。图 9 - 4 展示了 2015 年各类公司的在线零售销售份额。另外，在 eBay、亚马逊和雅虎商城上存在着许多小型零售商，还有一些加盟商（主要依靠其网站的访问流量来获得收入）。不同类型的网络零售商面临不同的战略环境，行业和企业的经济状况也完全不同。

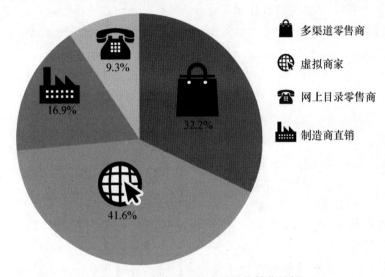

多渠道零售商
虚拟商家
网上目录零售商
制造商直销

图 9 - 4　各类公司的在线零售销售份额

说明：虚拟商家占在线零售销售额的 40％以上，但这一比例由于亚马逊本身占了将近 25％的比重而严重扭曲。然而，在过去几年中，多渠道零售商的占比一直在稳步增长。

资料来源：Based on data from eMarketer, Inc.，2016g，2016h.

9.3.1　虚拟商家

虚拟商家（virtual merchants）属于单渠道的网上企业，收入几乎全部来自网上销售。虚拟商家在制定经营战略时面临非常特殊的挑战：它们都是白手起家，身处全新的渠道之中，还面临诸多虚拟商家的激烈竞争（特别是低价值的小商品领域），只有快速开展业务并打响品牌才能生存。这些企业一般无须承担建立和维护实体店铺的成本，但建立、维护网站和开展营销所需的开支同样惊人。此外，虚拟商家获取客户的成本也非常高，学习曲线非常陡峭。与其他零售企业一样，虚拟商家的利润（零售价与成本之间的差额）很低。因此，虚拟商家必须达到足够高的运营效率，才能保证获得利润，同时必须尽快打响品牌以吸引到足够数量的客户，才能弥补其经营成本。采用这种模式的商家都采取降低成本和方便客户的策略，再加上非常高效的履行过程，以确保客户尽快收到自己所购买的商品。在下面的电子商务实例中，我们将深入分析亚马逊的商业策略和财务状况。除了亚马逊之外，其他成功的虚拟商家有 Newegg、Overstock、Gilt Groupe、Zulily、Wayfair、Rue La La、蓝色尼罗河（见本章章首案例）、Bluefly、Hayneedle、Yoox Net-a-Porter、Shoebuy 和 Choxi。最近，出现了一批新型的虚拟商家，使用订阅收入模式。实例包括 Birchbox（每月分发个性化美容样品），Stitch Fix（有专属设计师挑选服装），Barkbox（宠物用品），Naturebox（健康零食），Bulu Box（营养品和维生素）以及数百个商家。根据网络零售商的统计，虚拟商户在 2015 年网络零售前 1 000 名商家的网上零售额中超过了 1 400 亿美元（约占 42%）（eMarketer，Inc.，2016g，2016h）。

电子商务实例

亚马逊

亚马逊位于西雅图，是世界最知名的纯网络商家之一。正如提交给美国证券交易委员会的年报所声明的，亚马逊的目标就是"提供全球最多的选择，成为全球最大的消费者服务公司"，在这里商品应有尽有。让消费者和投资者明确这一目标，仍然是个关键问题。但这一点并不能阻止杰夫·贝佐斯（Jeff Bezos）和他的团队成为网络上最成功、最富创新力的零售商。

很少有商业公司有过从早期快速增长，到巨大亏损，再到盈利的经历。在整个发展过程中，没有一个互联网企业会像亚马逊一样既受到过广泛的斥责又得到过热烈的赞扬。亚马逊的股票价格恰能反映它过去 10 年的变化，从 1999 年每股 106 美元，下跌到 2001 年每股 6 美元。之后股价上涨，在 2003—2009 年，其股价在 50～90 美元之间徘徊。2016 年股价又攀升到了 810 美元。这一变化说明了亚马逊是网络中的幸存者，它很有可能会在长期取得更大成功。尽管经历坎坷，亚马逊仍然是电子商务历史上最富创新力的零售商之一。在电子商务早期，亚马逊就根据自己的市场经验和对网上消费的远见形成了自己的商业模式。

愿景

杰夫·贝佐斯和他的朋友的最初想法是，互联网给商务带来了新的革命，并且只有大公司（不考虑盈利）才有可能生存下去。贝佐斯认为，要成功就要做到三点：价格低廉，选择多样，以及便利服务（有功能丰富的内容、用户能进行的产品评论、快速可靠的执行系统、方便的操作界面等）。现在，亚马逊向消费者提供包括新的、旧的及可收集的类型在内的多种选择，分别有实体货物和数字产品。实体货物包括书籍、电影、音乐和游戏；电子产品和电脑；家居用品、园艺用品和工具类；杂货；健康产品和化妆品；玩具、儿童和婴儿用品；衣服、鞋子和珠宝；运动和户外活动用品；汽车和工业用品。其数字产品包括无限即时视频，数字游戏和软

件，MP3 和云播放器，Audible 有声读物和 Kindle 电子书阅读器产品。如果在亚马逊上找不到你要的产品，它会向你提供可租用相关产品的商家（甚至是网站外部的提供者）。简而言之，亚马逊已经成为网络上最大的零售商之一，其"购物平台"与"产品搜索"功能的结合使其能够与其他大型网络零售商（如 eBay）和提供搜索引擎服务的公司（雅虎、MSN 甚至是谷歌）相竞争。虽然亚马逊已经成为世界最大的网上商店，但其最初成为网络上最大的产品供应商和搜索服务提供商的愿景仍需继续实践。

商业模式

现在亚马逊的商业范围可分为两个基本的部分——北美市场和国际市场。在这些市场上，亚马逊不仅服务于消费者，也服务于商家。其零售业务与传统零售商一样，就是向消费者出售产品。它还生产和销售各种各样的 Kindle 电子书阅读器和 Kindle Fire 系列产品，包括平板电脑和智能电视。由于缺乏可用的应用程序，Fire 智能手机被证明是不成功的，但 Echo 智能家居已经获得了热烈的好评，可能会成为亚马逊的下一个值得拥有的设备。

亚马逊商业模式中另一个重要组成部分是第三方厂商。第三方厂商能够将自己的产品放到亚马逊的网站上，同时能够使用亚马逊的客服技术。早期，亚马逊与大型厂商（如玩具反斗城、Borders 和塔吉特）合作，并在其网站上为这些商家提供店面。但现在亚马逊已经渐渐将企业级业务留给竞争对手，而开始把注意力转向中小零售商。

许多厂商已经与亚马逊签署了协议，即使与亚马逊相互竞争也要向其提供产品。例如，亚马逊网站上的单一产品可能同时被亚马逊出售，也可以是知名商家如塔吉特提供的，还可以由一个销售新的、二手或收藏版的产品的商家或个人销售。对于这些厂商来说，亚马逊并不是销售情况的记录者，也不是产品拥有者，更不会充当产品运输的第三方（即

使有时其提供了执行服务）。亚马逊的主要收入来源于固定的月租费、销售佣金（通常为销售额的 10%～20%）、单位产品的交易费用等。亚马逊只是扮演了网上商店的角色，从中收取"租金"并向厂商提供服务。

亚马逊商业模式中另一个重要成分是亚马逊网上服务（AWS）。亚马逊向厂商提供了多种服务，厂商可以直接访问亚马逊的技术平台，也可以在技术平台上建立自己的应用。2016 年，AWS 的收入预计将达到 100 亿美元，高于 2015 年的近 80 亿美元和 2014 年的 46 亿美元，比亚马逊的零售业务盈利更多。

尽管 AWS 的盈利能力仍在增长，但亚马逊仍然通过销售产品获得了大部分收入。虽然亚马逊从 2002 年起就开始成为图书、CD 和 DVD 的在线销售商，但它已经开始变得多样化，成为拥有数以百万计的产品的常规的经销商。随着 Kindle 电子书的成功，亚马逊已经成为一家主要的在线应用传媒公司，亚马逊音乐和视频慢慢也在音乐和流式视频业务方面发挥出了重要的作用。2015 年，该公司约 20% 的收入来自媒体销售，而电子产品和普通商品约占 70%。除了在美国的亚马逊网站，亚马逊还在欧洲、亚洲和加拿大运营了许多本地化网站。尽管在 2015 年的总营收中占到了 33%，低于 2014 年的 37%，但总的国际销售额仍然呈上涨趋势，只是不如国内销售额增长得那么快。

财务分析

亚马逊的收入从 1998 年的 6 亿美元增长到 2015 年惊人的 1 070 亿美元（见表 9 - 5）。2011—2015 年，亚马逊的收入增长了一倍多。这是一次令人印象深刻的爆炸性的收入增长。然而，亚马逊的这种增长战略使得该公司很难一直保持连续的盈利。虽然 2011 年盈利达 6.13 亿美元，但在 2012 年，亚马逊净亏损达 3 900 万美元。2013 年，它扭亏为盈，报告了净收入 2.74 亿美元，但仍低于分析师的估计。2014 年，亚马逊再次报告了净亏损 2.41 亿美元，主要原因是营业费用由 2013 年的 190 亿美元增加到 2014 年的 260 亿美元。但最终，亚马逊在 2015 年实现了几个季度的持续盈利，并将延续到 2016 年，预计未来还会有更多盈利。那些认为亚马逊将继续增长并最终获得巨额利润的投资者似乎已经被证明是正确的。在 2016 年第二季度，亚马逊创造了 8.57 亿美元的利润，高于 2015 年同期的 9 200 万美元。

表 9 - 5　亚马逊公司 2013—2015 年经营业绩合并报表与资产负债表摘要数据　单位：百万美元

亚马逊公司经营业绩合并报表

财政年度截至 12 月 31 日	2015 年	2014 年	2013 年
收入			
净销售额（产品）	79 268	70 080	60 903
净销售额（服务）	27 738	18 908	13 549
成本	71 651	62 752	54 181
毛利	35 355	26 236	20 271
毛利率	33.0%	29.5%	27.2%
经营费用			
营销	5 254	4 332	3 133
发货	13 410	10 766	8 585
技术与网站开发	12 540	9 275	6 565
一般费用与管理费用	1 747	1 552	1 129
其他经营费用	171	133	114
经营费用合计	33 122	26 058	19 526
经营收入	2 233	1 178	745
经营收益率（%）	2.1%	0.2%	1.0%
全部非经营收入	(665)	(289)	(239)
税前收入	1 568	(111)	506
预提所得税	(950)	(167)	(161)
权益投资损益（税后）	(22)	37	(71)
净收入（亏损）	596	(241)	274
净利润率（%）	0.05%	-0.30%	0.03%

资产负债表摘要

12 月 31 日	2015 年	2014 年	2013 年
资产			
现金与现金等价物	19 808	17 416	12 447
全部流动资产	36 474	31 327	24 625
资产总计	65 444	54 505	40 159
负债			
全部流动负债	33 899	28 089	22 980
长期负债及其他	18 161	15 675	7 433
周转资金	2 575	3 238	1 645
股权收入（赤字）	13 384	10 741	9 746

资料来源：Amazon. com, Inc., 2016a.

截至 2015 年 12 月末，亚马逊拥有共计 198 亿美元的现金及有价证券。这些流动资产是通过出售股票与票据获得的。包括普通股民、风险投资商及投资机构等都会选择购入以换取公司股份或者债券。公司的总资产约为 650 亿美元。公司强调了其净现金流作为其财务强大的象征，这意味着公司有丰厚的现金资产以应对短期债务（比如融资季资本购入）。亚马逊当前的资产足以弥补未来出现的短期赤字。

战略分析——商业战略

亚马逊制定了一系列商业战略来增加销售额，同时还将其销售价格降到最低。其盈利策略包括在美国以及国际上提供功能不断更新的 Kindle 电子书阅读器和 Kindle Fire 平板电脑，以及推出新的电子书出版计划；将业务拓展至设备制造业，如亚马逊 Fire 电视和亚马逊 Echo 智能音响；扩大其音乐和流媒体视频业务，如亚马逊音乐和即时视频服务；扩大其网络产品的服务范围；通过扩大第三方销售平台向更广泛的交易平台转移；通过将产品供应划分到几大类被称作商店的分区中，实现更多的产品聚焦。亚马逊仍然以沃尔玛和 eBay 为榜样，不断尝试成为一个大众化、低价格、大批量的在线超市，使消费者可以在这里获得任何所需的产品。为了在这种环境下实现盈利，亚马逊在供应链管理和策略实施方面投入大量资金，在将成本降至最低的同时提供卓越的客户服务，甚至免费派送服务。

增加零售收入的具体计划有：亚马逊零售的免费送货服务（这个计划使订单规模增加了 25%）、亚马逊金牌会员服务（以 99 美元一年的价格提供免费的两日送达服务，再加 3.99 美元则能提供一日送达服务，以及免费播放会员音乐和会员视频）、更多的产品选择和更短的送货时间。亚马逊的金牌会员人数在稳步增长，2016 年美国的会员人数估计将会达到 5 400 万。使用率也在增加：2015 年，美国的会员视频流媒体的播放时长增加了 47%，在国际上增加了 51%。2015 年，会员音乐流媒体的播放时间比前一年增加了 2 倍。亚马逊在美国的 14 个销售市场提供当日送达服务，在 9 个城市提供一小时送达服务。在亚马逊出售的一些物品旁可以看到一个滴答作响的时钟，这告诉消费者在接下来的日子里，该商品还需要几小时才能送达。

亚马逊也大力发展移动购物领域，为 iPhone、黑莓、安卓、Windows Phone 和 iPad 提供购物应用软件。公司还为 iPhone 提供了交易、价格检查和学生应用程序，并为安卓程序开设了一个应用商店。2015 年，它推出了名为 Prime Now 的移动应用程序的初始版本，该应用程序正快速地在美国推广，并提供快达 1 小时的送达服务。2016 年，亚马逊在移动商务领域占据着主导地位，调查显示有 93% 的移动终端消费者使用亚马逊进行购物，且其中的大部分人主要的移动购物方式都是使用亚马逊购物。然而，亚马逊在开发自己的智能手机方面并没有取得成功。由于 2014 年亚马逊推出的 Fire 手机的销售业绩平平，且从未得到市场关注，因此在 2015 年，亚马逊决定将其资源从 Fire 手机的开发中撤出。

Kindle 电子书阅读器被誉为历史上最畅销的产品。亚马逊以该平台的成功发展为基础，继续发布更多版本的 Kindle 电子书阅读器和 Fire 产品。根据亚马逊的统计，它现在销售的 Kindle 书籍多于所有印刷书籍。

2012 年，亚马逊加大了在娱乐业务方面的努力，通过签订扩展内容授权协议，与 NBC 环球、哥伦比亚广播公司、Viacom 以及几乎所有好莱坞大制片厂达成协议，增加了其即时视频库的内容。2013 年，进一步与 Viacom、美国公共广播公司、A+E、斯普里斯网络和 FX 签订了协议。2014 年，该公司增加了 HBO，并开发了一系列原创剧集，以跟上竞争对手网飞的步伐。2015 年，亚马逊宣布其内容创作部门亚马逊工作室将开始开发原创电影以供影院上映。这些电影将在一两个月内在亚马逊金牌会员服务中上架。

在成本方面，公司越来越多地使用第三方物流，这样亚马逊的卡车只需要将包裹运送到美国邮政系统中心。2012 年，亚马逊开始采取一项积极的策略，在美国各地建立仓库，以加快送货速度。这一策略将持续到 2016 年，新的物流中心将在新泽西州、得克萨斯州和北卡罗来纳州建成。以前在亚马逊购物的客户都是免税的，但是由于许多州的立法，他们现在必须缴纳销售税。随着这种竞争优势的消失，亚马逊正寻求在送货速度上胜过所有竞争对手。贝佐斯和亚马逊的终极目标都是能够在美国的许多地区提供当日送达服务。

为了达到这一目的，亚马逊采取了多种措施，包括无人机送货和货运飞机。亚马逊的 Prime Air 是它的无人机送货项目，该项目可运输的包裹重量提升至 5 磅，适用于目前出售的 80% 的货物。直到最近，这种类型的交付方式似乎更接近于科幻小说而非现实，尽管有工程和法律上的障碍，但亚马逊似乎比以往任何时候都更接近于成功。2016 年，亚马逊租赁了 40 架波音 767 喷气式飞机，以帮助管理其不断增长的航运需求。公司还购买了自己的卡车车队，并研究开发自驾车。尽管看起来亚马逊正试图全面控制其配送业务，但它不太可能终止与联邦快递或 UPS 速运的关系，因为其订单总量太高了。然而，这些举措可以大大提高亚马逊大部分订单的利润率，使亚马逊传统的实体竞争对手的生存变得更加困难。

战略分析——竞争

亚马逊的竞争对手主要是那些从事线上和线下交易的大型商家。这些竞争对手既包括网络公司 eBay，也包括像沃尔玛、西尔斯和杰西潘尼这样的多渠道零售商。2016 年，由于不断受到亚马逊的挤压，沃尔玛以 33 亿美元廉价收购了亚马逊的竞争对手 Jet.com。随着亚马逊飞速发展，这两家公司在整体市值方面都处于落后状态并几乎停滞不前。在某些方面，亚马逊也与像 L. L. Bean 和 Lands'End 这样的目录零售商形成竞争。作为最大的网络零售书店，亚马逊难免与 Barnesandnoble.com 产生竞争。到目前为止，MSN、雅虎也开放了自己的网上商店，毫无疑问，它们肯定会与亚马逊相竞争。随着沃尔玛对亚马逊的威胁不断减弱，该公司最大的威胁可能是中国的阿里巴巴。阿里巴巴于 2014 年上市，其全球业务更是超过了 eBay 和亚马逊的总和。亚马逊还与提供主机、购物车等服务的网络服务公司竞争。此外，它还提供视频和音频的下载，这必然会与 iTunes 和网飞争夺市场。亚马逊音乐允许用户在线存储和播放音乐，提供那些著名唱片公司和其他数千家独立唱片公司所发行的超过 3 500 万首不会受到版权限制的 MP3 歌曲，可在任何硬件设备上播放并使用音乐软件进行管理。亚马逊即时视频提供了超过 138 000 部电影和电视节目供出租或购买，亚马逊会员音乐于 2014 年推出，提供超过 170 万首歌曲供用户免费下载。

战略分析——技术

那些说"信息技术并不重要"的人其实并不了解亚马逊。亚马逊拥有很强大且非常专业化的网络零售技术。亚马逊利用自己的技术，建立了网站管理、搜索、客户互动、业务处理及履行服务等系统。这些服务和系统结合了自己的专有技术和获得转让许可的技术。亚马逊的事务处理系统处理数以百万计的事务，如大量的状态查询、包装请求，以及多种运输方法选择。客户可能由于送货调配原因在单次或多次配送中接收订单，并跟踪每个订单的进度。在执行方面，每个仓库员工都携带一个小尺寸的设备，该设备结合了条形码扫描器、显示屏和双向数据传输器。亚马逊继续大幅投资 AWS、新版本的 Kindle 电子书阅读器、Kindle Fire 等家用电子产品，以及无人机送货和亚马逊 Echo 家庭助理（亚马逊希望 Echo 智能家居能成为除智能手机之外的家庭中不可或缺的小玩意）。Echo 拥有最先进的语音识别和云端连接功能，其功能多样，包括流媒体音乐、数学计算、更新待办事项、天气预报、玩游戏等。Echo 用户已经能够使用该设备管理许多家用电器，并且随着更多的家用电器构建了互联网连接，其功能将变得更加有用。2015 年，亚马逊在技术和新内容方面花费了超过 125 亿美元，并计划在 2016 年投入更多。

战略分析——社会和法律挑战

亚马逊在其业务的各个方面都面临着诉讼。最常见的是专利侵权诉讼，大部分都是庭外和解。目前，有几起正在处理的专利诉讼，包括一些涉及 Kindle 的专利诉讼。

近年来，亚马逊面临着严峻的挑战，美国开始急于对网上购物征收销售税。2011 年，只有 5 个州的客户需要缴纳销售税。但由于分销中心的不断扩张和州立法的要求，大型在线销售商即便没有实体店的存在也要缴纳销售税，以至于在 2016 年，这一数字扩大到 28 个州，涵盖了 84% 的美国消费者。在早期，许多国家都提供亚马逊的税收减免优惠，以吸引其业务，但没想到的是免税销售造成了数十亿美元的税收损失。随着许多优惠到期，亚马逊已经开始在全美国展开大规模（且成本高昂的）仓储基础设施的扩张，以支持当日送达服务。2015 年，运费上涨了 44%，达到 33.6 亿美元，这是阻止亚马逊长期盈利的最大威胁之一，这也解释了公司为何不断探索其他送货方式。

未来展望

2016 年，亚马逊终于开始向投资者和分析师展示他们多年来一直在等待的可持续盈利能力。公司

预计，在 2016 年第二季度实现 8.79 亿美元的利润之后，公司将继续保持强劲的盈利能力。亚马逊的网络服务部门的盈利能力是亚马逊的主要利好因素，而这一细分市场也呈现出持续快速增长的态势。亚马逊金牌服务也是该公司强劲表现的关键组成部分。虽然公司在未来的产品开发和服务管理上投入巨资，但亚马逊似乎已经扭亏为盈。（Amazon，2016a，2016b；Manjoo，2016a，2016b；Bensinger，2016a，2016b；Bensinger and Nassauer，2016；Berthene，2016；Roettgers，2016；Kline，2016.）

9.3.2　多渠道零售商：鼠标加水泥型

鼠标加水泥型零售商（bricks-and-clicks），又称多渠道零售商，是指既将实体店铺作为主要零售渠道，又通过互联网出售商品的零售商。鼠标加水泥型零售商如沃尔玛、梅西百货、西尔斯、杰西潘尼、Staples、Office Max、好市多、塔吉特以及其他商家都属于多渠道零售企业。虽然鼠标加水泥型零售商面临着实体店铺和大量销售人员带来的高昂成本，但也在品牌、国内客户群、仓库、规模（较大规模也可以帮助商家制衡供应商）以及训练有素的员工等方面具有优势。由于它们的名称尽人皆知，因此寻找客户的成本极低。不过，它们也面临着多种挑战，包括协调不同渠道中的商品价格，处理网上购买商品的线下退货等。但是，这些零售商已经习惯在微薄的利润下经营，习惯斥巨资进行采购，习惯通过库存控制系统来控制成本，习惯对多个销售渠道的退货进行协调。此外，如何在网络环境中充分利用自己的竞争优势和现有资产，如何建立可靠的电子商务网站，如何雇用掌握新技术的员工，以及如何建立快速响应的订单输入和履行系统等，这些都是鼠标加水泥型零售商所面临的挑战。根据互联网零售商的数据，2015 年，多渠道的实体零售商的网上零售额达到了 1 090 亿美元（约占互联网前 1 000 名零售商线上零售总额的 32%）（eMarketer，Inc.，2016g，2016h）。

梅西百货是一个由传统实体店成功转型为多渠道零售商的典例。1858 年，罗兰·H. 梅西在纽约市开设了第一家 R. H. 梅西百货商店，并于 1902 年将旗舰店（现在著名的梅西百货感恩节游行的地点）搬到了第 34 街和百老汇大街的先驱广场。今天，梅西百货是全美国最大的百货连锁商店之一，在美国各地有 775 家百货商店。

与许多传统零售商一样，梅西百货也不得不改变自己的商业模式，以适应互联网时代。梅西百货（后来被称为联邦百货公司）在 1995 年建立了 Macys.com 网站，进入电子商务领域。1999 年，联邦百货收购了 Fingerhut，一家当时业内领先的目录营销与直销商，部分原因是觊觎它在电子商务实现和数据库管理方面的专业知识。尽管此次收购未能在财务方面证明其成功，但梅西百货在电子商务领域的探索从此次收购中受益。

2015 年，梅西百货在线销售额约为 62 亿美元，同比上一年达到两位数增长，占总销售额的 23% 左右。此结果让它在全球 500 强在线零售商排行榜上排名第 6 位。相比之下，实体店销售的增长就相形见绌了。2016 年，该公司宣布，随着它越来越多地专注于电子商务业务，在未来一年内将计划关闭 100 家门店。2016 年 10 月，梅西百货宣布计划于 2017 年在中国推出电子商务

网站。自 2015 年 11 月正式上线以来，它已经是阿里巴巴旗下的天猫全球网站上最受欢迎的商家之一。

梅西百货网站每月的独立访问量约为 1 400 万。网站的功能特点包括互动目录，产品视图放大，以及查看不同颜色和不同视图的产品的能力。它还提供产品比较、产品评级和产品推荐，以及实时库存检查系统等功能。2016 年，梅西百货在全国零售联合会（NRF）最受欢迎的零售商店调查中排名第 6 位，该调查的关注点在于公司对电子商务网站的方便性、快捷性以及客户服务的重视。

梅西百货也加入了社交媒体，其脸书页面拥有超过 1 400 万粉丝，推特主页拥有超过 94 万粉丝，Pinterest 页面拥有 48 个不同板块、超过 92.5 万个图钉、22.5 万个粉丝，YouTube 频道拥有 1 900 万点击量。梅西百货也是 Pinterest 推出的 Buyable Pins 的早期用户。

根据互联网零售商的数据，梅西百货的移动终端销量正在迅速增长，2015 年达到了 12.6 亿美元，比 2014 年的 7.9 亿美元增长了 60%。它有 iPhone 和安卓应用程序，最新版本于 2014 年发布，同时还有 Usablenet 提供的 HMTL5 移动网站。2016 年，该公司计划通过增加额外的过滤功能来增强移动网站和手机应用程序的性能，让手机用户更容易找到他们需要的东西。该公司还在考虑向手机用户提供更多信息的新方法，比如产品评论和自然语言搜索。它还尝试了二维码、短信营销和增强现实。

2016 年，梅西百货还将继续专注于完善其全方位渠道，包括实体店、网站和移动平台。它是首批支持 Apple Pay（苹果公司推出的移动支付系统）的零售商之一，除了支持梅西百货自己的移动钱包外，还允许客户在线存储和访问商品及优惠券。在美国 8 个主要市场上，该公司借助德里弗众包配送供应商提供当日送达服务。该公司在 2013 年推出的"线上购物线下提货计划"已经向美国所有的梅西百货商店推广。2016 年，该公司在 10 家门店对一款叫作"梅西在线"的移动应用进行了试运行。该应用使用 IBM 沃森的自然语言处理、机器学习和认知计算技术，再加上基于位置的 GPS 软件，帮助穿梭于商店中的消费者。梅西百货也在美国扩大了 iBeacon 的使用范围（见第 7 章）。（Macy's，2015；Internet Retailer，2016a；Lindner，2016；Tong，2016；Smith，2016；Gagliordi，2016.）

9.3.3　目录零售商

Lands' End、L. L. Bean、CDW Corp.、PC Connection 和 Cabela's 等知名**目录零售商**（catalog merchants）一直以面向国内市场的网下目录零售为主要销售渠道，但最近也开始涉足网络零售。目录零售商每年的印刷和邮寄成本非常高，因为很多商品目录的生命周期非常短暂。不过，绝大多数目录零售商都拥有集中的发货和电话中心、出色的服务，并同联邦快递和 UPS 这样的快递公司保持着非常紧密的合作关系。目前，目录公司销售增长率处于下滑阶段。为此，目录零售商必须形成多样化的渠道，要么建立实体店（L. L. Bean），要么被其他公司兼并（西尔斯兼并了 Lands' End），或者建立一个强大的在线服务平台。

目录零售商也有自己的独特优势，它们拥有非常高效、反应灵敏的订货发货系统。然而，它们面临着许多与实体店同样的挑战，即它们必须利用现有的资产和能力，在新的技术环境中，建立可信的在线业务，并雇用新的员工。在 2015 年互联网零售前 1 000 名目录商家的在线销售总额超过 310 亿美元（eMarketer, Inc.，2016g，2016h）。

LandsEnd. com 是网上目录零售商最成功的案例之一。Lands' End 成立于 1963 年，主要销售船艇设备和服装，当时每天最多能处理 15 个订单。之后其向目录零售进军，每年能销售 2 亿件目录商品，并销售更多的传统风格的运动服装、箱包和家用产品。Lands' End 在 1995 年开通了自己的网站，并上传了 100 多种商品和一些旅行知识。2015 年，该公司重新设计了网站，推出了一个新的在线目录，上面有了更多的品牌，同时改进了搜索和导航界面，简化了结账模式，以及使用威士等新的支付方式。2016 年，该公司计划推出一款新的移动应用，并在节日期间对其网站进一步改进（Lands' End，Inc.，2016；Maple，2016）。在威斯康星州，它已经成为最成功的服装销售网站之一。

Lands' End 一直是网络零售技术的引导者，强调个性化和定制化产品。Lands' End 是第一个允许顾客创建自己衣服的 3D 模型的电子商务网站。Lands' End 的 "Get Live Help" 功能能够让消费者与客服代表在线交流；"Lands' End Custom" 功能能够让消费者定制个性化的服装。尽管在网络零售早期定制服装被人们认为是骗人的，但是现在 Lands' End 网上销售服装的 40％ 都是定制的。2003 年，Lands' End 被西尔斯（西尔斯在 2004 年被凯马特收购）收购，然后在 2014 年又被剥离成为一家独立的公司。2016 年，Lands' End 在互联网零售商 500 强中排名第 19 位，在全国零售业联合会最受欢迎的 50 家零售商调查中排名第 15 位（Internet Retailer，2016；Smith，2016）。获得称赞的功能包括实时视频聊天、反映购物者偏好的产品推荐、基于购物者位置和推荐来源的内容显示，以及向移动用户提供 Lands' End 目录的 iPhone 和 iPad 应用程序。数字目录包含独家内容，包括由 Lands' End 员工撰写的文章。购物者还可以在脸书上访问 Lands' End，那里有超过 120 万关注者。Lands' End 还有一个推特的账号，拥有大约 6.5 万个粉丝。它在 Pinterest 上也有 38 个不同的板块，拥有 12 500 个粉丝（Lands' End，Inc.，2016b）。

9.3.4　制造商直销

制造商直销（manufacturer-direct）是指单渠道或多渠道的制造商绕过零售商这一中介，直接通过互联网向消费者出售商品。人们曾预计制造商直销将会在电子商务中占据重要地位，但事实并非如此。不过，计算机硬件制造商如戴尔、苹果、索尼和惠普以及服装制造商如拉尔夫·劳伦、耐克、Under Armour、Carter、Tory Burch、Deckers、Kate Spade、Jones Retail 和 Vera Bradley 倒是例外。耐克是唯一一家制造商品牌，其直接面向消费者的网站在 NRF 2016 年最受欢迎的 50 家零售商调查中排名第 17 位，高于 2015 年的第 33 位（Smith，2016）。尽管这种情况已经开始改变，但大多数消费品制造商并没有直接在网上销售。例如，宝洁公司的 Pgshop 有 50 多种不同的宝洁品牌。总的来说，制造商直营公司的网上零售额超过 570 亿美元（约占 17％）（eMarketer，Inc.，2016g，2016h）。

实施制造商直销的企业面临渠道冲突的挑战。由于生产厂商不必负担库存、销售店面和销售人员，因此当传统零售商必须与直销厂商在价格和库存方面直接竞争时，**渠道冲突**（channel conflict）也由此产生。不过，以前没有直接营销经验的厂商也要应对建立快速响应的网上订货发货系统、寻找客户以及按市场需求协调供应链等额外挑战。从**供给推动模式**（supply-push model）（没有订单，根据需求预测来生产产品）到**需求拉动模式**（demand-pull model）（根据实际收到的订单来生产产品）的转换已经被证明对于传统厂商是极其困难的。因此，对许多商品来说，直销厂商拥有更多优势，如拥有知名品牌和雄厚的客户基础。此外，直销厂商因为自己生产产品，无须与他人分享利润，所以成本甚至比目录零售商还低。因此，制造商直销应该具有较高的利润。

戴尔公司是全球最大的计算机系统直销商，为大型企业、政府、中小企业和个人用户提供计算机产品和服务。公司通过设在得克萨斯州奥斯汀的总部直接接收订单。尽管销售代表可以通过电话、传真和互联网为直接向戴尔公司购买产品的大企业客户、个人和小型企业提供支持，但 2015

年有约 37 亿美元的销售收入来自网上（仅次于苹果，在制造商品牌中排名第二）（Internet Retailer，2016）。

当迈克尔·戴尔（Michael Dell）于 1984 年在自己的大学宿舍中创建戴尔公司的时候，就已经有了为顾客定制生产计算机，减少中间环节，更好地满足顾客的技术需求的意识。今天，戴尔公司不仅销售个人计算机系统，还销售企业系统、工作站与便携电脑。此外，安装调试、金融支持、维护修理和管理等服务也是公司业务重要的组成部分。在按单生产这种制造流程的帮助下，公司提高了库存周转率（5 天），降低了部件和成品的库存率，最终减少了产品过时对公司利润的影响。

直销模式简化了公司的运作，消除了对批发商和零售商的依赖，降低了产品价格，并使戴尔公司能够完全控制自己的客户数据库。此外，戴尔公司组装、运输电脑的速度几乎与直接从库存中出货的目录零售商一样迅速。

为了增加直销模式的利润，戴尔公司正在积极努力，将销售、服务与支持全部转移到互联网上。每月有 1 000 万人访问网站，网站上有专为 80 多个国家定制的页面内容。利用其 Premier 服务功能，戴尔公司使企业客户的产品调查、完成订单、商品采购、实时跟踪订单以及查看所有历史记录等需求都能通过网络一站完成。对于小企业客户，戴尔公司也能提供在线虚拟助手、备件订购系统以及能够直接访问技术支持数据库的虚拟帮助桌面等相关服务。在单纯产品销售以外，又进一步扩大业务范围，增加了担保服务、产品整合和安装服务、网络接入、软件、外围设备和技术咨询等"机箱外"业务。这其中也包括与戴尔产品捆绑在一起的、来自世界一流厂商的近 30 000 款软件和周边设备。戴尔公司还通过社交媒介增强网站功能，它有一个名为 Direct2Dell 的企业博客，并在脸书（拥有超过 960 万个赞）、Pinterest（有 7 个板块）和推特（拥有 60 万粉丝）创建了自己的主页。它为那些关注 Dell Outlet 的人发布了推特的独家销售，还在 YouTube 上创建了一个频道，称为 Dell Vlog 频道，拥有 5.5 万用户。2011 年，该公司发布了 iPhone 和安卓的移动应用，其中包括应用内购买、客户评分和评论、产品比较、订单追踪、购物顾问以及各种方便客户购物的选项。戴尔通过使用传统版电子邮件和移动优化版电子邮件推广这款应用程序的发布，发现移动电子邮件的打开率是传统版本的 2 倍，点击率高出 5 倍以上。2014 年 12 月，该公司将其移动网站更换为一个使用响应式设计的网站，允许该网站自动调整以适应用户的设备，这使转化率提高 50%，消费者满意度提高 70%。2016 年，为期 18 个月的网络平台变革导致其网站主页变得非常杂乱且需要 14 秒的加载时间。于是，它再次修改网站，专注于简单的导航、高效的性能、站内搜索以及使用简单的方法就可以比较多款产品，而现在的主页加载仅需短短的 1 秒。2016 年 8 月，戴尔此举使其在互联网零售商月度表现指数排名中夺得榜首（Internet Retailer，2016；Evans，2016；Berthene，2016b；Zaraban，2015）。

9.3.5 网络零售的共同特征

前面我们讨论了一些不同类型的企业，从只经营网上业务的新兴企业到已有的老牌商业巨人，应有尽有。从收入角度衡量，网络零售是零售业中增长最快的销售渠道。此外，客户群增加的速度和多种非必需品销售的占有率提高速度也位居前列。不过，网络零售商现在正处于最困难的时期，没有利润已经成为困扰大家的主要问题。譬如，亚马逊经过 8 年时间才实现盈利。

现在，大家都已明白网络零售商无法盈利的原因所在。网络零售商的成功关键在于吸引大量的消费者，收取足够高的价格来弥补商品成本和营销成本，开发高效的库存与订单履行系统来提供低于竞争对手的价格并依然保持盈利。但是，早期许多商家都没有遵循这一基本思路，它们或者是将价格压到总的商品和运营成本之下，或者是没有建立高效率的业务流程，或者是在争取客户和市场营销上花费太多。2015年，吸取过去的教训，网络商家以低于成本的价格出售商品的事情也少多了，特别是创业公司。消费者的态度和理念也在发生变化。过去，消费者关注的只是便宜的价格，而今，他们开始关注在网上购买的便利、时间的节省和购物时间的转变（躺在沙发上购买零售商品）。消费者愿意接受更高的价格，以换取网上购物的便利，避免在商店和购物中心购物带来的不便，这使得在线商家可以更加自由地定价。这是第一个主题。

互联网零售的第二个常见的主题是，在很大程度上，非居间化的现象并没有出现，零售中间商也没有就此消失。实际上，除了电子产品和软件市场之外，只有虚拟商家和那些杀入互联网的传统商业巨人真正控制了消费者。除了电子产品之外，其他产品的生产厂商只是把互联网作为一种信息资源来利用，以此推动、鼓励消费者在传统零售渠道中购买商品。不考虑亚马逊，诸如沃尔玛、西尔斯、好市多、杰西潘尼、梅西、塔吉特和诺德斯特龙这样的传统巨头的网络业务发展最快。许多先行一步的纯网络零售商（在线中间商）由于无法实现盈利又耗尽了风险投资纷纷倒闭。传统零售商则是最快的跟进者（虽然很多传统零售商还不算"快"），通过扩展自己的传统品牌、竞争优势和资产，最有可能获得真正成功。从这一点上讲，电子商务的技术创新遵从的是与历史上其他技术驱动的商业变革一样的规律，从汽车到无线广播，先是创业公司的激增引发了大量的投资，然后迅速失败，于是被整合到了更大的公司。

第三个主题是，要想在网上取得成功，传统商家需要建立一个整合的购物环境，将商品目录、店面和网上销售组合在一起，使顾客能够随时随地使用任何设备购物。传统零售商已经在订单履行、库存管理、供应链管理以及其他方面拥有竞争优势。要想在网上取得成功，还需要扩展品牌，鼓励消费者使用网络渠道（与实体商店相比，商品的价格相同，运作效率更高），避免渠道冲突，并且与谷歌、雅虎、必应等门户网站建立合作伙伴关系。

第四个主题是销售高档、时尚和奢侈品的专业商家如钻石（蓝色尼罗河）、珠宝（蒂凡尼）和高级时装（Emporio Armani 和 Gilt Groupe）兴起，另外还有一些公司出售打折的电子产品（百思买）、打折的服装（Gap）或者打折的办公产品（欧迪办公）。这些公司都展示了互联网的活力和开放性，同时也拓宽了网上销售产品的范围。许多虚拟厂商已经形成了大量的在线客户基础，同时在线工具也需要拥有客户基础的市场来支持。通过与那些能够增强库存管理和履行服务的能力的同盟者合作，可以强化在线品牌。虚拟厂商需要加强经营实力和提高效率，这样才可能有利可图。

2016年的另一个主题是社交电子商务、本地营销以及移动电子商务的持续增长。自第一代iPhone问世以来，移动平台已成为零售市场和购物的工具，这将极大地拓展电子商务领域。预计在未来5年，电子商务将占到商业贸易的20%。本地商户将成为日益增长的移动电子商务平台的主要支持者。在同样短的时间内，美国民众开始在社交网站上花费越来越多的时间，他们在社交网站上分享自己对于企业、产品和服务的经验和态度。在几年内，社交网站可能会渐渐变成大型购物场所。例如，2016年10月，脸书创建的用于买卖商品的群组越来越受欢迎，于是它推出了脸书市场，可以通过点击脸书应用底部的商店图标来进行访问。脸书市场是一种集社交、移动和本地C2C电子商务为一体的网站，目的是使消费者在当地社区中找到、购买和出售商品变得更加容易（Facebook，2016）。

2016年的最后一个主题是零售商越来越多地利用大数据进行营销活动。"技术透视"专栏"大数据和预测营销"对这一发展进行了研究。

大数据和预测营销

"大数据"指的是全球数十亿人使用互联网、智能手机和智能手机所产生的海量数据，以及激增的物联网数据。IBM 的一份报告称，每天产生 2.5EB（25 亿 GB）大数据。但大数据不仅仅是数量，它也涉及速度（数据具有很高的时效性，且价值在很短的时间就会消失，需要快速的响应）、多样性（数据洪流包含结构化的数值数据和文本文档、电子邮件、视频、音频等非结构化数据。）、可变性（数据流是事件驱动，导致峰值负载，然后又保持相对平静）和复杂性（数据来自不同的来源，需要清理、匹配和重新格式化后才能使用）。存储所有这些数据需要新的数据库技术，分析所有这些数据涉及的软件称为商业分析。

大数据对企业很重要，因为它可以使公司做出正确的决策，提高竞争优势。大数据正在影响零售产品的设计和营销以及店内销售工作。大数据和强大的分析程序使得预测营销成为可能。在用户提出产品之前，就能向客户发送个性化的信息。零售公司的希望在于，大数据将使我们成为挥金如土的人。

预测营销并不是全新的概念。熟练的销售人员能够对客户做出迅速的判断，并预测客户愿意花多少钱，再决定向客户展示什么。预测营销的不同之处在于它并不是基于传统的销售技巧，而是基于数据收集和程序分析来最大化销售的可能性。预测营销可以同时测量数百万客户，并在几毫秒内做出决策。

大数据和预测营销不仅适用于大型的全国性零售商，而且可以被许多小公司使用。女性服装零售商 Stitch Fix 就是一个例子，该公司使用月订阅营收模式。Stitch Fix 融合专家造型建议、个性化软件和独特的产品，为每一位客户提供个性化的购物体验。新客户在网上填写一份样式简述，然后使用该公司的专有软件分析，以确定客户可能购买的产品。公司的 3 000 名设计师将会对这个系统做出说明，并在每个月依据客户不同的品位、预算和生活方式挑选 5 件衣服和配饰，在接受和认可这些服饰之前，客户不需要购买这些物品；同时，退回物品的过程很简单。

随着时间的推移，软件会跟踪客户的购买，并根据客户实际保留的内容（而不是他们所说的内容，这是关键的区别）进行更好的预测。更准确地说，Stitch Fix 可以预测客户可能会购买的产品，使销售额增加。使用分析的方法了解客户也可以减少库存成本、调整生产，以更好地满足需求，比竞争对手更好地了解客户。其收集的数据包括基本的人口统计信息，以及描述 7 种不同风格的照片。客户可以对每一种风格的推荐做出回应，以进一步在 Stitch Fix 软件中进行差异化分析，该软件是在亚马逊的简单存储服务器上运行的。用户还可以分享他们的 Pinterest 主页的链接，让 Stitch Fix 得到更多的信息。根据客户的人口统计信息和首选样式的选择，软件可以从几千种产品中预测出客户想要的产品。

Stitch Fix 将客户数据以闭环方式运行，从而对机器学习算法持续改进，使这一算法在接触到更多客户数据时变得更加精确。如果对算法的调整使数据预测性提高，它们就会变成永久性的，而那些不能改进算法的调整就会被丢弃。公司拥有一个由 80 位数据科学家组成的团队，他们开发新工具，并改进其核心项目的选择算法。首席算法师埃里克·科尔森（Eric Colson）从网飞离开，加入了 Stitch Fix，他的推荐引擎经常被认为是个性化的黄金标准。Stitch Fix 算法综合客户反馈、购买和退货决策，以及配置信息，从而快速生成可能的推荐。接着，Stitch Fix 的造型师使用这些结果为顾客进行下一步的选择。

对于 Stitch Fix 来说，5 年的高度精细数据、先进的机器学习和专家的引进是一个非常成功的结合。公司正在爆炸式增长，行业分析师预计其 2016 年营业收入约为 3.75 亿美元，比 2015 年的 2.5 亿美元增长 50%。据报道，该公司是盈利的，并且这两年内没有募集风险投资。70% 的顾客会在 90 天内再次光顾，39% 的顾客会在该公司花费一半的服装预算或者更多的钱。Stitch Fix 已经有了 5 个配送中心，并且将在 2016 年底推出一项针对男士服装的服务，以及一些自有品牌的服装。

另一方面，世界最大的零售商沃尔玛正在网上和实体店内使用大数据和预测营销。沃尔玛的网络流量超过一半来自移动设备，因此沃尔玛的战略是将移动设备转变为在线购物和线下购物的工具。它的移动应用会根据用户每周购买的内容自动生成购物清单。当用户进入商店时，应用的营销功能会提示用户切换到商店模式，然后用户就会收到折扣和会员优惠。沃尔玛目前正在建设"世界上最大的私有云"账单，以跟踪和分析每天在商店中发生的数百万笔交易。沃尔玛将使用这些数据对需求波动、库存和竞争对手的活动做出实时反应。

零售业的大数据和预测营销经验仍然有限。尽管有许多试点项目，但关于这些系统在零售企业中如何运作的信息少之又少。大数据能否扭转过去几年发生在实体零售店的消费者减少的局面，目前还不能确定。在目前的预测营销中，数据量远大于现有的分析和策略。在调查中，公司认为从它们所拥有的数据中获取价值是预测营销最具挑战性的方面。一个关键的限制因素是数据研究员的稀缺，他们可以将数据赋予意义，而管理人员可以将这些结果转化为销售策略和策略。

资料来源："The 'Insight-Driven Business': How to Become a Master of the Data Universe," by Doug Black, Enterprisetech. com, October 3, 2016; "Stitch Fix Launches Stitch Fix Men," PR Newswire, September 19, 2016; "How Artificial Intelligence Is Transforming Retail Personalization," by Craig Alberino, Retailcustomerexperience.com, September 16, 2016; "How Stitch Fix Uses Big Data to Disrupt Your Closet," Bloomberg.com, June 29, 2016; "Is Stitch Fix the Goldilocks of Fashion?," by Lauren Sherman, Businessoffashion. com, June 29, 2016; "Stitch Fix: The $250 Million Startup Playing Fashionista Moneyball," by Ryan Mac, *Forbes*, June 1, 2016; "At Stitch Fix, Data Scientists and A. I. Become Personal Stylists," by Sharon Gaudin, Computerworld. com, May 6, 2016; "Subscription Box Service Stitch Fix Fills a Void in Traditional Retail," eMarketer, Inc, April 6, 2016; "Changing the Retail Sector with Big Data," by Bernard Marr, *Forbes*, November 10, 2015; "Stitch Fix Opening Distribution Center in Arizona," Tucson.com, September 10, 2015; "What Stitch Fix Figured Out About Mass Customization," by Simone Ahuja, Hbr. org, May 26, 2015; "Why Sephora's Digital Boss Joined Stitch Fix, the Personal Stylist Startup That's Growing Like Mad," by Jason Del Ray, Recode. net, March 22, 2015; "How America's E-commerce Giants Compare Across the Desktop, Mobile Web, and Mobile App Are nas," by Ariel Rosenstein, Thenextweb. com, January 14, 2015.

9.4 服务业：线下和线上

在工业发达国家和地区，如美国、欧洲及一些亚洲国家，服务业是整个经济中份额最大、发展最快的部分。在美国，服务业（广义的定义）雇用了约 4/5 的工人，约占 GDP 的 80%（U. S. Department of Labor, Bureau of Labor Statistics, 2015; Bardhan, 2014）。电子商务在服务业中的应用提供了传递信息和知识及提高交易效率的机会。

主要的服务业包括金融、保险、房地产、旅游、专业服务（如法律和会计）、商业服务、健康服务以及教育服务。商业服务包括咨询、广告与营销以及信息处理活动。在这些服务行业集团内，公司可以进一步分为提供**交易经纪**（transaction brokering）（像中间人那样起到推动交易的作用）的企业和提供面对面服务的企业。例如，提供金融服务的证券经纪人是买卖双方交易的中间人，像 LendingTree 这样的网上抵押公司则将客户介绍给实际经营抵押业务的公司，职业中介所将出售劳动力的卖方和购买劳动力的买方撮合到一起。这些例子所涉及的服务都是交易中的经纪业务。

与此不同的是，其他一些行业向客户提供的则是一种特定的直接面对面的服务。为了提供服务，这些职业者需要直接面对面地与客户进行沟通。对于这些服务业而言，电子商务的机遇是不同的。目前，医生和牙医还不能通过网络来治病。但是，互联网可以通过向客户提供信息、知识和沟通渠道来协助这些服务人员和企业的服务。

除了有些职业（如清洁、园艺等体力劳动的提供者）外，知识和信息密集型基本上可以说是服务业（职业）最重要的特征。为了提供价值，服务业要处理大量的信息并雇用高技术的、受过一定教育的劳动者。例如，要提供法律服务，你需要那些具有法律学位的律师，律师事务所要处理大量的文本信息。医疗服务也是如此。金融服务并不属于知识密集型，它要求在信息处理方面有很大的投资以追踪交易情况和投资情况。事实上，金融服务业是信息技术的最大投资者，80％以上的资本投入在信息技术设备和服务方面。

虽然几乎所有的服务都要求一定的个性化和定制化，但要求的程度有所不同。有些服务，如法律、医疗和会计服务，对个性化的要求很高——服务的提供者要根据个人或对象的需要来准确地调整服务。其他服务，如金融服务，则通过允许个人从有限的菜单中进行选择而从定制化中受益。互联网和电子商务技术提供个性化和定制化服务或提供服务组合的能力，是电子商务迅速发展的主要因素。未来电子服务业的扩张部分依赖于电子商务企业将定制化服务（从列表中进行选择）转变为真正个性化服务的能力。例如，提供数字化的、紧随客户需求的（其程度至少与职业服务提供者一样）、独一无二的建议和咨询。

9.5　网上金融服务

网上金融服务业是电子商务中取得成功的典型案例，当然其中也充满了曲折。尽管纯网络公司如 E* Trade 已经向经纪业转型，但是由于消费者抵制和缺乏行业创新，在银行、保险和房地产方面，电子商务的发展处于停滞状态。例如，纯粹的网上银行并没有消失，也没有向全国性大型银行甚至是地方银行转型。但是电子商务确实改变了银行业和金融业，各大机构都建立了自己的网上应用来服务日益增长的网上用户。保险业更加规范化，并且更容易在网上购买保险。尽管安全问题仍然是人们所担忧的，但消费者比过去更加信任网上银行提供的金融信息。新兴企业，如 Mint（目前由 Intuit 所有）、SmartyPig、Cake Financial、Moven 和 Simple（现在由西班牙银行巨头 BBVA 所有）继续呈现增长态势。多渠道、成熟的金融服务公司虽然发展缓慢，但也继续在网上交易中获取收益。

9.5.1　网上金融消费者行为

调查表明，消费者被吸引到金融网站是因为他们希望节省时间和获取信息，而不是为了存款，尽管存款是大部分富有经验的网上金融消费者的一个重要目标。绝大多数网上消费者使用金融服务网站来进行一般的金融管理活动，如查询已有账户的余额、支付账单，而这些账户大部分是在线下窗口办理的。一旦熟悉了一般的金融管理活动，消费者将会趋向使用更复杂的功能，如使用个人金融管理工具，进行贷款偿还，以及考虑接受网上机构所提供的其他服务。在过去的几年里，新兴的金融科技公司将越来越多的资金用于解除传统的金融机构服务，并推广更加因人而异的以消费者为导向的服务方案，这些方案通常通过移动设备和应用软件达成。

9.5.2　网上银行和经纪公司

网上银行业务是由美国的 NetBank 和 Wingspan 分别于 1996 年和 1997 年开拓出来的。虽然落后了一两年，但是如果以单独访问者数量来衡量的话，传统的老牌全国性银行在市场份额上仍处于显著的领导地位。各大银行都是大型的国际化银行，它们也提供在线银行业务，如美国银行、摩根大通、花旗集团和富国银行。主要的直销银行（那些没有分支机构或品牌自动取款机的银行）包括：Ally 银行、EverBank、Discover 银行、Capital One 360、美国互联网银行、州立农业银行和 USAA。这些直销银行的客户存款增长速度快于普通银行，这表明它们越来越受欢迎，尤其是在年轻客户中。一些新兴的创业公司也进入了在线银行和金融服务领域。例如，Moven 提供与在线和移动金融管理工具相关的借记卡账户服务。西班牙对外银行的 Simple 除了财务管理工具外，还提供与借记卡相关的支票账户。

2016 年，有超过 1.45 亿美国成年人（超过 55％的美国成年人）使用网上银行业务，2019 年这个数字将增长到 1.62 亿（超过 60％）。超过 1.13 亿人使用移动设备，1.05 亿人使用移动电话，6 000 万人使用平板电脑。尽管在线银行已经成为所有年龄段的主要银行渠道，但千禧一代（18～34 岁的群体）接受移动银行业务的比例要比年长的人高得多。使用率最高的手机银行活动包括查看余额和银行对账单，将资金从一个账户转移到另一个账户，支付账单，付款以及拍摄支票照片并将其存入手机应用程序中。但安全问题仍然让一些人望而却步。Javelin Strategy & Research 的一项调查发现，约 45％的受访者认为安全问题是他们不使用移动银行服务的原因（eMarketer, Inc., 2016i, 2015a, 2015b, 2015c）。

从银行的角度来看，在线和移动银行可以节省大量的成本。Javelin Strategy & Research 的数据显示，银行分行的平均交易成本为 4.25 美元，在线交易成本为 19 美分，而移动交易仅为 10 美分（Javelin Strategy & Research, 2013）。

经纪公司也是如此，早期创业者 E* Trade 的领导地位已经被金融巨头富达公司（拥有的共同基金客户数和管理的基金数额超过美国任何一家公司）和折扣经纪业务的开拓者嘉信理财公司取代。

一项调查显示，约有 25％的美国互联网用户与网络经纪公司进行了数字化互动（eMarketer, Inc., 2015b）。移动设备和应用程序的使用正在增加，尤其是在千禧一代中。最近 E* Trade 的调查显示，近 80％的千禧一代使用了智能手机或投资应用程序，其中 50％的人每周使用超过一次（eMarketer, Inc., 2015d, 2015e, 2015f）。他们在移动设备上进行的最频繁的活动包括监控投资组合和市场，获得股票报价，下订单和检查订单，以及进行一些普通的金融研究。Fidelity Investments 是美国互联网用户的顶级交易网站，其每月独立访问量达 690 万人次（见表 9 - 6）。主要的网上经纪公司正大举投资搜索引擎市场，并且是付费搜索市场上最大的客户之一。它们也越来越多地使用社交媒体与客户接触，尽管它们必须小心遵守所有的规章制度。例如，一些经纪公司使用推特来发布评论、公司信息，进行市场营销和客户服务。在线金融顾问掀起了一阵新的浪潮，它有时被称为"机器人顾问"，提供廉价的自动化投资管理工具和建议。吸引风险投资兴趣的公司包括 Betterment（估值超过 7 亿美元，到 2016 年将管理大约 15 万客户的 40 亿美元资产）、Wealthfront 和 Personal Capital Corp。主要的在线经纪公司也提供类似的服务，如先锋公司和嘉信理财。

表 9 - 6　2016 年网上经纪公司排名

公司	网站访问量（百万）
Fidelity	6.86
Vanguard	4.66
Schwab	3.14
TD Ameritrade	1.77
E* Trade	1.74
Scottrade	1.45
ML（Merrill Lynch）	1.34

资料来源：Based on data from Compete.com, 2016.

多渠道与纯粹的在线金融服务公司

网上消费者更愿意访问一些有固定营业网点的金融服务网站。一般而言，既有固定营业网点又有可靠的网上产品的多渠道金融服务公司比纯粹的网上公司增长更快，并在竞争中处于领先地位。传统的网上银行企业都拥有上千个支行，客户可以在这些支行开户、储蓄、贷款、进行住房抵押、租用保险箱。与网上银行企业相比，网上经纪并没有较多的分支机构，依靠电话服务来加强自己的网上地位。尽管富达公司主要依靠电话与投资者联系，但它也有服务中心的分支机构。嘉信理财已决定在全美国范围内开设投资中心来作为其网上战略的补充。纯粹的网上银行和经纪公司无法向客户提供许多对他们来说仍需要直接面对面的服务。

金融门户和账户整合

金融门户（financial portals）是向消费者提供比较购物服务、提供独立的理财建议和进行财务规划的网站。独立的门户网站自己并不提供金融服务，而是作为网上服务提供者的转换机制，其收入主要来源于广告费、推荐介绍费和订阅费。以雅虎的金融门户 Yahoo Finance 为例，其主要向消费者提供信用卡购买追踪业务、市场纵览、实时股市行情、新闻、理财建议、采访金融领袖的流媒体录像。其他一些独立的金融门户网站包括：Intuit 的 Quicken.com、MSN 的 MSN Money 以及 CNNMoney。一些新兴的小型金融门户网站能够向消费者提供金融管理与筹划服务，如 Mint（由 Intuit 拥有）、SmartPiggy 和 Credit Karma。

账户整合（account aggregation）就是将客户的所有金融（甚至是非金融）数据都集中到一个单一的个性化网站上——包括经纪业务数据、银行数据、保险数据、贷款数据、旅客飞行里程数据、个性化的新闻等。例如，客户可以在某个单一的网站上看到他在美林公司的经纪业务账户、富达公司的 401(k) 账户、旅行者保险公司的年金账户以及美国航空公司的旅客飞行里程数据。这一设想的目的是使客户能浏览其所有资产的数据，而不管这些资产实际由哪家金融机构管理。

Envestnet Yodlee 公司是提供账户整合技术的领头企业。这家公司使用屏幕剪贴技术和其他软件工具从近 14 000 家不同的网站获取信息。同时还使用智能映射技术，这样，当所引用信息的网站发生变化时，剪贴软件也能随之调整并且仍然找到相关信息。目前，世界范围内有 1 000 家领先的金融机构和公司正在使用 Envestnet Yodlee 的技术，其中包括美国 20 家最大银行中的 11 家，且该网络覆盖了超过 1 亿终端用户（Envestnet Yodlee，2016）。

9.5.3　网上抵押和贷款服务

第一代电子商务时期，有几百家公司创建了纯粹的网上抵押网站，以获取美国的住房抵押贷款市场份额。这些早期的进入者希望彻底简化和改变传统的抵押业务流程，大幅缩短完成抵押所需要的时间，与消费者共同分享低利率所带来的经济效益。

2003 年，一半以上的早期进入者（即那些纯粹的网上抵押公司）都失败了。这些早期的网上抵押机构很难负担创建品牌所需的资金，也未能简化传统的抵押流程，最终因为高额的创建成本和管理成本、高额的客户获得成本、居高不下的利率以及企业战略执行不力而倒闭。

尽管如此，网上抵押市场仍在缓慢发展。在这一市场中占主导地位的是那些传统金融机构开办的网上银行和网上金融服务公司、传统的抵押公司以及少数几家获得成功的网上抵押公司。

实际上，许多抵押贷款消费者在研究网上抵押贷款，但由于抵押贷款的复杂性，很少有人真正申请抵押贷款。目前，抵押贷款主要由中介抵押经纪人控制，银行仍然扮演着重要的角色，但并不提供抵押贷款服务。

尽管网上抵押贷款只占整个抵押贷款业很小的比例，但网上抵押贷款预计在未来几年内将缓慢增长。2015 年 11 月，Intuit 的"快速贷款"推出了"Rocket Mortgage"，借款人可在 10 分钟内完成抵押贷款。申请人只需要提供一些细节，例如出生日期、社会保险号码和住址，然后 Rocket Mortgage 使用这些数据自动获取其他信息，而不需要借款人手动提供。接着，系统会显示各种贷款期权，一旦借款人选择其中一个，所有必要的文件（最终关闭文件除外）可以使用安全门户中的在线签名确认（Prevost，2015）。

通过网上抵押贷款的消费者可以减少申请时间，得到实时的市场利率情报，抵押过程中的参与者（保险和贷款公司）因共享一个公共信息基础而使其简化。抵押贷款银行受益于在线处理应用程序的低成本，并且利率略低于传统的实体机构。

但是，网上抵押业并没有改变传统的抵押业务流程。复杂的抵押业务流程极大地影响了网上抵押市场的扩张，整个流程需要亲笔签名和大量的文件，需要多家机构的参与，需要考虑复杂的财务细节——如过户手续费和贷款费用，这些都使得抵押人很难对抵押机构进行比较。然而，从另一方面来看，抵押人能够在网上找到较低的抵押率，这能够降低传统抵押机构向客户索要的费用和利率。在线借贷服务也越来越受欢迎。最大的在线放贷公司包括 Lending Club（该公司于 2014 年 12 月上市，但在 2016 年回报率开始下降）、Prosper（P2P 贷款市场）和 Social Finance（SoFi，主要侧重于学生贷款）。

9.5.4　网上保险服务

1995 年，一个 40 岁的健康男性，保额为 50 万美元的 20 年定期寿险的保费是一年 995 美元。2016 年，同样的保险，保费下降了 65%，只有 345 美元，而同期其他物品的价格却上涨了 15%。在一项有关定期寿险业务的研究中，布朗和古尔斯比发现，互联网的使用使整个行业（无论是网上的还是线下的）的定期寿险的保费下降了 8%～15%，消费者剩余大约每年增加 1.15 亿美元（因此，行业的利润也减少了相同的数额）（Brown and Goolsbee，2000）。最初，定期寿险的保费是上涨的，但随着越来越多的人利用互联网来获取保险报价单，其价格最终趋于下跌。

对于图书和 CD 来说，它们的网上价格要比线下价格高，其他很多商品也是如此。但定期寿险则不同，它与人们常规的想法是一致的，即网络的使用将降低搜索成本、增加价格的可比性、降低消费者的价格。定期寿险属于日用商品，不过对于其他保险产品，网络为保险公司提供了使其保险产品和服务实现差异化和实行价格歧视的新机会。

保险业在金融服务业中占了很大一部分。其主要由四部分组成：汽车保险、人寿保险、健康保险和财产损失险。实际中的保险产品是相当复杂的。例如，非车险的财产损失险就有很多种：责任保险、火险、家庭财产保险、商业保险、劳工补偿险、海上保险、意外险以及其他险种如休假保险等。填写任何一种保险单都需要有大量的信息，如对保险条款的深入理解、对实际经验数据的考虑。人寿保险的政策和条款也有了很多扩展，因而更加复杂，不容易进行比较，一般只能由那些有经验的保险代理来对具体的保险政策做出解释和出售人寿保险。过去，保险业都是依靠上千家地方保险营业所和保险代理来出售唯一适合被保险人或被保险财产的复杂的保险产品。事实上，复杂的保险市场并不是由国家来管理的，而是由 50 个州的保险委员会来管理的，这些保险委员会在很大程度上受到当地保险代理的影响。网站在提供保险报价单之前，必须首先获得在各个州开展保险业务的授权，才能在相应的州提供保险报价单和出售保险。

与网上抵押业一样，网上保险业已经成功地吸引了那些查找保险价格和保险条款的来访者。虽然许多大型的全国性保险公司起初并不在网上直接提供竞争性的保险产品，以免影响其传统的地方保险代理的业务，但是现在几乎所有这些公司都提供网上报价查询的功能。尽管真正在网上购买保险的人很少，但通过降低搜寻成本并改变查询价格的方式，互联网对消费者的保险决策具有很大的影响力。根据 2015 年的调查，超过 70％的美国消费者通过网络寻找人寿保险信息，30％表示互联网是他们最有价值的信息来源。当然，消费者也会继续依赖金融顾问和咨询，超过一半的人会从这两种渠道获取信息（LIMRA，2015）。另一项调查发现，拥有移动设备的消费者中，近 2/3 的人表示，他们已经拥有或计划使用这些设备访问他们的寿险保单（LIMRA，2014a）。一些形式的保险很有可能在网上购买。例如，根据 2015 年 comScore 的一项调查，在线渠道始终是消费者购买汽车保险的首选方式，有超过 70％的消费者在网上购买此保险（comScore，2015）。保险公司同样也在增加社交媒体的使用。例如，LIMRA 的调查发现，90％以上的人寿保险公司都拥有社交媒体主页，而 2010 年这一比例仅为 60％。脸书和领英是最受欢迎的平台，二者均有 90％的公司使用（LIM-RA，2014b）。所有大型的保险公司，如 GEICO、Allstate、State Farm、Progressive 和 Travellers，都有重要的在线业务。一些领先的在线保险服务公司包括 InsWeb、Insure. com、Insurance. com、QuickQuote 和 NetQuote。

9.5.5　网上房地产服务

电子商务初期，房地产业开始发展起来，这是由于互联网革命使得过去仅限于本地的、复杂的、由本地代理商垄断消费者信息并掌控整个行业的房地产业变得合理化。按道理来说，互联网和电子商务应该会淘汰这个巨大市场中的中介组织，允许买方和卖方、承租人和出租人直接进行交易，使搜寻成本降低到近乎零，并大幅降低价格。但是，事实并非如此。不过，买方和卖方以及房地产代理商确确实实从中受益很大。目前，互联网上大约有 10 万家房地产网站。其中许多网站已经不复存在了。而其余的网站也开始转型。对美国绝大多数的房地产经纪公司来说，它们除了与其他上千家房地产经纪公司一起参与联卖资讯服务网外，一般都有自己的网站，可以与客户直接进行经纪业务。主要的房地产网站有 Realtor. com 及其母公司、Move. com（现由环球传媒这一新闻集团所有）、Zillow 和 Trulia（现由同一家公司所有）、HomeGain、ZipRealty、Craigslist 以及 Redfin。Zillow 和 Trulia 在 2016 年的所有电脑和移动端的访问中占据了超过 35％的份额，Realtor. com 则吸引了 12％的流量（Hitwise，2016）。

房地产服务与其他类型的网上金融服务不同，因为它不可能完全在网上完成房地产交易。显然，房地产网站对房地产业的主要冲击是影响了消费者在线下的购房决策。互联网已经成为一个房地产专业人士、建筑商、物业管理者和业主，以及配套服务提供商与消费者沟通，并向消费者提供信息的桥梁。全国房地产经纪人协会进行的一项调查显示，几乎所有年龄的购房者购买过程的第一步都是在网上查看房源。网站是最常见的信息来源，几乎占了所有房产信息的 90％，而用户使用移动互联网、应用程序和移动搜索的频率也超过了 50％。与此同时，有 87％的人使用了房地产经纪人的服务（National Association of Realtors，2016）。

房地产网站所提供的主要服务是发布可供出售或出租的房地产信息。2016 年，美国房地产经纪人协会的官方网站 Realtor. com 在 2016 年 4 月列出了超过 300 万个房源，其在电脑和移动设备上拥有约 4 000 万名独立用户（Feeney，2016）。房地产网站所提供的服务正在逐步多样化和综合化，提供多种图片和 360 度的浏览视角来进行详细描述。消费者可以通过网站直接连接抵押出租人、资信评估人、房屋审查人以及鉴定人。网站上还提供了网上贷款计算器、房屋评估报告、周边地区的历史销售价格、附近学校的分布情况、犯罪情况以及邻近地区的社会信息和历史信息。一些网上房产经纪人要比传统经纪人（通常为售价的 6％）的收费低。他们可以做到这一点，是因为买方（有时是卖方）在联系在线代理商之前做了大量房产代理人的工作，如寻找、选择社区和找到感兴趣的房屋。例如，Move（Realtor.com 的母公司）提供"查找邻里"的服务，该服务可以让用户选择想要居住的社区类型，具体的选择是以社区周围学校的质量（和税收成本）、居住人口的年龄情况、附近有孩子家庭的数目、可以提供的社会服务和娱乐设施情况等为权重因子来进行的。Move 还提供 iPad 和 iPhone、安卓和 Windows 的手机应用程序。例如，"区域侦察"功能可以让用户查看街道附近所有房屋的房价。

尽管可提供的信息发生了变化，但整个行业的价值链并没有发生什么改变。网站上发布的信息是由当地房地产代理商所支持的本地联卖资讯服务提供的。有时，网站上提供的房产信息中不显示房屋所在地址，只显示了提供信息的当地房地产代理商，这些代理商一般是受房东委托的。那些传统的房地产经纪人会带客户去看房，帮助房屋所有者处理所有的交易事务，并收取一定的手续费，手续费率一般为交易额的 5％～6％。

9.6　网上旅游服务

网上旅游服务可以说是 B2C 电子商务中最成功的一个部分。2016 年，它占据了美国所有 B2C 电子商务收入的近 1/3。互联网已成为消费者查找旅游去处、查找最合适的价格、预订机票、预约租车、预订旅馆、预订旅程和观光行程时最常用的一种工具。如今，线上旅游预订服务比线下更受欢迎。2016 年，预计约有 1.38 亿人（占美国所有互联网用户的 64％）会计划旅游，约 1.15 亿人将在线预订旅游服务。到 2016 年，在线旅游预订收入将达到 1 800 多亿美元，到 2020 年预计将继续增长至超过 2 130 亿美元（见图 9-5）（eMarketer，Inc.，2016j，2016k）。

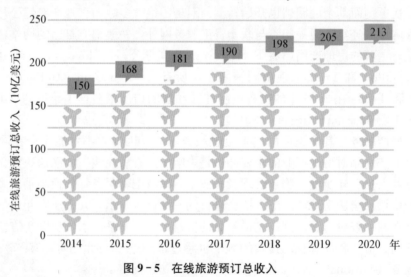

图 9-5　在线旅游预订总收入

说明：美国在线休闲旅游/不受限定的商务旅行收入恢复增长，到 2020 年预计将达到 2 130 亿美元。
资料来源：Based on data from eMarketer, Inc.，2016j.

9.6.1　为什么网上旅游服务如此受欢迎？

旅游服务网站向消费者提供一站式的方便的休闲旅游和商务旅行服务：旅游内容介绍（关于度

假情况和设施情况的介绍）、旅游社区（包括聊天室和公告栏）、商务服务（提供所有差旅相关服务）和消费者服务（通常是通过呼叫中心）。旅游网站声称，它们所提供的旅游信息和旅游项目要比传统旅游代理多得多。对于旅游服务提供商（旅馆、汽车出租公司、航空公司）来说，网站将大量的消费者集中到一个单一的"消费者池"中，通过网站上推出的广告和促销活动，可以有效地影响这些消费者。旅游网站还声称，它们创造了一个更有效的市场，可以让消费者和供应商在一个交易成本较低的环境中进行交易。

对互联网来说，旅游服务似乎是一种非常理想的服务，因此电子商务业务模式应该在旅游产品中发挥很好的作用。旅游属于一种信息密集型的产品，需要对消费者的情况做大量的调查研究。旅游也可以说是一种电子化的产品，因为绝大部分的工作（制定计划、进行调查、比较购物、进行预订、资金支付）都是在网络这一数字环境中完成的。从旅游产品的实际履行来说，它不需要任何"库存"：不存在实际资产。旅游产品的供应商——旅馆、航空公司、汽车出租公司、度假别墅、观光导游，都是高度分离的，而且常常是供过于求。因此为了让自己空闲的客房和汽车租出去，供应商往往愿意降低价格，也愿意在网站上做广告以吸引大量的客户。以 Travelocity、Expedia 以及其他网上旅游公司为例，这些网上旅游代理商不需要在全国各地部署上千个实体营业场所，只要通过统一的界面与全国的消费者联系即可。与网上金融服务不同，网上旅游服务不需要实施有固定营业网点支撑的昂贵的多渠道战略（一般只需要运营一些集中化的呼叫中心来提供个性化的客户服务就可以了）。因此，旅游服务可以较好地扩大其规模，使收益的增加速度能够赶上成本增加的速度。但这些效率也使得预订网站很难盈利。

9.6.2　网上旅游市场

网上旅游市场主要由四部分组成：预订机票、预订旅馆、预订汽车和预订旅程/观光行程。网上机票预订的规模很大，并且继续以强劲的速度增长，这主要是由下面几个因素造成的。机票预订在很大程度上就像是日用品的买卖，机票很容易在网上描述清楚。同样，租车业务也是如此，通过电话或网络，绝大多数人一定能够租到自己所希望预订的汽车。虽然酒店在某些方面难以用语言来形容，但是包含描述、照片和虚拟浏览在内的网站能够向消费者提供大量的信息，使他们更舒服地在网上进行酒店预订。网上购买的旅游套餐占旅游销售额的比例最小。

越来越多的企业都将安排差旅的事务外包给那些提供基于网络的、优质低价的旅游安排服务的旅游公司。一些网上旅游公司向企业推出了一种名叫**"企业网上订票方案"**（corporate online-booking solutions，COBS）的服务，可以在一个单一的网站上提供机票预订、旅馆预订、会议中心预订、汽车租赁预订等一揽子服务。

9.6.3　网上旅游业的动态

绝大多数的旅游代理网站提供的都是类似日用品的无差异商品，并且它们面临的是同样的成本，因此各网站间的竞争非常激烈。因为购物者和网站管理员能够很容易地进行购物比较，所以进行价格战是很困难的。因此，网站间的竞争主要是集中在所提供的服务/产品的范围、网站使用的方便程度、支付方式以及网站的个性化服务上。表 9-7 列出了一些著名的旅游网站。

表 9-7　著名的旅游网站

名称	说明
休闲旅游/不受限定的商务旅行	
Expedia	最大的旅游服务网站，主要从事休闲娱乐，现在还拥有 Orbitz、Travelocity、CheapTickets、Hotels.com 和 Hotwire
Orbitz	开始作为供应商的预订系统，现在隶属于 Expedia
Travelocity	主要从事休闲娱乐，隶属于 Expedia
Priceline	采用自主定价模式，主要从事休闲娱乐，还拥有 Booking.com 和 Lowestfare.com，是 Expedia 的主要竞争对手
TripAdvisor	旅行评论网站，同时可查询最低价格的旅游购物网站
CheapTickets	打折机票、旅馆预订、轿车出租，是 Orbitz 的子公司，现同 Orbitz 一起属于 Expedia
Hotels.com	最大的旅馆预订网站，主要从事休闲娱乐，隶属于 Expedia
Hotwire	寻求打折票价，隶属于 Expedia
受限定的商务旅行	
GetThere	提供企业网上预订解决方案（COBS），隶属于 Sabre Corporation
BCD Travel	全方位服务的公司旅行社

在线旅游服务行业经历了激烈的整合期。Expedia 现在拥有 Travelocity、Orbitz、CheapTickets、Hotels.com、Hotwire 和元搜索引擎 Trivago，在美国在线旅行市场中占有 75% 的市场份额。其主要竞争对手包括拥有 Booking.com、Lowestfare.com、Kayak 三大网站的 Priceline。Expedia 和 Priceline 一起控制了 95% 的在线旅行预订市场。然而，谷歌也准备进入旅游市场，其 Google Flights 和 Google Hotel Finder 也提供预订功能。美国司法部还提到，TripAdvisor 推出了一项即时预订服务，这是 Expedia 收购 Orbitz 的原因之一。

除了行业整合，在线旅游业受到元搜索引擎技术的影响，这种技术能够找到网站上最低的旅游价格和食宿价格，然后通过向消费者发送这一信息来收取会员费。这些网站包括 Trivago、Kayak、Fly.com 和 Mobissimo。在许多行业领导者看来，商品化的在线旅游服务导致过度的价格竞争，行业收入开始向那些对库存和系统进行投资的大型知名企业转移。

用于旅行前计划、预订和基于用户位置的目的地信息的移动设备和应用程序也在改变在线旅游行业。例如，2016 年预计将有约 7 500 万人使用移动设备来计划旅行。预计约有 5 900 万用户在 2016 年使用移动设备来进行旅游的预订。智能手机在研究和预订方面的应用比电脑略多一些（eMarketer，Inc.，2016l，2016m）。目前，大多数主流航空公司都有各种移动平台的应用，以支持航班搜寻、预订和管理。来自酒店和租车公司的应用可以从 Hertz 和 Avis 等主要的汽车租赁公司，以及 Best Western、Choice Hotels、Hilton 和 Starwood 酒店获得。应用程序有时可能会针对特定的消费者行为做出判断。例如，Expedia 报告说，25% 的酒店移动销售是在用户当前位置的 10 英里范围内进行的，这表明他们在旅行的同时正在寻找和预订房间。移动设备在实时预订方面被证明是非常受欢迎的。Marriott 表示，其 35% 的智能手机预订的是同日旅游项目（eMarketer，Inc.，2014）。

社交媒体也对在线旅游业产生了巨大影响。用户生成的内容和在线评论对旅游购买决策的影响越来越大。"社会透视"专栏"虚假的评论"审视了这个行业所呈现出的一些问题。

虚假的评论

过去，关于旅游目的地、酒店和餐馆的选择，人们常常依赖旅行社的专业建议。然而，今天，像TripAdvisor 和 Yelp 这样的网站已经接管了这个功能。TripAdvisor 取得了令人瞩目的成功，拥有超过3.85 亿条用户评价、15 亿美元收入和 1.08 亿会员。Yelp 拥有 7 000 万条对餐馆和其他服务的评价，市值接近 30 亿美元。这些网站已经成为旅行者决定去哪里旅游、订什么酒店、在哪里吃饭的可信来源。好的评价可以带来几千美元的预订。但所有这些评价都是真实的吗？这些评价可信吗？

尽管 TripAdvisor、Yelp 和相关网站上的大多数评论都是值得信赖的，且 92% 的买家都是基于在线评论做出决定的，但虚假的评论还是很常见的。酒店雇人编造虚假身份，并对它们的物业发布有利的评论，这种做法被称为"伪草根舆论"，同时它们也对竞争对手进行抨击。心怀不轨的客户将会严重损害小公司的声誉。企业也会因处理不好评论、虚假评论或其他错误而使自己的声誉败坏。2013 年，亚利桑那州的一家面包店因在真人秀节目中表现不雅而引起了负面的社会媒体关注。这家面包店的老板使用脸书、Yelp 和 Reddit 来对那些发布负面评论的人进行人身攻击，并迅速被冠上不受欢迎的恶名。2014 年，一家英国酒店发现了两位顾客在 TripAdvisor 上做出了负面的评价，在当地媒体审查之后，酒店退还了房费且承诺要改善服务。

旅游网站在 2016 年获得了额外的法律支持，当时众议院通过了一项法案，要求企业不得在用户使用协议中添加禁止负面评价的条款。2015 年，参议院通过了一项类似的法案，因此很可能在 2017 年成为法律。此外，一家联邦上诉法院于 2016 年裁定，Yelp 在其网站上发布的关于华盛顿州锁匠的负面评论是不负责的。然而，在另一起案件中，一家州法院在 2014 年做出 Yelp 败诉的判决，并要求撤销对这家律师事务所的批评。即使在这种情况下，最高法院预计也会在 2016 年推翻这一裁决。

尽管这些最近的判决让用户可以继续发布真实的评论（即使这些评论是负面的），但虚假评论的盛行仍然给企业以及像 TripAdvisor 和 Yelp 这样的网站带来了相当大的挑战。对于企业最大的阻碍是，在这些网站上很少有人会核实评论者的身份。为了解决这一阻碍，餐馆和其他零售企业正试图推广这一标签"无收据不评论"。在那里，评论者会提交收据，以验证他们的身份，同时能保留匿名的形象。商家也抱怨说，尽管大多数客户在进行购买或旅行决策之前都会参考在线评论，但是仅有很少的人发表评论。一项针对英国成年人的研究发现，只有11% 的游客会频繁地发表评论。因此，即使大多数顾客都对该公司满意，少数几个破坏分子也会对企业的健康产生巨大的影响。

点评的真实性是 Yelp 和 TripAdvisor 成功的关键，但获得高评价分数对网站上的企业同样重要。研究发现，如果一家企业可以将其 Yelp 评级提高一星，其收入将从 5% 增加到 9%。而 2014 年 3 月，一项行业研究发现，使用 Yelp 的小企业的年收入增长了 8 000 美元。这使企业有了充分的动机来发布虚假评论，赞扬自己的业务，并抨击竞争对手。2015年，大约 25% 的 Yelp 评论被贴上了可疑或者不推荐的标签。考虑到这一点，Yelp 继续开发消除可疑评论的方法，包括那些一起合作的企业集团欺骗性地提高彼此的评级。

Yelp 和 TripAdvisor 都通过算法来自动识别和删除虚假评论。Yelp 会自动生成消息提示，当评论可能存在欺诈时将提醒读者，而 TripAdvisor 则雇用一个专家团队来分析评论的完整性。尽管如此，这些网站还是有很大的可能去淡化虚假评论问题的严重性。TripAdvisor 曾多次被监管机构罚款，因为它歪曲了其评论的真实性，包括 2014 年在意大利被罚款 61 万美元和 2011 年在法国被罚款 48.4 万美元。美国联邦贸易委员会在 2008—2014 年期间收到了超过 2 000 次关于 Yelp 的投诉。

2015 年，哈佛商学院的研究人员对这些网站的评论进行了挖掘和分析，以便更好地鉴别可疑的评论。诚实的评论者倾向于谈论具体的细节，而那些欺诈的评论者由于缺乏对消费场所的实际体验，不出意料地，往往会更多地谈论自己、旅行的原因和旅伴。积极的虚假评论是由声誉的突然下降所致，而负面的虚假评论是由竞争模式的变化所致，就像该地区的一家新餐馆一样。大多数的虚假评论要么是一星，要么是五星，而且对连锁餐馆的虚假评价非常罕见，因为这些公司更有可能进行复杂的营销和品牌推广，而不仅仅是依靠在线评论网站。

对虚假评论的辨别手段会彻底地将这些评论从 TripAdvisor 和 Yelp 中消除吗？答案是"不会"。但评论网站和监管机构正以越来越大的力度打击虚假评论。2013 年，有 19 家公司因购买和销售虚假评论而被纽约监管机构处以 35 万美元罚款。2015 年，Yelp 起诉了一家涉及多次向餐馆销售虚假评论交易的公司。亚马逊也充斥着虚假评论，针对超过 1 000 名用户发布虚假评论，该公司已经采取法律行动。

尽管虚假和负面评论都具有不确定性，但 TripAdvisor 和 Yelp 正在促使酒店和餐厅改善服务。例如，在爱尔兰，2014 年酒店的评分从 3.6 分提高到 3.8 分，但这要归功于服务的相应改进，而不是虚假评论。最好的办法还是抱着一种半信半疑的态度，不要去参考那些绝对积极和负面的评价。

资料来源：" Yelp Warns California Lawsuit Could Scrub Critical Reviews," Siliconvalley.com, September 17, 2016; " Yelp, TripAdvisor Gain Legal Cover for Negative Reviews," by Drew Fitzgerald, *Wall Street Journal*, September 13, 2016; " New Bill Would Protect Your Right to Complain in Online Reviews," by Talia Avakian, Travelandleisure.com, September 13, 2016; " Yelp Not Liable for One-Star Review, Appeals Court Rules," by Jacob Gershman, *Wall Street Journal*, September 13, 2016; " Companies Wrestle with New Era of Negative Online Reviews and Spiky Consumers," by Justin O'Brien and Sameer Hosany, Theconversation.com, September 5, 2016; " Online Reviews Are Changing the Nature of Travel," by Elizabeth Matsangou, Businessdestinations.com, July 13, 2016; " Many Rely on Online Travel Reviews, But Only a Vocal Few Post Them," by Helen Leggatt, Bizreport.com, January 19, 2016; " Fake Online Reviews Trip Travelers," by Christopher Elliott, *USA Today*, December 27, 2015; " Are Fake Online Reviews Crushing Consumer Confidence?" by Jen A. Miller, Cio.com, November 30, 2015; " Fake It Till You Make It: Reputation, Competition, and Yelp Review Fraud," by Michael Luca and Georgios Zervas, Harvard Business School, July 2015; " TripAdvisor Reviews Are Now So Powerful They Impact the Tourist Industry of Entire Countries," by Joshua Barrie, Businessinsider.com, March 16, 2015; " Yelp Is Suing a Company for Allegedly Selling Fake Positive Reviews to Restaurants," by Lizzie Plaugic, Theverge.com, February 20, 2015; " Online Reviews: Fakes, Linguistic Analysis & Protecting Children," by Thomas A. Dickerson, Eturbonews.com, February 11, 2015; " Trip Advisor Bad Review 'Fine' to Be Refunded by Blackpool Hotel," Bbcnews.com, November 19, 2014; " Yelp Reviews Brew a Fight Over Free Speech Vs. Fairness," by Angus Loten, *Wall Street Journal*, April 2, 2014; " A Virginia Court Slams Phony Reviews," by Jill Krasny, Inc.com, January 10, 2014; " Leaving Negative Reviews Online Is Not as Safe as It Used to Be," by Alex Goldman, Onthemedia.org, January 9, 2014; " Amy's Baking Co. Meltdown Begs the Question: Is Yelp Bad for Small Business?" by Caitlin Dewey, *Washington Post*, May 17, 2013.

9.7 招聘服务

继旅游服务之后，招聘服务（招聘网站）也是互联网上最成功的网上服务之一。这些网站提供免费发布个人简历的服务，同时还提供很多相关的就业咨询服务。企业可以付费在这些网站上列出对人才的需求情况。招聘服务网站的收入还来源于向用户提供增值服务，以及向相关的服务提供者收取的费用。

网上招聘市场主要被两个大型企业控制：Monster（每月约有 1 700 万个独立的访客），以及 CareerBuilder（约 1 400 万）。由日本人力资源公司拥有的工作整合公司（如 Indeed.com 和 SimplyHired）以及员工对自己公司匿名在线评论的职业点评网 Glassdoor 也非常受欢迎。社交网站领英也在这个市场中扮演了越来越重要的角色（见第 11 章的章首案例）。

企业一般采用 5 种方式招聘员工：印刷分类广告、招聘会（或者交易会）、校园招聘、专门的职业介绍所（现在称为职业中介公司）以及内部推荐。与网上招聘相比，这些方式存在很明显的不足之处。例如，印刷广告通常按字收费，因此无法将用人单位所招聘岗位的大量详细信息都罗列出来，同时印刷广告还受到广告刊登期限的限制。在招聘会上，企业无法对所有的求职者都一览无遗，招聘人员与每个应聘者接触的时间也有限。职业介绍所的收费很高，也有缺陷，通常只能选择当地的应聘者。校园招聘同样也限定了招聘人员在一次招聘中所能面试的应聘者的数量，而且招聘者要走访很多学校。而内部推荐则可能使有些员工为了得到报酬或是怀有其他动机而推荐不合格的应聘者。

网上招聘克服了这些缺点，提供了效率更高、更具成本效益、更有效的方法来使招聘者和潜在的应聘者相联系，同时节省了招聘的时间。借助网上招聘，求职者可以在收集所期望的求职信息和找工作的同时，更方便地建立、更新和分发自己的简历。

9.7.1　只涉及信息：理想的网络商务形式?

网上招聘显然是一种很适合网络的理想形式。招聘的过程其实是一个信息密集型的业务处理过程，涉及发现个人的技能和对工资的要求，并将这些条件与相应的职位相匹配。为了完成这种匹配，起初并不需要面对面的交流，也没有太多个性化。在互联网普及之前，这类信息一般只能在一个由朋友、熟人、过去的雇主以及亲戚所组成的小范围的人际交往圈中共享，另外职业介绍所也建立了求职者的相关文档。显然，互联网可以使这些信息的流动自动化，缩短各方的搜索时间，降低各方的成本。

表 9-8 列出了一些最受欢迎的招聘网站。

表 9-8　流行的招聘网站

招聘网站	简述
一般招聘网站	
Monster	1994 年首批商业网站之一，现在是提供 50 多个国家工作搜索的大众公司
CareerBuilder	由 Tegna（以前的 Gannett）、Tribune 和 McClatchy（所有报纸公司）控股；10 000 多家网站（包括 AOL 和 140 多家报业公司）的工作搜索中心；提供上百万条工作目录
Indeed	综合性的招聘网站
SimplyHired	综合性的招聘网站
Craigslist	非常受欢迎的分类服务，专注于当地招聘
Glassdoor	以现任和前任员工发布的公司和管理层的匿名评论而闻名，但也有数百万个职位列表
猎头网站	
Futurestep	Korn/Ferry 公司的网站，低端人员招聘
Spencerstuart	中层人员招聘
ExecuNet	猎头公司
细分行业招聘网站	
SnagAJob	兼职工作
USAJobs	联邦政府工作
HigherEdJobs	教育行业
EngineerJobs	工程工作
Medzilla	生物科技、制药、医疗、保健行业
Showbizjobs	娱乐行业
Salesjobs	销售与营销
Dice	信息技术工作
MBAGlobalNet	MBA 相关的社团网站

为什么有如此多的求职者和招聘者使用招聘网站呢？招聘网站受欢迎的重要原因在于它使求职和招聘双方都节省了时间和金钱。对于招聘者来说，网上招聘扩大了招聘范围，降低了成本，能够更快地做出雇佣决定。

对那些求职者而言，招聘网站受欢迎不仅仅是因为求职者可以把自己的简历发送给很多招聘者，还因为求职者可以得到很多与求职有关的服务。自 1996 年首次出现招聘网站以来，招聘网站所提供的服务范围不断扩大。以前，招聘网站仅仅提供电子版的报纸分类广告。现在，招聘网站还提供其他很多服务，包括技能评估、个性测评问卷、求职者的个人账户管理、企业文化的评估、职位查询工具、雇主封锁功能（防止你的雇主看到你所投递的简历）、雇员封锁功能（作为雇员的老板，防止你的员工看到你要招聘的岗位名单）以及电子邮件通知。招聘网站还提供很多教育类的服务，如撰写简历方面的建议、软件技能的准备以及面试技巧等。

招聘网站在很大程度上联系着求职者和用人单位，但它事实上只是人们寻找工作的众多方式中的一种。一项调查发现，有 70％的求职者通过网络和报纸来寻找工作，约一半的求职者依靠口碑营销，约 1/4 的求职者依赖职业介绍所。因为在网上发布简历的成本为零，所以边际回报率相当高。

简历可以在网上公布的同时，也对招聘人员和求职者提出了新的问题。如果你是雇主，你如何处理在公开招聘时可能收到的成千上万份简历？如果你是求职者，你如何在成千上万甚至数百万求职者中脱颖而出？也许可以尝试发布视频简历。在 Vault 进行的一项调查中，近九成雇主表示他们将选择观看视频简历，部分原因是它可以帮助他们更好地评估候选人的专业表现和举止，有超过一半的调查者表示他们相信视频将成为一种未来共同的工作申请方式。CareerBuilder 成为第一个为求职者提供视频简历工具的大型在线求职网站，后续又推出了用于雇主的在线视频品牌建设工具。

与劳动力市场发展趋势一样，招聘网站最主要的功能也许并不在于其将招聘单位与应聘者相匹配的能力，而在于它们有能力制定市场价格和规则。招聘网站可以为雇主和应聘者确定薪资水平，并确定为达到这样的薪资水平所需要的技术技能。从这一意义来说，招聘网站是制定劳动力市场交易规则的全国性网上市场。这些全国性网站的存在将会引导薪资水平更加合理化，加大劳动力市场的流动性，提高招聘和相应处理工作的效率，因为招聘单位可以快速地找到它们所需要的人才。

9.7.2 网上招聘的发展趋势

2016—2017 年网上招聘的发展趋势包括以下几点：

● **社交招聘**：最近一项针对 1 600 多名招聘人员和人力资源专业人士的调查显示，87％的人使用社交招聘，领英是主要的资源（Jobvite，2015）。领英可能是最知名的面向商业的社交网络，截至 2016 年 10 月，它在 200 多个国家的 170 多个行业的会员超过了 4.5 亿。在《财富》100 强企业中，有超过 90 家企业使用了领英的招聘解决方案，超过 300 万家公司拥有领英页面。消费者使用领英等网站建立业务联系和网络。例如，根据领英的数据，其会员每年会在领英上进行近 60 亿次专业导向的搜索。雇主也在使用领英进行搜索，以寻找潜在的求职者。例如，领英为企业提供了一种名为"领英人才解决方案"的功能，其中包括帮助企业招聘人员找到被动型人才（不积极寻找新工作的人），以及专门为招聘而设计定制的公司概况。根据领英人才解决方案，自 2011 年以来，美国公司依靠社交招聘来寻找高质量员工的比例增加到了 50％以上。44％的受访者表示，社交招聘是关键职位的最重要来源（LinkedIn Talent Solutions，2016）。社交网站也被雇主用来了解求职者的背景。Harris Interactive 对 2 000 多名管理人员和人力资源员工进行的一项研究发现，超过 60％的人使用社交网络来筛选求职者，而近 50％的候选人因个人社交网站上的内容而被拒绝。雇主通常会搜索脸书、推特和领英。挑衅性或不适当的照片是最负面的因素，其次是酗酒和吸毒。然而，招聘人员也注意到，没有任何社交网络的痕迹也会对求职者造成伤害。超过 1/3 的人表示，如果无法在网上找到求职者的相关信息，就不太可能去面试他们（Careerbuilder，2016）。

● **移动招聘**：与其他形式的服务一样，职业服务公司也已经搬到了移动平台上。最近的一项调查发现，移动设备是千禧一代和 X 一代用来寻找工作的主要设备（eMarketer，Inc.，2015g）。为了接触到这些人，CareerBuilder、Monster、领英以及大多数其他主要网站都有移动网站，以及允许求职者创建和上传简历的应用程序。他们可以按关键词、位置和公司搜索职位，并且使用邮件互动、浏览和申请等。例如，领英的应用程序也可以根据你在个人资料页面上提供的信息推荐工作。2016 年，在访问领英的会员中，移动用户占到了 55%。

● **工作搜索引擎/整合器**：与旅游服务一样，专注于工作的搜索引擎对已建立的求职网站构成了新的威胁。例如，事实上，SimplyHired 和 Us.jobs 从数以千计的在线求职网站，如 Monster、CareerBuilder、专业招聘服务，以及某些个人的网站上，提供免费的、可搜索的数千份工作清单。这些公司不向雇主收取费用，使用的是按点击量收费或其他广告收入模式。

● **数据分析和算法**：公司在招聘过程中越来越多地使用大数据技术以及适应算法，帮助求职者找到合适的工作机会。

● **算法招聘**：公司越来越多地使用算法来筛选在线求职申请，通过关键词匹配求职者与其合适的工作。

9.8 按需服务公司

按需服务公司提供一个平台，使各种服务按需交付。通过联系供应商（卖方），利用他们的闲置资源，如汽车、带床的房间，或者通过他们的个人劳动和能力来执行各种服务，与消费者（买家）进行交互。一些用来描述这些在线业务的常用词语有共享经济、协同商务、P2P 消费、网络经济和全民电商。然而，与传统交易不同的是，这种交易不收取任何费用，这些公司仅从卖家和买家收取使用平台的费用。在过去的几年里，成百上千的创业公司创建了大量这样的平台，让那些没有充分利用资源的人把这些资源的使用权卖给那些不愿意或者无法自己购买这些资源的消费者。

在过去的 5 年中，按需服务公司的数量呈指数级增长。表 9-9 描述了数百家公司的业务模式，即提供能够按需交付各种服务的交易平台。请阅读"商务透视"专栏"按需食品：Instacart 和 GrubHub"来了解这两家专注于按需配送食品的公司。

表 9-9 按需服务公司

公司	服务类型
爱彼迎	房屋住宿
优步	交通运输
Lyft	交通运输
TaskRabbit	家政服务
Instacart	杂货店购物
GrubHub	餐馆外卖
Washio	洗衣服务
Postmates	快递
Zeel	按摩推拿

按需食品：Instacart 和 GrubHub

似乎每天都有一家新的按需服务公司出现，自称为"某物的优步"。这种类型的企业相对容易创建，只需要一个完善的、易于使用的应用平台，用户可以在那里找到所需的服务，以及一个愿意提供这些服务的自由职业者团队。

因此，许多公司开始为总市值 6 750 亿美元的杂货、便利店市场和市值近 7 850 亿美元的餐饮市场推出了按需服务。如今，Webvan 和 Kozmo 等在线商店的失败都已成为过往，也许现在发展线上杂货店与外卖等业务的时机已经成熟。Instacart 是提供按需杂货送货服务的领导者之一，GrubHub 是提供快速增长的餐厅外卖服务的公司，它们是这一新兴市场上最大的两家公司。

Instacart 允许用户在网上或通过 Instacart 应用程序订购杂货。然后，Instacart 将消费者与附近专门的采购者联系起来，从当地商店购买和提供杂货。Instacart 已在美国的 24 个城市提供服务，并于 2016 年迅速扩大经营范围。Instacart 的主要消费人群是千禧一代、办公室职员、城市居民以及老年人。在不需要开车和排队的情况下，能从自己最喜欢的商店订购杂货对许多人，尤其是那些没有汽车的消费者来说是很有吸引力的。

对于像 Instacart 这样的公司，无论是在网络上还是通过应用程序，用户的在线体验都至关重要。该应用程序允许消费者使用路线导航确切地了解自己订单所在的实时位置。当消费者所需的产品没有库存时，它会根据消费者的喜好从 400 万种产品中实时更新类似产品以供消费者选择。使用应用程序方便采购者与客户沟通。Instacart 已经投入了大量的资金用于数据分析，该公司声称其 2016 年的交付效率提升了 20%，但是近期业务量缩减了 25%。对于 Instacart 的盈利能力，不断优化其应用程序以获得尽可能快的购物体验是至关重要的。

多亏了这些提升，该公司最近宣布它是盈利的，也就是说它每单获得的收入大于完成订单的成本。显然，该公司正处在盈利的正确轨道上，但障碍依然存在。尽管在过去几年里，Instacart 一直保持着行业领先的增长率，但该公司不得不将扩张计划暂缓，以专注于盈利能力，并在 2015 年裁减了许多内部招聘人员。Instacart 还提高了送货费，并降低了对购物者和司机的补偿，这很可能产生更多营业额。尽管该公司的整体利润稳步增长，但纽约等一些市场却落后于其他市场。

尽管 Instacart 已经获得了 2.75 亿美元的风险投资，估值为 20 亿美元，但投资者可能会对成本削减措施感到担忧，尤其是在许多创业公司都还在苦苦挣扎的情况下。尽管如此，像全食和 Publix 这样的杂货商店已经与 Instacart 达成了协议，提供在线订购和送货服务。而其他一些公司达成协议，顾客在线下单后由店内员工进行采购，顾客再到门店取货。Intercart 还与通用磨坊和百事这样的公司达成了协议，当用户通过应用内广告购买它们的产品时，配送费由这些公司承担，公司也希望继续发展新的广告收入流。

外卖市场已经有许多公司在竞争，而在美国最突出的就是 GrubHub。GrubHub 是一种服务，允许用户从当地餐馆购买食物并送货上门。通过使用 GrubHub 应用程序，用户可以输入他们的地址，并查看该地区的所有本地餐馆的地图，以及提供食物的餐馆。应用程序允许用户通过名称、菜单项或烹饪风格来缩小选择范围，用户可以通过电话或网络订购。GrubHub 还为用餐者提供优惠、点评和返现政策。对于那些大到可以拥有自己的移动应用的餐馆来说，与 GrubHub 合作主要是增加它们的曝光率和吸引更多顾客。在 GrubHub 上目前约有 44 000 家餐厅。

GrubHub 于 2014 年上市，其股价在 2016 年一直稳步上涨，但 2016 年 7 月仍低于 IPO 价格。与 2015 年同期相比，在 2016 年第一季度，GrubHub 的活跃食客增加 24%，从 560 万增加到 697 万；销售总额增加 21%，从 5.9 亿美元增长至 7.13 亿美元；收入增加 27%，从 8 820 万美元增加到 11 220 万美元。尽管利润略有下降，该季度的利润仍达到 990 万美元，比 2015 年下降了 6%，因为公司仍在通过收购提高其食品配送能力。2015 年，GrubHub

收购了两家送餐公司，总部在波士顿的 DiningIn 和总部在加利福尼亚州的 Restaurants on the Run。2016 年，公司又收购了一家同样总部在加利福尼亚州的 LAbite，总计 1.45 亿美元。GrubHub 正在扩大其服务范围，甚至增加了餐馆不常有的能力。

不过，GrubHub 在按需食品配送服务方面的主导地位还远未得到保证。规模更大的对手已经加入了这场竞争，比如 Yelp，它在 2015 年收购了一个在线订购和交付平台，表明了想要与 GrubHub 竞争的态度。其他一些潜在的对手包括亚马逊（在一些主要的市场开始进行 AmazonFresh 的配送服务测试）、优步（2015 年推出了 UberEats 服务，并在 2014 年收购了外卖公司 Caviar）、谷歌（2016 年在旧金山和洛杉矶推出了谷歌快递服务）。同时，像 DoorDash 和 Postmates 这样的快递创业公司也已经陆续进入市场。

在法律方面，Instacart 和 GrubHub 的情况令人担忧。它们一直被起诉，因为它们将购物者和运输司机分类为承包商，以避免所得税和工资税。GrubHub 还被起诉，原因是未经餐馆同意就将它们的文本广告发送给顾客。尽管 Instacart 和 Grub-Hub 的未来尚不明朗，但两家公司都有能力继续发展，并证明按需杂货和食品配送服务将会持续下去。

资料来源："Unicorn Instacart Hopes Its Data Scientists Can Calculate a Path to Profits," by Tom Simonite, *Technology Review*, June 30, 2016; "Instacart Expands Into Marin County, Calif.," Progressivegrocer.com, June 28, 2016; "Instacart Sees 400 Percent Growth in Houston, Expands to Sugar Land," by Mike D. Smith, Chron.com, June 27, 2016; "Instacart is Struggling to Get Its Uber for Groceries Model Right in New York City," by Alison Griswold, Qz.com, June 22, 2016; "Instacart Is Testing a Pickup-Only Option," by Sarah Kessler, Fastcompany.com, June 15, 2016; "Grubhub Sued for Text Spam," by John Pletz, Chicagobusiness.com, May 17, 2016; "Why Grubhub Is Building What Its Creator Calls 'A S***** Business'," by Brian Solomon, *Forbes*, May 10, 2016; "Grubhub to Buy LAbite," Bizjournals.com, May 4, 2016; "Grubhub Reports Record First Quarter Results," GrubHub, May 3, 2016; "Instacart Is…Generating Profits?" by Dan Primack, *Fortune*, March 24, 2016; "Grubhub Is Fending Off Copycats by Doubling Down on Delivery," by Alison Griswold, Qz.com, March 14, 2016; "Instacart Gets Red Bull and Doritos to Pay Your Delivery Fees," by Ellen Huet, Bloomberg.com, March 11, 2016; "Inside Instacart's Fraught and Misguided Quest to Become the Uber of Groceries," by Alison Griswold, Qz.com, March 10, 2016; "Whole Foods to Invest in Instacart, Signs New Multi-Year Delivery Deal," by Jason Del Rey, Recode.net, February 23, 2016.

协同商务、交易平台、P2P 并不新鲜，当 eBay 涉及拍卖或以固定价格出售物品时，按需服务公司已经开始提供对汽车、房间、空间，甚至是技术人员的销售渠道。首先，这些公司的特点是它们使用移动端和互联网技术来实现其平台上的交易。特别是在汽车和住宿服务中，交易通常发生在当地且在移动终端进行。其次，这些公司的增长得到了基于同行审查的在线声誉系统的支持，从而建立了一个可信的环境，让卖家和消费者相互信任。针对提供者和使用者的在线同行评论有助于确保双方都有良好的声誉，并提供高质量的服务。这些公司从 eBay 和网飞那里了解到同行评论和评级的重要性。最后，成功的企业降低了城市交通、住宿、办公空间和人工服务等成本。这一点对现有的公司和商业模式具有极大的颠覆性。

优步和爱彼迎是最成功、最知名的按需服务公司之一。详情请参阅第 1 章章首案例中关于优步的描述，以及对于该商业模式所引发的问题的深入讨论。

爱彼迎成立于 2008 年，起初是为商务会议的与会者提供住宿的一种方式。从那时起，爱彼迎渐渐扩展到整个住宿市场，并且呈指数级增长。目前，爱彼迎在 190 个国家的 3.4 万多个城市开展业务，并列出了 200 多万处出租房屋，其中包括 1 400 座城堡和数十座蒙古包。自成立以来，爱彼迎的规模已经超过了洲际酒店。洲际酒店是全球最大的私人连锁酒店，拥有约 5 000 家酒店，全球约有 74 万间客房。

到 2016 年 10 月，爱彼迎已经融资 32 亿美元，目前的估值为 300 亿美元。家里有剩余空间的人都可以出租一张沙发到一套完整的公寓或房子。他们创建一个账户，填写用户资料，然后在网站上列出他们的房屋所能提供的物品。收取的费用取决于房东，通常是基于房东对附近类似房源和市场需求的评估。想要租用住宿空间的旅客需要注册和创建一个账户，其中包括填写一份个人简介。然后，他们会查阅网站列表，阅读对房东的评论，并与房东联系以安排出租。在租期结束后，房东会对租房者进行评价，租房者也会对房东进行评价。租房者通过他们的爱彼迎账户来支付房费，且必须由信用卡支付。根据预订的价格，爱彼迎从中向旅客收取 6%～12% 不等的费用，并向房东收取3% 的费用。在年底会给房东发放报税表，用于汇缴所得税。

优步和爱彼迎不仅是最成功的按需服务公司，也是最具颠覆性和最具争议性的公司。例如，在爱彼迎上，房东没有酒店所需面对的监管或税收。爱彼迎的成功可能会极大地降低消费者对酒店的需求。关于这个论题目前少有研究，但是一篇早期的文章提及过爱彼迎对低端旅馆的租金收入造成了一些冲击，而对商务旅行酒店则没有造成什么明显影响（Zervas et al.，2015）。这些按需服务网站上的交易可能会带来负面结果（例如，一个司机抢劫或伤害一个乘客，或者一间公寓被租赁者毁坏了），这使得两家公司都需要承担责任保险，或者免费提供这样的保险。与优步一样，爱彼迎也面临重大的法律挑战。2016 年 10 月，纽约颁布了一项法律，对违反当地房屋条例列出服务空间的房东，罚款高达 7 500 美元。爱彼迎在联邦法院提起诉讼，挑战法律。它在加利福尼亚州、荷兰、西班牙和德国也面临类似的诉讼（Benner，2016）。

案例研究

OpenTable：期待您来订餐

OpenTable 是为餐馆提供订餐服务、餐桌管理和客户管理软件的杰出供应商。此外，该公司还经营着全球知名网站——OpenTable.com，提供在线订餐服务。在短短 15 年的时间里，OpenTable 已经从一家创业公司转变成一家成功的上市公司，它的订餐客户占全国 2/3 的份额。

今天，在美国、加拿大、墨西哥、英国、德国和日本等地，有超过 3.8 万家餐馆在使用 OpenTable 的硬件和软件。这套系统实现了预订和餐桌管理的自动化，并且能够为餐馆建立用餐者数据库，用以提高顾客识别，并进行电子邮件营销。在公司网站上，用餐者能够实时查找合适的桌位。此外，公司网站和应用程序直接与上千个餐馆的预订系统连接，能够在餐馆的电子预订本上记录预订。

餐馆可以订阅电子预订本（ERB）（OpenTable 拥有专利权）。ERB 安装在一台触屏电脑上，并且有资产保护和安全工具支持，能够为饭店提供实时平面地图，餐馆可以保留适合各种聚会的用餐模式，这对于餐馆来说是一个客户关系管理（CRM）系统。该软件会定期升级，最新的版本提供了餐桌的完整视角，完善了客户服务，增加了个性化设置，协调预订次序和最大化座位使用率。在 OpenTable 的餐馆客户里，ERB 系统一旦连接网络，就成了一个在线订餐系统。

OpenTable 的利润来源于两部分。一部分是餐馆为网站建设和培训而一次性支付的费用，以及每月对硬件和软件的订阅费用；另一部分是交易费。而在线预订服务对用餐者免费，这种商业模式便于进行病毒式营销——一旦有人进行预订，网站会建议他直接从 OpenTable.com 向其就餐伙伴发送电子邀请函，电子邀请函中包括一个返回 OpenTable 网站的链接。

OpenTable 是一个基于服务（软件即服务（SaaS））的电子商务公司。换言之，顾客不能购买安装在自己电脑上的软件，而只能通过上网以订阅模式来使用软件的功能。OpenTable 所提供的在线服务并不销售货物，但为用餐者提供预订功能，与社交网站提供的服务相似。

互联网对餐饮行业发挥的杠杆作用是缓慢的，主要是因为这个行业是高度分散的，它由 3 万多个小规模的独立公司和地方餐馆组成。

公司创建者意识到，很难将这些餐馆作为一个单一的市场来处理。同时他们发现，利用网络向用餐者提供用餐信息和评论可以改变这种情况。然而，当时没有办法进行网上预订，而且我们知道，电话预订通常是费时、低效的，并且容易出错。要开发一个高效的订餐系统，实时性和网络覆盖范围很重要。对于订餐者来说，他们需要实时获取当地餐馆的数量以及能够随时生成订单。如果消费者飞往其他城市，那么就有必要将那些城市的餐馆也添加进系统。

公司刚刚成立的时候，很多餐馆没有电脑，更不用说一个通过中心网站进行在线预订的系统了。公司最初的战略是，向餐馆评论者支付酬劳使他们链接到自己的网站上，以达到快速扩张形成全国性链条。这使得公司扩张到 50 多个城市，但公司一个月的开支达到 100 万美元而收入只有 10 万美元。但成功是没有法则的。管理层开始减少营销费用，并且从其他城市撤出，只保留 4 个城市：芝加哥、纽约、旧金山和华盛顿。

公司对硬件和软件进行了升级，创建用户友好的 ERB 系统，并且从高端餐馆开始进行点对点营销。电子商务、用户友好的技术和营销策略的结合应用，使得 OpenTable 的 4 个市场充满生机，联网餐馆和用餐者不断增加。OpenTable 已在全国实施了相同战略，现在的餐馆客户大约有 38 000 家。18 年来，公司为大约 10 亿订餐者提供过服务，其中有 3.7 亿的顾客是通过移动终端访问网站，网站目前平均每月有 2 000 万人访问。而在 2016 年第二季度，北美的一半订座请求来自移动设备。

随着公司的发展，投资者开始计划上市。2009 年，尽管经济衰退，金融市场不景气，该公司还是进行了首次公开上市。目前看来，他们赌赢了。在交易的第一天，OpenTable 的股价攀升了 59%，2013 年股价攀升至 100 美元以上，已经达到 IPO 价格的 5 倍多。

2014 年，Priceline 宣布将以 26 亿美元收购 OpenTable。OpenTable 计划利用 Priceline 的全球影响力，帮助它继续扩大其全球业务，迄今为止其海外业务收入占总收入的 80% 左右。显然，Priceline 认为 OpenTable 可以帮助它进一步发展，进军餐馆预订领域。它们可能是正确的：OpenTable 有非常好的发展前景，其规模、增长历史记录和高客户满

意度都是它的优势，公司希望 OpenTable 扩大其服务范围，从目前的高档餐饮扩大到受众面广的休闲餐饮。

基于盈利模式，公司的收入来源于订阅费用和交易费用，而不是依靠广告收入。此外，OpenTable 超过 50% 的收入来源于 B2B 订阅，并且都是一些长期合同，况且餐馆也不想支付因变更订阅软件而带来的费用。

公司成功的另一原因是拥有大量的忠诚客户。餐馆所有者说，其员工发现软件很容易使用，并且可以帮助他们更好地进行业务管理。具体来说，它简化了运营，填补了额外的桌位，提高了服务质量，提供了具体的投资回报。这提高了客户满意度和顾客忠诚度。通过创建实时预订使得餐馆和顾客能够进行在线交互，OpenTable 可以说已经成功地抓住餐馆和用餐者的需求。

OpenTable 的市场也呈现网络效应：随着使用的人越多，OpenTable 获得的效用就越大。OpenTable 的增长不断为用餐者提供更多选择，而更多的用餐者发现使用在线预订系统的好处，反过来，这种价值传递给餐馆客户，有助于吸引更多的餐馆加入网络中。

在订餐市场中，OpenTable 是最大的一家，同时也是成功提供多种在线服务的参与者。当然，OpenTable 也有竞争对手。MenuPage.com 提供访问餐馆菜单和评论的服务，但不能进行预订，而且只覆盖 8 个城市。2012 年，OpenTable 与竞争对手 Urbanspoon.com 合作，收购其预订管理系统 Rezbook，并成为 Urbanspoon.com 的预订提供商。OpenTable 还没有进入的国家和市场里已经存在的竞争者，如在西班牙、意大利开展业务的 Restalo 和已经进入休闲餐饮业的 NoWait，都会成为 OpenTable 要面对的挑战。印度的创业公司 Zomato 在 2015 年收购了美国的 NexTable，而 Reserve 公司和 Yelp 的 SeatMe 服务也意味着 OpenTable 的潜在竞争者会十分棘手。Reserve 已经在价格战中取得了对 OpenTable 的优势，对比 OpenTable 向餐馆老板索取的 249 美元的包月订阅费，Reserve 仅收取 99 美元，同时它还有强大的风险资本作为后援。但是得益于日积月累的客户量，Reserve 的使用者仅为 OpenTable 的 2% 不到。与此相比，Yelp 才是一个亟待解决的更大威胁。Open-

Table 于 2015 年底结束了与 Yelp 的合作，Yelp 用户被允许通过 OpenTable 预订，但 OpenTable 希望提高其自身的用户评级能力，Yelp 发布 SeatMe 也表示出了进入预订业务的愿望。

公司致力于在多个平台上加强其业务。它有一个移动网站，适用于几乎所有智能手机的移动应用程序，以及与 ERB 软件完全集成的 iPad 应用程序。GPS 使移动用户能够在附近的场地定位和预订。2015 年，OpenTable 推出了其苹果手表的应用程序版本，提醒用户他们的预约，提供路线，并显示倒计时。同时，它正在测试一项高级服务，即用一种类似于优步使用的抬价算法，让用户通过加价的方法来进行最后一刻的抢票式预订和比较受大众喜爱的餐馆的黄金时间餐位预订。

OpenTable 正试图将与顾客和餐馆的关系从"交易"关系转变为"体验式"关系，其重点是餐饮体验。2015 年，它推出了支付功能，可让用户在 iPhone 和安卓手机的 OpenTable 应用程序中支付餐费。2016 年，公司发布了一个名为 Tab 的改进的付款方式，即使不打开该应用程序，也可以自动向用户收费。虽然该功能在全国不到 100 家的餐厅应用，但公司希望 Tab 的易用性能成为未来顾客的热门选择。OpenTable 正在尝试简化用餐体验的一些周边流程，包括挑选场地。2016 年，该公司在其 iOS 应用程序中推出了一项功能，允许每拨顾客以讨论组的形式票选餐馆来决定去哪家用餐，并立刻通过 iMessage 确认预订信息。OpenTable 还创建了一个"发现"选项，允许用户使用不同的标准挑选餐馆：人气、位置、新餐馆等。其应用程序的其他改进包括更好地与 Apple Maps 和 Apple Pay 集成。目前，这款应用程序还没有强大的个性化引擎来帮助产生用户口碑及推荐，但是 OpebTable 管理层计划在未来对这种状况进行改善。

尽管市场渗透率已经很高，OpenTable 还将继续在美国、加拿大和墨西哥扩张。选择性的国际扩张计划不局限于目前在德国、日本和英国的业务。OpenTable 支持这些地点的直接销售人员，为约 1 000 家餐馆提供服务。

公司的国际战略是通过重点建立餐馆客户群来复制美国成功的模式。OpenTable 相信其因地制宜的软件版本可以很有力地帮它击败其他竞争软件的开发者，从而可以扩展到各种各样的当地餐馆。

资料来源："Fast Facts," Open table. com, accessed October 1, 2016; "OpenTable for iOS 10: New Ways to Book, Connect, and Pay," by Jonathan Grubb, Blog. opentable. com, September 13, 2016; "OpenTable for iOS 10 Eases the Burden of Group Dinner Reservations," by Whitney Filloon, Eater. com, September 13, 2016; "OpenTable Is Trying to Make Paying for Meals Easier," Fortune, July 21, 2016; "OpenTable Launches New Seamless Payment Function Called Tab," by Farley Elliott, La. eater. com, June 23, 2016; "When It Comes to Open Table, the Restaurant Industry Has Few Reservations," by Nicole Spector, Streetfightmag. com, May 11, 2016; "OpenTable Challenger Reserve Realizes It's Hard to Charge Diners, Shifts Focus to Restaurants," by Alex Konrad, Forbes, May 10, 2016; "Restaurant App Challenges Industry Giant OpenTable," by Matthew Flamm, Crainsnewyork. com, May 10, 2016; "OpenTable Launches a Discover Tab in Its iOS App," by April Berthene, Mobilestrategies360. com, April 29, 2016; "OpenTable's New CEO Talks Mobile Payments, Premium Reservations, and More," by Leena Rao, Fortune, April 1, 2016; "Yelp and OpenTable End Partnership, As Allies Become Competitors," by Riley McDermid, Bizjournals. com, December 18, 2015; "OpenTable Experiments with Surge Pricing for Restaurant Reservations," by David Kaplan, Skift. com, September 29, 2015; "OpenTable Integrates with Aloha POS Systems, Ramps Up Mobile Payments," by Paolo Lucchesi, Insidescoopsf. com, May 19, 2015; "OpenTable App for Apple Watch Now Available," Opentable. com, April 24, 2015; "Zomato Buys NexTable to Rival OpenTable and Yelp in Reservations," Ingrid Lunden, Techcrunch. com, April 22, 2015; "OpenTable Unveils Rebrand to Deepen Connection with Diners and Restaurants," Opentable. com, March 3, 2015; "OpenTable Seats a Record Two Million Diners in a Single Day," Opentable. com, February 19, 2015; "Priceline Agrees to Buy OpenTable for $2.6 Billion," by Drew FitzGerald, Wall Street Journal, June 13, 2014; "OpenTable Is Moving from 'Transactional' to 'Experiential,'" by Ava Seave, Forbes. com, April 22, 2014; "OpenTable's Media Play: Before, During and After Dining," by Ava Seave, Forbes. com, April 21, 2014.

[案例思考题]

1. 为什么 OpenTable 的竞争对手难以与其竞争？

2. 餐馆市场的哪些特征使得预订系统工作困难？

3. OpenTable 是如何改变营销策略来取得成功的？

4. 为什么采用 SaaS 模式对餐馆是非常具有吸引力的？

关键术语

多渠道（omni-channel） 通过各种渠道销售产品并将零售商的实体店与他们的网站和移动平台整合在一起。

经济生存能力（economic viability） 企业在一定时期内作为有盈利的商业企业生存下来的能力。

毛利润率（gross margin） 毛利润除以销售净额。

经营收益率（operating margin） 经营收入或亏损除以销售净额。

净利润率（net margin） 扣除所有费用后，公司能够保留的总销售收入的百分比；净收入或亏损除以销售净额。

资产负债表（balance sheet） 提供截至某一天的企业资产和负债的简要财务描述。

资产（assets） 企业所有有价值的东西。

流动资产（current assets） 包括现金、证券、应收账款、存货以及其他能在一年内变现的投资。

负债（liabilities） 企业的未清偿债务。

流动负债（current liabilities） 必须在一年内偿还的债务。

长期债务（long-term debt） 在一年或者一年以上才需偿还的债务。

运营资金（working capital） 企业流动资产减去流动负债。

虚拟商家（virtual merchants） 单渠道的网上企业，收入几乎全部来自网上销售。

鼠标加水泥型零售商（bricks-and-clicks） 既将实体店铺作为主要零售渠道，又通过互联网出售商品的零售商。

目录零售商（catalog merchants） 以面向国内市场的线下目录零售为主要销售渠道，但最近也开始涉足网络零售的零售商。

制造商直销（manufacturer-direct） 单渠道或多渠道的制造商绕过零售商这一中介，直接通过互联网向消费者出售商品。

渠道冲突（channel conflict） 发生在产品零售商必须与制造商直接竞争产品价格和库存时。

供给推动模式（supply-push model） 没有订单，根据需求预测来生产产品的模式。

需求拉动模式（demand-pull model） 根据实际收到的订单来生产产品的模式。

交易经纪（transaction brokering） 像中间人那样起到推动交易的作用。

金融门户（financial portals） 向消费者提供比较购物服务、提供独立的理财建议和进行财务规划的网站。

账户整合（account aggregation） 将客户的所有金融（甚至是非金融）数据都集中到一个单一的个性化网站上。

企业网上订票方案（corporate online-booking solutions, COBS） 在一个单一的网站上提供机票预订、旅馆预订、会议中心预订、汽车租赁预订等一揽子服务。

思考题

1. 为什么那么多的企业家都开始纷纷开展网络零售业务？

2. 今天，有盈利和没有盈利的网上企业之间的主要区别是什么？

3. 线下零售的哪部分业务更像网络零售？为什么？

4. 请描述电子商务时代以前的技术革命。哪些技术创新使得后来的网络零售成为可能？

5. 请列举出电子商务分析家早期做出的关于消费者的两个假设，这两个假设后来被证明是错误的。

6. 解释与网络零售有关的非居间化和超级中介之间的差别。

7. 对比虚拟商家与鼠标加水泥型零售商。哪种网络零售商与虚拟商家最为相似？

8. 供给推动模式与需求拉动模式的区别何在？为什么大多数直销厂商很难实现两者的转换？

9. 与企业能力特别有关系的五个战略因素是什么？它们与行业战略因素有何区别？

10. 以下哪个指标最适合衡量企业的财务状况：收入、毛利润率、净利润？为什么？

11. 在网络环境下提供服务会遇到什么困难？举例说明服务业和零售业有什么不同。

12. 请比较两类主要的网上服务业的不同。服务业与其他行业相区别的两个主要特征是什么？

13. 在全国发展网上保险业所面临的最大困难是什么？

14. 什么是渠道冲突？解释零售业的渠道冲突现象。

15. 房地产网站的最主要用途是什么？绝大多数消费者访问这些房地产网站的目的是什么？

16. 旅游服务的供应商是如何从消费者对旅游网站的使用中获得收益的？

17. 列出并说明企业用来寻找和吸引求职者的 5 种传统的招聘方式。与新的网上招聘方式相比，这些方式有哪些不足之处？

18. 除了将求职申请与职位空缺信息相匹配之外，招聘网站还提供了哪些功能？解释为什么这类网站能够影响薪资以及所要求的技能。

19. 描述按需服务公司的商业模式。

20. 为什么按需服务公司被视为具有颠覆性和争议性？

设计题

1. 登录美国证券交易委员会的网站 sec.gov，收集 EDGAR 的文章。通过这些文章你可以了解所有上市公司的 10-K 文档。选择两家网络零售商并找出其最近一个财务年度的完整 10-K 报告（两家零售商最好属于同一个领域，如史泰博和欧迪办公、亚马逊和沃尔玛等）。准备一份演讲稿，比较两家企业的财务状况和发展前景。其中，要特别关注两家企业各自的网上经营业绩。

2. 为四种网络零售业务模式中的每一种都找出一个本书没有提到的企业代表。准备一份简短的报告，对每家企业进行描述，并解释你认为该企业具备相应业务模式的原因。

3. 利用本章内容和你自己的研究材料写一篇简短的论文，说明你对网络零售商面临的主要社会与法律问题的看法。

4. 选择一种本章没有讨论过的服务业（如法律服务、医疗服务、会计服务或其他）。准备一份 3~5 页的报告，讨论对网上提供这些服务造成影响的最近趋势。

5. 以小组的形式对无线技术在金融服务领域的应用进行调查。根据你们小组的调查结果准备一份简短的小组报告。

参考文献

Amazon.com, Inc. Form 10-K for the fiscal year ended December 31, 2015, filed with the Securities and Exchange Commission (January 28, 2016a).

Amazon.com, Inc. Form 10-Q for the quarterly period ended June 30, 2016, filed with the Securities and Exchange Commission (July 29, 2016b).

Bardhan, Ashok. "The US Economy Grows, But Jobs Don't." Yale Global Online (March 13, 2014).

Benner, Katie. "Airbnb Sues Over New York Law Regulating New York Rentals." *New York Times* (October 22, 2016).

Bensinger, Greg. "Amazon Reveals 'Prime Air' Cargo Jet." *Wall Street Journal* (August 5, 2016a).

Bensinger, Greg. "Amazon Posts Another Blockbuster Quarter." *Wall Street Journal* (July 28, 2016b).

Bensinger, Greg and Sarah Nassauer. "Wal-Mart in Talks to Buy Web Retailer Jet.com." *Wall Street Journal* (August 3, 2016).

Berthene, April. "Amazon.com Is Winning the M-Commerce Game." Mobilestrategies360.com (June 24, 2016a).

Berthene, April. "Dell's E-commerce Site Tops IR's Monthly Performance Index." Internetretailer.com (August 31, 2016b).

Brown, Jeffrey, and Austan Goolsbee. "Does the Internet Make Markets More Competitive? Evidence from the Life Insurance Industry." John F. Kennedy School of Government, Harvard University. Research Working Paper RWP00-007 (2000).

Brynjolfsson, Erik, Astrid Andrea Dick, and Michael D.

Smith. "Search and Product Differentiation at an Internet Shopbot," Center for eBusiness@MIT (December, 2004).

Bureau of Economic Analysis, U.S. Department of Commerce. "Table 3: Gross Domestic Product: Level and Change from Preceding Period." www.bea.gov (accessed October 14, 2016).

Careerbuilder. "Number of Employers Using Social Media to Screen Candidates Has Increased 500 Percent Over the Last Decade." (April 28, 2016).

Compete.com. "Site Profiles: Fidelity.com, Scottrade, TDAmeritrade, E-Trade, Vanguard, Charles Schwab, and Merrill Lynch." Accessed October 16, 2016.

comScore. "2015 Online Auto Insurance Shopping Report." (November 18, 2015).

Davis, Don. "Mobile Sales Double for Macy's in Fiscal 2015." Internetretailer.com (February 23, 2016).

eMarketer, Inc. "US Retail Ecommerce Sales, by Product Category, 2015–2020." (September 1, 2016a).

eMarketer, Inc. "US Retail Sales Share, by Product Category, 2015–2020." (September 1, 2016b).

eMarketer, Inc. "US Retail Ecommerce Sales, 2015–2020." (September 1, 2016c).

eMarketer, Inc. "Top 10 Apparel Digital Retailers Among Internet Retailer Top 1,000 Retailers Worldwide, Ranked by Retail E-commerce Sales, 2015." (August 26, 2016d).

eMarketer, Inc. "US Retail Mcommerce Sales, 2015–2020." (September 1, 2016e).

eMarketer, Inc. "US Mobile Buyers, by Device, 2015–2020." (September 1, 2016f).

eMarketer, Inc. "Retail Ecommerce Sales for Internet Retailer Top 500 Retailers in North America, by Merchant Type, 2015." (April 13, 2016g).

eMarketer, Inc. "Retail Ecommerce Sales for Internet Retailer Second 500 Retailers in North America, by Merchant Type, 2014 & 2015." (June 1, 2016h).

eMarketer, Inc. "Most Mobile Banking Users Check Balances, Statements." (July 6, 2016i).

eMarketer, Inc. "US Digital Travel Sales, 2014–2020." (April 26, 2016j).

eMarketer, Inc. "US Digital Travel Researchers and Bookers, 2014–2020." (April 26, 2016k).

eMarketer, Inc. "US Mobile Travel Researchers, 2014–2020." (April 26, 2016l).

eMarketer, Inc. "US Mobile Travel Bookers, 2014–2020." (April 26, 2016m).

eMarketer, Inc. "US Adult Digital Banking Users, by Device 2014–2019." (August 17, 2015a).

eMarketer, Inc. "Many US Mobile Phone Users Hesitant About Banking on Mobile Devices." (August 24, 2015b).

eMarketer, Inc. "Millennials Embrace Mobile Banking." (August 18, 2015c).

eMarketer, Inc. "Mobile Tools are Helpful to Investors, but Humans Still Matter." (July 17, 2015d).

eMarketer, Inc. "Types of Financial Institutions/Services Which US Internet Users Interact Digitally, April 2015." (April 27, 2015e).

eMarketer, Inc. "US Millennial Investors Turn to Smartphone Apps for Money Management." (October 7, 2015f).

eMarketer, Inc. (Krista Garcia). "Retailers and Digital Commerce: Trends and Benchmarks for Five Sectors." (June 2015g).

eMarketer, Inc. (Jeremy Kressman). "Travel Purchases on the Go." (June 2014).

eMarketer, Inc. "Recruiters Rely More on Social Media for Talent." (February 26, 2013).

eMarketer, Inc. (Jeffrey Grau). "E-commerce in the US: Retail Trends." (May 2005).

Envestnet Yodlee. "Company." Yodlee.com (accessed October 16, 2016).

Evans, Katie. "How a Dell Executive Learned to Plug Into What Consumers Want." Internetretailer.com (June 8, 2016).

Evans, Philip, and Thomas S. Wurster. *Blown to Bits: How the New Economics of Information Transforms Strategy*. Cambridge, MA: Harvard Business School Press (2000).

Facebook. "Introducing Marketplace: Buy and Sell With Your Local Community." Newsroom.fb.com (October 3, 2016).

Feeney, Caroline. "Zillow Snags More Internet Market Share Than Ever." Inman.com (May 19, 2016).

Gagliordi, Natalie. "Macy's Taps IBM Watson to Improve In-Store Shopping App." Zdnet.com (July 20, 2016).

Hitwise. "Top 10 Multi-Platform Real Estate Websites-September 2016." Marketingcharts.com (October 12, 2016).

Internet Retailer. "Top 500 Guide 2016 Edition." (2016).

Javelin Strategy & Research. "Javelin Identifies $1.5B in Mobile Banking Cost Savings by Leveraging Omnichannel Approach." (July 8, 2013).

Jobvite. "The Jobvite Recruiter Nation Survey 2016." (2016).

Kline, Daniel B. "How Many Prime Members Does Amazon Have (And Why It Matters)." Fool.com (January 26, 2016).

Lands' End, Inc. Form 10-K for the fiscal year ended January 29, 2016, filed with the Securities and Exchange Commission (April 1, 2016a).

Lands' End, Inc. "About Lands' End." Landsend.com (accessed October 17, 2016b).

LIMRA. "Information Seeking in the U.S.: Consumer Internet Use for Retail Insurance in 2015." (2015).

LIMRA. "Disruptive Consumers Want More Mobile Services." (July 9, 2014a).

LIMRA. "Insurers' Use of Social Media Has Jumped More than 50 Percent Since 2010." (July 22, 2014b).

Lindner, Matt. "Macy's Web Sales Grow But An Overall Decline Prompts 100 Store Closures." Internetretailer.com (August 11, 2016).

LinkedIn Talent Solutions. "United States Recruiting Trends 2016." (2016).

Manjoo, Farhad. "Think Amazon's Drone Delivery Idea is a Gimmick? Think Again." *New York Times* (August 10, 2016a).

Manjoo, Farhad. "The Echo from Amazon Brims with Groundbreaking Promise." *New York Times* (March 9, 2016b).

Maple, Tracy. "Lands' End's Sales Declines Stretch Across Online, Catalogs, and Stores." Internetretailer.com (September 3, 2016).

National Association of Realtors. "2016 Home Buyer and Seller Generational Trends." (March 9, 2016).

Prevost, Lisa. "Mortgage Approval Entirely Online." New York Times (December 4, 2015).

Roettgers, Janko. "Amazon Clocks $107 Billion In Revenue In 2015." Variety (January 28, 2016).

Smith, Sandy. "The Favorite 50 2016." Nrf.com (September 1, 2016).

Tong, Frank. "Macy's Plans to Launch an E-commerce Site in China in 2017." Internetretailer.com (October 7, 2016).

Top500guide.com. "Social 500" (accessed October 15, 2016).

U.S. Census Bureau. *Statistical Abstract of the United States 2012* (2012).

U.S. Department of Labor Bureau of Labor Statistics. "Industry Employment and Output Projections to 2024." *Monthly Labor Review* (December 2015).

Weil, Jonathon. "Securities Rules Help to Close the Earning Reports GAAP." *Wall Street Journal* (April 24, 2003).

Zaroban, Stefany. "Dell Banks on a Global E-commerce Platform Overhaul." Internetretailer.com (June 16, 2015).

Zervas, Georgios, Davide Proserpio, and John W. Byers. "The Rise of the Sharing Economy: Estimating the Impact of Airbnb on the Hotel Industry." Working Paper. SSRN (May 7, 2015).

第10章
网络内容服务与网络媒体

 学习目标

学完本章，你将能够：
- 了解媒体和网络内容服务消费的主流发展趋势、数字内容交付的主要收入模式、数字版权管理以及媒体整合的概念
- 了解影响网络出版业的主要因素
- 了解影响网络娱乐业的主要因素

章首案例

有线电视终结者和削减者：新兴的网络广播系统

有线电视和卫星电视供应商喜欢吹嘘它们提供了数百甚至上千个频道。然而谁又会真的收看这么多频道呢？你又真的需要有线电视和卫星电视吗？已经有大约5%的美国家庭（被称作有线电视终结者）终止了付费电视的订阅。有线电视终结者、有线电视没有者（从未购买过付费电视的美国家庭，占比达15%），以及有线电视削减者（将付费电视订阅最小化的家庭）使得付费电视订阅家庭的数量每年减少大约1%。付费电视市场未必正在崩溃，但它也没有再扩大。有线电视终结者们开始选择网络供应商，例如Hulu（用户每月只需支付7.99美元，就能够按自己的时间安排来选择收看当前的或者以前的电视连续剧）和网飞，而不是有线电视和

卫星电视（其通常每月花费超过100美元）。更令有线电视业焦虑的是，那些所谓的OTT（over-the-top）视频服务的订阅者有更大的可能性会摒弃有线电视。千禧家庭也不例外：有24%的35岁以下并且使用Hulu和网飞的家庭没有为有线电视付费。分析师估计，到2020年将只有不到一半的千禧一代会注册付费电视。

不过，在1.15亿户电视家庭中，有1亿户仍在订阅某些付费有线、卫星或电信（Verizon FiOs或者AT&T U-verse）电视服务。在过去10年里，全国的有线电视平均收费每年上涨大约8%。但是由于以技术为基础的互联网巨头开始涉足原创电视节目，并利用它们的互联网技术和品牌来创造、推广

和发行电视节目，付费电视服务市场正面临着挑战。

一个新的基于互联网的广播系统已经开始挑战现有的有线电视分销和生产系统。越来越多为互联网发行而设计的原创内容来自非传统来源，如网飞、Hulu 和亚马逊，更不用说 YouTube 了。例如，亚马逊创建了亚马逊工作室，该工作室每年推出大量 11～26 集的原创剧集。亚马逊金牌会员用户可以免费收看这些剧集。亚马逊还与 HBO 达成了交易，让其金牌会员用户能够免费观看 HBO 较旧的连续剧，如《黑道家族》、《火线》和《兄弟连》。这是 HBO 第一次将其内容授权给传统的付费电视业务之外的网络观众。HBO 的内容还可以通过亚马逊的机顶盒 Fire TV 收看。网飞是迄今为止最成功的视频点播流媒体服务，其在 2010 年开始制作原创剧集。网飞的第一部原创剧集是《纸牌屋》，它曾多次获得艾美奖。网飞每年都推出新剧集，其中包括热播剧《女子监狱》、《马男波杰克》和《坚不可摧》，并形成了自己的电视网络。Hulu 在 2012 年出品了其第一部原创剧集《战场》，在那以后，它又推出了大量其他的原创剧集。

好莱坞和纽约的内容生产商也受益于新的网络广播系统，不再需要依赖有线电视供应商来发行它们的内容。互联网已成为高质量内容的替代分销系统。消费者日益想要自行控制电视节目的规划和时间调度。在互联网上，消费者可以看一整年份的连续剧，而这是有线电视无法提供的服务。此外，消费者也不想被迫购买一堆捆绑频道或者为自己从未观看过的内容付费。新的网络广播系统提供了选择的自由——点播式电视和消费者控制权。

令有线电视行业烦恼的还有它不再是投资者的绝对赌注。过去，有线电视系统是一棵摇钱树：以百万量级增加新客户，能收取任何想要的费用，还能支付丰厚的股息。现在，有线电视系统增加的新用户数却仅仅能够刚好弥补有线电视终结者的数量，但是很快就会连恰好补足都做不到了。投资者看到了增长的结束、有线电视系统的瓦解，以及潜在的退订率的增长。因此，过去 5 年，有线电视系统和视频内容电信运营商的股价一直在下跌。

内容生产商也面临着许多新的机会和风险。过去，广播网络是黄金时段内容的主要生产商。顶级

的有线电视内容供应商已经加入了它们，这些供应商包括 USA、TNT、History Channel、TBS 和 FX 等，它们也都在制作自己的原创内容。这些内容生产商通过向有线电视和卫星电视供应商收取费用来赚钱，而供应商由此获得发行其内容的权利。然而，有线电视供应商系统高度集中，几家公司（Comcast、Time Warner Cable、Charter 和 Altice（Optimum Online））控制了通向超过 90% 的美国家庭的渠道。过去，内容生产商处于弱势的谈判地位。现在在新的互联网发行系统中，内容生产商有了许多替代选择，比如将内容授权给 Hulu、网飞、苹果或其他为内容付费的互联网渠道，甚至是自己的流媒体。例如，哥伦比亚广播公司（CBS）在 2015 年推出了自己的流媒体——点播式电视服务，提供其超过 6 000 集的当前和过去节目的点播服务。HBO 也迅速跟进，推出了自己的流媒体服务 HBO Now。正如付费有线电视频道 Showtime 所做的一样，通过 HBO Now 能够无限制地访问成百上千部连续剧、纪录片和电影。

有线电视退订仍未成为全国性的趋势。超过 95% 的付费电视用户仍然坚持使用有线电视，这是因为他们可以负担得起这项服务，它提供当地新闻，提供打折的三网合一服务，并提供国家体育赛事报道。从这点看，付费电视的未来仍然很安全。这可能是因为新的互联网 OTT 服务只是在扩展一个不同类型的电视节目和电影的市场，在这里，用户可以在没有广告的情况下观看电视剧。

资料来源："US TV and Digital Video StatPack," by Paul Verna, eMarketer, Inc., May 2016; "Nielsen: Pay-TV Households Dip Below 100M," by John Lafayette, Broadcasting Cable News, March 24, 2016; "Cord-cutting Headaches for Pay TV Have Now Progressed Beyond Just a Dull, Throbbing Pain," by Todd Spangler, *Variety*, August 8, 2015; "US Cable TV Companies Shares Crushed After Disney Disappoints," by Lisa Richwein, Reuters, August 5, 2015; "Shifting Video and TV Audiences," by David Hallerman, eMarketer, Inc., August 2015; "Why Cord Cutting is a Myth," by Leigh Gallagher, Fortune, July 22, 2015; "Hulu Explores Adding Ad-Free Option to Its Service," by Mike Shields and Shalini Ramachandran, *Wall Street Journal*, July 16, 2015; "Showtime to Introduce Net Streaming Service in July," by Emily Steel, *New York Times*, June 3, 2015; "US Time Spent With Media," eMarketer, Inc., May 2015; "At the Head of the Pack, HBO Shows the Way Forward," by John Koblin and Emily Steel，*New York Times*，April 12，2015；"HBO's Streaming Service Will Start in April，Initially on Apple Devices Only，" by Emily Steel，*New York Times*，March 9，2015；"CBS Becomes First Major Network to Launch Internet TV Service：You Can Watch 'The Good Wife，' But Not the NFL，" by Jacob Kastrenakes，The Verge.com，October 16，2014；"With Online Video Offerings，the Establishment Plays the Upstart，" by Stuart El-liott，*New York Times*，May 1，2014；"Famous Faces Cross Over to Online Video，" by Stuart Elliott，*New York Times*，April 30，2014；"Amazon to Stream Original HBO Content，" by Ravi Somaiya，*New York Times*，April 23，2014；"Made-for-Web Video Content，" by Paul Verna，eMarketer，Inc.，August 2013；"Hulu to Create More Original Shows，" by Sam Schechner and Christopher Stewart，*Wall Street Journal*，January 17，2012.

　　章首案例说明，Hulu、网飞、亚马逊、谷歌（YouTube）等网络内容发行商是如何进军付费内容生产及销售，又是如何成为传统电视和电影内容的替代供应商，与现有有线电视及卫星电视供应商竞争的。如果消费者能在网上找到他们最喜欢的电视节目和电影，尤其是当各种设备让用户能够在家用电视上播放他们的电脑和手机屏幕内容时，他们为什么还要为有线电视或卫星电视付费呢？在移动设备增长的推动下，随着网络用户不断改变他们的阅读和观看习惯，他们正在挑战几十年来一直支持着报纸、图书、杂志、电视和好莱坞电影的现有商业模式。显然，内容（新闻、音乐和视频）的未来在于网络。如今，出版业，包括报纸、书籍和杂志，都在艰难地应对其读者向数字替代品的转移。广播和有线电视，以及好莱坞和音乐产业，也在努力改变其基于实体媒介的过时的商业模式。知名的媒体巨头也在独特的网络内容、新技术、新数字发行渠道以及全新的商业模式方面大力投资。互联网巨头，例如苹果、谷歌、亚马逊和脸书等，都在竞相争夺网络内容发行的主导地位。

10.1　网络内容服务

　　在美国，网络给内容服务业带来的挑战是其他任何行业都无法比拟的。网络内容服务业分为两大类：出版业（报纸、书籍、杂志）和娱乐业（电视、电影、音乐（包括广播）和游戏）。网络内容产业预计将在 2016 年创造至少 230 亿美元的收入。

　　在本章中，我们会密切关注出版业（报纸、书籍、杂志）和娱乐业（电视、电影、音乐和广播、游戏），它们试图将传统媒体转变为可交付形式和体验，同时赚取利润。这些行业占据了线上和线下商业内容市场的最大的份额。在这些行业都有强大的线下品牌，重要的、新的纯网上供应商和发行商，消费者限制和机会，各种法律问题和新的移动技术平台——这个平台以智能手机和平板电脑的形式提供了一个全新的内容发行系统。表 10-1 描述了 2016—2017 年网络内容服务和媒体的发展趋势。

表 10-1　2016—2017 年网络内容服务和媒体新动态

商务
● 智能手机和平板电脑的爆炸式增长加速了向网络内容服务的转化。
● 亚马逊、谷歌（YouTube）、Hulu 和网飞（分销渠道的拥有者）成为内容制造业的重要参与者。
● 有线电视行业继续受到网络内容生产商和分销商增长的侵蚀。
● 观看网络视频的互联网用户持续增加，达到了 2.16 亿，超过了互联网用户的 80%。
● 在网上看电视的美国人持续增加，超过了 1.65 亿人（超过美国人口的 59%）。
● 电子书销售增长缓慢，但占所有图书收入的 1/3。
● 美国人对在线电影的花费仍然比对 DVD 的花费高。
● 美国人在数字音乐上的花费仍然比在实体音乐上的花费高，对流媒体音乐的花费比对下载音乐的花费高。
● 报纸的在线读者数超过了印刷版的读者数。线上广告收入上涨，但不足以弥补印刷版广告收入的损失。
● 随着手机游戏的发展，游戏机游戏的销售也趋于平缓。
● 四大互联网巨头竞争：苹果、谷歌、亚马逊和脸书争夺线上娱乐和网络内容生态系统、销售经验以及内容的所有权。

- 有线电视和卫星电视公司力图合并：Charter Communications 以 550 亿美元收购 Time Warner Cable，缔造了美国最大的有线电视公司。

技术

- 智能手机、平板电脑和电子书阅读器共同创造了一个丰富的移动多媒体娱乐环境。
- 网飞仍然是最大的带宽消耗者，消耗了大约 35％的互联网流量，而亚马逊和谷歌正在加大它们的带宽消耗。
- 应用程序成为应用程序经济的基础，它们成了有专利权的内容发行平台，用户需要付费获取内容。
- 云存储服务开始为移动设备内容的巨大市场服务。苹果推出 iCloud 视频服务，用户能够在多个苹果设备（iPhone、iPad、Mac）上观看已购视频。亚马逊和谷歌也开发了类似的云服务。

社会

- 媒体消费：美国成年人每年花费在各类媒体上的时间约为 4 300 小时，比工作时间的 2 倍还多。
- 使用数字媒体的时间超过了使用电视的时间；在移动设备上花费的时间超过了在台式电脑上花费的时间。
- 美国联邦通信委员会发布了新的网络中立规则，禁止宽带提供商阻止、减慢或加速对特定网站的访问。

10.1.1　内容受众及市场：访客与利润何在？

　　2016 年，美国成年人每年平均在各类媒体上花费的时间约为 4 300 小时，是其年平均工作时间（2 000 小时/年）的 2 倍（见图 10-1）。2015 年，美国娱乐和媒体收入（线上和线下）估计为 2 620 亿美元，并且预计将以每年 6％的速度增长至 2020 年。平板电脑和智能手机的销售为娱乐和媒体公司创造了新的收入来源，同时消费者的行为也随着新技术发生了改变。内容不再与实体产品捆绑在一起，而可以通过互联网从云服务器传送到多个移动设备，从而降低消费者的成本。目前，网络数字娱乐和媒体收入占娱乐和媒体总收入的 9％，估计为 230 亿美元。在 1980—2000 年间出生的千禧一代（有时被称为数字原住民），通常被认为在媒体消费上与他们的父母和婴儿潮一代大不相同。关于千禧一代在媒体消费上有何不同的讨论，详见"社会透视"专栏"千禧一代真的那么不同吗？"

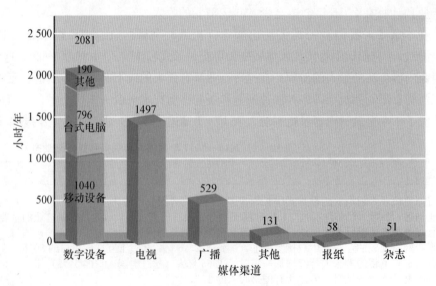

图 10-1　年度媒体消费

　　说明：每个美国成年人每年在各种媒体上花费大约 4 300 小时。在互联网上花费的时间（包括移动设备和台式电脑）预计将超过在传统电视上花费的时间。

　　资料来源：Based on data from eMarketer, Inc., 2016a; authors' estimates.

千禧一代真的那么不同吗?

如果你出生在 1981—2000 年之间，恭喜你，你是千禧一代的一员以及千禧狂潮的主角。千禧狂潮现在正吸引着广告、零售、教育和新闻世界的注意。自婴儿潮一代以来，从未有哪一代人被这么多的报道关注。

有些人认为千禧一代与前几代人非常不同，以至于他们需要新的产品、新的营销方式和广告技巧来说服他们购买，还需要全新的教育技术。千禧一代喝更多的专业咖啡，所以咖啡制造商正在用多种新的专业咖啡饮料来响应他们的需求。一杯橘子菠萝拿铁怎么样? 鉴于千禧一代更少的收入、更高的失业率和高额的学生贷款，咖啡还有降价的迹象。为了找准千禧一代的脉搏并且向他们进行营销，还要投入很多钱。千禧一代现在是美国最庞大的一代，有大约 8 000 万消费者和超过 30% 的劳动力。

千禧一代只是对那些在特定时期长大的人的一种概括。最伟大的一代（Greatest Generation）（1901—1924 年）在大萧条时期出生，并在第二次世界大战中服役。婴儿潮一代（Baby Boomers）（1946—1964 年）的成长伴随着民权运动、政治动荡、摇滚乐。X 一代（Generation X）（1965—1980 年）延续了婴儿潮一代的趋势，更是如此。X 一代是第一代经历了生活水平倒退并且越来越觉得他们可能不会挣得和他们的父母一样多的人。千禧一代（Millennials）继续前几代的趋势，包括对文化和政治制度的疏远，宗教信仰和结婚率的下降，高额的学生贷款，贫困，失业，以及在类似的年龄他们会比他们的父母挣得少的现实（并不仅仅是担忧）。千禧一代也更多样化：近一半的千禧一代不是在美国出生的。

根据一些人的说法，也许最重要的是千禧一代是数字原住民：他们是在 20 世纪的数字革命中诞生的第一代。他们和商业互联网一起成长。马克·普伦斯基（Marc Prensky）是作家、教育游戏的推动者，根据他的说法，千禧一代的大脑因长期接触互联网上的互动视频游戏、游戏机控制者（"焦躁"效果）、图形界面和非线性超文本体验而不同。在他看来，今天的数字原住民无法从书本、报纸或线性故事中学习，即使它们是基于视频的。他们对这些老派的学习工具感到厌烦。普伦斯基认为，教育的意义在于摒弃书本和学校课程中所发现的传统的、旧式的线性思维，取而代之的是电子游戏和几乎所有学科的链接。这被称为教育的"游戏化"。

但现实生活中的千禧一代似乎并不像普伦斯基说的那样。事实上，没有证据表明千禧一代的思维方式与其他世代不同，生理上有不同的大脑，或者只能通过玩游戏来学习。相比其他世代，千禧一代有更多的人拥有大学本科以及研究生学位。他们的确是在传统的环境中学习的，也没有通过玩游戏来接受所有的教育! 学术研究人员已经摒弃了大部分关于数字原生代的论文，因为他们发现几乎没有什么证据支持千禧一代采用的学习方式与他们父母截然不同的说法。

但显然和父母相比，千禧一代有一个非常不同的经历，那就是伴随技术长大。过去 30 年数字技术惊人进步，创造了像智能手机、平板电脑、数码摄影、高度互动游戏机和电脑游戏这样的全新的平台，所有这些都改变了人们如何创作、分销和消费内容（报纸、杂志、电视和好莱坞电影）。千禧一代可能像其他人一样思考，但他们确实有不同的内容消费模式。让我们了解一下相关数据。

考虑到他们对互联网的密集使用，以及对数字体验（包括游戏）的专注，人们会认为千禧一代读书很少（太无聊，或者没有足够的互动），并且他们认为互联网包含所有值得了解的内容和知识。根据皮尤研究中心的一项大型研究，事实并非如此：千禧一代在过去 12 个月里读的书比老一辈人多（88%：79%）。在过去的一年里，几乎有 40% 的人读过电子书，几乎和老一辈人一样。他们更有可能使用智能手机而不是 Kindle 阅读电子书。相比老一辈人，他们更倾向于认为互联网上有很多有用的信息。在过去的 12 个月里，他们很可能使用过图书馆，而且更有可能使用过图书馆网站。更出人意料的是，一项针对 2 000 名美国和英国千禧一代的研究发现，这群人中绝大多数喜欢印刷版图书胜过电子书，并且相比亚马逊这样的网络商店，他们更喜欢去书店购买图书。显然，600年来，人们一直阅读印刷书籍，这一习惯可能会在互联网时代继续保持！

千禧一代订阅印刷版报纸的可能性只有一半，他们更有可能在数字新闻网站上阅读新闻，或者从社交网站获取新闻（或链接到新闻报道），并使用手机跟踪新闻报道。千禧一代并没有很少看新闻：69%的千禧一代每天都阅读新闻，一些是在印刷版报纸上，但更多的是在网上。

考虑到千禧一代对高速、互动的视频和视频游戏的高度关注，他们肯定不会在线上或线下观看被动的、线性的电视连续剧（比如普通的有线电视），也不会用流媒体收看需要集中注意力的长篇电影。当然，他们不会花30小时去看一部10年前的电视连续剧。然而在这一点上，尽管存在一些差异，但也与固有印象不符。与固有印象相反的是，千禧一代每月看100～130小时的普通有线电视，和老一辈人差不多。市场营销者相信，千禧一代对电视的兴趣超过了任何一代人。超过70%的人观看没有数字延迟或流式传输的电视直播，虽然这一数值略低于老一辈人。他们比老一辈人更喜欢喜剧和情景喜剧，更喜欢在智能手机或平板电脑上看电视。他们还喜欢小时候看过的老电视剧。事实上，他们似乎已经将互联网从一个阅读的媒体转变为一个观看的媒体。大约55%的狂热观众是千禧一代。

千禧一代更喜欢在线视频：他们每月比老一辈人多观看200个视频，大多是在YouTube上，这在很大程度上是因为他们更有可能拥有和使用智能手机。和老一辈人相比，千禧一代使用网飞、Hulu和亚马逊等流媒体服务的可能性几乎是两倍，拥有有线电视或卫星电视服务的可能性更小。约有13%的千禧一代没有使用付费电视服务，而老一辈人只有9%。千禧一代并没有大量终止有线电视订阅，但是他们更可能从未有过有线电视（有线电视没有者）。他们正在使用智能手机和平板电脑作为电视的替代品，无论何时何地，他们都可以观看电视节目。近20%的千禧一代只使用移动设备上网，而老一辈人中则只有5%。千禧一代正在推动YouTube的动作型体育视频（冲浪、滑板和滑雪）的激增。就寻找有趣的电视节目和视频来说，千禧一代比其他成年人更多地依赖脸书好友和推送。最后，与老一辈人相比，千禧一代通过向社交网站上传照片和视频，在创作视频内容方面发挥了更积极的作用。

同前几代人相比，千禧一代确实以不同的方式消费内容，尽管这些差异似乎远少于新闻报道所描述的，也更符合常理。例如，相比婴儿潮一代，千禧一代能更好地利用智能手机的最新技术来访问流媒体音乐和电视剧，尽管创造了数字革命的婴儿潮一代采用的新技术和千禧一代几乎一样多。千禧一代没有对社会和社会新闻失去兴趣，他们只是比老一辈人略多地在网上获取信息。千禧一代创造和分享的内容确实比老一辈人更多，并且更频繁地控制他们的电视的时间安排，包括看剧，即使他们每个月都在看数百小时的有线电视。

对于营销人员来说，接触千禧一代可能是个难题。相比传统的印刷内容来源，他们更有可能访问像Vice和Vox这样的内容网站，他们访问最频繁的新闻网站包括CNN和纽约时报网站。他们更有可能使用广告拦截器，并屏蔽任何类型的在线广告。他们更可视化，更有可能使用Tumblr、Pinterest和Instagram。他们比婴儿潮一代更有可能使用移动支付方式。

千禧一代是不同的，但并不是那么的不同，以至于我们不把他们看作我们的孩子，不承认他们是非常强大的数字技术的继承者。诚然，他们也继承了几千年的文学、历史和文化，他们一直在从中寻找永恒的价值。

资料来源："The Majority of Millennials Actively Ignore Ads," eMarketer, Inc., August 25, 2016; "Which Media Companies are Winning the battle for Millennials?," by Ken Doctor, Politico.com, August 9, 2016; "Marketing to Millennials: Visual Buyers," by Curalate, Inc., July 2016; "Younger vs. Older US Adult Millennials as Digital Users," by eMarketer, Inc., January 2016; "For Online Sports Videos, the Action Is Off the Field," by Conor Dougherty, *New York Times*, September 11, 2015; "The Rise of Phone Reading," by Jennifer Maloney, *Wall Street Journal*, August 14, 2015; "Millennials: Seven Insights into Their Evolving Screen Choices and Viewing Habits," by Jeremy Kressman, eMarketer, Inc., August 2015; "State of the News Media 2015," by Amy Mitchell, Pew Research Center, Journalism and Media, April 29, 2015; "Millennials' Media Usage," by Mark

Doliver, eMarketer, Inc., April 2015; "New Research Reveals Print Habits Die Hard With Millennial Readers," Publishingtechnology.com, March 26, 2015; "How Millennials Get News: Inside the Habits of America's First Digital Generation," by The Media Insight Project, American Press Institute, March 16, 2015; "15 Economic Facts About Millennials," by The Council of Economic Advisers, The White House, October 2014; "Are Digital Natives a Myth or Reality? University Students' Use of Digital Technologies," by Anoush Margaryan, Allison Littlejohn, and Gabrielle Vojt, *Computers & Education*, Volume 56, Issue 2, February 2011; "Digital Natives, Digital Immigrants," by Marc Prensky, in *On the Horizon* (MCB University Press, Vol. 9 No. 5, October 2001); "Digital Natives, Digital Immigrants, Part II," by Marc Prensky, in *On the Horizon* (MCB University Press, Vol. 9, No. 6, October 2001); "Millennials Rising: The Next Great Generation," by Neil Howe, William Strauss, and R. J. Matson, *Vintage*, September 2000.

各类媒体的使用：正在整合的数字流

移动设备（平板电脑和智能手机）的普及使得人们收听广播，看电视，看电影，阅读书籍、报纸甚至是杂志的总时间增加了。移动上网设备和台式机占媒体总时间的60%以上。虽然观看电视的小时数通常要比使用互联网的小时数多得多，但由于移动设备的发展，在台式机和移动互联网上消耗的时间预计将达5.7小时，而2016年的电视观看时间为4.15小时。另一方面，大量的互联网使用是在观看时移电视节目！2016年，超过1.65亿人使用他们的电脑和/或移动设备观看电视节目，超过了总人口的50%。因此，区分网络使用和电视使用并不容易。传输的方法是不同的：一个是有线电视，一个是互联网。互联网、电视和电影正在整合成数字流。本章后面将介绍这种整合。远超80%的电视观众在看电视时进行多任务并行操作，通常是使用智能手机或平板电脑与朋友发短信，阅读电子邮件，搜索网页，或访问社交网络，这些活动与电视屏幕上正在发生的事情无关（eMarketer, 2016b）。

互联网与传统媒体：相互替代与互补

多项研究表明，在网络上花费的时间减少了消费者享受其他娱乐方式的时间（Pew Research Center, 2013）。这被称为相互替代。另一种观点认为，互联网和传统媒体是相辅相成、相互支持而非相互替代的。的确，大众对网络、平板电脑和智能手机的看法发生了巨大的转变，而一旦如此，人们就会在观看内容上花很大一部分时间。然而，较新的数据发现了一种更复杂的情况。尽管在高分辨率的平板电脑上可以使用互联网，但电视观看量仍然很大，所有设备的视频观看量都有所增加，包括纸质书在内的各种书籍的阅读量也有所增加。新型电视机可以上网，消费者可以通过互联网在传统的电视机上观看电视节目。虽然CD的销量大幅下降，但是音乐的总消费（以一天听音乐的小时数计量）增加了。同样，虽然DVD的销量显著下降，但是电影消费在增长。互联网对媒体的影响似乎增加了对媒体的总需求，其中包括刺激对书籍等产品的需求。总体情况是，CD和DVD这样的实体产品正在被在电脑、平板电脑和智能手机上发布的数字版本取代，要么成为下载的内容，要么成为流媒体服务。

各类媒体收入

通过对美国各类娱乐和媒体收入的调查，我们发现了一些与媒体的使用率有出入的地方（见图10-2）。2015年，各类媒体创收2 620亿美元（不包括有线电视订阅费等内容传输费用）。电视和家庭影院占媒体总收入的34%，而印刷媒体（报纸、图书、杂志）占32%。票房（电影和剧院）、网络媒体（在线音乐和视频）和视频游戏也各占9%。广播和唱片音乐总共占了8%。虽然互联网媒体收入现在所占的份额相对较小，但其以每年12%的速度增长，远远超过传统媒体收入的增长率。

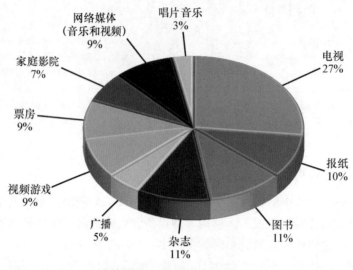

图 10-2　各类媒体收入

说明：传统媒体（电视、出版和广播）仍然主导着娱乐和媒体市场，但网络媒体（视频、音乐和内容）是增长最快的部分。

资料来源：Based on data from industry sources; authors' estimates.

数字化内容传播的三种盈利模式：订阅模式、点播模式和广告支持模式（免费和免费增值）

在网络上传播内容有三种盈利模式。其中订阅模式（通常是"为所有你能吃的东西付费"）和点播模式（为你真正使用的东西付费）两种是付费模式。第三种模式则通过广告获取收入而免费提供内容，通常还有一个免费增值（价格更高）选项。还有一种是完全免费的用户生成内容模式，之后会讨论这部分内容。早期分析者认为免费模式会淘汰付费模式，但是事实证明这两种模式在现在以及将来都是可用的。越来越多的消费者愿意为高质量、便捷、独特的内容付费，并且乐意接受广告支持的免费内容，因为他们认为这些内容不值得付费但挺有趣的。这三种模式并不冲突，而是相互协作的：正如潘多拉和 Spotify 之类的流媒体服务商所发现的那样，免费内容驱使消费者接受付费内容。

网络内容消费

现在让我们看看 2016 年网络用户在线购买和观看了哪些网络内容（图 10-3）。有 81% 的互联网用户观看了各种各样的在线视频，这并不奇怪，但有 67% 的互联网用户阅读网上报纸，这就有些令人惊讶了。第二受欢迎的还有在移动设备上玩游戏以及在线观看电视节目和电影。在 2007 年推出 Kindle 和 2010 年推出 iPad 的时候，阅读电子书的互联网用户比例（32%）最初以 3 位数的速度增长，但后来有所放缓。这揭示了网络用户保留了他们对传统形式（报纸、广播、电视节目和电影、书籍、音乐曲目和专辑）的喜好，并将这些喜好带到了互联网和移动设备的使用中。

图 10-4 显示了美国在线娱乐内容的估计收入（估算到 2019 年）。在线电视和电影创收最多，并且预计直到 2019 年还会继续。在线视频游戏的收入现在是第二大付费内容收入，预计直到 2019 年都会持续上涨。下载形式的音乐销售收入略有下降，但这一下降已经并且仍将继续被流媒体音乐收入的增长抵消，后者正以 40% 的速度增长。

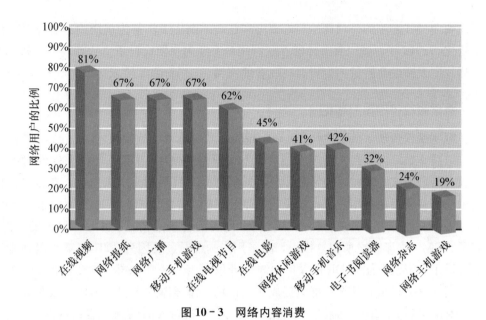

图 10-3　网络内容消费

资料来源：Based on data from eMarketer，Inc.，2016c；industry sources；authors' estimates.

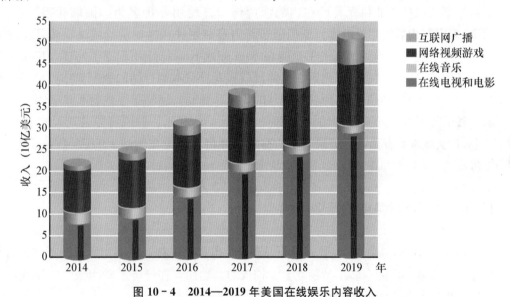

图 10-4　2014—2019 年美国在线娱乐内容收入

资料来源：Based on data from industry sources；authors' estimates.

免费还是付费：对付费的态度和对广告的容忍度

在网络内容发展早期，多方调查发现，尽管相当多的人将广告视为一种为获得免费内容而支付的费用，但绝大多数的用户希望不为网络内容支付任何费用。实际上，在早期的网络上，并没有多少高质量的内容。但是从那时起，消费者对付费内容的态度已经发生了巨大的变化。在 2003 年 iTunes 等服务推出之前，几乎没有人会认为付费模式能够与免费模式相竞争，并且许多互联网分析师认为互联网上的信息免费是有必要的。Cable TV 和像 ESPN 这样的有线电视内容供应商则具有完全不一样的历史：它向服务和内容收费，并且 Cable TV 的专家从不认为信息应该是免费的。向电视和影院提供内容的好莱坞和纽约的媒体公司也不这么认为。当苹果将 iTunes 作为相对廉价而又高质量的音乐获取源推出，当像 YouTube（母公司为谷歌）这样基于业余视频和非法上传音乐视频的商业模式起家的公司开始与好莱坞和纽约的制作工作室为优质内容合作时，网络文化也正在发生变化。2016 年，数以百万计的互联网用户愿意为在便捷设备（比如智能手机、平板电脑或电子阅读器）上发布的高质量内容付费，或者使用网飞、Apple TV 或 Amazon Video 提供的服务。

数字版权管理和围墙花园

数字版权管理（digital rights management，DRM）是指技术（包括硬件和软件）与法律的结合，以防止数字内容在未经授权的情况下无限制地使用。DRM 硬件和软件对内容进行加密，这样在没有某种形式的授权（通常基于付费）的情况下就不能使用该内容。其目的是控制内容在出售或出租给消费者后的使用。从本质上讲，DRM 可以防止用户购买并复制内容，将其在网络上广泛传播，而不对内容所有者进行补偿。iTunes 商店的音乐最初是受 DRM 保护的，但苹果在 2009 年放弃了 DRM。而苹果之所以这样做，除了用户的反对，还因为 2007 年亚马逊在音乐品牌公司的支持下开设了一家没有任何 DRM 保护的线上音乐商店。这些公司开始意识到 DRM 使得它们不能利用互联网带来的机会，甚至可能会促成非法市场。流媒体内容服务本质上很难复制和再传播。尽管像 Meerkat 和 Periscope（推特）这样的新应用程序进行实时转播很容易（即使质量很差），但从技术上说，网飞流式传输的电影对于普通用户来说很难捕捉和分享。同样，来自潘多拉的音乐也难以记录和分享。包括苹果和亚马逊在内的流媒体服务使用一种名为**"围墙花园"**（walled garden）的 DRM 来限制内容的广泛共享。它们通过将内容与硬件、操作系统或流媒体环境捆绑在一起来实现这一点。从亚马逊购买的电子书只能在 Kindle 或 Kindle 应用程序上阅读，Kindle 电子书也不能转换成其他格式。通过将内容锁定在实体设备或者没有本地存储的数字流中，设备制造商将顾客封锁在它们的服务或设备里，从而获得额外的收入和利润，还满足了内容生产者对公平补偿其工作的要求。谷歌旗下的 YouTube 识别和跟踪受版权保护的音乐，如果音乐公司没有获得发行许可，YouTube 就会删除该音乐，但如果音乐所有者选择将音乐留在网站上的话，YouTube 会向所有者支付广告收入。

10.1.2 媒体服务业的行业结构

1990 年以前，媒体内容服务行业一直是由电影、电视、图书出版以及报刊出版等不同行业中那些专注于内容创作的众多小型独立企业构成的。然而，在经历了 20 世纪 90 年代至 21 世纪的大合并之后，娱乐业和出版业中的超大型集团企业终于应运而生。

媒体业仍然主要由三个独立的部分组成：出版、电影、音乐。每一部分都为少数大型企业所垄断，通常各个部分之间又很少有联系。例如，报纸业通常不会制作好莱坞电影，出版公司也没有报纸或电影制作工作室。亚马逊的创始人杰夫·贝佐斯在 2013 年收购了《华盛顿邮报》，而他自己也是一位互联网大亨。这次收购是一种反常现象，因为即使是在跨越多个不同媒体领域的媒体集团中，通常也是单独的部门分别控制着每个媒体组成部分。

过去，我们并没有将传输平台企业包括进来，如 Comcast、Time Warner Cable、AT&T、Verizon、Sprint 及 Dish Network，因为它们并不创造内容，而只是通过电缆、卫星和电话网络来传播其他企业生产的内容。然而，在过去的几年里，这种情况已经开始改变。Comcast 一马当先，收购了 NBC 环球的多数股权。AT&T 拟议并购时代华纳，Verizon 拟议收购雅虎，以及此前 Verizon 收购美国在线都表明，电信公司正以一种主流方式进入内容制作和传播市场以及互联网广告产业。

10.1.3　媒体整合：技术、内容和行业结构

媒体整合一词经常使用，却一直没有完美的定义。既然使用整合一词，那么至少应在三个方面实现统一：技术、内容（艺术设计、加工和销售）以及全行业的结构。最终对消费者而言，整合能够使自己在想要的时候得到自己想要的内容，同时能够应用于不同的平台，从 iPod 到 iPad、安卓手机，或者家用电脑，或者是像 Apple TV 这样的机顶盒。

技术整合

不同媒体平台在技术层面上的相互统一（**技术整合**（technological convergence））要求企业开发出一种能够包容两种或多种现有媒体平台技术的综合设备，如同时具有读书、看报、看电视、听广播以及玩游戏等功能的设备。技术整合的例子包括：iPad、iPhone 和安卓智能手机，它们都集打电话、看书、看报、听音乐、拍照及看视频等功能于一身。

内容整合

媒体整合的另一个方面就是**内容整合**（content convergence）。内容整合包括三个层面：设计、加工和销售。

媒体服务商过去已经有过在内容上从旧技术向新技术无损过渡的成功经历。慢慢地，不同媒体平台开始趋于统一，这样消费者就可以在不同媒体服务商提供的内容服务中遨游，设计人员（还有内容提供商）在利用新技术上也更加得心应手。之后，当设计人员已经懂得如何在创作过程中完全发挥新技术的强大能力时，内容本身也就被新型媒体平台改变了。从这一意义来说，我们已经实现了内容整合和转变，但整合后的创作技巧与整合前完全不同，因为新技术赋予了设计人员许多全新的设计手段。例如，15 世纪意大利、法国和荷兰等国的绘画大师（比如凡·艾克、卡拉瓦乔、洛托和维梅尔）很快就接受了当时刚刚出现的各种新式光学设备，如透镜、平面镜以及可以把图片以接近照片质量的效果投影在画布上的称作暗箱的早期投影设备，并且在使用这些设备辅助自己创作的过程中，发展出一系列关于透视画法的新理论和风景、人物绘画的新技巧。绘画仿佛在一夜之间就与照片在精确度、细腻度和真实度上不相上下（Boxer，2001）。而今天艺术家和作家对各种新式的数字化和网络化工具的广泛采用，与当年可谓是异曲同工。例如，苹果公司的 GarageBand 软件能够使预算较少的独立乐队（字面意思是在车库工作）在有限的经费内，通过混合和控制 8 个不同的音轨来制作专业的录音。作家开始考虑他们所著书籍的视频和互动版本。在线报纸正在将新闻周期转变为 24 小时直播，制作自己的视频，并在其网站上增加用户评论的机会。

从加工的角度来看，数字化编辑与处理流程（主要用于电影和电视节目）所采用的各种新式工具又进一步推进了媒体内容的整合。众所周知，内容服务中最费钱费力的就是创作过程。如果需要将创作好的作品在不同的媒体平台上发布，那么开发一种一次创作就可在多种媒体平台上发布的新技术无疑是一个明智之举。这种想法通常意味着使用数字设备（包括软件和硬件）进行创作，从而使作品可以在多种数字平台上同时发布。

图 10-5 以图书出版为例，向大家介绍了媒体内容整合和转变的发展进程。以本书为例，2016年，本书的撰写着眼于在 iPad 和 Kindle 电子书阅读器上销售，而且现在正在接近媒体成熟阶段，在该阶段本书将主要以纯粹的数字产品形式销售，可以在不同的数字设备上显示大量的视听内容。到那时，学习体验将会被更多的交互式图表、视频以及一个可以监控学生学期表现的集成测试系统改变。即使是学生阅读的页数、每页的阅读时间，也将被未来的数字学习系统解释。然而，传统的

印刷制品仍会继续存在（因为印刷出版的图书具有很多优点），但这些印刷版本的图书很有可能是消费者根据自己的需要使用自己的打印设备生成的。

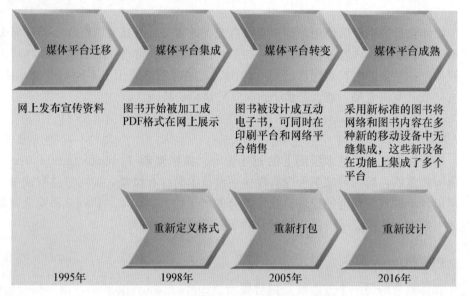

图 10-5　媒体内容的整合和转变：图书

说明：互联网的不断发展使得出版商和作者把传统图书变成同时包容文本内容和网络元素在内的新式图书的这一愿望的实现成为可能，同时也改变了图书本身的内容。

行业结构整合

　　媒体整合的第三个方面是不同媒体服务行业的行业结构。**行业整合**（industry convergence）是指多家媒体服务企业通过合并组成强大的合作联合体，从而占领多种媒体平台的服务市场，创造出可同时使用多种媒体平台的新型服务方式。行业整合要么通过兼并实现，要么通过战略联盟实现。过去，每种媒体平台，如电影、印刷出版、音乐、电视，都有属于自己的独立行业，每个行业中也都存在着几家大型企业。例如，电影娱乐业就被好莱坞的几家大型电影制作公司垄断，图书出版业也被几家大型出版商牢牢控制，而唱片业更是 4 家跨国公司的天下。

　　但是，互联网的迅猛普及使得不同媒体服务行业中企业的合并成为大势所趋，甚至成为未来发展的必由之路。行业的整合也会为技术平台与内容服务的实质变革带来必要的资金支持。创造内容的传统媒体服务企业自身不具备核心能力以及资金基础在互联网上推广其内容。在互联网上占主导地位的科技公司（谷歌、苹果、亚马逊和脸书）拥有追求互联网渠道战略的能力和财力，但目前还无法创造内容。建立商业合作和伙伴关系就是为了解决这些问题。

　　因为传统媒体公司没有处理好对网络平台公司的收购，所以诸如苹果、亚马逊、脸书、微软和谷歌这样的技术所有者通常避免与媒体服务企业合并。相反，它们依靠和媒体企业的合同来保护知识产权，并建立一个双方都可以接受的商业定价模型。然而，这种模式正在改变。例如，电影电视内容制作商哥伦比亚广播公司为网飞制作电视剧；网飞、Hulu 和亚马逊制作并发行自己的原创剧集；谷歌正在为 YouTube 打造原创内容。亚马逊创建了自己的图书出版公司——Amazon Books Publishing，进入了图书出版市场。而正如前面所提到的，电信公司在 2016 年也加入了这场战争：Verizon 拟议收购雅虎，AT&T 拟与时代华纳合并。从这个意义上说，互联网正在改变媒体行业。

　　最后，在任何地点、任何时间甚至任何设备上，消费者对内容的需求也推动了技术公司和内容服务公司为了利益而进行战略合作和产生战略冲突。

10.2　网络出版业

　　阅读是文明社会最基本的标志之一。文字则是我们记录历史、时事、思想以及对未来的向往，并把这些记录与文明社会中其他具备阅读能力的成员共享的工具。甚至电视节目和电影都需要脚本。今天，出版业（由图书、报纸、杂志组成）是一个产值高达 930 亿美元的起初基于印刷的媒体产业，现在正朝互联网和移动交付方向快速发展。而互联网的出现又为传统出版企业提供了一个转向新型产销流程的绝佳机会，可以帮助这些企业实现报纸、杂志和图书的网络化创作、加工、存储、发行和销售，并且在任何时间、任何地点、任何设备上都可以获取这些内容。但同时，许多现存的印刷企业可能会由于无法成功转变和保持盈利而被互联网摧毁。

10.2.1　网上报业

　　2016 年，报纸是印刷出版业中最让人担忧的部分。报纸行业的收入已经从 2000 年高达 600 亿美元下降到了 2015 年的 300 亿美元（见图 10 - 6）。在这段时间里，报纸行业的从业者大约减少了一半。自 2000 年网络兴起以及像谷歌这样使消费者无需浏览纸质报纸或在线版，就可以搜索任何主题新闻的强大的搜索引擎出现以来，报纸行业一直处于长期的数字革命中。社交媒体网站已经成为独立访客的主要来源，遗憾的是，这些独立访客并不浏览新闻，并且通常只在报纸网站上停留很短的时间来阅读一篇文章。这些转瞬即逝的访客通常不会把报纸作为一个整体进行互动或参与其在线广告。即使是在互联网和网络出现之前，报纸的收入也因为广播和有线电视等早期技术的影响而下降。2014 年，三大报业公司（Gannett、Tribune Company 和 E. W. Scripps）将其报纸业务剥离为独立的公司，这样它们就可以专注于电视和其他媒体资产，某些情况下还包括利润丰厚的数字资产。报纸企业现在将成为纯印刷和网络企业，并且要在没有电视或其他媒体资产的保护的情况下，独立完成这一改变（Carr，2014）。

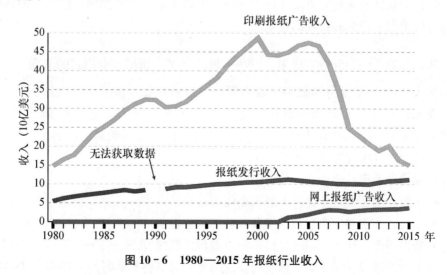

图 10 - 6　1980—2015 年报纸行业收入

　　说明：报纸广告收入自 1980 年以来下降了 50%。从在总收入中的占比来看，发行订阅收入变得更加重要。网上报纸广告收入是一个很小的收入来源，但近来在增长。

　　资料来源：Based on data from Newspaper Association of America，2016；Pew Research Center，2016.

从推特和脸书到 Vox、Vice、BuzzFeed、Reddit 和 Huffington Post，这些纯粹的在线新闻提供商作为替代品在过去 5 年的显著增长，给传统报业带来了更多的挑战。在线新闻提供商每天吸引着数百万消费者，并且引导潜在的报纸读者（无论是线上的还是线下的）远离印刷版和数字版报纸最有价值的头版。消费者向移动平台和社交媒体平台的转移加大了报纸行业被破坏的可能性。社交媒体网站在将流量导向特定的报纸文章，绕过报纸重要的头版方面起了重要作用，并且越来越多地通过从陷入困境的传统报业挖走专业的新闻工作者来提供自己的原创报道和评论。2015 年，《纽约时报》和其他 9 家新闻媒体同意试验一下将一些文章直接放入脸书的 News Feed 中，以期吸引数百万新读者，并将他们从免费读者转化为数字版新闻的付费订户。脸书将这些新闻文章称为**即时文章**（Instant Articles）。作为一项实验开始的即时文章现在已经成为报纸文章（但不是整份报纸）的主要读者来源。报业公司现在也在招聘社交媒体编辑，以关注热门话题并上传文章进行新闻推送。其他新闻出版商也在考虑采取类似的举措。这样做的缺点是，读者可能再也不会回到报纸网站，然而网站对在线报纸来说是最赚钱的。报纸的生存将取决于报业公司从印刷到数字化的速度有多快，以及无论何时何地、在什么设备上，从正在扩大的新闻观众中获利的速度有多快。

从图 10-6 可以看到，报纸发行收入（订阅加上报摊销售）自 2000 年以来下降到 110 亿美元，下降了 10%，而印刷版广告收入，包括特排广告、分类广告和法律通告，从 2000 年高达 480 亿美元陡然下降到 2015 年的 150 亿美元。2015 年，网上报纸广告增长疲软，收入约为 37 亿美元，仍只是印刷版广告收入的 25%，仅占总收入的 12.5%。网上报纸广告收入的增长不足以弥补印刷版报纸收入的损失。只有音乐行业遭受了同样严重的收入下降。报纸收入连续 15 年的下降是由 4 个因素造成的：

● 网络和移动设备作为新闻和广告的替代媒介的增长。消费者向网络生活方式的转变已经使得印刷报业流失了数十亿美元的广告收入（包括分类广告）。电视广告的情况却并非如此，我们将在后面的章节中讨论。甚至广播广告也很好地经受住了数字革命的考验。

● 新闻、评论、专题报道和文章的替代网上提供者的兴起。

● 传统报业公司及其管理者难以开发出适合互联网和移动/社交平台的商业和收入模式。

● 社交媒体的兴起，以及它在引导报纸内容流量方面的作用，已经迫使传统报业改变其商业模式以适应消费者行为和技术的改变。

从以印刷为中心到数字优先：1995—2016 年网上报纸商业模式的演变

从 1995 年电子商务和数字广告出现，一直到现在，报纸已经发展出了三种不同的商业模式，以适应互联网以及最近的移动和社交平台（见图 10-7）。这三种模式分别是：以印刷为中心（1995—2000 年），集成印刷/网站（2000—2010 年），以及最新的数字优先（2010 年至今）。你可以从 4 个维度对这些模型进行比较：

● **搜索和发现**：读者如何找到新闻？

● **了解**：潜在读者是如何了解到新闻的？

● **参与**：读者如何参与到新闻和新闻工作者中？

● **技术平台**：如何、何时、何地向读者传播新闻？（New York Times，2014.）

以下为网络和移动社交平台发展演变的里程碑事件及其时间：1998—2000 年，谷歌推出了其搜索引擎，将 6 000 万网页编入索引，并基于其 Page Rank 算法推出了搜索引擎付费广告。2007 年，苹果推出了 iPhone，创建了一种真正的移动和通用网络设备，脸书向大众开放其网站，到 2008 年有 1 亿多用户注册，创建了第一个大规模的在线社交网络。

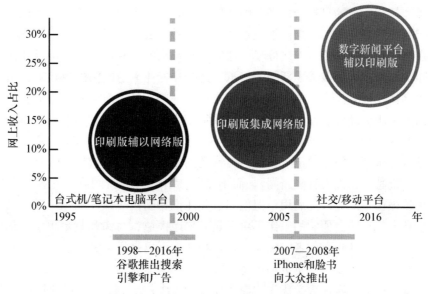

图 10 - 7　1995—2016 网上报纸商业模式

说明：为适应互联网，报纸经历了三种不同的商业模式。

在网络、搜索引擎、移动设备和社交媒体平台开发之前，读者通过浏览（搜索的一种形式）印刷品来发现新闻。他们通过阅读头版、栏目页和文章标题来了解新闻报道。除了少数写信给编辑的人（少于所有读者的 1%），读者并没有和记者、编辑或其他贡献者打交道。新闻被认为是一种职业，读者阅读新闻并为比自己更有见识的人所吸引、启发、逗乐，除此之外，人们并不指望读者做更多的事。记者在他们的文章上忙了一整天，并在下午 5 点提交文章；专业编辑修改稿件，排字工人为印刷机排字，印刷机在午夜后赶工。新闻在下午 5 点结束。这时的技术平台是印刷，有时带有颜色（这一时期的主要创新和费用所在）。

随着网络的引入和日益流行，报纸保留了它现有的以印刷为中心的战略和文化。在 1995—2000 年的以印刷为中心的时期，报业创造出了印刷版报纸的电子版，并将其发布到网上。读者可以像以前一样，通过在线浏览首页，沿链接找到新闻报道，点击主题区域或栏目（体育或技术）发现新闻报道。新闻报道是由一个业务部门负责的，这个部门试图扩大印刷版报纸观众，并吸引基于读者数量和在线访问量的广告商。数字广告非常有限，部分原因是广告商不相信它是有效的。除了在阅读新闻报道并能辨别其主题的时候，读者依然没有与新闻工作者接触。新闻工作的业务流程并没有改变：文章在下午 5 点提交，发给报纸编辑，然后被发送到网络团队和印刷团队。这在印刷版和网络版之间几乎没有什么区别。数字版的技术平台是台式电脑或笔记本电脑，而读者则是在家里和工作时阅读新闻。

在 2000—2010 年的集成印刷/网络时代，报纸采用了视频等多媒体元素，增加了纵横字谜和竞赛等交互元素，提供了更多的读者反馈的机会，尤其是在意见和社论板块。报业能通过 RSS 源来定制个性化新闻，并将新闻推送给读者。不过，读者是在访问该网站时发现新闻的。在网上推广内容是有限的，主要是推向 RSS 源。读者参与性略高一些。技术平台仍然是台式电脑或笔记本电脑。

在从 2010 年到现在的数字优先阶段，技术和受众平台有三个发展：智能手机和平板电脑被迅速接纳，现在已经占据网络和移动设备上的消费者的大部分时间的脸书和推特等社交媒体网站，其增长速度同样令人震惊。此外，专注于使用新技术和平台的新兴新闻网站的崛起也促使报业彻底改变其业务或者停业。新平台不是基于使用浏览器的个人电脑，而是基于移动设备和应用程序，现在台式机和笔记本电脑只是交付平台的支柱之一。在这个新的环境中，新闻不会在下午 5 点停止，而是 7×24 小时连续工作。新闻报道可能从一条推文或者一个脸书帖子开始，紧接着是上千条推文，然后在多个社交网站数百万次分享。通常，在现场的非专业人员在前几小时里会比在办公室里的任何新闻工作者了解更多关于新闻的信息。这些非专业人士能提供视频、评论和意见。

数字优先商业模式颠覆了以前的模式：第一要务是生产最吸引人并且持续更新的数字版本，然后根据数字版的新闻制作印刷版。对纯数字创业公司来说，它们没有印刷版，新闻只是连续不断的更新、博客、推文和帖子，而不是固定的文章。新闻文章是有时间戳的，表明有一个更新正在进行，读者应该回来跟踪报道。新闻会被推送到各种各样读者恰好在的地方（社交媒体网站、移动新闻推送、推特、雅虎或谷歌新闻），而不是等读者去发现新闻或者在搜索引擎上搜索新闻。新闻工作者仍然被当作专业人士雇用，但他们也关注推特和社交媒体网站，并在社交媒体网站上宣传他们的故事和人物形象。他们的工作不再只是简单地报道、写作和收集事实，而是通过自己的努力，在个人层面上提升和吸引读者。优秀的报告和文章不再是招聘和晋升的唯一标准。更重要的是，新闻工作者在自己的社交媒体主页和推特上吸引观众的能力。

传统报业尚未实现数字优先的商业模式。《华尔街日报》《纽约时报》《华盛顿邮报》等最大的印刷报纸机构以及其他印刷报纸机构已经开始了转变为数字优先模式新闻机构的旅程。2014 年，《华尔街日报》推出了"实时新闻编辑部"，这是一个由 60 名编辑组成的中枢团队，旨在为社交媒体网站、移动平台关注者和其在线网站提供源源不断的、生动有趣的数字新闻和评论（Romenes-ko，2014）。《纽约时报》也于 2014 年 1 月开始实施数字优先模式。2015 年，《华尔街日报》推出了一个新的数字优先网站，重新设计了网络和视频页面、iPad 和安卓应用程序，更加注重在 24 小时滚动新闻中精练的突发性新闻报道。在过去几年，为了在手机、平板电脑这些数字市场获得成功，《纽约时报》《华盛顿邮报》《今日美国》《彭博新闻》纷纷做出了类似的改变。大多数的大型报业集团也与像脸书这样的社交媒体网站联合，将它们的文章放在这些网站的新闻推送中。

网上报纸产业：优势和挑战

报纸行业仍有一些主要优势，需要在面对未来的挑战时利用这些优势。下面，我们将讨论这些优势和挑战。

优势：报纸的受众规模及其增长　报纸的网络读者正在以超过 10％的年增长速度增长。有大约 67％的互联网用户（约 1.79 亿人）在线阅读报纸内容，使其成为第二受欢迎的网上活动（Newspaper Association of America，2016）。图 10-8 列出了美国十大网上报纸。从受众规模来看，网上报纸是所有网络媒体中最成功的媒体之一。由于年轻人对智能手机和平板电脑的使用更多，他们在移动报纸读者群中占比非常大。

报纸通过在所有数字平台上提供内容应对不断变化的观众（见图 10-9）。64％的美国人拥有智能手机，52％的美国人拥有平板电脑。在短短的几年中，通过开发、优化针对移动设备的应用程序和网站，报纸已经成为真正的多平台媒体。只有 51％的报纸读者仅阅读印刷版报纸，而 49％的读者综合阅读网络版、印刷版和移动版。大多数报纸的移动流量都在持续增长，而台式电脑端访问者的数量却在下降。然而，访客所花费的时间的情况却与之相反：台式电脑上访客每次访问的时间在增加，移动设备上的访问时间却在减少（Pew Research Center，2016）。

网上报纸也吸引了许多富有的、受过良好教育又有强烈的消费意愿的人，在 25～34 岁的人群中其受众达到 64％，而在家庭季度平均收入超过 10 万美元的人群中受众达到 75％。印刷版报纸的读者数量和订阅数在以稳定的速度持续下降，鉴于网上报纸读者的庞大数量，报纸的未来显然在网络和移动市场上。

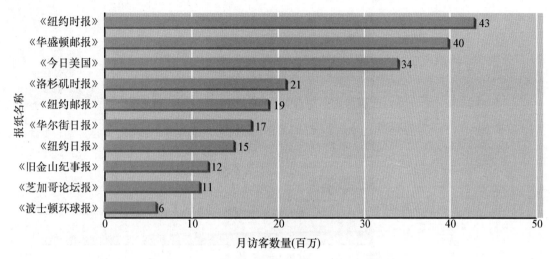

图 10 - 8　月独立访问量排名前十位的网上报纸

说明：随着消费者转向移动设备并参与社交网络，网上报纸的读者人数正在迅速增长。

资料来源：Based on data from Compete. com，2016.

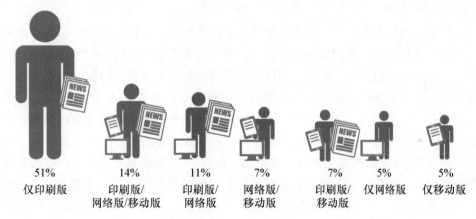

图 10 - 9　人们如何阅读报纸

说明：与印刷版和多平台阅读相比，仅阅读网络版报纸的读者数量仍然很少。

资料来源：Based on data from Pew Research Center，2016.

　　挑战：数字广告收入　报纸行业希望数字广告革命和数字广告收入能够带来冲击，并提高广告总收入。问题是，虽然新闻网站的访问量越来越多，但该流量的价值越来越低。有两个原因：首先，读者越来越多地来自社交媒体网站和搜索引擎，他们只是想要找到特定的文章，而不是直接进入报纸主页（所谓的侧门进入）。其次，这些来自社交网站的访问者参与度较低，价值也较低（见图 10 - 10）。

　　按浏览量、网站的访问时间和访问量来看，参与性访问者越少，向访问者展示广告并赚取收入的时间就越短。因此，直接访问者更有价值，报纸希望重新设计的网站和应用程序能够增加其主页访问者。尽管有越来越多的独立访问者，但网上报纸的数字广告收入增长并不显著，2015 年仅增长了 8％左右。相比之下，总的数字广告收入（搜索引擎广告、社交媒体广告和展示广告）增长了约 20％（eMarketer，Inc，2016e）。如果当前趋势持续下去，那么报纸就不太可能依靠来自社交网站的独立访问者或数字广告收入的增长，来扭转过去 10 年的收入下跌。相反，它们需要创建一个不断扩大的数字订阅市场，该市场由忠实读者组成，这些忠实读者每天都会为了新闻和评论访问报纸网站。

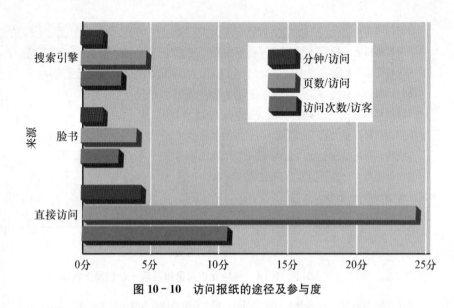

图 10‑10 访问报纸的途径及参与度

说明：直接在报纸网站上搜索新闻的报纸访问者，其参与度要高得多，也会产生更多的数字广告收入。

资料来源：Based on data from Pew Research Center, 2014a.

优势：内容为王 为什么人们继续购买报纸和网上的报纸内容？包括新闻和纯数字新闻网站在内的各种各样的印刷和网络内容印证了一句耳熟能详的妙语——"内容为王"。在竞技体育中，通常质量是最重要的。网络报纸之所以能吸引到如此庞大而忠实的深度参与读者，其原因很简单：内容质量。与其他媒体相比，报纸是最值得信赖的新闻来源和对地方、国家、国际新闻评论的来源（Nielsen，2013）。本地报纸的广告参与度最高：35％的消费者基于当地报纸广告购买产品。如此高的参与水平令网络展示广告、电子邮件广告和短暂的移动广告难以望其项背。报纸的全日制专业编辑人员从 2000 年的约 56 000 人减少到约 33 000 人，但仍然比电视、广播或更新的纯数字新闻提供商要多得多。纯数字新闻提供商主要从没有报酬的博客撰写者、手机摄影师和博主获取内容（Pew Research Center，2016，2014b）。

业余博客和推特对于表达意见，或者当有新闻价值的事件发生时做即时报道来说，可能是很好的平台，但它们并不能代替那些了解源源不断的新闻报道的专业记者和编辑，具有品牌意识的广告客户也不希望它们的产品与低质量的内容有关联，因此不会选择业余博客和推特。谷歌为新闻专业的学生提供谷歌新闻实验室的奖学金，它坚信高质量的新闻报道是一个充满活力、运转良好的社会的重要组成部分。互联网新闻巨头依赖报纸为它们提供搜索和索引的内容，而报纸同样依赖互联网巨头来吸引访问者。

挑战：寻找收入模式 1995 年，当第一家报纸网站出现时，报纸免费提供内容，免费注册。它希望广告能支撑网站的运营，并为印刷版内容提供新的收入来源。在某些情况下，免费内容仅限于最受欢迎的文章，不包括利润丰厚的报纸特许经营权——分类广告。当时，印刷广告提供了超过 75％的收入，而订阅收入约占 25％。

对普通的报纸内容收费是一个显而易见的解决方案，但在 1995—2005 年间尝试这种方法的出版物都受到了互联网文化的惩罚，这种文化希望音乐和新闻等网络内容是免费的。例如，1998 年，微软旗下的在线杂志 *Slate* 开始向其读者收取 19.95 美元的年度订阅费（即**付费墙**（paywall））。有一个免费的 Front Porch 栏目，里面有少量文章。1999 年，由于只有 2 万名读者注册，*Slate* 放弃了订阅费用。一些专业的报纸，如《华尔街日报》，每年都能收取订阅费（每年 50 美元），并生存下来。《华尔街日报》在一年内有 20 万付费用户。同样，英国伦敦的《金融时报》在 2001 年推出了一项订阅服务，在 2007 年采用了**计量订阅**（metered subscription）模式，这种模式允许读者免费访问 10 篇文章，一旦超过这个限制，就需要支付 395 美元的订阅费才能进一步访问。《华尔街日报》和《金融时报》都是消费者抵制新闻付费的特例，两者都基于富有的、专注于高价值信息的读者群。

2003 年推出的 iTunes 商店，以及 2007 年的 iPhone，改变了公众对付费内容的看法。尽管市场上有大量的盗版音乐，但苹果设备（iPod，之后的 iPhone 和 iPad）和 iTunes 提供了高质量、便捷和合法的替代品，用户也愿意为此付费。2016 年，从网飞到潘多拉，提供视频流和音乐服务的基础都是支付一笔内容订阅费。

2011 年，《纽约时报》推出了一种类似于《金融时报》的计量订阅模式，允许普通读者免费阅读 20 篇文章，并以每年 35 美元的价格提供无限制访问当前已存档内容的服务。印刷版订阅者免费获得数字版订阅。针对印刷版订阅者的免费策略把重点放在《纽约时报》的内容而不是任何特定的平台上。这一点很重要，因为如今报纸的读者是多平台的：他们根据不同的环境选择不同的设备来阅读内容。计量订阅模式类似于免费增值模式：有些内容是免费的但有广告支持，而无限制的内容只能通过订阅获取。2013 年，由于计量订阅模式的成功，免费文章的数量减少到 10 篇，而在同一年，《纽约时报》的订阅收入首次超过其广告收入。2016 年，《纽约时报》有超过 100 万付费数字订户。鉴于有 4 300 万在线访问者和 3 000 万移动读者，《纽约时报》还有很大的空间来扩大用户群。

报纸（以及在线杂志）也得益于公众观念的改变。如今，美国 78％ 的报纸（发行量超过 5 万）多少都有些网上访问收费。其中有 64％ 使用计量订阅模式；12％ 免费提供大部分内容，但对优质内容收取订阅费；3％ 使用付费墙模式（Williams，2016）。

挑战：纯数字型竞争者的增长　　网络给报纸提供了一个扩展其印刷品牌的机会，但与此同时，它也使得数字企业家有机会通过创建专门提供受欢迎的内容的网站（比如天气、分类广告（Craigslist）、餐厅和产品评论（Yelp））、国家和国际时事新闻网站以及同网上报纸竞争的应用程序的方式，将报纸内容分解。尽管传统印刷版报纸的收入在下降，但企业家还是在新闻网站甚至是报纸上大量投资。自 2011 年以来，沃伦·巴菲特（Warren Buffett）以估计为 3.44 亿美元的价格收购了 28 家报纸，因为他相信报纸能将全面可靠的信息传递给那些紧密联系在一起的小社区，并有一个合理的互联网战略，将会在很长一段时间内继续生存（Berkshire Hathaway，2013）。2013 年 8 月，杰夫·贝佐斯以 2.5 亿美元的价格收购了《华盛顿邮报》，他相信报纸不仅仅是一些纸张，而是独立于任何技术或平台的新闻收集和销售业务（Hagey and Bensinger，2013）。

虽然印刷版报纸本身正在吸引富有的个人投资者，但风险资本投资者已经向纯数字在线新闻网站注入了超过 10 亿美元的投资。表 10-2 描述了一些最成功的原生数字新闻网站及其投资概况。根据皮尤研究中心的数据，其研究的数字原生新闻网站中，有 75％ 的网站在 2014—2015 年月平均独立访客增加，其中绝大多数从移动设备吸引的流量多于台式机（Pew Research Center，2016）。图 10-11 按照月独立访客数列出了顶级的原生数字新闻网站。

表 10-2　原生数字新闻网站

新兴公司	描述
Huffington Post	2005 年建立，2011 年被美国在线以 3.5 亿美元收购。聚合来自传统新闻媒体、特邀职业博客作者、大批的无报酬博主以及原创报道的内容。

续表

新兴公司	描述
BuzzFeed	2006 年建立。专注于使用社交媒体来产生病毒式的报道。它专注于可分享的内容，如小测验和清单（"5 个最重要的人"），以及照片和 GIF 图片。这个数字优先媒体机构还包括更多的传统新闻话题，如政治、商业和技术。最初是一个新闻聚合器，但现在雇用新闻工作者来提供传统新闻报道。在访问量排名前 50 位的网站中，超过了《华尔街日报》和《福布斯》。自 2012 年以来，已经筹集了 2.5 亿美元的风险投资，市场估值为 15 亿美元。
Flipboard	2010 年建立。新闻聚合应用程序以杂志的形式组织故事供用户翻阅。从传统媒体和社交网站如推特和脸书等的数据流中抓取内容，然后在移动设备中以一种易于导航的、个性化的（现在台式机也可以）方式重新组合。2014 年成为苹果年度应用程序。《时代周刊》《纽约时报》和图书出版商都加入进来推送其内容。2016 年，无法实现预期收入，高管离职。
Vox	2014 年建立。报道政治新闻和大众新闻。聘请了埃兹拉·克莱恩（Ezra Klein）《华盛顿邮报》前撰稿人）担任总编。避免为有赞助的视频和报道使用横幅广告。
Reddit	2005 年建立。由 Condé Nast 于 2006 年收购，并将其作为一家独立公司经营。用户生成的帖子的公告板，由 18.5 万个科学、政治、视频游戏、娱乐和照片论坛组成。已注册的社区成员可以提交内容，例如，文本帖子或直接链接。大多是受过大学教育的男性成员提供内容。主页上的广告是有限的。没有盈利，但有 2.4 亿独立访客。估计市场价值为 5 亿美元。
Vice	1994 年作为杂志创建，2000 年以 Vice Media 转移到网上。Vice 是用户生成文章、聚合内容和照片的公告板。关注吸引年轻读者的恶作剧内容，以及来自危险地区的报道。Vice 的 YouTube 频道是一个以视频为基础的新闻网站。据报道，2015 年投资者对其估值为 25 亿美元。Vice 拥有 3 500 万独立访客，据报道其 2015 年的收入超过 9 亿美元。收益是未知的。

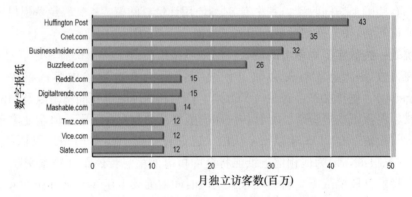

图 10-11　原生数字新闻网站的月独立访客数

说明：原生数字新闻网站大大增加了其独立访客数量，是老牌报纸及其在线版的直接竞争对手。

资料来源：Based on data from Compete.com, 2016.

　　并不是所有的数字新闻服务都能成功，到目前为止很少（如果有的话）有能够盈利的。例如，尽管在某一时刻有过 2.3 亿独立访问者，新闻聚合网站 Digg 在 2011 年还是失败了。

　　挑战：报纸能否在数字革命中存活下来　报纸行业乍一看似乎是一个颠覆性技术（互联网、移动设备和应用程序）摧毁基于实体产品和实体销售的传统商业模式的典型例子。在位者（现有的印刷版报纸）随着时间慢慢地、逐步地改进它们的产品。新公司（颠覆者）推出新产品（Huffington Post、BuzzFeed、Vox），虽然没有在位者的产品那么好，但其基于更新和更强大的技术。新产品的价格较低，甚至是免费的，将服务水平低下的或者全新的市场作为目标。它们常常是由行业新人创立和推广的。最终，颠覆者的产品得到了改进，更能被接受，或者说足够好。这时，新产品和颠覆者开始从那些最终失败的在位者那里获取巨大的市场份额。在位者的失败有多种原因：昂贵的传统生产流程、大规模的人力资本投资、相反的文化，以及未能认识到业务和技术环境的快速变化。对可能会对传统报纸产生破坏性影响的新闻行业新兴公司的描述，请参见"商业透视"专栏"Vox：原生数字新闻"。

Vox：原生数字新闻

虽然有大量前所未有的娱乐方式，但是人们在线阅读的新闻多于以往任何时候。事实上，在线阅读新闻是第二受欢迎的在线活动。不管是和内容，还是和把文字呈现在屏幕上的新闻作者，数字新闻读者的参与度都很高。过去几年，投资者向原生数字新闻网站（没有印刷版和电视特许经营权的网站）投入了 10 亿美元，而上述所有情况对投资者来说，都不会是损失。

Vox Media 是在数字新闻流中建立的新兴媒体公司的最好的例子。Vox Media 建立于 2003 年，位于华盛顿哥伦比亚特区，有 700 多个员工。该公司已经筹集了 3 亿美元的风险资本，其中包括 2015 年从 Comcast 公司的 NBC 环球部门获得的 2 亿美元，公司估值高达 10 亿美元。Vox Media 获得了 NBC 环球的内容分销和生产能力，这有助于 Vox Media 向其他形式的媒体拓展。

Vox Media 从一开始就采取了一种独特的策略。它并不像传统报纸所做的那样，创建一个数字新闻网站并设置不同兴趣领域的标签（运动、商务或者娱乐）。与此相反，它将一般的新闻网站分解为若干只专注于某一领域的网站，用数百个不同博客（自创的或购买的）的内容填充这些网站。最初创建的是 SBNation（SportsBlogNation），综合了 315 个网站，这些网站大部分只专注于个别职业运动队。每个 SBNation 网站都有自己的名字、URL、品牌和撰写人。

Vox Media 目前拥有 8 个专门网站，包括 Eater（食物）、Curbed（房地产）、Verge（文化）、Polygon（游戏）、Racked（时尚）、Re/code（科技）以及最近的大众新闻及评论网站 Vox.com，它们通常是多个博客或网站的集合。这些利基网站使得读者参与度大大提高。这一方法似乎正在奏效：2016 年 8 月，Vox Media 的月独立访客数达到了 9 100 万，其中典型的访客在 35 岁以下，年收入超过 10 万美元。几乎 1/3 的读者都是令人垂涎的 18～34 岁用户。

Vox.com 创建于 2014 年 1 月，当时它聘请了来自《华盛顿邮报》的知名政治记者埃兹拉·克莱因。Vox.com 是"解释性新闻"运动的先驱，它以卡堆形式而不是长文本文章的形式来展现新闻。读者可以以少量的增量来追踪新闻，一次一张卡片，这些卡片使用彩色照片、视频和图表。只要读者想要或者有时间，就能尽可能深入地了解卡堆。使用这种技术的 Vox.com 和其他 Vox 网站，如 Curbed 和 Eater，都希望移动读者能更容易地消费这种新格式，将它的产品和传统报纸的数字版区分开来，并且易于放置在社交网络新闻推送中。这次编辑改革被认为是一次关键的成功，并且已经成为新读者的主要来源。

因为它的技术、文化和商业组织，Vox Media 通常被看作数字新闻出版业的未来。传统的报业公司通常会有一个不同时期建立的技术的混合体来对新闻流与印刷版、网络版两者进行协调。Vox 所追求的首要任务之一就是在叫作 Chorus 的内容管理系统（CMS）上投入数百万美元。Chorus 不仅仅是内容创作和管理，还提供内容发布环境。当记者和编辑完成内容创作，他们就能用 Chorus 在各种网站和社交媒体上发布有格式的内容。Chorus 为记者提供了前所未有的控制和定制水平，包括参与读者评论和整合其他报道内容的能力。

Vox 还有一个不同于传统报纸的独特的组织结构。Vox 的组织是扁平化的，只有很少的中层和高层管理人员。这样就能授权记者并绕过传统报纸的冗长的编辑审查程序。

将新闻分解为更专注的、垂直的网站并利用技术来降低成本以及加快内容创作的速度，这对 Vox 来说是一个良好的开端。但 Vox 必须继续专注于有质量的报道，同时在众多其他平台上保持活跃。Vox

最终能否成功，不仅取决于它能否吸引大量观众和足够多的广告商，还取决于它能否在其他平台上取得成功，包括脸书、YouTube，甚至 Snapchat。

为了实现这一目标，Vox 一直在这些平台上努力保持活跃。例如，它在早期参与了 Snapchat 为内容创作者提供的 Discover 服务。Vox 制作了结合画外音和文本的 10 秒信息图来宣传其最新的功能。Vox 也非常重视其 YouTube 频道，该频道拥有超过 100 万订阅者，其中最受欢迎的视频有 2 400 万浏览量。Vox 制作高质量的视频内容以配合它的一些印刷版新闻报道和其他独立的视频内容，有 11 名全职的 Vox 员工负责视频内容开发。在其 YouTube 和 Snapchat 频道的努力中，Vox 谨慎地制作不像传统电视或新闻源的内容，搜索那些特别适合视频和制作图形、画外音、访谈以及其他技术的故事。Vox 的许多视频流量都来自脸书，在那里，克莱恩分享的视频能获得数百万次甚至更多的观看。2016 年，Vox 推出了 Storytelling Studio，它利用这些技术为特别值得注意的故事编写长篇新闻。它的第一个项目——与希拉里·克林顿（Hillary Clinton）的深度交谈以及对她的讨论深受 Vox 用户的好评。Vox 还宣布计划在 2016 年为 Snapchat 的内容创建一个类似的团队。Vox 并不满足于此，它还宣布与 Curbed 和 A＋E 合作，以开发一个专注于高级住宅的电视节目，并计划为 BravoTV.com 创作其他电视风格的内容。

业务分析师还指出，很少有数字新闻网站产生利润。大多数数字新闻网站都是私营的，没有报告收入或利润。纯粹的数字新闻网站在网上面临着与传统报纸一样的问题，即数字广告收入的下降。然而，BuzzFeed 这个仅次于 Huffington Post 的第二大流量"新媒体"公司的内部报告显示，它是盈利的，其收入也在显著增长。虽然在这些网站产生流量的成本是巨大的，但 Vox 和它的同行们在继续向盈利推进。

资料来源："Two Years In, Vox.com Reconsiders Its 'Card Stacks'," by Lucia Moses, Digiday.com, September 9, 2016; "How Vox Media's New Storytelling Studio Thinks of Stories as Products," by Taylyn Washington-Harmon, Niemanlab.com, July 28, 2016; "Vox Media Launches Its First TV Show on A＋E Network's FYI," by Tim Baysinger, Adweek.com, May 4, 2016; "Vox Media Creates a Snapchat Studio, and SB National is Going Bilingual with the Help of Telemundo," by Shan Wang, Niemanlab.com, May 4, 2016; "Vox Media Names First CFO, Adds Former Yahoo President to Board," by Gerry Smith, Bloomberg.com, April 27, 2016; "Inspired By 'Independent YouTubers,' Wary of Cable, Vox.com Takes Its Explainer Mission to Video," by Laura Hazard Owen, Niemanlab.org, April 22, 2016; "Reader's Digest? The Surprising Places Young People Are Getting the News," by Lucia Moses, Digiday.com, April 7, 2016; "Distributed News: The Vox Way of Getting Stories Out to 6 Social Platforms," by Madalina Ciobanu, Journalism.co.uk, January 22, 2016; "Vox Brings Explainer Journalism to Snapchat," by Ashley Norris, Fipp.com, December 2, 2015; "Internal Documents Show BuzzFeed's Skyrocketing Investment in Editorial," by J. K. Trotter, Gawker.com, August 12, 2015; "NBCU Ups Its Share of Vox Media," by Lukas I. Alpert, *Wall Street Journal*, August 12, 2015; "Vox Media Ventures into General News and News Analysis With Vox.com," by Paul Farhi, *Washington Post*, April 7, 2014; "Vox Takes Melding of Journalism and Technology to a New Level," by Leslie Kaufman, *New York Times*, April 6, 2014; "Ezra Klein Is Joining Vox Media as Web Journalism Asserts Itself," by David Carr, *New York Times*, January 26, 2014.

纯数字新闻网站相比纸质报纸有更多的优势。它们没有印刷报纸的费用；它们可以创造新的、更有效率、更及时的生产流程和业务流程；它们有一个较低的成本结构，通常依赖于用户生成的内容并向记者和博客作者支付最小化报酬，养老金成本也较低；它们可以利用更新的技术来生产新闻。虽然这些纯数字网站的新闻质量不如传统的纸质报纸好，但因为纯数字新闻网站开始从正在经历财务困难的印刷版报纸雇用有才能的新闻记者和编辑，这种情况正迅速改变。

但在线新闻网站通常没有的是信誉和信任。例如，BuzzFeed 一直是许多诉讼的对象，这些诉讼指控其抄袭了竞争对手报纸和网站的内容，却没有注明出处，反而声称内容是自己的。没有信任和质量，在线新闻网站仅仅是充斥着名人照片的消遣，而且这种内容的竞争也十分激烈。

如果报纸行业有未来的话，那就是网络和多平台。报纸面临的挑战是如何通过专注于差异化、及时、其他地方没有的独家内容来创造价值；如何将其新闻文化转变为像其纯数字型竞争对手一样，提供持续的新闻流；如何使这些内容在任何地点、任何时间、任何场所以及任何设备上都可获取。简而言之，报纸将不得不成为数字优先的出版物，但同时要保持其具有历史意义的质量优势，并迎接来自其纯数字型竞争者的挑战。

10.2.2　杂志在平板电脑平台的反弹

最初，互联网对杂志的销售并没有太大影响，部分原因是个人电脑不敌诸如《生活》和《时代周刊》上的高分辨率大尺寸图片。然而，随着屏幕的改进，网络视频的普及，以及彩色出版的经济性的改变，印刷杂志的发行量开始大幅下滑，广告商也将注意力转向了网络上的数字平台，因为读者们越来越多地在该平台上获取新闻和对重大事件的详细准确的描述。自 2001 年以来，杂志的报摊销量也大幅下降。不过，特殊兴趣类、名人、家政和汽车杂志仍然保持稳定。《时代周刊》《新闻周刊》《美国新闻和世界报道》等新闻杂志受到的打击最为严重。相比之下，特殊兴趣类、名人、时尚、生活方式和汽车杂志则保持相对稳定（Trachtenberg，2015）。

杂志社对纸质杂志销量下降做出了反应，即开发数字复制版杂志——相当接近的纸质杂志复制品。2015 年，杂志订阅和报摊销售收入总额约为 280 亿美元，比 2014 年下降了 4%（Sass，2016）。广告收入大约为 180 亿美元。对杂志来说，好消息是数字广告收入正在增长，2015 年广告收入超过 40 亿美元。遗憾的是，预计到 2020 年，印刷版广告收入（约 140 亿美元）都将保持相对平稳（eMarketer, Inc.，2016f）。数字广告收入的增加不足以弥补印刷广告收入的下降。一个可能有效的解决方案是开始收取访问数字版的订阅费用。《纽约客》或许是美国最具声望的杂志，也是最广泛阅读的杂志之一，拥有 100 万名印刷版用户和 1 300 万独立访问者。2014 年，该杂志推出了计量付费墙。有些文章是免费的，但频繁的阅读者将被收取年费（Somaiya，2014）。2016 年，《纽约客》推出了一款名为"纽约客"的新的 iPhone 应用程序，该应用程序可以免费下载并免费使用一个月，之后会切换为其网站上使用的相同计量模式。与报纸一样，杂志也在尝试不同的收入模式，试图将快速增长的平板电脑用户货币化。大多数杂志都参与了苹果的 iPad 订阅服务，该服务允许杂志在它们的应用程序中提供订阅服务，并通过应用商店的支付系统处理交易。出版商设定价格，顾客可以一键订阅，而苹果扣留 30% 的交易费。出版商也可以引导应用程序的读者在它们的网站上进行订阅，在这种情况下，苹果不会收取任何费用。像 Google Play 这样的虚拟商店帮助出版商扩大了它们的数字订户群。2015 年，苹果公司推出了应用程序 News。《时代周刊》以及其他 75 家杂志都在提供文章以吸引更年轻的移动读者（Trachtenberg，2015）。

尽管印刷版订阅和报摊销售在过去的几年中有所减少，但杂志受众总规模在 2015 年增加了 6%，这全然归功于数字版杂志，特别是移动网络版的增长。自 2011 年以来，阅读数字版杂志的成年人比例已经翻了两番（Magazine Publishers Association，2016）。另一项研究发现，超过 40% 的受访者在过去一个月里平均阅读了 2.5 份数字版杂志（Mequoda Group LLC，2016）。超过 35% 的平板电脑用户每周阅读一次杂志内容。据估计，有 1 200 个杂志应用可供移动读者选择。

像 Pinterest（一个吸引了数百万观众的图片收集网站）、脸书、雅虎和推特这样的热门网站，都是数字版杂志流量最大的驱动者。平板电脑的广泛应用帮助创造了可视化互联网，在这里，那些本来就着重于细节丰富的彩色摄影的高光杂志出版商能以极大的优势展示它们的作品和广告。

鉴于有数百家流行在线杂志可供选择，像 Zinio、Texture（原名 Next Issue Media）、Magzter 和 Flipboard 这样的杂志聚合器使客户能够只用一款应用程序就找到自己喜欢的杂志。**杂志聚合器**（magazine aggregator）就是向用户提供在线订阅和众多电子杂志销售服务的一个网站或应用程序。

10.2.3　电子图书和网络图书出版

2000 年 4 月，美国著名作家斯蒂芬·金（Stephen King）的新作《骑弹飞行》正式出版。这部小说只采取电子图书的发行方式。金也因此成为第一位只采用电子出版方式出版自己新作的主流悬疑小说作家。金的出版商 Simon & Schuster 公司为其打理一切网上销售事宜，通过与亚马逊这样的网上零售商合作，直接向读者出售新书。仅在发行首日，就有 40 多万次下载，亚马逊网站的服务器几度陷于瘫痪。小说发行一周后，下载量就超过了 60 万次。《骑弹飞行》共有 66 页，网上售价为 2.5 美元。按照每页价格计算，与金以往精装出版的小说售价相当。尽管亚马逊在新书上市头两周免费促销该书，但促销期过后，《骑弹飞行》的销售依旧异常火爆。这一尝试告诉了 Simon & Schuster 公司和亚马逊，电子流行小说的市场规模很大，而之前出版流行电子书的努力都失败了。对于出版商来说，这意味着，如果能以电子书的形式出售图书，那么它们全部的存书都突然有了货币价值。

10 年后的 2010 年 4 月 15 日，一位来自明尼苏达州奥斯汀市的默默无闻且从未发表过作品的作家——阿曼达·霍金（Amanda Hocking），在亚马逊的自出版网站上传了她的吸血鬼小说《血族之爱》，后来又上传到了巴诺的电子书店。此前她的小说被纽约许多出版社拒绝。到 2011 年 3 月，她的电子书销量超过了 100 万册，售价一般为 99 美分到 2.99 美元，赚得 200 多万美元。2012 年，霍金被列为亚马逊 99 美分百万富翁之一。2013 年，休·豪伊（Hugh Howey）出版的科幻小说《羊毛战记》售出了 50 多万册，为他挣得了 100 多万美元的稿酬和电影版权费。现在亚马逊超过 40% 的前 100 名畅销电子书都是作者自行出版的，产生的收入占电子书收入的 14% 左右。相比之下，由于亚马逊上五大出版商的电子书价格在 14 美元左右，所以其电子书收入占比超过了 40%，但销售数量占比不到 25%。据亚马逊公布，有 23 部独立出版的图书已经售出了 25 万多册，并且有 4 位独立作家的图书销售量超过了 100 万册（Authorearnings.com，2016）。诚然，这些成功的故事是罕见的，2016 年绝大多数独立作家都无法维持生活，更不用说赚 100 万美元了。

图书出版业在互联网上的经历与报纸和杂志行业截然不同。电子书版本的小说和非小说类书籍（所谓的普及版书籍）已经非常成功，但纸质书的销售并没有暴跌，而且随着时间的推移它仍然保持不变。包括大学教材在内的专业书籍，由于种种原因，几乎都仍为印刷版。图书出版收入在过去 5 年中一直保持稳定。2015 年，图书出版收入略低于 280 亿美元，销售了 27 亿本书（电子书和印刷版图书）。普及版书籍（一般小说和非小说类）收入为 158 亿美元，销售量约为 25 亿册（APP，2016）。

在 10 年的时间里，电子书从一位作者的一次不寻常的实验，变成了数百万美国人的日常体验以及令作者们兴奋的新市场，改变了书籍的写作、销售和发行过程。2016 年电子书销售额预计为 76 亿美元，占所有图书销售额的 26%。预计电子书销售额将继续增长，但不会像之前几年那么快（见图 10-12）。在总图书销售中统计电子书销售十分困难，这是因为在亚马逊上销售的图书约 30% 没有 ISBN（国际标准图书编号），因此也没有被出版业统计——它们的书都有 ISBN。基于行业的电子图书销售报告只包括那些有 ISBN 的出版书籍，而独立出版的图书一般没有 ISBN（Authorearnings.com，2016）。分析师估计，亚马逊销售的电子书中有 25% 是独立出版电子书。这里提到的业内预测很可能低估了电子书的销售。对自出版作者来说，现在有一个全新的渠道，这个渠道由专业出版公司和它们的专业编辑控制。图书发行市场已经被打破，但在 2016 年，专业出版公司仍然保持其作为图书内容主要来源的地位。此外，虽然像 Borders 和 Waldenbooks 这样的连锁书店已经消失，巴诺书店面临盈利困难，但自 2009 年以来，小型独立书店的数量多达 2 000 家，增长了 27％。而尽管 Kindle 平台上发行了数千名未来作家的大量手稿，但只有少数被很好宣传的作家成功受到欢迎并赚到收入维持生活。与报纸业不同的是，现在断言图书行业已经因数字化而被摧毁或受创还为时过早，我们也有理由相信印刷版图书将长期伴随我们走向未来。

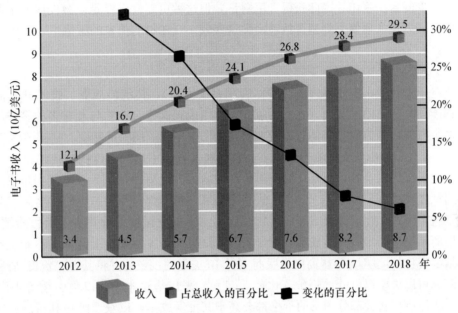

图 10 - 12　电子书销售

说明：该图显示了销售总额，以及电子书销售收入在图书销售总收入中的占比，还显示了收入增长的变化。正如该图所示，自 2013 年以来，电子书销售收入的增长显著放缓。

资料来源：Based on data from AAP，2016；authors' estimates.

亚马逊和苹果：新型网络媒体生态系统

虽然在 20 世纪 90 年代和 21 世纪初就开始推出电子书和电子书阅读器，但直到 2007 年，电子书的未来才得以稳固确立。在那一年，亚马逊推出了 Kindle，用户可以使用 AT&T 的蜂窝网络从 Kindle 商店下载图书。当 2009 年巴诺推出 Nook 电子阅读器，以及 2010 年苹果推出首款 iPad 平板电脑时，电子书再次得到推广。鉴于其高分辨率的大屏幕，iPad 是一款甚至比 Kindle 更好的电子书阅读器，虽然它不那么容易被塞进手提包。虽然亚马逊在忠实的电子书的读者方面胜过了苹果，但苹果从一开始做的就是一款多功能设备，可以处理电影、音乐、杂志和图书，同时还能用 WiFi 连接互联网。

如今，亚马逊和苹果占据了电子书市场 85％ 的份额，其中亚马逊以 74％ 位居第一，苹果以 11％ 位居第二（巴诺的 Nook 的市场份额有所下降，但仍占 8％ 左右）（Authorearnings.com，2015）。亚马逊的 Kindle 商店包含数百万本电子书，而苹果的 iBooks 商店拥有超过 250 万本电子书。结合了硬件、软件和在线大型商店的亚马逊和苹果生态系统带来的结果就是一次网络图书内容、读者、作者、市场营销的爆炸式增长，并且至少是对传统图书出版和销售渠道的部分颠覆。传统的图书出版也发生了类似的变化。在传统过程中，作者与代理商合作，代理商将图书手稿卖给编辑和出版商，出版商再通过书店销售图书，价格主要由出版商决定。因为书店在销售图书获利时有既得利益，所以仅仅在清仓销售期间会有有限的折扣。在新的出版模式中，作者仍然写书，但绕过传统的代理商和出版商渠道，转而出版电子书，在亚马逊或苹果销售。价格由作者决定，通常要比取决于作者受欢迎程度的传统图书价格低得多，数字分销商收取销售额的一部分（通常是 30%）。新的自出版作者通常会免费提供他们早期的作品来发展读者，当读者出现后，便收取少量的费用，通常是 0.99～2.99 美元。销售是通过在社交网络、作家博客和公共读物上的口碑来实现的。虽然现在只有一小部分的图书是以这样的方式生产的，但它是一种正在发展的、流行的出版形式。虽然只有很少的自出版作者因此获得大笔财富，但这种可能性已经足以激发成千上万潜在的优秀美国小说作家，以及从刑侦类到超自然浪漫类这些较小众题材的作家的激情。

电子书商业模式

电子书行业由中间零售商（实体店和在线商户）、传统出版商、技术开发商、设备制造商（电子阅读器）和自助出版商（独立出版公司）组成。这些行业参与者有多种多样的商业模式，并结成了多个联盟，希望通过集体的力量加快印刷图书向电子图书的转变。

5 家大型出版商支配着普通图书、教材和宗教图书出版。这些传统的出版商拥有最大的可以转换成电子书的内容库，而且它们一年生产的新书占比超过 80%。在电子书市场上，大型出版商开始使用**批发模式**（wholesale model）进行分销和定价，部分原因是它们在精装书分销和定价上使用的也是这个模式。在这种模式下，零售商店为一本书支付批发价并决定出售给消费者的价格。当然，零售商是通过与出版商达成某种协议来设定价格的，该协议要求这本书不能免费赠送。过去，批发价是零售价的 50%。零售商向出版商支付 10 美元的批发价并将其零售价提高到 20 美元。但是，零售商也可以决定以更低的售价（比如 5 美元）来出售这本书，以吸引读者去商店或作为清仓大拍卖。实体店出售大部分图书的价格都会高于其批发成本，以获取既得利益。有了电子书，出版商发现，亚马逊和苹果等一些网络零售商可能会以低于成本的价格出售书籍，以鼓励消费者购买电子书阅读器或者向他们出售其他商品。

出版商试图将电子书的价格保持在足够高的水平，这样就不会阻碍精装书的销售，而这些书通常售价为 26 美元。一般来说，这意味着出版商希望以 12.99～14.99 美元的零售价来出售电子书，具体价格取决于书的受欢迎程度及其所处的产品生命周期阶段（自首次出版以来的第几个月）。像亚马逊一样的其他电子书经销商支付的批发价格大约为 9 美元，预计将以 12.99～14.99 美元或更高的价格对这些产品标价。与此相反，亚马逊选择以成本价甚至是低于成本的 9.99 美元出售电子书，以吸引顾客到其内容商店购买 Kindle，并吸引新顾客到其网上零售店。亚马逊每卖出一本电子书就损失 1～3 美元，但通过出售几百美元的 Kindle，以及其他产品的额外销售，收回了这些钱。由于亚马逊以 9.99 美元的网络最低价出售电子书，出版商被迫以 9.99 美元的亚马逊价格出售其在其他所有网站的电子书。通过这种策略，亚马逊不仅售出了数百万部 Kindle，而且其在 2010—2011 年售出的电子书占所有网上电子书的 90%，几乎垄断了电子书市场。

出版商反对亚马逊的政策，认为该政策同时降低了实体书和电子书的价值，并对出版商构成了致命威胁：如果电子书在网络上定价为 9.99 美元，它们就无法生存。它们声称亚马逊涉嫌掠夺性定价，旨在摧毁传统图书出版商。2010 年，5 家最大的出版商秘密会见了史蒂夫·乔布斯（Steve Jobs）和苹果公司。他们商定了一个名为代理模式的新的定价模式。在**代理模式**（agency model）下，分销商是出版商的代理，按出版商确定的价格出售电子书，约为 14.99 美元，并且某些书价格更高。作为对 30% 的销售佣金的回报，苹果和谷歌都同意支持这一模式，它们都不愿意看着亚马逊支配这个网络内容销售最热门的领域之一。在这些会议上，出版商的高管商讨了一种共同的定价策略。

代理定价模式暂时扭转了局面：亚马逊现在不得不以出版商想要的任何价格出售其电子书，否则出版商不会向亚马逊出售任何书籍（它们不会选择亚马逊作为产品的代理）。实行代理模式的结果是，亚马逊的电子书价格上升到出版商想要的水平，而其市场份额在 2012 年下降到 60%。苹果、谷歌、巴诺和五大出版商都很高兴。然而司法部并不愉快：它起诉了五大出版商和苹果公司，理由是它们涉嫌价格操纵，违反了反托拉斯法。所有 5 家出版商都同意和解，但苹果拒绝和解，并要求法官进行审判。2013 年，美国地方法院发现苹果公司涉嫌价格操纵，不是因为其代理定价模式，这在整个零售业都很常见，而是因为其在与出版商达成的协议中"最受喜爱的卖家"这一条款，该条款能阻止其他网站（例如亚马逊）以低于苹果的 iBooks 商店的价格出售电子书。此外，出版商和苹果公司合谋一致行动，而不是作为单独的出版商行动。根据协议，是出版商而不是亚马逊来决定亚马逊上的售价。如果出版商以 9.95 美元的价格在亚马逊上出售它们的电子书，那么出版商就必须在 iBooks 商店以 9.95 美元的价格出售电子书。法院发现，通过对所有网络分销商和电子书强制执行一个单一的更高的价格，苹果和这些出版商的计划将导致价格竞争更少，价格更高。在反垄断领域，更少的竞争和更高的价格被认为是违反反托拉斯法的主要的形式。在判决之后，亚马逊的电子书价格下降到平均 9.99 美元，一些旧书价格更低，不过折扣有限，并且其市场份额上升到了 65%。2014 年 8 月，苹果同意支付 4.5 亿美元罚款，为其价格操纵行为补偿消费者。虽然这一裁决阻止了苹果公司对电子书价格的操纵，但它并没有解决亚马逊在电子书市场上占据主导地位的问题。出版商将需要分别与亚马逊达成独立的市场销售协议。此案的批评者认为，亚马逊的市场力量将迫使出版商服从亚马逊的价格条款。

2014 年 5 月，在法院对出版商做出裁决之后，亚马逊和 Hachette 集团试图就定价进行谈判以达成协议。为了展示其市场力量并加强其谈判地位，亚马逊从其网站上撤回了所有 Hachette 出版的图书，导致了作者组织的抗议活动。2014 年 11 月，Hachette 和 Simon & Schuster（美国最大的出版社之一）与亚马逊就允许出版商自己设定图书售价（代理定价模式）的条款达成协定，但允许亚马逊向出版商提供奖励来降低所选图书的价格，而出版商向亚马逊支付列出它们的图书的报酬（Streitfield, 2014; 2014b）。因此，如今电子书的价格可变性很大，从 9.95~16.95 美元不等。

数字电子书平台面临的挑战

由于电子书的快速发展，图书出版业正处于稳定的状态。然而，该行业面临着许多挑战。早期对产品替代（廉价而利润较低的电子书取代更昂贵和利润更高的印刷图书）的恐惧多半已经平息。与报纸和杂志行业不同的是，由于电子书阅读器的购买者继续购买印刷图书并且随着环境变化在数字版和印刷版之间来回转换，印刷书籍在很大程度上继续存活。例如，根据皮尤研究中心的数据，大约 2/3 的美国人说他们 2015 年读过一本印刷图书，和 2012 年大致相同。尽管电子书和数字阅读平台大幅增加，人们还是更喜欢纸质书（Pew Research Center, 2016b）。在专业和教育图书市场，电子书已经取得了一些进展，部分原因是它们的成本较低，但由于种种原因，比起电子书，许多学生还是更喜欢纸质书。学生们经常发现，与纸质书相比，电子书的用户界面更加难以使用，而且看纸质书时更容易集中注意力，增强理解和记忆。电子书就像有声读物，是一种有用的可供选择的阅读方式，而不是纸质书的替代品。电子书从两位数到个位数的增长率可能反映了这一现实。

图书出版业面临的最大挑战是如何控制数字电子书平台的定价。正如前面所指出的，亚马逊占据了几乎 75% 的市场份额，虽然不是垄断，但却给了它巨大的市场支配力。评论家认为，亚马逊可能会毁掉传统图书出版业，少量的出版商、数量有限的书、独立书店、纽约的精英编辑、报纸图书评论家的旧印刷世界被取代。取而代之的是一个新的数字世界，在这里，内容由能识别消费者想要阅读什么的算法形成，作者就是自己的编辑，评论家被读者评论取代，图书分销被一个或一些网络商店控制（Packer, 2014）。亚马逊为创建自己的图书出版品牌而做出的努力，是为了避开传统图书出版商，但只是使得世界上最大的书店和世界上最大的出版商之间的关系恶化（Streitfield，2014c）。

作为电子书市场最大的参与者，亚马逊造成了最大的挑战。这是很讽刺的，因为凭借其在线商店和 Kindle 电子书市场以及读者，亚马逊通过提供地球上最大的书店并创建 Kindle 电子书平台，帮助出版业在向数字市场转型的过程中生存下来。虽然电子书收入的增长抵消了印刷图书销量的小幅下滑，但该行业在面对其最大的分销合作伙伴——亚马逊时，已经失去了定价权。

另一个严峻的挑战是数字分销平台的进一步发展。2014 年，亚马逊发布了 Kindle Unlimited，只需支付每月 9.99 美元的订阅费，顾客就可以阅读他们想读的所有书籍。有超过 140 万本图书可供选择，但这部分图书并没有包括五大出版商——Hachette、HarperCollins、Simon & Schuster、Macmillan 和 Penguin Random House。大型出版商认为，订阅电子书服务会对图书出版商和作者收入产生负面影响。对定价的控制再次成为关键问题。

虽然图书出版业在电子书以及亚马逊、苹果和其他公司提供的数字分销平台的第一个纪元生存下来，但图书出版收入和利润的长期前景仍然是一个悬而未决的问题。

互动式图书：整合技术

电子书的未来可能在一定程度上取决于书的概念和设计的改变。现代的电子书与最初的双面印刷的装订图书并没有什么不同，这种书在 17 世纪的欧洲就开始出现，并且在公元前 4 世纪的中国古代已经出现。传统的西方书籍有一个非常简单的非数字操作系统：文字从左到右，页面有页码，有扉页和封底，而文本页则通过缝合或用胶水装订在一起。教育类图书和参考书在书的后面会有一个字母索引，可以直接查阅到图书的内容。考虑到这些传统书籍的便携性、易用性和灵活性，它们将伴随我们许多年，但一个互动式电子书的平行新世界预计将在未来 5 年内出现。互动式图书将音频、视频和照片与文本结合起来，为读者提供了一种比简单地阅读图书更强大的多媒体体验。苹果公司推出了 iBooks Author（一款帮助作者创作互动式图书的应用程序），以及 iBooks Textbook（由几家最大的教材出版公司创建的互动式教材系列）。一些专家认为，到 2025 年，传统印刷书籍将会变成珍品。然而，截至 2016 年，这些更新的多媒体教材在市场上尚未成功。

10.3　网络娱乐业

通常认为，娱乐业主要由四种传统的商业参与者和一种新进入者组成：电视、广播、好莱坞电影、音乐和游戏（新进入者）。2015 年，这些基本上独立的娱乐业参与者总的年收入达到了 1 440 亿美元，包括数字形式和传统形式的收入。图 10-13 举例说明了这些商业娱乐市场的相对份额。到目前为止，最大的娱乐产业是电视（卫星和有线电视），其次是电影，紧接着是视频游戏（单机和在线游戏）、广播和音乐。尽管在线、电脑、电视游戏收入比电影票房收入（约 110 亿美元）多，但是加上流媒体收入、DVD 的销售和出租收入以及许可收入等其他电影收入来源，好莱坞电影的全部收入就比游戏行业的收入多（和电影相关的总收入为 292 亿美元）。广播仍然是一个强劲的收入来源，部分得益于像 Spotify 和潘多拉这样的互联网广播服务的增长，但其仍然在很大程度上依赖于 FM 和 AM 广播技术，特别是在汽车中。录制的音乐是主要参与者中所占份额最小的，为 70 亿美元，是 10 年前的一半。

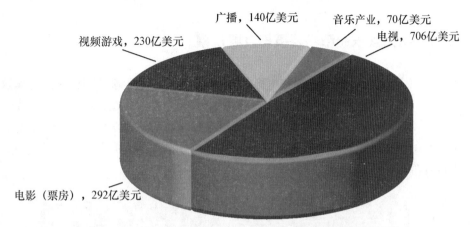

图 10 - 13　娱乐业的五个主要组成部分及其市场份额

资料来源：Based on data from industry sources; authors' estimates.

与其他内容行业一样，娱乐业正在经历互联网以及移动设备的非凡成长带来的变革。一些变革力量正在发挥作用。移动设备，加上亚马逊、网飞和其他许多公司提供的娱乐内容的易获得性，改变了消费者的偏好，增加了人们对这些内容的需求，既包括订阅模式，也包括点播式的付费观看模式。社交网络平台也促使娱乐内容朝电脑和智能手机方向发展。社交网络正在迅速地将视频和视频直播在线观看加入服务，并提供分享电视和电影体验的平台。iTunes 商店和亚马逊提供了成功的音乐下载服务，在那里用户要为歌曲和专辑付费。像潘多拉、Spotify 和 Apple Music 之类的音乐订阅服务拥有数百万订户。这两种服务（下载和在线收听）已经证明了数百万消费者愿意为高质量的内容、可携带性和便利性支付合理的价格。宽带的发展显然使各种娱乐形式在互联网上的有线和无线传输成为可能，它有可能取代有线电视和广播电视网络。像 Kindle 这样的封闭式平台和网飞这样的流媒体服务商也在努力减少对 DRM 的需求。因为在以前内容很难下载到电脑上（类似于有线电视），所以音乐和视频的订阅服务本来是受到保护的。随着像 Periscope 这样可以从电脑或电视屏幕上捕捉直播视频的流媒体视频应用程序的出现，这种情况正在改变。所有这些力量共同促成了娱乐业的变革。

在理想世界，任何时候、任何地点，只要消费者想，就可以看任何电影，听任何音乐，看任何电视节目，玩任何游戏，并且使用任何联网设备都是方便的。这些服务由一个互联网服务供应商提供，消费者将为这些服务向提供商按月支付费用。这个理想化的融合媒体世界还需多年的发展，但很明显，这是网络驱动的娱乐业的发展方向，部分原因是技术将会使这个理想世界得以实现，同时也因为大规模的、集成的技术媒体公司的出现，例如亚马逊、谷歌、苹果和网飞。许多分析人士认为，未来的大型娱乐媒体巨头将是那些已经进入内容生产领域的科技公司。

提到线下世界的娱乐生产商，我们往往会联想到 ABC、Fox、NBC、HBO 或 CBS 等电视网络集团，像米高梅、迪士尼、派拉蒙以及 21 世纪福克斯这样的好莱坞电影公司，还有索尼 BMG、大西洋唱片、哥伦比亚唱片和华纳唱片这样的唱片公司。有趣的是，这些国际品牌大多刚刚开始在互联网上发展其重要娱乐业务。虽然电视节目和好莱坞电影等传统娱乐形式现在在网络上很常见，但无论是电视还是电影行业，都没有建立一个全行业的传输系统。相反，它们正在与网飞、雅虎、谷歌、亚马逊、脸书和苹果（所有这些公司都已经成为媒体分销的重大参与者）等互联网分销商建立合作关系。

10.3.1 网络娱乐业市场规模与发展规模

图 10-14 显示了在线电视和电影、在线视频游戏、网络广播和在线音乐这些主要娱乐方式的网络娱乐商业收入的当前和预计增长。其中最引人注目的是在线电视和电影的非凡增长，这在很大程度上是由移动设备的采用以及电视和电影流媒体网站的成功所驱动的。其他形式的网络娱乐也将以个位数的速度继续增长。随着互联网加入电视节目和电影的分销，有线电视传输系统的重要性和收入也在降低。

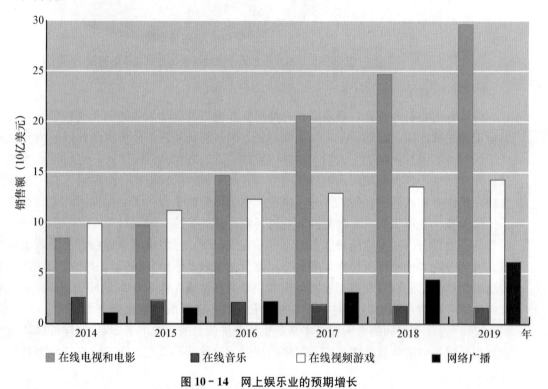

图 10-14 网上娱乐业的预期增长

说明：在大众娱乐的各种商业形式中，在线电视和电影在 2016 年拥有最多的受众，并产生了最大份额的在线收入。到 2019 年，在线电视和电影预计将占所有在线娱乐收入的 57%。

资料来源：Based on data from industry sources; authors' estimates.

到 2019 年将会发生一些有趣的变化。在线电视和电影的增长速度将非常快（年增长率超过 15%），而在线视频游戏和网络广播的收入来源保持相对稳定，与电视和电影相比，其重要性下降。

10.3.2 电视

2016 年的电视行业，观众已经转向了移动、互联网流媒体，以及像网飞和苹果这样的已经获得了对于电视和电影制作公司的市场支配力的下载分销商，有线电视系统也在面对互联网和移动应用程序内容传送时节节败退。网飞、Hulu 和亚马逊等公司提供的流媒体服务，以及电影和整部电视连续剧的快捷下载服务，给传统有线电视系统创造了强大的替代选择。互联网提供了可选择的、不捆绑的、点播式电视节目观看方式，有线电视系统因此受到了挑战。**线性电视观看方式**（linear TV）（分期观看一部电视连续剧）被**刷剧**（binge watching）（在网上用几天时间看完整部电视连续剧）

替代。刷剧对有线电视或宽带平台上的线性观看方式来说是不可能的。与预期相反的是，家庭大屏幕电视机和以往一样受欢迎，这是因为社交网络充斥着对正在播放的电视节目的谈论以及联网的智能电视的支持。2016 年，超过 1.65 亿美国人在线观看电视，超过美国人口的 50%（eMarketer, Inc.，2016g）。电视家庭越来越跨平台。美国人每天花大约 4 小时在传统电视机上观看电视节目，但花 5.75 小时使用电脑或移动设备上网。千禧一代（16～34 岁的人）也是流媒体电视服务的狂热用户，在最近的一项调查中，超过 80% 的该年龄段受访者表示，他们通过这样的服务来观看电视节目（eMarketer, Inc.，2016b）。流媒体已经取代了下载，成为消费者首选的观看平台。网飞是流媒体电视和电影的市场领导者，2015 年的收入为 67 亿美元。

借助 Apple TV、Google Chromecast、Roku 和 Amazon Fire TV（见表 10-3）等专门的流媒体设备，以及智能手机和平板电脑，电视行业处于向新的传播平台（互联网）转型的过程中。因此，有线电视和卫星电视的分销模式受到了挑战。这种转变与早期转向使用数字录像机时非常相似，消费者可以不受电视节目播放时间的限制。目前电视向着互联网，尤其是向着移动传播的过渡，并没有导致传统电视观看量的下降，事实上观看量反而有所增加。新的平台正在改变消费者看电视的方式、时间和地点。云计算、存储和来自大型互联网数据中心而不是个人设备的内容流，已经造成了一个很大的转变——从内容所有权转向专注于在任何地方、任何时间，从任何流媒体服务设备都能获取内容。通过订阅服务获取电影流的发展速度比购买和下载电影更快。社交网络已经开发出了一种新的**社交电视**（social TV），消费者通过它观看电视节目的同时分享评论。现在电视家庭里最重要的活动可能并不是屏幕上播放的内容，而是人们对内容发表的评论。如今，电视评级机构尚没有一种方法可以衡量这种参与形式。

表 10-3 流媒体电视设备

名称	描述
Apple TV	提供苹果 iTunes，加上其他数千个频道/应用程序，包括网飞、Hulu、HBO、Showtime 等的内容。不提供 Google Play 或 Amazon Video，不过可以使用 Airplay 功能访问 Amazon Video。有两种模式。新的 Apple TV 推出了 touchpad 远程控制和 Siri 语音识别功能。
Google Chromecast	从 Google Play 商店和网飞、Hulu、HBO、ESPN、YouTube 等其他提供商，以及其他成千上万的网站流内容。必须有提供对这些服务的访问权限的账户。不提供对 iTunes 或 Amazon Video 的访问。不像其他的有屏幕界面的设备，能显示频道/应用程序并且通过远程控制选择并播放它们。Chromecast 可以帮助你在 Chrome 浏览器或移动设备上找到想要的内容，然后通过 Chromecast 播放器投影到电视上。设备成本最低。
Roku	2 500 多个频道/应用的流内容，包括网飞、Amazon Video、Google Play、HBO 等。必须有提供对这些服务的访问权限的账号。不提供对 iTunes 的访问。有 5 种不同的模式可供选择，从机顶盒到流媒体播放棒都有不同的性能、功能和价格。
Amazon Fire TV	与亚马逊即时视频服务紧密结合，但也提供了访问除 iTunes 和 Google Play 以外的数千个其他内容提供商的途径。有两种基本模式：机顶盒（Fire TV）和 Fire TV 棒。

宽带网络的发展，尤其是那些服务于 WiFi 和高速蜂窝网络等移动设备的宽带网络，以及云服务器的增长，使一种全新的电视分销商的发展得以实现。云分销商，如苹果的 iCloud 服务和沃尔玛的 Vudu 服务，允许用户购买视频和电影，将其存储在 iCloud 中，并从任何设备、任何地方观看。消费者过去接收电视信号的主要方式是通过无线广播、有线电视或卫星电视分销商（所谓的线性电视），在苹果、谷歌、Hulu、网飞等强大的科技公司的领导下，一个新的 OTT 渠道发展起来，所有这些科技公司都使用家庭网络服务而不是有线电视服务向消费者提供电视节目和电影（见表 10-4）。**OTT**（over-the-top）娱乐服务指的是利用互联网为家庭提供网上娱乐服务。

OTT 指的是娱乐服务商越过有线电视和电话服务等其他网络服务的事实。这就好像我们有一个新的互联网广播系统，系统中有许多新的参与者。有了 OTT 娱乐服务，电视不必是线性的，消费者也不必购买一大堆捆绑频道，其中大多数频道都是他们不看的。2016 年，美国联邦通信委员会提出了一个计划，有时也被称为"开放机顶盒计划"，这项计划将使消费者摆脱有线电视机顶盒，并能够通过流媒体电视设备（例如表 10-3 中提到的那些设备）或通过智能电视上的应用程序访问有线电视频道。不过，意料之中的是，这个计划遭到了电视行业和有线电视供应商的强烈抵制。

表 10-4 新的数字电视订阅服务

数字服务	提供商
直播和点播服务	
Sling TV	Dish Network（卫星电视服务提供商）包括 24＋频道的数字套餐，20 美元/月，加上 5 美元或更高的费用可以订购额外的频道套餐。
Sony PlayStation Vue	不同的套餐价格不同，从 29.99 美元/月订阅 55＋频道，包括有线电视直播、电影和体育频道，到 54.99 美元订阅 100＋频道，包括国家和地区体育直播网以及主要电影和娱乐频道。需要网络连接和一个 PlayStation Vue。支持与电视连接的设备，如 PS3/PS4、亚马逊 Fire TV/Fire TV 捧、Roku 设备，通过 Playstation Vue 移动应用程序也支持苹果 iPhone/iPad 和安卓设备。也可以使用 Google Chromecast 访问。
Xfinity Stream TV	Comcast 的在线直播和点播广播网络服务及 HBO 付费有线电视节目。每月 15 美元，只限于 Comcast 订户。
AT&T DirecTV Now	包含 100 个点播电视和电影频道的捆绑服务（基于其 2015 年以 490 亿美元的价格收购 DirecTV）。DirecTV 移动应用将把优质视频与为网络而制作的内容结合在一起。预计将于 2016 年底推出。
纯点播服务	
网飞	数千部电影和电视剧以及原创剧，例如《纸牌屋》和《坚不可摧》。每月 8 美元。
Amazon Prime	数千部电影和电视剧以及一些原创节目，对金牌会员用户免费。每年 99 美元。
Hulu Plus	广播和有线电视网络的电视节目，以及原创 HBO 节目。每月 8 美元。
Noggin	Viacom 推出的视频应用。针对学龄前儿童。提供对过去的节目存档的访问。每月 5.99 美元。
点播式电视网*	
Showtime	付费有线电视网原创节目，在苹果、Roku、Hulu 和 Vue 上可观看。每月 11 美元。
HBO Now	HBO 节目、电影和纪录片，在 PlayStation 和苹果移动设备上可观看。每月 15 美元。
CBS All Access	部分地区支持在线直播功能，可点播 CBS 存档的以前的节目。每月 6 美元。

* 来自优先内容网络的原创内容节目。

互联网和移动平台也改变了观看体验。通勤或旅行时最好的屏幕是智能手机和平板电脑。更重要的是，像脸书和推特这样的互联网社交网络让电视观看变成了能在邻居、朋友和同事之间分享的社交体验。过去，电视通常是一个家庭和朋友参与的、在同一个房间看一个电视节目的社交活动。现在社交圈已经扩大到包括脸书和推特上的在不同地方的朋友，将电视从"向后靠然后享受"的体验变成了一个"向前倾然后参与"的体验。许多观众都在进行多任务处理：一边观看节目，一边在网上发短信、评论和聊天。

虽然到目前为止，互联网对电视行业已经产生了广泛而积极的影响，但挑战仍然存在。几乎所有国家最大的电视提供商都是有线电视系统，它向消费者收取月服务费并提供服务，通常还提供互联网和/或电话服务。在美国，平均每个家庭每月为该服务花费大约 100 美元。有线电视系统还能从地方和全国的广告商那里获得广告收入。所产生的收入用于维持物理有线网络以及为节目制作商（通常被称为有线电视网络）的内容支付报酬。例如，HBO（Home Box Office network）为美国近11 000 个本地有线电视系统制作了各种各样的电视节目，并从时代华纳之类的当地和国家有线电视系统以及它们的订户那里收取费用。ESPN 是电视和互联网上最大的体育电视网，对地方和国家有线电视系统按观众数收取费用。但是，正如在章首案例中讨论的那样，有这么多不同的发行商提供的视频供在线观看，很多用户都在考虑"终结有线电视"，而仅仅依赖于互联网获取视频娱乐服务。其他的观众是"有线电视削减者"，他们减少了对数字频道的订阅。同样，电视信号的无线数字广播的改善也造成无线观众略微增加（约占所有电视观众的 15%）。到目前为止，停止和减少有线电视订阅的数量都很有限。在大约 1 亿付费电视消费者中，估计有 100 万用户停止了对有线电视的订阅。千禧一代更不太可能为有线电视服务付费，他们在网上看电视的时间比年长的消费者要长。但这些差异也反映了收入的差异。千禧一代的绝大部分人都是像他们的父母一样看普通有线电视（eMarketer，2016b）。然而，有线电视服务的高额服务费，以及不断扩展的互联网能力，都表明有线电视的增长已经结束，有线电视的订阅将会减少。

10.3.3 标准长度的电影

　　在好莱坞，向数字交付平台的转型正在进行，该行业已做好以新的数字平台来维持其收入的准备。随着消费者完全连接移动设备、台式机和家庭电视上的宽带网络，好莱坞已经用一系列新的观看选择做出应对。因此，消费者在电影娱乐方面（无论是实体的还是数字化的）的支出都是稳定的，并且在几个数字平台上有显著的增长。

　　好莱坞工作室在数字时代成功的关键是它们对原创的、标准长度的产品的控制，以及对谁在何时将如何发行其电影的控制。发行商（无论是网络发行商还是有线电视系统）都需要满足好莱坞工作室的要求。好莱坞电影公司在内容创作方面的主导地位受到了挑战，但目前来看仍是安全的。据估计，2016 年将有 1.2 亿美国人在线观看电影，到 2020 年将增长到 1.45 亿（见图 10-15）。

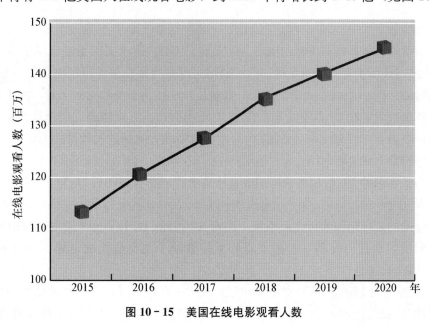

图 10-15　美国在线电影观看人数

资料来源：Based on data from eMarketer，Inc.，2016g.

除了影院票房收入，电影业收入还来源于实体版（DVD）和数字版，例如出售电影以供下载（称为电子零售（Electronic Sell-Through，EST）），出售有线电视或互联网上特定的电影的观看权（称为网络视频点播（Internet Video On Demand，iVOD）），以及在互联网上订阅流媒体服务（见图 10 - 16）。

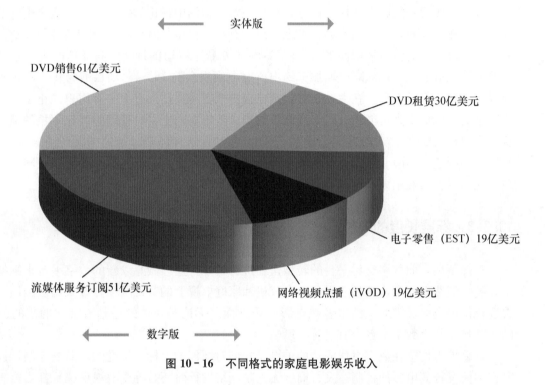

图 10 - 16 不同格式的家庭电影娱乐收入

说明：实体版仍占家庭电影收入的 59％，但这一比例正在迅速缩小。数字版的收入正以更快的速度增长。

资料来源：Based on data from Digital Entertainment Group，2016.

这些数字版中的每一种都有一个主要的参与者。EST 下载最重要的领导者是苹果的 iTunes 商店。消费者购买并拥有下载的电影。苹果在 iVOD "菜单式" 租赁市场中也处于领先地位，但包括亚马逊、Hulu 和有线电视系统在内的其他主要参与者也按需出租电影（通常被称为 VOD，没有在线视频的 "i"）。当然，无论是从订户数量还是从使用服务的时间来看，网飞都是最成功的流媒体订阅服务提供者，在 2015 年创造了 67 亿美元的收入。流媒体的发展速度快于 iVOD，这从网飞和苹果的市场份额中可见一斑（见图 10 - 17）。规模庞大的新进入者包括 Hulu 和 HBO、Showtime 和亚马逊等付费有线电视网络。

像沃尔玛的 Vudu 服务这样的混合服务允许消费者先购买 DVD，之后可以从任何设备下载或在线观看其电子版。Vudu 服务是通过叫作 UltraViolet 的分销渠道实现的。UltraViolet 是一个由整个业界赞助的云存储和购买凭证系统。用户在他们的 UltraViolet 网络账户中输入密码，这让他们可以访问他们从任何设备（包括安卓和苹果智能手机）购买的电影。估计有 1 900 万用户在使用 UltraViolet。

自 2006 年以来，DVD 的销售和租赁收入一直在下降，有时甚至是以两位数的比例下降。2015 年，DVD 收入为 90 亿美元，比 2014 年下降了 33％。但 DVD 收入仍占电影总票房的 51％。DVD 仍然非常有利可图。DVD 收入的下降部分被数字版的惊人增长抵消，特别是流媒体订阅，其 2015 年的增长超过 25％，达到 50 亿美元。在所有的内容产业中，电影产业能够维持其收入而不被新技术破坏，至少现在还没有。

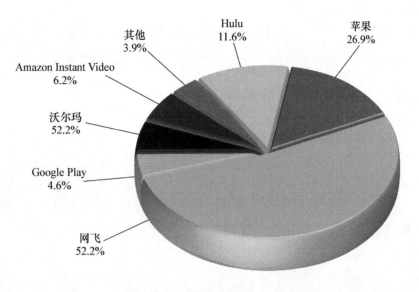

图 10 - 17　主流在线电影分销商

说明：苹果主导着电影下载和购买市场，而网飞则主导着流媒体电影和电视节目市场。

资料来源：Based on data from industry sources，authors' estimates.

　　当好莱坞试图跟上日益数字化、流媒体化，甚至移动化的快速变化的分销平台时，它面临着许多挑战。增长最快的数字流媒体格式在每单位基础上并没有产生多少收入。好莱坞工作室能从每部 DVD 赚得大约 4.50 美元，但每部 VOD 下载的电影只能赚 2.00 美元，而每部流媒体电影只有 50 美分。这意味着工作室面临着压力：要保持它们的新电影的实体版即 DVD、数字影院播放或视频下载，并为了老电影使用流媒体渠道（网飞）。没有互联网，这些老电影可能不会以任何价格出售，或者是已经有数百万顾客观看过这些老电影。好莱坞通过控制电影的"发行窗口"来实现市场细分，错开市场发行。这是一种价格歧视：那些想尽快看电影的人愿意支付更高的价格。首先是影院票房，其次是 DVD 和有线电视视频点播，再次是互联网视频点播，最后是流媒体订阅服务。当然，电影公司将一流电影控制在线下的时间越长，电影被盗版的可能性就越大。在消费者的压力下，**发行窗口**（release window）正在改变，更快地在流媒体和 VOD 服务发行电影。发行窗口期从 9 个月缩短到 4 个月，特别是对于 DVD 和票房销售惨淡的业绩不佳的电影。

　　另一个挑战是网络电影分销商的实力不断增强，它们可能会成为竞争对手。在互联网出现之前，连锁影院、DVD 租赁和销售商店等分销商从未有机会制作自己的电影并进入电影制作业。但在数字时代，网飞、亚马逊、Hulu 和谷歌等分销商都有财力来尝试制作长篇电影，降低它们的授权成本。网飞、Hulu 和亚马逊已经展示了它们制作热门电视剧的能力。基于流媒体的公司有动力去生产自己的内容，以避免好莱坞电影公司要求的高额的授权费。例如，在 2015 年，网飞估计为内容向电影工作室支付了 90 亿美元，占其运营成本的 70%。因此，网飞正在大力投资原创内容制作。"技术透视"专栏"好莱坞和互联网：让我们达成协议"描述了好莱坞电影公司和互联网分销商如何达成协议以在网上提供更多电影。

好莱坞和互联网：让我们达成协议

从各方面来看，2015年对电影行业来说是个好年头。北美票房收入为110亿美元，比上一年增加了6%。全球票房收入也有所增长，2015年达到380亿美元，创历史新高，比前一年增加了5%。中国的销售额增长了40%以上。在美国售出了13.2亿张电影票，略有上升，平均票价和发行的电影数量都很稳定。下载和在线观看的网络收入持续增长，达到88亿美元（约占家庭电影市场的31%）。无论如何，好莱坞的赚钱机器已经被互联网改变了。但到目前为止，电影行业已经避免了音乐行业出现的那种破坏。人们仍然涌入电影院观看最新的电影，许多人仍然租赁或购买DVD（超过一半的家庭电影收入），而且很多人愿意为流式电影付费，即使这些电影比他们能在影院观看的电影要老。

好莱坞能在互联网的破坏力下幸存的原因是复杂的。互联网使老电影变得更有价值，原因很简单：它们可以被廉价地存储在云服务器上，很容易被消费者发现，而且可以以接近零的成本进行流式传播，产生新的收入流。DVD的持续销售，以及在线流媒体服务和下载销售的收入，使得更老的电影的收入更高。《阿凡达》最初于2009年上映，目前总收入已经超过30亿美元；《泰坦尼克号》于1997年上映，总收入也超过了30亿美元。最近的大片《星球大战：原力觉醒》（2015年），第一年票房超过20亿美元，《侏罗纪世界》（2015年）则超过16亿美元。要是所有的电影都可以产生这么好的结果，那么好莱坞将会再次辉煌。互联网使好莱坞的库存电影更有价值。

但在好莱坞并不是一切都好。好莱坞通过影院产生30%的收入，但是电影一旦在影院上映，就会转移到利润较低的地方：从DVD（利润非常丰厚）到有线电视视频点播服务，然后再到网飞和苹果这样的网络分销商供消费者购买、下载或者流式收看。在好莱坞的"食物链"中，互联网流媒体服务的地位很低，部分原因是它们没有收入来支付最新的电影。网飞对上千部电影的观看权只收取8美元的月费，所以相比网飞，好莱坞更喜欢与亚马逊或者苹果做生意，前者销售和出租数百万张DVD，后者向下载最新发行的电影的客户收取12~14美元。接下来是有线网络视频点播服务，一次观看的收费从5~12美元不等。最后，电影在上映数年之后以有线电视网和广播电视台作为结束。即使是有线电视网，也大大减少了其对长篇电影的发行，取而代之的是更便宜的无剧本的真人秀节目。以电影制片公司对每部电影的收入潜力的估计为基础，不同的电影有不同的发行窗口。一部很受欢迎的电影将会延长其发行窗口期。

在向一个大多数人将用平板电脑和智能手机，在家或在路上上网观看电影的世界前进的过程中，好莱坞正面临着几个问题。一个问题是，在好莱坞的业务中，增长最快的部分是互联网，但它同时也是最不赚钱的。另一个问题是，好莱坞并没有控制自己的分销网，相反，它被迫依赖于像网飞、苹果、亚马逊和谷歌这样的分销商，这些分销商都吸引了大量的观众。同样，大型网络分销商面临内容问题：如果它们不能提供最近制作的电影，它们就无法吸引大量的观众。网飞的老电影和电影库的吸引力有限，消费者正在寻找新上映的电影。但好莱坞对新电影的收费非常高。

最初，由于实体店租赁收入下降，好莱坞高度依赖在亚马逊的DVD销售。iTunes仍然是最大的点播式电影下载服务提供者（所谓的电子零售或EST）。但最近，市场发生了变化，很大程度上是因为网飞的流媒体视频模式取得了成功。当你可以订阅稳定电影流时，为什么要通过下载来拥有呢？好莱坞处于一个令人羡慕的地位，那些缺乏高质量内容的网络分销商都在追求这个地位。这与过去10年音乐行业发生的情况非常不同。有许多电影的买家出现，而不仅仅是亚马逊或iTunes。谷歌已经开发了自己的流媒体设备（像Apple TV一样），该设备是一个电影流平台。Hulu也再次扩展为一个分销平台。

网飞继续主导着在线电影市场，其市场份额为52%，而苹果只有15%。苹果一度在互联网电影市场中占有 70% 的份额，当时好莱坞电影工作室担心苹果将能够主宰互联网分销并支配价格。现在，网飞在流媒体市场占据主导地位，好莱坞担心它将被迫以比 DVD 价格低得多的价格出售其产品。出于这个原因，好莱坞将电影的发行限定于网飞和其他流媒体服务商，谨慎地少量发放近期电影的授权。好莱坞更希望粉丝们从苹果下载电影，而不是等到流式收看。为了鼓励这一点，好莱坞已经创建了一个名为数字高清的新产品，允许粉丝在 DVD 或视频点播服务发行之前 3 周下载电影的高清版本。数字高清有不同版本。例如，Disney Movies Anywhere 允许消费者购买存储在云服务器上的最近的高清电影后，随时随地播放该电影。Vudu（由沃尔玛拥有）提供下载高清电影和数字存储服务。另一项服务 UltraViolet 允许消费者购买数字版并将其存储在云端，随时随地在任何设备都可以观看。亚马逊的 Digital Copy 服务提供数字电影和附有数字版权限的 DVD 的购买服务。通过这些方式，好莱坞能够将新电影发布到数字分销渠道，因为消费者愿意支付额外费用，或者以全价购买 DVD，并获得免费的数字云端拷贝。

数字高清电影是有定价的，这样好莱坞就能产生和传统的 DVD 一样多的收入。这是好莱坞第一次改变其发行窗口策略，以推动数字下载销售。电影工作室可以对新电影的数字下载收取溢价，使得这种发行方式比 DVD 渠道或有线电视网提供的视频点播渠道更有价值。在某些情况下，像迪士尼和索尼这样的电影制作公司已经开辟了自己的网上商店，直接向消费者出售最近上映的电影。这开启了好莱坞工作室完全绕过网络分销商的可能性。

越来越多的大公司正在进入优质视频下载和流式传输市场，相互竞争好莱坞电影并抬高价格。例如，从 2016 年 9 月开始，网飞将有权在第一个付费电视窗口期独家播放迪士尼、漫威、皮克斯和卢卡斯影业的电影，阻止它们在 HBO 或 Starz 的发行，也使它们远离亚马逊金牌会员、Hulu 和其他流媒体服务商。但亚马逊和 Hulu 仍然是网飞的主要竞争对手。

这三个竞争对手纷纷进军原创内容以减少对好莱坞电影的依赖。2016 年，亚马逊共有 36 部原创电视剧，其中一些获得了高度评价。它聘请了伍迪·艾伦（Woody Allen）来编写和指导自己的电视剧。电视剧的制作成本更低，其销售更能带来利益，亚马逊、Hulu 和网飞都可以通过电视剧的方式进军电影制作领域。但从制作相对便宜的电视连续剧到完整长度的电影，还有很长的路要走。

最后，好莱坞和互联网相互需要，唯一的问题是如何找到合适的价格，确定交易条件，并达成双赢的协议。这一连串的交易对消费者，或许还有互联网分销商以及好莱坞电影公司来说，都是个好兆头。考虑到关注度向网络娱乐的转移，好莱坞正在扩大它的观众群，保持甚至提高价格。随着许多互联网分销商的竞争，好莱坞从替代分销商的竞争中增强了实力。网飞将不会对好莱坞电影工作室产生束缚。所有这些预测将如何实现仍有待观察，不妨拭目以待。

资料来源："Netflix's Big Exclusivity Deal for Disney's Latest Movies Starts in September," by Chris Welch, Theverge.com, May 23, 2016; "Hollywood Divided Over Movie Streaming Service," by Brooks Barnes, *New York Times*, March 20, 2016; "Amazon, Retail Behemoth, Taking Small Steps Into Hollywood," by Brent Lang, *Variety*, March 8, 2016; "Global 2015 Box Office: Revenue Hits Record $38 Billion Plus," by Pamela McClintock, *Hollywood Reporter*, January 3, 2016; "Theatrical Market Statistics, 2015," Motion Picture Industry Association, 2016; "Amazon Pushes to Deliver More Prime Time," by Emily Steel, *New York Times*, July 31, 2015; "Hulu Will Offer Showtime for Extra $8.99 a Month, Differentiating Itself From Netflix," by Keach Hagey, *New York Times*, June 23, 2015; "How the New iPhone Helps Hollywood," by Andy Lewis, *Hollywood Reporter*, September 6, 2013; "Amazon Invests Millions in Original TV Shows to Get You to Buy More Diapers," by Timothy Senovac, *Huffington Post*, May 31, 2013.

虽然以便捷安全的方式对电影进行流播放和下载的多种合法来源的出现似乎减少了盗版的总量，但它仍然是电影和电视行业的一大威胁，尽管业界和政府多年来一直在努力减少盗版。过去，比特流和网盘/文件托管网站（如 Megaupload）是最常见的盗版方法，但如今，提供盗版内容流的网站变得更加流行了。例如，最近的一项研究发现，在全世界有总共将近 80 亿次对 14 000 个不同的电影和电视盗版网站的访问，其中差不多有 75% 是对流媒体网站，而只有 17% 是对比特流网站

（Spangler，2016）。

电影行业由于盗版而损失的金额是未知的。过去，该行业估计其每年因为互联网上的盗版电影损失超过 60 亿美元，盗版方式有复刻 DVD、早期制作拷贝和影院录像（Bialik，2013）。其他学术研究估计，在美国此损失接近 20 亿～30 亿美元（Danaher et al.，2013）。谷歌的一份研究报告发现，盗版电影的搜索量一直在稳步下降，而在线租赁和在线观看的搜索量却在上升（Google，2011）。由于谷歌已经与电视和电影工作室建立了更密切的关系，并且有制作自己的原创内容的野心，它加大力度减少对盗版网站的访问。2015 年，谷歌改变了搜索算法，将盗版电影网站在搜索结果中排到很靠后的位置，或者完全移除，使得很难通过搜索引擎找到盗版电影。由于搜索是消费者兴趣和意图的一个指示器，盗版电影的大众兴趣正在下降。像网飞和 iTunes 这样，支付一小笔月费就可以访问电影流，或是支付几美元就可以租看电影的服务，也可以说是减少了许多潜在盗版商盗版电影的动机。

在像法国这样通过了强有力的法律以保护艺术家和阻止非法下载（HADOPI 法案）的国家，法律一生效，DVD 和合法下载网站的电影销售在接下来的 12 个月里就增长了 25%（Danaher et al.，2013）。

政府关闭网盘行为也会对电影销售产生巨大影响。2012 年，美国政府和其他政府关闭了世界上最大的网盘 Megaupload。几天后，25PB 的音乐和电影从互联网上消失了。在使用 Megaupload 最多的 12 个国家中，关闭 Megaupload 后的 18 周内，有两家电影工作室的网络收入增长了 6%～12%（Danaher and Smith，2014；Fritz，2013）。除了少数例外，2000 年以来发表的学术文献表明，盗版会导致正版电影销售的显著下降（Danaher et al.，2013）。

10.3.4 音乐

也许其他的内容产业没有哪个像唱片音乐产业这样被互联网和新的商业模式破坏得如此严重。自 1999 年以来，该行业的收入减少了一半。到 2010 年，收入稳定下来，此后一直持平。2015 年，美国该行业总收入约为 70 亿美元。2015 年，全球音乐销售额增长了 3%，达到 150 亿美元左右，而 1999 年为 270 亿美元（IFPI，2016）。

数字收入现在占音乐收入的 70%（约 48 亿美元）（见图 10 - 18）。来自 CD 的收入持续下降，但仍占该行业收入的 30%（约 20 亿美元）。来自广告支持的流媒体和订阅流媒体网站的流媒体音乐销售额现在总计 24 亿美元，约占行业收入的 34%。数字收入并没有弥补 CD 销量急剧下降所造成的收入损失。2015 年，黑胶唱片的收入增长了 32%，达到 4.16 亿美元。黑胶唱片公司正在摆脱业余爱好者的利基市场，部分原因是与数字音轨相比，它的音响效果更好，而且越来越多的集团将黑胶唱片与 CD 一起发行，尽管它们只占行业收入的 7%。

在其历史上的大部分时间里，音乐产业依靠各种物理媒介（醋酸纤维唱片、乙烯基唱片、卡式磁带，最后是 CD-ROM）来发行音乐，它的收入的核心是一种实体产品。自 20 世纪 50 年代以来，这种实体产品就是专辑——捆绑销售的歌曲集，其售价比单曲销售高得多。互联网改变了这一切，2000 年，一项名为 Napster 的音乐服务开始在互联网上将盗版音乐传播给将计算机用作留声机的消费者。尽管 Napster 因法律上的挑战而瓦解，但仍有数百个非法网站出现，导致音乐行业的收入从 1999 年的 140 亿美元下降至 2015 年的 70 亿美元。从 2001 年开始，可以连接到互联网的强大的移动媒体播放器（如苹果的 iPod，以及后来的 iPhone 和 iPad）的出现，然后是音乐流媒体网站的惊人增长，进一步侵蚀了 CD 专辑的销售。流媒体已经从根本上改变了实体音乐形式的销售，因为消费者不再需要拥有一个实体单元就能听到想听的音乐。

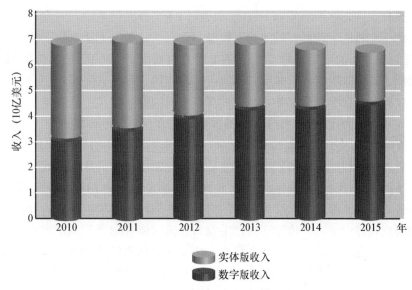

图 10 - 18 美国音乐行业收入：数字版与实体版

说明：音乐行业的收入自 2000 年以来下降了 50%，直到最近才稳定在 70 亿美元左右。数字音乐现在占据了所有音乐收入的 70%。

资料来源：Based on data from RIAA，2016，2015.

　　音乐行业最初抵制合法的数字分销渠道的发展，但最终还是不情愿地在 2003 年与苹果新推出的 iTunes 商店以及几个小型订阅音乐服务达成了协议，进行网络分销。2006 年，当流媒体音乐服务登场时，音乐行业已经放弃了其对数字版的反对，很快就与潘多拉、Spotify 以及其他服务商达成协议，在它们的订阅服务和"免费"的广告支持的服务中提供流媒体音乐以收取费用。当时，音乐行业因为盗版和文件共享正在失去其销售额，人们广泛认为歌曲和专辑的数字下载以及流媒体音乐服务是音乐行业的救世主。尽管如此，从这些来源获得的收入与过去 CD 专辑产生的收入相比还是相形见绌。图 10 - 19 显示了消费者在 4 种不同形式的数字音乐上的消费：单曲、专辑、流媒体音乐和铃声。

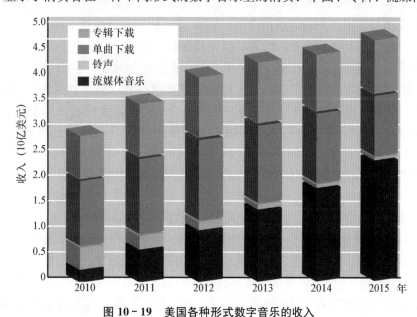

图 10 - 19 美国各种形式数字音乐的收入

说明：歌曲下载仍然是数字音乐的最大组成部分，但流媒体数字音乐是增长最快的。

资料来源：Based on data from eMarketer，Inc.，2016h，2015.

虽然有人认为苹果的 iTunes 音乐服务以 99 美分提供单曲，对专辑的销售有影响，但事实显然并非如此。专辑的下载量与单曲的下载量不分高下，实际上比单曲下载增长得更快。例如，在 2015 年 11 月首次发行的阿黛尔的《25》，在 6 个月内卖出了 1 800 万份实体版和数字版。数字或 CD 专辑的销量似乎更多取决于音乐的质量和流行度的作用，而非其格式。

现在有两种数字音乐服务，每一种都有不同的商业模式：流媒体音乐服务和数字下载。流媒体音乐服务（也称为互联网电台），如潘多拉、Spotify、Apple Music、Rdio、Rhapsody 和 iHeartRadio，它们将音乐从云服务器传送给听众，而音乐不存储在用户设备上。潘多拉提供一种策划服务，允许用户选择他们想要听的艺术家，然后该网站使用一种算法来创建一个艺术家列表，这些艺术家都类似于用户选择的艺术家。Spotify 允许用户指定艺术家和歌曲。流媒体音乐服务有两个收入来源：广告支持和订阅服务。广告支持的流媒体是一种免费增值模式，允许用户每月在有限的时长内免费访问流媒体音乐，并依靠广告产生收入。流媒体音乐服务通常也提供订阅服务，用户可以按月付费收听无广告音乐。然而，通常只有一小部分听众支付订阅费，而广告收入通常会远远超过订阅收入。Apple Music 没有免费音乐，需要 10 美元的无广告收听月费。

数字下载服务（也称为下载拥有）的典型例子是 iTunes、亚马逊和 Google Play，用户可以在那里下载"点播式"歌曲和专辑，并为每首歌支付费用。越来越多的歌曲被存储在云服务器上，这样用户就可以用任何个人设备收听音乐。所有的收入都来自音乐专辑或单曲的销售。数字音乐下载是数字音乐产业的第二大部分，创造了 23 亿美元或者说 33% 的行业收入。虽然非法盗版文件共享和音乐下载是数字浪潮的前沿，从 20 世纪 90 年代开始就严重破坏了音乐行业，但现在合法的数字下载和流媒体服务已经抑制了非法音乐盗版。合法的数字音乐源通过产生可靠的收入和利润拯救了音乐公司，虽然并不如 CD 的鼎盛时期那样收入丰厚。音乐公司可以从售价 16 美元的 CD 赚 7 美元，但从 iTunes 上售价 99 美分的单曲只能赚到大约 32 美分。一张数字专辑为音乐公司产生大约 3 美元的利润，几乎是 CD 专辑销售利润的一半。艺术家同样受到了影响，他们的收入在数字化环境中减少了一半。

iTunes 等服务的数字音乐下载量已经下降，而增长最快的部分是流媒体音乐服务。音乐流媒体服务的成功似乎正在蚕食下载销售，2015 年音乐的下载销售量下降了 10%，这一趋势是从 2012 年开始的。随着云计算和基于云的音乐服务的发展，拥有音乐的概念开始转变为在任何地方、任何设备收听音乐。然而，尽管音乐流媒体服务听众正在疯狂增加，但因为基础设施成本、从音乐公司获取音乐内容的成本，以及广告收入支持的免费增值模式，很少有（如果有的话）服务商能够盈利。因此，目前尚不清楚流媒体音乐服务是否有一个可行的商业模式。对于艺术家和唱片公司来说，流媒体服务没有什么可提供的。音乐唱片公司可能从每首 iTunes 歌曲收到 32 美分，但从同一首歌曲的流媒体版却只能收到 0.63 便士。这一收入是与艺术家共享的，艺术家将获得 0.32 便士。《滚石》杂志计算出，一首销售量有 100 万次的流媒体版的热门歌曲会给艺术家带来 3 166 美元的收入，为唱片公司带来的收入也差不多。对于艺术家来说，广告支持的流媒体支付的费用要比订阅少得多。由于这个原因，许多艺术家和团体拒绝授权流式传输他们的音乐。

2014 年，世界上最受欢迎的歌手之一泰勒·斯威夫特（Taylor Swift）从 Spotify 的免费服务中下架了她的音乐，因为它支付的版税太低。2015 年，她把自己的专辑《1989》从苹果新推出的 Apple Music 服务中下架，因为苹果计划在服务的前 3 个月不收费。其他许多歌手也从免费的流媒体服务中下架了他们的作品，越来越多的音乐人开始想要从流媒体网站寻求更高的补偿。

投资者乐观的原因是发展。随着音乐流媒体网站的激增以及主要的艺术家保留自己最近的专辑，许多分析人士认为音乐行业的商业模式已经被打破，而流媒体将无法拯救这个行业。可以想象，未来的主要艺术家将拥有自己的流媒体服务，并向市场收取费用。

10.3.5　游戏

　　2016 年 7 月，任天堂旗下的口袋妖怪公司在苹果 iOS 和安卓手机平台发布了免费的增强现实游戏 Pokemon GO（见图 10-20）。Pokemon GO 会在手机屏幕上显示奇异的怪物。其目标是定位、捕捉和训练这些小怪物。用户会得到星尘（一种虚拟货币）的奖励。游戏在名胜景点或历史古迹标识了 PokeStop，用户可以在那里捡到用来捕捉口袋妖怪的精灵球，还标识了精灵道场，在那里用户可以训练他们的口袋妖怪，捕捉其他人的口袋妖怪，并获得奖励。玩家有很多机会购买虚拟工具来加速口袋妖怪的捕获（精灵球在虚拟商店里售价 1 美元，但在 PokeStop 是免费的），广告客户可以付费让它们的街道或企业成为 PokeStop，来吸引大量的玩家和潜在客户。一个月内 Pokemon GO 就成了 iTunes 和 Google Play 中最受欢迎的下载软件。两个月后，Pokemon GO 在全球拥有 2 亿玩家，收入超过 3 亿美元。没有人知道 Pokemon GO 的热潮会持续多久，但它提供了一个例子，说明在线游戏世界如何从最初专注于主机游戏和电脑游戏转向移动手机游戏和体育性、观赏性运动的专业电子竞技游戏。

图 10-20　Pokemon GO

说明：Pokemon GO 在 2016 年夏天风靡全球。
© ANNA STOWE/ALAMY.

　　主机游戏曾经是数字游戏产业的核心，并且从收入来看现在仍然是。但随着智能手机和平板电脑的推出，以及社交和休闲游戏这些不需要用户购买昂贵的游戏机或软件包的游戏的推出，这种情况迅速改变。智能手机和平板电脑开创了一个免费游戏和 1.99 美元的游戏应用以及不需要数百万美元的投资来开发的更简单的游戏场景的新时代。在美国，超过 2 亿互联网用户在玩某种游戏，而在全球这个数字超过了 4 亿。2016 年，将有超过 1.8 亿人在移动设备（智能手机和平板电脑）上玩游戏，这比主机游戏玩家的 3 倍还多。休闲电脑游戏玩家是主机游戏玩家的 2 倍（见图 10-21）（eMarket，Inc.，2016c；PriceWaterhouseCoopers，2016）。

　　2015 年，美国所有形式的数字游戏（移动、电脑、大型多人线上、社交和主机游戏）的收入估计接近 180 亿美元（PriceWaterhouseCoopers，2016）。从长远来看，这个 180 亿美元的游戏产业大约是整个好莱坞电影产业的一半，是 2015 年所有数字音乐收入的 2 倍。

　　有 5 种类型的数字游戏玩家。休闲游戏玩家在台式机或笔记本电脑上玩游戏。他们之所以被称为休闲游戏玩家，是因为他们一次只玩几分钟游戏，并没有很认真地参与。社交游戏玩家是那些使用网络浏览器或应用程序在脸书等社交网络上玩游戏的人。移动游戏玩家使用他们的智能手机或平板电脑玩游戏。移动游戏玩家也是休闲游戏玩家，只会短暂参与游戏。大型多人在线游戏玩家（MMO）使用他们的电脑与来自全球的大量玩家一起玩游戏。主机游戏玩家使用 Xbox、PlayStation 或 Wii 这样的专用游戏机在网上（或离线）玩游戏。通常，主机游戏玩家通过互联网连接以支持集体游戏。

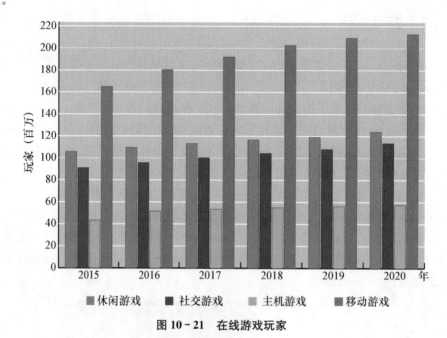

图 10 - 21　在线游戏玩家

资料来源：Based on data from eMarketer, 2016c.

　　虽然更多的人在网上玩手机和电脑游戏，但 180 亿美元的网络游戏收入中有一半多是由主机游戏玩家产生的，主要是通过购买昂贵的 DVD 游戏或在线数字下载游戏，2015 年占据了约 96 亿美元的收入。电脑游戏的收入约为 37 亿美元，约占总收入的 1/4。移动游戏产生了大约 30 亿美元的收入（PriceWaterhouseCoopers，2016）。至于将来，到 2020 年总体游戏收入预计将增长 30%。

　　在平板电脑和智能手机上玩移动游戏的人快速增长，是游戏行业的一个巨大变化。此前，游戏行业一度被封闭式平台的主机游戏和微软、任天堂、索尼等硬件公司以及 Activision 和 Electronic Arts 等软件公司支配。智能手机、平板电脑和手机游戏的增长使苹果的 App Store 和 Google Play 商店迅速发展成为数字游戏的主要商家，当然，这些游戏也使用苹果和谷歌安卓的硬件和软件。苹果和谷歌在游戏销售中占据了 30% 的份额，同时也得益于游戏所需的硬件和软件的销售。移动游戏吸引了更年轻的人群，提供更低的价格，并且最初通常是免费的。你可以在任何能用手机的地方玩手机游戏，而手机几乎无处不在。主机游戏开发的时间要长得多，预算非常大，而且购买很昂贵。

　　移动平台是一个更加开放的平台，允许成千上万的开发者用更小的预算创造娱乐游戏，并且以更快的进度开发新游戏。相比之下，主机平台的发展速度要比移动技术慢得多。2014 年，索尼时隔 7 年推出了新一代 PlayStation，微软时隔 8 年推出了新一代 Xbox。在一个瞬息万变的网络世界中，这么长的替换周期必然导致硬件销售的下降，并限制软件的创新。尽管主机游戏、电脑游戏和网络社交游戏的受众规模将继续缓慢地增长，但未来最快的受众增长将发生在任何地方和任何时间都可以玩的手机游戏。

　　电脑和移动游戏收入增长的一个解决方案很可能是专业游戏，也就是所谓的电子竞技。与其他职业运动一样，电子竞技也是基于玩家队伍之间的竞争。冠军级别的比赛在数千名粉丝参加的会场里举行，数百万乃至更多的人在网上观看。例如，2015 年 8 月，1.1 万名粉丝挤进纽约的麦迪逊广场花园，观看 10 名职业玩家打网络游戏《英雄联盟》（Needleman，2015）。在西雅图举办的 2016 年国际锦标赛有 2 000 万美元的奖金池，赛事可以吸引和职业足球比赛一样多的观众，包括数百万网络和电视观众。

这些比赛通过有线电视频道播出，但更常见的是像 Twitch. tv 这样的互联网频道。Twitch 在美国的在线电子竞技观看量中占据了超过 80％ 的份额，在 2015 年以 11 亿美元的价格被亚马逊收购。2016 年，Twitch. tv 在高峰时期吸引了超过 100 万观众，这和一些有名的有线电视网 MTV、TruTV 和 MSNBC 一样多。其他广播商包括 YouTube 和 Dailymotion。

比赛的组织，以及参赛选手的奖金，都是由游戏发行商提供的。专业水平的电脑游戏的领先发行商是 Riot Games，它是多人在线对战游戏《英雄联盟》的发行商。有 20 个《英雄联盟》职业战队相互竞争。联盟要求战队雇用专业的视频游戏教练。其他适合竞技比赛的多人游戏包括《星际争霸 2》和《使命召唤》。

广告客户喜欢电子竞技，因为受众主要是年龄在 21～34 岁之间的年轻男性，使用传统媒体很难接触他们。可口可乐、日产、福特和谷歌都是电子竞技的最大赞助商。包括哈佛大学和普林斯顿大学在内的大学团队在美国各地涌现，现在芝加哥的罗伯特莫里斯大学为那些在其视频游戏战队效力的学生提供奖学金（Wingfield，2014）。以目前的增长速度，电子竞技将在全球收入方面接近好莱坞，并且到 2020 年将远远超过主机游戏的收入，将在线游戏转变为一项流行运动。

■ 案例研究 ■

网飞：这部电影结局如何？

在网飞的网络电视喜剧《女子监狱》中，主角派珀·查普曼（Piper Chapman）（泰勒·席林（Taylor Schilling）饰）是一个刚刚订婚的金发纽约人，因多年前犯下的罪行被关进了联邦监狱。《女子监狱》跟随《纸牌屋》的脚步，广受好评和关注。《纸牌屋》是更早的网飞大获成功的网络电视连续剧，由凯文·史派西（Kevin Spacey）主演，讲述华盛顿的政治内幕。《纸牌屋》是第一部获得艾美奖（最佳导演）的网络电视连续剧。《女子监狱》在 2014 年获得了 3 项艾美奖创意奖。2014 年，网飞获得了 31 项提名，2015 年获得了 34 项提名。2016 年，该数字飙升至 56 项提名，使网飞成为仅次于 HBO（96 项）和 FX 电视网（38 项）的第三大平台/网络。除了像《女子监狱》这样的回归系列剧，网飞的新剧《制造杀人犯》和纪录片《发生什么了，西蒙妮小姐》，均获得 6 项提名。网飞正迅速成为有线电视的非有线电视替代品。通过制作自己的内容，网飞能够从有线电视节目中脱颖而出，吸引新的寻找新剧而不是有线电视网的翻版节目的订户。不过，原创作品的制作成本要比获取现有内容的授权的成本高得多。

虽然网飞没有公布其任何原创电视节目的观众数量，但高管们认为这些节目推动其流媒体服务全球订户在 2016 年第二季度达到了创纪录的 8 300 万（其中 4 500 万在美国，其 60％ 的订阅用户都来自美国）。2016 年，网飞在除中国之外的所有外国市场推出了自己的服务平台，并在美国以外的地区增加了 350 万新用户。其目标是在 2017 年之前达到 1 亿用户。由于网飞的市场渗透率如此之高，在过去几年，其在美国的订户增长率大幅下降。自 2002 年首次公开上市以来，网飞的股价已经上涨了超过 8 000％，但它在 2016 年遭遇了困难：股市因其未能实现预期的美国订户增长目标以及对日益激烈的流媒体市场竞争的担忧而惩罚了该公司。因为网飞提高了价格而亚马逊也发展了自己的视频流媒体服务，许多订户在 2016 年放弃了这项服务。它目前的销售收入是预期收益的 300 多倍，比谷歌、脸书或其他科技公司高得多，因为它仍被视为一家成长型公司。网飞在 2015 年的收入为 67 亿美元，比 2014 年增长 22％，但利润仅为 1.22 亿美元，不及 2014 年的一半。网飞的利润率不到 2％，远低于诸如沃尔玛（4％ 的利润率）之类的零售商。

网飞起初是一家邮购公司，通过邮政系统出租好莱坞旧电影的 DVD。它由两位硅谷的企业家马克·兰道夫（Marc Randolph）和里德·黑斯廷斯（Reed Hastings）创立，从 1997 年开始出租 900 部影片的

DVD，并通过邮政邮件将其传送给客户。2000 年，它转向一种订阅模式，用户支付月费，可以定期收到 DVD。到 2006 年，它发出了第 10 亿张 DVD，成为最大的 DVD 订阅供应商。2007 年，网飞开始提供电影的视频点播流媒体服务，同时仍保留着 DVD 订阅业务。2016 年，网飞是电影和电视剧流媒体市场上最大的参与者，超过 35％ 的美国互联网带宽为其客户服务。

网飞是硅谷的那些可能成为好电影或是一部电视剧的故事之一，因为它有可能会破坏美国的电视和电影行业。这是一个关于成就、勇气、创新和互联网技术的梦想成真的故事。短短几年时间，网飞创造了美国最大的 DVD 租赁业务，然后创建了最大的流媒体视频服务。如今，网飞占据了 90％ 的数字电影流媒体市场，而其主要的流媒体竞争对手亚马逊和 Hulu 则占据了剩余的市场份额。网飞创建了最大的消费者视频偏好数据库，并建立了一个推荐系统，鼓励消费者观看更多的电影。网飞和内容公司一样是一家科技公司：它开发了自己的专利视频编码系统，并使用其在美国的 1 000 多台服务器发布视频，以确保高速和高质量的传输。网飞发现，老电视剧拥有强大的利基市场，并建立了一种新的刷剧模式，在这种模式下，消费者可以在多个网站上观看一部连续剧的全部剧集。通过开发原创电视剧，网飞进入了内容创作领域。出于这个原因，网飞是媒体行业整合的一个典型代表，在这个行业，互联网公司成为媒体内容的生产者。其他纯媒体公司也注意到了这一点并且开始发展自己的流媒体服务，但是它们缺少网飞那样的观众偏好数据库。网飞花 10 年时间来开发该数据库，以帮助自己向订阅者推荐视频。

在电影和电视行业，只有两种赚钱方式：要么拥有内容，要么拥有提供内容的渠道。如果两者都能做到，那就更好了。网飞已经被公认为通往大量观众的重要渠道。例如，网飞与美国主要电影公司之一同时也是 10 部奥斯卡最佳影片的制作商的韦恩斯坦公司达成了一项协议，网飞将于 2016 年开始成为该公司的内容的独家的订阅电视服务商。这一举措使网飞成了付费频道分销商联盟的一员，与 HBO、Starz、Showtime 和 A&E 等其他有线电视网直接竞争在电影放映结束后的 8 个月里播放电影的权利。网飞还与华纳兄弟达成协议，成为蝙蝠侠前传《哥谭市》的独

家网络发行商，并在 2016 年与 21 世纪福克斯合作推出 FX 连续剧《美国犯罪故事》。

在网飞电影的一个可能的结局中，公司向更大的有线电视产业发起挑战。有线电视产业基于一种完全不同的技术和商业模式，即销售昂贵的很少人观看的数百电视频道的套餐，然后以快于通货膨胀的速度提高月费。考虑到网飞庞大的全国流媒体观众，该公司在好莱坞和纽约结交了新朋友，它们正在寻找途径将它们的节目发布到一个新的在线、移动和社交世界；好莱坞延伸了分销窗口，让网飞这样的网络分销商得到了和有线电视系统相同的待遇：授权它们和有线电视系统大约在同一时间播放好莱坞的电影和节目。有线电视行业被迫放弃其捆绑销售的做法，并授予客户选择他们实际观看的频道的权利。因此，有线电视行业的收入大幅下降。在这个梦想的场景中，网飞制作自己的原创电视剧，再将喜剧和纪录片加入其中，以此来挑战有线电视网络。这是一个关于网飞的结局圆满的故事！但圆满结局大多发生在好莱坞。

这部电影的结局取决于网飞如何应对一些相当大的挑战。例如，网飞低盈利的一个原因是内容的成本很高，既购买老剧又购买新内容，风险要大得多。较老的有线电视连续剧和好莱坞电影的所有者向网飞收取费用并授予网飞分销内容的特权，收取的费用和向大型有线电视网收取的一样多。2016 年，网飞报告称其对内容制作商有 120 亿美元的流媒体内容债务。在总收入 67 亿美元的情况下，它向内容所有者（主要是有线电视网）和制作原创内容的工作室支付了 57 亿美元。网飞几乎没有盈利。毕竟，网飞主要是一个数据库和传送平台，而该公司正与有线电视和互联网巨头两方进行持续的竞购战，它们都在寻找同样的东西——已经有观众或有潜在观众的热门电视剧。但内容所有者已经发现了它们的库存电视剧的价值，并相应地提高了价格。刚发行一年的连续剧要么非常昂贵，要么就不存在。网飞向迪士尼、派拉蒙、狮门和米高梅支付亿万美元以获得热门影剧的授权。由于内容拥有者对较老的有线电视节目收取更多的费用，网飞采取了更有风险的方式——开发自己的原创剧。但这也不便宜。广受好评的《纸牌屋》共 26 集，以 1 亿美元的价格出售，每集 400 万美元。像《颤栗效应》《毒枭》《血脉》这样的新剧，每季的收入都在 2 000 万美元左右。网飞可能没有规模，而且它拥有的订户越

多，越要用昂贵的原创内容吸引他们，它赚的利润就越少，因为经营业务的成本增长快于收入。

网飞面临的另一个挑战是创作新内容的风险。这并不是说富有的硅谷企业家带着大量现金飞往好莱坞或纽约并且简单地购买新的内容就行了。正如一位专家所指出的，这可能会导致一场混乱，而不是一部成功的电视剧或电影。如果你在寻找故事讲述者、作家、制片人、导演、经纪人和星探，硅谷通常不是你要去的地方。算法不会为小说、戏剧、电影或电视剧想出新点子，而且它们还没有被证明能很好地猜测什么剧在未来会成功。老剧是经过验证的，网飞可以确定前几年中哪些客户观看了该剧，并估计观众规模的大小，以及新订户是否会被重播吸引。但对新的电视剧，网飞试图利用它的算法通过混合结果使其客户可能对那些新剧感兴趣。从评论来看，网飞已经制作了一些真正成功的连续剧，但也制作了一些没有获得好评的失败品，比如 *Lilyhammer*、*Hemlock Grove*、*Bad samaritan*、*Richie Rich* 和 *Mitt*。在历史上，只有一家科技公司在电影或电视的内容制作上获得成功，那就是皮克斯，它开创了电脑制作的动画长片。由于网飞拒绝公布相关数据，我们无法知道网飞的原创内容表现得多好。尼尔森公司已经开始为网飞的节目提供评级服务。这一服务由内容制作商支付费用，它们将根据网飞上收看它们的节目的订户数量来支付相应的费用。

虽然如今网飞是一个强大的互联网品牌，但也有很多强大的竞争对手。网飞没有独特的技术。事实上，流媒体技术很普遍，也很容易理解。网飞的流媒体模式的成功吸引了亚马逊、苹果、雅虎、谷歌以及 Hulu 和 HBO 等内容制作商加入战场。2015 年，Verizon 发布了一项免费的、广告支持的移动流媒体服务 go90，针对的是那些经常在智能手机上观看视频的千禧一代。这些公司中有的是科技公司，拥有庞大的互联网受众、强大的品牌和对数百万网络观众的想法的充分了解。

苹果是下载电影（客户可以拥有或租借电影）市场的领导者，当然，它拥有世界上最大的网上媒体商店 iTunes，在 iTunes 可以购买音乐、视频和电视剧。HBO 成立于 1972 年，是美国最老牌和最成功的付费电视服务，在全球拥有 1.4 亿有线电视订户，制作了大量非常成功的原创电视剧和电影，如《欲望都市》《黑道家族》《火线》《权力的游戏》《真爱如血》。如果说网飞在创意方面有一个直接的竞争对手，那就是HBO，一个更传统的程序设计商，它不使用计算机算法来设计内容，而是依赖于编剧、制片人和导演的直觉与天赋来制作内容。

网飞的竞争对手拥有非常雄厚的财力。这意味着网飞还要和它们竞争人才和新内容，可能还会带来价格压力。亚马逊和 Hulu 已经成为网飞流媒体的最大竞争对手。例如，亚马逊向其 6 000 万金牌会员用户提供免费的流媒体服务，并在没有额外收费的情况下，向其金牌会员用户流式播放 HBO 的电视连续剧。亚马逊还进军原创电视剧制作领域，其制作的《高堡奇人》《透明家庭》《丛林中的莫扎特》以及其他原创电视剧在 2016 年获得了 16 项艾美奖的奖项。苹果 iTunes 和亚马逊拥有更大的订户和订户偏好的数据库。谷歌正在积极地为其视频频道项目寻求长期的内容制作者。谷歌用户没有成本，因为该服务是广告支持的。

因此，网飞电影的另一个可能结局是，它最终无法与苹果、谷歌、雅虎、Hulu 和亚马逊或是像 CBS 和 HBO 这样已经开始自己的流媒体服务的内容制作商竞争。每年产生 10 亿美元的负现金流，网飞可能就会耗尽投资。网飞可能被竞争对手模仿，其盈利能力也下降到低于股东所能容忍的程度。苹果 2015 年的收入令人惊奇，达到 2 340 亿美元，比网飞的 30 倍还多，并且其现金储备也是 2 340 亿美元。开发一项与之竞争的流媒体视频服务完全在苹果、亚马逊或谷歌，以及其他公司的能力范围之内。同样令人担忧的是，像 CBS 和 NBC 这样的大型有线电视网也创建了自己的原创内容流媒体网络。2016 年 7 月，华尔街终于明白，网飞正面临着大量流媒体竞争对手的挑战，其股价下跌了 30% 以上。网飞可能创造了一个流媒体、刷剧和内容制作的新世界，但它却可能无法在它所创造的世界中生存。这部电影直到最后结束才会剧终。请继续收看。

资料来源："Netflix Fuels a Surge in Scripted TV Shows. Some See a Glut," by John Koblinaug, *New York Times*, August 9, 2016; "Netflix and 20th Century Fox Television Distribution Announce First Global Agreement," Netflix Media Center, July 25, 2016; "Netflix Stock History: What You Need to Know," by Dan Caplinger, Fool. com, July 11, 2016; "Netflix to Be Exclusive Global Streaming Home of FX's American Crime Story Franchise in 2017," Netflix Media Press

Release, July 25, 2016; "Netflix Chews Up Less Bandwidth, as Amazon Video Streaming Surges," by Todd Splanger, *Variety*, July 22, 2016; "No Surprises Here: Netflix Scores Big with Emmy Nominations," by Saba Hamedy, Mashable.com, July 14, 2016; "Amazon Prime Members Now Outnumber Non-Prime Customers," by Audrey Shi, *Fortune*, July 11, 2016; "Can Netflix Survive the New World It Created?," by Joe Nocera, *New York Times*, June 16, 2016; "Amazon Challenges Netflix by Opening Prime to Monthly Subscribers," by Nick Wingfield, *New York Times*, April 17, 2016; "Verizon to Offer Free Mobile TV Service, Hoping to Draw Millennials," by Emily Steel, *New York Times*, September 8, 2015; "Netflix Viewership Finally Gets a Yardstick," by Joe Flint and Ben Fritz, *Wall Street Journal*, August 26, 2015; "Here Are the Original Shows Netflix Viewers Say They're Watching," by Peter Kafka, Recode.net, August 26, 2015; "Netflix, Amazon Rack Up Emmy Nominations," by Daniel Bukszpan, *Fortune*, July 16, 2015; "Netflix Soars to All-Time High as Customers Top 62 Million," by Lucas Shaw, *Bloomberg News*, April 16, 2015; "Netflix Inc. Form 10k for the Fiscal Year Ended December 31, 2015," filed with Securities and Exchange Commission, January 26, 2016.

[案例思考题]

1. 网飞面临哪三个挑战？

2. 网飞当前战略重点的要素是什么？

3. 网飞的新战略对 Comcast 和时代华纳等有线电视系统来说意味着什么？

4. 为什么网飞要与苹果、亚马逊和谷歌竞争？网飞给市场带来了什么优势？

关键术语 ■

数字版权管理（digital rights management, DRM）指技术与法律的结合，以防止数字内容在未经授权的情况下被无限制地使用。

围墙花园（walled garden）一种 DRM，通过将内容与私有文件格式、操作系统和硬件结合来控制初次销售后内容的使用。

技术整合（technological convergence）开发一种能够包容两种或多种现有媒体平台技术的综合设备。

内容整合（content convergence）内容的设计、加工和销售的整合。

行业整合（industry convergence）将媒体企业合并为在不同平台上创造跨市场内容的协同组合。

即时文章（Instant Articles）一种新的脸书功能，在用户的 News Feed 中插入来自主流新闻媒体的文章。

付费墙（paywall）付费订阅服务。

计量订阅（metered subscription）允许读者免费访问有限的文章，一旦超过这个限制，就需要支付订阅费才能进一步访问。

杂志聚合器（magazine aggregator）提供在线订阅和众多电子杂志销售服务的一个网站或应用程序。

批发模式（wholesale model）零售商店定价。

代理模式（agency model）零售商是代理，出版商定价。

线性电视观看方式（linear TV）分期观看一部电视连续剧。

刷剧（binge watching）在短时间内观看一部完整的电视连续剧。

社交电视（social TV）消费者在观看电视节目的同时分享评论。

OTT（over-the-top）利用互联网在有线电视或 FiOS 网络上为家庭提供娱乐服务。

发行窗口（release window）以不同的价格在不同的发行渠道推出新电影。

思考题 ■

1. 媒体整合涉及哪三个方面？每个方面包含哪些具体内容？

2. 网络内容的基本收入模式是什么？这些模式面临的主要挑战是什么？

3. 电子书的主要商业模式是哪两种？

4. 平板电脑的增长对网络娱乐和内容的影响是什么？

5. 音乐订阅服务采用了哪些技术来实施 DRM？

6. 苹果的 iPad 代表了哪种类型的整合？

7. 报纸行业试图适应互联网而使用的三种不同的商业模式是什么？

8. 报纸行业使用过哪些不同的收入模式？

9. 纯数字新闻网站相比印刷版报纸有哪些优势？传统报纸相比纯数字新闻网站又有哪些优势？

10. 图书出版业在互联网时代的经历相比报纸和杂志行业的经历有什么不同？

11. 互联网是如何改变传统音乐的包装、发行、市场营销以及销售的？

12. 流媒体技术是如何影响电视行业的？

13. 为什么说云存储服务的发展对移动内容交付很重要？

14. 普通消费者是否变得更容易接受广告支持的互联网内容？什么发展支持了这一点？

15. 需要哪些因素来支持成功地向消费者收取网络内容的费用？

16. 为什么应用程序能使报纸和杂志行业的形式改善（网站在这一点上失败了）？

17. 杂志出版商有哪些网络分销渠道的替代品？

18. 为什么司法部门起诉了苹果和主要的出版公司？

19. 图书出版业目前面临的挑战有哪些？

20. 移动设备如何改变了游戏产业？

设计题 ■

1. 考察报纸行业的媒体整合问题。你认为整合是否对新闻业有益？为这个问题的正反两方面分别提出一个合理的论点，然后针对这一话题写一份 3～5 页的报告。报告应当包括你对当前媒体整合所面临的种种阻碍的看法，以及你对是否应当消除这些阻碍的观点。

2. 登录 Amazon.com，浏览网站上的各种数字商品。对每一种数字媒体产品，描述亚马逊的存在如何改变了创作、生产和分销该内容的行业。准备一份陈述报告，向其他同学讲述你在网站中的发现。

3. 说出三个内容的网络来源，它们分别例证了本章讨论的三种数字内容收入模式（订阅、点播和广告支持）中的一种。描述每个网站是如何工作的，以及它如何产生收入。描述每个网站如何为消费者提供价值。你喜欢哪种类型的收入模式？为什么？

4. 说出一个有线下订阅或报摊版的受欢迎的网络杂志。与线下实体版相比，网络版有什么优势（和劣势）？技术平台、内容设计或者行业结构整合是否在网络报纸行业出现？准备一份简短的报告讨论这个问题。

5. 2014 年，亚马逊以大约 10 亿美元的价格收购了 Twitch，Twitch 向用户提供流式传输视频游戏的服务。为什么亚马逊花这么多钱来购买 Twitch？做一个简短的演示，要么为该购买行为辩护，要么解释为什么你认为这是一个坏主意。

参考文献 ■

Association of American Publishers. "US Publishing Industry's Annual Survey Reveals Nearly $28 Billion in Revenue in 2015." (July 11 2016).

Authorearnings.com. "February 2016 Author Earnings Report: Amazon's Ebook, Print, and Audio Sales." (February 6, 2016).

Authorearnings.com. "October 2015—Apple, B&N, Kobo, and Google: A Look at the Rest of the Ebook Market." (October 9, 2015).

Berkshire Hathaway Corporation. "Annual Report 2013." (March 1, 2013).

Bialik, Carl. "Studios Struggle for Focus on Film Pirates Booty." *Wall Street Journal* (April 5, 2013).

Boxer, Sarah. "Paintings Too Perfect? The Great Optics Debate." *New York Times* (December 4, 2001).

Carr, David. "Print Is Down, and Now Out." *New York Times* (August 10, 2014).

Compete.com. "August 2016 Unique Visitors." (accessed September 18, 2016).

Danaher, Brett, and Michael D. Smith. "Gone in 60 Seconds: The Impact of the Megaupload Shutdown on Movie Sales." *International Journal of Industrial Organization* (March 2014).

Danaher, Brett, Michael D. Smith, and Rahul Tang. "Piracy and Copyright Enforcement Mechanisms," *Innovation Policy and the Economy*, Vol. 14 (May 3,

2013).

Digital Entertainment Group. "DEG 2015 Year End Home Entertainment Grid." (January 6, 2016).

eMarketer, Inc. "Average Time Spent per Day with Major Media by US Adults, 2012--2018." (April 1, 2016a)

eMarketer, Inc. (Paul Verna) "US TV and Digital Video StatPack." (May 25, 2016b).

eMarketer, Inc. (Cindy Liu) "US Digital Users: eMarketer's Updated Estimates for 2016." (September 2016c).

eMarketer, Inc. "US Digital Viewers and Penetration, 2015–2020." (August 3, 2016d).

eMarketer, Inc. "US Digital Ad Spending, 2015–2020." (September 1, 2016e).

eMarketer, Inc. "US Magazine Ad Spending, by Segment, 2015–2020." (September 1, 2016f).

eMarketer, Inc. "US Digital TV* and Movie** Viewers and Penetration, 2015–2020." (August 3, 2016g).

eMarketer, Inc. "US Digital Music Shipments and Revenue, by Segment, 2014 & 2015." (March 22, 2016h).

eMarketer, Inc. "US Digital Music Shipments and Revenues, by Format, 2013 & 2014." (March 18, 2015)

Fritz. Ben. "Movie Sales Increase With Shutdown of Piracy Site." *Wall Street Journal* (March 7, 2013).

Google. (Deborah Schwartz) "A Window Into Film." (April 2011).

Hagey, Keach and Greg Bensinger. "Jeff Bezos's Tool Kit for the Post." *Wall Street Journal* (August 6, 2013).

IFPI. "Global Music Report 2016." (April 12, 2016).

MPA—The Association of Magazine Media. "Magazine Media Factbook 2016/2017." (August 29, 2016).

Mequoda Group LLC (Don Nicholas and Kim Mateus). "2016 Mequoda American Magazine Reader Study & Handbook." (2016).

Needleman, Sarah. "Inside the 'League of Legends.'" *Wall Street Journal* (August 23, 2015).

Needleman, Sarah. "The Newest Job in Sports: Videogame Coach," *Wall Street Journal*, July 29, 2015.

New York Times. "Innovation." (May 2014).

Newspaper Association of America. "Newspaper Digital Audience." NAA.com (July 2016).

Nielsen. "2013 Nielsen National Cross Media Engagement Study." (April 16, 2013).

Packer, George. "Cheap Words: Amazon Is Good for Customers. But Is It Good for Books?" *New Yorker* (February 17, 2014).

Pew Research Center (Amy Mitchell and Jesse Holcomb) "State of the News Media 2016." Journalism.org (June 15, 2016).

Pew Research Center (Amy Mitchell, Mark Jurkowitz, and Kenneth Olmstead). "Audience Routes: Direct, Search, and Facebook." (March 12, 2014a.)

Pew Research Center. "State of the News Media 2014." Journalism.org (2014b).

PriceWaterhouseCoopers (PWC). "Global Entertainment and Media Outlook 2015–2019." (2016).

PriceWaterhouseCoopers (PWC). "Global Video Games Report: Key Insights at a Glance." Pwc.com (2015b).

Recording Industry Association of America (RIAA). "News and Notes on 2015 RIAA Shipment and Revenue Statistics." (2016)

Recording Industry Association of America (RIAA). "News and Notes on 2014 RIAA Music Industry Shipments and Revenue Statistics." (2015).

Romenesko, Jim. "Wall Street Journal Memo: Newsroom Changes Mean a Faster-moving, Digital First News Operation." Jimromenesko.com. (January 21, 2014.)

Sass, Erik. "Newspaper, Magazine Revenues Fell in 2015." Mediapost.com (March 11, 2016).

Somaiya, Ravi. "The New Yorker Alters Its Online Strategy." *New York Times* (July 8, 2014).

Spangler, Todd. "Piracy: Streaming Video Accounts for 74% of Illegal Film and TV Activity, Study Finds." Variety.com (July 28, 2016).

Streitfield, David. "Writers Feel an Amazon-Hachette Spat." *New York Times* (May 14, 2014a).

Streitfield, David. "Amazon and Hachette Resolve Dispute." *New York Times* (November 13, 2014b).

Streitfield, David. "Amazon, a Friendly Giant As Long As It's Fed." *New York Times* (July 12, 2014c).

Trachtenberg, Jeffrey. "Clock is Ticking for Time Inc.'s CEO." *Wall Street Journal* (July 27, 2015).

Williams, Alex. "Paying for Digital News: The Rapid Adoption and Current Landscape of Digital Subscriptions at U.S. Newspapers." Americanpressinstitute.org. (February 29, 2016).

Wingfield, Nick. "E-Sports at College, With Stars and Scholarships." *New York Times* (December 8, 2014).

第11章
社交网络、拍卖网站与门户网站

学习目标

学完本章，你将能够：

- 描述各种类型的社交网络、在线社区及其业务模式
- 认识拍卖网站的主要类型，了解其优势与成本、运作方式、适用时机以及拍卖中可能存在的滥用现象和欺诈行为
- 认识门户网站的主要类型及其业务模式

社交网络之风蔓延到专业领域

社交网络刚起步那几年，人们普遍认为这种现象只会止步于那些浪费所有时间、近乎疯狂地沉溺于视频游戏的年轻人中间。硅谷和华尔街的多数资深投资师也纷纷表示，社交网络不过是一时之风，难成气候。他们的全部注意力都集中在搜索引擎、搜索引擎营销和在线广告上。但是，当社交网站的用户数突破百万时，即使是技术精英也幡然醒悟。人们再也不能忽视这样的事实：社交网络用户并不只是一群年轻人，相反，一大批社会人士也参与其中。微软公司CEO史蒂夫·鲍尔默（Steve Ballmer）早在社交网络稳健成长的2007年，考虑到社交网络年轻、魅力和时尚的特点，就已经确定了自己对社交网络的信心，尽管他对这一前景持保留态度。不久后，微软就斥资2.5亿美元认购脸书的部分股份，这使脸书的市场估值高达150亿美元。更让人觉得可信的是，在谷歌花费16.5亿美元收购了视频娱乐网站YouTube的1个月前，谷歌前CEO埃里克·斯密特（Eric Schmidt）语重心长地表示，不论主流观点如何认为，社交网络具有真正的商机。

如今，社交网络的热潮已经站稳了脚跟。除了面向普通人群的广受欢迎的社交网站（如全世界每个月都有超过17亿用户的脸书），还有一大批面向特定领域兴趣浓厚的群体的小型社交网站。以领英为例，它可谓当前最流行、最负盛名的商务社区网站。领英的用户数已超过4.5亿，覆盖200多个国家，来自170个不同行业。根据领英的数据，2016年领英

每月的访问会员一般有1.1亿人，其中大约有6 000万用户使用移动设备访问。2011年5月，领英上市，在当时是自谷歌以来规模最大的互联网公开募股，筹资逾3.5亿美元，公司估值为89亿美元。2016年，微软斥资262亿美元收购了领英。虽然该收购价格让许多分析师有些迟疑，但这次收购让微软拥有梦寐以求的社交媒体形象以及推广微软Office软件的工具。消息传出后，领英的股价从持续3年的低点回升，在2016年9月达到每股192美元。社区成员可创建个人档案，展示自己的专业成就，并附上照片。成员的社交网络不仅包括自己的熟人，还有朋友的朋友以及他们认识的人，这样个人能够轻易地跟数千人产生联系和交流。成员根据自己的职位决定如何使用领英。高管们利用这个网站来推广他们的业务，求职者则利用这个网站寻找新的职位。而领英成为招募新员工的公司重要的专业人才来源。领英希望更有影响力的用户能够利用其重组的Publishing博客平台与其他用户交流。为了应对自由职业的增加和"零工经济"的发展，领英在2016年推出了ProFinder市场，这使得消费者可以找到兼职或临时工作的服务提供者。

对股市情有独钟的人们可以加入针对股民的社交网络。成员可以讨论某个特定股票市场的相关话题，或者只是单纯地炫耀自己的投资眼光。StockTickr就是这样的社区网站，股票投资者可以交流观点，关注金融博主的动态。知名的在线股票投资服务提供商Motley Fool在2006年才启动自建的CAPS社交网络，目前注册成员数就已达近18万。

除金融服务外，市场上还有一系列面向特定专业群体的社交网络，例如健康保健社区（DailyStrength）、法律社区（LawLink）、医生社区（Sermo）、人力资源社区（Hr.com）以及专业技术人员社区（Quibb）。这类社交网络鼓励成员交流各自的专业知识和实践经验，分享以往成败的案例。社交网络向专业领域的迅速蔓延显示，社交网络的吸引力何其巨大，几乎遍及全球。社交网络何来如此大的魅力呢？电子邮件在帮助人们与他人或小群体沟通方面表现卓越，但难以让用户感知到群体中所有成员的想法，特别是当群体人数较多时。社交网络的优势就在于群体成员都能够分享自己的观点、价值观和实践经验。

加入专业领域社区网站的用户需对自己发布的内容及其可能的去向尤为谨慎。随着商务社区网站的不断发展，社区成员的规模日渐壮大。雇主渐渐发现这块能够看清职位候选人真实内心的宝地。凯业必达——美国最大的招聘网站运营商在2016年的调查中发现，60%的雇主会通过社交网络筛选求职者，与2015年的52%相比，这一数字大幅上升，远高于2006年的11%。调查还发现，一方面，49%的雇主利用社交媒体来审查求职者的信息后，决定不雇用某些候选者。例如，求职者发布煽动性的图片，或者与酗酒、吸毒相关的链接，还有前雇主对其的批评使得雇主拒绝候选者。另一方面，32%的管理者发现了能让他们雇用某个人的信息，比如能够证明其职业形象、全面发展的个性、创造力和良好的沟通能力的凭据。基于该调查结果，比较明智的做法是使用社交网络的最高隐私设置功能，并向公众发布最无害的内容。同样，要小心那些不允许用户从他们的页面上删除令人尴尬的资料的社交网络。

资料来源："About Us," LinkedIn.com Press Center, accessed October 5, 2016; "LinkedIn Unveils Its New Blogging Platform," by Eileen Brown, Zdnet.com, September 8, 2016; "Professional 'Gold Mine' Or 'Cheesy' Irritant? Why We Love (And Hate) LinkedIn," by Kevyn Burger, Startribune.com, September 3, 2016; "LinkedIn Just Joined the 'Gig Economy.' Here's How," by John Nemo, Inc.com, August 24, 2016; "Why Microsoft Bought LinkedIn," by Christopher Mims, *Wall Street Journal*, June 14, 2016; "Microsoft to Acquire LinkedIn for $26.2 Billion," by Jay Greene, *Wall Street Journal*, June 14, 2016; "Number of Employers Using Social Media to Screen Candidates Has Increased 500 Percent Over the Last Decade," Careerbuilder.com, April 28, 2016; LinkedIn Form 10K for the fiscal year ending December 31, 2015, filed with the U.S. Securities and Exchange Commission, February 4, 2016; "Welcome to The CAPS Community," Caps.fool.com, accessed October 21, 2015; "New Social Network Aims to Find News Tech Pros Really Care About," by Kristin Burnham, Computerworld.com, September 21, 2015; "35 Percent of Employers Less Likely to Interview Applicants They Can't Find Online, According to Annual CareerBuilder Social Media Recruitment Survey," Careerbuilder.com, May 14, 2015.

　　本章将对社交网络、拍卖网站和门户网站加以讨论。也许有人会问："拍卖网站、门户网站与社交网络三者有何共同之处？"三者其实都遵循共同的理念，即创造一种相互分享、自我认同的环境，即社区氛围。社交网站的用户通常都具有共同的特征，比如种族、性别、宗教信仰、政治观点，或者是在爱好、体育和旅行等方面志趣相投。拍卖网站 eBay 就是由社交网络起家的。在这个社交网络中，聚集着许多想要交易二手商品的用户，而现实中并不存在供其交易的市场。社交网络迅速发展壮大，几乎超出所有人的预期。门户网站同样具备明显的社区特征——它能为用户提供社区所依赖的种种技术，如电子邮件、聊天室、BBS 和讨论区等。

11.1　社交网站和在线社区

　　互联网最初是被设计用来连接美国所有计算机科学部门的科学家，为他们之间的沟通提供一个网络平台。从一开始，互联网就多少带有一些虚拟社区的技术成分。科学家可以通过互联网在一个实时的环境中分享数据、探讨知识、交换心得（见第 3 章）（Hiltzik，1999），而早期互联网的这些应用直接导致了"虚拟社区"的出现（Rheingold，1993）。20 世纪 80 年代末，互联网进入更多的科学领域和成百上千的大学校园，由小批科学家组成的上千家社交网站悄然而生。这些科学家的专业领域各不相同，他们经常利用电子邮件、邮寄清单和 BBS 等工具在线沟通。80 年代中后期，理论研究领域也开始关注电子社区，一批批文献和书籍相继发表、出版（Kiesler et al.，1984；Kiesler，1986）。1985 年，旧金山的几个人共同创建了 The Well（最初是 Whole Earth Lectronic Link）网站，成为最早的在线社区之一。这些人曾经同是田纳西州一处 1 800 英亩公社的成员。The Well 现在已拥有数千名成员，他们每天在社区中讨论、辩论、交流意见并相互帮助（Hafner，1997；Rheingold，1998）。90 年代初期，网络技术发展迅速，越来越多的人开始拥有互联网账号和电子信箱，互联网社交网络对人们日常生活的影响日渐增强。到 90 年代末期，社交网络的商业价值得到公认，它将成为一种崭新的商业模式（Hagel and Armstrong，1997）。

　　早期在线社区的用户往往是一些网络发烧友，他们对技术、政治、文学以及创意设计有强烈的兴趣。社区 BBS 上只能张贴文本消息，电子邮件发送也仅是一对一或者一对多，这大大限制了社交网络技术的发展。除 The Well 之外，GeoCities 网站也是起步较早的社交网络，它向用户提供基于社区的网站寄存服务。然而，到 2002 年社交网络的"在线"特质开始转变。用户自创网页（即博客）的成本日益下降，而且其创建过程更简单，无须专业的技术知识。照片网站也可以方便地分享照片。从 2007 年开始，随着智能手机、平板电脑、数码相机和便携式媒体播放器等移动设备广泛使用，社交网络也开始能分享诸如相片、视频等多媒体资源。一时之间，大批人涌入社交网络，分享自己的爱好和活动，社区内容愈加丰富。

　　与此同时，一种新的文化开始诞生。技术的广泛普及，意味着社交网络不再局限于小部分人使用，越来越多的人群加入社交网络当中，尤其是青少年和大学生，他们通常能最快地接受新出现的技术。整个家庭和所有朋友很快地加入社交网络中。社交网络的文化非常强调个性化，是以自我为中心的。人们能够在社区中发布相片，广播最近的活动，公开兴趣爱好和好友信息等。在社交网络中，新闻已经不再是发生在其他地方其他人身上的事情，而是发生在自己或者朋友、同事身上的事情。如今，社交网络网站更多的是一种社会化现象，而非单纯的技术环境。

　　如今，参与社交网络活动已成为人们上网的主要目的之一。超过 3/4 的互联网用户正在使用社交网络，美国有 1.86 亿人口在使用社交网络，占美国全部人口的 70%（eMarketer，Inc.，2016a）。

脸书目前的全球活跃用户数多达 17 亿（北美约有 1.67 亿），每月使用移动设备的用户不少于 15 亿（Facebook，2016）。当然，这两类用户之间存在重复计算的情况。在美国，脸书的移动用户大约有 1.44 亿（其中很多是重复的）（eMarketer，Inc.，2016b）。其他的大型社交网络还包括领英（在章首案例中讨论过）、推特、Pinterest、Instagram、Snapchat 和 Tumblr。虽然脸书是美国最受欢迎的社交网络，但它也是增长最慢的，自 2012 年以来仅增长了几个百分点。脸书似乎已经在美国达到了一个瓶颈，真正有增长的希望在海外。脸书正在推动建立海外的基本互联网接入，让更多的人加入网络中。而 Pinterest、Instagram 和 Snapchat 等新的社交网络正在迅速发展。

社交网络之风在全球刮得更为强劲，其用户超过 23 亿，遍布全球，占世界总人口的 32%，并且每年以 9% 的速度快速增长。社交网络在每个国家都排在网络目的站的前列，占整个上网时间的大部分，占全部活跃网民的 79%。亚太地区拥有最大的社交网络受众群体，其次是中东、非洲以及拉丁美洲，而北美地区的社交网络使用率在普通人群中是最高的（eMarketer，Inc.，2016c）。虽然脸书在全球的社交网络市场中占据主导地位，但在一些国家，本地化的社交网络非常重要，比如在巴西的 Orkut（谷歌旗下），日本的 Mixi 和社交短信应用 Line，中国的 QQ 空间、QQ、新浪微博、人人网，德国的 XING，西班牙的 Tuenti 和俄罗斯的 VK。任何地方都可以加入社交网络！

11.1.1 何谓社交网络?

社交网络的准确定义是什么？它与日常生活中的现实社区有何区别？虽然社会学家经常抨击社交网络已对传统社区造成严重破坏，但他们至今尚未对社交网络和社区做出准确的定义。一项针对 94 种社区定义的研究发现，它们有 4 个共同点。**社区**（social network）应当包括：（a）一定数量的人；（b）相互影响的社交活动；（c）成员之间的共同关系；（d）成员在一定时期之内共同使用的场所（Hillery，1955）。本书对社区的定义就以此为基础。每个成员加入社区的目标、目的或意图并不一定相同。即使人们只是在网上闲逛，只要是相互沟通和分享的空间，也可成为社交网络。

引申开来，**社交网络**（online social network）就是具有共同关系的人们在网络中相互交流的场所。这一定义与 The Well 的创始人之一霍华德·莱因戈尔德（Howard Rheingold）的观点非常相近。霍华德认为，社交网络就是"网络中一定数量的人聚集以后，频繁沟通而形成的文化群体"。社交网络的成员并不真正碰面，而是以网络空间为媒介交流想法和观点。互联网突破了传统社区所受的地域和时间限制。有了社交网络，人们不必再在同一时间到同一地点碰面。

11.1.2 社交网络和在线社区的发展历程

图 11-1 列出了六大社交网络站点，它们占据了互联网社交网络市场份额的 90% 以上。

美国最大的脸书用户群的年龄段在 25~34 岁（3 600 万），其次是 35~45 岁（3 000 万）。超过 1/3（35%）的美国脸书用户年龄超过 44 岁。65 岁以上的成年人是脸书上增长最快的群体（eMarketer，Inc.，2016d）。相比之下，推特在 34 岁以下的年轻人中更受欢迎。随着年龄较大的人群逐渐使用社交网络与孩子和亲友保持联系，世界范围内也出现了类似的现象。脸书是青少年中最受欢迎的社交网络，Instagram 和 Snapchat 也紧随其后。在新出现的社交网络中，首先使用的人群同样是年轻人。

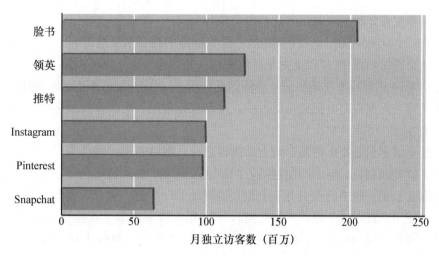

图 11－1　2016 年六大社交网络站点

说明：脸书的月独立访客数量远远超过了美国其他社交网站，占主导地位。

资料来源：comScore，2016a；Instagram，2016.

尽管脸书和推特在新型社交网络中占据着主导地位，但一种新型社交网络开始出现并在独立访客和订阅者方面的增长速度远远超过了脸书。这些新的社交网络也吸引着营销人员和广告商。例如，前面提到过的 Pinterest 是一个以视觉为导向的网站，允许用户在视觉艺术中表达他们的品位和偏好。你可以把 Pinterest 想象成一个视觉博客。用户可以将来自任何地方的图片发布到网络钉板上，还可以将他们在 Pinterest 上看到的图像重新钉在自己的钉板上。Pinterest 自推出以来，其会员数量一路飙升，截至 2016 年 10 月，全球活跃会员累计达 1.5 亿人。Instagram 是另一个专注于视频和照片分享的移动社交网络应用程序，允许用户方便地在社交网络上分享图片。2012 年，脸书以 10 亿美元的价格收购了 Instagram，其用户在 2016 年 9 月超过 5 亿人。

其他社交网络不一定会与脸书竞争，但增加了社交网络的组合，并扩大了社交网络的受众。表 11－1 描述了其他一些受欢迎的社交网络。

表 11－1　其他社交网络

社交网络	说明
Myspace	社交网络的早期领导者，却被脸书取代；被流行歌手贾斯汀·汀布莱克（Justin Timberlake）改造为以音乐为中心的社交网络
Meetup	帮助有共同兴趣的人群策划活动并在线下见面
Tagged	一个旨在通过游戏、分享兴趣、朋友建议和浏览资料来交友的网络
MeetMe	另一个交友的社交网络
Polyvore	关注话题的社交网络（时尚）
deviantART	关注艺术和图片分享的网站
Vevo	视频和音乐分享网站

移动设备的迅速普及和大量使用为社交网络的持续增长和商业成功做出了贡献。全世界超过 90% 的脸书用户都是移动用户，尽管并不是仅使用移动设备。根据 comScore 的数据，脸书的旗舰产品脸书应用程序在所有移动应用程序中访问量最高（1.5 亿），在所有智能手机用户中占 46%，平均每人每月在脸书上花费的时间长达 13 小时（comScore，2016b）。像 Instagram 和 Snapchat 这样的几家最大的新兴社交网络几乎都是面向移动设备用户的。

自 2008 年以来，新推出的一批社交网络专注于信息传递。Snapchat（2009 年创建）允许用户将照片和视频发送给朋友，而这些内容最长仅有 10 秒的生命期。Snapchat Stories 寿命要长些，有 24 小时。Snapchat 在 18～24 岁的核心受众群体中拥有很高的影响力，但在 2016 年，它也开始成为主流社交网络，在 25 岁以上受众群体中的人数明显增长（comScore，2016b）。WhatsApp（2009 年创建；2014 年被脸书收购）是一项即时通信服务，用户可以通过互联网向朋友的手机发送文字、照片和视频，而无需向电信公司支付手机短信服务费用。全球使用最多的应用程序中有 6 个提供消息传递服务。

独立访客只是衡量网站影响力的指标之一，网站停留时间是另一个重要的衡量维度。用户在网站的停留时间越长，即参与度越高，网站就能向客户展示越多的商业广告，从而增加广告收入。从这种意义上说，脸书的吸引力是上述其他网站的许多倍。随着时间的推移，脸书调整了其内容和算法，以使用户在网站上停留更长时间。2014 年，脸书增加了视频（包括广告和用户提供的），2016 年每天播放的视频约有 80 亿个。它试图播放反映用户兴趣和朋友的视频，并在 News Feed 中自动播放，需要用户手动关闭它们，但同时也确保它们至少能被看到。脸书也改变了 News Feed 算法，通过增加用户喜欢的朋友的内容、减少用户朋友的好友的内容以及为没有多少朋友的用户显示相同来源的多个内容，吸引更多的用户关注（Gaudin，2015）。表 11 - 2 描述了顶级社交网络不同程度的用户参与度。

表 11 - 2　各大社交网络的用户停留时间

网站	分钟/月（10 亿）
脸书	230
Instagram	12.2
推特	6.6
Pinterest	6.5
Snapchat	6.4
Tumblr	5.0
领英	1.7

网站的收入可看成是衡量其商业潜力的终极指标。2016 年，三大门户搜索网站（谷歌、雅虎和微软）在美国的广告收入将达 300 亿美元（eMarketer，Inc.，2016e）。相比之下，美国社交网站 2016 年的广告收入预计在 154 亿美元左右。社交网络是互联网使用和广告收入增长最快的应用形式，但尚不能与传统门户搜索网站相媲美。原因之一可能是社交网络用户并不会在社交网站上寻找相关产品的广告，或者说一晃而过的广告很难引人注意（见第 6 章和第 7 章）。此外，由于智能手机的屏幕较小，并占据社交网络平台的主导地位，因此并不适合展示零售商品广告，而平板电脑和台式电脑更适合浏览和购买。

11.1.3　社交网络的商业化步伐

早期社交网站大多面临如何盈利的困境，如今各大社交网站正逐渐掌握如何从大量的用户身上创造收入的窍门。以前的社交网站主要靠订阅服务获取收入，而今天，社交网站的收入主要来源于广告。门户网站和搜索引擎的使用者开始接受将广告作为支持互联网体验的方式，而不是为这些体验支付费用。领英是一个重要的例子，它为个人提供基本的免费会员服务，但另外收取高级服务费用。图 11 - 2 展示了各大社交网站的广告收入。脸书的广告收入近 120 亿美元，远远超过了其他网站。

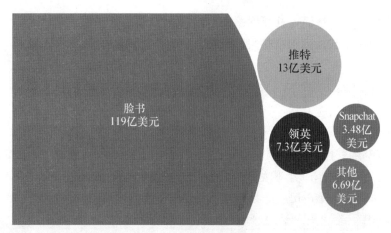

图 11 - 2　2016 年美国各大社交网站的广告收入

资料来源：eMarketer, 2016f.

　　社交网络并不总是成功的。例如，推特最初提供的是社交信息服务，用户可以与关注者进行交流。然而，它迅速演变成了一个互联网广播网络，为记者、政治组织者、名人和政治家等数百万用户提供服务。2016 年，它的用户超过 3 亿。而推特的收入增长却停滞不前，2015 年亏损达 5.21 亿美元，使期望更多广告收入和实际收入的投资者对其感到失望。推特自创建以来从未盈利。2015 年 10 月，联合创始人杰克·多尔西（Jack Dorsey）重返公司，为重振推特的用户量和收入的增长做出努力。尽管推特有了一些改变以简化服务便于使用，以及采取了一些新的战略举措，比如与美国橄榄球联盟等体育联盟的视频直播合作，但它在美国社交网络中的份额一直在下滑。据报道，2016 年 9 月，推特将挂牌出售。

　　最初，移动设备的迅速普及使得脸书等社交网络和谷歌搜索引擎面临挑战，因为它们的服务主要基于台式电脑。由于谷歌搜索引擎和谷歌地图是最受欢迎的应用，谷歌在 2013 年之前一直占据着移动广告收入的主导地位。脸书迅速开发和购买了移动应用程序，并在 4 年的时间里，利用其移动 News Feed 为用户提供持续不断的广告，成为移动广告市场的一个重要组成部分。排名最高的 7 款应用程序以及排名最高的 9 款应用程序中的 8 款都属于谷歌或脸书。在脸书中，有脸书（第 1）、脸书 Messenger（第 2）和 Instagram（第 9）。如今，脸书大约 85% 的收入（约 101 亿美元）来自移动广告。排名前 25 位的其他社交网络应用包括 Snapchat（第 13）、Pinterest（第 14）和推特（第 17）（comScore, 2016b）。

　　社交网络对企业运营、沟通和服务客户的方式产生了重要影响。2015 年，对《财富》500 强公司的调查发现，93% 的公司使用领英，78% 使用推特，74% 使用脸书（Barnes et al., 2015）。大多数企业将社交网络作为一种营销和品牌工具。少数将社交网络作为一种在企业中加强客户和客户反馈系统的监测工具。到目前为止，像脸书这样的公共社交网络还没有被广泛地应用到公司中。然而，在 2015 年，脸书推出的工作方面的应用只是一个试点项目，以促进大型公司内部的协作和网络。2016 年 10 月，它终于发布了这款应用的商业版，现在叫作 Workplace。这款新应用正面临思科、微软和 IBM 提供的协作工具以及即时通信和电话会议等其他技术的激烈竞争。

　　社交网络是有助于形成企业品牌和声誉的地方，而今天的公司非常重视"网络声誉"，社交网络上的帖子、评论、聊天会话和喜好都可以证明这一点。在这个意义上，社交网络成为企业客户关系管理系统的延伸，并扩展了现有的市场调研项目。除了品牌效应外，随着客户越来越多地将目光转向社交网络，社交网络正越来越多地成为接触年轻受众的广告平台，而不是网站和电子邮件。例如，罗塞塔石碑（Rosetta Stone）使用其脸书页面展示技术学习视频，鼓励讨论和评论，并发布其学习工具的变化。然而，社交网络的商业应用并非总是一帆风顺。"社会透视"专栏"社交网络的黑暗面"讨论了与社交网络相关的风险。

社交网络的黑暗面

2015 年，SeaWorld 主题公园连锁公司认为，利用推特标签改善公众形象是一个很好的营销理念。该公司使用标签＃AskSeaWorld，向推特用户征集了一些问题，试图使其运营更加透明。SeaWorld 经常成为动物权利活动人士的攻击目标，因为他们反对该公司对海洋动物的虐待，并成为 2013 年纪录片《黑鱼》的主题。《黑鱼》讲述了一条鲸鱼被虐待并导致 3 人死亡的故事。在这部纪录片播出后，SeaWorld 的门票销售大幅下滑，而其原本已经很糟糕的公众形象也被摧毁了。该公司希望这个标签活动在其恢复公司声誉的过程中是有效的。

而标签活动并没有产生很好的效果。刚开始，由于 SeaWorld 的动物管理条件恶劣，善待动物组织（PETA）的人们使用这个标签攻击 SeaWorld。SeaWorld 无法对此进行回应。很快，更多的活动人士和普通人加入了这个行列，无情地攻击 SeaWorld 和它的动物管理技术。例如，一些用户质问 SeaWorld 为什么它的停车场会比鲸鱼池大。

SeaWorld 并没有表现出它对这些方面进行改进的意识，而是通过"没有时间回应恶意言论，我们只想回答您的问题"来回应这类问题，完全忽视该公司的怀疑者。该公司还发布了几条带有哭泣的婴儿和网络喷子的表情包（代表动物权益保护者）的推文。毫无疑问，这只会让 SeaWorld 的情况变得更糟。在一年后的 2016 年，愤怒的动物爱好者继续使用这个标签针对 SeaWorld 对鲸鱼、海豚和其他海洋动物的虐待行为来攻击 SeaWorld。2016 年 8 月，SeaWorld 的股价跌至历史最低点。SeaWorld 给我们提供了一个教科书式的案例，说明了社交网络广告和品牌是如何使企业变得糟糕的。

对于幽默的尝试也常常会变得非常糟糕，比如百威 Bud Light 品牌的广告。该公司在 2015 年推出了＃upforwhatever 这个标签，通过电视广告和其他平台上的广告为其助力。伴随着啤酒瓶标签的 47 条标语中，有一条是"完美的啤酒，能让你在晚上的词汇中去掉'不'这个词"。众多 Bud Light 顾客都对该公司发表如此有争议的标语而感到震惊。该公司声称其口号是为了激发自发的乐趣，但承认这条标语是一种失误，立即道歉并停止使用。

软饮料巨头可口可乐公司在 2016 年祝福不同国家的顾客新年快乐的活动中也遭遇了社交网络的黑暗面。首先，该公司在俄罗斯最受欢迎的社交网站 VK 上发布了一条消息，其中包括一幅装饰着节日饰品的俄罗斯地图。这些装饰并没有什么冒犯之处，但它忽略了存在争议的克里米亚领土。这激怒了可口可乐的俄罗斯顾客。可口可乐公司立即做出回应，调整了地图，增加了克里米亚以及其他可口可乐第一次忽略的领土。这一次，轮到乌克兰对可口可乐发起攻击了。乌克兰和俄罗斯自 2014 年以来一直在克里米亚作战，乌克兰人认为该领土被俄罗斯非法吞并。许多乌克兰人发誓要抵制可口可乐，一些人在推特上发布他们正很反感地往马桶里倒可口可乐的照片。可口可乐最终删除了第二张图片，而没有更换第一张图片。

SeaWorld、Bud Light 和可口可乐的案例都是很有教育意义的。SeaWorld 完全没有预料到话题活动会是一个错误的举措。Bud Light 没有考虑到它的消息传递可能会冒犯许多客户。可口可乐未能充分认识到它所经营的每个地缘政治领域的特殊情况。公司应当做好准备，适当处理负面评论，并为错误承担责任。

然而，一些公司似乎并没有从前辈的错误中吸取教训。例如，2014 年，自制比萨制造商 DiGiorno 在推特上宣传其比萨时，使用＃WhyIStayed 标签，为了让人们意识到家庭暴力。这迅速引起了公众的愤怒，DiGiorno 在一片批评声中把这条推文删掉了。新英格兰爱国者队发起了一场活动，当用户在推特上发布了＃1MillionPatriots 的标签时，会自动转发该用户的推特账户名。用户抓住这个机会制造混乱，创建了令爱国者队难堪的推特账户名。美国航空公司无意中发布了一张图片，以回应客户投诉。而最令人惊讶的是，推特自己的首席财务官无意中在推特上发了一条关于收购公司的消息。

但在 2014 年，肯德基树立了一个好榜样。有消息称，密西西比州的一个 3 岁女孩在当地的肯德基门店里被她祖父的狗咬伤后，以她吓坏了其他顾客为理由被要求离开。在治疗结束之后，该门店拒绝她的家人进入该门店。当这条新闻在社交媒体上走红时，肯德基受到了愤怒的顾客们的围攻。在接下来的几天里，肯德基尽可能地回应了每个人的意见，并在女孩的脸书主页上表示道歉，承诺支付 3 万美元的医疗费用。

营销并不是唯一的社交媒体风险。对于员工来说，脸书上的隐私保护仍需要法庭的裁决。丹妮尔·梅霍伊特（Danielle Mailhoit）是加利福尼亚州一家家得宝商店的经理。在被解雇后，她提起诉讼，声称自己的眩晕使自己受到性别和残疾歧视。辩护律师要求梅霍伊特提供她所有的社交媒体活动资料。2012 年 9 月，联邦法官裁定这项请求过于宽泛，只会发现原告和当前或之前仓库雇员之间的通信。她还拒绝了家得宝对照片的要求，称除非这与之前的工作直接相关。

雇主必须注意从社交网络收集的个人信息。如果可以证明，在招聘过程中发现了受保护群体的成员身份，并被用来拒绝某个求职者或后来被用来解雇一名雇员，那么就可以根据《联邦平等就业机会法》（EEO）向公司提出索赔。相关法律包括 1964 年《民权法案》第七条、1967 年《雇员年龄歧视法》（ADEA）、1990 年《美国残疾人法案》（ADA）第一条和第五条以及 2008 年《基因歧视法》（GINA）第二条。其中《基因歧视法》禁止基于求职者、雇员和前雇员的基因信息的就业歧视。《基因歧视法》区分了基因信息是否有意获取的情况。无意的获取包括通过社交网络获取，等同于在工作中无意间听到的对话。

然而，有隐私控制保护的社交媒体网站上的数据不应该被"无意间"获得。《存储通信法案》（SCA）涵盖了电子邮件和数字通信的隐私保护。最新一项针对社交网络通信应用的法庭裁决认为，只要没有公开，脸书上的帖子和其他社交媒体评论就会受到保护。

为了保护自己的商业模式，脸书公开反对最近的雇佣行为，并威胁要采取法律行动。根据脸书和美国公民自由联盟（ACLU）的说法，一些公司一直在要求新员工与招聘经理交朋友，或者提交他们的账号密码。脸书谴责了这一做法，称它侵犯了个人用户及其朋友的隐私，危及安全，并可能泄露用户的受保护群体成员的身份。社交媒体互动的法律影响仍在裁定过程中，2016 年，一名法官裁定，在照片中标记某个人违反了限制交流的保护令。

越来越多的州的立法者决定积极采取行动。2012 年，加利福尼亚州禁止雇主向雇员索要社交媒体用户名和密码。2016 年，伊利诺伊州成为第 25 个颁布禁止雇主访问雇员的社交媒体账户的法律的州。马萨诸塞州和俄亥俄州将在 2017 年也加入其中。此外，有 15 个州颁布了法律，禁止教育机构向学生索要社交媒体用户名和密码。在联邦层面，众议院在 2016 年通过了一项法案，要求总统提交一项策略，以解决恐怖组织利用社交媒体宣传和犯罪的问题。

一些精心制定的政策可以帮助企业避免社交网络的阴暗面。广告和招聘是必须监控的两个领域。公司还必须制定员工使用社交网络的政策；必须实施员工教育计划，以告知员工哪些行为会违反纪律。IT 部门必须制定严格的政策，保护专有数据，以及保护公司网络免受网络诈骗。社交网络是一种新兴工具，但它需要安全保障。

资料来源："States Lock Up Social Media Access From Employers," by KSE Focus, Cqrollcall. com, September 7, 2016; "State Social Media Privacy Laws," Nscl. org, July 6, 2016; "Ernst-Backed Bill to Combat Terrorist Use of Social Media Passes Committee," Ernst. senate. gov, February 10, 2016; "Why Googling Candidates Before You Decide to Interview Them is Against the Law," by Diane Faulkner, Adp. com, February 4, 2016; Mariella Moon, "Judge Says Facebook Tagging Violates Protective Orders," Engadget. com, January 17, 2016; "The Top 10 Most Embarrassing Social Media Fails from 2015," by Carlos Matias, Socialmediaweek. org, January 5, 2016; "Top 5 Worst Social Media Brand Blunders of 2015," by Erin Carson, Techpublic. com, December 18, 2015; "'Ask SeaWorld' Marketing Campaign Backfires," by Katie Lobosco, Cnnmoney. com, March 27, 2015;

"Virginia's New Social Media Law Protects Employees," Troutmansanders. com, July 1, 2015; "The 5 Worst Twitter Marketing Fails of 2014," by Kim Lachance Shandrow, Entrepreneur. com, December 18, 2014; "10 Worst Social Media Fails of 2014," by Emily Alford, Clickz. com, December 18, 2014; "The Top 10 Social Media Fails of 2014," by Rebecca Borison, Inc. com, December 10, 2014; "RI Passes Social Media Privacy Law," by Bill Tomison, Wpri. com, July 3, 2014; "Facebook's Facing a Losing Battle to Protect Users'Privacy," by Lisa Vaas, Nakedsecurity. sophos. com, June 30, 2014; "KFC Shows How to Handle a Social Media Disaster," by Mary Elizabeth Williams, Salon. com, June 17, 2014; "The Dangers of Using Social Media Data in Hiring," by Gregg Skall, *Radio Business Report*, June 6, 2011; "Stored Communications Act Protects Facebook and MySpace Users' Private Communication," by Kathryn Freund, Jolt. law. harvard. edu, June 11, 2010.

11. 1. 4　社交网络的类型与商业模式

社交网络的类型多种多样，可从多个角度对其进行分类。社交网站最普遍的盈利模式是广告，但也有其他许多盈利来源。社交网络的发起人和用户类型也各不相同。例如，有些社交网络是由企业创建的，如 IBM，只允许企业内部员工使用（称为企业内部社区或 B2E（Business-to-Employee）社区）；有些社交网络则是专为供应商或零售商建立的（称为跨组织社区或 B2B 社区）；还有些社交网络是由个人创办的，用于与自己志趣相投的网友相互交流（称为 P2P（people-to-people）社区）。本章将主要介绍 B2C 虚拟商务社区，同时也会就 P2P 社交网络进行简要讨论。

表 11-3 详细描述了 5 种常见的社交网络类型：综合型、实务型、兴趣型、群体关系型和赞助型。每种类型都各有其商业目的或商业动机。下面就基于该表对社交网络的商业模式加以讨论。

表 11-3　社交网络的类型

社交网络/社区类型	说明
综合型	朋友间进行社交活动的在线聚集地，人们分享内容、日程和兴趣。例如，脸书、Pinterest、Instagram、Tumblr 和推特。
实务型	专业人士、实务工作者和艺术创造者的在线社区，如计算机编程、作曲等。例如，Just Plain Folks（音乐人社区）、领英（商务人士社区）和 Doximity（医生和保健专业人员）。
兴趣型	有共同兴趣爱好的人组成的社区，如游戏、体育、音乐、股市、政治、健康、财经、外交事务和生活方式等。例如，Debatepolitics. com（政治讨论小组）和 PredictWallStreet（股票市场网站）。
群体关系型	面向具有相同人口统计和地域分布特征的群体的社交网络，例如女性、非裔美国人、阿拉伯裔美国人社区。例子，BlackPlanet（非裔美国人社区）和 Healthboards. com（关注女性健康问题）。
赞助型	企业、政府部门或者非营利组织出于特定目的建立的社交网络。例如，耐克、IBM、思科和政治候选人。

综合型社交网络（general communities）以主题讨论方式组织社区成员相互交流。每个主题之下都会有数百个特定的讨论组，每个小组由众多对该话题感兴趣的社区成员组成。综合型社交网络的最终目标是吸引到足够数量的成员加盟，从而组成覆盖各个领域的主题和讨论小组。综合型社交网络的典型业务模式是通过出售页面广告和视频广告盈利。

实务型社交网络（practice networks）为社区成员提供某一实务领域的专题讨论、帮助、信息和知识。例如，Linux. org 就是为支持开源运动而建立的非营利社区。全世界数千名程序员参与到开源运动中，共同为 Linux 操作系统开发源代码，并与所有人共享其开发成果。其他实务型社交网络还包括艺术家、教育工作者、艺术品交易商、摄影师和护士等各行各业。实务型社交网络可以是营利性的，也有非营利性的。社区的运作主要依赖于广告收入或由用户共同承担。

兴趣型社交网络（interest-based social networks）为对某一特定主题感兴趣的用户提供专题讨论小组，例如职业生涯、划船、马术、健康、滑雪等成千上万的主题。兴趣型社交网络的成员数量少，针对性强，这类社区一般依靠广告和租赁/赞助获取收入。Fool. com、Military. com、Sailing Anarchy，以及 Chronicle Forums 都是吸引有共同追求的用户参与的兴趣型社区。像领英这样的求职市场和论坛也可以被认为是兴趣型社交网络。

群体关系型社交网络（affinity communities）为具有相同特征的成员提供讨论和交流机会。群体关系指的是根据某种特征划分的群体。例如，人们可以根据宗教、种族、性别、性取向、政治理念、所处地域以及其他方方面面来划分群体。例如，Bloom 就是一个社交网络，主要针对孕妇和妈妈，使她们能够提供或寻求建议、讨论问题和分享故事，以及寻求本地服务，购买和出售相关产品（Bloomapp. co，2016）。这些网站的收入来源包括广告和商品销售。

赞助型社交网络（sponsored communities）是政府部门、营利或非营利组织出于特定目的建立的在线社区。赞助型社交网络的成立动机各式各样，有的是提供便民信息（比如纽约州韦斯切斯特县政府创建的网站 Westchestergov.com），有的是进行在线拍卖（比如 eBay），还有的是展示和宣传特定产品（如被线下品牌产品公司（宝洁）赞助的 Tide.com）。思科、IBM、惠普等数百家企业都已开发企业内部的在线社区作为共享知识的途径。

11. 1. 5　社交网络技术和功能

算法是社交网络最重要的技术之一。**算法**（algorithms）是一组循序渐进的指令，类似于菜谱，从需要的输入中产生所需的输出。**计算机算法**（computer algorithms）是一种计算机程序，它可以一步一步地执行指令来产生所需的输出（Coremen et al.，2009）。算法是一个古老的概念，但如今是使用计算机的基础，从计算工资、在线购买的支付金额到选择网飞电影或根据你之前的购买记录推荐你会感兴趣的产品。举例来说，脸书是如何决定在你的 Trending 模块中列出哪些热门新闻的，哪些是你在朋友的 News Feeds 上要发布的文章，哪些是在你的移动 News Feeds 上可以看到的文章。

脸书和其他社交网站需要解决的问题是如何在用户的页面上选择内容（他们的朋友和新闻故事的动态），让他们觉得有趣并可能点击。此外，脸书需要防止出现与用户页面无关的信息。图 11-3 展示了脸书在 2010 年提交的一项专利申请中使用的通用算法，该算法将基于关系向社交网络的成员提供个性化的内容。该图展示了算法中通用的 8 个步骤（左列）和每个步骤的说明（右列）。脸书用户通过选择和接受对方作为朋友来组织自己的亲密团体。**亲密团体**（affinity groups）是所有社交网络中的一个关键概念：他们通常由志同道合的人组成，分享音乐和视频、观点、态度、购买方式和品味。脸书试图准确发现那些音乐和视频、观点、态度、购买模式和品味，以及其他个人信息。一旦确定了这些内容，脸书就会尝试找出每个关联组正在讨论的内容，并将内容与每个组（基于关系的内容）匹配。脸书创建了一个基于关系的内容数据库，并将其服务于该群组的其他成员，以及为其他关联组提供类似功能。

社交网络还开发了许多其他软件应用程序，允许用户参与各种活动。表 11-4 描述了几种附加的社交网络功能。

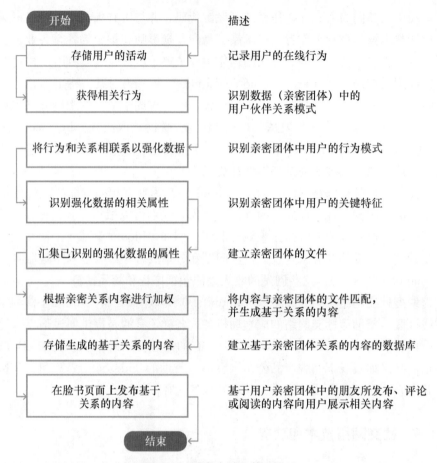

图 11 - 3　脸书个性化算法描述

说明：脸书使用一种非常复杂的算法来识别用户可能点击查看的内容。该算法的每一步都有计算机程序植入，涉及数万行计算机代码和数千小时的软件工程及系统开发。

资料来源：U. S. Patent and Trademark Office, 2010.

表 11 - 4　社交网络的功能

功能	描述
个人主页	用户自创的、多维度展现个人信息的页面
消息提示	按时间顺序从朋友、广告和通知中列出的更新列表
时间轴	更新、朋友的帖子、照片以及其他按时间顺序排列的历史记录
好友网络	创建一个相联系的朋友团体，一个社交团体
发现网络	能找到其他社交网络，找到新的团体和朋友，找到朋友的朋友
收藏夹（喜欢）	能够交换最喜欢的网站、书签、内容和网站目的地
游戏和应用	为社交网络开发的游戏以及延续其功能的应用
即时信息	即时的消息，即交流
存储	存储照片、视频和文档
留言板	向朋友张贴消息，如 Wall
讨论组	按兴趣组织的讨论组、论坛和消费者群体，如 For Sale Groups

最后，你会被告知你的朋友在做什么、喜欢什么、在看什么以及听什么。你会发现这个功能非常有趣并令人着迷。而你将不会看到其他与你的亲密团体截然不同的团体的内容。新内容（新闻、音乐、视频）与你的亲密团队过去喜欢的内容类似，也会为你提供。例如，如果你是一个坚定的保

守派或自由派，当你选择符合你的观点的文章时，你所查看的内容以及你的行为将会展示在其他与你有相同观点的成员的页面上。反过来，他们也可以和其他脸书好友及其好友所属的其他亲密团体分享这一内容。

　　虽然通用算法看起来很简单，但算法中的每一步都是由涉及数万行计算机代码的程序和数千小时的软件工程及系统开发实现的。由超过 1.67 亿个美国用户和 17 亿全球其他用户产生的数据需要 3 个在美国的数据中心和 1 个在瑞典的数据中心的支持，面积共达 100 万平方英尺，包含成千上万由光纤网络连接的服务器（Data Center Knowledge，2016）。据脸书所说，加载用户的主页涉及数百台服务器。这些服务器需要处理数以万计的数据，并在不到 1 秒的时间内提供所选择的信息。"技术透视"专栏"被困在脸书的泡沫里了吗？"将进一步深入研究算法的影响。

技术透视

被困在脸书的泡沫里了吗？

　　2016 年 5 月，Gizmodo 发布了一份报告，声称脸书的 Trending 模块允许其新闻策展人干预脸书的趋势算法，禁止了保守的政治新闻，据称该算法基于脸书用户喜欢、提及、发布和点击的热门话题为用户选择新闻。这一报告声称，在脸书上存在自由主义偏见。这一报告以脸书前雇员的声明为基础，产生了一系列的重要新闻、国会调查、关于脸书在促进其自身政治议程中的作用的公开辩论以及大量关于脸书在塑造美国人每天阅读的新闻中所扮演角色的评论。

　　关于脸书的整个新闻推送算法的作用引发了一场争论。该算法展示了你的脸书好友发布的帖子以及基于脸书对你和你的朋友的了解而推荐的广告。评论家担心 News Feed 和 Trending 栏目都在帮助创建一个高度分化的社会：用户只看到他们的朋友在社会和政治方面有争议话题的观点，从而形成一个自我强化的泡沫世界。有时被称为"脸书过滤器陷阱"、"回音室"或"泡沫"，评论家认为这将产生那些从不分享新闻或相互交流的群体，他们也因此无法找到一个中间地带来分享。更糟的是，极端主义团体激增，这类团体仅基于他们自己不可挑战的事实和理论，而这些事实和理论从来没有经过严谨的验证。同质性即如果可以选择，人们倾向于与和他们相同的人交往。在社交网络世界中，这意味着只接触与你观点相同的人的观点，便创造了一个回音室。相反的观点很少会出现在你的 News Feed 和 Trending Feed 中。每一次点击、点赞和发言都为用户创造了真实的现实，而这可能是虚构的，也可能不是虚构的。

　　从脸书的角度来看，News Feed 和趋势算法解决了一个对于今天社交网络的用户来说重要的问题：网上有这么多的信息，用户可能会被淹没在不感兴趣的信息中，很难找到他们感兴趣的信息。由此产生的挫败感可能会让用户远离社交网络，而社交网络日益成为网络用户的新闻和舆论来源。因此，脸书在两种算法的专利申请中，都需要说明这是"一种为社交网络的成员提供动态、基于关系的内容个性化的系统"。也就是说，这意味着算法是为了吸引你、让你留在网站上并会看到更多的广告。

　　趋势算法是一组实时操作的复杂代码。该算法监控的美国用户超过 2 亿人，全世界用户超过 10 亿人，并将结果发布在用户的 News Feed 页面的右上方，定期更新。该算法对变化率也很敏感：如果话题在短时间内被提到的次数达到峰值，那么这个话题就会在排名中上升。毋庸置疑，脸书给用户留下了这样的印象：趋势是一种计算机驱动的过程，它准确、客观地反映了其他用户对社交网络的反响，以及你可能点击的内容。

　　但根据 Gizmodo 和前雇员的说法，现实情况却截然不同。选择趋势的过程经过了数年的发展，但从一开始，新闻策展人（记者）就介入了，并对包括趋势等的选择进行了最后的决定。事实证明，该算法无法区分真实事件（SpaceX 火箭在发射台爆炸）与虚假事件（新墨西哥州的宇航员降落），或者某个实时话题是否被其他的覆盖。该算法不允许包含关于脸书本身的新闻。如果算法由于某种原因错过了重要的新闻事件，那么策展人将这些时间和观点重新加入热门话题。通常，对于复杂的算法，它们如何产生结果，即使是开发者也不完全理解，而且算法可能没有达到预期的结果。算法能够识别涉及性、色情、裸体、暴力画面或"R"级内容的热门话题并予以编辑或删除。人类在创造热门话题方面扮演了重要的编辑角色，就像记者和编辑一样，可以在这个过程中自由行使他们的裁决权，或许还可以加入他们的政治观点。在很多方面，这听起来就像普通的报纸或电视新闻节目：编辑选择会引起读者兴趣的新闻，为其拟定标题、确定位置并将其他新闻做成边栏。

对脸书描述趋势算法的专利进行的研究，揭示了许多用来创建趋势列表的其他因素。该算法使用关键字来处理被提及的话题和其他用户的活动（比如超级碗、滑雪、棒球等），并将它们分到主题组中。每个主题都根据用户发布主题的地理位置、被提及的次数以及活动的增加率给出了一个趋势评分。然后，热门话题与你朋友在社交网络上的个人兴趣，以及每个用户的个人兴趣、性别、种族、民族、宗教、年龄、婚姻状况、残疾、性取向、受教育程度和社会经济状况等其他因素相匹配。简而言之，几乎所有在脸书上共享的东西。

最终的结果是，你所看到的热门话题可能与你的隔壁邻居、生活在不同州的朋友、工作中的同事或数百万看到自己个性话题的人不同。热门话题并不反映脸书用户受众，而是脸书精确估计出的最吸引你、最吸引你的朋友以及你更有可能点击的内容，从而在脸书上向你展示广告。脸书的业务是通过提高参与度来创造广告收入，如停留时间。脸书不是一个传统意义上的新闻机构，而是一个由无论是专业的记者还是业余的博客作者等人创造的内容的再分配者。

趋势算法的弱点之一是它对被提及次数（可能是喜欢、帖子、点击或其他行为）的敏感程度，以及短时间内增加的速率。社会科学家很早以前就发现，在大多数有争议的问题上，90%的人都是在观点的中心，或在附近。另外 10%的人的观点与平均观点相差甚远。有时被称为"边缘群体"或"极端分子"，这些群体的成员往往高度参与脸书等网站，是非常积极的贡献者。他们经常支持阴谋论，参与仇恨言论，并试图利用社交网络的病毒特性在短期内突发地在网上发帖，希望通过鼓励分享他们的帖子来影响非常庞大的网络受众。脸书的算法试图通过降低频繁投稿者发布的内容来对抗这种趋势。

为了回应对于趋势算法存在的自由偏见以及在试图解释其趋势算法如何工作所遇到的困难，脸书在 2016 年解雇了 26 名编辑，承诺只依赖趋势算法以消除人类的偏见并更加客观。早期的研究结果表明，假新闻故事、阴谋论和攻击性的资料正呈现出比以往更多的趋势。正如一位权威人士指出的那样，脸书已经通过脸书的用户成了这类虚假新闻的庇护所。

News Feed 也面临着类似的指责。为了阐明 News Feed 的作用，以及如何区分不同的脸书用户，《华尔街日报》发布了一组图片，来表示非常自由和非常保守的脸书用户是如何从博主到有声望的新闻机构等 500 种渠道中链接到新闻文章的。该数据最初是由脸书研究人员在脸书上发起的一项针对用户行为的大型研究中得出的，并在《科学》杂志上发表。该研究调查了 News Feed 的 1 000 万个用户。《华尔街日报》在线数据的结果表示，非常自由和非常保守的脸书用户通过 News Feed 算法对新闻文章的选择，对大多数话题（从枪支、堕胎、ISIS、政治候选人等）提出了两种截然不同的世界观。例如，在枪支问题上，非常自由的用户与批评全国步枪协会（National Rifle Association）、校园枪击事件以及枪支等问题的新闻帖子联系在一起。非常保守的用户与批评枪支管制立法、武装犯罪分子入侵家庭以及使用枪支自卫等新闻帖子联系在一起。脸书的研究人员在《科学》杂志上发表文章称，脸书的用户在他们的 News Feed 和 Trending 栏目中确实看到了一些相反的观点，而且任何偏见都不是由它的算法引起的，而是由于用户选择和他们有相同观点的朋友。这些算法只是简单地反映了用户选择的朋友和他们点击的文章的情况。

为什么自由主义者和保守派之间很难相互沟通，

更不用说在关键问题上采取行动，那是因为他们生活在两种截然不同并且两极分化的新闻流中。由于超过一半的网民从脸书等社交网络获取新闻，脸书认为新闻对公众辩论和政策有着重大影响。

脸书与传统报纸或有线新闻频道有什么不同吗？它们都选择了自己认为读者和观众都能参与的新闻和观点。一个不同之处在于，对于传统的新闻工作者来说，人类在做新闻的选择，而受众理解这一点，并在其所提供的内容中进行选择。在脸书上，由人类编写的算法自动决定什么是新闻。

算法不能辨别文章的有效性，也不能区分疯狂的阴谋论和高质量的新闻报道。那些在脸书上加入社区的人都是通过算法来获得越来越多该组群支持的内容，而不是来自对立组群的内容或观点。

资料来源："Blue Feed, Red Feed: See Liberal Facebook and Conservative Facebook, Side by Side," *Wall Street Journal*, May 18, 2016; "The Algorithm Is an Editor," by Jeffrey Herbst, *Wall Street Journal*, April 13, 2016; "Facebook's 'Trending' Feature Exhibits Flaws Under New Algorithm," by Georgia Wells, *Wall Street Journal*, September 6, 2016; "Almost No One Really Knows How Facebook's Trending Algorithm Works, But Here's An Idea," by Joseph Lichterman, NiemanLab.org, September 1, 2016; "Inside Facebook's (Totally Insane, Unintentionally Gigantic, Hyperpartisan) Political-Media Machine," by John Herrman, *New York Times*, August 24, 2016; "The Reason Your Feed Became An Echo Chamber—And What To Do About It," NPR.com, July 24, 2016; "Your Facebook Echo Chamber Just Got a Whole Lot Louder," by Brian Barrett, Wired.com, June 29, 2016; "Exposure to Ideologically Diverse News and Opinion on Facebook," by E. Bakshy, S. Messing, and L. Adamic, *Science*, June 5, 2016; "How Facebook Warps Our Worlds," by Frank Bruni, *New York Times*, May 21, 2016; "The Wall Street Journal's New Tool Gives a Side-by-Side Look at the Facebook Political News Filter Bubble," by Ricardo Bilton, *Wall Street Journal*, May 18, 2016; "Facebook Study Finds People Only Click on Links That They Agree With, Site Is an 'Echo Chamber'," by Andrew Griffin, Independent.co.uk, May 8, 2015; *The Filter Bubble*, by Eli Pariser. Penguin Books; Reprint edition (April 24, 2012); Facebook, "Generating a Feed of Stories Personalized For Members of a Social Network," US Patent 7827208 B2, United States Patent Office, published November 2, 2010.

11.2　在线拍卖

整个电子商务领域都有拍卖的身影。最受欢迎的在线拍卖是 **C2C**（Consumer-to-Consumer）**拍卖**。在该拍卖形式中拍卖行只是一个中介市场的制造者，提供了一个消费者和卖家可以发现价格和交易的论坛。eBay 是当之无愧的 C2C 拍卖市场的领先者，2016 年 6 月，其在美国的活跃用户数就有 1.64 亿人，每天在线拍卖商品数量超过 8 亿件，拍卖商品种类多达数千种。2016 年 8 月，eBay 网站的独立访客在 1.1 亿左右，居全球五十大数字媒体（包括桌面和移动应用）排行榜的第 18 位（comScore，2016a）。2015 年，eBay 拍卖业务的净收入为 61 亿美元，相比 2014 年下降了 4%；整个商品销售或拍卖的收入约为 780 亿美元，相比 2014 年下降了 2%（eBay，2016）。仅在美国就有几百家在线拍卖网站，有些专注于邮票、货币等收藏品市场，其他则采取多元化的经营方针，任何商品都能够在网站上交易。

较不知名的是 **B2C**（business-to-consumer）**拍卖**，即企业拥有或控制资产，并使用动态定价来确定价格。越来越多的在线零售网站，如山姆会员店，正在为它们的网站增加拍卖。2016 年，拍卖也是 B2B 电子商务的重要组成部分，超过 1/3 的采购人员使用拍卖来采购商品。

表 11 - 5 列举了一些知名的拍卖网站。拍卖不限于商品和服务的交易，还可以用于在群体间分配资源和资源包。例如，你要给办公室的一群文职人员分配任务，你可以利用拍卖的方式制定出最优计划。通过让员工主动投标擅长的任务，可在短时间内获得一个近乎完美的分配方案（Parkes and Ungar，2000）。总之，和所有市场一样，拍卖市场也是在独立的机构（竞标者）间

配置资源的方式。

表 11 - 5　知名的拍卖网站

综合网站	
eBay	全球领先的拍卖网站，拍卖商品达数百万件，网站平均月访问用户数达 1.1 亿。
eBid	1998 年上线运营，目前已覆盖包括美国在内的 23 个国家，是 eBay 最大的竞争对手，其网站收取的服务费用更低。
uBid	入驻商户要事先认证，商家通常在此销售积压商品。
OnlineAuction	为卖家提供较低的月租费，并且在商品出售时不需要提供商品清单或额外费用。
专业网站	
Racersauction	专营跑车零部件的拍卖网站。
Philatelicphantasies	面向专业集邮人士的网站，每月举行在线邮票拍卖会。
Stacksbowers	美国最大的全自动拍卖公司，主营经鉴定的古币、银币和铜币，也提供一些体育赛事纪念卡。
Bid4Assets	政府、公共部门、企业、重组或破产公司清理受损固定资产的网站。
Oldandsold	专注于古董的在线拍卖服务商，每达成一笔交易，拍卖方要支付给网站 3% 的服务手续费。
B2C 拍卖网站	
Auctions. samsclub	经销山姆会员店各类品牌商品。
Shopgoodwill	Goodwill 的在线拍卖网站。提供各种各样捐赠给 Goodwill 的收藏品、书籍和古董。

11.2.1　拍卖的优势与成本

互联网的发展可算是拍卖网站崛起的首要功臣。互联网能提供一个固定和运营成本都十分低廉的全球化市场，以聚集庞大的买家群体。该市场由全球数百万用户组成，消费者只需使用简单、通用的技术（网络浏览器）就能选购商品。

拍卖的优势

除了能在拍卖过程中体验到游戏般的乐趣之外，消费者、商家乃至整个社会都能从在线拍卖中获得巨大的经济利益。这些利益包括：

- **高流通性**：卖家可以轻松地找到潜在买家，买家也能方便地接触到卖家。买家和卖家可分布在世界各个角落。此外，交易双方还能够寻求稀有物品的全球市场，这在互联网实现之前简直就是异想天开。
- **价格发现**：针对价值难以评估、价格由供需决定或者稀有商品，通过在线拍卖可帮助交易双方快速、高效地确定价格。
- **价格透明**：公开的在线拍卖允许任何人查看物品的投标竞价过程。
- **市场效率**：拍卖通常都会降低商品价格，从而减少商家的收益，增加消费者福利——衡量市场效率的一个重要指标。
- **交易成本低廉**：在线拍卖能够显著降低商品交易成本，使买卖双方都能从中受益。与其他网络交易市场类似，例如在线零售市场，拍卖网站的交易成本非常低廉（尚未实现零成本）。
- **聚集人气**：大型拍卖网站把数量众多的热衷于网上购物的消费者聚集起来，这让卖家受益匪浅。
- **网络影响力**：拍卖网站的人气越旺，商品种类越丰富，上述高流通性等优势就越明显，比如交易成本更低，效率更高，价格透明度更高，网站的市场价值和地位也就越高。

在线拍卖的风险与成本

拍卖过程中会发生一系列的风险和成本。和其他市场一样，拍卖网站有时也会陷入危机（后面章节将详细讨论拍卖网站失败的问题）。主要的风险和成本包括：

- **交易延迟成本**：在线拍卖可能会持续数天之久，商品运输也要耽误额外的时间。
- **监督成本**：参与拍卖意味着要花费大量的时间监视整个竞标过程。
- **设备成本**：要使用在线拍卖网站，消费者需要购买计算机设备、支付互联网接入费用。
- **信任风险**：在线拍卖是网络欺诈发生最多的场所之一。参与在线拍卖也意味着蒙受损失的风险大大增加。
- **履约成本**：在线拍卖通常要求买家支付额外的商品包装、运输和保险成本。而在实体商店中，这些成本都已计入商品的零售价当中。

eBay 等拍卖网站纷纷采取一系列措施来减少消费者参与在线拍卖的成本与信任风险。例如，很多拍卖网站都尝试使用评分系统来解决信任问题。较早与卖家有过交易的消费者可以根据自己的购物体验给卖家打分。虽然有一定成效，但评分系统有时也会出现问题。联邦执法委员会处理的电子商务诉讼中，拍卖欺诈案件占据绝对比重。采用固定价格是降低监督成本的有效方案之一，但这颇具讽刺意味。eBay 的消费者只需简单地点击网站页面上的"立即购买"按钮，就能以支付较高的价格为代价结束整个拍卖，从而减少监督成本和等待时间。"立即购买"和拍卖方式成交价格之间的差额，就是监督成本。

尽管在线拍卖过程会产生各种成本，但在线拍卖的商品成本通常更低，在某种程度上弥补了这些额外成本。另一方面，由于不存在任何中介渠道，通常也无须向地方或州政府纳税，消费者只需花费极低的搜寻成本和交易成本。（当然，除非卖家是在拍卖网站上经营的网上店铺，这种情况下会发生中介成本。）

不仅是消费者，参与在线拍卖的商家也会面临风险与成本。拍卖网站最终的成交价格可能会比市场价格低得多。此外，卖家还面临着赖账、假投标、串通等风险，也要承担拍卖监督成本、拍卖网站收取的交易费用、信用卡结算处理费用以及展示商品信息与价格的管理成本。

11.2.2 拍卖网站：一种电子商务商业模式

在线拍卖已成为零售和 B2B 商务领域最成功的商业模式之一。最赚钱的在线拍卖网站 eBay 似乎从一开始就在盈利。eBay 的策略是充分发掘整个拍卖周期所有阶段的潜在盈利机会。eBay 收入来源较多：基于交易金额收取的交易费用、展示商品的费用、从 PayPal 等支付系统收取的金融服务费用、广告费用以及卖家为特别展位等服务所支付的额外费用。PayPal 比 eBay 的市场增长更快，盈利能力也更强，超过 eBay 收入的一半。2015 年，eBay 将 PayPal 分离出来，成为一家独立的公司，并继续从其市场运作中获利。

在线拍卖网站相比传统的零售或目录销售网站，具有得天独厚的成本优势。拍卖网站无须储备库存，也无须执行履行交易的任何业务操作——拍卖网站不设仓库，没有任何运输或物流设施。由卖家和买家负责提供这些服务并承担相应成本。从这点看，拍卖网站只涉及简单的信息传递，是最理想的数字化企业之一。

尽管 eBay 取得了空前成功，但由于目前在线拍卖过度集中，整个行业的成功还诸多受限。eBay 目前稳居在线拍卖市场领头羊的位置，eBid 和 uBid 紧随其后。在过去几年里，随着消费者转向购买而不是拍卖，eBay 的增长大幅放缓。而众多小型拍卖网站却由于缺少足够的参与者而无法实现高度流通，现在还处于亏本状态。对拍卖网站而言，网络影响力至关重要。当前行业的发展趋势是由一两家大型拍卖网站主导市场，众多小型专业化拍卖网站（专营邮票等商品的站点）勉强略有盈余。

11.2.3　拍卖网站的类型与实例

在线拍卖网站的主要类型有英式拍卖、荷兰式在线拍卖、自主定价拍卖和一分钱拍卖等。

英式拍卖（English auction）是 eBay 网站上最简单也是最常用的拍卖方式。一般情况下，由一个卖主出售一件物品。英式拍卖会设定拍卖截止时间、卖家的保留价格（一般是保密的）以及买家每次叫价的最小增幅。众多买家相互竞价直至拍卖结束。出价最高的买家最终获胜（前提是出价必须等于或高于卖家的保留价格）。由于是众多卖家在拍卖过程中相互竞争，而且一般是匿名叫价，因此英式拍卖是侧重卖方的。

荷兰式在线拍卖（Dutch Internet auction）方式非常适合要销售大量拍卖品的卖家。卖家在拍卖开始前列出物品的最低价（或是起拍价）以及竞拍数量。竞标者报出自己的竞标数量和价格。这种拍卖一般采用统一定价机制：所有胜出者都支付最终成交价中的最低价格。这一市场出清价格可能会低于某些竞标者的报价。如果买家需要的数量超过竞拍品的供给数量，卖家一般按成交的先后次序分配商品。总的来说，最终胜出的竞拍者中，出价高的以最低成交价格获得所投标数量的商品，而出价低的却不一定能被满足（至少能买到一部分）。

自主定价拍卖（Name Your Own Price auction）首先由 Priceline 公司推出，目前已成为第二受欢迎的在线拍卖方式。尽管 Priceline 公司本身也做中介，先购进打折的机票、预订酒店房间和度假套餐，再根据商品剩余情况以较低的零售价格转卖给消费者，但 Priceline 最知名的还是其所采用的自主定价拍卖。自主定价拍卖中，最终消费者先为商品和服务设定自己愿意支付的价格，之后众多卖家展开竞标。此时，商品的价格不再是递减而是固定的：用户最初设定的价格即为其承诺的最终购买价格。2015 年，Priceline 的收入超过 92 亿美元，2016 年平均每月的独立访客大约有 2 000 万。Priceline 是美国排名顶尖的旅游网站。

但是，Priceline 如何能够提供比大型品牌服务商低 40% 的优惠价格呢？原因很多：首先，Priceline 网站不对外公开商品的售价，这样就能避免与直销等传统渠道相互冲突；其次，网站上出售的商品和服务都是有时效性的，如果没有消费者出价购买剩余航班座位、租车或预订房间，时间一过卖家将一无所获，因此，卖家通常都愿意在现货市场上以相对较低的价格提供商品或服务，从而收回成本。卖家的经营战略是利用盈利性强的渠道尽可能多地进行销售，之后再通过 Priceline 这样的现货市场处理积压的库存。买家和卖家都能从 Priceline 网站受益，同时网站自身也能通过向卖家收取交易费获取收入。

所谓的"一分钱拍卖"其实根本不算什么。为了参加一场**一分钱拍卖**（penny auction）（也称为**竞价费用拍卖**（bidding fee auction）），通常必须提前支付一分钱拍卖网站的出价，通常是 50 美分到 1 美元，一批 25～50 美元。一旦出了价，你就可以用它们来竞标一分钱拍卖网站所列的商品（不同于传统的拍卖，产品是由网站拥有的，而不是第三方的）。产品通常在 0 美元或接近 0 美元的时候开始竞价，每一次竞价都以固定的加价幅度抬高价格，通常只有 1 美分。拍卖是计时的，当时间结束时，最后一个出价最高的竞标者赢得这件产品。虽然这件产品本身的价格可能并不高，但是成功的投标人通常会花费更多的钱。与传统的拍卖方式不同的是，竞拍会花费很多钱，而且即使竞标者没有赢得拍卖，这些钱也要支付。投标方的累计投标费用必须加到最终价格中，以确定项目的真实成本。美国联邦贸易委员会发出了关于低价拍卖的警告，竞标者可能会发现他们的支出远远超出了他们的预期（Consumer Reports. org，2013）。QuiBids、Beezid 和 HappyBidDay 等都是低价拍卖。

11.2.4　企业何时使用拍卖（以及用于哪些产品）？

企业在很多情况下都可以考虑将拍卖网站作为某种合适的渠道。本章的大部分篇幅都是从消费者的视角对拍卖网站加以考察。消费者的最终目标是以最小的付出实现最大的价值。下面将目光转向企业。企业使用拍卖网站的目的在于充分挖掘自身产品和服务的真正市场价值，从而使企业的收入最大化（即对消费者剩余的占有量），产品和服务在拍卖市场的价格有望比传统渠道的固定价格高一些。表 11-6 列举了企业在使用拍卖网站前所需考虑的诸多因素。

表 11-6　企业选择拍卖网站前应当考虑的因素

考虑因素	具体内容
产品类型	产品是稀有的、独特的、常见的还是具有时效的
产品生命周期	产品处于生命周期的早期、中期还是晚期
渠道管理	与零售分销商的冲突，差异化管理
拍卖网站类型	侧重买家还是侧重卖家
起拍价	商品的起拍价是高还是低
叫价增幅	叫价的增幅是大还是小
拍卖时限	拍卖时限是长还是短
商品数量	拍卖品是单件还是多件
定价机制	统一定价还是价格歧视
信息分享程度	密封竞标还是公开竞标

● **产品类型**：一般来说，在线拍卖最适合销售稀有或者独特的产品，因为这些产品的价格难以确定，现实中甚至不存在交易这些产品的市场。然而，Priceline 却在对实体零售价格已确定的时效性商品（如机票）实行在线拍卖中大获成功。也有一些 B2B 拍卖网站经营钢材等生产经营用品，取得了不错的业绩（成交价通常较低）。新式服装、新款数码相机和电脑等商品的价格比较容易发现，标价高、价格的持续性较强、有利可图并且不易损坏，原本就已经存在较多有效的零售市场渠道（线上和线下）。

● **产品生命周期**：一般情况下，企业大多在拍卖网站上销售处于产品生命周期后期，以及拍卖成交价格会高于清仓销售的固定价格的产品。但是，越来越多处于产品生命周期初期的产品也纷纷在拍卖网站出售。比如，首批发售的音乐碟片、图书、录像带、游戏及数码设备，就可通过拍卖网站销售给那些强烈希望提前得到新产品的发烧友。在美国，各种活动门票（从音乐会到体育赛事）的在线销量已占据整个市场的 50%。

● **渠道管理**：一些已经具备相当规模的零售商，如杰西潘尼和沃尔玛，以及传统生产厂商都必须尽量避免拍卖活动对现有盈利销售渠道的冲击。也正是缘于此，许多老牌零售网站不是拍卖已经快过时的商品，就是对购买数量加以限制。

● **拍卖网站类型**：销售方显然应当选择买家数量众多，而卖家数量较少，最好只有自己一家的拍卖网站。像 eBay 上的英式增价拍卖最适合卖家，因为这种拍卖方式下竞标者越多，最后的成交价也就越高。

● **起拍价**：研究表明，拍卖商品时起拍价应当设低点，这样才能吸引更多的竞标者参与投标。

起拍价越低，慕名而来的竞标者就越多。竞标者越多，商品的成交价格就越容易被抬高。

- **叫价增幅**：保险起见，通常设定较小的叫价增幅，以吸引更多的竞标者频繁出价。如果能让卖家相信只要再多出价几美元就能赢得拍卖，他们往往就会忽略拍卖品的实际市场价值，而报出更高的价格。

- **拍卖时限**：一般来说，拍卖的预期时限越长，吸引到的竞标者就越多，最终的成交价格也就越高。但是，只要新的叫价频率逐渐下降至接近零，竞标价格也将稳定。因此，eBay 上大多数拍卖都是持续 7 天左右。

- **商品数量**：如果企业一次性出售大批商品，买家通常会期望获得数量折扣，这种预期最终会导致成交价格偏低。因此，卖家应考虑将大量商品分批次出售，每次拍卖少量的商品。

- **定价机制**：当企业拍卖多件商品时，大多数买家都认为每位胜出者支付相同的价格是天经地义的，因此统一定价机制是一种好的选择。eBay 网站上的荷兰式拍卖业务就应用了这一逻辑。由于买家对商品的需求程度不同，商家可向其收取不同的价格，这种观点尚未被顾客普遍认同。因此，想要实行价格歧视定价规则的企业，最好选择在多家拍卖市场或者不同时段出售同一商品，以避免买家能够方便地对比价格。

- **密封竞标与公开竞标**：对卖家而言，密封竞标优势明显。该拍卖方式能在不冒犯买家的情况下实行价格歧视，因此只要可行，卖家就应当尽量采用这种方式。但是，公开竞标能够激发羊群效应和胜者效应（后面将详细讨论），即众多买家出于赢得拍卖的竞争心理，会把商品的成交价格推高至密封竞标难以达到的水平。

11.2.5 拍卖价格：是否真的最低？

多数人都会认为，拍卖市场上商品的成交价格要比其他固定价格市场低得多。但实际情况并非如此。同等质量商品的拍卖价格有时要高于固定价格市场，不同拍卖市场的成交价格也参差不齐，造成这些现象的原因有很多。消费者在决定是否购买时不仅受到价值最大化的驱动，还会被诸多环境因素以及与交易无关或错误的信息影响（Simonson and Tversky，1992）。网上拍卖是一种社会行为，竞标者参加拍卖时也会像现实社会中那样相互攀比（Hanson and Putler，1996）。简单来说，竞标者会根据先前其他投标人的竞价情况来决定自己的报价，进而产生一种层叠效应，使价格不断攀升（Arkes and Hutzel，2000）。通过深入研究 eBay 网上数百次拍卖索尼游戏机、CD 机、墨西哥陶器和意大利丝质领带的记录，杜拉基亚和索尔琴斯基（Dholakia and Soltysinski，2001）发现竞标者会争相竞拍某些商品（易引起购买欲望的竞拍品），却对另一些商品不闻不问（容易忽略的竞拍品），表现出明显的**羊群效应**（herd behavior，即竞标者纷纷涌向单件或某些已有人投标的商品，为此展开价格竞争）。对于那些价值受到公认或者存在客观衡量标准的商品，羊群效应现象会大为减少。因此，由于消费者缺乏对市场实际情况的了解，羊群效应会导致消费者花费远超出商品实际价值的成本竞拍商品（Liu and Sutanto，2012）。

实际的拍卖过程会产生许多意想不到的结果。拍卖胜出者往往会有"**赢家心痛**"（winner's regret）的心理，感觉成交价格过高。这说明胜出者的报价并不代表自身对商品真实价值的估价，反而是出于第二位的竞标者的价值判断。由于卖家只能以比第二高报价稍高一些的价格出售商品，而无法了解最终胜出者的真实判断或者说商品在他心目中的真实价值，因此卖家也会有一种"**卖家遗憾**"（seller's lament）的感觉。同样，竞拍失意者多少也会有一些"**自我埋怨**"（loser's lament）情绪，认为自己报价太低才导致最终失败。总之，拍卖总是让胜出者觉得付出过多，而卖家却又感觉所得太少。如果买卖双方对拍卖品在各种网上、线下市场中的价格有所了解，这种矛盾的感觉就不大会出现。

11.2.6　拍卖网站的消费者信任机制

尽管在线拍卖市场的运营商既不能控制拍卖品的质量，也无法直接为消费者的诚信提供担保，在线交易市场还是会像其他电子商务网站一样，遇到如何建立消费者信任的问题。在拍卖网站上，犯罪分子可能肆意伪装成卖家或消费者。多项研究表明，如果拍卖网站上存在可信的第三方认证，或者是网站向用户提供一系列交易跟踪（欺诈检测）服务，用户就能拥有一定的控制权。这样随着用户经验的积累，信任和信用机制就能慢慢建立起来（Krishnamurthy，2001；Stanford-Makovsky，2002；Nikander and Karvonen，2002；Bailey et al.，2002；Kollock，1999）。鉴于信任对消费者的在线拍卖行为有强烈影响，eBay 和大多数拍卖网站都不遗余力地建立自动的信任增强机制，如买家和卖家信用排名、委托契约服务、买家和卖家保险、退款保证和信用保证等（见下一节）。

11.2.7　拍卖市场何时失灵：滥用与欺诈行为

线上和线下的拍卖市场都很容易滋生各种欺诈行为，这使得买卖双方及买家之间存在严重的信息不对称，最终导致整个市场失灵。一些可能的滥用和欺诈包括：

- **操纵竞价**：线下同意限制投标，或利用骗子提交虚假报价，以抬高价格。
- **价格匹配**：非正式地或正式地同意将拍卖项目的底价设置为低于卖方在公开市场上不愿意出售的价格。
- **假信用评价（防御性）**：利用两个账号或者伙同其他网站成员人为抬高相互的信誉评分。
- **假信用评价（攻击性）**：利用两个账号或者伙同其他网站成员人为使另一个用户降低评级（消息炸弹）。
- **评价勒索**：买家以负面评价要挟卖家给予优惠。
- **干涉交易**：发电子邮件警告买家不要与某卖家发生交易。
- **操纵竞价**：利用可撤销竞价的机会故意报出高价，诱使当前竞价者报出更高的价格，之后再撤销自己的报价。
- **拒不付款**：故意报出高价但拒不支付，从而阻止其他买家竞拍商品。
- **投标屏蔽**：利用两个账号或伙同其他用户人为地抬高成交价格。
- **不履行交易合同**：收到货款后故意不发货或发错货。
- **空头交易**：拍卖结束后，拒绝收款也不发货。
- **恶意报价**：发电子邮件给其他卖家的竞拍者，提供稍低的价格抢夺客源。

拍卖网站试图通过多种方法来减少这些风险，包括：

- **评级系统**：以前的客户根据自己的经验对卖家进行评级，并将其发布到网站上，让其他买家看到。
- **观察名单**：允许买家监控特定的拍卖活动，因为他们进行了好几天，并且只在最后几分钟的竞价中密切关注。
- **代理竞价**：买家可以输入他们愿意支付的最高价格，拍卖软件会自动在他们的原始出价被超过时进行增量投标。

eBay 和其他许多拍卖网站都已成立专门的调查部门来处理用户投诉，深入核查举报的各种违规交易行为。但是，网站的周访客总数超过数百万，有数以万计的拍卖交易需要监督，eBay 仍需高度依赖买卖双方的诚实守信来维持整个交易市场的良好秩序。

11.3 电子商务门户网站

英文 port 一词起源于拉丁文中的 porta，意为通往某处的入口或大门。

如果仅从人们通常都将门户网站设为首页这一角度看，门户网站算是网友访问频率最高的站点。像雅虎、MSN、美国在线这样的顶级门户网站，其每月的全球独立访客人数已达数亿。门户网站是通往互联网数千亿个网页的大门。脸书也充当着门户网站的角色。数百万用户把脸书设为自己的主页，选择与好友聊天，很多人每天都在脸书上花费好几个小时的时间。我们已经在 11.1 节讨论了脸书。门户网站最为核心的服务或许就是帮助人们在网上搜寻所需要的信息，并且像新闻一样让人们接触到并不是他们所需却可能会觉得有趣的信息。电子商务发展早期，门户网站只是扮演搜索引擎的角色，用户通过门户网站寻找网上丰富多彩、详细而深入的内容。随后，门户网站开始朝多元化的方向发展，逐渐融入其他网站的功能，开始为用户提供新闻、娱乐、地图、图片、社交网络、深度分析以及远程教育等服务。如今，各门户网站早已不再满足于只是充当"大门"的简单角色，都在为如何留住用户而绞尽脑汁。从这点看，门户网站与电视网络有几分相似：它们都是向用户提供内容服务且通过广告获得收入。门户网站现在都热切期盼着用户能在自己网站上多逗留一会儿，越久越好。许多大型门户网站获取成功，已家喻户晓，用户经常会在它们的站点驻足。

门户网站在企业内部也具有重要的作用，大多数企业、大学、教会以及各类正式组织都有自己的**企业门户网站**（enterprise portals），用以帮助企业内部员工了解人力资源信息、企业新闻以及企业通知等内部重要信息。例如，通过你所在大学的门户网站，你可以注册课程、了解教室安排，以及处理其他与学生事务相关的重要活动。而且，越来越多的门户网站开始提供公共新闻，提供来自外部内容提供商的实时财经报道，以及提供通用的网络搜索服务。有关企业门户网站以及企业内部网的内容，在其他有关企业网络技术应用的图书中有详细的介绍（参见 Laudon and Laudon，2016），但这些已超出了本书的范围。本书仅聚焦于电子商务门户网站。

11.3.1 门户网站的发展与演进

门户网站的功能和角色定位大有改变。正如前面所说，大多数知名的门户网站都是从搜索引擎起家的，如雅虎、MSN 和美国在线。门户网站最初都是根据内容创建网页索引，从而帮助用户更方便地寻找感兴趣的内容。因此，人们一般只在这些早期门户网站上停留几分钟。到 21 世纪早期，全世界的网民数量呈百万级增长，这些提供搜索服务的门户网站的访问量也随之出现爆炸式的上升态势。最初，由于门户网站的功能只是简单地将用户传送到目的地，人们纷纷对其如何盈利表示怀疑。但是，搜索引擎积累到海量的基础用户，这为它成为营销和广告平台创造了良好的基础条件。之后，搜索引擎站点纷纷意识到海量用户中蕴藏的无限商机，相继拓展自己所提供的服务内容，从简单的导航推广到商务（在网站上直接向用户出售商品，或者给零售网站做广告）、内容提供（最初是新闻，后来涵盖天气预报、投资资讯、在线游戏、健康频道等多个主题）、通信服务（电子邮件、聊天室和短信），以及其他内容网站的推广服务。这四种服务构成了基础门户网站的定义，即门户网站是提供网页导航（搜索）、通信服务、商务和内容资讯四大服务的综合性站点。

对于广告商和内容提供商来说，门户网站的价值与其所能接触到的网民数量和网站的停留时间成正比，因此各大门户网站的竞争力就体现为站点的到达率和独立访客数。网站的到达率（reach）

是指一个月（或其他时间周期）内曾经访问特定网站的用户占全体网民人数的比例。独立访客数（unique visitors）则是指一个月内访问特定网站的、能够被唯一标识的用户的数量。此外，门户网站不可避免地会受到网络效应的影响，即门户网站对于广告商和消费者的价值会随着网站到达率的增加而呈几何式增长，进而能够吸引到更多的用户。这种效应使得门户网站市场分化为三个层级：占有 60%～80% 上网用户的少数大型综合门户网站、到达率在 20%～30% 左右的二级综合门户网站、独立访客仅占上网用户 2%～10% 的三级垂直型专业门户网站。正如第 3 章所述，美国前五大门户网站（谷歌、雅虎、MSN/必应、美国在线、Ask）总共占据在线搜索市场超过 95% 的份额。门户网站或搜索引擎（包括桌面和移动设备）在受众占有率方面也出现了类似的集中化模式（见图 11-4）。但是，随着越来越多的用户转向使用社交网络，这一市场格局正在悄然改变。数百万用户将这些网站设置成首页，并在这些网站上花费了大量的时间。像脸书这样的社交网站正在通过视频、电影和新闻来拓宽自己的内容，把自己变成一个社交网络和门户网站的混合体。

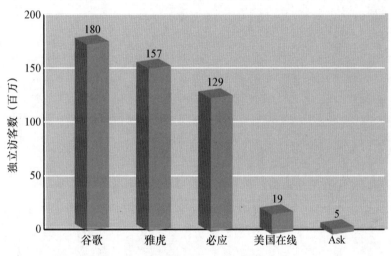

图 11-4　美国前五大门户/搜索网站

资料来源：Based on data from Compete.com，2016.

更多有关顶级门户网站间的竞争和转变历程，参见"商务透视"专栏"Verizon 发力有线、无线双入口"。

商务透视

Verizon 发力有线、无线双入口

在互联网的早期，门户网站是商业模式中最受欢迎的。美国在线和雅虎是其中最出名的两个。2000 年，时代华纳斥资 1 680 亿美元收购了美国在线，而雅虎的市值约为 1 280 亿美元。然而，随着时间的推移，谷歌在搜索市场上形成了垄断，而脸书等社交网站在很大程度上取代了门户网站最初在网络生活中扮演的角色。因此，美国在线和雅虎都在努力改变它们的业务，使其在今天的在线环境中更有意义。

在过去的几年里，美国宽带和无线通信巨头 Verizon 一直面临类似的问题，但原因不同。Verizon 是 20 世纪初贝尔电话公司的直系后裔。如今，Verizon 是美国最大的无线手机服务提供商，拥有 1.4 亿用户（占市场的 46%），其次是拥有 1.28 亿用户（33%）的美国电话电报公司（AT&T）。其他主要供应商还包括 T-Mobile 和 Sprint。Verizon 还控制着大约 35% 的有线市场。2015 年，Verizon 创造了 1 310 亿美元的收入，其中大部分（70%）来自

其无线手机网络市场，其余部分来自其有线业务部分，建筑物、地下和海底的铜和光纤电缆都是其所有和管理的，这些光缆为大公司和互联网供应商提供服务。

尽管 Verizon 的规模和市场优势明显，但它正面临无线业务的困境。AT&T、Sprint 和 T-Mobile 等竞争对手已经使得 Verizon 向无线用户收取的费用受到了限制。2015 年，无线业务部门的收入仅增长了 4%，而有线电视业务则下降了 1.5%。微软、谷歌、苹果、Skype 和脸书都在互联网上提供了替代通信服务，这将会缩小所有无线电话网络的收入。城市地区 WiFi 连接的增长也与 Verizon 的蜂窝无线网络开始竞争。智能手机通常在网络可用时默认使用 WiFi。2007 年苹果公司推出 iPhone 后，无线市场的增长非常迅猛，但手机语音、文字和视频的通信市场正在接近饱和，不再增长。很明显，拥有媒体内容、观众和品牌所获得的收入比拥有这些管道的收入要多。因此，在一次非同寻常的、史无前例的公司大变革中，Verizon 决定成为一个在线媒体和数字广告公司，而其在该行业并没有什么经验。

为了实现成为在线媒体和广告的主要参与者的计划，Verizon 需要建立一个受众群。为了吸引观众，它需要数字内容，最好是视频，这似乎是一个无法满足的在线观众市场。这个计划的目标是到 2020 年能有 20 亿观众。凭借数十亿的眼球，Verizon 希望成为一个媒体和广告公司，可以挑战脸书和 YouTube（谷歌），在蓬勃发展的在线广告市场上（该市场每年以超过 20% 的速度增长）占有相当大的份额。这就是高科技发展的国家！分析人士想知道一家电话公司如何能成为一家网络媒体和广告公司。答案就是：买。

2014 年，Verizon 以 44 亿美元的价格收购了美国在线。当时的分析师想知道为什么 Verizon 会收购衰落的明星门户网站。答案很快就变得清晰起来：因为其拥有 4 亿在线用户和大量数字内容。此外，美国在线还运营着最大的数字广告公司之一（AOL 平台）。在收购美国在线之后，Verizon 还收购了美国在线此前收购的数十家互联网内容公司，如视频流媒体公司 EdgeCast Networks、OnCue 和 UpLynk；博客公司 Engadget 和 TechCrunch；像《赫芬顿邮报》这样的新闻网站，以及 3 个视频平台（5MinMedia、AdapTV 和 Vidible）；一个移动广告公司 Millennial Media 和一个社交分享技术公司 Thing Labs。如果这些名字中有一些是不熟悉的，那是因为它们大多是小型的、相对陌生的、简洁的、低成本的视频制作和发行公司，主要关注青少年和年轻的成年观众。Verizon 还和赫斯特一起投资了 ComplexMedia。Verizon 投资了一个音乐和流行文化的网站以及梦工厂动画，赫斯特投资了 AwesomenessTV。AwesomenessTV 有 1.5 亿用户。2015 年，Verizon 推出了 go90，这是一项免费的、支持广告的流媒体服务，提供原创剧集和喜剧类节目。Verizon 客户的账户将不会因使用该服务而被收取费用。批评者称这违反了联邦通信委员会的新网络禁止基于平台或内容歧视的中立条例。Verizon 也在追求更主流的内容，据报道，它正在与好莱坞的制作公司会面，寻找适合数字发行的原创长格式节目。Hulu、亚马逊、网飞和谷歌都是目标客户。

2016 年，Verizon 同意以 48.3 亿美元的价格收购另一家失败的门户网站雅虎。雅虎在开发原创内容方面并没有成功，但它是播放广告和支持技术的王者，其全球用户超过 10 亿，其中 6 亿用户通过移动设备访问该网站。该收购计划于 2017 年第一季度完成。如果 Verizon 能在 2020 年成功吸引 20 亿观众，它就能开展增长快速的互联网广告业务，并与脸书、谷歌、微软以及视频流媒体市场的其他内容公司展开竞争。Verizon 的地理定位技术内置在移动网络中，可以每时每刻跟踪每一个移动用户，根据用户的活动和位置来定位用户。作为领先的无线运营商，Verizon 更了解人们和事物的位置以及他们是如何到达那里的，而不是人们或事物本身。

有很多人怀疑 Verizon 能否有效地管理所有这些收购公司，并成为一个多元化的门户集团。Verizon 的独特优势是其拥有 1.44 亿移动用户，并且知道他们的位置。谷歌地图和苹果的 iPhone 也是如此。目前还不清楚 Verizon 能否与统治社交网络、网络媒体和在线广告的互联网巨头竞争，但其结果将是令人兴奋的。

资料来源："Yahoo and the Online Universe According to Verizon," by David Gelles, *New York Times*, July 30, 2016;

"Verizon to Acquire Yahoo's Operating Business," PRNewswire, July 25, 2016; "The Problem with Verizon-Yahoo," by Erin Griffith, *Fortune*, July 25, 2016; "Inside Verizon's Gamble on Digital Media," by Ryan Knutson and Deepa Seetharaman, *Wall Street Journal*, July 24, 2016; "Verizon Finalizes $4.8 Billion Yahoo Deal," Ryan Knutson and Deep Seetharaman, *Wall Street Journal*, July 24, 2016; "Verizon's Multi-Billion Dollar Play to Take On Netflix, Amazon, Google, and Facebook," by Ainsley O'Connell, *Fast Company*, May 26, 2016; "Verizon Settles With F. C. C. Over Hidden Tracking via 'Supercookies,'" by Cecilia Kang, *New York Times*, March 7, 2016; "Verizon Communications Inc. Form 10-K filed with the Securities and Exchange Commission for the Fiscal Year Ended December 31, 2015," February 23, 2016; "All the Media Companies That Belong to Verizon Now," by Kate Knibbs, Gizmodo, May 12, 2015.

11.3.2　门户网站的类型：综合门户网站与垂直门户网站

门户网站主要包括两种类型：综合门户网站与垂直门户网站。**综合门户网站**（general purpose portals）尽全力吸引大批普通网民，开设各种垂直的内容频道，提供诸如新闻、金融、汽车、电影和天气预报等主题的深度内容来留住用户。综合门户网站一般都会提供引擎搜索、免费电子邮件、个人主页、聊天室、社交网络创建软件和电子公告栏等功能。综合门户网站上的垂直内容频道则为用户提供体育赛事、股市行情、健康资讯、时事新闻、汽车资讯和拍卖等方面的内容服务。

垂直门户网站（vertical market portals，有时也称为目的站或垂直门户）则致力于吸引大批对社区或特定内容兴趣浓厚、关注度高的忠诚用户。垂直门户网站涉及的领域从体育到气象无所不有。除专业化的内容外，垂直门户网站也开始渐渐引入综合门户网站的某些服务。例如，脸书目前已转变为一家门户网站——数百万用户通往互联网的大门。脸书以人际关系为基础，属于群体关系型门户网站，并提供各种电子邮件、搜索、在线游戏和应用程序服务。

门户网站的受众占有率呈集中式分布（除了网络效应），这反映出消费者上网时间的有限性。这种时间限制对综合门户网站有利。消费者花费在互联网上的时间有限，因此大多数消费者每个月访问的站点不超过 30 个。由于时间的限制，消费者往往会集中访问几个能够满足其广泛兴趣的网站，这些站点往往能提供从天气信息、旅游资讯、股市行情、体育赛事、零售购物到娱乐消遣等综合内容。

像雅虎这样的综合门户网站一直致力于成为全民化的门户站点，希望通过提供一般导航服务以及各类专业内容和社区服务吸引大批忠实用户。例如，雅虎已成为最大的网络新闻提供商，其新闻频道的访问用户数远远超过包括在线报纸在内的其他任何新闻网站。然而，消费者的上网行为显示出他们浏览网页的时间减少了，而更倾向于深入的搜索调查或者参与到社交网络当中。这些行为趋势则让垂直门户网站的前景一片大好。垂直门户网站能够提供高度专业化、深入的内容和社区服务。

大型综合门户网站一般都远近闻名，而垂直内容和群体关系型门户网站则稍逊一筹。图 11-5 列举了一些为人熟知的综合门户网站和两类主要的垂直门户网站。

11.3.3　门户网站的业务模式

门户网站的收入来源多种多样。门户网站的收入基数处于动态变化之中，主要的收入来源正渐渐缩小。表 11-7 总结了门户网站的主要收入来源。

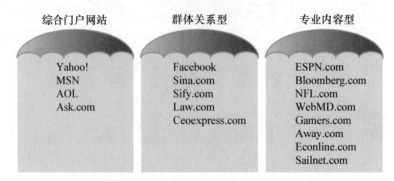

图 11－5　两种主要的门户网站类型：综合门户网站与垂直门户网站

说明：门户网站主要包括两种类型：综合门户网站与垂直门户网站。垂直门户网站一般又可分为群体关系型和专业内容型两类。

表 11－7　门户网站的主要收入来源

收入来源	说明
综合广告	依据广告到达的受众数量计费
租赁业务	确定留下印象用户的数量以收取固定费用，属于独家合作，即独家提供商
销售佣金	根据每笔交易金额向网站上的独立商家收取佣金
信息订阅费	向订阅高级内容服务的用户收取费用
应用程序和游戏	用户收费下载游戏和应用，在应用中植入广告

随着搜索引擎广告和智能广告网站（例如谷歌的 AdSense，能够根据网站内容在数千家网站上有针对性地投放广告的网站）的迅速发展，综合门户网站和垂直门户网站也都纷纷转变其业务战略。美国在线和雅虎等综合门户网站由于缺乏完善的搜索引擎功能，其发展速度远远落后于拥有强大搜索引擎的谷歌。例如，微软在必应的搜索引擎上的技术投资已达到数十亿美元，以期赶超谷歌。此外，门户网站提供许多内容服务，这是谷歌早期所没有的。不过谷歌后来收购了 YouTube，将其内容引入到谷歌网站上，同时还新增了新闻、金融资讯、图片、地图等多个领域的内容服务站点。脸书的访客停留时间是雅虎等传统门户网站的 3 倍多。正因为如此，社交网站，尤其是脸书，已成为雅虎、谷歌等门户网站的直接竞争对手。雅虎在过去 3 年中一直在努力实现利润增长，尽管其独立访客的数量一直与谷歌持平。问题之一是展示广告的价格下跌，而这是雅虎广告平台的支柱。雅虎网站上的展示广告多于其他任何网站。另一个关键问题是用户与网站内容的接触减少，在网站上花费的时间也缩短了。为了解决这些问题，雅虎进行了一系列的收购，包括 Aviate、Tumblr 和 Flickr，并推出了像雅虎食品（Yahoo Food）和雅虎科技（Yahoo Tech）这样在互联网上发布的电子杂志。展示广告收入的关键是内容和参与度：你可以向用户展示更多的广告，他们在网站上停留的时间也越长，广告收入就会越多。到目前为止，雅虎和其他一般门户网站还没有能够与社交网站在网站的参与度和时间上竞争。经过几年不成功的新策略的实施，2016 年，雅虎同意将自己卖给 Verizon。

因此，未来综合门户网站的生存策略将是开发更深入、更丰富的垂直内容吸引客户，包括雇用职业记者，提供包括电影、电视剧和音乐等形式的更优质的娱乐节目，而不是依赖那些写文章的博主。而对于大多数小型垂直门户网站而言，其策略应当是汇聚一系列的垂直网站，向用户提供更深入、更丰富的内容。谷歌等搜索引擎网站的策略则是获取更多的内容吸引用户长时间停留，并向他们展示更多的广告。

案例研究 ■

eBay 的蜕变

当你听到有人提到在线拍卖时,最先想到的可能就是 eBay。eBay 成立于 1995 年,是一个另类、古怪的网站,几乎可以通过拍卖来买卖任何东西。如今,eBay 的大部分收入都来自传统的电子商务。在亚马逊和阿里巴巴等竞争对手出现之后,eBay 已经禁止销售解读塔洛牌(tarot card)和魔力符咒(magic magic)等奇怪的服务,并设立了一个奖励计划,推出迪克(Dick)体育用品和玩具反斗城这样的知名零售连锁店。

这种转变始于 2007 年 11 月,当时的 CEO 梅格·惠特曼(Meg Whitman)离职,由约翰·多纳霍(John Donahoe)接任。而此时该公司早已停滞不前,且这种趋势一直持续到 2009 年。对多数买家而言,在线拍卖的新鲜感已日渐淡薄,他们纷纷转向更简单便捷的固定价格购物模式,比如亚马逊。搜索引擎和比较购物网站能帮助用户更方便地找到其他拍卖网站上出售的商品,因此也造成 eBay 拍卖业务一定程度的流失。

多纳霍很快发现,改变一家互联网公司的商业模式绝非易事,尤其是当这家公司是互联网上最知名的网站之一时。eBay 发布了一个为期 3 年的复兴计划,以改变 eBay 原先那种网上跳蚤市场的模式。起初,它扮演的角色就像是一家奥特莱斯,帮助零售商销售过季、库存积压、翻新或停产的商品。随后,eBay 直接与零售连锁店合作,成为当季商品的销售渠道。

eBay 鼓励小型卖家从拍卖模式转向固定价格的销售模式。eBay 调整收费结构,降低固定价格销售费用,对搜索引擎进行改进,而不是首先展示快结束的拍卖,并设计了一个考虑价格和卖家声誉的计算公式,这样高评级的商家首先出现并获得更多的曝光。

意料之中的是,在这段时间里,越来越多的卖家抱怨过高的费用和 eBay 对大型零售商的偏爱等问题增多,毕竟成千上万的人依靠在 eBay 上销售来养活自己,还有数百万人用 eBay 来补贴他们的收入。虽然股价持续下跌,但分析师相信多纳霍可以扭转颓势。事实是,eBay 通过一系列精明的收购获得了长足的发展。

众所周知,PayPal 是 eBay 的签名支付服务,它使个人之间可以通过互联网完成支付。这一收购是 eBay 在过去几年里依然能坚持下来的关键,它弥补了 eBay 在拍卖业务上的弱点,并且是推动 eBay 走向未来的推进器。在 eBay 的鼎盛时期,PayPal 的收入已经超过 40%,是支撑 eBay 发展的一个重要因素。

移动商务高级总监奥利维尔·罗帕尔斯(Olivier Ropars)表示,eBay 甚至在第一代 iPhone 或 App Store 建立之前就意识到了即将到来的移动革命。这种先见之明使得 eBay 早在 2012 年应用程序下载量就达到了 1 亿,拥有了 1 亿移动用户。从 2010 年开始,eBay 一直在积极收购一些专门从事移动技术的公司,如条形码扫描应用 RedLaser、移动应用开发者 Critical Path、移动支付和账单公司 Zong,以及移动支付初创公司 Fig Card。2013 年,eBay 以 8 亿美元收购了移动支付网关 Braintree。Braintree 的技术让 eBay 的消费者更容易在智能手机和平板电脑上支付费用,也消除了 PayPal 的一个主要竞争对手。2015 年,eBay 推出了一款 Apple Watch 应用程序,允许用户查看其通知和出价状态。该公司还更新了 iOS 和安卓应用程序,提高了搜索结果的质量。2016 年,eBay 仍处于在线零售的最前沿,它重新设计了其核心移动平台,增加了生物识别支持,推出了安卓穿戴设备市场的应用,并在 StubHub 上发布了可以让客户从任何角度查看未来座椅的虚拟现实功能。如今,超过 50% 的 eBay 业务涉及移动设备,该公司继续改进其所有服务的移动体验。

尽管多年来的其他收购项目也帮助 eBay 从在线旧货销售变成了亚马逊的主流竞争对手,但"社交、移动、本地"主题一直是其生存的核心。通过提供各种各样的服务,让商家更容易地整合它们的跨渠道零售,这是 eBay 复兴和持续成功的关键所在。

2016 年,该公司还启动了用分析工具实现平台现代化的过程。首先,该公司已经开始将其产品目录从传统的非结构化列表格式(相同的产品呈现给不同消费者的方式不同)转换为结构化数据格式。这将使

eBay 更容易获得关于不同商品和购买趋势的信息。其次，eBay 还使用机器学习来定制、更新和改进其产品页面，并对其搜索功能进行微调，而不仅仅是与关键字和标签匹配搜索词。为了支持这些功能，2016年，公司购买了机器学习初创公司 SalesPredict，其技术帮助企业预测消费者购买行为和销售转换。最后，该公司改进后的 Seller Hub 将为个人卖家提供与库存、订单、上市管理、业绩洞察和精简的业务流程管理等有关的分析工具和指标。

然而，eBay 的回归并不是没有遇到挑战。2014年，eBay 遭遇黑客攻击，导致近 1.5 亿用户的信息泄露。PayPal 没有受到影响，eBay 不相信会有财务信息被盗，但这一事件说明 eBay 需要对其安全措施保持警惕。eBay 的销售额在遭遇攻击后急剧下降，10 天内下降了 5.4%。竞争对手也在加紧努力与 eBay 竞争，亚马逊继续专注于第三方销售，而阿里巴巴则发布了面向美国的 11 Main 网站。而且，谷歌推出了对其搜索算法的更新，使 eBay 的搜索流量减少了 33%。eBay 希望能通过标准化其产品页面，提高其谷歌搜索的排名。

2015 年，eBay 选择将 PayPal 拆分为独立公司，将 eBay 和 Marketplaces 部门、StubHub 票务销售部门及其他一些业务部门分开。尽管多纳霍和 eBay 的其他领导层多年来一直抵制分拆公司，但此举是由于 PayPal 希望将自己与 eBay 区别开来，并在快速发展的在线支付市场中变得更加灵活。多纳霍还辞去了 eBay CEO 的职务，标志着这一转型。德温·韦尼希 (Devin Wenig) 作为国际市场部门的前负责人，接替多纳霍的位置。作为拆分出的一部分，eBay 已经同意将 80% 的销售额通过 PayPal 支付，但 PayPal 可以自由地与其他商家进行交易，这可能会进一步提升其市场份额。

许多投资者认为，PayPal 是 eBay 利润的真正推动力。尽管分析师已经做好了令人失望的业绩准备，但截至 2016 年，在韦尼希的领导下，该公司已连续几个季度实现销售增长。2016 年第二季度的收入比上年同期增长 5.7%，达到 22.3 亿美元，高于 2015年的 21.1 亿美元。该公司还预计未来几个季度将继续增长。尽管亚马逊在在线零售领域一直占据主导地位，但 eBay 仍然是最受信任的在线品牌和电子商务

领袖之一，它一直在努力改进其市场设计和面向用户的产品，包括 eBay Now 的新的当日交付程序。eBay 是否能够应对这些新的挑战？在经历了一些起起落落之后，eBay 似乎又一次走上了成功的轨道。

资料来源："PayPal Introduces an SDK for PayPal Here, Its Square-like Credit Card Reader," by Roberto Baldwin, Thenextweb. com, September 4, 2014; "eBay's 900 Million Dollar Question," by Chad Henage, Motley Fool, June 17, 2014; "Alibaba Takes on eBay, Etsy with U. S.-based Shopping Site," by Gail Sullivan, *Washington Post*, June 11, 2014; "Web? Store? Mobile? Shoppers Want It All," by Don Davis, Internetretailer. com, June 11, 2014; "Did Panda Really Beat Up On eBay?" by Thad Rueter, Internetretailer. com, June 9, 2014; "eBay Plays the Field," by Katie Evans, Internetretailer. com, June 2, 2014; "How the Once Impregnable eBay Fell Victim to Hackers (and You Can Too)," by Jeremy Quittner, Inc. com, May 30, 2014; "eBay Reports 13% Sales Growth and Rejects PayPal Spinoff," by Katie Evans, Internetretailer. com, January 22, 2014; "Behind eBay's $800M Buy: Braintree will Replace PayPal's Developer Platform," by Kevin Fitchard, Gigaom. com, September 26, 2013; "Amazon, eBay Lead Way as E-Commerce Sales Still Surge," by Brian Deagon, *Investor's Business Daily*, July 2, 2013; "eBay Hits 100m Mobile App Download Mark," by Dervedia Thomas, Dailydealmedia. com, September 29, 2012; "eBay: We Need to Behave More Like a Retailer," by Sarah Shearman, Tamebay. com, September 25, 2012; "eBay Logo Gets a Refresh; The Time Felt Right After 17 Years," by Mark Tyson, Hexus. com, September 14, 2012; "eBay Bans Magic Spells and Potions," by Katy Waldman, Slate. com, August 17, 2012; "Behind eBay's Comeback," by James B. Stewart, *New York Times*, July 27, 2012; "Bill Me Later, eBay's Credit Version of PayPal, Helps Company's Profits but Exposes It to Risk," by Alistair Barr, Mercury News. com, July 12, 2012; "PayPal Strength Helps eBay Exceed Forecasts," by Somini Sengupta, *New York Times*, April 18, 2012; "eBay Favors Big-Box Retailers in Holiday Promotions," by Ina Steiner, eCommerceBytes. com, December, 16, 2011; "How Jack Abraham Is Reinventing eBay," by Danielle Sacks, *Fast Company*, June 22, 2011; "Connecting the Dots on eBay's Local Shopping Strategy," by Leena Rao, Techcrunch. com, May 15, 2011; "eBay CEO Sees Opportunities in Online and Offline Commerce," by Scott Morrison, *Wall Street Journal*, February 10, 2011.

[案例思考题]

1. 就 eBay 早期和最新的业务模式做比较。

2. eBay 当前面临哪些问题？eBay 想如何解决这些难题？

3. eBay 所尝试的方案能否奏效？原因何在？是否存在其他 eBay 应加以考虑的方案？

4. eBay 的最大的对手是哪几个网站？eBay 的新战略如何与之抗争？

关键术语 ━━━■

社区（social network）　包括一定数量的人、相互影响的社交活动、成员间的共同关系以及成员在一定时期之内共同使用的场所。

社交网络（online social network）　具有共同关系的人们在网络中相互交流的场所。

综合型社交网络（general communities）　以主题讨论方式组织社区成员相互交流的社交网络。

实务型社交网络（practice networks）　为社区成员提供某一实务领域的专题讨论、帮助、信息和知识的社交网络。

群体关系型社交网络（affinity communities）　为具有相同特征的成员提供讨论和交流机会的社交网络。

赞助型社交网络（sponsored communities）　出于特定目的（通常是商业目标）而建立的社交网络。

算法（algorithms）　一组循序渐进的指令，类似于菜谱，从需要的输入中产生所需的输出。

计算机算法（computer algorithms）　一种计算机程序，它可以一步一步地执行指令来产生所需的输出。

亲密团体（affinity groups）　通常由志同道合的人组成，分享音乐和视频、观点、态度、购买方式和品味。

C2C 拍卖（consumer-to-consumer（C2C）auctions）　交易场所只是作为单纯的中介市场，为买卖双方协商价格、达成交易提供支持平台。

B2C 拍卖（business-to-consumer（B2C）auctions）　拍卖市场归企业拥有或控制，利用各种动态定价确定商品价格。

英式拍卖（English auction）　最常用的拍卖方式，出价最高者最终胜出。

荷兰式在线拍卖（Dutch-Internet auction）　面向大众的多件商品的降价拍卖。最终成交价格为所有胜出竞标者报价中的最低价格。

自主定价拍卖（Name Your Own Price auction）　最终消费者为商品和服务设定自己愿意支付的价格。

一分钱（竞价费用）拍卖（penny auction）　竞价者必须支付购买竞价机会的费用，而该费用不可退还。

羊群效应（herd behavior）　竞标者纷纷涌向单件或某些已有人投标的商品，并为此展开价格竞争的现象。

赢家心痛（winner's regret）　拍卖胜出者事后觉得自己的报价有些过高的心理感受。

卖家遗憾（seller's lament）　卖家对于自己永远无法了解最终胜出者内心的价值判断或者说商品在他心目中的真实价值而感到遗憾的心理。

自我埋怨（loser's lament）　拍卖失意者认为自己出价太低才导致失败的心理感受。

企业门户网站（enterprise portals）　用以帮助企业内部员工了解人力资源信息和企业新闻等。

综合门户网站（general purpose portals）　尽全力吸引大批普通网民，开设各种垂直的内容频道来留住用户的门户网站。

垂直门户网站（vertical market portals）　致力于吸引大批对社区或特定内容兴趣浓厚、关注度高的忠诚用户的门户网站。

思考题 ━━━■

1. 社交网络、拍卖网站和门户网站有什么共同点？

2. 社交网络的四个要素是什么（线上或线下）？

3. 为什么 Pinterest 被认为是社交网络？它和脸书有什么不同？

4. 请列举三个移动社交网络。

5. 为什么移动社交网络增长如此之快？

6. 请描述两种可以用来理解社交网络的重要性并将其与其他互联网体验进行比较的方法。

7. 什么是亲密社区？它的商务模式是什么？

8. 列举四种不同类型的拍卖并对其进行简要描述。

9. C2C 拍卖和 B2C 拍卖有什么区别？

10. Priceline 等自主定价拍卖是如何运作的？

11. 请列举出三点拍卖网站的益处并简要解释。

12. 消费者在拍卖中承担的四种主要成本是什么？

13. 为什么联邦贸易委员会警告消费者谨慎对待一分钱拍卖（竞拍费用）？

14. 什么是羊群效应？它如何影响拍卖？

15. 列举并描述在拍卖过程中可能发生的五种滥用和欺诈。

16. 哪些类型的产品比较适合在拍卖网站上销售？在产品生命周期的哪个阶段应用拍卖销售能够为企业带来更大的收益？

17. 当前门户网站必须具有的三个特点是什么？

18. 垂直门户网站的两种主要类型是什么？它们之间的区别又是什么？

19. 请简要说明门户网站的收入来源。

20. 为什么雅虎在过去 3 年中举步维艰？

设计题 ■

1. 搜寻两家群体关系型门户网站和两家专业内容型门户网站。准备一份陈述报告，向大家解释你的分类理由。例如，可以从每个网站提供的服务项目入手进行分析。尽量向大家说明这些网站的业务模式。如有可能，最好能够找出这些网站注册用户的数量。

2. 调查企业使用拍卖网站的情况。登录任意一家拍卖网站并观察拍卖过程或直接参与商品拍卖，并至少对三件商品的拍卖交易进行调查。这些商品在拍卖时处于产品生命周期的哪个阶段？有采购数量的要求吗？起拍价是多少？增价幅度是多少？拍卖时限又是多少？分析这些企业使用拍卖网站的原因，并准备一份调查报告。

3. 登录一家营利性的赞助型社交网站和一家非营利性的赞助型社交网站。准备一份 PowerPoint 文稿或其他类型的陈述报告，向大家说明这些社交网站向用户提供哪些服务。每家社交网站的组织目标是什么？营利性社区如何利用社交网络技术帮助企业进行客户关系管理？

4. 访问表 11-1 中列出的一个社交网站，并将其与脸书进行比较。它与脸书有哪些相似之处？有哪些不同之处？你更喜欢哪个？为什么？

参考文献 ■

Arkes, H. R., and L. Hutzel. "The Role of Probability of Success Estimates in the Sunk Cost Effect." *Journal of Behavioral Decisionmaking* (2000).

Bailey, Brian P., Laura J. Gurak, and Joseph Konstan. "Do You Trust Me? An Examination of Trust in Computer-Mediated Exchange," In *Human Factors and Web Development*, 2nd Edition. Mahwah, NJ: Lawrence Erlbaum (2002).

Barnes, Nora, Ava Lescault, and Glenn Holmes. "The 2015 Fortune 500 and Social Media: Instagram Gains, Blogs Lose." University of Massachusetts (Dartmouth) (2015).

Bloomapp.co "About Us." (accessed October 10, 2016).

Compete.com. "August 2016 Unique Visitors." (accessed October 8, 2016a).

comScore. "Top 50 Multi-Platform Properties (Desktop and Mobile) August 2016." (August 2016a).

comScore. "The 2016 U.S. Mobile App Report." (2016b).

Consumerreports.org. "With Penny Auctions, You Can Spend a Bundle But Still Leave Empty-Handed."

(June 30, 2014).

Cormen, Thomas H. and Charles E. Leiserson, Ronald L. Rivest, and Clifford Stein. *Introduction to Algorithms, 3rd Edition* (MIT Press) 3rd Edition. MIT Press, 2009.

Data Center Knowledge. "The Facebook Data Center FAQ." Datacenterknowledge.com (September 16, 2016).

Dholakia, Utpal, and Kerry Soltysinski. "Coveted or Overlooked? The Psychology of Bidding for Comparable Listings in Digital Auctions." *Marketing Letters* (2001).

eBay, Inc. "Form 10-K for the Fiscal Year Ended December 31, 2015." Filed with the Securities and Exchange Commission. (February 1, 2016).

eMarketer, Inc. "US Social Network Users and Penetration," 2015–2020." (August 3, 2016a).

eMarketer, Inc. "US Mobile Phone Facebook Users and Penetration, 2015–2020." (August 5, 2016b).

eMarketer, Inc. (Cindy Liu). "Worldwide Social Network Users: eMarketer's Estimates for 2016." (June 2016c).

eMarketer, Inc. "US Facebook Users, by Age, 2015–2020."

(August 3, 2016d).

eMarketer, Inc. "US Digital Ad Spending, by Format, 2015–2020." (August 24, 2016e).

eMarketer, Inc. "US Social Network Ad Revenues, by Venue, 2015–2018 (millions, % change and % of total)." (September 1, 2016f).

Facebook. "Newsroom/Company Info." (accessed October 5, 2016).

Hafner, Katie. "The Epic Saga of The Well: The World's Most Influential Online Community (and It's Not AOL)." Wired (May 1997).

Hagel, John III, and Arthur G. Armstrong. *Net Gain: Expanding Markets Through Virtual Communities.* Cambridge, MA: Harvard Business School Press (1997).

Hanson, Ward, and D. S. Putler. "Hits and Misses: Herd Behavior and Online Product Popularity." Marketing Letters (1996).

Hillery, George A. "Definitions of Community: Areas of Agreement." *Rural Sociology* (1955).

Hiltzik, Michael. *Dealers of Lightning: Xerox PARC and the Dawn of the Computer Age.* New York: Harper Collins (1999).

Instagram. "Press News." (accessed October 5, 2016).

Kiesler, Sara. "The Hidden Messages in Computer Networks." *Harvard Business Review* (January–February 1986).

Kiesler, Sara, Jane Siegel, and Timothy W. McGuire. "Social Psychological Aspects of Computer-Mediated Communication." *American Psychologist* (October 1984).

Kollock, Peter. "The Production of Trust in Online Markets." In *Advances in Group Processes* (Vol 16), edited by E. J. Lawler, M. Macy, S. Thyne, and H. A. Walker. Greenwich, CT: JAI Press (1999).

Krishnamurthy, Sandeep. "An Empirical Study of the Causal Antecedents of Customer Confidence in E-tailers." *First Monday* (January 2001).

Laudon, Kenneth C., and Jane P. Laudon. *Management Information Systems: Managing the Digital Firm. 15th edition.* Upper Saddle River, NJ, Prentice Hall (2016).

Liu, Yi, and Juliana Sutanto. "Buyers' Purchasing Time and Herd Behavior on Deal-of-the-Day Group-buying Websites." *Electronic Markets* (June 2012).

Nikander, Pekka, and Kristina Karvonen. "Users and Trust in Cyberspace." In the Proceedings of Cambridge Security Protocols Workshop 2000, April 3–5, 2000, Cambridge University (2002).

Parkes, David C., and Lyle Ungar. "Iterative Combinatorial Auctions: Theory and Practice." *Proceedings of the 17th National Conference on Artificial Intelligence (AAAI-00)* (2000).

Rheingold, Howard. *Hosting Web Communities.* New York: John Wiley and Sons (1998). Also see Rheingold.com for more recent articles by Rheingold.

Rheingold, Howard. *The Virtual Community.* Cambridge, MA: MIT Press (1993).

Rosenbloom, Stephanie. "For the Plugged-In, Too Many Choices." *New York Times* (August 10, 2011).

Simonson, Itamar, and Amos Tversky. "Choice in Context: Tradeoff Contrast and Extremeness Aversion." *Journal of Marketing Research,* Vol. 20, 281–287 (1992).

Stanford Persuasive Technology Lab and Makovsky & Company. "Stanford-Makovsky Web Credibility Study 2002." Stanford Persuasive Technology Lab. (Spring 2002).

United States Patent and Trademark Office. "U.S. Patent 7,827,208 B2." (November 2, 2010).

第 12 章

B2B 电子商务：供应链管理与协同商务

📖 **学习目标**

学完本章，你将能够：

- 了解 B2B 电子商务的演变和发展，以及影响和面临的挑战
- 了解 B2B 电子商务中的采购流程和供应链
- 了解供应链管理和协同商务的主流发展趋势
- 理解在线交易市场的特点和类型
- 理解会员专用网络的目的、在支持协同商务方面的积极作用和实施过程中遇到的困难

章首案例

亚马逊自建 B2B 在线交易市场

众所周知，亚马逊是消费者线上购物的天堂。亚马逊为其零售客户提供的商品多样性、送货速度、客户服务和价格，让许多竞争者很难望其项背。毋庸置疑，亚马逊已成为世界上最大的在线零售商，其 2015 年零售电子商务销售额高达 990 多亿美元，其平台上第三方公司的销售额约占亚马逊销售额的 47%。平台上大多数的公司都在使用亚马逊的 Fulfillment by Amazon（FBA），该服务将第三方公司的在售产品存入亚马逊的仓库，然后利用亚马逊的支付和配送系统完成订单。另外，亚马逊还是最大的云计算服务提供商（销售额达 78 亿美元），虽然它在 10 年前就开始提供服务，知道的人却寥寥无几。

更鲜为人知的是，亚马逊通过 B2B 交易平台——Amazon Business 充分利用其经验和计算平台，使企业能够在平台上买到自己需要的所有商品，还帮助不同规模的企业在平台上实现销售。

亚马逊已经将目光投向几乎是美国零售市场（价值 4.8 万亿美元）两倍的美国 B2B 电子商务市场（价值 6.7 万亿美元）。Amazon Business 是从亚马逊零售网站中独立出来的一个平台，在运营的第一年，其销售额高达 10 亿美元，网站客户多达 40 万，并且每季度新增客户大约有 10 万，在售商品超过 900 万种，涵盖办公用品、电脑、软件、工业配件、清洁

用品、医疗器械和医疗用品等多种行业必需品。Amazon Business 也同样在销售亚马逊零售网站上的产品，且经常提供数量折扣的优惠。但买家必须是真实的企业和商户。

B2B 对于亚马逊来说并不是一个全新的领域，也不是一进入该领域就得到飞速发展的。早在 2005 年，亚马逊就购买了一家销售 B2B 利基产品的公司——Small Parts，由此开始进入 B2B 市场。研究发现，亚马逊大部分的顾客实际上是企业用户，然而这类用户在亚马逊面向普通消费者的零售市场中一直被忽视。因此，亚马逊将产品扩展到 250 万种之多，明确了产业发展目标，发展用户所期望的信用支付和统一结算系统等支持服务，并于 2012 年 4 月将 Small Parts 更名为 AmazonSupply。然而，市场的反应仍是不温不火。其许多竞争对手已经通过提供网上店铺服务拥有了数以万计忠诚的企业用户，而 AmazonSupply 只是向企业提供它的产品目录。

2015 年，亚马逊将其再次更名为 Amazon Business，提供超过 900 万种不同行业的产品，而这一次，亚马逊从一个分销商转变成一个真正的市场，其第三方供应商多达 3 万家。亚马逊根据不同的产品类别向第三方供应商收取 6%～15% 的佣金。举例来说，对于利润微薄的电子产品，亚马逊收取的佣金为 6%，而工业和科技产品的佣金为 12%。由于 Amazon Business 产品种类和第三方供应商的扩张，在运营的第一年，其用户增长了 50%，到 2016 年 6 月已经有 40 万家买方用户。

Amazon Business 为买方和卖方都带来了明显的优势。Amazon Business 为买方提供了强大的产品搜索引擎、支付系统、买卖双方通信功能、汇报并控制员工采购情况功能、批量折扣优惠及详细的产品规格，以确保采购的产品符合企业和政府的标准（如 ISO 9000 认证）。买方还可以比较多个供应商并从中选择，同时购买多个供应商的产品以及指定多个公司的采购代理商。Amazon Business 还为买卖双方提供信用额度、销售税减免和 365 天退货政策等 B2B 服务。买方不仅可以成为亚马逊 B2B 的免费用户，并享有 2 天送达服务，还可以通过便捷的亚马逊用户界面进行采购活动。

对于第三方卖家来说，Amazon Business 为其提供了在单个站点上的可扩展性、覆盖全球的交易机会、与客户对话的功能、可预测的客户取得成本、销售报告系统以及客户购买模式的可见性。虽然亚马逊也收取第三方产品的仓储费用，但 FBA 大大降低了卖方在售产品的巨额仓储成本。对于大型的买方公司来说，Amazon Business 能够把购买系统与公司自己的企业采购软件结合起来。对于 B2B 的卖方来说，支付一直是一个不可忽视的风险，尤其在国际采购中。亚马逊为企业提供的支付托管服务，能最大限度地降低支付风险。而传统的 B2B 经销商并不为买卖双方提供这些服务。

对于买方来说，亚马逊可能有一些不足之处，但提供了满意的服务。在一个足够"中立"的透明市场里，有成千上万相互竞争的供应商，并且为买方提供了大量支持程序和服务，所有这些都是在用户友好的在线环境中进行的，亚马逊便是这种市场的典范。对商品和服务有独特需求的公司纷纷加入 Amazon Business。国际制造商汉高在美国的分公司就是其中之一。由于在亚马逊购买产品不需要同办公产品供应商进行传统方式的交流，汉高经常通过 Amazon Business 购买产品。亚马逊 B2B 业务并不只服务于大型制造商，像 The Third Floor 这样拥有 200 多名员工的一些规模较小的公司，也纷纷涌向 Amazon Business。由于 The Third Floor 主要提供好莱坞电影模型，因此该公司需要许多罕见的原材料。Amazon Business 不仅提供这些特殊的原材料，也集中企业支出记录，即 The Third Floor 的员工可以看到是谁在办公室订购了什么产品以及这笔支出是否影响公司预算。不单单是企业，甚至高等院校也能在亚马逊找到自己满意的供应商。加州大学圣地亚哥分校（UCSD）对办公用品有大量的需求，且对其个别部门所需的特殊用品也有大量需求，比如生化研究用品。不仅 UCSD 对 Amazon Business 的服务非常满意，加州大学的其他分校也对与 Amazon Business 的合作感到非常满意。

然而，Amazon Business 卖方的情况却恰恰相反。卖方想要通过与客户建立关系，制定精准营销方案，以改善客户关系并建立长期的忠诚度（称为品牌）。企业与客户的第一笔交易通常是赔钱的，但企业经常通过这种方式来获得客户信任并赢得长期交易的机会，然而在 Amazon Business 平台进行销售的企业必须放弃这种方法。由于 Amazon Business 平台上的客户属于亚马逊，因此供应商也被禁止在亚马逊平台外同亚马逊客户进行直接交易。另外，为防止企业在销售过程中使用价格歧视或以某种方式区分它们的产品和服务，卖方必须保证价格透明。而在价格透明的市场中企业利润微薄，尤其是销售商品的企业。企业还要将亚马逊上的商店和自己的网站同步。比如，如果企业无法在它们的网站上提供特别折扣，也不能在 Amazon Business 上提供折扣。B2B 市场是从交易中赚钱，而不是让参与销售的卖家获利，因此企业在 Amazon Business 中支付的"店面"和履行费用也会减少卖家的利润。此外，如果第三方卖家都赔钱，则 Amazon Business 无法继续扩大。然而，到目前为止，这些显而易见的缺陷并没有阻止数以千计的卖方企业进入 Amazon Business 平台。

在日益扩张的 B2B 市场中，不计其数的竞争者可能会促使 Amazon Business 改善对供应商的收费结构。例如，2016 年 7 月，eBay Business Supply 上线，出售金属生产加工、医疗保健、实验室和生命科学等 9 个类别的商业产品。eBay 声称 eBay Business Supply 已经超过 Amazon Business，其 B2B 交易额超过 40 亿美元。eBay Business Supply 还提供批发直销（为大折扣转售产品的公司）、商业直销（资产管理和采购服务）以及快速技术融资（来自多个信贷服务商的金融服务）等服务。为了方便企业管理员工的现货采购，eBay Business Supply 还提供了一个能够直接链接到 SAP Ariba 的现货购买网站。eBay 同亚马逊一样，利用其品牌进入了更广阔的 B2B 市场。

资料来源："Amazon's B2B Site Evolving, Growing Rapidly," by Marcia Kaplan, Practicalecommerce. com, October 12, 2016; "How Manufacturer Henkel Improves Purchasing on Amazon Business," by Paul Demery, B2becommerceworld. com, June 28, 2016; "eBay Launches eBay Business Supply," by Paul Demery, B2becommerceworld. com, July 12, 2016; "Managing the Ins and Outs of B2B E-Commerce," B2becommerceworld. com, May 2016; "Forget AWS, Amazon Has Another Billion-Dollar Business On Its Hands," by Ryan Mac, *Forbes*, May 4, 2016; "The Markets Are Open for Business," B2Becommerceworld. com, June 2016; "Amazon Reports Best-Ever Earnings But Still Disappoints," by Greg Bensinger, *Wall Street Journal*, January 29, 2016; "Amazon Expands Business-Sales Marketplace After Three Years," by Greg Bensinger, *Wall Street Journal*, April 28, 2015.

亚马逊的 B2B 案例说明了电子商务技术和企业到企业（B2B）的客户体验具有无尽潜能。在 B2B 领域，企业从成百上千的供应商那里购买所需产品，再将自己的产品和服务转卖给成百上千的分销商和零售商。

本案例展现了 B2B 电子商务的两面：供应（购买）面和销售面。从供应面视角，几十年来，企业为管理供应链和采购过程而开发了复杂的系统和技术。大型企业可以轻松拥有成百上千的原材料供应商，即供应链系统（本章将进一步阐述）。这些供应链系统降低了生产成本，增加了企业间的协作，加快了新产品的开发，最终彻底改变了产品的设计和制造方式。例如，在时尚行业，高速网络驱动的供应链加上同样高速变化的时尚设计潮流，不仅能使商品被一扫而空（减少了清仓销售的可能性），还通过提高消费者价值来增加利润（Zarroli, 2013; Cachon and Swinney, 2011）。

Amazon Business 的成功使我们能够更加深入地了解 B2B 电子商务的销售面。在零售电子商务市场中发展起来的所有营销、品牌和实现技术，只有在企业向其他商家销售时才发挥作用。同 B2C 电子商务一样，在 B2B 电子商务中也同样需要利用在线网站、广告显示、搜索引擎广告、电子邮件和社交媒体。例如，随着消费者的购买活动逐渐转向移动设备，商业采购和采购代理也开始转向移动采购、移动库存管理和移动营销。

Amazon Business 是一种 B2B 在线交易市场，成千上万的供应商可以在同一个互联网平台上与不计其数的企业买家进行交互。本章将介绍多种在线交易市场，从简单的一个公司的销售网站到更复杂的在线交易市场。在复杂的在线交易市场中，供应商、生产商和经销商相互合作，在数字环境下生产、制造并分销它们的产品和服务。

正如 12.1 节所要介绍的，像 Amazon Business 这样的在线交易市场是经过几十年的发展而产生的。在电子商务的早期，企业倾向于从那些它们信任的、有长期贸易合作的制造商直接购买而不是在公共 B2B 市场中采购，并且卖方由于担心价格竞争和品牌稀释而不愿参与 B2B 市场。因此，B2B 电子商务的发展速度相比 B2C 电子商务更加缓慢。许多 20 世纪 90 年代末和 21 世纪初的 B2B 在线交易市场在几年内便崩溃。我们将在这一章探讨这些早期 B2B 在线交易市场失败的原因以及新的在线交易市场是如何学会成功的。

与 B2C 电子商务一样，B2B 市场已经稳固，并继续向更加充满希望的未来发展。

在本章中，我们将探讨一些重要的 B2B 电子商务概念：采购、供应链管理和协同商务。这些业务流程极大地改变了 B2B 电子商务系统的发展。在 12.1 节中，我们将对 B2B 电子商务进行概述。在 12.2 节中，我们会更加密切关注采购过程和供应链。在 12.3 节中，我们将讨论 B2B 电子商务中采购、供应链管理和协同商务的趋势。本章的最后两节描述了 B2B 电子商务的两种基本类型：在线交易市场和会员专用网络。

表 12 - 1 总结了 2016—2017 年 B2B 电子商务的主流发展趋势。最重要的趋势便是不断增长的行业对供应链风险和环境影响的关注，以及越来越多的公众对供应链职责的关注，尤其是第三世界外包工厂的恶劣工作环境严重影响商品销往发达国家。许多企业在过去 10 年中学到了：供应链可以加强或削弱一个公司，取决于社会参与度、劳动关系、环境保护和可持续性等与供应链效率相关的因素。所有这些相关因素对于企业的长期盈利能力非常重要（Beard and Hornik, 2011）。几乎所有列入标准普尔 500 指数的公司现在都在使用 B2B 电子商务系统。这些企业全部收入中有一半来自海外，供应链的全球化便是原因之一。许多小企业现在也能使用 B2B 电子商务系统低成本的云计算和软件即服务（SaaS）功能。利用移动平台，越来越多的公司都在使用智能手机和平板电脑，无论何时何地都能处理业务。SAP、IBM、甲骨文等企业 B2B 系统供应商还提供了多种可连接供应链管理系统的移动应用程序。随着社交网络工具进入 B2B 和消费者的视线，B2B 管理者经常利用公共或私人社交网络和技术，以便与客户和供应商进行长期对话交流。不同规模公司的管理者逐渐意识到他们不仅在与其他公司竞争，而且在与这些公司的供应链竞争。**供应链竞争**（supply chain competition）是指在某些行业中，由于供应链管理的优越性，企业能够区分产品或定价，实现竞争优势。可以说，卓越的供应链可以使企业以较低的成本更快地生产更好的产品（Antai, 2011）。

表 12 - 1　2016—2017 年 B2B 电子商务的主流发展趋势

商务
● 随着美国经济从衰退中缓慢复苏，B2B 电子商务在 2016 年持续增长至衰退前的水平。
● B2B 电子分销采用与 B2C 电子商务企业相同的营销和销售技巧，例如亚马逊。
● 网络市场的复苏带来了成百上千的供应商和买方公司。
● 风险管理：由于近年来的自然灾害和人为灾害，企业提高了对供应链风险的重视。
● 区域制造业：全球网络的风险导致区域制造和区域供应链增加，使产量更接近市场需求。
● 灵活性：更加倾向快速反应和适应性供应链而不是低成本而高风险的供应链。
● 供应链可见性：更多的实时数据不仅可以让管理者看到其公司的生产情况，还能了解其主要供应商的生产和财务状况。
● 社交、移动商务和客户关系：B2B 买家正利用平板电脑、智能手机和社交网络进行采购、调度、异常处理，并与供应商协调以管理供应链风险。
技术
● 大数据：全球贸易和物流系统形成了巨大的 B2B 数据仓库，包括对其管理和控制。
● 业务分析：企业更多地使用商业分析软件（商业智能）来理解大数据。

续表

技术
● 云：B2B 硬件和软件迁移到云计算和云应用中，使得各个公司的数据中心相分离，并减缓了技术成本的上升速度。IBM、甲骨文、亚马逊、谷歌和惠普等云计算提供商将云端 B2B 系统作为自己的核心技术。
● 移动平台：越来越多的 B2B 系统移动应用程序（CRM、SCM 和 ERP）使得管理者能够随时随地管理 B2B 商务。
● 社交网络：企业更加频繁地利用社交网络平台进行客户反馈、加强客户和供应商关系、调整价格和订单以及加强决策。
● 物联网：互联的传感器和其他用来监测数据的智能设备的数量呈指数级增长，并开始影响供应链的运行。
● 预测分析工具越来越多地被用来确定最有价值的客户。

社会
● 责任：关于亚洲工厂恶劣工作条件的报道使得发达国家对供应链责任和监督的需求持续增长。
● 可持续供应链：公众对减轻企业对环境影响的需求日益增长，促使企业优化当地环境并对从设计、生产、客户服务到后续处理的整个供应链进行考量。
● B2B 平台的兼容性和发展：作为 B2B 最大的在线交易市场之一，SAP Ariba 的客户超过 200 万家，其中包括《福布斯》全球 2 000 强中的 2/3，一年的交易额超过 8 000 亿美元。

12.1 B2B 电子商务概述

企业间的贸易往来构建了一个巨大的市场：2016 年美国 B2B 贸易总额约达 14.5 万亿美元，B2B 电子商务占据其中的 6.7 万亿美元（U. S. Census Bureau，2016；authors' estimates）。到 2020 年，美国 B2B 电子商务总额有望增长到 9 万亿美元左右。

企业间的交易过程错综复杂，需要大量人工干预，因此要耗费大量资源。有企业估计，每笔采购订单的管理成本超过 100 美元。在销售代表用电话处理的情况下，单笔手工订单输入的成本约为 10.50 美元，数字订单成本为 25~50 美分。管理费用包括处理各种文件、批准采购决策、通过电话和传真寻找货源并组织采购、安排发货以及接收货物等。每年整个经济体所花费的采购管理成本高达数万亿美元，这本可通过自动化采购流程节省下来。即使是企业内部的一部分交易过程实现自动化，再借助互联网完成某些采购流程，也可节省数万亿美元资金用于生产，产品价格就可能下降，企业生产效率提高，进而促进整个国家的经济持续增长。这正是 B2B 电子商务的诱人之处。而实现 B2B 电子商务的挑战在于企业需要彻底变革现有的采购模式和系统，并在 B2B 销售端设计和实施新的营销和分销系统。

12.1.1 B2B 商务的定义

互联网诞生以前，企业间的贸易活动只不过是简单的交易或采购流程。我们用 **B2B 商务**（B2B commerce）统称所有类型的企业间跨组织边界交换价值的贸易活动，既包括原料的购买，也包括产品和服务的分销。B2B 商务包括以下业务流程：客户关系管理、需求管理、订单处理、生产管理、采购、产品开发、收益、物流运输、库存管理（Barlow，2011）。B2B 商务的这一定义并不包括单个企业内部的贸易活动，如分公司间交换产品和价值，或利用内联网管理企业等。我们用 **B2B 电子商务**（B2B e-commerce）（或 **B2B 数字商务**（B2B digital commerce））描述基于互联网的 B2B 商务（包括移动应用程序）（Fauska et al.，2013）。在商品和服务的生产中企业的连接被称为供应链。**供**

应链（supply chain）是一个由组织、人员、业务流程、技术和信息组成的复杂系统，所有这些都需要协同工作以高效地生产产品。如今的供应链通常是全球化的供应链，一部在纽约销售的智能手机通常由富士康工厂生产，通过洛杉矶和青岛的港口转运。供应链不仅指全球供应链，也包括本地和本国范围内的供应链。

12.1.2　B2B 电子商务的发展历程

　　B2B 电子商务出现已有 35 年，根据其所采用的技术划分为如下阶段（见图 12-1）。首先是 20 世纪 70 年代中期出现的**订单自动录入系统**（automated order entry system），其中包括使用电话调制解调器向百特医疗（Baxter Healthcare）等保健品公司发送数字订单。百特医疗是一家医疗器材综合供应商，它将电话调制解调器安装在客户的采购部门，使客户可从公司的库存数据库中自动再订货（同时避免客户从竞争对手处采购）。电话调制解调器后来逐渐被 20 世纪 80 年代后期出现的连接专用网络的个人计算机技术，以及 20 世纪 90 年代末出现的基于互联网的在线电子目录工作站取代。订单自动录入系统属于**卖方解决方案**（seller-side solutions）。系统为供应商所有，属于偏卖方市场，即只展示单个卖家的商品。系统可帮助客户大大减少补货成本，加之大部分的系统使用费用由供应商承担，因此该系统也让客户获益良多。如今，订单自动录入系统仍在 B2B 商务中发挥重要作用。

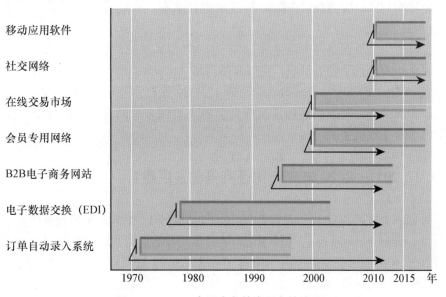

图 12-1　B2B 电子商务技术平台的演进

　　说明：从 20 世纪 70 年代至今，B2B 电子商务经历了若干发展阶段。每一阶段都代表一次技术平台的巨大飞跃，从大型机到专用网络，最后到互联网、移动应用和社交网络。

　　20 世纪 70 年代后期出现了一种全新的计算机通信方式——**电子数据交换**（electronic data interchange，EDI）。本章后面将详细阐述 EDI，现在只需要知道 EDI 是一种在少数企业间传递和共享诸如发货单、采购单、装货单、库存单（SKU）和结算清单等商业文件的通信标准。事实上，大型企业一般都拥有自己的 EDI 系统，多数行业组织还专门建立了适用于本行业的 EDI 标准。EDI 系统为买方所有，因此它属于**买方解决方案**（buyer-side solution），侧重于特定的采购企业，帮助其有效减少采购成本。当然，由于交易过程实现自动化，卖方也能从 EDI 系统中受益，使客户服务成本大大降低。从拓扑结构来看，EDI 系统属于**中心辐射型系统**（hub-and-spoke system），买方位于整个系统的中心，供应商则通过专用网络与买方直接相连。

EDI 系统通常应用于垂直结构的市场。**垂直市场**（vertical market）是指针对特定行业提供专业化产品和服务的市场，如汽车行业。相反，为多个不同行业提供通用产品和服务的市场则称为**水平市场**（horizontal market）。

20 世纪 90 年代中期，随着互联网商业化程度的不断提高，B2B 电子商务网站应运而生。**B2B 电子商务网站**（B2B e-commerce websites）可能是 B2B 电子商务中最简单、最易理解的形式，即由一家供货商面向公开市场提供在线产品目录，类似 B2C 电子商务网站所提供的功能。B2B 电子商务网站归供货商所有，只提供单家供货商的产品信息，属于卖方解决方案，侧重于特定的供货商。

B2B 电子商务网站可看作订单自动录入系统顺应技术发展的自然产物，但两者间存在两点显著差异：(1) B2B 电子商务网站采用低成本且已广泛普及的互联网取代专用网络作为双方通信的主要媒介；(2) B2B 电子商务网站通常应用于水平市场，B2B 电子商务网站展示的是可用于多个行业的通用产品。尽管 B2B 电子商务网站的出现早于在线交易市场（后面会讨论），但通常也把 B2B 电子商务网站看作在线交易市场的一种类型。如今，越来越多的 B2B 制造商、分销商和供应商使用 B2B 电子商务网站直接向采购或采购代理等企业客户销售，我们将会在 12.2 节详细描述。

随后 B2B 电子商务网站的业务范围不断外延，规模持续扩大，到 20 世纪 90 年代后期发展为**在线交易市场**（net marketplaces）。12.4 节将详细阐述各种类型的在线交易市场，但所有在线交易市场的基本特征在于将数以千计的供应商和众多潜在的采购企业汇集到同一个基于互联网的商务环境中，通过由每家供应商提供在线产品目录进行交易。在线交易市场还指互联网营销、分销、销售系统。

会员专用网络也出现于过去的 10 年中，在 EDI 系统的自然顺延和大型工业企业与供应商的关系日益密切的背景下发展形成。**会员专用网络**（private industrial networks），有时也称为**私有交易市场**（private trading exchange, PTX），是一种基于互联网的通信环境，它对传统的采购模式加以扩展，实现供应链效率提升和真正意义上的买卖双方一同开发、设计新产品的协同商务，在 12.5 节中将更详细地描述。

12.1.3 2011—2020 年 B2B 电子商务的发展趋势

图 12-2 描述了 2011—2020 年间 B2B 电子商务以及传统 B2B 商务的发展情况。然而在 2016—2020 年，预计 B2B 电子商务将从 2016 年的 6.7 万亿美元（约占美国 B2B 电子商务总额的 46%）增长到 2020 年的 9 万亿美元（占 B2B 电子商务总额的 51%）。图 12-2 有几个要点值得关注。首先，最初的观点认为在线市场将成为 B2B 电子商务的主要形式，然而尽管像亚马逊和 eBay 这样的公司建立了在线交易市场且它们的增长速度仍在加快，但是没有得到证实。其次，会员专用网络无论现在还是将来，都是 B2B 电子商务中占据主导地位的交易方式。最后，非 EDI B2B 电子商务是 B2B 电子商务的发展最快的类型。然而，即便 EDI 的增长预期在 4~5 年内相对平缓，由于企业普遍使用 EDI，EDI 也是 B2B 商务主要的工具之一。

B2B 电子商务对所有行业的影响大不相同，各行业从 B2B 中受益的方式也各有千秋。诸多因素会影响企业向 B2B 电子商务过渡的速度和贸易额。已经广泛使用 EDI 系统（意味着已将交易双方聚集起来）且在信息技术和互联网基础设施方面投资巨大的行业，估计会最先以最快速度向 B2B 电子商务过渡。航空、国防、计算机以及工业设备制造等都属于这类行业。而能源、化工等行业由于市场高度集中，不论集中于买方还是卖方或者二者兼而有之，也已具备迅速发展 B2B 电子商务的成熟条件。在医疗保健行业，联邦政府、医疗服务方（医生和医院）和大型保险公司也都纷纷采用全国病历系统，并使用互联网完成对医疗支付的管理。协调医疗系统中的各种参与者是一个非同寻常的 B2B 挑战。IBM 和微软等公司以及 SAP Ariba 等 B2B 服务企业扩大了医疗服务提供者和保险公司共享信息的信息生态系统的使用。

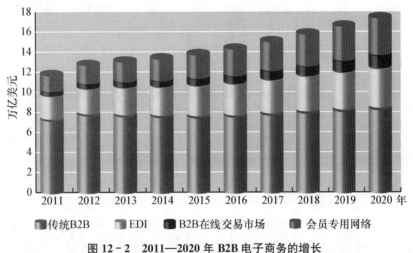

图 12 - 2　2011—2020 年 B2B 电子商务的增长

说明：EDI、在线交易市场和会员专用网络三种 B2B 电子商务形式中，会员专用网络发展最为迅速。

资料来源：Based on data from U. S. Census Bureau，2016；authors' estimates.

12. 1. 4　B2B 电子商务的潜在益处和挑战

如果不考虑其特定类型而从整体来看，B2B 电子商务能为合作双方创造巨大战略利益，整个经济也会因此获益匪浅。B2B 电子商务能够：

- 降低企业的管理成本；
- 降低买方的搜寻成本；
- 通过加强供应商之间的竞争（价格透明度提高）并将库存水平降至最低，大大减少企业库存成本；
- 通过减少文档处理工作和自动完成某些采购流程来减少交易成本；
- 通过确保零部件的准时交货来增强企业的生产弹性（即准时制生产）；
- 通过加强交易双方的合作和减少质量纠纷来提高产品质量；
- 通过与供应商共享产品设计和生产计划来缩短企业的生产周期；
- 增加企业与供应商和分销商的合作机会；
- 形成更透明的价格机制——实际的买卖价格在市场上一目了然；
- 提高供应链网络中所有参与者的可见性和实时信息共享。

B2B 电子商务还能给企业带来获取先发战略优势的机会。企业如果率先实现采购流程的在线处理，就能大幅提高生产效率，降低生产成本，而且能够更快地推广优质新产品。尽管竞争对手也会如法炮制，但 B2B 电子商务短短十几年的发展历史已经清楚地表明，企业只要在信息技术和 B2B 电子商务方面持续投资，就能更快速地适应新兴技术的发展，创造一系列的先发优势。

虽然 B2B 电子商务有许多潜在益处，但也存在相当大的风险和挑战。通常，由于缺乏实时的需求、生产和物流数据，再加上供应商的财务数据不足，真实状况下的供应链无法提供可见性，会导致供应商意外破产以及供应链的中断。B2B 供应链的建设者通常很少关注供应链的环境影响、供应链对自然事件的敏感性、燃料和劳动力成本的波动以及涉及劳动力和环境政策的公共价值的影响。2016 年的结果显示，许多《财富》1 000 强企业，其供应链风险大、易受攻击，而且在社会和环境方面不可持续。"社会透视"专栏"我的 iPad 在哪里？供应链风险和脆弱性"描述了在日本福岛地震的影响下，苹果全球供应链的供应链风险、声誉风险的脆弱性显露无遗。

社会透视

我的 iPad 在哪里？供应链的风险和脆弱性

2011 年 3 月，在日本北部近海发生的 9 级地震是历史上最大的一次地震。地震还引发了海啸，最大的海啸高度超过 100 英尺，深入内陆 6 英里。福岛的 6 个沿海核反应堆是世界上最大的核电厂址。由于海啸侵袭内陆，当燃料棒在超过 5 000 度的高温下熔化时，几个核反应堆发生爆炸并造成核辐射泄漏。

日本东北部地震暴露了今天现代 B2B 供应链致命的弱点和漏洞。技术、贸易全球化以及发达国家和不发达国家之间工资的悬殊，导致了全球制造业的大规模外包。如今，商品的每一个部分都由公司的工程师仔细审核并由财务经理千辛万苦找到的低成本、高质量的制造商制造。当企业与制造商在价格方面达成一致时，产品的生产则不可避免地集中在单一公司。由于规模经济，大订单的成本自然也会更低。然而，当企业的生产只集中于几个供应商时，风险也会集中。

因此，国际制造业基地已不再像传统供应链那样冗余、缺乏灵活性和适应性。之前，由于企业间相互依存的关系过于紧密，供应链也更加脆弱。在供应链中，风险评估的管理一直很薄弱，可以说形同虚设。

电脑、手机、卡车、飞机和汽车只是少数制造精密的产品，由数千英里外的工厂制造的零部件和组件组装而成。大多数制造商清楚知道谁是它们的第一级供应商，但可能不知道是谁供应它们的供应商以及在行业网络中构成真实供应链世界的其他供应商。很少有公司考虑过地震或核泄漏甚至全球银行体系的财务危机等现实世界中所有风险对供应链的影响。

以苹果 iPad 为例。在地震发生后，市场研究公司 IHS iSuppli 仔细对 iPad 供应链进行研究，发现 iPad 中至少有 5 个主要零部件由日本供应商提供，其中有一些供应商位于日本北部。地震并不是直接对所有的供应商造成影响，由于地震对二级供应商直接造成了影响，因而一级供应商也受到牵连。例如，iPad 和 iPhone 的电池由 Kureha 公司生产的聚合物制成，而该公司控制着全球 70% 的聚合物产品并恰好位于核污染区。苹果并不是唯一受到重创的消费产品制造商：电脑芯片是用硅片制造的，全球 25% 的硅片由两个日本制造商提供，由于地震，它们都不得不停止硅片的生产。在 2015 年，IHS iSuppli 重新研究 iPhone 6 Plus 的供应链，发现苹果已经吸取了之前的教训。苹果公司将供应链多样化，在世界各地生产不同的组件，通常一种组件由两个国家不同的制造商生产。例如，视网膜显示屏在日本和韩国制造，而 A8 处理器在中国和韩国制造；NFC 芯片在荷兰和奥地利制造，而音频芯片来自美国，加速度传感器芯片来自德国。

在供应链风险控制方面，苹果不是唯一一家从日本地震中吸取教训的制造商。波音公司由于缺少日本制造的碳纤维机身组件而无法制造飞机；福特和通用汽车公司由于缺乏日本制造的传送装置而关闭工厂；卡特彼勒由于无法在短时间内找到替代供应商而不得不减产。

苹果和其他许多公司已经发现，供应链风险控制涉及的不仅仅是生产中断问题。当供应商与劳动和环境相关的政策不被发达国家接受时，供应链将出现声誉风险。例如，2012 年，劳工协会在审查过程中发现，在苹果承包商——富士康的装配工厂里，操作工人在有毒化学品的工作环境中一周工作至少 60 小时，因此苹果在美国和欧洲受到了抨击。

同样在 2012 年，孟加拉国达卡一家制衣厂发生火灾，造成 117 名工人死亡，其中大部分是妇女和儿童。该工厂为沃尔玛和西班牙巨头 Inditex 等欧美知名品牌生产服装。而沃尔玛声称，分包商在没有经过沃尔玛允许的情况下在该工厂制造服装。大火引发了一场全球性的抗议活动，政府和业界努力证明孟加拉国工厂的安全，并保证对公司的工作环境负责。

扰乱供应链工作流程的不仅仅是自然灾害和火灾。2015 年，由于装卸码头工人罢工，从亚洲到美国的供应线被迫关闭近一个月的时间，导致美国不得不放缓汽车的生产。同时，这次罢工也影响了亚洲汽车零部件的生产。世界第三大鱼类出口国——泰国由于使用奴隶进行捕鱼工作，其产品遭到欧盟的抵制，并造成美国许多公司的供应中断，需要寻找其他供应商。显而易见，网络安全风险成了一种新的供应链风险。对于成百上千的供应商来说，任何一家采购公司都很难评估其供应商系统的安全性。虽然可以通过减少供应商的数量或者只与值得信赖的合作伙伴合作来降低网络安全风险，但是网络罪犯和流氓政府仍然很有可能破坏全球供应链。

在全球和网络经济中，以计算机为基础的供应链可以迅速且方便地进行调整，在几分钟内即可为任何零部件或工业材料找到新的供应商。而且，建立新的供应链不仅能够优化成本，在灾害发生时也能继续工作，并满足欧美主要消费国的道德要求。

资料来源："Supplier Responsibility 2016 Progress Report," by Apple Inc., Apple.com, March 30, 2016; "Resilinc Special Supply Chain Event Case Study: 2016 Taiwan Earthquake, Assessing the Foreseeable Supply Chain Impact," by Resilinc Inc., Info. reslinc.com, February 2016; "A Look Back at 2015: The Top Ten Supply Chain Disruptions," by DHL.com, February 2016; "Financial Firms Grapple With Cyber Risk in the Supply Chain," by Rachael King, Wall Street Journal, May 25, 2015; "Supply Chain Slavery Comes Into Focus for Companies," by Ben DiPietro, Wall Street Journal, March 30, 2015; "Asian Supply Lines Hit by West Coast Ports," Reuters, February 16, 2015; "Teardown Shows Apple's iPhone 6 Cost at Least $200 to Build," by Arik Hesseldahl, Recode. net, September 23, 2014; "Apple'Goes on Hiring Binge in Asia to Speed Product Releases," by Eva Dou, Wall Street Journal, March 3, 2014; "Teardown: Apple's Latest iPhones Are Not as Green as the Company Claims," by Roger Chang, Wired.com, September 20, 2013; "Gold iPhone 5S Backordered Online in US, Elsewhere," by Josh Lowensohn, Cnetnews.com, September 20, 2013; "Infographic Breaks Down Apple's iPhone Supply Chain," by Bryan Chaffin, MacObserver.com, August 6, 2013; "Bangladesh Factory, Site of Fire That Trapped and Killed 7, Made European Brands," by Julfikar Ali Manik and Jim Yardley, New York Times, January 27, 2013; "Disruptions: Too Much Silence on Working Conditions," by Nick Bilton, New York Times, April 8, 2012; "Audit Faults Apple Supplier," by Jessica Vascellaro, Wall Street Journal, March 30, 2012; "Under the Hood of Apple's Tablet," by Don Clark, Wall Street Journal, March 16, 2012; "In China, Human Costs Are Built Into an iPad," by Charles Duhigg and David Barboza, New York Times, January 25, 2012; "Japan: The Business After Shocks," by Andrew Dowell, Wall Street Journal, March 25, 2011; "Some Worry the Success of Apple Is Tied to Japan," by Miguel Helft, New York Times, March 22, 2011; "Crisis Tests Supply Chain's Weak Links," by James Hookway and Aries Poon, Wall Street Journal, March 18, 2011; "Caterpillar Warns of Supply Problems From Quake," by Bob Tita, Wall Street Journal, March 18, 2011; "Lacking Parts, G. M. Will Close Plant," by Nick Bunkley, New York Times, March 17, 2011.

12.2　采购流程与供应链

企业间利用互联网技术实现商品交换、企业间支付、有效的供应链和协作的方式不胜枚举，因此 B2B 电子商务涉及的领域相当广泛。但不论何种方式，实施 B2B 电子商务本质上就是对美国和世界上数以千计的企业的**采购流程**（procurement process，即企业为了生产最终产品而向其他企业购买商品和服务的过程）进行改造。在采购过程中，制造商向不同的供应商采购商品，供应商转而向自己的供应商采购原料。供应链中不仅包括众多企业，还包括企业间的相互关系和连接它们的采购流程。

12.2.1 采购流程

整个采购流程通常可划分为 7 个阶段（见图 12-3）。前三个阶段主要涉及供应商选择和付款条件的决策：搜寻所需商品的供货商，核实供货商资质和商品质量，再就价格、赊购条件、担保要求、质量要求和交付计划等与对方协商。一旦确定供应商，采购企业就发出正式采购订单，供应商向采购方开具发票，并安排货物装箱发运，采购企业收到货物后付清全部货款，至此整个采购流程结束。采购流程中的每个阶段又包括许多独立的业务活动，每项活动都必须在采购企业、供应商和承运商的信息系统中做相应记录。大部分数据录入工作尚未实现自动化处理，仍需通过手工操作、打电话、发传真以及发邮件完成。

搜寻供应商	质量鉴定	协商谈判	发出订单	开具发票	装箱发运	货款支付
产品目录	调查	价格	订购产品	收到订单	录入承运商发货跟踪系统	接收货物
互联网	信用记录	赊购条件	初始化订单	录入财务系统	货物装箱	承运文件
推销员	向竞争对手核实	担保要求	录入采购系统	录入生产系统	货物发运	录入仓储系统
宣传册	电话调查	产品质量	邮寄订单	开具发票	录入供应商订单跟踪系统	核实更正
电话		交货期		核对发票		发票数据
传真				内部控制		重新寄出发票
				录入仓储系统		填写支票
						最终发票
						录入企业后勤办公系统

图 12-3 采购流程

说明：采购流程由一系列漫长、复杂的步骤构成，通过一连串的关联交易把供应商、采购企业和物流企业连接起来。

12.2.2 采购类型

关于电子商务如何改进企业的采购流程，首先要明确以下两点：第一，企业向供应商采购的商品可分为两大类：直接物料和间接物料。**直接物料**（direct goods）是指直接用于产品生产过程的各种原材料，如汽车制造商为生产汽车车身而采购的钢板。**间接物料**（indirect goods）是指不直接用于产品生产过程的其他原材料，如办公用品和维护保养用品。这类商品通常也称为 **MRO 物料**（MRO goods）——支持维护、维修和运行的物料。

第二，企业通常采用两种采购方式：合同采购与现货采购。**合同采购**（contract purchasing）是通过写有双方同意的条款和质量要求，且在较长时间内有效的书面文件来购买所需商品。直接物料一般通过长期合同采购。而**现货采购**（spot purchasing）则是指企业直接通过市场向众多供应商订购急需商品。间接物料一般采取现货采购方式，直接物料有时也使用这种方式。

据估计，直接物料的合同采购额占整个企业间贸易总额的 65%；剩下的 35% 则为间接物料的现货采购额（Ariba，2014；Kaplan and Sawhney，2000）。当然，不同行业的购买类型也不同。例如，在采矿和金属工业中主要购买直接物料。这一数据对接下来真正理解 B2B 电子商务具有重要意义。

虽然采购过程主要涉及商品的购置行为，但其中还包括大量信息在不同企业系统间的传递，因此，采购流程属于信息密集型的活动。目前的采购流程同时也属于人力密集型，仅在美国，与采购直接相关的雇员人数就超过 100 万，而这并不包括运输、财务、保险或一般行政管理等采购相关工作的从业人员。采购流程中的关键人物是企业的采购经理，由他们最终决定向谁购买、购买什么和购买多少。采购经理（即商业报道中提到的"procurement managers"）也是 B2B 电子商务实施的核心决策者。随着采购经理在个人生活中越来越熟悉并适应 B2C 电子商务，他们也更加期望在 B2B 领域获得相同的采购体验。因此，B2B 制造商、供应商和分销商发现，为了有效地竞争，它们必须像 B2C 一样更加关注在线客户体验。B2B 为客户提供了更强大的搜索功能，实时更新产品价格和供货信息、产品配置，支持移动设备、应用程序和网站、在线论坛、在线客服，以及一个包含企业采购历史、运输偏好、支付数据以及重复订购信息的数据库。

12.2.3　多级供应链

通过图 12-3，我们对企业采购流程的复杂程度略有了解，但更重要的是，要意识到企业的采购行为涉及千千万万的商品和供应商，这些供应商又会向自己的供货商采购原料。像福特汽车这样的大型制造商，仅一级的零件、包装和技术供应商就超过 2 万家，其二、三级供应商也至少如此。这条扩展而成的**多级供应链**（multi-tier supply chain，一级和二、三级供应商共同构成的供应链）就构成了经济体中该行业的基础核心。图 12-4 描绘了一条典型的多级供应链。

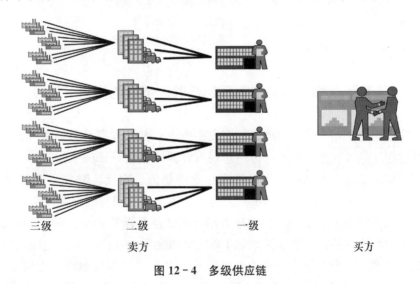

三级　　　　　　二级　　　　　　一级　　　　　　　　　买方

　　　　　　　　　　卖方

图 12-4　多级供应链

说明：每家企业的供应链均由多级供应商构成。

图 12-4 所示的是简化的三级供应链，仅作示例之用。实际上，《财富》1 000 强中的大型企业都拥有上千家供应商，这些供应商又各自拥有更小型的供货商。现实中的供应链往往有很多层次。考虑到组合问题，实际的供应链更为复杂。假设某家制造商拥有 4 家一级供应商，每家供应商又有 3 家一级供货商，而每家供货商又有另外 3 家供货商。那么，（包括采购企业）整条供应链就涉及 53 家企业。这一数字还不包括整个交易过程的相关货运商、保险与金融机构。

从图 12-4 可以很直观地看出，企业的采购流程涉及众多的供应商，而且每家供应商都必须协调配合作为最终买方的采购企业的生产需求。还可以了解管理供应链和或者仅仅从它的规模和范围而获得供应链的可见性非常困难。

12.2.4 供应链管理的可见性和其他概念

供应链的全球性、多层次性给供应链管理人员带来了许多挑战。供应链的核心概念是**供应链可见性**（supply chain visibility），它指的是一个公司监督其一级和二级供应商的产量和定价、跟踪和管理供应商订单以及管理运输和物流的能力。当你确切地知道你从供应商那里订购了什么、它们的生产计划是什么，以及能通过船运和货运公司追踪货物时，就实现了供应链的可见性。在获得了这些信息后，公司内部的企业系统可以生成生产计划并进行财务预测（Long，2014；Cecere，2014；Cecere，2013）。一般来说，企业对数字化供应链的投资越多，管理者在过程中的可见性便提升越多（Caridia et al.，2010）。

供应链管理中的其他重要概念同样也是管理过程中面对的重要挑战，如表 12 - 2 所示。

表 12 - 2　供应链管理的概念和挑战

概念/挑战	含义
可见性	监控供应商、订单、物流和价格的能力
需求预测	告知供应商未来的需求
生产调度	告知供应商的生产进度
订单管理	跟踪供应商的订单
物流管理	根据生产计划管理物流

12.2.5 现有计算机系统和企业系统在供应链中的作用

供应链上企业相互协调的障碍在于大多数企业都有现有计算机系统或自身专用的计算机系统，信息难以在这些系统之间有效地传递。**现有计算机系统**（legacy computer systems）指的是企业原有的在大型机上建立的系统，用以管理企业的制造、物流、财务和人力资源等职能部门的核心业务。**企业系统**（enterprise systems）是与产品各个方面相关的企业内部系统，包括财务、人力资源和采购。《财富》500 强中的许多全球大型公司已经部署了 IBM、SAP、甲骨文等主要供应商提供的全球范围的企业系统。一般来说，企业系统更加注重企业内部生产过程，而不是供应商。如今基于云的 B2B 软件可以集成到现有的企业系统中，其重要性与日俱增。IBM、甲骨文和 SAP 等公司已经开发了 SaaS 或者叫作基于需求的云供应链管理系统，该系统可以更加紧密地与现有系统协同工作。尽管许多公司倾向于在自己的云上维护供应链管理系统，而不是使用共享公共云服务，基于云的供应链管理收入仍以每年 25％ 的速度增长（Chao，2015；Accenture，2014）。

12.3　供应链管理与协同商务的发展趋势

早在电子商务发展之前，人们就已经通过一系列的供应链管理措施为采购流程的优化做出不懈努力。在尚未理解这点之前，要想领会 B2B 电子商务的实际和潜在效能，抑或是 B2B 电子商务市场和供应商的成败之道，几乎是不可能的。

供应链管理（supply chain management，SCM）是指企业间和行业间协调采购流程中关键成员之间相互合作的各种业务活动。目前，大多数采购部门经理仍使用电话、邮件、传真、面谈方式，甚至是凭借对长期合作伙伴的信任这一主观感受，来完成重要的直接物料的采购活动。

在过去的 20 年里，供应链管理领域发生过许多重大变革，确定了 B2B 电子商务成败之道的基本规则。这些重大变革分别是准时制生产和精益生产、供应链精简、适应性供应链、可持续供应链、电子数据交换、供应链管理系统和协同商务等。

12.3.1　准时制和精益生产

在任何生产过程中，较大的成本都是储存生产产品或服务所需的零部件所产生的库存成本。**准时制生产**（just-in-time production）是一种将过剩库存减到最少的库存成本管理方法。举例来说，在准时制生产中，汽车所需要的零件在装配到汽车上前几小时甚至几分钟才到达装配厂，直到零件进入生产线被组装到汽车中才开始支付零件费用。过去，生产商通常会订购足够生产一周甚至一个月的产品零件，因而在生产过程中会产生大量库存成本。这些库存虽然可以保证在生产过程中几乎不会出现零件短缺问题，但是一个巨大的成本。**精益生产**（lean production）是一整套消除顾客价值链中浪费的生产方法和工具。它是对准时制的一种延伸，超越库存管理并创造顾客价值。起初，准时制和精益制是通过电话、传真和纸质文档来协调库存中零件的流转。现在，供应链管理系统在很大程度上实现了从供应商获取库存的过程的自动化，并在全球范围内节省了大量成本。可以说，现代供应链系统是当今全球 B2B 生产系统的基础。

12.3.2　供应链精简

在过去的 20 年里，大多数制造企业都致力于**精简供应链**（supply chain simplification），加强与少部分战略供应商的密切合作，从而在减少制造成本和管理成本的同时，提高产品质量。例如，汽车行业在日本企业的带领下，已经有计划地将供应商的数量精简了 50% 以上。如今，大型企业不再公开招标订单，而是纷纷与部分供应商签订长期采购协议，发展成为战略合作伙伴。这种做法既能保证供应商的业务量，又能实现既定的质量、成本和交货时间等目标。这种战略关系对准时制生产企业而言不可或缺，它通常要求制造商和供应商联合进行产品的研发设计，集成相互的计算机系统，并实现生产流程的紧密合作与协调。**紧密合作生产**（tight coupling）是一种确保供应商能够在规定的时间和地点交付企业所采购的零部件，从而保证企业的生产过程不会因物料缺乏而中断的一种合作机制。

12.3.3　供应链黑天鹅：适应性供应链

虽然在过去 10 年里，企业大大精简了供应链，但它们也试图通过采用单一的全球供应链系统将所有公司的供应商和物流信息整合到一个单一的企业范围内。甲骨文、IBM 和 SAP 等大型软件公司鼓励企业采纳"一个世界、一个公司、一个数据库"的全球企业观，以实现规模经济、精简并优化全球成本和价值。

早在 2000 年，发达国家的管理者使用这些新技术来推动低劳动力成本地区的制造和生产，特别是中国和东南亚。由于亚洲生产力的发展，中国在 2001 年 9 月加入世界贸易组织。生产技术和政策一时间都集中投入到低成本地区。这些企业的发展也因为受到低成本燃料和政局稳定的支持，同时使得越洋运输和生产的成本降低。直到 2005 年，许多经济学家认为，新的世界经济秩序是在亚洲廉价劳动力的基础上产生的，这些廉价劳动力能够为西方消费者生产廉价产品，为全球企业提供利润，并为众多的西方商品和金融产品打开亚洲市场。

事实证明，由于当今世界经济、金融、政治等不稳定，自然灾害频发，这种集中生产的战略存在巨大的风险和成本。如今，管理者需要更加谨慎地权衡高度集中的供应链的收益与其所固有的风险（Long，2014）。在 2007—2009 年的全球金融危机中，由于欧洲部分地区货币和利率大幅波动，许多主要与欧洲供应商合作的公司的成本高于预期，供应商一时间失去生产和运输资金的来源。2016 年，由于英国公投脱欧，可能将削弱欧洲的供应链。正如"社会透视"专栏所描述的那样，日本 2011 年的地震和海啸对全球许多行业的供应链产生了重大影响。2016 年 2 月，中国台湾南部又发生了一次地震，对全球许多行业造成了同样的影响。中国台湾是全球集成电路晶片的制造中心，占据全球产量的 70%，其产品在苹果、IBM、微软等数百家公司的应用处理器芯片中应用（Resilinc，2016；DHL，2016）。近年来，供应链中断的原因已转向技术方面，其中云服务故障和网络攻击是主要的中断原因（Resilinc，2016；Rossi，2015；Rowland，2014；Gusman，2013；Zurich Insurance，2012）。

大范围且集成供应链的风险和成本迫使公司改变策略（Chopra and Sodhi，2014）。为了应对不可预知的全球性事件，企业开始建立**适应性供应链**（adaptive supply chains），使它们能够通过将生产转移到另一个区域来解决特定区域内的供应链中断问题。许多公司正在将单一的全球供应链系统分解为区域性或基于产品的供应链，并降低供应链的集中度。采用适应性供应链的企业可以在拉丁美洲等地区生产产品，而不是将所有的生产和供应商集中到中国或日本等单一国家。因此，企业能够把世界各地的生产转移到其他安全的地区。虽然这样做可能增加短期成本，但当任意一个区域的生产中断时，该策略都会提供实质性的、长期的风险保护。因此，越来越多的供应链开始建立在全球供应中断无法预测和避免的假设之上。2015 年，企业关注的是成本的优化而非降低。供应链，尤其是基于分布式制造的灵活供应链，可以将可靠性从高风险地区转移到低风险地区。区域制造意味着更短的供应链，可以基于消费者需求的改变迅速做出响应（PriceWaterhouseCoopers and the MIT Forum for Supply Chain Innovation，2015；Cachon and Swinney，2011）。

12.3.4 责任供应链：劳动标准

责任供应链（accountable supply chains）是指在供应链中，低工资和不发达的生产国的劳动条件是可见的且需要被发达工业社会的最终消费者接受。在 20 世纪，拥有全球供应链的美国和欧洲制造商设立了许多海外工厂，并试图向西方记者和普通公民掩盖其海外工厂的真实情况。对于供应链较长的国际企业来说，可见性并不仅仅意味着它们的消费者能够理解它们的产品是如何制造的。

从 2000 年开始，由于互联网扩大了记者的影响力等原因，全球供应链逐渐对公众更加透明。举例来说，耐克是世界最大的体育用品制造商，然而从 1997 年开始的 10 年里，由于它的制造工厂剥削外国工人、工作环境恶劣、雇用童工，并存在安全隐患，一直受到公众的严厉批评。因此，耐克公司对全球供应链进行了重大变革。从 2010 年达卡的火灾开始，到 2013 年 Rena Plaza 工厂倒塌，再到 2015 年达卡第二次发生火灾，孟加拉国的服装厂一直灾难频发，多名工人受伤死亡。孟加拉国约 80% 的出口（占其总 GDP 的 60%）来自对沃尔玛、H&M、杰西潘尼、飒拉等国际品牌的服装出口（Manik and Yardley，2013）。

全球供应链的出现以及世界贸易组织的变化，开辟了亚洲商品和服务在欧美国家的市场，大多数电子产品、玩具、化妆品、工业用品、鞋、服装等发达国家的消费品都是由亚洲和拉丁美洲等欠发达国家的工厂生产的。虽然这些工厂支付的工资较高，工作条件比当地地方工厂更好，但是这些工厂的劳动条件在大多数情况下并不符合欧美的最低劳工标准。通常，失业比糟糕的工作环境（西方的工作条件标准）更会使工人陷入贫困甚至更糟的境地。许多人指出，在 19 世纪和 20 世纪初的美国和欧洲国家，由于建设工业经济，企业的工作环境非常恶劣。因此，在 2016 年，任何境外工厂的工作条件都不会比早期工业化迅速发展的发达国家的工作条件差。

这些廉价产品虽然为发达国家的消费者带来了福利，却是用欠发达国家工人的不幸换来的。事实上，如果不是过低的工资水平，这些工作永远不会被转移到欠发达地区。

有观点认为，对低工资国家或工作条件对消费者和发达国家的企业完全不可接受的国家来说，工作比失业要好。然而在这些完全不可接受的工作条件下，奴隶或被强制劳动的工人以及童工在有毒物质的环境下一周工作超过 48 小时，不仅面对被骚扰、虐待的问题，而且其劳动补偿连最低生活标准都达不到，更不用说有可支配收入，而这些现状在许多低工资国家都是很常见的。

过去 10 年来，为使全球供应链对记者和公众更加透明，许多团体为制定最低标准的问责制做出了贡献。这些群体包括国家消费者联盟、第一人权、马奎拉团结网络、全球公平倡议、净衣运动、国际劳工组织（联合国）、劳工协会（FLA）。FLA 是一个由海外生产和全球供应链企业、高等院校以及私人组织组成的联盟。FLA 采访联盟内的工厂工人、暗访企业，并调查投诉情况。FLA 也是制定国际劳工标准的主要组织之一（Fair Labor Association，2012）。

12.3.5　可持续供应链：经济效益、社会效益和环境效益

可持续经营倡导企业在做出决策时，还要考虑社会和生态责任，而不仅仅是企业的利润（UN Global Compact Office and BSR，2015）。这对于企业来说是一个不低的要求。自联合国世界环境与发展委员会（WCED）在 1987 年发布了关于可持续经营的首份综合报告以来，世界各地的企业都在为此努力。该报告主张利润均衡、社会发展和环境保护，其中还包括减少企业碳排放。如今，欧洲、亚洲和美国的核心企业达成了共识，从长远来看，如果经过缜密规划，在生产、分销和物流中使用有效的环保方法，可持续经营和**可持续供应链**（sustainable supply chains）可以说是一种非常好的经营方式。这些有效的环保方法可以为消费者、投资者以及社会公众创造价值（Suering and Muller，2008）。

可持续经营的观念对供应链的思想产生了巨大的影响。这些观点在某种程度上有助于风险管理：所有先进国家都大大加强了环境管制。对公司来说，应用适合这种新环境的方法是很有商业意义的。

举例来说，所有核心纺织品品牌和零售商都推出了更加可持续的纺织品供应链计划。作为世界上最古老的工业之一，纺织业在为数以百万计的工人提供保障的同时，也耗费了大量的资源：制造 1 磅成品棉需要消耗 1 000 加仑水（比如牛仔裤）。在棉花生长的过程中会出现污染问题（化肥），随后棉花的死亡、加工和清理使纺织业成为地球头号工业污染源。而这并不是一个无足轻重的问题，沃尔玛、GAP、李维斯、耐克以及其他行业中的大型企业正在采取措施，通过改善整个供应链和分销链的效率来减少对环境的影响。

在 IBM、SAP 和甲骨文的帮助下，许多公司和整个行业正在努力发展可持续供应链（IKEA，2016）。北美洲最大的药品经销商——麦克森（McKesson）在使用 IBM 供应链的可持续性管理解决方案（SCSM）来减少其整个供应链中二氧化碳排放的同时，还降低了配送成本。SCSM（同 IBM 的 B2B 软件相互协作的商业软件分析包）可以确定某些药品（如胰岛素、疫苗）最低成本的制冷方案，以对环境影响最小的方式将新产品纳入分销网络中，并将药品运送到顾客手中。

12.3.6　电子数据交换

如前所述，B2B电子商务的根源不是互联网，而在于20世纪70年代中期至80年代发展起来的电子数据交换（EDI）等技术。EDI其实就是由各行业自行制定的用于在计算机之间交换文档的通信协议，这些协议一般都遵循美国国家标准化协会的技术标准（ANSI X12标准）和联合国等国际组织制定的标准（EDIFACT标准）。

EDI旨在降低手工交换采购订单、装箱单、价目表、付款清单和客户数据文件等业务文档的成本，减少延迟与错误。与非结构化的信息不同，EDI数据由若干独立的字段组成，每个字段都代表商业交易信息的一个重要维度，例如交易日期、订购产品和数量、发货方姓名和地址以及收货方姓名等。

目前，美国和大多数工业国家的主要行业都已建立起各自的EDI行业委员会，负责定义本行业通用电子文档的信息字段和结构。据估计，到2016年通过EDI系统实现的贸易总额将高达3.2万亿美元，约占B2B电子商务贸易总额的48%（U. S. Census Bureau，2016；authors' estimates）。从这点来看，EDI对B2B电子商务的发展至关重要（Cecere，2014）。

自20世纪80年代产生以来，EDI经历了巨大的变化（见图12-5）。最早的EDI系统只关注文件处理的自动化（第一阶段）。在该阶段，采购代理方生成电子采购订单，将其传送给供应商，供应商再将订单完成信息和发货通知单回传给采购商，之后还传送发票、付款清单和其他文档。早期的EDI系统成功地取代邮政系统进行文件的传递，还能实现订单的当天发货（而不像邮政系统常有一周左右的延迟），同时减少出错的概率，降低交易成本。EDI系统发展的第二阶段始于20世纪90年代初期，其主要的推动力来自行业内部生产过程逐步实现自动化，以及生产向准时制造和连续制造的逐渐转变。这些新的生产机制要求供应商在生产、交付和资金方面具备更大的柔性。EDI逐渐演变成为连续库存补给工具。制造企业使用EDI系统全面消除采购订单和其他文档，取而代之的是生产计划和库存平衡。供应商每个月都会收到生产需求说明和详细的预定交货时间。此外，供应商还需要连续完成订单，每月底会调整库存和付款情况。

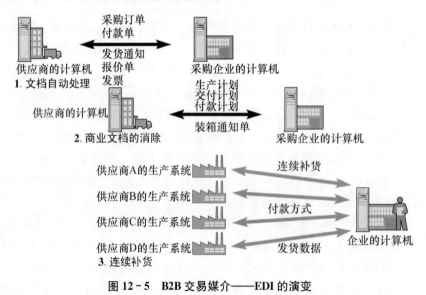

图12-5　B2B交易媒介——EDI的演变

说明：EDI系统已从简单的点对点数字通信媒介发展成能帮助企业实现多对一的连续库存补给工具。

20 世纪 90 年代中期开始，EDI 的发展步入第三阶段。采购方与供应商签订长期合同，授权供应商在线访问自身生产和交付计划的特定部分，要求其自觉遵守交货计划，无须采购方代理人进行干涉。90 年代开始，大型制造企业和工艺企业（如炼油厂和化工厂）纷纷实施 ERP 系统，这对当时 EDI 系统连续在线访问模式的发展起到了推波助澜的作用。ERP 系统要求业务流程高度标准化，从而实现生产、物流和财务处理过程的自动化。新的业务流程要求供应商确保更精确的交货时间和更灵活的库存管理，因此采购企业需要与供应商和物流合作伙伴（航运和地面运输商）建立更紧密的合作关系。若由采购人员手工处理，根本无法达到如此精确的程度。EDI 发展的第三阶段也引领企业步入连续补货的新时期。例如，沃尔玛和玩具反斗城就授权供应商在线访问门店库存信息，由供应商根据预定目标制定货架上商品的补货决策。杂货店行业也发生着同样的变化。

如今，我们必须将 EDI 视为一种支持多种业务流程、实现计算机系统间核心业务信息交换的通用技术。EDI 是一种重要的行业专用网络技术，适合为建立长期直接贸易关系且数量不多的战略合作伙伴之间的信息交流提供支持。EDI 的技术平台已从大型机过渡到个人计算机，而数据信息从企业数据中心转向基于云的 SaaS 平台（下面会详细介绍）。由于在线交易市场需要支持数千家的供应商和采购企业同时在线议价，因此 EDI 系统无法适应在线交易市场的发展。EDI 系统只能支持少数企业间的双向直接通信，无法满足真实市场环境中多方动态关系的需求。EDI 系统并非实时的通信环境，它不支持大批供应商的价格透明化，新厂商的加入也较为困难。此外，EDI 系统的通信功能不够强大，无法同时进行电子邮件收发、视频商谈、图像文件共享、网络会议，或者帮助用户轻松实现数据库的创建和管理。

12.3.7　移动 B2B

与 B2C 电子商务一样，移动设备在 B2B 电子商务各个方面的应用变得更加重要，遍及整个采购过程和供应链。越来越多的企业都采用了**自带设备政策**（Bring Your Own Device（BYOD）policy），即员工可以在公司网络中使用个人的智能手机、平板电脑或笔记本电脑工作，使得移动设备对 B2B 电子商务的重要性与日俱增。思科预计，到 2016 年，移动流量将从 2011 年不到所有商业互联网流量的 5％增长到超过 25％（Cisco Systems，Inc.，2015）。

在采购方面，更多的 B2B 采购商在采购过程的各个阶段使用移动设备，从选择供应商到制定购买决策，再到实际采购。研究发现，在接受调查的 B2B 决策者中有 75％使用移动设备来研究产品、设备、服务和供应商（eMarketer，Inc.，2015）。B2B 买家希望能够像 B2C 一样使用移动设备下单，并越来越希望 B2B 电子商务网站可以在移动设备和台式电脑实现同步，且能在移动设备上实现在线客服（eMarketer，Inc.，2015）。

在供应链方面，许多供应链网络和软件供应商正在通过提供对移动设备和应用程序的支持来升级它们的产品。例如，Elementum 提供各种在云平台运行的移动应用程序以跟踪供应链。Elementum 的 Exposure App 使企业能够识别和应对供应链风险，并对可能影响供应链、制造或原材料分配的情况实时预警。Elementum 的 Perspective App 通过提供对供应链关键绩效指标（KPI）的实时跟踪，帮助企业监控供应链。

12.3.8　云 B2B

在传统 B2B 企业系统中，企业生产系统跟踪生产和分销过程并将这些过程与供应商系统相连。连接供应商、建立通信渠道以及管理数据的质量问题等过程将耗费大量成本，更不用说建立计算机和电信基础设施以支持供应商和 B2B 交易协调的成本。云计算（第 3 章所述）大大降低了构建和维护 B2B 系统的成本。

在**基于云的 B2B 系统**（cloud-based B2B systems）中，B2B 系统的大部分支出从公司转移到 B2B 网络提供商，有时称为数据中心或 B2B 平台（见图 12 - 6）。云平台为公司提供计算和通信功能，为公司及其合作伙伴建立连接，将公司的系统连接到其合作伙伴的系统中的按需服务软件（软件作为一种服务或 SaaS），提供数据协调和清洗功能，并负责所有成员的数据质量。而网络的作用正是将云平台所提供功能的成本分散到所有成员，从而降低了所有人的成本。B2B 网络供应商还提供通信环境和文件存储服务，使合作伙伴能够更紧密地合作，并协作改进货物流转和交易。B2B 网络提供商根据用户的需求以及网络的使用情况进行收费，而不是按其交易价值的百分比向客户收取费用。传统的 B2B 供应商和供应链管理系统在过去几年对购买基于云的 B2B 网络做出了响应。例如，在 2012 年，SAP 以 46 亿美元的价格收购了最早且规模最大的云 B2B 交易网络之一的 Ariba。SAP Ariba 的全球网络使超过 7 000 亿美元的商业交易与合作实现自动化，并且商业智能遍及供应商、货运商和物流公司。SAP 作为企业系统的最大供应商，提供支持企业内部业务流程的软件。其他 B2B 网络供应商还包括 E2open、GT Nexus 和 Elementum。

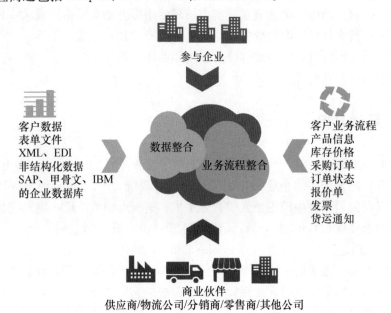

图 12 - 6　基于云的 B2B 平台

说明：基于云的 B2B 平台将公司的客户数据、业务流程和业务伙伴集成到基于云的软件系统中。企业只根据硬件和软件平台的使用情况交费，大大降低了成本。

与传统的基于公司的 B2B 系统不同，基于云的 B2B 数据网络可以在短时间内对企业合并和快速变化的市场做出响应，正如"技术透视"专栏"你的鞋子在云上"所描述的那样。

技术透视

你的鞋子在云上

你有没有穿过 Keds、Hush Puppies、Merrells、Sebagos、Sperry Topsiders 或者 Saucony 等品牌的鞋？如果你穿过，那么说明你已经穿过 Wolverine World Wide 公司的产品。虽然你可能不熟悉 Wolverine

这家公司，但 Wolverine 是世界上最大的鞋类设计公司、制造商和营销商之一，提供运动、休闲和商务三种鞋类产品。公司业务分为三部分。Wolverine 于 1883 年在密歇根的大溪城成立，原先是生产修建美国铁路、公路和摩天大楼的工人所需的靴子。此后公司通过购买知名品牌制造商来扩大规模，并通过全国零售商、商品目录和各种电子商务网站销售其产品。

2015 年，Wolverine 的收入近 27 亿美元。2012 年，公司收购了 Saucony 和 Keds 等 4 个品牌，一年就增加了 10 亿美元的收入。如今，Wolverine 在全球拥有 6 600 名员工，分布在 20 个国家的 110 家工厂所生产的鞋超过 1 亿双。耐克（年收入 300 亿美元的全球巨头）和 Deckers（年收入 18 亿美元）是 Wolverine 的主要竞争对手。而全球整个鞋类市场价值约为 2 480 亿美元，年增长率为 2.7%。

如同许多国际消费品制造商，Wolverine 面临一系列管理全球供应链、分销和销售过程的挑战。21 世纪初，Wolverine 利用 SAP 的 BusinessSuite 企业软件管理供应链。SAP 软件集中并巩固了 Wolverine 所有品牌的业务，建立了一个用于管理供应链、客户关系、订单和财务报告的集成系统平台。然而，该系统无法识别多种货币、语言和国际标准。签订新的供应商或零售店需要投入大量的财力和时间。再加上公司无法满足零售商对特定款式的需求，缺货情况日益加剧。随着时尚的迅速变化，库存与实际需求的匹配变得越来越困难。由于现有的系统无法使用不同的语言和货币，许多大型国际零售商又不愿意用美元进行交易，因此与国际零售商合作有时非常困难。对此，Wolverine 采用 SAP 零售解决方案扩充其现有 SAP 企业系统的功能。新的系统具有全球性功能，使不同的语言和货币可以用于通信和交易，还使得 Wolverine 的管理者以及他们的零售合作伙伴能够实时了解消费者的需求、供应链状况，以及进行库存操作。新系统不仅减少了 Wolverine 的库存，还使零售商店的收入增加了 15%～25%。

在供应商方面，Wolverine 也面临着巨大的挑战。其在 2012 年对 Saucony 和 Keds 的收购，不仅带来了额外的 10 亿美元的交易，还可能使其国内的供应链系统承受过大的压力。SAP 企业系统是一个传统的大型系统，目的是提高 Wolverine 的供应链能力，而不是由制造业、物流以及与 Wolverine 合作生产和销售的金融公司所组成的整个生态系统。Wolverine 目前有 200 多家供应商，分布在 120 个国家。这些供应商都有自己的供应链软件，将它们集成到一个单一的平台不仅需要投入大量的财力和时间，而且可能性微乎其微。完全没有简单易行（或低成本）的方式来扩展现有的供应链系统，并将所有的合作伙伴以及数百万的交易纳入其中。对于 Wolverine 的全球供应商来说，融入 Wolverine 的系统是很困难的，且 Wolverine 的支付系统过时，现有系统又不支持物流和财务功能。

为了解决这些问题，Wolverine 加入了 GT Nexus。GT Nexus 是一个基于云的供应链平台提供商，它允许企业将自己的供应链系统连接到一个全球平台，并与制造商、货运公司、金融公司和零售商等合作伙伴进行交流。不同于传统的企业软件提供商，GT Nexus 并不向企业出售软件，或者出租服务器上的软件并按月收取软件租金。相反，GT Nexus 采用按需、即付即用、SaaS 的模式，向企业提供供应商协同作业、采购到付款的财务跟踪、包装和运输跟踪、融资交易、货运合同、审计、文件和海关（进出口/通关）及在途跟踪等服务功能。GT Nexus 是一个按需的、基于云的全球供应链管理平台。目前，该平台支持 2.5 万家公司的供应链管理，用户超过 10 万，管理着近 1 000 亿美元的交易。它还为 90 个国家使用 8 种货币的买家和供应商之间的 200 多亿美元的支付提供服务。除了 Wolverine、阿迪达斯、耐克、卡特彼勒、Columbia Sportswear、DHL、家得宝、李维斯、Pfizer 和 UPS 等公司也是 GT Nexus 的客户。

在 GT Nexus 平台上，Wolverine 的供应商、零售商、物流和金融合作伙伴可以登录 Wolverine 的供应链系统。Wolverine 的管理者和他们的供应商合作伙伴可以看到从原材料供应商到制造商、货运商并最终到零售商店的整条供应链的情况。在新的供应和分配系统中，Wolverine 能够定位到销售状况不佳的商场和品牌，并在过去的两年里，关闭了 200 多个销售点，停止了 2 个品牌的生产。

2015 年 8 月，全球领先的企业资源计划（ERP）软件供应商之一 Infor 宣布将以 6.75 亿美元的价格收购 GT Nexus。该公司目前的业务主要集中在为企业提供内部应用程序，其客户中有 18 家顶级航空公司、10 家顶级制药公司、17 家排在行业前 20 名的工业分销商。有了 GT Nexus 的加入，Infor 公司的业务范围将从企业扩展到供应链，并允许企业更好地将经营、销售和需求数据整合到供应链管理中。目前，Infor 利用 Amazon Web Services 交付其云 SaaS ERP 软件，并计划利用该平台交付 GT Nexus 软件。

资料来源："About Us," Wolverineworldwide. com, accessed August 11, 2016; "About GT Nexus," Gtnexus. com, accessed August 1, 2016; "Wolverine World Wide, Inc. Form 10k for the fiscal year ended December 31, 2015," March 1, 2016; "Wolverine Worldwide Closing 100 Stores in 2016," by Shandra Martinez, Mlive. com, February 28, 2016; "Global Footwear Manufacturing: Market Research Report," IBISworld. com, January 2016; "Infor Seeks to Strengthen Cloud Footing with \$ 675 Billion GT Nexus Buy," by Katherine Noyes, Cio. com, August 11, 2015; "Wolverine Worldwide Warns Investments to Hurt Earnings," by Josh Beckerman, *Wall Street Journal*, January 12, 2015; "Cloud Hub Is a Good Fit for Footwear Company," by Mary Pratt, CIO. com, May 29, 2014; "Wolverine World Wide Achieving Business Clarity to Grow Retail Globally," SAP Transformation Study, SAP. com, May 6, 2014; "Powering the World's Most Responsive and Adaptive Supply Chain Networks," Gtnexus. com/about, May 2014; "Shoe Supply Chain Has Sole Version of Truth," by Jane Bird, *Financial Times*, January 29, 2014.

12.3.9 供应链管理系统

供应链精简、准时制和精益生产、战略伙伴发展、ERP 系统和连续库存补给，都是现今供应链管理系统的基础。**供应链管理系统**（supply chain management (SCM) system）可将企业的采购过程、生产过程和从供应商到企业的物资流动无缝连接起来，同时通过与订单自动录入系统的集成把企业供销两端的客户也纳入整个系统。有了 SCM 系统与连续补货，企业能够实现零库存，产品生产可在订单到达后才正式开始（见图 12-7）。这些系统能够实现即时生产和精益生产。

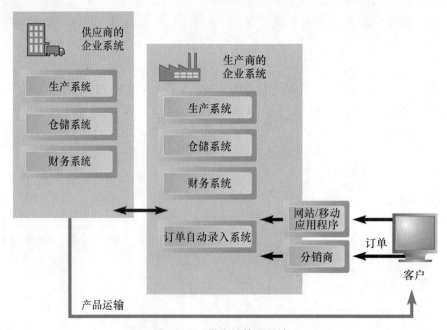

图 12-7 供应链管理系统

说明：供应链管理系统要协调供应商、承运商以及订单自动录入系统间的各类活动，帮助企业实现生产、付款和运输等业务流程的自动记录。越来越多的客户，以及在整个供应链中工作的员工，都在使用智能手机、平板电脑和移动应用程序来存储、协调订单。

　　惠普是世界上最大的科技公司之一，其 2015 年的销售额达 1 030 亿美元。惠普的业务遍布全球 150 多个国家，使用 43 种货币和 15 种语言。由于在前 10 年内惠普收购了 200 家公司，可以说其已是一家真正意义上的全球公司，因此其全球供应链问题也变得更加复杂。2016 年，惠普的供应链已经是信息技术企业中规模最大的供应链。为了应对这条复杂的全球供应链，惠普开发了一个基于网络的订单驱动的供应链管理系统。当客户在线下达订单或者公司收到经销商的订单后，整个系统便开始运作。订单首先由订单自动录入系统传送到惠普公司的生产和交付系统，再转往惠普的某个供货承包商。供应商的计算机向惠普核实订单，然后确定订单中的机器配置，以保证能够开始生产该批机器（比如，不会出现零部件短缺或者惠普的设计说明不存在错误）。之后，该订单会被转到生产控制系统，该系统会根据订单自动生成附带条形码的生产通知单，并传送给车间的装配工人，同时向仓库和库存管理系统发送零部件订单。接着，工人开始组装计算机，再经过包装、贴签，最后交到客户手中。惠普的供应链管理系统还与提供 24 小时配送服务的公司的货运系统直接相连，实现对交付过程的全程监控与跟踪。整个订单从下达到发货仅需 48 小时。自应用该系统，惠普已经实现了在售产品零库存，生产周期从 1 周缩短至 48 小时，出错率也有所下降。惠普已经将该系统扩展为一个全球性 B2B 订单跟踪、报告和客户支持系统（Hewlett-Packard，2015a，2015b）。

　　并不是只有大型科技公司在使用供应链软件。在变幻莫测的时尚界，没有什么比时尚内衣更容易过时。Under Armour 是世界第一的专业功能性运动品牌，该公司使用 SAP 软件来预测销售、计划库存、协调供应商（SAP，2015；Gilmore，2014）。在使用这些工具之前，Under Armour 经常因为没有生产足够受欢迎的产品，或由于产品过多而错失销售良机。

12.3.10　协同商务

　　协同商务由供应链精简和供应链管理系统演化而来。**协同商务**（collaborative commerce）是指多家企业通过数字化技术，在产品的整个生命周期中进行协作设计、研发、制造、销售和管理的一种合作方式。与 EDI 或者企业间信息流的简单管理相比，协同商务涉及的范围更广，涉及从以"交易过程"为中心向以"供应链上合作企业的关系"为中心的决定性转变。协同商务鼓励采购方和供货方共享自己内部的敏感信息，改变过去两者之间的紧张对立关系。因此，协作商务管理要求企业必须做到与适当的伙伴共享准确的信息。协同商务在供应链管理的基础上，加入多家合作企业协同开发新产品和服务等活动。

　　协同商务的一个很好的案例就是宝洁公司，它是世界上最大的个人卫生用品制造商，从佳洁士到汰渍，其一半的产品由供应商和客户合作研制完成。举例来说，宝洁公司过去会在内部设计产品包装，然后从 100 多个包装供应商中选择成本最低的供应商。如今，利用 Ariba 的采购网络，宝洁公司要求其供应商来为包装和定价提出创新思路。不仅如此，宝洁的网站——pgconnectdevelop.com 还向供应商和客户征求新产品的设计想法。宝洁公司的新产品中约有 50% 是其供应商和客户努力的结果。宝洁公司也与其最大的在线客户亚马逊合作，共同定位它们的业务。宝洁公司专门为亚马逊客户购买的本公司产品留出库存，因此亚马逊不需要先将产品运送到亚马逊仓库再运送给消费者，而是将产品直接从宝洁仓库运送给客户。这样的合作既减少了亚马逊运输和储存货物的成本，使价格比沃尔玛和好市多更具竞争力，缩短了产品到达消费者的时间，又节省了宝洁公司将产品运送到亚马逊仓库的运输成本，还促使亚马逊推动宝洁产品的在线销售。哈雷-戴维森（Harley Davidson）、星巴克以及通用电气公司等知名公司也参与了产品的协作开发和合作运输（Carlozo，2015；Winston，2014）。

　　尽管协同商务使企业的客户和供应商都参与到产品研发过程中，但很大程度上协同商务依赖于强大的通信环境，实现企业间共享产品设计、生产计划、库存数据、交货计划甚至是合作产品的研发信息（见图 12 - 8）。

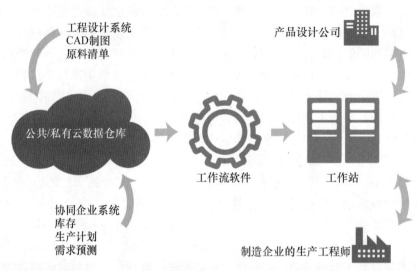

图 12 - 8　协同商务系统的构成要素

说明：协同商务环境包括一个云数据仓库，可供众多企业的员工存储工程图样和其他文件。工作流软件负责确定数据的访问权限以及数据在个人工作站上的显示规则。

协同商务与 EDI 之间存在显著差别。EDI 是一种支持企业间结构化通信的技术，而协同商务更像是供应链成员之间进行互动电话会议的工具。EDI 和协同商务有个共同特征，即两者都不是面向开放的竞争性市场。相反，从技术上说，它们是连接供应链上战略伙伴的会员专用网络。

协作 2.0：云、网站、社交和移动

30 多年前，由于 Lotus Notes 等工具的出现，协同商务的技术发生了巨大的变化。几乎整个企业都在使用 Lotus 这类工具，它建立了一个让员工可以共享笔记和想法以及共同开展项目的环境。如今存储在云服务器上的软件和数据、社交网络、网站以及移动设备成了新的协同商务工具。云服务器价格便宜且易于更新；大多数公司的员工普遍使用脸书和推特等社交网络，其他公司也拥有自己的社交网络平台；网络为企业提供了一个价格低廉的合作环境；智能手机和平板电脑等移动设备意味着可以在更多空间和时间开展协作（Computerworld, 2015；Gohring, 2014）。协作技术将协作从企业内部平台扩展到企业间 B2B 协作。

像思科的 TelePresence 这样的宽带视频网络系统也能在供应链合作伙伴之间频繁且远距离的协作中发挥作用。TelePresence 是一种高带宽的视频系统，它能够让用户以为自己与其他参与者在同一物理空间中，而事实上这些参与者之间的距离非常遥远，有时甚至位于地球的两端。思科 TelePresence 的 Twitter feed 通过增加面对面支持、调度帮助和模型来提升用户对 TelePresence 的体验（Cisco Systems, Inc., 2016b；Cisco Systems, Inc. And Vital Images, 2016）。而 Skype 的视频会议功能使得小型企业也可以利用网络或移动平台上价格低廉的协作平台。

12.5 节将从会员专用网络的角度进一步讨论协同商务技术。

12.3.11　社交网络与 B2B：社会企业的延伸

如今，社交网络不仅能够协助销售商、供应商和客户之间的合作，还使得供应链参与者之间的

关系更加紧密。在社交网络中，交流和分享观点的方式更加非结构化、情境化以及个性化。采购人员、供应链管理者、物流管理者利用脸书、推特、Tumblr、Instagram 等公共社交网络进行交流与合作。为了能够响应供应链的快速发展，企业需要的不仅仅是网站、电子邮件或电话。在供应链持续运作且能够做出决策的前提下，社交网络可以使客户与供应商和物流公司的关系更加紧密（De-mery，2015；Red Prairie，2012）。

供应链网络的参与者正利用平板电脑、智能手机和社交网络站点进行采购、调度以及异常处理，并决定其 B2B 客户和供应商。通常，供应链社交网络是私有的，为供应链社交网络中的大公司所有。如今，公司可以通过脸书来组织供应链网络成员的交流活动。

社交网络开始成为 B2B 商务管理者常用的工具。像脸书和推特这样的公共社交网站可以很好地协调业务伙伴之间的信息流在供应链中传递。思科正在利用其网站、推特和脸书向其使用社交网络的客户宣传新产品。与许多企业一样，戴尔利用 YouTube 频道与供应商和客户进行对话，讨论现有产品和新产品的创意（Cargill，2015）。

12.3.12　B2B 营销

无论 B2B 电子商务的规模有多大，2015 年的 B2B 营销只在数字营销和广告（约 580 亿美元）总量中占据较小的份额（约 60 亿美元）（eMarketer，Inc.，2016a）。虽然供应链和采购管理技术变革迟缓是其中一个原因，但它也反映了 B2B 电子商务与 B2C 电子商务有所不同。长期采购通常涉及较大的购买量和多年的商业关系，买卖双方已经有多年的交易合作，并且对对方公司的能力和财务状况相互熟知，双方对市场上交换的商品的价格和质量也已经达成共识。因此，B2C 零售营销策略并不适合这种情况。相反，白皮书、视频、播客、网络研讨会、博客、电子书、会议和专业协会对人际关系、网络、品牌、营销和内容的营销是最有效的营销方式（eMarketer，Inc.，2016b）。内容营销指的是利用信息媒体来促进销售，而不是在 B2C 市场中利用展示广告和搜索引擎广告进行销售（见第 6 章）。电子邮件和社交网络可以通过使潜在客户了解新媒体内容，在内容营销中发挥作用。

然而，在采购 MRO 或其他商品的现货市场中，B2B 营销也在使用许多与 B2C 营销相同的营销策略和工具：展示广告、搜索引擎营销、网站、社交网络以及视频和移动广告。随着移动设备在工作场所中的地位提升，移动广告在 B2B 营销中也越来越重要。几乎 2/3（65％）的 B2B 营销人员使用移动网站或应用程序将客户直接连接到他们的市场。大约 40％的 B2B 营销人员使用移动广告（主要是社交网络如领英的新闻或广告）、移动搜索以及应用内广告进行营销（eMarketer，Inc.，2015）。虽然移动 B2B 营销逐渐增长，但它仅占 B2B 营销预算的 5％，在 B2C 营销预算中也只有近 9％。因为采购代理知道他们想要什么以及什么时候需要，并且不希望在使用手机时被供应商的短信打扰。

B2B 营销的发展方向还包括销售支持系统和预测分析。销售支持系统根据网站、电子邮件和移动应用程序确定商品趋势，并帮助销售人员通过顾客的购买点跟踪潜在客户（eMarketer，Inc.，2016b）。预测分析会根据历史销售数据帮助 B2B 营销确定产品趋势的周期（eMarketer，Inc.，2016c）。

12.4　在线交易市场：B2B 销售端

B2B 电子商务最引人注目的愿景之一就是实现线上市场。在该市场上，数以千计分散在各地的供应商能直接与多家大型工业品采购商建立联系，从而实现"无障碍"的交易，并希望线上市场的众多供应商能在价格上形成竞争，同时自动完成交易过程，保证交易的低成本，最终实现行业供给价格下降。第三方中介市场提供商通过在每笔交易中向买卖双方收取一定的手续费，获得可观利润。我们把这些网上市场称为在线交易市场。在线交易市场是面向卖方的数字化交易市场，能够将买卖双方聚集在一起。

为了实现这一美好的愿景，电子商务早期就有 1 500 多个在线交易市场如雨后春笋般出现。但令人遗憾的是，它们中的大多数逐渐销声匿迹。一些幸存的在线交易市场则与在其他领域取得巨大成功的在线交易市场合并以求发展，而那些在线交易市场有的是公共的，有的是私有的，且模式和目的同之前提到的在线交易市场有所不同。

12.4.1 在线交易市场的特征

目前，在线交易市场的种类令人眼花缭乱，分类方法也多种多样。例如，有些作者根据定价机制的不同，将在线交易市场分为固定价格型以及拍卖型、竞价型、议价型等动态价格型，有些则依据在线交易市场所服务市场的特征（垂直结构还是水平结构，卖方主导还是买方主导）或者在线交易市场所有权的归属是由独立的第三方中介所有（通常情况下是第三方中介）还是由本行业内的企业所有来进行分类。虽然在线交易市场的主要利润和偏好必须逐案由所有权和定价机制来确定，但通常，由于在线交易市场可以迫使供应商向市场上其他供应商透露自己的价格和条件，因此对供应商存在歧视。表 12-3 描述了在线交易市场的某些重要特征。

表 12-3　用 B2B 术语描述的在线交易市场的其他特征

特征	含义
市场侧重点	侧重买方、卖方或者中立。表明交易市场把哪一方的利益放在首位，买者、卖者还是一视同仁。
市场所有权	行业内企业还是独立的第三方？这一点说明交易市场最终归谁所有。
定价机制	固定价格目录、拍卖、投标竞价以及书面询价/报价。
市场结构	水平结构还是垂直结构？
价值创造	市场能够使供应商或客户在哪些方面受益？
市场准入性	任何企业均可加入的公开市场还是仅获准后才能进入的私有市场？

12.4.2 在线交易市场的类型

上述各项特征虽然有助于描绘在线交易市场的大体轮廓，但是没有突出在线交易市场的核心商务功能，因此不能作为划分在线交易市场的依据。

图 12-9 展现的是根据在线交易市场的核心商务功能进行的分类，即在线交易市场提供了什么样的采购解决方案。图中的四个分类是依据在线交易市场的两个维度划分的，分别是：在线交易市场提供的商品是间接物料（用于协助企业生产）还是直接物料（直接用于生产）；市场交易方式是合同采购（即采购方依据与供应商签订的长期合同购买商品）还是现货采购（即交易的发生是偶然和匿名的——企业和供应商之间不存在长期合作关系，甚至不知道对方的身份）。通过这两个维度将在线交易市场划分为四种相对简单的类型：电子分销市场、电子采购市场、电子交易市场和行业合作集团。值得一提的是，随着业务模式的不断变化和商业机遇的瞬息万变，现实中的某些在线交易市场可能同时属于多种类型。但是，由这四种"纯"类型出发展开对电子交易市场的探讨仍是明智之举。

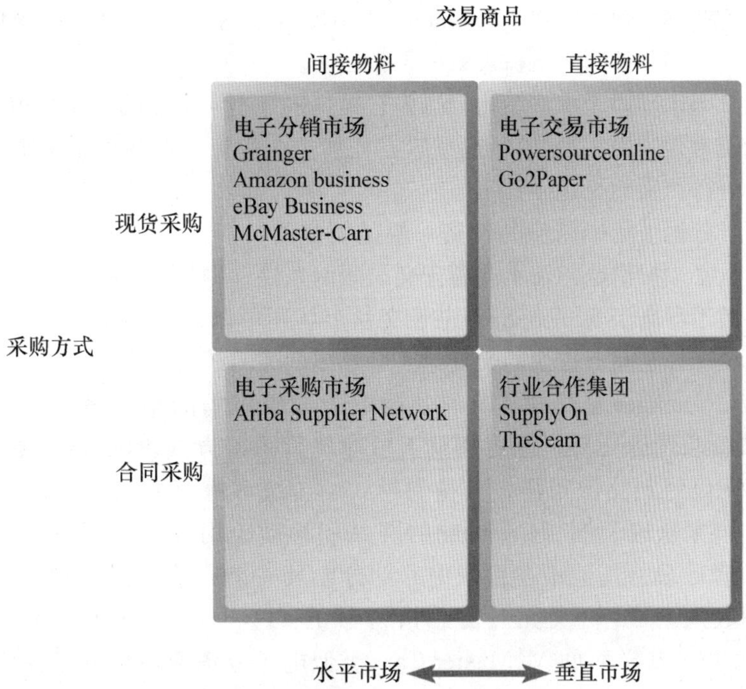

交易商品

间接物料　　　　　　　　　　　直接物料

电子分销市场
Grainger
Amazon business
eBay Business
McMaster-Carr

电子交易市场
Powersourceonline
Go2Paper

采购方式　　现货采购

电子采购市场
Ariba Supplier Network

行业合作集团
SupplyOn
TheSeam

合同采购

水平市场　◀——▶　垂直市场

图 12 - 9　在线交易市场的"纯"类型

说明：根据交易商品的类型和采购方式两个维度，将在线交易市场划分为四种"纯"类型，市场结构维度（水平还是垂直）也可区分在线交易市场的不同类型。

上述四种在线交易市场为客户创造价值的方式各不相同，下面将一一详述。

电子分销市场

电子分销市场是最常见也是最易理解的一类在线交易市场。**电子分销市场**（e-distributor）采用电子目录来展示数以千计供应商的产品信息（见图 12 - 10）。电子分销市场一般都是独立的中介交易市场，为企业客户提供采购间接物料（通常是 MRO 物料）的单一货源，客户可按需进行现货购买。大部分的企业采购无法由企业现已签订的合同完成，必须采用现货采购的方式。电子分销市场通过提高所售商品的标价实现盈利。

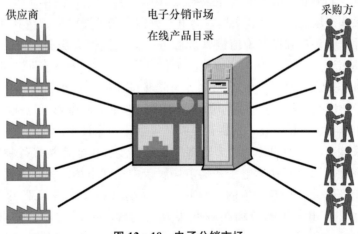

供应商　　　　　电子分销市场　　　　　采购方
　　　　　　　　在线产品目录

图 12 - 10　电子分销市场

说明：电子分销市场把数千家供应商的产品集中到在线产品目录中，再面向众多采购企业销售。电子分销市场有时也称为一对多的交易市场，即一家供应商向多家采购企业提供服务。

各行各业的企业都需要 MRO 商品。MRO 商品主要起维修、保养作用，保证厂房及内部的供暖、通风、空调和照明等机械设备的正常运转。

电子分销市场属于水平结构，因为它提供来自不同行业的多家供应商的产品。电子分销市场的经营方针通常是"面向大众"，这意味着任何企业都能订购在线目录中的商品。相反，私有市场要求对会员进行严格的筛选。

在电子分销市场中，商品价格一般是固定的，但是大客户可享受折扣和其他优惠条件，如赊购，同时也必须提供账户流水并遵守交易限制条件（例如，如果不发出正式采购订单，任何单项商品的购买额不得高于 500 美元）。电子交易市场还可以让企业客户享受到更低的搜寻成本和交易成本、更大的选择空间、更快的交货速度以及更低廉的产品价格。

W. W. Grainger 是最常提及的公开电子分销市场的典型案例。Grainger 可同时支持长期合同交易和短期现货交易，但更侧重于短期现货采购方式。Grainger 的商业目标是发展成为全球最大的 MRO 物料集散市场，其盈利模式与传统零售商类似，即商品归 Grainger 所有，通过在商品上加价来获取利润。Grainger 的网站和移动应用程序为用户提供了一个数字版的 Grainger 著名的七磅目录、其他不在目录中的部分以及一个完整的订购和支付系统。2015 年，Grainger 电子商务收入为 33 亿美元（占总销售额的 41%），比 2014 年增长了 14%（W. W. Grainger Inc.，2016）。新泽西的 McMaster-Carr 类似电子分销商，是世界各地的机械师和制造商的工业零件的圣地。正如本章章首案例所描述的，亚马逊也进入了 B2B 分销市场。AmazonSupply 利用其全球 B2C 的基础设施进入 B2B 领域，并在 2015 年更名为 Amazon Business。Amazon Business 主要从事现货销售，并为多个卖家提供交易平台。eBay 也在 2016 年重塑 eBay Business marketplace 品牌，进入 B2B 电子分销市场。B2Buy 和 NeweggBusiness 也在从事电子分销业务。

电子采购市场

电子采购市场（e-procurement Net marketplace）也是独立的中介市场。它将数百家在线供应商集中到一起，为付费加盟的企业用户提供数百万保养和维修商品（见图 12-11）。电子采购市场一般应用于间接物料的合同交易方式，属于水平结构的在线交易市场，但也能为会员企业提供间接物料的现货交易。电子交易市场通过收取交易提成、咨询服务费和软件许可费以及网络使用费等方式实现盈利（Trkman and McCormack，2010）。

电子采购市场的业务模式由单一的电子分销市场扩展而来，在其基础上提供上百家供应商的在线目录，并向买卖双方提供价值链管理服务。**价值链管理服务**（value chain management（VCM）services）是指电子采购市场向买方提供全程自动化的采购服务，同时也向卖方提供全程自动化的销售服务。对于采购方来说，电子采购市场能够自动生成订单、发出申请、寻找货源、执行交易规则、接收发票以及支付货款。对于供货方来说，电子采购市场可以提供目录建立与内容管理、订单管理、订单执行、发票开具、发货管理以及货款计算等服务。

电子采购市场有时也称为"多对多"交易市场。由于市场接受独立的第三方（代表买卖双方利益）的仲裁，因此可认为电子采购市场属于中立性市场。另一方面，电子采购市场上的供应商或电子分销商可能是相互竞争的，因此电子采购市场又略微偏重买方。尽管如此，随着众多采购企业的加盟，电子采购市场在降低买方采购成本的同时，也让供货方在营销活动方面受益匪浅。

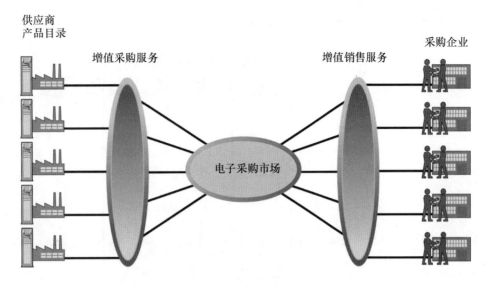

图 12 - 11　电子采购市场

说明：电子采购市场将数百家供应商的在线目录集中到单个交易市场，采购企业可查看特定供应商的产品信息。

Ariba 可以说是 B2B 的弄潮儿，该公司在 B2B 这个概念出现之前就成立了。Ariba 在 1996 年开始希望建立一个像 eBay 那样的连接买家和卖家的全球性商业网络，并承诺要彻底改变企业间的贸易。由于低税率，在 2000 年 3 月，该公司股价已突破每股 1 000 美元。但是卖家和买家并没有加入网络，很大程度上是因为它们不了解这个机遇，且过于依赖传统的采购流程，而不放心由外界控制它们的购买和供应商关系。因此，在 2001 年 9 月，Ariba 的股价跌到了每股 2.20 美元。Ariba 主要通过提供软件帮助大公司了解它们的采购流程和成本才勉强存活下来。终于，在 2008 年，由于大大小小的企业的采购和供应管理的变革日益成熟，Ariba 重整旗鼓，继续致力于实现全球供应商网络和各种工业品采购。2012 年，全球最大的企业软件公司——SAP 为了加强其 B2B 电子商务软件，以 43 亿美元的价格收购 Ariba。如今，SAP Ariba 成为协同商务解决方案的领先供应商，其电子采购在线交易市场——Ariba Supplier Network 也在协同商务中发挥着作用。Perfect Commerce、BravoSolution、A. T. Kearney Procurement & Analytic Solutions，以及 IBM Emptoris Sourcing 也是电子采购市场领域的角逐者。

电子交易市场

电子交易市场（exchanges）是把数千家供应商和潜在客户集中在同一个动态、实时的交易环境中的独立在线交易市场（见图 12 - 12）。电子交易市场主要应用于垂直市场结构，关注某个特定行业中大型企业的现货采购需求，如计算机通信、电子设备、食品和工业设备等行业。电子交易市场是电子商务早期的互联网交易市场原型。正如前面所提到的，该时期涌现出的在线交易市场逾 1 500 家，但大多以失败告终。

电子交易市场通过收取交易佣金来获得收入。市场中的定价机制灵活，包括在线议价、拍卖、询价报价以及固定价格。电子交易市场为用户创造的价值在于降低零部件的搜寻成本，减少企业闲置生产能力。此外，由于全球的供应商都能够加入市场，供应商之间的竞争将会异常激烈，某些供应商可能会以相当低的边际利润和全球统一价格出售产品。而对供应商来说，它们能够进入全球性采购市场，有望摆脱生产过剩的局面（尽管售价与边际利润都比较低）。虽然电子交易市场属于专用的中介市场，但从市场允许任何有诚意的买家或卖家参与交易来看，它又可算作是一个开放市场。

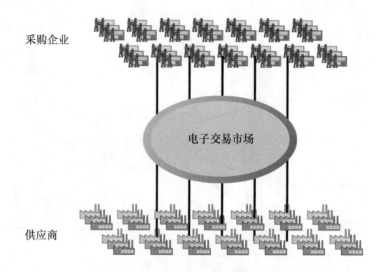

图 12-12 电子交易市场

说明：电子交易市场将众多供应商集中到垂直（特定行业）的市场中，面向数千家采购企业销售产品。由于电子交易市场中是由多家供应商为多家采购商提供服务，因此也称为多对多交易市场。

电子交易市场是独立的中介市场，按理来说应当是中立的，但它比较偏重于买方。电子交易市场让供应商不得已卷入全球的价格竞争中，以致边际利润下降。因此，许多供应商拒绝加入电子交易市场，一批电子交易市场由此倒闭，现存市场的流动性也大打折扣，市场目标与期望难以实现。所谓的**市场流动性**（liquidity），通常是用市场中买卖双方的数量以及交易的金额与规模来衡量。如果在某个市场上能够随时购买或出售任意数量的商品，这样的市场就可认为是高度流动的。从这些指标来看，多数电子交易市场都是失败的。因为市场的参与者屈指可数，成交量惨淡，单笔交易额也相当不济。企业不愿意使用电子交易市场的最主要原因在于市场中缺乏值得信赖的老牌供应商。

大多数电子交易市场属于提供直接物料的垂直市场，但也有少部分市场提供间接物料，如电力能源、运输服务（一般面向交通运输行业）和各类专业化的服务市场。表 12-4 列举了现有的一些提供间接物料的电子交易市场。

表 12-4 电子交易市场实例

市场名称	主营范围
PowerSource Online	计算机零配件
Converge	半导体和计算机外围设备
IronPlanet	重型工业设备
EquipNet	出售以及在线拍卖工业设备
IntercontinentalExchange	涵盖 600 种日用消费品的全球在线市场

下面将简要概述两家电子交易市场的发展以及现有的功能。

Global Wine & Spirits 公司（GWS）算得上电子交易市场的翘楚，它不仅是电子交易市场开辟者中为数不多的幸存者，也是 B2B 电子商务社区的后起之秀。GWS 公司成立于 1999 年，但直到 2001 年 5 月才开始进行在线商品交易。公司位于加拿大魁北克省蒙特利尔市，其运营由本国的交互技术公司 Mediagrif 负责。Mediagrif 公司同时负责一大批面向各行各业的电子交易市场的运营。

GWS 提供一个酒类的现货交易市场，生产商可在 GWS 网站上销售各类葡萄酒和烈性酒，同时它又是一个招标市场，会员企业在购买商品时需要先报价。此外，GWS 网站上的贸易数据库中包含数千位葡萄酒和烈酒行业的专业人士列表，其在线目录涵盖超过 35 000 种商品和 6 700 家供应商（globalwinespirits. com，2016）。

Inventory Locator Service 公司（ILS）最早是一家线下的中介服务商，面向航天工业提供售后零配件的目录清单服务。自 1979 年创建以来，ILS 公司开始用电话和传真向飞机所有者、机械工和政府采购专家提供售后零配件目录。早在 1984 年，ILS 公司就尝试使用电子邮件完成零配件的报价请求（RFQ）服务。到 1998 年，ILS 针对搜寻难度较大的零配件施行在线拍卖的交易方式。2016年，ILS 公司的数据库中已包含超过 8 500 万种飞机和舰艇零配件，全球各地均可在线访问。公司还开发出电子报价请求功能，帮助用户完成流水化的采购工作。ILS 网站的订阅用户数多达 2.3 万位，遍及 93 个国家，日访问量逾 7.5 万次（Inventory Locator Service，2016）。

行业合作集团

行业合作集团（industry consortia）是由行业所有的垂直交易市场，帮助采购企业从有限的经授权合作的供货商处购买直接供给品（包括商品和服务）（见图 12 - 13）。行业合作集团侧重长期合同交易方式，强调交易双方发展稳定的合作关系（与仅要求匿名交易的市场大相径庭），致力于共同创建全行业的数据标准。相比独立的只关注短期交易的在线交易市场，行业合作集团更加关注完善供应链长期合作关系。行业合作集团的最终目标是通过共同的数据定义、网络标准和计算平台，跨越多个层级，实现全行业供应链的协调统一。

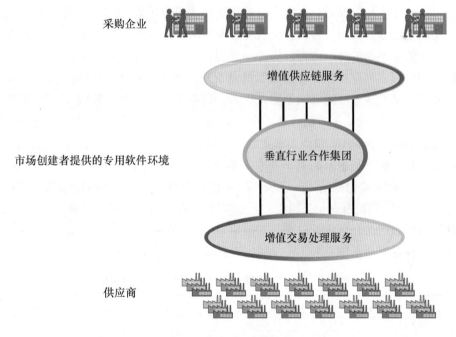

图 12 - 13　行业合作集团

说明：行业合作集团让数千家供应商与少数几家超大型采购企业直接接洽，由市场创建者为交易双方提供有关采购、交易管理、商品运输及货款支付等多种增值软件服务。行业合作集团有时又称为多对少市场，市场中较多的供应商（经过采购企业筛选）利用各种增值服务为少数几家超大型采购企业服务。

行业合作集团的涌现从某些角度可以说是早期独立电子交易市场的产物。电子交易市场一直被大型行业（如汽车、化工等）视作眼中钉，因为它只顾赚足自己和那些风险投资者的腰包，而不是尽心为采购企业谋利。因此，大型企业决定，与其花钱去参与第三方市场，倒不如自掏腰包建立属于自己的交易市场。让这些企业忧心的另一事实是，在线交易市场的价值只有在供应商和采购商同时参与，且商品流通性得到充分保障后才能实现。然而，目前的电子交易市场都无法吸引到足够多的企业参与，商品的流通性不强。此外，电子交易市场未能提供有助于整个行业价值链变革的额外价值增值服务，比如实现新型交易市场与企业 ERP 系统的连接。

行业合作集团的盈利途径丰富。合作集团网站一般由行业成员合资建立，初期的运营资本也是由成员企业贡献。此后，行业合作集团主要向采购方和供应方收取交易费和信息订阅费。行业合作集团能合理改造采购流程，平衡供应商间的竞争并加深合作关系。因此，买卖双方都有望得到远远超越其付出的收获。

行业合作集团提供多样化的定价机制，从拍卖到固定价格到竞价投标应有尽有。交易双方可根据具体商品和交易类型按需选择。同时，价格还可通过协商确定。尽管市场存在竞争性，但整个市场环境还是以少数的买方和那些经过严格筛选、值得信赖的供应商为主。这些供应商通常与采购企业建立起长期合作关系，被视作本行业的战略伙伴。一方面，采购方能够控制整个市场的进入渠道；另一方面，市场中供应商间的相互竞价也使采购方享受到最低的价格。因此，行业合作集团无疑是偏向买方型在线交易市场。供应商则可接触到大型采购企业，与其建立稳定的长期关系，从而获得大额订单，因此也受益匪浅。

行业集团通常强制供应商使用集团的内部网络和专用软件，作为向集团成员出售产品的前提条件。在线交易市场因缺乏供应商加盟和商品流通性而屡屡失败，但行业集团成员的市场影响力能为吸引供应商加入提供保障，自由交易的市场环境得以维系。与以风险资本为支撑的独立电子交易市场相比，行业合作集团优势明显。发起企业能为合作集团提供雄厚的财力支持，而商品的流通性也因大企业源源不断的订单而得以保证。然而，行业合作集团毕竟是新兴市场，其长期盈利能力，尤其是在同一行业内存在多个合作集团的情况下，还有待时间的检验。事实上，早在 2000 年，纯粹产业联盟公司的数量已经开始下降，许多公司不是扩大其业务范围，就是被出售给私人投资者。例如，最初成立于 2000 年的制药和医疗供应公司 GHX 现在为一家私人股份公司所有。E2open 公司最初是由 IBM、Seagate 和日立成立的一个高技术产业公司的行业联盟，现在已经成为一家上市公司，为各行业提供基于云的 B2B 平台和服务。

许多行业联盟仍然存在，The Seam 便是其中之一。The Seam 于 2000 年由 Cargill、Louis Dreyfus 等全球领先的农业公司成立，最初主要进行棉花交易，后来又增加了花生、谷物等美国农业部规定的农产品。自成立以来，The Seam 的交易额超过 50 亿美元，超过 90％ 的美国棉花买家积极参与其棉花交易系统。表 12-5 列出了其他一些案例。

表 12-5　各行业中的行业合作集团

行业	行业合作集团名称
农业	The Seam
汽车制造	SupplyOn
化工	Elemica
食品	Dairy.com
酒店	Avendra
金属采矿	Quadrem

12.5 会员专用网络

从交易量来看，会员专用网络是 B2B 电子商务最普遍的形式，将来其地位仍然不可动摇。会员专用网络可谓跨边界组织的根基，通过加深与供应链及物流伙伴的联系，超越组织边界，实现业务流程变革。

正如本章前面所述，会员专用网络是已有 EDI 系统发展的直接产物，同时也与大型企业所使用的 ERP 系统息息相关。如同 EDI，会员专用网络是由买方拥有的，是买方解决方案，但它也为供应商提供了巨大的利益。在一个大型工业采购公司的供应链中，如果会员专用网络中只有少数供应商，因此供应商之间没有竞争，则允许供应商增加收入和利润。会员专用网络是使用网络技术，协调企业间业务流程的专用网络。**企业间业务流程**（trans-organizational business process，有时也称为协同商务）指涉及两个及以上独立企业的业务处理过程（Laudon and Laudon, 2016）。会员专用网络产生于制造及相关服务行业，绝大多数现有网络也与制造业息息相关，因此有时我们也称其为工业网络，尽管将来它也可轻松应用于其他服务领域。会员专用网络通常由某家企业的 ERP 系统扩展而来，各主要供应商纷纷通过外联网参与其中。因此，从某种意义上说，会员专用网络可看作跨边界组织。图 12-14 展示了美国宝洁公司创建的会员专用网络，用以协调供应商、分销商、运货商和零售商等供应链成员间的行为。

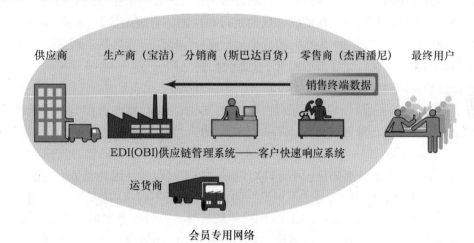

图 12-14　宝洁公司的会员专用网络

说明：宝洁公司的会员专用网络主要用来协调公司与消费品行业内的其他合作伙伴之间的业务处理过程。

由图 12-14 可知，在宝洁公司的会员专用网络中，当顾客付款时，收银机会自动触发并生成相关的信息流，发送给分销商、宝洁公司及其供应商。这些信息能明确地告诉宝洁及其供应商数千种商品的准确需求。供应商根据市场需求信息安排生产计划，将产成品供应给宝洁公司。宝洁公司再通过运货商补给分销商和零售商的订货。整个处理流程称作客户快速响应系统（需求拉动型生产方式），其实现依赖于一套同样高效的供应链管理系统来协调和调度供应商的处理流程（Gartner, Inc., 2015）。2015 年，宝洁公司开始将其供应链系统转变为一个完全集成的、端到端的供应基地，使其能够与供应商共同建立业务计划。协调供应基地的是一个部署了监视器的控制塔。在塔中，分析师夜以继日地对实时供应数据进行分析（Banker, 2015）。宝洁公司的分销目标是在一天内发货并将产品交付给 80% 的零售商。宝洁公司是世界上最大的消费品制造商，多年来一直被认为是供应链管理的领导者。

通用电气、戴尔、思科、大众、微软、IBM、耐克、可口可乐、沃尔玛、诺基亚和惠普等诸多知名企业都已成功实施自己的会员专用网络。

12.5.1 会员专用网络的目标

会员专用网络的具体目标表现在：
- 开发面向整个行业的高效采购与销售业务流程；
- 开发全行业的资源管理系统，完善企业资源管理系统；
- 增加供应链的透明性——互相了解供需双方的库存水平；
- 实现更密切的买方-卖方合作关系，包括需求预测、沟通交流以及冲突解决；
- 实现全球化运作；
- 建立相应的金融衍生品市场、保险市场和期货市场，防止供需失衡，降低行业风险。

会员专用网络与在线交易市场截然不同，后者主要以交易为导向，会员专用网络则更注重企业间业务流程的长期协调。因此，会员专用网络涵盖的内容要比单纯的供应链管理系统广泛得多，包括产品设计、货源管理、需求预测、资产管理、销售和市场营销等。会员专用网络固然也提供交易支持，但这并非其首要目标。

会员专用网络通常以作为网络发起者的企业为中心，该企业拥有网络的所有权，负责制定交易规则，建立管理机制（一套授权、规则执行和控制的管理架构），并自行决定邀请哪些企业加入网络。因此，会员专用网络是私有的。这与行业合作集团有所区别，后者一般由多家大型企业按股权参与共同所有。在线交易市场侧重于间接供给商品和服务，而会员专用网络则关注具有战略意义的直接供给商品和服务。

True Value 是最大零售商硬件合作社之一，其 4 500 家商店和 12 个区域配送中心分布在 54 个国家。其物流吞吐量大得惊人：True Value 的入境货物通常超过 60 000 吨，运费超过 6 亿英镑。True Value 约有 3 500 个集装箱通过 20 个国际港口和 10 个国内港口进口到美国国内。由于其现有的入站供应链系统支离破碎，不允许对包裹进行实时跟踪，因此当货物短缺或损坏时，无法通知商店。True Value 的供应链是"不可见"的：供应商看不到商店库存情况，商店也无法看到供应商发货情况。使用 Sterling Commerce（IBM）基于网络的解决方案后，True Value 创建了自己的会员专用网络，所有供应商、货运商和商店都拥有各自的访问权。该网络主要服务于国内预付货运、国内收货和国际直接运输三个过程。对于每一个过程，网络实时跟踪货物从供应商到货运商、仓库和商店的动向。该系统使订货提前期缩短了 57%，订单的满足率提高了 10%，退单减少了 85%。如果货物延迟、损坏或无法使用，系统会自动通知所有当事人（True Value，2016；IBM，2011）。

要讨论会员专用网络给企业带来的种种好处，也许没有一家企业比沃尔玛公司更有发言权，详见"商务透视"专栏"沃尔玛的会员专用网络"。

商务透视

沃尔玛的会员专用网络

沃尔玛在利用信息技术协调供应链方面是公认的领头羊。沃尔玛承诺为顾客提供每日最低价格。它之所以能够实现这一承诺，是因为它拥有世界上最高效的 B2B 供应链之一。沃尔玛自然也是全球最大的消费品采购商。沃尔玛 2015 年的销售额达到 4 790 亿美元，由此可以看出沃尔玛已经能够利用信息技术比竞争对手获得更加具有决定性的成本优势。世界上最大的零售商也拥有世界上最大的供应链，沃尔玛有 10 万多家供应商，遍布全球各地。在美国，沃尔玛的零售店超过 5 200 家（包括山姆俱乐部）。较大的商店库存多达 20 万种商品。在全世界，沃尔玛的商店超过 6 200 家，遍布 27 个国家，其大大小小的门店超过 11 500 家。

早在 20 世纪 80 年代后期，沃尔玛就踏上了协同商务的征程。它利用一套基于 EDI 的供应链管理系统，开发出协同商务应用的雏形。该系统要求沃尔玛的主要供货商使用沃尔玛的专用 EDI 网络处理采购订单。1991 年，沃尔玛引入 Retail Link 系统，大大增强了原有 EDI 网络系统的功能。新系统能实现主要供货商与沃尔玛库存管理系统的对接。这样一来，供货商就能实时跟踪沃尔玛每家门店的实际销售情况，再根据沃尔玛事先制定的规则，按需随时给分店补货。

1997 年，沃尔玛将 Retail Link 子系统转移到企业外网上，供应商就能够直接通过互联网访问公司的库存管理系统。2000 年，沃尔玛又与一家第三方专业公司合作对 Retail Link 进行升级，将其从单一的供应链管理工具扩展为协同预测、计划和补货（CFPR）系统。如今，沃尔玛采购部门使用需求聚合软件，能将美国地区各个门店的需求汇聚成一份报价申请书集中采购。如此一来，再大的供应商，沃尔玛都有实力与之谈判。该软件还能帮助沃尔玛采购部门选择最优的投标方案，协助最终合同的协商谈判。此外，沃尔玛的供应商现在还能在线获取库存、采购单、发票状态等实时数据，并根据 104 周的数据按项目、商店和小时进行销售预测。有了新系统，小供应商无须上线昂贵的 EDI 软件，只要在电脑上安装沃尔玛提供的免费软件，使用标准浏览器就够了。2002 年，沃尔玛已经切换到一套完全基于互联网的 EDI 系统，通信成本大大下降。

从 2012 年开始一直到 2015 年，沃尔玛过渡到一个新的供应和库存管理平台——"零售 2.0"或"全球补给系统"（GRS）。目前大约有 80 家供应商已安装该系统，沃尔玛希望在 2015 年底之前所有供应商都能够在该平台运营，并在 2018 年底之前停止使用现有的系统。零售 2.0 拥有零售 1.0 的所有功能，并在该基础上建立实时的在线数据，通过网络向供应商和雇员提供分析结果。

零售 2.0 使用的是微软 SharePoint 软件，它是一个协同的基于网络的软件服务集合，可以存储和共享文档、跟踪变化，并提供企业搜索和企业社交网络工具来连接员工。SharePoint 软件与 Office 365 软件集成。在沃尔玛的零售 2.0 中，SharePoint 平台被用来创建一个在线的基于网络的系统，使供应商能够以近乎实时的方式响应订单、跟踪发货以及销售情况。供应商和沃尔玛管理者可以使用商业智能工具来预测销售额，而不是单纯地对空货架或低库存做出反应。

在向零售 2.0 转型过程中，需要重新对沃尔玛 10 万家供应商和成千上万的沃尔玛管理者进行大规模的培训。随着商店中新产品的数量迅速增加，供应链出现了问题。由于没有销售历史来预测未来的销售情况，有些商店的库存太多，而其他的则不足。

尽管沃尔玛在建立全球供应链以支持其零售店方面取得了成功，但它并没有做好处理网上销售或与线上销售冠军亚马逊竞争的准备。从一开始，为了减少投资，沃尔玛把刚刚起步的电子商务业务分成了一个个独立的公司。由于独立的公司永远不会对投资达成一致意见，因此沃尔玛对互联网供应链的投资为时已晚。如今，沃尔玛的互联网供应链仍在实现过程中，该供应链通过商店雇员挑选在线订单并发货，而其他订单则由一些互联网订单仓库处理。2015 年，沃尔玛的在线销售额为 137 亿美元（同比增长 12%）（与亚马逊的 1 070 亿美元相比），仅占其 4 790 亿美元销售额的 3%。2013 年，沃尔玛终于开始创建新的库存和物流系统，它将商店和仓库的库存信息结合起来，然后以最有效的方式来挑选和运送在线订单。2016 年，沃尔玛顾客可以在 150 个地点在线订购商品，由大型配送中心使用无人机快速完成订单。

与其他大型跨国公司一样，由于贿赂官员、破坏环境、浪费能源，以及在不发达国家开发劳动力、购买产品并在国内市场销售，沃尔玛的全球供应链引发了公众的不满。针对这些批评，沃尔玛采取了许多补救措施。沃尔玛力争在 2015 年将其供应链的碳排放量减少 2 000 万吨，并在美国实现 100% 的可再生能源的使用。然而，沃尔玛在其劳工政策方面却没有什么进展：由于沃尔玛未能遵守联合国全球契约原则，并且违背了涉及人权、劳工标准、环境和反腐败力度的核心价值观，2012 年 ABP 退休基金将沃尔玛列入黑名单。2014 年，National Labor Relations Board 控告沃尔玛非法报复参加工作条件抗议的工人，同时美国司法调查部门指控沃尔玛贿赂墨西哥官员以扩展其在当地的商店和供应链。2015 年，沃尔玛为了回应对其劳工政策的批评，推出了十亿美元计划，用以提高员工工资、改善医疗政策以及改善员工工作条件。

资料来源："Corporate & Financial Facts," Walmart. com, accessed August 9, 2016; "Walmart Looks to Drones to Speed Distribution," by Rachel Abrams, *New York Times*, June 2, 2016; "Walmart Loses Ground to Amazon in E-Commerce Battle," by Phil Wahba, *Fortune*, February 18, 2016; "Wal-Mart Curbs Inventory Growth," by Paul Page, *Wall Street Journal*, February 18, 2016; "Wal-Mart Shrinks the Big Box, Vexing Vendors," by Sarah Nassauer, *Wall Street Journal*, October 25, 2015; "Wal-Mart Builds Supply Chain to Meet E-Commerce Demands," by Kim Nash, *Wall Street Journal*, May 7, 2015; "Walmart U. S. CEO: Fresher Food, Fill Empty Shelves and Lower Prices," by Phil Wahba, *Fortune*, April 2, 2015; "Wal-Mart Acknowledges Inventory Woes in U. S. Stores, Seeks 'Fresh' Fix," by Kim Souza, Thecitywire. com, February 12, 2015; "The Supply Side: Welcome to the Supply Chain Revolution," by Kim Souza, Thecitywire. com, February 2, 2015; "The Scoop on Retail Link 2.0," by Sheldon Cwinn, Linkedin. com/pulse, September 15, 2014; "Biggest Lessons Listed for New Wal-Mart Suppliers," by Kim Souza, Thecitywire. com, November 20, 2013; "The Trouble Lurking on Walmart's Empty Shelves," by Bill Saporito, *Time Business*, April 9, 2013; "Walmart's Secret Sauce: How the Largest Survives and Thrives," by Chris Petersen, Retailcustomerexperience. com, March 27, 2013.

12.5.2　会员专用网络与协同商务

会员专用网络的应用绝不应局限于服务供应链管理和客户快速响应系统，还可涵盖大型制造企业的其他众多业务活动，如产品设计、工程制图、营销计划和需求预测等。协同商务的表现形式丰富，包括从单纯的供应链管理到根据市场反馈改进设计等一系列业务活动（见图 12-15）。

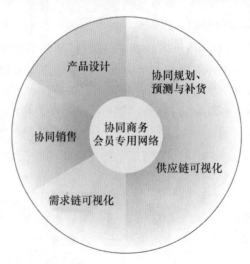

图 12-15　协同商务应用一览

说明：协同商务涵盖某家大型企业与关系密切的供应商和销售商之间通过会员专用网络进行协作的各种业务活动。

整个行业内的**协同资源计划、预测与补货**（collaborative resource planning, forecasting, and replenishment，CPFR）算得上是协同商务中合作程度最高、意义最大的一种协作形式。这主要是指企业与其他的网络成员通力合作，共同完成需求预测、生产计划制定、运输协调、仓库及库存管理等活动，以确保批发商和零售商的补货策略能根据货架空间的变化及时、合理地调整。如果这一目标能够实现，那么整个行业超额生产与库存所占用的数亿美元资金将得以释放。仅这一点就足以说明会员专用网络在协同商务方面所能创造的巨大收益，企业开发会员专用网络的投入必将物有所值。

协同商务的另一应用领域在于需求链的可视化。过去，要了解供应链或分销链中哪个环节存在超额生产或供给简直是天方夜谭。例如，零售商可能已经出现严重的库存积压，然而供应商和制造商由于无法获悉这一情况，甚至可能制定过剩的生产或供给计划。这样一来，超额的库存将增加整个行业的成本，迫使企业折价处理过剩商品，最终降低所有供应链成员的利润。

协同商务的第三大应用就是协同营销和设计。使用或制造高精密工程部件的企业可利用会员专用网络，协调企业内部的产品设计和营销活动以及相关供应和分销伙伴的行为。制造企业邀请供应商参与到产品设计和营销活动中，以保证所生产的部件完全符合市场的实际需求。反过来，营销人员可直接将客户的反馈转述给企业及其供应商的产品设计人员。这样，闭环式营销（客户反馈直接作用于产品设计和生产）就能在真正意义上实现。

12.5.3　实施障碍

尽管会员专用网络是未来 B2B 市场的主角，但要成功实施也绝非易事。例如，成员企业必须与供应链上下游的合作伙伴共享敏感的商业数据。这些过去被认为是私有和机密的东西如今不得不与人共享。而在数字化环境中，很难对信息共享的界限加以控制。企业原本自愿分享给大客户的信息，最终可能落得被主要竞争对手获悉的地步。

会员专用网络与现有 EPR 系统和 EDI 网络的集成工作也需投入大量的财力和时间。向《财富》500 强公司提供企业系统的主要供应商（甲骨文、IBM 和 SAP）也提供 B2B 模块和供应链管理能力，这些功能可以添加到现有的软件套件中。然而，实施这些模块需要投入大量资金，部分原因是许多《财富》500 强公司的采购方比较分散和过时。对于较小的公司，云计算和 SaaS 替代品正在市场上出现，提供了价格非常低廉的供应链管理能力。

会员专用网络的实施也是对所有员工心态和工作习惯的一次巨大转变。员工不仅要对本企业忠诚，还要对组织边界的网络内部成员忠诚，同时必须意识到自身与供应商和分销商之间实质上是生死与共的关系。供应商也应当转变其管理和配置资源的方式，因为它们的生产已与网络内合作伙伴的需求紧密相连。除会员专用网络的所有者以外，所有供应链和分销链上的参与企业都多少失去一些独立与自由，必须立即大幅调整工作习惯，从而更好地融入网络集体（Laudon and Laudon，2016）。

案例研究 ■

Elemica：谈判合作、协同商务、社区服务

将整个行业说成是社区似乎有点异乎寻常，社区一词往往指的是一群人聚集的地方，群体成员或多或少都有点交情。但是，贸易协会就是一种行业社区。

成立贸易协会的目的在于为社区所有成员谋求利益。通常情况下，客户不会加入贸易协会。Elemica 公司就是一家基于云的 B2B 行业贸易中心，一直致力于

推进化工、轮胎和橡胶以及特定制造行业的供应链变革。为此，Elemica 公司创办了一个联结所有客户、供应商和第三方交易伙伴的网络社区，其宗旨并不是培育企业内部一对一的协作，或者促进多家企业间的合作，而是提高所有企业的供应链效率，最终促进整个行业水涨船高。Elemica 称自己是网络生态供应链。Elemica 也经历过 B2B 电子商务早期的泡沫，是为数不多的幸存者之一。Elemica 的供应链网络已覆盖 7 500 多个合作伙伴，全年贸易总额约为 4 000 亿美元。BASF、BP、Continental、陶氏化学、杜邦、固特异、LANXESS、米其林、壳牌、Solvay、Sumitomo 和 Wacker 都是 Elemica 的客户。根据 B2B 在线交易，Elemica 可以被看作一个行业协会。

Elemica 是一家全球化的电子商务公司，由 22 家化工行业（包括石油和工业气体）的领头企业共同发起成立，主要提供基于云的订单采购和供应链服务。Elemica 利用单一平台推出一体化的交易服务，买卖双方只需使用自己的 ERP 系统或者访问 Elemica 网络平台就能完成整个化工产品的交易。Elemica 还能帮助客户企业实现业务流程的自动化，提高供应链效率，创造规模经济效益，从而有效降低供应链成本。2016 年，私募股权投资公司 Thoma Bravo 购买了 Elemica。由于有了额外的资本来源，Elemica 计划将其交易生态系统扩展到更多行业。

Elemica 如何维系一大批遍及全球、经营背景各异的成员所构成的社区，特别是成员间的交易关系相当错综复杂？Elemica 的绝招在于能够实现成员企业间 ERP 系统的彼此互连，为它们提供统一的交流平台，无缝连接交易、物流、支付和发票等业务流程，最终增进整个社区的黏性，即"社区凝聚力"。Elemica 平台一方面为客户和供应商提供标准化的业务流程，有效地屏蔽各企业间 ERP 系统的差异；另一方面也为技术实力不够雄厚的贸易伙伴提供在线 ERP 服务，营造出公平的竞争环境。因此 Elemica 是一个中立的商务平台，旨在为所有社区成员的交易活动谋求便利。从这层意义上讲，Elemica 是 B2B 领域最全面的技术平台之一。

企业最大的投资之一就是 ERP 系统。然而，即使已投入巨额资金，由于供应商关系管理常常流于形式，ERP 也难以发挥其功效。企业往往因此蒙受数十亿美元的损失。Elemica 公司的 eCommerce 平台能够改善这种状况，它能让企业的 ERP 系统与外部伙伴实现对接，促进贸易的顺利进行，从而收回 ERP 的投资。Elemica 提供的 QuickLink ERP 连接功能可将企业各自的内部系统连接起来，因此信息能够在确保安全和机密的前提下流转于企业的数据库之间。化工和石油行业是 ERP 系统（当时还是制造资源计划系统（MRP））的早期实践者。当时，设计这些大型系统的目的是帮助单个企业优化和控制制造流程。因此，系统明确地定义了输入、输出和业务处理流程，对库存控制计划、过程控制、仓储、物流运输等关键业务实施自动化。如果某家企业要生产 10 吨聚乙烯塑料，ERP 系统能够精确地告诉企业需要多少吨石化原料，原材料应当何时投入生产，生产过程需多少机械和人工，生产将耗时多久，产成品存放到何处，以及如何安排运输等一系列问题。同时，系统还能估计出每个阶段的成本。

Elemica 平台能够简化包括订单处理、支付和物流在内的所有业务流程。但是，与其他竞争对手不同，Elemica 公司自身并不采购和销售原材料，它只是充当中介的角色，把交易双方聚在一起，自动完成交易的过程，并保障交易的安全性。和 eBay 或信用卡公司类似，Elemica 公司的收入主要来源于按交易量收取的服务费。Elemica 的客户网络还能为成员企业创造与其他企业做生意的机会。

Elemica 为供应商、客户和物流合作伙伴提供一系列的电子商务服务，帮助它们实现采购和业务流程自动化。Elemica 系统提供模块化的功能，能够简化销售、采购和财务流程，整合供应链资源，从而消除企业间的沟通障碍，减少协调错误，降低供应链成本。

Elemica 采用基于云的业务流程网络——QuickLink 网络来集成全球贸易伙伴间的信息流，通常被称为平台即服务（PaaS）。客户只需单点连接到 Elemica，由 Elemica 负责管理该客户与其他外部伙伴的连接。这意味着企业只需要维护与 Elemica 的单点接触（在企业的 ERP 系统维护或升级时显得尤为重要），而不是所有贸易伙伴的复杂连接。企业只要连接到 Elemica，就能访问其他数千家供应商、客户和物流公司。Elemica 根据服务的使用量向客户收取费用。这种机制比古老的 EDI 方案要高效得多。Elemica 将客户、供应商和第三方贸易伙伴整合到一体化网络中，从而构建起自动化的协同商务平台。

Elemica 平台有四大功能模块，分别是：物流管理、客户管理、供应商管理和货源管理。这些模块能够帮助企业自动完成订单、发票、跟踪运输等业务以及其他日常经营活动。企业可按需选择注册单个或多个模块。这些软件部署在 Elemica 的云服务器的应用程序中，因此不需要公司购买任何硬件或软件，只根据公司对服务的需求收取费用。

下面举例说明 Elemica 平台的运行机制。假如你要从某家供应商处采购醋酸乙烯，首先你要在自己内部的 ERP 系统下订单。之后订单将自动传递到 Elemica，Elemica 再将订单传递给供应商的内部 ERP 系统，最后你将会收到订单传送成功的确认消息。Elemica 平台能够保证所订购物品及其数量的准确性，出现任何问题都会给你发送警告。订单一经确认，企业就可利用 Elemica 平台来计划和协调运输，开具发票自动发送给供应商。针对尚未实施 ERP 系统的中小企业，可通过 Elemica 网络门户在线登录社区。Elemica 平台采用一套端到端的闭环式流程，从下单、确认、招标、竞标到配送跟踪、运输调度等循环往复。所有流程能在几秒钟的时间内完成，几乎无须人工干预。Elemica 甚至允许用户利用电子邮件或打印驱动程序发送采购订单（缓解传真过程），Elemica 将收到的订单调整成事先定义好的格式，再传递给供应商。这种格式与供应商的 ERP 系统完全兼容，能与真的电子订单一样实现交互。Elemica 还提供一套综合的订单管理方案，供应商能够自动完成与核心客户的交易流程，而不影响客户自身的业务。对供应商和采购方而言，这是一种双赢的局面。Elemica 的 QuickLink 网络有时被称为"即叫即到"网络，因为它允许公司使用任何目前所使用的 EDI、XML，甚至电子邮件等通信工具，或其企业系统的相关格式。

汽车或航空业通常由少数企业垄断，而全球市值 5 万亿美元的化工行业市场则由无数大大小小的企业构成。此外，有些化工企业的产成品往往是其他化工企业的生产原料，因此相互之间既是客户，又是竞争对手的关系。这也是化工行业的特性所在。

许多大型化学公司的高管逐渐意识到技术领域的变革，信息技术和电子商务备受瞩目。问题在于企业如何利用技术进步来提升业务流程，如何建立行业的电子交易标准并广泛普及。陶氏、杜邦等大公司的领导者聚在一起共同探讨该问题，认为建立合作联盟或许是推动行业向前发展最有效的途径。这一观点最早受到营销和销售人员的质疑，他们担心在线采购会疏远供应商，对供应商关系造成负面影响。当时管理者也不确定电子商务将如何在化工行业大放异彩。对于电子商务技术基础设施的投资支出，企业也都比较小心谨慎。

但是，电子商务可是千载难逢的机遇，岂容错过。企业有望大幅削减成本，增进与客户和供应商的关系，获取有别于低价的其他竞争优势。与此同时，e-Chemicals、PlasticsNet 等新进入者给传统化工企业造成极大威胁。如果这些新兴企业能成功使用信息技术优化供应链，进而抢占市场份额，那么传统企业将迎来噩耗。换言之，如果传统企业此时还视若无睹、停滞不前的话，它们将最终束手无策，只能眼睁睁看着业绩滑坡、利润锐减。

陶氏化学慢慢意识到这些新企业正在使用电子商务技术与客户接触，而客户也很愿意投资在线的交流平台。陶氏和杜邦就此达成共识，创建中立的、一对一的连接平台，让客户自行决定是否接入。这无疑是最有效、最具经济效益的方案，因为它能够避免多重连接可能带来的麻烦。此外，强大的第三方网络平台也能消除供应商和客户对缺乏控制权的担心。因此，陶氏和杜邦决定与其他企业共同出资成立一家中立的电子商务公司，聚集并满足大家的需求。

1999 年，陶氏和杜邦的董事会一致认同买卖双方在线交易和交流具有显著优势。客户会有资金和时间投入方面的考虑，显然不大愿意使用多重连接，因此建立集中式的连接平台更为合理。这样一来，中立的社区无疑是不二之选。

所有参与的企业必须有共同的理念：建立中立平台的最终目的在于简化企业间交易的流程，提高业务效率。陶氏和杜邦还提出要设立相关的监管机构，获得一致性的赞同。最终，22 家化工领头企业着手创建 Elemica 平台。

1999 年 Elemica 上线时，同期还有 50 家新的化工业 B2B 电子商务公司成立。这些电子商务公司几乎都是第三方的在线交易市场，适用于直接物料的采购。到 2016 年，生存下来的交易市场屈指可数。Elemica 引入供应链承诺和契约机制，专注于长期商业关系的构建。公司本身只充当商业交易的催化剂，不直接参与化工产品的采购和销售。

Elemica 公司的业务模式能取得成功，关键在于其注意到也十分重视化工、轮胎和橡胶、能源及某些制造行业大大小小公司对电子商务的强烈需求。因此，Elemica 提供多种连接方案和功能产品，供客户自由选择，其宗旨是保证客户的 ERP 系统只需单点接触就能处理所有交易。客户可以充分利用 Elemica 提供的技术，而无须额外购买内部系统。

Elemica 能够帮助客户消除系统冗余，减少库存积压，提高交付的安全度和可靠性，从而提高运营效率，降低运营成本。Elemica 的功能模块和灵活的连接集简单、标准化和高效等特性于一体。此外，便捷的支付能改善客户企业的现金流状况，提升利润空间。

许多大型化工企业都在使用 Elemica 平台。壳牌石油公司意识到纸质流程和交付的协调存在较多问题后，选择加入 Elemica。以前，卡车司机到达交付地点后，需要等待近 2 小时填写纸质表格。这些延迟给壳牌公司带来了巨大的成本。壳牌公司使用 Elemica 后，情况明显好转。如今，以往的书面工作能够每天 24 小时进行，卡车等待的时间从平均 2 小时缩短到 15 分钟。旗开得胜后，壳牌公司进一步扩大了与 Elemica 的合作。

陶氏化学早在 2007 年就转向 Elemica 完成全自动化的采购。如今已有 300 多家 MRO 供应商加入 Elemica。陶氏的业务错误率降低了 75%，公司还实现了规模经济，成本得以大幅削减。Elemica 帮助陶氏公司整合原本独立的业务流程，降低与合同供应商的交易成本，提升了采购、运营、IT 和支付业务的效率。

空气化工产品公司是一家领先的工业气体供应商，在全球拥有 2.2 万名员工，年收入达 100 亿美元。一家大客户曾向公司表示希望能在线完成采购，双方最初讨论的方案需要相当大的投入和额外工作。由于两家公司都是 Elemica 社区的成员，Elemica 的供应链托管解决方案是它们的上乘之选。

Elemica 还制定了可持续发展计划。由于其为促进可持续供应链做出了努力，Elemica 在 2015 年获得了 Food Logistics 的 Top Green Provider 奖。Elemica 将国际化学品公司的所有入站和出站的发票自动化，减少纸质发票 100 多万张。Elemica 还消除了归档和存储记录的纸张成本，节省了额外的费用。

Elemica 在其 Supply Chain Operating Network (SCON) 中加入了社交工具，希望像脸书为用户提供在线社交网络一样，也能让客户发现、创建社交业务网络。SCON 还为客户提供云计算网络和 SaaS，一旦云计算建立了业务关系，Saas 软件就能实现交易过程。与建立数百个一对一的 EDI 连接后再建立自己的软件应用程序不同，公司现在可以更容易地连接网络，更方便地同许多合作伙伴进行交易。在 2014 年 5 月，Elemica 发布了 Process Control Tower。这是一个图形界面，可以让客户看到其与所有业务合作伙伴的交易数据。机场控制塔的隐喻正是希望让管理者能够几乎实时看到他们的整个供应和物流系统。在过去，甚至是现在的许多公司，供应链信息是以传真、电子邮件、电子表格和 EDI 信息等不同方式展现的。Process Control Tower 能够消除这些难以解释的信息，大大提高了供应链的可见性。

资料来源："Thoma Bravo Completes Acquisition of Elemica," Elemica, July 7, 2016; "Elemica Shares Eight and a Half Supply Chain Priorities for 2016," Elemica, January 7, 2016; "SmartLink Applications," Elemica, accessed July 8, 2015; "Elemica Is a Supply Chain Operating Network," Elemica, accessed July 8, 2015; "Clients Meet Sustainability Goals by Automating Paper-Driven Processes," Elemica, June 25, 2015; "Elemica Shell Global," Royal Dutch Shell, PLC, June 2015; "Building Effective Business Networks in Process Industries Improving Supply Chain Value Networks," by Lora Cecere, Supply Chain Insights, LLC, January 2015; "Elemica Introduces New Supply Chain Process Control Tower," Elemica, May 7, 2014; "Top Ten Supply Chain Initiatives for 2014 That Are Reimagining How Companies Conduct Commerce," Elemica, January 13, 2014; "Elemica: Shifting From a Shared Services Bazaar to Platform 'PaaS' Standard," by Jason Busch, Spendmatters. com, November 18, 2013; "Elemica Announces Launch of New 'Delivery Schedule' Solution," Elemica, September 24, 2013; "The Social Side of Supply Chain Management," by Adrian Gonzalez, Supply Chain Management Review, August 2013; "Next Generation Supply Chain Networks Enable More Robust Collaborative Workflows Across Trading Partners to Increase Value," Becky Boyd, Market Wired, July 2, 2013; "Elemica Named to Inbound Logistics Top 100 Logistics IT Provider Awards," Wall Street Journal, April 24, 2013; "Elemica Introduces Transportation Management Solution," Elemica, February 16, 2012; "Elemica Procurement Case Study: Dow," Elemica, September 2010; "Elemica Order Management Case Study: BP," Elemica, September 2010; "Elemica Case Study: LanXess," Elemica, September 2010; "Elemica and Rubber-Network Merge," SDCExec.com, August 25, 2009; "Case Study: Elemica," Ebusinesswatch. org, August 25, 2009; "Once Elemica Tackled the Hard

Part, the Rest Was Easy," SupplyChainBrain.com, August 5, 2009.

[案例思考题]

1. 对一家小型化工企业而言，加入 Elemica 前需考虑哪些问题？

2. Elemica 声称要为社区成员提供一个谈判、协调和协作的平台。但在将化工产品出售给汽车、航空或制造行业的最终客户时，社区成员间又是相互竞争的关系。这其中是否存在矛盾？

3. 私募股权公司 Thoma Bravo 对 Elemica 的购买如何改变 Elemica 融入如图 12-9 所示的 B2B 框架的方式？

关键术语 ━■

供应链竞争（supply chain competition）　由于供应链管理的优越性，企业能够区分产品或定价。

B2B 商务（B2B commerce）　所有类型的企业间贸易活动。

基于互联网的 B2B 商务/B2B 电子商务（Internet-based B2B commerce/B2B e-commerce）　B2B 商务中可以通过互联网和移动应用程序实现的贸易活动。又称为 B2B 数字商务（B2B digital commerce）。

供应链（supply chain）　由多个协作生产的企业组成的链条。

订单自动录入系统（automated order entry system）　使用电话调制解调器自动发送数字化订单的系统。

卖方解决方案（seller-side solutions）　归单一供货商所有、只提供该供货商的产品并侧重于卖方的市场。

电子数据交换（electronic data interchange, EDI）　一种在少数企业之间共享商务文件和结算信息的通信标准。

买方解决方案（buyer-side solutions）　属于偏卖方市场，归采购企业所有，旨在降低企业采购成本。

中心辐射型系统（hub-and-spoke system）　众多供应商通过专用网络与位于中心位置的采购企业建立连接。

垂直市场（vertical market）　针对特定行业提供专业产品和服务的市场。

水平市场（horizontal market）　同时为多个不同行业提供通用产品和服务的市场。

B2B 电子商铺（B2B electronic storefronts）　一家供应商面向公开市场提供在线产品目录。又称为 B2B 电子商务网站（B2B e-commerce Website）。

在线交易市场（Net marketplace）　把众多的供应商集中在一个互联网的卖方商务环境中进行交易。

会员专用网络（private industrial networks）　对传统采购模式加以扩展，从而将真正意义的协同商务也包容进来的互联网通信环境。

采购流程（procurement process）　企业为了生产最终产品而向其他企业购买商品和服务的过程。

直接物料（direct goods）　直接用于产品生产过程的各种原材料。

间接物料（indirect goods）　不直接用于产品生产过程的各种原材料。

MRO 物料（MRO goods）　用于维护、维修与运行的各种物料。

合同采购（contract purchasing）　通过长期有效的、写有双方同意条款与质量要求的书面文件采购所需商品。

现货采购（spot purchasing）　企业直接通过市场向众多供应商订购急需商品。

多级供应链（multi-tier supply chain）　由一级和二、三级供应商共同构成的供应链。

供应链可见性（supply chain visibility）　采购公司监督其二级和三级供应商活动的能力。

现有计算机系统（legacy computer systems）　企业原有的、对企业各部门的核心业务流程进行管理的系统。

企业资源计划系统（enterprise resource planning (ERP) system）　将财务管理、人力资源和采购等功能集成到生产过程中的企业系统。又称为企业系统（enterprise systems）。

供应链管理（supply chain management，SCM）　企业间和行业间协调采购流程中关键成员之间相互合作的各种业务活动。

准时制生产（just-in-time production）　一种将

过剩库存减到最少的库存成本管理方法。

精益生产（lean production） 一整套消除顾客价值链中浪费的生产方法和工具。

精简供应链（supply chain simplification） 减小供应链规模，加强与少部分战略供应商的密切合作，从而在减少制造成本和管理成本的同时，提高产品质量。

紧密合作生产（tight coupling） 确保供应商能够在规定的时间和地点交付企业所采购的零部件，从而保证企业的生产过程不会因物料缺乏而中断的一种合作机制。

适应性供应链（adaptive supply chains） 使企业能够通过将生产转移到另一个区域，来解决特定区域内的供应链中断问题。

责任供应链（accountable supply chains） 在供应链中，低工资和不发达的生产国的劳动条件是可见的且需要被发达工业社会的最终消费者接受。

可持续供应链（sustainable supply chains） 在供应链的生产、分销和物流中使用有效的环保方法。

自带设备政策（Bring Your Own Device (BYOD) policy） 员工可以在公司网络中使用个人的智能手机、平板电脑或笔记本电脑工作。

基于云的 B2B 系统（cloud-based B2B systems） B2B 系统的大部分开销从公司转移到 B2B 网络提供商，有时称为数据中心或 B2B 平台。

供应链管理系统（supply chain management (SCM) system） 把企业的采购过程、生产过程和从供应商到企业的物资流动无缝连接起来，同时通过集成订单自动录入系统把企业供销两端的客户也纳入供应链管理的系统。

协同商务（collaborative commerce） 多家企业使用数字化技术，在产品的整个生命周期中进行协作设计、研发、制造和管理的一种合作方式。

电子分销市场（e-distributors） 采用在线电子目录展示数千家供应商的产品信息，帮助双方完成交易的市场。

电子采购市场（e-procurement Net marketplace） 将数百家网上供应商聚集起来，为付费加盟的企业提供数百万保养和维修商品的独立中介交易市场。

价值链管理服务（value chain management (VCM) services） 电子采购市场向买方提供全程自动化的采购服务，同时也为卖方提供全程自动化的销售服务。

电子交易市场（exchanges） 将数千家供应商和潜在客户集中在同一个动态、实时的交易环境中的独立在线交易市场。

市场流动性（liquidity） 通常用市场中买卖双方的数量以及交易的金额和规模来衡量。

行业合作集团（industry consortia） 企业自己拥有的、允许采购企业从有限的经授权合作的供货商处购买直接供给品（包括商品和服务）的垂直交易市场。

企业间业务流程（trans-organizational business process） 涉及两个及以上独立企业的业务处理过程。

协同资源计划、预测与补货（collaborative resource planning, forecasting, and replenishment, CPFR） 企业与其他网络成员通力合作，共同完成需求预测、生产计划制定、运输协调、仓库及库存管理等活动，以确保批发商和零售商的补货策略能根据货架空间的变化及时、合理地调整。

思考题 ■

1. 解释 B2B 商务和 B2B 电子商务两者之间的区别。

2. 电子商铺的主要特征是什么？它是从哪些早期技术发展而来的？

3. 请列举出 B2B 电子商务的至少五个潜在优点。

4. 企业的采购品可分为哪两种类型？解释两者的差别。

5. 定义两种主要的采购方式。

6. 何谓"供应链"？供应链系统的主要功能是什么？供应链精简涉及哪些内容？

7. 请解释水平市场与垂直市场的区别。

8. 采购方如何从电子采购市场提供的价值链管理服务中受益？供应商又能获取哪些服务？

9. 从业务功能上看，电子采购市场的三个主要特征是什么？从市场角度看，它又有哪两大特性？

10. 你是否认为在线交易市场有可能会违反公平竞争原则？请简要说明。

11. 请列举出会员专用网络的三个主要目标。

12. 电子商务发展初期建立的在线交易市场屡屡失败的原因何在？

13. 阐述行业合作集团与会员专用网络的区别。

14. CPFR 代表什么含义？它能给会员专用网络的成员带来哪些好处？

15. 全面实施会员专用网络将遇到哪些障碍？

16. 何谓 "EDI"？为什么说 EDI 很重要？

17. 阐释供应链管理和协作的六大趋势。

18. 阐述 B2B 商务固有的挑战。

19. 何谓 "多级供应链"？为什么说它对 B2B 电子商务构成挑战？

20. 何谓 "基于云的 B2B 平台"？它的优势有哪些？

21. 阐述 B2B 和 B2C 营销的共同点和不同点。

设计题 ■

1. 选择你感兴趣的行业以及该行业的一家 B2B 垂直市场提供商。浏览其网站，根据所获取的信息准备一份报告，简要阐述网站所服务行业的规模、在线市场所属类型、网站向买卖双方承诺的利益以及这家提供商的发展历史。此外，还应当对市场的侧重点（买方还是卖方）、所有权（卖方所有、买方所有还是第三方所有）、定价机制、涉及领域、市场重点以及可访问性（公共网络还是专用网络）等方面加以考察。

2. 从图 12-9 列示的电子分销市场和电子采购市场中各选择一家，访问其网站，对两者进行比较。如果你是一家中型企业的经理，你会从哪个市场采购间接物料，是电子分销市场还是电子采购市场？准备一份报告简要阐述你的分析。

3. 假设你在一家制造钢质办公设备的企业担任采购经理。公司唯一的工厂设在中西部，拥有 2 000 名员工。公司 40% 的产品出售给像 Quill 那样面向零售业的产品目录提供商，以快速响应特殊客户订单。其余产品则采用长期合同方式出售给家具分销商。现在需要采购钢材原料，其中以冷轧钢板为主，有两种选择：电子交易市场和行业合作集团。你将如何决策？原因何在？准备一份报告，向管理层陈述你的观点。

4. 假如你在一家国内办公家具零售店从事物流管理工作。在过去的一年里，由于供应商未能按时交货，公司的供应链多次中断，因此失去了大量客户。公司的 IT 部门能力有限，而你想提出一个基于云的解决方案。请访问 GT 的网站，并研究 Why GT Nexus 模块以及 Solutions By Industry/Retail 模块。阅读网站上的案例。为什么你认为基于云的 B2B 解决方案对你的公司是最好的？准备一份报告，向高层管理人员陈述你的观点。

参考文献 ■

Accenture, Inc. "Supply Chain Management in the Cloud." (June 25, 2014).

Antai, Imoh. "A Theory of the Competing Supply Chain: Alternatives for Development." *International Business Research* Vol 4, No. 1 (January 2011).

Ariba Inc., "Ariba-Spot-Buy-Powered-by-Ariba-Discovery." (May 13, 2014).

Banker, Steve. "Procter & Gamble's Futuristic Control Tower Environment." *Forbes* (July 1, 2015).

Barlow, Alexis. "Web Technologies and Supply Chains." Glasgow Calendonian University, Scotland. In *Supply Chain Management: New Perspectives*, edited by S. Renko. (2011).

Beard, Alison and Richard Hornik, "It's Hard to Be Good," *Harvard Business Review Magazine,* November 2011.

Cachon, Gerard, and Robert Swinney, "The Value of Fast Fashion: Quick Response, Enhanced Design, and Strategic Consumer Behavior." *Management Science* Vol. 57 778–795 (April 2011).

Cargill, Bruce. "10 B2B Brands That Are Killing It on Social Media." Clickz.com (October 7, 2015).

Carlozo, Lou. "Crowdfunding: A New Frontier for Investors." *U.S. News and World Report* (May 6, 2015).

Cecere, Lora. "Supply Chain Visibility in Business Networks." Supply Chain Insights, LLC (March 11, 2014).

Cecere, Lora. "EDI Workhorse of the Value Chain." Supply Chain Insights, LLC (November 20, 2013).

Chao, Loretta. "Supply Chain Management in the Cloud." *Wall Street Journal* (May 22, 2015).

Chopra, Sunil and MamMohan Sodhi. "Reducing the Risk of Supply Chain Disruptions." *MIT Sloan Management Review* (Spring 2014).

Cisco Systems, Inc. "Cisco Visual Networking Index: Global Mobile Data Traffic Forecast Update 2014–2019" (2015).

Cisco Systems, Inc. "Cisco Telepresence." Twitter.com/ Telepresence, (accessed August 11, 2016b).

Cisco Systems, Inc. and Vital Images. "Video Conferencing Shrinks the Globe." (July 2016).

Computerworld. "Healthcare IT's Seismic Shift: How Collaboration Is Changing Cyber Insurance and More!" Computerworld.com (May 28, 2015).

Demery, Paul. "Salesforce.com Rolls Out a Portal for Selling B2B Mobile Apps." Internetretailer.com (January 5, 2015).

DHL, Inc. "A Look Back at 2015: The Top Ten Supply Chain Disruptions." (February 2016).

eMarketer, Inc. (Bryan Yaeger) "B2B Content Marketing in the US." (January 2016a).

eMarketer, Inc. (Jillian Ryan) "B2B Sales Enablement." (June 2016b).

eMarketer, Inc. (Jillian Ryan) "Predictive Analytics in B2B Marketing." (April 2016c).

eMarketer, Inc. (Tricia Carr, Rebecca Chadwick, and Jillian Ryan). "Six B2B Mobile Marketing Trends for 2016."(December 2015).

Fair Labor Association, "Independent External Monitoring of the Hestle, Olan, and Balsu Hazelnut Supply Chain in Turkey, 2014–2015. (2015).

Fair Labor Association. "Independent Investigation of Apple Supplier, Foxconn Report Highlights." Fairlabor.org (March 30, 2012).

Fauska, Polina, Natalia Kryvinska, and Christine Strauss. "E-commerce and B2B Services Enterprises." 2013 International Conference on Advanced Information Networking and Application Workshops, IEEE (2013).

Gartner, Inc. "Gartner Announces Rankings of Its 2015 Supply Chain Top 25: Amazon Takes the Top Spot in Top 25 Rankings; Apple and P&G Move into New Masters Category." (May 14, 2015).

Gilmore, Dan. "Under Armour's Athletic Supply Chain." *Supply Chain Digest* (April 3, 2014).

Globalwinespirits.com. "About GWS." Globalwinespirits. com (accessed August 9, 2016).

Gohring, Nancy. "Collaboration 2.0: Old Meets New." *Computerworld* (April 10, 2014).

Gusman, Phil. "Most 2012 Supply-Chain Disruptions Were from Tech-Related Events, Not Weather." *Property Casualty Journal* (September 9, 2013).

Hewlett-Packard. "Form 10-K for the fiscal year ended October 31, 2015." (December 16, 2015b).

Hewlett-Packard.

Hewlett-Packard Enterprise. "Fact Sheet: Realize Better Outcomes." (2015a).

IBM Corporation, "True Value Company: True Value Optimizes Their Inbound Supply Process with IBM Sterling Supply Chain Visibility." (July 2011).

Inventory Locator Service LLC. "About Us." ILSmart.com (accessed August 9, 2016).

Kaplan, Steven, and Mohanbir Sawhney. "E-Hubs: The New B2B Marketplaces." *Harvard Business Review* (May–June 2000).

Laudon, Kenneth C. and Jane P. Laudon. *Management Information Systems: Managing the Digital Firm.* 14th edition. Upper Saddle River, NJ, Prentice Hall (2016).

Long, Gene, Jr. "Supply Chain Resiliency: From Insight to Foresight: Sustaining Shareholder Value by Hardening the Enterprise Against External Risks." *IHS Quarterly* (March 2014).

Manik and Yardley, 2013. [To come]

PriceWaterhouseCoopers and the MIT Forum for Supply Chain Innovation. "Making the Right Risk Decisions to Strengthen Operations Performance." (2015).

Red Prairie, Inc. "The B2B SoLoMo Imperative." (September 2012).

Resilinc Inc. "Resilinc Special Supply Chain Event Case Study: 2016 Taiwan Earthquake, Assessing the Foreseeable Supply Chain Impact." (February 2016).

Rossi, Ben. "How to Protect the IT Supply Chain From Cyber Attacks." Information Age (March 24, 2015).

Rowland, Daryk. "Combating Cyber Risk in the Supply Chain." Scmagazine.com (November 11, 2014).

SAP, Inc., "Under Armour: Finding a Simple Solution to a Complex Problem with SAP HANA®." SAP Business Cases, 2015.

Suering, Stefan and Martin Muller. "From a Literature Review to a Conceptual Framework for Sustainable Supply Chain Management." *Journal of Cleaner Production* (June 12, 2008).

Trkman, P. and McCormack, K. "Estimating the Benefits of Implementing E-Procurement," Engineering Management, IEEE Transaction, Volume 57, Issue 2 (May 2010).

True Value. Annual Report 2015. (March 2016).

UN Global Compact Office and BSR. "Supply Chain Sustainability: A Practical Guide for Continuous Improvement." (2015).

U.S. Census Bureau. "eStats." (June 8, 2016).

Winston, Andrew. "GE Is Avoiding Hard Choices About Ecomagination." *Harvard Business Review* (August 1, 2014).

W.W. Grainger, Inc. Form 10-K for the fiscal year ended December 31, 2015, filed with the Securities and Exchange Commission (February 29, 2016).

Zarroli, Jim. "In Trendy World Of Fast Fashion, Styles Aren't Made To Last." Npr.org (March 11, 2013).

Zurich Insurance. "Outsourcing Failures Now in Top 3 as Causes of Supply Chain Disruption." *Insurance Journal* (November 8, 2012).

图书在版编目（CIP）数据

电子商务：商务、技术、社会：第13版/（美）肯
尼思·劳东，（美）卡罗尔·圭尔乔·特拉弗著；劳帼龄
译. --北京：中国人民大学出版社，2021.3
　（工商管理经典译丛）
　ISBN 978-7-300-28981-6

　Ⅰ.①电… Ⅱ.①肯… ②卡… ③劳… Ⅲ.①电子商
务 Ⅳ.①F713.36

中国版本图书馆 CIP 数据核字（2021）第 032272 号

工商管理经典译丛
电子商务——商务、技术、社会（第13版）
（美）肯尼思·劳东
　　　　　　　　　　　　　　　　　　著
　　　卡罗尔·圭尔乔·特拉弗
劳帼龄　译
Dianzi Shangwu——Shangwu、Jishu、Shehui

出版发行	中国人民大学出版社				
社　　址	北京中关村大街 31 号		邮政编码	100080	
电　　话	010 - 62511242（总编室）		010 - 62511770（质管部）		
	010 - 82501766（邮购部）		010 - 62514148（门市部）		
	010 - 62515195（发行公司）		010 - 62515275（盗版举报）		
网　　址	http://www.crup.com.cn				
经　　销	新华书店				
印　　刷	涿州市星河印刷有限公司				
规　　格	215 mm×275 mm　16 开本		版　　次	2021 年 3 月第 1 版	
印　　张	38.25 插页 2		印　　次	2021 年 3 月第 1 次印刷	
字　　数	1 070 000		定　　价	98.00 元	

Pearson

尊敬的老师：

您好！

为了确保您及时有效地获得培生整体教学资源，请您务必完整填写如下表格，加盖学院的公章后以电子扫描件等形式发给我们，我们将会在 2~3 个工作日内为您处理。

请填写所需教辅的信息：

采用教材				□ 中文版　□ 英文版　□ 双语版	
作　者			出版社		
版　次			ISBN		
课程时间	始于　　年　月　日		学生人数		
	止于　　年　月　日		学生年级	□ 专科　　　□ 本科 1/2 年级 □ 研究生　□ 本科 3/4 年级	

请填写您的个人信息：

学　校				
院系/专业				
姓　名		职　称	□ 助教 □ 讲师 □ 副教授 □ 教授	
通信地址/邮编				
手　机		电　话		
传　真				
official email（必填） （eg：×××@ruc.edu.cn）		email （eg：×××@163.com）		
是否愿意接受我们定期的新书讯息通知：　□ 是　□ 否				

系/院主任：_____（签字）

（系 / 院办公室章）

____年____月____日

资源介绍：

——教材、常规教辅资源（PPT、教师手册、题库等）：请访问 www.pearson.com/us/higher-education。　（免费）

——MyLabs/Mastering 系列在线平台：适合老师和学生共同使用；访问需要 Access Code。　（付费）

地址：北京市东城区北三环东路 36 号环球贸易中心 D 座 1208 室（100013）

Please send this form to：copub.hed@pearson.com

Website：www.pearson.com

教师教学服务说明

中国人民大学出版社财会出版分社以出版经典、高品质的会计、财务管理、审计、电子商务等领域各层次教材为宗旨。

为了更好地为一线教师服务，近年来财会出版分社着力建设了一批数字化、立体化的网络教学资源。教师可以通过以下方式获得免费下载教学资源的权限：

在中国人民大学出版社网站 www. crup. com. cn 进行注册，注册后进入"会员中心"，在左侧点击"我的教师认证"，填写相关信息，提交后等待审核。我们将在一个工作日内为您开通相关资源的下载权限。

如您急需教学资源或需要其他帮助，请在工作时间与我们联络：

中国人民大学出版社　财会出版分社

联系电话：010-62515987，62511076

电子邮箱：ckcbfs@crup. com. cn

通讯地址：北京市海淀区中关村大街甲 59 号文化大厦 1501 室（100872）